MW01222068

Enciclopedias

EVEREST
INTERNACIONAL

Escolar

Título original: *Children's Encyclopedia*

Traducción y realización:
THEMA. Equipo Editorial. Barcelona

No está permitida la reproducción total o parcial de este libro, ni su tratamiento informático, ni la transmisión de ninguna forma o por cualquier medio, ya sea electrónico, mecánico, por fotocopia, por registro u otros métodos, sin el permiso previo y por escrito de los titulares del Copyright. Reservados todos los derechos, incluido el derecho de venta, alquiler, préstamo o cualquier otra forma de cesión del uso del ejemplar.

© Grisewood & Dempsey Ltd., y
© para esta edición en lengua española
EDITORIAL EVEREST, S. A.
Carretera León-La Coruña, km 5 - LEÓN
ISBN: 84-241-9407-1
Depósito legal: LE. 15-2000
Printed in Spain - Impreso en España

EDITORIAL EVERGRÁFICAS, S. L.
Carretera León-La Coruña, km 5
LEÓN (España)

SÍMBOLOS DE MATERIAS

Cada entrada o voz de esta Enciclopedia tiene su propio símbolo, fácilmente reconocible, situado al lado de la voz. Este símbolo te indicará, con una rápida ojeada, a qué área de interés se refiere la voz consultada –sobre animales, historia, ciencia...–. Aquí te mostramos los 16 símbolos de materias que hemos utilizado. Al final de la Enciclopedia (en el volumen 10) encontrarás una lista de todas las voces agrupadas por estas materias.

ANIMALES Descripciones sobre su comportamiento, sus guaridas y sobre especies: mamíferos, aves, reptiles, peces, insectos, etc.

ARTES Dibujo, pintura, música, escultura, ballet, danza moderna, teatro, televisión, cine, etc., además de los grandes artistas.

ASTRONOMÍA Y ESPACIO El nacimiento del Universo, el sistema solar, las galaxias, los planetas, la exploración del Espacio, etc.

CIENCIAS La aplicación diaria de la ciencia, los elementos, fuentes de energía, científicos importantes, etc.

CUERPO HUMANO Cómo funciona nuestro cuerpo, la genética, el proceso del nacimiento, el envejecimiento, las enfermedades, el sistema inmunitario, etc.

DEPORTES Y ENTRETENIMIENTOS Los deportes de competición, los mejores atletas y la descripción de numerosas aficiones y pasatiempos.

EDIFICACIONES La historia y el desarrollo de la arquitectura, las construcciones modernas, el diseño, arquitectos y edificios famosos, etc.

HISTORIA Los acontecimientos más importantes y las más grandes figuras, desde las antiguas civilizaciones hasta nuestros días.

LENGUA Y LITERATURA Cómo se forma una lengua, además de datos interesantes sobre los principales dramaturgos, novelistas, poetas, etc.

MÁQUINAS Y MECANISMOS Explicaciones que van desde los simples mecanismos hasta las más complejas máquinas y sus inventores.

PAÍSES Y LUGARES Mapas, descripciones, banderas, datos, estadísticas esenciales, etc., sobre todos los países del mundo y sobre algunos lugares de interés especial.

PLANTAS Y ALIMENTOS Desde las plantas microscópicas hasta los árboles gigantes, lo que son, cómo crecen, los alimentos que pueden obtenerse de ellos.

RELIGIÓN, FILOSOFÍA Y MITOS Cómo han evolucionado a través de los tiempos y las creencias que han sobrevivido hasta nuestros días.

SOCIEDAD Descripciones sobre poblaciones del mundo, su organización, costumbres y datos sobre sus gobiernos.

LA TIERRA Cómo se formó y los cambios que aún se producen en ella, sus desiertos, montañas, ríos, etc.

VIAJES Y TRANSPORTES La historia del desarrollo de aviones, barcos, ferrocarriles, coches, motocicletas, etc.

DIRECTOR GENERAL
John Paton

DIRECTOR EDITORIAL
Jim Miles

EDITORA
Jennifer Justice

EDITORA ADJUNTA
Yvonne Ibazebo

ASESOR EDITORIAL
Brian Williams

ASESORES EDUCATIVOS
J.M.B. Tritton, Head Teacher, Star Primary School, Newham
Nigel Cox, Framlingham College Junior School, Woodbridge

COLABORADORES
Jacqui Bailey
Marie Greenwood
Ann Kay
David Lambert
Keith Lye
Christopher Maynard
Isabelle Paton

DISEÑO
Terry Woodley
Michele Arron

ILUSTRACIÓN
Elaine Willis

PRODUCCIÓN
Lucy Cooper
Sue Latham

CÓMO UTILIZAR TU ENCICLOPEDIA

Esta Enciclopedia te será muy fácil de utilizar. Las entradas o voces aparecen por orden alfabético. Encontrarás la mayor parte de la información que necesites buscando la palabra principal. Si no encuentras esa palabra o voz, puedes consultar el índice que aparece al final del volumen 10; en él hallarás referencias que te ayudarán a completar la información que precisas.

●

A lo largo de la Enciclopedia encontrarás palabras que aparecen en letras mayúsculas como esta: SALUD. Estas palabras son referencias cruzadas; cuando veas una palabra escrita así significa que existe una entrada o voz individual para esa palabra en tu Enciclopedia que te proporcionará mayor información sobre el tema que estás consultando.

●

Los símbolos de materias aparecen junto a cada voz, y te serán muy útiles cuando hojees tu Enciclopedia y busques temas como, por ejemplo, Transportes , Historia , o Países y Lugares . Hay en total 16 símbolos, que se corresponden con las áreas del conocimiento que abarca la Enciclopedia.

●

También observarás que hay *artículos especiales* (en dobles páginas). Estos artículos te ayudarán en tus trabajos escolares, o bien puedes servirte de ellos como el resto de entradas o voces. Al final de la Enciclopedia encontrarás una lista de estos artículos.

●

Además de los textos principales, dispones de recuadros de *Experimentos* que, de una forma práctica y amena, te permitirán conocer más sobre el artículo consultado.

●

Los recuadros sobre hechos (fondo de color verde) te proporcionarán, con una simple ojeada, datos curiosos e interesantes sobre el más grande, el más alto, el más largo, etc., del tema consultado. Los recuadros situados en las columnas exteriores de las páginas (fondo de color amarillo), te facilitan información adicional sobre curiosidades sorprendentes.

●

Con la ayuda de tu Enciclopedia descubrirás información amena y a tu medida sobre gentes, ideas, sucesos... y sobre el mundo que te rodea.

CÓMO APROVECHAR AL MÁXIMO TU ENCICLOPEDIA

La *Enciclopedia Escolar* contiene muchas voces para ayudarte a encontrar lo que buscas de una manera fácil o, simplemente, para que puedas disfrutar hojeándola. Casi cada página contiene varias ilustraciones, cuadros explicativos, experimentos, artículos especiales de gran interés y cientos de referencias a otras voces para facilitarte su consulta. Algunas de las características de la obra te las explicamos aquí, con el deseo de que te diviertas recorriendo las páginas de tu enciclopedia.

- **Símbolos temáticos**
- **Recuadros de experimentos**
- **Cuadros explicativos**
- **Cuadros sobre países**
- **Recuadros de curiosidades**
- **Artículos especiales**
- **Referencias a otras voces**

ARTÍCULOS ESPECIALES mucho más amplios que el resto de voces, te ayudarán en tus trabajos escolares. Al final de la enciclopedia encontrarás un exhaustivo índice alfabetizado.

2.000 ILUSTRACIONES y fotografías, incluyendo cientos de mapas y numerosos dibujos en sección que te mostrarán el interior de las cosas.

ABEJA

Abeja obrera

Zángano

Abeja reina

▲Dentro de la colmena hay celdas de cera. La reina pone huevos en las celdas. Las larvas salen del cascarón y son alimentadas por las obreras. Las abejas obreras recogen néctar y polen de las flores. El néctar es convertido en miel, la cual es almacenada en la colmena como alimento.

Todas las tareas eran realizadas por los monjes; éstas incluían limpiar, cocinar, cultivar la tierra, trabajos de carpintería y apicultura. Ciertas abadías se hicieron famosas por la elaboración de vinos y licores. Otras fueron conocidas por su miel, medicinas o quesos. En aquellos tiempos, los monjes eran de los pocos grupos de personas que poseían estudios, y sus manuscritos y libros ilustrados eran muy valiosos.

Abeja

Hay muchas clases de abejas, pero la especie más conocida es la que produce miel. Unas 50.000 abejas obreras viven en cada colmena. Las abejas obreras son hembras pero no procrean. Para esta función está la abeja reina de la que sólo existe una en cada colonia. Hay además cientos de zánganos, machos, que no poseen aguijón.

La vida de una abeja obrera es muy corta, ya que dura unas cuatro semanas, por tanto la reina tiene que poner muchos huevos para proveer la colmena con suficientes abejas. La reina puede llegar a poner hasta 1.500 huevos en un día. Periódicamente nace una nueva abeja reina, tras lo cual la reina vieja se va de la colmena con un enjambre de la mitad de las obreras, aproximadamente, para construir un nuevo hogar.

Las abejas solitarias son otro tipo de abejas que no viven en grandes colonias. Éstas procrean una pequeña familia de unos cientos de abejas que mueren cada invierno. La reina hiberna y crea otra familia al año siguiente.

2

EL TEXTO contiene toda la información necesaria; las referencias a otras voces aparecen en VERSALITAS; deberás buscar esas voces si quieres ampliar la información.

INCREÍBLE PERO CIERTO sobre hechos, cosas y personajes, recuadros divertidos y fascinantes.

SÍMBOLOS DE MATERIAS que te permitirán localizar mediante una simple ojeada las voces de temas similares.

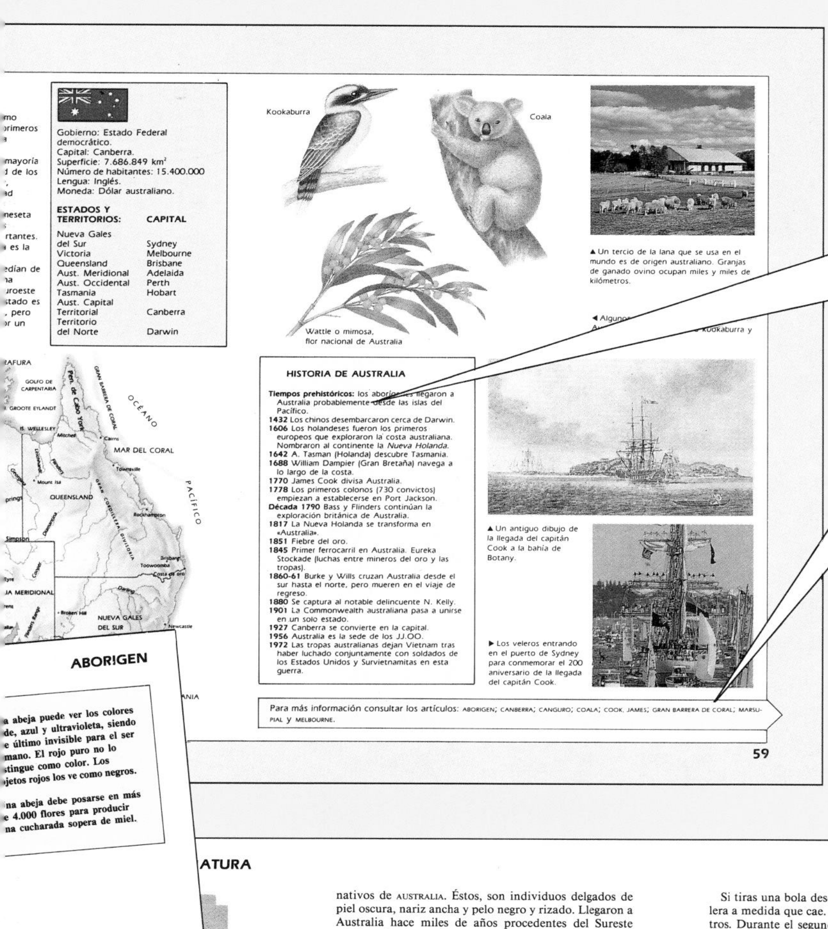

Gobierno: Estado Federal democrático.
Capital: Canberra.
Superficie: 7.686.849 km²
Número de habitantes: 15.400.000
Lengua: Inglés.
Moneda: Dólar australiano.

ESTADOS Y TERRITORIOS:	CAPITAL
Nueva Gales del Sur	Sydney
Victoria	Melbourne
Queensland	Brisbane
Aust. Meridional	Adelaida
Aust. Occidental	Perth
Tasmania	Hobart
Aust. Capital Territorial	Canberra
Territorio del Norte	Darwin

Kookaburra

Coala

Wattle o mimosa, flor nacional de Australia

▲ Un tercio de la lana que se usa en el mundo es de origen australiano. Granjas de ganado ovino ocupan miles y miles de kilómetros.

HISTORIA DE AUSTRALIA

Tiempos prehistóricos: los aborígenes llegaron a Australia probablemente desde las islas del Pacífico.
1432 Los chinos desembarcaron cerca de Darwin.
1606 Los holandeses fueron los primeros europeos que exploraron la costa australiana. Nombraron al continente la *Nueva Holanda*.
1642 A. Tasman (Holanda) descubre Tasmania.
1688 William Dampier (Gran Bretaña) navega a lo largo de la costa.
1770 James Cook divisa Australia.
1778 Los primeros colonos (730 convictos) empiezan a establecerse en Port Jackson.
Década 1790 Bass y Flinders continúan la exploración británica de Australia.
1817 La Nueva Holanda se transforma en «Australia».
1851 Fiebre del oro.
1845 Primer ferrocarril en Australia. Eureka Stockade (luchas entre mineros del oro y las tropas).
1860-61 Burke y Wills cruzan Australia desde el sur hasta el norte, pero mueren en el viaje de regreso.
1880 Se captura al notable delincuente N. Kelly.
1901 La Commonwealth australiana pasa a unirse en un solo estado.
1927 Canberra se convierte en la capital.
1956 Australia es la sede de los JJ.OO.
1972 Las tropas australianas dejan Vietnam tras haber luchado conjuntamente con soldados de los Estados Unidos y Survietnamitas en esta guerra.

▲ Un antiguo dibujo de la llegada del capitán Cook a la bahía de Botany.

▶ Los veleros entrando en el puerto de Sydney para conmemorar el 200 aniversario de la llegada del capitán Cook.

Para más información consultar los artículos: ABORIGEN; CANBERRA; CANGURO; COALA; COOK, JAMES; GRAN BARRERA DE CORAL; MARSUPIAL y MELBOURNE.

59

CUADROS DE HECHOS con detalles sobre fechas históricas, personajes, acontecimientos y datos sobre el más alto, el más largo, etc.

TODAS LAS VOCES RELACIONADAS con el tema consultado, para que puedas completar tus conocimientos.

EXPERIMENTOS que te permitirán comprobar por ti mismo fenómenos, y te ayudarán a comprender mejor el tema consultado.

▼ A los aborígenes les gusta mantener sus viejas tradiciones. En la fotografía podemos ver a un grupo bailando con lanzas al compás de instrumentos autóctonos.

Punto de partida

Después de un segundo

Después de dos segundos

▲ Cuando se suelta la bola, ésta va acelerando al caer. En el primer segundo, cae 9,8 m; en el siguiente, 19,6 m y así sucesivamente. Una pelota de béisbol y una de tenis caerían a la misma velocidad.

nativos de AUSTRALIA. Éstos, son individuos delgados de piel oscura, nariz ancha y pelo negro y rizado. Llegaron a Australia hace miles de años procedentes del Sureste asiático. En Australia no tenían un hogar permanente; erraban por el desierto de un lugar a otro cazando o recogiendo comida. Sus armas eran el bumerang y la lanza.

Los aborígenes fueron perseguidos por el hombre blanco que colonizó Australia. En la actualidad, los aborígenes gozan de iguales derechos que el resto de los ciudadanos australianos.

Abreviatura

Una abreviatura es la representación acortada de una palabra o grupo de palabras. Palabras y frases son reducidas para ganar espacio.

En ocasiones, la primera y última letra de una palabra se utilizan como abreviatura; por ejemplo *Dr.* por Doctor. En ocasiones solamente utilizamos las primeras letras de la palabra, como *Sept.* para Septiembre. Debe colocarse un punto al final de la abreviatura para indicar la misma.

Aceituna

Las aceitunas son los FRUTOS que crecen en los olivos, árboles con hojas de color verde grisáceo y troncos retorcidos. Éstas tienen forma de pequeñas ciruelas. La recolección de la aceituna tiene lugar de noviembre a enero. Los agricultores golpean con largos palos las ramas de los árboles, y las aceitunas caen al suelo, alrededor de los olivos. Las aceitunas se pueden recolectar estando aún verdes o maduras; tienen un hueso en el centro y su sabor es ligeramente amargo. Se pueden comer crudas; el aceite de oliva que de ellas se obtiene, es muy apreciado por sus cualidades para la cocción de alimentos.

Los países mediterráneos son grandes productores de aceitunas; destacan entre ellos España e Italia.

Aceleración

Cuando un coche incrementa su velocidad en una unidad de tiempo determinada, se produce su aceleración. Si está corriendo a 60 km por hora y aumenta su velocidad a 70 km por hora, diremos que ha acelerado 10 km por hora.

4

Si tiras una bola desde lo alto de un edificio, ésta acelera a medida que cae. En el primer segundo cae 9,8 metros. Durante el segundo cae el doble de esta distancia, 19,6 metros. En el tercero se triplica (29,4 metros), y así sucesivamente. A medida que va cayendo, la bola va acelerando porque es atraída por la fuerza de la gravedad. Lo curioso es que la fuerza de GRAVEDAD atrae a todos los objetos a la misma velocidad. Si no hubiera aire y dejaras caer una pluma y una bola de billar desde lo alto de un edificio al mismo tiempo, se estrellarían contra el suelo juntas. Por supuesto, el aire mantiene a la pluma suspendida mucho más que a la bola.

Ácido

Un ácido es un COMPUESTO químico líquido que generalmente es venenoso. Algunos ácidos, tales como el sulfúrico, el nítrico y el clorhídrico son muy potentes y pueden corroer incluso a los metales más duros.

Otros ácidos son totalmente inofensivos. En esta categoría podemos incluir el ácido cítrico, el cual da a las naranjas y limones ese gusto tan característico, y el ácido acético del vinagre. El ácido láctico se produce en la leche cuando se vuelve agria. El *papel de tornasol* cuando es sumergido en cualquier ácido hace que esta clase especial de papel cambie de color, pasando del violáceo al rojo.

Ciertas sustancias son lo contrario de los ácidos. Son los llamados *álcalis* y hacen cambiar el papel de tornasol del violáceo al azul. La sosa, por ejemplo, es un álcali.

Aconcagua

El pico del Aconcagua, de 6.959 metros, es la cumbre más alta de los Andes meridionales y también la más alta de América. Está en ARGENTINA, en la provincia de Mendoza, cerca de la frontera con CHILE. Es una mole imponente, terminada en dos cumbres unidas por una arista corta y, aunque los habitantes de la cordillera lo llaman «el volcán», no lo es. La primera ascensión la realizó el suizo Mathias Zurbriggen en 1897.

Acrópolis

«Acrópolis» es la palabra griega que da nombre a la parte central más elevada y fortificada de las antiguas ciudades helénicas. La más famosa acrópolis es ATENAS, la capital

ÁCIDO

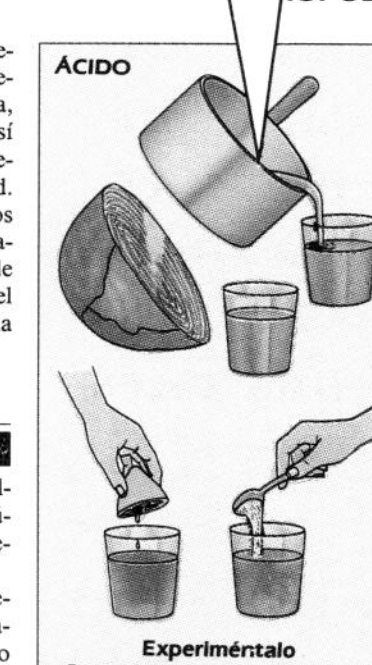

Experiméntalo

Corta en tiras media col lombarda. Colócalas en una cacerola con agua caliente y deja que se enfríe. Con un colador, vierte el líquido en un par de vasos. Añade unas gotas de agua. Esto nos muestra el color neutro. Si añades unas gotas de limón en uno de los vasos, el líquido adquirirá el color ácido. Al añadir un poco de sosa en el otro vaso obtendremos el color alcalino.

Mucha gente opina que el Partenón, en la Acrópolis de Atenas, es el edificio más perfecto que jamás se ha construido. Afortunadamente, aún podemos admirar sus espléndidos mármoles blancos. A lo largo de la historia el edificio ha sido utilizado como iglesia bizantina, iglesia católica romana y harén turco.

5

Nigeriano vistiendo traje tradicional (ver ÁFRICA)

Ábaco

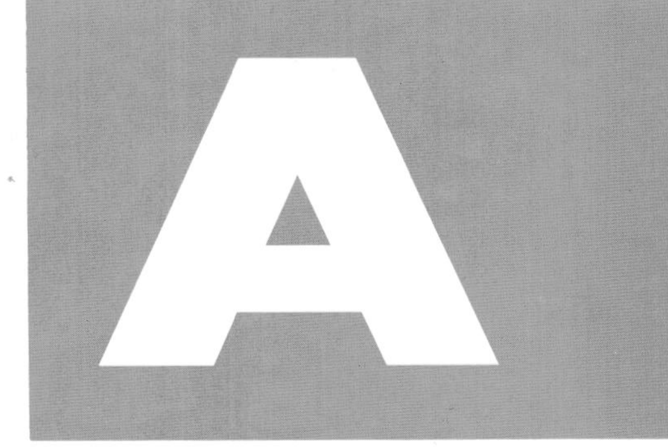

El ábaco es una sencilla máquina de cálculo, utilizada en un principio por los antiguos griegos y romanos. Está constituida por hileras de bolas ensartadas en alambres; las del primer alambre marcan las unidades, las del segundo indican las decenas, las del tercer alambre las centenas y así sucesivamente. El ábaco se sigue usando en ciertos países del Este. Los romanos solían usar pequeñas piedras como fichas. A estas fichas las llamaron *calculi*, siendo de este nombre de donde procede nuestra palabra «calcular».

Abadía

Una abadía es un MONASTERIO o convento, el hogar de monjes o monjas, regida por un abad o una abadesa. Durante la EDAD MEDIA se construyeron muchas abadías por toda Europa. La abadía de Montserrat en Cataluña, por ejemplo, fundada en el año 1023, sigue siendo un símbolo espiritual y cultural para todo un pueblo.

A menudo la abadía incluía un patio central, claustros por donde los monjes paseaban, estudiaban y pensaban, y una celda donde dormían. Habían también cocinas, establos, almacenes, una casa de huéspedes y huertos dentro del mismo recinto. Los monjes comían en un refectorio o comedor y podían descansar en la sala de reposo aunque sólo les estaba permitido permanecer en ella unos minutos al día.

▼ Una abadía era un pequeño mundo en sí mismo, donde la iglesia era el edificio más importante. Los monjes se levantaban cada mañana mucho antes de que saliera el sol, y se dirigían desde sus dormitorios a la iglesia. Mientras comían en silencio en el refectorio, uno de ellos leía en voz alta desde un púlpito. En la sala capitular los monjes se reunían para discutir los asuntos de la abadía. En los claustros paseaban y estudiaban. El abad tenía su propia casa. También había casa de huéspedes y enfermería.

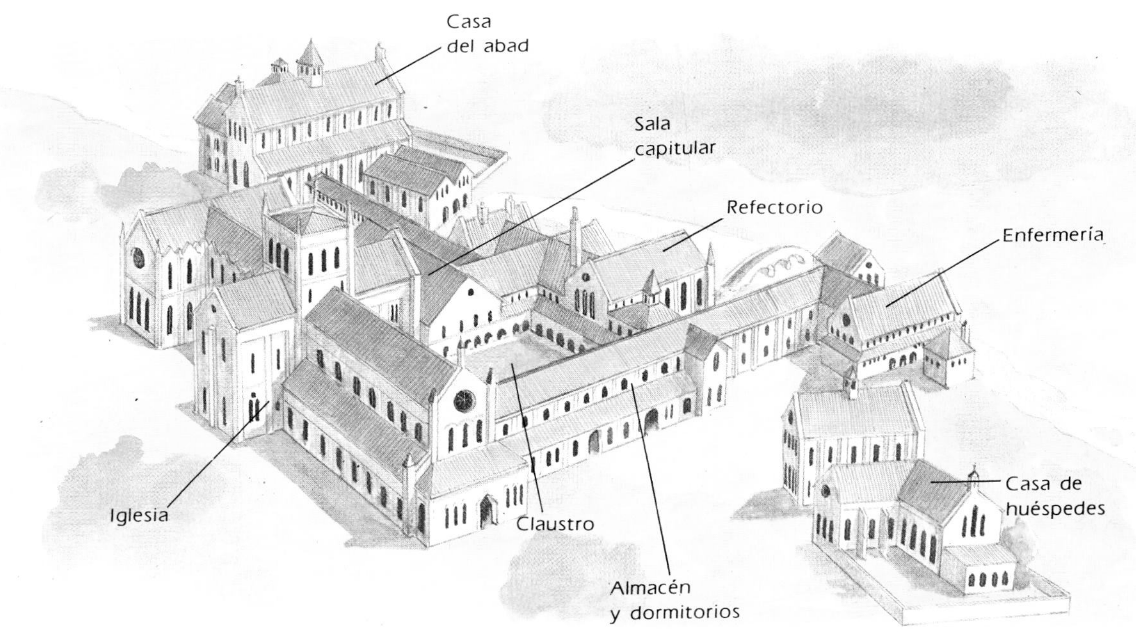

▲ Dentro de la colmena hay celdas de cera. La reina pone huevos en las celdas. Las larvas salen del cascarón y son alimentadas por las obreras. Las abejas obreras recogen néctar y polen de las flores. El néctar es convertido en miel, la cual es almacenada en la colmena como alimento.

Todas las tareas eran realizadas por los monjes; éstas incluían limpiar, cocinar, cultivar la tierra, trabajos de carpintería y apicultura. Ciertas abadías se hicieron famosas por la elaboración de vinos y licores. Otras fueron conocidas por su miel, medicinas o quesos. En aquellos tiempos, los monjes eran de los pocos grupos de personas que poseían estudios, y sus manuscritos y libros ilustrados eran muy valiosos.

Abeja

Hay muchas clases de abejas, pero la especie más conocida es la que produce miel. Unas 50.000 abejas obreras viven en cada colmena. Las abejas obreras son hembras pero no procrean. Para esta función está la abeja reina, de la que sólo existe una en cada colonia. Hay además cientos de zánganos, machos, que no poseen aguijón.

La vida de una abeja obrera es muy corta, ya que dura unas cuatro semanas, por tanto la reina tiene que poner muchos huevos para proveer la colmena con suficientes abejas. La reina puede llegar a poner hasta 1.500 huevos en un día. Periódicamente nace una nueva abeja reina, tras lo cual la reina vieja se va de la colmena con un enjambre de la mitad de las obreras, aproximadamente, para construir un nuevo hogar.

Las abejas solitarias son otro tipo de abejas que no viven en grandes colonias. Éstas procrean una pequeña familia de unos cientos de abejas que mueren cada invierno. La reina hiberna y crea otra familia al año siguiente.

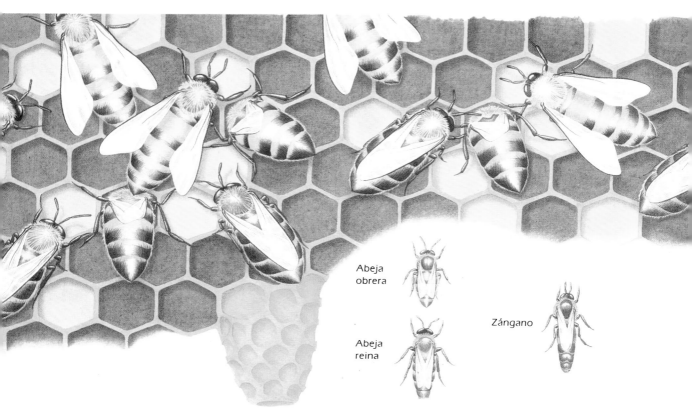

Las obreras recogen *polen* y néctar de las flores. El néctar se convierte en miel y es almacenado para proveer de alimento a las abejas durante el invierno. Los apicultores extraen cuidadosamente la miel de la colmena al mismo tiempo que dan a las abejas azúcar líquido para reemplazar la miel que han tomado.

Una abeja puede ver los colores verde, azul y ultravioleta, siendo este último invisible para el ser humano. El rojo puro no lo distingue como color. Los objetos rojos los ve como negros.

Una abeja debe posarse en más de 4.000 flores para producir una cucharada sopera de miel.

Abono

Los abonos son sustancias químicas. Se introducen en la tierra para alimentarla. De esta forma ayudan a las plantas a crecer más sanas y robustas y las proveen de los elementos químicos que necesitan para su crecimiento. Los abonos o fertilizantes más importantes son calcio, fósforo, potasio y AZUFRE.

Los abonos se añaden, normalmente, a tierras que no contienen suficiente cantidad de nutrientes naturales. Esto puede ocurrir si la tierra ha sido cultivada con el mismo tipo de plantas año tras año, o si la lluvia ha hecho desaparecer todos los fertilizantes.

Aborigen

La palabra «aborigen» significa ser originario del país en que se vive, pero actualmente se usa para referirnos a los

▼ A los aborígenes les gusta mantener sus viejas tradiciones. En la fotografía podemos ver a un grupo bailando con lanzas al compás de instrumentos autóctonos.

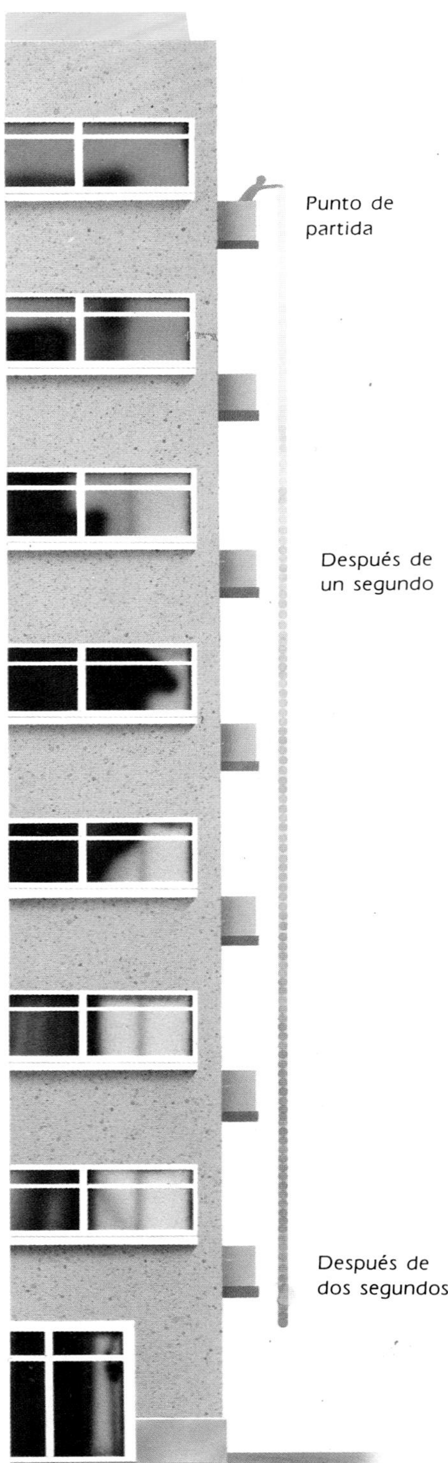

▲ Cuando se suelta la bola, ésta va acelerando al caer. En el primer segundo, cae 9,8 m; en el siguiente, 19,6 m y así sucesivamente. Una pelota de béisbol y una de tenis caerían a la misma velocidad.

nativos de AUSTRALIA. Éstos, son individuos delgados de piel oscura, nariz ancha y pelo negro y rizado. Llegaron a Australia hace miles de años procedentes del Sureste asiático. En Australia no tenían un hogar permanente; erraban por el desierto de un lugar a otro cazando o recogiendo comida. Sus armas eran el bumerang y la lanza.

Los aborígenes fueron perseguidos por el hombre blanco que colonizó Australia. En la actualidad, los aborígenes gozan de iguales derechos que el resto de los ciudadanos australianos.

Abreviatura

Una abreviatura es la representación acortada de una palabra o grupo de palabras. Palabras y frases son reducidas para ganar espacio.

En ocasiones, la primera y última letra de una palabra se utilizan como abreviatura; por ejemplo *Dr.* por Doctor. En ocasiones solamente utilizamos las primeras letras de la palabra, como *Sept.* para Septiembre. Debe colocarse un punto al final de la abreviatura para indicar la misma.

Aceituna

Las aceitunas son los FRUTOS que crecen en los olivos, árboles con hojas de color verde grisáceo y troncos retorcidos. Éstas tienen forma de pequeñas ciruelas. La recolección de la aceituna tiene lugar de noviembre a enero. Los agricultores golpean con largos palos las ramas de los árboles, y las aceitunas caen al suelo, alrededor de los olivos. Las aceitunas se pueden recolectar estando aún verdes o maduras; tienen un hueso en el centro y su sabor es ligeramente amargo. Se pueden comer crudas; el aceite de oliva que de ellas se obtiene, es muy apreciado por sus cualidades para la cocción de alimentos.

Los países mediterráneos son grandes productores de aceitunas; destacan entre ellos España e Italia.

Aceleración

Cuando un coche incrementa su velocidad en una unidad de tiempo determinada, se produce su aceleración. Si está corriendo a 60 km por hora y aumenta su velocidad a 70 km por hora, diremos que ha acelerado 10 km por hora.

Si tiras una bola desde lo alto de un edificio, ésta acelera a medida que cae. En el primer segundo cae 9,8 metros. Durante el segundo cae el doble de esta distancia, 19,6 metros. En el tercero se triplica (29,4 metros), y así sucesivamente. A medida que va cayendo, la bola va acelerando porque es atraída por la fuerza de la gravedad. Lo curioso es que la fuerza de GRAVEDAD atrae a todos los objetos a la misma velocidad. Si no hubiera aire y dejaras caer una pluma y una bola de billar desde lo alto de un edificio al mismo tiempo, se estrellarían contra el suelo juntas. Por supuesto, el aire mantiene a la pluma suspendida mucho más que a la bola.

Ácido

Un ácido es un COMPUESTO químico líquido que generalmente es venenoso. Algunos ácidos, tales como el sulfúrico, el nítrico y el clorhídrico son muy potentes y pueden corroer incluso a los metales más duros.

Otros ácidos son totalmente inofensivos. En esta categoría podemos incluir el ácido cítrico, el cual da a las naranjas y limones ese gusto tan característico, y el ácido acético del vinagre. El ácido láctico se produce en la leche cuando se vuelve agria. El *papel de tornasol* cuando es sumergido en cualquier ácido hace que esta clase especial de papel cambie de color, pasando del violáceo al rojo.

Ciertas sustancias son lo contrario de los ácidos. Son los llamados *álcalis* y hacen cambiar el papel de tornasol del violáceo al azul. La sosa, por ejemplo, es un álcali.

ÁCIDO

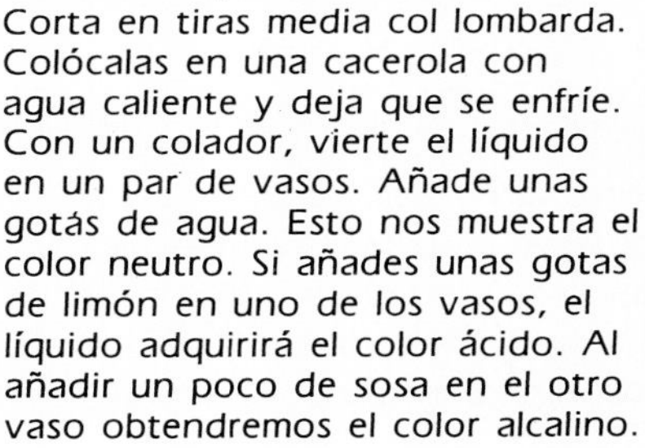

Experiméntalo

Corta en tiras media col lombarda. Colócalas en una cacerola con agua caliente y deja que se enfríe. Con un colador, vierte el líquido en un par de vasos. Añade unas gotas de agua. Esto nos muestra el color neutro. Si añades unas gotas de limón en uno de los vasos, el líquido adquirirá el color ácido. Al añadir un poco de sosa en el otro vaso obtendremos el color alcalino.

Aconcagua

El pico del Aconcagua, de 6.959 metros, es la cumbre más alta de los Andes meridionales y también la más alta de América. Está en ARGENTINA, en la provincia de Mendoza, cerca de la frontera con CHILE. Es una mole imponente, terminada en dos cumbres unidas por una arista corta y, aunque los habitantes de la cordillera lo llaman «el volcán», no lo es. La primera ascensión la realizó el suizo Mathias Zurbriggen en 1897.

Acrópolis

«Acrópolis» es la palabra griega que da nombre a la parte central más elevada y fortificada de las antiguas ciudades helénicas. La más famosa acrópolis es ATENAS, la capital

Mucha gente opina que el Partenón, en la Acrópolis de Atenas, es el edificio más perfecto que jamás se ha construido. Afortunadamente, aún podemos admirar sus espléndidos mármoles blancos. A lo largo de la historia el edificio ha sido utilizado como iglesia bizantina, iglesia católica romana y harén turco.

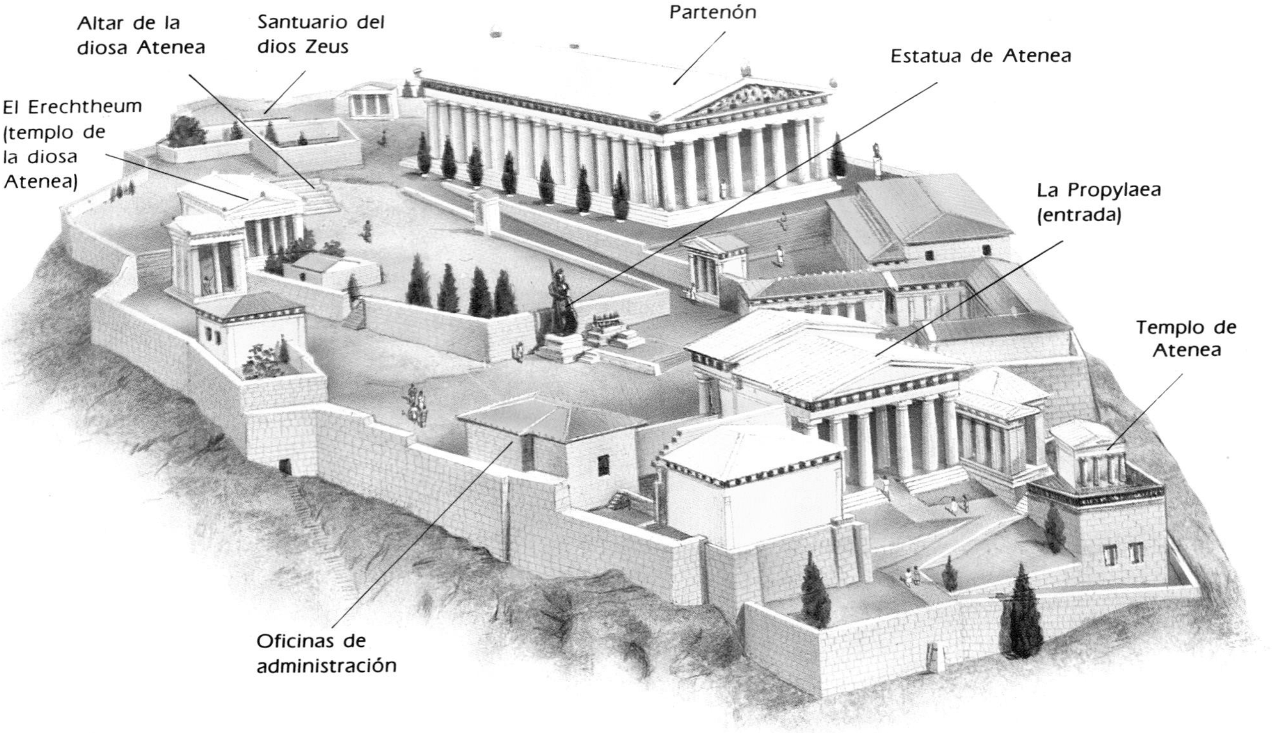

▲ En este dibujo se muestra cómo debía de haber sido la acrópolis de Atenas alrededor del año 400 a.C. La Propylaea, con sus seis filas de columnas, era un magnífico pórtico de entrada. En el punto más alto de la Acrópolis se erigía el Partenón.

de la Grecia moderna. En la cima de la acrópolis están las ruinas de antiguos templos construidos en el año 400 a.C. cuando Atenas era una rica y poderosa ciudad. El Partenón, el más grande e importante de estos templos, fue construido en honor a *Atenea*, diosa de Atenas. Algunas de sus más preciadas reliquias artísticas se hallan actualmente diseminadas por distintos museos europeos, siendo el Museo Británico de Londres el que contiene más piezas de este monumento.

Acuario

Un acuario es un depósito de agua donde se tienen vivos animales o vegetales acuáticos para su observación o estudio. Muchos acuarios públicos se han hecho famosos por su especialización en el entrenamiento y actuación de animales, como los DELFINES y BALLENAS. Un acuario doméstico es un pequeño recipiente con agua que se utiliza para mantener vivos plantas y peces. Normalmente está hecho de cristal o por lo menos tiene una cara que es de cristal para que el contenido pueda ser visto con facilidad. Mucha gente tiene preciosos PECES TROPICALES en los acuarios, pero éstos deben de estar equipados con un tipo de calefacción especial para mantener el agua a una

No olvides que los peces tienen estómago, intestinos, corazón y sistema nervioso, y son capaces de sentir dolor y molestías. Su sentido del tacto es muy agudo y su sentido del sabor está ubicado, al igual que su sensibilidad, en la piel. También tiene órganos olfativos y un oído interno

determinada temperatura. Este tipo de peces requieren una atención y cuidados especiales.

Acueducto

Un acueducto es un conducto hecho por el hombre, cerrado y no prefabricado, que sirve para llevar grandes cantidades de agua de un sitio a otro. Se distingue así de los canales, que son abiertos, y de las cañerías, que son prefabricadas. Los romanos desarrollaron considerablemente su técnica de construcción, alcanzando una gran espectacularidad al hacer pasar la canalización sobre arcos cuando se tropezaban con desniveles. Entre los más destacados están el Pont du Gard, en Nîmes (Francia) y también el de Segovia.

Acupuntura

La acupuntura es un método terapéutico muy antiguo que consiste en clavar agujas muy finas en determinadas zonas del cuerpo. El tratamiento fue desarrollado por los chinos hace unos 5.000 años, aproximadamente, empleándose en la actualidad con renovado éxito.

Doctores chinos han realizado operaciones utilizando la acupuntura como único medio de anestesia. En Occidente la acupuntura ha sido incorporada parcialmente, como una rama de la medicina alternativa. Se usa en tratamientos tales como dolores de cabeza, asma y artritis.

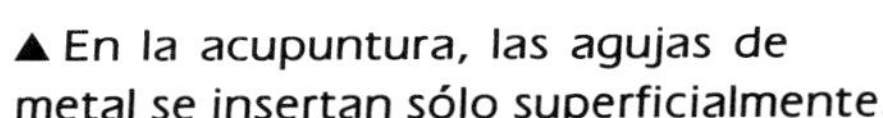

▲ En la acupuntura, las agujas de metal se insertan sólo superficialmente.

Experiméntalo

Un recipiente de cristal o de plástico nos servirá para mantener en casa a ranas y otras criaturas que vivan en charcas. Pon arena, grava y unas piedras en el fondo del acuario (no utilices un recipiente redondo para peces), junto con unas cuantas plantas. Procura que la luz bañe el acuario, aunque no directamente, y llénalo con agua de estanque. Puedes añadir la mayoría de las criaturas que encuentres en una charca, pero evita poner en el recipiente libélulas y coleópteros.

▲ Un tractor está siendo probado para averiguar exactamente cuál es la cantidad de sonido que emite. La experiencia se lleva a cabo en una habitación especialmente diseñada para absorber todo el ruido procedente de cada una de las partes del vehículo.

Acústica

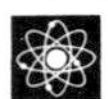

La acústica es la ciencia que estudia el SONIDO, su producción, propagación, recepción y propiedades. Cuando un arquitecto diseña una sala de conciertos o un teatro, tiene que considerar cuidadosamente la calidad sonora del edificio. ¿Podrá el amplio espectro de las ondas sonoras llegar a todos los asientos de la sala? ¿Habrán ecos molestos procedentes del techo o de las paredes? ¿Será absorbido el sonido procedente del escenario por materiales blandos como las cortinas, causando un sonido apagado?

Las ondas sonoras viajan en línea recta, y pueden ser absorbidas o reflejadas por las superficies con las que chocan. Varios tipos de reflectores y pantallas acústicas pueden ser colocados en las paredes y techo para redirigir las ondas y obtener así una mejora acústica.

Adhesivo

Los adhesivos son sustancias que se utilizan para pegar elementos. Hay muchas clases de adhesivos. A lo largo del tiempo, el hombre ha utilizado adhesivos procedentes de la cocción de huesos, de animales, etcétera. De plantas tales como el maíz y las patatas se consigue un pegamento ideal para el papel. La goma líquida natural se pega rápidamente a casi todo. Sin embargo, los adhesivos sintéticos fabricados por el hombre son mejores que los naturales porque resultan más fuertes y resistentes.

Para que un adhesivo rinda al máximo, las superficies a unir tienen que estar muy limpias. Grasa, suciedad y agua impiden que el adhesivo llegue a la superficie debidamente.
La grasa de tus dedos o incluso la humedad de tu aliento pueden dificultar una buena adhesión.

Adjetivo

El adjetivo es cualquier palabra que califica o modifica al nombre. «Un caballo gris» es más exacto que si sólo decimos «un caballo». Podemos definir mejor si escribimos «un gran caballo gris y cariñoso». Las palabras *gran, gris* y *cariñoso* son adjetivos que describen al SUSTANTIVO *caballo.*

Los adjetivos, en general, van después del nombre, pero también pueden precederle.

Adolescencia

La adolescencia es aquel período de tiempo en que los niños/as están creciendo para convertirse en adultos. Los cambios propios de la adolescencia empiezan en las chicas de los 10 a los 13, y en los chicos de los 11 a los 14. Estas transformaciones continúan durante varios años y el cuerpo del adolescente evoluciona. En las chicas, las caderas se hacen más anchas y el pecho inicia su desarrollo. Más tarde tienen la primera menstruación. Esto es una señal de que un día podrá tener hijos. En cuanto a los chicos, su voz se vuelve más profunda y la barba empieza a crecer. Chicos y chicas desarrollan pelo en el pubis y en las axilas.

Durante la adolescencia los chicos/as se sienten a menudo incómodos y con frecuencia sufren decepciones emocionales; pero estas fases pasan pronto. Niños y niñas se convierten en chicos y chicas jóvenes y aprenden cada vez más por sí mismos, de esta forma ya no dependen tanto de sus padres.

▲ Un niño judío se prepara para la ceremonia *mitzvah*. Esta ceremonia, que se celebra el sábado más próximo a su decimotercer aniversario, señala su paso de la adolescencia a la edad adulta.

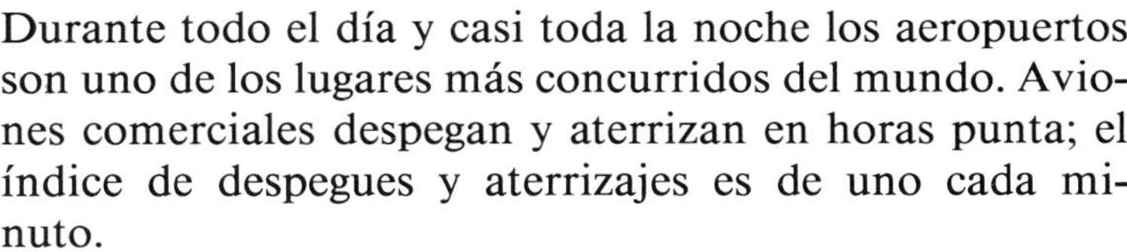

Aeropuerto

Durante todo el día y casi toda la noche los aeropuertos son uno de los lugares más concurridos del mundo. Aviones comerciales despegan y aterrizan en horas punta; el índice de despegues y aterrizajes es de uno cada minuto.

Los aeropuertos cumplen tres tareas principales: hacerse cargo de los pasajeros, del correo y de las mercancías; deben asegurarse de que todos los aviones aterricen y despeguen con seguridad y en el tiempo previsto; han de estar provistos de *hangares* y talleres, para que de esta forma los aviones puedan ser revisados con regularidad.

El centro de operaciones del aeropuerto es la torre de control donde los controladores aéreos organizan el despegue y aterrizaje de cada aeronave con la ayuda de complicados sistemas electrónicos, tales como ordenadores y radar; el controlador de tierra guía al piloto de la aeronave desde una altitud de 6.000 a 8.000 metros hasta una pista de aterrizaje de aproximadamente 3 kilómetros de largo por 60 metros de ancho. Las pistas de aterrizaje son, normalmente, paralelas entre sí y están situadas en línea con el viento dominante; de esta forma el avión aterriza con el viento en contra, lo que supone una mayor seguridad. Tan pronto como la aeronave ha aterrizado se desplaza por las pistas de rodaje hacia otra pista secundaria. En esta última los camiones esperan preparados para transportar el equipaje y mercancías hasta la terminal. Camiones cisterna, se desplazan para rellenar de combustible los tanques de las aeronaves. El personal de limpieza y servicios prepara el avión para el próximo vuelo.

AEROPUERTOS MÁS IMPORTANTES

En millones de pasajeros al año	
América del Norte	
Nueva York	77'9
Chicago	64'1
Los Angeles	49'4
América Central y del Sur	
México	10'5
Caracas	7'3
Buenos Aires	6'8
Europa	
Londres	55'4
París	37
Frankfurt	23'3
Roma	14'7
Madrid	11'8
Palma de Mallorca	11'2

Aeropuerto más grande
Dallas Fortworth (Texas, EUA), 7.080 hectáreas

Aeropuerto más alto
Lhasa (Tíbet), a 4.363 m.

Aeropuerto más bajo
Schipol (Amsterdam), a 3'9 m.

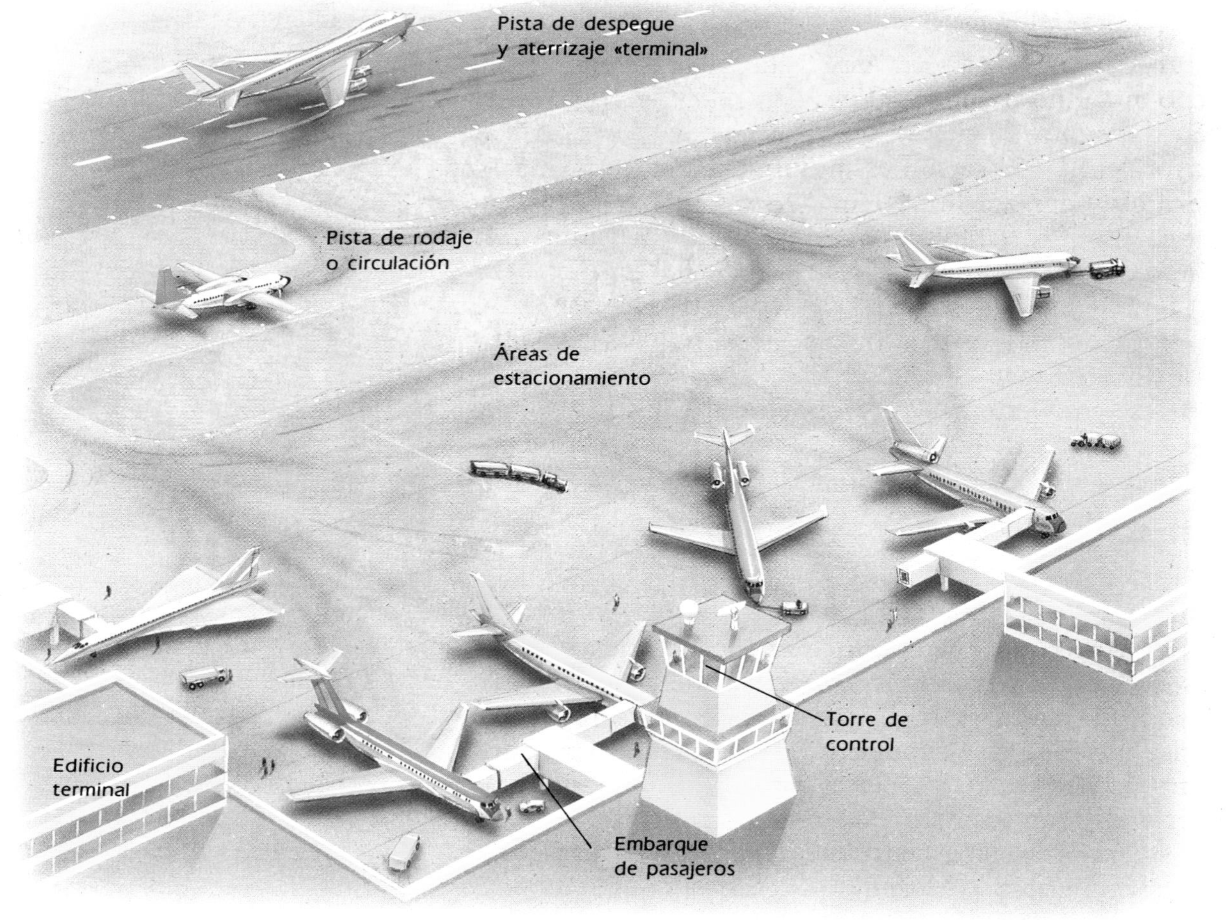

Pista de despegue y aterrizaje «terminal»
Pista de rodaje o circulación
Áreas de estacionamiento
Edificio terminal
Torre de control
Embarque de pasajeros

▲ Algunos de los modernos aeropuertos poseen solamente una pista principal de despegue y aterrizaje, orientada en la dirección del viento predominante en la zona.

Aerosol

Cuando los científicos hablan de un aerosol se refieren a una nube de partículas muy finas flotando en el aire o en otro gas. Las partículas pueden ser líquidas, como las de las nubes, o sólidas, como las del humo.

Cuando la mayoría de la gente se refiere a un aerosol entiende por ello algo que pulveriza insecticida, cosmético o pintura. Consiste en un bote que contiene un gas líquido a alta presión. El bote, además, contiene pintura o cualquier otra sustancia. Cuando el botón es presionado, la boquilla se abre y el gas empuja la pintura, que sale pulverizada.

Muchos científicos están tratando de prohibir el uso de productos químicos nocivos en los aerosoles. Está comprobado que estos gases nocivos se acumulan en el aire y que lentamente destruyen la capa de OZONO. Ésta es una capa de gas situada a unos 20.000 metros por encima de la Tierra que absorbe la mayoría de los peligrosos rayos ultravioleta procedentes del SOL.

Afganistán

Afganistán es un país de ASIA. Está formado por un terreno montañoso que se extiende entre Rusia, Pakistán e Irán. La capital y ciudad más importante es Kabul. La mayoría de la población es musulmana. En 1978 el gobierno fue derrocado por fuerzas rebeldes simpatizantes de la antigua URSS, pero guerrillas musulmanas continuaron luchando en contra del nuevo gobierno. En 1979 tropas soviéticas invadieron el país. Finalmente, el ejército invasor tuvo que retirar todos sus efectivos. En la actualidad, el gobierno está en manos de varias facciones musulmanas que se disputan el poder.

África

África es el segundo continente más grande del mundo. Cubre una área de 30.319.000 km², una quinta parte de la superficie habitable de la tierra. África se extiende desde el mar Mediterráneo por el norte hasta el cabo de Buena Esperanza en su extremo sur. Grandes partes de África son tierras despobladas y yermas. El tórrido desierto del SAHARA se extiende por casi la totalidad septentrional del continente. Cerca del ECUADOR, el cual pasa por su parte central, se encuentran sus mayores bosques. En estos bosques los árboles crecen tan juntos que sus hojas y ramas impiden que la luz del sol llegue hasta el suelo del bosque.

Más de un tercio de África es un altiplano o meseta. Esta región está cubierta mayoritariamente por praderas llamadas *sabanas*. Grandes manadas de animales de pasto recorren la sabana. Entre éstos podemos encontrar cebras, jirafas, ñus e impalas. Otros animales, tales como leones, leopardos y hienas son predadores, alimentándose de los herbívoros. En el pasado, muchos de estos animales casi fueron aniquilados por los cazadores; pero hoy en día, para la protección de los mismos, se han habilitado reservas especiales.

El monte Kilimanjaro es la montaña más alta de África. Está en Tanzania; su altitud es de 5.895 metros. El lago más grande de África es el Victoria, que se extiende entre Kenia y Tanzania. Los ríos más largos del continente son el NILO, Zaire (antes llamado Congo), Níger y Zambeze.

Etnias diferentes habitan en África. En el norte los ÁRABES y bereberes, que en su mayoría son musulmanes. La llamada África Negra se extiende al sur del desierto del Sahara. La población de color supone un total de las tres

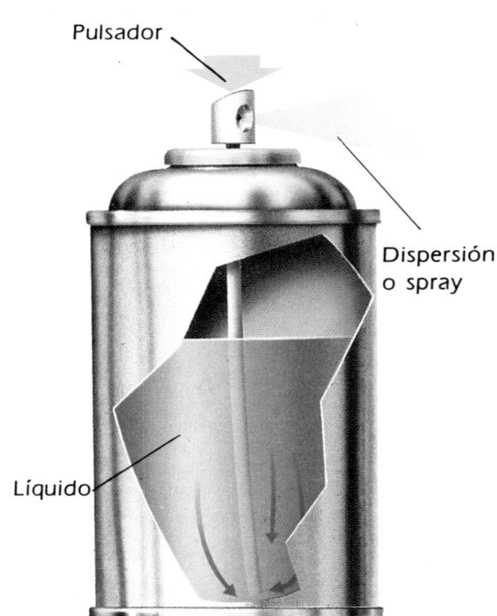

▲ Cuando presionas el botón en el envase de un aerosol, un gas a presión fuerza al líquido a través del tubo hacia arriba y lo dispersa pulverizándolo.

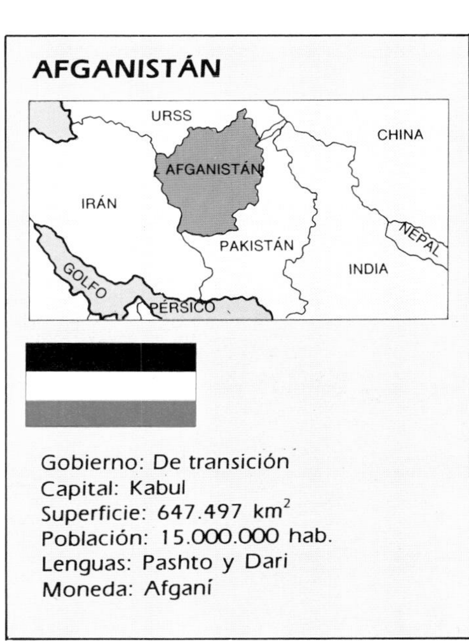

ÁFRICA

▲ África es un continente inmenso. La extensión de África es 60 veces superior a la de España. El gran desierto del Sahara se extiende por la parte septentrional del continente y separa a los países árabes limítrofes con el mar Mediterráneo de la llamada África Negra o central. La mayor parte del continente está cubierto por tierras de pasto o sabana.

▼ Los abrevaderos son indispensables para los animales africanos. En la ilustración podemos ver en uno de ellos cebras, impalas, ciervos africanos y pintadas. Un avestruz y una jirafa esperan su turno.

cuartas partes de los habitantes de África. El resto son de origen europeo y asiático.

La mayoría de los africanos son campesinos, cultivan la tierra con cosechas de té, café, algodón y plantaciones de coco. África ofrece casi las tres cuartas partes de la producción mundial de aceite de palma y del palmiste. Con estas materias primas se elaboran productos como el jabón y la margarina. El continente también posee una importante riqueza mineral; se extrae oro, diamantes, cobre y estaño.

El continente inexplorado

Durante siglos África fue llamado «el continente misterioso». Esto era debido al desconocimiento que los europeos tenían de África y de sus habitantes. Los fenicios y los romanos crearon centros de intercambio comercial a lo largo de toda la costa norte y conocían el esplendor de la civilización egipcia; pero los pueblos del interior del continente continuaban siendo una incógnita.

Los primeros europeos en desvelar los misterios de este enorme e inexplorado continente fueron los portugueses. Fueron éstos los descubridores de la ruta marítima hacia la India; navegaron alrededor del cabo de Buena Esperanza; rodearon la costa, temiendo navegar lejos de ella y asegurándose de este modo a lo largo de toda la travesía la visión del litoral. Pronto se dibujaron cartas de navegación de África, pero hubo que esperar hasta el siglo XV para que los exploradores se aventurasen

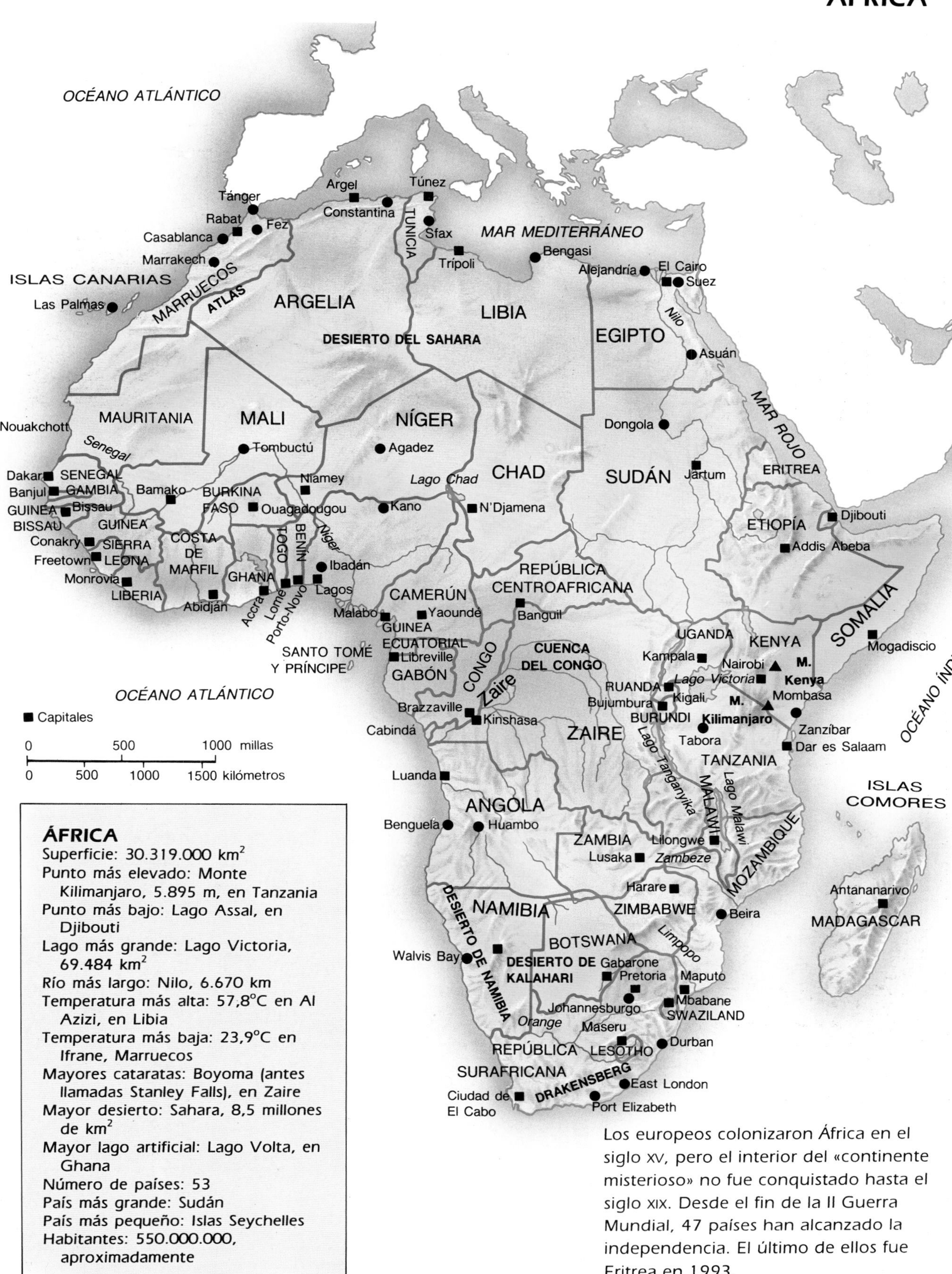

ÁFRICA

Superficie: 30.319.000 km^2
Punto más elevado: Monte Kilimanjaro, 5.895 m, en Tanzania
Punto más bajo: Lago Assal, en Djibouti
Lago más grande: Lago Victoria, 69.484 km^2
Río más largo: Nilo, 6.670 km
Temperatura más alta: 57,8°C en Al Azizi, en Libia
Temperatura más baja: 23,9°C en Ifrane, Marruecos
Mayores cataratas: Boyoma (antes llamadas Stanley Falls), en Zaire
Mayor desierto: Sahara, 8,5 millones de km^2
Mayor lago artificial: Lago Volta, en Ghana
Número de países: 53
País más grande: Sudán
País más pequeño: Islas Seychelles
Habitantes: 550.000.000, aproximadamente

Los europeos colonizaron África en el siglo XV, pero el interior del «continente misterioso» no fue conquistado hasta el siglo XIX. Desde el fin de la II Guerra Mundial, 47 países han alcanzado la independencia. El último de ellos fue Eritrea en 1993.

La mayor parte de África es una meseta, rodeada por una estrecha franja litoral. La altura media del continente africano es de 750 m sobre el nivel del mar. Aproximadamente 15 veces la altura de la estatua de Colón de Barcelona.

▶ Se han producido grandes cambios en África desde los años de la II Guerra Mundial. En esta foto podemos ver a partidarios de Joshua Nkomo, en Zimbabwe.

▼ África posee gran variedad de cultos. Pero la tendencia general de la población es la del Islam. Actualmente hay más de 100 millones de musulmanes en África. La mayoría se concentran en el norte del continente. En la ilustración inferior podemos ver una congregación en la mezquita de Nairobi, en Kenia.

hacia el interior. A partir del año 1400, marinos europeos empezaron a embarcar esclavos hacia las Américas; entre los años 1500 y 1800 cerca de catorce millones de personas fueron transportadas al Nuevo Mundo. Por lo general estos esclavos procedían de tribus cercanas al litoral africano; de esta manera los europeos no necesitaron viajar hacia el interior del gran continente.

A principios del siglo XIX Europa empezó a establecer colonias en África. Intrépidos exploradores, entre los cuales destacan David LIVINGSTONE, Mungo Park y Henry Stanley viajaron hacia el interior. Muy pronto, las potencias europeas se repartieron el continente. Nuevas formas de vida fueron importadas por los blancos. La religión cristiana envió misioneros y fundó escuelas. Después de algunos años, los africanos se revelaron contra los gobernantes extranjeros, y durante los años cincuenta y sesenta de nuestro siglo muchas de las antiguas colonias se declararon independientes.

Muchos países africanos son pobres, y diferentes políticos y generales han luchado para obtener el poder; esto ha ocasionado que algunos países hayan padecido sangrientas guerras civiles. Sin embargo, en la actualidad estos países trabajan conjuntamente para poder desarrollar sus industrias y recursos naturales. La mayoría de las naciones más ricas del mundo invierten dinero y ayudan a desarrollar estas tendencias de cooperación.

Agricultura

La agricultura es la actividad humana más importante del mundo. Hay más gente trabajando en el campo que en cualquier otra actividad. (Ver págs. 16 y 17.)

Agua

La sustancia más común de la Tierra es el agua. Las siete décimas partes del planeta están cubiertas por agua. Asimismo, el agua es la sustancia más importante en la Tierra. Sin ella la vida sería imposible. La vida empezó en el agua, y los cuerpos de todas las criaturas vivientes están compuestos en su mayor parte por agua. El agua contiene MINERALES, que ha recogido de la tierra y de las rocas.

El agua existe en tres formas diferentes. A 0 °C se convierte en hielo. A 100 °C se convierte en vapor.

El aire recoge el agua con facilidad, y las NUBES son grandes masas de vapor acuoso. Las nubes contienen millones de toneladas de agua, la cual cae a la tierra en forma de LLUVIA. Mucha de esta agua se queda en la tierra o debajo de ella durante años, pero la mayor parte del agua retorna a los océanos.

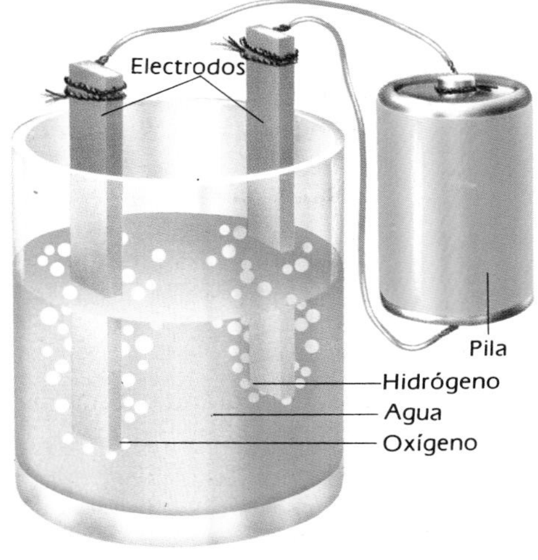

▲ La fórmula química del agua es H_2O. Esto significa que cada molécula de agua está formada por dos átomos de hidrógeno y uno de oxígeno. Arriba vemos cómo, usando dos electrodos para pasar electricidad a través del agua, podemos descomponerla en dos gases: hidrógeno y oxígeno. Este proceso es conocido con el nombre de electrólisis.

Águila

Las águilas son grandes aves de caza. En zoología se clasifican como aves rapaces diurnas. En general cazan mamíferos y pájaros. Algunas también capturan peces y rep-

(Continúa en pág. 18)

Águila calzada

Águila perdicera

Águila marcial

AGRICULTURA

La agricultura empezó en Oriente Medio hace unos 9.000 años. Actualmente, la mitad de la población mundial es agricultora. Muchos trabajan el campo para poder subsistir y solamente cultivan lo necesario para alimentarse. Otros lo hacen para vender lo cultivado.

La agricultura se ha ido tecnificando con el paso del tiempo, así, en el siglo XVII, la introducción de cultivos como el trébol y el nabo permitió la subsistencia de los animales de granja. Antes éstos morían con la llegada del invierno. Con los nuevos cultivos los ganaderos pudieron aumentar el número de reses, cerdos y ovejas. Del Nuevo Mundo nos llegaron a Europa plantas como la patata y el tomate. En el siglo XIX, con la invención de la máquina de vapor y de los tractores, se pudieron reemplazar a los bueyes y a los caballos. Actualmente, la mayoría de los países desarrollados poseen una agricultura mecanizada. Poca gente necesita trabajar en el campo; en las granjas se crían terneros y aves de corral. Los países ricos producen más comida de la que necesitan. La «revolución verde» ha supuesto para el Tercer Mundo nuevos métodos de trabajo y nuevos cultivos, pero esto no es suficiente y hoy en día siguen existiendo en los países pobres un gran número de personas que padecen hambre y desnutrición. En África, Asia y América Latina las granjas siguen siendo pequeñas y el trabajo mayoritariamente, se hace a mano.

CULTIVO POR FRANJAS

En la antigüedad la gente compartía los campos. Cada campesino tenía una franja de terreno. Los campos eran arados arriba y abajo siguiendo la inclinación del terreno; raramente se hacía a través. De esta manera las franjas de un grupo de agricultores se orientaban en una dirección y las de un grupo vecino en otra.

ROTACIÓN DE CULTIVOS

En el siglo XVII se adoptó el sistema de rotación; dicho sistema consistía en alternar el tipo de cosecha; por ejemplo: se sembraban cereales, tales como trigo y centeno, alternándolos con trébol y con cultivo de raíces, como los nabos o las zanahorias.

LA HISTORIA DE LA AGRICULTURA

Año 7.000 a.C. La agricultura empieza cuando la gente descubre los granos (cereales) y la cría de animales domésticos de granja.

Año 4.000 a.C. Regadío de cultivos en Mesopotamia y Egipto.

Año 500 a.C. Se empiezan a utilizar herramientas de hierro y arados tirados por bueyes.

Año 600 d.C. Sistemas de campos abiertos, en el norte de Europa.

Siglo XV Delimitación de los terrenos mediante márgenes o vallas. Aumento de la cría de ovejas.

Siglo XVI Llegan a Europa nuevas plantas desde América.

Siglo XVII En Europa, mejoran las razas de los animales de granja.

Siglo XVIII Introducción de nueva maquinaria: la sembradora de Jethro Tull y la máquina de trillar del escocés Meikle.

Siglo XIX Invención de las máquinas de vapor, trilladoras y de segar; empleo de nuevos abonos; América del Norte y Australia se convierten en importantes países agrícolas.

Siglo XX Uso de productos químicos, como abonos e insecticidas; las nuevas plantas resisten mejor las enfermedades.

CULTIVOS MÁS IMPORTANTES

Aceites vegetales, líquidos grasos que se obtienen de frutos o semillas. Los más comunes son el de oliva, maíz, girasol, coco, soja, algodón y cacahuete.

Arroz, planta gramínea, propia de terrenos muy húmedos. Su fruto es un grano oval, blanco y harinoso. Es el principal alimento de la mitad de la población mundial.

Avena, plata gramínea que crece en América del Norte, Europa y en la Unión Soviética.

Azúcar, sustancia sólida, muy dulce. Se extrae de la raíz de la remolacha en los climas fríos o de la caña de azúcar en climas cálidos.

Cebada, planta gramínea parecida al trigo. Es un cereal que crece en climas templados.

Maíz, planta gramínea, que produce una mazorcas con granos de color amarillo. Crece bien en climas templados y húmedos.

Patatas, planta solanácea, sus tubérculos son muy alimenticios. De origen suramericano, es un importante cultivo en Europa.

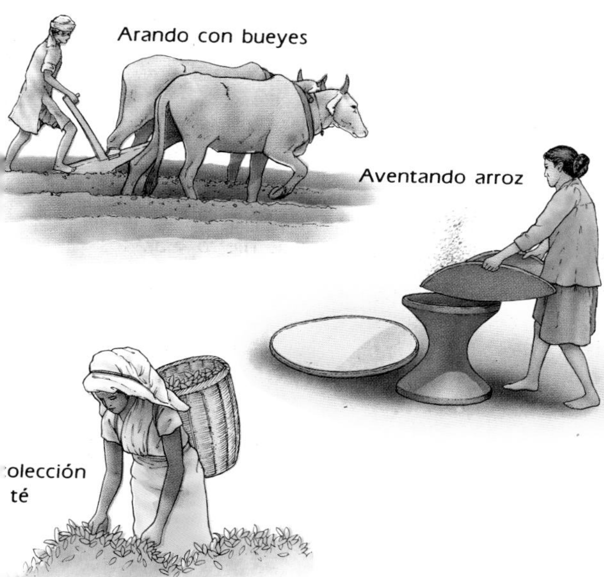

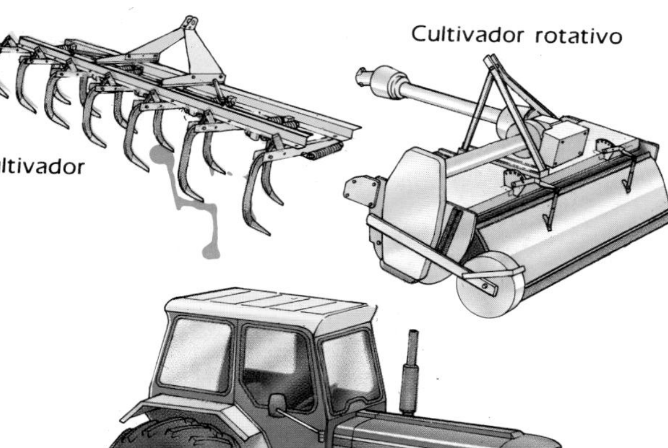

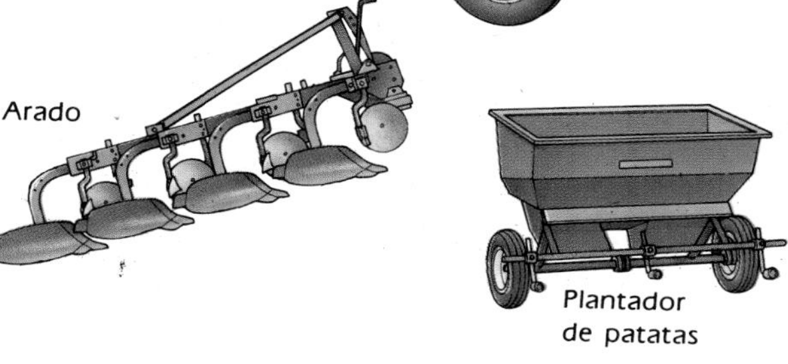

▲ En ciertas partes del mundo se siguen usando antiguos procedimientos de labranza. Lentamente la maquinaria moderna se va imponiendo.

▲ En las granjas avícolas las gallinas son criadas para producir más huevos en menos tiempo y a un coste más bajo.

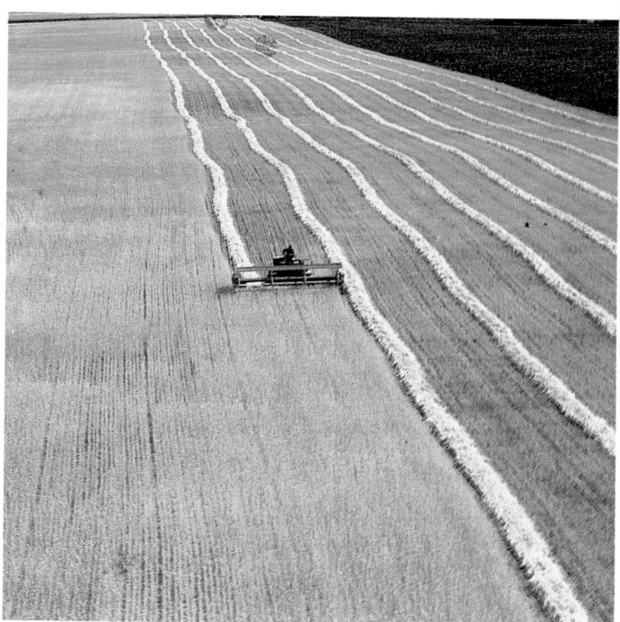

▲ Cosechadora trabajando en un campo de trigo en Norteamérica.

Para más información consultar los artículos: ABONO; ALGODÓN; ALIMENTO; ARROZ; AZÚCAR; BUEY; CABALLO; CABRA; CAFÉ; CERDO; JUDÍA; PATATA; RIEGO; TÉ; TRIGO; VACA.

Un agujero negro distorsiona la dimensión del espacio. Desde afuera nos puede parecer un objeto negro de unos pocos kilómetros de diámetro. Pero si estuviéramos dentro, nos parecería tan grande como el propio universo.

tiles. Pertenecen a la familia de los accipítidos y están emparentadas con los halcones.

Habitan en todas las regiones del mundo, excepto en Nueva Zelanda y la Antártida. Anidan en las grietas de montaña, en acantilados junto al mar y en las copas de los árboles. Un año tras otro, constantemente, utilizan el mismo nido. El águila real, la «calva» o de cabeza blanca y la harpía son los ejemplos más destacados de esta especie.

Agujero negro

Las estrellas están compuestas principalmente de hidrógeno. Cuando el hidrógeno se convierte en helio hace que las estrellas brillen y den calor. El ejemplo más próximo es nuestro Sol. Cuando una gran estrella (estrellas masivas) han consumido su hidrógeno se produce una explosión: es la llamada explosión de una *supernova*. Todo cuanto queda después de semejante explosión es una pequeña estrella de pocos kilómetros de diámetro (para una masa cuatro veces superior a la del Sol, el radio es del orden de 12 km). A este espacio le llamamos *agujero negro* porque la materia está tan densamente concentrada que ni siquiera la luz puede salir al exterior. Es tan grande la densidad en el estado final de la estrella, que un objeto como la cabeza de un alfiler pesaría lo mismo que un gran edificio. Estos agujeros al ser, enteramente negros, no han sido observados por ningún astrónomo. Aunque no sean perceptibles por medios ópticos o por sus radiaciones, un agujero negro se puede detectar

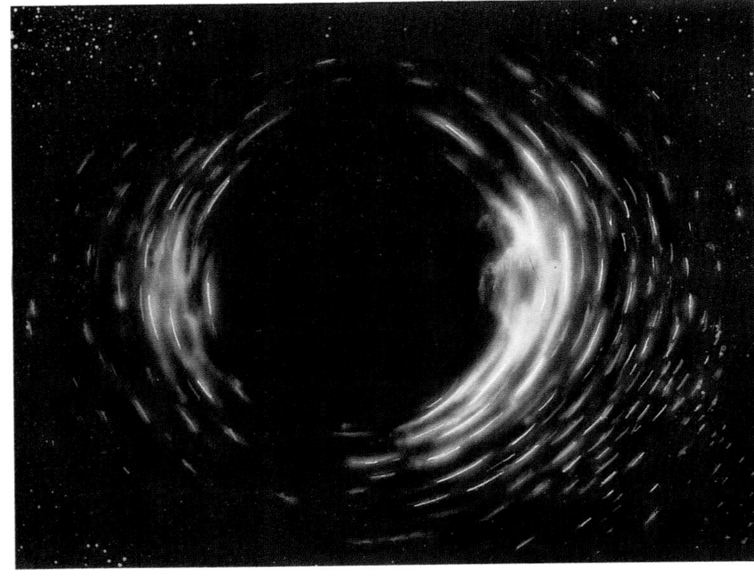

▶ Un plano cercano al agujero negro podría parecerse a este dibujo. Según la impresión del artista, éste nos muestra unas luces brillantes alrededor de la circunferencia. Esto responde a que la luz procedente de estrellas lejanas que estuvieron por detrás del agujero ha sido desviada por la extraordinaria fuerza de gravedad que lo envuelve.

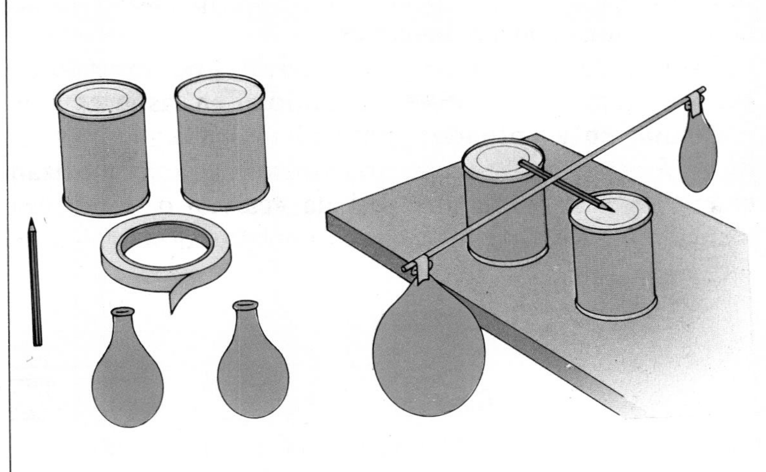

Experiméntalo

Comprueba por ti mismo que el aire tiene peso. Construye una balanza sencilla, utilizando para ellos dos botes, un lápiz y un palito largo marcado en el centro. Pega dos globos idénticos en los extremos del palo y mira cómo se equilibran. Ahora, simplemente, despega uno de los globos, hínchalo con aire y vuelve a ponerlo en su sitio. El globo lleno hará que la balanza se incline. De esta forma habrás demostrado que el aire, realmente, pesa.

por los efectos gravitacionales y eléctricos que ejerce sobre los astros vecinos. El estudio del comportamiento de ciertas estrellas hace suponer la existencia de agujeros negros cerca de ellas. Últimamente se especula con la existencia de un enorme agujero negro en el centro de la VÍA LÁCTEA.

Aire

El aire que está a nuestro alrededor es un fluido gaseoso que envuelve la Tierra. A esta capa la llamamos *atmósfera.* Todos los seres necesitan aire para poder vivir. El aire no tiene color ni sabor, aunque es una mezcla de cierto número de diferentes gases. Podemos sentirlo cuando el viento sopla, y lo notamos cuando nos empuja; de esta forma deducimos que tiene peso. El aire transporta los sonidos, con lo cual sin aire no podríamos percibir ninguno, porque el sonido no puede viajar en el VACÍO.

El gas más importante y que ocupa cuatro quintas partes del aire es el nitrógeno. El OXÍGENO ocupa cerca de una quinta parte del aire. En el aire también podemos encontrar cantidades variables de vapor de agua y anhídrido carbónico. Cuando hablamos acerca del grado de HUMEDAD en el aire, nos referimos a la cantidad de agua que hay en el mismo.

El aire que constituye la atmósfera se vuelve más ligero conforme vamos subiendo. Todos los aviones que alcanzan grandes alturas han de mantener en su interior la misma presión de aire que cuando estaban a nivel del suelo, así los pasajeros y la tripulación pueden respirar

El aire es más pesado de lo que nos pueda parecer. En una habitación de dimensiones normales el aire que contiene pesa más de 45 kg. El aire que respiramos es 14 veces más pesado que el hidrógeno.

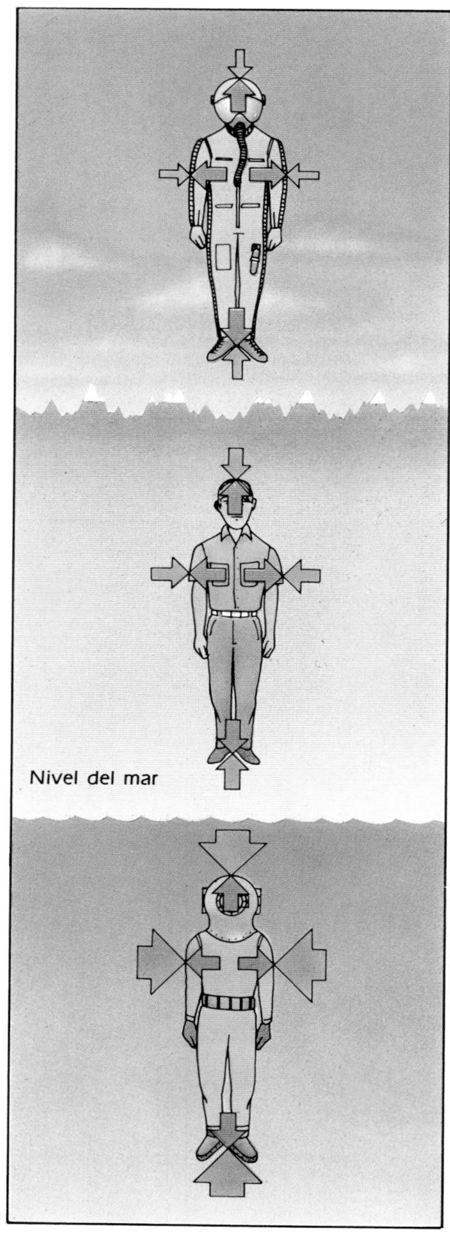

▲ Vivimos bajo 200 km de aire, aproximadamente. ¿Por qué no somos aplastados? La razón es que todo lo que tenemos dentro de nuestros cuerpos posee la misma presión del aire que nos rodea. Pero la presión del aire cambia con la altura. Cuanto más subimos, menos aire nos presiona. Los pilotos necesitan ir equipados con trajes especiales y tener su propia previsión de oxígeno. Asimismo, los buzos se equipan con trajes especiales, que les impide ser aplastados por la presión del agua.

normalmente. Por idénticas razones los montañeros tendrán que proveerse de aire, pues la atmósfera en la cima de altas montañas es poco densa y se hace muy difícil respirar con normalidad.

Cuando el aire es caliente se dilata y se hace menos pesado. El existente alrededor de una estufa se aligera y sube, mientras que el aire frío mantiene su posición habitual.

Ajedrez

El ajedrez es un juego que se viene practicando desde hace cientos de años. Se juega con dos contrincantes que maniobran cada uno 16 piezas sobre un tablero dividido en sesenta y cuatro casillas, de colores alternados, blanco y, generalmente, negro. Los jugadores alinean las piezas a cada lado del tablero. Cada pieza sólo puede moverse de una manera determinada. Se usan para atacar, defender, retroceder, capturar y desalojar. La pieza más importante para cada jugador es el rey. El juego se gana cuando uno de los participantes logra que el adversario rinda su rey.

Piezas de ajedrez

Ala Delta (ver Planear)

Alambre

El alambre es un METAL estirado y moldeado en una fina y larga varilla, fácil de doblar. El alambre tiene varios usos. Se utiliza, por ejemplo, para hacer vallas que mantengan al ganado en los campos. Con multitud de pequeños alambres trenzados entre sí se hacen cables que pueden sostener los puentes más grandes y pesados del mundo. El alambre también es conductor de CORRIENTES ELÉCTRICAS. Así, teléfonos y telégrafos usan alambre eléctrico.

Los metales para hacer alambre incluyen bronce, hierro, aluminio y plata. Pesados bloques de metal son calentados y se hacen pasar por rodillos, lo que hace que la parte calentada se aplaste y se convierta en láminas. Éstas se dirigen hacia unos largos y estrechos agujeros (hileras) en donde se estira la parte laminada, obteniendo unas tiras aún más largas y delgadas. A continuación se enrosca en grandes tambores. Para hacerlo más fino se adelgaza el alambre laminado en el banco de estirar, mediante sucesivas pasadas por las hileras. Por último, el alambre se calienta en un horno para hacerlo menos quebradizo.

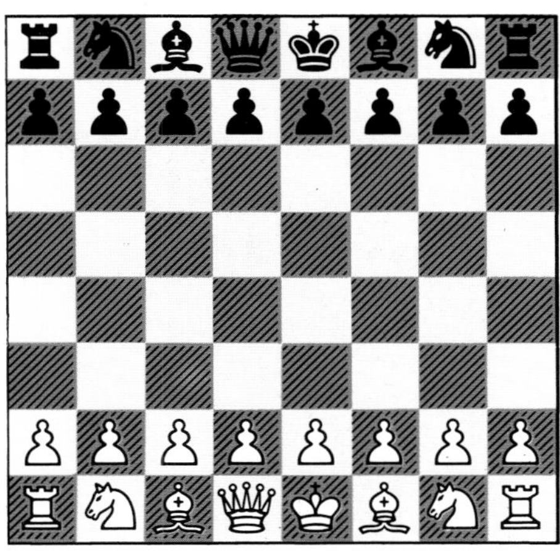

▲ Un tablero de ajedrez que muestra la disposición de las piezas. La alineación es siempre la misma: debe estar dispuesta de modo tal que cada jugador tenga en el ángulo de su derecha una casilla blanca.

Albania

Albania es un pequeño país situado en la península balcánica que limita al norte con la antigua Yugoslavia y al sur con Grecia. Su litoral está bañado por la parte este del mar Adriático.

La mayoría de los albaneses viven en pequeños poblados montañosos. Los campesinos de Albania cultivan trigo, cebada, tabaco y algodón. En el subsuelo hay depósitos de cromo, cobre, hierro, petróleo y gas natural. Albania fue dominada por Turquía durante más de 400 años. Tras la II Guerra Mundial se convirtió en un estado comunista. En la actualidad, como consecuencia de las profundas transformaciones ocurridas en los países del Este, ha iniciado un tímido proceso de liberalización y apertura. Su capital es Tirana.

ALBANIA

Gobierno: Parlamentario
Capital: Tirana
Superficie: 28.748 km^2
Población: 3.000.000 hab.
Lengua: Albanés
Moneda: Lek

Albatros

El albatros es una ave muy grande, que pasa la mayor parte del tiempo sobrevolando los océanos. El albatros viajero puede sobrepasar los 3 m de envergadura; esto lo convierte en la mayor de las aves marinas. La mayoría de estos pájaros viven en el hemisferio sur donde se remontan elegantemente sobre las olas. Únicamente se acercan al suelo de las costas para construir sus nidos o cuando hay tormentas. Los albatros siguen los barcos durante cientos de kilómetros, recogiendo sus restos de comida.

Alcohol

Hay diversas clases de alcohol, siendo la más conocida de todas ella la de los vinos y licores, tales como el coñac,

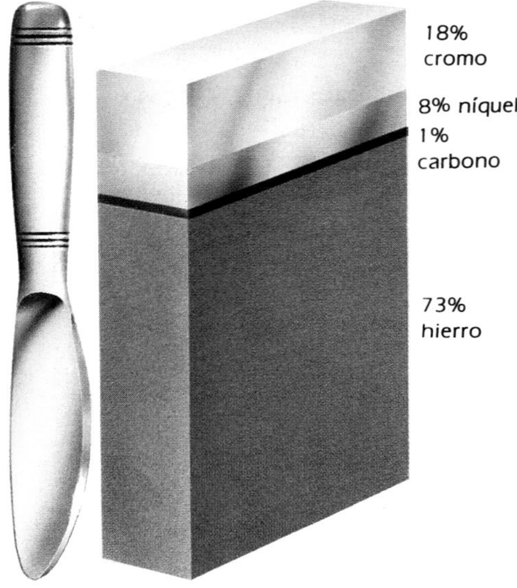

▲ El hierro en su estado puro no resulta muy duro y se oxida fácilmente. Si se mezcla con cromo, níquel y carbono obtendremos acero inoxidable, que es la aleación usada en las cuberterías.

whisky y ginebra. El abuso de este tipo de bebidas puede provocar una intoxicación peligrosa.

El alcohol se forma por un proceso llamado FERMENTACIÓN. En la fermentación la LEVADURA actúa en la glucosa del fruto produciendo el alcohol. Si se necesita un alcohol más fuerte, el líquido tiene que ser *destilado.*

Podemos encontrar alcohol en varios productos. Se utiliza en la elaboración de perfumes, drogas y antisépticos. El alcohol también disuelve aceites, grasas y plásticos. Una variedad llamada glicol es usada como anticongelante para los radiadores de los coches, porque, como todos los alcoholes, su punto de congelación es muy bajo.

Aleación

Una aleación es una mezcla de dos o más METALES. Normalmente el resultado es mejor que cada uno de los metales por sí solos; por ejemplo, un metal blando como el COBRE puede ser endurecido añadiéndole CINC, y así de esta forma, obtenemos *latón*, y si al cobre le añadimos *estaño* obtenemos *bronce.*

ALEACIONES MÁS COMUNES

Aleación	Compuesta por	Usos comunes
Acero	Hierro, carbono y otros elementos	Coches, vigas, herramientas, etc.
Latón	Cobre y cinc	Engranajes, hélices, instrumentos científicos
Bronce	Cobre y estaño	Instrumentos científicos, campanas, etc.
Peltre	Estaño, antimonio, plomo y cobre	Utensilios domésticos
Amalgama	Mercurio y cobre	Empastes para los dientes
Odontología		Dientes
Cuproníquel	Níquel y cobre	Monedas de plata
Invar	Níquel y hierro	Instrumentos de precisión
Plata de ley	Plata y cobre	Cuberterías

▼ Como podemos comprobar en el mapa de la página siguiente, la mayor parte de las ciudades fundadas por Alejandro recibieron su nombre. La ilustración inferior del gran general es parte de un mosaico encontrado en Pompeya (Italia).

Alejandro Magno

Alejandro Magno (356-323 a.C.) fue rey de GRECIA y uno de los generales más grandes de la Historia. Fue el hijo de Filipo II de Macedonia. El joven Alejandro fue educado por el famoso filósofo ARISTÓTELES. Su padre le enseñó cómo planear y ganar las batallas.

A la muerte de su padre (336 a.C.) conquistó las ciudades-estado griegas y suprimió a todos aquellos que pudie-

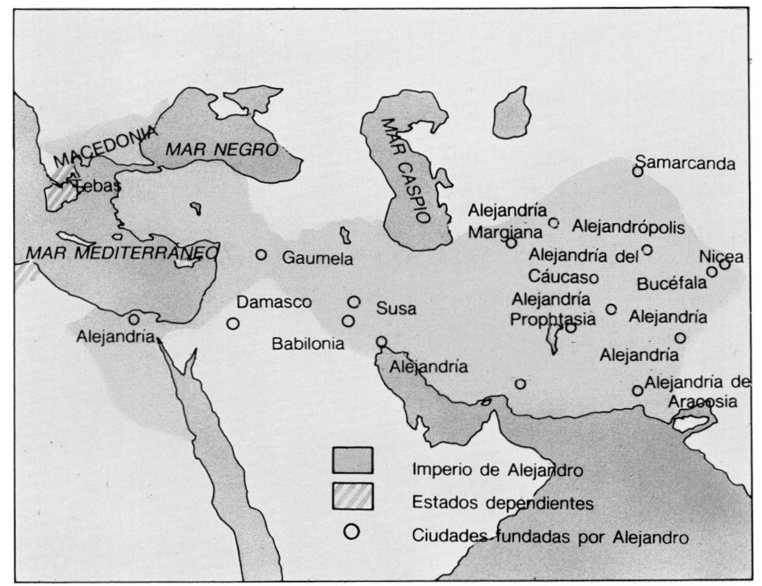

Cuando Alejandro era aún un niño, domó al grande y fogoso Bucéfalo, un caballo que nadie se atrevía a montar. Este famoso animal llevó a Alejandro hasta la India, donde murió. Alejandro edificó una ciudad encima de la tumba del caballo dándole su nombre: Bucéfala; la ciudad desapareció, pero aún hay la gente sigue creyendo que se encuentra en algún lugar del actual Pakistán.

ran oponérsele. Se proclamó rey y partió hacia el este para conquistar el mayor imperio de la antigüedad: Persia. En el año 327 a.C. el imperio de Alejandro se extendía desde Grecia hasta la India. Cuando sus ejércitos llegaron a la India la fatiga se apoderó de ellos. Alejandro llegó al Hifasis pero tuvo que interrumpir su marcha hacia el este. Reemprendió el camino de Babilonia, y cuando llegó a esta ciudad ya estaba enfermo y con fiebre, muriendo el 13 de junio de 323 a.C., a los 33 años. El cuerpo de Alejandro fue llevado a Alejandría, la gran ciudad que fundó en Egipto. Allí fue enterrado en una magnífica tumba.

Alemania

Tras la II Guerra Mundial, Alemania, situada en la región centroeuropea, fue dividida en dos estados: Alemania Oriental (R.D.A.) que correspondía a la zona de ocupación soviética, y Alemania Occidental (R.F.A.) formada por las zonas de ocupación estadounidense, británica y francesa.

La Alemania Occidental (República Federal de Alemania) tenía una superficie de 248.577 km², aproximadamente la mitad de España; su régimen era democrático y capitalista.

La Alemania del Este (República Democrática Alemana o R.D.A.) tenía una superficie de 108.178 km², lo que representaba menos de la mitad que la República Federal. El régimen era comunista y aliado de la Unión Soviética.

República Federal de Alemania

Gobierno: República federal
Capital: Berlín
Superficie: 357.000 km²
Población: 78.700.000 hab.
Lengua: Alemán
Moneda: Marco

ALEMANIA

▶ La moderna ciudad de Dresde tuvo que ser casi totalmente reconstruida tras los fuertes bombardeos que sufrió durante la II Guerra Mundial.

▶ Edificios y fachadas tradicionales en una calle típica de la ciudad de Lohr-am-Main.

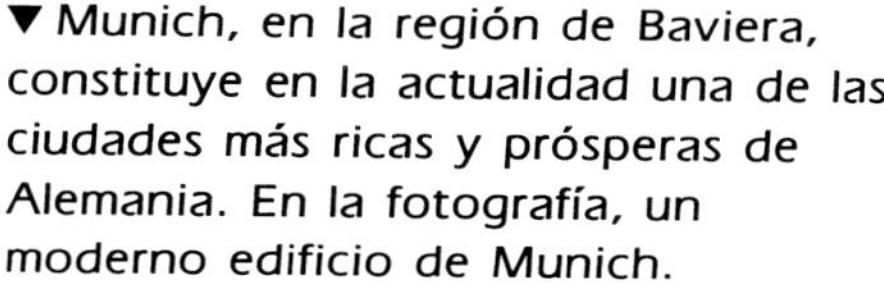

▼ Munich, en la región de Baviera, constituye en la actualidad una de las ciudades más ricas y prósperas de Alemania. En la fotografía, un moderno edificio de Munich.

Los acontecimientos ocurridos en la Europa del Este durante 1990 afectaron de forma muy particular a las dos Alemanias. La caída del muro de Berlín el 9 de noviembre de 1989 llevó a ambos países a un acelerado proceso de reunificación, bajo un sistema pluralista y democrático, que culminó con la firma del tratado de unificación el 3 de octubre de 1990.

Nueve naciones (Dinamarca al norte, Polonia y la Rep. Checa al este, Suiza y Austria al sur, y los Países Bajos, Bélgica, Luxemburgo y Francia al oeste) comparten frontera terrestre con la actual Alemania, convertida en la principal potencia de EUROPA.

La región del sur se caracteriza por sus suaves montañas, donde abundan los bosques y los primeros picos de importancia pertenecientes a los ALPES, donde se alza el pico más alto del país, el *Zugspitze*, de 2.963 metros. En el este destaca la gran llanura septentrional y los bosques montañosos del sureste. Los ríos más importantes son el Rin, el Oder, el Elba, el Weser y el Danubio.

El clima (entre oceánico y continental) se caracteriza por lluvias abundantes, especialmente en las áreas montañosas.

Alfabeto

El alfabeto es un sistema de signos gráficos o grupos de letras que se usa para transcribir sonidos. La palabra «alfabeto» procede de los nombres de las dos primeras letras del alfabeto griego: *Alpha* y *Beta*. Las 28 letras del alfabeto castellano provienen del alfabeto latino. Utilizado por la Iglesia romana, sobrevivió a la caída del Imperio Romano hace unos 2.500 años. Otros alfabetos de uso común hoy día son el griego, árabe, hebreo, ruso o *cirílico*. La mayoría de los alfabetos contienen símbolos para las vocales, tales como a, e, i, o, u, siendo el resto consonantes. En el alfabeto árabe y hebreo sólo existen consonantes; las vocales se indican mediante símbolos encima y debajo de las consonantes.

Alfabeto Morse

El alfabeto morse o código morse es una manera sencilla de enviar mensajes. Se compone de puntos y rayas. Cada letra tiene su patrón de punto y raya. Este código fue inventado por el estadounidense Samuel Morse para enviar mensajes a través del hilo telegráfico. El operador de telégrafos presiona una tecla en un extremo del cable y la señal es recibida por un escucha en el otro extremo. Una señal corta es un punto y una larga es una raya. El primer telégrafo oficial fue enviado en 1844.

CÓDIGO MORSE INTERNACIONAL

A	._	P	.__.
B	_...	Q	__._
C	_._.	R.	_.
D	_..	S	...
E	.	T	–
F	.._.	U	.._
G	__.	V	..._
H	....	W	.__
I	..	X	_.._
J	.___	Y	_.__
K	_._	Z	__..
L	._..	Punto (.)	._._._
M	––	Coma (,)	__..__
N	_.	Signo de interrogación (?)	..__..
O	–––	Error	....

Alga marina

Las algas marinas son un grupo de plantas que viven en el mar. Crecen en las rocas o en el lecho marino y carecen de raíces y de hojas. Hay catalogadas unas 18.000 especies diferentes.

Al igual que la mayoría de las plantas, necesitan la luz del sol para vivir. En las grandes profundidades, donde los rayos del sol no llegan, las algas no existen.

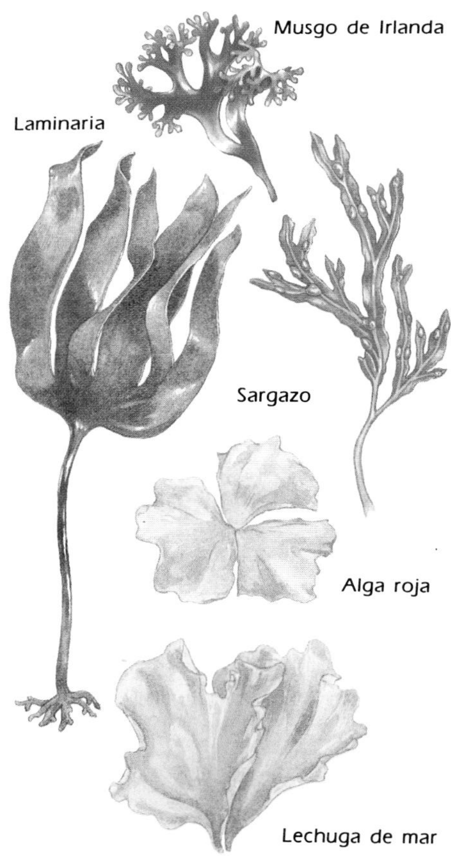

▲ Las algas son organismos vegetales clorofílicos, viven en aguas poco profundas, descomponen el anhídrido carbónico para transformarlo en oxígeno y sirven de alimento y de refugio para muchas criaturas.

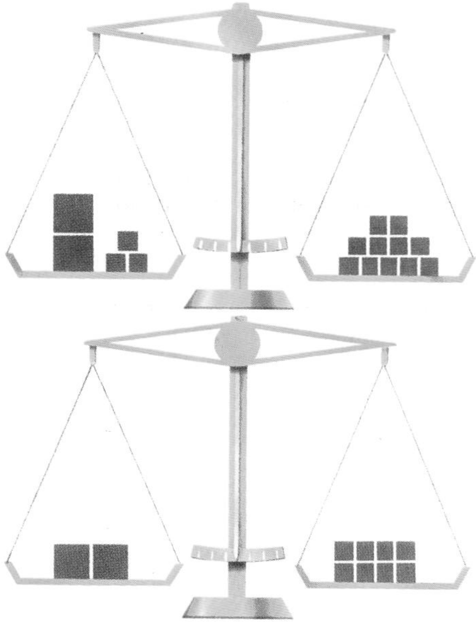

Álgebra

El álgebra es una rama de las matemáticas en donde las letras sustituyen a los números. Una letra puede representar un número en determinado momento y representar en otro un número totalmente distinto. El álgebra utiliza también signos que representan conexiones entre letras.

Una *ecuación* algebraica es una afirmación en la que ambas partes del signo «es igual a» (=) se equilibran, por ejemplo: $x + 3 = 9$. Resolver una ecuación significa encontrar el número que hace que la afirmación sea verdadera. Para resolver una ecuación de esta clase, si sustraemos 3 de 9 nos da 6, por tanto $x = 6$.

◀ Las dos partes de una ecuación algebraica son como dos pesos iguales; si se cambian de la misma forma, la balanza continúa en equilibrio, es decir, igual.

Si llamamos a los bloques grandes x, la balanza de arriba muestra cómo $2x + 3$ equivalen a 11, saca 3 de cada lado y tenemos $2x = 8$. Ahora, si partimos ambas partes de la ecuación, encontramos que x equivale a 4.

Algodón

El algodón crece con facilidad en climas templados y tropicales. Es una de las plantas más importantes cultivada por el hombre, que utiliza de ella tanto su fibra como sus semillas.

▼ El aceite de semillas del algodón se utiliza para producir margarina, para cocinar y para la elaboración de jabones y cosméticos. Las semillas son como una celulosa útil para la fabricación de explosivos, papeles y plásticos.

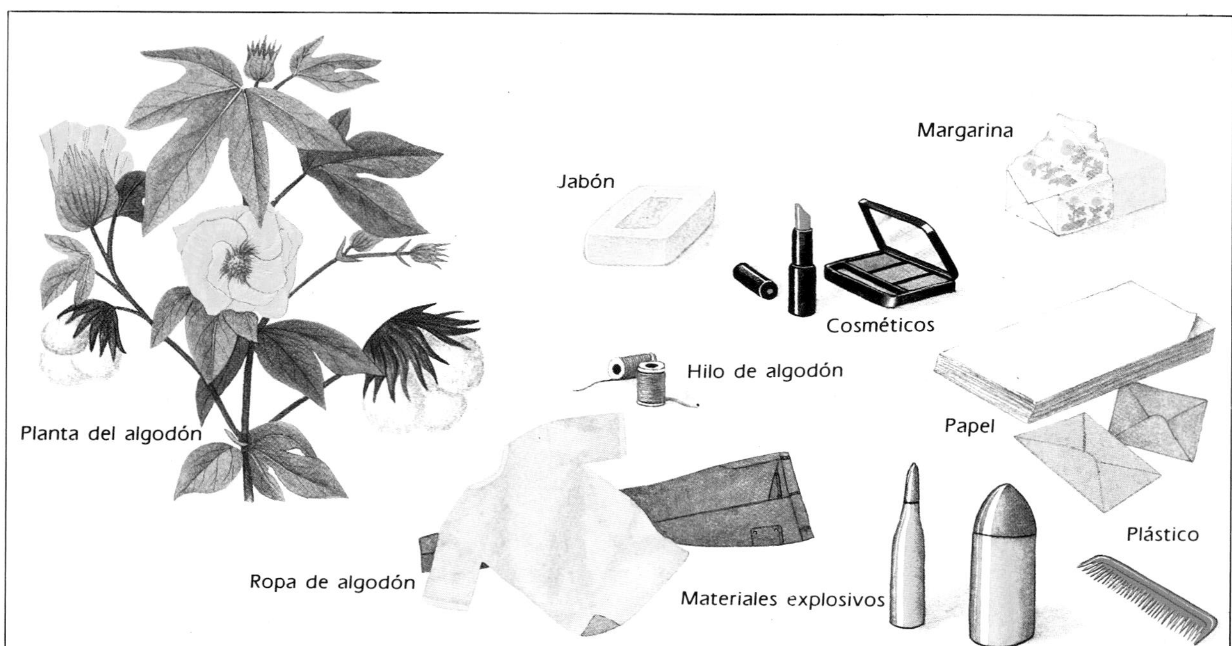

	Fruta	Pescado	Pan	Zanahoria
Lunes				
Martes				
Miércoles				
Jueves				
Viernes				
Sábado				
Domingo				

Experiméntalo

Haciendo un gráfico como el de la izquierda, podrás averiguar por ti mismo si tu dieta es equilibrada. Dibuja los símbolos de las cuatro principales fuentes de nutrición: fruta, pescado o carne, pan o arroz y vegetales. Cada día marca en una de las casillas lo que has comido. Después de unos días revisa el gráfico. Si al menos tienes una marca en cada casilla, tu dieta es correcta.

Las fibras del algodón se usan para hacer ropa y con las semillas se produce aceite o comida para el ganado vacuno. El aceite se usa en jabones, pinturas y cosméticos.

El algodón tiene unos frutos verdes en forma de cápsula que contiene semillas recubiertas de largos pelos blancos o amarillentos. Las cápsulas son recolectadas y las fibras se separan de las semillas. La fibras se hilan y luego se tejen.

Alimento

Cualquier cosa que podamos comer puede llamarse alimento, pero es más propio referirnos al alimento como aquellos productos de animales o plantas que la gente consume con regularidad.

Los hombres primitivos a menudo comían insectos y animales crudos, o cocidos rudimentariamente. En la actualidad, la comida puede ser muy elaborada, decorada e incluso condimentada y cocida antes de su consumición. Mucha de la comida actual es preparada en fábricas y envasada, enlatada, congelada o deshidratada antes de ponerse a la venta.

El alimento es esencial para la vida, nos proporciona energía para movernos y mantenernos sanos. Una «dieta equilibrada» es necesaria para gozar de buena salud. Las tres clases más importantes de alimentos son los HIDRATOS DE CARBONO, PROTEÍNAS y GRASAS. También necesitamos VITAMINAS y MINERALES.

Una vez consumido el alimento, nuestro cuerpo lo transforma para que pueda ser asimilado por el organismo. A este proceso se le llama digestión, y al conjunto de órganos que participan en él, aparato digestivo.

Se puede juzgar el nivel de vida de un país comparando la cantidad de cereales que consume (cereales como trigo, centeno, cebada, maíz, avena y arroz). En países ricos como el Reino Unido, Francia o Estados Unidos, los cereales representan sólo un tercio de todos los alimentos consumidos, mientras que en algunas partes de Europa, los cereales representan la mitad. En Asia, por otra parte, el arroz representa las tres cuartas partes de los alimentos consumidos.

Las cuatro quintas partes del arroz y las tres cuartas partes del trigo, centeno y maíz se componen de almidón. Cerca del 80% de todo el almidón comercial se hace del maíz y se denomina almidón de maíz.

Almidón

El almidón es una sustancia que se encuentra en las plantas. Cereales como el trigo, el arroz y el maíz son especialmente ricos en almidón. Otras plantas que lo tienen son los guisantes, las judías y las patatas. El almidón es un hidrato de carbono, lo que quiere decir que está hecho de carbono, oxígeno e hidrógeno, que son los mismos ingredientes que podemos encontrar en el azúcar. Es importante que nuestra dieta posea esta sustancia porque nos da energía.

El almidón puro es un polvo blanco que se usa en la elaboración de muchos productos alimenticios; también se utiliza para el papel y para dar cuerpo al algodón, lino y otros materiales.

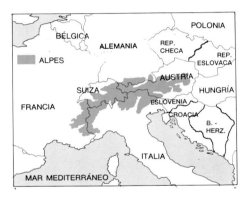

Alpes

Con 1.300 km de longitud, los Alpes son el principal sistema montañoso de Europa; están centrados en Suiza, pero se extienden desde Francia hasta la actual Eslovenia. En ellos nacen los ríos Ródano, Rin y Po. El Mont Blanc (4.810 m) es el punto culminante de la cadena. Hay muchos lagos en los valles alpinos, siendo el más grande el lago de Ginebra.

Los Alpes atraen a muchos turistas que practican los deportes del esquí y montañismo al tiempo que admiran sus magníficos paisajes.

▼ La región alpina es conocida por su flora y por su fauna.

Alquimia

La química en la Edad Media se llamaba alquimia, y fue una extraña mezcla de magia, ciencia y religión. La gente que practicaba la alquimia soñaba en producir una sustancia mágica denominada «piedra filosofal»; esta sustancia sería capaz de transmutar los metales en oro, y además curaría enfermedades y prolongaría la juventud. No es necesario decir que los alquimistas nunca encontraron «la piedra filosofal», pero en su búsqueda aprendieron mucho sobre química e inventaron aparatos que los químicos modernos siguen usando.

▲ Los alquimistas experimentaron con la imposible tarea de querer cambiar metales, como el plomo en oro.

Altavoz

Un altavoz es un aparato que transforma señales eléctricas en ondas sonoras. El sonido procedente de la RADIO, TELEVISIÓN, tocadiscos y casetes proviene de altavoces.

El altavoz electrodinámico tiene un cono unido a una bobina, existiendo en el interior de ésta un imán. Las señales eléctricas fluyen a través de la bobina y hacen que la misma se mueva adelante y atrás. Los pequeños movimientos de la bobina hacen que el cono se mueva o vibre. El aire alrededor del cono empieza a vibrar. Las vibraciones en el aire alcanzan nuestros oídos y oímos el sonido.

Aluminio

El aluminio es el METAL más abundante en la corteza terrestre. Pero hasta hace 200 años nadie había visto nunca este metal plateado. Cuando se utilizó por vez primera era mucho más caro que el oro. Esto se debió a que era muy difícil separar el aluminio orgánico de otras materias orgánicas con las que se halla unido.

La mayor parte del aluminio se obtiene a partir de un mineral llamado bauxita. La bauxita es tratada con productos químicos e introducida en un horno eléctrico; después se hace pasar una corriente eléctrica y el aluminio se deposita en el fondo del horno.

El aluminio es ligero, pesa solamente la tercera parte que el acero. El aluminio y sus ALEACIONES son muy útiles debido a su ligereza y resistencia. Es también un buen conductor de calor y electricidad.

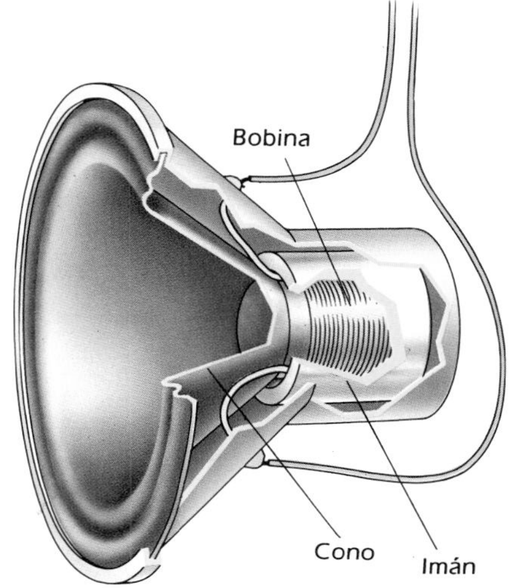

▲ Cuando el sonido se graba se convierte en señales eléctricas. El altavoz transforma las señales en ondas sonoras, las cuales podemos escuchar. Las señales son alimentadas por una bobina que está unida a un cono de plástico y colocada entre los polos de un imán circular. Las señales hacen que la bobina vibre, la cual a su vez hace vibrar el cono de plástico. El cono produce el sonido.

Amazonas, río

Con unos 100.000 m^3/s de promedio y una longitud de 6.280 km desde las fuentes de Ucayali, el Amazonas es el río más caudaloso del mundo y el segundo más largo del planeta después del NILO. Fluye desde PERÚ a través del BRASIL y desemboca en el Océano Atlántico. Su curso regular permite la navegación.

El Amazonas vierte tal cantidad de agua en su desembocadura que, incluso a 160 km mar adentro, el agua continúa siendo dulce.

Casi la totalidad de la cuenca del río Amazonas es una gran selva tropical. En 1542 el explorador español Francisco de Orellana pudo ver a guerreras indias en las orillas del río; este hecho, junto con algunas noticias que al respecto proporcionaron los nativos, pudo ser decisivo para que Orellana bautizase el río con el nombre de las amazonas.

América 

La palabra «América» se ha venido utilizando para referirnos a Estados Unidos, pero, en su origen, dicha voz describe todo el continente como «las Américas». Las Américas incluyen América del Norte, América Central, América del Sur y las islas del Caribe.

América Central 

América Central es una región del continente americano que une, a manera de puente natural, América del Norte y América del Sur. Está formada por las repúblicas independientes de COSTA RICA, EL SALVADOR, GUATEMALA, HONDURAS, NICARAGUA, PANAMÁ y BELICE. Este puente natural se formó hace millones de años y es de origen volcánico.

Al este de América Central la costa es llana y cubierta de jungla. Es una zona calurosa y la mayoría de las ciuda-

▼ Estos edificios de la ciudad de Guatemala muestran el estilo colonial español. Guatemala, Honduras, El Salvador, Nicaragua y Costa Rica obtuvieron su independencia en 1838.

◀ En América Central algunas gentes viven en cabañas de adobe y paja, cultivando pequeñas parcelas en las laderas de las colinas.

des están en tierras altas donde la temperatura es más fría. América Central junto con México, Cuba y el resto de las islas del Caribe es conocida como la parte tropical de Norteamérica. Además, la mayor parte de esta área, junto con América del Sur, es a menudo llamada América Latina. Esto se debe a que las lenguas habladas en dichas regiones son el español o el portugués, que originalmente provienen del latín.

La mayor parte de la gente de América Central es de origen español, indio o de origen mixto. El español o castellano es la principal lengua, aunque sigan existiendo indios que hablen su lengua nativa. Los cultivos y plantaciones son de origen tropical, destacando la producción de azúcar, algodón, plátanos y café.

América del Norte

América del Norte es la parte boreal del continente americano que se extiende desde el tropical Panamá hasta el frío Océano Ártico y desde el oeste del Océano Pacífico hasta el Océano Atlántico. Sólo Asia es mayor.

América del Norte tiene la isla más grande del mundo, GROENLANDIA, y el lago de agua dulce de mayor extensión en todo el planeta (lago Superior). Alberga el segundo país más vasto del globo terráqueo, CANADÁ, la segunda cordillera más larga (Montañas Rocosas) y el tercer río más largo (el MISSISSIPPI).

En cuanto a maravillas naturales cabe destacar las Cataratas del Niágara y el Cañón del Colorado.

En la parte septentrional, los inviernos son largos y fríos. Ni siquiera crecen los árboles. Más abajo, en el sur, grandes y poblados bosques se extienden hasta las prade-

▲ Las tres cuartas partes de América del Norte están ocupadas por Canadá y Estados Unidos.

AMÉRICA DEL NORTE

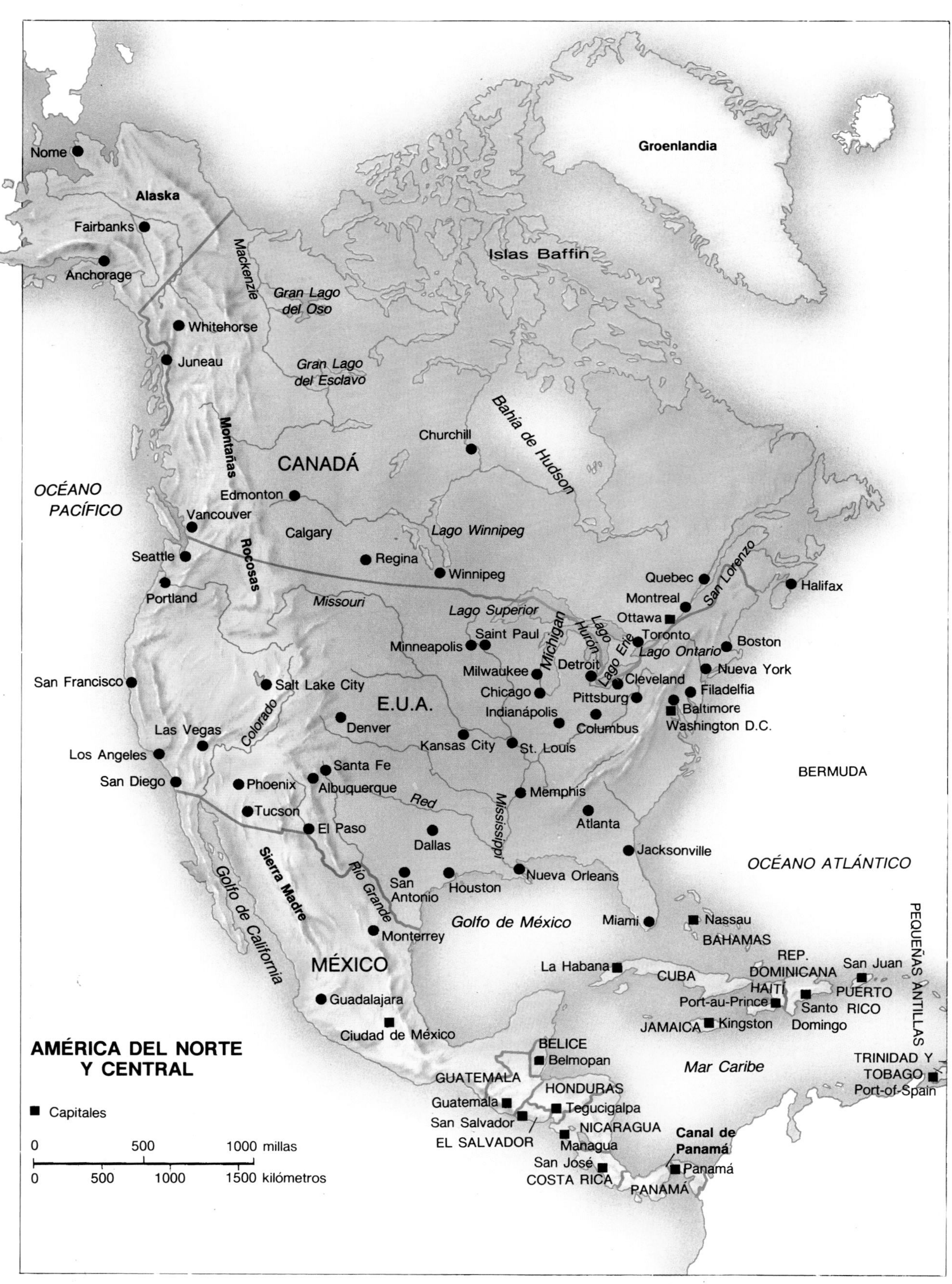

ras; éstas ocupan casi toda la parte central y estaban cubiertas por pastos hasta que los agricultores empezaron a cultivarlas. En el suroeste, la vegetación predominante son los cactus, y en el sur los árboles tropicales crecen con facilidad bajo la influencia de un clima cálido y húmedo.

Emigrantes de todas las partes del mundo se han establecido en América del Norte. Primero, procedentes de Asia, llegaron los antepasados de los INDIOS NORTEAMERICANOS y de los ESQUIMALES. Más tarde fueron los europeos, que a su vez trajeron esclavos negros de África. La mayoría de los habitantes de América del Norte hablan inglés, español o francés; son protestantes o católicos, y se reparten en más de 30 naciones. Estados Unidos y Canadá son grandes, poderosos y ricos. Pero la mayoría de las naciones de América Central y del Caribe son pequeñas y pobres.

Siete de cada cien personas que viven en el mundo habitan en América del Norte, en cambio esta parte del continente americano produce la mitad de los productos manufacturados del mundo.

AMÉRICA DEL NORTE

Superficie: 23.500.000 km^2 = 15,7% de la superficie total de la Tierra.
Número de habitantes: 326.000.000 = 7,3% de la población mundial.
Litoral: 148.330 km.
Altitud máxima: Monte Mckinley, Alaska, 6.194 m.
Depresión máxima: Valle de la Muerte, California, 86 m por debajo del nivel del mar.
Ríos principales: Mackenzie, Mississippi, Missouri, Río Grande, Yukon, Arkansas y Colorado.
Lagos principales: Superior, Hurón, Michigan, Great Bear, Great Slave, Erie, Winnipeg, Ontario.
Ciudad más grande: Ciudad de México, 16.000.000 habitantes.
Puerto más importante: Nueva Orleans.

América del Sur

América del Sur es la parte meridional del continente americano. Situada entre los océanos Atlántico y Pacífico, se extiende desde el límite sur del istmo de Panamá, en el ecuador, hasta el cabo de Hornos cerca de la ANTÁRTIDA; desde la cordillera de los ANDES, en el oeste, hasta el amplio delta del AMAZONAS en el este.

Los Andes es la cordillera más larga del mundo. Se extiende por la costa del Pacífico a lo largo de 8.000 km. Asimismo es el punto de partida del Amazonas. Éste, que es el río más caudaloso del mundo, fluye a través de América del Sur a lo largo de 6.280 km y desemboca en el Océano Atlántico. Vierte 118 millones de litros por segundo. La inmensa zona regada por este río es la selva del Amazonas, la más grande del mundo.

Otros dos grandes ríos son el ORINOCO en el norte y el río de la Plata en el sur. Las tierras al sur de la selva del Amazonas tienen pantanos, marismas, lagos y zonas de pasto. Cerca de la punta sur del continente encontramos el desierto de la Patagonia.

América del Sur se compone de 13 países. El más grande es BRASIL, que ocupa la mitad de América del Sur. La mayoría de la población habla español, pero en Brasil la lengua oficial es el portugués; en la Guyana hablan inglés, en la Guayana Francesa, francés, y en Surinam, ho-

▲ América del Sur se extiende desde la Antártida hasta el norte del ecuador.

AMÉRICA DEL SUR

Superficie: 17.829.560 km^2.
Número habitantes: 268.000.000.
Altitud máxima: Aconcagua, en Argentina, 6.960 m.
Depresión máxima: La península de Valdés, Argentina, 40 m bajo el nivel del mar.
Ríos principales: Amazonas (6.280 km), Madeira, Magdalena, Orinoco, Plata (Paraguay-Paraná), Sao Francisco, Uruguay.
Lagos principales: Maracaibo, Mirim, Poopo, Titicaca.
Ciudad más grande: Buenos Aires, 9.750.000 habitantes.
Saltos de agua: Cataratas Ángel, 979 m de altura, la más alta del mundo.

landés. Estas lenguas son los principales legados de la colonización.

América del Sur fue explorada por los españoles y portugueses en el siglo XVI. España, Portugal y otros países europeos asentaron colonias. Al conjunto de colonias españolas se le dió el nombre de América española y comprendía los virreinatos de Nueva España, Nueva Granada, Perú y Río de la Plata, además de las capitanías generales de Guatemala, Chile, Venezuela y Cuba. En el siglo XIX estas colonias obtuvieron la independencia.

Los nativos de América del Sur eran indios. La mayoría fueron exterminados por los conquistadores europeos, incluidos los incas. Más tarde llegaron desde Europa esclavos africanos. Actualmente, la mayoría son de origen europeo o africano. Sin embargo, aún existen indios en los Andes y en la Amazonia.

América del Sur es rica en recursos naturales. Las rocas de los Andes poseen valiosos minerales. Encontramos plata en PERÚ, estaño en BOLIVIA y cobre en CHILE.

La parte norte de VENEZUELA es muy rica en petróleo.

URUGUAY y PARAGUAY proveen de pastos a millones de ovejas y vacas. En Brasil se produce un tercio de la producción mundial de café. Pero toda esta riqueza no se ha explotado debidamente. La mayoría de los suramericanos viven todavía en el subdesarrollo. Malos gobiernos y una pésima administración y distribución de la tierra han retrasado el progreso de América del Sur.

▼ Muchos de los animales de las selvas tropicales de América del Sur viven por encima del suelo de la selva. Estas criaturas y la selva están bajo la amenaza de la especulación por parte de gobiernos y multinacionales que contemplan la posibilidad de crear tierras de cultivo o la tala de árboles.

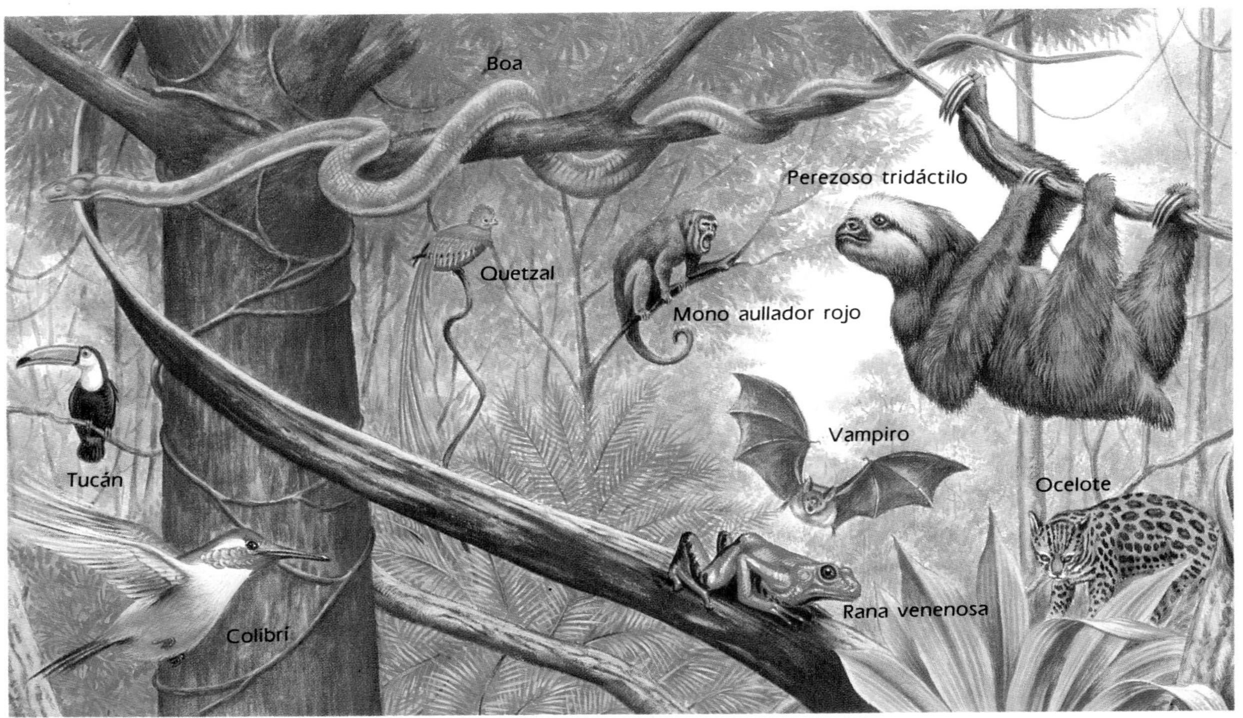

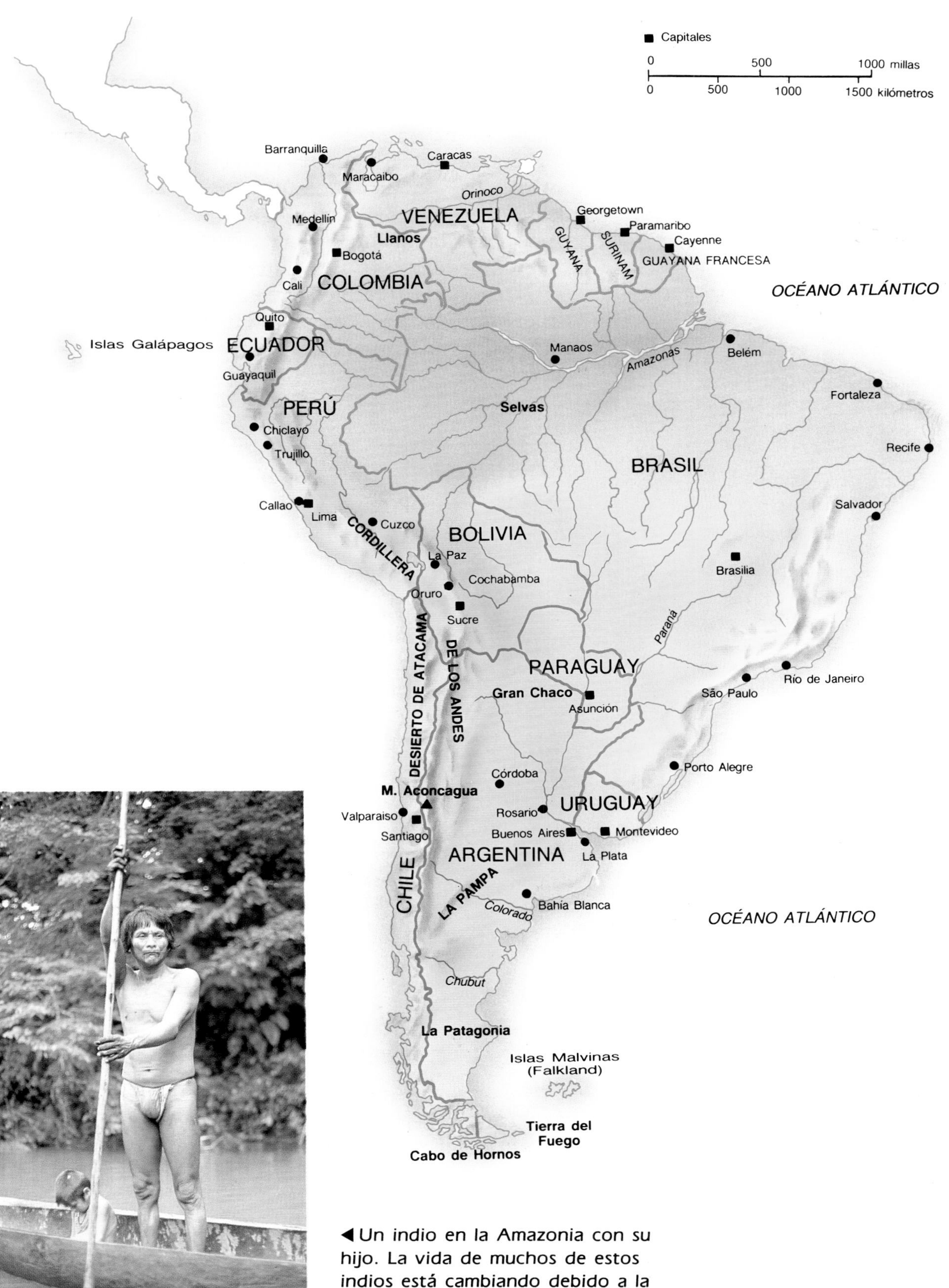

◀ Un indio en la Amazonia con su hijo. La vida de muchos de estos indios está cambiando debido a la progresiva destrucción de la selva.

▲ Debido a sus numerososo canales, Amsterdam ha sido llamada también la *Venecia del Norte.*

Amígdalas

Las amígdalas son dos órganos en forma de almendra situados a ambos lados de la faringe. Ayudan a proteger al cuerpo de los gérmenes que podamos ingerir a través de la garganta.

Durante la infancia nuestras amígdalas son muy grandes. Se hacen más pequeñas a medida que crecemos. Algunas veces las amígdalas se pueden infectar, se hinchan y son muy dolorosas. Esta enfermedad se llama *amigdalitis.* Cuando la enfermedad crea problemas hay que extirpar las amígdalas. La opinión de los médicos es que la extirpación de las amígdalas no parece afectar a nuestro cuerpo.

Amsterdam

Amsterdam es la ciudad más importante de Holanda (676.000 habitantes). Junto con Venecia es una de las ciudades-canal más bonitas de Europa. En el siglo XVII Amsterdam fue uno de los grandes puertos mercantiles del mundo, y en la actualidad sigue siendo una importante ciudad comercial.

Amundsen, Roald

Roald Amundsen (1872-1928) fue un explorador noruego que en 1910 se dirigió hacia el Polo Norte con la intención de ser el primero en descubrirlo; pero el explorador estadounidense Robert Peary se le adelantó. Amundsen decidió entonces explorar el Polo Sur, el cual alcanzó el 14 de diciembre de 1911. Consiguió anticiparse en más de un mes a la expedición británica encabezada por el capitán Robert Falcon Scott.

Andersen, Hans Christian

Hans Christian Andersen (1805-1875) fue un escritor danés, famoso por sus cuentos. *La pequeña sirena* y *El patito feo* siguen siendo admirados en todo el mundo.

Andes

La cordillera de los Andes es la más larga del mundo. Se extiende a lo largo más de 7.000 km por el sector occidental de América del Sur. Tiene varios picos de más de 6.000 m de altura. El ACONCAGUA (6.960 m), en la frontera entre Chile y Argentina, es la montaña más alta de las Américas. Muchos de estos picos son volcanes en actividad. La cordillera andina es rica en minerales (oro, plata y cobre).

Andorra

Andorra es un pequeño país en los Pirineos orientales. Situado en la frontera entre España y Francia, es tan pequeño que cuatro Andorras ocuparían la actual extensión de la ciudad de Londres (Inglaterra). Desde 1278 el principado de Andorra es gobernado por el obispo de Urgel en Cataluña y el presidente de Francia, conjuntamente.

Su principal industria es el turismo. La capital es Andorra la Vella, y su población es de 43.000 habitantes.

ANDORRA

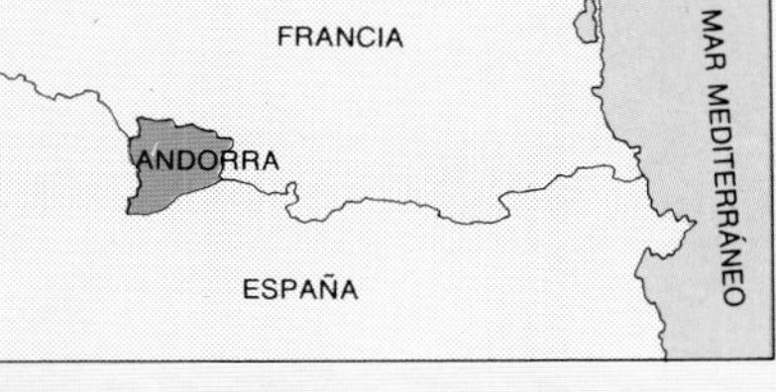

Gobierno: Principado
Capital: Andorra la Vella
Superficie: 453 km^2
Población: 43.000 hab.
Lengua: Catalán
Monedas: Franco francés y peseta española

Anémona de mar

Las anémonas son pólipos herbáceos vivos, con cuerpos blandos y en forma de tubo. Están relacionados estrechamente con la familia de los *corales*, pero no construyen a su alrededor las secreciones calizas propias de los corales.

Las anémonas se adhieren a las rocas. Muchas viven cerca de las orillas. Parecen flores porque tienen uno o varios tentáculos parecidos a los pétalos alrededor de su boca. Los tentáculos poseen unas CÉLULAS que pican y atrapan pequeños peces y otros diminutos animales. La anémona, entonces, a través de su boca, engulle la comida hacia el estómago en donde los digiere.

▼ Las anémonas de mar se adhieren a las rocas con una especie de ventosa en forma de disco. La parte superior de la columna se expande en una boca rodeada de tentáculos parecidos a los pétalos de las flores.

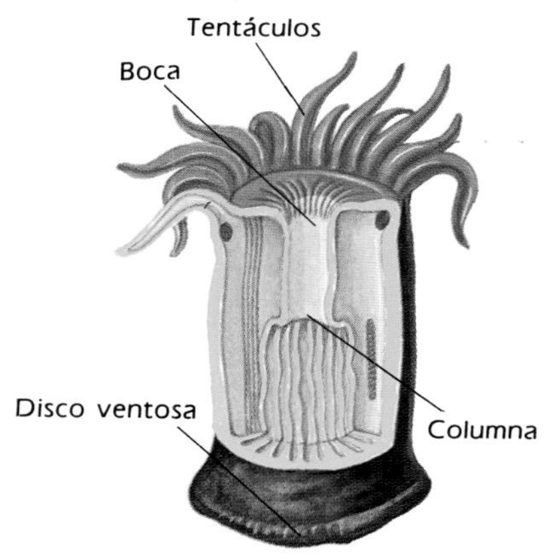

Aneto

El pico de Aneto es la cumbre más alta de los PIRINEOS y el segundo de la península Ibérica, después del Mulhacén. Tiene 3.404 metros de altitud, suficientes como para encontrar grandes glaciares en sus laderas. La primera ascensión la realizaron el ruso P. Chikhachev y el francés A. de Franqueville en 1842.

Anfibio

Los anfibios son animales vertebrados que pueden vivir en el agua o en la tierra, pero la mayoría empiezan sus

vidas en el agua. Son anfibios las RANAS, SAPOS, salamandras y tritones. Los anfibios tienen la sangre fría, no beben agua sino que la absorben a través de su piel. Esta es la razón por la que deben mantener la piel húmeda. Este grupo de animales fue uno de los primeros en habitar la Tierra. Hace más de 400 millones de años ya se arrastraban fuera del agua hacia el interior. La mayoría de los anfibios ponen sus huevos en el agua envueltos en una capa gelatinosa que los protege. Cuando los pequeños anfibios nacen se alimentan de algas (pequeñas plantas acuáticas). Una cría de rana se llama renacuajo. Mientras permanecen en el agua respiran el oxígeno a través de las branquias.

Después de dos o tres meses el renacuajo empieza a cambiar, haciéndose adulto. Su cola va desapareciendo gradualmente y las branquias se convierten en PULMONES. Aparecen las patas traseras y delanteras. La pequeña rana deja el agua y pasa el resto de sus días respirando normalmente. Pero debe retornar a la charca para aparearse y poner huevos.

Hace millones de años que anfibios como los de la ilustración inferior vivieron en la Tierra. Probablemente se arrastraron fuera del agua para buscar alimento en tierra firme. Todos los anfibios tienen cola cuando son pequeños. Algunos, como los sapos, la pierden a medida que crecen, pero otros, como los tritones, mantienen sus cola toda su vida.

Angola

La República Popular de Angola es un país africano, a orillas del Atlántico, en el suroeste del continente. Su capital es Luanda. Portugal tomó posesión de la región en 1482.

Los angoleños se rebelaron contra Portugal en 1960 e iniciaron la lucha por su liberación. En 1975 Portugal garantizó la total independencia. Entonces, una fuerte contienda empezó entre facciones rivales. Tanto la Unión Soviética y Cuba, por una parte, y Estados Unidos y Suráfrica, por la otra, enviaron tropas y armamentos para apoyar a los bandos en litigio. En la actualidad, se están llevando a cabo negociaciones para la retirada de todas las tropas.

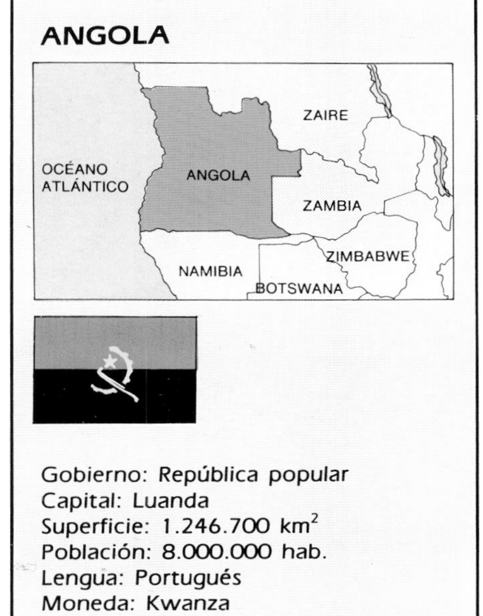

Gobierno: República popular
Capital: Luanda
Superficie: 1.246.700 km^2
Población: 8.000.000 hab.
Lengua: Portugués
Moneda: Kwanza

Anguila

Las anguilas son peces delgados, largos y muy viscosos. La aleta dorsal empieza por detrás de la cabeza y se prolonga hasta la cola. Las anguilas europeas y americanas de agua dulce viajan miles de kilómetros y ponen los huevos en el Atlántico. Tras la puesta, mueren. Las pequeñas y transparentes larvas que salen de los huevos no se parecen en nada a sus genitores. Estas pequeñas anguilas crecen en agua dulce y están en los ríos hasta hallarse preparadas para sus largos viajes a través del Atlántico.

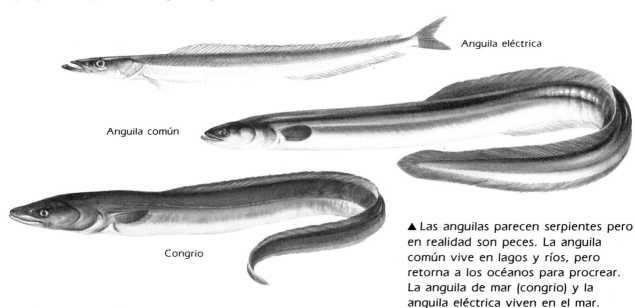

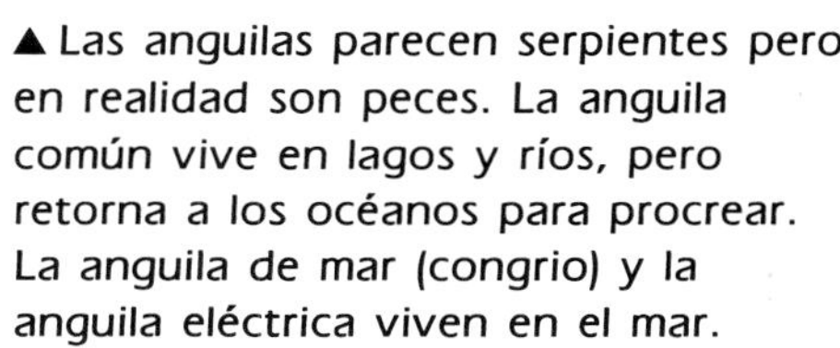

▲ Las anguilas parecen serpientes pero en realidad son peces. La anguila común vive en lagos y ríos, pero retorna a los océanos para procrear. La anguila de mar (congrio) y la anguila eléctrica viven en el mar.

Ángulo

Un ángulo se forma al encontrarse dos líneas rectas entre sí. La dimensión de los ángulos se mide en grados. El ángulo que forma la esquina de un cuadrado es el llamado ángulo recto y tiene 90 grados El ángulo agudo es aquel que tiene menos de 90 grados, y el obtuso posee entre 90 y 180 grados.

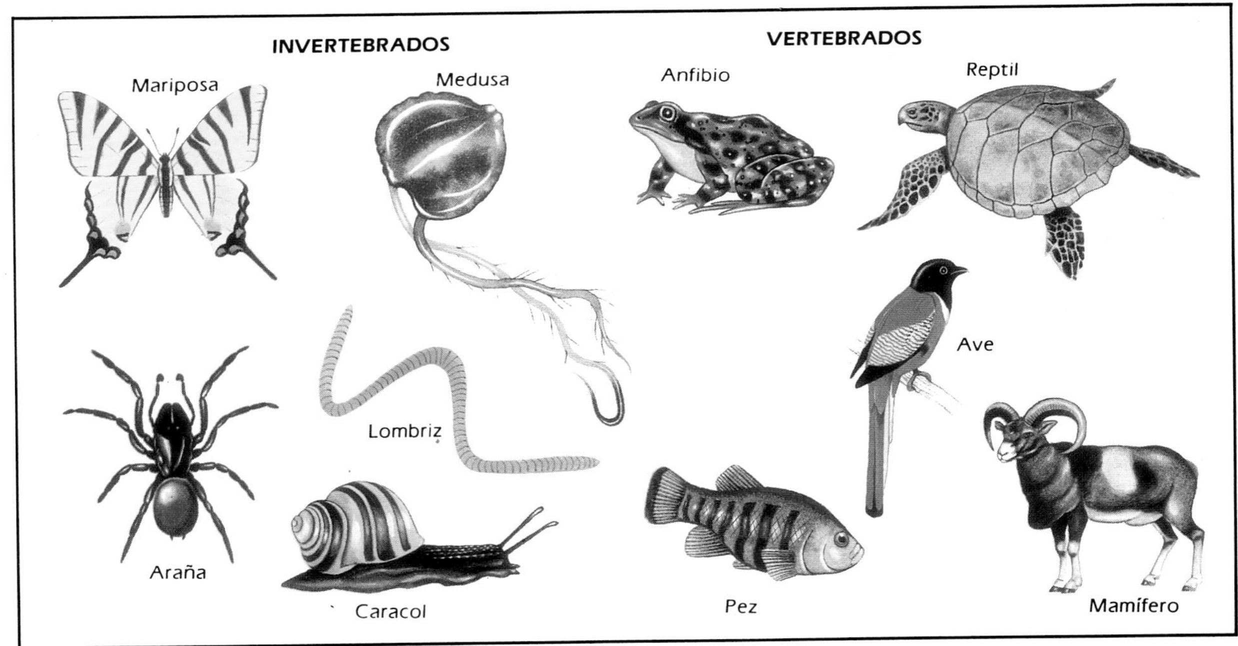

▲ Algunos vertebrados comunes (animales con espina dorsal) e invertebrados (sin espina dorsal). Como los invertebrados carecen de huesos internos, algunos de ellos han de protegerse mediante un caparazón exterior.

El mayor animal terrestre hasta ahora descubierto es el dinosaurio llamado Ultrasaurus. Los restos fósiles de esta enorme criatura se encontraron en 1979 en el estado Colorado (EUA). Se elevaba 8 metros desde el suelo y representaba cuatro veces más la altura de un hombre. Debió de pesar alrededor de 130 toneladas. El Ultrasaurus tenía una longitud de casi 30 metros.

Aníbal

Aníbal (247-183 a.C.) fue un general cartaginés que invadió Italia. En 218 a.C. partió de España con un ejército de unos 100.000 hombres y 37 elefantes y cruzó los Pirineos y los Alpes. Venció al ejército romano en Tessino y en Trevia. Luchó contra los romanos durante 15 años, pero no consiguió derrotarlos por completo. Aníbal fue entregado a los romanos y para escapar a su castigo se envenenó.

Está considerado como un gran general, tanto por sus conocimientos y tácticas militares como por su habilidad diplomática. La política de Aníbal consiguió formar una coalición en occidente contra la extensión del Imperio Romano.

Animal

Un animal es todo ser viviente que no sea PLANTA. Nadie sabe exactamente cuántas especies de animales existen en la Tierra; cientos de nuevas especies se descubren cada año. La gran diferencia entre animales y plantas es la manera en que obtienen el alimento. Los animales comen plantas u otros animales, en cambio las plantas fabrican su alimento de sustancias que obtienen a través de sus hojas o raíces. Los animales pueden moverse, las plantas no.

Animales como la anémona se reproducen dividiéndose en dos. En otras especies las hembras producen huevos que son fertilizados por los machos. Peces como el bacalao ponen millones de huevos, de los cuales sólo unos pocos llegan a ser fecundados, y un número aún menor alcanza la madurez. Otros animales como los elefantes y los seres humanos desarrollan el huevo fertilizado dentro de sus cuerpos, y la madre cría y cuida a los pequeños por períodos de meses o años.

▲ El explorador noruego Roald Amundsen fue la primera persona que pisó el Polo Sur, el 14 de diciembre de 1911. El capitán Scott lo alcanzó el 18 de enero de 1912.

Animales prehistóricos

Los animales prehistóricos son aquellos que vivieron antes de que la historia empezara, hace más de 5.000 años. Los datos que tenemos acerca de estos animales se conocen a través de sus restos fosilizados. La paleontología es la ciencia que trata del estudio de estos fósiles; nos demuestra que diferentes especies de estas criaturas vivieron en la prehistoria en épocas distintas. Cada clase se desarrolló mediante la EVOLUCIÓN genética de las especies. Probablemente los primeros animales prehistóricos se parecían a un pequeño renacuajo. (Ver págs. 42 y 43.)

Antártida

La Antártida es el continente que rodea el POLO SUR. Es una inmensa y fría región con muy poca vida vegetal o animal. Casi toda la Antártida está cubierta por una capa de hielo de un espesor medio de 2.500 m del que emergen sólo algunas formas rocosas que superan los 4.000 metros.

▼ Muy pocos animales son capaces de sobrevivir en las extremas temperaturas del continente antártico; los que allí viven están provistos de grandes cantidades de pelo o grasa, a manera de abrigo que los protege del frío.

ANIMALES PREHISTÓRICOS

La vida animal en la Tierra se originó en los océanos hace más de 570 millones de años. Criaturas parecidas a los cangrejos y a los moluscos pululaban por los mares, pero la vida en tierra firme no empezó hasta mucho más tarde, esto es, hace unos 350 millones de años aproximadamente. Se supone que entonces los peces podían respirar aire y que se arrastraban hacia el interior de los continentes, evolucionando así como anfibios y más tarde reptiles. Durante millones de años los dinosaurios, algunos enormes, habitaron el planeta y se especula con la posibilidad de que murieran hace 65 millones de años. Después de los dinosaurios vinieron los mamíferos.

◀ Los trilobites eran animales parecidos a los cangrejos, tenían patas y vivían en el mar. Pululaban por el planeta hace más de 340 millones de años.

▶ El ichrhyostega fue uno de los primeros anfibios. Andaba a cuatro patas, y su cuerpo, parecido al de un pez, estaba provisto de cola.

◀ Libélulas gigantes y otros insectos sobrevolaron las marismas y los bosques hace millones de años.

▼ El triceratops pertenecía al grupo de los ceratópsidos o dinosaurios cornudos. Su cráneo formaba una capa ósea en la nuca.

▲ El dimetrodon fue uno de los primeros reptiles terrestres, mantenía el calor usando sus grandes aletas (parecidas a una vela) como paneles para absorber la luz solar.

▼ Los plesiosaurios eran reptiles marinos, que para nadar usaban sus miembros a manera de remos.

▼ Los dinosaurios más grandes en tierra firme fueron los llamados saurisquios. Eran herbívoros y alcanzaban una longitud de 21 m y un peso superior a las 30 toneladas.

◀ El pterosaurio era un reptil volador, cuya envergadura de alas llegaba a los 15 m, pareciéndose a las de los murciélagos.

▼ El archaeopteryx fue un animal con plumas, entre reptil y un pájaro; probablemente usaba las alas para planear entre distancias cortas.

▶ El tyranosaurio rex, de aspecto feroz, tenía unos 6 m de altura cuando se ponía de pie y más de 15 m de longitud. Era el más temible de todos los carnívoros; su cabeza medía 1,5 m y sus dientes tenían 15 cm de largo.

▼ El mamut fue pariente lejano del elefante, vivió durante la época glacial y su abundante pelo lo mantenía caliente.

▶ Sabemos muy poco de los primeros mamíferos; fueron pequeñas criaturas que probablemente se alimentaban de insectos y lombrices.

▲ El toxodón fue una criatura herbívora, parecida al rinoceronte. Vivió en la época pliocénica en América del Sur.

◀ Seres humanos y simios evolucionaron a partir de antepasados comunes. Este primitivo mono, el dryopithecus, vivió en África hace 22 millones de años.

Los primeros mamíferos, pequeñas criaturas parecidas a las musarañas, vivieron a la sombra de los grandes dinosaurios; cuando éstos desaparecieron los mamíferos se desarrollaron rápidamente y se repartieron por el planeta. De estos tempranos mamíferos evolucionaron las especies de mamíferos que hoy conocemos. Algunos de los primeros mamíferos eran mucho más grandes que sus parientes modernos, pero fueron desapareciendo con el transcurso del tiempo; unos no pudieron adaptarse a las condiciones climatológicas (época glacial) y murieron, y otros fueron cazados.

Para más información consultar los artículos: DINOSAURIO; EVOLUCIÓN; FÓSIL; GLACIAL, ÉPOCA; MAMUT. Puedes encontrar otras muchas referencias (como Animal, Ave, Vertebrado) en el Índice final.

Antibiótico

Los antibióticos son sustancias naturales o sintéticas que inhiben la proliferación de las bacterias. Durante mucho tiempo se pensó que una medicina que fuera capaz de aniquilar a un determinado microbio, mataría también al paciente. A principios de este siglo, los científicos empezaron a descubrir drogas que eliminaban las bacterias y los microorganismos sin causar ningún daño al enfermo. La más importante de estas medicinas fue la penicilina, droga que se extrae de cierto tipo de moho. Fue muy útil para combatir la neumonía. El antibiótico estreptomicina ha conseguido casi por completo curar la tuberculosis. Los científicos han descubierto un gran número de antibióticos que combaten enfermedades, como el tifus y la tos ferina.

Los antibióticos no producen efecto en los virus, que son los causantes de enfermedades como el resfriado común, gripe, paperas, sarampión, etc.

Antigua y Barbuda

Es un estado formado por dos pequeñas islas, situadas en el mar del Caribe. Obtuvieron la independencia del Reino Unido en 1981, pero la reina Isabel II de Gran Bretaña sigue siendo su jefe de Estado. La capital es St. John's. Antigua fue descubierta por Cristóbal Colón en 1493 y colonizada por los británicos en 1663.

Antillas

Esta cadena de islas tropicales se extiende desde Florida, en Estados Unidos, hasta Venezuela, en América del Sur, y están situadas geográficamente entre el mar Caribe y el Océano Atlántico.

Las miles de islas que la forman están divididas en más de 20 estados. CUBA, JAMAICA, HAITÍ y la REPÚBLICA DOMINICANA son los más importantes. Las Bahamas son un archipiélago cercano a la península de Florida.

La capital es Bridgetown y se transformó en un miembro independiente de la Commonwealth en 1966. La mayoría de los antillanos son de piel oscura. Muchos son descendientes de los esclavos negros de África. Las lenguas que se hablan mayoritariamente en el Caribe son español, inglés y francés.

Hay cultivos de algodón, caña de azúcar, plantaciones de bananas y otros cultivos tropicales. La industria turís-

◀ La ciudad de San Juan es la capital de Puerto Rico y está en el grupo de las Grandes Antillas. Las Antillas están repartidas en dos grupos: al norte las Grandes Antillas formadas por las islas de Cuba, La Española, Jamaica y Puerto Rico; y al este se encuentran las Pequeñas Antillas formadas por Guadalupe, Martinica, Deseada, María Galante, Barbados y Trinidad y Tobago.

◀ Durante el siglo XVIII, piratas ingleses que surcaban los mares de las Antillas atacaron a los barcos españoles que atravesaban aquellas latitudes. Estos barcos a menudo transportaban importantes tesoros procedentes de las colonias españolas en las Américas.

tica es importante y visitantes de muchos países pasan allí sus vacaciones.

La Antillas fueron descubiertas por el almirante Cristóbal Colón en 1492.

Antílope

Los antílopes son animales de pasto con cuernos y pezuñas; son parecidos a los CIERVOS pero su familia es la de los bóvidos, como el buey o la cabra. La mayoría de los antílopes viven en las praderas africanas. Son rápidos corriendo y a menudo viven en rebaños; son asustadizos y huyen en estampida ante la menor señal de peligro. Algunos de los más conocidos son el impala, el redunca, el al-

Cuando Cristóbal Colón descubrió las Antillas las declaró españolas, pero a medida que el imperio español fue perdiendo poder en el siglo XVII, muchos piratas empezaron a navegar por el Caribe. El gobierno inglés contrató al bucanero Henry Morgan para que atacara a los españoles. En el año 1674 Morgan fue nombrado caballero en honor a sus servicios a la corona británica.

▲ Un redunca macho, originario de las regiones de África al sur del Sahara.

celafo, el ñu, el eland y el pequeño dik-dik, poco mayor que un conejo.

Año

Un año es el tiempo que tarda la Tierra en dar una vuelta completa alrededor del Sol. Tarda 365 1/4 días. Un año en el calendario tiene 365 días; cada cuatro años los cuartos extras se suman y hacen un día más. Es el año llamado bisiesto y tiene 366 días.

La primera civilización que midió la duración del año fue la egipcia. A través de la observación estelar se dieron cuenta de que cuando la estrella más brillante en el cielo (Sirius) se levantaba (lo que ocurría siempre justo antes de la salida del Sol), el Nilo crecía e inundaba las orillas. Contaron los días antes de que esto volviera a ocurrir y resultaron 365 días, es decir, un año.

Apartheid

La palabra *apartheid* es la que utilizaban los dirigentes blancos de SURÁFRICA para describir su política de segregación sistemática de las poblaciones de razas no blancas. La voz proviene de la lengua *africaans* y significa «separación». Pese a que la mayoría de la población es negra, el poder y la riqueza estaban en manos de los blancos.

Las estrictas leyes del *apartheid* mantenían separados a blancos y negros, aunque desde 1980 la República de Suráfrica fue relajando paulatinamente estas leyes. La incontenible presión económica y política de los países occidentales y las protestas internas acabaron en 1994 con el *apartheid.*

Nelson Mandela se convirtió en el primer presidente surafricano de raza negra, dando paso a un régimen político basado en la igualdad y en la convivencia pacífica entre las diferentes razas.

Apolo, dios (ver Mitología griega)

Apolo, programa espacial

El programa espacial Apolo fue parte de la «carrera espacial» entre Estados Unidos y la Antigua Unión Soviética. La meta era alcanzar la LUNA con una nave tripulada. El programa empezó en 1961 y los estadounidenses experimentaron con naves que orbitaron alrededor de la Tierra. En 1968, enviaron una misión tripulada que orbitó la Luna y regresó a la Tierra con éxito. La culminación del programa fue el 20 de julio de 1969, cuando el astronauta Neil Armstrong se convirtió en el primer hombre en pisar la superficie lunar.

▲ El astronauta James Irwin saluda a la bandera estadounidense. Detrás vemos al Apolo XV después de un alunizaje, en julio de 1971.

Apóstoles

Los apóstoles fueron cada uno de los discípulos de Jesucristo a quienes encargó la tarea se difundir el Evangelio. Jesús sabía que no tenía mucho tiempo en la Tierra y se concentró en explicar a los doce discípulos el significado de las enseñanzas divinas. Uno de los apóstoles, Judas Iscariote, traicionó al Maestro, y Jesús fue crucificado. Los once restantes, junto a otros discípulos de Jesucristo, predicaron el Evangelio. Matías fue el apóstol que sustituyó a Judas, y más tarde San Pablo adquirió el rango de apóstol por designación directa de Cristo, que se le apareció en el camino de Damasco. La Cristiandad se extendió por todo el Imperio Romano y más tarde por todo el mundo.

La Biblia no nos dice mucho acerca de los apóstoles pero sabemos que eran gente sencilla y humilde. Ellos fueron los fundadores de la Cristiandad.

Árabe

Los árabes, originalmente, eran los pueblos que vivían en Arabia, pero a partir del año 600 de nuestra era e inspirados por su nueva fe en el Islam, se extendieron por Asia occidental y África septentrional conquistando y asentándose en estas zonas. Enseñaron a los habitantes de estas regiones la lengua árabe y la religión islámica.

▼ El módulo lunar tenía una altura de 7 metros y pesaba 15.000 kg, pero el peso del vehículo era seis veces menor en la Luna debido a la baja gravedad del satélite.

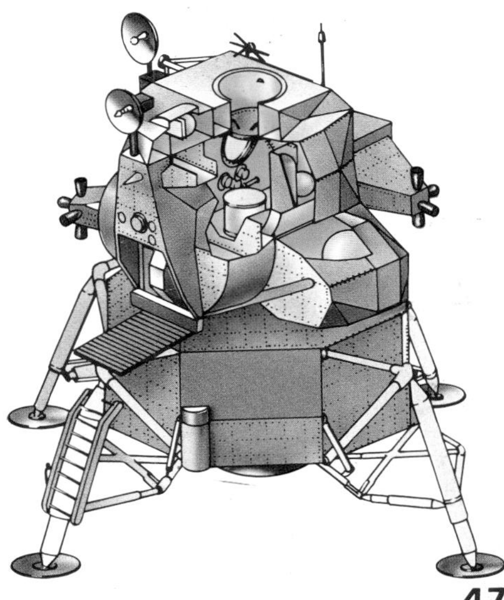

▲ Los beduinos son nómadas que se desplazan por el desierto con sus animales y pertenencias.

En la actualidad se considera árabe a todo aquel cuya lengua materna sea el árabe. Esto incluye a los estados de Irak, Libia, Argelia y Siria.

Los MUSULMANES de Irán, India y Pakistán utilizan el árabe para el culto religioso, pero no para uso diario, por lo que no están considerados como árabes.

Los árabes dominaron el norte de África y el suroeste asiático durante 900 años, hasta que fueron conquistados por los turcos. Vivieron bajo el dominio turco hasta la I Guerra Mundial. Después de la II Guerra Mundial muchos de estos pueblos se volvieron extremadamente ricos como consecuencia de la producción petrolera. Se han dado varios intentos para unificar a los países árabes, pero el conflicto y las diferentes actitudes frente al problema israelí han causado el desacuerdo entre estas naciones. Los países productores de petróleo sostienen un gran poder en el mundo como consecuencia del peso específico que supone el control de estas importantes reservas.

Arabia Saudí

Es el principal Estado de la península arábiga, situado en el suroeste de Asia. El nombre proviene de la familia Saudí que ha gobernado el país desde que se fundó, en 1932. En 1933 se descubrió petróleo a lo largo de la costa. Ello provocó un aumento enorme de la riqueza del país. Se estima que Arabia posee una cuarta parte de la existencia mundial de petróleo. Las divisas del petróleo han permitido a los saudíes modernizar sus tierras, pero el Estado sigue las viejas leyes del Islam.

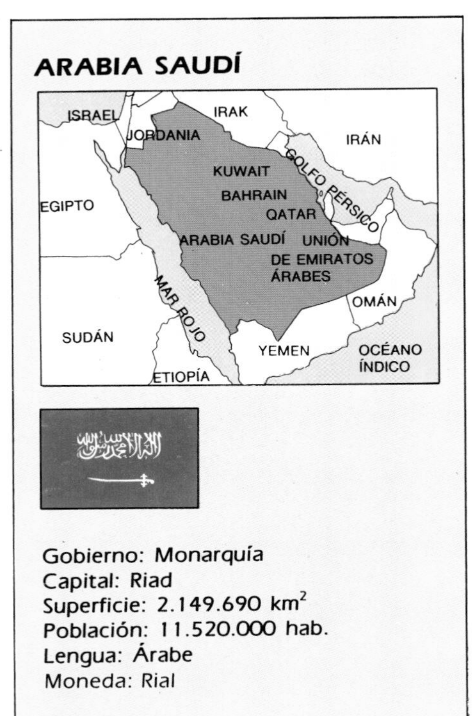

Araña

Aunque las arañas puedan parecer INSECTOS, en realidad no lo son. Los insectos tienen seis patas; las arañas poseen ocho. Los insectos tienen antenas y alas; las arañas no. El cuerpo de los insectos está dividido en tres partes; el de las arañas solamente en dos.

Todas las arañas secretan un hilo sedoso. Muchas lo usan para tejer una red (tela de araña). Ésta es pegajosa y su finalidad es atrapar insectos. No todas las arañas atrapan la comida en la tela. Algunas son cazadoras y persiguen a sus víctimas. Las arañas aturden o matan a la presa con un mordisco venenoso. Todas tienen veneno, pero en la mayoría de los casos éste no afecta a las personas.

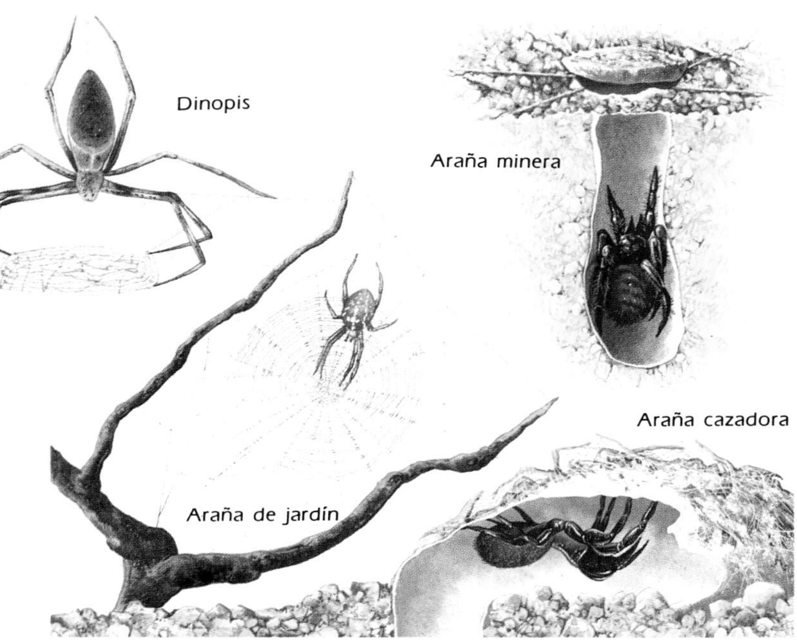

◄ La araña de jardín teje una compleja telaraña para atrapar insectos. La araña dinopis, originaria de Australia, lo hace por encima de su presa. La araña minera se oculta en su escondrijo y salta sobre su víctima cuando ésta toca alguno de los hilos de seda. Las arañas cazadoras europeas tejen una especie de bolsa. Cuando un insecto la pisa, la araña atraviesa la pared de seda y lo atrapa.

▲ El nombre de tarántula se ha asignado a diferentes tipos de arañas, normalmente a las más grandes.

Hay alrededor de 30.000 clases de arácnidos. Existen de todas las clases y tamaños, algunas no más grandes que la cabeza de un alfiler; otras, en especial las que comen pequeños pájaros, pueden llegar a medir 25 centímetros. El período de vida también varía enormemente. Oscila de uno a veinte años. Algunas se aparean en invierno, otras, en primavera. Normalmente, todas ponen varios huevos, pero las más pequeñas ponen sólo uno.

Árbol

Es un vegetal leñoso vivo que tiene dos partes bien diferenciadas: el tallo o tronco y la copa. Los árboles son las PLANTAS más grandes. Muchos crecen hasta alcanzar los siete metros. El más alto es la secuoya de América del Norte, que puede sobrepasar los cien metros de altura y cuyo tronco puede medir veinticinco metros de diámetro. Los árboles pueden vivir largo tiempo. (Ver págs. 50 y 51.)

▼ Este tipo de conífera tiene hojas espinosas que cubren sus ramas, producen semillas en piñas y llegan a crecer hasta 30 metros.

Arcilla

La arcilla es una roca descompuesta por la acción del agua. Está formada por pequeñísimas partículas que en contacto con el agua forma una pasta, fácilmente moldeable.

De tacto untuoso, la arcilla es afín al agua. Pese a su importante porosidad, es impermeable porque el tamaño

(Continúa en pág. 52)

ÁRBOL

Los árboles son bellos de contemplar y además muy útiles. Muchos árboles nos proporcionan frutos. Otros, en particular las coníferas, nos proporcionan madera. La madera no solamente es un estimable material de construcción, sino que se utiliza también para la elaboración del papel y en algunos países se usa como combustible.

Los árboles son vitales para el entorno: enriquecen la atmósfera con el oxígeno que producen y protegen también la tierra de la erosión del aire y de la lluvia. Los árboles son los seres vivos de mayor tamaño y los que viven más años.

El árbol más grande es la secuoya. Estos gigantes pueden superar los cien metros de altura. Existe un árbol milenario en Nevada (EUA) al que se le calcula una antigüedad de más de 4.900 años.

Existen dos grandes clasificaciones de árboles: los árboles de hoja caduca (roble, castaño, alerce) cuyas hojas caen en invierno, y los de hoja perenne (encina, pino, abeto) que conservan las hojas durante todo el año.

Puede establecerse otra clasificación que distingue entre los árboles frondosos (roble, haya, etc.) y las coníferas (pino, abeto, etc.), cuyos frutos suelen tener forma cónica y cuyas hojas tienen forma de aguja.

CLASES DE HOJAS	
Aguja	Pino, Abeto, Picea, Alerce, Tejo, Cedro, Ciprés. 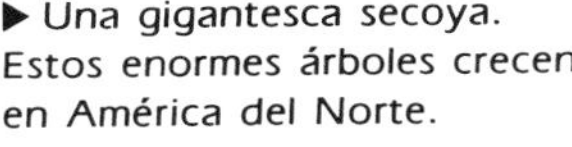
Estrecha	Sauce, Castaño, Almendro, Peral.
Lóbulo	Roble, Espino, Acebo.
Ahorquillada	Arce, Sicomoro, Castaño de indias.
Ovalada	Olmo, Manzano, Cerezo, Sauce llorón, Aliso, Haya. 
Pináculo	Serbal, Saúco, Fresno, Nogal.  

▶ Una gigantesca secoya. Estos enormes árboles crecen en América del Norte.

▼ Un tronco serrado revela la vida del árbol, cada anillo es un año. El *duramen*, más oscuro, está rodeado por la *albura*, de color más claro. Cada año se añade un nuevo anillo de crecimiento, Contándolos se puede calcular el número de años, o edad, del árbol.

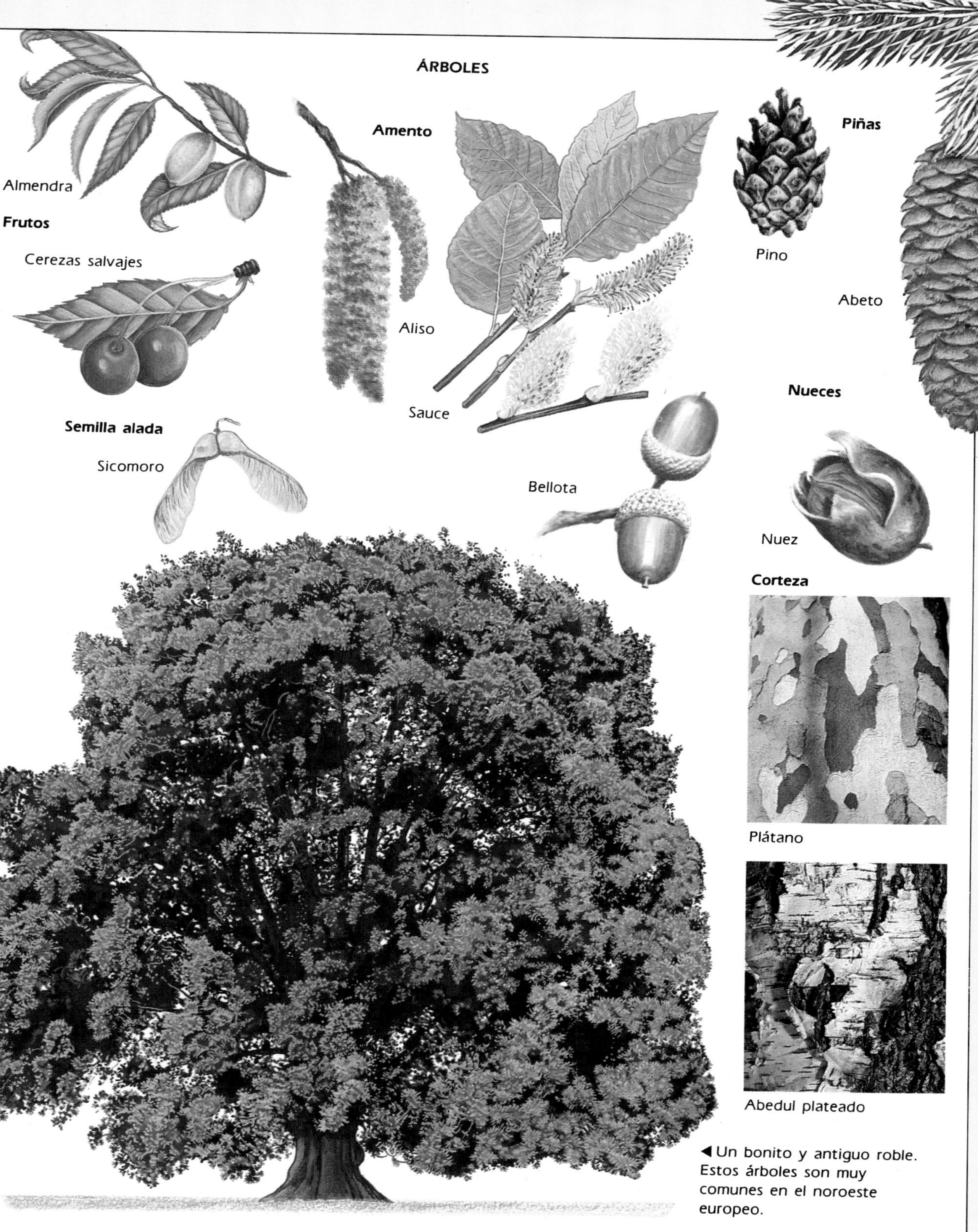

◀ Un bonito y antiguo roble. Estos árboles son muy comunes en el noroeste europeo.

Para más información consultar los artículos: BOSQUE; CONÍFERA; CORCHO; CORTEZA; FRUTO; HOJA; MADERA; NUEZ; PALMA; SEMILLA.

▲ Figuras de animales hechas de arcilla. La arcilla cocida se llama *terracota,* que significa «tierra cocida».

de los poros no permite el paso del agua. Cuando en el subsuelo hay una capa de arcilla, el agua que atraviesa las primera capas al toparse con la arcilla no puede continuar descendiendo, formándose un embalse natural subterráneo. Se pueden alcanzar estas reservas mediante la perforación de pozos.

La arcilla es fácil de moldear y puede cocerse en un horno. Los pueblos antiguos ya conocían la arcilla y la trabajaban. Hoy en día la mejor porcelana está hecha de arcilla. También se utiliza arcilla para hacer ladrillos para la construcción.

Una vieja leyenda cuenta que existe una vasija de oro al final del arco iris. Nadie ha encontrado este tesoro porque lo cierto es que el arco iris no tiene fin. En realidad es un círculo completo, la otra mitad está debajo del horizonte y fuera del alcance de la vista.

Arco Iris

Los colores del arco iris están formados por la refracción y reflexión de los rayos del Sol en las gotas de lluvia.

El mejor momento para observar este fenómeno es después de llover, cuando las nubes se rompen y la luz del Sol las atraviesa. Sólo se puede observar este fenómeno meteorológico cuando el Sol está detrás de ti y bajo el horizonte. Cada gota actúa como un prisma y descompone la LUZ formando el ESPECTRO. Éste está formado por siete colores: rojo, anaranjado, amarillo, verde, azul, añil y violeta. Cuanto más bajo está el Sol en el horizonte, más alto y curvado es el arco.

Ardilla

Las ardillas son una clase de ROEDORES que se caracterizan por su habilidad para subir a los árboles. Tienen afinadas pezuñas para escalar y una larga cola provista de pelaje, que les sirve para dirigirse y mantener el equilibrio. Las ardillas comunes pueden saltar casi tres metros de un árbol a otro.

Las ardillas voladoras pueden saltar hasta treinta metros gracias a que poseen una duplicación de la piel a ambos lados del tronco, entre los miembros anteriores y los posteriores. Esto constituye una especie de paracaídas que les permite planear cuando extienden las extremidades. Tanto las ardillas voladoras como las ardillas comunes se alimentan básicamente de nueces, piñones y bayas.

La ardilla excavadora vive en madrigueras subterráneas. Las más comunes son: la labradora, de pedregal y el perrillo de las praderas.

Existen más de trescientas clases de ardillas en el mundo.

▲ La ardilla roja es la única originaria de Europa. Principalmente vive en bosques de coníferas donde se alimenta de piñas y nueces.

▲ Los perrillos de las praderas viven en grupos numerosos y en grandes madrigueras. Miembros del grupo hacen trabajos que benefician a la comunidad, por ejemplo hacer turnos de guardia en las entradas de las madrigueras.

Arena

La arena está formada por pequeños granos de roca. Los granos proceden en su mayor parte de la descomposición de las rocas por la acción del agua o del viento. Están compuestos mayoritariamente por minerales de CUARZO. La arena se acumula, formando colinas llamadas dunas. A las capas de arena prensada que en otro tiempo formaron una roca se las denomina piedra arenisca.

Argelia

El Estado africano de Argelia cubre un área de casi cinco veces la superficie de España. Limita con siete países y el mar Mediterráneo. El desierto del Sahara ocupa la mayor parte del territorio. Muy poca gente vive en esta zona; la mayoría de la población se concentra en la franja septentrional, limítrofe con el mar Mediterráneo. Argel es la capital y la ciudad más importante.

Muchos estados han controlado Argelia. Los franceses (en concreto) tomaron posesión del país en 1830 y permanecieron allí hasta la rebelión argelina, en 1952. El país accedió por fin a la independencia en 1962, después de una guerra.

La mayor parte de su riqueza proviene del petróleo, gas natural y otros minerales.

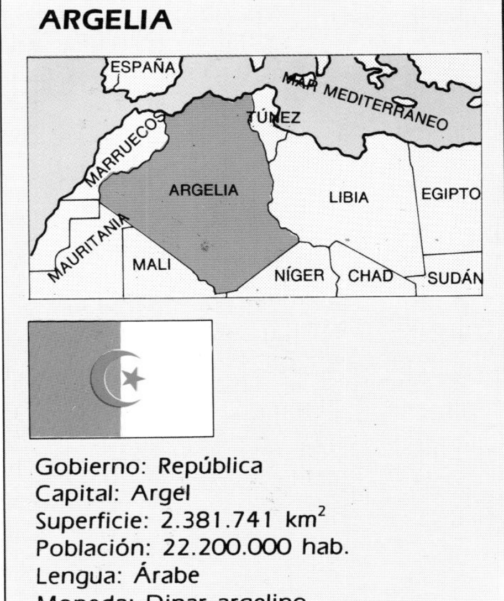

ARGENTINA

OCÉANO PACÍFICO
PERÚ
BRASIL
BOLIVIA
PARAGUAY
CHILE
ARGENTINA
URUGUAY
OCÉANO ATLÁNTICO

Gobierno: República
Capital: Buenos Aires
Superficie: 3.761.274 km^2 (incluido el territorio antártico)
Población: 30.700.000 hab.
Lengua: Español
Moneda: Peso

Argentina

Argentina es el segundo país más grande de América del Sur. Posee una extensión de 3.761.274 km^2 si incluimos la parte de la Antártida que le pertenece. Tiene treinta millones de habitantes, en su mayoría agricultores y ganaderos. La mayor riqueza del país proviene de estos dos sectores. Argentina es uno de los mayores exportadores mundiales de carne de vaca y de cordero. El potencial agropecuario del país es enorme; asimismo es una de las primeras potencias productoras de trigo, maíz y sorgo. Es también destacable la producción de cereales como el centeno, la cebada y la avena, así como la producción de ovino con cerca de treinta millones de ovejas, exporta grandes cantidades de lana. La región agropecuaria más importante es la Pampa, que significa llanura. En esta región, rica en pastos, se concentra la ganadería. La Pampa se extiende por el noroeste y por el sur de la capital, Buenos Aires, ciudad que registra una de las vidas culturales más intensas de todo el continente latinoamericano. La parte septentrional del territorio está cubierta por bosques tropicales y no está muy explotada. En la zona meridional se extiende el desierto de la Patagonia. La zona occidental es de clima seco; allí se halla la cordillera de los Andes, en la que se encuentra la montaña más alta del continente, el Aconcagua, de 6.959 metros. Argentina fue administrada por España desde 1535 hasta 1810. La mayoría de sus habitantes son de origen europeo, pero también existe una minoría de 20.000 indios nativos.

▼ Los gauchos son los *cowboys* de la región del sur, «la Pampa».

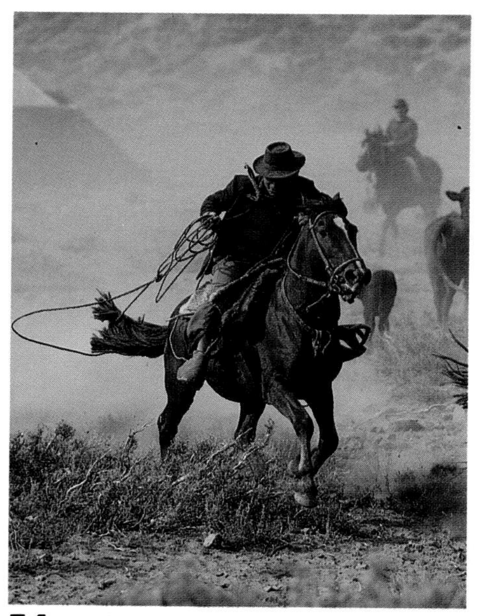

Aristóteles

Aristóteles (384-322 a.C.) fue un filósofo griego y también un gran estudioso de otro famoso pensador: Platón. A la edad de 17 años se fue a Atenas para convertirse en discípulo suyo.

Durante veinte años trabajó y estudió en Atenas. De allí partió para convertirse en tutor de Alejandro Magno. Aristóteles fue el creador del método de razonamiento llamado «lógica». Sus escritos abarcan varios campos del pensamiento filosófico, físico, mecánico, de las ciencias naturales y de la política.

Armada Invencible, la

Armada es una palabra española que designa una gran flota de barcos de guerra. La más famosa es la armada española que trató de invadir Inglaterra en 1588. Los 130 barcos españoles eran grandes, poderosos y estaban fuertemente armados, pero los barcos ingleses eran más ligeros, rápidos y, por tanto, más fáciles de maniobrar. Una tormenta de proporciones considerables barrió la mayor parte de barcos españoles. El resto retrocedió ante el ataque inglés. Varios fueron hundidos y otros varios resultaron seriamente dañados tras la dura batalla. La Armada fue obligada a volver a España bordeando el norte de Inglaterra. Sólo 67 de los 130 barcos iniciales pudieron volver a España.

▲ La Armada Española sufrió una de sus mayores derrotas en la batalla de Gravelinas, en 1588. Seiscientos españoles murieron en ella.

El nombre «Armada Invencible» surgió de la envidiable preparación que tenían los barcos que la formaban. Llevaban comida para alimentar la flota durante unos 6 meses: 5 millones de kilos en galletas, 300.000 kg de tocino salado, 184.000 litros de aceite de oliva, 14.000 toneles de vino... eran parte de las necesidades para una fuerza humana de más de 30.000 hombres. La gran flota contaba además con 6 médicos, 180 curas, 19 hombres de justicia y unos 50 administradores.

Armadillo

Los armadillos son extraños animales que viven en el centro y sur de América. Su nombre es debido a que sus cuerpos están protegidos por placas córneas articuladas, que recuerdan la forma de una armadura. Algunos se enroscan cuando son atacados, consiguiendo con esta postura una total protección. Están provistos de fuertes garras que usan para cavar madrigueras y abrir nidos de termitas al objeto de conseguir alimento. Existen diez clases diferentes de armadillos, el más largo de los cuales puede alcanzar los 9,2 metros.

La armadura que usaba el emperador Carlos V, junto con la de su caballo, pesaba nada menos que 100 kg, es decir, bastante más que el propio peso del monarca.

Armadura

Las armaduras eran un conjunto de armas defensivas que protegían el cuerpo de los combatientes. Las primeras aparecieron hace unos 5.000 años, y originalmente fueron de piel muy dura. Más tarde se hicieron con petos de metal, cascos y escudos. Pero el resto del cuerpo seguía protegiéndose con cuero, o con escamas o anillos de hierro unidos entre sí que formaban una protección flexible. En la Edad Media los caballeros se dirigían a las batallas enlatados desde la cabeza a los pies en armaduras que pesaban hasta treinta kilos. Cuando aparecieron las armas de fuego, las armaduras quedaron relegadas (exceptuando el casco) ya que la cantidad de metal necesaria para parar una bala era demasiado grande. Actualmente, los metales ligeros y plásticos se usan para los chalecos antibalas de los soldados y la policía.

▲ Armaduras como ésta se utilizaban en el siglo XIII. En el siglo XVI era normal para un caballero y su caballo cubrirse con armaduras de hasta sesenta piezas.

Arpa

El arpa es el más antiguo instrumento de cuerda. Se pueden distinguir dos tipos: el procedente de Sumeria, que se difundió luego por Egipto, de tipo arqueado, y el procedente de Mesopotamia, que lo podemos hallar en Persia, Asia Menor y Extremo Oriente, llamado de tipo angular. El arpa moderna es de tipo triangular, y se compone de tres partes: una caja de resonancia, una consola en la que están fijadas las clavijas de las cuerdas y una columna que une las dos partes. La base del instrumento tiene unos pedales que al ser presionados cambian el tono de las cuerdas. El instrumentista se sienta con la caja de resonancia entre las piernas y toca las cuerdas con los dedos de las manos.

Arqueología

La arqueología estudia la historia a través de los monumentos y objetos que han perdurado. Éstos pueden incluir herramientas, casas, tumbas, e incluso un vertedero de basura puede revelar cómo vivieron nuestros antepasados. Los arqueólogos estudian desde el más grande de los monumentos hasta la más pequeña de las agujas.

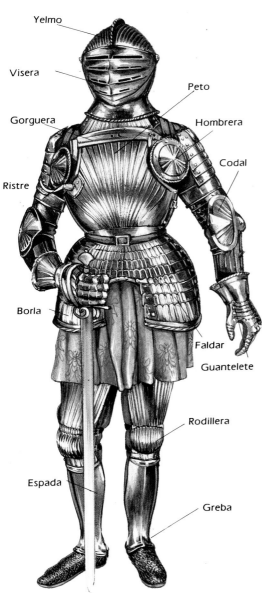

La arqueología moderna se inició durante el RENACIMIENTO, cuando la gente comenzó a interesarse por la cultura de las antiguas civilizaciones de GRECIA y ROMA.

Al principio, los lugares de interés arqueológico fueron saqueados y expoliados de sus tesoros. Pero a comienzos del siglo XIX las excavaciones se mantuvieron en secreto para evitar el saqueo. Importantes descubrimientos se realizaron en este período: restos de Troya (1871), la temprana civilización griega de Micenas (1876) y la tumba del faraón TUTANKAMON en Egipto (1922).

En la actualidad, la ciencia ayuda a los arqueólogos en su trabajo. Un método que se utiliza para datar la antigüedad de los restos arqueológicos es el denominado método de datación del radiocarbono, otro es la dendrocronología (datación a partir de los anillos del árbol), la fotografía por RAYOS X o con INFRARROJOS puede mostrarnos los diseños debajo de las superficies.

La arqueología ha utilizado equipos modernos de buceo para explorar restos del pasado y de antiguos naufragios en el fondo del mar.

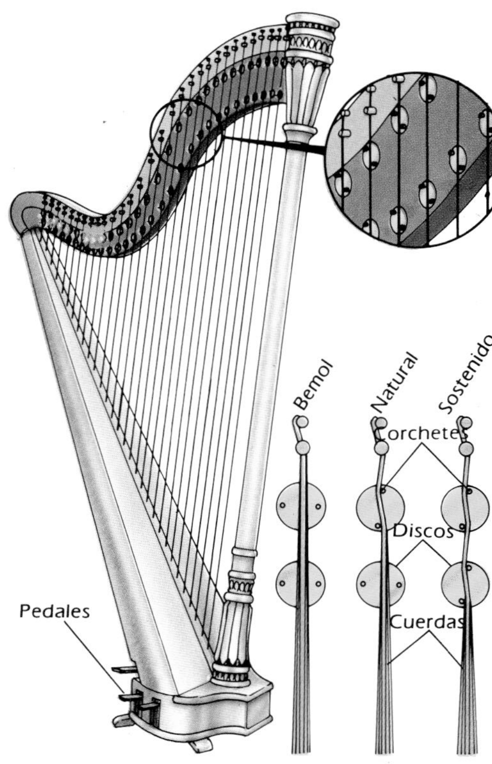

▲ Para cambiar el tono de una cuerda se deben presionar los pedales, haciendo girar los discos con corchetes sujetos a las cuerdas.

Arquímedes

Arquímedes (282-212 a.C.) fue un famoso científico griego que vivió en Sicilia. Entre otras muchas cosas, descubrió el principio que lleva su nombre. El principio de Arquímedes nos dice que si pesamos un objeto en el aire y luego lo volvemos a pesar sumergido en un lí-

▼Arqueólogos trabajando en la isla griega de Kithira.

Se cree que Arquímedes tomó parte en la construcción de una de las siete maravillas de la antigüedad. Tal maravilla es el denominado Faro de Alejandría. El faro fue diseñado por Ptolomeo I de Egipto, tenía una altura de 122 metros y el fuego en lo alto se mantenía encendido día y noche. Arquímedes diseñó unos espejos que reflejaban la luz y durante la noche los barcos la podían ver a una distancia de unos 50 km aproximadamente.

quido, perderá un peso equivalente al peso del líquido que desplaza. Arquímedes descubrió esto cuando se sumergió en una bañera llena hasta el borde y el agua salió de ella. Con el entusiasmo de su descubrimiento gritó: ¡Eureka! ¡Eureka! (lo encontré).

Arquitectura

La arquitectura es el arte de proyectar y construir edificios. Si contemplamos antiguos edificios podemos aprender mucho respecto a los pueblos que los construyeron.

Tal como la conocemos se inició hace 7000 años en EGIPTO. Los egipcios construyeron grandes PIRÁMIDES que servían de tumbas a sus reyes. Muchas de éstas pueden admirarse aún.

La arquitectura griega empezó a tomar forma alrededor del 600 a.C. y se desarrolló en magníficos estilos que podemos apreciar en la ACRÓPOLIS de ATENAS.

Cuando los romanos conquistaron GRECIA copiaron su arquitectura, pero pronto descubrieron el arco; de esta forma pudieron construir edificios más grandes y fuertes. Los romanos también se iniciaron en la construcción de cúpulas.

Templo de Amón en Luxor (estilo egipcio 2000-500 a.C.)

Templo de Artemisa en Éfeso (estilo griego 600-100 a.C.)

Acueducto Pont du Gard en Nîmes, Francia (estilo romano 100 a.C.-400)

Iglesia de Santa Sofía en Estambul, Turquía (estilo bizantino 400-1453)

Estilo gótico (mediados 1100-1400). Catedral de Notre Dame, París, Francia

Estilo georgiano (1725-1800). Londres, Inglaterra

Estilo renacentista (1400-1500). Catedral de Florencia

Edificio Seagram, Nueva York (1950)

El período románico se inició en Europa en el año 800 de nuestra era. Al principio imitaba el estilo de la antigua Roma, pero pronto fue desarrollándose hasta que se convirtió en un estilo propio, fuerte y sobrio. A este período le siguió el gótico; la mayoría de las catedrales europeas que hoy podemos ver pertenecen al estilo gótico, con elegantes arcos puntiagudos encima de puertas y ventanas. El techo de una catedral gótica está formado por una serie de arcos que sostienen el peso del techo. A estos techos se les denomina *bóvedas.*

Alrededor del año 1400 se inicia un nuevo estilo en Italia: el Renacimiento, el cual se extendió por toda Europa. Los arquitectos del Renacimiento otorgaban la misma importancia tanto a edificios públicos y privados como a las iglesias.

En nuestros días se sigue construyendo con ladrillo y piedra, pero existe toda una serie de nuevos materiales que han cambiado por completo la forma de construir los edificios en nuestros días. Hormigón y acero, plástico y cristal están moldeando el mundo en que vivimos. Los arquitectos diseñan fábricas, polideportivos, hospitales, escuelas, etc., con estos nuevos elementos. Incluso a veces se les brinda la oportunidad de diseñar ciudades enteras.

CAPITELES GRIEGOS

Éstos son los tres estilos de capiteles de las columnas que los griegos usaban en sus edificios.

▲ Las pinturas prehistóricas de las cuevas de Altamira, en el norte de España.

Arroz

El arroz es una planta del género de las gramíneas. Es el CEREAL más importante del mundo, y sus granos son el alimento principal de la mayoría de los pueblos de Asia.

Los campos de arroz son extensiones de terreno que previamente se han inundado con agua, y se les llama arrozales. En el cultivo del arroz cabe distinguir varias etapas: *germinación*, granos sumergidos en agua hasta que brotan los tallos; *sembrado* en el arrozal, entre 15 y 40 días; *trasplante*, la planta mide de 20 a 30 cm; *recolección*, la planta ha alcanzado su madurez.

▲ La famosa máscara de TUTANKAMON, el niño faraón, encontrada en su tumba.

Arte

Desde las épocas más tempranas los pueblos han pintado y esculpido objetos. Podemos seguir admirando las pinturas de las cavernas que fueron realizadas hace más de 20.000 años; asimismo se conservan bellas pinturas, murales y esculturas de los antiguos imperios de EGIPTO, GRECIA y ROMA.

La religión cristiana tuvo una gran influencia en el arte. Durante la EDAD MEDIA los pintores trabajaron mucho las escenas religiosas, a veces de una manera bastante rígida. Pero cuando el RENACIMIENTO hace su aparición en el siglo XV el arte y los artistas empiezan a hacerse famosos a consecuencia de sus obras. Pintores como LEONARDO DA VINCI y MIGUEL ÁNGEL imprimieron en sus creaciones un carácter más realista. Grandes artistas holandeses como REMBRANDT pintaron escenas cotidianas. En los siglos XVIII y XIX muchos artistas imitaron los antiguos estilos de Grecia y Roma; este movimiento fue denominado Neoclasicismo.

Al final del siglo XIX, hacia 1870, se originó un nuevo estilo denominado IMPRESIONISMO. Artistas como Monet (1840-1926) y Renoir (1841-1919) pintaban con pequeños trazos de color creando delicados entornos. A principios del siglo XX la pintura se hizo mucho más libre; aparecieron los estilos abstracto y cubista, con pintores como Cézanne (1839-1906) y PICASSO (1881-1973).

Las más antiguas piezas de escultura que conocemos se realizaron en la EDAD DE PIEDRA, hace 30.000 años. Los antiguos egipcios crearon esculturas de gran belleza y calidad. Muchas representaban a sus reyes y reinas. Los huecograbados más hermosos del mundo fueron realizados por escultores de la antigua Grecia y de Roma, en el período conocido como «clásico». Durante el Renaci-

▲ *San Francisco expulsando a los demonios,* por Giotto.

miento, especialmente en Italia, el arte de la escultura avanzó a pasos agigantados. MIGUEL ÁNGEL esculpió estatuas maravillosas como el famoso *David.* Escultores modernos crean a menudo esculturas en que la forma en su conjunto es más importante que mostrar el parecido de una figura.

◀ Fresco de Rafael, del siglo XVI.

▲ *La primavera,* de Monet, bella muestra del impresionismo.

▲ *Mujer que llora,* de Picasso, un excelente ejemplo de arte moderno.

Arteria

Una arteria es un vaso sanguíneo que transporta la SANGRE desde el CORAZÓN a todas las partes del cuerpo. Las VENAS son diferentes de las arterias porque son las que devuelven al corazón la sangre bombeada. Las arterias tienen gruesas y elásticas paredes; la más larga es la aorta, que está conectada directamente al corazón. La palabra arteria proviene de palabras griegas que significan «portador de aire». Los médicos griegos de la antigüedad, al practicar la autopsia, no encontraron sangre en las arterias y, en consecuencia, pensaron que transportaban aire.

Ártico

El Ártico es la región que envuelve el POLO NORTE.

En este punto geográfico no existe tierra firme, sólo un área inmensa de mar helado. La tierra en la región ártica está helada la mayor parte del año. Durante el corto verano la superficie del suelo se deshiela y algunas plantas crecen, e incluso con brillantes y coloreadas flores. En la actualidad hay gente viviendo en el Ártico debido a que han sido descubiertos valiosos minerales y reservas de petróleo. El círculo ártico se sitúa a 66 grados y medio al norte.

▲ *Amarillo, Gris y Negro,* de Jackson Pollock, pintado en 1948.

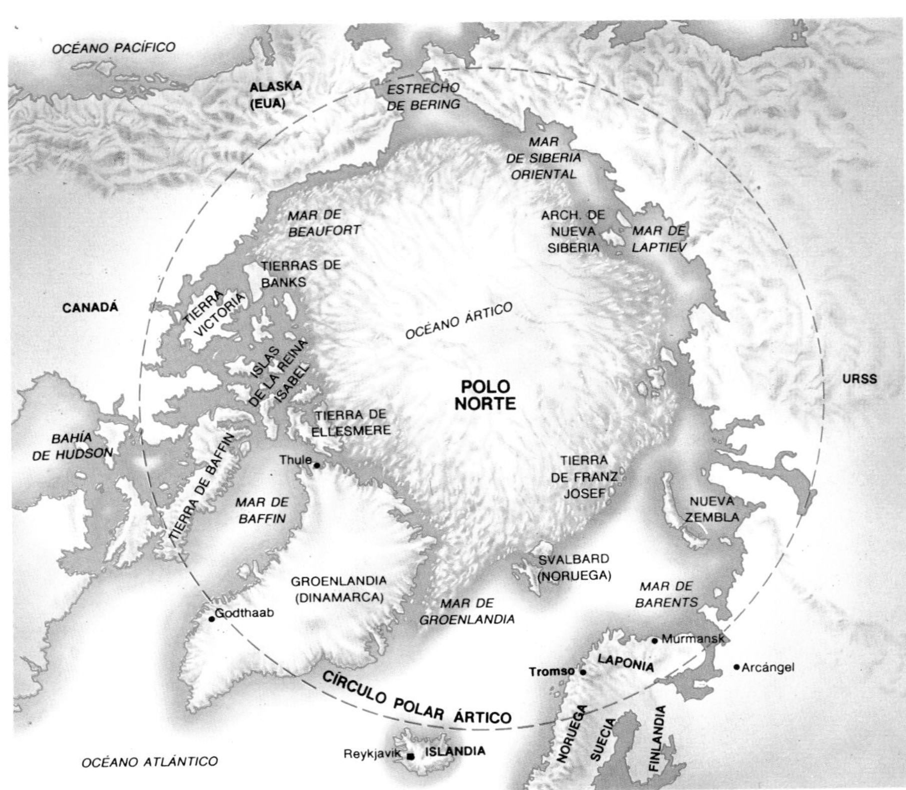

▲ La golondrina ártica es la campeona del mundo en migración. Cría a lo largo de las costas del Océano Ártico y en agosto emigra hacia la Antártida.

La razón por la que hace tanto frío cerca del Polo Norte es porque el Sol nunca se eleva lo suficiente. En invierno hay días que no sale en absoluto. En verano, en cambio, se puede ver durante el día y la noche.

▼ El arroz constituye uno de los cultivos más importantes de Asia. Una vez recolectado, se cortan los tallos y se golpean contra una superficie dura para obtener los granos que contienen.

Arturo, rey

El rey Arturo fue un legendario personaje que se supone reinó sobre los bretones en el año 500. Su reino se situó al oeste de Inglaterra. Muchas historias crecieron acerca de la corte del rey Arturo y los caballeros de la mesa redonda. Estas leyendas fueron compiladas por sir Thomas Maloy en el siglo XV.

Asia

Asia es el más grande de los continentes. Es, asimismo, el más poblado (3.000.000.000 de hab.). Lugares como el delta del Ganges-Brahmaputra o los valles de los ríos de CHINA y las islas de Java están entre los sitios más densamente poblados del mundo.

En la región septentrional se extiende la fría y desolada tundra. Las islas de INDONESIA están situadas en el húmedo y caluroso trópico. La cordillera más alta del mundo, los montes del Himalaya, está en Asia. También la parte más baja del planeta: las orillas del mar Muerto. Los pueblos de Asia pertenecen a las tres razas más importantes: los caucasianos, que viven en la parte norte y suroeste de la India; los mongoles, que incluyen a los chinos y japoneses, que viven en la parte oriental de Asia, y los negroides que se encuentran en el sureste asiático. Todas las religiones más importantes del mundo empezaron en Asia: Judaísmo, Cristianismo, Islam, Hinduismo, Budismo, Confucianismo y Sintoísmo. La mayoría de los asiáticos son agricultores. Los cultivos más importantes son el trigo y el arroz. Otros cultivos que se exportan, son té, algodón, yute, caucho, frutos cítricos y tabaco. Algunas naciones de Asia tratan de industrializarse; en este sentido China está haciendo un esfuerzo, pero a decir verdad la única nación verdaderamente industrializada es Japón.

Fue en Asia donde surgieron las primeras civilizaciones y fue el hogar de otras muchas: destacamos las de Mesopotamia, Babilonia, China y los valles hindúes, y lo que ahora es el Pakistán. Los europeos empezaron a visitar Asia en el siglo XV incrementándose rápidamente el comercio entre los dos continentes. Más tarde, durante varios siglos, China y Japón cerraron sus puertas comerciales con Europa. A finales del siglo XIX, la mayor parte de Asia fue gobernada por los poderes europeos. Pero

(Continúa en pág. 66)

▲ Tokyo, la capital de Japón. Hoy en día tiene el aspecto de una ciudad del mundo occidental.

▼ Tallos jóvenes de arroz crecen en los arrozales. Estas terrazas han sido construidas en las laderas de las montañas y son drenadas mediante bombas.

ASIA

ASIA
Superficie: 44.418.500 km².
Población: 3.000.000.000 de hab.
Punto más elevado: Everest, 8.848 m.
Lagos principales: mar Caspio, lago Aral, lago Baikal.
Ríos principales: Yangtze, Tigris, Éufrates, Findus, Ganges.
Países: 41 y parte de CEI, de Turquía y de Egipto.
País más poblado: China.
OCEÁNO ÁRTICO
Yenisey
Lena
COMUNIDAD DE ESTADOS INDEPENDIENTES
MONTES URALES
Ob
Lago Baikal
Omsk
Novosibirsk
Irkutsk
MAR NEGRO
Ulan Bator
Ankara
Izmir
MAR DE ARAL
Syr Darya
Lago Baljash
MONGOLIA
TURQUÍA
CAUCASO
MAR CASPIO
CHIPRE
Nicosia
Alepo
Amú Darya
TIEN SHAN
Beirut
SIRIA
LÍBANO
Tigris
Damasco
DESIERTO DE GOBI
Jerusalén
CHINA
ISRAEL
Amman
IRAK
Éufrates
Teherán
Huang He
Bagdad
JORDANIA
Isahán
AFGANISTÁN
Lanzhou
Xi'an
MAR ROJO
Basra
Abadán
Kabul
Chang Jiang (Yangtse)
Kuwait
Islamabad
TIBET
Medina
KUWAIT
IRÁN
CACHEMIRA
Cheng du
Lahore
BAHRAIN
Riyadh
QATAR
HIMALAYA
Salween
PAKISTÁN
Delhi
Monte Everest
Lhasa
Chongqing
Jiddah
Doha
DESIERTO ARÁBIGO
NEPAL
Thimphu
La Meca
Indo
Nueva Delhi
Katmandú
U.E.A.
BHUTAN
Brahmaputra
Karachi
Hyderabad
Lucknow
Kunming
ARABIA SAUDÍ
Muscat
Kanpur
Irrawaddy
Ahmadābād
Benarés
Ganges
OMÁN
INDIA
Calcuta
Dacca
Mandalay
Hanoi
Saná
YEMEN
Nagpur
BANGLA DESH
LAOS
Godavari
BIRMANIA
Vientiane
Aden
MAR ARÁBIGO
Bombay
Chiang Mai
Rangún
Mekong
THAILANDIA
Haidarabal
GOLFO DE BENGALA
Bangkok
Phnom Penh
Bangalore
Madrás
GOLFO DE SIAM
SRI LANKA
Colombo
Islas Maldivas
Medan
Kuala Lum
Male
Capitales
Padang
SINGAPUR
Sumatra
0 400 800 1200 millas
0 400 800 1200 1600 kilómetros
OCÉANO ÍNDICO
Java

▶ Asia es un enorme continente. Es más grande que África y Europa juntos. Es tan ancho que el Sol sale casi con 11 horas de diferencia de este a oeste.

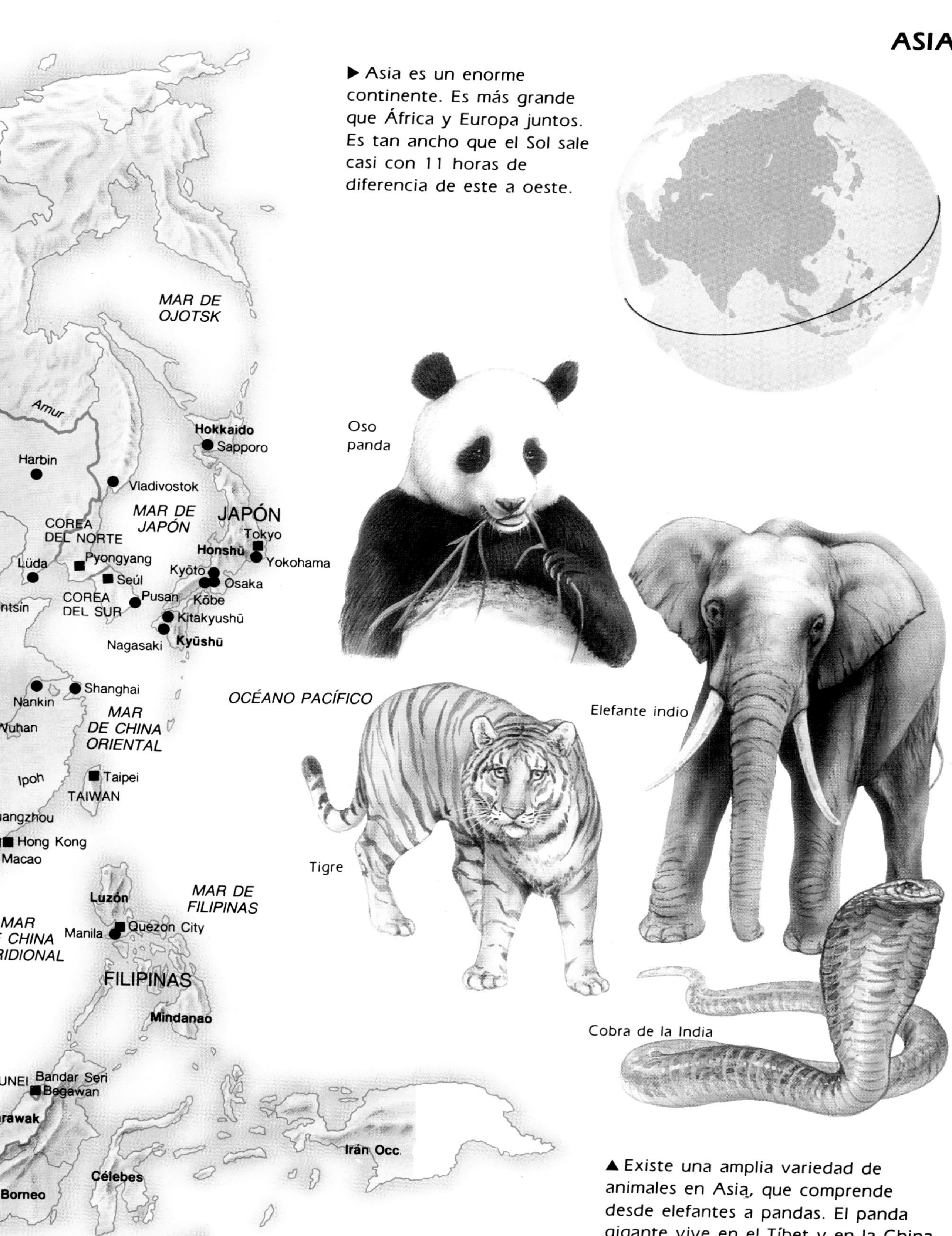

Oso panda

Elefante indio

Tigre

Cobra de la India

▲ Existe una amplia variedad de animales en Asia, que comprende desde elefantes a pandas. El panda gigante vive en el Tíbet y en la China meridional. La mayor parte de Asia está tan poblada que escasamente hay espacio para los animales.

Desde el siglo x hasta el xv gran parte del suroeste asiático fue gobernado por los *khmeres*, que edificaron un poderoso imperio. Este pueblo construyó cientos de templos, canales, presas y carreteras.

El templo de Angkor Wat en Campuchea es su más destacada realización arquitectónica.

El magnífico templo tiene unas dimensiones aproximadas de 1.550 metros de largo por 1.400 de ancho y una bella entrada decorada con 100 columnas cuadradas.

▶ En el mercado flotante de Bangkok, en Tailandia, los vendedores comercian con sus mercancías desde pequeñas barcas.

tras la II GUERRA MUNDIAL, durante la cual Japón ocupó porciones importantes del este asiático, casi todas las colonias europeas se independizaron.

En 1949 los comunistas chinos tomaron el control de la China continental. En 1975 los comunistas ocuparon VIETNAM, LAOS y Kampuchea, actual CAMBOYA, después de una guerra de siete años para controlar la península.

Asia Suroriental

El sureste asiático es una gran zona que se extiende por el sur de la CHINA y al este de la INDIA. Forman esta área varios países. En el continente asiático encontramos BIRMANIA, TAILANDIA, MALASIA, SINGAPUR, CAMPUCHEA, VIETNAM y LAOS. Más hacia el sur están las cadenas de archipiélagos que forman los países de INDONESIA, BRUNEI, NUEVA GUINEA, PAPÚA y las FILIPINAS.

El sureste asiático es montañoso. Posee un clima tropical, con fuertes precipitaciones en la estación de las lluvias. La mayoría de la población se dedica a la agricultura. Se cultiva el arroz, maíz y té; hay plantaciones de caña de azúcar y la producción de caucho es importante. En cuanto a la riqueza del subsuelo, destaca el petróleo, el estaño y la bauxita. Aunque la mayoría de la población del sureste asiático vive en pequeños pueblos, existen asimismo grandes ciudades como Bangkok en Tailandia, Kuala Lumpur en Malasia, y Singapur, uno de los puertos más importantes del mundo.

Una gran variedad de pueblos viven en la región. Pertenecen a diferentes etnias, hablan y tienen diferentes lenguas y costumbres de vida.

Asno

Los asnos o burros son los pequeños y robustos parientes de los caballos. Son descendientes del asno salvaje de Nubia (África).

Los asnos tienen una cabeza grande con largas orejas y su cola acaba en pelo. Poseen seguridad al andar y pueden cargar con pesos considerables en terrenos difíciles. Desde hace mucho tiempo se han venido utilizando como animales de carga y se siguen usando, sobre todo en el sur de Europa, en el norte de África, Asia y también en América Latina.

▲ Los asnos pueden cargar pesos muy por encima de su tamaño. Son pacientes y trabajadores, y el hombre los ha utilizado a lo largo de los siglos para los trabajos duros.

Asteroide

Los asteroides son innumerables, miles de pequeños planetas que se formaron al mismo tiempo que el sistema solar. La mayoría se encuentran situados en el enorme espacio entre las órbitas de Marte y Júpiter. Los cráteres que podemos observar en la Luna o Mercurio son el resultado del impacto de los asteroides.

El asteroide de mayor tamaño es Ceres; su diámetro es de 1.000 km, aproximadamente, pero la mayoría de los 2.700 asteroides que podemos ver escasamente alcanzan la décima parte del tamaño de Ceres.

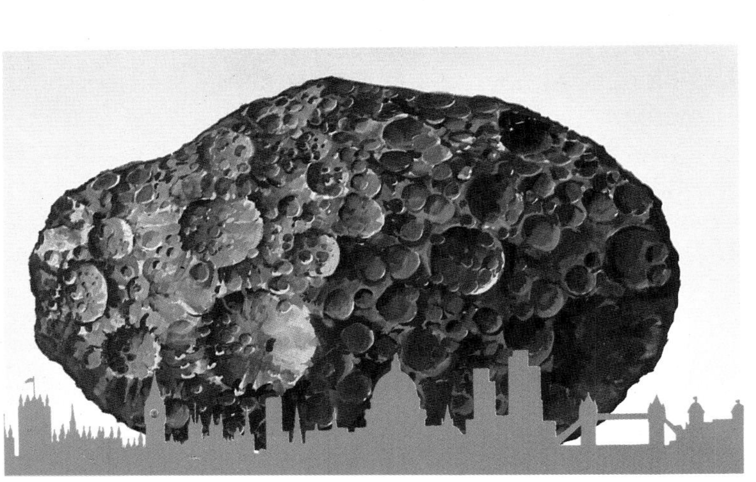

◀ En la ilustración se compara un asteroide muy pequeño con diversos edificios famosos de Londres situados en las orillas del Támesis. Probablemente existen miles de estos cuerpos orbitando en el sistema solar.

SIGNOS DEL ZODÍACO
CAPRICORNIO
22 diciembre-19 enero
ACUARIO
20 enero-18 febrero
PISCIS
19 febrero-20 marzo
ARIES
21 marzo-19 abril
TAURO
20 abril-20 mayo
GÉMINIS
21 mayo-20 junio
CÁNCER
21 junio-22 julio
LEO
23 julio-22 agosto
VIRGO
23 agosto-22 septiembre
LIBRA
23 septiembre-22 octubre
ESCORPIO
23 octubre-21 noviembre
SAGITARIO
22 noviembre-21 diciembre

▲ La astrología está basada en el zodíaco, un imaginario círculo en el cielo por el cual el Sol, la Luna y los planetas se mueven. Este círculo consta de 12 constelaciones o grupos de estrellas que sugieren diferentes formas, cada forma es un signo del zodíaco y ocupa el período de un mes en el calendario astrológico. Algunas personas creen que cada signo marca el carácter de los nacidos bajo su influencia.

Astrología

La astrología es el arte de predecir el futuro observando los movimientos del sol, la LUNA, los planetas y las estrellas.

Nuestros antepasados creían que los cuerpos celestes influían en las personas y en sus quehaceres. Esto cristalizó en una proliferación de astrólogos, hombres y mujeres que clamaban ser capaces de leer el futuro. A lo largo de la historia, reyes, generales y hombres poderosos escucharon sus consejos. Hoy en día algunas personas siguen las predicciones de los astrólogos.

Astronave

Las primeras astronaves fueron lanzadas a finales de los años 50. Existían dos clases de SATÉLITES y sondas. Los satélites orbitan alrededor de la Tierra. Los vehículos espaciales sonda se alejan de la Tierra para explorar otros planetas. Las primeras naves espaciales no llevaban tripulación. Hoy en día los satélites y las sondas en su mayoría no llevan tripulación, pero también hay misiones espaciales que necesitan la participación de los astronautas.

Todas las naves espaciales despegan de la misma forma, son propulsadas hacia el espacio por potentes COHETES. Los cohetes se dividen en tres partes. Cuando una de estas partes consume el combustible, se desprende de la nave espacial y la etapa siguiente inicia la combustión. Cuando las tres etapas han agotado el combustible, la nave viaja a través del espacio por sí sola.

Satélites y sondas van equipados con aparatos científicos y equipos de medición tales como cámaras, aparatos de grabación y transmisores de radio. Estos equipos se alimentan con energía eléctrica captada a través de placas solares. La información recogida por los aparatos es enviada por radioondas a la Tierra, donde los científicos la estudian.

Las naves espaciales tripuladas son más complejas que los satélites y las sondas. Además del equipo científico tienen que ir provistas de aparatos especiales para la manutención y el cuidado de los astronautas.

Astronomía

La astronomía es la más antigua de las ciencias, es aquella que estudia los cuerpos celestes.

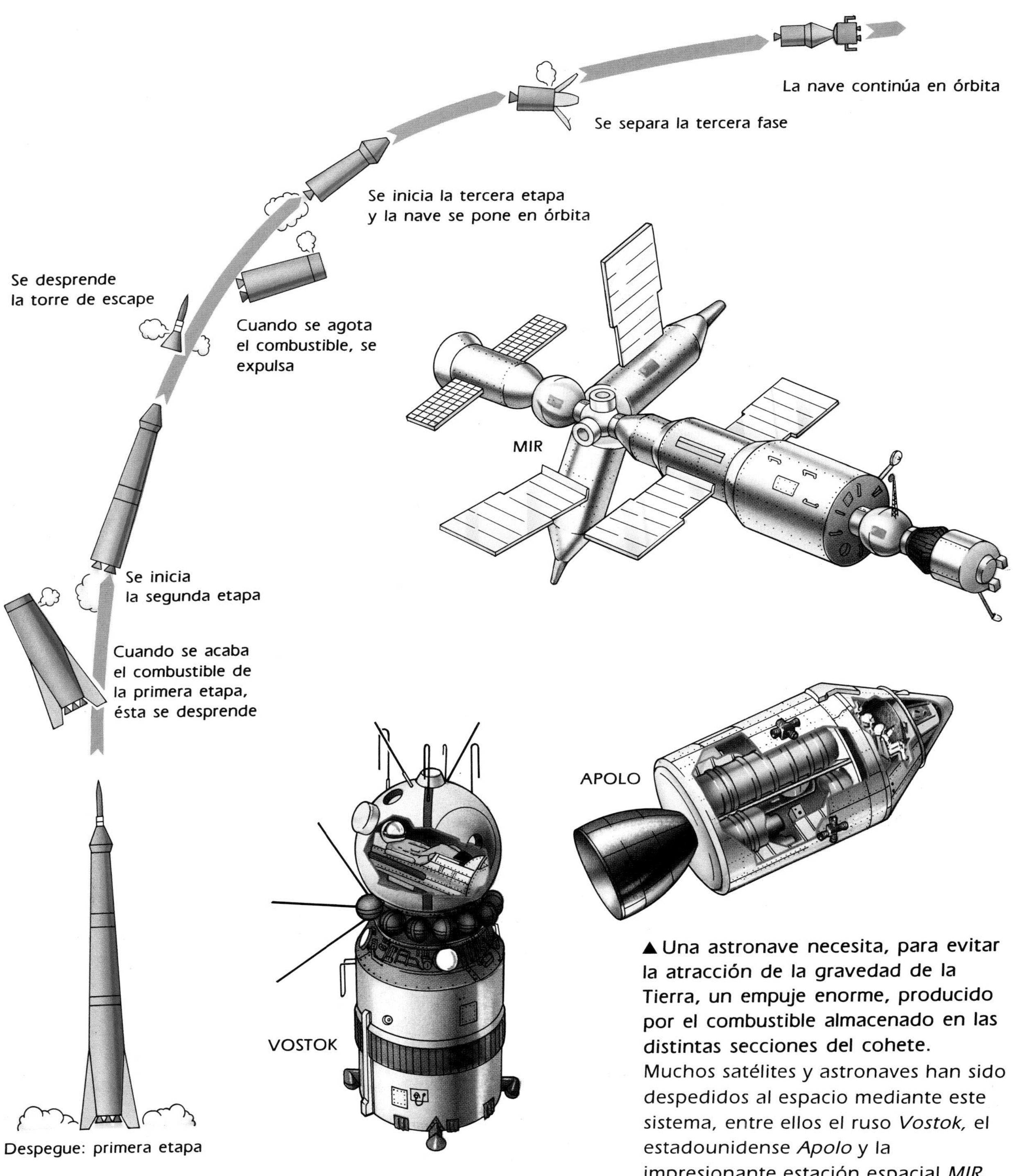
La nave continúa en órbita
Se separa la tercera fase
Se inicia la tercera etapa y la nave se pone en órbita
Se desprende la torre de escape
Cuando se agota el combustible, se expulsa
MIR
Se inicia la segunda etapa
Cuando se acaba el combustible de la primera etapa, ésta se desprende
APOLO
VOSTOK
Despegue: primera etapa

▲ **Una astronave necesita, para evitar la atracción de la gravedad de la Tierra, un empuje enorme, producido por el combustible almacenado en las distintas secciones del cohete.** Muchos satélites y astronaves han sido despedidos al espacio mediante este sistema, entre ellos el ruso *Vostok,* el estadounidense *Apolo* y la impresionante estación espacial *MIR.*

Las observaciones del cielo permitieron la división del año en meses, semanas y días basándose en el movimiento del SOL, de la TIERRA y de la LUNA. El desarrollo del calendario ayudó a los primeros astrónomos a predecir la aparición de COMETAS y las fechas en que se producirían los ECLIPSES. Durante muchos siglos se creyó que la Tierra era el centro del UNIVERSO, hasta que en el año 1543 COPÉRNICO revivió la idea de que el Sol era el centro

▲ Durante la Edad Media, los árabes se interesaron mucho por el estudio de la astronomía.

del SISTEMA SOLAR. El telescopio, un importante instrumento para la astronomía, fue inventado en 1608 por Hans Lippershey. En nuestros días los grandes telescopios ópticos se complementan con radio procedente de los PULSAR y de los CÚASARS.

Atenas

Atenas es la capital de GRECIA, pero en otro tiempo fue el centro de la civilización. Era ya una importante ciudad cuando sus habitantes formaron parte decisiva de las fuerzas que expulsaron a los poderosos persas fuera del continente europeo, en el año 479 a.C. Después de esto Atenas ascendió rápidamente para convertirse en la más importante ciudad griega. En este período la ciudad estaba gobernada por Pericles (490-429 a.C.). Pericles construyó magníficos edificios, en particular los construidos en la colina llamada ACRÓPOLIS.

Atenas mantuvo su fama como centro de cultura incluso después de la conquista de Grecia por el Imperio Romano.

Atletismo

Los acontecimientos deportivos del atletismo tienen una antigüedad de unos 3.000 años. Formaron parte principal de los juegos olímpicos de la antigua Grecia, desde el año 776 a.C. En nuestro tiempo, las carreras, los saltos y los lanzamientos tienen una gran importancia en el mundo deportivo. Las principales carreras son las de 100, 200, 400 m (llamadas pruebas de velocidad), 800, 1500 m (denominadas de medio fondo), 5.000 y 10.000 metros lisos (de fondo) y las carreras de vallas y obstáculos de 110, 400 y 3.000 metros, respectivamente.

La carrera más importante es el maratón.

Además existen también las carreras de relevos de cuatro corredores 4 × 100 m, 4 × 400 m, etc. Los concursos de atletismo comprenden las pruebas de salto (altura, longitud, pértiga y triple salto) y las de lanzamiento (disco, jabalina y martillo). Por último están las pruebas combinadas de *pentatlón* y *decatlón.*

▼ La antigua estatua del *Discóbolo.* Los griegos prestaron particular atención tanto a la mente como al cuerpo.

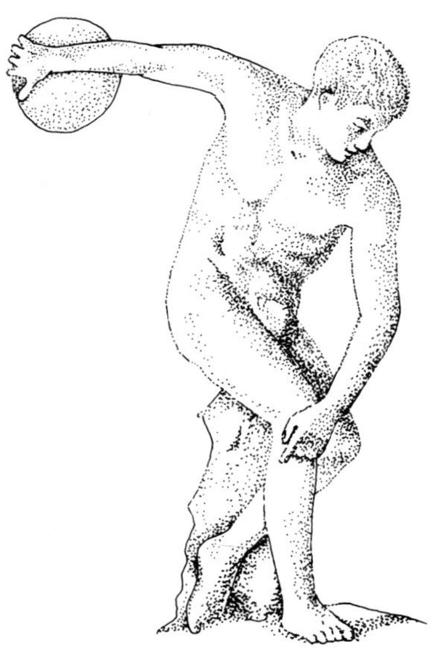

Atmósfera

A la capa gaseosa que rodea nuestro planeta la llamamos atmósfera. Está dividida en cuatro partes. El nivel más

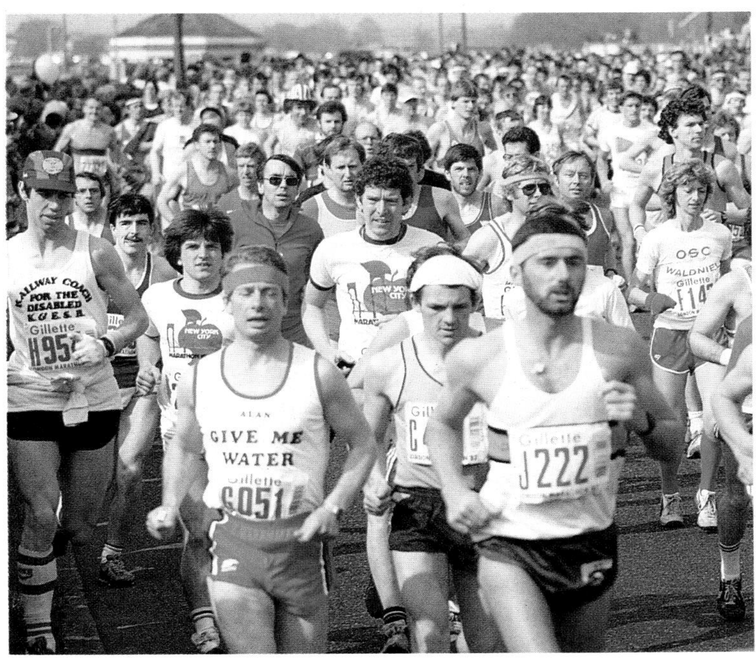

◀ Miles de corredores participan en las carreras de maratón cada año. A menudo son promovidas por organizaciones de beneficencia o caridad.

bajo es la *troposfera*, y la mayor parte del aire se concentra en esta capa; tiene una altitud de 18 km desde el nivel del mar. A continuación viene la *estratosfera* (hasta 80 km), en la que vuelan los reactores. La tercera capa es la *ionosfera* (hasta 500 km); por encima de ésta se encuentra la *exosfera*, que es el límite entre la atmósfera y el principio del espacio exterior.

Átomo

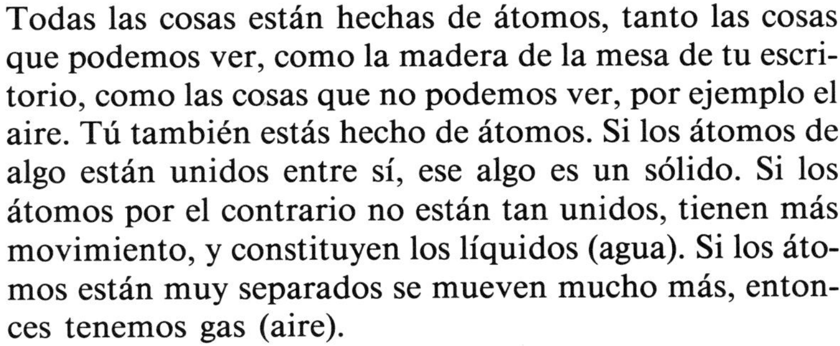

Todas las cosas están hechas de átomos, tanto las cosas que podemos ver, como la madera de la mesa de tu escritorio, como las cosas que no podemos ver, por ejemplo el aire. Tú también estás hecho de átomos. Si los átomos de algo están unidos entre sí, ese algo es un sólido. Si los átomos por el contrario no están tan unidos, tienen más movimiento, y constituyen los líquidos (agua). Si los átomos están muy separados se mueven mucho más, entonces tenemos gas (aire).

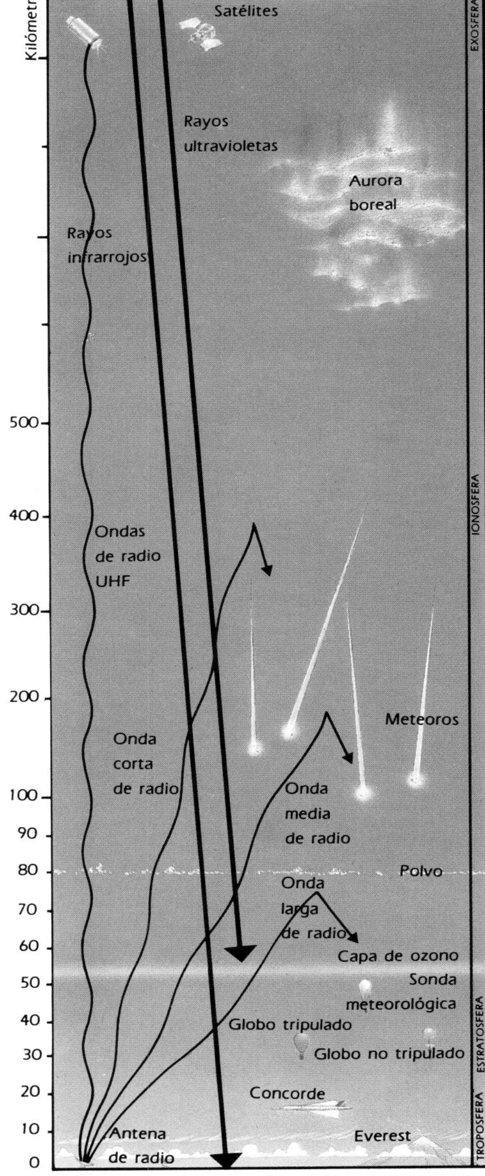

▶ El aire rodea a la Tierra y hace la función de un caparazón protector transparente. No podríamos vivir sin atmósfera. Nos proporciona oxígeno para poder respirar y mantiene la temperatura de la Tierra a un nivel constante. Nos protege de los rayos nocivos del Sol. La atmósfera refleja las señales de radio de nuevo en dirección al suelo de la Tierra, si esto no pasara no sería posible la transmisión de señales de radio a lo largo de grandes distancias.

▶ El agua está compuesta de moléculas diminutas. Cada molécula contiene dos átomos de hidrógeno y uno de oxígeno. La ilustración muestra el interior de un átomo de hidrógeno, en el que el electrón gira alrededor del protón.

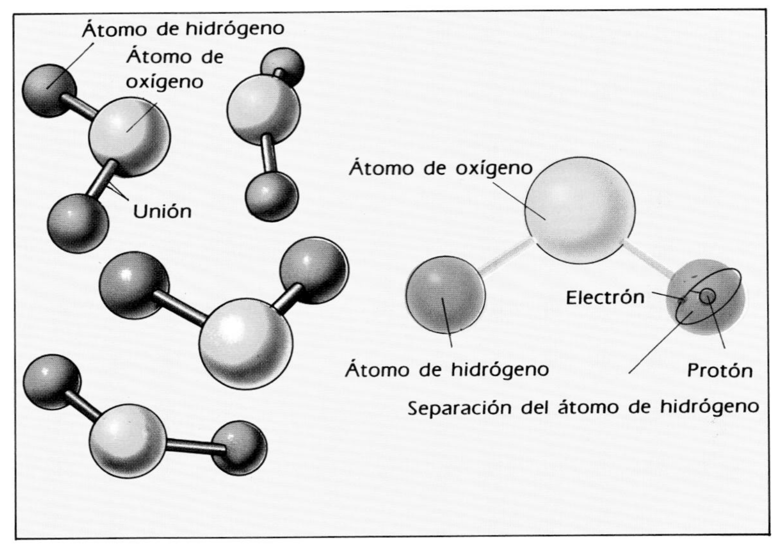

Es muy difícil imaginar lo pequeño que es un átomo. Mira el punto y seguido de esta frase. ¡Tiene 250.000 millones de átomos! Pero incluso los átomos están constituidos por partes más pequeñas. El átomo más simple es el que encontramos en el gas líquido (HIDRÓGENO). El centro es un pequeño cuerpo llamado protón; da vueltas alrededor de un elemento aún más pequeño llamado *electrón.* Otros átomos son mucho más complicados que el átomo de hidrógeno.

El átomo de carbono, por ejemplo, tiene en su centro 6 protones y otros 6 elementos llamados neutrones. Alrededor de éstos orbitan 6 electrones. El átomo normal más grande conocido es el de uranio, posee 92 electrones y su núcleo está compuesto por 92 protones y 146 neutrones.

Australia

Australia es una enorme isla de un tamaño cercano a las tres cuartas partes de Europa, pero mientras en ésta hay 680 millones de habitantes, Australia tiene 15 millones solamente. (Ver págs. 74 y 75.)

AUSTRIA

Gobierno: Democracia parlamentaria
Capital: Viena
Superficie: 83.849 km²
Población: 7.500.000 hab.
Lengua: Alemán
Moneda: Chelín (Sch)

Austria

Hoy en día Austria es un pequeño país con una extensión de 83.849 km². Pero en un tiempo fue una de las más grandes y poderosas naciones de Europa. Los HABSBURGO fueron una dinastía de reyes que gobernaron Austria y sus posesiones durante 700 años, desde 1278 hasta 1918.

Austria en el tiempo de su máxima expansión comprendía la mayor parte de Europa central. Sus territorios incluían Hungría, Chequia y Eslovaquia, grandes partes de Italia, la antigua Yugoslavia, Polonia, Alemania, España y los Países Bajos.

El imperio austríaco sufrió un colapso tras la primera guerra mundial; pero existen muchas obras que nos recuerdan el esplendor de la vida cortesana de los Habsburgo. Viena es la capital, donde viven más de 1.500.000 habitantes, y está repleta de castillos, elegantes edificios, iglesias, estatuas y parques.

Austrias

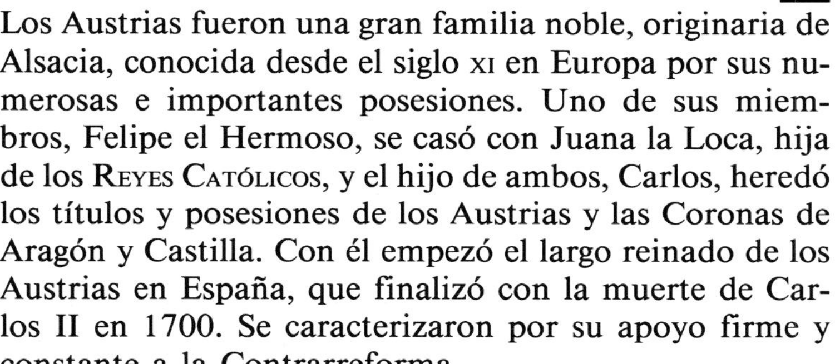

Los Austrias fueron una gran familia noble, originaria de Alsacia, conocida desde el siglo XI en Europa por sus numerosas e importantes posesiones. Uno de sus miembros, Felipe el Hermoso, se casó con Juana la Loca, hija de los REYES CATÓLICOS, y el hijo de ambos, Carlos, heredó los títulos y posesiones de los Austrias y las Coronas de Aragón y Castilla. Con él empezó el largo reinado de los Austrias en España, que finalizó con la muerte de Carlos II en 1700. Se caracterizaron por su apoyo firme y constante a la Contrarreforma.

Ave

Podemos encontrar aves de todas las formas y tamaños, pero todas tienen alas y plumas. Algunas aves pueden volar miles de kilómetros. La avestruz es el ave más

(Continúa en pág. 76)

Experiméntalo

Una mesa para pájaros los atraerá a tu jardín. Trata de construir una por tu cuenta. La mesa tiene que estar a una distancia de 2 metros del suelo para evitar que los gatos trepen a ella. Ponla cerca de una ventana, así podrás observarlos desde dentro de tu casa.

▼ Hay muchas especies de aves. Los pájaros tropicales, como el guacamayo y el ave del paraíso, tiene colores muy llamativos. El pingüino emperador no puede volar, pero en cambio es un excelente nadador; se alimenta de peces que viven en el agua. Otro gran pescador es el flamenco, perteneciente a la especie de las zancudas.

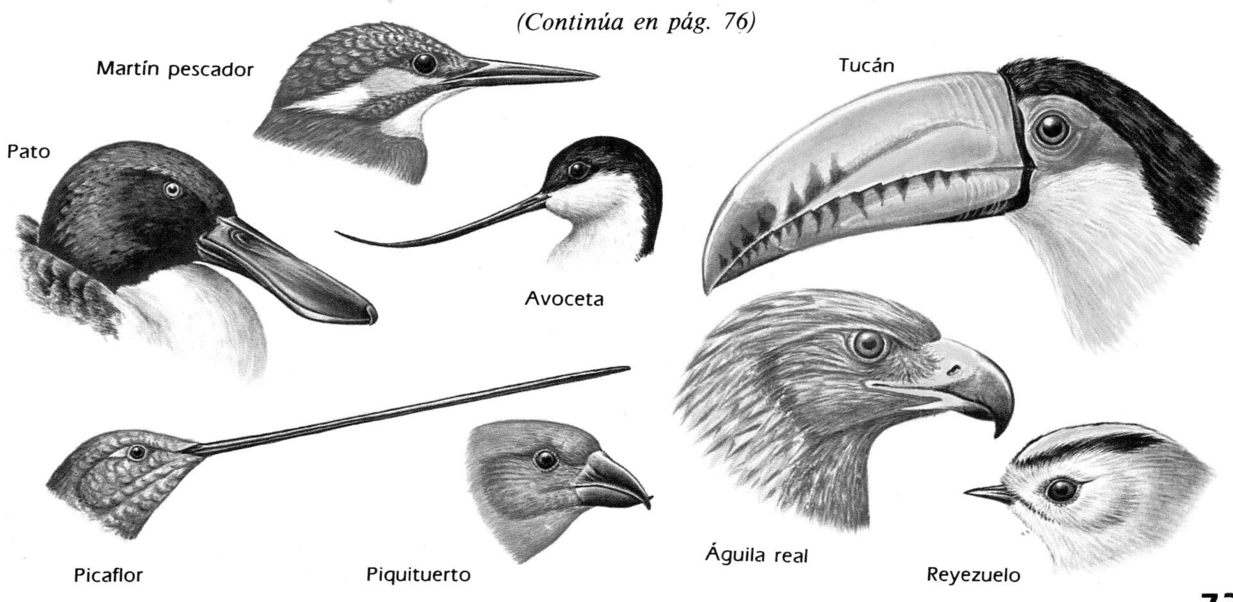

AUSTRALIA

Australia es el continente más pequeño del mundo. Fue el último continente que descubrieron y colonizaron los europeos. Sus primeros habitantes fueron los aborígenes, que vivían de la caza y de la recolección.

Una gran parte de Australia es un seco y llano desierto. La mayoría de los habitantes viven a lo largo del litoral, y más de la mitad de los australianos habitan en las cuatro ciudades principales (Sydney, Melbourne, Brisbane y Adelaida). La agricultura es una actividad importante en la economía australiana; la ganadería bovina se encuentra en las tierras del interior y los verdes pastos de la meseta oriental y suroriental nutren a la ganadería ovina. Los recursos minerales y los productos manufacturados son, asimismo, importantes. Una de las más espectaculares maravillas naturales de Australia es la Gran Barrera de Coral, que es la más extensa del mundo.

Los primeros colonos que se establecieron en Australia procedían de las islas británicas, pero en la actualidad la población australiana incluye familias procedentes de otras partes de Europa o del suroeste asiático. El país es miembro de la COMMONWEALTH y su jefe de Estado es la reina británica Isabel. Cada estado tiene su propio gobierno, pero los asuntos que conciernen al interés nacional son resueltos por un gobierno federal encabezado por el primer ministro.

Gobierno: Estado federal democrático
Capital: Canberra
Superficie: 7.686.849 km^2
Población: 15.400.000 hab.
Lengua: Inglés
Moneda: Dólar australiano

ESTADOS Y TERRITORIOS:	CAPITAL
Nueva Gales del Sur	Sydney
Victoria	Melbourne
Queensland	Brisbane
Aust. Meridional	Adelaida
Aust. Occidental	Perth
Tasmania	Hobart
Aust. Capital Territorial	Canberra
Territorio del Norte	Darwin

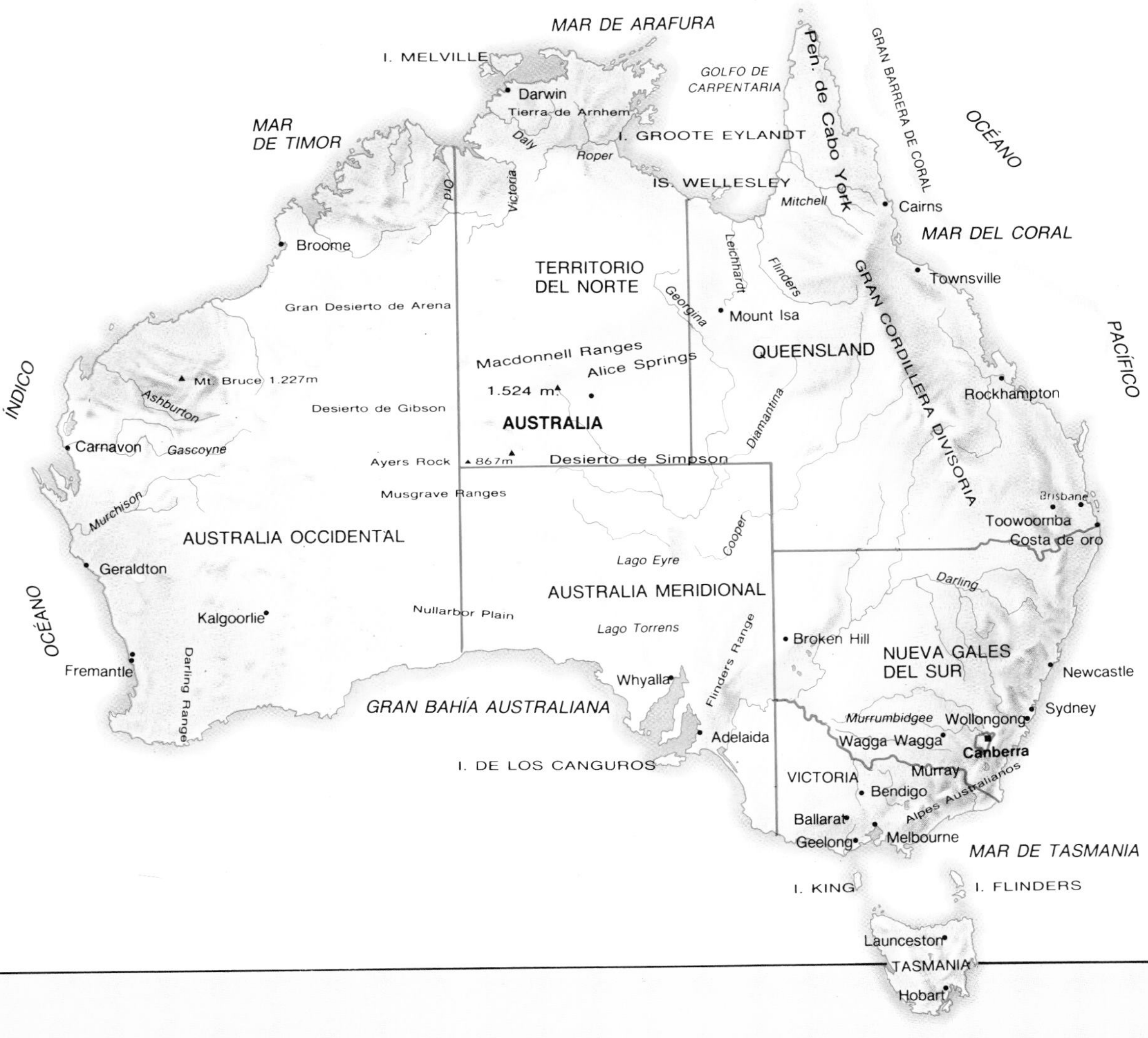

MAR DE ARAFURA
I. MELVILLE
GOLFO DE CARPENTARIA
Darwin
Tierra de Arnhem
MAR DE TIMOR
Daly
Roper
I. GROOTE EYLANDT
Pen. de Cabo York
GRAN BARRERA DE CORAL
OCÉANO
Ord
Victoria
IS. WELLESLEY
Mitchell
Cairns
MAR DEL CORAL
Broome
TERRITORIO DEL NORTE
Leichhardt
Flinders
Townsville
Gran Desierto de Arena
Georgina
Mount Isa
GRAN CORDILLERA DIVISORIA
PACÍFICO
ÍNDICO
Macdonnell Ranges
Alice Springs
QUEENSLAND
Mt. Bruce 1.227m
1.524 m
Rockhampton
Ashburton
Desierto de Gibson
AUSTRALIA
Diamantina
Carnavon
Gascoyne
Ayers Rock 867m
Desierto de Simpson
Musgrave Ranges
Brisbane
Murchison
Toowoomba
AUSTRALIA OCCIDENTAL
Cooper
Costa de oro
Lago Eyre
Geraldton
Darling
AUSTRALIA MERIDIONAL
OCÉANO
Kalgoorlie
Nullarbor Plain
Lago Torrens
Broken Hill
NUEVA GALES DEL SUR
Fremantle
Darling Range
Flinders Range
Newcastle
Whyalla
GRAN BAHÍA AUSTRALIANA
Murrumbidgee
Wollongong
Sydney
Adelaida
Wagga Wagga
Canberra
I. DE LOS CANGUROS
VICTORIA
Murray
Bendigo
Alpes Australianos
Ballarat
Geelong
Melbourne
MAR DE TASMANIA
I. KING
I. FLINDERS
Launceston
TASMANIA
Hobart

Wattle o mimosa,
flor nacional de Australia

▲ Un tercio de la lana que se usa en el mundo es de origen australiano. Granjas de ganado ovino ocupan miles y miles de kilómetros.

◀ Algunos de los emblemas típicos de Australia: el koala, el pájaro kookaburra y la mimosa.

HISTORIA DE AUSTRALIA

Tiempos prehistóricos: los aborígenes llegaron a Australia probablemente desde las islas del Pacífico.
1432 Los chinos desembarcaron cerca de Darwin.
1606 Los holandeses fueron los primeros europeos que exploraron la costa australiana. Nombraron al continente la *Nueva Holanda*.
1642 A. Tasman (Holanda) descubre Tasmania.
1688 William Dampier (Gran Bretaña) navega a lo largo de la costa.
1770 James Cook divisa Australia.
1778 Los primeros colonos (730 convictos) empiezan a establecerse en Port Jackson.
Década 1790 Bass y Flinders continúan la exploración británica de Australia.
1817 La Nueva Holanda se transforma en «Australia».
1851 Fiebre del oro.
1845 Primer ferrocarril en Australia. Eureka Stockade (luchas entre mineros del oro y las tropas).
1860-61 Burke y Wills cruzan Australia desde el sur hasta el norte, pero mueren en el viaje de regreso.
1880 Se captura al notable delincuente N. Kelly.
1901 La Commonwealth australiana pasa a unirse en un solo estado.
1927 Canberra se convierte en la capital.
1956 Australia es la sede de los JJ.OO.
1972 Las tropas australianas dejan Vietnam tras haber luchado conjuntamente con soldados de los Estados Unidos y Survietnamitas en esta guerra.

▲ Un antiguo dibujo de la llegada del capitán Cook a la bahía de Botany.

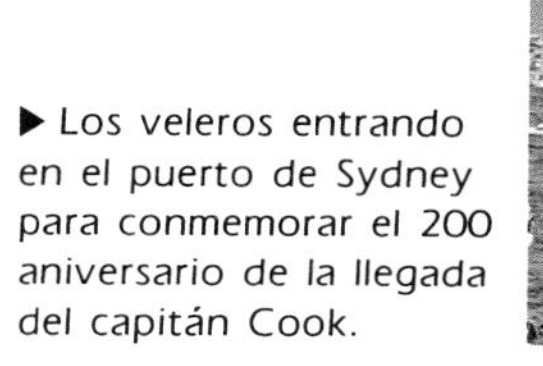

▶ Los veleros entrando en el puerto de Sydney para conmemorar el 200 aniversario de la llegada del capitán Cook.

Para más información consultar los artículos: ABORIGEN; CANBERRA; CANGURO; COALA; COOK, JAMES; GRAN BARRERA DE CORAL; MARSUPIAL; MELBOURNE.

▼ Los picos de los pájaros se adaptan a sus hábitos alimenticios. El colibrí, por ejemplo, para encontrar néctar, el piquituerto rompe piñones y el águila real desgarra a sus presas.

grande, puede llegar a pesar más de 150 kg. La más pequeña es el COLIBRÍ y pesa menos de 2 gramos.

Las aves evolucionaron a partir de reptiles escamosos; de esto hace 180 millones de años. Las escamas se transformaron hasta llegar a convertirse en plumas, y las patas delanteras, en alas. Las aves tienen los huesos huecos, lo que les proporciona una ligereza notable para poder volar; asimismo poseen poderosos músculos en el pecho para poder accionar las alas. Las grandes aves, cuando aletean lentamente, flotan o planean en las corrientes de aire. Por el contrario, las aves pequeñas necesitan aletear rápidamente para poder mantener el vuelo.

Todas las aves ponen HUEVOS. Algunos, como el cuco, ponen los huevos en nidos de otros pájaros y son los padres adoptivos quienes cuidan de las crías del cuco. Gran parte de las aves son salvajes, pero otras, como los canarios, perdices y gallinas han sido domesticadas.

Los picos de los pájaros tienen diferentes formas. Los gavilanes poseen un pico curvo para trocear a sus presas. Los herrerillos tienen un pico corto para comer pequeños frutos, semillas e insectos. El trepador posee un pico puntiagudo y fuerte que le permite abrir frutos secos. Los mirlos tienen picos afilados para cavar en la tierra y poder alcanzar gusanos y lombrices.

Las aves zancudas, como el ostrero, poseen largos y finos picos para sondear en el barro. Normalmente están dotadas de picos adaptados únicamente a un tipo de comida, a veces pueden tener una dieta mixta.

Avestruz

Es el AVE más grande. Un avestruz puede pesar el doble de un hombre y puede medir más de 2 metros de alto.

Los avestruces no pueden volar. Si son atacados por un enemigo el avestruz escapa. Sus patas son muy poderosas, y pueden dar patadas defensivas capaces de provocar heridas de consideración a un león. Los avestruces asustados nunca esconden la cabeza en la arena, como popularmente se cree.

Los avestruces viven en África, en manadas y con un macho como jefe. Las hembras ponen huevos muy grandes de color blanco y semienterrados en la arena. El período de vida de un avestruz puede ser de más de 50 años.

▲ El avestruz puede llegar a poner hasta 15 huevos de una vez.

Avión

Desde siempre el hombre ha soñado con poder volar. Mitos y leyendas están repletos de superhombres que vuelan. Hace tan sólo una décadas, los hermanos WRIGHT realizaron el primer vuelo (1903). Setenta años después el Concorde cruzó el Atlántico en sólo tres horas. (Ver páginas 78 y 79.)

Azteca

El Imperio de los aztecas fue una gran civilización situada en México y América Central hasta la llegada de

(Continúa en pág. 80)

▼ Los aztecas construyeron grandes pirámides con anchas escaleras que conducían a un templo situado en la cumbre. Allí, mucha gente era sacrificada; normalmente les arrancaban el corazón para ofrecérselo al dios. Los aztecas eran expertos artesanos, crearon delicadas esculturas y máscaras, como las aquí mostradas.

AVIÓN

Desde el principio de los tiempos el hombre ha soñado con poder volar como los pájaros. Atrevidos e intrépidos inventores saltaron desde altas torres equipados con alas, pero todos estos intentos terminaron en fracaso.

En el siglo XVI Leonardo da Vinci diseñó un helicóptero, pero semejante nave nunca se hubiera podido construir en aquella época. La conquista del aire empezó en 1783 con el primer viaje en globo. Más tarde, dirigibles y globos con hélices y propulsores surcaron el cielo. Luego el hombre inventó los planeadores y quedó probado que, aunque pesaran más que el aire, podían volar.

Fue el desarrollo del motor de petróleo, durante la década de 1880, lo que convirtió la idea del vuelo con motor en una posibilidad real. En 1903, los hermanos Wright realizaron su primer vuelo a motor en el frágil aeroplano *The Flyer,* que significa «volador».

Desde aquel primer vuelo histórico la aviación ha progresado rápidamente. Aviones supersónicos como el *Concorde* pueden cruzar el Océano Atlántico en tres horas. Transbordadores espaciales son capaces de salir al espacio exterior y aterrizar en una pista como lo haría un avión.

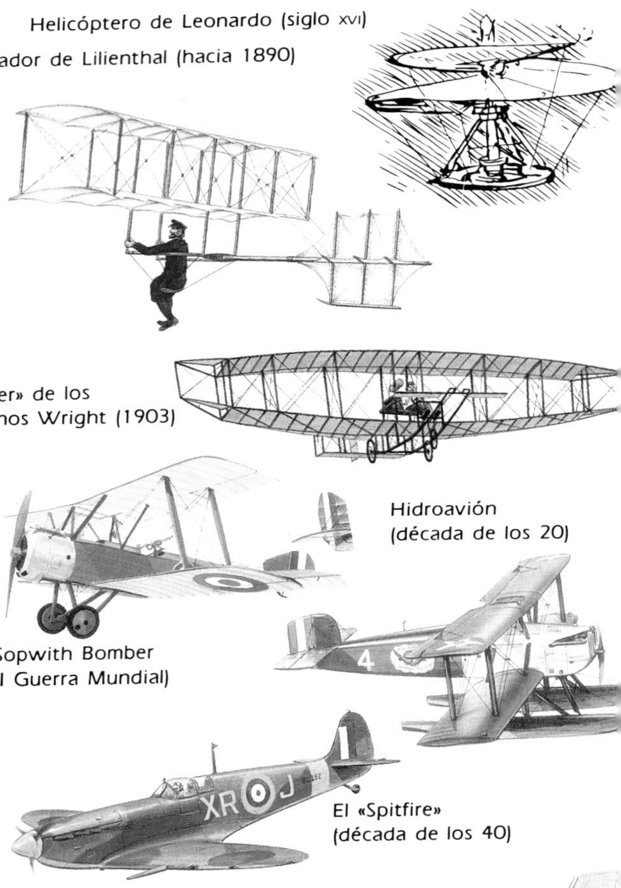

Helicóptero de Leonardo (siglo XVI)

Planeador de Lilienthal (hacia 1890)

El «Flyer» de los hermanos Wright (1903)

Hidroavión (década de los 20)

Sopwith Bomber (I Guerra Mundial)

El «Spitfire» (década de los 40)

▶ Una breve selección de aviones a través del tiempo: desde el helicóptero de Leonardo, en el siglo XVI, hasta el popular y fantástico Concorde.

Ala

Comedor de primera clase

Escaleras al comedor de primera clase

Compartimiento clase «turista»

Cocina

Luces de tierra

Tren de aterrizaje delantero

Compartimiento primera clase

Acceso delantero

Compartimiento delantero de carga

Tanques de agua

CÓMO VUELAN LOS AVIONES

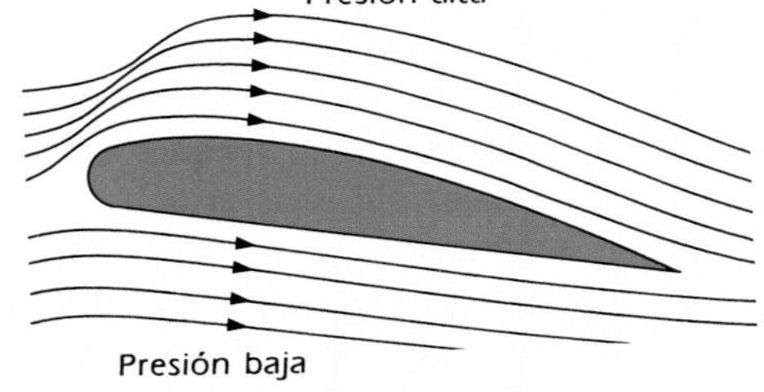

Las formas aerodinámicas, por ejemplo un ala de avión o un aspa de helicóptero, crean una fuerza ascendente cuando se mueven a través del aire. Como resultado, la presión es más alta debajo del ala que encima de ella. Esto crea una especie de corriente que hace que el ala o aspas asciendan juntamente con el avión. En la ilustración superior vemos en sección una forma aerodinámica, así como las líneas del desplazamiento del aire alrededor.

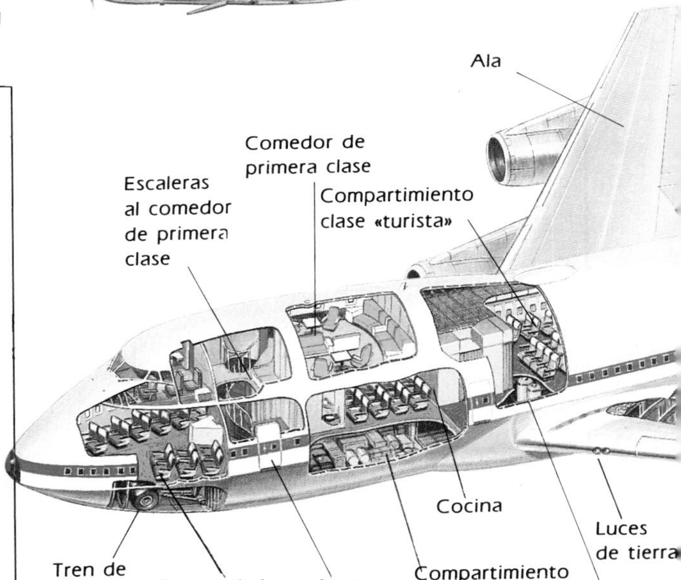

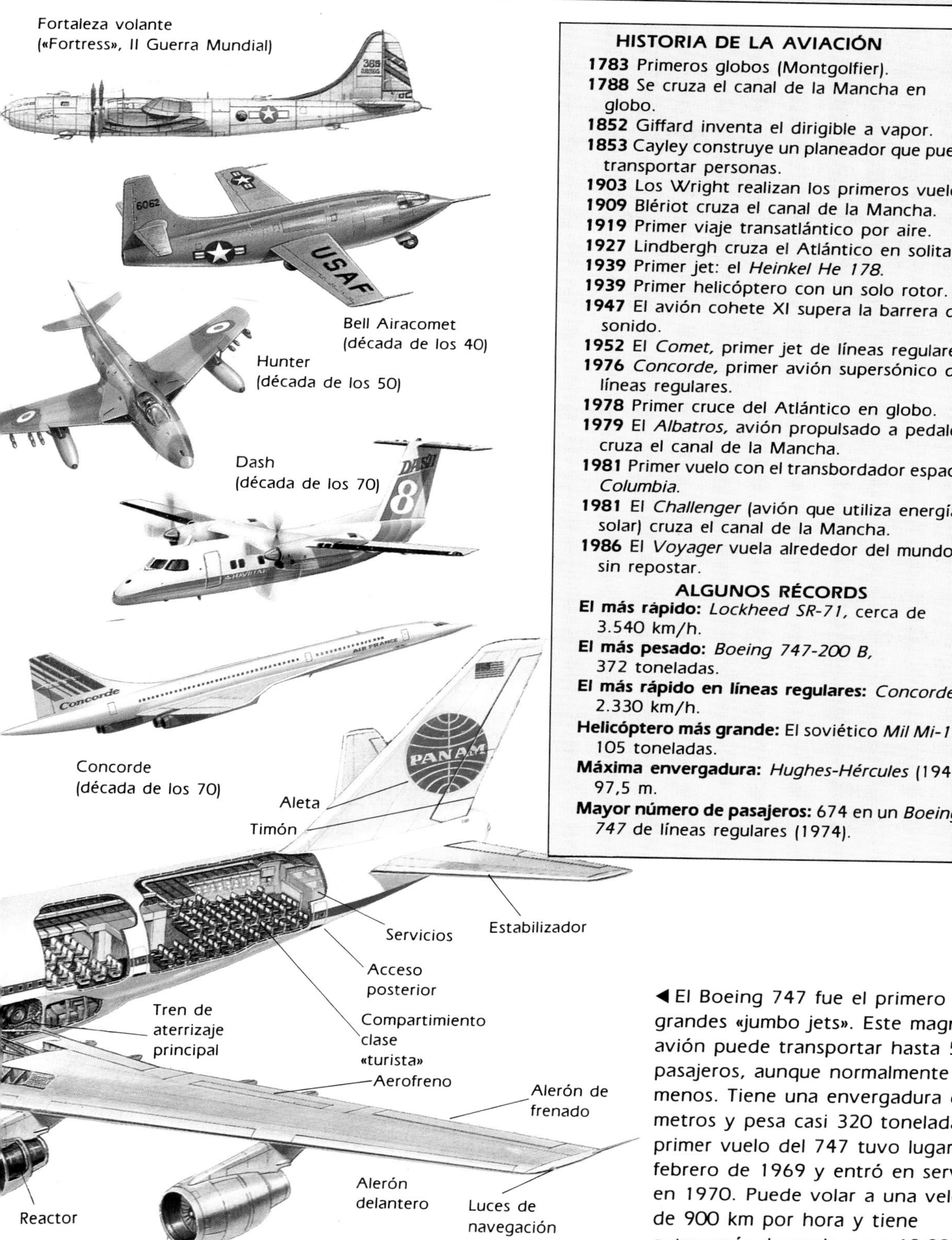

HISTORIA DE LA AVIACIÓN

1783 Primeros globos (Montgolfier).
1788 Se cruza el canal de la Mancha en globo.
1852 Giffard inventa el dirigible a vapor.
1853 Cayley construye un planeador que puede transportar personas.
1903 Los Wright realizan los primeros vuelos.
1909 Blériot cruza el canal de la Mancha.
1919 Primer viaje transatlántico por aire.
1927 Lindbergh cruza el Atlántico en solitario.
1939 Primer jet: el *Heinkel He 178.*
1939 Primer helicóptero con un solo rotor.
1947 El avión cohete XI supera la barrera del sonido.
1952 El *Comet,* primer jet de líneas regulares.
1976 *Concorde,* primer avión supersónico de líneas regulares.
1978 Primer cruce del Atlántico en globo.
1979 El *Albatros,* avión propulsado a pedales, cruza el canal de la Mancha.
1981 Primer vuelo con el transbordador espacial *Columbia.*
1981 El *Challenger* (avión que utiliza energía solar) cruza el canal de la Mancha.
1986 El *Voyager* vuela alrededor del mundo sin repostar.

ALGUNOS RÉCORDS

El más rápido: *Lockheed SR-71,* cerca de 3.540 km/h.
El más pesado: *Boeing 747-200 B,* 372 toneladas.
El más rápido en líneas regulares: *Concorde,* 2.330 km/h.
Helicóptero más grande: El soviético *Mil Mi-12,* 105 toneladas.
Máxima envergadura: *Hughes-Hércules* (1947), 97,5 m.
Mayor número de pasajeros: 674 en un *Boeing 747* de líneas regulares (1974).

◀ El Boeing 747 fue el primero de los grandes «jumbo jets». Este magnífico avión puede transportar hasta 500 pasajeros, aunque normalmente lleve menos. Tiene una envergadura de 70 metros y pesa casi 320 toneladas. El primer vuelo del 747 tuvo lugar en febrero de 1969 y entró en servicio en 1970. Puede volar a una velocidad de 900 km por hora y tiene autonomía de vuelo para 10.000 km.

Para más información consultar los artículos: AEROPUERTO; BLÉRIOT, LOUIS; FUERZAS AÉREAS; GLOBOS Y DIRIGIBLES; HELICÓPTERO; LINDBERGH, CHARLES; MOTOR; PLANEO; RADAR; REACTOR; WRIGHT, HERMANOS.

La remolacha azucarera suele pesar 1 kg y contiene alrededor de 14 cucharadas de azúcar en la raíz.
Durante años el azúcar fue un producto de lujo, y sólo los reyes y monarcas podían permitírselo. La sacarina es un polvo blanco hecho a partir del alquitrán. Es 400 veces más dulce que el azúcar, pero no posee valor nutritivo. Se usa para disminuir de peso y en dietas para enfermos diabéticos.

los españoles. Hernán Cortés desembarcó con 600 hombres en 1519 y en dos años logró conquistar el Imperio azteca. Los aztecas cultivaban primordialmente maíz, construyendo sobre las lagunas parcelas flotantes a base de troncos, piedras y tierra. Fueron muy activos en el comercio y en la artesanía. Todo el tejido social se hallaba dominado por una casta militar y religiosa que gozaba de un poder absoluto.

Moctezuma fue el último rey de los aztecas. Fue capturado por soldados españoles poco después de que un pequeño ejército llegara a la capital azteca. Los soldados, aunque eran minoría, capturaron a Moctezuma y de esta forma controlaron a los súbditos del rey azteca. Los aztecas fueron famosos por sus horribles prácticas religiosas; uno de sus dioses requería el sacrificio de seres humanos en su templo.

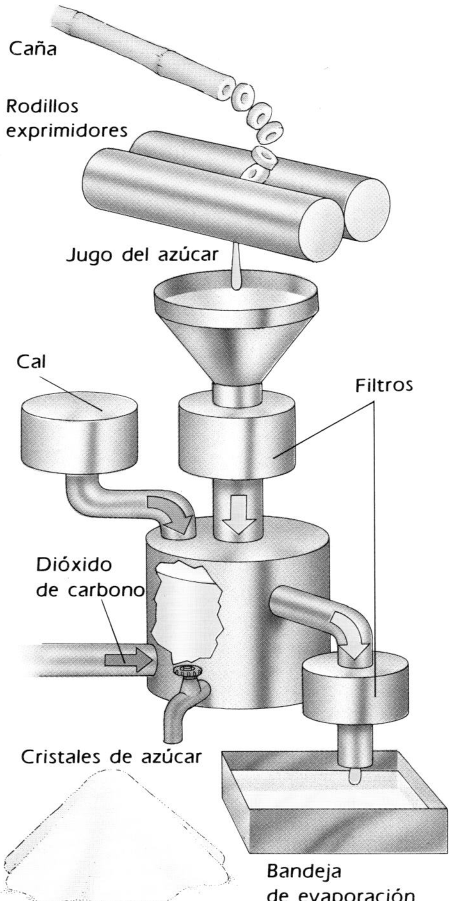

▲ La caña de azúcar es triturada para extraer el jugo; después de filtrada y calentada se forman los cristales del azúcar. Dióxido de carbono y cal se usan en el proceso de purificación.

Azúcar

El azúcar es un producto alimenticio de sabor dulce. Lo tomamos como ingrediente en los helados, bebidas, etc. Usamos azúcar para endulzar cereales, café o té.

El azúcar da energía al cuerpo más rápidamente que ningún otro tipo de alimento. Pero abusar del azúcar puede producirnos caries.

Todos los azúcares contienen carbono, hidrógeno y oxígeno. Diferentes agrupamientos de estos átomos producen distintas clases de azúcar. La clase que más utilizamos es conocida como sacarosa.

Cada planta verde produce azúcar, pero la gran parte del azúcar que comemos procede de dos plantas: una es la caña de azúcar, una especie de hierba gigante. La otra es la remolacha azucarera, una planta que posee una gruesa raíz rica en azúcar.

Azufre

El azufre es un elemento que a menudo encontramos bajo la forma de cristales amarillos junto a los cráteres de los volcanes o en los manantiales naturales de agua caliente. Los huevos y las coles, por ejemplo, son alimentos que contienen este mineral. Las plantas y los animales necesitan algo de azufre en sus organismos para poder crecer bien.

El hombre utiliza el azufre para hacer medicinas, pólvora, abonos y gran cantidad de productos químicos de uso común.

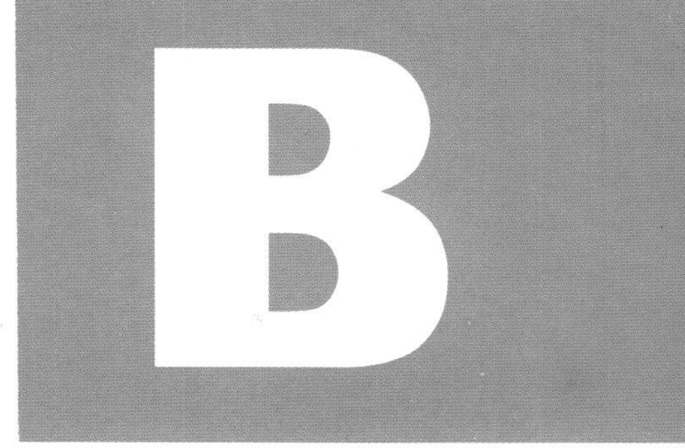

Babilonia

Babilonia fue una de las grandes civilizaciones del mundo antiguo. Rivalizó con Egipto en importancia y esplendor. La ciudad estaba situada entre los fértiles valles de los ríos Tigris y Éufrates, en la región que ocupa Irak actualmente.

Los primeros signos de civilización se remontan al año 3000 a.C., hace aproximadamente 5.000 años. Al principio la región de Babilonia fue una agrupación de pequeñas ciudades, cada una con un gobernador. Más tarde la ciudad de Babilonia creció en poderío y empezó a dominar a sus vecinos. Bajo el reinado del gran rey Hammurabi se convirtió en la capital del imperio en 1700 a.C. Hammurabi era un erudito y un poeta. Dictó leyes justas para el pueblo, entre las cuales destaca el derecho que reconocía a las mujeres y los niños, así como otras avanzadas legislaciones.

Cuando Hammurabi murió, otras tribus invadieron y se asentaron en Babilonia, pero la ciudad conservó su grandeza comercial y monumental. El nuevo rey, Nabucodonosor, construyó magníficos templos y palacios. También erigió los famosos jardines colgantes de Babilonia, una de las siete maravillas del mundo antiguo.

▼ Una casa típica del estilo babilónico que muestra la simplicidad en que vivía la gente. Fijaos en la cripta, a la izquierda, con una momia.

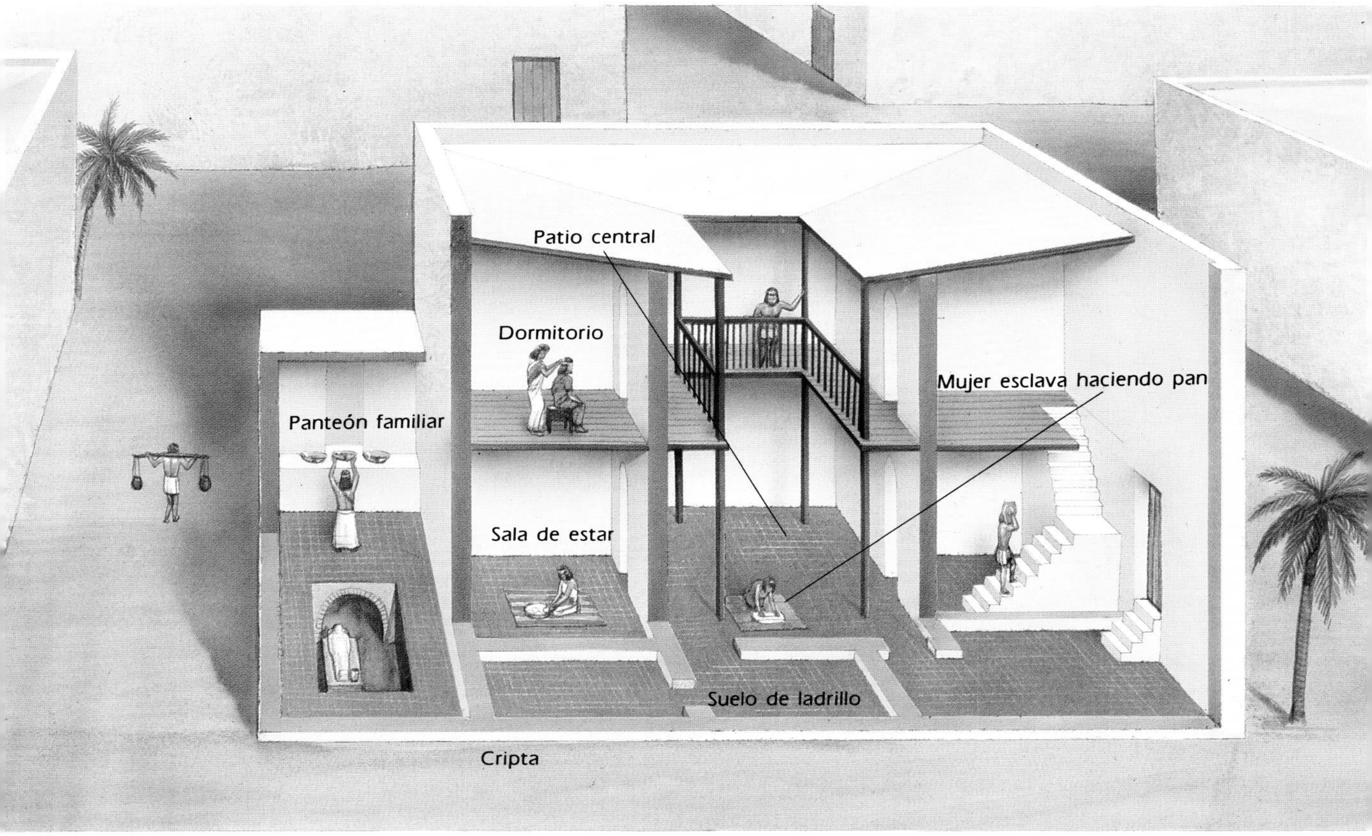

▼ De las composiciones más famosas de Bach podemos destacar los *Conciertos de Brandenburgo*, las *Pasiones* y la *Misa en Si menor*.

Bach, Juan Sebastián

Juan Sebastián Bach (1685-1750) fue uno de los más grandes compositores de todos los tiempos. Nació en Eisenach, Alemania, en el seno de una familia cuyos miembros eran todos músicos. De hecho, la dinastía de los Bach descendía de famosos músicos oriundos de Turingia, de los cuales más de cincuenta se destacaron como organistas, cantores o compositores. La dinastía continuó con los hijos de Juan Sebastián hasta el siglo XIX.

Desde muy temprana edad, Juan Sebastián Bach tocaba el violín y la viola. Estudió música apasionadamente, a menudo arrastrándose desde su cama para copiar obras de música de la colección de su hermano. A los 38 años se fue a vivir a Leipzig, donde residió el resto de su vida. En esta ciudad alemana escribió sus grandes obras, mayoritariamente composiciones para órgano y voz.

Bach fue un gran músico renovador que elevó la *fuga* a su máxima expresión, extrayendo de ella todas las posibilidades contrapuntísticas.

Cuando Bach murió, su música fue olvidada casi por completo. Nadie erigió ni siquiera un monumento a su talento. Tuvieron que pasar casi cien años para que se reconociera el genio de Juan Sebastián Bach.

Bacteria

Las bacterias son pequeños organismos, tan pequeños que no se pueden ver a simple vista. Constituyen una de las formas más sencillas de vida.

Las bacterias tienen formas y tamaños diferentes. Al microscopio observamos algunas con forma redondeada, otras en forma de espiral y otras ovaladas.

Hay miles de clases de bacterias, todas ellas diferentes. Las podemos encontrar en grandes cantidades en casi todas partes donde observemos. Algunas viven en la tierra, ayudan a descomponer la materia de origen animal o vegetal y de esta manera la tierra se enriquece. Además, la bacteria recoge el gas nitrógeno del aire y lo convierte de forma que ayude al crecimiento de las plantas. Tenemos bacterias dentro de nuestro cuerpo que nos ayudan a hacer la digestión de los alimentos. Aunque la mayoría de las bacterias son inofensivas, algunas pueden causar enfermedades. Esta última clase es la que se conoce como gérmenes. Granos y forúnculos son causados por las bacterias. Algunas pueden ser incluso mortales si penetran en el interior del cuerpo humano.

La bacteria puede vivir en condiciones que matarían a cualquier otro organismo. Se la puede encontrar en las partes más altas de la atmósfera, en una casi total ausencia de aire. Asimismo pueden vivir en suelo helado y en aguas termales en ebullición. Algún tipo de bacteria sólo puede ser aniquilada después de someterla a altas presiones y hacerla hervir durante horas a altas temperaturas.

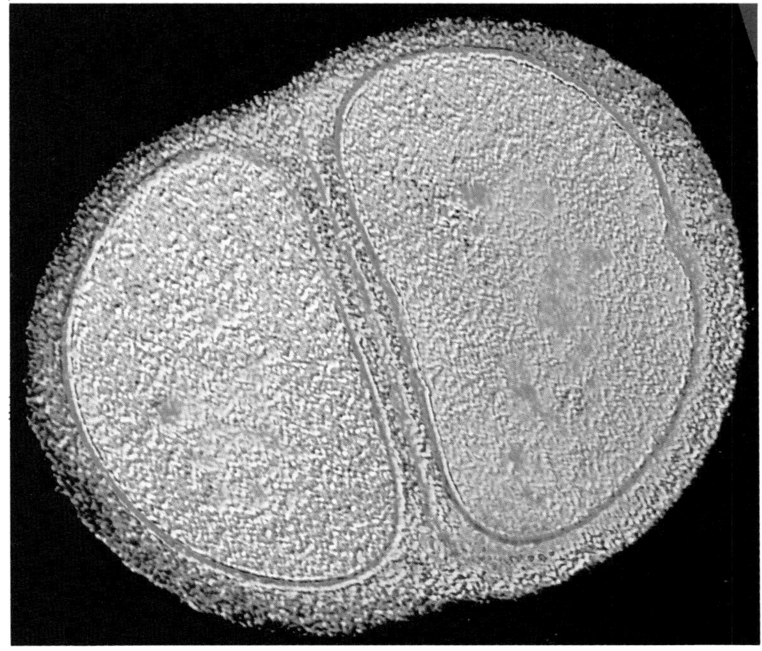

La bacteria se mide en micrómetros. Un micrómetro es la parte que resulta de dividir un metro entre un millón o, lo que es lo mismo, un milímetro entre mil. Algunas bacterias miden solamente 1 micrómetro de largo. La punta de un lápiz afilado cubriría 1.000 bacterias del tipo grande como mínimo.

▶ Esta imagen de bacteria fue tomada a través de un poderoso microscopio. El organismo está a punto de dividirse en dos.

La bacteria se multiplica rápidamente. Algunas pueden dividirse en dos cada 20 minutos. Una simple bacteria puede multiplicarse en 16 millones en el transcurso de unas horas.

Hay drogas que aniquilan la bacteria. Las *sulfamidas* son fármacos que detienen el crecimiento de la bacteria; pero como la bacteria se multiplica tan rápidamente, se desarrollan nuevas clases a las que los fármacos no les afectan.

El famoso químico francés Louis PASTEUR fue el primero en estudiar las bacterias. Fue el que descubrió que la causa de que la comida se estropeara residía en las bacterias.

De cualquier modo, también utilizamos bacterias para conseguir agradables sabores en la comida, como los quesos y algunas carnes que mejoran el sabor al dejarlos fermentar. Bacterias de tipo inocuo viven en estos productos por algún tiempo, por ejemplo lo podemos observar en el verde o azul que tienen algunas partes de ciertas clases de queso. Cuando ponemos la comida en el refrigerador, el frío retrasa la acción de la bacteria. Cuanto más enfriamos la comida, mayor es el tiempo que podemos mantenerla en óptimas condiciones para su consumo.

▼ En la actualidad existen drogas, como la penicilina, que destruyen la bacteria, pero debido a su rápida multiplicación la bacteria muta hacia nuevas formas en las que la droga no produce efecto.

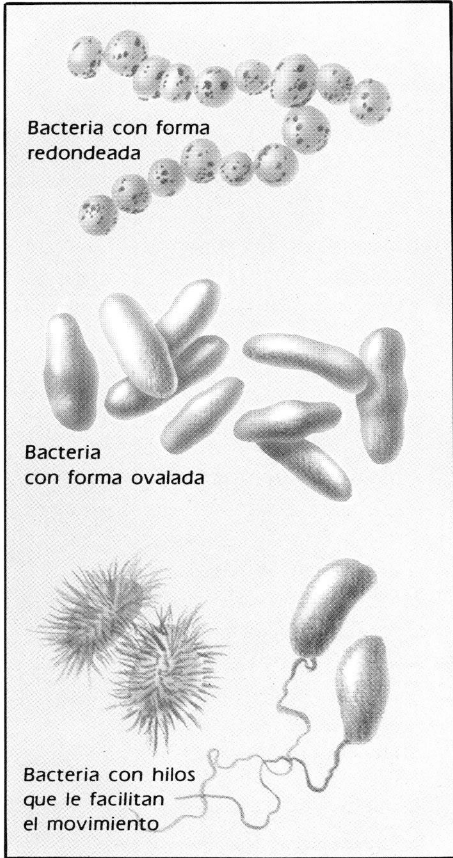

Bahamas (ver Antillas)

Vasco Núñez de Balboa era hombre de grandes determinaciones. Al mando de una expedición de 200 españoles y 1.000 nativos, cruzó 70 km de espesa jungla en 24 días y llegó hasta el Océano Pacífico el 23 de septiembre de 1513, al que dio el nombre de mar del Sur.
Balboa esperó que su esfuerzo fuera reconocido por la Corona española y soñó con la gloria. Pero desgraciadamente, el nuevo gobernador de Darién, llamado Pedrarias Dávila, tuvo celos de la fama de Balboa y lo acusó de traidor.
El explorador fue juzgado y condenado a muerte. Balboa fue ejecutado finalmente en enero de 1519.

Bahrein

El Estado de Bahrein constituye un territorio insular situado en el golfo Pérsico y formado por un archipiélago de 33 islas. Desde 1820 hasta 1971 Bahrein estuvo bajo protectorado británico. La mayoría de su población trabaja en la industria del petróleo, que representa la principal fuente de riqueza.

Balboa, Vasco Núñez de

Vasco Núñez de Balboa (1475-1519) fue el soldado y explorador español que por primera vez divisó el Océano Pacífico en el Nuevo Mundo. Balboa se adhirió a la expedición española hacia América del Sur en 1501, explorando la costa septentrional del continente. Después de vivir en dos colonias españolas, Balboa comandó una expedición a través del istmo de Panamá. Allí, desde la cima de una montaña, contempló por primera vez el Océano Pacífico.

Balcanes

La península balcánica es una región montañosa del sureste de Europa. Incluye los estados de Grecia, Albania y partes de Turquía, Rumanía y la antigua Yugoslavia.

Los turcos gobernaron gran parte de esta región durante unos 500 años, desde el siglo XIV hasta el XIX.

Fue en los Balcanes donde el archiduque Fernando de Austria fue asesinado en 1914. Este trágico suceso desencadenó la I Guerra Mundial.

▼ La capital de las Baleares es Palma de Mallorca, una ciudad ubicada en una hermosa bahía de gran atractivo turístico.

Baleares, islas

Las Baleares son un archipiélago perteneciente a España, situado en el Mediterráneo, frente a la costa catalano-valenciana. Está formado principalmente por 5 islas: Mallorca, Menorca, Ibiza, Formentera y Cabrera.

Su clima y su flora son típicamente mediterráneos, mientras que su fauna es muy escasa, prácticamente inexistente. La población de las islas ha aumentado considerablemente en las últimas décadas, debido sobre todo a la intensa actividad turística.

Las principales ciudades son, además de la capital Palma de Mallorca, Mahón y Ciudadela, ambas en Menorca.

Ballena

Las ballenas son grandes MAMÍFEROS marinos bien adaptados para vivir en el agua. Una espesa capa de grasa los protege del frío. El cuerpo de la ballena tiene una forma que le permite desplazarse con facilidad en el agua. Sus miembros anteriores están adaptados como aletas. Además, tienen una ancha cola aplastada de arriba abajo, no como los peces que la tienen formada de lado a lado.

Las ballenas han de nadar cerca de la superficie para poder respirar. Antes de inspirar, expulsan el aire a través de los orificios nasales (*aventadores*); éstos pueden ser uno o dos, y están situados en la parte superior de la cabeza. Las crías de las ballenas nacen en el agua. Tan pronto como nacen, nadan hasta la superficie para poder respirar. Hay dos grupos de ballenas: las que tienen dientes como el DELFÍN, que cazan peces, y las orcas o ballenas asesinas, que atacan a focas, pingüinos y a otras ballenas.

El otro grupo de ballenas son micrófagas y no poseen dientes. En este grupo podemos incluir la ballena azul, la

La capa de grasa que hay bajo la piel de la ballena alcanza un espesor de 50 cm, y su valor explica la caza extensiva de estos animales. De esta capa se extrae aceite para hacer jabón y margarina.

▼ La ballena azul es el mamífero más grande del mundo. Puede llegar a medir hasta 30 metros. La orca o ballena asesina es carnívora. Ataca y se nutre de otras ballenas, de focas y de pingüinos. El calderón tiene el morro como los delfines. Se mueven en grupos de hasta cincuenta ejemplares. El yubarta se alimenta de peces y plancton.

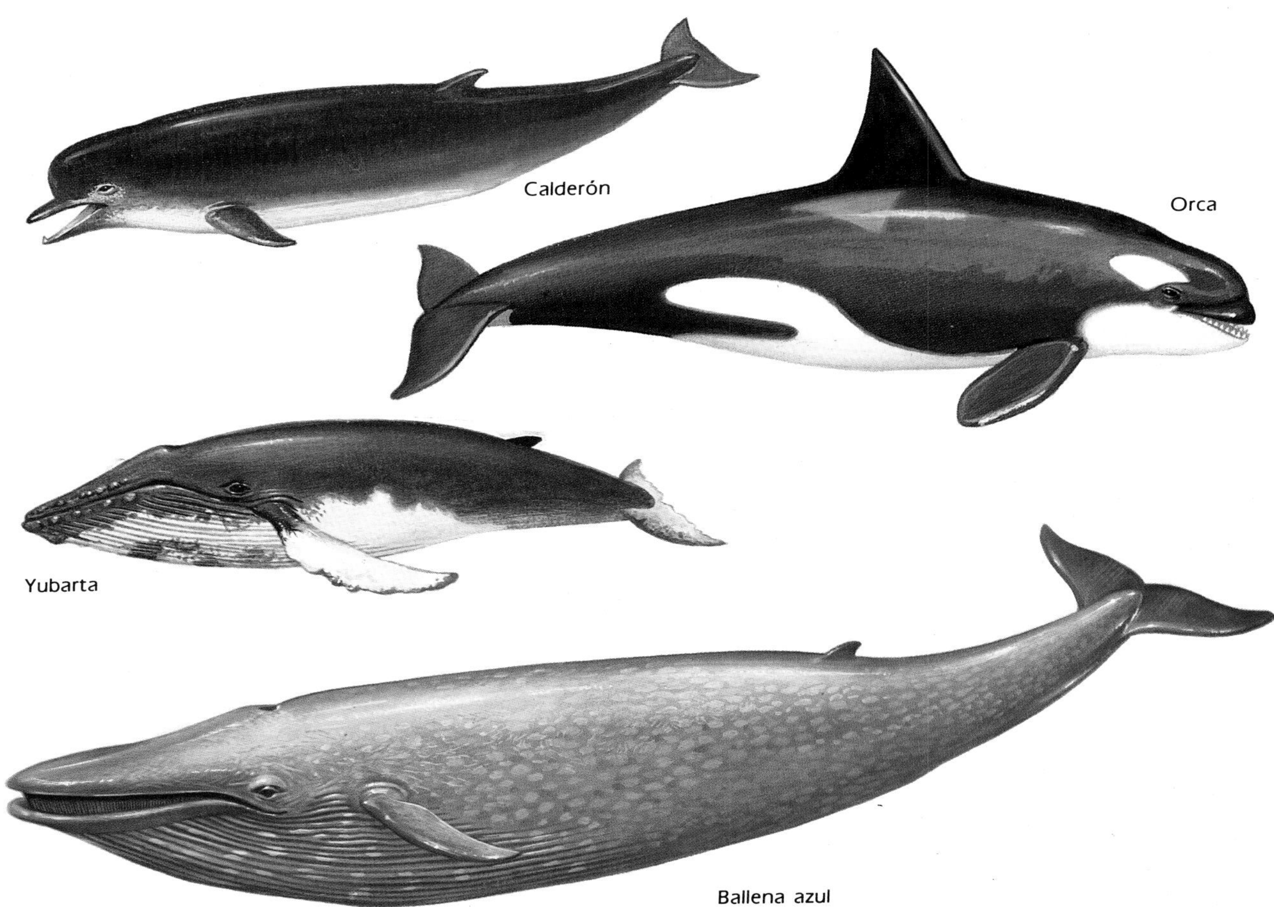

▲ El ballet moderno a menudo utiliza sorprendentes posturas y vestimentas para conseguir un mayor impacto.

▼ *El lago de los cisnes*, del compositor ruso Tchaikovsky, es una de las obras más conocidas del ballet clásico.

ballena blanca, la ballena negra, etc. Estas criaturas se alimentan de pequeños crustáceos y de plancton. Para alimentarse, la ballena abre la boca, atrapa una gran masa de agua y de plancton, después cierra la boca y arroja el agua a través de un filtro formado por las barbas, que retienen el plancton. Este filtro se podría comparar a las púas de un peine gigante. Una ballena azul puede tragarse una tonelada de plancton. La caza exhaustiva de la ballena hace que los grandes ejemplares escaseen y pone en peligro la supervivencia de la especie.

Ballet

El ballet es una forma de danza precisa y bella que se representa, normalmente, en un teatro. Los orígenes del ballet se remontan a la Italia renacentista del siglo XV, pero tal y como lo conocemos empezó en Francia. Durante el reinado de Luis XIV, en el siglo XVII, fue oficialmente reconocido como una forma de ARTE. La real academia de danza francesa fue fundada en 1661 para la promoción del ballet.

El ballet tradicional o clásico sigue unas normas estrictas y tradicionales. Hay unas posiciones básicas para los brazos, piernas y manos y unos movimientos determinados que hacen que la danza fluya suavemente.

El ballet clásico utiliza el acompañamiento de orquestas, una elaborada escenografía y espléndidos vestidos. Hay obras que nos relatan una historia. Los bailarines, a través de la MÍMICA, explican la historia mediante sus cuerpos. La persona que coordina los movimientos de la compañía de ballet es el *coreógrafo*.

Algunos ballets son muy famosos, se han venido representando a lo largo de los años. *Giselle*, la historia de una joven campesina que muere de amor, fue representada

por primera vez en 1841. Otros dos grandes clásicos son *El lago de los cisnes* y *La bella durmiente.* Estas dos obras son famosas tanto por la danza como por la música. La estética del ballet moderno a menudo es muy diferente a la del clásico. Se liberalizan mucho más los pasos. En ocasiones, en vez de contarnos una historia, pone el énfasis en ciertos estados, sentimientos o temas. Los efectos especiales son producidos mediante la luminotecnia más que con la escenografía propiamente dicha.

Baloncesto

El baloncesto es un juego americano que ha ido ganando popularidad en todo el mundo. Desde 1936 tiene la categoría de juego olímpico. El baloncesto se juega entre dos equipos de cinco jugadores cada uno, que intentan marcar puntos introduciendo la pelota en una canasta. La canasta está situada a una distancia de 3 metros del suelo y tiene 46 cm de diámetro. El jugador avanza con el balón haciéndolo botar con una sola mano mediante combinaciones y pases. Un jugador no puede dar más de dos pasos con el balón en la mano. Los jugadores contrarios han de bloquear el avance tratando de evitar el contacto físico; las cargas están penalizadas y son sancionadas mediante tiros libres. Las irregularidades están penalizadas con faltas personales; si un jugador comete cinco es expulsado. Los tantos marcados valen 2 puntos (3 si se lanzan desde más allá de la línea de los 6,25 m) y el tiro libre vale 1 punto.

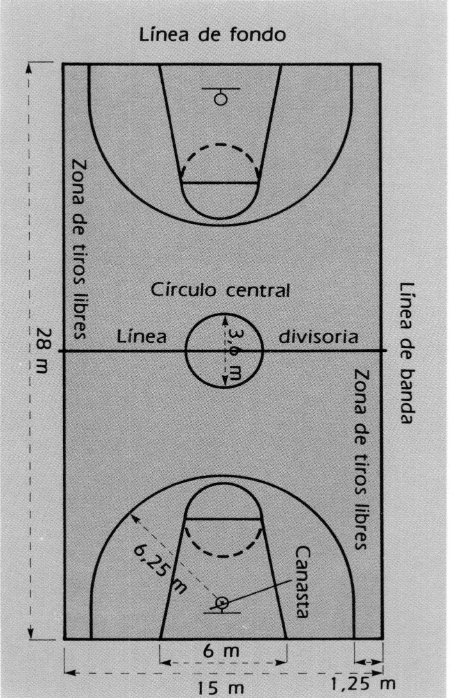

▲ El baloncesto se juega en un campo de 28 metros de largo por 15 de ancho. Un partido consta de dos mitades de 20 minutos (reales) y un intervalo de 10 minutos de descanso (media parte).

Balonmano

El balonmano es un juego entre dos equipos de siete jugadores cada uno. Cada equipo intenta introducir la pelota en la portería contraria. Se puede tocar la pelota con las manos, la cabeza, los brazos y el tronco, pero no con los pies. El único que puede hacerlo es el portero para evitar que le metan un gol. Se juega en una cancha de 40 m de largo por 20 m de ancho. Ante cada portería hay un área de gol en la que nadie puede entrar, salvo el portero.

▼ Jugador de balonmano en una clásica postura de ataque ante la portería contraria.

Balonvolea

El balonvolea es un deporte que juegan dos equipos de seis jugadores cada uno. Consiste en pasar la pelota al

▲ Las cañas de bambú se utilizan para toda clase de productos, desde cabañas hasta jaulas para pájaros y papeleras. Constituye un material ligero y barato.

campo contrario, por encima de una red que separa los dos campos y que está en el centro de una cancha de 18 m de largo por 9 m de ancho.

Sólo puede tocarse la pelota con las manos o con cualquier otra parte del cuerpo de cintura para arriba.

Bálticos, países

Los países Bálticos son los que, estando a orillas del mar Báltico se independizaron del Imperio ruso en 1917: Estonia, Letonia y Lituania. Después, el tratado de 1939 entre ALEMANIA y la UNION SOVIÉTICA reconoció que estaban en el área de influencia soviética y fueron anexionados y ocupados por la antigua Unión Soviética entre 1940 y 1941. En 1991, después de una década de intensificación de su nacionalismo, recuperaron su independencia.

Bambú

El bambú es una PLANTA, pero a menudo crece tanto que se parece más a un árbol. Existen más de 200 especies repartidas en todas las regiones tropicales del mundo. El bambú crece en grupos muy densos, por lo que es prácticamente imposible atravesar un bosque de bambú.

Las cañas de bambú son leñosas, muy largas y delgadas, vacías en el interior, pulidas en el exterior. Las cañas del bambú gigante pueden alcanzar más de 36 metros y una anchura cercana al metro.

El bambú posee cientos de usos. Las cañas jóvenes y tiernas pueden comerse. Las plantas un poco más grandes permiten el trenzado de esteras y de cestas; también se utilizan para construir vallas y techos para casas. Las cañas de bambú de tamaño grande se utilizan para hacer muebles, cañerías de agua o tablas para la construcción de edificios. En el Lejano Oriente, el bambú se utiliza para preparar ciertas clases de medicamentos.

La bandera de Estados Unidos, o «Barras y Estrellas», ha tenido el mismo patrón básico desde la guerra de la independencia con Inglaterra en 1777. Tiene 13 líneas horizontales que representan las 13 colonias que se rebelaron contra el poder británico. Cincuenta estrellas blancas de cinco puntas representan los 50 estados de la unión, y aparecen en un rectángulo en la esquina más cercana al asta.

Banco

Los bancos son empresas que guardan el dinero de la gente. Cuando alguien coloca por primera vez dinero en un banco lo llamamos «abrir una cuenta bancaria». Cada vez que se pone dinero en esa cuenta se hace un *ingreso*. Si por el contrario, se extrae dinero, esa operación se denomina *retirar fondos*.

Los bancos no solamente guardan el dinero, sino que también hacen préstamos de dinero y ofrecen diferentes formas para ahorrar o gastar más fácilmente.

Bandera

Las banderas son trozos de tela coloreada, a menudo decoradas con insignias o escudos. Tienen unas anillas especiales para que puedan ser izadas en lo alto de mástiles o palos. Las banderas se utilizan por los países, ejércitos, bandas de música y grupos deportivos. Las banderas han sido utilizadas como emblemas desde la época de los antiguos egipcios.

▼ El código internacional de banderas que utilizan los barcos incluye una bandera por cada letra del alfabeto y una bandera para los números del 1 al 10. La ilustración de la izquierda muestra el patrón básico del diseño de algunas banderas: el cantón, patrón que se usa para la bandera de Estados Unidos; el cuarto lo utiliza la bandera de Panamá; el triángulo lo podemos ver en las banderas de Guyana y Jordania, y la sierra aparece en el emirato árabe de Qatar.

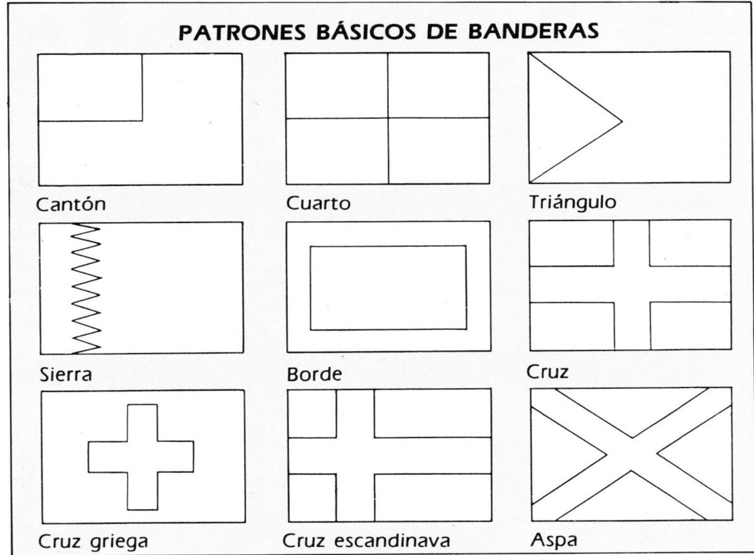

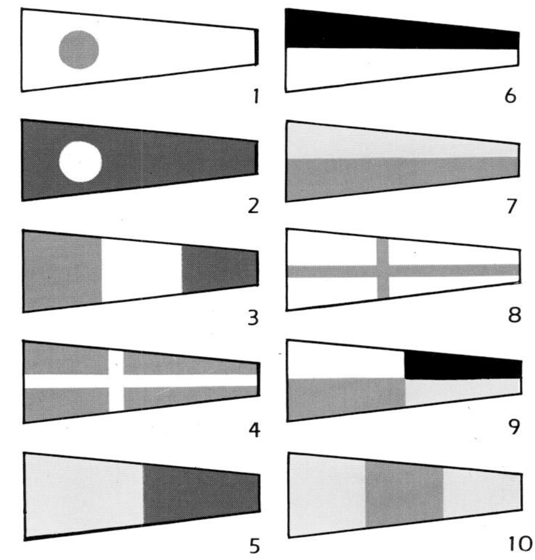

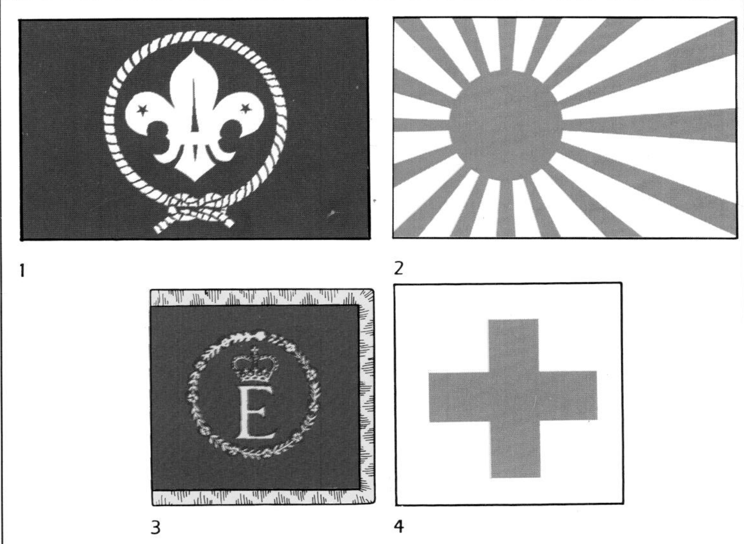

◀ La bandera de los Scouts (excursionistas, *Boy Scouts*) (1) y la bandera de la Cruz Roja (4), representan a organizaciones. La insignia naval de Japón (2), izada en el mástil de un barco, es bandera de nacionalidad. El emblema personal de la reina Isabel II (3) es uno de los estandartes reales.

Desde 1857 hay un código internacional para hacer señales con banderas. Lo emplean principalmente los barcos. Una bandera blanca, por ejemplo, se iza en señal de paz o con intención de tratar un convenio– y la bandera a media asta (a medio izar), significa una señal de luto por la muerte de alguien.

BANGLADESH

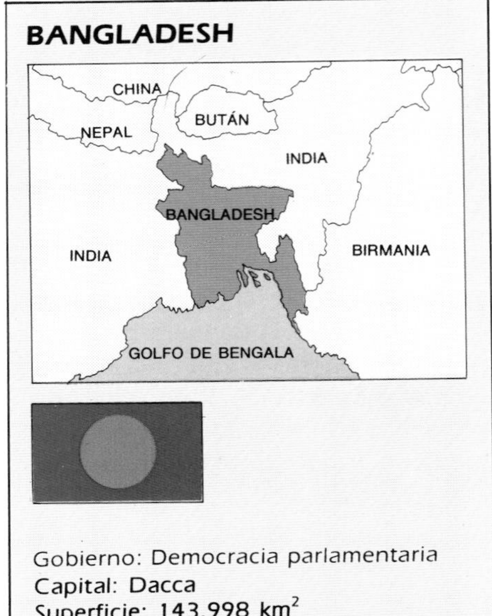

Gobierno: Democracia parlamentaria
Capital: Dacca
Superficie: 143.998 km²
Población: 101.500.000 hab.
Lengua: Bengalí
Moneda: Taka

Bangladesh

Bangladesh es un país de Asia que se proclamó independiente en 1971. Anteriormente formaba parte de Pakistán. Es uno de los países más dénsamente poblados del mundo. A menudo, en la época de las lluvias, los afluentes del río Ganges y del Brahmaputra inundan las tierras llanas. Arroz, yute, té y caña de azúcar son los principales cultivos. En 1991, tras veinte años de dictadura militar, la democracia llegó a Bangladesh.

Las ciudades más importantes son Dacca, la capital, y Chittagong, el puerto principal. La población se aproxima a los 102 millones de habitantes.

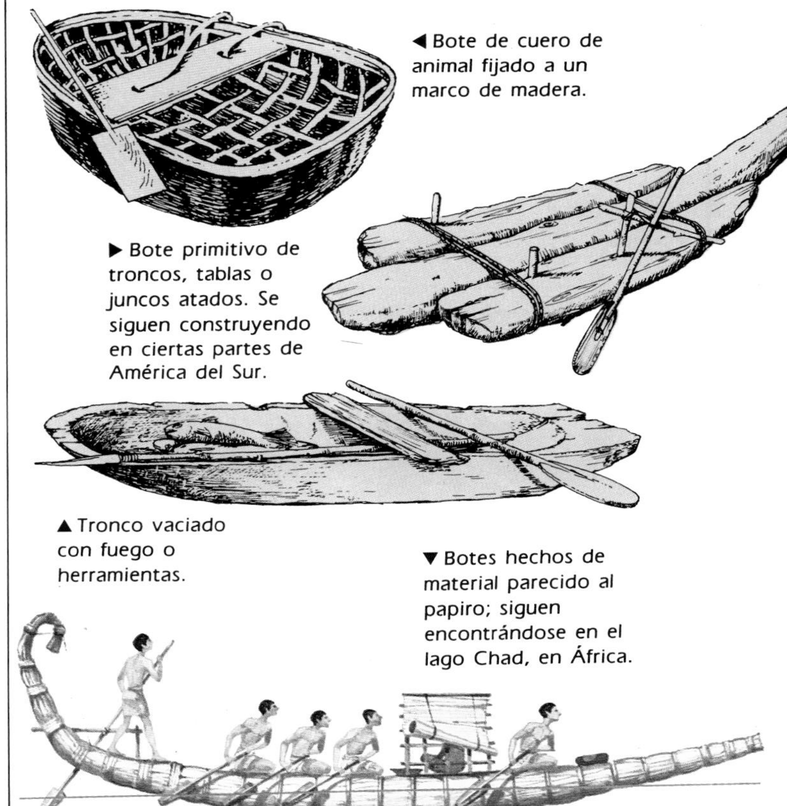

◀ Bote de cuero de animal fijado a un marco de madera.

▶ Bote primitivo de troncos, tablas o juncos atados. Se siguen construyendo en ciertas partes de América del Sur.

▲ Tronco vaciado con fuego o herramientas.

▼ Botes hechos de material parecido al papiro; siguen encontrándose en el lago Chad, en África.

ALGUNOS RÉCORDS SOBRE BARCOS

El mayor acorazado en activo es el estadounidense *New Jersey*, con una eslora de 270,6 m.

El mayor barco de línea es el noruego *Norway*, con 315,6 m de eslora.

El mayor barco de pasajeros es el transatlántico noruego *Soberano de los Mares*, con una capacidad para 2.250 pasajeros.

El más grande de todos los tiempos fue el *Queen Elizabeth*, con un peso de 83.000 toneladas.

Barcelona

Barcelona es una de las ciudades más importantes de ESPAÑA en cuanto a número de habitantes, a actividades artísticas y culturales, a industrias, comercio y turismo. Está situada a orillas del mar Mediterráneo y su clima es benigno aunque algo húmedo. Es la capital de Cataluña y sede de su gobierno autonómico. Algunos de sus más importantes edificios son joyas arquitectónicas del genial Antonio GAUDÍ.

▲ Vista de Montjuic, en Barcelona, centro neurálgico de los Juegos Olímpicos de 1992.

Barco

Los barcos son construcciones de madera o metal que pueden flotar y deslizarse por el agua. Generalmente los barcos son pequeños y no van cubiertos, aunque a veces aplicamos este nombre a embarcaciones de mayor tamaño a las cuales deberíamos denominar BUQUES.

Los primeros barcos se remontan a los tiempos prehistóricos, y fueron simples trozos de madera propulsados con las manos. Las primeras embarcaciones (barcas) apa-

▼ Barcos de vela tradicionales del mundo. Algunos tienen velas cuadradas, otros las tienen de popa a proa.

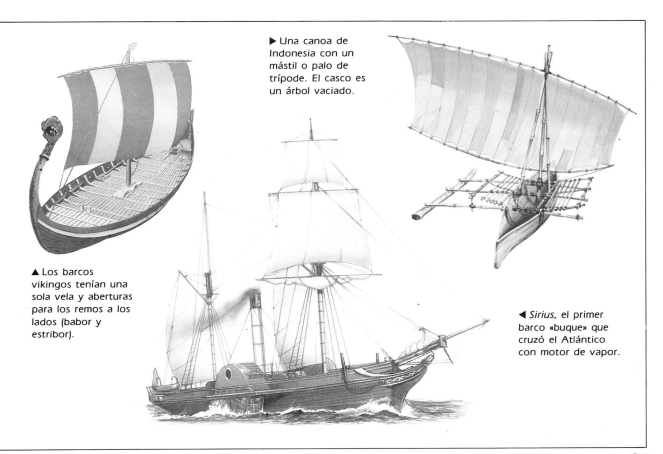

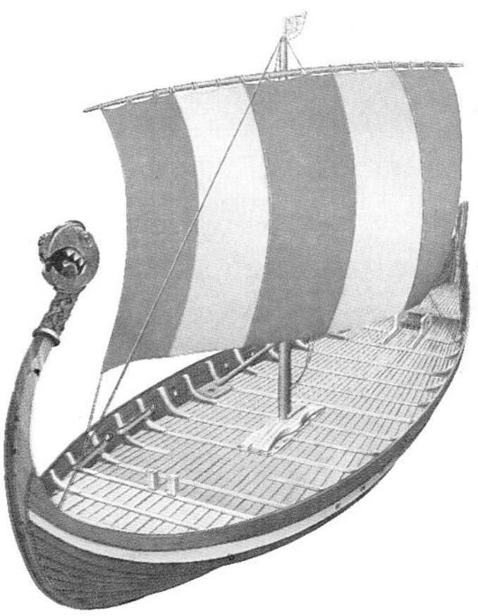

▶ Una canoa de Indonesia con un mástil o palo de trípode. El casco es un árbol vaciado.

▲ Los barcos vikingos tenían una sola vela y aberturas para los remos a los lados (babor y estribor).

◀ *Sirius*, el primer barco «buque» que cruzó el Atlántico con motor de vapor.

▲ Los barcos de pesca han cambiado poco en el transcurso de los años. Fotografía del puerto de Mevagissey en el condado de Cornwall (Inglaterra).

recieron más tarde. La primera que podríamos clasificar en esta categoría es la *canoa* que estaba hecha con un tronco de madera, vaciado con fuego o con herramientas de piedra. Otras de estas antiguas barcas se formaban mediante plataformas hechas de troncos de árboles o juncos atados entre sí. Cuando no habían ni troncos ni juncos, los hombres primitivos usaban pieles trenzadas encima de un ligero bastidor. Pequeños botes redondos de cuero o los *kayaks* de los esquimales son ejemplos de estas antiguas embarcaciones. Se les añadió tablas de madera para hacerlas más robustas y más secas. Se les agregó una quilla para hacerlas más manejables, y, por último, se montaron diferentes tipos y tamaños de velas para aprovechar la fuerza del viento.

Hasta el siglo XIX todos los barcos eran propulsados con velas, remos o pértigas, pero la invención de la MÁQUINA DE VAPOR hizo posible las hélices y las aspas. Hoy en día, fuerabordas, barcos de vela, canoas y botes de remo se utilizan en todo el mundo.

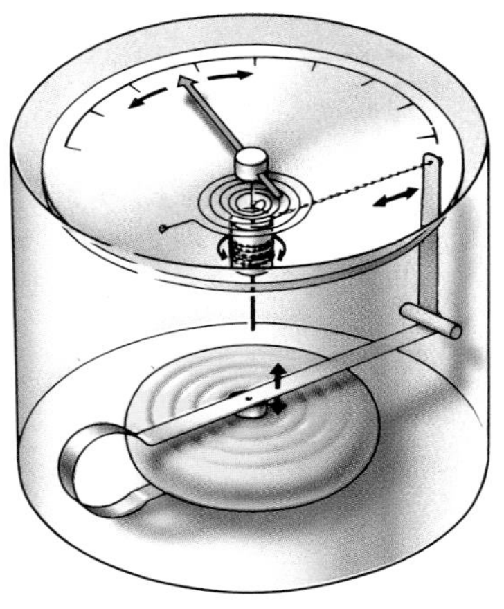

▲ Si la presión atmosférica sube, los lados del delgado metal (caja amarilla) del barómetro empujan, lo que hace mover el indicador.

Barómetro

En términos simples, la alta presión del aire es un signo de buen tiempo. Por el contrario, la baja presión es un signo de cambio y de mal tiempo. El barómetro se usa para medir estos cambios.

Hay dos clases de barómetros, el de MERCURIO y el aneroide. El más común es el aneroide o metálico. Dentro de este tipo de barómetro hay una caja de metal plana. El aire que hay dentro de la caja está a una presión muy baja.

Las paredes de metal de la caja son tan delgadas que se doblan fácilmente. No se rompen porque un muelle las mantiene separadas.

Cuando la presión del aire baja, los muelles empujan las paredes de la caja. Si la presión sube, las paredes de la caja se juntan. Estos movimientos son registrados por niveles y marcadores que mueven las agujas.

Batallas

Algunas batallas han jugado un papel decisivo en la historia del mundo. Otras, sólo fueron importantes para los países que las libraron. Algunas de las principales batallas que afectaron a varios países se reflejan en las páginas 94 y 95.

Beethoven, Ludwig van

Ludwig van Beethoven (1770-1827) fue un músico alemán que compuso algunas de las mejores obras musicales que se conocen. Esto incluye sinfonías, conciertos, canto coral y música de cámara. Cuando era joven, Beethoven fue bien conocido como pianista, y admirado por muchos personajes famosos.

Empezó a quedarse sordo a los 30 años, pero continuó componiendo incluso cuando ya no oía nada.

▲ Cuando Beethoven era joven estudió bajo la tutela de los grandes maestros Mozart y Haydn.

Béisbol

El béisbol es el deporte nacional en Estados Unidos. Nació en 1845 a raíz de que Alexander Cartwright organizara un club en Nueva York. Las notas de Cartwright dicen: el juego consiste en 9 *innings* (entradas, turnos), cada equipo tendrá 9 jugadores, y el «diamante» (campo donde se juega) tendrá cuatro bases a 90 pies de distancia (27,4 m).

El lanzador (*pitcher*) de un equipo arroja la pelota; el bateador del equipo contrario intenta pegarle con el bate y enviarla lo más lejos posible, con el fin de recorrer las

(Continúa en pág. 96)

▼ El bate de béisbol es estrecho y redondeado, con lo que se requiere una gran técnica para golpear la bola. El bate no puede sobrepasar los 107 cm de largo.

BATALLAS

Las batallas son tan antiguas como el género humano.

Los primeros ejércitos efectivos aparecieron en el oriente medio hace más de 3.500 años. En el mundo antiguo los guerreros de Egipto, Asiria, Grecia y Roma fueron temidos por sus enemigos. La infantería (soldados a pie) constituía la fuerza principal de los ejércitos. Los cuerpos blindados los formaban los caballeros protegidos con armaduras de metal y cuero.

La invención de la pólvora y del cañón hicieron que la guerra fuera aún más cruenta. Los chinos utilizaron cohetes propulsados por pólvora antes del año 1000 a.C.; en Europa, los cañones se emplearon en los campos de batalla a principios del siglo XIV. En el siglo XIX, después de la revolución industrial, aparecieron las máquinas de guerra. El armamento moderno es aún más sofisticado; aviones, misiles y tanques han hecho que los campos de batalla sean aún más terribles que en la antigüedad, donde los ejércitos se enfrentaban mano a mano en combate.

Se han librado batallas en la tierra, en el aire y en el mar. No siempre el ejército más numeroso y mejor armado gana la batalla. Muchas victorias famosas las han protagonizado los ejércitos que aparentemente estaban en desventaja, tanto en cantidad como en calidad de armamento y de tropas. Algunas batallas han decidido el curso de la historia y el destino de las naciones.

◀ La batalla naval de Salamis fue librada en 480 a.C. entre griegos y persas. Los griegos, con sólo 380 barcos, derrotaron a los persas, equipados con una flota de 1.000 galeras propulsadas a remo.

BATALLAS CÉLEBRES

Marathon: 490 a.C., 10.000 griegos derrotaron a 60.000 persas.

Hastings: 1066, los normandos derrotaron a los sajones y conquistaron Inglaterra.

Constantinopla: 1453, los turcos invaden el Imperio Bizantino.

Yorktown: 1781, los americanos derrotaron a los ingleses para ganar la independencia.

Trafalgar: 1805, la flota británica comandada por Nelson derrota a las flotas española y francesa.

Waterloo: 1815, batalla final del ejército francés dirigido por Napoleón, en la que fue derrotado por tropas aliadas comandadas por Wellington.

El Álamo: 1836, heroica defensa de los tejanos sitiados por los mexicanos.

Balaclava: 1854, batalla entre los aliados (Gran Bretaña, Francia y Turquía) contra Rusia, famosa por la carga de la brigada ligera.

Gettysburg: 1863, el Norte derrota al Sur en la crucial batalla durante la guerra civil estadounidense.

Little Big Horn: 1876, los indios sioux derrotan a la caballería de Estados Unidos.

Somme: 1916, la batalla más sangrienta de la I Guerra Mundial.

Jutlandia: 1916, la única importante batalla naval de la I Guerra Mundial entre británicos y alemanes.

El Alamein: 1942, el ejército británico dirigido por Montgomery expulsa al ejército alemán comandado por Rommel fuera del norte de África durante la II Guerra Mundial.

Stalingrado: 1942-1943, el ejército alemán no puede conquistar la ciudad defendida por los rusos.

Leyte Gulf: 1944, la batalla naval más importante de la II Guerra Mundial entre Japón y Estados Unidos. El poder naval japonés fue destruido.

Dien Bien Phu: 1954, los vietnamitas derrotaron a los franceses.

ALGUNOS RÉCORDS

El cerco más largo: Leningrado (URSS), 880 días desde agosto de 1941 hasta enero de 1944.

La mayor retirada: Dunkerke, mayo de 1940; 338.000 soldados de tropas aliadas evacuaron Francia.

La más sangrienta: 1916, primera batalla de Somme; más de un millón de muertos y heridos.

Guerra más larga: 1346-1453, la Guerra de los Cien Años, entre Francia e Inglaterra.

Guerra más corta moderna: la guerra de los seis días, del 5 al 10 de junio de 1967, entre israelíes y árabes.

▲ La batalla de Gettysburg, librada en 1863 entre los ejércitos del Norte y del Sur, fue de una importancia capital en la guerra civil estadounidense.

◀ Un piloto americano destruye un globo espía durante la batalla del Marne en la I Guerra Mundial.

▼ Moderno cañón mecánico del ejército sueco.

Para más información consultar los artículos: GUERRA CIVIL; GUERRA DE CRIMEA; GUERRA DE LOS CIEN AÑOS; GUERRA DE SECESIÓN; GUERRA MUNDIAL, PRIMERA; GUERRA MUNDIAL, SEGUNDA.

▶ El béisbol se juega en un campo con un gran cuadrado señalado. A este cuadrado se le conoce con el nombre de *diamond* (diamante). Sus lados son de 27,4 metros de largo. En el ángulo inferior del *diamond* está la base, donde se sitúa el bateador.

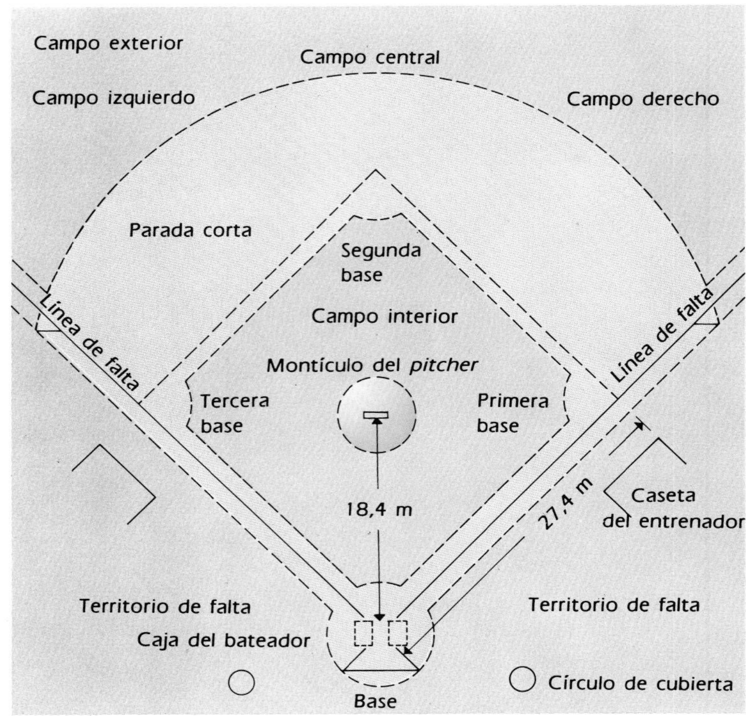

bases antes de que la pelota sea recuperada por el equipo del *pitcher*. El equipo que da más vueltas sucesivas es el ganador.

BÉLGICA

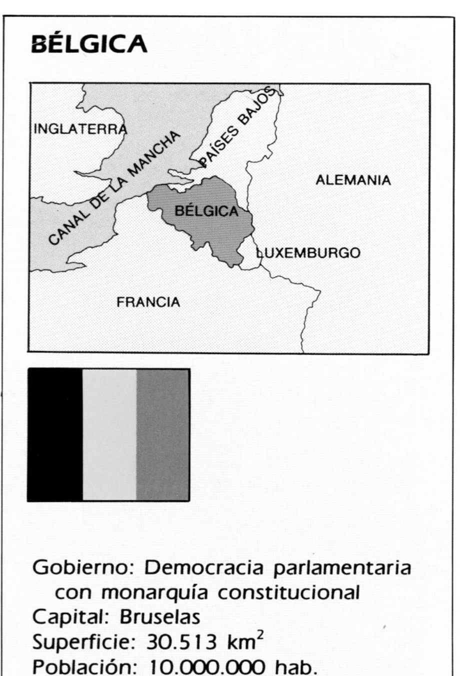

Gobierno: Democracia parlamentaria con monarquía constitucional
Capital: Bruselas
Superficie: 30.513 km^2
Población: 10.000.000 hab.
Lenguas: Flamenco y francés
Moneda: Franco belga

Bélgica

Bélgica es un pequeño país europeo que está situado entre Francia, Alemania y Holanda. La capital es Bruselas. La población es de 10 millones de habitantes, aproximadamente. Hay dos grupos principales: los germanoflamencos del norte y los francovalones del sur. Por su estratégica posición en el centro de Europa, Bélgica ha sido invadida y recuperada en el transcurso de la historia centroeuropea. Hoy, Bélgica es un centro internacional. Las sedes centrales de la UNIÓN EUROPEA (UE) y de la ORGANIZACIÓN DEL TRATADO DEL ATLÁNTICO NORTE (OTAN) están, ambas, en Bruselas.

Belice

Belice es un pequeño país en la costa este de AMÉRICA CENTRAL. Fue la última colonia del Reino Unido en el continente americano, y consiguió su independencia en 1981.

La capital es Belmopan, y tiene 167.000 habitantes.

Bell, Alexander Graham

Alexander Graham Bell (1847-1922) es recordado como el inventor del TELÉFONO. Bell fue el hijo de un profesor escocés que emigró a Canadá con su familia, en 1870. Dos años después, Alexander fundó una escuela para profesores de sordos en Boston (EUA). Gracias a su trabajo con aparatos para ayudar a los sordos, Bell empezó a estudiar la posibilidad de mandar mensajes a través de largas distancias. El primer mensaje fue transmitido por teléfono el 10 de marzo de 1876.

Benin

Benin es un pequeño país en el oeste de ÁFRICA, llamado de 1960 a 1975 Dahomey. El clima, en general, es caluroso y húmedo. La mayoría de la población vive en el sur. La economía depende mayoritariamente de las plantaciones de palmera de aceite. La capital es Porto Novo. Benin se independizó de Francia en 1960.

BENÍN

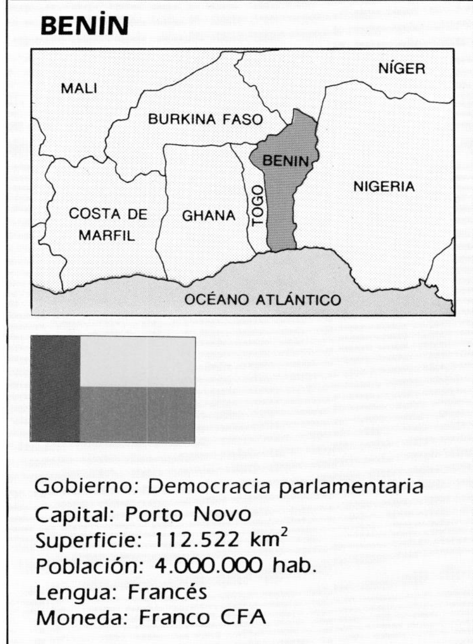

Gobierno: Democracia parlamentaria
Capital: Porto Novo
Superficie: 112.522 km^2
Población: 4.000.000 hab.
Lengua: Francés
Moneda: Franco CFA

Berlín

Berlín es la ciudad más grande de ALEMANIA, y, antes de la II GUERRA MUNDIAL, era la capital de este país. En 1945, cuando Alemania fue dividida en dos estados, el oriental y el occidental, Berlín fue fraccionada por los aliados en cuatro zonas: estadounidense, británica, francesa y rusa.

▲ Esta torre de iglesia, en la atractiva avenida de Kurfürstendamm, es prácticamente lo único que quedó del centro de Berlín tras la II Guerra Mundial.

◀ En la ilustración, la puerta de Brandenburgo, uno de los monumentos que el muro construido en 1961 dejó aislados hasta 1989, fecha en que la separación física entre Berlín este y oeste dejó de existir.

El zoo de Berlín es uno de los más antiguos y prestigiosos del mundo. Fue inaugurado en 1844 y es el que mayor número de especies alberga: hay más de 2.000 especies y 13.000 animales.

En 1948 hubo disputas entre los rusos y el resto de los aliados. Los comunistas bloquearon la ciudad cortando las carreteras y los enlaces ferroviarios con la RFA. Las autoridades de Gran Bretaña y de Estados Unidos organizaron un puente aéreo para mantener las actividades propias de la ciudad. Después de un año, el bloqueo a los sectores occidentales de Berlín fracasó y los soviéticos restablecieron las comunicaciones entre Berlín y el Oeste.

Berlín fue muy castigada por los bombardeos durante la II Guerra Mundial, pero la reconstrucción de la ciudad fue rápida. En la actualidad las partes este y oeste están casi completamente reconstruidas. El muro de Berlín dividió la ciudad hasta el año 1989. En nuestros días, gracias al acelerado proceso de reunificación de las dos Alemanias, Berlín es la capital de la nueva nación.

Biblia

La Biblia es el libro sagrado de la religión cristiana. Consta de dos partes: la primera, el Antiguo Testamento, nos relata la historia del pueblo judío y las enseñanzas de sus profetas antes del nacimiento de JESUCRISTO. La segunda parte, el Nuevo Testamento, es una colección de

▶ Cuevas de Qumran, a orillas del mar Muerto, donde se encontraron partes del Antiguo Testamento.

La Biblia siempre ha sido un libro de gran difusión. Más de 2 1/2 billones de copias se han vendido desde 1816 y se ha llegado a traducir a más de 1.500 lenguas.

escritos concernientes a la vida y milagros de Jesucristo y de sus discípulos.

Biblioteca

Una biblioteca es un lugar en el cual se conservan libros y otros materiales gráficos como fotografías, grabados, periódicos, revistas, etc., para que el público pueda consultarlos o leerlos.

BIBLIOTECAS CÉLEBRES

Biblioteca del palacio de Asurbanipal, 668-626 a.C., donde se conservaban tablillas de barro.
Biblioteca de Alejandría (siglos IV-III a.C.), incendiada en 48 a.C.
Biblioteca de Orígenes, en Cesarea (s. III), la más importante de la Iglesia en aquel entonces.
Biblioteca Ambrosiana, en Milán (1609). Fue la primera biblioteca pública.
Biblioteca del British Museum (1753), en Londres.
Biblioteca Nacional, de Madrid.
Library of Congress, de Washington.

Bicicleta

La bicicleta es un vehículo de dos ruedas iguales, de las cuales la posterior es motriz. El motor de la bicicleta es el propio conductor, que, mediante la fuerza de sus piernas aplicada a los pedales, desplaza el vehículo.

Las primeras bicicletas, inventadas en el siglo XVIII, consistían en dos ruedas unidas por una barra en la que iba incorporado un asiento. El conductor impulsaba la máquina alternativamente con uno y otro pie. Fueron llamadas *Dandy-Horse*. Más tarde, en 1816, el alemán Karl Drais construyó la *draisina*, primer modelo dotado de sistema de dirección.

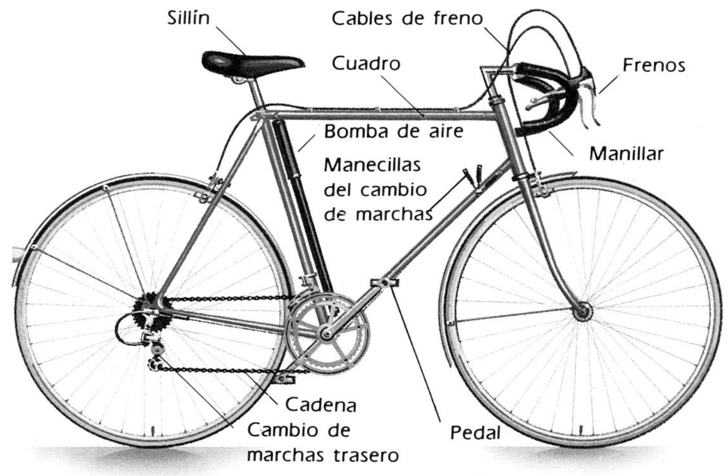

La primera bicicleta con pedales apareció en 1865; fueron las llamadas, en inglés, *bone-shakers* (rompehuesos), porque el asiento no tenía muelles. La siguiente innovación en el desarrollo de estas máquinas fueron los *velocípedos,* que consistían en una rueda delantera de gran tamaño y una ruedecita posterior. En 1885, J.K. Starley creó la base de la bicicleta actual, con ruedas de diámetros iguales, dirección directa, transmisión por cadena y ruedas con cámaras infladas con aire.

▲ El *velocípedo* tenía ruedas sólidas y un pequeño peldaño para que el conductor pudiera subir.

▲ En 1816 Drais inventó la *draisina*. No tenía pedales y el conductor se impulsaba con los pies.

▼ Las plantas guardan energía en forma de alimento, que es consumido por los animales. Las hojas muertas se reciclan en la tierra. Los excrementos de los animales también son reciclados. Nada se desaprovecha en el sistema. Incluso el león es reciclado cuando muere.

Biología

La biología es la CIENCIA que estudia la vida de los seres vivos desde la más pequeña de las amebas, que consiste en sólo una CÉLULA, hasta el majestuoso roble o el ser humano.

La parte de la biología que estudia las PLANTAS la llamamos BOTÁNICA. El estudio de los ANIMALES se denomina zoología. Uno de los más antiguos biólogos fue el filósofo griego ARISTÓTELES, que fue el primero en realizar una disección (abrir en canal) y clasificar a los animales.

Durante más de mil años no hubo interés en el estudio de la biología, hasta que, en el RENACIMIENTO, eruditos y artistas como LEONARDO DA VINCI investigaron cómo crecían y funcionaban los seres vivos. Al principio, el estudio del cuerpo humano mediante la disección fue desaprobado por la Iglesia. A principios del siglo XVI tres estudiosos (Servet, Harvey y Pecquet) pudieron demostrar cómo la sangre circulaba por el cuerpo. Otros científicos fueron capaces de comparar la estructura de varios animales con la del hombre.

La invención del MICROSCOPIO, a mediados del siglo XVII, abrió nuevas áreas de estudio para los biólogos, que pudieron estudiar las células de animales y plantas que constituyen los cimientos de la vida. El estudio de otros organismos, como la BACTERIA, ayudó a biólogos como Louis PASTEUR a comprender las razones por las que se producían enfermedades y cómo prevenirlas. En el siglo XIX el naturista inglés Charles DARWIN revolucionó la biología con la teoría de la EVOLUCIÓN.

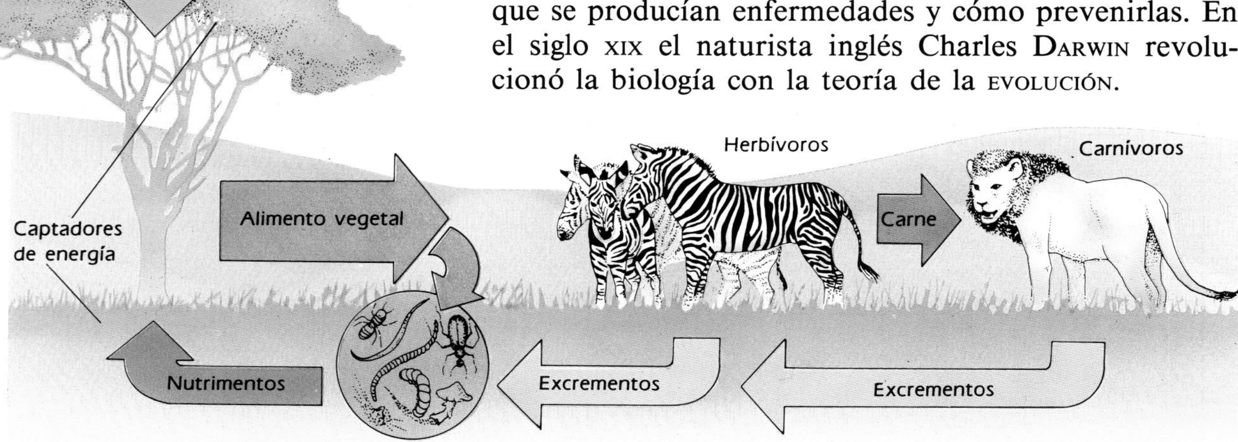

Bioquímica

La bioquímica comprende el estudio de las reacciones químicas que se producen dentro de las CÉLULAS que componen la materia viva. Los bioquímicos analizan qué tipo de alimentación debemos tomar para estar más sanos. También nos ayudan a contrarrestar los efectos de la enfermedad con fármacos que eliminan las BACTERIAS que las producen.

En la agricultura, los bioquímicos desarrollan tanto nuevos abonos de plantas como alimentos para animales que ayuden a mejorar su rendimiento. La bioquímica también trata el estudio y composición de las moléculas que se encuentran en la materia viva, llamadas *ácidos nucleicos*. Una clase de ácido nucleico es el ADN (ácido desoxirribonucleico) que se encuentra en el núcleo de las células y que es el que lleva los genes de la materia y los transmite a la siguiente generación. El ADN es la sustancia que hace que cada ser sea distinto de los demás.

Los bioquímicos profundizan cada vez más en el estudio de la química, tan necesaria para el progreso humano.

Algunos bioquímicos estudian la formación de nuevos medicamentos, otros investigan el tejido muscular, tratando de encontrar moléculas que puedan extenderse y contraerse como ellos. También se investiga los elementos químicos que debieron existir en nuestro planeta para su creación. Así, los bioquímicos estudian el origen de la vida.

Birmania (Myanmar)

Birmania, actualmente denominada Myanmar, es un estado del Sureste Asiático. Está repleto de montañas, bosques y ríos. El río más grande es el Irrawaddy (2.080 km).

Birmania tiene una población de 37 millones de habitantes y un área de 676.552 km^2. La capital es Rangún, a

◀ Dos fieros leones guardan la entrada de la pagoda con techo de oro. La mayoría de los birmanos son budistas, aunque en el campo muchos siguen adorando a los «nats» (espíritus del bosque y de la montaña).

BIRMANIA (MYANMAR)

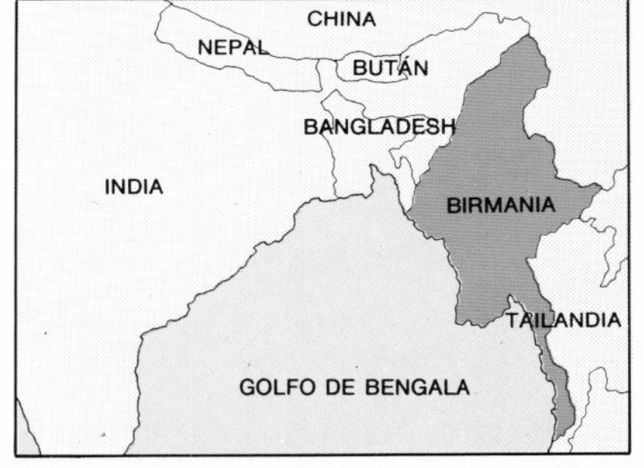

Gobierno: Dictadura militar
Capital: Rangún
Superficie: 676.552 km^2
Población: 37.000.000 hab.
Lengua: Birmano
Moneda: Kyat

orillas del río del mismo nombre. La mayoría de la población se dedica a la agricultura. La religión predominante es el budismo.

Bisonte

El bisonte es un MAMÍFERO rumiante de gran tamaño. Su cabeza y hombros están cubiertos por un espeso pelaje.

Se distinguen dos clases de bisontes: el americano y el europeo. Solían haber grandes manadas de bisontes en Norteamérica. Los indios fueron los primeros que los cazaron. Cuando los europeos fueron a América mataron a gran número de bisontes, hasta que en 1889 quedaron solamente 500. Ya no hay bisontes salvajes en la actualidad, ni en América ni en Europa. Los que sobreviven se hallan en parques zoológicos.

▼ Grandes manadas de bisontes recorrían las praderas de Norteamérica. Los indios dependían de ellos para su subsistencia, los utilizaban para alimentarse y también usaban sus pieles para abrigarse.

Blériot, Louis

Louis Blériot (1872-1936), ingeniero industrial y aviador francés, fue un pionero en aviación y en diseño de aero-

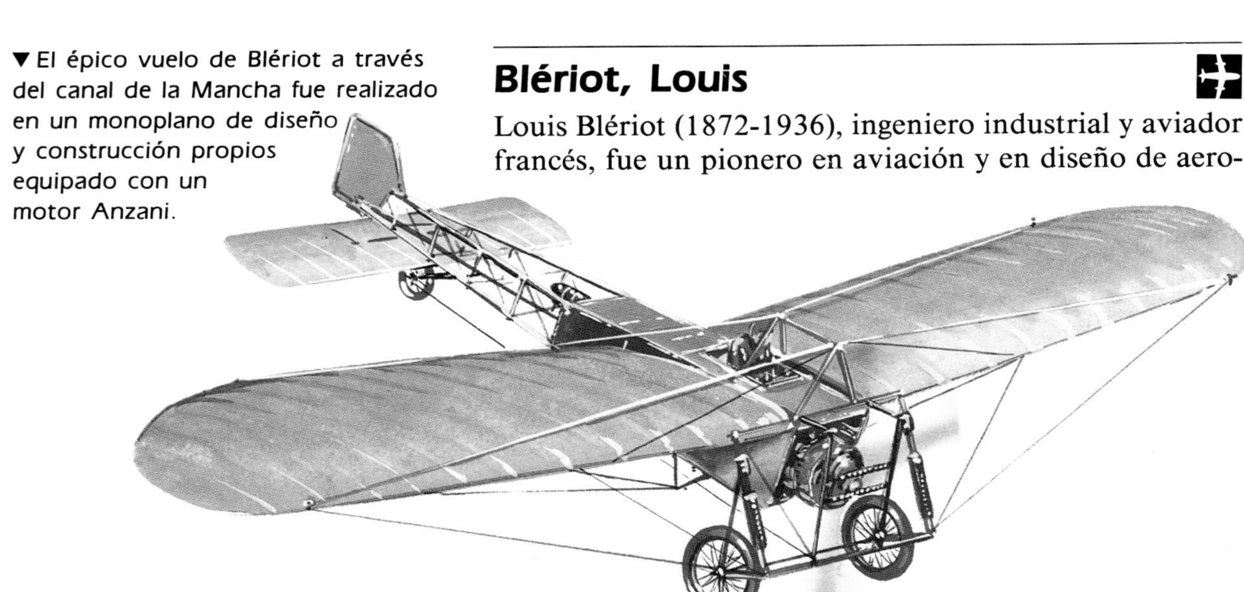

▼ El épico vuelo de Blériot a través del canal de la Mancha fue realizado en un monoplano de diseño y construcción propios equipado con un motor Anzani.

planos. El 25 de julio de 1909 efectuó la primera travesía del canal de la Mancha, de Calais a Dover. La travesía duró veintisiete minutos, y Blériot ganó un premio de mil libras esterlinas que ofrecía el diario londinense *Daily Mail*. Fue uno de los primeros constructores aeronáuticos de Francia y se convirtió en propietario de una importante empresa de aviación.

Bolívar, Simón

Simón Bolívar nació en Caracas en 1783, durante el dominio español. Estudió los libros que explicaban el porqué de la Revolución francesa y se convenció de la necesidad de la independencia de su país. Luchó por conseguirla y por unificar en un solo país todos los estados de Suramérica. Liberó Colombia, Venezuela y Ecuador, pero fracasó en su empeño unificador y, amargado, renunció a todos sus poderes y murió en 1830. Bolivia se llama así en su honor.

▲ Simón Bolívar, el Libertador de América.

Bolivia

Bolivia es un Estado de América del Sur situado en la región andina. Limita al norte y al este con Brasil, al sur con Paraguay y Argentina y al oeste con Chile y Perú; está formado por una alta llanura que se extiende desde la frontera con Brasil hasta las faldas orientales de los Andes. En lo alto de la cordillera andina se encuentra la región formada por una llanura de más de 4.000 metros de altitud. Los dos tercios de la población viven en esta llanura, llamada la Puna. La capital de Bolivia es Sucre, pero la sede del gobierno está en La Paz, que es la ciudad más alta del mundo. El lago Titicaca, a 3.812 metros sobre el nivel del mar, es, también, uno de los más elevados del planeta.

España gobernó Bolivia desde 1532 hasta 1825. Bolivia ganó su independencia con la ayuda del general venezolano Simón Bolívar.

Más de la mitad de la población es de raza india, y una tercera parte, mestiza (mezcla de europeos e indios). Bolivia es el segundo productor del mundo de estaño, y la minería es la industria más importante del país; ya en la época colonial las minas de plata fueron objeto de una intensa explotación. Es, también, una nación ganadera de cierta importancia, contando en su haber con una cabaña considerable de ganado ovino y vacuno.

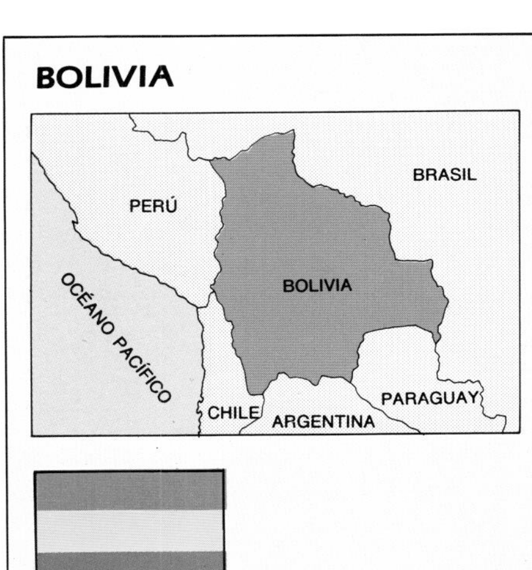

Gobierno: República
Capitales: Sucre (cap. constitucional) y La Paz (cap. administrativa y sede del gobierno)
Superficie: 1.093.581 km^2
Población: 6.000.000 hab.
Lengua: Español
Moneda: Peso

▶ Hay un número importante de bolsas en centros comerciales repartidos por todo el mundo. El ritmo de compra y venta de acciones puede ser muy rápido. El uso de los ordenadores está ampliamente extendido en estos mercados, proporcionando la información al instante.

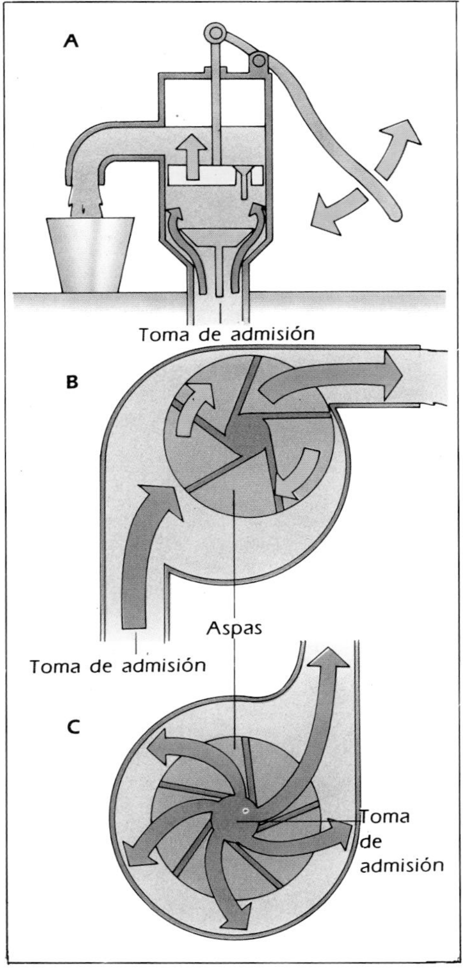

▲ *Volumétricas de pistón* (A). El pistón fuerza a elevarse el líquido por el tubo de admisión (toma) y lo saca por un conducto de salida o surtidor. Las *bombas volumétricas rotativas* (B) permiten un flujo constante de líquido, aspirado a través de una toma de admisión que se abre mediante una rueda en vez de un pistón. En las *bombas centrífugas* (C) el líquido entra por el centro y es desplazado hacia la salida mediante unas aspas.

Bolsa, la

La Bolsa es un edificio público, donde se reúnen los agentes de cambio y bolsa para comprar y vender *acciones*. Estas acciones o participaciones consisten en trozos de papel, documentos que acreditan al portador la propiedad de una parte del valor de una empresa comercial.

Una acción tiende a ser más cara si la compañía funciona bien y da *beneficios*, y es más barata si va mal y produce pérdidas. La gente compra acciones en espera de poderlas vender más tarde a un precio más alto. Entretanto, los accionistas tratan de obtener *dividendos* (parte de los beneficios de la empresa).

El volumen comercial creció después de la Edad Media. La gente necesitaba un mercado para vender y comprar acciones. En la ciudad de Amberes, en 1531, se inauguró la primera bolsa. Millones de acciones cambian de mano cada día en las bolsas de Londres, Nueva York y Tokio.

Bomba

La mayoría de las bombas se usan para elevar o impulsar un fluido líquido. Pero hay algunas que se utilizan para mover gases o polvo, como podría ser la de harina. Hay diferentes clases de bombas. Una bomba de bicicleta es la llamada *volumétrica de pistón*, y se basa en la variación de volumen de una cámara en la que se desplaza un pistón que nosotros movemos arriba y abajo. Una bomba similar a ésta es la que se utiliza para elevar el agua de los pozos.

Borbones

Familia nobiliaria francesa. El primer Borbón que llegó al trono fue Enrique IV, rey de Francia, y sus descendientes reinaron hasta la REVOLUCIÓN FRANCESA, en 1789. Otro Borbón, Felipe V, llegó al trono de España tras la muerte del último AUSTRIA, en 1700, y sus vástagos han reinado con algunas interrupciones. El actual rey de España, Juan Carlos I, es también un Borbón.

▲ Durante el reinado del Borbón Carlos III (1759-1788) España vivió una de sus épocas culturales más brillantes, la que se ha dado en llamar Ilustración.

Bordado

El bordado es un tipo de adorno de la ropa. Normalmente se realiza con hilos de colores de lino, algodón, seda o lana, sobre un soporte de lona, algodón, lana o seda. También se pueden utilizar bolas de cristal, perlas o joyas. El bordado más antiguo se remonta a más de 2.300 años.

Bosnia – Herzegovina (ver Yugoslavia)

Bosque

Los bosques son grandes extensiones de terreno cubiertas por ÁRBOLES. Los bosques tropicales se encuentran

▼ El bosque puede convertirse en terreno estéril a causa del fuego provocado por gente irresponsable.

▲ Distinguimos cinco capas en un bosque tropical. Al nivel del suelo encontramos hongos, musgo y helechos, alimentándose de la rica descomposición de las hojas. En el siguiente nivel, helechos, arbustos y lianas. Por encima de esta capa, las copas de los árboles jóvenes, y después, la espesa bóveda verde de los árboles maduros. La capa superior la forman los árboles que crecen por encima de la bóveda.

cerca del ECUADOR, donde gran variedad de plantas y árboles crecen con rapidez debido a su clima cálido y húmedo. En algunos lugares, los árboles crecen tan juntos que la luz del sol no llega al suelo del bosque.

Los bosques de coníferas se encuentran principalmente situados en las tierras del norte. Este tipo de bosques se componen principalmente de una sola clase de árboles que bien pueden ser pinos, abetos o cipreses.

En climas templados como Europa, y en las partes frías de África, existen los bosques de hoja caduca con árboles como el roble y el castaño. Estos árboles mudan la hoja cada invierno. La mayor parte de los bosques de Australia están formados por eucaliptos.

Botánica

La botánica es la CIENCIA que tiene por objeto el estudio de las PLANTAS y su crecimiento. Hay más de 300.000 especies diferentes, desde la diminuta alga, que sólo puede apreciarse con un MICROSCOPIO, hasta las secoyas, árboles gigantes que pueden alcanzar los 100 metros de altura. Nuevas clases de plantas se siguen descubriendo en la actualidad. Sin las plantas no existirían los animales, por-

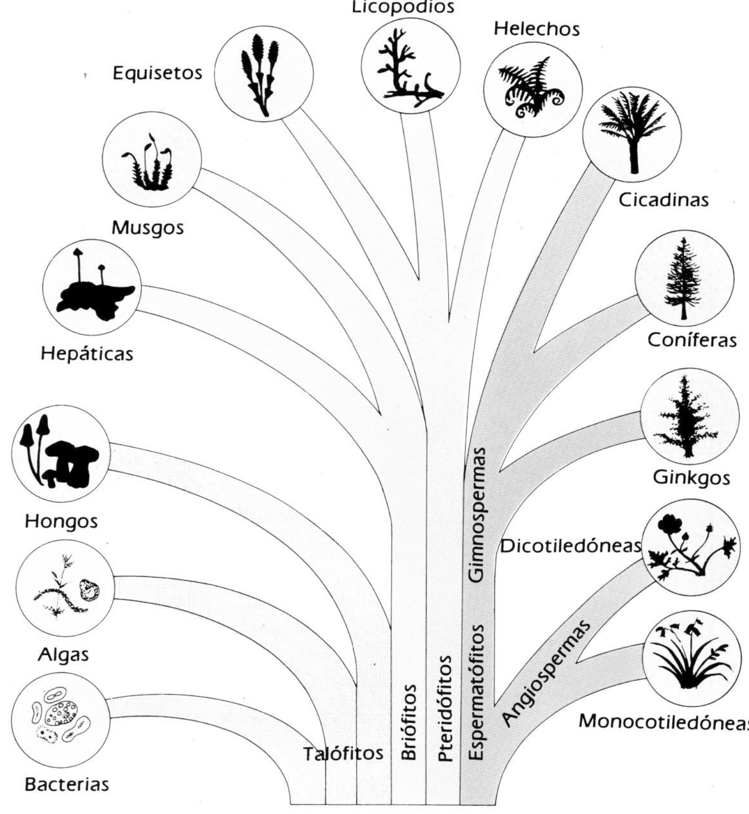

▲ Las plantas están clasificadas en cuatro divisiones principales.

que éstos dependen de ellas para su sustento. No existirían las vacas si no existiera la hierba; por tanto, nosotros también dependemos del mundo vegetal.

Los animales necesitan además el OXÍGENO que las plantas producen.

Los científicos, investigando la forma en que las cualidades de una generación de plantas se transmite a la siguiente, consiguen mejorar los cultivos. Pueden, asimismo, desarrollar variedades vegetales que son inmunes a las enfermedades de las plantas.

En 1753 Carl von Linné, botánico sueco, descubrió el primer sistema efectivo para denominar las especies. Asignó a cada planta un nombre compuesto por dos palabras latinas.

Experiméntalo

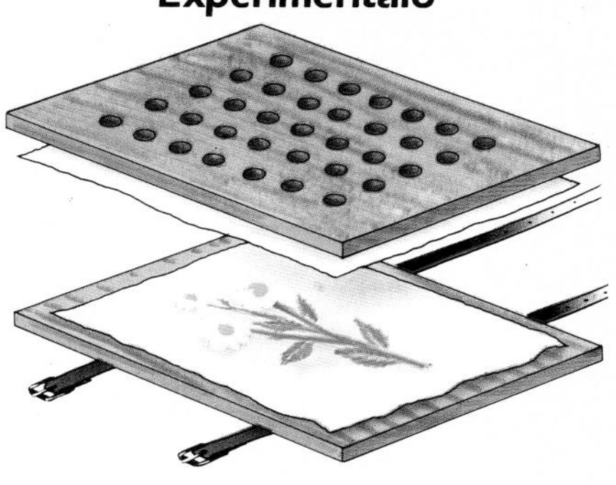

A manera de láminas puedes hacerte una colección de flores silvestres. Asegúrate de que las flores están limpias y bien secas. Con dos piezas de contrachapado agujereadas y dos correas se construye una prensa; coloca las flores cuidadosamente en la misma entre dos hojas de papel secante y ata las planchas con las correas. Las flores estarán secas en un par de semanas.

Botswana

Botswana es un país de ÁFRICA situado entre Zimbabwe, la República de Suráfrica y Namibia. En 1885, el país cayó bajo dominio británico. En 1966 logró la independencia. Botswana es un país muy caluroso y seco. Las principales industrias son la minería y la ganadería. La capital es Gaborone, y el número de habitantes es de 1.100.000, aproximadamente.

BOTSWANA

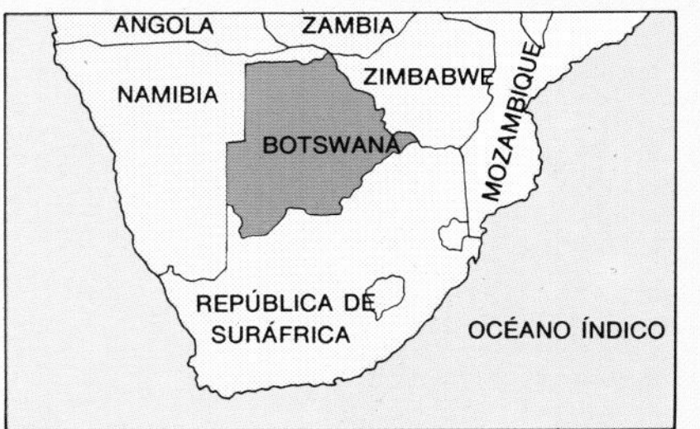

Gobierno: República, democracia parlamentaria
Capital: Gaborone
Superficie: 600.372 km²
Población: 1.100.000 hab.
Lenguas: Inglés, setswana
Moneda: Pula

Boxeo

Deporte de combate en el que dos contrincantes se enfrentan siguiendo unas reglas preestablecidas. El hombre se ha peleado con los puños desde tiempos antiguos, pero el reglamento del boxeo, como lo conocemos hoy en día, fue creado por el periodista inglés John Graham Chambers, bajo el patrocinio del marqués de Queensberry.

El boxeo se divide en diferentes categorías de pesos (en kg) que van desde el minimosca hasta el superpesado. Se ganan puntos al final de cada asalto de 3 minutos de duración, en que se juzga la habilidad de ataque y defensa. Las competiciones de aficionados constan de 3 asaltos de 3 minutos.

Brasil

Brasil es el país más grande de AMÉRICA DEL SUR y el quinto del mundo. La altitud media del Brasil no es muy elevada. El paisaje es a menudo llano y monótono. La gran cuenca del río AMAZONAS domina la parte central,

BRASIL

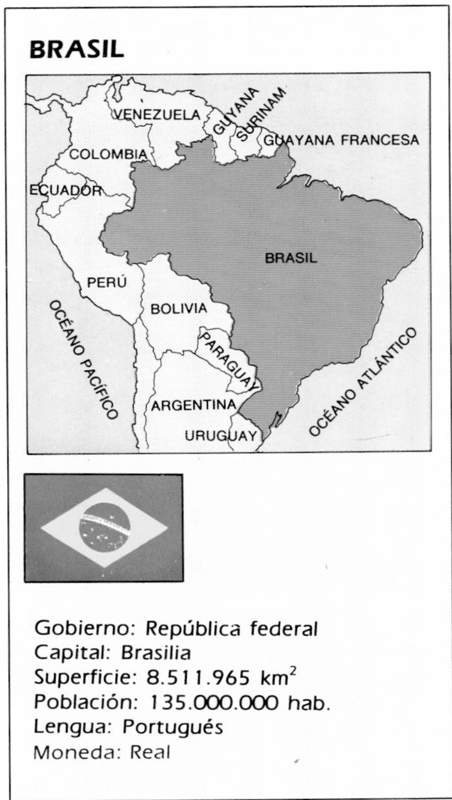

Gobierno: República federal
Capital: Brasilia
Superficie: 8.511.965 km^2
Población: 135.000.000 hab.
Lengua: Portugués
Moneda: Real

▼ Río de Janeiro es una de las ciudades más bonitas de Brasil.

donde se encuentra la selva tropical más grande del planeta. Hasta hace poco esta región estaba habitada únicamente por indios. En la actualidad el gobierno trata de colonizar esta zona.

La población de Brasil es de 135 millones de habitantes, que en su mayoría viven en las ciudades de Río de Janeiro, Sao Paulo, Belo Horizonte y Recife. Brasilia, la capital, es una moderna ciudad construida en los años sesenta de nuestro siglo.

Brasil fue gobernado por Portugal desde principios del siglo XVI hasta 1822, y la mayoría de la población habla portugués. Alrededor de tres cuartas partes de la población brasileña son descendientes de europeos; el resto son mestizos o bien de origen indio o negro africano. Gran parte de la población se dedica a la agricultura. El país es líder mundial en producción de café, y el petróleo está convirtiéndose en un producto importante. Brasil es uno de los grandes productores de carne vacuna, coco, algodón, maíz, caña de azúcar y tabaco. La mayor parte de la industria minera no está aún muy desarrollada.

Brote

El brote es un capullo de PLANTA que empieza a desarrollarse. Se distinguen dos clases, los brotes de FLORES y los

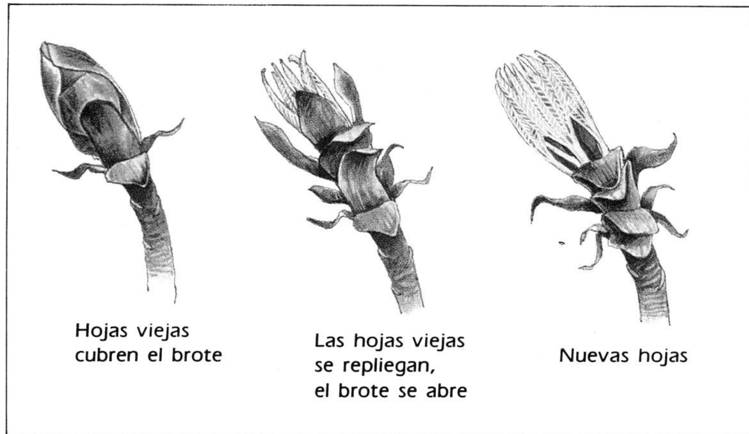

◀ Si cortas unas ramitas de un castaño en primavera, podrás observar cómo surgen nuevos brotes. Pon las ramitas en agua y pronto observarás que la corteza se pliega hacia atrás y nacen nuevas hojas.

de HOJAS. Si les quitamos la protección podemos ver las flores o las hojas en el interior. Algunos son comestibles, como los espárragos, las coles de bruselas y las alcachofas.

Bruja

La creencia popular atribuye a las brujas poderes sobrenaturales. Se dice de ellas que adoran al diablo, que envían maleficios y que utilizan sortilegios contra las personas; en ocasiones estas influencias nefastas pueden causar enfermedad o muerte. Se supone que durante la noche vuelan por los aires montadas en palos de escoba, y que se reúnen secretamente.

Sin embargo, el objetivo final de la magia no es el mal (magia negra), por el contrario, es el bien (magia blanca). La brujas blancas adoraban a una diosa de la antigüedad. Estas brujas trabajaban para ayudar y proteger a las personas.

En tiempos pasados, por desconocimiento o por ignorancia, indefensas viejecitas fueron condenadas a la hoguera por creerlas brujas. Hoy en día poca gente cree en las brujas.

▲ En este antiguo grabado, podemos observar a dos brujas preparando pócimas mágicas en un puchero. Malas mujeres, viejas y feas, haciendo maleficios; ésta es actualmente la imagen que prevalece de las brujas.

Brújula

La brújula es un instrumento para encontrar el camino en grandes distancias. La brújula magnética siempre señala a los polos magnéticos de la Tierra; éstos se encuentran cerca de los polos geográficos, Norte y Sur. El uso de la brújula es muy antiguo; desde tiempos remotos, marineros y exploradores se han servido de este instrumento para orientarse.

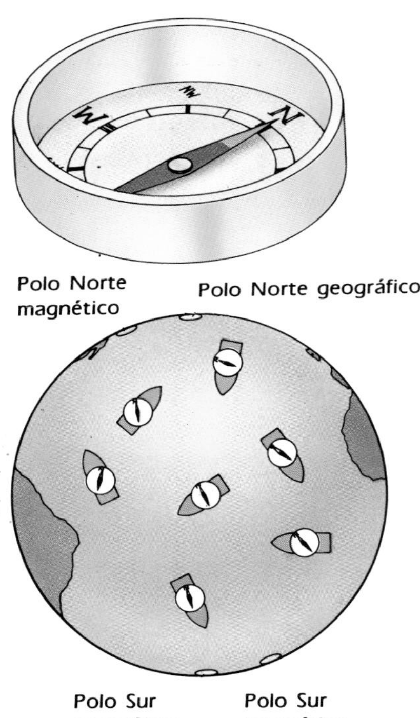

▲ Una brújula no señala directamente al Polo Norte. Esto se debe a que el campo magnético de la Tierra no se alinea con los polos geográficos. La diferencia entre los polos geográficos y los magnéticos se denomina «variación magnética».

La brújula magnética funciona por MAGNETISMO. Consiste en una caja con una aguja imantada en su centro, que gira libremente sobre un pivote. La aguja, cuando está en reposo, siempre señala los polos magnéticos de la Tierra. Es muy fácil orientarse con una brújula; para ello debemos seguir en línea recta la dirección que queramos emprender.

La brújula siempre indica los polos Norte y Sur porque la Tierra es un gran imán. Las líneas de la brújula son paralelas con las del campo magnético terrestre.

Brunei

Es un Estado de la costa noroeste de la isla de Borneo; su población es de 232.000 habitantes. Las principales exportaciones son el petróleo, el caucho y la madera. Brunei es un reino con una antigüedad de más de un milenio. En el siglo XVIII fue un lugar de parada habitual para los barcos británicos que se dirigían a China, y, finalmente, en 1888 se convirtió en un protectorado británico. El sultanato accedió a la independencia en 1984. La capital en Bandar Seri Begawan.

Gobierno: Sultanato independiente
Capital: Bandar Seri Begawan
Superficie: 5.765 km^2
Población: 232.000 hab.
Lengua: Malayo
Moneda: Dólar de Brunei

Buda

La palabra buda significa «iluminado». Este nombre se le da a los maestros de la RELIGIÓN budista.

El primer buda fue el sabio Sidhartha Gautama. Nació, aproximadamente, en 563 a.C. Gran parte de su vida la dedicó a la predicación. Buda enseñó a sus seguidores que la única manera de obtener la verdadera felicidad es ser pacífico y bondadoso, tratar a las personas y animales con consideración y evitar el mal.

El budismo, de la misma forma que el HINDUISMO, cree que después de la muerte se vuelve a nacer, reencarnado en una persona o animal. Si en la vida anterior se ha sido muy bueno no se vuelve a nacer y se vive en una especie de cielo que se llama «nirvana».

Buey

Es el macho castrado de la especie bovina. Algunas de las especies más conocidas son la VACA, el toro, el BISONTE, los BÚFALOS (salvaje y doméstico) y el YAK. Se caracterizan por tener un par de cuernos y las pezuñas partidas. Son herbívoros y el más pesado puede alcanzar las dos toneladas. El uso de bueyes como animales de tiro es conocido desde la antigüedad. Hace 9.000 años, los griegos ya los domesticaban.

Búfalo

Se diferencian dos especies de búfalos: la asiática y la africana. El búfalo asiático procede de la India, donde ha sido utilizado como animal de tiro durante siglos. Domesticado, se emplea como sustituto del buey en el Lejano Oriente, Siria, Turquía, Hungría y los Balcanes. En estado salvaje, estos animales se encuentran en zonas forestales húmedas, con ríos o riachuelos, y forman manadas de hasta cincuenta individuos. Les gusta revolcarse en el barro y en los charcos. Domesticado, se emplea principalmente en los arrozales.

Otra clase de búfalo es el africano. Vive en rebaños cerca de los cursos de agua. Son bastante fieros y no se han podido domesticar. Pueden ser peligrosos y atacan sin previo aviso. A menudo al BISONTE norteamericano se le llama búfalo, pero estas especies no están relacionadas.

Buitre

Los buitres son grandes AVES rapaces. Viven en las partes cálidas del planeta. El ave terrestre más grande de Nor-

▲ La estatua de Buda en su postura característica, con las piernas cruzadas (posición de loto); nos muestra una expresión de tranquilidad y refleja el ideal budista del estado de completa paz y felicidad.

▼ Búfalo tirando de un arado, en una granja, en Asia. Durante siglos estos fuertes animales han servido al hombre en las tareas agrícolas.

▼ Los buitres suelen habitar en áreas montañosas, aunque el alimoche visita a menudo los vertederos de basura. El quebrantahuesos deja caer huesos sobre las rocas para poder comer así la médula de su interior.

teamérica es una clase de buitre: el cóndor, que con sus alas extendidas puede llegar a medir 3 metros de envergadura.

Los buitres no son aves de presa, es decir, no cazan. Se alimentan de los cuerpos putrefactos de animales muertos. A veces aguardan a que el león devore su presa. Cuando el felino abandona el cuerpo, las hienas aparecen y comen lo que no ha querido el león, acabando los buitres con los restos del animal.

La mayoría de los buitres no tienen plumas en la cabeza ni en el cuello. Esto facilita su labor cuando comen porque tienen que introducir la cabeza en los grandes esqueletos de las presas muertas.

Poseen una excelente vista y detectan animales muertos o moribundos desde largas distancias.

Los buitres también están dotados de un agudo sentido del olfato.

Bulbo

El bulbo es la parte subterránea de la PLANTA en la que se almacena el alimento. Esta parte sirve de reserva para los meses de invierno.

PLANTAS como el tulipán, los narcisos y las CEBOLLAS crecen a partir de bulbos. Cuando la planta ha dejado de florecer, el bulbo empieza a crecer por debajo de la tierra. Las hojas exteriores se marchitan, y lo único que queda es el bulbo. Éste está formado por láminas carnosas apretadas. Estas láminas alimentan al brote de la planta a medida que crece. Algunos bulbos no necesitan tierra para crecer porque ya contienen en sí mismos todo el alimento.

Bulgaria

Bulgaria es un país del este de EUROPA. Al igual que sus vecinos, ha sido dirigido en el pasado por un régimen que practicaba las creencias del COMUNISMO, aunque recientemente se han producido cambios políticos que han consolidado su democratización.

Bulgaria tiene una población de 9.000.000 de habitantes y una superficie de 110.912 km^2. Su capital es Sofía.

En la parte septentrional se extiende la cordillera de los Balcanes. La costa del mar Negro se sitúa en el extremo oriental del país y es una importante zona turística. La gran riqueza agrícola de Bulgaria radica principalmente en el valle central. Los principales cultivos son los cereales, las frutas y verduras, y las plantaciones de algodón y tabaco, entre otras. La industria y la minería son sectores importantes en la economía búlgara.

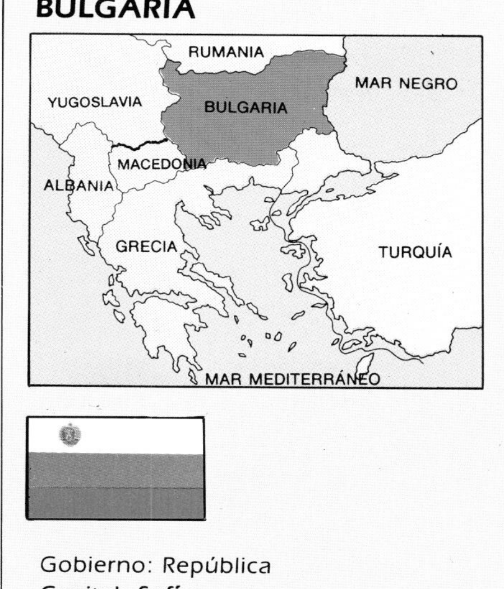

Gobierno: República
Capital: Sofía
Superficie: 110.912 km^2
Población: 9.000.000 hab.
Lengua: Búlgaro
Moneda: Lev

Bumerang

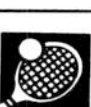

El bumerang es una arma arrojadiza, usada principalmente por los ABORÍGENES australianos. Destacan dos tipos de bumerangs. Uno muy pesado y que se arroja directamente al blanco. El otro es más ligero; tiene una forma angular y, si el lanzador es diestro, el bumerang después de alcanzar el objetivo retorna al lanzador.

Buque

Los buques son BARCOS adecuados para navegaciones de importancia. Hoy en día la mayoría de los buques son de transporte de mercancías o personas. La clasificación de los buques reside en el objeto al que se destina la embarcación. Así, distinguimos: *buques de pasaje*, que incluyen los transatlánticos (transportan pasajeros y pueden ser o de líneas regulares o de crucero) y los transbordadores o *ferry boat* (llevan pasajeros y vehículos a través de distancias cortas). *Buques de carga*, que transportan todo tipo de mercancías, como los graneleros (transportan mercancías que se pueden llevar sueltas como el carbón y el trigo), los contenedores (transportan toda clase de mercancías dentro de *containers*) y los frigoríficos (para el transporte de alimentos frescos como frutas, verduras y carnes). *Buques cisterna*, que transportan líquidos: destacan entre esta categoría los petroleros (algunos son tan largos que la tripulación tiene que ir en bicicleta por la cubierta), los metaneros (transportan gas). *Las embarca-*

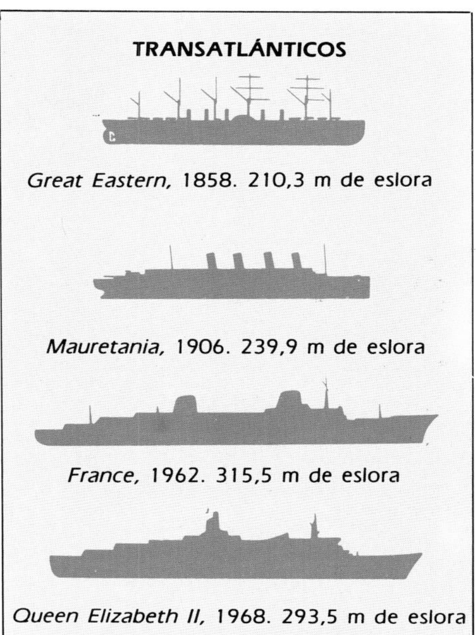

TRANSATLÁNTICOS

Great Eastern, 1858. 210,3 m de eslora

Mauretania, 1906. 239,9 m de eslora

France, 1962. 315,5 m de eslora

Queen Elizabeth II, 1968. 293,5 m de eslora

BUQUE

▶ Los transbordadores o *ferries* pueden llevar coches, camiones y pasajeros. Los *ferries* cumplen un práctico servicio en distancias cortas.

▼ Los portaviones han de tener suficiente espacio en cubierta para que aviones y helicópteros despeguen y aterricen en perfectas condiciones de seguridad.

ciones portuarias: remolcadores, dragas, diques flotantes etc., las embarcaciones destinadas a *trabajos en el mar*, buques de sondeo, etc., *buques de vela* (competición, recreo, etc.), *buques de guerra*, utilizados por la marina (buque escuela, buque hospital, buque nodriza, destructores, etc.) y *buques de pesca*, que se clasifican según el tipo de captura a que van destinados (atuneros, bacaladeros, balleneros, etc.).

▲ Este superpetrolero tiene 380 metros de eslora, 62 metros de manga y una velocidad de 16 nudos (29,6 km/h). A pesar de sus grandes dimensiones sólo cuenta con una tripulación de 35 a 50 marinos. Compara su eslora con la de los famosos transatlánticos de la ilustración inferior de la pág. anterior.

Burkina Faso 

Burkina Faso es un Estado de AFRICA occidental. Antes se llamaba Alto Volta, pero el nombre cambió en 1984. El país fue controlado por Francia desde 1896. La independencia llegó en 1960. La población, mayoritariamente, vive de la agricultura y de la ganadería. La ganadería es una importante actividad y hay rebaños de ganado ovino, bovino y caprino. En cuanto a cultivos destacan el sorgo y el mijo, el maíz y el arroz. Se han descubierto depósitos de minerales, como oro y bauxita, pero no han sido suficientemente explotados. La capital es Ouagadougou, y tiene una población de 7.000.000 de habitantes aproximadamente. Al ser éste un país de interior, sin acceso directo al mar y con una economía rudimentaria, es uno de los más pobres de África.

BURKINA FASO

MAURITANIA, MALI, NÍGER, SENEGAL, GUINEA BISSAU, GUINEA, BURKINA FASO, SIERRA LEONA, COSTA DE MARFIL, GHANA, TOGO, BENÍN, NIGERIA, LIBERIA, OCÉANO ATLÁNTICO, CAMERÚN

Gobierno: República
Capital: Ouagadougou
Superficie: 274.200 km^2
Población: 7.000.000 hab.
Lengua: Francés
Moneda: Franco CFA

Burundi 

Burundi es un pequeño Estado de ÁFRICA central, rodeado por Ruanda, Tanzania y Zaire. La mayoría de la población está constituida por agricultores bantúes. Burundi es uno de los países más pobres y de los más densamente poblados de África. La capital es Bujumbura, y la población se acerca a los 5.000.000 de habitantes.

Bután 

Bután es un país montañoso de ASIA, situado en las vertientes meridionales del HIMALAYA, entre los estados del Tíbet y de Assam. Bután es una monarquía, siendo un rey el jefe del Estado; el poder es hereditario (se transmite de padres a hijos).

El país obtuvo la independencia de Gran Bretaña en 1949, y la INDIA ayuda económicamente al país al mismo tiempo que controla sus relaciones exteriores. La capital es Thimbu, y tiene una población de 1.400.000 habitantes, aproximadamente.

Butano 

El butano es un hidrocarburo gaseoso natural o derivado del petróleo que se emplea como COMBUSTIBLE doméstico e industrial. Comercialmente es una mezcla de hidrocarburos gaseosos procedentes del petróleo que se vende licuada en botellas.

Caballero

En la Edad Media los caballeros eran los combatientes que iban a caballo y servían en los ejércitos de un príncipe o de un rey. En tiempos de paz los caballeros formaban parte del séquito de su señor.

En un principio, todos los vasallos que podían mantener caballos y poseer armaduras formaban parte de esta clase de guerreros. Con el transcurso del tiempo tan sólo los señores feudales podían poseer armaduras y mantener caballos. Fue entonces cuando el oficio de caballero se convirtió en un honor exclusivo de los hombres más poderosos. Éstos vivían noblemente y se consagraban de forma íntegra al oficio de las armas. Los muchachos que querían convertirse en caballeros eran entrenados desde la temprana edad de los siete años.

La aparición de los cañones hizo cambiar la estrategia de la guerra, y el cuerpo de caballería fue perdiendo su eficacia.

Cuando empezó el uso de las armas de fuego, los caballeros siguieron utilizando sus armaduras durante un tiempo; éstas se hicieron más gruesas y pesadas, de tal forma que cuando un caballero caía de su montura no podía volver a incorporarse.

▼ Las armas y corazas que utilizaban los caballeros en las Cruzadas eran muy pesadas. Tanto el caballero como el caballo debían ser fuertes para poder cargar con semejante peso.

Caballito de mar

El caballito de mar es un curioso pez con el cuerpo cubierto de una coraza ósea. Recibe este nombre gracias a la forma de su cabeza. Normalmente mide entre 15 y 25 cm de longitud.

Los caballitos nadan mediante movimientos de su aleta dorsal. Tienen la cola prensil y por ello suelen adherirse a las algas marinas. La hembra deposita sus huevos en una bolsa ventral del macho, quien los fecunda y luego los incuba hasta la eclosión. Estos animales viven en los mares cálidos y templados.

Caballo

El caballo fue uno de los primeros animales en ser domesticado. Actualmente quedan muy pocos caballos salvajes. A los que así se llama son, en realidad, cimarrones, o caballos acomodados nuevamente a su condición natural. Los caballos son apreciados por su fuerza y velocidad.

Los antepasados del caballo actual eran más parecidos a un perro que a un caballo, y su vida y comportamiento diferían mucho de los de ahora. El llamado *Eohippus* vivió hace millones de años. Tenía cuatro dedos en las patas delanteras y tres en las traseras. Se cree que cuando era atacado por sus predadores se escondía en la maleza. Más tarde los caballos empezaron a vivir en las praderas. En estas zonas no existen ni árboles ni arbustos para refugiarse, por tanto tenían que correr para alejarse de sus enemigos. Gradualmente, las patas de los caballos se hicieron más largas y perdieron todos los dedos con la excepción de uno. Finalmente, después de millones de años de EVOLUCIÓN, el caballo adquirió el aspecto que hoy conocemos. Este animal posee únicamente un dedo; en realidad, el caballo corre de puntillas. La uña se ha endurecido hasta convertirse en pezuña.

El hombre primitivo cazaba caballos salvajes para alimentarse. Nadie sabe a ciencia cierta cómo fueron do-

▲ Los caballitos de mar nadan en posición casi vertical. Con su cola se adhieren a las algas, y capturan presas vivas por aspiración.

▼ En esta ilustración se muestran las partes más importantes del caballo.

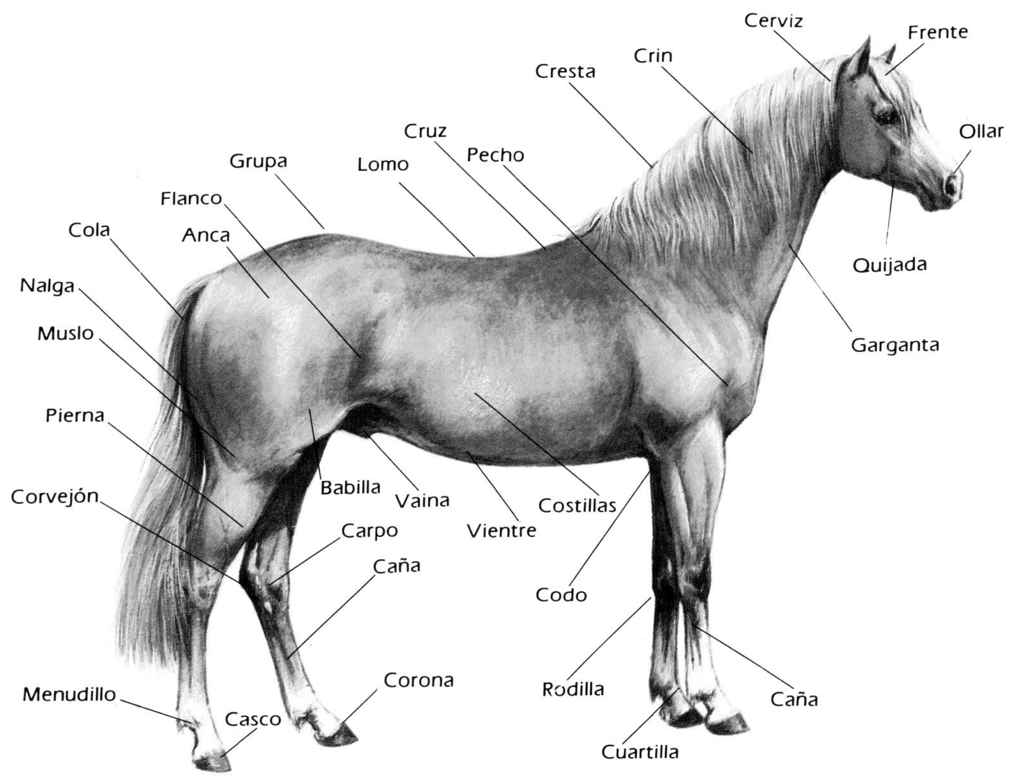

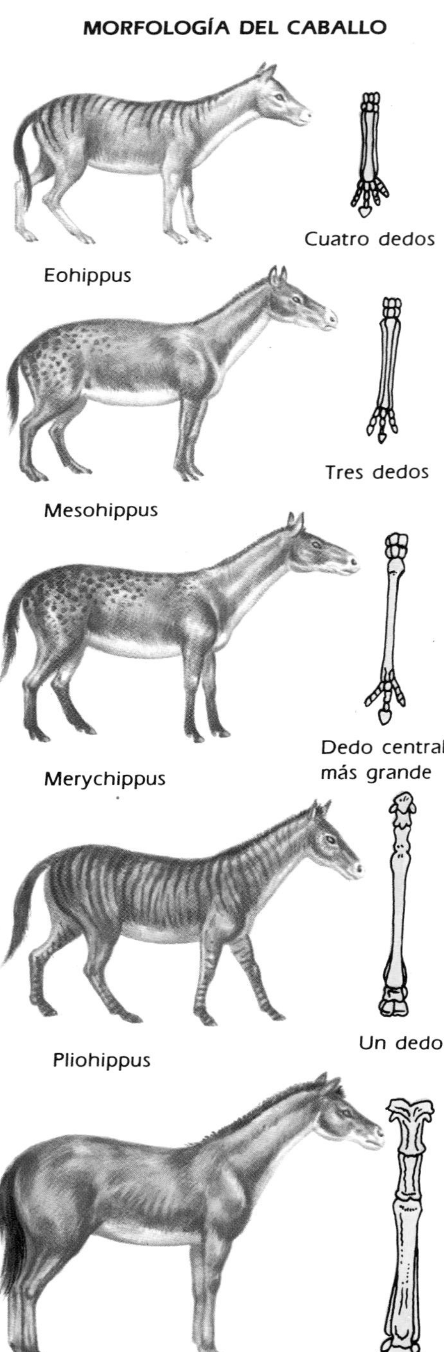

▲ El caballo que conocemos en la actualidad evolucionó a partir de una criatura del tamaño de un zorro, con patas cortas y pies con cuatro dedos. Hoy en día, los caballos son animales rápidos y ágiles a los que se pone a prueba en carreras de competición en los llamados hipódromos.

mesticados por primera vez, pero sí se sabe que en el antiguo Egipto, hace más de 5.000 años, ya se utilizaban para la monta y para el tiro de carros y carretas. Hasta el siglo XIX el caballo fue para el hombre el medio de transporte más rápido y el compañero más fuerte. Los caballos se empleaban en las ciudades y en el campo para todo tipo de tareas, hasta que la aparición del tren, los vehículos de motor y la maquinaria agrícola, los sustituyó. Aunque estos animales no forman ya parte activa en el mundo actual, siguen siendo apreciados para las carreras y las ferias de exhibición, así como siguen considerándose valiosos animales domésticos.

Cabo Verde

El archipiélago de Cabo Verde es un Estado africano formado por 15 islas situadas en el Océano Atlántico, a unos 650 km al oeste de SENEGAL. La población es de 312.000 habitantes, que en su mayoría se dedican a la pesca y a la agricultura.

Las islas fueron descubiertas por los portugueses en 1456, y en 1975 fue proclamada la independencia de la República de Cabo Verde. La capital es Praia.

Cabra

Las cabras son más altas, delgadas y ágiles que sus parientes cercanos, las OVEJAS. Las cabras tienen pezuñas y cuernos huecos en forma de sable o curvados; el macho posee una barba bajo el mentón.

Las cabras salvajes de Asia Central y de Oriente Medio viven en rebaños en las montañas y se alimentan de hojas y de hierba. Las cabras domésticas viven repartidas por casi toda la Tierra. De estos animales se aprovechan diversos productos, principalmente la leche, la piel y el pelo.

Las razas de Cachemira y Angora proporcionan una lana sedosa que permite obtener los famosos tejidos a los que dan nombre.

Cactus

Existen cientos de especies de cactus. Todas tienen un factor en común: son PLANTAS adaptadas a las zonas desérticas. Los cactus pueden vivir en el DESIERTO porque retienen el agua en sus tallos. Son plantas por lo general desprovistas de hojas, que poseen numerosas espinas que les protegen de los animales del desierto.

Cadena de alimentación

La cadena de alimentación o trófica es una secuencia de una serie de especies vivas, en la que ciertos organismos constituyen el alimento de los que les siguen, y éstos lo serán a su vez de los siguientes. Cuando comes un trozo de pescado, como por ejemplo bacalao, tú estás formando parte de la cadena de alimentación que empezó en algún lugar del océano. En el mar, pequeños peces comen plancton (microscópicas plantas y organismos vivos). Estos pequeños peces son presa de otros peces mayores. Éstos, a su vez, son presa de peces como el bacalao que tú comes.

Cada criatura viviente forma parte de una o varias cadenas de alimentación; la cadena empieza con las plantas. Éstas producen su propio alimento, que extraen del agua y de los productos químicos que hay en la tierra, en el aire y en la luz del sol. Los animales no pueden auto-

CABO VERDE

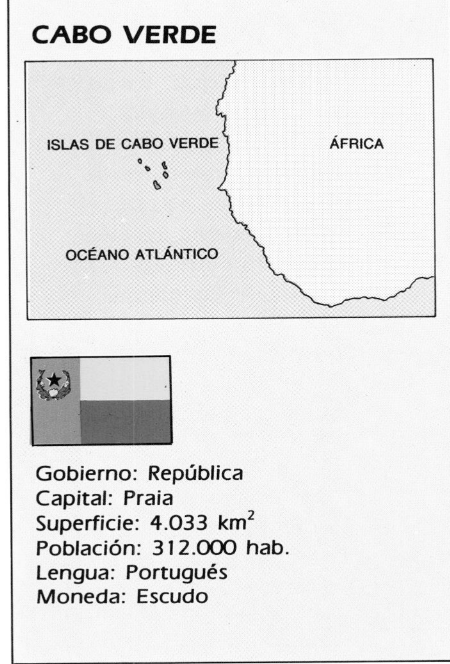

Gobierno: República
Capital: Praia
Superficie: 4.033 km^2
Población: 312.000 hab.
Lengua: Portugués
Moneda: Escudo

◀ Podemos encontrar cactus de todas las formas y tamaños, desde ejemplares diminutos hasta los gigantescos *saguaros*, que llegan a medir 15 metros de altura.

En cada etapa de la cadena trófica se pierde una parte de energía. Ésta es la razón por la que raramente una cadena trófica se extiende a más de cuatro o cinco etapas. En países superpoblados, a menudo se corta una de las etapas para incrementar el suministro de energía. En vez de obtener el alimento de la carne de vaca, por ejemplo, lo obtienen directamente de las plantas, y así cortan una etapa a la vez que incrementan la cantidad de energía disponible para el consumo de las personas.

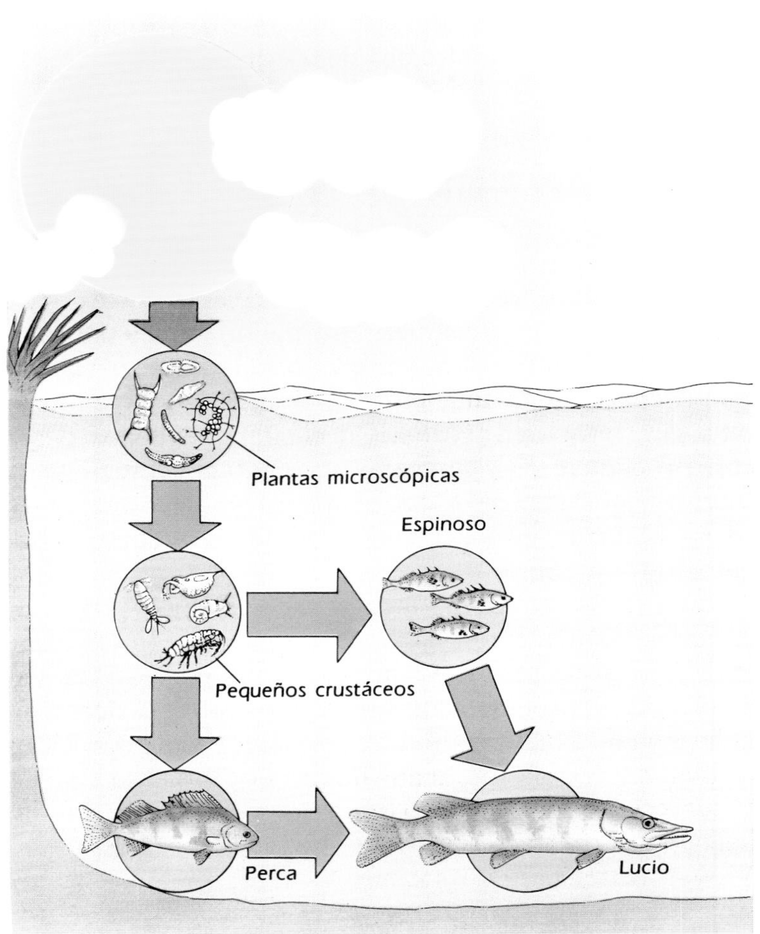

▶ En el diagrama, las flechas señalan cómo se transmite el alimento en una típica cadena trófica. Podemos ver dos posibles cadenas: una que va desde las plantas, pasando por los crustáceos y la perca, hasta el lucio; la otra cadena toma un camino diferente que empieza en las plantas, pasa por los crustáceos y el espinoso hasta el lucio. Hay otras muchas posibles cadenas de alimentación.

alimentarse como lo hacen las plantas, por lo que deben comer plantas u otros animales. Cuando los animales o las plantas mueren, sus restos son descompuestos por las bacterias. Los elementos químicos que componen y forman parte de los animales o plantas retornan a la tierra. Estos elementos químicos actúan como fertilizantes o ABONOS que enriquecen la tierra y ayudan a las plantas en su crecimiento. De esta forma, la cadena trófica o de alimentación empieza de nuevo.

▼ El café se extrae de unos granos (semillas) que se encuentran dentro de los frutos de la planta del café (cafeto). Estos frutos son de color rojo cuando están maduros. Los granos se tuestan (torrefacción) para obtener el sabor característico del café.

Café

El café es una bebida que se obtiene de las semillas tostadas de la planta del café (cafeto). El cafeto puede alcanzar una altura de 12 metros, pero si se poda no crece más de 2 o 3 metros, con lo cual los granos de café se pueden recolectar fácilmente. Los cafetos tienen unas vainas rojas que contienen dos granos (semillas) de pulpa amarilla recubiertas por una cáscara. Una vez recogidas las semillas, se separa la cáscara y la pulpa de los granos, a continuación se dejan secar los granos y se someten a torrefacción (tostado). Después de la torrefacción se muelen, y con el polvo resultante se prepara la bebida conocida con el nombre de café.

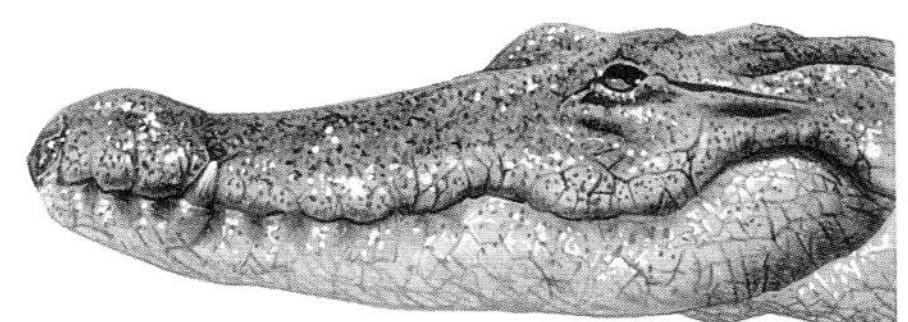

Caída libre

La caída libre es una modalidad del salto con paracaídas. Empezó en la década de los cuarenta, y actualmente es un deporte muy popular. Los paracaidistas que practican esta modalidad saltan desde un avión, y la caída libre puede ser muy larga (varios kilómetros en descenso vertical) antes de abrir el paracaídas. Los paracaidistas tienen que guiar su caída para aterrizar en unas zonas marcadas en el suelo.

▲ Cuando el cocodrilo cierra las mandíbulas, el cuarto diente de la mandíbula inferior sobresale. El caimán posee unas fuertes mandíbulas con cavidades donde encaja el cuarto diente (ilustración central). Las mandíbulas del caimán son más pesadas que las de su pariente el gavial (ilustración inferior).

Caimán y cocodrilo

El caimán es un animal de gran tamaño, perteneciente a la familia de los cocodrilos. Se distinguen dos especies: el caimán del Mississippi o aligator americano, que vive en el suroeste de los Estados Unidos, y el caimán de China, de tamaño menor y que vive principalmente en el río YANGTZÉ. Estos animales son parecidos al cocodrilo, pero se distinguen por la forma del morro, muy ancho, algo aplanado y redondo en el extremo.

Los cocodrilos son bastante torpes cuando se mueven por tierra, sin embargo en el agua se deslizan rápida y si-

▼ Se crían cocodrilos para el aprovechamiento de su piel. Con ella se fabrican zapatos, bolsos y otros tipos de artículos.

lenciosamente. Cazan peces, tortugas y mamíferos acuáticos. Los cocodrilos y los caimanes ponen sus huevos en nidos o en cavidades situadas en el suelo.

El calamar gigante puede alcanzar los 18 metros y pesar cerca de 500 kg. Según el relato de un viejo marinero que nos describe la batalla entre un calamar gigante y un cachalote, nos podemos hacer una idea de la enormidad de estos animales: los grandes tentáculos del calamar rodeaban el cuerpo del cachalote, éste tenía en su boca la parte posterior del calamar; los ojos de éste medían por lo menos 30 cm de diámetro...

Calamar

Los calamares son MOLUSCOS de la familia de los pulpos. La mayoría vive en alta mar, o en fondos arenosos poco profundos. Por la noche salen a la superficie para alimentarse. Los calamares usan sus diez tentáculos para atrapar peces, y los engullen por la boca, parecida a un pico. Algunos calamares tiene un tamaño de 4 cm, lo que contrasta con la especie del calamar gigante que puede alcanzar hasta 18 metros de longitud.

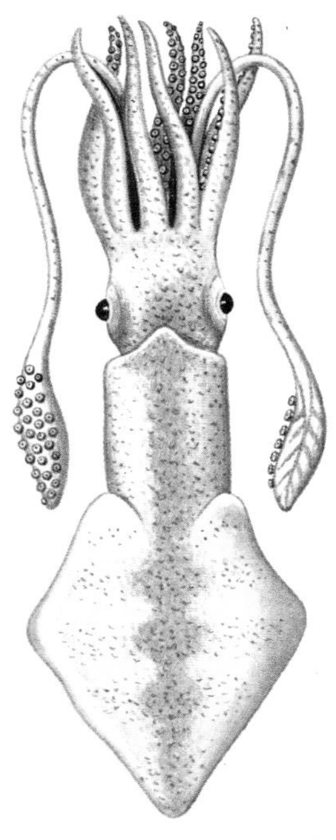

▲ Cada uno de los diez tentáculos posee filas de discos absorbentes que el calamar utiliza para buscar y atrapar a sus presas. Los calamares se desplazan mediante un chorro de agua que impulsan por una especie de embudo.

Calculadora

Hace unos 5.000 años el hombre inventó el ÁBACO. Ésta fue la primera máquina de calcular. En 1642 el científico francés Blaise Pascal construyó la primera máquina para sumar que funcionaba mediante unos diales que giraban. Con el transcurso del tiempo, las máquinas de sumar se fueron utilizando en las tiendas y oficinas. Eran eficaces pero lentas, y su uso se limitaba a operaciones sencillas.

Todo cambió en los años setenta de nuestro siglo, cuando se inventó el CHIP DE SILICIO. La calculadora de bolsillo estuvo al alcance de todo el mundo. Estas máquinas pueden restar, sumar, dividir y multiplicar; tan deprisa como capaces seamos de apretar las teclas. Las calculadoras modernas, además de realizar las cuatro reglas básicas, pueden efectuar operaciones más complicadas en los campos científico y técnico.

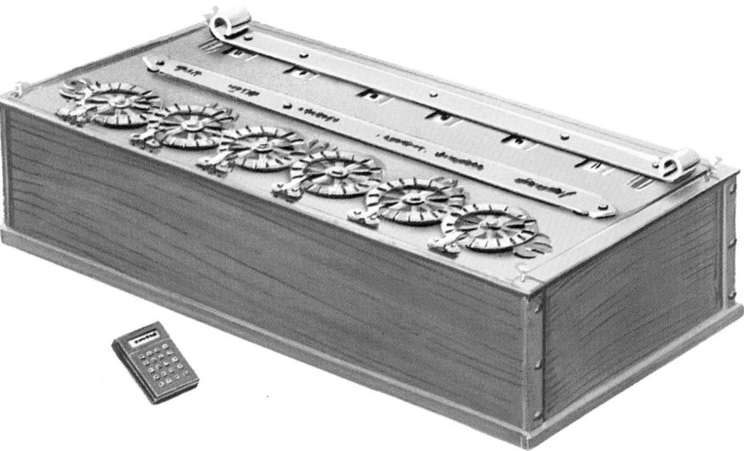

▶ La máquina de Pascal del año 1642 nos parece primitiva al lado de una moderna calculadora de bolsillo.

A pesar de que todas las calculadoras trabajan por un principio eléctrico, no todas necesitan pilas. Algunas funcionan con energía solar.

Las cajas registradoras son, en la actualidad, imprescindibles en las tiendas. Suman el precio de los productos de la compra, imprimen un recibo y calculan el cambio.

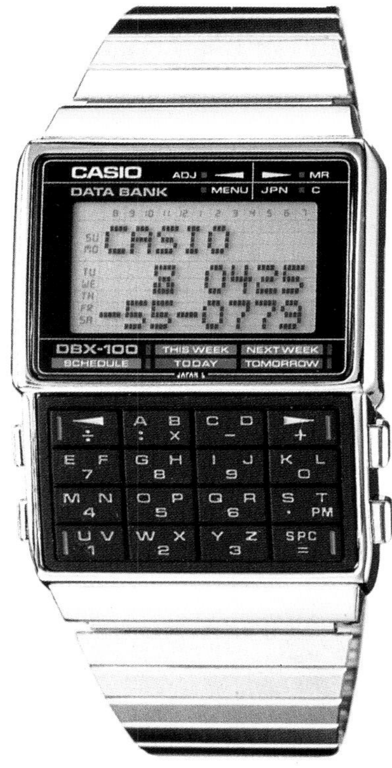

▲ Este moderno reloj-calculadora electrónico y banco de datos es capaz de almacenar información personal (como el número del pasaporte) y números de teléfono.

Calor

El calor es una forma de energía. Lo podemos sentir pero no lo podemos ver. Notamos el calor del Sol o del fuego. Cuando algo se quema se produce calor. El Sol irradia cantidades enormes de calor que tienen lugar al fusionarse los átomos en el centro del astro. Este tipo de energía es la misma que se produce cuando explota una bomba de hidrógeno en la tierra. La vida en nuestro planeta es posible gracias a la cantidad adecuada de calor procedente del Sol. Una oscilación acusada en un sentido u otro (mayor o menor calor) lo podrían convertir en inhabitable. La mayor parte del calor que usamos se consigue mediante la combustión de carburantes. Pero también se puede obtener calor mediante el frotamiento o la fricción. Se produce calor cuando la electricidad pasa a través de una bobina. Un ejemplo es la tostadora de pan.

Necesitamos combustible para mantener el calor de nuestro cuerpo. Este combustible es la comida que ingerimos. El cuerpo humano contiene una gran cantidad de calor. Desprende alrededor de 100 calorías por hora; el equivalente a una bombilla de 120 watios. Así, cuando varias personas se reúnen en una habitación, la temperatura aumenta.

◀ Este automóvil funciona mediante células fotovoltaicas que absorben la luz solar para transformarla en energía.

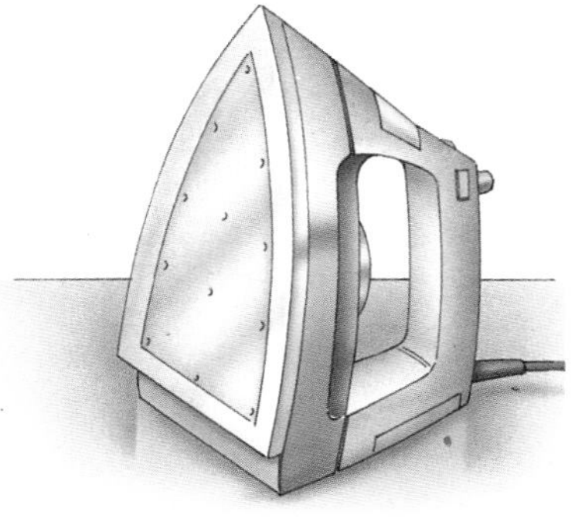

Conocemos la temperatura de las personas o cosas mediante el empleo del termómetro. Cuando en determinada sustancia sube la temperatura, el movimiento de las moléculas que lo componen es más rápido. A menudo la sustancia se expande (se hace más grande). Los metales, por ejemplo, logran su máxima expansión cuando son calentados.

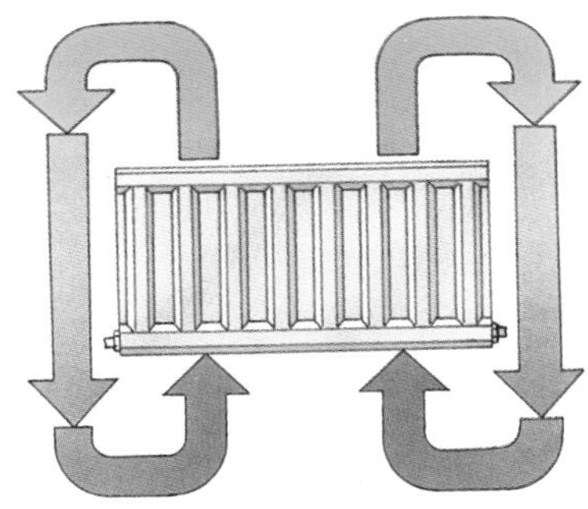

Camaleón

Los camaleones son REPTILES de la familia de los camaleónidos. Viven en zonas de África, Asia y de Europa. El cuerpo de estos animales es muy estrecho y tiene una cresta a lo largo de la espalda. Los machos poseen apéndices como cuernos o espolones en la cabeza. Las patas son altas y delgadas, y los dedos están bien desarrollados y provistos de uñas. Pueden mover los ojos independientemente uno de otro, pero su característica principal es la de cambiar visiblemente el color de la piel.

Los camaleones viven en los árboles. Se mueven muy despacio, permanecen largas horas inmóviles como estatuas en las ramas, esperando a que los INSECTOS se acerquen. Cazan los insectos con su larga lengua, que lanzan a una velocidad tal que los insectos parece que se esfumen sin dejar rastro.

▲ El calor se puede transmitir de tres formas: por conducción, convección y radiación. Un conductor como el hierro permite que el calor pase a través (conducción) de él. Cuando el calor de un radiador es aliviado por el aire que circula, las moléculas del aire, al moverse, recogen el calor (convección). El calor del Sol se transmite a través de ondas electromagnéticas (radiación).

▶ Los camaleones proyectan su lengua para atrapar a sus presas. La pegajosa parte final de la lengua se extiende para atrapar al insecto.

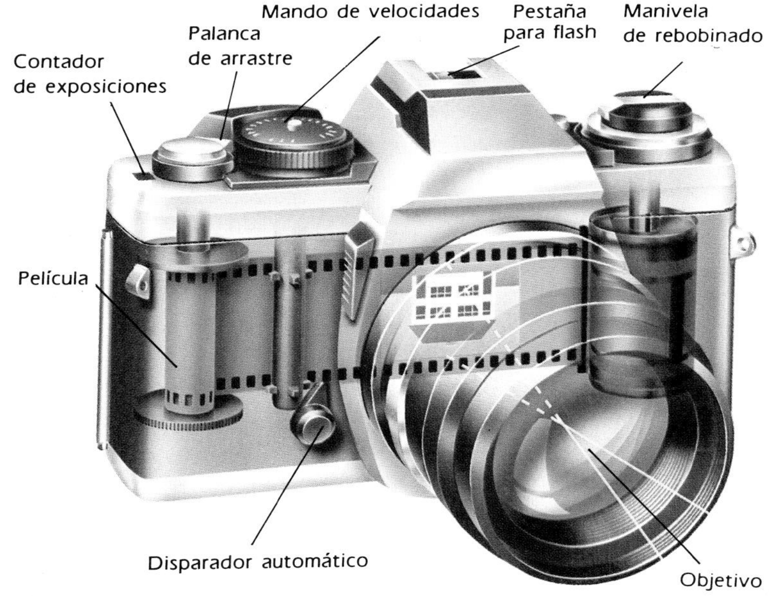

◀ Cuando apretamos el disparador de una cámara, el obturador se abre, la luz pasa a través de las lentes del objetivo y se dirige al fondo de la cámara, en la que se coloca la película sensible a los rayos luminosos, y en la que queda impresa la imagen de los objetos exteriores.

Cámara fotográfica

El principio y funcionamiento de las cámaras modernas no ha variado mucho desde el descubrimiento de la cámara oscura. Un obturador se abre y deja pasar la LUZ de la escena que va a ser fotografiada a través de unas lentes (objetivo). La luz incide en el fondo de la cámara oscura en donde se ha colocado una placa o película sensible. La cantidad de luz que pasa a través del objetivo puede regularse mediante el tamaño de la abertura por donde pasa. Las aberturas se miden en números, *f-numbers* (número de abertura focal). Un número alto como 16 o 22 significa una pequeña abertura. Con un número bajo como 2 o 2,8 la abertura es mayor. La luz forma en la película una imagen invertida de la escena. A continuación se trata con productos químicos (revelado), y la imagen de la película se imprime en un papel especial. El resultado es la fotografía.

El proceso a seguir para hacer fotografías con las cámaras primitivas era largo y lento. La primera fue inventada en el siglo XIX por el francés Louis Daguerre. El sujeto debía sentarse sin moverse en absoluto, durante diez minutos, al menos, normalmente con una especie de cepo en la cabeza para mantenerla quieta. Algunas de las cámaras modernas tienen un obturador capaz de abrirse y cerrarse en milésimas de segundo. Estas máquinas pueden tomar fotografías de objetos a altas velocidades.

Camboya

Camboya es un estado del Suroeste Asiático, en el golfo de Tailandia. La población vive en pequeños pueblos y se dedica a la agricultura, destacando la producción de arroz, vegetales y fruta. El país formaba parte de la colonia francesa de Indochina. En 1955 confirmó su independencia al separarse de Francia. Desde esa fecha, Camboya sufrió una amarga guerra civil. En 1991 se firmó un alto el fuego entre los contendientes sembrando una esperanza de paz.

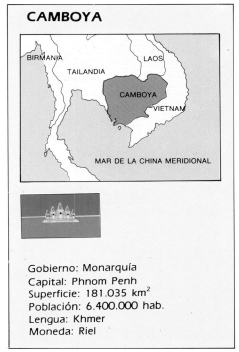

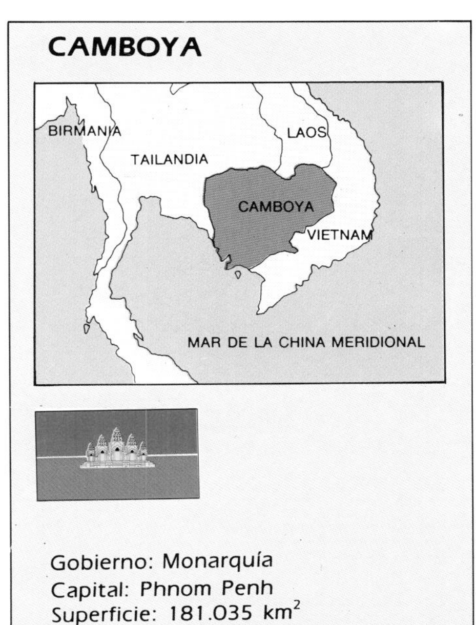

Gobierno: Monarquía
Capital: Phnom Penh
Superficie: 181.035 km^2
Población: 6.400.000 hab.
Lengua: Khmer
Moneda: Riel

Camello

▲ El dromedario está capacitado para hacer frente a las tormentas de arena, por lo que tiene la nariz y los ojos provistos de largos pelos.

▼ Los dromedarios se utilizan para montar y cargar en los desiertos.

Con sus anchos pies, delgadas y largas patas, cuerpo giboso y cuello fuerte con cabeza pequeña, parece que los camellos estén hechos de partes pertenecientes a media docena de otros animales. Pero si no fuera por ellos, la vida en ciertas regiones del desierto sería prácticamente imposible.

El camello es una de las pocas criaturas que puede soportar mucho calor y seguir trabajando, cargando grandes pesos. Son ideales para realizar grandes travesías por el desierto. Sus anchos pies están cubiertos por una suela flexible, que hace como de almohadilla. Esto les permite caminar por los terrenos arenosos sin hundirse. Los camellos son fuertes y resistentes, tienen buena memoria y por lo general son dóciles. Si comen hierba fresca no necesitan beber y aguantan largo tiempo de ayuno. La giba es una reserva de grasa acumulada, y durante los períodos de penuria es su recurso alimenticio.

Gobierno: República independiente
Capital: Yaoundé
Superficie: 475.442 km^2
Población: 10.000.000 hab.
Lenguas: Francés e inglés
Moneda: Franco CFA

◀ Este espectacular paisaje se encuentra en la región de Kapsiki, en Camerún, donde abundan las formaciones volcánicas.

Camerún

La República de Camerún está situada en la costa de África ecuatorial, en el golfo de Guinea. En el norte se encuentra el lago Chad, cuya cuenca es una zona de estepas a la que sigue la sabana de la región central. El clima es ecuatorial en el sur y tropical en el interior. La mayoría de la población vive en aldeas tribales y se dedica a la agricultura. El coco, el café, los cacahuetes, los plátanos y el algodón son los productos más importantes. También hay yacimientos petrolíferos. La capital es Yaoundé.

Canadá

Canadá es el segundo país más grande de la Tierra, con una extensión cercana a los diez millones de km^2.

En la parte boreal se extiende hasta el Océano Ártico y limita con Groenlandia. La parte meridional se encuentra en la misma latitud que el sur de Francia. La distancia desde la costa del Pacífico, en el oeste, hasta la costa del Atlántico, en el este, es superior a la que va de Esta-

CANADÁ

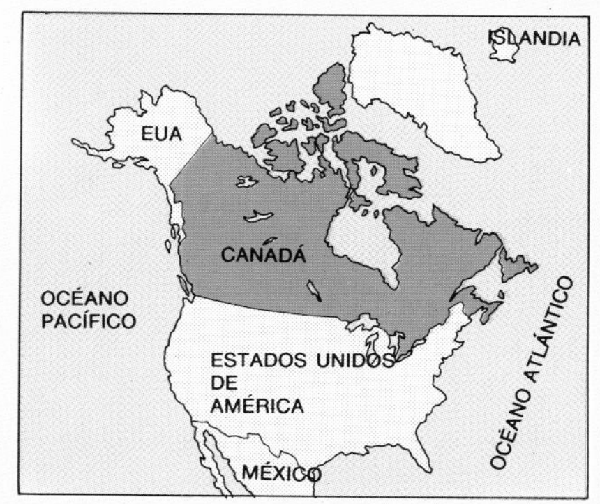

Gobierno: Confederación con democracia parlamentaria
Capital: Ottawa
Superficie: 9.976.130 km^2
Población: 26.000.000 hab.
Lenguas: Inglés, francés
Moneda: Dólar canadiense

▲ Algunos de los paisajes más espectaculares de América del Norte se pueden apreciar en las Montañas Rocosas de Canadá. Esta vista pertenece al Parque Nacional de Jasper, en la provincia de Alberta.

dos Unidos a Europa. A pesar de su enorme extensión, los dos tercios de la población se reparten en una franja de 200 km de ancho a lo largo de la frontera con Estados Unidos.

En el este se encuentran los Grandes Lagos, situados en la frontera entre Canadá y los Estados Unidos. Estos enormes mares interiores se comunican con el Océano Atlántico por el río San Lorenzo. El centro económico y financiero de Canadá se localiza en la región de Ontario, donde se encuentra la mayor parte de su industria. Ottawa es la capital del país y la sede del gobierno canadiense.

Canadá fue gobernado por Francia y Gran Bretaña. Actualmente el 18% de la población habla francés y el resto inglés.

Las grandes reservas minerales y petroleras de Canadá no han sido excesivamente explotadas; ésta es la razón por la que a Canadá se le denomina «el país del futuro». Canadá es una de las diez naciones más industrializadas del mundo.

CANALES MÁS IMPORTANTES

El canal más largo para barcos de gran calado es el de Suez.
El canal de mayor tráfico es el canal de Kiel, que enlaza el mar del Norte con el Báltico.
El mayor canal de riego es el de Karakumskiy (CEI), con una longitud de 850 km.
El canal más antiguo se encuentra en Irak, del cual sólo quedan vestigios fechados hacia el año 4000 a.C.

Canal

Un canal es una vía navegable artificial. Es decir, es una vía de agua construida por el hombre para el tráfico de buques.

◀ Buque cruzando una de las tres esclusas del Canal de Panamá. La longitud de esta vía fluvial es de 80 km y enlaza el Océano Atlántico con el Océano Pacífico.

▼ Funcionamiento de las esclusas. Antes de que un barco pueda pasar al compartimiento siguiente, el agua tiene que estar al mismo nivel.

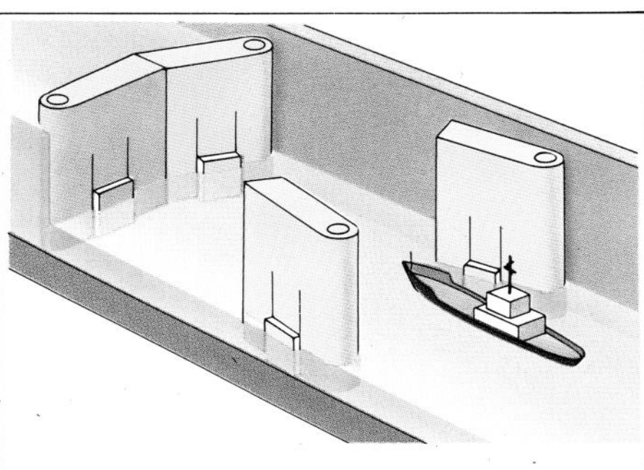

Las compuertas se abren y permiten que el buque entre.

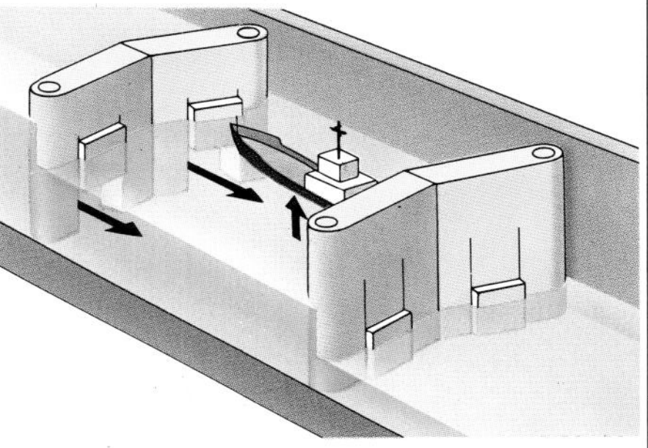

Se abre la parte inferior de las compuertas y el agua penetra en la esclusa.

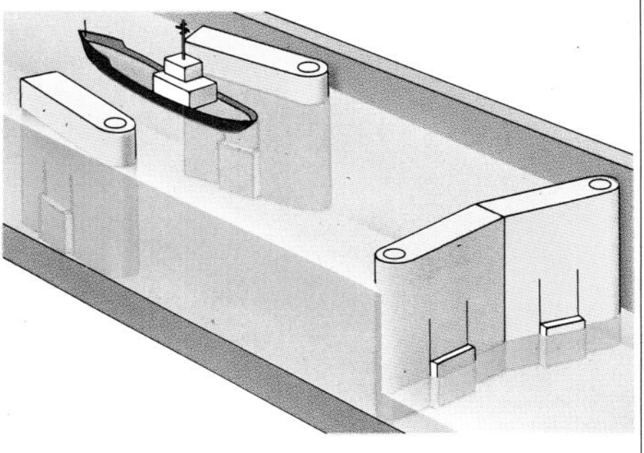

Cuando el nivel del agua dentro de la esclusa interior es igual que el del exterior, las compuertas se abren y permiten el paso del buque.

Hasta el siglo XVI los canales sólo se podían construir en terrenos llanos. La invención de las esclusas permitió construir canales en terrenos con desniveles.

Las embarcaciones que atravesaron los primeros canales debían ser estrechas y de poco calado. Eran arrastradas por caballos, que tiraban de ellas lentamente desde las orillas. Los canales interoceánicos de Suez y Panamá permiten el paso de grandes transatlánticos.

Canal de Suez

El canal de Suez cruza EGIPTO desde Port Said, en el MAR MEDITERRÁNEO, hasta Suez, en el mar ROJO. Es el canal más largo del mundo. Tiene una longitud de 160 km y una profundidad de 60 metros. Es un auténtico atajo para navegar entre Europa y Asia, evitando una larga travesía alrededor de África de 9.650 km.

El canal se empezó a construir en 1859 por una compañía francesa. El ingeniero jefe y diseñador del proyecto fue Fernando de Lesseps. Más de 8.000 hombres y cientos de camellos trabajaron durante diez años. Francia e Inglaterra monopolizaron el uso del canal hasta que Egipto lo recuperó en 1956.

En el año 1967, la guerra entre Egipto e Israel provocó el bloqueo del canal. Durante ocho años el tráfico marítimo estuvo interrumpido por los restos de buques naufragados. En la actualidad, y como consecuencia de la práctica de drenajes y de importantes reparaciones, se ha

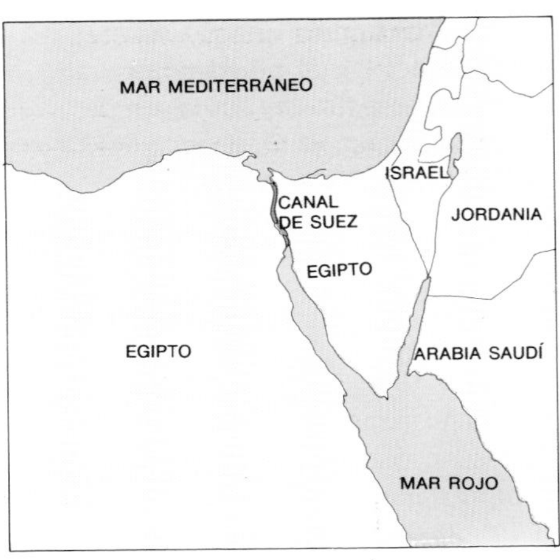

▲ El canal de Suez cruza el istmo entre el Mediterráneo y el golfo de Suez, al norte del mar Rojo.

restablecido el tráfico de embarcaciones por el canal. El canal es ahora más ancho y profundo que en los tiempos de Lesseps.

Canarias, islas

Las islas Canarias son un archipiélago español formado por 7 grandes islas: Lanzarote, Fuerteventura, Gran Canaria, Tenerife, Gomera, Hierro y La Palma.

Están situadas ante las costas noroccidentales de África. Son islas volcánicas que alcanzan gran altitud. El clima es tropical y el suelo muy rico pero falto de agua. Se conocían desde la antigüedad como las islas afortunadas debido a su clima suave y templado. Fueron conquistadas por Juan de Bethancourt en el siglo XV. Los habitantes indígenas se llamaban *guanches.*

Canberra

Canberra es la capital de AUSTRALIA. Es una ciudad pequeña, en la que la actividad industrial no es relevante. Su principal función es de carácter administrativo.

Canberra se fundó en 1908 mediante un decreto del parlamento australiano. Antes de la designación de Canberra como capital del Estado, desempeñó esta función la ciudad de Melbourne. Canberra está situada en una llanura, en Nueva Gales del Sur; fue edificada después de la II Guerra Mundial. Se encuentran en ella las sedes de los diferentes ministerios del país. La ciudad cuenta también con una importante universidad.

▼ El pico del Teide, que se encuentra en la isla de Tenerife, en el archipiélago de las Canarias, es el de mayor altitud de España.

Cangrejo

Existe la creencia equivocada de que los cangrejos viven solamente en el mar. Hay ciertas especies que viven en agua dulce (ríos o lagos) y algunas especies tropicales que viven fuera del agua.

Los cangrejos pertenecen al grupo de los crustáceos; tienen el cuerpo blando, y una concha o caparazón los protege de sus enemigos. Las patas, muy largas, les permiten andar por los fondos marinos, nadar y hacer madrigueras. Las pinzas del primer par de patas son fuertes, y con ellas atrapan a sus presas. Los cangrejos tiene los ojos al final de unos pequeños tallos, pedunculados y móviles, que pueden recoger en el interior del caparazón en caso de peligro.

◀ En Australia los canguros son considerados como una plaga; para que la población de estos animales no se incremente desmesuradamente, se organizan partidas de caza.

Canguro

Los canguros son MARSUPIALES herbívoros que viven en las praderas de Nueva Guinea y Australia. Se desplazan en manadas. Poseen unas potentes extremidades posteriores que les permiten correr y dar largos saltos. Tienen, a su vez, una cola robusta que les ayuda a mantener el equilibrio.

Existen más de 50 especies diferentes de canguros. El rojo y el gris son los de mayor tamaño. El canguro rojo puede llegar a ser más alto que un hombre. El canguro gris, si es perseguido, puede alcanzar una velocidad de 40 km por hora. Además de las especies mencionadas existen otras de menor tamaño, como el *wallaby* y la rata canguro, el menor de todos, que es algo mayor que un conejo. Los canguros que viven en los árboles se encuentran en Nueva Guinea.

La cantera más grande del mundo está en Bingham Canyon, en Utah (EUA). Es una mina de cobre y tiene una profundidad de 770 metros.

Cantera

Las canteras son zonas de terreno de donde se extraen piedras para la construcción. Desde tiempos prehistóricos, el hombre utilizó las canteras para extraer piedra y fabricar sus armas.

Actualmente, las rocas se extraen en cantidades enormes. El uso de explosivos permite la obtención de miles

▲ Vista exterior de la cantera de Collserola, en Barcelona.

▲ Proceso de extracción de la roca y su uso: (1) En la cantera, los obreros colocan los explosivos. (2) Con dinamita u otro tipo de explosivo se fraccionan las rocas, y con excavadoras y palas (3) se cargan para su transporte (4) a las fábricas. (5) En ellas son trituradas y molidas para su uso en líneas de ferrocarril (6), en carreteras (7), o como cemento u hormigón para la construcción de edificios.

de toneladas de rocas que son recogidas con palas y máquinas niveladoras y transportadas a las fábricas. Allí las rocas son trituradas y convertidas en grava, hormigón o cemento para su empleo como materiales de construcción (carreteras, vías férreas, presas, etc.). Sin embargo, siempre se extrae la roca mediante explosivos. Las piedras que se usan para la construcción de edificios y para la pavimentación son extraídas cortando la roca con la ayuda de sierras de cable, cortadores eléctricos y taladros.

Cañón

Los cañones son armas de fuego que disparan balas u otros proyectiles a través de un tubo de acero abierto por un extremo.

Los cañones se inventaron en el siglo XIII. En el siglo XIV, estas armas se utilizaban para destruir los muros de los CASTILLOS y las ARMADURAS del enemigo.

Los primeros cañones eran pesados y difíciles de transportar. Estas armas tenían forma de cilindro corto y grueso, con un pequeño orificio en su extremo posterior, donde se situaba la mecha. Los soldados, por el otro ex-

◀ En el siglo XV se empleaban cañones de carga frontal que proyectaban bolas capaces de romper los muros de los castillos.

▼ En 1861, durante la guerra civil estadounidense, se inventó la primera ametralladora efectiva, se llamaba *Gatling*, y podía estar compuesta de un máximo de diez cañones que se hacían girar con una manivela.

tremo del cañón (la boca), los cargaban con pólvora y a continuación colocaban las piedras. Encendían la mecha y se producía la explosión. Esto provocaba que las piedras salieran disparadas.

Alrededor de 1350 se construyeron cilindros más largos que permitían disparar bolas de hierro. Estos cañones se construían con barras soldadas, reforzándose el tubo con anillos de hierro. Eran de tiro impreciso, y normalmente reventaban tras una decena de disparos. En el siglo XIX la adopción de un muelle en el cilindro del cañón permitió disparar proyectiles que no explotaban hasta que alcanzaban su objetivo, lo que mejoró, al mismo tiempo, la precisión y el alcance. Con estas innovaciones, los obuses alcanzaban su objetivo con mayor precisión y efectividad que con las rudimentarias bolas de hierro.

Los ejércitos adoptaron el uso de armas de fuego a principios del siglo XIV. Se inventaron las pistolas y revólveres para distancias cortas, y los fusiles, rifles y ametralladoras para largas distancias. Las armas modernas tienen un percutor que hace estallar el fulminante, lo cual produce una explosión que lanza el proyectil.

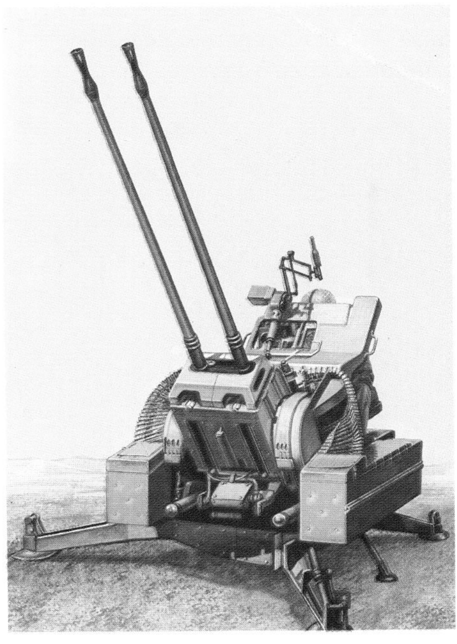

▲ Este moderno cañón antiaéreo puede destruir aviones desde el suelo.

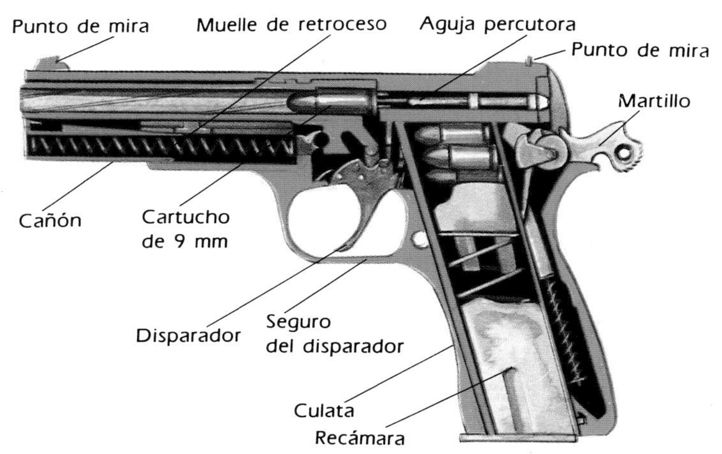

◀ Sección de una *Browning* automática del año 1968.

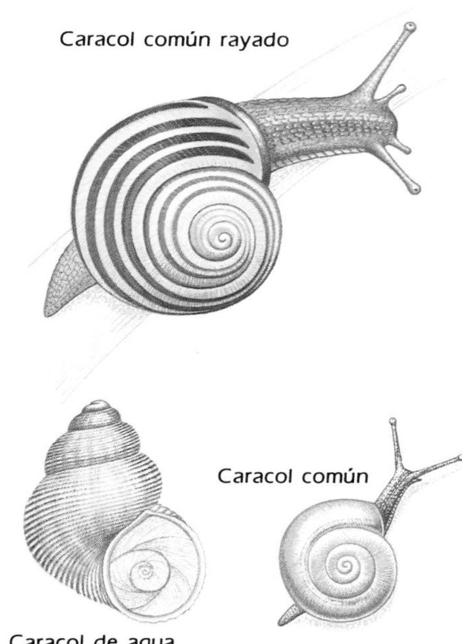

▲ Todos los caracoles son gasterópodos; los aquí representados se alimentan de plantas vivas o muertas. A menudo, los caracoles cierran el orificio de su concha con saliva desecada (baba del caracol). Ésta se endurece y adquiere una consistencia apergaminada.

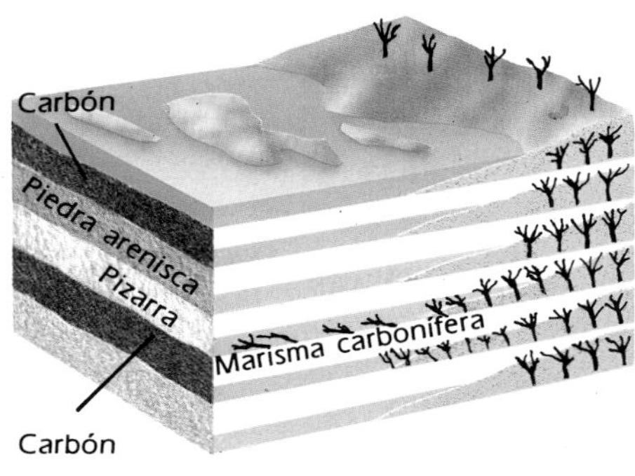

▲ El carbón se formó durante el período carbonífero (era primaria), hace 350 millones de años. Las vetas o filones fueron enterrados como marismas que contenían los restos de plantas y animales hundidos en el mar.

Caracol

Los caracoles son MOLUSCOS que poseen una concha en forma de espiral. Existen más de 80.000 especies de caracoles en el mundo. Viven en la tierra, en agua dulce y en el mar. Sus movimientos son muy lentos, y dejan un rastro estrecho y viscoso en el suelo. Obtiene su alimento de las plantas.

Con la excepción del caracol gigante de tierra, que mide 20 cm, la mayoría de los caracoles no superan los 3 cm de longitud.

Carbón

El carbón mineral es un combustible FÓSIL que se encuentra en capas, o «filones», debajo de la tierra. Es conocido como fósil porque se formó hace millones de años, a partir de restos vegetales carbonizados. El carbón se usa para la calefacción y para generar electricidad, gas y productos químicos. Mediante un proceso de transformación se convierte en otro tipo de combustible denominado coque.

Carbono

El carbono es un importante ELEMENTO que se encuentra en todas las criaturas vivas, del reino animal o vegetal.

El azúcar y el papel son algunos de los elementos de uso diario que contienen carbono. Otros elementos típicos que contienen carbono son el CARBÓN, el PETRÓLEO, el grafito (la punta de los lápices es de grafito) y los DIAMANTES.

Carlomagno

Carlomagno (742-814) fue un gran estadista militar. A partir del año 700 de nuestra era creó un imperio que se extendió por la mayor parte de la EUROPA occidental.

En el año 768, Carlomagno se convirtió en el rey de los francos, nombre del que derivó la actual denominación de Francia.

Con su gran habilidad como guerrero, Carlomagno conquistó el norte de España y de Italia y casi toda Alemania. Luchó en favor de la Iglesia de Roma y, a su vuelta, el PAPA lo coronó emperador el día de Navidad del año 800.

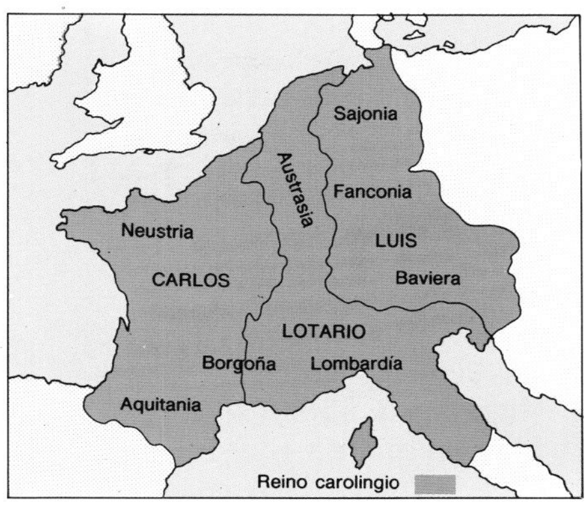

▲ Este mapa muestra la extensión del imperio de Carlomagno en su máximo apogeo. Cuando murió, sus hijos lucharon entre sí. Finalmente, el imperio se dividió entre sus nietos Carlos, Luis y Lotario.

Carnívoro

Los carnívoros son un grupo de MAMÍFEROS que se alimentan principalmente de la carne de otros animales.

Aunque la gran parte de la dieta de estos animales sea la carne, en ocasiones también se alimentan de insectos y plantas.

▼ Los zorros cazan normalmente conejos y gallinas. A menudo esparcen sus restos (huesos y plumas) alrededor de sus madrigueras.

Los felinos destacan por su habilidad en la caza, el acecho cauteloso al que someten a la presa y el asalto final. Todos están provistos de poderosas garras y de afilados dientes. Estas características son aplicables a toda la familia de los felinos, desde el león y el tigre hasta nuestros gatos domésticos. En su estructura interior ósea, todos ellos se asemejan. Así, es casi imposible distinguir entre el cráneo de un león y el de un tigre.

La característica común a todos ellos son sus poderosas mandíbulas, de las que se sirven para despedazar a sus presas. Estas mandíbulas están formadas por molares provistos de filos cortantes, caninos grandes y afilados e incisivos pequeños.

Pertenecen a la familia de los carnívoros: los PERROS, los GATOS, los OSOS, los MAPACHES, las comadrejas y las HIENAS. Todos ellos tienen muy desarrollados los sentidos de la vista, el oído y el olfato. Son rápidos e inteligentes, y tienen excelentes aptitudes para la caza. Los lobos y las hienas cazan en manadas. Así, pueden matar animales de un tamaño superior al suyo. El LEOPARDO y el JAGUAR cazan en solitario

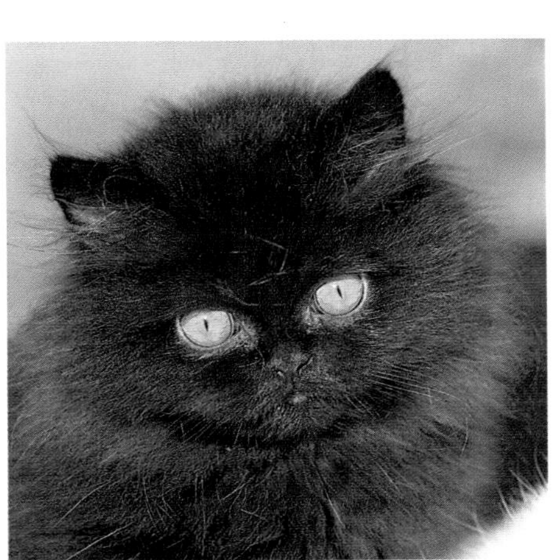

▲ Los animales carnívoros, como este magnífico ejemplar de gato persa, tienen los incisivos pequeños y los caninos grandes y afilados para poder desgarrar la carne con que se alimentan.

Carretera

Los grandes pioneros en la construcción de carreteras fueron los romanos. Algunas de estas vías todavía se siguen utilizando. Los romanos construyeron carreteras con grava y piedra. La superficie pavimentada estaba arqueada para que así la lluvia pudiera canalizarse por las cunetas.

A principios del siglo XIX, durante la REVOLUCIÓN INDUSTRIAL, se consiguieron importantes avances en la construcción de carreteras. Destacó especialmente en esta tarea el ingeniero escocés John Mac Adam. Las calzadas denominadas de tipo «macadán» consisten en piedras apisonadas con un rodillo sobre un terreno natural. La conservación de estas vías dependía del buen asenta-

▶ Para hacer frente al constante aumento de vehículos se hace necesaria la planificación de complicados sistemas de enlaces. Este enorme enlace tuvo que construirse para comunicar dos autopistas principales en un cruce del río Mississippi, en San Luis, Missouri (EUA).

miento y el desgaste a que eran sometidas por la circulación. Su mayor inconveniente radica en que no son aptas para los vehículos con ruedas de goma.

Actualmente, las carreteras están cubiertas con asfalto para conseguir una superficie uniforme. Muchas de las carreteras modernas, especialmente las autopistas, están hechas de hormigón o macadán.

Carroll, Lewis

Lewis Carroll (1832-1898) es el seudónimo del escritor inglés Charles Dodgson. Dodgson fue un eminente profesor de matemáticas en la Universidad de Oxford, pero es popularmente conocido por sus relatos infantiles. El más famoso es *Alicia en el país de las maravillas*. Este cuento fue escrito para la hija de un profesor y compañero de Dodgson en la universidad.

Casa

El concepto de «casa» se remonta a tiempos prehistóricos. Fue en Oriente Medio donde se construyeron las primeras casas. Éstas eran cuadradas con techos planos, y las puertas y ventanas constituían simples espacios abiertos en los muros. (Ver págs. 138 y 139.)

Castellano

El castellano es la cuarta LENGUA que más personas hablan en el mundo. La primera es el chino, después el inglés y el urdú.

El castellano se habla en España y en algunos países de América, África y Filipinas. Es una lengua románica con importantes aportaciones del árabe.

Castillo

En la EDAD MEDIA, uno de los pocos lugares en donde los reyes y señores podían sentirse seguros era detrás de los muros de sus castillos. Allí podían defenderse de los ataques de partidas de bandidos y soportar los largos asedios de los ejércitos invasores.

Con el tiempo, los castillos se fueron haciendo más es-

(Continúa en págs. 140 y 141)

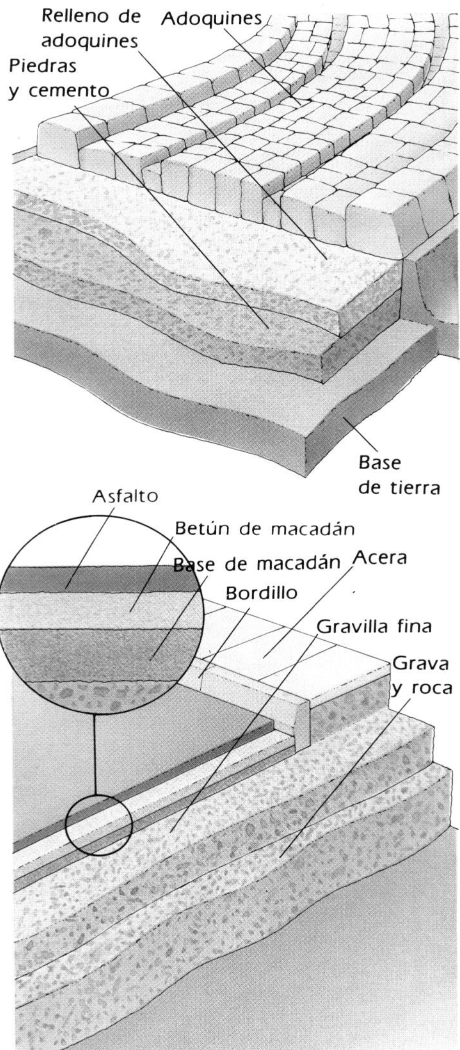

▲ Las calzadas romanas (arriba) fueron las primeras vías pavimentadas que se construyeron en el mundo, y tenían ya cunetas canalizadas para facilitar el desagüe. Fue el ejército romano el que se encargó de su construcción. Las carreteras actuales (abajo) están compuestas de finas capas de asfalto o alquitrán, sobre una base de hormigón o macadán.

CASA

El hombre prehistórico vivía en cavernas. Las primeras casas eran cobertizos rústicos, construidos con barro, ramas y hojas. Con el transcurso del tiempo, el hombre aprendió a fabricar ladrillos mediante el secado de la arcilla. Los ladrillos, la madera y la piedra fueron durante miles de años los principales materiales de construcción con los que se edificaron las viviendas.

La casa moderna permite preservarnos del frío y de la humedad, y mantenernos confortablemente en su interior. Un número importante de viviendas poseen calefacción central, y en los climas cálidos se instala aire acondicionado.

En la mayoría de los países, en una casa vive una familia o un grupo familiar. Se distinguen diferentes tipos de construcción y distribución de viviendas; éstas pueden variar según el país y las condiciones climáticas y económicas. Dos casas unidas lateralmente se denominan, en España, «chalet adosado». Un número de casas construidas verticalmente pueden llamarse «casas de pisos», «bloques de casas» o «apartamentos».

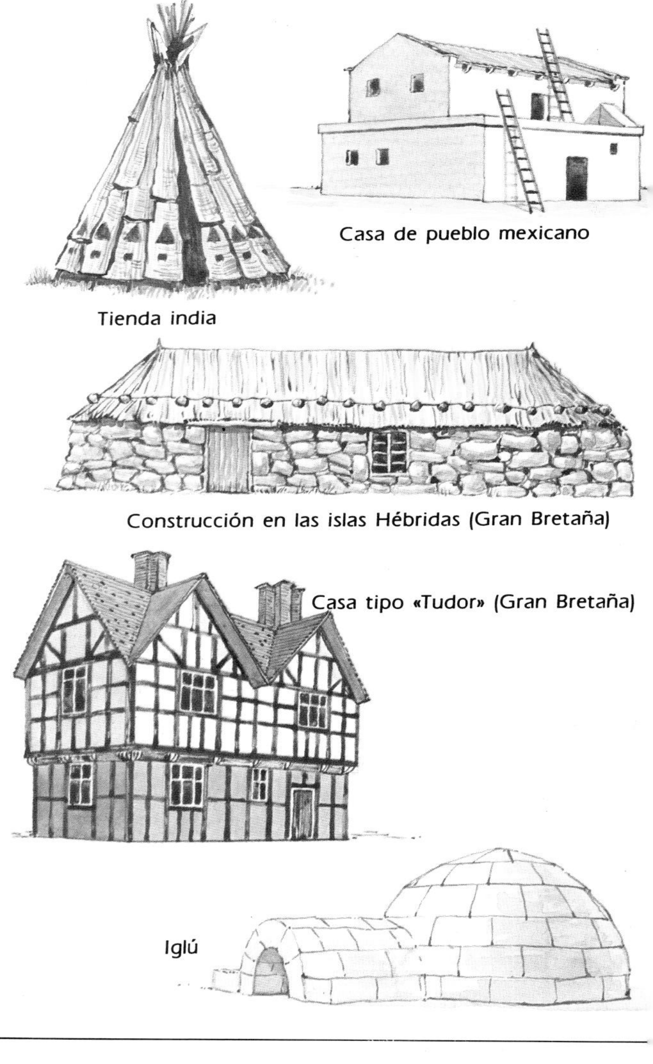

CASAS EN EL MUNDO

▶ Aunque las casas son parecidas en la mayoría de las ciudades del mundo, siguen existiendo grandes diferencias de forma y de concepto, en función básicamente del clima y del hábitat. Por ejemplo, las casas en Arabia o en el norte de África tienen los muros gruesos de ladrillos de barro o cemento y las ventanas pequeñas. Este tipo de construcción se hace para mantener fresco el interior de las casas. En el suroeste asiático hay mucha gente que vive en construcciones con soportes encima del agua. En Borneo, todos los habitantes de un poblado pueden vivir en una sola vivienda denominada «casa larga».

CÓMO SE CONSTRUYEN LAS CASAS Y LOS PISOS

Una casa se construye de forma distinta que un bloque de pisos. Ambos deben de tener cimientos, tuberías para agua, desagües y cables de electricidad. En su mayoría, las casas tienen paredes hechas con ladrillos y cubiertas en su interior con yeso. Los suelos son de hormigón o de madera. El techo, por lo general, está inclinado para que la nieve y la lluvia resbalen fácilmente, y está cubierto con tejas. Una casa de pisos tiene una estructura de vigas metálicas; las paredes puede que sean prefabricadas, y se colocan mediante empleo de grúas.

▲ En los métodos convencionales de construcción se siguen empleando la madera, el ladrillo y la teja.

▲ La construcción de grandes bloques de pisos se consigue mediante técnicas avanzadas.

Casa sobre el agua (Indonesia)

Casas sudanesas (África)

Casa tipo «cottage» (Gran Bretaña)

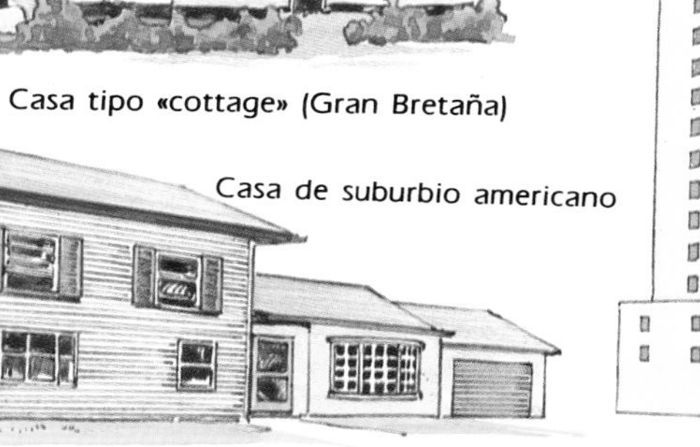

Casa de suburbio americano

Casa de pisos

HISTORIA DE LOS AVANCES EN EL HOGAR

100 a.C. Los romanos ricos vivían en casas con agua corriente y calefacción debajo del suelo.
1200 Sólo la gente adinerada podía permitirse tener cristales en las ventanas.
1500 Se inventaron los servicios, pero poca gente pudo disponer de ellos hasta principios del siglo XX.
1830 Edwin Budding inventa la cortadora de césped.
1840 La luz de gas reemplazó a las velas. Lámparas de aceite.
1879 Se inventó la bombilla eléctrica.
1880 Primeras cocinas de gas.
1901 Se inventa la aspiradora, que supone una ayuda para las tareas domésticas.
1910 Primera lavadora eléctrica.
1930 Las cocinas eléctricas empiezan a ser populares.
1950 Se inventa el lavaplatos.
1953 El horno microondas aparece en Estados Unidos. Con estos aparatos se cocina más deprisa que con los métodos convencionales.
2000 ¿Tendremos hogares dirigidos por un ordenador?

▼ Esta casa levantada en Florida, EUA, es un modelo experimental construido para aprovechar al máximo la energía. Combina la eficiencia y la funcionalidad con una preocupación y respeto al medio ambiente.

CASAS DE ALQUILER O DE COMPRA

Las casas de compra son caras y, para comprarlas, la gente necesita pedir el dinero prestado. Los bancos pueden facilitar un préstamo para la adquisición de una vivienda; a esta operación se le denomina hipoteca. Este dinero hay que devolverlo al banco pagando un interés en un plazo que puede variar según lo convenido por ambas partes.

No todas las viviendas pertenecen a la gente que vive en ellas. Hay muchas personas que viven en casas alquiladas, y pagan una cantidad de dinero periódicamente al propietario de la finca.

Para más información consultar los artículos: ARQUITECTURA; CONSTRUCCIÓN. Para casas interesantes e insólitas ver: INDIOS NORTEAMERICANOS; HOMBRE PREHISTÓRICO; ESQUIMAL; GITANO; NÓMADA. Para elementos interiores de las viviendas ver: MUEBLES; TAPICES.

CASTILLO

Para el asedio y asalto a un castillo medieval, fuertemente defendido, se necesitaban todo tipo de tácticas de asalto. Torres gigantescas con ruedas se acercaban a las murallas y, desde allí, los soldados trataban de entrar. Poderosas catapultas lanzaban piedras contra el castillo para provocar el desconcierto o abrir una brecha. Los arqueros mantenían, mientras, una constante lluvia de flechas sobre los muros, para que los defensores tuvieran que retirarse; de este modo los atacantes podían colocar las escaleras y trepar rápidamente.

paciosos y confortables. En vez de albergar las viviendas dentro del recinto amurallado, se construyeron «villas» alrededor del castillo, cerca de sus muros pero fuera de ellos.

Los castillos tenían gruesas murallas, los caminos de ronda discurrían por lo alto de las torres, y los soldados podían desplazarse de un punto de ataque a otro sin ser descubiertos por el enemigo.

Las torres redondas podían resistir mejor que las cuadradas las embestidas de los arietes y de las piedras lanzadas por las catapultas. Las torres sobresalían de los muros; esta característica proporcionaba a los defensores una mayor probabilidad de acierto en el disparo contra el enemigo y evitaba que éstos se acercaran a los muros del castillo.

▲ Este castillo en el sur de Alemania, con altas torres redondas y elegantes, parece más bien un castillo de cuento de hadas o de fábula.

▲ Los castores tienen los dedos de sus patas traseras unidos por una membrana como los patos, lo cual les permite ser unos buenos nadadores. Para la construcción de sus islas-refugio, estos mamíferos cortan los árboles con sus poderosos incisivos.

Castor

Los castores son grandes ROEDORES de más de un metro de longitud que pesan más de 25 kg. Viven en bosques al lado de ríos y de lagos, y son unos excelentes nadadores. Pueden permanecer sumergidos en el agua hasta 15 minutos. Tienen una ancha cola cubierta por escamas, la cual les sirve de timón para dirigirse cuando nadan.

Los castores necesitan construir pequeños diques para edificar sus hogares; a menudo obstruyen el curso de pequeños riachuelos de montaña con palos y barro. Con sus afilados dientes talan pequeños árboles y los arrastran hasta el dique para reforzar la presa.

Edifican cabañas de barro y de palos al lado de los diques; estos hogares tienen una entrada por debajo del nivel del agua y un agujero de escape en la parte superior; dentro del refugio hay un nido por encima del nivel del agua para las crías.

Los castores se alimentan de las cortezas de sauces, abedules, alisos y fresnos. Almacenan ramitas en la cabaña para alimentarse durante el invierno. Poseen un pelaje tupido que los mantiene calientes, y viven en zonas de Europa y de Asia.

Catarata

Cascada o salto grande de agua. La formación de las cataratas es debida a la erosión de las rocas blandas en el fondo de los ríos; estas rocas son arrastradas por el agua y dejan al descubierto formaciones de roca dura, sobre las que cae el agua.

▶ Las cataratas del Iguazú, en la frontera entre Argentina y Brasil, tienen una altura de 82 metros y caen por cascadas separadas a lo largo de más de 3 km.

PRINCIPALES CATARATAS

Mayor altura	Metros
Cataratas del Ángel (Venezuela)	979
Cataratas Tugela (Suráfrica)	948
Cataratas Yosemite (California)	739
Mayor volumen	m^3/seg
Cataratas de Boyoma (Zaire)	17.000
Cataratas del Niágara (América del Norte)	6.000

Las cataratas más famosas son las del NIÁGARA, entre Estados Unidos y Canadá, y las cataratas Victoria en el río Zambeze (África); el salto natural más alto del mundo (979 metros) se localiza en las cataratas del Ángel, en Venezuela.

Las cataratas Victoria, en el río Zambeze, tienen una altura de 107 metros y una anchura aproximada de 1,6 km; casi 100 millones de litros de agua se precipitan por el salto cada minuto. Si se pudiera aprovechar toda su energía, sería suficiente para abastecer eléctricamente a una ciudad de 5 millones de habitantes.

Catarro

El resfriado o catarro es la ENFERMEDAD más común. Cada año las estadísticas reflejan bajas laborales o escolares como consecuencia de esta patología. La enfermedad la provoca un determinado virus, constituido por pequeños organismos; éstos se transmiten a través del aire; cuando tosemos o estornudamos dispersamos el virus en el aire; es importante cubrirse la boca no sólo como norma de buena conducta, sino porque con este gesto evitamos un posible contagio a las personas que nos rodean.

Catedral

Las catedrales son grandes iglesias. En las catedrales se halla la sede del obispo y es desde donde se ejerce el con-

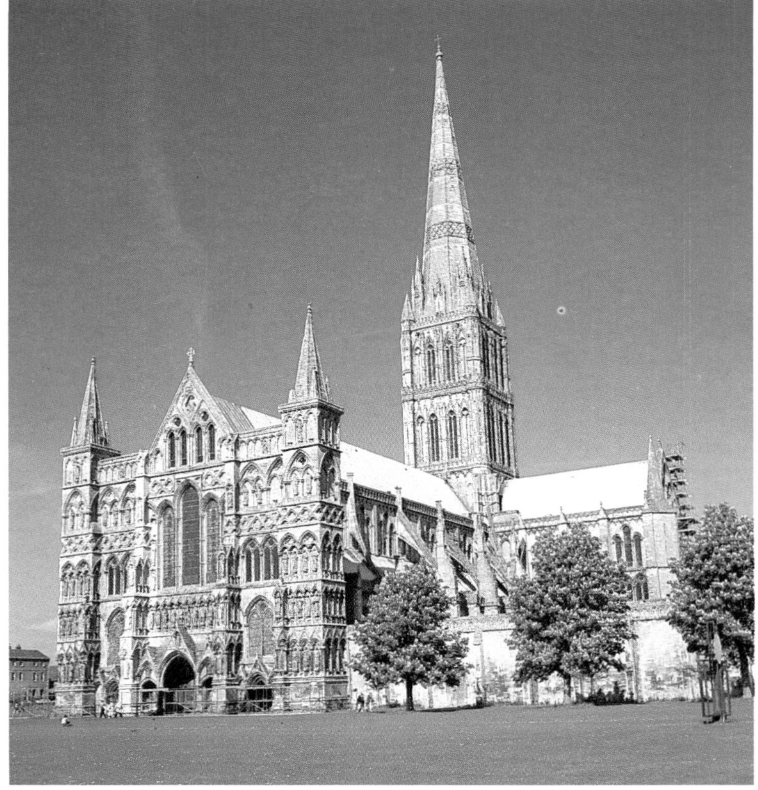

◀ La catedral de Salisbury, en el condado de Wiltshire (Inglaterra), fue edificada en el siglo XIII. Es un espléndido ejemplo del temprano estilo gótico inglés.

▲ Una de las catedrales más populares de España es la de Santiago de Compostela, en la provincia de La Coruña. Su fachada principal, de estilo barroco, es conocida como *el Obradoiro*.

trol de las iglesias de la diócesis. La mayor parte de las catedrales se construyeron en la Edad Media y constituyen una gran muestra de valor artístico y cultural. En su interior podemos admirar exquisitos exponentes del arte religioso: capillas, estatuas, pinturas, vidrieras de policromía, orfebrería y objetos de decoración. Las catedrales son manifestaciones de la fe del hombre medieval; fueron construidas en honor a Dios. La función principal de estos edificios es la práctica del culto religioso; para ello pueden albergar a un número considerable de feligreses. Las catedrales cuentan, además, con espacios reservados para el coro y los organistas. Existen diferentes estilos arquitectónicos en la construcción de catedrales, destacando especialmente el románico, el gótico y el renacentista.

Caucho

El caucho es popularmente conocido con el nombre de goma; es un material que tiene muchas aplicaciones, tanto en la industria como en el hogar. Este producto se extrae del árbol del caucho (*Hevea brasiliensis*) al practicar una incisión en la corteza del mismo (procedimiento de sangría), con lo que se obtiene un líquido blanco llamado «látex». El látex, tras un proceso industrial, se convierte en caucho. Actualmente, la mayor parte del caucho natural se produce en Malasia e Indonesia.

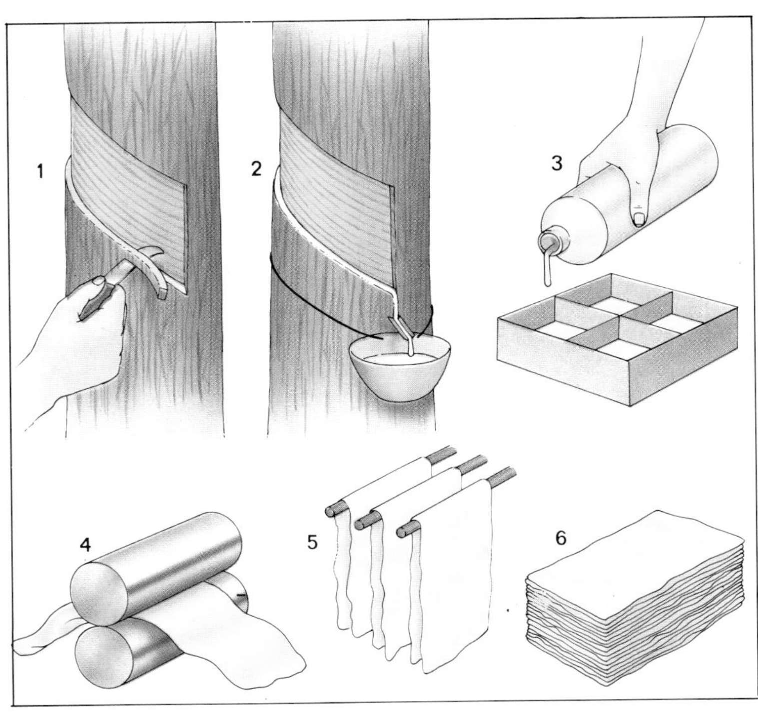

▶ Pasos en la producción del caucho: (1) Se aplica el procedimiento de sangría al árbol del caucho; (2) cada incisión produce un cuarto de litro de látex; (3) se le añade al látex ácido acético o ácido sulfúrico para que las partículas se unan entre sí (coagulación); (4) el caucho se prensa con unos rodillos y se forman unas planchas de coagulado (5), que se cortan en trozos y se dejan secar; (6) estas planchas, en crudo, se tintan y tratan en centros generalmente alejados del de recolección, donde se procede al moldeado y a la fabricación de diferentes productos.

Los científicos lograron la síntesis del caucho durante la I Guerra Mundial. El caucho sintético se obtiene a partir de petróleo y de carbón. Cerca de las dos terceras partes del caucho que se usa hoy en día es sintético.

El científico Joseph Priestley le puso el nombre de goma (*rubber* en inglés), cuando observó que entre otras propiedades tenía la de borrar marcas de lápiz. El nombre francés para la goma o caucho es *caoutchouc*; esta palabra proviene de una lengua hablada por los indios americanos y significa «la madera que llora».

Cavernícola

A cualquier persona que viva en las cavernas se le puede llamar cavernícola. Pero en general, cuando hacemos uso de esta palabra nos referimos a los antepasados del hombre; también podemos utilizar la palabra troglodita cuando hacemos referencia a estos antepasados. Las cavernas son lugares naturales donde nos podemos resguardar de las inclemencias del tiempo y de los ataques de los animales salvajes; éstos fueron los primeros hábitats naturales que utilizaron los seres humanos.

La entrada de la caverna está generalmente seca y es posible hacer una hoguera en su interior para calentarse si hace frío. En climas cálidos, las cuevas ofrecen cobijo y protección para resguardarse del sol. Además, al estar rodeadas por muros, ofrecen un solo flanco al descubierto, lo que permite una mejor defensa contra el ataque de las fieras. Se han encontrado restos de cavernícolas en diferentes partes del planeta: en China, Asia meridional, Europa y África. En estos hallazgos se descu-

▼ El hombre de Cro-Magnon y el de Neanderthal construían cobertizos en las entradas de las cuevas.

▲ Los hombres cavernícolas dejaron huellas de su arte en forma de pinturas rupestres, como este ciervo de la cueva de las Chimeneas, en Cantabria.

brieron restos de armas y de herramientas, juntamente con los huesos de los animales que los cavernícolas cazaban; también se encontraron indicios de las hogueras, y en el fondo de las cuevas se localizaron las tumbas. En estas cuevas se han hallado interesantes muestras de pintura rupestre donde se representaban animales y escenas de caza. A partir de todos estos restos, los arqueólogos han descifrado cómo vivían nuestros antepasados.

Caza

En tiempos prehistóricos, el hombre dependía de la caza para su subsistencia; actualmente la caza es un deporte o se emplea para eliminar ciertas especies de animales que resultan contraproducentes para los intereses del hombre.

La caza mayor es el deporte que consiste en buscar y dar muerte a animales de gran tamaño; esta modalidad está perdiendo adeptos desde que las personas se interesan más por la conservación de las especies que por la extinción de las mismas. Otro tipo de caza es la que se realiza con la intervención de manadas de perros; estas manadas se llaman «jaurías». En esta modalidad se persigue a ciervos, zorros o liebres; los cazadores, a pie o a caballo, y con la ayuda de los perros, siguen el rastro de las presas por la campiña hasta alcanzarlas y darles muerte. La caza del zorro es la modalidad más popular en Gran Bretaña. En América, casi toda la caza se realiza con la ayuda de armas de fuego.

▼ La caza a caballo fue un deporte popular en la antigua China. Se servían de perros, leopardos y halcones para la persecución de las presas.

Cebolla

Las cebollas son vegetales de BULBO comestible. Se usan para comer o para dar sabor a otras comidas, ya que tienen un sabor muy fuerte. El bulbo está formado por finas capas de hojas, y es la parte comestible. Cuando pelamos una cebolla, el vapor del aceite que contiene nos irrita los ojos y nos hace llorar. Para el cultivo de cebollas se pueden utilizar dos sistemas: el primero, mediante el sembrado de semillas, y el segundo, a través de la plantación de bulbos; estos pequeños bulbos han crecido previamente en otro terreno, y cuando alcanzan un determinado tamaño son trasplantados al campo de cultivo principal. La planta de la cebolla suele vivir un período de dos años.

▲ La cebra de Burchell es la variedad más común. Se encuentra en las regiones orientales de África y posee rayas de color negro o marrón oscuro.

Cebra

Las cebras pertenecen a la misma familia que los CABALLOS; tienen el pelaje de color crema blanquecino cubierto por rayas de color negro o marrón oscuro. Cada ejemplar tiene un patrón propio de rayas. Viven en las grandes praderas de África meridional y oriental, situadas al sur del desierto del Sahara.

Las cebras viven en manadas, se alimentan de hierba y a menudo se las encuentra desplazándose en las praderas en compañía de los ANTÍLOPES; aunque son buenas corredoras, los LEONES y los LEOPARDOS las alcanzan con frecuencia; a veces también son sorprendidas por la HIENAS. El hombre es otro cazador de cebras, ya que encuentra una especial atracción en sus vistosas pieles y gusta de saborear su carne.

Cela, Camilo José

Camilo José Cela nació en Iria Flavia, Padrón (España), en 1916. Se dio a conocer como escritor con su novela rural *La familia de Pascual Duarte*, en 1942. Ha escrito, además de varias novelas, poesía, libros de viajes, memorias, etc. Es académico de la Lengua Española desde 1957 y premio NOBEL de Literatura en 1989.

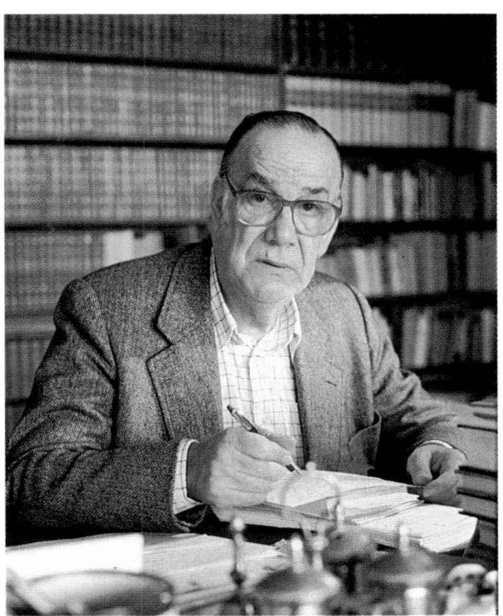

▲ El prolífico escritor Camilo José Cela gano el premio Nobel de Literatura en el año 1989.

Celtas

Los celtas eran un grupo de pueblos antiguos pertenecientes a la región nororiental europea. Parece que su há-

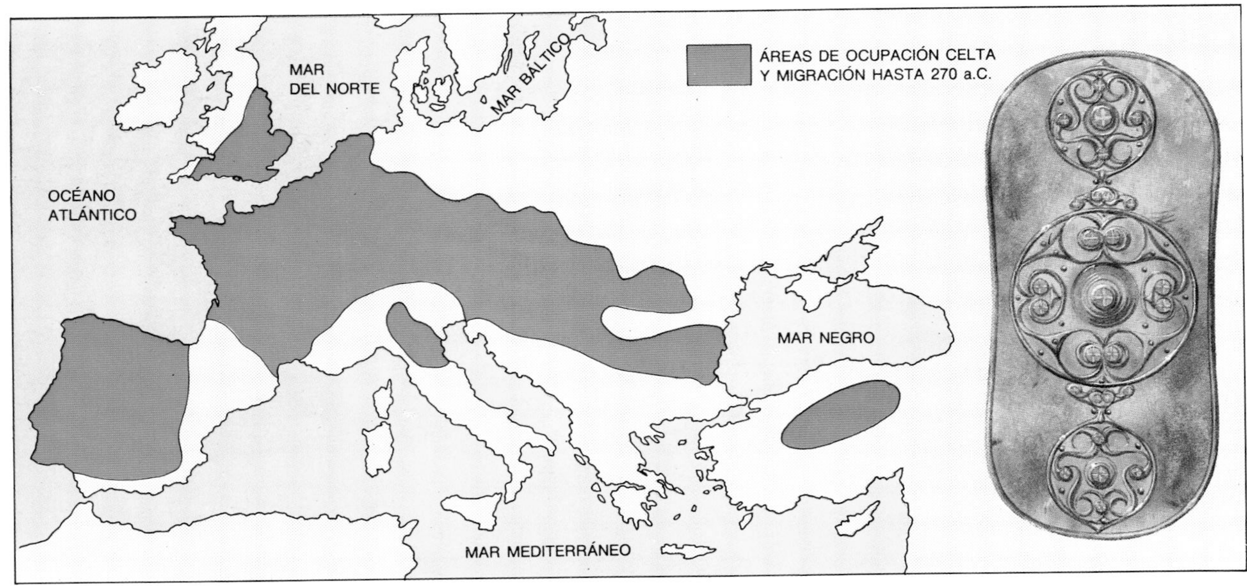

▲ La ocupación céltica en Europa en el año 270 a.C.
Escudo celta de bronce, típico ejemplo de la clase de trabajo que realizaban estos pueblos, encontrado en el río Támesis de Londres.

bitat originario radicó en la zona situada entre el Rin y el Danubio. Hace más de 2.000 años vivieron en Gran Bretaña, Francia y partes de España y de Alemania; en 390 a.C. incluso penetraron en Italia y atacaron Roma.

Los celtas eran de constitución alta y tenían el cabello rubio. Vivían en tribus formadas por un jefe, varios nobles, hombres libres y esclavos; eran buenos guerreros, pero con frecuencia las tribus celtas luchaban entre sí. Fueron muy hábiles trabajando el metal y la madera, y decoraban sus armas con llamativos diseños y figuras. En el terreno cultural destacaron en música y poesía. Fueron un pueblo muy religioso y recibían consejos de una clase sacerdotal, conocida con el nombre de druidas.

Cuando los ejércitos del IMPERIO ROMANO se expandieron por Europa, la mayoría de las tribus celtas se vieron obligadas a emigrar a regiones remotas, fuera del alcance del Imperio. En las regiones conquistadas por Roma la cultura celta desapareció rápidamente, y sólo se conservaron sus costumbres y su lengua en las regiones más extremas del continente. Hoy en día, subsisten vestigios célticos en Galicia (España), Bretaña (Francia), partes de Gran Bretaña y en Irlanda.

Los celtas en la península Ibérica.

Procedentes del sur de Alemania y a través de las Galias, en el siglo XII a.C., los celtas penetraron en España por Cataluña a través del valle del Segre, y llegaron hasta el Alto Aragón. Otros grupos penetraron por Navarra, marchando hacia el Ebro y Soria, y se expandieron hacia el oeste cantábrico y la Meseta. Casi toda la península, excepto el valle del Guadalquivir y Levante, fue zona de asentamientos celtas.

A los sacerdotes celtas llamados druidas se les relacionaba con el monumento de Stonehenge, cerca de Salisbury (Inglaterra). Ahora sabemos que las piedras habían sido colocadas más de mil años antes de que los primeros celtas llegaran a desembarcar en las islas Británicas, entre 550-450 a.C.

Célula

Las células son las partes con vida propia más pequeñas de los seres vivos. Tienen dos partes fundamentales: el *núcleo* y el *citoplasma*. Las células sólo son visibles con la ayuda del MICROSCOPIO. Una pequeña parte de piel humana está formada por millones de células. Las formas básicas de las células son tres: redondeada, espiral y en ramificaciones. Dentro de estas últimas se encuentran las células nerviosas.

En 1665, el científico Robert Hooke observó que la estructura de un trozo de corcho está formada por una especie de celdas o compartimientos, a éstos les dio el nombre de células; desde entonces se ha venido usando este término.

Para estudiar las células se emplean los microscopios.
El microscopio más potente del mundo tiene una capacidad de ampliación de hasta 100 millones de aumentos. Fue inventado en el laboratorio de investigación de IBM en Zurich, en 1981.

Célula combustible

La célula combustible es una clase especial de batería que genera ELECTRICIDAD a partir de una mezcla combinada de oxígeno e hidrógeno.

La principal aplicación de estas células reside en la EXPLORACIÓN ESPACIAL. Este tipo de células suministró electricidad a las naves del programa espacial APOLO, que alcanzaron la Luna por primera vez en 1969.

La célula combustible utiliza el oxígeno y el hidrógeno para la producción de agua y de electricidad. El agua que suministra la célula combustible es la que usan los astronautas para beber.

▼ Cualquier ser vivo del mundo animal o vegetal está formado por células; éstas se diferencian en forma, tamaño y funciones. En el diagrama inferior podemos observar la estructura básica y las diferencias entre células de origen vegetal y células de origen animal. El centro de control de la célula es el núcleo. Las células vegetales están compuestas de varios elementos, algunos de ellos son los cloroplastos; éstos contienen la clorofila, sustancia que usa la planta para la función de la fotosíntesis. La estructura exterior de las células vegetales está formada por una sustancia apelmazante que denominamos celulosa.

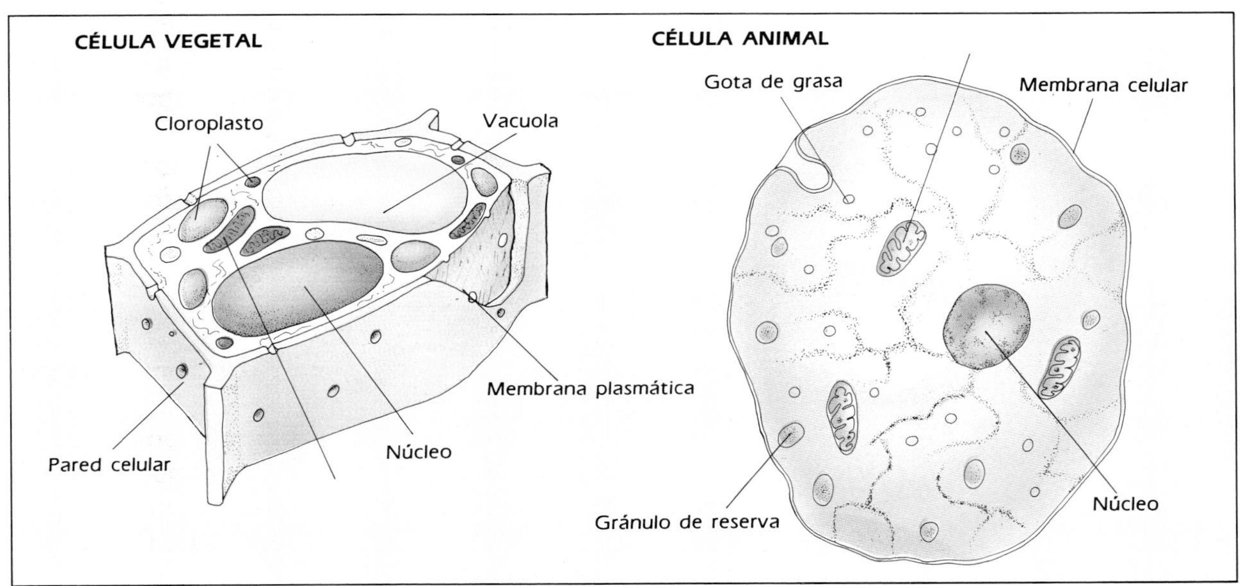

La palabra «censo» proviene del latín *censere,* que significa impuesto. En la antigua Roma, los censores confeccionaban listas de sus habitantes y de sus propiedades; estas listas tenían como finalidad la recaudación de impuestos. Cuando Guillermo el Conquistador invadió Inglaterra, en 1066, hizo contar todos los terrenos y propiedades de los habitantes; este censo se registró en el Domesday Book.

Censo

Casi todos los países del mundo cuentan con cierta regularidad el número de personas que viven en el territorio nacional. Este recuento de la población se denomina censo. La mayoría de los países censan a los habitantes cada diez años. El censo, aparte del recuento de los habitantes, también nos proporciona datos importantes sobre el nivel y calidad de vida, el número de hijos y el estado civil de las personas.

Central eléctrica

Una central eléctrica es el conjunto de instalaciones donde se produce ENERGÍA eléctrica mediante la conversión de otras formas de energía (térmica, hidráulica, etc.), para uso doméstico o industrial. Las centrales térmicas producen energía a partir de la quema de un combustible fósil; el vapor resultante de esta combustión mueve unas turbinas que a su vez hacen funcionar un GENERADOR o un grupo de generadores. Los generadores producen CORRIENTE ELÉCTRICA, ésta pasa por un transformador y circula por los cables de alta tensión que vemos colgados en las torres. Antes de que la corriente llegue a nuestras casas, diferentes transformadores han modificado el voltaje (presión de corriente), la acción de los generadores logra que no se pierda corriente a medida que

▼ Una central térmica clásica de base produce energía a partir de los residuos de la producción de carbón. Estas centrales suelen estar situadas cerca de las minas donde se efectúa la extracción del carbón. Una central térmica de regularización emplea carbones industriales o comerciales; están instaladas cerca de los centros de consumo.

circula a través de los cables. El zumbido que oímos cuando estamos cerca de los cables de alta tensión es debido a la fuga de corriente eléctrica; es muy peligroso acercarse a estas torres.

Cerámica

A todos los objetos fabricados con barro cocido se les denomina cerámica. En esta denominación incluimos los utensilios de uso común: vasijas, platos, copas, tazas, etc., y las figuras y objetos de decoración.

El hombre conoce la cerámica desde tiempos antiguos. Las primeras piezas eran gruesas y arenosas, perdían el líquido que contenían y, cuando se calentaban, se agrietaban con facilidad. Con el transcurso del tiempo los pueblos aprendieron a fabricar cerámica más bella y de mayor resistencia. Actualmente las dos clases de cerámica más importantes son la loza y la porcelana. La porcelana, cuya pasta se caracteriza por ser dura y traslúcida, se divide a su vez en dura y blanda. La loza es más gruesa que la porcelana y no deja pasar la luz.

El alfarero, para hacer una vasija, pone arcilla húmeda en el torno, a continuación la moldea hasta conseguir la forma deseada, la deja secar y cuando está seca le da una capa de barniz. Introduce la vasija en el horno para proceder a su cocción; el calor endurece la arcilla, y el barniz se vuelve fino, resistente y brillante. Pueden aplicarse diferentes clases de barnices y por este procedimiento obtener varios colores.

▼ Una manera de hacer una vasija es vertiendo la pasta de arcilla dentro de un molde que se coloca en el horno para su cocción. Las partes de la masa cercanas al molde aumentan de espesor a medida que se cuecen. Cuando este espesor es el apropiado, la pasta sobrante se vierte fuera del molde, obteniendo así el hueco interior de la vasija.

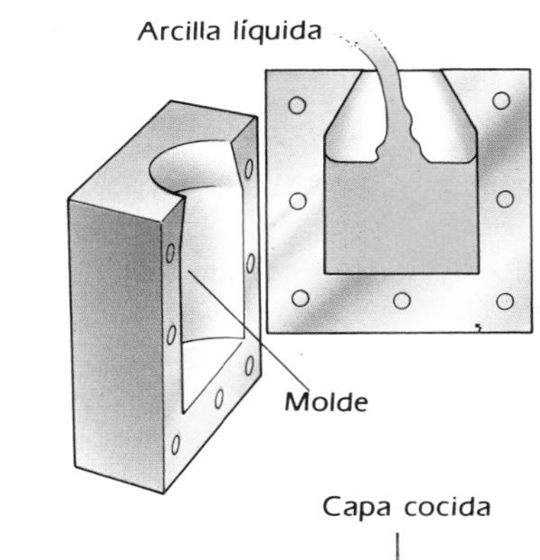

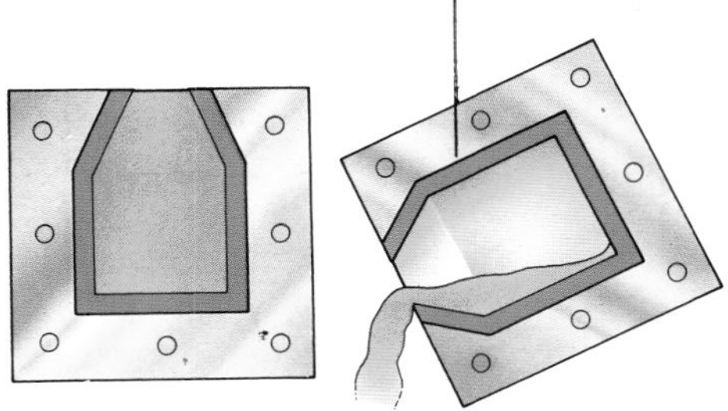

Plataforma

Rueda

Torno mecánico con pedal accionado con el pie

◀ Moldear una vasija en el torno del alfarero es más difícil de lo que parece. La masa de arcilla debe ponerse en el centro de la plataforma (se acciona el torno haciéndolo rodar mediante electricidad o con el propio pie) y gracias a la presión de los pulgares en el centro de la masa, se obtiene un hueco.

▲ El jabalí, a diferencia de sus parientes domésticos los cerdos, es fiero, duro y peligroso, especialmente cuando se siente acosado.

Cerdo

Los cerdos, llamados puercos cuando son domésticos, tienen un cuerpo largo y pesado, patas cortas y con cuatro dedos, el pelo corto erizado y el morro largo. El macho se llama verraco y la hembra marrana. Los cerdos más pesados pueden llegar a superar los 350 kilos; su carne tiene un alto poder nutritivo y nos proporciona diversos productos: tocino, jamón, productos de charcutería (salchichas, butifarra, chorizo, etc.). También se utilizan partes de este animal para hacer jabón, pinceles, piel y pegamento.

Los cerdos son descendientes de sus parientes salvajes los jabalíes, que viven en los bosques de Asia y de Europa.

▼ El trigo, el arroz y el centeno se cultivan para el consumo humano, mientras que la cebada, la avena, el maíz y el mijo, con frecuencia suelen utilizarse como piensos para los animales. Para la mitad de la población mundial, el cultivo más importante es el arroz.

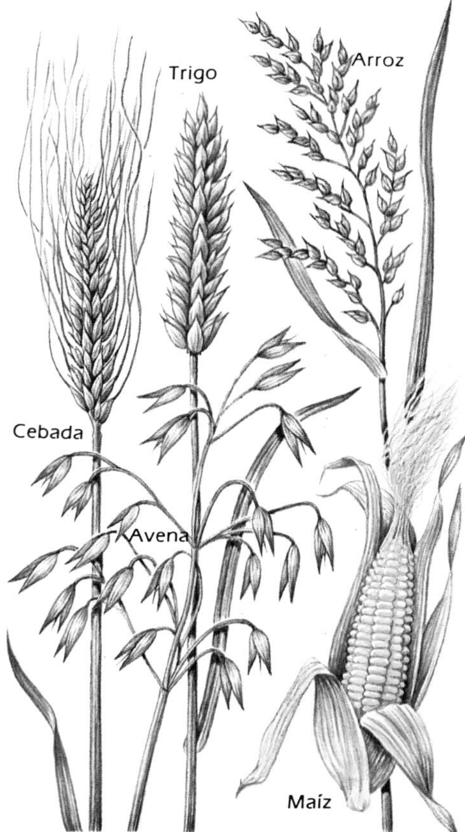

Cereal

Los cereales son PLANTAS generalmente gramíneas de SEMILLAS farináceas. Han sido el alimento más importante de la Humanidad. Varios milenios a.C. ya se conocían los cereales. Primero se recogían en estado silvestre, después se empezaron a cultivar y constituyeron el alimento base para las civilizaciones primitivas.

Algunos cereales se consumen en su estado natural, por ejemplo el ARROZ y el maíz; otros como el TRIGO y el centeno se muelen para obtener harina y hacer el pan. También se utilizan cereales para producir bebidas alcohólicas y piensos para los animales de granja.

Cerebro

El cerebro controla las funciones de todo el cuerpo. En algunos INSECTOS tiene el tamaño de una mota de polvo (incluso en los grandes dinosaurios el tamaño de su cerebro no superaba el tamaño de una avellana). En cambio, los MAMÍFEROS poseen un cerebro grande con relación a su tamaño; los seres humanos tienen el cerebro más desarrollado de todas las especies. El cerebro está constituido por materia gris y blanca; la materia gris contiene células NERVIOSAS, y la materia blanca está constituida por fibras nerviosas; éstas transmiten mensajes desde las células nerviosas al cuerpo y viceversa.

El cerebro está dividido por sectores, controlando, cada uno de éstos, una zona del cuerpo. Los sectores o partes del cerebro dirigen funciones distintas del cuerpo. Por ejemplo, si el control del pensamiento se realiza en el

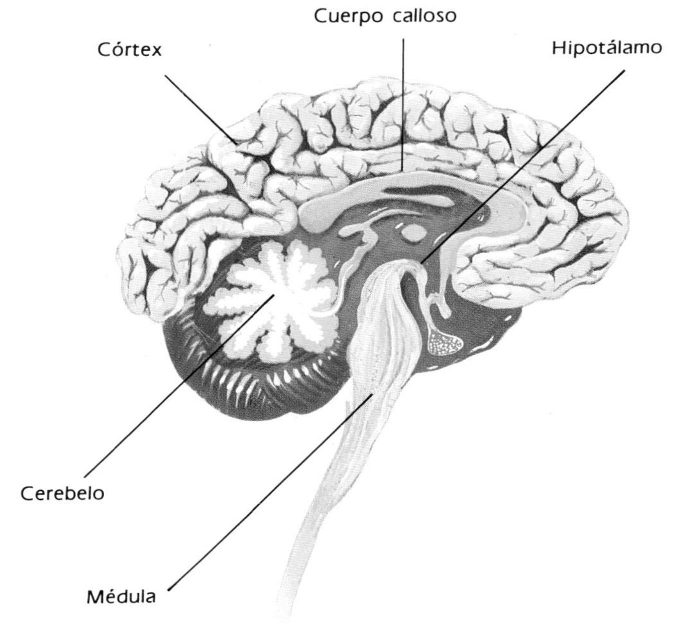

◀ El cerebro es el centro de control del cuerpo y utiliza una quinta parte de la energía producida en él. La médula y el hipotálamo controlan la respiración y la presión de la sangre; estas funciones se denominan «actividades involuntarias». La parte más grande del cerebro, el córtex, controla los sentimientos conscientes y los «movimientos voluntarios»; ejemplo de estos movimientos voluntarios son las acciones de correr y de escribir. El cuerpo calloso es una banda de nervios que une las dos mitades del córtex.

sector frontal del cerebro, el dominio de la vista se efectúa en la parte posterior del mismo.

Cerradura y llave

Hay dos sistemas principales de cerraduras. El primer sistema y el más sencillo funciona del siguiente modo: al girar la llave desplazamos el cerrojo o pestillo, haciéndolo encajar en una apertura denominada cerradura. La llave está provista de varios cortes o muescas que han de encajar perfectamente en los espacios libres de la cerradura.

El otro sistema de cerraduras es el denominado de tipo *Yale*; éste fue inventado en el año 1860. Los cortes o muescas de la llave *Yale*, al ser introducida en la cerradura, hacen subir unas agujas a una altura determinada, lo que permite que el cilindro gire y a su vez desplace el pestillo.

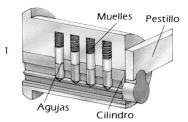

▼ En las cerraduras de tipo *Yale* existe infinidad de combinaciones. Antes de que la llave sea introducida, todas las agujas sometidas a la presión de pequeños muelles están situadas a un mismo nivel (1). Cuando la llave penetra, su forma dentada hace subir las agujas a la altura correcta (2), esta situación de las agujas permite que el cilindro gire, desplazando éste al cerrojo y abriendo la cerradura (3).

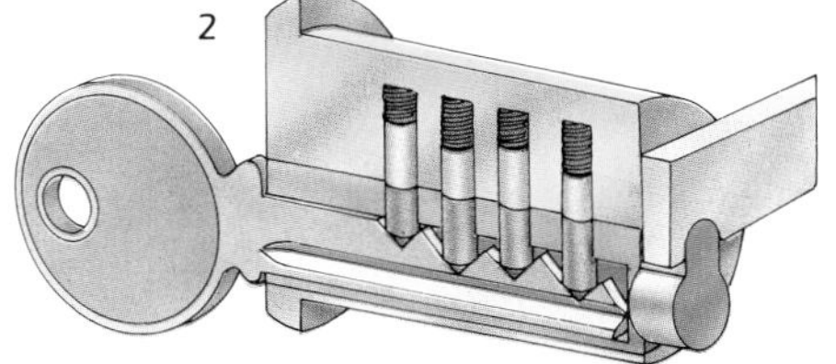

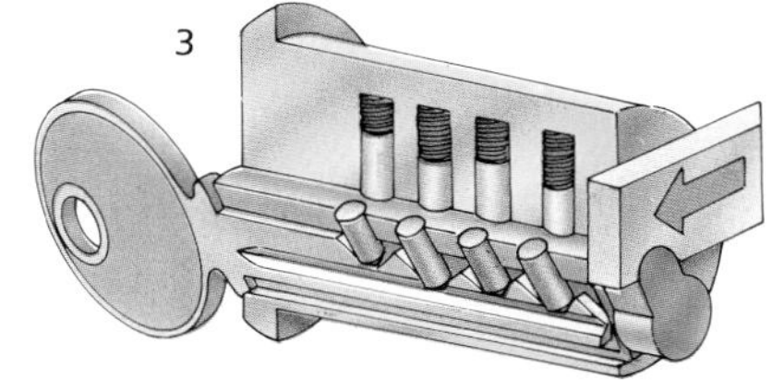

Cervantes, Miguel de

Miguel de Cervantes nació en Alcalá de Henares (España) en 1547 y murió en Madrid en 1616. Es el escritor más importante que ha habido nunca en lengua CASTELLANA. En 1569 tuvo que huir a Italia y se enroló como

▲ Gustavo Doré ilustró con sus grabados una edición del famoso libro de caballerías *Don Quijote de la Mancha,* de Miguel de Cervantes.

▼ La figura de El Cid, aquí representado en una estatua ecuestre en Burgos, inspiró el notable poema heroico del *Mío Cid.*

soldado. Participó en la batalla de Lepanto, donde perdió la mano izquierda (Cervantes es conocido como «el manco de Lepanto»). En 1575 los turcos le hicieron prisionero y lo mantuvieron 5 años cautivo en Argel. De nuevo en la península, tuvo varios cargos y algunos problemas con la justicia hasta que consiguió fama y reconocimiento al publicar su obra cumbre: *El ingenioso hidalgo don Quijote de la Mancha* (1605).

César, Julio

Julio César (102-44 a.C.) fue un estadista romano. Julio César convirtió a la República Romana en un imperio gobernado por un solo hombre, en consecuencia fue uno de los forjadores del IMPERIO ROMANO.

César se hizo popular y famoso cuando al mando de un ejército conquistó las Galias (Francia), los Países Bajos y Alemania; en 55 a.C. cruzó el canal de la Mancha e invadió Gran Bretaña. Se rebeló en contra del senado romano, y dirigió su ejército victorioso contra la propia Italia; conquistó Roma sin esfuerzo, y en el año 48 a.C. derrotó a Pompeyo, su principal rival para la conquista del poder. César se convirtió en dueño indiscutible del mundo mediterráneo y de la república.

El emperador se granjeó muchos enemigos que le odiaban, resentidos por lo que César había hecho con la nación; un grupo dirigido por Casio y Bruto se conjuró contra el emperador y lo mataron en el foro romano el 15 de marzo de 44 a.C.

Chacal

Los chacales son MAMÍFEROS carnívoros de la familia de los cánidos. Tienen caracteres de lobo por su color y de zorro por su talla y por su cola; algunos son de color marrón o gris, y viven en el este de Europa, en Asia y en el norte de África. Durante el día se esconden en los matorrales y por la noche cazan pequeños animales; se nutren sobre todo de inmundicias y cadáveres que encuentran en los vertederos de basura.

CHAD

Gobierno: República
Capital: N'Djamena
Superficie: 1.284.000 km²
Población: 5.000.000 hab.
Lengua: Francés
Moneda: Franco CFA

Chad

El Chad es un Estado de ÁFRICA central que lleva el nombre del lago situado en el límite occidental del país. Este lago, en la estación de las lluvias, se inunda y ocupa una superficie de 26.000 km². El norte del país forma parte del gran desierto del Sahara; en el sur abundan las lluvias y la vegetación. El Chad formó parte de la colonia francesa de África ecuatorial desde 1913, y en 1960 se proclamó la independencia. La capital de la nación es N'Djamena.

Chequia y Eslovaquia 

Se incluyen aquí los dos países que hasta enero de 1993, formaban Checoslovaquia. Su territorio limita con ALEMANIA, POLONIA, la antigua UNIÓN SOVIÉTICA, HUNGRÍA y AUSTRIA.

La República Checa o Chequia tiene dos regiones principales: la meseta de Bohemia, regada por el río Vltava, y Moravia, las tierras bajas de la región oriental. Eslovaquia es más montañosa, con llanuras en el sur. Ambos países tienen inviernos fríos y veranos suaves. La población de ambos países se dedica fundamentalmente a la agricultura, la minería de carbón y de hierro y a la producción de acero.

Los checos han compartido una cultura eslava desde la Edad Media. Praga llegó a ser una de las grandes ciudades europeas en el marco del Imperio austriaco.

CHEQUIA

MAR BÁLTICO
POLONIA
ALEMANIA
REP. CHECA
CEI
REP. ESLOVACA
AUSTRIA
HUNGRÍA
RUMANIA
ITALIA

Gobierno: Democracia parlamentaria
Capital: Praga
Superficie: 78.864 km²
Población: 10.362.000 hab.
Lengua: Checo
Moneda: Corona

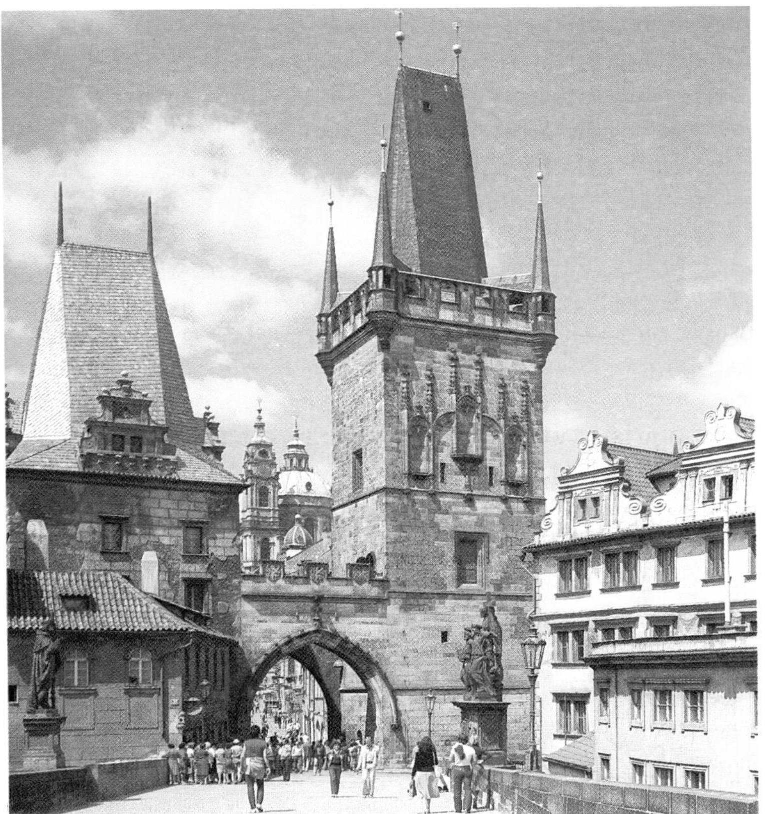

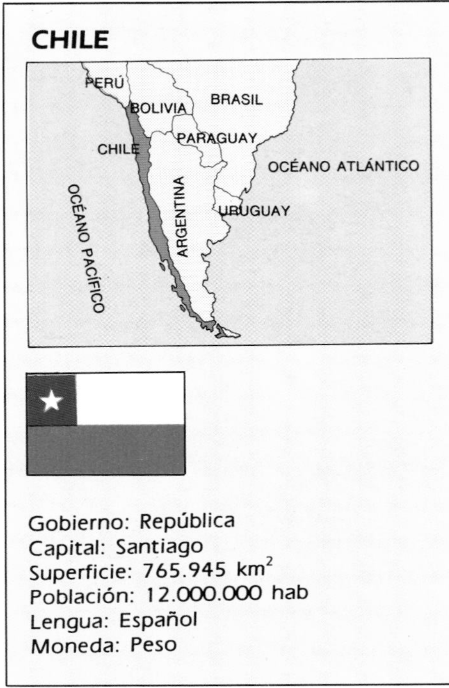

Gobierno: República
Capital: Santiago
Superficie: 765.945 km^2
Población: 12.000.000 hab
Lengua: Español
Moneda: Peso

Checoslovaquia se convirtió en una nación independiente en 1918 y estuvo bajo gobierno comunista de 1948 a 1989. En enero de 1993 ambos países decidieron separarse pacíficamente.

Chibchas

Los chibchas, pueblo indio, vivían al este de Colombia antes de la llegada de los españoles. También los llamaban muiscas o moscas. Formaban varios estados independientes con algunos reinos principales como el de Zipa, el de Zaque y el de Iraca. Eran buenos labradores, notables alfareros y sabían trabajar el oro y el cobre para hacer joyas.

Chile

Chile es un Estado de AMÉRICA DEL SUR situado en la costa del Pacífico. Ofrece una gran desproporción entre su longitud y su anchura. El país se extiende a lo largo de 4.265 km por la costa occidental de Suramérica; en su frontera oriental limita con Bolivia y Argentina, recorrida por la larga cordillera de los Andes.

Chile es el tercer exportador mundial de cobre, con una estructura muy concentrada y también controlada por el Estado. Posee importantes recursos forestales y pesqueros al sur y norte del país, respectivamente. Relativamente importantes son sus minas de hierro y salitre. La mayoría de la población chilena es católica, y el idioma más importante y oficial es el español; Santiago es la capital, con una población cercana a los cuatro millones de habitantes. Un gobierno militar tomó el poder en 1973.

En la actualidad y gracias al vasto movimiento de protesta y oposición que recorrió el país durante la pasada década, Chile recuperó finalmente la democracia en 1990, devolviendo la esperanza de vida y de futuro al pueblo chileno.

▼ El cerro de Santa Lucía es lugar donde poder descansar y pasear en pleno centro de la ciudad de Santiago de Chile.

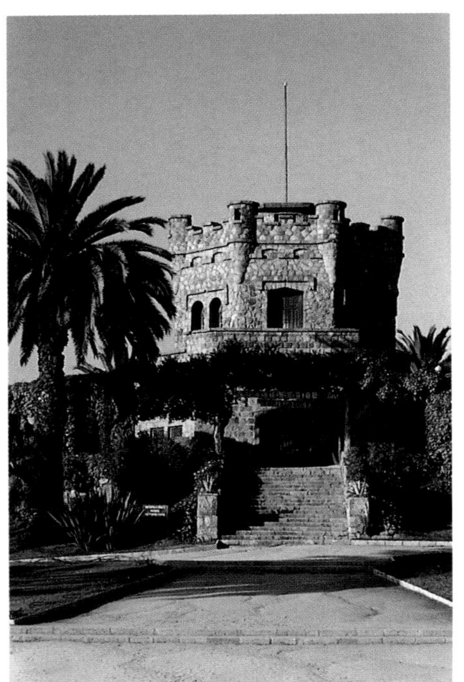

Chimpancé

Los chimpancés son los SIMIOS que más se parecen al hombre. Un chimpancé adulto mide 1,3 metros de altura y es capaz de andar erecto, aunque con frecuencia usa las

Los chimpancés son una de las especies de animales más ruidosas: chillan, gritan y murmuran, con sus pies y manos patean el suelo y golpean los árboles, pero cuando aparece un ser humano enmudecen y en el más riguroso silencio desaparecen sigilosamente en el bosque.

◀ Los chimpancés son animales inteligentes y capaces de utilizar herramientas sencillas; la ilustración nos muestra un chimpancé adulto hurgando con un palo en un nido de termitas, bajo la mirada atenta de su cría.

manos como ayuda. Los chimpancés provienen de las selvas de África, viven en grupos familiares y cuidan a sus crías con cariño y esmero; son animales juguetones e inteligentes. A los chimpancés domesticados se les enseña a imitar el comportamiento humano, y pueden incluso llegar a aprender un simple lenguaje mediante el empleo de gestos.

China

China es el tercer país más grande del mundo y el primero en número de habitantes, una quinta parte de la población mundial es china. (Ver páginas 158 y 159.)

Chip de silicio

Llamamos chip de silicio a una placa pequeña de silicio, ELEMENTO que tiene propiedades de SEMICONDUCTOR. Los chips sirven de soporte a pequeños circuitos integrados o microcircuitos. El uso de los chips en la industria electrónica permite fabricar aparatos de tamaño reducido; se usan en relojes digitales, radios, calculadoras y ordenadores.

▼ El pequeño cuadrado que vemos en el centro del panel es un chip de silicio; como se puede observar, su tamaño es menor que el de las cerezas, pero los circuitos que contiene son capaces de hacer funcionar un pequeño ordenador.

Chipre

Chipre es una isla del MEDITERRÁNEO oriental situada frente a la costa de Turquía. El terreno de la isla es mon-

(Continúa en pág. 160)

CHINA

China es el tercer país más grande del mundo y la nación con el mayor número de habitantes; la población supera los mil millones; esta cifra representa la quinta parte de la población mundial.

Barreras naturales como el Himalaya y grandes desiertos aíslan a China de sus vecinos asiáticos. En la parte oriental del país se extienden grandes llanuras y ríos: el Chang Jiang o *Yangtzé Kiang*, el río más largo de China, y el *Huang Ho* o río Amarillo, ligeramente más corto que el primero; en las cuencas de estos grandes ríos es donde se concentra la mayor parte de la población; ésta se reparte básicamente en dos grupos diferenciados, obreros y campesinos; los primeros trabajan en las diferentes industrias de la nación, y los segundos cultivan la tierra del mismo modo que lo hicieron sus antepasados a lo largo de los siglos.

Durante más de 3.000 años China fue un imperio; la civilización oriental descubrió el papel, la seda, la porcelana, y la pólvora, mucho antes de que estos productos se conocieran en Europa.

Desde 1912 el país se convirtió en una república; una amarga guerra civil entre nacionalistas y comunistas terminó en 1949 con la victoria comunista. Bajo el mandato de Mao Zedong (1893-1976) el régimen comunista fue severo y China se convirtió en una nación aislada del resto del mundo. Los líderes posteriores, principalmente Teng T'siao-ping, han iniciado una tímida apertura hacia nuevas ideas y al comercio con Occidente.

CHINA

Gobierno: República popular
Capital: Beijing (Pekín)
Superficie: 9.596.961 km^2
Población: 1.000.000.000 hab.
Lengua: Chino mandarín
Moneda: Yuán

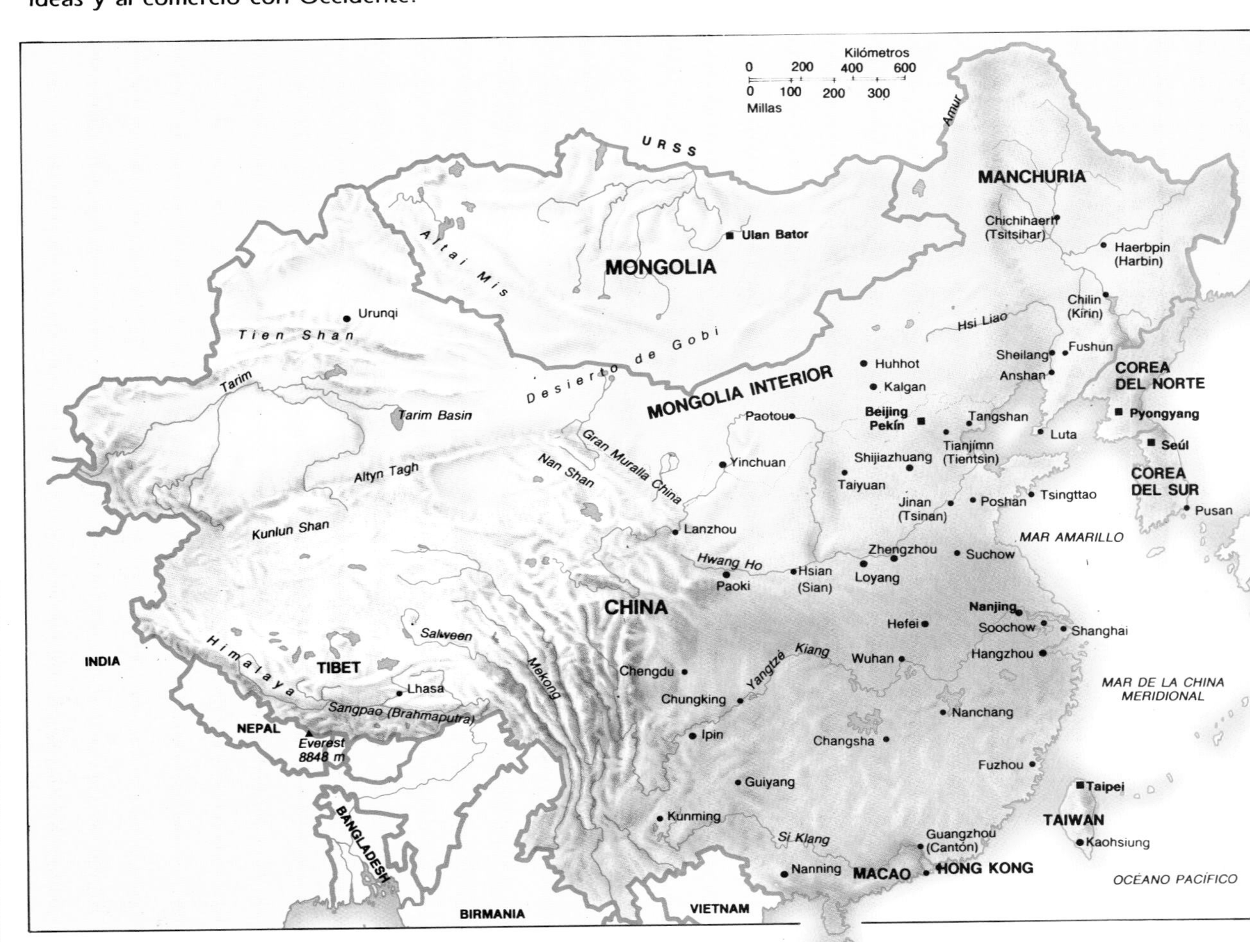

我要马上找医生
我这里痛上
请别理得太短

EL LENGUAJE CHINO

El chino es el idioma más hablado del mundo; se escribe en signos gráficos o caracteres. Una persona puede hacerse entender perfectamente usando 5.000 caracteres, pero existen muchos más. En 1716 un diccionario registró más de 40.000. Para deletrear y transcribir los sonidos del idioma chino en el alfabeto de occidente, los chinos usan un sistema conocido como Pinyin. En el sistema Pinyin, el viejo nombre de la capital de China, Pekín, se convierte en Beijing. La ciudad de Cantón se convierte en Guangzhou; este método de transcripción está basado en chino mandarín, que es el patrón clásico del lenguaje que se enseña actualmente en China.

▶ La gran muralla china se extiende a lo largo de 2.400 km y es la fortificación más larga construida por el hombre; se empezó a construir en el año 200 a.C. para proteger a China de las invasiones tártaras.

▶ Debido a que el transporte no está suficientemente desarrollado, los ríos chinos ofrecen una importante vía de comunicación para el transporte de personas y de mercancías.

▼ El panda gigante, nativo de China, es una especie escasa y protegida.

HISTORIA DE CHINA

5000 hasta 1700 a.C. *Reinos legendarios.* Empieza la agricultura.
1700 hasta 1000 a.C. *Dinastía Shang*: Edad del bronce y desarrollo de la escritura.
1000 hasta 256 a.C. *Dinastía Zhou*: Confucio y la fundación de la civilización china.
800 a.C. Los bárbaros invaden China.
221 hasta 207 a.C. *Dinastía Qin*: China se convierte en un imperio. Se construye la gran muralla.
202 a.C. hasta 221 *Dinastía Han occidentales*: invención del papel.
589 hasta 618 *Dinastía Sui*
618 hasta 906 *Dinastía Tang*: Invención de la imprenta. Florecimiento de la poesía y de la pintura.
907 hasta 960 Período confuso con malos gobernantes.
960 hasta 1275 *Dinastía Song*: Invención de la imprenta con tipos móviles. Se edifican ciudades y se inventan las armas de fuego.
1215 El jefe mongol Genghis Khan conquista China.
1275 Marco Polo llega a China.
1280 hasta 1368 *Dinastía Yuan*: Kublai Khan es un gran emperador y la ciencia se desarrolla. Los mongoles son expulsados.
1368 hasta 1644 *Dinastía Ming*: Mercaderes europeos y misioneros visitan China. Se construyen magníficos templos, palacios y tumbas. Se hacen piezas de porcelana y de metal.
1644 hasta 1912 *Dinastía Qing*: China se debilita progresivamente y es dominada por mercaderes extranjeros.
1839 hasta 1860 *Guerra del opio*: Los europeos fuerzan la apertura de los puertos chinos al comercio exterior. Se comercia con la terrible droga, el opio.
1900 Estalla un movimiento popular contra los extranjeros (movimiento de los «Boxers»).
1912 *Final de las dinastías*: China se convierte en república.
1928 Chang Kai-shek lanza el proyecto nacionalista.
1930 Guerra contra Japón y entre las fuerzas comunistas y las nacionalistas de Chang Kai-shek.
1949 China se convierte en república comunista, dirigida por Mao Zedong.
1966 hasta 1969 La revolución cultural causa un gran trastorno.
1976 Muerte de Mao. Los nuevos gobernantes restablecen el orden y fijan las bases para la modernización de China.
1989 El gobierno aplastá violentamente un movimiento estudiantil en pro de la democracia.

Para más información consultar los artículos: ACUPUNTURA; COMUNISMO; CONFUCIO; EVEREST; GENGHIS KHAN; GRAN MURALLA CHINA; MAO ZEDONG; MARCO POLO; PANDA.

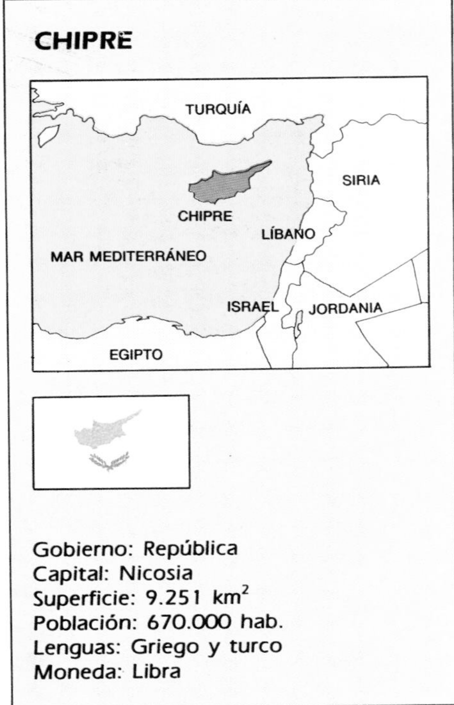

tañoso y cubre una superficie de 9.251 km^2; el clima es cálido, y su población suma alrededor de 670.000 habitantes, en su mayoría agricultores dedicados al cultivo de la vid, los cítricos y las aceitunas. Nicosia es la capital de la República de Chipre.

La isla estuvo bajo dominio turco durante tres siglos; de 1878 a 1914 Chipre pasó a ser una colonia británica, para en 1960 conseguir la independencia.
conseguir la independencia.

Los habitantes se dividen en dos grandes grupos: los grecochipriotas, de religión cristiana, y los turcochipriotas, que son musulmanes. Durante la década de los sesenta estos grupos mantuvieron graves enfrentamientos que desembocaron en una guerra civil. En la actualidad Chipre está dividida en dos sectores: el turcochipriota y el grecochipriota.

Chocolate

El chocolate es un producto compuesto por las semillas de las bayas del árbol del cacao. Las bayas o vainas crecen en las ramas y en el tronco del árbol.

La elaboración del chocolate se hace a partir de los granos (semillas); éstos se tuestan y después se muelen en trituradoras; este proceso da como resultado un líquido fluido de consistencia aceitosa que denominamos «chocolate»; a este líquido se le puede añadir azúcar molido, leche en polvo u otros productos. Las variedades de chocolates que encontramos en las tiendas generalmente contienen azúcar y leche.

Cid, El

Rodrigo Díaz de Vivar nació cerca de Burgos (España) hacia el año 1043. Sirvió a los reyes de Castilla hasta que Alfonso VI lo mandó al destierro. Empezó a guerrear contra los moros y cristianos, y sus hazañas verdaderas se confundían con su creciente leyenda. Se escribieron innumerables romances de él, a quien los moros dieron el nombre de El Cid (mi señor). Murió en 1099.

▼ La figura de El Cid, aquí representado en una estatua ecuestre en Burgos, inspiró el notable poema heroico del *Mío Cid*.

Ciempiés

Los ciempiés son criaturas parecidas a los GUSANOS. Su cuerpo está compuesto de secciones o partes; a menudo llegan a tener hasta un máximo de cien; cada una de estas partes posee un par de patas en forma de garfio.

Los ciempiés tienen en la cabeza largas antenas y poderosas mandíbulas, y detrás de la cabeza se albergan dos pinzas venenosas. Existen más de 2.000 especies de ciempiés distribuidas por el mundo; estos animales se alimentan de gusanos, insectos y caracoles.

Ciencia

La ciencia es el conocimiento profundo acerca de la naturaleza, la sociedad, el hombre y su pensamiento.

Existen varias especialidades en el estudio científico; las más importantes son la astronomía, la biología, la química, la geología, las matemáticas, la medicina y la física.

▲ El filósofo griego Demócrito vivió hace 2.300 años, impartió la teoría de que la materia estaba formada por átomos.

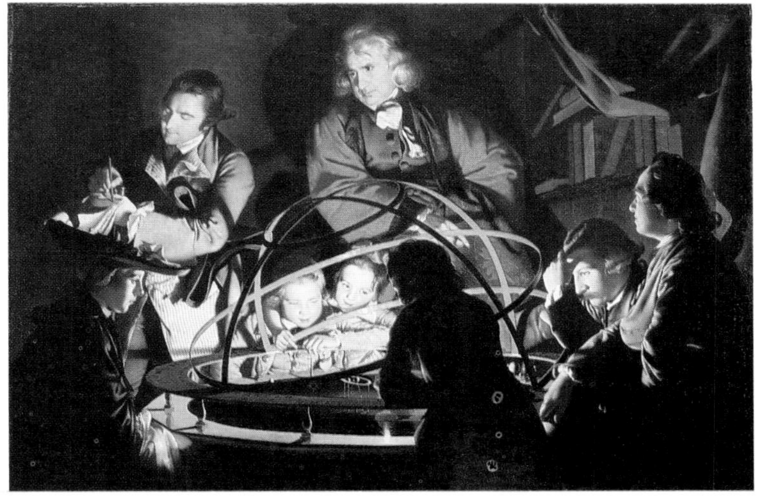

◀ Los modelos o maquetas mecánicas del Sistema Solar fueron muy populares en los siglos XVIII y XIX; aquí podemos observar el modelo de Joseph Wright, «The Orrery».

Experiméntalo

La densidad mide cuánto pesa una sustancia en comparación con su tamaño o volumen. Con el siguiente experimento podrás averiguar la densidad de ciertos objetos. Para realizarlo necesitarás: un poco de agua, jarabe, aceite para cocinar, un recipiente de cristal alargado y una jarra. Vierte con cuidado los líquidos uno detrás de otro en el recipiente alargado; para que éstos no se mezclen utiliza una cuchara; observarás que el agua, el jarabe y el aceite se separan y forman tres capas. El jarabe es el más denso (pesado) de los tres, y el aceite el menos denso. Ahora, en las distintas capas, trata de hacer flotar los objetos que ves en la ilustración. ¿Qué crees que pasará? ¡Compruébalo!

▶ A menudo el objetivo de la investigación científica trata de ofrecer una vida más fácil y segura para todos. En la ilustración podemos observar a un robot destinado a realizar manipulaciones en una central nuclear; el robot opera por control remoto.

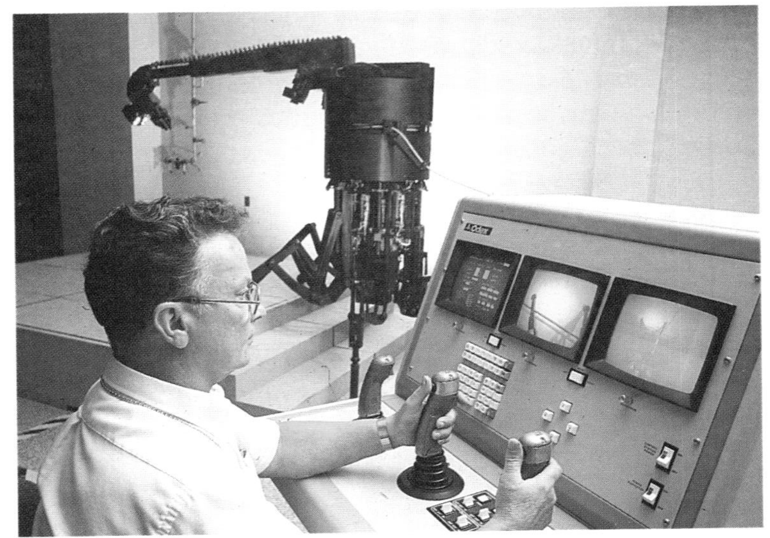

Para el estudio de las diferentes materias y sus hechos los intelectuales utilizan un método que consiste en tres fases: *observar* (estudiar algo a fondo para aprender todo lo que podamos sobre el objeto de estudio), formular una *teoría* (que trata de explicar de qué está compuesto el objeto de estudio o cómo funciona) y la tercera fase es la *experimentación* (probar y examinar prácticamente el objeto de estudio). Si los experimentos realizados en esta tercera fase coinciden con la teoría creada para dar una explicación a los hechos que se estudian, y los hechos y la teoría no se contradicen, esta teoría se convierte en *ley científica*. Como la ciencia está siempre en constante evolución acostumbra ocurrir que los científicos descubran nuevos hechos probados acerca de algo y entonces la ley científica cambia.

Las antiguas civilizaciones de Grecia y de China (entre otras, como la de Egipto o la maya) fueron pioneras en el estudio científico. Durante la EDAD MEDIA la ciencia sufrió un gran estancamiento en el continente europeo; más tarde, con el RENACIMIENTO despertó de nuevo el interés de los eruditos y estudiosos del siglo XV. Los científicos empezaron a realizar descubrimientos que influyeron y luego cambiaron la manera de pensar y de vivir de las gentes. Este proceso de cambio de la sociedad experimentó un gran auge durante el período de la REVOLUCIÓN INDUSTRIAL, caracterizada en sus inicios por el invento de la MÁQUINA DE VAPOR y del telar mecánico; años más tarde se conoció el empleo de la energía eléctrica; desde entonces la investigación científica se ha incrementado considerablemente y hoy permite que el hombre viaje por el espacio y llegue a la Luna y que pueda curar la mayoría de las enfermedades.

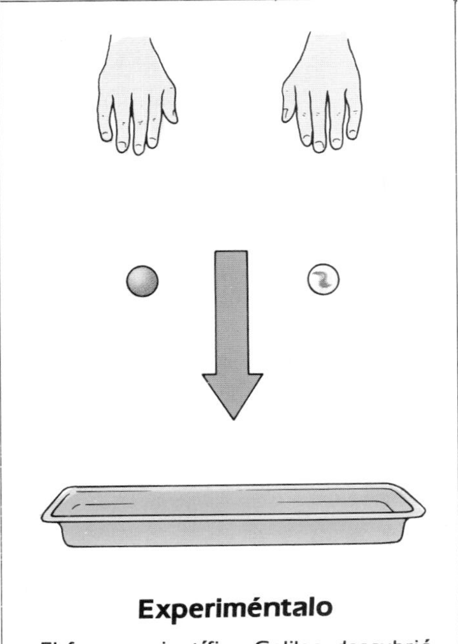

Experiméntalo

El famoso científico Galileo descubrió que los objetos incrementan su velocidad a medida que caen. Utiliza una bandeja y dos objetos con la misma forma pero de distinto peso; déjalos caer procurando soltarlos en el mismo instante. Galileo afirmaba que los objetos del mismo tamaño y forma caen a la misma velocidad sin importar cuál sea su peso.

◀ Muchos de los relatos de ciencia ficción se desarrollan en el espacio exterior.

Muchos creen que la ciencia ficción es un género literario reciente. En el año 100, el escritor griego Luciano de Samosata nos relata viajes a la Luna y encuentros con los extraños habitantes del satélite. El famoso astrónomo del siglo XVI Kepler, en su obra *Somnium*, relata un viaje a la Luna y los encuentros del protagonista con criaturas parecidas a las serpientes.

Ciencia ficción

La ciencia ficción es un género literario y cinematográfico que relata historias generalmente situadas en el futuro o en otros planetas. Los escritores de este género, en sus relatos, a menudo hacen uso de los últimos avances científicos y tecnológicos para imaginar y describir las consecuencias que estos nuevos inventos pueden acarrear en el futuro. En gran parte de las historias de ciencia ficción se relatan viajes a través del tiempo o espaciales y encuentros entre criaturas de otras galaxias. Otro de los temas preferidos por este género es la descripción del mundo en el futuro, lo cual ofrece a los escritores la posibilidad de criticar las cosas que consideran erróneas o deficitarias en el mundo actual.

Autores pioneros de la ciencia ficción fueron Julio Verne (1828-1905), H.G. Wells (1866-1946), Aldous Huxley (1894-1963) y George Orwell (1903-1950). Entre los escritores actuales podemos destacar a Isaac Asimov, Ray Bradbury y Arthur C. Clarke.

Ciervo

Los ciervos son rumiantes de la misma familia que los antílopes y las vacas. El ciervo macho está armado con una cornamenta que renueva cada año (caduca); la hembra de la especie, a excepción del reno, no tiene astas o cornamenta.

Los ciervos poseen en la frente unos huesos abultados; cada año, con la llegada de la primavera, estos muñones

▲ El desarrollo de las astas de los ciervos se inicia con la aparición de tiernos muñones cubiertos por una piel fina y peluda, y finaliza en una poderosa cornamenta.

▲ El alce es el más grande de todos los ciervos. El reno se adapta perfectamente a la vida en latitudes septentrionales, mientras que el gamo a menudo se encuentra en parques. La especie europea más conocida es el ciervo común. El pequeño *muntjac* mide 45 cm de altura y ladra como un perro.

Aunque no nos lo parezca, el origen de ciervos y jirafas es común. Los restos fósiles nos demuestran que el hombre prehistórico se alimentaba de la carne de venado, la piel la utilizaba como prenda de abrigo y la cornamenta la transformaba en armas y herramientas.

empiezan a recibir una afluencia de sangre que contiene una sustancia capaz de impulsar el crecimiento de los huesos; éstos empiezan a crecer efectuando un rápido desarrollo que termina con su transformación en astas. Al principio, las astas se presentan recubiertas de una piel suave y aterciopelada; con la llegada del verano el desarrollo de la cornamenta es completo, y el suministro de sangre se corta, lo que provoca que el terciopelo que cubre las astas se seque y muera. Seguidamente el ciervo frota su cornamenta para desprenderse de la piel y conseguir unas astas duras y brillantes. Algunas cornamentas pueden ser muy grandes, como la del ciervo común que puede llegar a pesar 35 kg, y la del alce americano que puede alcanzar hasta 2 metros de longitud.

Los ciervos viven principalmente en el hemisferio norte del planeta, aunque se localizan algunas especies en América del Sur y Asia.

Con la llegada del otoño, los machos de la especie se vuelven muy agresivos, y luchan entre sí por la posesión de las hembras. Estos animales viven en manadas de varias hembras con un macho dominante; éste protege al grupo con gran celo.

El tamaño de los ciervos puede variar considerablemente; el más grande es el alce de Alaska, que suele medir 2,3 metros de altura y pesar unos 800 kg; el más pequeño es el pudú, de Chile, con una altura de tan sólo 33 cm y un peso de 8 kg.

El reno puede domesticarse como animal de tiro para los trineos; además, su carne y su piel son muy valoradas por los pueblos lapones de Escandinavia. Los ciervos son animales salvajes en su estado natural, pero algunas especies, como por ejemplo el reno, han sido domesticadas con éxito; el ciervo común permite su manutención en granjas para el aprovechamiento de su carne (carne de venado).

▲ La cigüeña común construye sus nidos sobre los tejados, torres de las iglesias, chimeneas, etc., en las ciudades de Europa, Asia y el norte de África. La cigüeña negra cría en la península ibérica, en el norte de Alemania y en la Europa oriental debido a la desaparición de su hábitat en otros lugares de Europa.

Cigüeña

Ave de considerables dimensiones con patas altas y cuello alargado; se alimenta de peces, crustáceos y reptiles que pesca en los pantanos; ciertas especies de cigüeñas se alimentan de carroña. Más de doce especies de cigüeñas viven distribuidas por las zonas cálidas del planeta; la más conocida es la cigüeña común, que posee un plumaje blanco en todo el cuerpo excepto las plumas de las alas que son negras; anidan en Europa y en Asia central, y en otoño levantan el vuelo hacia el sur.

La envergadura de las alas de las cigüeñas les supone tener que hacer un esfuerzo considerable para poderlas mantener en constante movimiento, por lo que prefieren remontarse y planear.

Cinc

El cinc es un METAL duro de color blanco azulado. Este ELEMENTO es conocido desde la antigüedad; la extracción del mismo se remonta a más de 2.000 años, cuando se usaba en estado de ALEACIÓN con el COBRE para hacer latón.

La producción mundial de cinc está dominada por Canadá, Australia y la CEI. En estado natural, a menudo contiene trozos de otros elementos como cobre, oro, plomo o plata.

Una importante aplicación del cinc tiene lugar en el proceso de galvanización del acero. Este proceso consiste en revestir el acero con cinc para proteger al primero de los efectos de la atmósfera. El cinc se emplea también en la fabricación de elementos para pilas eléctricas. El níquel y el bronce son, además del ya antes mencionado latón, algunas de las aleaciones de las que el cinc forma parte.

▼ Un trozo de cinc; este metal se extrae principalmente de las minas de Estados Unidos, Canadá, la CEI, Australia y México. El cinc nunca se encuentra en su estado puro, siempre está combinado con otras sustancias.

▲ Quizá la más famosa de las primeras películas de efectos especiales sea *King Kong*; en su época, maravilló a los espectadores hasta tal punto que el público llegó a pensar que el monstruo era real.

Cine

El arte de representar imágenes en movimiento se originó con el invento del estadounidense Thomas Edison en 1891, al que llamó *cinetoscopio*; poco después de que esta máquina se divulgara, dos hermanos franceses, Auguste y Louis Lumière, inventaron un aparato similar, el *cinematógrafo*. La máquina de los hermanos Lumière fue el primer aparato que permitió la proyección de imágenes de una película sobre una pantalla. Las imágenes discurrían en la pantalla una detrás de otra a gran velocidad, lo que daba la impresión de movimiento. En 1896, en París, los hermanos Lumière ofrecieron al mundo la primera proyección en público de una película.

Las primeras películas no se parecían mucho a las que hoy en día estamos acostumbrados a ver; estaban realizadas en blanco y negro, los movimientos eran bruscos y carecían de sonido. En un principio las películas se realizaban para mostrar sucesos y noticias reales (tipo docu-

▶ La fórmula del suspense y emoción minuto a minuto de *En busca del Arca Perdida* se apoya considerablemente en el uso de los efectos especiales.

▶ Una de las películas más famosas de la historia fue *Lo que el viento se llevó*; realizada en 1939, nos relata una historia situada en tiempos de la guerra civil estadounidense.

▲ Estrellas famosas de la gran pantalla. De izquierda a derecha: Rodolfo Valentino, Bette Davis, Meryl Streep, Humphrey Bogart y (abajo) John Wayne y Marilyn Monroe.

mental), pero a partir de 1902 se empezó a trabajar con historias ficticias. Se inició la contratación de actores para su trabajo en la interpretación de personajes imaginarios, y se escribieron guiones cinematográficos. Este tipo de películas se hicieron muy populares en Francia y en Estados Unidos; Hollywood, en California, se convirtió en el centro mundial de producción de películas. La primera película sonora se tituló *El cantor de jazz*, y se estrenó en América en 1927. Estados Unidos se convirtió en la primera nación en el mundo cinematográfico. Para la nueva industria del cine se emplearon enormes sumas de dinero; se contrataron a cientos de actores, cantantes y bailarines, se construyeron decorados especiales y se hizo uso de toda clase de medios técnicos y artísticos. A pesar de los medios materiales americanos, en Europa también se realizaron películas importantes, y cuando hubo terminado la II Guerra Mundial se popularizó un género de cine más realista; éste representaba historias de la vida cotidiana, en contraposición con el estilo americano más evasivo. La mayor parte de las películas a partir de 1939 se realizaron en color. En la actualidad, la producción cinematográfica está extendida por todo el mundo, aunque Estados Unidos sigue realizando la mayor parte de las grandes producciones utilizando la tecnología moderna para crear fantásticos efectos especiales. Desde los años sesenta la TELEVISIÓN ha supuesto una amenaza para la industria del cine; ésta, en los últimos años, ha realizado numerosos experimentos encaminados a desarrollar nuevas clases de películas.

¿Quién ha sido el personaje procedente de la literatura que ha protagonizado un mayor número de películas? La respuesta es Sherlock Holmes, el famoso detective producto de la pluma de Conan Doyle que ha sido representado en 187 películas desde el año 1900 hasta nuestros días.

▲ El payaso ha sido, desde siempre, uno de los personajes más entrañables del circo.

Circo

Los romanos fueron los primeros en usar la palabra *circum* para describir un gran espacio al aire libre destinado a carreras de carros, luchas, ejercicios gimnásticos, etc. El circo moderno nació en el siglo XVIII; los números circenses de hoy incluyen payasos, acróbatas, malabaristas y toda clase de animales amaestrados; entre éstos podemos destacar a los leones, los elefantes y los osos.

Cirugía

La cirugía es una disciplina médica que consiste en realizar intervenciones al objeto de extraer o arreglar las partes dañadas del cuerpo que lo requieran. La cirugía se practica en un hospital por un médico con conocimientos específicos, al que denominamos cirujano. El doctor cirujano, o la doctora, realiza las intervenciones quirúrgicas en una sala de operaciones o quirófano, el cual está equipado con RAYOS X y otro tipo de material que sirve de ayuda al cirujano y a su equipo para proceder a la operación. Antes de ésta, y para que el paciente no sienta dolor, se suministra una anestesia; el cirujano empieza a operar, abriendo la zona afectada con un bisturí; diversos tipos de instrumentos se utilizan para prevenir la hemorragia y sujetar la piel. Después de la intervención se procede a cerrar la herida mediante el cosido de sus extremos con puntos o con una cinta especial.

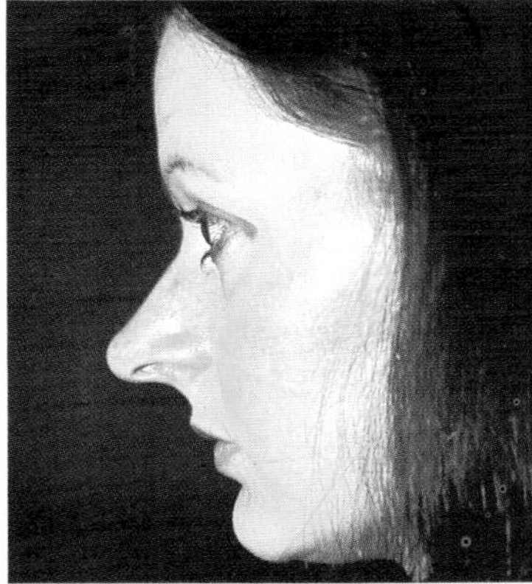

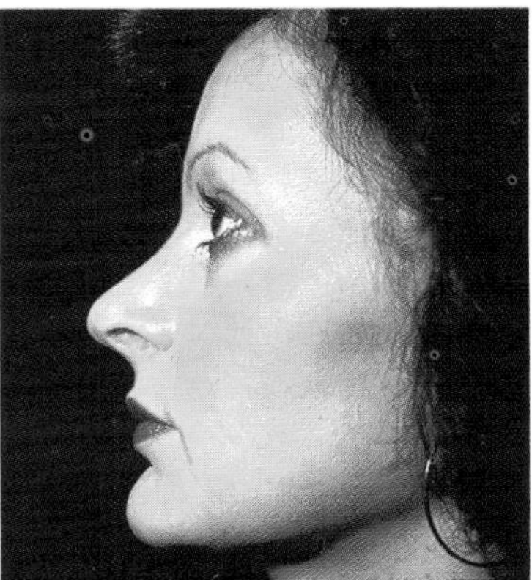

▶ La cirugía plástica se usa en la mayoría de los casos para reparar superficies del cuerpo que han sido dañadas por causa de quemaduras de consideración o por accidentes. También puede usarse por razones puramente estéticas, para mejorar el aspecto del individuo. Las fotografías nos muestran a la misma mujer antes y después de una operación de cirugía plástica que se efectuó para reducir el tamaño de la nariz.

Cisne

Los cisnes son grandes y graciosas AVES acuáticas, que pese a su tamaño y peso considerable son capaces de volar.

Para ello necesitan una amplia superficie libre de obstáculos, por la que corren durante largo rato para tomar impulso. Los cisnes nadan con sus pies palmeados, y sumergen su cuello en el agua para buscar alimento, que consiste en plantas y pequeños animales acuáticos. Construyen voluminosos nidos en el suelo, al lado de los ríos o estanques; las crías del cisne aunque nacen feas, pronto se tornan bellas y muy blancas. Algunas especies de cisne emigran hacia el sur en primavera y en otoño; vuelan en manadas, en formación, adoptando el perfil de la letra V.

▼ Aunque pesados, los cisnes poseen grandes alas y poderosos músculos pectorales que les permiten volar; necesitan una larga pista de «despegue» en agua o en tierra firme para remontar el vuelo.

Clan

El clan es un grupo de familias que se supone comparten un antepasado común; este antepasado, a veces, realmente existió, pero a menudo forma parte de una leyenda. Cada clan comparte el mismo apellido.

En Escocia el nombre del clan empieza a menudo con «Mac», lo que significa «hijo de», por tanto Macdonald significa «El hijo de Donald». En Irlanda, «O» también significa «hijo de», por lo que deducimos que O'Neil significará «hijo de Neil».

Con frecuencia, en los valles de Escocia vivían varios clanes; éstos criaban ganado vacuno con gran celo y lo defendían intensamente del enemigo o ante intrusos extranjeros. Los clanes organizaban partidas generalmente nocturnas para robar las reses del clan contrario, lo que provocaba disputas y riñas que a menudo duraban a lo largo de generaciones.

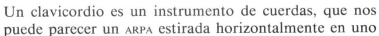

▲ Cada clan escocés tiene sus patrones propios. Aquí vemos el tartán de los clanes Maclead of Lewis (arriba), Maclead (centro) y Ross (abajo).

Clavicordio

Un clavicordio es un instrumento de cuerdas, que nos puede parecer un ARPA estirada horizontalmente en uno de sus lados y colocada en una caja con patas. Los primeros clavicordios aparecieron en la Edad Media. Un músico de clavicordio toca el teclado como tocaría el de un PIANO, cada tecla acciona unas láminas metálicas que ejercen a la vez funciones de macillo y de puente.

Cleopatra

Cleopatra (69-30 a.C.) era una reina de Egipto que fue proclamada heredera juntamente con su hermano de 17 años, pero debido a la presión que ejercieron los partidarios de éste, los cuales la acusaron de conspiración, tuvo que huir del país. Cuando Julio CÉSAR entró en Egipto, se enamoró de Cleopatra y la ayudó a recuperar el trono; ella siguió a César en su regreso a Roma, donde vivieron hasta que César fue asesinado el año 44 a.C. Tras la muerte del caudillo, Cleopatra volvió a su país. Tres años después, se alió con Marco Antonio; éste gobernaba el Imperio Romano juntamente con Octavio. Marco Antonio se enamoró de Cleopatra y dejó a su mujer, la hermana de Octavio; éste, receloso, no confió en la nueva pareja y les declaró la guerra. Marco Antonio y Cleopatra fueron vencidos en la batalla naval de *Actium*, en Grecia, en 31 a.C., y se vieron obligados a huir.

Llegaron a la ciudad de Alejandría, en Egipto, seguidos de cerca por Octavio y sus ejércitos. Cleopatra tomó conciencia de que nunca podría vencer a Roma, y para escapar de sus perseguidores, ella y él decidieron suicidarse.

Cleopatra fue el nombre de siete reinas del antiguo Egipto. La famosa reina que aquí nombramos fue Cleopatra VII. Los historiadores no están seguros de cuál fue la clase de serpiente que mordió a Cleopatra; probablemente se tratara de una cobra egipcia; su mordedura causa la muerte con rapidez.

▼ Aunque fue la reina de Egipto, Cleopatra tenía sangre griega, descendiente directa de la línea de Tolomeo que Alejandro Magno puso en el trono de Egipto.

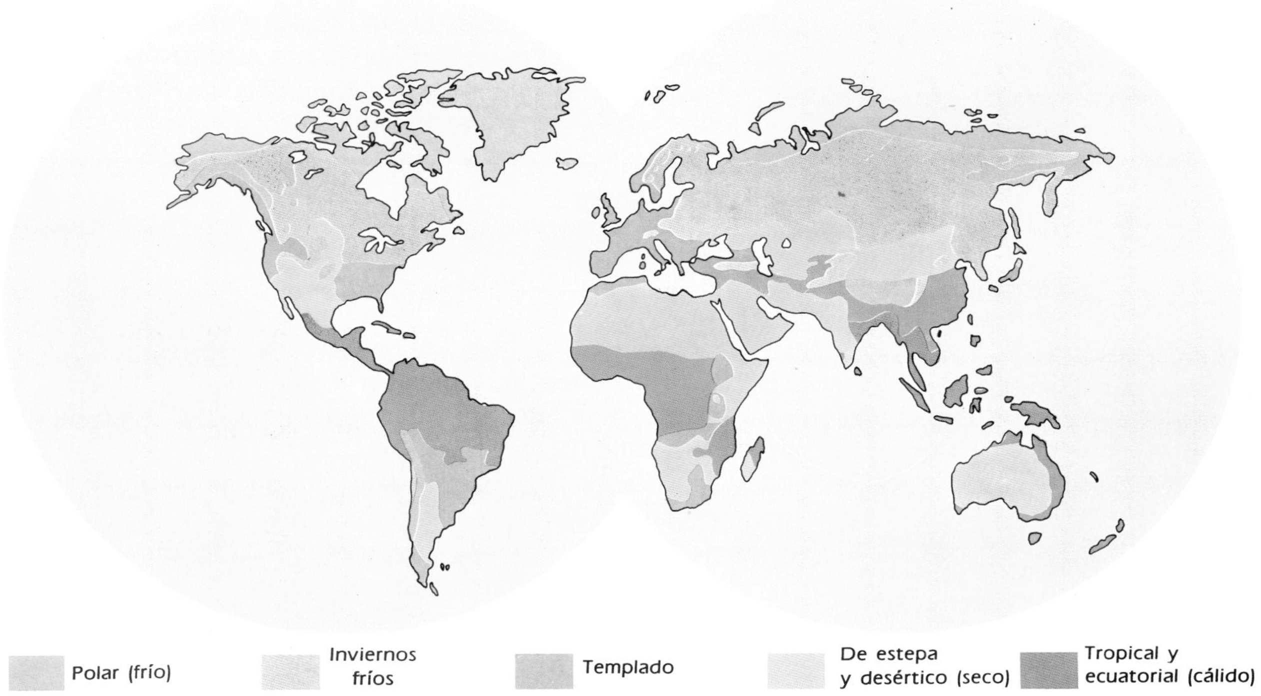

▲ La Tierra puede dividirse a grandes rasgos en cinco zonas climáticas. Dentro de estas zonas hay variaciones debido a que el clima es determinado por la altitud y por la latitud.

Clima

El clima es el conjunto de fenómenos meteorológicos que caracteriza una zona geográfica por un largo período de tiempo. Lo que llamamos coloquialmente el TIEMPO puede variar de un día para otro, pero el clima no cambia.

La influencia más grande en el clima la ejerce el Sol; la incidencia de los rayos solares hace que la tierra, los mares y el aire se calienten. Los países cercanos al ecuador reciben con mayor intensidad los rayos del Sol, y por tanto el clima de estas regiones es más cálido que el de las zonas situadas cerca de los polos. El clima de las regiones polares ártica y antártica es muy frío debido a que los rayos solares escasamente llegan a ellas.

Cuando el Sol calienta la atmósfera produce corrientes de aire que determinan el clima, que puede ser de tipo cálido o de tipo frío; el viento puede ser a su vez seco o húmedo y la incidencia de los vientos sobre las regiones hace que éstas, en consonancia, tengan un clima seco o húmedo.

Los vientos y el calor del Sol producen corrientes en los océanos. La corriente del GOLFO que va desde México hasta el noroeste de Europa hace que el calor del mar temple estas zonas en invierno y que los países limítrofes con el Océano Atlántico y afectados por la corriente tengan climas moderados.

▼ Los polos reciben menos calor que el ecuador porque los rayos del Sol tienen que realizar un mayor recorrido por la atmósfera terrestre. Dado que la Tierra es redonda, la incidencia del Sol en los polos es menor porque los rayos alcanzan estas zonas de forma oblicua.

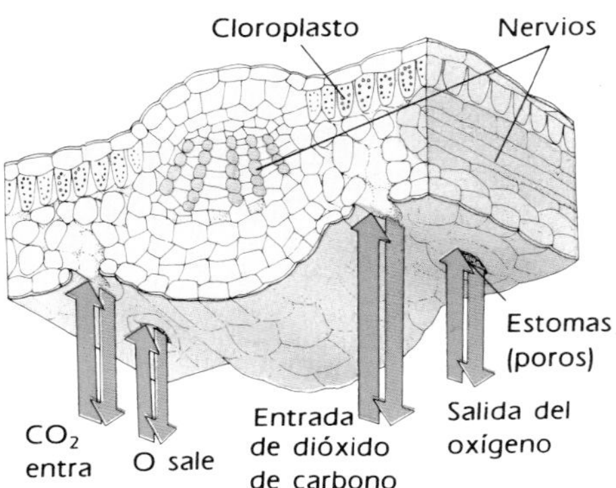

▲ En la mayoría de las plantas la fotosíntesis se produce en la parte superior de las hojas. El agua y los abonos son transportados hasta las células de producción de alimentos a través de un sistema de venas, mientras que los gases como el dióxido de carbono (CO_2) entran y salen de la hoja a través de unos pequeños poros que reciben el nombre de «estomas». Las plantas producen el oxígeno (O) que respiramos.

El relieve de las montañas también influye en el clima; en las cimas, el aire es menos denso y no absorbe de la misma forma el calor del Sol que el aire de las regiones situadas en las faldas de las montañas o en los valles.

Clorofila

La clorofila es una sustancia verde que da color y que se encuentra en la mayoría de las PLANTAS; la clorofila está dentro de las células de las plantas, contenida en pequeños elementos denominados *cloroplastos*.

Para producir su alimento las plantas necesitan de la clorofila; la luz del Sol, cuando incide en las hojas, actúa conjuntamente con la clorofila para transformar el dióxido de carbono del aire y del agua, que la planta absorbe a través de sus raíces enterradas en el suelo. El agua contiene AZÚCARES y ALMIDONES, que son los alimentos necesarios para el desarrollo de los vegetales; al mismo tiempo, a través de las hojas, las plantas desprenden OXÍGENO. El proceso descrito recibe el nombre de *fotosíntesis* y desempeña un papel primordial para la vida en la Tierra; todas las criaturas del planeta necesitan oxígeno para poder respirar.

Las plantas sólo pueden producir clorofila cuando se mantienen cerca de la luz; observamos en las plantas situadas durante cierto tiempo en lugares oscuros, que éstas pierden el color verde característico de sus hojas, volviéndose blancas o amarillentas; este fenómeno es debido a la falta de clorofila que padece la planta.

Experiméntalo

Las plantas necesitan luz para producir la clorofila que las mantiene verdes. Puedes probarlo por ti mismo pegando un trozo de papel negro en una hoja de la planta. Tras unos días, verás que queda una marca donde pusiste el papel negro. Sin luz no hay clorofila.

Coala

Los coalas son MARSUPIALES de pequeño tamaño de aspecto rechoncho parecido al oso. Viven en Australia, en las regiones situadas al este de Queensland hasta Nueva Gales del Sur. Su comportamiento es parecido al de los perezosos; trepan reposadamente por los árboles de eucalipto y se alimentan exclusivamente de sus hojas; son de carácter apacible y casi nunca bajan al suelo. Los fuegos forestales y la caza han reducido su número considerablemente. En la actualidad la mayoría viven protegidos en reservas zoológicas.

Cobre

El cobre es un METAL de color pardo rojizo. El cobre natural empezó a trabajarse en tiempos remotos; se empleó para la fabricación de armas, herramientas y ornamentos. Probablemente es uno de los primeros metales utilizados por el hombre; se han encontrado indicios de cobre en las primeras civilizaciones (7000-6000 a.C.) de Egipto e Irak. Estos pueblos usaron el cobre en su estado natural, tal y como lo encontraron en el suelo. En su estado normal, el cobre se denomina mena o cobre mineral, y se encuentra mezclado con otros minerales formando un compuesto. Mediante el calentamiento del cobre mineral (fundición), se obtiene el cobre puro.

El cobre puro es muy blando, su mezcla con otros minerales produce las aleaciones de latón y de bronce, estas mezclas resultan fuertes y resistentes y se emplean para la fabricación de herramientas. Si el cobre se expone durante largos períodos de tiempo a la acción de los agentes atmosféricos, adquiere un tono verdoso. El cobre es un metal dúctil que se puede moldear en láminas o estirarlo para hacer cables. Es buen conductor del calor y de la electricidad. Por sus propiedades se emplea en la fabricación de utensilios de cocina y cables eléctricos.

▲ Los pequeños coalas se agarran al dorso de la madre para subir por los árboles, que constituyen su hábitat natural.

Cocodrilo (ver Caimán y cocodrilo)

A principios del siglo XIX Swansea, en el sur de Gales (Inglaterra), fue el centro de la industria del cobre; las tres cuartas partes de la producción mundial se fundían en el valle de Swansea; había alrededor de 600 hornos, la mayoría dedicados a este tipo de actividad, y el humo que generaban deterioró considerablemente la zona rural.

Cohete

Un cohete pirotécnico y los cohetes espaciales que transportan a los astronautas a la LUNA comparten el mismo principio de propulsión; ambos queman combustible

◀ Casi las tres cuartas partes de la producción mundial de cobre se extrae de las minas de Estados Unidos, CEI, Zambia, Chile, Canadá y Zaire. El cobre es el segundo metal más utilizado del mundo.

▶ La mayor parte de los motores funcionan con combustible que queman con el oxígeno presente en el aire. En el espacio exterior se nos presenta un problema: la falta de oxígeno hace imposible la combustión; para que ésta se produzca, el cohete, además del combustible (hidrógeno líquido), debe llevar depósitos con oxígeno (oxígeno líquido congelado). Los cohetes de fuegos artificiales queman pólvora contenida en un cartucho y la fuerza de reacción los eleva en el aire; los diferentes productos químicos que llevan en la cabeza los hace estallar produciendo efectos luminosos.

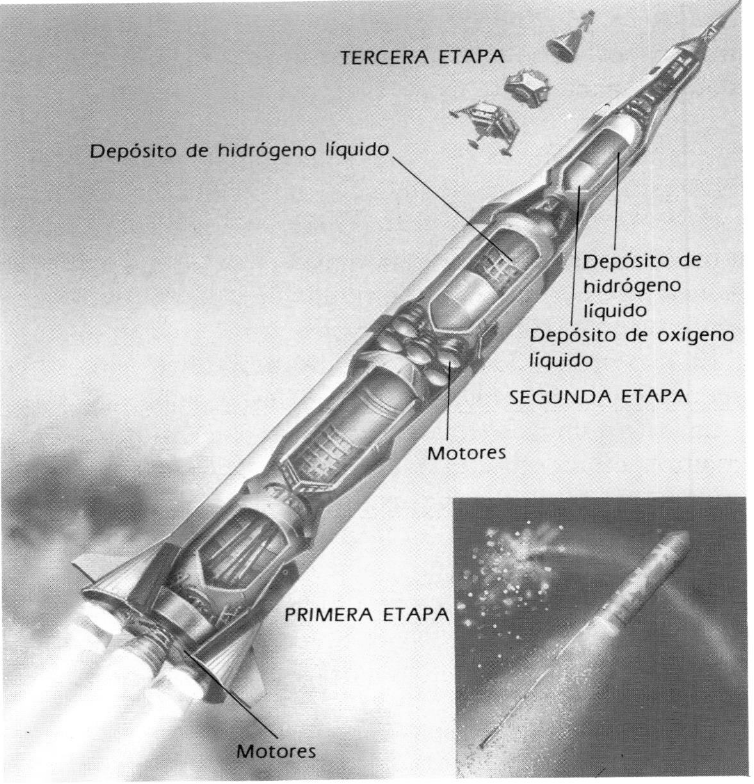

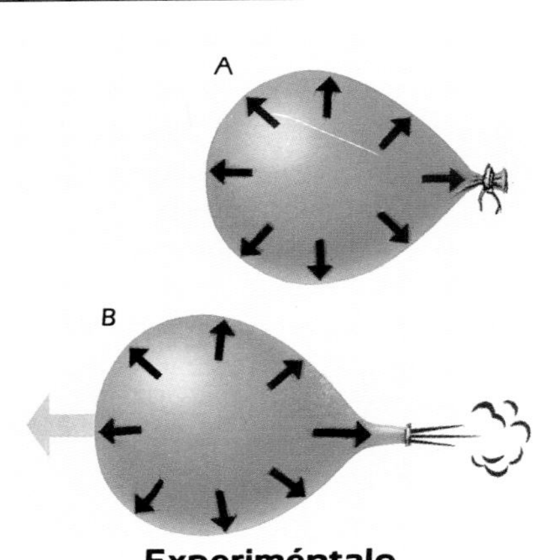

Experiméntalo

El principio de propulsión lo podemos experimentar con un simple globo. Cuando el aire sale del globo, actúa como un cohete; llena el globo con aire, las paredes se extenderán y el globo aumentará de volumen; este fenómeno ocurre porque estás introduciendo gran cantidad de aire en un espacio reducido. Cuando cierras la boca del globo (A), el aire empuja equitativamente en todas direcciones; ahora abre la boca del globo (B), éste pierde su forma a medida que el aire escapa, mientras esto ocurre la presión del aire en el lado contrario a la boca del globo se hace mayor que la presión alrededor de la boca, y el globo se desplaza en la dirección donde hay mayor presión.

para producir gases calientes, estos gases empujan hacia atrás creando una fuerza de *reacción* que impulsa al cohete hacia delante.

Al contrario que los aviones, los cohetes no necesitan aire para sus motores; esto hace de los cohetes vehículos idóneos para el desplazamiento por el espacio exterior donde, como sabéis, no existe el aire.

En el siglo XIII, en China se utilizaron cohetes en el campo de batalla. Los cohetes que se emplean para lanzar SATÉLITES y naves espaciales fueron desarrollados después de la segunda guerra mundial; en las décadas de los 50 y 60 las técnicas de propulsión experimentaron importantísimos avances, tanto en el terreno científico como en el técnico. Los cohetes de *fases* están construidos por varios cohetes superpuestos; cada una de estas fases o etapas equivale a un cohete individual; las etapas se encienden durante el transcurso del vuelo por turno riguroso y cuando la nave lo requiere.

El combustible de los cohetes alemanes V-2 estaba compuesto por una mezcla de queroseno y de oxígeno; los V-2 transportaban bombas y entraron en acción al final de la II Guerra Mundial. Los cohetes de nuestros días utilizan combustible líquido; este combustible no sólo ofrece mayor cantidad de energía a igual peso, sino que también permite efectuar un mayor control de la misma. El *Energía* es el cohete en la actualidad de mayor potencia y se utiliza para propulsar un transbordador espacial soviético.

Los cohetes actuales usan propergoles líquidos, normalmente hidrógeno líquido; para que se produzca la combustión se necesita oxígeno. El combustible y el oxígeno se almacenan en depósitos por separado, ambos son impulsados mediante bombas dentro de la cámara de combustión donde se activa una quema explosiva generadora de gases que a través de una tobera salen al exterior con fuerza y elevan el cohete. El hidrógeno líquido y el oxígeno líquido tienen que estar refrigerados para conservar su estado líquido.

Colibrí

Los colibríes son las AVES más pequeñas que existen. Viven únicamente en el continente americano, desde Canadá hasta el cabo de Hornos, en América del Sur. Hay 320 especies de colibríes clasificadas. La especie de menor tamaño se encuentra en Cuba; la longitud de sus ejemplares no alcanza los 5 cm; este pajarito tiene un tamaño ligeramente superior al de un abejorro. El plumaje, generalmente verde, está compuesto de plumas capaces de descomponer la luz, de ahí sus colores con brillo metálico.

Cuando miramos a los colibríes y la luz del Sol incide sobre ellos, percibimos bellos tonos de azul, verde, rojo y amarillo. Por su tamaño y por la propiedad de las plumas de descomponer la luz, cuando vuelan parecen joyas brillando suspendidas en el aire. Los colibríes pueden batir las alas hasta 70 veces por segundo. Esta rapidez en el movimiento de las alas produce el característico zumbido, y les permite maniobrar suspendidos en el aire como si se tratara de un helicóptero. Obtienen su alimento mientras vuelan.

▲ El pequeño colibrí tiene la lengua y el pico adaptados especialmente para poder alcanzar el fondo de las flores.

▶ El Coliseo, ahora parcialmente en ruinas, fue un gran anfiteatro donde los romanos contemplaron espectáculos y combates.

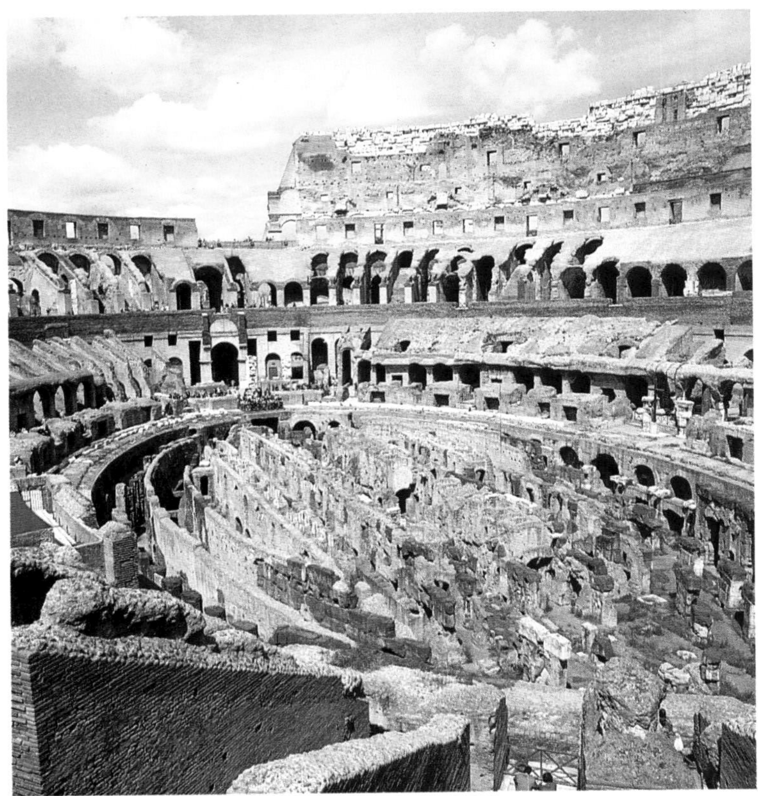

A pesar de que el Coliseo ha sufrido varios terremotos, gran parte del edificio sigue en pie. Sin embargo, sólo una parte de la mampostería exterior ha quedado intacta, porque durante la Edad Media sirvió de cantera para la construcción de la Basílica de San Pedro en Roma. Parte de las piedras que se utilizaron en la Basílica procedían del Coliseo.

Coliseo

El Coliseo de Roma fue un gigantesco anfiteatro edificado por el antiguo IMPERIO ROMANO que podía albergar a más de 50.000 espectadores y fue el edificio más grande de su clase construido en Roma; sus ruinas las podemos seguir admirando en el centro de la capital de Italia.

La arena se utilizó para combates entre GLADIADORES, batallas entre hombres y animales y luchas entre diferentes clases de animales; también se utilizó para exhibir ejemplares raros de animales salvajes. El suelo podía inundarse con agua, lo que permitía, asimismo, desarrollar batallas navales. Debajo de la arena había corrales donde se encerraba a las fieras; en la ceremonia de inauguración se sacrificaron 5.000 animales.

COLOMBIA

Gobierno: República
Capital: Bogotá
Superficie: 1.138.914 km²
Población: 30.000.000 hab.
Lengua: Español
Moneda: Peso

Colombia

Es un Estado de AMÉRICA DEL SUR situado en el sector septentrional del continente. La mayor parte del territorio colombiano es jungla seca y cálida; la población se acumula en las regiones situadas al noroeste del país, donde las tierras son altas y fértiles. El café es el cultivo más importante, pero también ocupa un lugar sobresaliente el cultivo de cacao y caña de azúcar, bananas y maíz. Posee riquezas minerales de consideración (petróleo, gas, carbón, oro) y una industria que, aún incipiente, resulta de gran dinamismo a pesar de su excesiva dependencia tecnológica. La población es el resultado de una mezcla singular cuyo origen se encuentra en un pasado colonial y en la trata de esclavos africanos. El 98% de la población se agrupa en el 45% de la superficie, pero existe equilibrio demográfico en la zona montañosa. La capital es Bogotá.

Los colombianos obtuvieron la independencia en 1819. Anteriormente el país formaba parte de las colonias españolas en América. El máximo dirigente de la revuelta contra la Corona española fue Simón Bolívar.

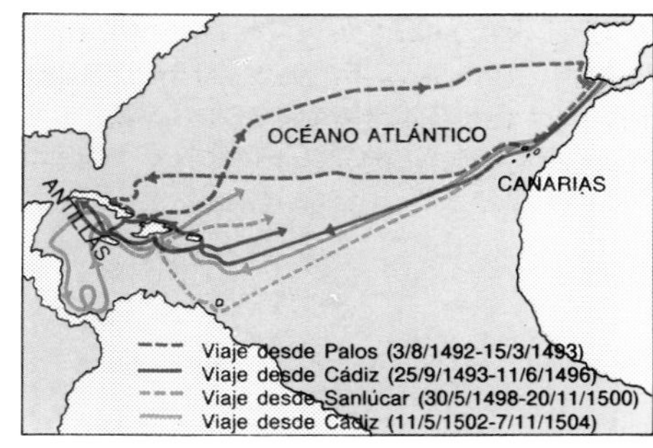

▲ Cristóbal Colón realizó cuatro viajes a las Américas; el primer desembarco fue en San Salvador, en el primer viaje. La nave insignia *Santa María*, de un peso de 100 toneladas, encalló y tuvo que ser abandonada.

Colón, Cristóbal

Cristóbal Colón (1451-1506) fue un navegante y explorador que descubrió América cuando estaba al servicio de Castilla, en 1492; a pesar de que Colón regresó a las Américas en tres ocasiones, murió creyendo que el continente que había alcanzado era Asia. Al igual que muchos de sus contemporáneos, Colón sabía que la Tierra no era plana sino redonda; los marineros europeos navegaban con rumbo este hacia «las Indias» (Asia), y traían consigo ricos cargamentos de oro, especias y tesoros. Colón pensó que si navegaba en dirección oeste alcanzaría las Indias con mayor rapidez; presentó su proyecto a los Reyes Católicos, y éstos le facilitaron el dinero y las embarcaciones para realizar el viaje. En 1492 Colón partió rumbo oeste con tres pequeñas naves, la *Pinta*, la *Niña* y la *Santa María*; navegaron durante tres semanas sin divisar tierra; la tripulación se inquietó al prolongarse el viaje más de lo previsto, pero finalmente la expedición alcanzó tierra el 12 de octubre de 1492 en una isla de las Bahamas que Colón bautizó con el nombre de San Salvador.

A su regreso a la península Ibérica, fue recibido triunfalmente en Barcelona por los Reyes Católicos.

Colón creyó que había navegado hasta las Indias, y ésta es la razón por la que llamó indios a los habitantes del Nuevo Continente.

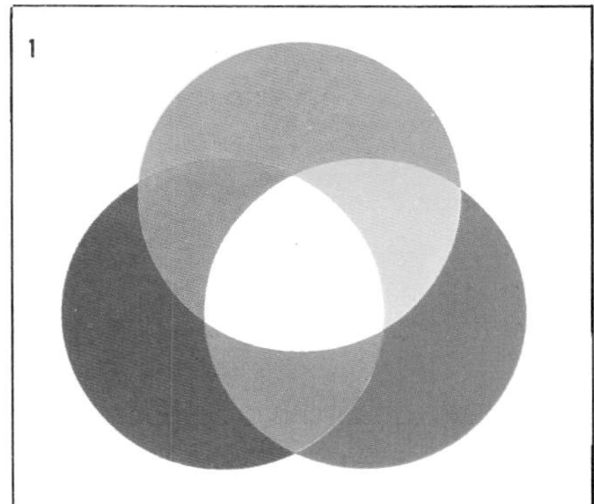

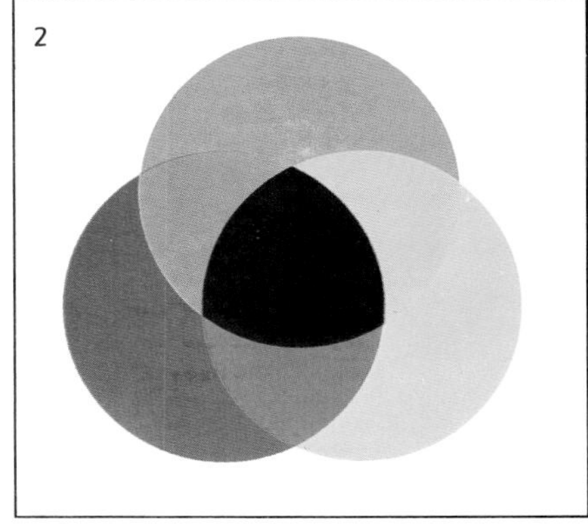

▲ El resultado de la combinación de los colores es diferente según se trate de superposición de colores de luz o de mezcla de pigmentos de color.
(1) Si superponemos todos los colores de la luz obtenemos el blanco, pero si hacemos una mezcla con pigmentos de color (2) el resultado es el negro.

Color

El primer científico que descubrió el concepto de la naturaleza de los colores fue Isaac Newton; experimentó la

▶ ¿Por qué percibimos el color? Una planta verde nos parece verde porque absorbe el resto de los colores de la luz, excepto el verde; a éste lo refleja y es el que nosotros vemos.

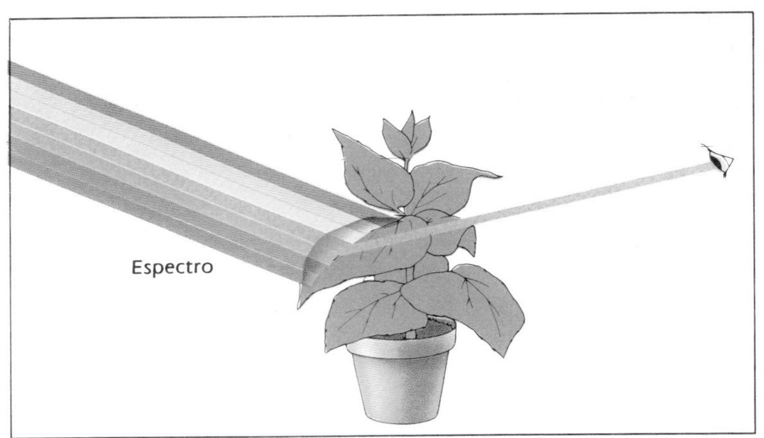

descomposición de la luz blanca a través del *prisma*. La luz del Sol, al pasar a través del prisma, se divide y forma los colores del arco iris: rojo, naranja, amarillo, verde, azul y violeta; de esta forma Newton dedujo que la luz blanca se compone de la suma de todos los colores.

Podemos observar este fenómeno cuando la luz del Sol incide en las gotas de lluvia o en la dispersión del agua que produce una manguera de jardín. Las gotas actúan como pequeños prismas descomponiendo la luz del Sol y creando los colores; éstos siempre aparecen en el mismo orden, desde el rojo hasta el violeta.

Una flor es roja porque absorbe todos los otros colores y refleja solamente el rojo, una flor blanca ofrece a nuestras retinas todos los colores del espectro; sabemos que la suma de éstos da como resultado el blanco.

Combustible

Los combustibles son sustancias que al arder producen CALOR. La utilización del calor nos suministra la ENERGÍA. Usamos la energía para hacer funcionar calefacciones, cocinas, barcos, aviones, coches, máquinas, etc., y para producir ELECTRICIDAD.

Los combustibles fósiles más importantes son el CARBÓN, el PETRÓLEO y el GAS NATURAL. Estos combustibles se formaron en las capas inferiores de la Tierra a partir de los restos de plantas y de animales prehistóricos.

No todos los combustibles producen la misma cantidad de calor; por ejemplo, un kilogramo de carbón da casi tres veces más calor que un kilogramo de madera; el equivalente en petróleo nos proporciona casi cuatro veces más calor, el gas hidrógeno diez veces más; y por último, el uranio puede proporcionarnos medio millón de veces más calor que el hidrógeno.

COMBUSTIBLES

Gas natural: combustible ampliamente extendido para usos domésticos (cocinas, calefacciones, etc.), se encuentra en las profundidades del subsuelo cerca de los pozos petrolíferos.

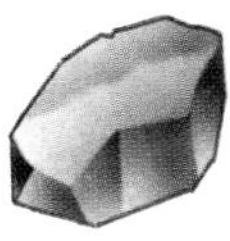

Carbón: se sigue usando para producir la mayor parte de la energía eléctrica; a lo largo de 150 años ha supuesto el combustible más importante para producir vapor.

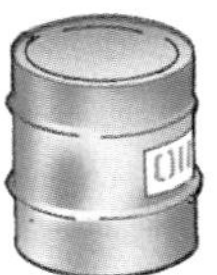

Petróleo: proviene de depósitos subterráneos muy profundos. La gasolina, el queroseno y el gas-oil son derivados del petróleo.

Combustible nuclear: normalmente es el uranio y está contenido en reactores nucleares, produciendo grandes cantidades de energía; estos reactores generan electricidad.

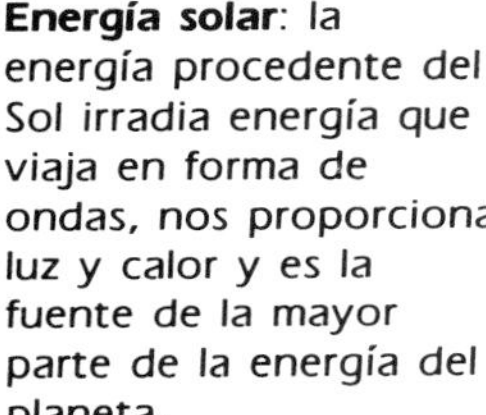

Energía solar: la energía procedente del Sol irradia energía que viaja en forma de ondas, nos proporciona luz y calor y es la fuente de la mayor parte de la energía del planeta.

◀ El carbón es un combustible sólido, al igual que otros combustibles, y es el resultado de la combinación de tres elementos químicos: carbono, hidrógeno y oxígeno.

Las reservas de combustibles sólidos no son inagotables, y el hombre tendrá que investigar y emplear mucho más a fondo el resto de las energías: NUCLEAR, SOLAR, EÓLICA, HIDROELÉCTRICA, etc.

Comercio

El comercio es la compra y venta o intercambio de mercancías, servicios y productos; el comercio interior son las transacciones realizadas entre residentes de un mismo país.

Las compañías que adquieren grandes cantidades de mercancías y las venden a las tiendas o establecimientos comerciales se llaman *mayoristas*; por el contrario, las compañías que venden las mercancías al público en general se denominan *detallistas*.

La cifra total del comercio de la Unión Europea en la década de los 80 casi triplicó la de Estados Unidos, pero esta cifra incluye el comercio entre los estados miembros así como el realizado con otros países no pertenecientes a la Unión.

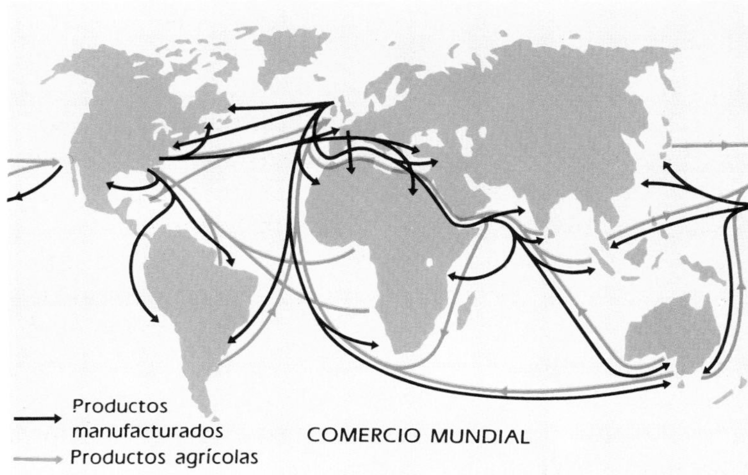

◀ Este mapa muestra la corriente general del comercio mundial: productos brutos y agrícolas procedentes de las naciones en desarrollo, y productos manufacturados procedentes de las naciones industriales.

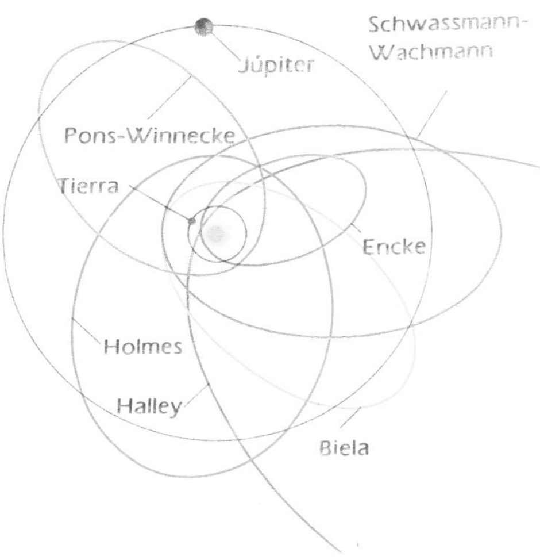

El comercio exterior o internacional es el que se realiza entre naciones; *importaciones* son las mercancías que un país compra, *exportaciones* son las mercancías que vende.

Algunas de las importaciones y exportaciones reciben el nombre de visibles, y en esta categoría incluimos productos brutos como el hierro y el cobre mineral, y productos agrícolas, como el trigo y el arroz. También incluimos productos manufacturados que pueden abarcar desde un lápiz hasta un avión. Otras importaciones y exportaciones son las denominadas invisibles; en esta categoría incluimos transacciones bancarias y de seguros, servicios de transporte y turismo.

▲ Algunos de los cometas que retornan periódicamente al Sol parten de una órbita mucho más grande que la del cometa Halley. La órbita más pequeña es la del cometa Encke, ya que en su perihelio se aproxima al astro rey cada tres años y cuatro meses; este cometa no es detectable a simple vista. Los cometas, normalmente, portan el nombre de sus descubridores. En la antigüedad se los consideró como mensajeros que presagiaban catástrofes. Estos atributos se debieron a que su aparición en los cielos era tan inesperada como dramática.

Cometa

Los cometas son astros que recorren el SISTEMA SOLAR; éstos se acercan al SOL en su perihelio por el espacio. Pero la trayectoria de las órbitas de la mayoría de los cometas supera considerablemente la órbita de Plutón, que es la más exterior del Sistema Solar. Una órbita completa de un cometa recibe el nombre de período; el cometa Encke es el de período más corto (3,3 años); otros tienen períodos de cientos o incluso miles de años.

Los cometas se componen de nubes, gases helados, hielo, polvo y rocas; los más grandes tienen un diámetro de pocos kilómetros, pero la brillante cola puede alcanzar una longitud de millones de km. La mayor parte del tiempo, incluso a través de grandes telescopios, los cometas no son visibles, pero cuando en su recorrido atraviesan el Sistema Solar, se encienden y su aspecto es muy

▶ En esta fotografía, del 9 de marzo de 1976, aparece el cometa West con sus dos colas, la de polvo de color blanco y la cola de gas de color azul.

brillante. A medida que un cometa se acerca al Sol, los rayos del astro rey desplazan un cierto número de partículas del cometa, que forman la larga cola; ésta posee escasa densidad y se compone de gases luminosos y de polvo; en caso de que una nave espacial la atravesara, no sufriría ningún desperfecto. Edmond Halley fue el descubridor del cometa que lleva su nombre; en 1682 Halley estudió la órbita del brillante cometa y predijo exactamente cuándo volvería a pasar cerca de la Tierra.

Commonwealth

La comunidad de naciones es un grupo de estados que se ayudan mutuamente; los países miembros de esta organización formaron parte del Imperio Británico. Estas naciones tienen en la actualidad sus gobiernos propios y sus leyes particulares; la mayoría de los países miembros conservan como nexo representativo al monarca británico. La Commonwealth se creó a partir de una reunión celebrada en 1926. Algunos países miembros comparten las mismas creencias y realizan intercambios comerciales. Sus jefes de Estado se reúnen periódicamente, exponen sus problemas y tratan de solucionarlos en común.

MIEMBROS DE LA COMMONWEALTH

Antigua y Barbuda
Australia
Bahamas
Barbados
Belice
Canadá
Fidji
Gambia
Granada
Jamaica
Mauricio
Nueva Zelanda
Nueva Guinea y Papúa
Santa Lucía
San Vicente y las Granadinas
Islas Salomón
Tuvalu
Bangladesh
Botswana
Brunei
Ghana
Guyana
Chipre
India
Kenia
Kiribati
Lesotho
Malawi
Malaysia
Maldivas
Malta
Nauru
Nigeria
Reino Unido
Dominica
Samoa Occidental
Saint Kitts y Nevis
Seychelles
Sierra Leona
Singapur
Sri Lanka
Swazilandia
Tanzania
Tonga
Trinidad y Tobago
Uganda
Vanuatu
Zambia
Zimbabwe

Compuesto

El compuesto químico es una especie química en cuya constitución entran dos o varios elementos; por ejemplo, la sal es un compuesto formado por el sodio y el cloro.

Los compuestos se crean cuando dos elementos se juntan y forman una sustancia que es completamente diferente a los elementos que la componen; por ejemplo, el agua es un compuesto de dos gases: el hidrógeno y el oxígeno. Existen millones de compuestos en nuestro entorno, que pueden ser simples como el agua (con tres átomos en cada molécula), o complejos como los plásticos, que tienen cientos de átomos en sus moléculas.

Comunicaciones

La comunicación es la transmisión de ideas, información o sentimientos entre las personas. Cuando respondes a una pregunta, discutes un tema o te diriges a alguien, te estás comunicando a través del lenguaje; éste es uno de los más importantes medios de comunicación. Pero existen otros (Ver págs. 182 y 183.)

▼ Los satélites de comunicaciones facilitan el envío y recepción de señales y mensajes por sistemas electrónicos en todo el mundo. En la ilustración, el satélite ECS europeo de telecomunicaciones.

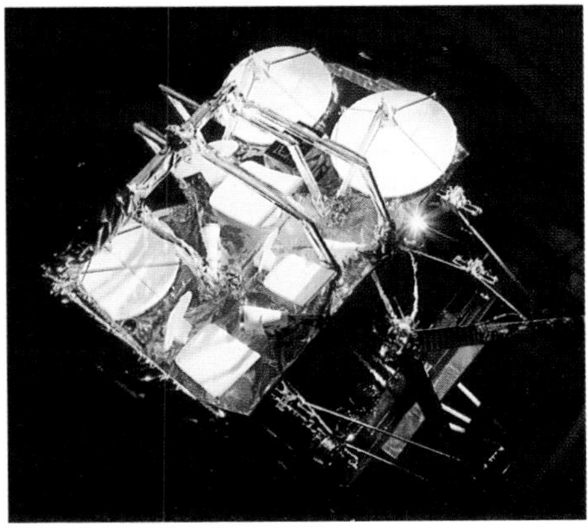

COMUNICACIONES

La comunicación es el intercambio de ideas mediante palabras, imágenes y números; nuestro saber y aprendizaje lo adquirimos a través de la comunicación con otros individuos; las civilizaciones deben su desarrollo a la transmisión de conocimientos mediante la comunicación. Si imaginas un mundo sin la posibilidad de almacenar conocimientos e información (libros), cada nueva generación tendría que inventar la rueda, por ejemplo, y tendría que confiar en la palabra hablada y en la memoria para transmitir la sabiduría y el conocimiento.

La comunicación con símbolos se inició en la Edad de Piedra con los primeros lenguajes humanos y las pinturas rupestres de las cuevas; el primer lenguaje que usaba signos gráficos se remonta a más de 5.000 años, pero el verdadero boom de la comunicación se está produciendo en los últimos 500 años. La invención de la imprenta posibilitó que los libros se hicieran asequibles para la gente que sabía leer; a partir de la revolución industrial del siglo XIX la ciencia de la comunicación ha transformado nuestras vidas aportando nuevas formas de enviar, recibir y almacenar mensajes.

AVANCES EN LA COMUNICACIÓN

Año	Invento
100	El papel, en China
950	La numeración árabe llega a Europa
1440	La imprenta con caracteres móviles, de Gutenberg
1600	Los periódicos se hacen populares
1829	Alfabeto Braille para ciegos
1837	El telégrafo, inventado por S. B. Morse
1840	La fotografía, por Daguerre y otros
1876	El teléfono, inventado por A. G. Bell
1877	El fonógrafo posibilita grabar sonidos (Edison)
1899	Grabación de sonidos en cinta (Poulsen)
1901	Primera señal de radio a través del Atlántico (Marconi)
1929	La televisión, usando el sistema electrónico (Zworykin)
1940	Invención de la fotocopiadora (Carlson)
1946	El ordenador electrónico (Eckert, Mauchly, Turing y otros)
1948	Los transistores (Shockley, Bardeen y Brattain)
1956	Grabación con cinta de vídeo (Poniatoff)
1962	El Telstar, primer satélite de comunicaciones
1970	Ordenadores y aparatos de vídeo domésticos
1980	Telefacsímil (fax), compact discs, cinta digital (DAT)

ESCRITURAS E IMPRESIÓN

◀ Antes de que se inventara la imprenta, los libros tenían que copiarse a mano; la imprenta apareció en Europa durante el siglo XV.

▲ Con el invento del tipo móvil (caracteres móviles), la impresión se hizo más rápida y eficaz; las letras podían volver a utilizarse.

◀ Elementos para la escritura: desde la pluma de ave hasta la estilográfica.

▶ La máquina de escribir, de Hammond, 1880: un martillo golpeaba la cara posterior del papel y lo presionaba contra una letra en un cilindro fijo.

INVENTOS IMPORTANTES

▶ La cámara polaroid hace instantáneas fotográficas, resume en uno solo el proceso de exposición y revelado.

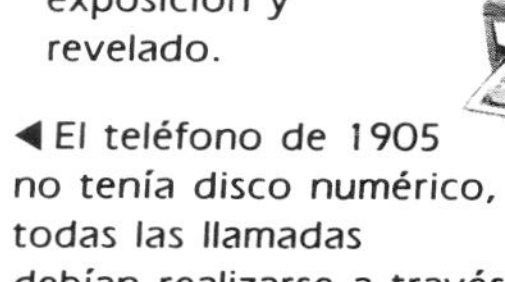

▶ El gramófono fue un invento del alemán Emile Berliner en 1887.

◀ El teléfono de 1905 no tenía disco numérico, todas las llamadas debían realizarse a través de la operadora.

▼ Una de las primeras cámaras fotográficas «Daguerre».

·–	A	····	H
–···	B	··	I
–·–·	C	·–––	J
–··	D	–·–	K
·	E	·–··	L
··–·	F	––	M
––·	G	–·	N

▲ El código Morse fue, en una época, el principal sistema para enviar y recibir mensajes a través de las ondas.

◀ El vídeo nos permite ver programas grabados.

▶ Los pequeños «Walkman» hacen posible escuchar grabaciones y hacerlas, prácticamente en cualquier lugar.

LA REVOLUCIÓN ELECTRÓNICA

▶ Las grandes antenas parabólicas se utilizan para enviar señales de TV a los satélites, desde éstos a los receptores parabólicos y desde los últimos se transmite a nuestras casas.

▲ Las primeras señales de radio fueron enviadas a través del Atlántico por Guglielmo Marconi en 1901.

▶ El ordenador personal puede ser un instrumento para la educación.

Para más información consultar los artículos: BELL, ALEXANDER; CINE; EDISON, THOMAS; FOTOGRAFÍA; GUTENBERG, JOHANNES; LENGUA; LIBRO; DENADOR; PUBLICIDAD; RADIO; SATÉLITE; TELÉFONO; TELEVISIÓN.

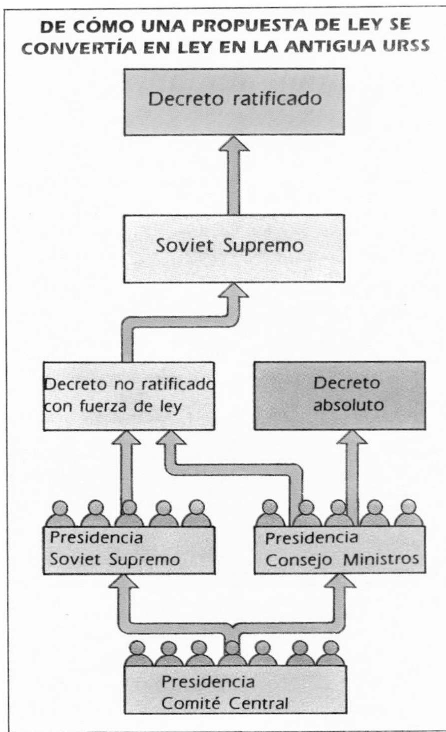

▲ En la antigua Unión Soviética, las leyes eran propuestas por la presidencia del Comité Central del Partido Comunista.

Comunidad Europea

La Comunidad Europea, actualmente denominada Unión Europea (UE), es un grupo de naciones que trabajan conjuntamente para establecer un mercado común y el acercamiento progresivo en los ámbitos político y cultural de los estados miembros. Esto facilita el intercambio de mercancías y el tráfico de personas entre los países de la Unión.

Constituyen la UE: Austria, Bélgica, Dinamarca, España, Finlandia, Francia, Gran Bretaña, Grecia, Irlanda, Italia, Luxemburgo, Países Bajos, Portugal, República Federal de Alemania y Suecia. La UE fue conocida en el pasado con el nombre de Mercado Común, y su constitución tuvo lugar en 1957 en Bruselas, capital que hace las funciones de sede central de la Unión. Su objetivo último es el de unificar todo el continente bajo el común denominador de valores como el de mercado libre, democracia, derechos humanos, progreso científico-económico, técnico, social, medio ambiente, etc, hasta llegar a la consolidación definitiva de la Europa Unida.

Comunismo

El comunismo es una teoría acerca de cómo debe ser gobernado un país; la principal idea del comunismo es que las personas deben compartir la riqueza y la propiedad (abolición de la propiedad privada) mediante la supresión de las clases sociales; se consigue establecer la igualdad entre las personas y, como consecuencia, no existen ni ricos ni pobres. En muchos países comunistas el pueblo es propietario de las fábricas y de los terrenos de cultivo, pero es el gobierno quien dirige y administra; en algunos casos el control gubernamental es excesivo y las libertades personales están restringidas.

Carlos Marx (1818-1883) fue un pensador y filósofo alemán que vivió en el siglo pasado, y quien desarrolló las teorías comunistas; con frecuencia a las personas que creen en el comunismo o que siguen sus doctrinas se les denomina marxistas porque siguen las ideas del pensador Carlos Marx.

La Unión Soviética, China y Cuba son algunos de los países que adoptaron regímenes comunistas a lo largo del siglo xx, también son comunistas algunos países de la Europa del Este y del Lejano Oriente. Lenin y Mao Zedong (antes Mao Tse-tung) fueron dos de los grandes líderes del comunismo en el siglo xx. Tras un largo período de aplicación histórica, el comunismo no ha funcionado tal y como lo entendieron la mayoría de sus

▼ Las veneras nadan mediante la acción de abrir y cerrar sus conchas rápidamente, lo que genera un chorro de agua que hace posible su desplazamiento.

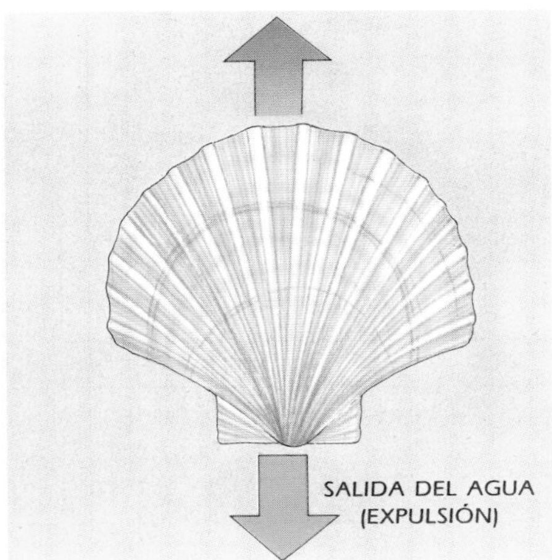

◀ En las playas y costas podemos encontrar diferentes tipos de conchas.

▲ La tellina se entierra en la arena y, mediante un tubo que extiende hasta la superficie, aspira pequeños trozos de comida procedente del agua.

jefes más carismáticos. En la actualidad, el país más importante dentro del grupo comunista, la antigua URSS, se ha desintegrado víctima de sus innumerables contradicciones.

Conchas marinas

Muchos animales viven dentro de conchas o caparazones. Esto es debido a que sus cuerpos son blandos y delicados, por lo que necesitan protegerlos. Los caparazones son, normalmente, muy duros y pueden ser de muchas medidas y colores. Algunas caracolas de mar no son más grandes que un grano de arena, en cambio otras, como las almejas gigantes del Océano Pacífico, pueden llegar a medir hasta 120 cm.

También algunos animales de tierra tienen caparazones, como los caracoles, pero la mayoría de animales con conchas viven en el mar. Algunos de éstos, como las ostras, pueden comerse. De hecho, tal y como demuestran las grandes cantidades de caparazones y conchas que se han encontrado en excavaciones, se supone que los MOLUSCOS eran una fuente de alimento muy importante para los pueblos prehistóricos.

Cobaya

Hámster

▲ El cobaya doméstico desciende del conejillo pardo canoso de los Andes. Los parientes cercanos del hámster son el gerbo y el campañol.

Conejillo de Indias y hámster

El conejillo de Indias o cobaya es un pequeño ROEDOR que puede alcanzar los 29 cm; de cabeza y tronco abultados,

Conejo común

Conejo de orejas caidas

Conejo del Himalaya

no tiene cola, es de color marrón blanco, negro, gris o mezclados. Algunos tienen el pelo largo y sedoso, que forma como un dibujo de rosetón. Son de origen peruano; los científicos los utilizan para experimentos y hay gente que los mantiene en casa como animales domésticos; comen hierba y heno, y necesitan una jaula que esté seca y un lecho limpio.

Los hámsters, que pueden alcanzar 30 cm de longitud, son más pequeños que los cobayas, tienen la cola corta y en los pómulos poseen unas grandes bolsas donde guardan la comida; la mayoría de los hámsters son de un color marrón claro por el lomo y blanco o negro por debajo.

Conejo

Pequeños MAMÍFEROS roedores de origen europeo. En la actualidad están extendidos por todo el mundo; tienen la cola corta y las orejas grandes y puntiagudas; viven en grupos de familias en madrigueras, en la tierra; cada madriguera alberga una familia de conejos.

Confucio

Confucio (551-479 a.C.) vivió hace casi 2.500 años, en China. Fue el más famoso de los filósofos chinos, enseñó a la gente cómo vivir y comportarse de una manera correcta y digna. El pueblo chino ha seguido sus enseñanzas a lo largo de los siglos. La más importante norma de Confucio fue que la gente debía pensar en los demás, y uno de sus principios básicos dice así: «No hagas a los demás lo que no te gustaría que te hicieran a ti».

Congo

Estado de ÁFRICA ecuatorial. Formó parte de una enorme colonia francesa que se independizó en 1960, y tiene una superficie de 342.000 km^2. El clima es cálido y húmedo, posee grandes macizos forestales y pantanos; cercana a la costa se extiende una sabana de hierba corta (arbustiva). El Congo produce gran cantidad de madera, y tiene plantaciones de caña de azúcar, café y cacao.

En el sector minero destaca la explotación de diamantes. A lo largo de la frontera con su país vecino, el Zaire, discurre un gran río con el mismo nombre, Zaire (antes Congo); con 4.320 km de longitud es uno de los ríos más largos del mundo.

CONGO

NIGERIA
REPÚBLICA CENTROAFRICANA
CAMERÚN
GUINEA ECUATORIAL
GABÓN
CONGO
ZAIRE
OCÉANO ATLÁNTICO
ANGOLA

Gobierno: Semipresidencialista
Capital: Brazzaville
Superficie: 342.000 km^2
Población: 1.800.000 hab.
Lengua: Francés
Moneda: Franco CFA

Conífera

Las coníferas son ÁRBOLES o arbustos; se caracterizan porque el polen y las semillas se producen en las piñas, y por la carencia de flores vistosas. La mayor parte de las coníferas viven en las partes frías del planeta; algunas, incluso, crecen al norte del círculo Ártico.

▼ Pinos, abetos, cedros, alerces y piceas son árboles pertenecientes a la clase de las coníferas; la mayoría tienen hojas en forma de aguja (aciculares) que no caen cuando llega el invierno (hoja perenne).

Conservación (ambiental)

Con frecuencia, el hombre ha despilfarrado y destruido los recursos del planeta. El ser humano utiliza los recursos naturales para casi todo lo que produce o manufactura; el uso continuado y la explotación de animales, suelo, plantas, agua y minerales, han creado una situa-

▼ Para abastecer la demanda de papel y de madera se han destruido miles de hectáreas de bosques; la conservación ambiental significa un uso racional de los recursos naturales.

▲ Cuando los turcos tomaron Constantinopla, en el año 1453, mezquitas como la de la fotografía reemplazaron a las iglesias. Aquí podemos apreciar la mezquita azul.

ción límite en ciertas áreas de la Tierra. Si queremos continuar usando estas fuentes de riqueza debemos utilizar los recursos del planeta de manera inteligente, protegiéndolos y promocionando la creación de parques naturales y reservas. En la actualidad, la necesidad de proteger la fauna y la flora, así como los recursos naturales, es un problema mundial, e implica el estudio de la ECOLOGÍA que es una rama de la BIOLOGÍA. La ecología estudia las relaciones entre los seres vivos y el entorno. El hombre debe mantener el equilibrio natural y no causar más trastornos que acaben desencadenando un desastre ecológico de consecuencias irreversibles.

Constantinopla

Constantinopla es el antiguo nombre de Estambul, en TURQUÍA. La ciudad está situada entre Europa y Asia.

Constantinopla fue la ciudad más importante del mundo occidental y su influencia y poderío duraron más de mil años. Fue fundada por el emperador romano Constantino, en el año 330; el enclave estratégico que Constantino escogió fue donde antes estuvo situada la ciudad griega de Bizancio. Para poder gobernar el Imperio Romano más fácilmente, Constantino lo dividió en dos mitades: Constantinopla fue la capital de la mitad oriental del Imperio, pero con el transcurso del tiempo la parte oriental del Imperio Romano se convertiría en el Imperio Bizantino.

Después de que el último emperador romano fuera destronado en el año 476, el Imperio Bizantino y su capital continuaron siendo poderosos; la ciudad fue hasta 1443 el emporio más importante de la Edad Media, centro de gran relevancia para la fe cristiana y lugar importantísimo de comercio y de conocimiento occidental. La invasión de los turcos otomanos en 1453 supuso el hundimiento definitivo del Imperio Bizantino.

Los bizantinos construyeron magníficos edificios, de los que una muestra exquisita es la famosa catedral de Santa Sofía, que se empezó a edificar en tiempos de Constantino. La catedral fue en primer lugar una iglesia católica, después se convirtió en mezquita musulmana; en la actualidad es un museo de arte bizantino.

El «Orient Expres» es el nombre del famoso tren de lujo que efectuaba el recorrido entre París y Constantinopla, durante el período comprendido entre la segunda mitad del siglo XIX y la primera mitad del siglo XX. El servicio en el «Orient Express» era tan lujoso que se le conocía como «el rey de los trenes y el tren de reyes».

Constelación

Región del cielo en que se encuentra un grupo de ESTRELLAS que presenta una figura determinada; las formas de las constelaciones sugieren imágenes, y en la antigüedad el hombre designó a las constelaciones con nombres de héroes, dioses o de objetos cotidianos, por ejemplo: Orión nos sugiere a un cazador, Leo a un león, Libra una balanza, etc. Existen 88 constelaciones en el firmamento, de éstas, doce son las del zodíaco y se localizan en la zona del cielo por la que el Sol efectúa su recorrido anual y donde con frecuencia localizamos a los planetas.

Alrededor de 45 constelaciones fueron nombradas por primera vez hace miles de años, pero las del hemisferio sur no fueron clasificadas hasta los siglos XVII y XVIII, cuando se efectuaron las grandes rutas por aquellas latitudes.

▲ Los primeros refugios se construyeron con materiales de fácil disponibilidad, en este caso con huesos de animales y pellejos.

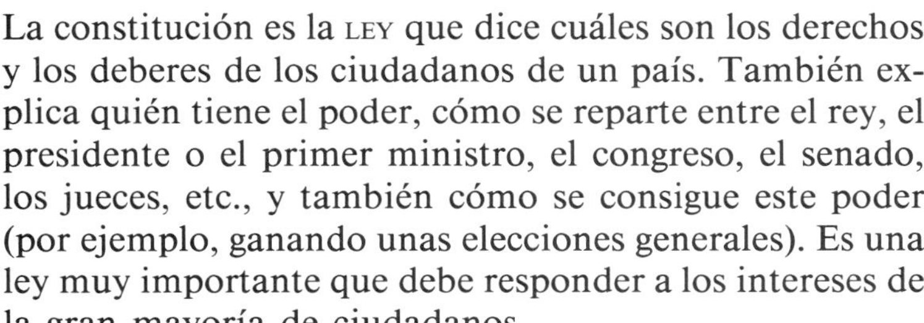

Constitución

La constitución es la LEY que dice cuáles son los derechos y los deberes de los ciudadanos de un país. También explica quién tiene el poder, cómo se reparte entre el rey, el presidente o el primer ministro, el congreso, el senado, los jueces, etc., y también cómo se consigue este poder (por ejemplo, ganando unas elecciones generales). Es una ley muy importante que debe responder a los intereses de la gran mayoría de ciudadanos.

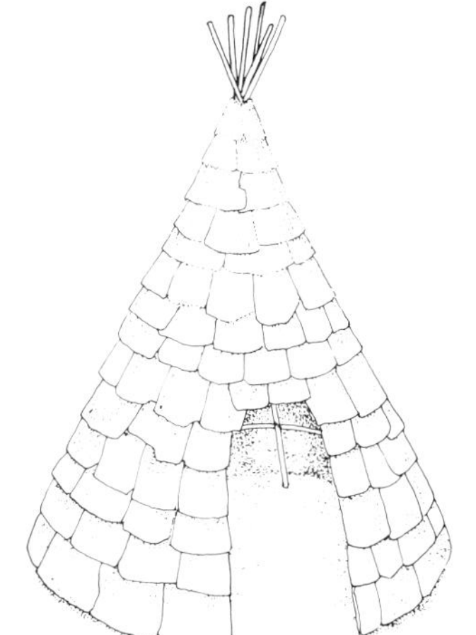

▲ Las primeras tiendas de los indios norteamericanos estaban construidas con cortezas de abedul encima de una estructura de palos procedentes del mismo árbol.

Construcción

Las civilizaciones antiguas construían sus hábitats con materiales propios de la zona que habitaban. Para la construcción se emplearon piedras, ramas, barro y hierba; en Europa los menos afortunados vivían en casas construidas

◀ Los edificios modernos se construyen usando hormigón armado y piezas prefabricadas, las grúas efectúan el trabajo de mover los materiales de construcción con rapidez y eficacia.

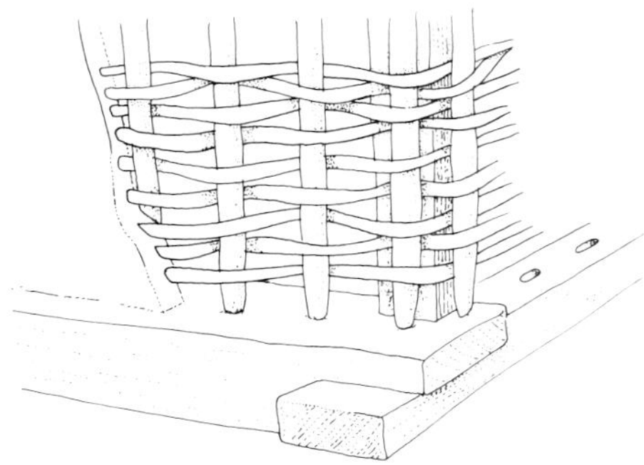

▲ Las primeras casas de Europa tenían muros hechos con ramas entrelazadas, o de zarzo, que estaban recubiertos con lodo o arcilla.

▼ Las grandes pirámides de Egipto fueron verdaderos monstruos de la ingeniería antigua; para su construcción se tuvieron que tallar grandes bloques de piedra y arrastrarlos a través de rampas por cientos de esclavos.

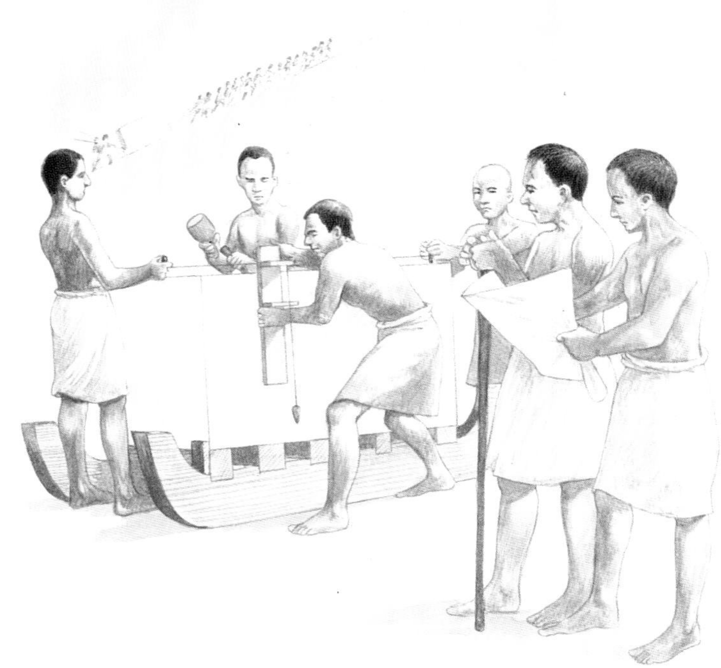

▼ La Torre Eiffel, en París, representa un hito arquitectónico por su composición y material utilizado.

con zarzo y recubiertas de lodo; el zarzo era un tramado de ramas que se embadurnaba con barro húmedo; la combinación de estos elementos producía unos muros que, aunque fueran toscos, resultaban fuertes y resistentes. El aspecto de las construcciones variaba, dependiendo principalmente de los materiales disponibles en la zona; en las regiones donde había abundancia de arcilla los habitantes edificaban las casas con ladrillos; en áreas donde había piedra caliza o piedra arenisca las gentes hacían uso de éstas para la construcción. En nuestros días, los edificios que se construyen en cualquier parte del mundo se parecen entre sí, los grandes edificios tienen una estructura de vigas de acero o de cemento armado que mantiene el peso de la construcción, las paredes suelen ser ligeras y en general poseen un gran número de ventanas. Todos los edificios y en particular los de gran altura deben estar dotados de una sólida base; si los cimientos no son suficientemente fuertes el edificio corre peligro de hundirse en el suelo o derrumbarse, como en el caso de la famosa inclinación de la torre de Pisa, en Italia.

Contabilidad

La contabilidad es la función que consiste en registrar y clasificar los productos que entran y salen de una empresa. El trabajo de mantener estos registros se denomina llevar las cuentas o contabilidad. Un experto contable es la persona que decide la forma en que han de realizarse las funciones de registro y clasificación, y mediante el estudio de éstos determina si el negocio es rentable o no. La empresa debe saber cuánto dinero le deben (*deudores*), y cuánto dinero tiene que pagar (*acreedores*). Hoy día, la mayoría de los procesos contables se realizan mediante ordenadores, pero las personas tienen que suministrar a las máquinas la información más adecuada.

▲ La basura de estos acantilados tiene que ser recogida a mano, el plástico convencional no puede ser absorbido por la naturaleza.

Contaminación

La contaminación ambiental es el resultado de verter en la atmósfera u otros medios biológicos (agua, suelo, etc.) desechos y sustancias tóxicas, destruyendo así el medio ambiental. Con anterioridad a la REVOLUCIÓN INDUSTRIAL la mayor parte de los desechos generados por los organismos vivientes (entre ellos el hombre) eran aprovechados por otros organismos, es decir, que la naturaleza reciclaba todo; pero hoy en día el hombre produce desechos que la naturaleza no puede absorber o reciclar.

Los coches y las fábricas producen humos, ruidos y contaminación; los ABONOS y pesticidas pueden destruir la fauna y la flora. Los vertidos de las cloacas y las mareas negras de los grandes petroleros destruyen y ensucian los ríos y los mares.

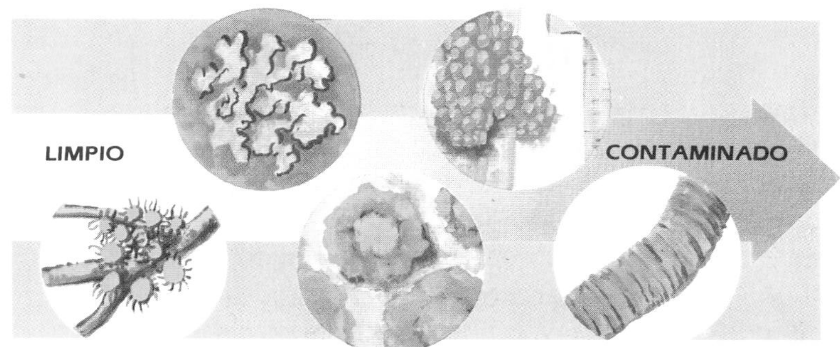

◀ Normalmente en los árboles del campo crece el liquen (musgo), estas algas son sensibles al aire contaminado; a medida que nos acercamos a las ciudades, solamente un cierto tipo de líquenes sobrevive. En lugares donde en el aire existe una fuerte concentración de dióxido de azufre sólo una delgadísima capa de liquen crece en los árboles o en las piedras.

Continente

Los continentes son vastas extensiones de tierra. Se distinguen tradicionalmente cinco continentes: Europa, Asia,

Durante la época glacial, los polos estaban cubiertos por hielo. Como consecuencia de las bajas temperaturas, millones de litros de agua pasaron al estado sólido (hielo), lo que produjo un importante descenso en el nivel del mar; se calcula que descendió unos 150 metros. Se estima que un área total de 30 millones de km de mar pasaron a ser terreno habitable; esta cifra equivale a una superficie superior a la del país más grande del mundo, la Unión Soviética.

África, América y Oceanía; ciertos autores consideran que América está formada por dos continentes: América del Norte y del Sur; también se considera a la Antártida como continente, y por último, otros expertos opinan que Europa y Asia, al estar unidos entre sí; forman un solo continente. A esta extensión la llaman Eurasia.

Los continentes no están sujetos; la roca que los forma es más ligera que la del suelo oceánico. El gran calor del núcleo de la Tierra ha hecho que las rocas de superficie

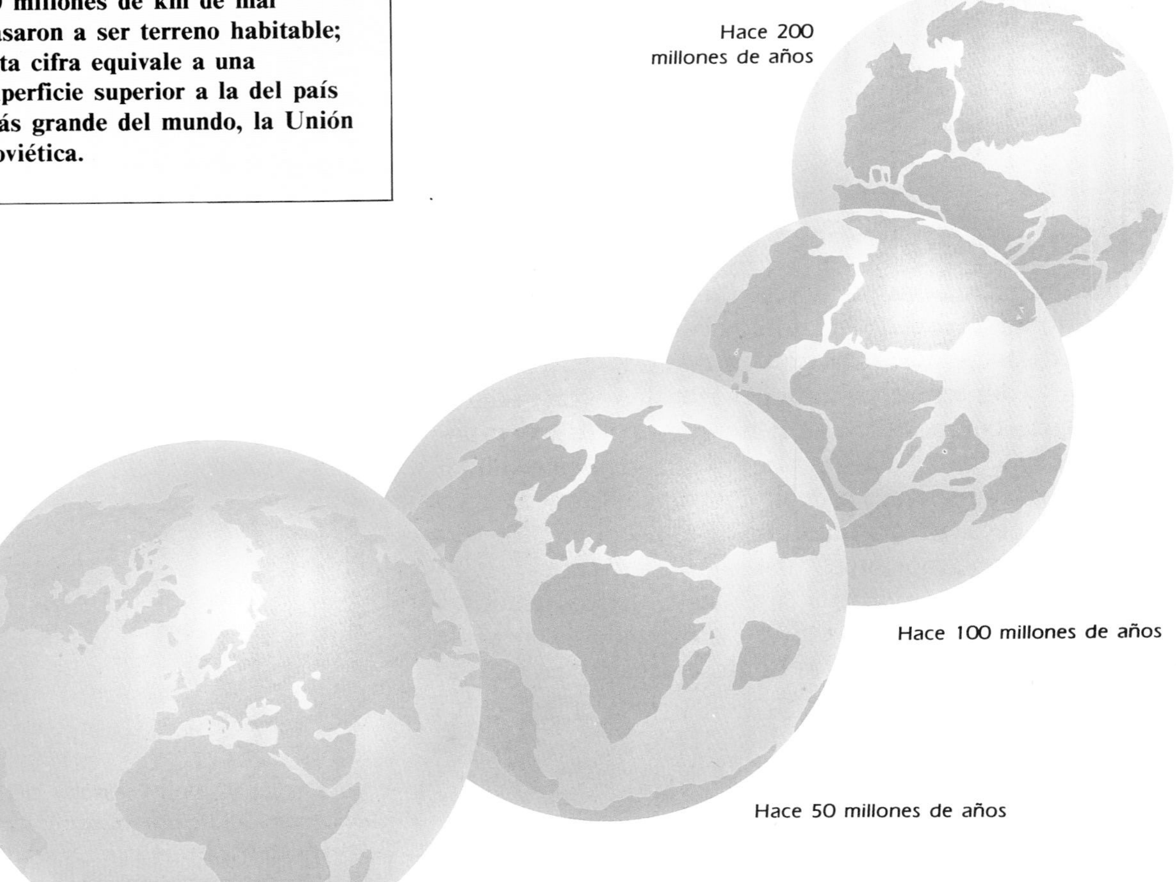

▲ Las diferentes etapas del desplazamiento continental en la historia de la Tierra. En el transcurso de millones de años, el continente único, denominado Pangaea, se fraccionó y dio lugar a los contornos actuales.

se fraccionen en grandes piezas denominadas placas, y cuando las placas se mueven éstas mueven a su vez a los continentes; es un movimiento muy lento que puede ser sólo de unos pocos centímetros en el transcurso de un siglo.

En 1912 Alfred Wegener fue el primero en sugerir la idea del desplazamiento de los continentes; esta idea se originó cuando alguien observó que las formas continentales de América, Europa y Asia se parecían a las piezas de un puzzle, que encajarían casi a la perfección si se juntaran; esto originó la teoría de que los continentes habían sido en un pasado remoto una gran masa de tierra que se rompió. Wegener encontró pruebas de que América había estado unida con África, y los geólogos actuales creen que esta teoría es cierta; otra de las teorías aceptada por la geología en relación con el desplazamiento de los continentes es que la formación de los Alpes y del Himalaya es consecuencia del choque de los continentes, lo que provocó una presión que originó los plegamientos de las cordilleras.

Cook, James

James Cook (1728-1779), navegante y explorador británico. Las expediciones del capitán Cook se desarrollaron por todo el Pacífico: descubrió Australia, Nueva Zelanda y numerosas islas de dicho océano; tomó posesión de estas tierras, las cuales se incorporaron al Imperio Británico en calidad de colonias.

En un segundo viaje (1772-1775), fue en busca del «continente sur». Existía la creencia de que éste estaba situado al sur de Australia; cruzó el círculo polar Antártico y exploró las costas de la Antártida.

El objeto del tercer viaje fue el Pacífico Norte. Zarpó de Inglaterra con dos barcos, el *Resolution* y el *Discovery*;

▲ Los maoríes eran habilidosos artesanos, a menudo tallaban cachiporras y amuletos con piedra verde; las casas de los maoríes estaban construidas de madera hermosamente tallada.

▼ En Nueva Zelanda, Cook se encontró a los guerreros maoríes; éstos llevaban la cara tatuada y sus canoas de guerra presentaban elaboradas tallas. El capitán descubrió el estrecho entre las islas del norte y la del sur. Registró en las cartas marítimas cerca de 4.000 km de costa. Fue popularmente estimado por sus tripulaciones e insistía en que debían comer *sauerkraut* (una especie de repollo), fruta y zanahorias para prevenir el escorbuto.

En 1934 la casa de James Cook, en la que vivió de niño en Great Ayton, condado de Yorkshire, fue regalada al gobierno de Victoria, en Australia. Se desmanteló cuidadosamente y se volvió a montar en los jardines Fitzroy de Melbourne.

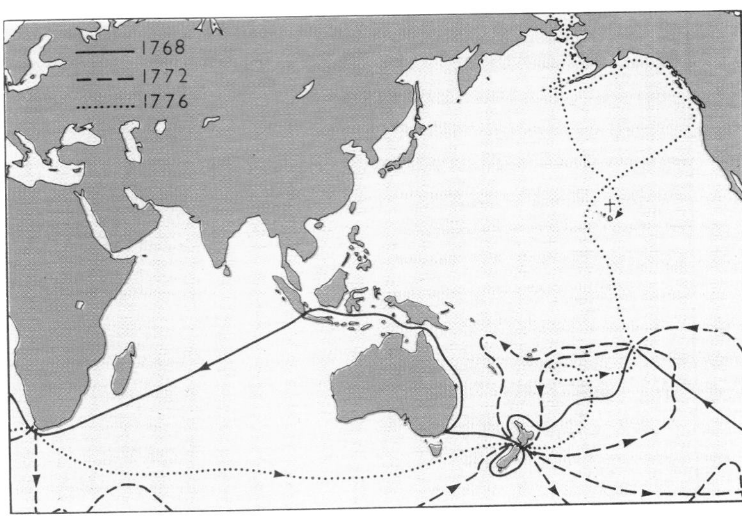

▶ Rutas del capitán Cook en sus tres viajes. En el primero (1768) al mando del *Endeavour*, con una tripulación de 80 marineros y 3 científicos. Muchos de los lugares que descubrió llevan su nombre, y sus detallados estudios hidrográficos y observaciones sentaron nuevas normas para los exploradores que le sucedieron.

descubrió las islas Sandwich (Hawai) en 1778, luego navegó por la costa oeste de América del Norte. Detenido por los hielos más allá del estrecho de Bering, en Alaska, regresó a las islas Hawai, en donde, como consecuencia de una reyerta acerca de un barco robado, fue apuñalado por un nativo. Cook es recordado como un excelente navegante y gran explorador.

Copérnico, Nicolás

Nicolás Copérnico (1473-1543), astrónomo polaco, considerado el fundador de la ASTRONOMÍA moderna.

Copérnico demostró que la Tierra rotaba diariamente sobre un eje, y que anualmente se desplazaba alrededor del Sol. Esta teoría implicaba que la Tierra no era el centro del universo como se creía hasta entonces. La tesis explicaba que la Tierra y los PLANETAS eran los que giraban alrededor del Sol y no al revés.

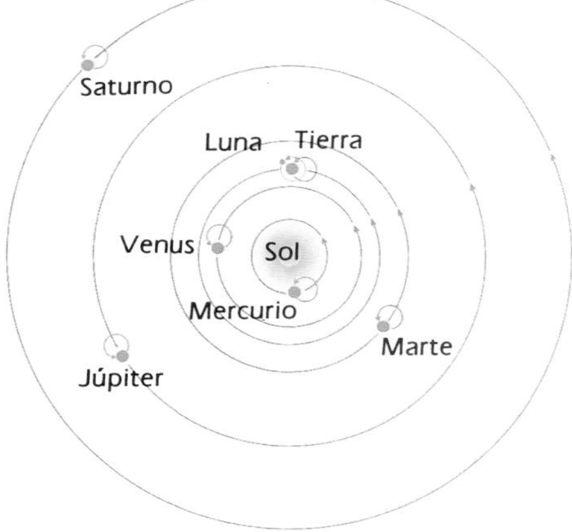

▲ Copérnico se dio cuenta de que la teoría de Tolomeo, la cual situaba a la Tierra como centro del universo, no correspondía con los movimientos reales de los planetas. La teoría de Copérnico mostraba que los planetas giraban alrededor del Sol, pero al igual que Tolomeo, pensó que las órbitas eran circulares.

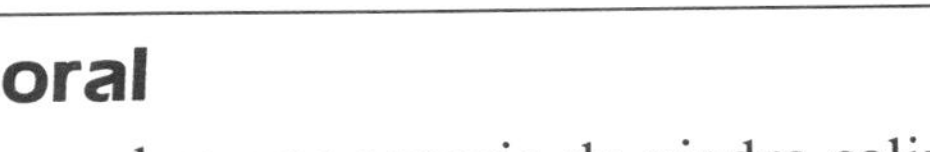

Coral

El coral es una especie de piedra caliza que se encuentra generalmente en mares cálidos y poco profundos. Las formaciones de coral están compuestas de pequeños animales denominados pólipos; éstos construyen caparazones calizos para protegerse. En su mayoría, los pólipos viven en colonias o grupos y pueden adoptar muchas formas: desde abanicos translúcidos hasta ramificaciones, todas ellas de vistosos colores. Otras colonias forman gruesos muros debajo del agua, los cuales se conocen con el nombre de bancos coralinos o arrecifes de coral.

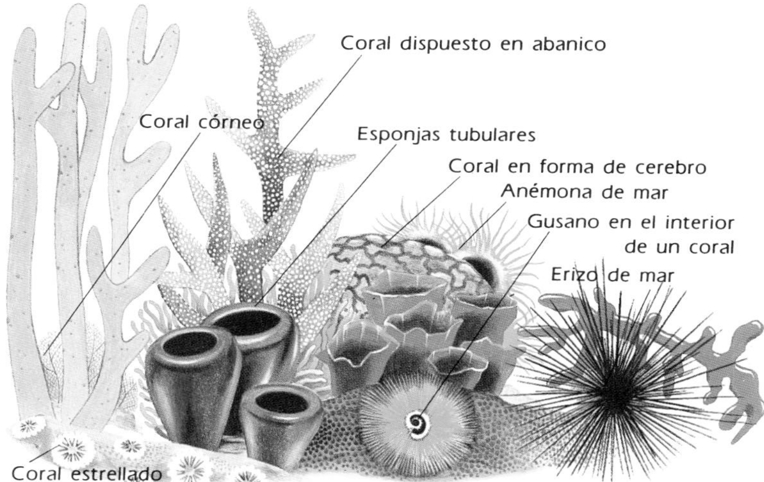

◀ Los bancos coralinos proporcionan cobijo a muchas criaturas marinas, que se refugian en hendiduras o perforan refugios en la roca blanda.

En algunos arrecifes, las olas arrastran pólipos y arena, que se van acumulando en su parte superior hasta sobresalir del agua; entonces, el banco coralino se convierte en una isla; una clase de estas islas es el atolón, que consiste en un arrecife circular con un lago central.

Corán

El Corán es el libro sagrado de los MUSULMANES. Se compone de 114 capítulos. El texto del Corán nos enseña que existió un único Dios, cuyos profetas o mensajeros son entre otros Abraham, JESUCRISTO y MAHOMA. Para los musulmanes, el Corán es la palabra de Dios que le fue transmitida a Mahoma por el arcángel Gabriel. El Corán tiene una gran influencia en la literatura árabe.

Corazón

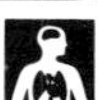

Es el órgano central del aparato circulatorio, encargado de impulsar la sangre a través de las VENAS y de las ARTERIAS. El corazón es un músculo, aproximadamente del tamaño de un puño. En una persona adulta los latidos del corazón se sitúan entre 70 y 80 pulsaciones por minuto.

El funcionamiento esquemático de las funciones del corazón es el siguiente: la sangre es portadora de OXÍGENO procedente de los PULMONES y de energía procedente de los alimentos; en este estado, la denominaremos «sangre nueva»; las arterias son las encargadas de distribuir «sangre nueva» a través del cuerpo. La sangre vieja es la que recoge las toxinas y desechos del cuerpo; las venas se encargan del transporte de esta sangre al cora-

CÓMO SE FORMA UN ATOLÓN

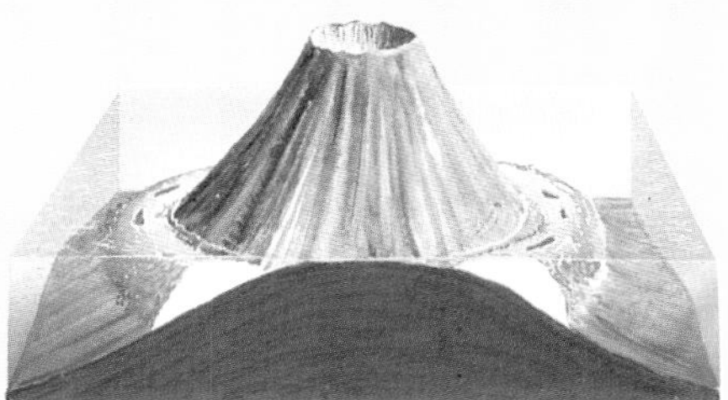

El coral crece en las aguas templadas que rodean una isla, en este caso una isla de origen volcánico.

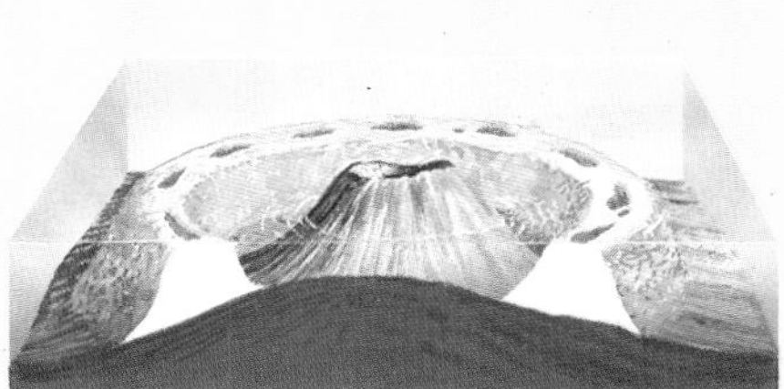

El crecimiento del coral continúa a medida que la isla se hunde o el nivel del mar crece.

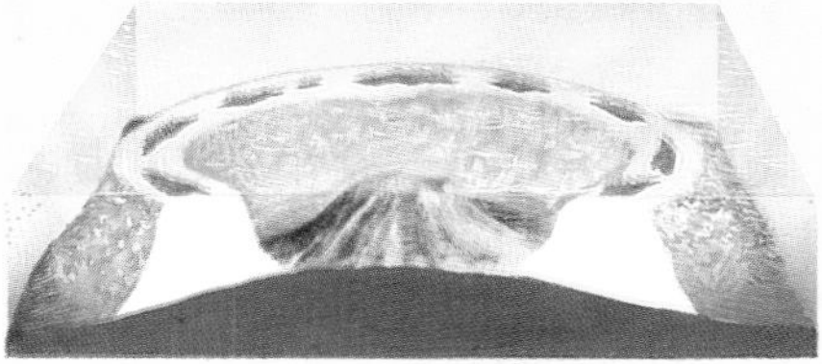

Una vez que la isla ha desaparecido completamente, los arrecifes de coral permanecen, formando el típico atolón.

▶ El tamaño de tu corazón es aproximadamente como el de tu puño. El corazón está formado por un fuerte tejido muscular. Late constantemente y bombea la sangre por el cuerpo para que cada célula reciba el alimento y el oxígeno requeridos. Las áreas en rojo corresponden a la «sangre nueva», rica en oxígeno; las áreas en azul muestran la «sangre vieja», con poco contenido de oxígeno, ésta regresa a los pulmones a través del corazón para ser oxigenada.

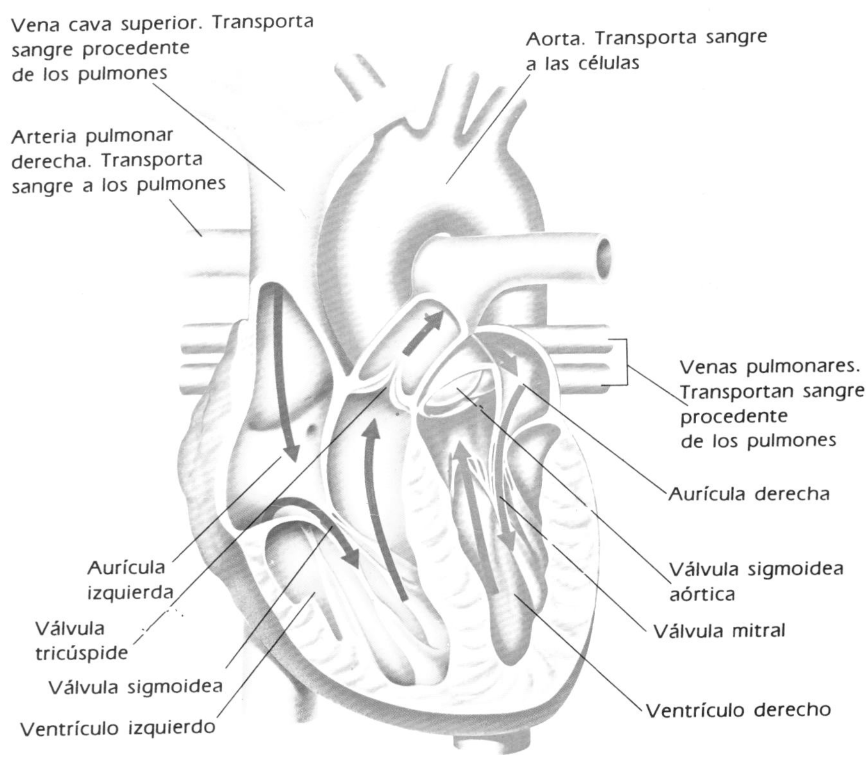

zón, éste la envía a los pulmones para que se oxigene.

Cuando el corazón deja de latir, el cuerpo no recibe oxígeno y muere; en ocasiones los médicos, mediante la aplicación de masajes a un corazón que ha dejado de funcionar, tratan de que vuelva a la vida (técnicas de reanimación). A los pacientes enfermos del corazón se les suministra «piezas de repuesto» para su curación, y a algunos se les practica un trasplante.

COREA DEL NORTE

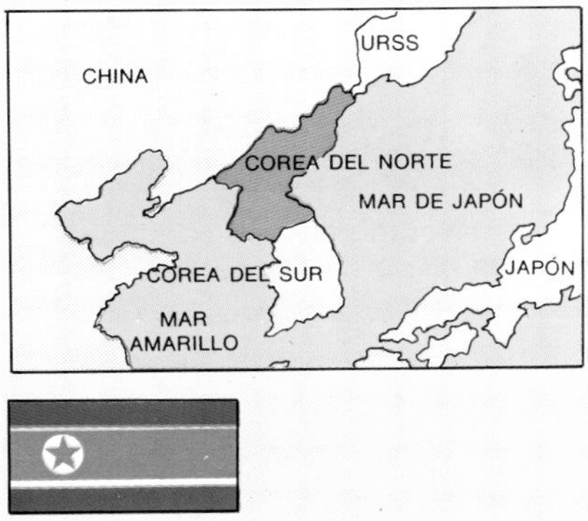

URSS
CHINA
COREA DEL NORTE
MAR DE JAPÓN
COREA DEL SUR
JAPÓN
MAR AMARILLO

Gobierno: Comunista
Capital: Pyongyang
Superficie: 120.538 km^2
Población: 21.000.000 hab.
Lengua: Coreano
Moneda: Won

Corcho

El corcho es un tejido procedente de la corteza del alcornoque. Este material, ligero y esponjoso, forma una capa de unos 3 cm de espesor alrededor del tronco del alcornoque; ésta se extrae del árbol cada nueve o diez años. El producto más conocido de este material son los tapones de corcho de las botellas. La producción mundial se concentra en Portugal (85%) y en España.

Corea

Es una península de Asia oriental, entre el mar Amarillo y el mar de Japón. La península de Corea está repleta de montañas y pequeños valles; los bosques cubren la mayor parte del territorio; la producción agrícola se caracteriza principalmente por el arroz y la seda; la industria coreana destaca en la producción de acero y de otros productos.

En 1945 Corea se dividió en dos estados, que se conocen con el nombre de Corea del Norte y Corea del Sur. La guerra entre las dos Coreas estalló en 1950; la antigua Unión Soviética y China apoyaron a Corea del Norte, mientras que las Naciones Unidas (principalmente Estados Unidos) ayudaron a Corea del Sur. En la actualidad existe un acuerdo de paz, pero las relaciones entre los dos estados son tirantes.

COREA DEL SUR

CHINA
COREA DEL NORTE
MAR DE JAPÓN
COREA DEL SUR
JAPÓN
MAR AMARILLO
OCÉANO PACÍFICO

Gobierno: República
Capital: Seúl
Superficie: 98.484 km^2
Población: 43.500.000 hab.
Lengua: Coreano
Moneda: Won

◀ El estadio olímpico de Seúl fue la sede de los Juegos Olímpicos de 1988. Dotado con instalaciones deportivas de alto nivel, fue escenario del espíritu deportivo y de la consecución de nuevas marcas.

Corriente eléctrica

La corriente eléctrica es el movimiento o flujo de ELECTRICIDAD. La electricidad se crea en el GENERADOR de una CENTRAL ELÉCTRICA; desde allí la corriente viaja a través de cables conductores a los hogares. Antes de llegar a tu casa, los *transformadores* han reducido su fuerza o *voltaje*, lo cual evita que se quemen los cables y el equipo eléctrico de la vivienda.

Corriente alterna es el tipo de corriente que tenemos en nuestros hogares; esta corriente fluye en un sentido y luego en el contrario, con movimientos alternos hacia adelante y hacia atrás que se suceden a una gran velocidad (50 veces por segundo). Este fenómeno eléctrico es muy rápido para que nuestros ojos lo capten (parpadeo de las luces). La corriente alterna de nuestras casas fluye

La unidad de la corriente eléctrica es el amperio. La corriente de uno de nuestros nervios, que nos hace levantar un brazo, es aproximadamente el resultado de dividir un amperio por mil. Una bombilla de 100 watios tiene un amperio, un rayo puede sumar alrededor de 20.000 amperios, y una estación nuclear puede producir 10 millones de amperios.

▶ El flujo eléctrico se produce a través del cable (conductor) cuando los electrones saltan de un átomo a otro. Los electrones son pequeñas unidades de electricidad negativa; los protones, en el centro del átomo, son positivos.

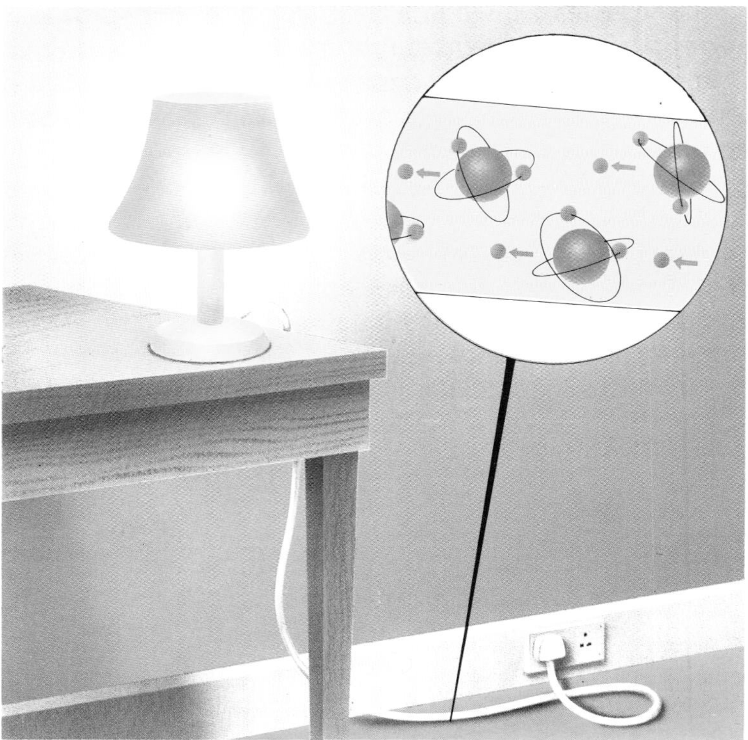

a través de los enchufes y pasa por los electrodomésticos o material eléctrico que utilizamos, éstos consumen una parte; el resto de la corriente, mediante otra red de cables, retorna al generador de la central.

La *corriente continua* es la que fluye en una sola dirección. Las pilas utilizan este tipo de electricidad.

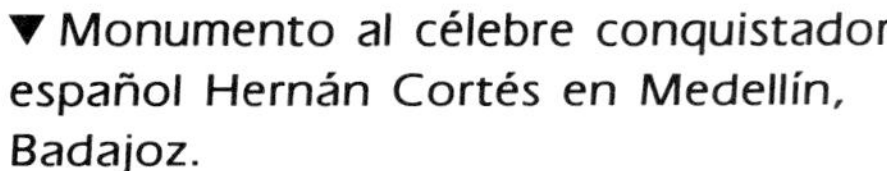

▼ Monumento al célebre conquistador español Hernán Cortés en Medellín, Badajoz.

Cortés, Hernán

Hernán Cortés (1485-1547), conquistador español y soldado. En 1519 desembarcó en las costas de México, con una pequeña expedición de 600 hombres, y conquistó el gran Imperio Azteca. Las armas y caballos de Cortés convencieron a los AZTECAS de que era un dios. Tomó la capital capturando al emperador Moctezuma y en 1521 llegó a controlar todo el territorio de México.

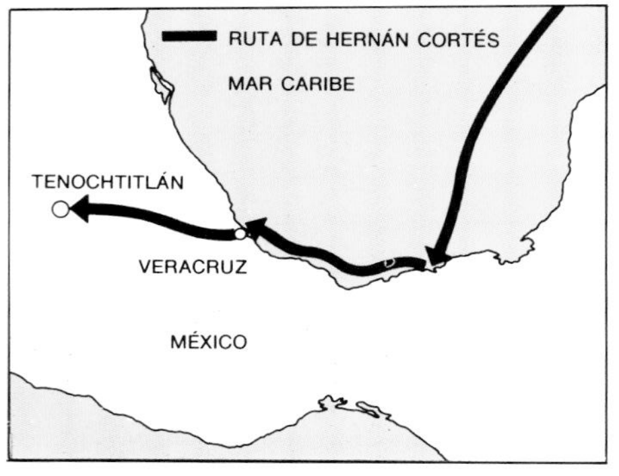

▲ Cortés fundó la ciudad de Veracruz en la costa de México; allí desmanteló sus barcos y exploró el país, llegando a la capital azteca, Tenochtitlán, en noviembre de 1519.

Corteza

Es la parte superficial que recubre el tronco, las ramas y las raíces de los ÁRBOLES. La corteza es madera muerta, dura, resistente e impermeable, que protege a la madera viva situada debajo; de esta forma realiza una labor semejante a las capas superiores de nuestra piel.

Los árboles, a medida que van creciendo, forman capas o anillos de madera nueva, y su tronco aumenta de diámetro; cuando la madera nueva se forma en el interior, ejerce una presión en las capas más viejas de la corteza y las hace caer.

La corteza más aprovechable para el hombre es la del alcornoque. Este árbol crece en el sur de Europa, su corteza es extraída con cuidado y tiene diversas aplicaciones (CORCHO). Otras clases de corteza se utilizan para el curtido del calzado y para la fabricación de tintes.

Experiméntalo

Para coleccionar dibujos de las cortezas de árboles, necesitas un papel fuerte y una barra de cera. Asegúrate de que el papel no se mueve, para ello átalo firmemente al tronco, luego frota el lápiz de cera, pronto observarás cómo la forma de la corteza aparece en tu papel; pon el nombre del árbol en el dibujo y vete clasificándolos.

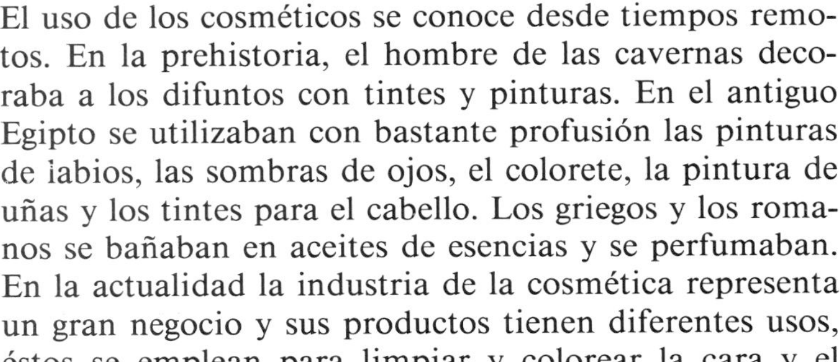

Cosméticos

El uso de los cosméticos se conoce desde tiempos remotos. En la prehistoria, el hombre de las cavernas decoraba a los difuntos con tintes y pinturas. En el antiguo Egipto se utilizaban con bastante profusión las pinturas de labios, las sombras de ojos, el colorete, la pintura de uñas y los tintes para el cabello. Los griegos y los romanos se bañaban en aceites de esencias y se perfumaban. En la actualidad la industria de la cosmética representa un gran negocio y sus productos tienen diferentes usos, éstos se emplean para limpiar y colorear la cara y el cuerpo.

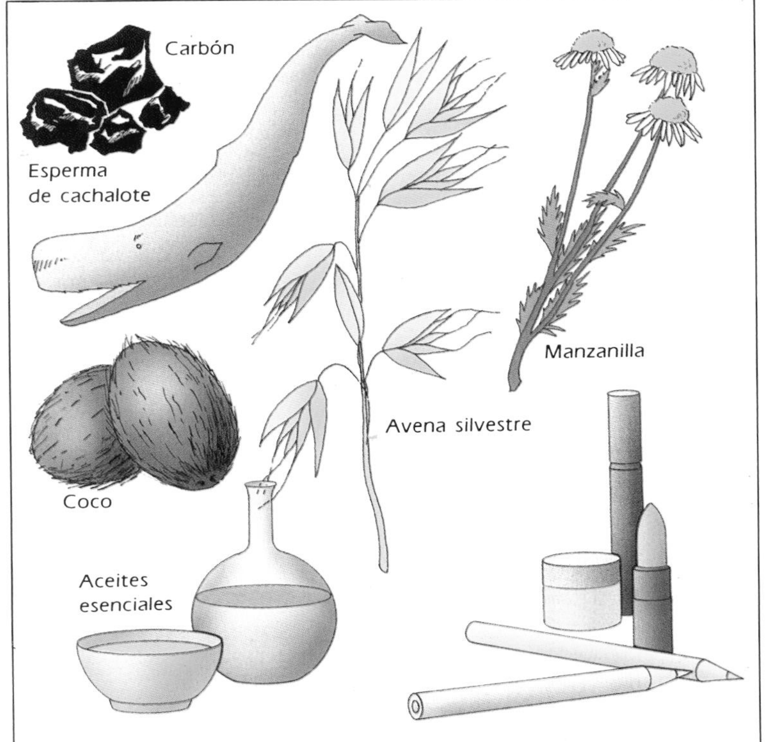

◀ La mayoría de los cosméticos modernos están hechos con una base de grasa y aceite a la que se le añaden diferentes sustancias, naturales y artificiales.

El uso de los cosméticos en el antiguo Egipto era común entre hombres y mujeres. Se pintaban la línea de los ojos con una pasta verde que obtenían del polvo de la roca de malaquita; con una mezcla de huevos de hormigas, se sombreaban los ojos, y utilizaban polvo blanco, colorete y lápiz de labios para embadurnarse.

COSTA DE MARFIL

Gobierno: República
Capital: Yamusukro
Superficie: 322.463 km^2
Población: 10.000.000 hab.
Lengua: Francés
Moneda: Franco CFA

Costa de Marfil

Estado de África occidental en el Atlántico. Tiene una superficie de 322.463 km^2 y la capital es Yamusukro. Los productos principales son el cacao, el café y la madera. Hasta 1960, año en que obtuvo la independencia, fue colonia francesa y se le llamaba Côte d'Ivoire; la lengua oficial sigue siendo el francés, y su población es de 10.000.000 de habitantes, aproximadamente.

Costa Rica

Costa Rica es un país de habla hispana situado en América Central, entre Nicaragua y Panamá. Es una nación predominantemente agrícola; los principales cultivos son café, bananas, azúcar y cacao.

Costa Rica tiene una población de 2.700.000 habitantes y la capital es San José. Desde 1530 hasta 1821 fue una colonia española, convirtiéndose en república independiente en 1848.

▶ Cabañas con techo de paja en Costa Rica. La mejor época del campo coincide con la recolección del café.

COSTA RICA

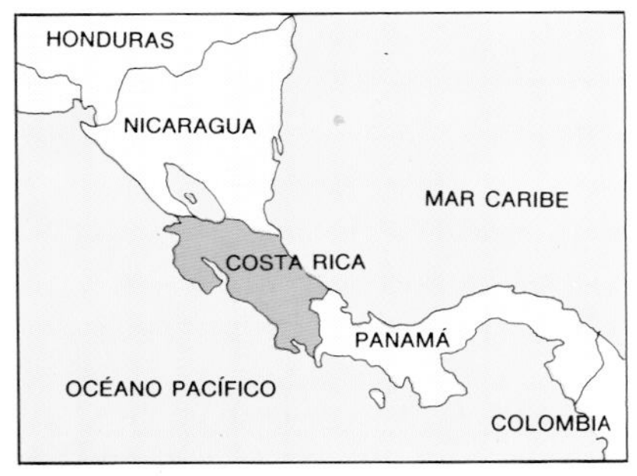

Gobierno: República democrática
Capital: San José
Superficie: 50.700 km^2
Población: 2.700.000 hab.
Lengua: Español
Moneda: Colón

Cowboy

En el oeste americano aún existen hombres que montan a caballo y conducen reses, pero la época dorada de los cowboys (vaqueros) ya ha pasado; ésta duró unos 40 años (desde 1860 hasta 1900). En aquellos tiempos las praderas se extendían desde Texas hasta Canadá, las vacas pastaban en estas zonas y después los cowboys las conducían hasta las estaciones del ferrocarril.

La vida del cowboy, simple y dura, era para hombres independientes. En las praderas el cowboy era su propio jefe. Las condiciones de trabajo les obligaban a pasar largas temporadas en el campo; el cowboy tenía que saber desenvolverse por sí mismo ante cualquier tipo de circunstancia. El tipo de vida ambulante les hacía viajar ligeros de equipaje; la mayoría de ellos no poseían nada excepto lo que llevaban consigo.

▲ *Cowboys tirando el lazo,* en un cuadro al óleo de Charles M. Russell.

Criollo

Un criollo, en época colonial, era el hijo de españoles de la península nacido en América. No eran muy numerosos y, en un principio, participaron en la vida colonial igual que los españoles de la península. Tuvieron un papel relevante a finales del siglo XVIII y principios del XIX como protagonistas en la lucha por la independencia.

Cristal y vidrio

El hombre los utiliza en ventanas, gafas, espejos, vasos, botellas y otros muchos objetos. (Ver págs. 202 y 203.)

CRISTAL Y VIDRIO

El vidrio es uno de los materiales más útiles, fácil de moldear, y su coste de producción es bajo. Por lo general, es transparente. Las formas que adopta son múltiples; puede fabricarse en láminas planas y delicadas o en gruesas piezas fundidas. Con el cristal pueden hacerse lentes para cámaras, microscopios y toda clase de instrumentos ópticos. Con vidrio podemos fabricar botellas, cables y fibras muy delgadas.

El vidrio se obtiene fundiendo tres elementos: arena (sílice), piedra caliza (potasa) y ceniza de sosa (sosa). Se pueden añadir ingredientes específicos a la mezcla primaria para obtener vidrios y cristales con características especiales (resistentes al calor, irrompibles, etc.). Aunque el vidrio tiene aspecto de sólido, en realidad es un líquido «supercongelado». El vidrio no es un buen conductor de la electricidad; se caracteriza por sus propiedades aislantes.

MÉTODOS DE FABRICACIÓN DEL VIDRIO

Soplando: En la antigüedad fue un proceso exclusivamente manual, pero hoy día también se puede efectuar con máquinas; este método se utiliza para hacer botellas y lámparas.
Presión: Consiste en introducir a presión vidrio parcialmente fundido en un molde y después se somete a bajas temperaturas para enfriarlo. Los utensilios de cocina y los aislantes son ejemplos de este método.
Estiramiento: El vidrio fundido se estira mediante una serie de poleas mientras se le aplica aire a través o alrededor, según sea el caso de tubos o cables, respectivamente. Con este método obtenemos tubos de fluorescente y cañerías.
Moldeado: La masa de vidrio fundido se vierte en moldes. Los grandes telescopios ópticos tienen lentes fabricadas con este método.
Laminado: La masa de vidrio fundido pasa a través de una serie de rodillos que la moldean en forma de láminas.
Flotación: Consiste en hacer pasar el vidrio fundido por un baño de estaño.

VIDRIERAS DE COLORES (POLICROMÍA)

En las iglesias y catedrales de la Europa medieval se realizaron los mejores ejemplos de policromía. Este arte floreció a partir del siglo XII; en esta época los artesanos empezaron a poder fabricar vidrio de diferentes colores; este hecho coincidió con los adelantos en las técnicas de la arquitectura, que permitió la construcción de ventanales; nació entonces esta modalidad. Los artesanos juntaban los vidrios de colores mediante finas tiras de plomo creando excelentes diseños, que con frecuencia representaban un relato bíblico. La luz del Sol, al pasar a través de las vidrieras, crea un aspecto sobrenatural. En la actualidad se siguen haciendo policromías, con técnicas similares a las antiguas.

▼ En la fabricación de cristalería fina se sustituye la potasa por plomo para que obtenga el brillo característico.

FABRICACIÓN DEL CRISTAL Y DE BOTELLAS DE VIDRIO

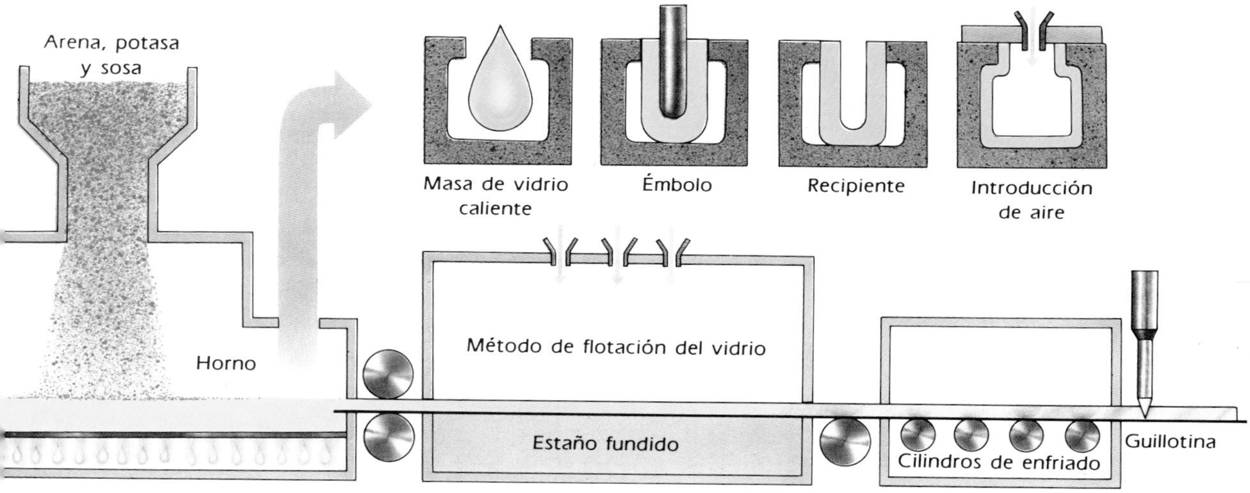

▲ Proceso básico de manufacturación del vidrio: se introduce sílice, potasa y osa, junto con trozos viejos de cristal. Con la mezcla se pueden fabricar ecipientes (ilustración superior) o bien puede laminarse en piezas mediante l método de flotación (ilustración inferior); este método consiste en hacer otar el vidrio fundido en un baño de estaño líquido; después el vidrio se nfría y se corta en láminas.

▼ Los extremos son automáticamente recortados a medida que se transporta or los rodillos. La manera tradicional de fabricar objetos de vidrio recuadro superior izquierdo): grandes gotas de cristal caliente se colocan al inal de un tubo largo, soplando por éste se pueden obtener recipientes ntes de que la masa se enfríe.

FIBRA DE VIDRIO

En un horno se calienta la masa de vidrio hasta una determinada temperatura; en la base del horno existen unos orificios que se abren y dejan pasar el fluido, éste se estira en largas tiras que combinadas con plástico y enrolladas dan como resultado una sustancia fibrosa, maleable, ligera y fuerte, ideal para las carrocerías de automóviles.

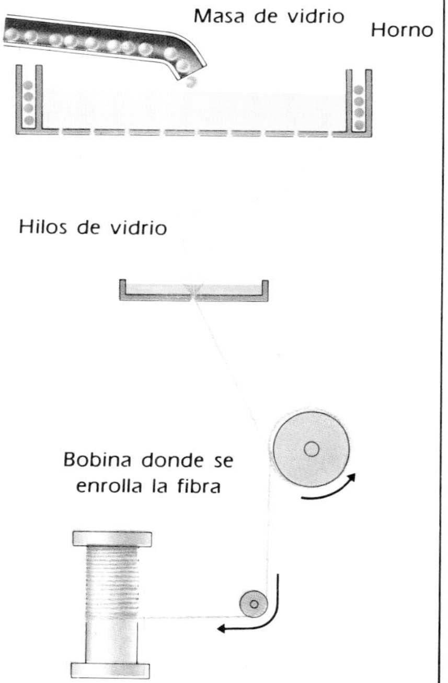

Para más información consultar los artículos: ARQUITECTURA; CATEDRAL; CONSTRUCCIÓN; LENTES; LUZ; TELESCOPIO. Puedes también consultar los materiales que se emplean para fabricar vidrio: ARENA; PLOMO.

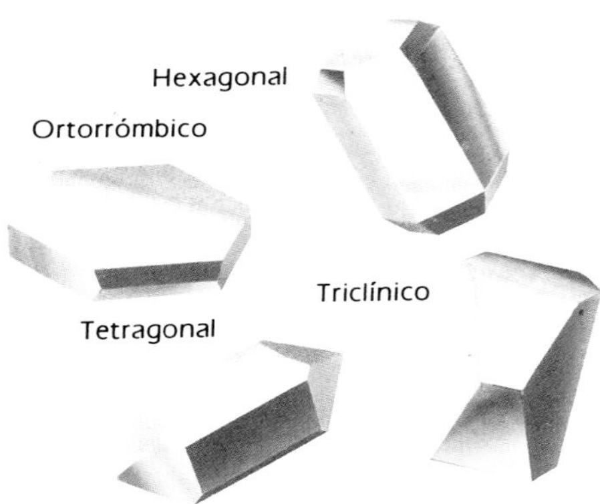

▲ Los cristales tienen estructuras atómicas distintas. Algunos son el resultado de la combinación de estructuras diferentes, que crean complicados diseños.

Experiméntalo

Puedes observar la formación de cristales con el siguiente experimento: utiliza sal común o carbonato sódico. En un vaso transparente con agua caliente, añade despacio el mineral (sal o sosa); mientras, remueve; llegarás a un punto en que no podrás disolver más mineral (solución saturada); deja que la solución se enfríe, cuelga un hilo como muestra el dibujo y verás cómo se forman cristales al final del hilo.

Cristales

Si miras el azúcar a través de una lupa observarás que se compone de miles de diminutos cristales que tienen los lados planos, éstos se denominan cristales de azúcar. La NIEVE y los dibujos que se forman en una ventana cuando hiela están compuestos por cristales de agua helada. El tamaño de los cristales puede oscilar desde formas microscópicas hasta un tamaño igual al de una persona.

Todos los cristales tienen una forma definida, sus lados son planos y se unen en ángulo; cada tipo de cristal posee una estructura propia y ésta nunca cambia. Existen muchas formas de cristales, la diferencia entre ellos es debida a los átomos que los componen; éstos adoptan estructuras diferentes que determinan la forma del cristal; por ejemplo, los pequeños átomos de sodio y de cloro adoptan una estructura cúbica; si miras a través de una lupa los granos de sal, verás que la mayoría tienen forma de cubo; todos los cristales de sal (cloruro de sodio) se forman igual.

Cristianismo

El cristianismo es la RELIGIÓN de los que creen en JESUCRISTO como Hijo de Dios. El cristianismo es una de las religiones más importantes del mundo: cuenta con más de 1.000 millones de creyentes. Éstos siguen las enseñanzas de Jesús, Hijo de Dios, quien vino a la Tierra en forma de hombre.

El Cristianismo tiene una antigüedad de casi 2.000 años; de hecho, nuestros calendarios empezaron a contar desde el día en que se cree que nació Jesús. El libro sagrado del Cristianismo es la Biblia.

▶ Jerusalén es la «Ciudad Santa» para cristianos, musulmanes y judíos, y a ella llegan decenas de millares de fieles cada año.

El Cristianismo se deriva del JUDAÍSMO, pero las enseñanzas de Jesús molestaron a los líderes romanos y judíos de entonces, por lo que Jesucristo fue crucificado. Tras su muerte, sus discípulos predicaron las enseñanzas que se conocen con el nombre de «Evangelios». El Evangelio se extendió por todo el mundo, y hoy en día existen tres versiones del cristianismo: católicos, protestantes y ortodoxos.

Se conoce muy poco acerca de la infancia de Jesús; creció en Nazaret y aprendió el oficio de carpintero. El único suceso que se conoce de la juventud de Jesús acaeció a los 12 años, cuando se dirigió al templo de Jerusalén y entabló conversaciones acerca de Dios con los sacerdotes del templo; los siguientes datos que se conocen de su vida son de cuando el Mesías tenía 30 años.

Croacia (ver Yugoslavia)

Crustáceos

Grupo de animales artrópodos que tienen caparazón; se calculan unas 10.000 especies distintas de crustáceos, entre las que podemos destacar: los percebes, CANGREJOS (bien sean de mar o de río), camarones, gambas, LANGOSTAS, cochinillas. La mayoría de ellos viven en el mar. Su cuerpo está cubierto por un caparazón y las extremidades son articuladas. Los crustáceos son invertebrados, ca-

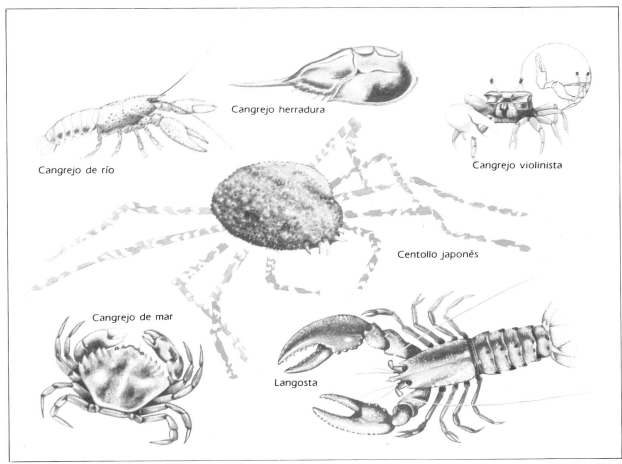

▼ Estos animales son todos crustáceos excepto el *cangrejo herradura* que, pese a llamarse así, proviene de la familia de las arañas. El *cangrejo violinista* utiliza su gran pinza en señal de ataque.

recen de columna vertebral, tienen el cuerpo blando y frágil, la mayoría poseen caparazones que utilizan como protección, y algunos están dotados de pinzas situadas en los apéndices frontales; estas pinzas las usan para atacar a sus presas y defenderse de los depredadores. Gran parte del plancton marino está compuesto de las larvas de los crustáceos. El ciclo de desarrollo de los crustáceos es el siguiente: empieza en los pequeños huevos; cuando éstos eclosionan aparecen las larvas (plancton), siendo ésta la etapa más vulnerable en su desarrollo porque a menudo son engullidos por otros animales. Si superan este período, en cada larva se produce la formación de un caparazón que, cuando alcanza un determinado espesor, se desprende del animal, desarrollando éste un nuevo caparazón de mayor tamaño y resistencia que el anterior. Este proceso se denomina *muda*, y continúa a lo largo de la vida del crustáceo. Los crustáceos más conocidos son los de gran tamaño, tales como cangrejos, camarones, centollos y langostinos.

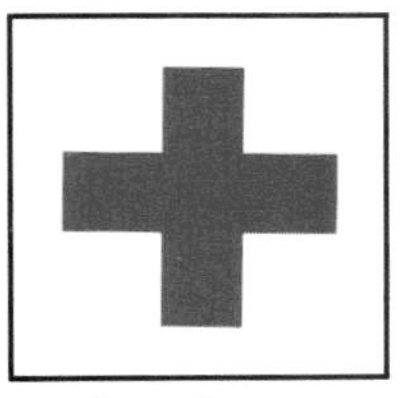
Cruz Roja

Media luna
(en forma de arco)

Estrella de David

▲ En otras partes del mundo la Cruz Roja tiene nombres diferentes y distinta simbología. En algunos de los países musulmanes, su símbolo es la representación de media luna roja (luna creciente); en Israel el símbolo es la estrella de David.

Cruz Roja

La Cruz Roja es una organización internacional que tiene como finalidad ayudar a los enfermos, a los hambrientos y a los que sufren. La sede central de la Cruz Roja está situada en Ginebra, Suiza, y su símbolo es una cruz roja en una bandera blanca.

La Cruz Roja fue fundada por Henri Dunant en 1863, tras observar los terribles sufrimientos de los soldados heridos en la guerra. La organización socorre a los heridos de todos los ejércitos, no toma partido ni se alinea con ninguno de los bandos en litigio. Hoy en día los servicios de la Cruz Roja atienden tanto a personas civiles como a militares, y la organización se extiende por más de 70 países de todo el mundo.

CRUZADAS

Primera cruzada (1095-1099). Tuvo como resultado la toma de Jerusalén.
Segunda cruzada (1147-1149). Dirigida por el rey de Francia Luis VII y el emperador Conrado III de Alemania, fracasó en la toma de Damasco.
Tercera cruzada (1189-1192). Dirigida por el rey de Francia Felipe Augusto y el rey inglés Ricardo I Corazón de León.
Cuarta cruzada (1202-1204). Los cruzados acabaron repartiéndose lo que pudieron conquistar del Imperio Bizantino, fundando así el Imperio latino de Constantinopla.
Quinta cruzada (1212). Miles de niños murieron o fueron vendidos como esclavos.
Sexta cruzada (1228-1229). Dirigida por el emperador Federico II reconquistó Jerusalén mediante negociaciones, pero la ciudad se perdió definitivamente en 1244.
Séptima y octava cruzada (1248-1270). Dirigida por Luis IX; no se realizaron conquistas relevantes y el rey murió durante el sitio de Túnez, en 1270.

Cruzadas

Las cruzadas fueron expediciones militares emprendidas por los cristianos contra los infieles (musulmanes) durante la Edad Media. Estas guerras se desarrollaron en Palestina, la Tierra Santa, y se generaron a partir de la invasión de Jerusalén en el año 1087 por parte de los turcos musulmanes, ya que éstos impidieron la peregrinación cristiana a los Santos Lugares en Palestina.

Los dirigentes de los países cristianos en Europa interpretaron esta invasión de los turcos como una gran provocación y ofensa contra la fe cristiana. Unos años después de la ocupación turca, el emperador del Imperio Bizantino, con capital en la ciudad de CONSTANTINOPLA, pidió al Papa que lo ayudara a reconquistar los Santos Lugares. El Papa fue el iniciador de la primera cruzada: prometió el perdón de los pecados a todo aquel que fuera a luchar y ofreció la protección de la Iglesia sobre la persona y los bienes conquistados por el cruzado; esta promesa provocó la partida de grandes muchedumbres.

Los ejércitos de la primera cruzada consiguieron la victoria, tomaron Jerusalén en 1099 y los cruzados se asentaron a lo largo de las costas de Palestina y Siria, erigiendo fortificaciones para defender sus nuevas posesiones. Después de la primera cruzada se organizaron otras siete, pero las disputas entre los mismos cristianos hicieron que terminaran en desastre, pues los musulmanes volvieron a apoderarse de los Santos Lugares; Jerusalén cayó de nuevo en 1187. La tercera cruzada procedente de Europa fue derrotada en Palestina por Saladino, el nuevo general musulmán. Con el transcurso del tiempo muchos de los cruzados olvidaron que luchaban por su religión, y se dirigieron a Palestina con el propósito de conseguir territorios y riquezas. La última ciudad cristiana fue Acre, conquistada por los musulmanes en 1291.

Durante las cruzadas los pueblos de Europa establecieron contactos con los pueblos musulmanes, adaptaron parte de la cultura de Oriente. La influencia árabe amplió aspectos de las matemáticas, la medicina y la astronomía. El comercio de especias, sedas, papeles y ropas se

▼ Para asaltar y tomar las ciudades musulmanas, los cruzados hicieron uso de catapultas y de arietes, y construyeron torres de gran altura desde las cuales disparaban sus flechas al enemigo y efectuaban el asalto.

▶ El cuarzo es muy valioso en la fabricación de relojes de precisión por su fiabilidad. Este pequeño disco de cuarzo vibra a una frecuencia constante cuando es sometido a una corriente eléctrica.

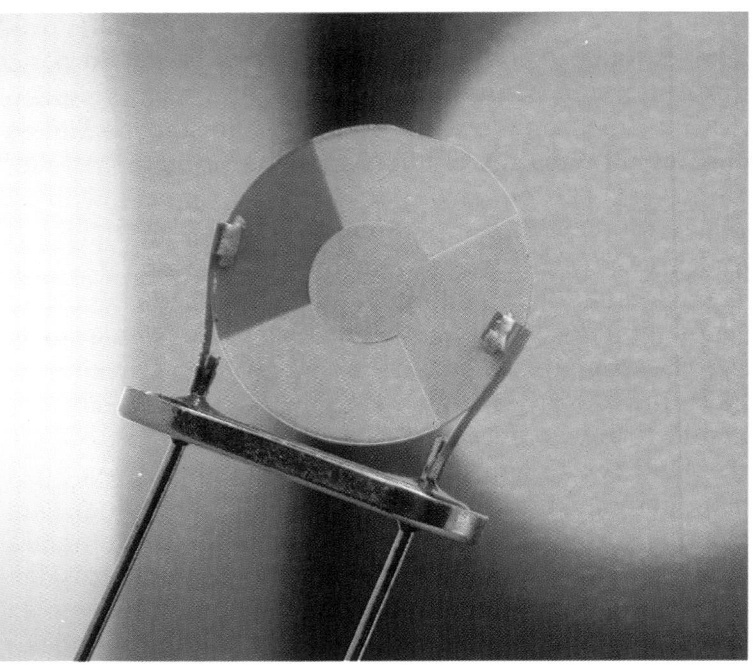

▼ Los cristales de cuarzo puro son incoloros y transparentes, pero cuando se encuentran mezclados con otras sustancias adquieren un variado espectro de tonalidades.

incrementó notablemente, estableciéndose un flujo comercial entre Oriente y Occidente.

▼ Los cuásares sólo se pueden detectar con la ayuda de los más potentes radio-telescopios; si nos pudiéramos acercar lo suficiente a uno de ellos, su aspecto, probablemente, sería el de un centro brillante de luz rodeado por discos giratorios de material reluciente.

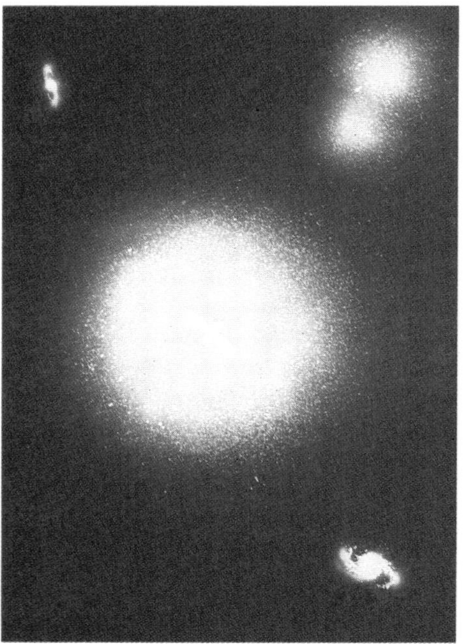

Cuarzo

El cuarzo es un MINERAL abundante en la naturaleza. Se encuentra en cualquier lugar del mundo; la arena y la mayor parte de las rocas contienen cuarzo. Sus CRISTALES tienen forma hexagonal (seis lados) y la dureza del cuarzo es superior a la del acero; en su estado puro es incoloro y transparente, pero en general está coloreado con diferentes tonos. Las aplicaciones del cuarzo son variadas, pero sobre todo es muy apreciado en óptica y en electrónica (lentes, transistores); también es importante su empleo en joyería, como piedras semipreciosas y GEMAS (amatistas, ágata, ópalo, ónice); de igual modo, el cuarzo interviene en la fabricación de diversos productos industriales, entre ellos los abrasivos (papel de lija).

Cuásar

Los cuásares siguen siendo un misterio; se especula con la posibilidad de que sean galaxias con una potentísima fuente de energía en su centro, pero al estar situadas a una distancia tan enorme de nuestro Sistema Solar cualquier hipótesis tiende a basarse en especulaciones más que en datos concretos. Recibimos potentes ondas de

RADIO y RAYOS X procedentes de los cuásares. Debido a su lejanía desde la Tierra, su aspecto es parecido al de estrellas de luz muy débil. Todos los cuásares están situados a millones de años luz, por lo que la imagen que nosotros vemos de ellos es la que tenían hace millones de años.

Cuba

Cuba es una isla del Océano Atlántico, en el mar Caribe, que forma parte de las ANTILLAS, con una extensión de 114.524 km² y una población de 10.100.000 habitantes. La capital es La Habana.

El relieve básico del país se divide en grandes cordilleras en la zona suroeste y en extensiones de bosques poblados de cedros y de caoba en el centro. Los productos más importantes son la caña de azúcar y el tabaco.

El clima es tropical sin grandes contrastes entre invierno y verano, pero debido a su situación geográfica, Cuba está sometida al paso de ciclones y de huracanes. Estos vientos recorren las Antillas cada año provocando destrozos en las poblaciones y en el campo.

Con el descubrimiento de América en el año 1492 por Cristóbal COLÓN, Cuba pasó a formar parte de las posesiones españolas en el Nuevo Mundo. La guerra de Cuba entre Estados Unidos y España terminó con la toma de la isla por las fuerzas estadounidenses en 1898. Cuba se proclamó independiente en 1902 y, después, en 1959, bajo la dirección del líder revolucionario Fidel Castro, la nación adoptó el comunismo como forma de gobierno.

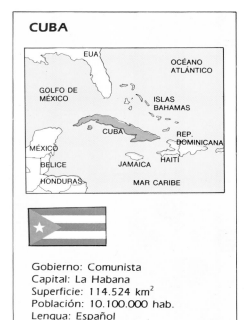

CUBA

EUA
OCÉANO ATLÁNTICO
GOLFO DE MÉXICO
ISLAS BAHAMAS
CUBA
REP. DOMINICANA
MÉXICO
BELICE
JAMAICA
HAITI
HONDURAS
MAR CARIBE

Gobierno: Comunista
Capital: La Habana
Superficie: 114.524 km²
Población: 10.100.000 hab.
Lengua: Español
Moneda: Peso

◀ La capital de Cuba, La Habana, posee nuevos edificios pero conserva algunos que nos recuerdan el pasado colonial.

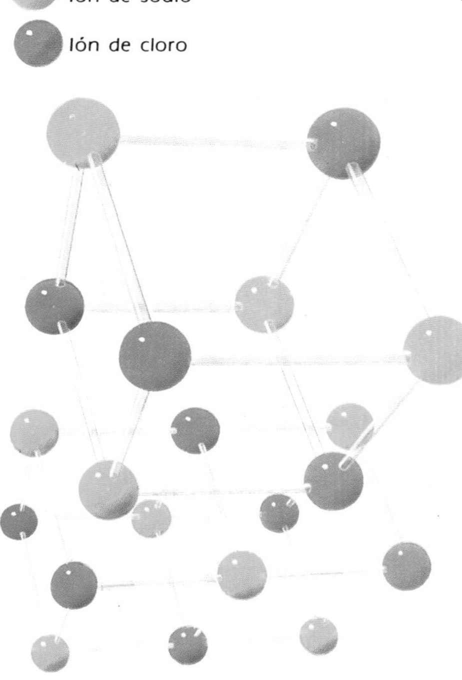

▲ Los átomos de los cristales de la sal se estructuran en forma de cubos; miles de estos pequeños cubos se juntan y forman un grano de sal, que a su vez suele tener la forma de un cubo.

▼ Las crías de cuco adquieren un tamaño considerable antes de abandonar el nido definitivamente.

Cubo

El cubo es un objeto, llamado paralelepípedo, que tiene seis caras iguales (isométricas), con doce aristas de la misma longitud y ocho vértices.

El azúcar y el hielo, por ejemplo, a menudo presentan estructuras de forma cúbica.

El espacio que ocupa un cubo se denomina volumen; puedes encontrar el volumen de un cubo multiplicando la longitud de una de sus caras por sí misma y luego otra vez por sí misma. Por ejemplo, si la longitud de una cara es de 4 cm, el volumen del cubo es el resultado de $4 \times 4 \times 4 = 64$ cm^3 (centímetros cúbicos).

Muchas clases de CRISTALES tienen forma de cubo, esto es debido a la estructura que adoptan los ÁTOMOS (estructura atómica).

Cuco

Los cucos (género *Cuculus*) son una familia de AVES. Existen diferentes especies del género que se reparten por diferentes zonas del planeta, con preferencia en las áreas templadas; los cucos que viven en países fríos emigran en invierno a zonas cálidas.

El cuco europeo es un ave de talla mediana de unos 30 cm, de color gris azulado, cuyo vientre presenta líneas transversales. Se alimenta principalmente de insectos. Son conocidos por su canto (cucú) del que deriva su nombre onomatopéyico. Se les puede oír cantando en

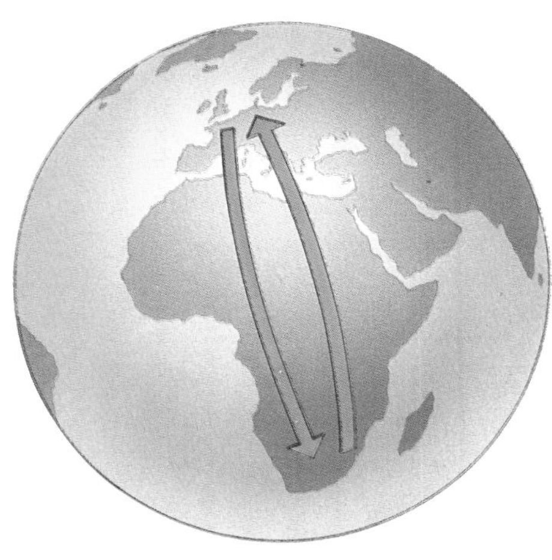

▲ Los cucos de la Europa septentrional emigran a África para pasar el invierno.

primavera cuando regresan de África. La especie europea de cucos no construye nidos; la hembra deposita sus huevos en el nido de otras aves, como por ejemplo los gorriones y los trinos. La hembra cuco vigila a las otras aves mientras construyen el nido, cuando éstas lo abandonan en busca de alimento el cuco desplaza con su pico uno de los huevos y lo hace caer fuera del nido, entonces la hembra cuco pone uno de sus propios huevos y remonta el vuelo. Cuando las otras aves retornan al nido no se dan cuenta del huevo extraño. Pasadas dos semanas se produce la eclosión del huevo del cuco, y el pequeño cuco es alimentado por sus «padres adoptivos»; en su crecimiento puede llegar a alcanzar un tamaño mayor que el de sus «hermanastros», a los que acaba por echar del nido.

Existen muchas especies de cucos repartidas por todo el mundo. Sólo el género europeo de cucos pone sus huevos en nidos de otras aves. La especie de cucos americana es de carácter tímido, construye y cuida con esmero a sus crías; otra particularidad de la especie americana de cucos es que no poseen el canto característico de sus parientes europeos.

Cuerno y asta

El cuerno, al igual que las UÑAS, las plumas y el pico de los animales, y las escamas de los REPTILES, son formaciones córneas, que tienen su origen en la piel.

Los cuernos de los toros, ovejas, cabras y la mayoría de los ANTÍLOPES tienen forma curva y son perennes; están formados por protuberancias óseas revestidas por una fibra sólida y elástica, y permanecen unidos al cráneo del animal. La cornamenta de los cérvidos es maciza y caduca (cada año la cornamenta se regenera), con formaciones ramificadas de huesos con un revestimiento epidérmico (piel).

Los cuernos que presentan los mamíferos citados anteriormente son utilizados como armas defensivas y ofensivas; durante el período de apareamiento los machos se disputan entre ellos la posesión de las hembras; también hacen uso de la cornamenta para luchar con animales de otras especies.

▼ Los cuernos de ciertas especies son originales y decorativos; entre los diversos usos que se ha hecho de ellos está la fabricación de instrumentos musicales y la de copas para beber.

Cuerpo humano

Podríamos hacer una comparación del cuerpo humano con la de una maravillosa máquina constituida por piezas diferentes que desempeñan cada una de ellas una función determinada y que trabajan a su vez en conjunto, consiguiendo un resultado óptimo de rendimiento y de buen funcionamiento; lo que en términos corporales significa mantener el cuerpo vivo y sano. Siguiendo con la comparación cuerpo-máquina, al igual que todas las máquinas, tu cuerpo necesita combustible (alimento).

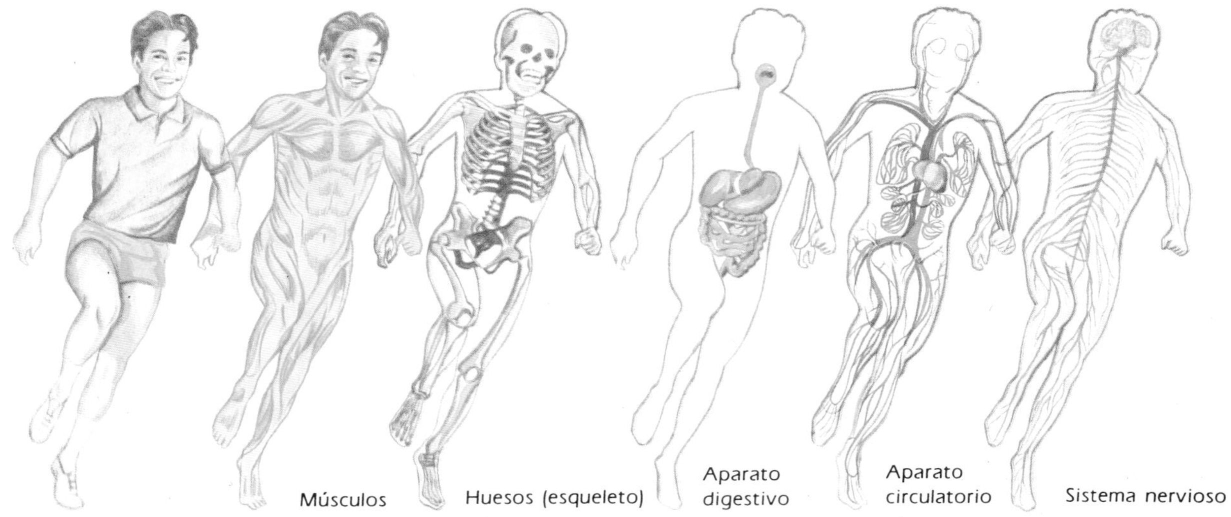

▲ El cuerpo funciona a través de una serie de sistemas interconectados, y que actúan constantemente para mantenernos en marcha.

El oxígeno que respiramos procede del aire y ayuda a convertir el alimento en energía. Esta energía es la que permite «que la máquina funcione» llevando a cabo sus diferentes actividades: pensar, jugar, trabajar y crecer.

El estudio del cuerpo humano se llama *anatomía*. El cuerpo está constituido por millones de CÉLULAS de diferentes clases. Llamamos *tejido* a un grupo de células con las mismas características y que ejecutan una misma función, por ejemplo, las células que nos permiten hacer fuerza para levantar pesos son las denominadas tejido muscular. Diferentes tejidos que realizan una función conjunta forman un *órgano*, ejemplos de órganos son el corazón, el hígado, los pulmones, el estómago y la piel. Los órganos que conjuntamente realizan una función son los pertenecientes a un *sistema*, ejemplos de sistemas son el sistema digestivo (se compone de boca, estómago e intestinos); el sistema circulatorio (compuesto por corazón, arterias y venas); el sistema nervioso (se compone de cerebro y de nervios).

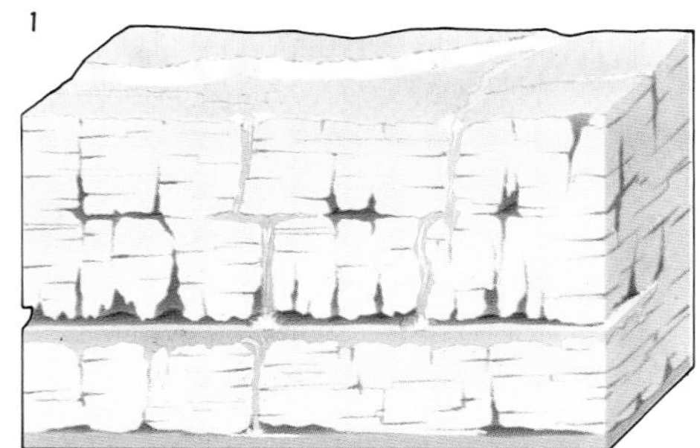

Cueva

Las cuevas son cavidades en la tierra que se forman con el paso de agua ligeramente ÁCIDA a través de formaciones de rocas calcáreas. El agua disuelve las rocas. El tamaño de las cuevas depende de la resistencia de las rocas a la acción y de la circulación del agua.

Tras formarse una cueva, el agua puede continuar goteando a través de las paredes y del techo. Con frecuencia esto origina la formación de estalagmitas y de estalactitas.

Cúpula

La cúpula circular es una bóveda semiesférica que se levanta sobre un edificio. Para hacerte una idea práctica de cómo es una cúpula, imagínate un gran tazón colocado al revés. Los materiales utilizados para la construcción de las cúpulas son diversos, pueden ser de piedra, ladrillos, cemento armado, acero o plástico.

Las cúpulas fueron recursos arquitectónicos muy utilizados en la construcción de edificios religiosos; podemos contemplar magníficos ejemplos en las catedrales de San Pedro en Roma, Santa Sofía en Estambul y San Pablo en Londres. La cúpula más grande del mundo está en Nueva Orleans (EUA): *Louisiana super dome,* que tiene una anchura equivalente a dos campos de fútbol.

Curie, Marie y Pierre

Pierre Curie nació en París en 1859. Investigó tempranamente el magnetismo y, en 1894, mientras enseñaba en la universidad de la Sorbona, en París, conoció a Marie Sklodwska, una estudiante polaca. Al año siguiente se casaron. Empezaron a investigar juntos en París el tema de la RADIOACTIVIDAD, y descubrieron en primer lugar que el elemento torio es radioactivo. En 1898 descubrieron dos nuevos elementos radioactivos. El polonio y el RADIO. En 1903 compartieron el premio Nobel de física con Henri Becquerel, el descubridor de

3

▲ Proceso de formación de una cueva de relieve cársico.
1. El agua se filtra a través de grietas en las rocas. El componente ácido del agua las ensancha gradualmente hasta convertirlas en verdaderos conductos cavernosos; el agua disuelve las rocas calcáreas y se detiene en los niveles impermeables (rocas resistentes a la acción del agua). 2. La formación de redes subterráneas provoca un ensanchamiento de los conductos, produciendo una ampliación de la caverna. 3. Con el transcurso de los años, la cueva está prácticamente formada y sólo queda el goteo y la formación de estalagmitas y estalactitas.

▼ Santa María de la Salud, en Venecia, buen ejemplo para apreciar diferentes tamaños de cúpulas. La palabra latina *doma* significa techo de casa.

CURIE, MARIE Y PIERRE

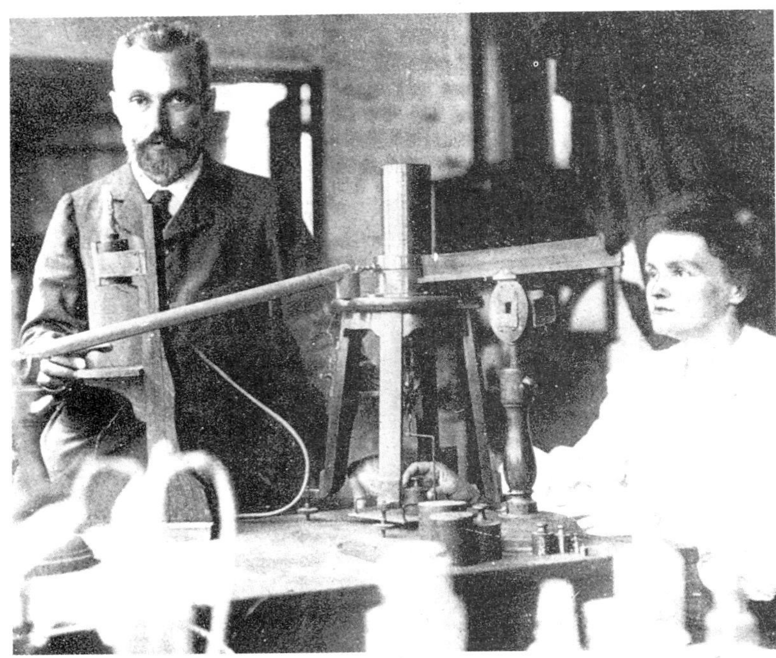

▶ Los Curie en su laboratorio. En 1898 realizaron experimentos sobre la radioactividad del radio.

El nombre de radio viene del latín *radius,* que significa rayo. Los Curie bautizaron el polonio como homenaje a la tierra natal de Marie. En 1944, en Estados Unidos, se descubrió un nuevo elemento radiactivo al que se llamó curio (nº atómico 96) en homenaje a los Curie.

la radioactividad. Pierre murió en un accidente de tráfico en 1906, pero Marie siguió trabajando y en 1919 logró aislar radio puro. Por esto le concedieron un segundo premio Nobel, de química. En 1934, Marie murió de cáncer, provocado probablemente por haber trabajado tanto tiempo con materiales radioactivos sin ninguna clase de protección.

Su hija Irene se casó con Frederic Joliot, ayudante de Marie. Siguieron trabajando y en 1935 se les concedió el premio Nobel de química. Ambos murieron de cáncer: Irene en 1956 y Frederic en 1958.

Danubio

El río Danubio nace en la Selva Negra, a 1.078 m de altitud, cerca de Donau, y atraviesa ALEMANIA, AUSTRIA, CHEQUIA, ESLOVAQUIA, HUNGRÍA, la antigua YUGOSLAVIA y RUMANIA para acabar desembocando en el Mar Negro. Con sus 2.850 km es el río más largo de Europa después del Volga, pero su importancia comercial es muy inferior a la del Rin.

Danza

La danza fue una de las primeras manifestaciones artísticas de la cultura. Desde la más remota antigüedad el hombre ha manifestado sus sentimientos a través de la danza. En nuestros días existen varios estilos de danza con características muy distintas. (Ver págs. 216 y 217.)

Darwin, Charles

Charles Darwin (1809-1882), naturalista británico, fue violentamente criticado en los medios religiosos a raíz de la publicación en 1859 de su obra capital: *El origen de las especies*. En ésta cuestionaba la descripción que relata la Biblia de la creación del hombre. Según Darwin, los seres vivos evolucionaron a partir de formas primitivas de vida. Al principio de los tiempos, sólo sobrevivía quien poseía alguna ventaja respecto a los demás. Entre los individuos de cualquier especie existen pequeñas diferencias en la forma, el tamaño o las costumbres; estas diferencias, si son favorables, se convierten en ventajas. Así pues, en el curso de la existencia los individuos con más ventajas superaban a sus competidores. Darwin dedujo que existía una *selección natural*, que tiene como consecuencia la supervivencia sólo de los más aptos, de los que tienen mejores condiciones para afrontar las dificultades. Pongamos un ejemplo: supongamos que existen dos especies de jirafas, unas con el cuello más largo que las otras. Supongamos también que dos individuos, uno de cada especie, están comiendo hojas de un único árbol. La jirafa con el cuello más largo puede alcanzar la totalidad de las hojas del árbol, mientras que la de cuello corto sólo alcanzará las hojas del nivel inferior; cuando las hojas de este nivel se agoten, la jirafa con el cuello largo podrá continuar comiendo hojas del nivel superior, en cambio, la de cuello corto morirá. Con el tiempo, la especie de cuello largo sustituirá a la de cuello corto, efectuándose de este modo una selección natural.

(Continúa en pág. 218)

▼ La *teoría de la evolución* de Darwin fue muy polémica; aquí podemos ver a su autor en una caricatura aparecida en un periódico de la época.

DANZA

La danza es una forma de expresión relacionada con los gestos más elementales de la vida que ha formado parte de los ritos del hombre desde tiempos prehistóricos. Las civilizaciones primitivas ya practicaban danzas que podemos agrupar en diversas categorías: religiosas o sagradas, guerreras, fúnebres y profanas o festivas. Los pueblos dedicaban sus bailes a la naturaleza para obtener cosechas abundantes y lluvia; los guerreros ejecutaban danzas que les predisponían a la lucha antes de entrar en combate.

La danza forma parte de todas las culturas; en cualquier parte del mundo podemos encontrar bailes con características propias. Una de ellas, común a todas las danzas, es el ritmo sincopado y constante; parte de la música que se escribe (compone) está pensada especialmente para el baile. Cada país tiene su propio folklore, éste es diferente en cada región (bailes regionales) y se caracteriza por sus pasos y atuendos típicos. El baile de salón se divulgó en el siglo XIX; en esta época surgieron numerosas danzas que gozaron de gran popularidad. Las de mayor impacto fueron el vals y, posteriormente, el tango argentino, que, procedente del folklore de este país, causó una gran sensación en los salones de baile europeos.

▲ Dos figuras danzando, procedentes de los jeroglíficos del antiguo Egipto.

▼ Las artes en la mitología griega estaban representadas por nueve musas; Terpsícore era la musa de la danza y de la poesía.

LAS CIN

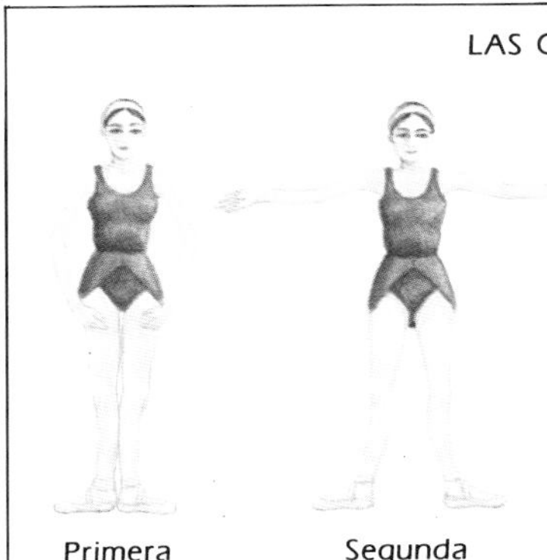

VOCABULARIO DE LA DANZA

ballerina: bailarina
barre: barra de ejercicio para entrenarse
corps de ballet: cuerpo principal coreográfico
entrechat: salto en que la bailarina cruza rápidamente los pies
jeté: salto de un pie al otro
pas de deux: tipo de danza que ejecuta una pareja
pirouette: círculo sobre un pie

◀ Fred Astaire fue un bailarín de claqué, que divulgó diversos estilos a través del cine.

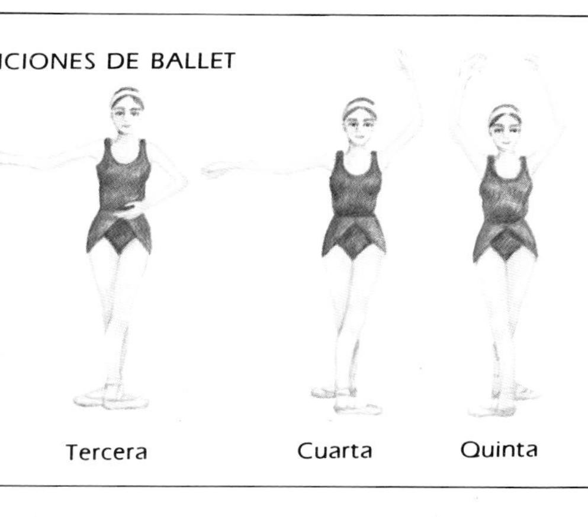

◀ Todos los movimientos de ballet derivan de las cinco posiciones.

BAILARINES FAMOSOS

Isadora Duncan (1878-1927), bailarina estadounidense. Se formó en la danza clásica, adoptó la herencia de la Grecia antigua y durante sus actuaciones vestía una simple túnica. Su estilo de danza libre es, en parte, el origen de la danza moderna.

Margot Fonteyn (1919-), bailarina británica. Se formó en la escuela del *Sadler Wells*, convirtiéndose en la bailarina principal del Royal Ballet. Conocida por sus interpretaciones de *El lago de los cisnes* y *La bella durmiente*.

Vaslav Nijínsky (1890-1950), bailarín ruso. Conocido por sus magníficas representaciones y su excelente técnica. Fue un claro exponente de los ballets rusos, dirigidos por las creaciones del promotor Sergio Diáguilev.

Rudolf Nuréiev (1939-1993), balarín ruso. Abandonó el Ballet Kirov en 1961 y se pasó a Occidente. Formó la conocida pareja con Margot Fonteyn.

Anna Pavlova (1882-1931), bailarina rusa. Fue famosa por sus interpretaciones en solitario, destacando *La muerte del cisne*. Se formó en La Escuela Imperial de Ballet de San Petersburgo (ahora Leningrado) convirtiéndose en una estrella internacional.

▲ La danza de los cosacos rusos requiere energía y agilidad.

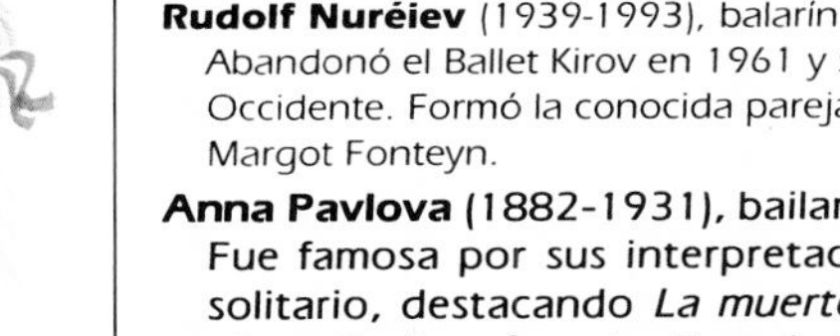

▶ El *baile de Morris* es una danza del folklore inglés que generalmente bailan los hombres.

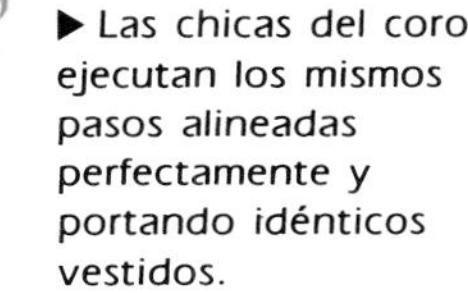

▶ Las chicas del coro ejecutan los mismos pasos alineadas perfectamente y portando idénticos vestidos.

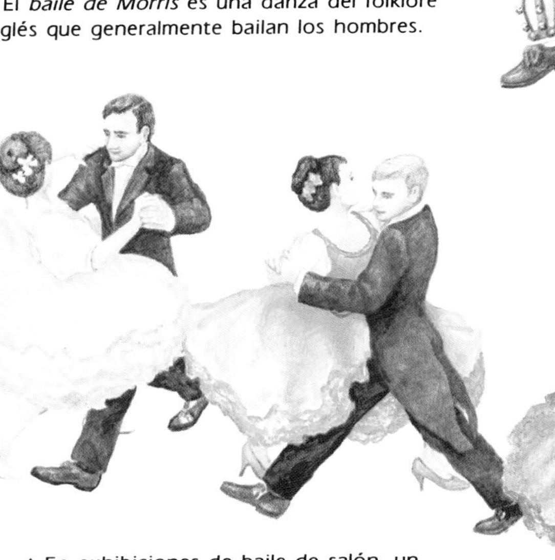

▲ En exhibiciones de baile de salón, un equipo de parejas se desplaza al unísono por la pista de baile.

Para más información consultar los artículos: BALLET; CINE; EJERCICIO; ELASTICIDAD; GIMNASIA; MÚSICA; TEATRO.

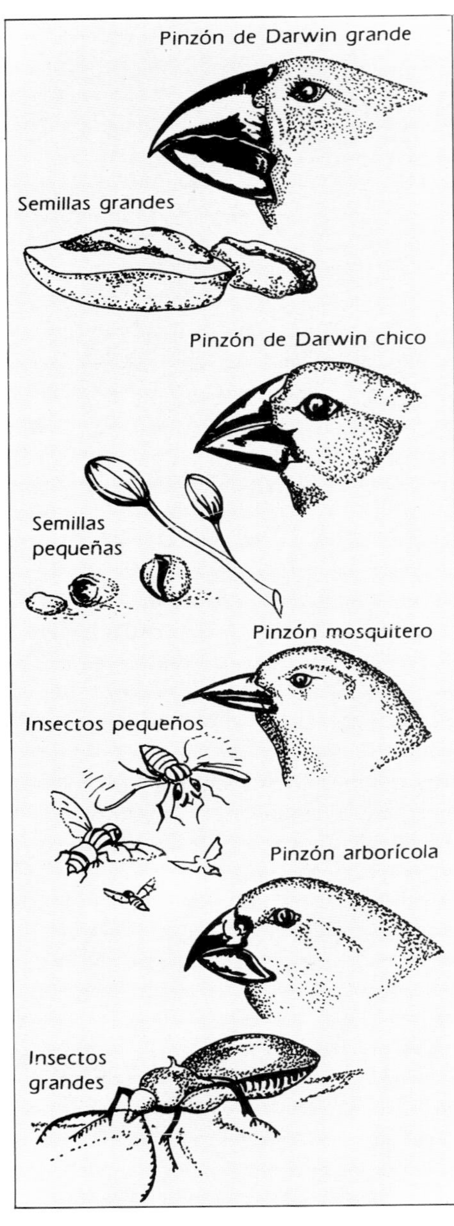

▲ En las islas Galápagos, Darwin descubrió un variado número de aves pinzón, originarias de América del Sur; cada una de las especies, con el transcurso de los siglos, había adaptado el pico según sus hábitos alimenticios particulares.

Esta teoría escandalizó a las gentes de aquella época, pues creyeron que contradecía las enseñanzas de la Biblia y que ponía en entredicho la existencia misma del Creador. Actualmente la teoría es aceptada por la mayoría de las jerarquías eclesiásticas al considerar que es compatible con las enseñanzas de la Biblia y que no crea ningún tipo de conflicto con las creencias religiosas.

De Gaulle, Charles

Charles de Gaulle (1890-1970) fue un estadista y político francés. El general De Gaulle estudió en la academia militar de Saint Cyr. Tomó parte activa en la I Guerra Mundial, en la que recibió heridas de consideración en 1916; continuó su carrera militar después de finalizar la contienda. Al estallar en 1939 la II Guerra Mundial se le asignó el mando de una división acorazada. La derrota francesa y la ocupación alemana, en 1940, del territorio galo, obligaron a De Gaulle a huir a Gran Bretaña donde formó el Movimiento Libre para la Liberación de Francia. La resistencia francesa mantuvo una heroica lucha durante el período de ocupación nazi y facilitó la infraestructura para la posterior invasión aliada.

En 1944 el general De Gaulle retornó a Francia como jefe de gobierno; los problemas y las discrepancias de los partidos políticos provocaron la dimisión del general dos años después. No obstante, en 1958, Francia se vio sumergida en una profunda crisis debido a que los colonos y el ejército francés en Argelia se rebelaron contra el poder central de París. Charles de Gaulle se convirtió en el presidente de la República en 1959 y solucionó el problema argelino; De Gaulle permaneció en la presidencia hasta 1969, año en que se retiró.

Delfín y marsopa

Los delfines y las marsopas son MAMÍFEROS cetáceos de pequeño tamaño que viven en los mares cálidos y templados. Los mamíferos son animales de sangre caliente que obtienen el oxígeno del aire y que normalmente viven en la tierra, pero los cetáceos son mamíferos acuáticos; esta especie incluye ballenas, cachalotes, delfines y marsopas.

Los delfines tienen dientes afilados y su boca termina en forma de pico. Las marsopas son los parientes más cercanos a los delfines y se distinguen de ellos en que la parte frontal de la cabeza tiene forma más redonda.

▲ En la primera etapa de la Unión Europea, De Gaulle ejerció una influencia decisiva sobre la misma; desde 1963 hasta 1967 bloqueó la entrada del Reino Unido en la Unión.

◀ Los delfines y las marsopas son como pequeñas ballenas. El delfín mular se distingue del delfín común por su pico, más pequeño y redondeado.

El delfín común es bien conocido desde tiempo antiguo; es un animal de inteligencia notable; se comunican entre ellos mediante un complejo sistema de señales acústicas; su cerebro está tan desarrollado como el del hombre y su comportamiento es altamente socializado, con lo que llega a entablar fácilmente relaciones de amistad con el ser humano.

Delta 

Aplicamos este nombre a la construcción sedimentaria marina, saliente, creada por los aluviones transportados por un río. Cuando un río desemboca en el mar a través de una planicie la corriente de éste es muy lenta, dando lugar al depósito de sedimentos (tierra, arena) en dicha planicie y formando bancos de arena. El río fluye a través de los bancos en diferentes ramificaciones, creando zonas pantanosas, diques naturales y marismas; esta planicie a menudo adopta la forma de la letra griega *delta* Δ, de ahí su nombre.

▼ El delta del Mississippi se extiende por el golfo de México a lo largo de 320 km; el ritmo de crecimiento del delta es de 1 km cada 20 años.

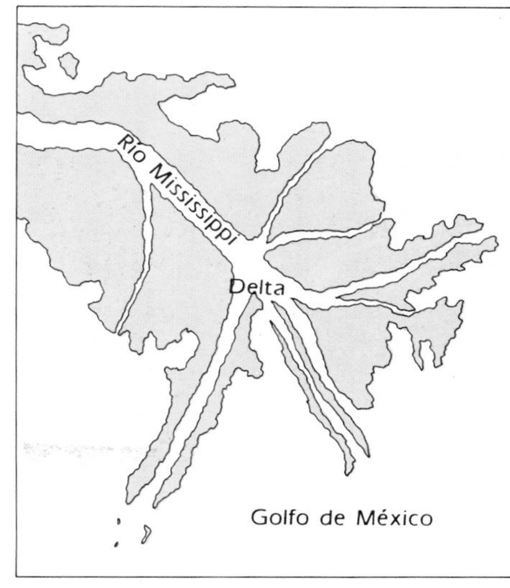

El presidente estadounidense Abraham Lincoln describió la democracia como «gobierno *del* pueblo, *por* el pueblo y *para* el pueblo». Con esta frase quiso decir que en una democracia todos toman parte en la creación de las leyes que a su vez todos tienen que obedecer.

▶ La estatua de la Libertad está situada a la entrada del puerto de Nueva York, como símbolo de la libertad. Fue un obsequio de la República Francesa a Estados Unidos.

Democracia

Doctrina política y forma de gobierno. En un gobierno democrático la soberanía proviene del pueblo (gobierno del pueblo y para el pueblo). Los representantes de los partidos políticos (candidatos) se presentan a las elecciones para puestos en la administración del Estado (gobierno); la gente, mediante el sufragio universal (voto), escoge a los candidatos que cree que mejor van a representar sus ideas e intereses. En una democracia, teóricamente, el pueblo tiene derecho a elegir y controlar a sus gobernantes; existe la libertad de opinión y de prensa (todo el mundo puede decir y leer lo que quiera), y en un caso extremo el pueblo, si así lo quisiera, podría hacer dimitir al gobierno. En cuanto a litigios con la justicia, nadie puede ser privado de libertad (prisión) sin un juicio justo, y todo el mundo es inocente hasta que se pruebe lo contrario.

Existen diferentes tipos de democracia en el mundo, según la forma de Estado que adopten; así, por ejemplo, son monarquías parlamentarias: Gran Bretaña, España, Suecia; repúblicas: Francia e Italia; estados federados democráticos: Estados Unidos.

No existe ninguna democracia con un funcionamiento perfecto de sus instituciones, pero todas las naciones libres trabajan en este sentido.

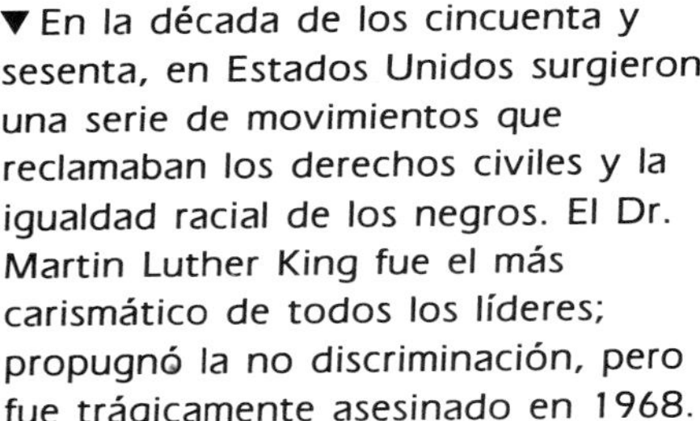

▼ En la década de los cincuenta y sesenta, en Estados Unidos surgieron una serie de movimientos que reclamaban los derechos civiles y la igualdad racial de los negros. El Dr. Martin Luther King fue el más carismático de todos los líderes; propugnó la no discriminación, pero fue trágicamente asesinado en 1968.

Derechos civiles

La lucha por los derechos civiles ha sido y sigue siendo una constante en la realidad de los pueblos. Pero este *de-*

recho natural no siempre es respetado, y a veces los pueblos tienen que luchar por su libertad, para obtener lo que denominamos derechos civiles.

Los derechos civiles más importantes son la libertad de culto, libertad de opinión, igualdad ante la ley y libertad de elegir a los gobernantes. En la década de los años cincuenta, los derechos humanos de la población de color se convirtieron en un tema de importancia vital en Estados Unidos.

«La declaración de los derechos de los niños» fue proclamada por las Naciones Unidas en 1959.
Entre los artículos más importantes podemos destacar el que dice que los niños deben crecer normalmente en un ambiente sano, libre y digno; tener un nombre y una nacionalidad; amor y comprensión; escuela gratuita y la oportunidad de jugar.

Desierto

Los desiertos son regiones muy secas caracterizadas por una pluviometría (lluvia) inferior a 100 mm/año. No todos los desiertos están compuestos exclusivamente de arena; algunos presentan formaciones rocosas, y otros son grandes extensiones heladas. Existen tres clases de desiertos: tipo frío (Antártida), templado (Mongolia) y cálido (Sahara). Debido a las condiciones climáticas de los desiertos (árido, frío) la densidad de la población es muy baja. Los grandes desiertos del tipo cálido y templado están situados en el interior de los continentes donde no reciben la influencia de los vientos húmedos. Los desiertos del tipo cálido sufren grandes oscilaciones de temperatura que pueden alcanzar más de 50 °C durante el día y descender a menos de 0 °C durante la noche.

▼ Dunas esculturales moldeadas por el viento en el desierto del Sahara.

▼ Los dingos descienden de los perros que llevaron los primeros colonos a Australia.

▲ Existen dos tipos de camellos: el bactriano con dos gibas, y el dromedario con una; el primero vive en el desierto de Gobi y el segundo en el norte de África y Arabia.

▲ El monstruo de Gila es un lagarto venenoso, sus dientes están provistos de conductos por donde inyecta el veneno a la víctima.

▲ La ortega empapa sus plumas en los pozos y transporta el agua para sus crías.

▶ El clamidosaurio abre las mandíbulas produciendo un silbido y despliega su orla para asustar a los intrusos.

◀ El halcón peregrino es una de las aves más veloces; caza animales del desierto de pequeño tamaño.

Para sobrevivir a estas condiciones tan extremas, la vegetación de los desiertos ha desarrollado gran variedad de adaptaciones vegetales: el CACTUS almacena agua en el tronco. Otras pasan la mayor parte del tiempo en forma de semillas y aprovechan las débiles lluvias para germinar y reproducirse.

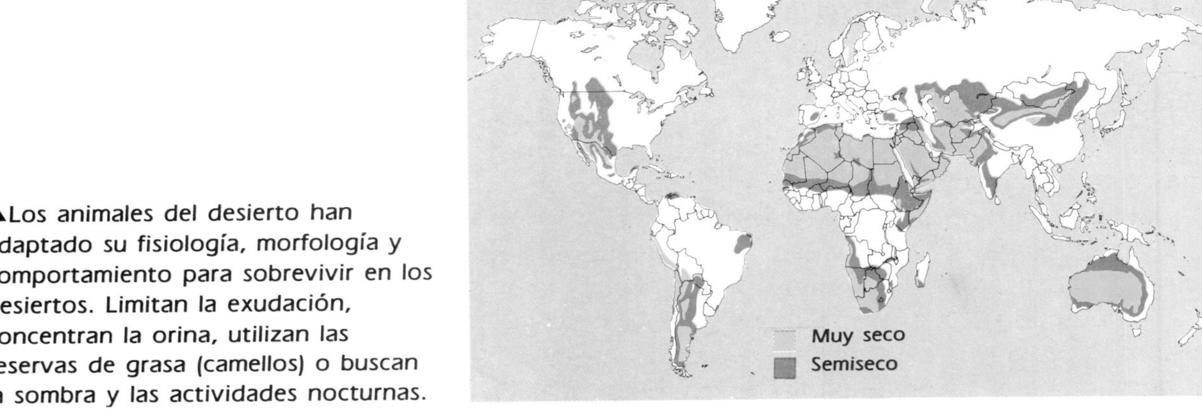

▲Los animales del desierto han adaptado su fisiología, morfología y comportamiento para sobrevivir en los desiertos. Limitan la exudación, concentran la orina, utilizan las reservas de grasa (camellos) o buscan la sombra y las actividades nocturnas.

Los animales del desierto son poco numerosos y han adaptado sus costumbres a las condiciones climáticas; algunos buscan la sombra, y la mayor parte de su actividad la desarrollan por la noche; otros no beben y obtienen el agua que necesitan del alimento.

El desierto más grande del mundo es el SAHARA en África; el más seco es el Atacama en América del Sur (Chile) donde pueden pasar varios años sin llover.

LOS GRANDES DESIERTOS

Sahara	9.065.000 km^2
Gt. Australiano	3.885.000 km^2
Líbico	1.295.000 km^2
Gobi	777.000 km^2
Rub al Khali	647.000 km^2
Kalahari	310.000 km^2
Kara Kum	284.900 km^2
Atacama	64.750 km^2
Mohave	38.850 km^2

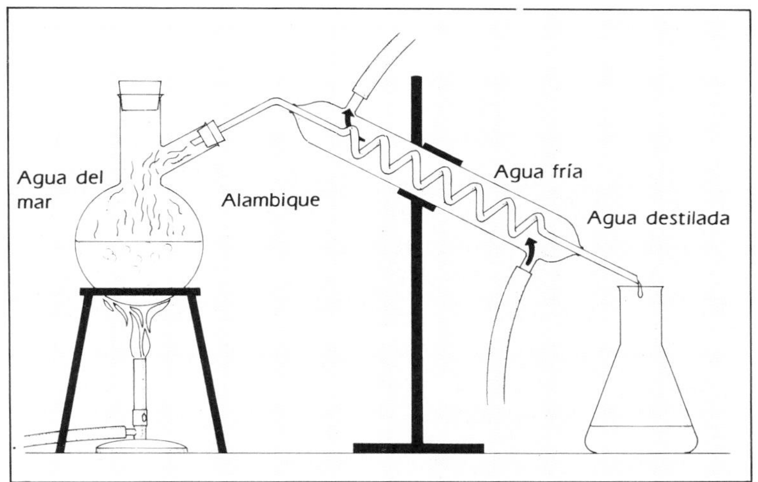

◀ Uno de los procesos más simples que podemos realizar en un laboratorio es el de destilar agua. Se hace hervir agua en un matraz, el vapor pasa a través del alambique, en donde se condensa por la acción del frío y se vuelve a transformar en líquido, que cae convertido ya en agua destilada en el vaso de precipitación.

Destilación

La destilación es un procedimiento de separación por *ebullición* de los elementos que constituyen una mezcla. Ejemplo: cuando el agua hierve se convierte en vapor, y si éste se enfría se vuelve a convertir en agua. El vapor procedente de una ebullición, cuando contacta con los fríos cristales de una ventana, produce el efecto de *condensación* (pequeñas gotas de agua que bañan los cristales). El agua acumulada en la ventana tiene características distintas de la que está en el recipiente donde ha hervido; el agua de la ventana la denominamos *destilada*. Si hervimos agua del mar y condensamos el vapor, obtendremos agua dulce, pues la sal quedará en forma de depósitos en el hervidor. Podríamos decir que destilar consiste en hervir y enfriar líquidos para así hacerlos más puros. El alambique es el aparato que se utiliza en un laboratorio para efectuar la destilación.

La *destilación fraccionada* es el método que se aplica para separar mezclas de líquidos. Se hace hervir la mezcla, y el líquido con el punto de ebullición más bajo se evapora primero para luego condensarse; a continuación el líquido con el siguiente punto de ebullición más bajo

Hace dos mil años, los marinos griegos ya conocían el proceso de destilación. Hacían hervir agua del mar y colocaban esponjas que recogían el vapor procedente de la ebullición; después sólo tenían que escurrir las esponjas y obtenían de este modo agua potable.

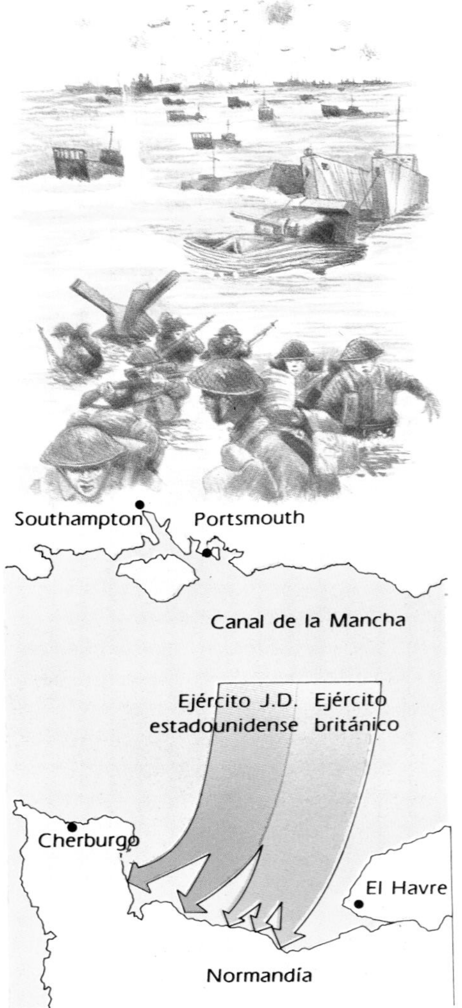

▲ Para despistar al enemigo, el servicio de inteligencia británico difundió la idea de que el desembarco se efectuaría en el área del estrecho de Dover. Los nazis construyeron grandes fortificaciones en las zonas de la costa francesa supuestamente destinadas a recibir el grueso de las tropas aliadas. Mientras los alemanes esperaban el desembarco en la zona de Dover, éste se produjo en el área comprendida entre Cherburgo y El Havre.

se separa en segundo lugar, y así sucesivamente hasta dividir los componentes de la mezcla. La destilación fraccionada es el tratamiento al que se somete el petróleo bruto (crudo) en una refinería.

Para la obtención de bebidas alcohólicas, como el whisky y el brandy, también se utiliza un proceso de destilación.

Detergente

Los detergentes son sustancias que utilizamos para limpiar. Tienen la propiedad de disolver las manchas y la suciedad.

Se distinguen dos categorías de detergentes: la primera engloba los *jabones*; la segunda comprende los detergentes sintéticos («sin jabón») que suelen ser los que empleamos para el lavado de ropa blanca, de la vajilla y en la limpieza del hogar. Estos últimos productos prácticamente han desplazado a los jabones. Son más eficaces y no dejan residuos de suciedad.

Día-D

Es el día en que las fuerzas aliadas decidieron desembarcar en las costas francesas de Normandía durante el transcurso de la II Guerra Mundial. El desembarco de Normandía tuvo lugar el 6 de junio de 1944 y fue el principio del fin de la Alemania de Hitler. Las fuerzas aliadas estaban compuestas por tropas británicas y estadounidenses, aunque también había un número importante de otras nacionalidades. Las fuerzas aliadas, comandadas por el general estadounidense Eisenhower, estaban formadas por tres millones de hombres y once mil buques y aviones; fue el ejército invasor más importante de la Historia. Al mismo tiempo que se producía la invasión aliada a través del canal de la Mancha, las tropas rusas atacaban por el flanco Este; el esfuerzo combinado de los aliados (estadounidenses, rusos, británicos y otros), provocó la retirada de todos los frentes del ejército alemán y la rendición incondicional de la Alemania nazi el 7 de mayo de 1945.

Día y noche

La Tierra gira sobre su eje y alrededor del Sol. La parte de la Tierra que mira al Sol aparece iluminada, mientras

Experiméntalo

Si iluminas un globo terráqueo con una linterna, comprobarás el fenómeno del día y de la noche. La Tierra gira en dirección Este. Si viajamos en dirección Este nos situamos en la zona iluminada. El Sol sale por el Este y se pone por el Oeste. La tierra tarda 24 horas en dar una vuelta completa sobre sí misma.

que la cara oculta aparece oscura. A la parte iluminada la llamamos día, y a la oscura, noche. El día sigue a la noche porque la Tierra gira sobre sí misma. Un día es el tiempo que tarda la Tierra en dar una vuelta completa sobre su eje. Este tiempo, si te tomas la molestia de medirlo, es de 24 horas desde que sale el Sol hasta la próxima vez que vuelve a salir (23 h 56 min 4 s, aproximadamente). La Tierra está inclinada formando ángulo respecto al Sol, lo que supone que ciertas zonas del planeta reciben más o menos horas de luz que otras y que la duración del día y de la noche varía dependiendo de la estación del año. Por ejemplo: el Ártico, en junio, recibe luz solar las 24 horas del día a lo largo de todo el mes, mientras que en la Antártida, en cambio, es de noche. En diciembre sucede todo lo contrario, noche en el Ártico y día perpetuo en la Antártida.

▲ En las últimas horas de la tarde se produce el crepúsculo o atardecer, que marca el compás del día a la noche.

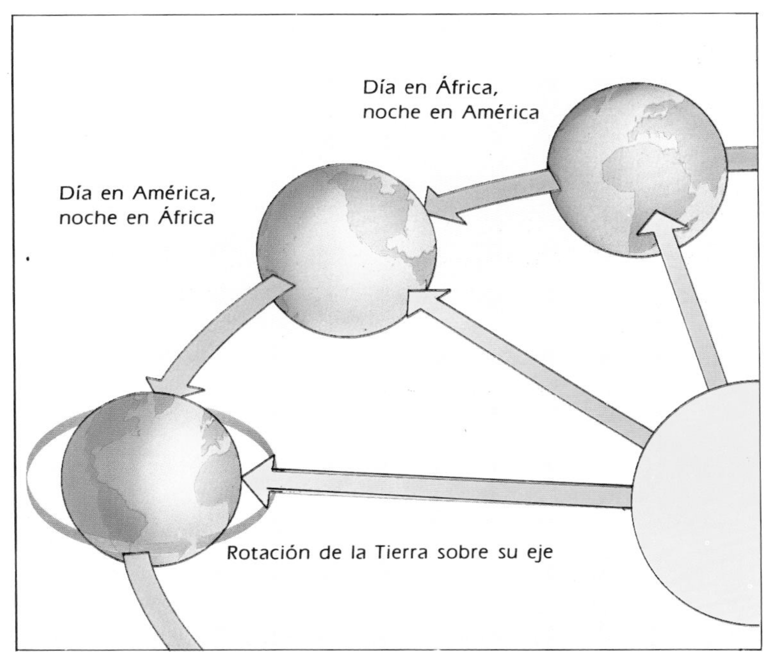

◀ La rotación de la Tierra hace que sólo la mitad de la misma esté iluminada por el Sol.

La rotación de la Tierra hace que cuando en ciertos lugares del planeta es de día en otros sea de noche. Nuestro mundo está dividido en «zonas horarias» y nunca es la misma hora en todo el planeta. Por ejemplo, cuando es de día en Barcelona, en Nueva Zelanda es de noche.

La línea internacional de cambio de fecha es una línea imaginaria entre el Polo Norte y el Sur para marcar claramente el paso de un día a otro. Esta línea está situada en el Océano Pacífico y produce un extraño efecto: los barcos que navegan con rumbo al Este ganan un día, mientras que los que navegan con rumbo Oeste lo pierden.

Diamante

Los diamantes son CRISTALES de carbono puro, diáfanos, de gran brillo y generalmente incoloros. La formación de los diamantes es debida al calor y a una fuerte presión; se encuentran en las profundidades del subsuelo y están constituidos por CARBONO. Este mineral es el mismo que encontramos en el CARBÓN mineral.

Los diamantes se utilizan en joyería y se les denomina PIEDRAS PRECIOSAS (diamantes, brillantes); deben ser tallados por un joyero, utilizando para ello otro diamante, pues sólo un diamante es lo suficientemente duro para cortar otro. Los diamantes también se usan en la industria para perforar y cortar.

El *Cullinan* es uno de los diamantes más grandes del mundo; lleva el nombre de su descubridor, Thomas Cullinan (encontrado en 1905 en Pretoria, África del Sur). El diamante en bruto tenía alrededor de 13 cm de longitud y pesaba casi tres cuartos de kilo. En 1908 fue tallado en Amsterdam y se obtuvieron 105 piezas; una de las más grandes es la denominada «Estrella de África», que está en el cetro real de la corona británica. Las otras piedras procedentes del *Cullinan* forman parte de las joyas de la Corona de Inglaterra.

El diamante de color más famoso del mundo es «La esperanza», de un azul intenso. Se encontró en la India y está en la colección de una institución estadounidense: la Smithsonian Institution, de Washington D.C. Aunque suelen ser incoloros, se han encontrado diamantes de diferentes colores: tonalidades de azul, amarillo, rosa y dorado.

▶ Un diamante en bruto y un diamante tallado. La piedra preciosa, en su estado final después de la talla, ha perdido alrededor de la mitad de su peso original.

Dibujo

Dibujar es representar, en una superficie, la figura de una cosa por medio del lápiz, la pluma, etc.

Dibujar es una actividad natural del hombre conocida desde los tiempos primitivos. Los pueblos empezaron a

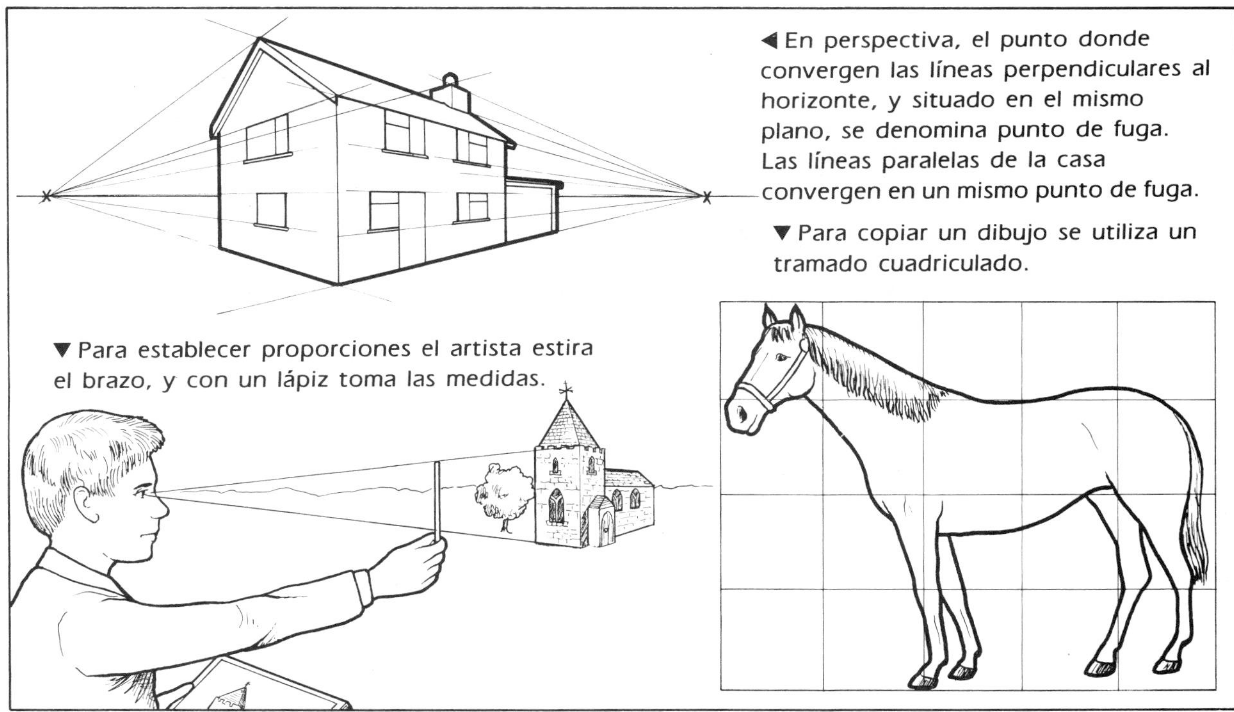

◀ En perspectiva, el punto donde convergen las líneas perpendiculares al horizonte, y situado en el mismo plano, se denomina punto de fuga. Las líneas paralelas de la casa convergen en un mismo punto de fuga.

▼ Para copiar un dibujo se utiliza un tramado cuadriculado.

▼ Para establecer proporciones el artista estira el brazo, y con un lápiz toma las medidas.

expresar sus ideas y sentimientos mediante el dibujo (pinturas rupestres).

Todos los niños tienen una natural predisposición a dibujar. Existen diferentes clases de dibujo (técnico, artístico, animado, infantil).

En la pintura, el dibujo constituye la primera etapa de la misma; en general, es la fase donde se efectúa la delineación de las figuras y su ordenación en el cuadro; eventualmente, se pueden dar valores de luz y sombra.

Grandes pintores, a su vez grandes dibujantes, fueron Leonardo da Vinci, Pieter Bruegel (el Viejo), Diego de Velázquez, Francisco Goya, Paul Cézanne, Pablo Picasso y Salvador Dalí.

Dibujos animados

Las películas de dibujos animados son una serie de múltiples dibujos, con pequeñas variaciones entre sí. Cuando se proyectan a una determinada velocidad dan la impresión de movimiento. Los dibujos se hacen sobre hojas de celuloide, ya que su transparencia facilita el trazado y permite dibujar únicamente al personaje, sin necesidad de hacer los fondos. Teóricamente hacen falta tantos dibujos diferentes como imágenes en la película (24 por segundo); no obstante, existen múltiples trucos para reducir el número de dibujos.

▼ Para la creación de los dibujos animados, el *sketch* original se realiza sobre soportes transparentes (*cels*) y a continuación se efectúan las tomas con ayuda de una cámara, fotografiando fotograma a fotograma.

▲ Charles Dickens escribió gran parte de sus novelas a modo de folletines que aparecían semanal o mensualmente en las revistas y periódicos de la época.

▼ Una ilustración de la novela de Dickens *Oliver Twist*; en este relato el autor nos expone las duras condiciones de vida de los huérfanos en la sociedad inglesa de mitad del siglo XIX.

Diccionario

El diccionario es una recopilación de las palabras de una lengua (generalmente en forma de libro), colocadas por orden alfabético (de la A a la Z), con sus correspondientes definiciones. Con frecuencia el diccionario explica el sentido de las palabras, su naturaleza y calidad; algunos incluyen una transcripción fonética o una pronunciación figurada. Los diccionarios presentan diversos tamaños, desde el diccionario de bolsillo al diccionario enciclopédico; este último puede constar de varios volúmenes.

Dickens, Charles

Charles Dickens (1812-1870) fue un famoso escritor británico. Su obra es fundamental en la literatura inglesa del siglo XIX; muestra un vivo retrato de la sociedad victoriana. En gran parte de sus novelas, Dickens nos relata historias de niños huérfanos o pobres que están sometidos a los caprichos de una sociedad cruel. El escritor fue en cierto modo un moralista para sus lectores; sus aspiraciones de reforma social y su honda visión de los problemas humanos dieron como resultado a personajes clásicos de la narrativa. Entre sus obras podemos destacar: *Oliver Twist, David Copperfield, Grandes esperanzas* y *Canción de Navidad.*

Dictador

Dictador es el dirigente de una nación que gobierna y asume todos los poderes. En la antigua Roma, el dictador era un magistrado supremo nombrado en circunstancias difíciles, e investido de poderes excepcionales. En los estados modernos, el término se utiliza para describir a un tirano que asume todos los poderes y que deroga todos los derechos del pueblo. En numerosas ocasiones los dictadores hacen uso de la fuerza para mantenerse en el poder y sus oponentes son asesinados, privados de libertad o se ven forzados a abandonar el país hasta que el dictador sea derrocado.

Diente

Los dientes son cada una de las formaciones duras, blancas, situadas en las mandíbulas, que sirven para masticar los alimentos. Se distinguen, según su localización y

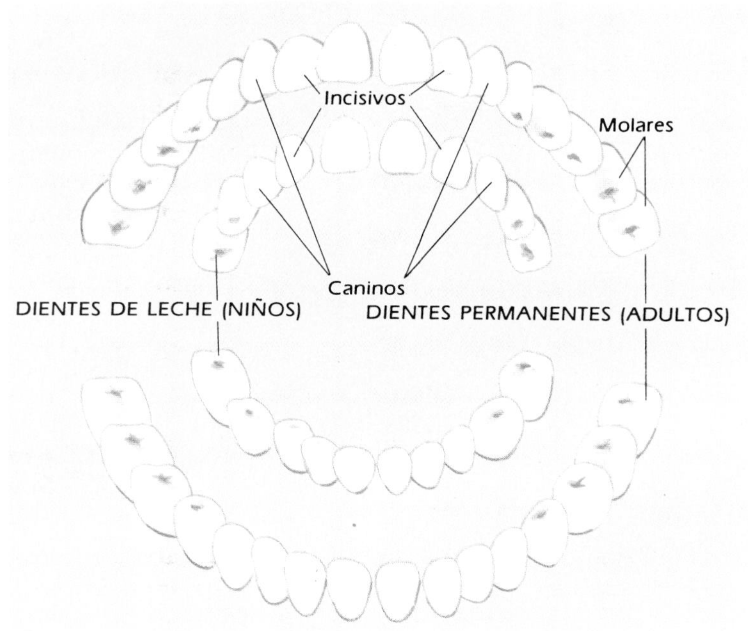

◀ En la infancia, el número de dientes es de 20 (10 superiores y 10 inferiores). Son los llamados dientes de leche; éstos caen cuando crecemos para ser reemplazados por los permanentes, en número total de 32.

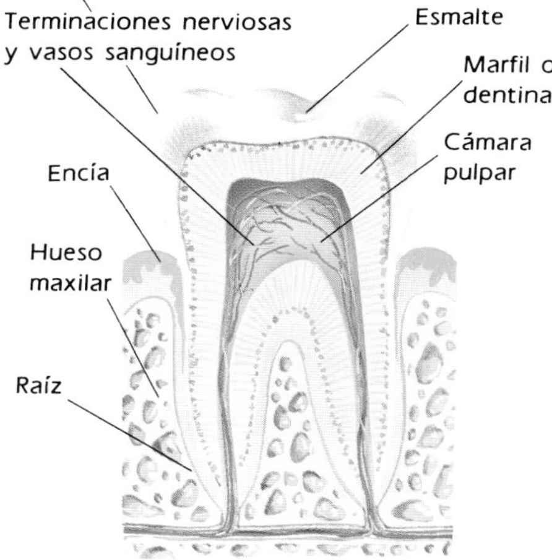

▲ Se distinguen tres capas en el diente. En el centro se encuentra un espacio constituido por terminaciones nerviosas y vasos sanguíneos; alrededor de este espacio se extiende un muro de origen óseo que denominamos dentina o marfil. Por último, el esmalte es una sustancia muy dura y brillante que recubre la dentina.

forma, los *incisivos* (cortan), los *caninos* (despedazan) y los *molares* (machacan).

Los CARNÍVOROS poseen los caninos muy desarrollados para despedazar la carne. Los herbívoros están equipados con afilados incisivos y grandes molares para cortar y moler los tallos de las plantas. Los seres humanos estamos provistos de las tres clases de dientes debido a que nos alimentamos con diversos tipos de comida.

Los dientes están constituidos por dos partes, éstas son la raíz, que tiene hasta tres puntas fijadas en la mandíbula, y la corona, situada en la parte superior y que podemos ver.

La caries se produce cuando una bacteria susceptible de producir dicho mal se junta con restos de azúcar produciendo una sustancia que disuelve el esmalte, lo que ocasiona orificios que dejan pasar restos de alimentos al interior de los dientes provocando la infección.

Digestión

La digestión es el proceso de desintegración y absorción de los alimentos que ingerimos por vía bucal. La digestión tiene lugar en el *tubo digestivo*, el cual recorre el cuerpo desde la boca hasta el ano. El proceso de la digestión se origina en la boca, donde se fragmentan los alimentos, después de masticarlos y triturarlos; luego, las sustancias químicas de la saliva los impregnan. La comida en forma de bola pasa por el *esófago*; éste, por me-

▶ El aparato digestivo humano. En un adulto el tubo digestivo mide de 8 a 10 metros, y su función es realizar el proceso principal de la digestión, transformando los alimentos en sustancias más sencillas, que a través de la sangre nutrirán las células.

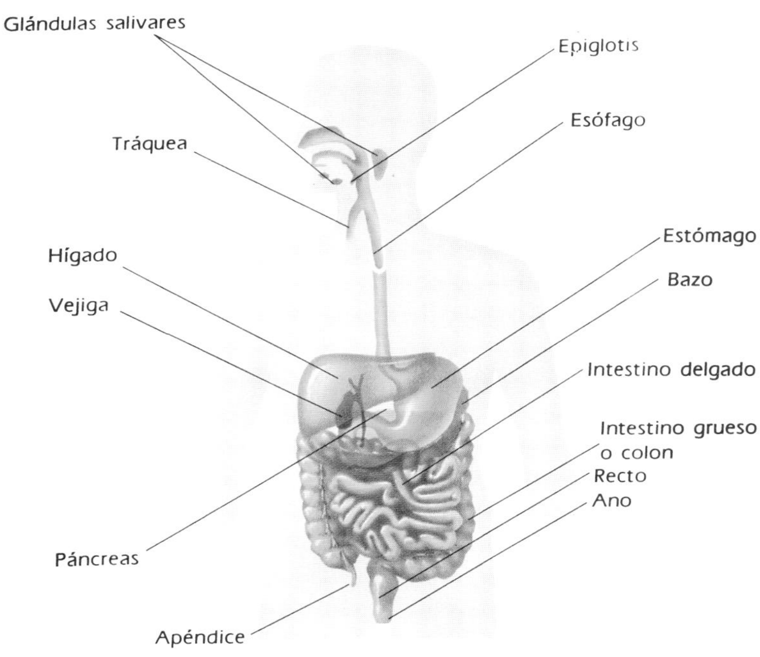

diación de músculos, empuja la bola hasta el ESTÓMAGO. Este órgano impregna la bola de comida con jugos gástricos y la convierte en un líquido de consistencia cremosa; un músculo situado en la parte inferior del estómago se abre periódicamente y deja pasar el líquido hacia el *intestino delgado.*

En el intestino delgado intervienen diferentes sustancias químicas, como la bilis procedente de la vesícula biliar y el jugo pancreático, para transformar los alimentos en elementos utilizables por el organismo; éstos pasan a través de las finas paredes del intestino a la corriente sanguínea. Los restos pasan al *intestino grueso*, en donde los líquidos y las sales se absorben quedando solamente el desecho; aquí actúan las bacterias que utilizan los restos que aún quedan de alimento; lo demás es expulsado por el cuerpo en forma de excrementos.

DINAMARCA

NORUEGA
SUECIA
DINAMARCA
MAR BÁLTICO
MAR DEL NORTE
POLONIA
PAÍSES BAJOS
ALEMANIA

Gobierno: Monarquía constitucional
Capital: Copenhague
Superficie: 45.069 km^2
Población: 5.000.000 hab.
Lengua: Danés
Moneda: Corona danesa

Dinamarca

Dinamarca es un pequeño país situado en el norte de EUROPA. El territorio danés comprende básicamente la península de Jutlandia rodeada por más de 500 islas. Al oeste de la península está el mar del Norte, al este el mar Báltico y al sur limita con la República Federal de Alemania. Dinamarca posee un terreno llano que juntamente con un clima favorable explican la elevada proporción de tierras cultivadas. Los productos procedentes de la ganadería, tanto ovina como porcina, suponen una

HISTORIA DEL DINERO

Las primeras relaciones comerciales se efectuaban sin dinero, simplemente existía un intercambio de mercancías.

Se ha utilizado dinero con diferentes formas y tamaños; no obstante, las monedas deben ser prácticas y fáciles de manejar y de almacenar.

Los indios norteamericanos a menudo usaron rosarios y conchas a modo de dinero.

importante riqueza; exportan mantequilla, productos del cerdo y cerveza. Dinamarca no posee un exceso de industria pesada; los daneses prefieren concentrar su industria en productos de alta calidad. Destacan en la producción de cerámica, muebles y tejidos. Dinamarca es miembro de la UNIÓN EUROPEA y tiene una población de más de cinco millones de habitantes.

Las monedas han mantenido su popularidad a lo largo de las épocas. Son manejables y duraderas.

Dinero

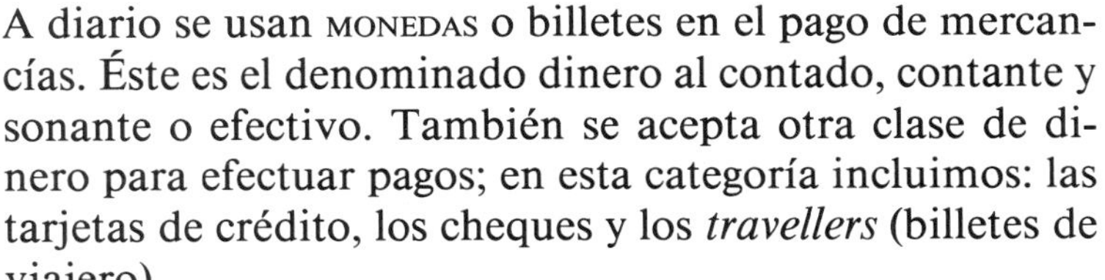

A diario se usan MONEDAS o billetes en el pago de mercancías. Éste es el denominado dinero al contado, contante y sonante o efectivo. También se acepta otra clase de dinero para efectuar pagos; en esta categoría incluimos: las tarjetas de crédito, los cheques y los *travellers* (billetes de viajero).

A cualquier medio comúnmente aceptado en el pago de mercancías se le puede denominar dinero. Los pueblos de la antigüedad usaron conchas, bolas, sal, cereales, semillas de cacao e incluso vacas. No obstante, las monedas actuales son más prácticas y fáciles de manejar.

Las primeras naciones en usar monedas de oro o de plata fueron China y la antigua Grecia; los gobiernos respectivos realizaron acuñaciones en las que se grababa el símbolo del gobierno o de sus dirigentes y el valor de las monedas (año 600 a.C.). Este tipo de dinero se caracterizaba porque tenía el mismo valor como moneda que su equivalente en oro o plata, y las marcas (acuñaciones) eran el símbolo que garantizaba su peso y afirmaba la autoridad del gobierno.

Con el transcurso del tiempo las civilizaciones empezaron a acuñar monedas con metales de menor valor que el oro y la plata. El metal en sí no tenía valor, sin em-

Los billetes de banco son como una promesa de pago de la suma que representan.

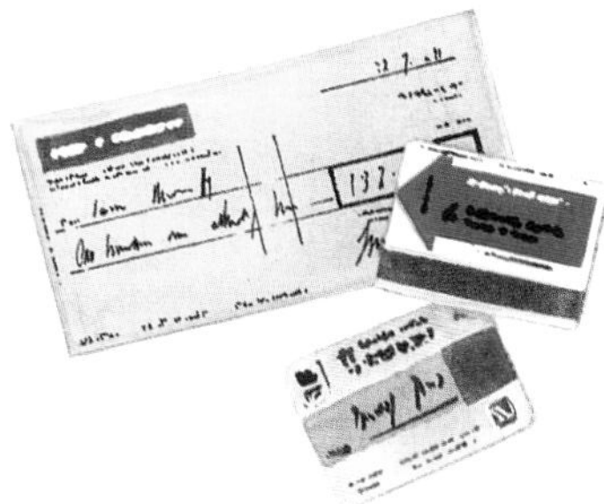

Las tarjetas de crédito y cheques son muy prácticos porque nos permiten utilizarlos como dinero en efectivo.

▲ Muchos de los dinosaurios del período cretáceo podían sobrevivir al ataque de un gran carnívoro como el tiranosaurio. Los ornitisquios, del que distinguimos el estrutiomimo, podían correr muy rápido, mientras que el triceratopo y el anquilosauro, del grupo de los stegosaurios, tenían enormes placas óseas a modo de coraza.

bargo la cantidad que en ellas se marcaba seguía teniendo el valor equivalente a una cantidad de metal precioso.

La aparición del papel bancario (billetes) desvincula al dinero de la producción de oro y plata, ya que no importa el valor del dinero en sí mismo. La facultad de emitir billetes de BANCO es una función realizada por el Estado o por bancos autorizados por éste. Actualmente este último tipo de dinero es el que usa nuestra sociedad.

La criatura voladora más grande que se conoce fue el pterodáctilo que vivió en partes de América del Norte hace unos 70 millones de años, aproximadamente. La envergadura de las alas de alguno de ellos podía llegar a ser de más de 11 metros. Debido a su aspecto se les llamó «dragones del aire».

Dinosaurio

La palabra dinosaurio deriva de los términos *déinos* y *sauros*, que combinados significan «lagarto terrible». Los dinosaurios vivieron en la época secundaria de 65 a 225 millones de años, y se extinguieron mucho antes de que apareciera la especie humana. Evolucionaron a partir de REPTILES primitivos.

Se distinguen dos grupos principales de dinosaurios: los *saurisquios* (que a su vez se dividían en herbívoros y carnívoros) y los *ornitisquios*. En el grupo de los sauris-

quios herbívoros sobresale el mayor de los saurios, al que llamamos *seismosaurio;* aunque los restos fosilizados de esta criatura son incompletos, se calcula que el animal mediría unos 8 metros de altura (cuatro veces la altura de un hombre) y que posiblemente pesaría ¡unas 130 toneladas!

Entre los saurisquios carnívoros destaca *el tiranosaurio rex*; de aspecto feroz, medía unos 3 metros de altura por la parte más alta del lomo, y cuando se ponía en pie podía alcanzar unos 6 metros. Tenía unos 12 metros de longitud, su cabeza medía hasta 1,2 metros y su gran boca estaba armada con muchos dientes de 15 cm de largo y de forma cónica. Las patas traseras eran enormes, mientras que las delanteras eran muy pequeñas, y tenía una larga cola que se asemejaba a la de un LAGARTO. Los ornitisquios eran en su totalidad herbívoros; de esta familia distinguimos el *triceratopo*, que tenía tres cuernos, dos de los cuales le salían por encima de los ojos y llegaban a medir 90 cm de longitud.

Los científicos especulan sobre los motivos que provocaron la extinción de los dinosaurios, pero nadie sabe a ciencia cierta la respuesta.

Se han encontrado restos de fósiles de más de 300 especies diferentes de dinosaurios, aunque en algunos casos son sólo indicios de pequeños huesos o de dientes. Hace más de 200 millones de años los continentes del planeta estaban unidos, formando un continente único. Ésta es la razón de que los restos fosilizados de los dinosaurios se encuentren repartidos por todos los continentes.

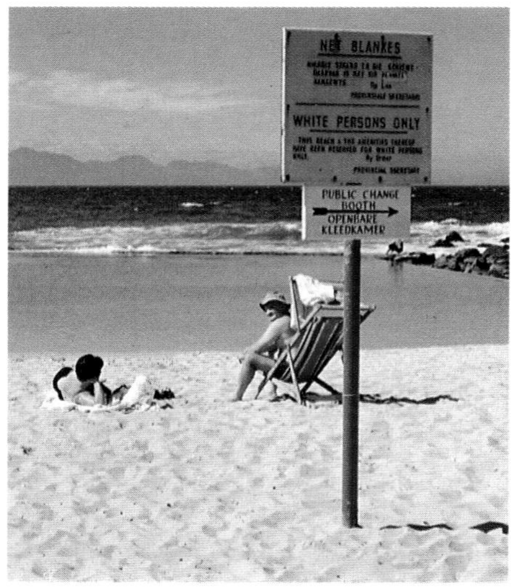

▲«Solo para blancos» reza este cartel, producto del racismo o discriminación de las personas según su raza o color.

Discriminación

Discriminar es distinguir, diferenciar una cosa de otra. Existen varias formas de discriminar; la palabra en sí no posee un sentido negativo, aunque la aplicación del término puede tener connotaciones racistas. Pongamos un simple ejemplo: si tú tienes un club fotográfico, todo aquel que no está interesado en la fotografía está excluido del mismo. Esta forma de discriminación no tiene ningún sentido negativo, simplemente diferencia.

Un tipo de discriminación con connotaciones negativas fue la religiosa; quienes pertenecían a una religión minoritaria en un país eran perseguidos, expulsados, castigados o incluso asesinados por las personas pertenecientes a la religión mayoritaria.

El *racismo* es la discriminación de las personas de una raza por los de otra. En Estados Unidos existió racismo legitimado por el Estado hasta los años cincuenta. En nuestros días el APARTHEID que ha venido practicando el gobierno de Suráfrica es una forma de discriminación racista.

Otra forma de discriminación es la sexual, en donde se hace distinción del sexo para desempeñar cierto tipo de trabajos.

▼El diseño de carteles publicitarios es una importante tarea para los diseñadores. En la ilustración podemos apreciar un magnífico ejemplo realizado para una compañía alemana en la década de los treinta.

Diseño

El diseño comercial es la disciplina que crea y representa objetos artísticos y funcionales para las exigencias de la industria o del comercio. Los diseñadores aprenden el oficio en una escuela de ARTE donde se imparten estudios de dibujo, pintura, montaje de originales para libros y revistas, concepción y realización de carteles para publicidad en periódicos y otros medios de difusión. Los diseñadores de moda hacen creaciones para el mundo del vestido; los diseñadores industriales desarrollan conceptos y los realizan para el entorno humano, desde los objetos usuales más simples hasta los más complejos. Casi todo lo que nos rodea ha sido diseñado por los expertos.

Disney, Walt

Walt Disney (1901-1967), dibujante, productor y director de CINE estadounidense. Pionero de los DIBUJOS ANIMADOS para niños. Los personajes de Disney lograron la celebridad en el mundo entero, en particular Mickey

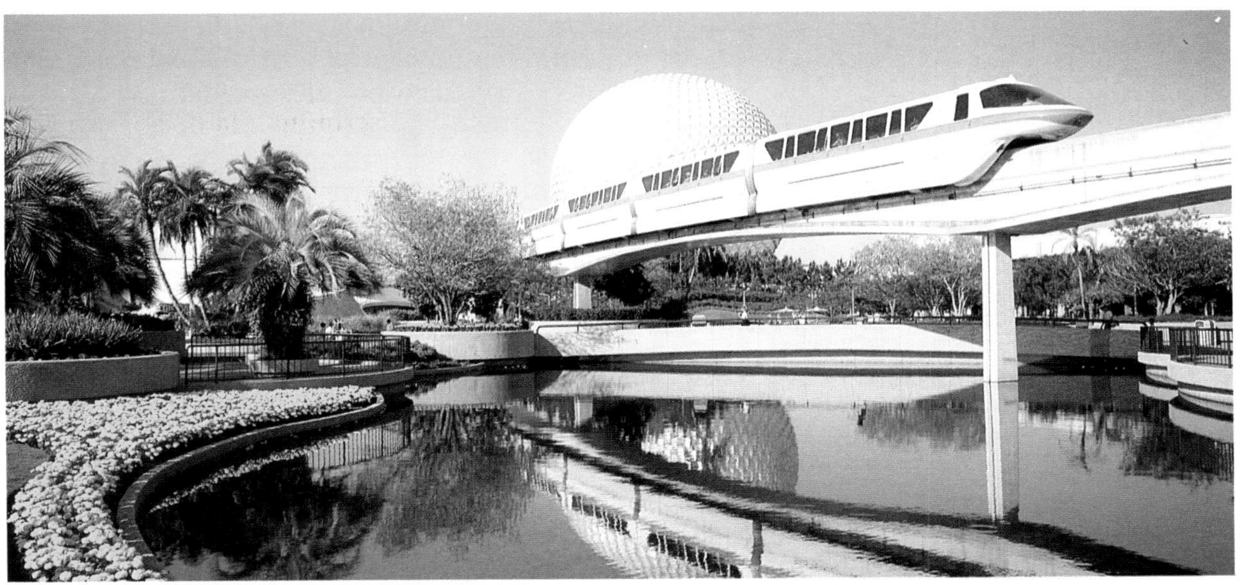

Mouse y el Pato Donald. Sus primeros trabajos los realizó en los años veinte; consiguió un gran realismo en el movimiento y la magia de los dibujos que no ha sido superado ni tan siquiera por su propio equipo de animadores, que le precedieron y continuaron su obra en la fábrica de «sueños». Entre los filmes más famosos de Disney podemos destacar: *Blancanieves y los siete enanitos, Pinocho, Bambi* y *Dumbo*.

▲ Disneylandia se inauguró en Anaheim, California, en 1955. En la ilustración apreciamos un monorraíl en el Epcot Center de Disneyworld, el enorme parque inaugurado en 1971 en Orlando, Florida.

▼ En esta fotografía podemos ver a Walt Disney con el conocido Mickey; Disney empezó su carrera como dibujante comercial; su primera película sonora fue *Steamboat Willie*, en 1928.

Dolor

El dolor es una sensación desagradable que se siente en una o varias partes del cuerpo. Es una advertencia de que algo no funciona o está mal en nuestro cuerpo; se experimenta dolor cuando el *sistema nervioso* recibe información de una alteración que afecta a un sector corporal. Las partes del cuerpo con mayor número de terminaciones nerviosas, las manos por ejemplo, son las más sensibles al dolor.

El dolor siempre nos aporta una lección: si nos pinchamos con una aguja o nos quemamos con algo, aprendemos a no hacerlo otra vez. Ciertos dolores no parecen tener un contenido «didáctico», como por ejemplo los dolores de muelas o los de cabeza; no obstante, si analizamos profundamente, quizá son debido a que ingerimos demasiado azúcar y no nos limpiamos la boca, los primeros; y múltiples causas los segundos (estrés, contaminación, mala alimentación, etc.). La MEDICINA ha descubierto que las alteraciones dolorosas son transportadas a la médula por fibras nerviosas. La rama de la medicina

DOMINICA

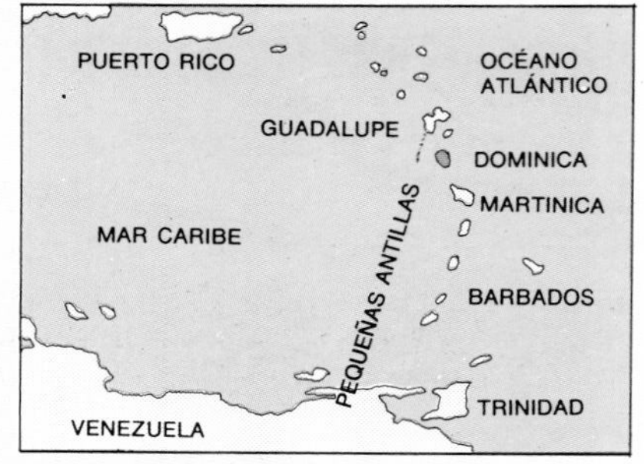

Gobierno: República
Capital: Roseau
Superficie: 751 km²
Población: 74.000 hab.
Lengua: Inglés
Moneda: Dólar caribeño del este

denominada neuroquímica ha conseguido drogas y anestésicos que permiten un control temporal del dolor causado por lesiones físicas o por enfermedad.

Dominica

Es un pequeño Estado insular en el MAR DEL CARIBE, y fue colonia británica hasta que se proclamó independiente en 1978. La producción agrícola principal son las bananas y los cítricos. La capital es Roseau.

Dorado, El

El Dorado, según la leyenda, era un país de América extremadamente rico, donde el oro y las piedras preciosas eran más que abundantes. El mito de El Dorado iba de boca en boca, agrandándose en la imaginación de los conquistadores, muchos de los cuales persiguieron la posesión de este fabuloso país hasta el fin de sus días.

Dormir y soñar

Dormir es el estado de reposo durante el cual quedan inactivos los SENTIDOS. Los seres humanos, si no duermen el tiempo requerido, tienen mal humor e incluso pueden llegar a tener *alucinaciones* (sensación de ver cosas que no existen).

Se distinguen cuatro estados diferenciados del sueño; en cada uno de ellos las ondas eléctricas generadas por el cerebro cambian de longitud y de frecuencia. Cuando estamos muy dormidos la longitud de onda es larga y la frecuencia lenta; mientras que cuando atravesamos un período de sueño ligero las ondas registradas son cortas y rápidas. Ésta es la fase en que se producen los sueños.

El ser humano necesita menos horas de sueño en el transcurso de la vida. A los treinta años de edad se suele dormir ocho horas, a los sesenta se dormirán sólo siete. Un niño de cuatro años duerme un promedio de diez a catorce horas por día; uno de diez años duerme una media de nueve a doce horas.

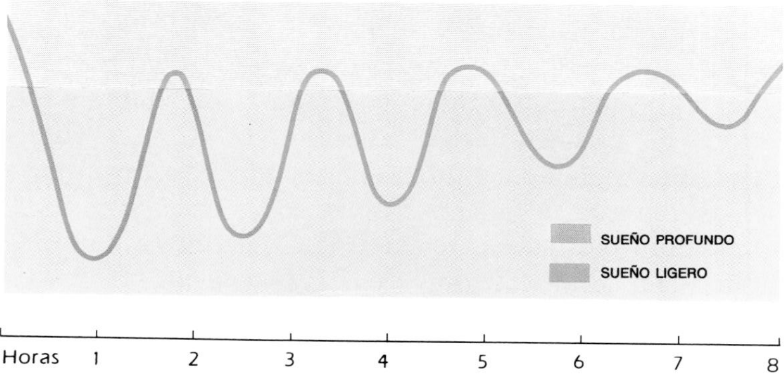

▶ Las ondas generadas por el cerebro se pueden medir; de esta forma podemos establecer los períodos de sueño ligero y los de sueño profundo. Durante el transcurso de la noche el sueño profundo va dejando paso a un período de sueño ligero, éste se acentúa al máximo cuando alcanzamos la mañana. Los sueños se producen en los períodos ligeros.

◀ Uno de los dragones más famosos fue el que San Jorge mató, representado aquí por esta pintura de Paolo Uccello. San Jorge es el santo patrón de varios países mediterráneos: parte de Grecia y de Italia, y en España, Aragón y Cataluña.

Dragón

Los dragones son animales que aparecen en las fábulas y leyendas. En realidad no existen, pero la divulgación popular fue tan extensa que mucha gente creía en ellos. Los artistas los representaron como a una especie de serpientes con pies y alas, de gran fiereza y voracidad; se supone que lanzaban fuego y se tragaban, enteros, a los hombres y a los animales. Las leyendas cuentan cómo estas criaturas fueron aniquiladas por héroes populares y santos; *Hércules* y *San Jorge* fueron algunos de los más famosos que ejecutaron la gesta de matar al dragón. Se les atribuyó poderes malignos y son la representación del mal para nuestra cultura. En contrapartida, los chinos respetan y veneran a los dragones y los consideran sagrados.

▲ Sir Francis Drake obtuvo el mando de un navío con rango de capitán a los 24 años.

Drake, Francis

Sir Francis Drake (hacia 1540-1596) fue un marino y pirata inglés que contribuyó a formar el poderío naval británico. En la década de 1570 saqueó las posesiones españolas en el mar del Sur y más tarde en el mar Caribe. Realizó el primer viaje inglés de circunnavegación (vuelta al mundo); después, en 1588, dirigió una de las divisiones de la armada inglesa que se enfrentó a la española ARMADA INVENCIBLE.

Las naves con las que Drake realizó los saqueos en las Indias Occidentales (Caribe) eran ligeras y rápidas. Sus dos barcos insignia pesaban 71 y 25 toneladas respectivamente. El navío con el que realizó la vuelta al mundo era un mercante de 100 toneladas, llamado *Golden Hind*. De regreso a su nación la reina Isabel lo nombró caballero.

Dromedario (ver Camello)

Ebro, río

El río Ebro es el más caudaloso de la península Ibérica; nace en Fontibre, cerca de Reinosa, y tiene 927 km. Desemboca en el Mediterráneo formando un DELTA. El Ebro es el único de los cinco grandes ríos españoles que desemboca en el Mediterráneo; el Tajo (1.008 km), el Duero (850 km), el Guadiana (820 km) y el Guadalquivir (680 km) desembocan todos ellos en el Atlántico.

Eclipse

A la desaparición temporal de un astro debida a su paso por la sombra de otro se la llama eclipse. Éste puede ser total o parcial, según la sombra cubra la totalidad o parte del planeta.

Los únicos eclipses que podemos contemplar a simple vista, desde todos los puntos de un hemisferio, son los de Luna; éstos tienen lugar cuando la Tierra se sitúa en línea entre el Sol y la Luna; es entonces cuando la sombra o penumbra de la Tierra oculta temporalmente a la Luna.

Los eclipses de Sol se producen cuando la Luna se sitúa en línea entre el Sol y la Tierra, entonces la sombra de la Luna oculta una pequeña parte de la superficie terrestre. Estos eclipses son detectables a simple vista por los observadores situados en la parte mencionada. Los eclipses solares son tres veces más frecuentes que los lunares, pero no son observables más que desde una reducida zona de la superficie terrestre.

El círculo de sombra que proyecta la Luna sobre la Tierra es de unos 200 km de diámetro; dentro de este círculo se observa un eclipse total (ocultación del disco solar por el

▼ Eclipse de Sol: ocultación del Sol por la Luna, desde la perspectiva terrestre (sombra de la Luna proyectada sobre la Tierra). Eclipse de Luna: ocultación de la Luna por la Tierra (sombra de la Tierra proyectada sobre la Luna). En la ilustración mostramos el cono de sombra de 200 km del eclipse solar.

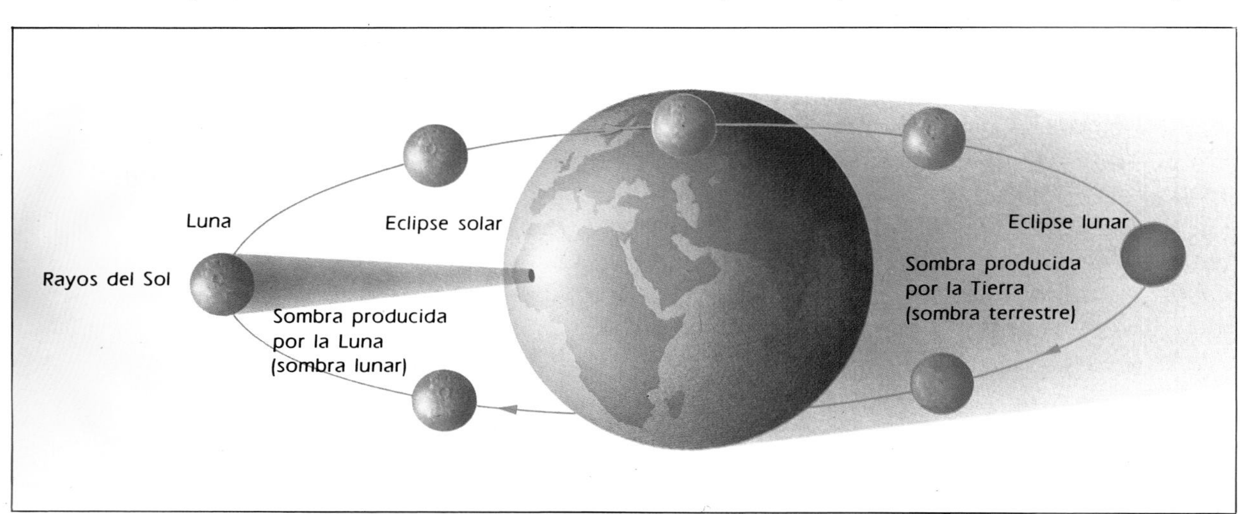

disco lunar). Alrededor del círculo de sombra se extiende un haz de penumbra más débil de unos 3.000 km de diámetro, siendo factible que los observadores situados en esta área vean un eclipse parcial.

Eco

El eco es una onda acústica reflejada por un obstáculo. El sonido viaja a una velocidad constante de 340 m/s; de ello deducimos que si enviamos ondas sonoras contra un obstáculo rígido y cronometramos el tiempo que tardan en volver a su punto de origen, sabremos la distancia que media entre los dos.

Los barcos utilizan el *sonar* (aparato que basa su funcionamiento en el eco) para medir las distancias de las profundidades marinas. Los MURCIÉLAGOS hacen uso del eco para volar en la oscuridad. El RADAR es un aparato que permite descubrir la situación de un cuerpo que no se ve mediante la emisión de ondas radioeléctricas que, reflejándose (eco) en dicho cuerpo, vuelven al punto de partida.

▲ Cuando emitas un sonido breve ante las laderas de las montañas percibirás el sonido por segunda vez al cabo de uno o dos segundos. Este segundo sonido, percibido después del primero, constituye el eco.

Ecología

Es el conjunto de ciencias que estudian las relaciones entre los seres vivos y su entorno. Los científicos (ecólogos) tratan de averiguar cómo se afectan mutuamente los seres vivos y el ambiente que les rodea (ecosistema). El objeto último de la ecología es el estudio de la estructura y funcionamiento de la naturaleza; ésta nos demuestra que la mayoría de las plantas y de los animales sólo pueden vivir en un conjunto de entornos favorables, tales como lagos, bosques, marismas, estepas o desiertos. La estabilidad de un ecosistema depende de la totalidad de sus componentes entre los que se establecen diversas relaciones, como las CADENAS DE ALIMENTACIÓN (tróficas). Los niveles tróficos de un ecosistema son esencialmente tres: nivel de productores (plantas), nivel de heterótrofos (animales), nivel de descomponedores (bacterias y hongos). Todos los animales de un ecosistema se alimentan de los vegetales de éste; los animales, a su vez, constituyen el alimento de otros animales, por tanto deducimos que si uno de los eslabones (elemento) de la cadena trófica desaparece, todo el ecosistema está en peligro.

La ecología humana es el estudio de las relaciones que el hombre mantiene con el medio ambiente. Dado que ciertos inventos y avances tecnológicos pueden ser la

Si el equilibrio ecológico es alterado, las consecuencias pueden ser desastrosas. En 1850 se soltaron en Australia tres parejas de conejos europeos. Al no tener enemigos naturales, se reprodujeron rápidamente hasta convertirse en una plaga para los granjeros. Sólo la introducción de una enfermedad mortal para los conejos pudo detener la plaga.

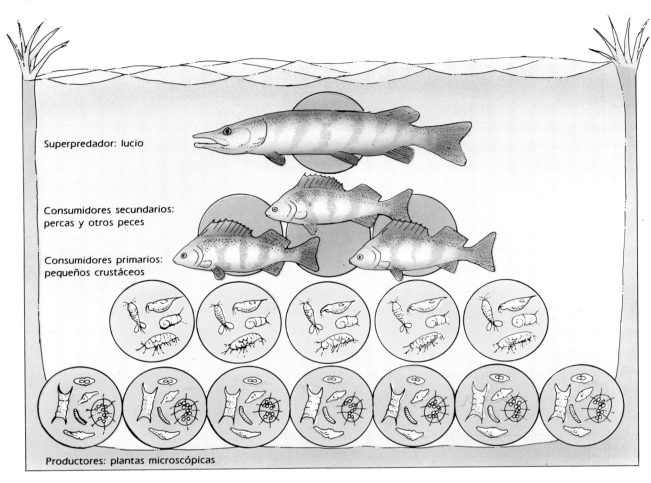

Superpredador: lucio

Consumidores secundarios: percas y otros peces

Consumidores primarios: pequeños crustáceos

Productores: plantas microscópicas

▲ La cadena trófica en forma de pirámide nos ofrece una idea de la cantidad de alimento necesario para que los organismos del estanque alcancen un desarrollo óptimo. Son necesarios cerca de 1.000 kg de plantas para abastecer a los pequeños crustáceos; éstos sirven de alimento a las percas, que a su vez suponen solamente 1 kg de la carne del lucio.

causa de cambios drásticos en el medio ambiente (CONTAMINACIÓN del aire y del agua, etc.), los ecólogos, mediante el estudio de la CONSERVACIÓN AMBIENTAL, nos pueden indicar un uso más racional y menos perjudicial de las nuevas tecnologías.

Economía

La economía es el estudio de las relaciones sociales relativas a la producción y distribución de los bienes materiales. Los economistas estudian las necesidades materiales (vivienda, vestido, alimento) y cómo la sociedad las cubre y las cubrirá en el futuro; para que todo ello sea posible, realizan lo que se conoce bajo el nombre de *planificaciones de mercado*. Los países no pueden suplir por sí solos las necesidades materiales que exigen las sociedades modernas, por tanto, tienen que realizar intercambios comerciales con otras naciones y administrar sabiamente las fuentes de riqueza propias de la nación. Un sector de los economistas opina que la decisión más importante que debe tomar una nación es la correcta administración de los bienes económicos.

Ecuador

Estado de América del Sur; limita al norte con Colombia, al sur y al este con Perú y al oeste con el Océano Pacífico. Es un país andino por excelencia, y la mitad de su población vive en los valles y en los páramos de altura. En estas regiones habita el animal típico del país, la *llama*; también podemos encontrar, apacentando, a rebaños de corderos. Los principales productos agrícolas del Ecuador son las bananas, el aceite, el café, el cacao, la caña de azúcar y el arroz.

En la última década, el descubrimiento de considerables yacimientos petroleros ha dinamizado la economía del país. Después de Venezuela, tiene las mayores reservas probadas de petróleo de la América Latina. Son también importantes las industrias textiles, construcción, petroquímica, productos farmacéuticos y las ligadas a la alimentación. El país toma el nombre del paralelo 0 que atraviesa su territorio por la parte septentrional cerca de la capital, Quito. Las islas Galápagos, a 960 km de la costa del Pacífico, pertenecen a Ecuador.

La historia de la nación se ha caracterizado por la inestabilidad política. Los regímenes autoritarios y dictatoriales, tanto civiles como militares, se han sucedido en la jefatura del Estado. Desde 1979, Ecuador está gobernado por un gobierno civil y democrático.

▲ La Bolsa de Tokio en su diaria actividad; la compra y venta de acciones es una parte esencial del sistema económico capitalista.

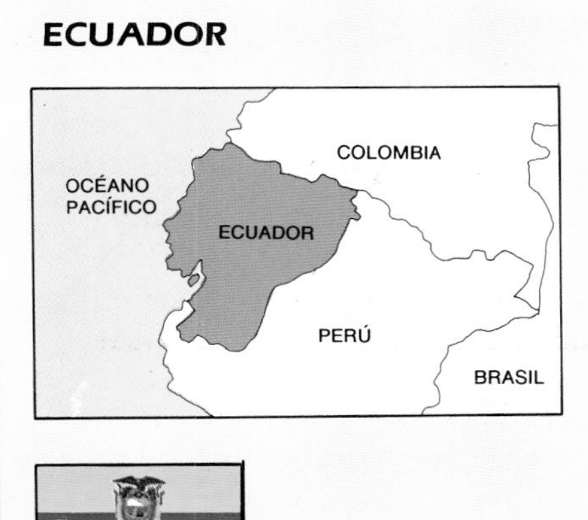

Gobierno: República
Capital: Quito
Superficie: 283.561 km^2
Población: 9.400.000 hab.
Lengua: Español
Moneda: Sucre

◀ En la ilustración vemos a una mujer vendiendo en un mercado público del Ecuador. La población está compuesta en un 80 % de indios y de mestizos (mezcla de europeos y de indios).

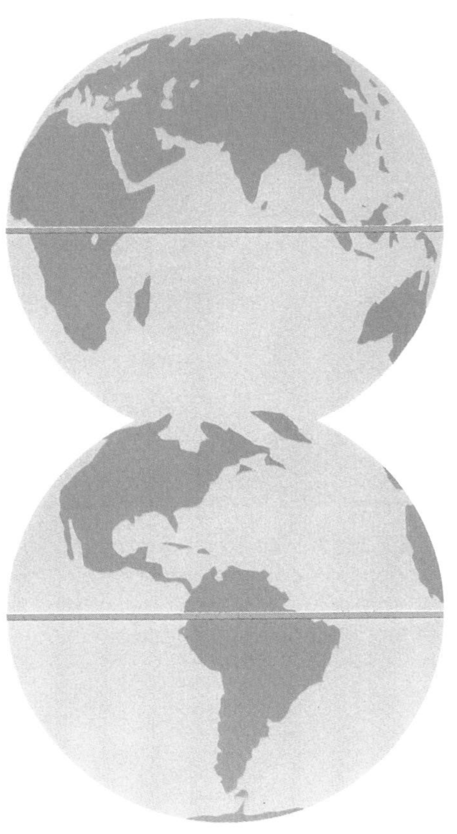

▲ Europa y América del Norte están situadas al norte del ecuador (hemisferio Norte). Oceanía y partes de Suramérica están al sur del ecuador (hemisferio Sur).

Ecuador, el

El ecuador es una línea imaginaria que divide la Tierra en dos mitades. Está situada en la mitad de la esfera terrestre y es perpendicular al eje de los polos; tiene una longitud de 40.076 km. La palabra deriva del latín, *aequare*, y significa «igualar». La parte septentrional de la Tierra se denomina hemisferio Norte, y la parte meridional, hemisferio Sur; las distancias desde el ecuador se miden en grados de latitud Norte o Sur dependiendo de en qué hemisferio esté situado el punto al que hacemos referencia. Las líneas paralelas al ecuador se denominan «paralelos», y las perpendiculares al ecuador, «meridianos»; el ecuador es el paralelo 0. (Para más información consultar LATITUD y LONGITUD.)

En las regiones ecuatoriales, los días y las noches tienen la misma duración; a las doce del mediodía hora solar, el Sol se sitúa directamente encima de nosotros, por tanto, las regiones ecuatoriales –si exceptuamos las zonas de alta montaña– son regiones de clima cálido y carecen casi por completo de invierno.

Edad de Piedra

El concepto de Edad de Piedra se emplea más para definir estadios de la evolución humana que para marcar etapas cronológicas concretas. La prehistoria se divide en Edad de Piedra y en Edad de los metales. El hombre de la Edad de Piedra utilizó piedra, madera y cuerda para la fabricación de los utensilios y de las herramientas. El período global que comprende la Edad de Piedra abarca desde hace unos tres millones de años hasta el año 3000 a.C. El final de la Edad de Piedra se sitúa al principio de la Edad del Bronce y los primeros países que utilizaron este último fueron Egipto e Irak.

La Edad de Piedra se subdivide en tres períodos: antiguo, medio y nuevo. El período antiguo duró en el Oriente Medio hasta el año 8000 a.C.; al principio de este período el hombre escasamente sabía tallar las piedras para que cortasen y sólo al final del mismo estaba en condiciones de tallar y pulir el pedernal y fabricar cuchillos, raspadores y puntas de lanza.

En el período medio, los cazadores utilizaron finas piedras de pedernal en puntas de flecha y en arpones.

El período nuevo se originó en el Oriente Medio, aproximadamente en el año 7000 a.C.; durante el mismo, el hombre talló finas hachas de sílex y la agricultura reemplazó a la caza.

El concepto de «Edad de Piedra» no marca una etapa cronológicamente definida; en algunos lugares remotos del mundo, la Edad de Piedra llega hasta el siglo XX. Así, mientras en la mayor parte de Europa se vivía en la Edad de Piedra, en el Antiguo Egipto ya existían ciudades y se utilizaban metales.

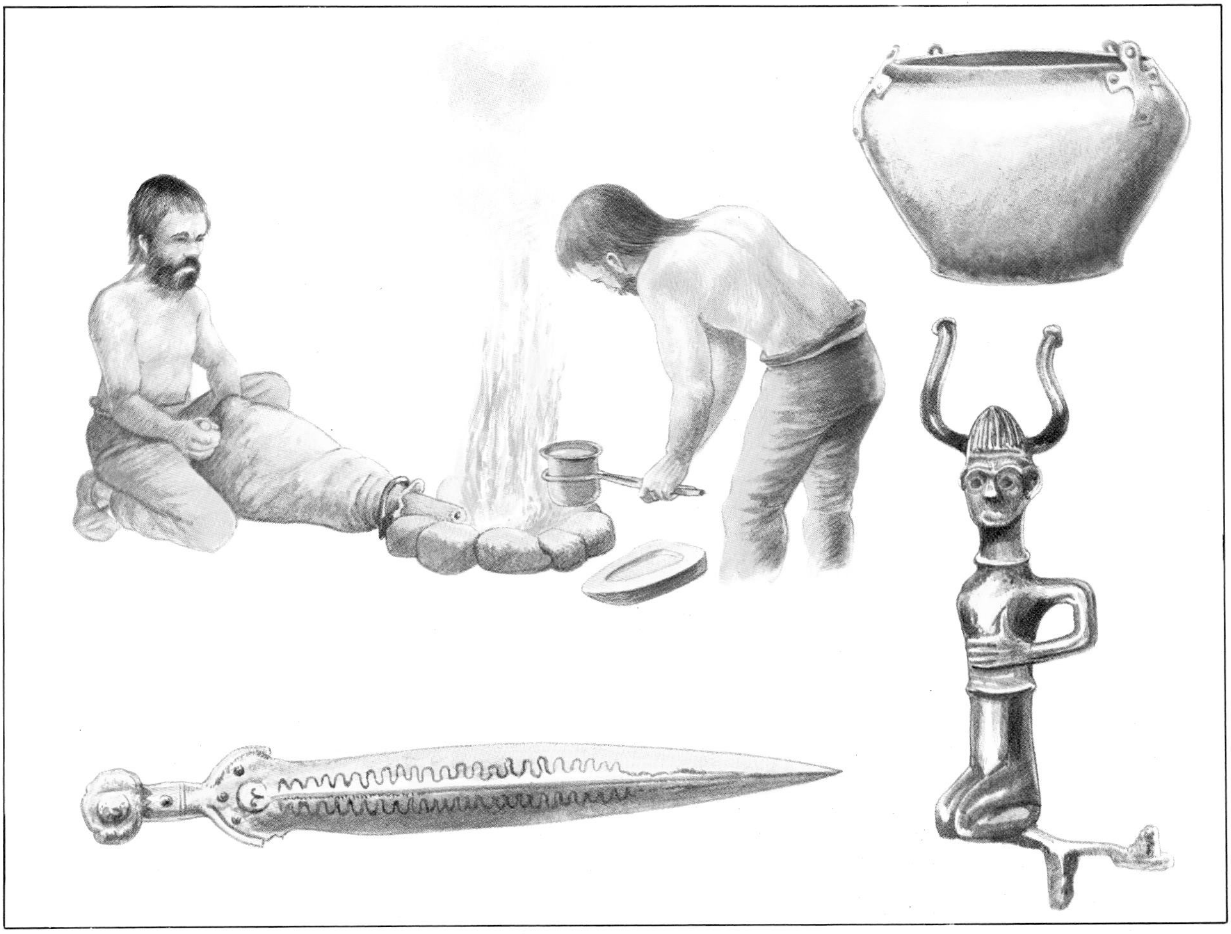

▲ El bronce es una aleación maleable, lo que permite verterlo en moldes para la fabricación de diferentes utensilios.

Edad del Bronce 

El bronce es el producto de la aleación del cobre y del estaño. Las civilizaciones del extremo oriental del Mediterráneo conocían el bronce en el año 3000 a.C.; tuvieron que pasar otros mil años para que se empezara a utilizar en Europa.

La Edad de los metales se subdivide en Edad del Bronce y Edad del Hierro y sucede a la EDAD DE PIEDRA. Con el bronce los pueblos experimentaron un importante avance en la fabricación de armas y utensilios, éstos ofrecían una mayor resistencia y, en el caso de las armas, presentaban un filo más acusado y mejor. Las espadas de bronce, a diferencia de las de piedra, estaban afiladas por ambos lados, lo que permitía una mayor eficacia en su empleo. Las espadas y cuchillos de piedra sólo tenían la punta afilada.

El descubrimiento del bronce supuso una mayor rapidez en la fabricación de utensilios (cacerolas, escudos, cascos y ornamentos) y la primacía de los pueblos que lo

En ciertas partes del planeta, la Edad del Bronce sucedió al período denominado Edad del Cobre; esta época se caracterizó por la utilización del metal, pero no se conocían las propiedades resultantes de su mezcla con el estaño. Como ya sabéis, la aleación de estos dos elementos da como resultado el bronce, que es más duro que los metales por separado. En ciertas partes de la Tierra no conocieron la Edad del Bronce, pasando de la Edad de Piedra a la Edad de Hierro.

utilizaban sobre los que aún seguían utilizando la piedra. En esta época la construcción también sufrió un desarrollo considerable; las aldeas dieron paso a las primeras ciudades y se empezaron a construir templos y palacios. La Edad del Bronce duró hasta el año 800 a.C., aproximadamente; por aquel entonces se empezó a hacer uso del hierro en Europa. El hierro ofrece mayor resistencia que el bronce y un mayor número de usos; la humanidad evolucionó con el empleo de este metal, no obstante en ciertas zonas se siguió empleando el bronce.

Los arqueólogos siguen encontrando objetos de la Edad del Bronce, algunos de éstos se exhiben en los museos.

Ciertos objetos de bronce (estatuas, ornamentos, etc.), al ser expuestos al aire, se recubren de una capa verde que se denomina pátina (sulfuración natural del bronce).

Edad Media

La Edad Media es el período de la historia que se inicia con la caída del IMPERIO ROMANO de Occidente en el siglo V d.C. y acaba en el siglo XV, cuando se inicia el RENACIMIENTO. (Ver páginas 246 y 247.)

Edison, Thomas

Thomas Alva Edison (1847-1931) fue un inventor estadounidense. A pesar de asistir a la escuela tan sólo tres meses y de que el profesor pensara que era estúpido, Edison fue uno de los genios de finales del siglo XIX. Entre sus inventos (más de cien) podemos destacar el fonógrafo, la lámpara eléctrica, aparatos telegráficos y el kinetoscopio. El fonógrafo, que permite grabar y reproducir sonidos, fue sin duda el invento más importante de Edison. (Para más información consultar GRABACIÓN.)

▲ En 1877 Edison inventó el fonógrafo; funcionaba mediante la acción de una manivela, y las grabaciones se registraban en cilindros de estaño.

Egipto

Estado del noroeste de África, junto al Mediterráneo y el mar Rojo. La historia del Egipto moderno arranca en el año 642 cuando fue conquistado por soldados musulmanes procedentes de Arabia. La religión predominante en Egipto es la musulmana. El país tiene unos 50 millones de habitantes, lo que lo sitúa a la cabeza de las naciones africanas en cuanto a número de habitantes se refiere. El Cairo, la capital, es a su vez la ciudad más grande de África. El territorio egipcio se extiende a ambos lados del curso inferior del NILO; la población sigue dependiendo de este gran río, y la mayor parte de las ciudades importantes están situadas a lo largo de su curso.

En 1979 Egipto firmó un tratado de paz con ISRAEL; dicho acuerdo no fue del agrado de los estados árabes vecinos, lo cual provocó un aislamiento de Egipto, respecto al resto de las naciones árabes.

Egipto, Antiguo

Una de las primeras civilizaciones en la historia de la humanidad se inició hace 5.000 años en el territorio del actual Egipto; durante 2.500 años fue una de las naciones más ricas y poderosas del mundo.

Los pobladores del Antiguo Egipto eran de piel oscura, delgados, de estatura más bien pequeña y pelo negro; no sobrepasaban los seis millones de habitantes, y la mayoría de la población se repartía a lo largo del río NILO, que discurre de Sur a Norte cruzando el territorio egipcio.

(Continúa en pág. 248)

▼ En la escena se nos muestra a los campesinos egipcios trabajando en sus labores a orillas del Nilo. Cultivaban lino para la fabricación de la fibra textil que lleva el mismo nombre y maíz para alimento. Además cazaban pájaros y pescaban, criaban gallinas y en sus huertas cultivaban frutas y verduras. Al fondo, los hombres, en la era, están trillando el maíz; en primer plano, las mujeres están aventando. Parte de la producción agrícola se entregaba al gobierno en concepto de impuesto.

EDAD MEDIA

La Edad Media en Europa arranca con la caída del Imperio Romano en el siglo v. Duró unos mil años, y en el siglo xv, con el Renacimiento, se sitúa el final de esta etapa de la historia. Se caracterizó por las invasiones, las guerras y por un olvido casi completo de la cultura y las ciencias antiguas. El conocimiento clásico sólo perduró en los monasterios. Los reyes y la nobleza se disputaron el poder empleando sus ejércitos, en detrimento de la población que sufría hambre y miseria. Sin embargo la gran fe del pueblo y el poder de la Iglesia permitieron la construcción de magníficas catedrales. La cultura, el conocimiento, la pintura y la literatura experimentaron un fuerte impulso que culminó con el nuevo espíritu del Renacimiento.

LAS CRUZADAS

Las Cruzadas fueron conflictos armados entre los ejércitos cristianos europeos y los musulmanes, que invadieron Tierra Santa, en Palestina. Se distinguen seis Cruzadas principales: la primera se inició en 1096; se reconquistó Jerusalén en 1099, aunque se volvió a perder en 1187. Las Cruzadas acabaron con la derrota de los ejércitos europeos en 1303. Los caballeros asistieron en tropel a las campañas cruzadas, algunos con el afán de obtener riquezas, otros por el honor y la gloria. Las consecuencias importantes a raíz de las invasiones europeas de las tierras musulmanas fueron el intercambio cultural y la asimilación de nuevos conocimientos, sobre todo en medicina, así como la apertura de nuevas rutas comerciales con Asia.

EL MONJE

Los monjes vivían en comunidades religiosas o monasterios. Copiaban los libros a mano (manuscritos), pasaban largos ratos meditando y rezando y realizaban trabajos agrícolas (cultivar, criar animales y peces y cuidar el jardín).

EL CABALLERO

Los caballeros eran guerreros entrenados desde la infancia para la lucha y la competición; vestían armaduras y participaban regularmente en los torneos que organizaban los señores feudales. Debían obedecer un código estricto de conducta que se conocía como «La ley de Caballería».

EL CAMPESINO

Los campesinos vivían en el campo en casas rústicas y toscas, con frecuencia tenían que compartir el cobijo con los animales domésticos (cerdos, ovejas, vacas, etc.). Labraban los campos con arados tirados por bueyes.

EVENTOS IMPORTANTES EN LA EDAD MEDIA

476 Caída del Imperio Romano
570 Nacimiento de Mahoma, el profeta de la religión musulmana.
732 La derrota infligida a los musulmanes evita la invasión de Europa por los infieles.
800 Carlomagno es coronado emperador del Sacro Imperio Romano de Occidente.
896 El rey Alfredo de Inglaterra rechaza la invasión del ejército danés.
988 La Cristiandad llega a Rusia.
1066 Guillermo de Normandía conquista Inglaterra.
1096 Primera Cruzada en Tierra Santa.
1206 Gengis Khan funda el Imperio mongol.
1337 Empieza la Guerra de los Cien Años entre Francia e Inglaterra.
1348 La peste negra asola el continente europeo.

¿SABÍAS QUE...?

* El latín era la lengua que utilizaban los eruditos en toda Europa.
* No se conocían ni el té, ni el café, ni el azúcar, ni las patatas.
* La peste negra fue propagada por las ratas y mató a 25 millones de personas en toda Europa.

◀ En el sistema feudal, la sociedad se organizaba en una estructura de tipo piramidal: el clérigo y la nobleza en la cúspide, seguidos en orden descendente por los mercaderes, artesanos, científicos y pequeños terratenientes; este grupo ocupaba la parte media de la pirámide, y en la parte baja se situaban los campesinos y el pueblo llano.

EL CIENTÍFICO

Muchos científicos en la Edad Media practicaron la alquimia (trataban de convertir metales en metales nobles, p. ej. el plomo en oro). Destacaron algunos científicos; entre ellos, Roger Bacon (1214-1294), astrónomo, estudió las estrellas y se dio cuenta de que la Tierra era redonda.

EL MERCADER

Los mercaderes se dedicaban al comercio de productos, destacando la madera y las pieles. Algunos acumularon riqueza y fundaron los primeros bancos. Los comerciantes y los artesanos crearon poderosas asociaciones denominadas gremios.

Para más información consultar los artículos: ARMADURA; CABALLERO; CASTILLO; CATEDRAL; GUERRA DE LOS CIEN AÑOS; MONASTERIO; PESTE NEGRA.

EGIPTO

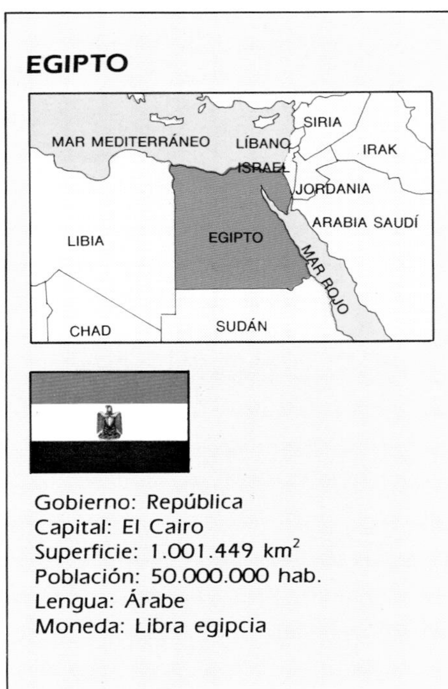

Gobierno: República
Capital: El Cairo
Superficie: 1.001.449 km^2
Población: 50.000.000 hab.
Lengua: Árabe
Moneda: Libra egipcia

En diferentes ocasiones, durante la XX dinastía egipcia, a los maestros y oficiales de albañilería que construían la tumba del faraón no se les suministró ni la comida ni los honorarios en el tiempo debido. Esto provocó que los trabajadores se dirigieran al templo en donde se almacenaban los víveres pidiendo que les dieran pan. Sus demandas fueron satisfechas, porque era inconcebible que se aplazara la construcción de la tumba del faraón.

Gran parte de la nación está cubierta por desiertos, pero casi nadie vivía en estas zonas; los habitantes se concentraron a lo largo del gran río, porque cada año efectúa una crecida que inunda los campos circundantes y produce miles de hectáreas de terreno fértil, ideal para la práctica agrícola. El terreno es tan fértil que permite a los agricultores efectuar dos cosechas por año; las condiciones de clima cálido y la humedad del río ofrecen una superproducción de cereales, frutas y verduras.

La sociedad egipcia se estructuraba por este orden, de mayor a menor: los faraones, que equivalían a los reyes y gobernaban la nación, las familias nobles, los clérigos, los mercaderes, los artesanos, los mineros y los campesinos.

La mayoría de la sociedad egipcia era pobre y vivía en casas de barro con techos cubiertos por ramas de palmera; sin embargo, como contraste, los ricos poseían lujosas casas bien amuebladas, comían carne, vestían lujosamente y se adornaban con joyas.

Los egipcios eran un pueblo religioso, creían en la vida después de la muerte; esta firme creencia produjo la construcción de templos y pirámides. Los faraones mandaron construir las PIRÁMIDES para que albergaran sus cuerpos sin vida, momificados.

Estos templos-tumba fueron construidos por miles de esclavos y aún en nuestros días las técnicas que se emplearon para dicha construcción siguen siendo un misterio no totalmente desvelado. La creencia de que los cuerpos retornarían a una vida cotidiana con necesidades materiales hizo que junto a los cuerpos momificados se depositaran objetos personales de los difuntos (muebles, joyas, comida, etc.); en definitiva, eran enterrados con todo lo que poseían y que era símbolo del estatus social, ya que como existía la firme creencia del «más allá», el cual resultaba ser una copia de la vida terrenal, los muertos no querían perder la categoría social que ostentaban en vida. Las momias eran cuerpos embalsamados para preservarlos de la corrupción, para ello se utilizaban vendas que ceñían al difunto; todo este aparato funerario era muy costoso (construcción de la tumba y momificación) y sólo se lo podían permitir los ricos. Los sacerdotes eran los encargados de la momificación y en sí constituían una clase muy rica y poderosa, rivalizando incluso con el poder político del FARAÓN.

Con el transcurso de los siglos, la mayoría de las tumbas reales fueron saqueadas, y sólo algunas se conservaron intactas; la tumba del joven TUTANKAMÓN nos ofrece un testimonio de cómo fueron estos magníficos sepulcros.

El papiro es un papel de consistencia frágil que proviene de la planta del mismo nombre. El clima seco que

tiene Egipto ha favorecido su conservación. Los papiros contienen la escritura jeroglífica; gracias a ella, a los JEROGLÍFICOS de las paredes y a las pinturas, ha sido posible descifrar la vida del Antiguo Egipto.

Los egipcios se destacaron en las artes, y aparte de las ya mencionadas habilidades (arquitectura, pintura) fueron excelentes escultores, como nos demuestran los restos hallados de esta avanzada civilización.

El territorio egipcio fue conquistado en el año 525 a. C. por ejércitos extranjeros que usaban armas de hierro, entre ellos asirios y persas.

▲ La esfinge es una criatura imaginaria descrita en los cuentos populares de las culturas antiguas. Las esfinges egipcias combinaban el cuerpo de un animal (generalmente el león) con la cabeza del faraón reinante. En la ilustración podemos observar la famosa esfinge de Kefrén que guarda la pirámide de Keops, en la necrópolis de Gizeh, situada a 10 km de El Cairo. El monumento tiene 73 metros de longitud y alrededor de 20 metros de altura. Lamentablemente la nariz de la esfinge de Kefrén fue destruida por soldados que la utilizaron como blanco para sus prácticas de tiro.

Eiffel, Alexandre-Gustave

Alexandre-Gustave Eiffel nació en Dijon (Francia) en 1832. Era ingeniero y se dedicó especialmente a la construcción de puentes metálicos, entre los que recordaremos el del Garona, en Burdeos, y el del Duero, en Porto. Pero su obra inmortal es la torre que lleva su nombre en París, construida en 1889 con motivo de la Exposición Internacional.

Tiene 300 metros de altura, escalonada en tres plataformas y una escalera de 1.710 peldaños. El hierro empleado en su construcción pesa 7.500 toneladas. Se calcula que cada año la visitan un millón y medio de personas. Eiffel también diseñó y dirigió la estructura metálica interna de la Estatua de la Libertad del puerto de Nueva York.

▲ Einstein, a pesar de ser el principal teórico de la energía nuclear, no participó en la fabricación de armas nucleares, y hasta su muerte luchó activamente contra la proliferación de las mismas.

Einstein, Albert

Albert Einstein (1879-1955), físico alemán. La teoría de la relatividad supuso una revolución en el concepto de tiempo, espacio, materia y ENERGÍA. Einstein demostró que una insignificante cantidad de materia podía ser transformada en energía. Esto hizo posible la utilización de la ENERGÍA NUCLEAR.

Ejercicio

El ejercicio es una actividad que fortalece los músculos y a su vez mejora la SALUD. La práctica de los deportes es una buena forma de hacer ejercicio; sin embargo, hay que tener cuidado en su ejecución y en la regularidad con que se practican. Es mejor efectuar ejercicios ligeros regularmente que hacer ejercicios fuertes de tanto en tanto.

La práctica deportiva ayuda a una mejor circulación de la sangre y a la eliminación de toxinas, asimismo nos proporciona oxígeno para las células. Cuando se quiere perder peso, además de una dieta moderada, se debe practicar algún tipo de ejercicio.

Ejército

Conjunto de fuerzas militares de un Estado. El ejército de tierra está compuesto básicamente de tres grupos o unidades principales, las cuales desempeñan distintas funciones. Estas unidades son: cuerpo de mando (estado mayor), cuerpo de suministros y médico (Intendencia) y cuerpo de combate.

El estado mayor es el cuerpo en donde se encuentran los altos mandos militares (generales, coroneles y oficiales) que planifican y dirigen las estrategias a seguir en las operaciones militares.

La Intendencia es el cuerpo que suministra las municiones, la comida, el combustible y todo tipo de servicios requeridos por las fuerzas de choque. En los ejércitos modernos la intendencia es indispensable para el buen funcionamiento del aparato militar; esta unidad incluye a su vez al personal encargado de la asistencia médica, y a los ingenieros que construyen los puentes de emergencia, las pistas de aterrizaje, las fortificaciones o llevan a cabo la colocación de las minas.

Cuerpo de combate o fuerzas de choque es la unidad que se encarga de ejecutar las operaciones planeadas por el estado mayor y que se enfrenta directamente al ene-

▲ Correr es un buen ejercicio, mantiene en buen estado el corazón y los pulmones.

migo. Está compuesto por varios grupos: la infantería (soldados a pie armados con fusiles y todo tipo de armamento ligero), las unidades acorazadas (compuesto principalmente por tanques y otros tipos de vehículos blindados), la artillería (unidad compuesta por cañones y lanzacohetes) y por último las unidades paracaidistas (infantería de asalto transportada con aviones). En el caso de una guerra nuclear las funciones del ejército tendrían que cambiar radicalmente.

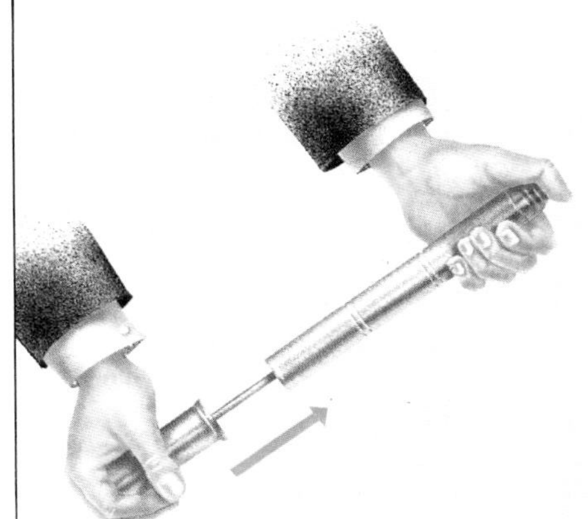

Experiméntalo

Incluso el aire posee elasticidad; los compresores contienen el aire, y la energía almacenada se emplea para hacer funcionar a las taladradoras neumáticas. Puedes experimentar la elasticidad del aire tapando con el pulgar el agujero de una bomba para hinchar ruedas de bicicleta y presionando la maneta de la bomba.

Elasticidad

Un cuerpo elástico es aquel que se puede estirar, y que al cesar la fuerza que lo altera recobra más o menos su forma original. El ejemplo más común es el de la goma elástica o el de la pelota de goma lanzada con fuerza al suelo; cuando ésta choca con el suelo se aplana, y al recuperar su forma anterior provoca el bote. De cuantos objetos poseen estas cualidades se dice de ellos que tienen elasticidad.

La propiedad elástica tiene lugar porque las moléculas que constituyen el objeto están distribuidas a una determinada distancia y les «gusta» mantenerla. Si aplicamos una fuerza que las obliga a juntarse, inmediatamente efectúan una fuerza que contrarresta a la primera y que tiende a recuperar la distancia anterior. Si aplicamos una fuerza que las obliga a separarse, entonces las moléculas actúan en sentido inverso (si se las junta «quieren» separarse; si se las separa «quieren» juntarse).

Todos los sólidos y los líquidos poseen un cierto grado de elasticidad; incluso el acero rebota un poco cuando impacta en un suelo de hormigón.

Elcano, Juan Sebastián

Juan Sebastián Elcano nació en Guetaria (País Vasco) en 1486. En 1518 se alistó en la expedición de cinco navíos que al mando de Magallanes iba a zarpar de Sanlúcar de Barrameda (Cádiz) con la intención de buscar el estrecho que permitiera ir a la India por Occidente, empeño que le valió a Elcano ser el primero en dar la vuelta al mundo.

Magallanes murió durante el viaje y Elcano asumió el mando de la expedición, que consiguió su propósito y volvió a Sanlúcar de Barrameda en 1522. Elcano obtuvo por ello grandes honores. Murió en otro gran viaje, en 1525.

▼ El navegante español Juan Sebastián Elcano fue el primero en dar la vuelta a la Tierra.

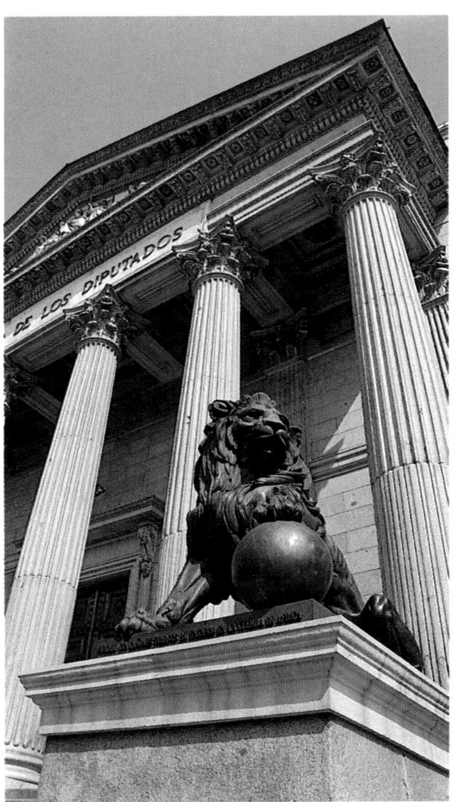

▲ Los diputados españoles, elegidos mediante elecciones, celebran sus reuniones en el Congreso de los diputados, en Madrid.

Elecciones

Nombramiento de una o varias personas para desempeñar una función, y que tiene lugar mediante votaciones. Las elecciones pueden ser de carácter político o privado; las primeras ofrecen la oportunidad a las personas de escoger a sus representantes en el gobierno o en el municipio. Las elecciones se celebran mediante el sistema de votos; los ciudadanos se dirigen a los colegios electorales en donde encuentran unas papeletas con las listas de los candidatos que se presentan como senadores o diputados en el caso de elecciones gubernamentales. Los votantes marcan en la papeleta el candidato que prefieren y depositan su voto en la urna electoral, de esta forma los ciudadanos ejercen el derecho de escoger a sus representantes en el PARLAMENTO.

Las elecciones suelen efectuarse cada cuatro años, aunque este período varía según cada país; el día de elecciones suele ser festivo para que los electores puedan ir a votar. Las elecciones municipales son las que se realizan para escoger a los representantes locales del municipio correspondiente.

Las elecciones privadas son las que se celebran para designar a los candidatos a la presidencia, comité, junta, etc., de múltiples instituciones de carácter particular (clubes deportivos o culturales, escuelas, asociaciones de todo tipo, etc.).

Obviamente, en las elecciones tanto de tipo político o privado, los candidatos elegidos son los que han obtenido un mayor número de votos.

Electricidad

Manifestación de una forma de ENERGÍA asociada a cargas eléctricas, en reposo o en movimiento. Esta misma forma de energía es la destinada al uso doméstico (radios, televisores, neveras, lavadoras, etc.) o al industrial (trenes, maquinaria, metro, ordenadores, etc.).

La CORRIENTE ELÉCTRICA fluye a través de los cables y es la que utilizamos para hacer funcionar los aparatos de uso doméstico o industrial. El metal componente de los cables está formado por ÁTOMOS y las pequeñas partículas denominadas electrones saltan entre éstos. La corriente puede fluir únicamente si el circuito es completo. Los interruptores son dispositivos que ejecutan la función de abrir y cerrar el circuito.

Las baterías que utilizan los automóviles almacenan electricidad; el vehículo emplea esta energía para arran-

En 1752 el científico y estadista estadounidense Benjamin Franklin se preguntaba si los rayos y los truenos eran provocados por cargas eléctricas. Durante una tormenta hizo volar una cometa a la que adhirió un trozo de metal unido por un hilo de seda. En un punto cercano al suelo ató una llave al hilo; en pocos segundos encontró la respuesta a su pregunta: cuando peligrosamente tocó la llave saltó un chispazo y pudo sentir en su propio cuerpo la electricidad.

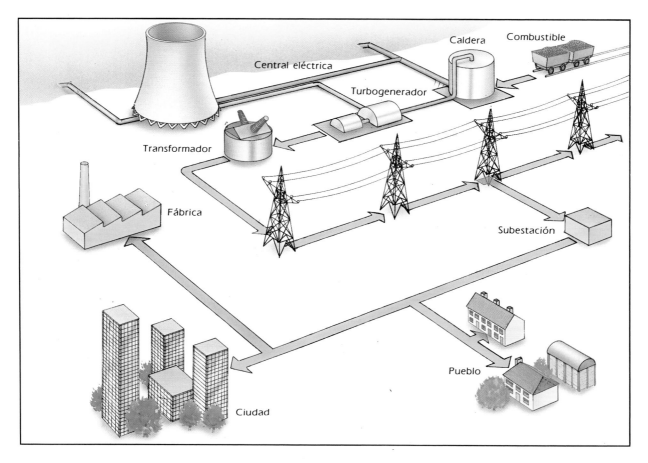

car el motor, para las luces y otros dispositivos. Las pilas se utilizan para el funcionamiento de pequeños aparatos: radios, linternas, etc. Sin embargo, la mayor parte de la electricidad que utilizamos es producida por un generador en una central eléctrica; el funcionamiento esquemático es el siguiente: unas bobinas giran rápidamente entre imanes muy potentes, esto provoca que la electricidad corra por los cables de las bobinas. La electricidad generada en la central eléctrica es transportada por los cables de alta tensión hasta nuestras casas, pueblos y ciudades.

▲ La electricidad viaja desde la central eléctrica a través de una red de cables, denominada líneas de alta tensión; pasa por transformadores y subestaciones, donde se le reduce la tensión (cambio de voltaje) para adaptarla a los voltajes de las casas y de las fábricas.

Electrónica

Parte de la física que estudia los fenómenos de la electricidad. Particularmente estudia y utiliza el comportamiento de los electrones a su paso por cierto tipo de cristales, gases o el vacío. Los transistores y los chips de silicio son dispositivos electrónicos que se utilizan en diversos aparatos (ordenadores, radar, televisión, radio). La electrónica nos permite ver a los organismos microscópicos, dirigir aviones, realizar complicadas operaciones de

▶ Los aparatos electrónicos de nuestro mundo son casi incontables: radios, casetes, televisores, ordenadores, calculadoras de bolsillo, relojes digitales, cámaras de vídeo y otros muchos dispositivos y aparatos de uso diario funcionan electrónicamente.

cálculo al instante. Sin la ayuda de la electrónica los viajes espaciales resultarían imposibles de realizar.

Elefante

Los elefantes son animales MAMÍFEROS (proboscídeos) de gran tamaño, con el hocico en forma de trompa y los incisivos superiores alargados, como defensa. Un elefante macho es dos veces más alto que un hombre y tiene un peso equivalente a siete automóviles. Es el animal terrestre más grande; antes se les denominaba paquidermos, por su piel gruesa (tiene el mismo espesor que el tacón de un zapato) y su escaso pelaje.

El recién nacido pesa unos cien kilos, tiene un metro de altura y anda desde su nacimiento. A los veinte años han alcanzado su máximo desarrollo y su período de vida es parecido al de los humanos.

Existen dos especies de elefantes: la africana y la asiática. Los primeros son muy difíciles de domesticar y actualmente se encuentran en peligro de extinción por la caza de que son objeto a causa del marfil. Afortunadamente se han creado parques nacionales para la protección y la supervivencia de la especie.

Al elefante asiático se le puede domesticar cuando es adulto, y participa en trabajos y ceremonias religiosas.

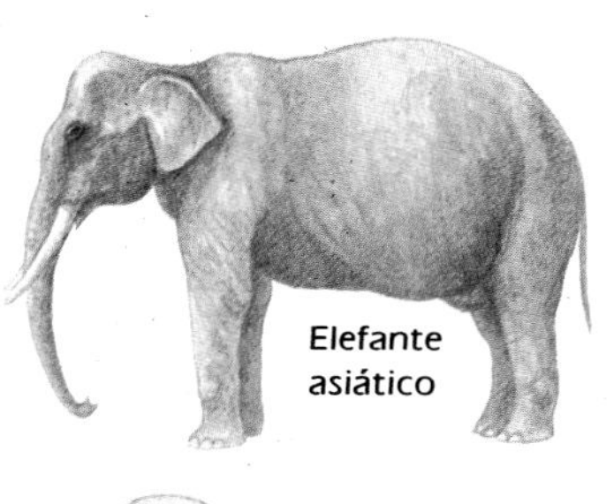

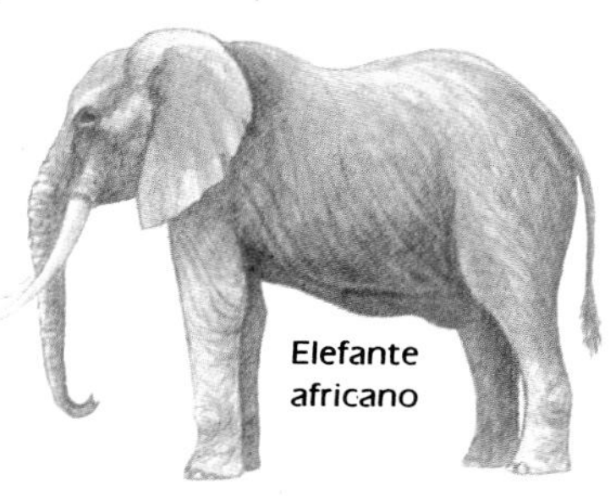

▲ El elefante africano tiene la trompa y las orejas más grandes que los ejemplares de la especie asiática.

Elemento químico

Desde los tiempos más antiguos, el hombre halló a su alcance sustancias que utilizaba en provecho propio, como el hierro, cobre y otros. Al comprobar que no podían descomponerse las llamó elementos químicos.

Tu cuerpo y todo lo que nos rodea se compone de ingredientes químicos denominados elementos. Todos los elementos de cada ÁTOMO pertenecen a una misma clase. Los elementos permiten mezclarse entre sí y forman las sustancias que denominamos COMPUESTOS; no obstante, el elemento no se puede descomponer.

Los químicos han descubierto más de 100 elementos y los clasifican en la denominada «Tabla periódica de los elementos»; noventa y dos elementos los encontramos en la naturaleza de forma espontánea, sin embargo los científicos han conseguido producir nuevos elementos en el laboratorio. A temperatura ambiente, los elementos se presentan en estado SÓLIDO, LÍQUIDO o gaseoso (GAS).

El *oxígeno* es el elemento más abundante en el planeta, la mitad de la corteza terrestre y la mayor parte de tu cuerpo están compuestos de oxígeno.

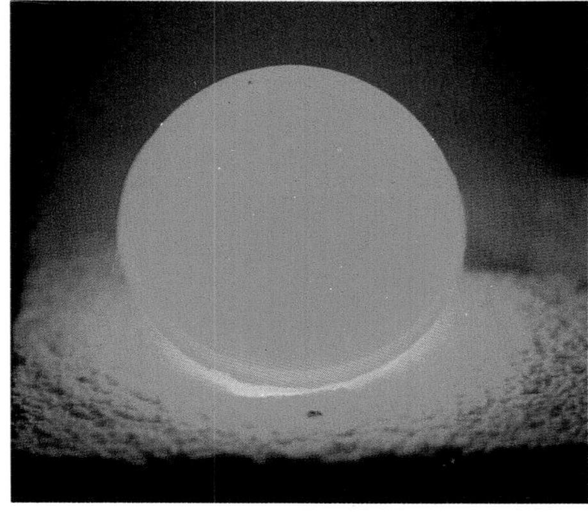

▲ Este gránulo de plutonio brilla por su propia radiactividad. Las cantidades de plutonio (Pu) que se encuentran en estado natural son mínimas y se producen por la descomposición del uranio-238.

▼ El elefante africano protege a la manada mostrando una conducta agresiva: dirige sus orejas hacia delante y levanta la trompa para asustar a los intrusos.

EL SALVADOR

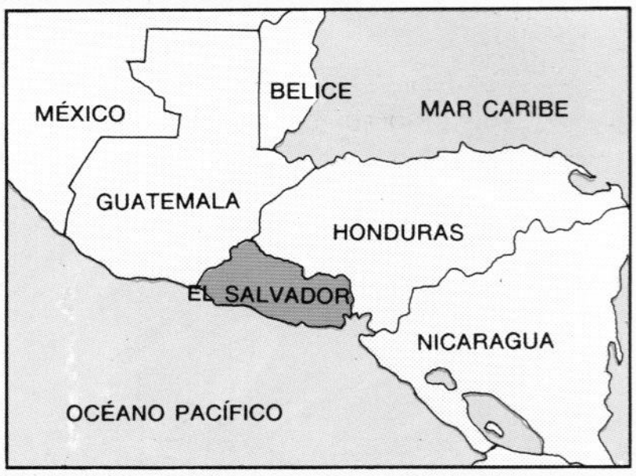

Gobierno: República
Capital: San Salvador
Superficie: 21.041 km^2
Población 5.000.000 hab.
Lengua: Español
Moneda: Colón

El Salvador

El Salvador es el Estado más pequeño de América Central, sin embargo es el más densamente poblado; sus cinco millones y medio de habitantes lo colocan en el primer país en número de habitantes por kilómetro cuadrado de la región centroamericana. La mayor parte de los habitantes son mestizos (mezcla de indios y de europeos); la actividad más importante es la agricultura y los productos principales de la nación son el café, el algodón, el maíz y el azúcar. La industria produce textiles, alimentos y materiales para la construcción.

Desde 1960 a 1992 El Salvador estuvo inmerso en una guerra civil que enfrentaba a las fuerzas gubernamentales y a una guerrilla de izquierda. En 1992 la guerrilla depuso las armas y se transformó en partido político y en 1994 se celebraron las primeras elecciones democráticas.

▶ A pesar de las dificultades económicas, el pueblo salvadoreño sigue realizando festivales y sabe divertirse.

Emiratos Árabes Unidos

Los Emiratos Árabes Unidos están formados por siete pequeños estados: Abū Zabī, Dibay, Sārŷa, Fuŷaira, Ajman, Umm al-Qawayn y Rā's al-Jayma. La unión de estados se sitúa en la península arábiga, en la costa meridional del golfo Pérsico. La mayor parte del territorio es desértico, pero la riqueza del país radica en las explotaciones petroleras, convirtiendo a la nación en una de las más ricas del mundo. Los emiratos están gobernados por los jeques (soberanos de cada emirato) que forman un consejo supremo y un gobierno federal.

EMIRATOS ÁRABES UNIDOS

Gobierno: Federación
Capital: Abū Zabī
Superficie: 83.600 km^2
Población: 1.330.000 hab.
Lengua: Árabe
Moneda: Dirham

Energía

Potencia activa de un organismo. Tener energía significa ser capaz de realizar un trabajo; los músculos y las máquinas poseen energía mecánica, pueden mover pesos.

Existen dos clases principales de energía: la *potencial* y la *cinética*. La potencial es la energía de «posición» (almacenada), por ejemplo, el agua de una presa tiene energía potencial cuando está contenida; cuando se abren las compuertas y cae hace mover las turbinas, se transforma entonces en energía cinética (en movimiento).

Las formas de energía son múltiples (radiante, eléctrica, química, térmica, mecánica, hidráulica) y se pueden realizar conversiones de las mismas. Por ejemplo: la energía química de la gasolina es, en primer lugar, energía mecánica que mueve los pistones del motor; éste hace que el vehículo se desplace (energía cinética). Siguiendo con el ejemplo del automóvil, éste, al moverse, carga la batería del vehículo mediante el generador y almacena energía eléctrica que hace posible el funcionamiento de las luces, la bocina, etc. Cada etapa energética produce a su vez otra conversión mediante rozamiento, pero también otros medios producen energía térmica.

La principal energía del planeta es la que proviene del Sol, la denominada energía radiante; todos los combustibles fósiles (gas, petróleo, carbón) se formaron a partir de los restos de plantas y animales fosilizados, que a su vez dependieron de la luz y del calor del Sol para su vida.

▼ Cuando el arquero tensa el arco se produce un almacenamiento de energía potencial, cuando se suelta la flecha la energía potencial se convierte en energía cinética.

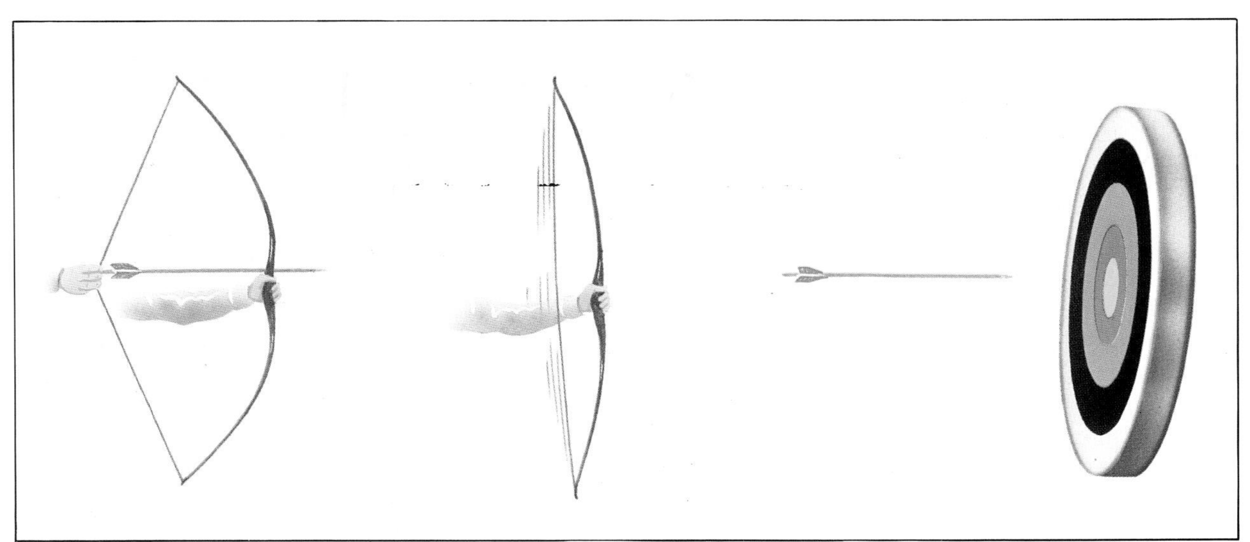

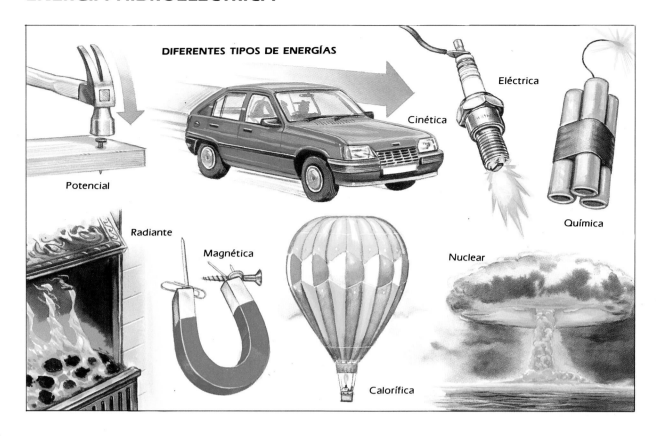

DIFERENTES TIPOS DE ENERGÍAS

Potencial

Cinética

Eléctrica

Química

Radiante

Magnética

Calorífica

Nuclear

▲ La energía puede presentarse en formas distintas, todas pueden realizar un trabajo.

Energía hidroeléctrica

La energía hidroeléctrica representa una cuarta parte de la producción total de electricidad mundial. Este tipo de energía se produce aprovechando la fuerza que efectúa el agua cuando cae desde una determinada altura. Las centrales hidroeléctricas se encuentran situadas debajo de las presas, sin embargo ciertas centrales aprovechan los saltos naturales de agua (cataratas).

El agua es pesada, y cuando cae a través de las conducciones, desde una gran altura, hace girar las palas de las turbinas, éstas, conectadas mediante un eje, hacen girar los rotores del generador, donde se produce la electricidad. Los generadores eléctricos son esencialmente del mismo tipo que los usados en las CENTRALES ELÉCTRICAS que utilizan combustibles fósiles.

Energía nuclear

La energía nuclear es la única forma de energía que no tiene el Sol como origen. El pequeño núcleo en el centro del ÁTOMO contiene la fuerza más poderosa jamás descubierta por el hombre. Basada en la célebre fórmula de Al-

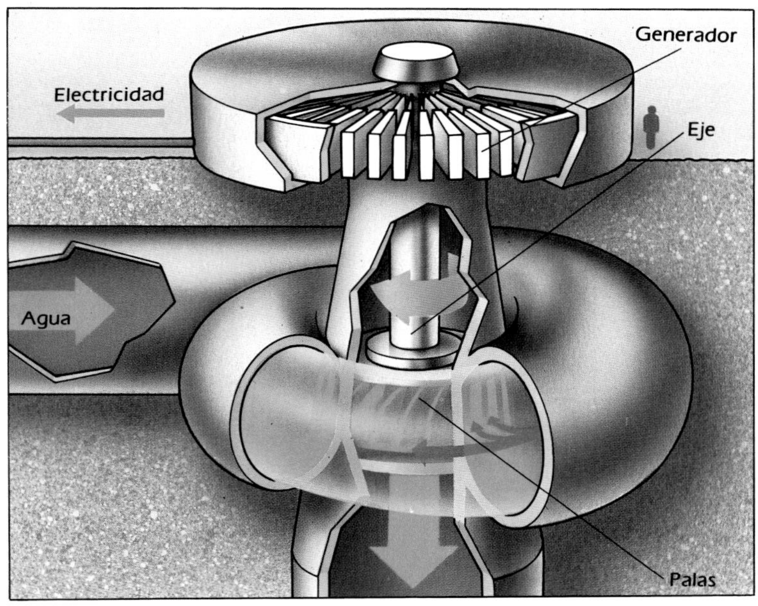

◀ El agua, al caer desde un salto, hace girar las enormes palas de las turbinas, éstas, conectadas mediante un eje, hacen girar los rotores del generador, donde se crea la electricidad. Exactamente de la misma forma que en las demás centrales eléctricas.

bert EINSTEIN, $E = mc^2$, la energía atómica o nuclear utiliza el ELEMENTO más complejo de la naturaleza: el URANIO. El combustible usado en las centrales nucleares es una variante del uranio denominada uranio-235.

Cuando el núcleo del átomo de uranio-235 es bombardeado por un neutrón, se fracciona liberando más neutrones, éstos bombardean a otros núcleos de uranio que a su vez liberan a otros neutrones, produciéndose una reacción en cadena. Esto provoca que más y más núcleos se dividan, liberando toda la energía al mismo tiempo. Si la reacción no se controla se produce una explosión nuclear, como las provocadas por las armas atómicas. Cuando la energía nuclear es controlada en el proceso de fusión desprende calor, que se transforma inmediatamente en energía mecánica y, después, en energía eléctrica. El funcionamiento esquemático de una central nuclear es el siguiente: las varillas de control descienden al reactor para mantener la reacción a un determinado

▲ El desgraciadamente célebre «hongo» formado por una explosión nuclear.

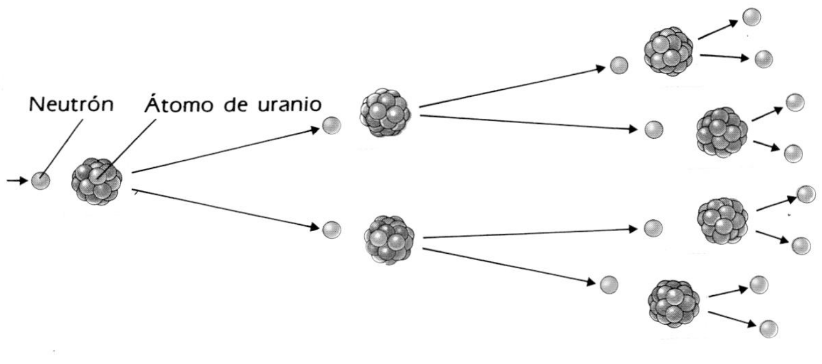

◀ El bombardeo sistemático de un átomo de uranio-235 con neutrones puede desencadenar la reacción. Como consecuencia de la división del núcleo del átomo se liberan más neutrones, que a su vez dividen más átomos, produciéndose la reacción en cadena y generando cantidades masivas de energía.

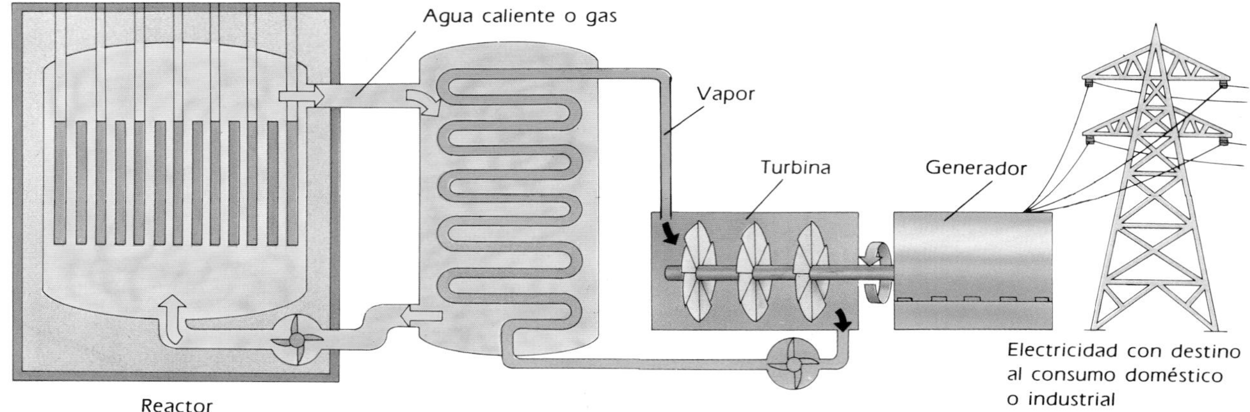

▲ En una central nuclear la energía calorífica procedente del reactor es utilizada para producir vapor; éste mueve las turbinas para crear electricidad de la misma forma que en una central convencional.

nivel. No obstante, el uranio desprende una considerable cantidad de calor que transmite al líquido o al gas refrigerador, el cual circula a través del reactor, y cuando sale de él se dirige a una caldera para producir vapor. Este vapor es el que mueve los generadores que producen la electricidad para uso doméstico e industrial.

Energía solar

La energía solar es la procedente del Sol. La energía solar alcanza la Tierra en forma de luz y de calor; sin ellos no existiría la vida en el planeta.

Solamente el 15 % de la energía solar es absorbida por la superficie terrestre, el resto es reflejada por la atmósfera. La energía solar puede captarse con los paneles solares y puede utilizarse para producir electricidad y para su conversión en calor.

▲ Los paneles pueden usarse para captar la energía solar y convertirla en electricidad o en calor.

Enfermedad

Alteración orgánica o funcional que afecta a la SALUD de una persona. Se distinguen tres tipos principales: las enfermedades infecciosas, causadas por gérmenes o VIRUS que invaden nuestro organismo; las enfermedades traumáticas, resultantes de un accidente; las enfermedades parasitarias, debidas generalmente a parásitos intestinales o parásitos de la sangre.

El organismo se defiende de la enfermedad a través del sistema inmunitario: los glóbulos blancos combaten a los agentes exteriores que tratan de invadir nuestro organismo, éste, a su vez, también crea los anticuerpos para luchar contra la enfermedad. Los anticuerpos creados por nuestro organismo para luchar contra enfermedades como el sarampión o la varicela permanecen en él para evitar otra vez la misma enfermedad, lo que nos hace inmunes a la misma.

Los médicos combaten la enfermedad mediante el empleo de fármacos y la vacunación.

Engranaje

Transmisión del movimiento mediante piñones o ruedas dentadas. Las ruedas dentadas poseen unos enlaces o trabazones que encajan entre sí (dientes). Si se hace girar una de las ruedas la otra también girará.

Los engranajes se utilizan para aumentar o reducir la *velocidad* y para aumentar o disminuir la *potencia* de giro de las ruedas.

Normalmente la rueda grande tiene el doble de dientes que la pequeña; si la pequeña empieza a girar (por la acción de un motor), la grande girará a la mitad de la velocidad respecto a la pequeña y lo hará en la dirección contraria. No obstante, la rueda grande tendrá dos veces más potencia que la pequeña. Cuando un automóvil está en una marcha corta esto es lo que ocurre: el vehículo se desplaza lentamente, pero le sobra potencia para arrancar o para subir cuestas.

Enrique (reyes)

El nombre de Enrique lo llevaron ocho reyes ingleses. Enrique I (1069-1135) fue el hijo más joven de Guillermo I el Conquistador. Enrique II (1133-1189) fue el primer rey de la dinastía de los Plantagenet, recobró el dominio sobre la Iglesia, pero al precio de la muerte de Tomás Becket, que anteriormente había sido su amigo. Su nieto, Enrique III (1207-1272), fue un rey débil dominado por los barones, que le obligaron a dimitir.

Durante la Guerra de las Dos Rosas, las casas de York y de Lancaster lucharon por el trono inglés. Los reyes de la casa de Lancaster con el nombre de Enrique fueron tres: Enrique IV o Enrique Bolingbroke (1367-1413), Enrique V (1387-1422) y Enrique VI (1421-1471). El más famoso de los tres fue Enrique V, excelente soldado que dirigió y ganó la batalla de Agincourt contra el ejército francés.

El primer rey de la casa Tudor fue Enrique VII (1457-1509), quien restauró la paz; su hijo Enrique VIII (1491-1547) fue inteligente y popular, no fue un tirano. Rompió sus relaciones con la Iglesia católica para poder divorciarse de Catalina de Aragón.

CONTAGIO DE ENFERMEDADES

Los gérmenes y los virus se dispersan por el medio ambiente cuando tosemos o estornudamos.

Debemos lavarnos las manos antes de tocar o preparar la comida.

Las moscas, las cucarachas y los ratones viven en ambientes sucios e insalubres, por lo que son portadores de enfermedades.

Evita compartir la comida o la bebida, a menudo gérmenes nocivos se encuentran en la saliva.

No se debe dejar la comida descubierta y fuera del refrigerador porque sirve de «caldo de cultivo» idóneo para las bacterias.

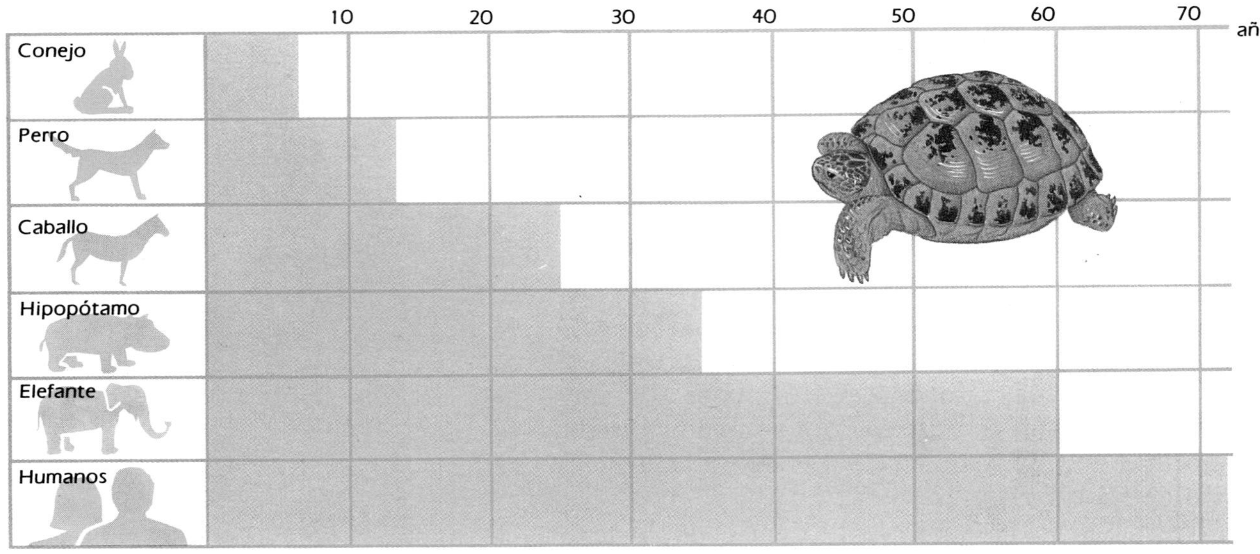

▲ Un conejo a los 4 años es muy viejo, en cambio un perro no lo es hasta los 15. Los seres humanos son muy viejos cuando tienen más de 80 años. Ciertas especies de tortugas viven 100 años.

Envejecimiento

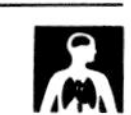

Acción y efecto de envejecer. La edad es un factor relativo; una persona es vieja respecto a otra más joven, pero puede ser joven respecto a una más vieja. La edad comparativa de los animales respecto a su evolución también presenta sus particularidades; cuando un ratón tiene cuatro años, comparativamente equivale a un perro de veinte años, o a una persona de setenta. Los seres humanos son los que alcanzamos un período más largo de vida, sólo ciertas especies de tortugas nos superan. Pero conforme envejecemos nuestros cuerpos se vuelven decrépitos, perdemos la visión, el oído; nos falla la memoria, la piel se arruga y los miembros pierden flexibilidad. Los doctores no saben cuál es la causa de estos cambios y de por qué ocurren a diferentes edades en diferentes individuos. Sin embargo, las expectativas de vida son en la actualidad mayores de lo que solían ser. Ello se debe a que la ciencia ha encontrado métodos para curar y prever la enfermedad, aunque seguimos siendo impotentes en lo que se refiere a detener o retrasar los efectos que causan el envejecimiento.

La gente, por término medio, vive más en los países desarrollados que en los del Tercer Mundo. Por ejemplo, en Suecia, el 22% de la población alcanza los 65 años; en Zimbabwe sólo el 3% de la población alcanza la mencionada edad. Las mujeres viven más que los hombres. Un recién nacido en Estados Unidos tiene una expectativa de vida de 72 años si es hombre y 79 si es mujer.

Equitación

La equitación es el arte de montar a CABALLO. Los caballos se conocen desde la antigüedad y fueron utilizados por el hombre como medio de transporte; en la actualidad la mayoría de las personas montan a caballo puramente por placer o deporte. Es necesaria mucha habilidad y práctica para montar bien a caballo. Los principales deportes hípicos que se practican en la actualidad son: concurso hípico, carreras, caza y polo. Requiere mucha paciencia y práctica saber manejar al caballo, una de las más importantes normas es saber transmitir al animal aquello que deseamos hacer, o mejor dicho, lo que queremos que él haga. Para ello existen dos tipos de señales u órdenes: las primeras, denominadas «ayudas naturales», se efectúan usando nuestra voz, manos o piernas; las segundas, denominadas «artificiales», son aquellas en las que se hace uso de las espuelas o del látigo.

Las órdenes deben ser suaves, correctas y oportunas, de lo contrario el animal puede confundirse y no saber lo que tiene que hacer. Al caballo se le debe enseñar exactamente lo que significa cada orden y a obedecerlas inmediatamente.

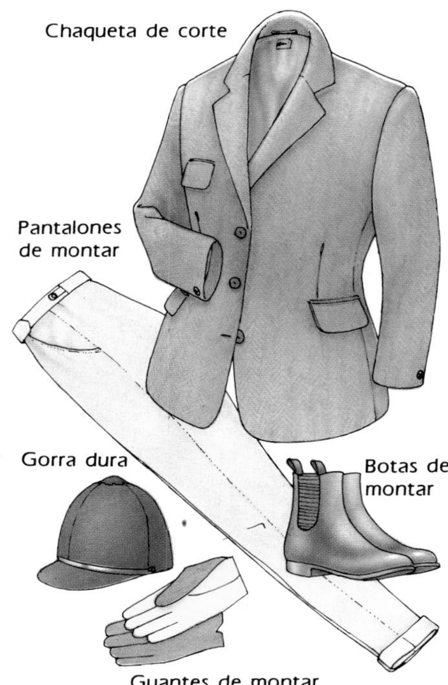

▲ Las vestimentas para montar a caballo no han de ser necesariamente caras, pero deben ser cómodas y prácticas.

Erizo

Caracterizado por su facultad de arrollarse en forma de bola, el erizo posee una piel provista de púas (al igual que el puercoespín) que le sirve de protección.

Son animales nocturnos muy voraces y útiles para el agricultor, ya que destruyen gran número de animales dañinos (serpientes, caracoles, gusanos, insectos). A menudo visitan los jardines y si les dejas leche la beberán en invierno; cuando la temperatura desciende por debajo de los 15 °C entran en un sueño invernal. (Ver HIBERNACIÓN.)

▼ Para superar el período de hibernación, los erizos necesitan «atracarse»; si les quieres ayudar puedes dejar en el jardín comida para perros o gatos en el otoño. Además, ten en cuenta que a los erizos les gusta pasar su período de hibernación en los restos de las hogueras, por consiguiente mira antes de encenderlas de nuevo.

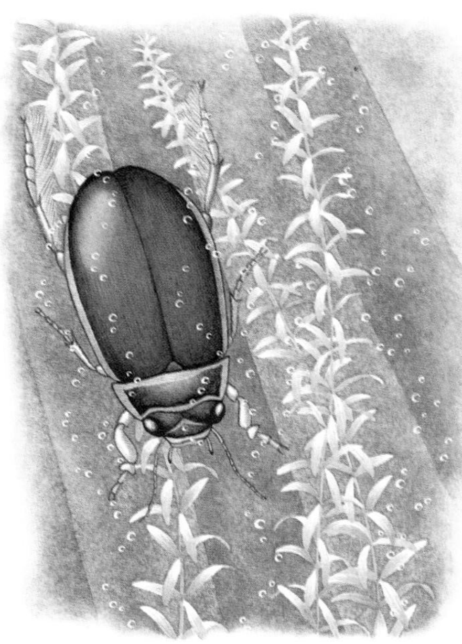

▲ El ditisco caza en el fondo de los riachuelos y de los estanques.

▲ El escarabajo de la patata destruye los cultivos de este tubérculo.

Escarabajo

Nombre dado a numerosas especies de coleópteros (más de 300.000). Estos INSECTOS suelen tener el cuerpo ovalado y las patas cortas; de tamaños diversos, pueden oscilar desde el tamaño de la cabeza de un alfiler hasta el escarabajo Goliat de África que tiene 10 cm de longitud y pesa 100 gr, los ejemplares más grandes.

En tiempos prehistóricos estos insectos poseían dos pares de alas, no obstante la evolución cambió el primer par transformándolo en el caparazón duro que cubre al segundo par de alas situadas debajo del caparazón. Todos los escarabajos, en la prehistoria, volaban; actualmente la mayoría vive en el suelo.

Los escarabajos ponen huevos, que después de la eclosión se convierten en larvas; éstas pasan a ser crisálidas, que es la última etapa antes de que emerja el definitivo escarabajo adulto.

Muchos escarabajos son bastante perjudiciales para la agricultura, como los taladradores de la madera, los gorgojos, los gusanos de alambre o el escarabajo de la patata.

Algunos en cambio son bastante útiles. La mariquita ataca a insectos nocivos como la mosca verde; y los escarabajos enterradores hacen desaparecer animales muertos y carroña.

▶ Los escarabajos enterradores sepultan los cadáveres de pequeños mamíferos y aves excavando el suelo por debajo de ellos. Depositan los huevos sobre estos cuerpos, que después servirán de alimento a las larvas.

Esclavitud

La esclavitud es el estado en que se halla un individuo que ha sido sometido por otro, el cual priva de libertad al primero y le fuerza a realizar determinadas funciones o trabajos, las más de las veces sin otra contrapartida que el alojamiento y el sustento. La esclavitud era común en las antiguas civilizaciones; a los prisioneros de guerra a menudo se les forzaba a la esclavitud; la gente pobre vendía a sus hijos como esclavos.

◀ Las condiciones infrahumanas en que fueron transportados dieron como resultado que miles de esclavos murieran camino de las Américas.

En el siglo XIV los colonizadores empezaron a llevar esclavos africanos a las colonias americanas; alrededor del año 1770 los barcos británicos transportaban esclavos a América; cientos de ellos eran apretados en las bodegas de los navíos, donde las condiciones eran terribles, muriendo muchos en el camino. Inglaterra abolió el tráfico de esclavos en 1808. En Estados Unidos finalizó en 1865, después de la GUERRA DE SECESIÓN entre Norte y Sur; sin embargo la discriminación racial continuó y se hicieron necesarias leyes en pro de los DERECHOS CIVILES para asegurar derechos equitativos para blancos y negros.

▲ La abolición de la trata de esclavos fue en gran parte debida a los esfuerzos que realizó William Wilberforce (1759-1833), quien mantuvo campañas contra la esclavitud a lo largo de más de 20 años.

Escorial, El

El monasterio de San Lorenzo de El Escorial está en el pueblo de El Escorial (España). Lo hizo construir Felipe II en 1563, en recuerdo de la victoria de San Quintín. Tardaron 22 años en construirlo bajo las órdenes de Juan de Toledo y Juan de Herrera.

Como curiosidad cabe señalar que el monasterio tiene 2.600 ventanas. Guarda una importante colección de tapices y cuadros así como una gran biblioteca.

Escorpión

Los escorpiones son arácnidos con un aguijón venenoso al final de su cola. Viven en regiones cálidas, y suelen alcanzar los 15 cm de longitud. Poseen cuatro pares de patas y un par de pinzas; utilizan el aguijón para atontar o matar a la presa, su veneno puede ser perjudicial para el ser humano, pero raramente le puede provocar la muerte.

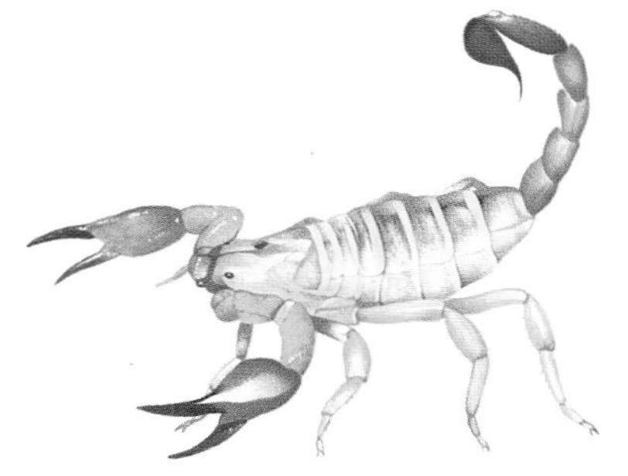

▲ Cuando los escorpiones se asustan curvan su cola sobre la cabeza, atacando en ciertas ocasiones.

Chino antiguo	Chino moderno	Significado
	牛	Buey
	羊	Cordero Cabra
	木	Árbol
	田	Campo
	祝	Rezar
	月	Luna
	土	Tierra

▲ La escritura china ha evolucionado a través de los siglos; en la tabla se comparan los caracteres modernos y los antiguos.

Escritura

Las formas primitivas de la escritura eran representaciones simbólicas en forma de incisiones regularmente espaciadas en huesos o palos, generalmente utilizados para contar. Este tipo de escritura se denomina «sintética o mitográfica»: cierto signo representa una frase. Después surgió la «analítica»; ésta no representa una idea sino una palabra. Un ejemplo de la escritura analítica son los JEROGLÍFICOS del Antiguo Egipto.

Con el tiempo los signos se simplificaron y ya no representaban palabras sino sonidos; este tipo de escritura se denomina «escritura fonética». Históricamente el ALFABETO griego es el primero que escribe separadamente VOCALES y consonantes y es el que sirvió de modelo a los alfabetos actuales.

Escuela

Lugar donde se enseña y aprende. La mayoría de los países tratan de ofrecer a los jóvenes las suficientes instituciones para que éstos reciban una educación adecuada. En ciertas naciones incluso se promulgan leyes que indican la obligatoriedad de asistir a la escuela entre los 5 y los 16 años, por poner un ejemplo. No obstante, un gran número de países del Tercer Mundo no tienen ni suficientes escuelas ni profesores. Se intenta por todos los medios que los alumnos asistan a clase por un período suficiente para que aprendan a leer, escribir y a efectuar las operaciones básicas de matemáticas. De todas formas, casi una tercera parte de la población mundial menor de 15 años no sabe leer ni escribir.

A los jóvenes en edad escolar quizá les sorprenda saber que la palabra «escuela» deriva de la voz griega *skholè*, que significa ocio. Los antiguos griegos pensaban que la enseñanza y el aprendizaje debían efectuarse en el tiempo libre.

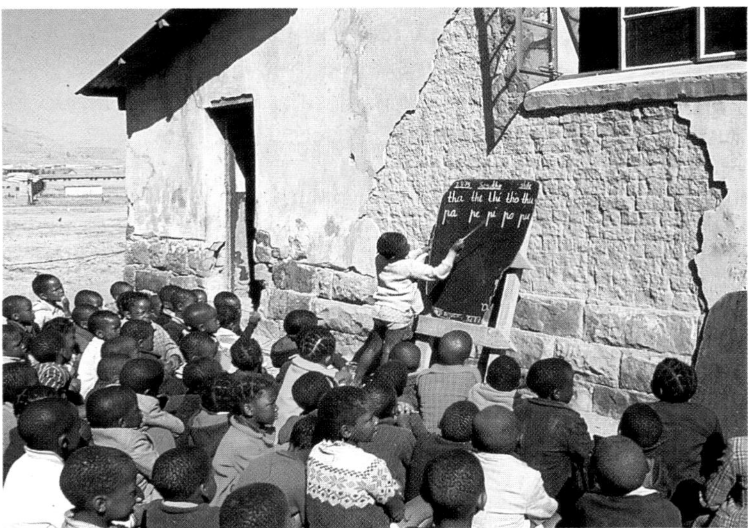

▶ En los países en desarrollo las escuelas disponen de un equipamiento precario; además, los pupilos tienen que desplazarse largas distancias para asistir a clase.

Figura femenina encontrada en Anatolia, hacia el año 5750 a.C.

Cabeza de bronce del rey Akkadian de Mesopotamia.

Talla de marfil fenicia fechada alrededor de 800 a.C.

Talla de marfil de una emperatriz bizantina, año 700 de nuestra era.

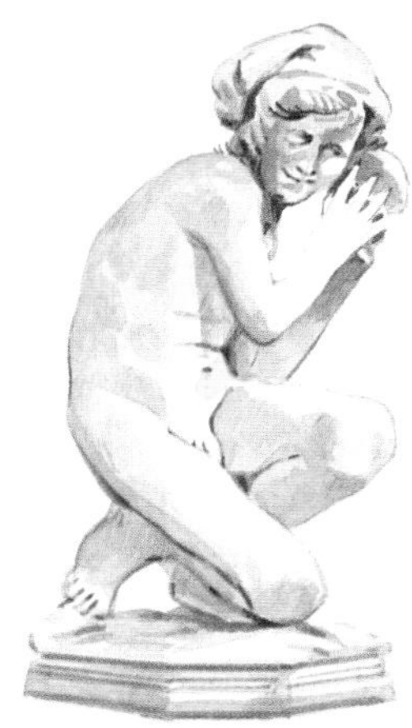

Niño pescador napolitano, estatua de mármol de Carpeaux; 1800 aprox.

Escultura moderna de Brancusi, denominada «El Beso», 1908.

Escultura

La escultura es una de las expresiones del ARTE. Se distinguen tres maneras fundamentales de hacer esculturas: tallar la madera, esculpir la piedra o hacer un bronce (molde, vaciado y ejecución).

Para realizar una estatua de bronce primero se modela la escultura en arcilla o cera, luego se utiliza el modelo para hacer un molde en yeso, se introduce dentro del molde el bronce fundido, cuando el metal se ha enfriado y endurecido se desprende del molde de yeso y el artista da los últimos retoques.

Las estatuas griegas sirvieron de inspiración y modelo para los artistas del RENACIMIENTO, de los que destacamos al que fue posiblemente el escultor más importante de todos los tiempos: MIGUEL ÁNGEL.

▲ La escultura es un arte muy antiguo, como te mostramos en estos ejemplos.

▲ El artista francés del siglo XIX Edgar Degas realizó numerosas pinturas y esculturas inspiradas en bailarinas.

Los escultores modernos ya no utilizan conceptos realistas para expresarse; artistas como Henry Moore o Chillida hacen figuras abstractas y grupos escultóricos.

Esgrima

La esgrima es el deporte que se practica utilizando el florete, la espada o el sable. Es un «duelo amistoso». Los contrincantes llevan máscaras faciales, guantes especiales y trajes acolchados; luchan con armas conectadas electrónicamente a unos marcadores que indican quién ha sido tocado. Forma parte de los JUEGOS OLÍMPICOS.

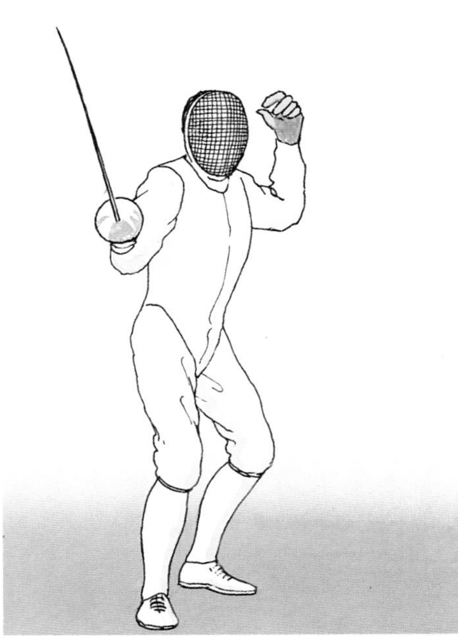

▲ Los participantes van equipados con máscaras con malla, gruesas chaquetas como protección y guantes acolchados.

Eslovenia (ver Yugoslavia)

Esopo

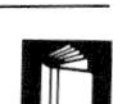

Esopo fue un fabulista griego del siglo VI a.C. (aprox. 620-560 a.C.). Se desconoce su biografía, y ya para los griegos de la época clásica era un personaje legendario. Las *Fábulas esópicas* son narraciones breves de carácter alegórico y moral donde los animales protagonistas presentan virtudes y cualidades humanas. Una de las más famosas es la de la carrera entre la liebre y la tortuga; la primera está tan segura de ganar que toma un descanso debajo de un árbol y se duerme, lo que da ocasión para que la constante tortuga la adelante y gane la carrera.

Algunos historiadores creen que Esopo fue esclavo, pero consiguió que su último dueño lo liberara por su espíritu ingenioso y lo bien que narraba sus fábulas.

Espacio (ver Exploración espacial)

España

Estado del suroeste de Europa, en la península Ibérica. Limita al norte con Francia y Andorra, y al oeste con Portugal. La mayor parte del territorio nacional está cubierto por sistemas montañosos y aparece dominado por el altiplano central denominado «la Meseta»; las llanuras se extienden alrededor del litoral. El clima en el centro es caluroso en verano y frío en invierno, con pocas precipitaciones; en la costa, el clima es templado y más húmedo, especialmente en la parte septentrional. La capital

◀ Las playas españolas representan un importante destino para los turistas; en la fotografía podemos apreciar una de las bellas playas de la Costa Dorada, cerca de Tarragona, en la parte oriental del país.

del Estado es Madrid. Otras ciudades importantes son Barcelona, Bilbao, Sevilla y Valencia.

España es un país con una agricultura rica y desarrollada, en la que se dan cereales (trigo, cebada, maíz, arroz, etc.), patatas, aceite de oliva (primer productor mundial), cítricos, vino, frutas y verduras y hortalizas en general. Predomina el ganado ovino en la Meseta y el bovino en el norte del país. Existe también una gran industria pesquera. Asimismo son importantes los recursos mineros, como el carbón, hierro, plomo, cinc, cobre, mercurio y uranio. Durante los últimos años de su desarrollo, la industria ha experimentado un impulso más que notable: siderurgia, aluminio, industrias químicas, sector textil, alimentación, mueble y calzado sobresalen especialmente.

Para el resto de Europa, España representa un modelo de desarrollo y crecimiento ejemplar en cuanto a los últimos años de su historia. Gracias al cruce de razas, culturas, lenguas y religiones, la cantera cultural que España ofrece es una de las más ricas de Europa.

En la actualidad, la Constitución que articula el Estado y la sociedad civil es una de las más modernas y progresistas del mundo civilizado.

ESPAÑA

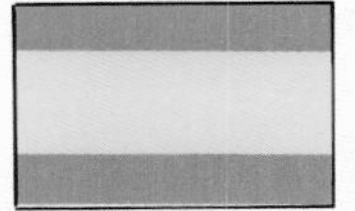

Gobierno: Monarquía constitucional
Capital: Madrid
Superficie: 504.782 km^2
Población: 39.070.000 hab.
Lenguas: Castellano, catalán, vasco (euskera) y gallego
Moneda: Peseta

Española, lengua (ver Castellano)

Especia

Diversos vegetales aromáticos que se usan generalmente para dar sabor a los alimentos. La mayor parte de las especias provienen de los países cálidos de Oriente, la India e Indonesia, y también de partes de África. La pro-

▶ Especias comunes: el clavo está formado por los brotes de las flores secas de una planta del sureste asiático (primera por la izquierda); la nuez moscada es el grano de un fruto bastante parecido al albaricoque (centro); la canela es la corteza seca de una planta siempre verde (derecha).

> **En la Edad Media el valor de las especias superaba a menudo al de las joyas o el oro. La mayor parte de las especias se transportaban desde la India o las islas Molucas; la ruta discurría desde la India hasta el golfo Pérsico, que se cruzaba con barcos; desde allí eran transportadas en caravanas a través del Oriente Medio hacia el Este del Mediterráneo o del mar Negro, y, finalmente, a los diferentes países europeos. Semejante itinerario incrementaba enormemente el coste de las especias.**

ducción de especias se realiza moliendo las partes secas de las plantas; las especias más comunes son la pimienta, el jengibre, el clavo, la nuez moscada y el azafrán.

Espectro

¿De dónde provienen los colores del arco iris? Isaac NEWTON descubrió la respuesta de 1666, cuando colocó un

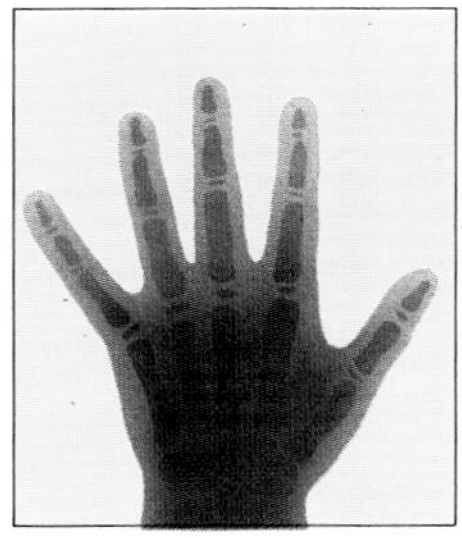

Rayos X

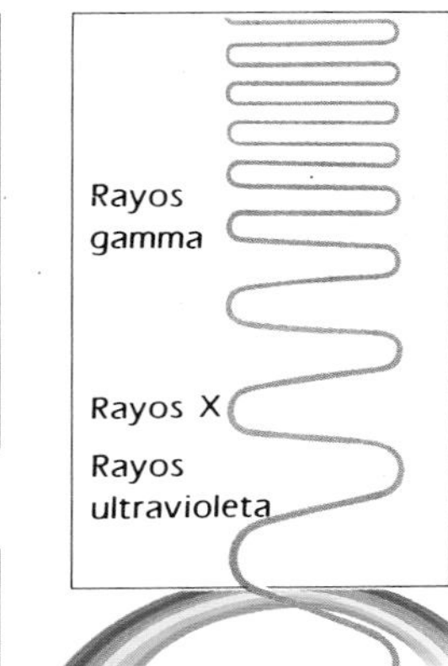

Rayos ultravioleta

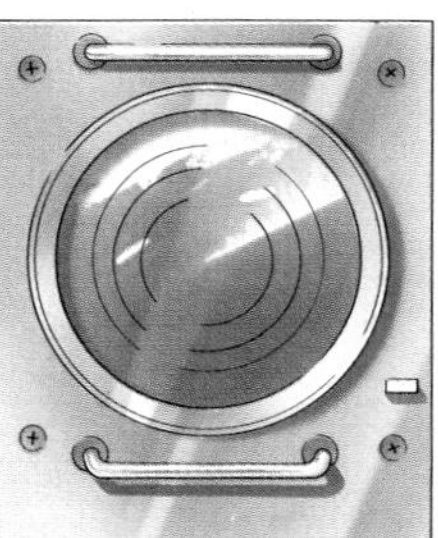

Radar

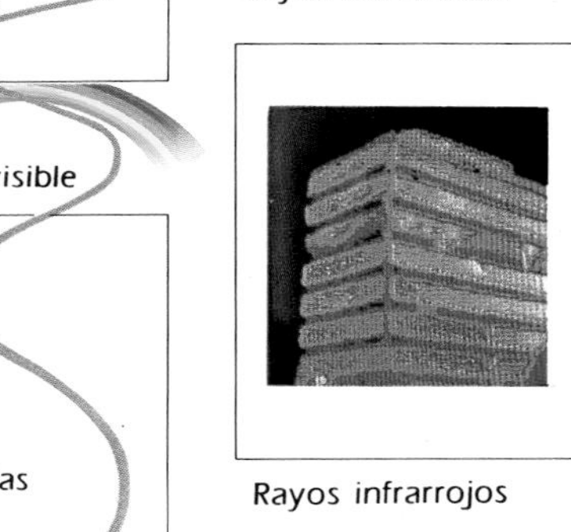

Rayos infrarrojos

Televisión

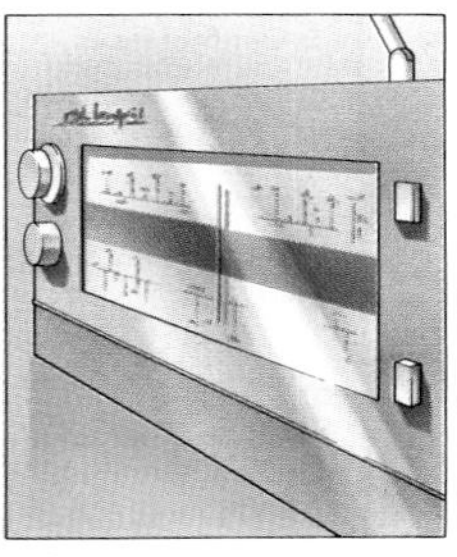

Radio

▶ Sólo podemos distinguir una franja muy limitada del espectro electromagnético, la luz visible; no obstante, las ondas están presentes a nuestro alrededor constantemente. Los diferentes tipos de ondas tienen distintas aplicaciones. La fotografía infrarroja muestra el calor que desprende un edificio de oficinas; las zonas blancas son las que producen más calor, las rojas son templadas y las verdes y azules las frías.

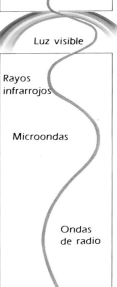

prisma frente a un rayo de luz. El prisma descompuso la luz y la separó, formando los colores del espectro. Newton demostró que la luz del Sol está compuesta de varios colores; la luz blanca del Sol es blanca porque todos los colores están contenidos en ella.

El espectro de la luz es sólo una parte del *espectro electromagnético*; éste se clasifica de acuerdo con la *longitud de onda* (distancia entre las crestas) y la *frecuencia* (número de ondas por segundo). Las ondas de radio tienen la frecuencia más baja y la longitud más larga. Los *rayos gamma* poseen la frecuencia más alta y la longitud más corta. Entre el espectro visible de luz y los rayos gamma se encuentran los ultravioletas y los rayos X.

Experiméntalo

En un día soleado puedes realizar el interesante experimento de la descomposición de la luz blanca. En un recipiente como el que te mostramos en la ilustración coloca un espejo en un lado. Pon el recipiente con el agua y el cristal al lado de una ventana, de manera que la luz solar incida directamente sobre el cristal. Coloca, después, una cartulina blanca delante del cristal moviéndola, hasta que veas el espectro de colores reflejado en ella. El agua alrededor actúa como si se tratara de un prisma y descompone la luz blanca.

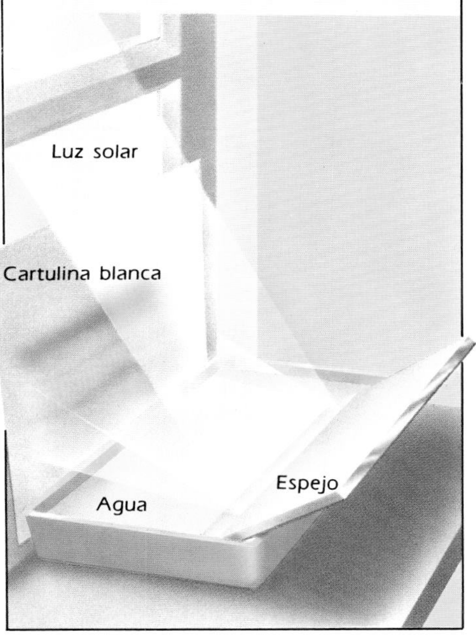

Espejo

El espejo es una superficie brillante en la que se reflejan las imágenes, fabricado con una placa de cristal a la que se le ha pintado la parte posterior con una capa de aluminio o de plata, y que a su vez es protegida con otra pintura para evitar los posibles roces que puedan ocasionarse. Este método se utilizó por primera vez en la Venecia renacentista.

Anteriormente los espejos se hacían de superficies planas de metal pulido. Para ello se empleaba el bronce o la plata; en el Antiguo Egipto se utilizaba este método hace casi 5.000 años.

◀ Este horno solar en Francia utiliza un enorme espejo cóncavo que concentra los rayos solares y produce temperaturas de 3.000 °C.

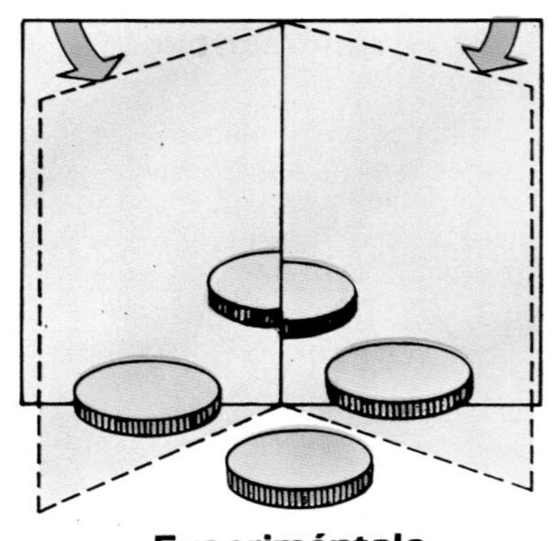

Experiméntalo

Aunque no se te hubiera ocurrido, es posible ver el reflejo de un reflejo. Para verlo, coloca una moneda encima de la mesa y coge dos espejos, mantenlos con los lados juntos como muestra la ilustración, mueve los lados exteriores lentamente mientras sigues manteniendo los lados interiores juntos. ¿Cuántas monedas puedes ver en total?

El reflejo de la LUZ, al cual llamamos imagen, es lo que vemos en el espejo; sin embargo, la imagen percibida está invertida, es decir, si tú levantas la mano izquierda la imagen levantará la derecha.

Los espejos, en óptica, adoptan tres formas básicas: el plano, que presenta una superficie recta; el esférico cóncavo se curva interiormente; el esférico convexo se curva exteriormente.

Ejemplo cóncavo: una cuchara mirada por la parte que contiene el líquido; convexo: la cuchara mirada por la parte de atrás.

Esponja

Las esponjas son animales marinos del tipo porífero. La mayoría de las esponjas viven en aguas cálidas, aunque también existen ejemplares de aguas frías y otros que habitan en agua dulce. Las esponjas fijan su base sobre una piedra en las profundidades comprendidas entre los 10 y los 150 metros; su cuerpo flexible y poroso se mece en el agua y, repleto de canales o aberturas, permite el paso de criaturas minúsculas y del oxígeno, que le sirve de alimento.

Cuando la esponja muere, la masa porosa y elástica formada por el ESQUELETO permanece y es justamente la que se emplea para el uso doméstico, principalmente en el baño.

La mayoría de las esponjas naturales proceden del golfo de México y del mar Mediterráneo; en la actualidad la mayoría de las «esponjas» de baño no son naturales sino que están fabricadas de plástico o de goma, obtenidas del caucho y de diversos productos químicos.

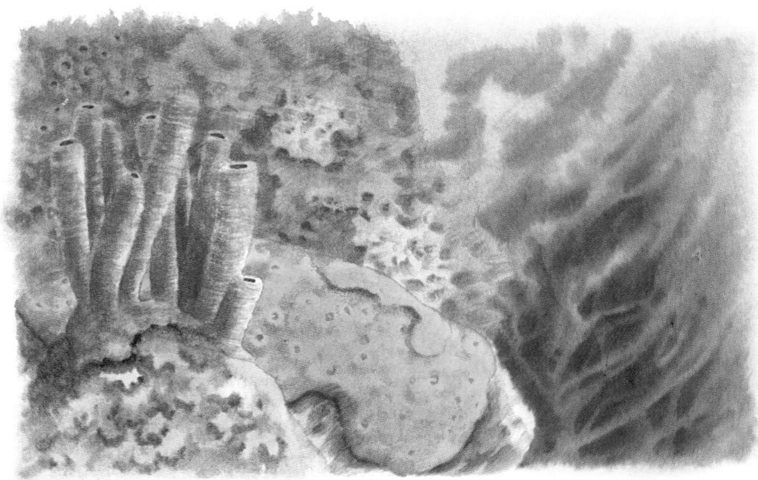

▶ A pesar de su complicada estructura, las esponjas son formas de vida muy simples. Se calcula que habitan los mares desde hace 600 millones de años, cuando en tierra firme aún no existía la vida.

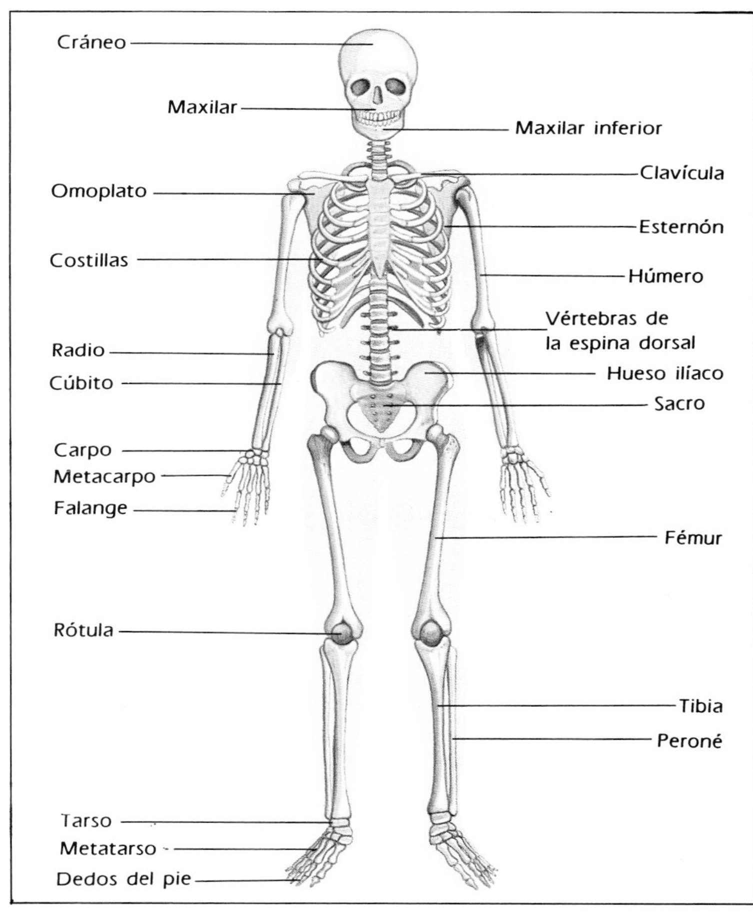

◀ El esqueleto le sirve de sostén al cuerpo. Los huesos también protegen órganos vitales.

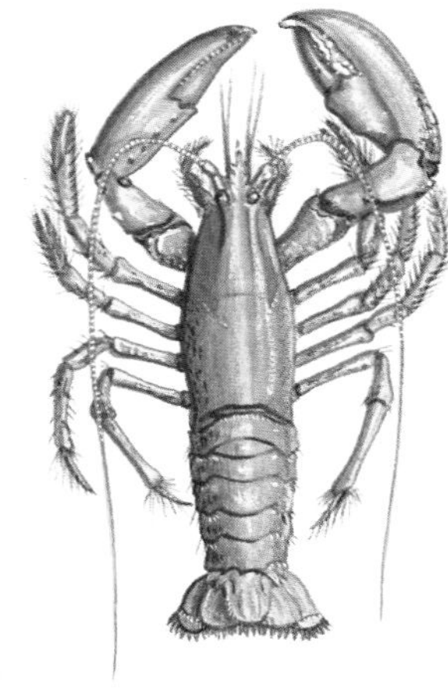

▲ Las langostas poseen un caparazón que es su esqueleto, denominado exoesqueleto.

Esqueleto

Armazón óseo de cualquier VERTEBRADO. La estructura ósea formada por el esqueleto protege nuestros órganos vitales, sirve para sostener las partes blandas y hace de soporte sobre el cual actúan los MÚSCULOS.

En los vertebrados el esqueleto está dentro del cuerpo, cubierto por la carne y la piel; en los INSECTOS y las ARAÑAS el esqueleto es como un caparazón exterior denominado exoesqueleto. Ciertos animales no poseen esqueleto; la medusa y el pulpo nos sirven de ejemplo: su cuerpo está provisto de cavidades interiores llenas de agua, las cuales mantienen su forma. Existen más de 200 HUESOS en el esqueleto humano: las vértebras de la columna, cráneo, costillas, caja torácica, pelvis, etc. Los huesos de las extremidades y de las caderas se articulan y nos ayudan a desplazarnos; otros, como los del cráneo, carecen de movilidad. Los músculos, en las articulaciones, se contraen o estiran para mover los huesos.

El esqueleto humano se desarrolla, antes de que el bebé nazca y crezca, juntamente con el cuerpo.

El recién nacido posee 350 huesos; conforme crece, algunos huesos se unen, y cuando finaliza su crecimiento el adulto acaba con 206. El número varía según los individuos; algunas personas tienen más huesos en las manos o en los pies que otras. El hueso más largo del cuerpo es el fémur. El más pequeño es el estribo, en el oído, que mide de 2,6 a 3,4 mm de longitud.

▲ El *slalom* gigante debe ser practicado por expertos, pues requiere coordinación y gran habilidad.

Esquí

Deporte que se practica con esquíes deslizándose por encima de la nieve. Sus orígenes se sitúan alrededor del año 3000 a.C.; los esquíes más antiguos se fechan en el año 2500 a.C., y se sabe que los VIKINGOS usaron esquíes. En la actualidad el esquí es un deporte popular y forma parte de los deportes representados en los JUEGOS OLÍMPICOS de invierno. Se distinguen cuatro modalidades principales: *slalom,* descenso, salto y fondo. Las pruebas de descenso son las más populares. Los lugares para la práctica del esquí se reparten por todo el planeta, incluso podemos disfrutar de vacaciones en las montañas practicando este deporte.

Esquimal

Los esquimales son los habitantes de las tierras árticas de América del Norte y Groenlandia. Tienen los ojos rasgados, la cara ancha y el cuerpo grueso con las extremidades cortas; estas características les ayudan a soportar las inclemencias del clima ÁRTICO.

Suelen vivir en tiendas hechas con pieles de foca durante el verano, y en invierno construyen con hielo los iglús; fabrican sus propias armas: arcos, flechas y arpones, con los que dan caza a focas, ballenas, aves marinas y ciervos. Para desplazarse por los hielos utilizan los trineos, tirados por perros; por el agua hacen uso de canoas construidas con pieles, denominadas kayaks, que propulsan con remos.

▼ Los esquimales construyen los iglús en las expediciones de caza que efectúan en invierno, durante el resto del año suelen vivir en modernas casas de madera.

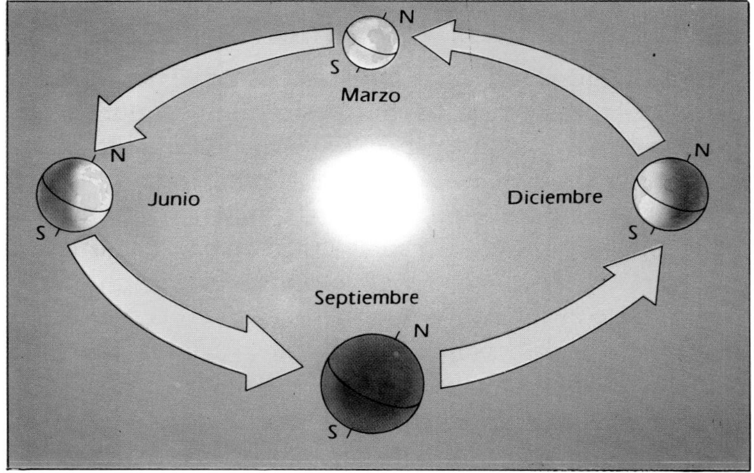

◀ La división del año en estaciones resulta de la inclinación del eje de rotación de la Tierra con respecto a su plano de traslación alrededor del Sol; puesto que el eje de los polos mantiene durante el transcurso del año una dirección fija en el espacio, el Sol ilumina unas veces el polo Norte y otras el polo Sur, y la duración del día en los diferentes puntos del globo varía; en junio (solsticio) es verano en el hemisferio Norte, el Sol se encuentra en el *cenit* del trópico de Cáncer, la Tierra recibe directamente sus rayos y su calor y los días son más largos. Al mismo tiempo, en el hemisferio Sur es invierno. Seis meses más tarde la Tierra ha recorrido la mitad de su órbita alrededor del Sol, los días más largos se dan en el hemisferio Sur; en marzo y septiembre (equinoccios) el Sol se halla exactamente en el plano del ecuador, de modo que en cualquier punto del planeta la duración del día es igual a la de la noche.

Estaciones

Cada uno de los cuatro tiempos en que se divide el año: primavera, verano, otoño e invierno. Cada estación tiene sus características climatológicas propias que la caracterizan.

En primavera, los días se hacen más cálidos y las plantas empiezan a crecer otra vez después del frío invierno, los animales suelen tener crías y la vida empieza de nuevo su ciclo. En otoño los días se vuelven fríos, las hojas caen de los árboles y muchos pájaros emigran a regiones cálidas.

La causa de las estaciones es debida a que el eje de rotación de la TIERRA está inclinado respecto al plano de la eclíptica y del ECUADOR. Conforme la Tierra se desplaza alrededor del SOL, primero un polo y luego el otro reciben la luz del astro rey; cuando el polo Norte se inclina en dirección al Sol es verano en el hemisferio Norte e invierno en el hemisferio Sur; transcurridos seis meses, es el polo Sur el que «ofrece su cara» al astro rey y el proceso se invierte, es verano en el hemisferio Sur e invierno en el Norte. En primavera y en otoño (equinoccios marzo y septiembre) es cuando la Tierra, en su recorrido alrededor del Sol, está en medio de las posiciones de verano e invierno (solsticios junio y diciembre).

En las regiones polares sólo existen dos estaciones: verano e invierno. Durante el invierno polar, el Sol no sale nunca y los días son oscuros; durante el verano, el Sol brilla las 24 horas del día y, en consecuencia, las noches no existen.

En el ecuador la inclinación del eje de la Tierra no tiene efecto y no hay claras diferencias entre las estaciones.

Uno de los factores que afectan a la temperatura de las estaciones es la distancia de las zonas con respecto al mar. En las regiones situadas en el interior de los continentes los contrastes entre una estación y otra son muy marcados, los inviernos suelen ser muy fríos y los veranos muy cálidos. En las islas o zonas cercanas al litoral las estaciones no presentan un carácter tan marcado; esto se debe a que el agua de los océanos retiene el calor, manteniendo unas temperaturas medias en las zonas marítimas.

ESTADOS UNIDOS DE AMÉRICA

Gobierno: República federal
Capital: Washington D.C. (635.185 hab.)
Superficie: 9.363.123 km^2
Población: 240.850.000 hab.
Ciudad más poblada: Nueva York, 7.015.608 hab.
Punto más alto: Mount Mackinley, en Alaska, 6.194 m
Agricultura: Se cultiva casi el 50% del territorio
Cultivos principales: Soja, algodón, fruta y maíz
Industrias principales: Carbón, petróleo, acero, textiles, tabaco
Lengua: Inglés
Moneda: Dólar

Estados Unidos de América

Estados Unidos (EUA), en inglés *United States of America (USA),* ocupa el cuarto puesto mundial por su población y por su superficie. La CEI, Canadá y China tienen una superficie superior, y China, India y la CEI lo superan en población. Estados Unidos comprende 50 estados: cuarenta y ocho en la misma parte de América del Norte, y dos, Alaska en el extremo septentrional Oeste del continente, y Hawai en el Pacífico, fuera de él. El territorio principal se extiende desde la costa del Atlántico a la del Pacífico.

La gran cordillera norteamericana se extiende por la costa occidental; en el interior está formado por altas mesetas, cortadas por el célebre GRAN CAÑÓN del Colorado, por donde discurre el río del mismo nombre. En esta región encontramos a su vez la gran depresión del Valle de la Muerte, la parte más baja de todo el continente. El sistema oriental está constituido por las MONTAÑAS ROCOSAS, que se extienden desde Canadá hasta México, detrás se encuentra la Gran Llanura, por donde discurre el río MISSISSIPPI. Otra cordillera importante son los Apalaches, que se extienden por la parte oriental del país.

Estados Unidos es una nación relativamente joven; en 1976 se cumplió el segundo centenario de su fundación. Las trece colonias originales declararon su independencia de la Corona británica en 1776. George WASHINGTON fue el primer presidente de la nación, en 1789; a mediados del siglo XIX Estados Unidos ocupaba, aproximadamente, la misma extensión de terreno que en la actualidad. Los exploradores anexionaron nuevos

▲ El águila es el símbolo de Estados Unidos.

▶ Los modernos rascacielos de la ciudad de Boston, Massachusetts; una de las más antiguas de la Unión.

◀ Las altas montañas de Scotts Bluff, en Nebraska, sirvieron de guía a los colonos que se dirigían al Oeste por la ruta de Oregón.

territorios y el país se extendió hasta la costa del Pacífico.

La GUERRA DE SECESIÓN estadounidense duró desde 1861 hasta 1865; los estados del Norte y los del Sur lucharon entre sí; los sudistas eran partidarios de mantener la esclavitud, pero la victoria fue para los norteños y la esclavitud fue abolida. Una fuerte emigración europea se registró entre los años 1870 y 1900: miles de europeos se establecieron en Estados Unidos en busca de nuevas tierras y de una nueva vida. Al final de este período la población experimentó un gran incremento, prácticamente se dobló el número de habitantes.

Actualmente la población es de 240 millones, y está compuesta por razas diferentes. Las principales son: esquimales, indios y descendientes de origen europeo y africano; el 70 % de los estadounidenses vive en ciudades. WASHINGTON es la capital, no obstante la ciudad más grande es NUEVA YORK; LOS ÁNGELES y Chicago sobrepasan los tres millones de habitantes.

Estados Unidos es una de las naciones más ricas de la Tierra. La producción agrícola, ganadera y de productos derivados (naranjas, carne, huevos y queso) supera a la de cualquier otro país. De las minas se extrae carbón, plomo, cobre mineral y uranio. Estados Unidos es el primer productor mundial de automóviles y de productos químicos.

Hasta hace poco, Estados Unidos era autosuficiente en la producción de carbón, petróleo y gas natural para abastecer sus necesidades industriales y domésticas; sin embargo, en la actualidad tiene que importar petróleo del mercado exterior. (Ver págs. 278 y 279.)

LOS PRESIDENTES DE ESTADOS UNIDOS

Presidente	*Período*
1. George Washington	1789-1797
2. John Adams	1797-1801
3. Thomas Jefferson	1801-1809
4. James Madison	1809-1817
5. James Monroe	1817-1825
6. John Quincy Adams	1825-1829
7. Andrew Jackson	1829-1837
8. Martin Van Buren	1837-1841
9. William H. Harrison	1841
10. John Tyler	1841-1845
11. James K. Polk	1845-1849
12. Zachary Taylor	1849-1850
13. Millard Fillmore	1850-1853
14. Franklin Pierce	1853-1857
15. James Buchanan	1857-1861
16. Abraham Lincoln	1861-1865
17. Andrew Johnson	1865-1869
18. Ulysses S. Grant	1869-1877
19. Rutherford B. Hayes	1877-1881
20. James A. Gardfiel	1881
21. Chester A. Arthur	1881-1885
22. Grover Cleveland	1885-1889
23. Benjamin Harrison	1889-1893
24. Grover Cleveland	1893-1897
25. William McKinley	1897-1901
26. Theodore Roosevelt	1901-1909
27. William H. Taft	1909-1913
28. Woodrow Wilson	1913-1921
29. Warren G. Harding	1921-1923
30. Calvin Coolidge	1923-1929
31. Herbert C. Hoover	1929-1933
32. Franklin D. Roosevelt	1933-1945
33. Harry S. Truman	1945-1953
34. Dwight D. Eisenhower	1953-1961
35. John F. Kennedy	1961-1963
36. Lyndon B. Johnson	1963-1969
37. Richard M. Nixon	1969-1974
38. Gerald R. Ford	1974-1977
39. James E. Carter	1977-1981
40. Ronald W. Reagan	1981-1989
41. George Bush	1989-1993
42. Bill Clinton	1993-

ESTADOS UNIDOS

FECHAS IMPORTANTES EN LA HISTORIA ESTADOUNIDENSE

1492 Colón descubrió América
1607 Primer asentamiento inglés, en Virginia
1620 Viaje del *Mayflower*
1754 Lucha entre franceses e indios. Inglaterra gana el control de América del Norte
1776 Declaración de Independencia
1783 Fin de la revolución americana. EUA se convierte en una nueva nación
1789 George Washington, primer presidente
1804 Lewis y Clark exploran el Oeste
1812 Guerra con Inglaterra
1841 Los primeros trenes llegan a California
1848 EUA derrota a México y gana nuevas tierras
1848 La fiebre del oro en California
1861 Principio de la Guerra de Secesión entre Norte y Sur (acaba en 1865)
1867 Rusia vende Alaska a EUA
1898 Guerra con España
1917 EUA entra en la I Guerra Mundial
1920 La mujer consigue el derecho al voto
1927 Charles Lindbergh cruza el Atlántico en un avión
1929 El «crack» de la bolsa, empieza la depresión
1941 El ataque japonés a Pearl Harbor provoca la entrada de EUA en la II Guerra Mundial
1950 Guerra de Corea
1958 Primer satélite espacial *Explorer I*
1962 John Glenn, primer astronauta estadounidense
1963 El presidente John F. Kennedy es asesinado
1969 Los astronautas del *Apolo* se pasean por la Luna
1974 El presidente Nixon dimite a causa del escándalo Watergate
1975 La guerra del Vietnam termina con la derrota estadounidense.
1991 La intervención de los EUA en la guerra del Golfo termina con el conflicto.

▲ Un perro husky espera pacientemente al lado de la casa de un trampero, en Alaska.

▲ La segunda isla más grande en el archipiélago de Hawai es Maui; la primera es Hawai.

▲ Monument Valley, en el nordeste de Arizona, forma parte de la reserva de los indios navajos.

▲ La ciudad histórica de Williamsburg fue la capital de Virginia.

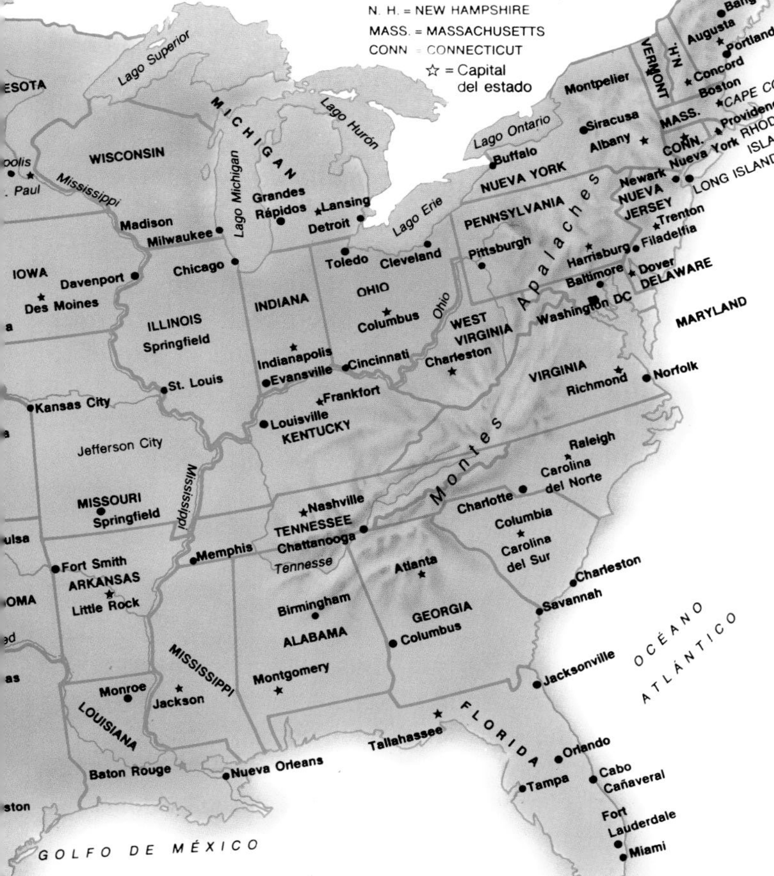

▲ La fuente Buckingham, en el Grant Park de Chicago, es la fuente iluminada más grande del mundo.

Para más información consultar los artículos: ESCLAVITUD; FRANKLIN, BENJAMIN; GUERRA DE SECESIÓN; INDIOS NORTEAMERICANOS; KENNEDY, JOHN F.; KING, MARTIN LUTHER; LINCOLN, ABRAHAM; WASHINGTON, GEORGE; WRIGHT, HERMANOS.

▲ La industria alimentaria emplea el estaño por su resistencia a la acción corrosiva, también se utiliza como metal de revestimiento. Mezclado con antimonio y cobre da como resultado la alpaca, que se utilizaba, hasta el descubrimiento del acero inoxidable, para el servicio de mesa (cucharas, cubiertos, cafeteras, etc.).

Estaño

Metal de color blanco argénteo, es uno de los metales más antiguos conocidos por el hombre; existían explotaciones de estaño antes que de hierro. La mezcla de estaño y cobre da como resultado el bronce. En Cornwall (Gran Bretaña) había minas de estaño mucho antes del nacimiento de Cristo; los fenicios fueron grandes comerciantes en el área mediterránea, e intercambiaban estaño por piedras preciosas y ropajes.

Los botes de estaño (latas de conserva, envases, etc.) están fabricados con finas láminas de hierro o acero (hojalata) recubiertas con estaño. El estaño no es un metal común, es muy maleable y resiste la corrosión; las principales minas de estaño se encuentran en Bolivia, el Sureste Asiático y África occidental.

Estómago

El estómago es una bolsa muscular, abierta por los dos extremos: en el superior se encuentra el *esófago*, y en el inferior el *duodeno*. En él se realiza la parte más importante del proceso de la digestión. El estómago tiene la forma de una J mayúscula.

Cuando ingerimos el alimento, éste pasa a través del esófago hasta el estómago, allí los jugos gástricos esterilizan los gérmenes de la comida; además, mediante una serie de elementos químicos, descomponen el alimento para su asimilación por el organismo. Los movimientos peristálticos del estómago aseguran la mezcla del alimento, y la presión los fuerza al intestino delgado para su posterior evacuación.

La mayoría de las personas tienen el estómago situado en la parte alta izquierda del abdomen, sin embargo esta situación puede variar. Las personas altas y delgadas presentan un estómago alargado; los individuos de estatura baja presentan un estómago más bien ancho y corto. Un estómago adulto puede almacenar un contenido de un litro, aproximadamente.

Estrella

Astro dotado de luz propia. Las estrellas observables desde la Tierra forman tan sólo una minúscula parte de los muchos billones que se encuentran repartidas por el espacio. Nos parecen pequeñas debido a la gran distancia existente, sin embargo son enormes bolas de gas incandescente de un tamaño similar al del Sol.

El nacimiento de una estrella empieza en forma de nubes de gas; la gravedad atrae las partículas gaseosas hacia el centro de cada nube, allí colisionan entre sí, se calientan y ejercen presión.

Los átomos de hidrógeno se transforman en átomos de helio mediante el proceso de fusión nuclear, el cual des-

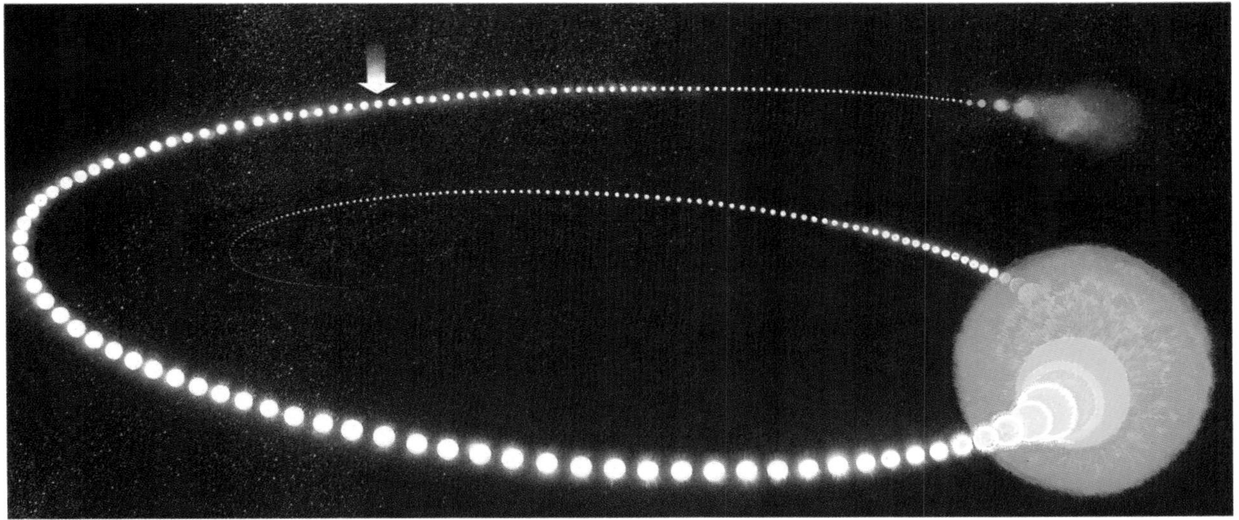

prende ENERGÍA NUCLEAR que provoca su intenso brillo.

Las estrellas aumentan de tamaño a medida que consumen el HIDRÓGENO que contienen; los astrónomos las denominan *gigantes rojas*, las cuales al final de su vida se convierten en *enanas blancas*, y con el transcurso del tiempo se enfrían, disolviéndose en las inmensidades del espacio.

▲ En la ilustración se representa la vida de una estrella, formada en la primera fase por masas gaseosas que se condensan y solidifican. Con el transcurso de miles de millones de años la estrella aumenta de tamaño. En un determinado punto de su evolución, se expande hasta formar una gigante roja, después empieza a disminuir de tamaño hasta apagarse. La flecha indica la etapa en que se encuentra el Sol.

Máxima intensidad	Azul blanco 20.000 °C	Blanco 10.000 °C	Amarillo 6.000 °C	Naranja 4.500 °C	Rojo 3.000 °C
Mínima intensidad					

◀ El diagrama muestra cómo las estrellas pueden ser agrupadas de acuerdo a su brillo. El intenso «faro» se compara a una gigante azul (grandes y muy calientes). La «cerilla» se compara a las enanas blancas; nuestro Sol es una amarillenta «lámpara de mesa». Si una gigante azul, hipotéticamente, se colocara en el centro del Sistema Solar, disolvería a la Tierra y los hielos de los planetas más lejanos entrarían en ebullición.

Estrella de mar

Las estrellas son criaturas que viven en el suelo marino; la mayoría poseen cinco brazos que constituyen su forma

▶ La larva de la estrella no se parece en nada a la forma de los adultos.

Larva de la estrella de mar

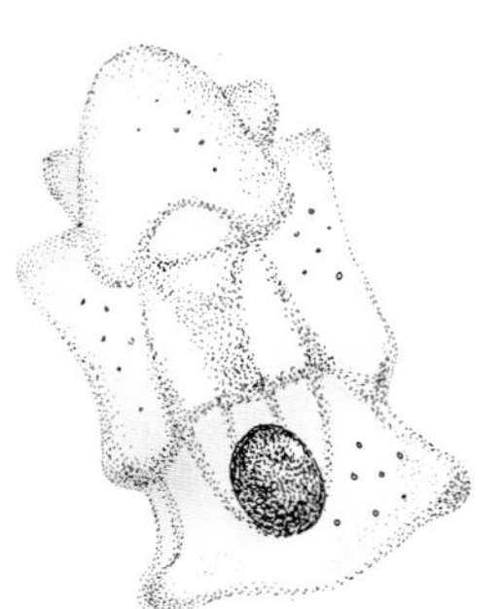

característica. No tienen vértebras, sin embargo están dotadas de un ESQUELETO de placas óseas. Se desplazan por los fondos marinos mediante pequeños pies tubulares situados debajo de los brazos.

Las estrellas de mar pueden abrir las conchas de los berberechos, para ello utilizan los pies tubulares que adhieren a ambas partes de la concha. Entonces la estrella desplaza su estómago y lo hace salir por la boca, éste se sitúa en el interior de la concha y digiere el cuerpo blando del berberecho.

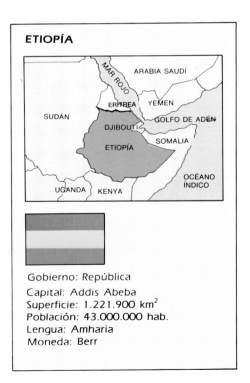

ETIOPÍA

MAR ROJO
ARABIA SAUDÍ
ERITREA
YEMEN
SUDÁN
GOLFO DE ADÉN
DJIBOUTI
SOMALIA
ETIOPÍA
OCÉANO ÍNDICO
UGANDA
KENYA

Gobierno: República
Capital: Addis Abeba
Superficie: 1.221.900 km^2
Población: 43.000.000 hab.
Lengua: Amharia
Moneda: Berr

▶ Eritrea es uno de los países más pobres de África. Tras treinta años de guerra contra el poder etíope logró su independencia en 1993.

Etiopía

Estado de África oriental, a orillas del mar Rojo. Cubre una superficie de 1.221.900 km^2, aproximadamente dos

veces la extensión de Francia. La mayor parte del territorio etíope está dominado por las llamadas tierras altas. Los productos agrícolas principales son los cereales y el café. Los pastores y sus rebaños deambulan por los áridos desiertos situados al norte y al sur del país. La costa del mar Rojo, en la parte septentrional, es una de las regiones donde se registran las temperaturas más elevadas de la Tierra. Addis Abeba es la capital de la nación y está situada en el centro.

A lo largo de la historia, Etiopía ha sufrido las miserias de la guerra civil y de la sequía; el hambre que padece la población es otro de los grandes problemas, y éste ha suscitado la solidaridad internacional, que promovió una campaña de ayuda a la población de este país.

▲ Europa ofrece mayores ventajas para sus habitantes que ningún otro continente; tiene escasas zonas desérticas y la mayoría de su territorio es cultivable, disfruta de un clima templado y tiene importantes recursos minerales, destacando el hierro y el carbón, que son materias indispensables para la industria actual.

Europa

Península de Eurasia, uno de los continentes del mundo, con unos 10,5 millones de km^2 y 689 millones de hab. Limita al sur con el Mediterráneo, al oeste con el Atlántico, y al norte con el océano Ártico. Sobre los límites con el este existen ciertas discrepancias entre los geógrafos por la ausencia de unas claras barreras naturales, no obstante se consideran los montes Urales como la frontera oriental del continente.

La cultura e invenciones europeas han acabado modelando notablemente el mundo actual; los europeos están repartidos por todo el mundo, principalmente en América, Australia, Nueva Zelanda, Siberia y Suráfrica.

Las principales cordilleras de la Europa meridional, de Oeste a Este, son: los Pirineos, Alpes, Apeninos, Balcanes, Cárpatos y el Cáucaso con el monte Elbrús, de 5.633 m, el pico más alto de Europa.

▼ La mayor parte de la costa mediterránea posee amplias bahías y promontorios rocosos. En la ilustración vemos una parte de la costa italiana; detrás de los promontorios se encuentran las montañas de origen volcánico, formando terrazas ideales para el cultivo de la vid y de la oliva.

EUROPA

OCÉANO ÁRTICO
Murmansk
Narvik
ISLANDIA
Reykjavik
MAR DE NORUEGA
Arkhangelsk
MONTAÑAS KJOLEN
Is. Faroe
Trondheim
FINLANDIA
SUECIA
L. Onega
Tampere
Vyborg
Is. Shetland
Sundswall
L. Ladoga
NORUEGA
Helsinki
Is. Orkney
Bergen
Oslo
Estocolmo
ESTONIA
San Petersburgo
Vanerm
Yaroslavl
Aberdeen
Stavanger
Novgorod
Vattern
MAR DEL NORTE
Gotemburgo
LETONIA
Glasgow
Edimburgo
MAR BÁLTICO
Riga
Moscú
Belfast
REINO UNIDO
DINAMARCA
Dvina
IRLANDA
Copenhague
Malmö
Smolensk
Dublín
Manchester
LITUANIA
Cork
PAÍSES BAJOS
Hamburgo
Gdansk
Kaliningrado
Minsk
CEI
Birmingham
Vístula
Cardiff
Londres
Amsterdam
Elba
Poznan
Varsovia
Támesis
Berlín
Jarkov
Rin
ALEMANIA
OCÉANO ATLÁNTICO
Canal de la Mancha
Bruselas
Bonn
Kiev
POLONIA
Dniéper
BÉLGICA
Frankfurt
CHEQUIA
El Havre
Krakow
Brest
Praga
Dnepropetrovsk
París
LUXEMBURGO
ESLOVAQUIA
Dniéster
Sena
Stuttgart
Nantes
Loira
Bratislava
CÁRPATOS
Viena
ALPES
Prut
Saona
Munich
Odessa
Berna
Budapest
FRANCIA
Zurich
AUSTRIA
La Coruña
Burdeos
Génova
HUNGRÍA
Lyon
SUIZA
RUMANIA
LIECHTENSTEIN
Santander
Zagreb
Milán
ESLOVE.
Po
Bilbao
Turín
Toulouse
Trieste
Ródano
Venecia
Bucarest
Oporto
MÓNACO
Belgrado
MAR NEGRO
Valladolid
SAN MARINO
Danubio
ANDORRA
CROACIA
Ebro
Duero
PIRINEOS
Niza
Marsella
BULGARIA
Florencia
MAR ADRIÁTICO
Lisboa
Madrid
B. - HERZ.
Tajo
Córcega
ITALIA
Sofía
Estambul
Guadiana
Barcelona
Ajaccio
Roma
ALBANIA
Valencia
TURQUÍA
Bari
Tirana
Nápoles
Tesalónica
ESPAÑA
Sevilla
Cerdeña
Taranto
IS. BALEARES
Cádiz
Málaga
Cagliari
GRECIA
GIBRALTAR
Palermo
Mesina
Atenas
Sicilia
Creta
MALTA
capital de país
MAR MEDITERRÁNEO
0 100 200 300 400 Millas
0 200 400 600 Kilómetros

▲ El río Moselle, en el valle del Rin, conforma una de las regiones más importantes, productora de vino de la Europa central. En primer plano podemos apreciar viñedos, y también en las laderas de las montañas.

Las regiones septentrionales europeas se caracterizan por suaves cordilleras. El río más largo es el Volga, que discurre por la gran llanura central de Rusia.

Todo el territorio europeo se extiende entre el norte de los trópicos y el sur del Ártico; por tanto, la mayor parte de las regiones europeas no padecen temperaturas extremas (zona templada). No obstante, los países mediterráneos se caracterizan por sus veranos cálidos y los países del norte por sus largos y fríos inviernos. La vegetación se caracteriza en el extremo septentrional por los arbustos y las plantas con flores; a continuación se suceden los bosques norteños de coníferas, y en la zona meridional la vegetación mediterránea. En las regiones central y sur se concentra la mayoría del terreno agrícola.

La mayor parte de la riqueza de Europa proviene de la industria, la minería y la agricultura. Europa la constituyen 34 naciones, siendo las más ricas la República Federal de Alemania y Suiza; el Estado Pontificio del Vaticano, en Roma, es la nación de menor tamaño.

EUROPA

Superficie: 10.531.623 km^2; 7% de la superficie terrestre
Población: 680.000.000 hab. (14% de la población mundial)
Punto más alto: Monte Elbrus, 5.633 m
Punto más bajo: Mar Caspio, 28 m bajo el nivel del mar
El lago más grande: Ladoga, en la CEI, 18.388 km^2
Punto extremo septentrional: Cabo Norte, en Noruega
Punto extremo meridional: Cabo Tarifa, en España
Punto extremo occidental: Dunmore Head, en Irlanda
Punto extremo oriental: Montes Urales
Ciudad más grande: París, con 10.073.000 de habitantes

Everest, monte

El monte Everest es el pico más alto del mundo; tiene una altitud de 8.880 metros sobre el nivel del mar. Forma parte de la cordillera del Himalaya, situada entre el Nepal y el Tíbet. Muchos escaladores trataron de alcanzar la cima del Everest, hasta que finalmente, en 1953, el neozelandés Edmund Hillary y el sherpa nepalés Tenzing Norgay la culminaron.

▲ El caballo que conocemos en la actualidad evolucionó a partir de un animal del tamaño de un perro, con cuatro dedos en las patas anteriores y tres en las posteriores.

Evolución

La teoría de la evolución establece que las plantas y los animales actuales proceden de otros anteriores que vivieron hace mucho tiempo. La evolución de las especies es un proceso continuo que arranca desde los inicios de la historia de la Tierra y continúa hasta la actualidad; es un concepto sin principio ni final. La mayor prueba que tenemos del proceso de la evolución son los restos fosilizados de animales y plantas.

La teoría establece que para la supervivencia de una determinada especie, ésta debe adaptarse a su entorno. Las especies que mejor se adaptan son las que poseen más probabilidades de progresar y por tanto de permanecer como especie. Charles Darwin, el naturalista inglés, fue el primero en explicar esta teoría en su libro, publicado en 1858, titulado *El origen de las especies.*

▲ El oficial estadounidense Robert Peary alcanzó el polo Norte en 1909.

Exploración espacial

El hombre, desde la antigüedad, ha persistido en su curiosidad de estudiar el cielo. Recientemente los científicos han efectuado grandes avances y actualmente se dice que vivimos en la era del espacio. (Ver páginas 288 y 289.)

Explorador

Los exploradores son aquellos que tratan de descubrir lugares desconocidos o inexplorados. Los marinos fenicios exploraron el Mediterráneo hace unos 2.600 años. Alejandro Magno exploró y conquistó el Oriente Medio y la India alrededor del año 300 a.C. En la Edad Media Marco Polo alcanzó China desde el continente europeo. Sin embargo, la gran era de la exploración se originó en el siglo xv con navegantes como Vasco de Gama, Cristóbal Colón Fernando de Magallanes.

El 30 de abril de 1978, el explorador japonés Neomi Uemura fue la primera persona que alcanzó en solitario el polo Norte. Durante su travesía de 54 días sobre los hielos fue atacado en varias ocasiones por un oso polar.

Explosivo

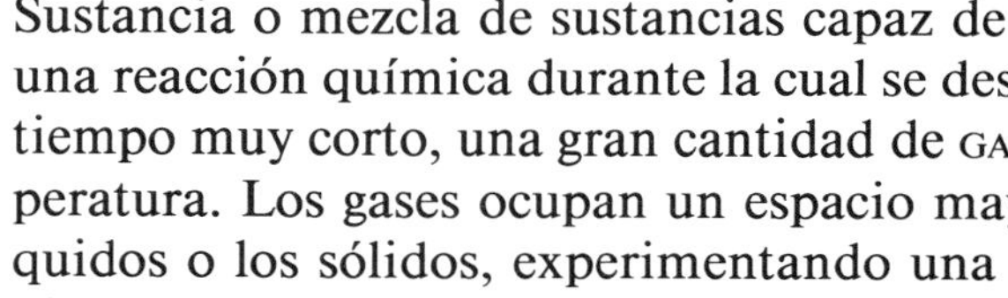

Sustancia o mezcla de sustancias capaz de experimentar una reacción química durante la cual se desprende, en un tiempo muy corto, una gran cantidad de gases a alta temperatura. Los gases ocupan un espacio mayor que los líquidos o los sólidos, experimentando una expansión rápida que obliga a los gases a salir precipitadamente del espacio que los contiene.

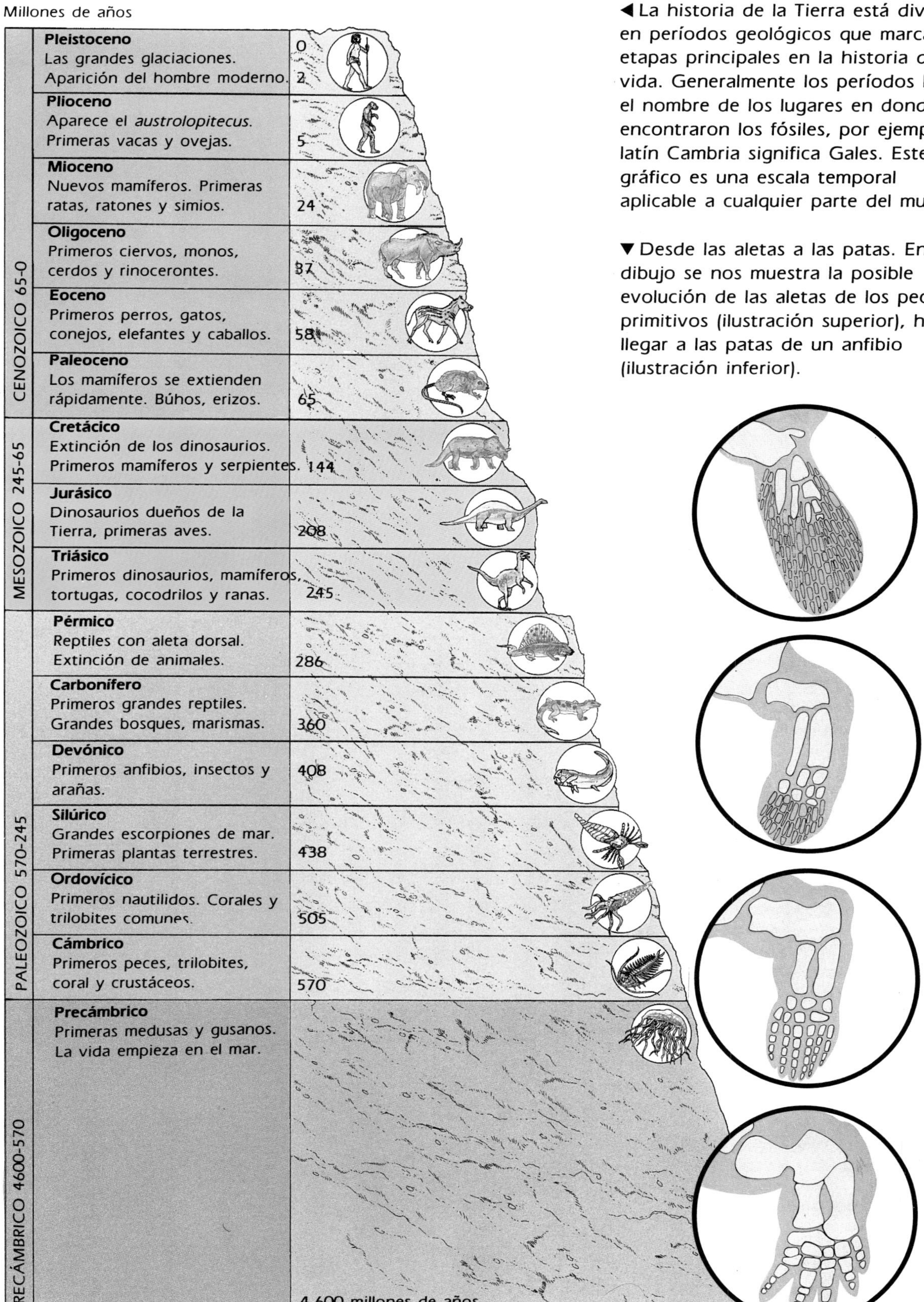

Millones de años
CENOZOICO 65-0
Pleistoceno
Las grandes glaciaciones. Aparición del hombre moderno.
0
2
Plioceno
Aparece el *austrolopitecus*. Primeras vacas y ovejas.
5
Mioceno
Nuevos mamíferos. Primeras ratas, ratones y simios.
24
Oligoceno
Primeros ciervos, monos, cerdos y rinocerontes.
37
Eoceno
Primeros perros, gatos, conejos, elefantes y caballos.
58
Paleoceno
Los mamíferos se extienden rápidamente. Búhos, erizos.
65
MESOZOICO 245-65
Cretácico
Extinción de los dinosaurios. Primeros mamíferos y serpientes.
144
Jurásico
Dinosaurios dueños de la Tierra, primeras aves.
208
Triásico
Primeros dinosaurios, mamíferos, tortugas, cocodrilos y ranas.
245
PALEOZOICO 570-245
Pérmico
Reptiles con aleta dorsal. Extinción de animales.
286
Carbonífero
Primeros grandes reptiles. Grandes bosques, marismas.
360
Devónico
Primeros anfibios, insectos y arañas.
408
Silúrico
Grandes escorpiones de mar. Primeras plantas terrestres.
438
Ordovícico
Primeros nautilidos. Corales y trilobites comunes.
505
Cámbrico
Primeros peces, trilobites, coral y crustáceos.
570
PRECÁMBRICO 4600-570
Precámbrico
Primeras medusas y gusanos. La vida empieza en el mar.
4.600 millones de años

◀ La historia de la Tierra está dividida en períodos geológicos que marcan las etapas principales en la historia de la vida. Generalmente los períodos llevan el nombre de los lugares en donde se encontraron los fósiles, por ejemplo en latín Cambria significa Gales. Este gráfico es una escala temporal aplicable a cualquier parte del mundo.

▼ Desde las aletas a las patas. En el dibujo se nos muestra la posible evolución de las aletas de los peces primitivos (ilustración superior), hasta llegar a las patas de un anfibio (ilustración inferior).

LA EXPLORACIÓN ESPACIAL

La era del espacio se inició en 1957 cuando los rusos lanzaron el primer satélite artificial; en 1961 se realizó la primera misión tripulada y tan sólo ocho años más tarde el hombre se posó en la superficie lunar. La Humanidad, desde siempre, ha soñado en poder desafiar la gravedad terrestre y volar. Durante la II Guerra Mundial los alemanes empezaron a desarrollar los cohetes a propulsión, luego los rusos y los estadounidenses perfeccionaron las técnicas y desarrollaron los cohetes por etapas. La antigua URSS y EUA dominaron los primeros años de la conquista del espacio, pero en la última década Europa tiene su propio programa espacial y la India y China han lanzado satélites. Los estadounidenses denominan a sus viajeros espaciales «astronautas», los rusos en cambio los denominaban «cosmonautas»; EUA fue el primero en construir el transbordador espacial que permite su empleo múltiple, sin embargo la antigua URSS ostentaba el récord de permanencia en la estaciones espaciales; estas largas permanencias tratan de averiguar si el hombre podrá resistir en las condiciones del espacio exterior un período de tres años, que es el tiempo que tardaría en recorrer la distancia que separa la tierra de Marte. Naves no tripuladas han aterrizado en Marte y han enviado imágenes televisivas y fotografías.

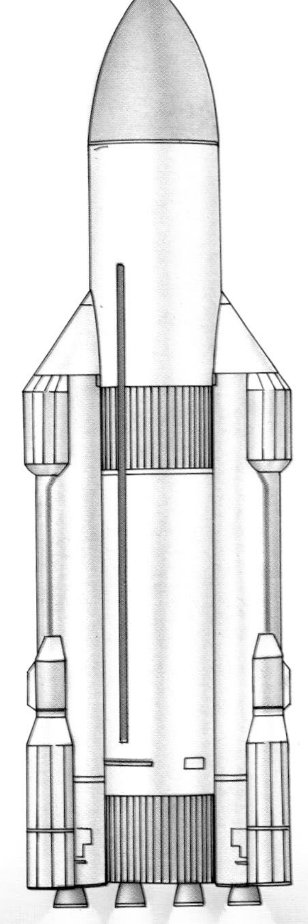

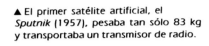

▲ El primer satélite artificial, el *Sputnik* (1957), pesaba tan sólo 83 kg y transportaba un transmisor de radio.

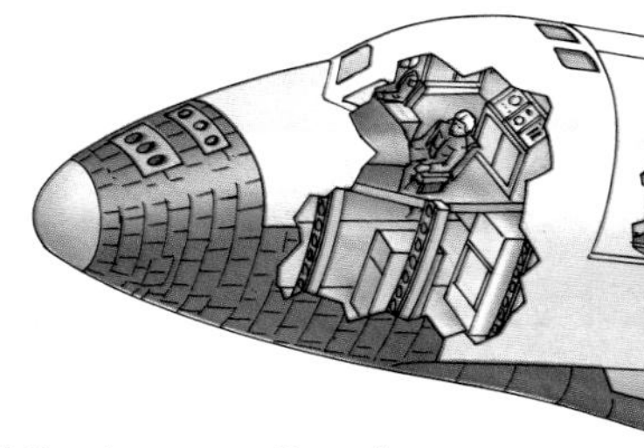

◀ El cohete ruso *Energía* es el más poderoso del mundo.

LOS PIONEROS DEL ESPACIO

Konstantin Tsiolkovsky: Científico ruso que predijo el empleo de los cohetes para la exploración espacial hace unos noventa años, aproximadamente.
Robert H. Goddard: Científico estadounidense que experimentó con pequeños cohetes en los treinta.
Wernher von Braun: Científico alemán que desarrolló los proyectos de las V2 en la II Guerra Mundial y que luego diseñó el cohete estadounidense *Saturno*.
Sergei Korolyev: Científico ruso pionero del desarrollo de los cohetes soviéticos.
Yuri Gagarin: Cosmonauta ruso, fue el primer hombre en el espacio exterior (1961).
Valentina Tereshkova: Cosmonauta rusa, primera mujer que salió al espacio (1963).
Neil Armstrong: Astronauta estadounidense, primer hombre en la Luna (1969).

▲ El cosmonauta ruso Yuri Gagarin fue el primer hombre lanzado al espacio. Orbitó el planeta el 12 de abril de 1961; murió a consecuencia de un accidente aéreo en 1968.

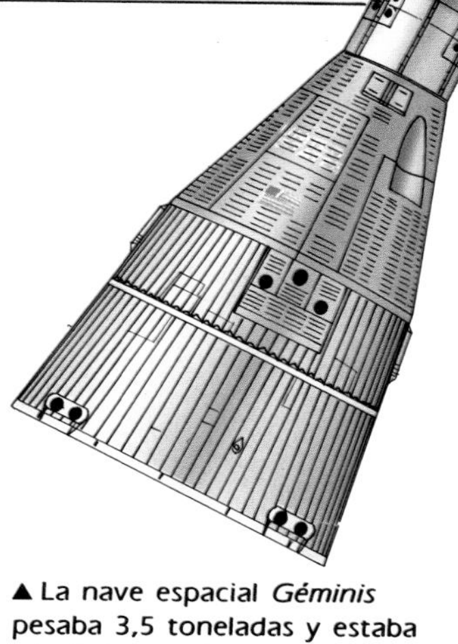

▲ La nave espacial *Géminis* pesaba 3,5 toneladas y estaba tripulada por dos astronautas; la misión consistía en practicar técnicas que después utilizaría el programa espacial Apolo.

LA CONQUISTA DEL ESPACIO

1942 Primer vuelo del cohete alemán V2
1957 Primer satélite espacial: *Sputnik I*. Primer animal en el espacio, la perra Laika
1959 Primer artefacto que alcanza la Luna: *Luna 2*
1961 Primer vuelo orbital tripulado: Yuri Gagarin
1962 Primer vuelo orbital tripulado de los EUA: John Glenn
1965 Primer paseo espacial: A. Leonov
1968 Primer vuelo tripulado alrededor de la Luna: *Apolo 8*
1969 Primera exploración humana de la Luna: Armstrong, Aldrin y Collins
1971 Primera estación espacial *Sayut 1*
1976 Primer aterrizaje en Marte por la sonda espacial *Viking*
1981 Lanzamiento del *Columbia*
1983 La sonda Pioneer 10, lanzada en 1972 sale fuera del Sistema Solar
1986 Primera aproximación de una nave no tripulada *(Voyager 2)* a Urano
1988 El transbordador *Discovery* realiza el primer vuelo con éxito desde el desastre del *Challenger*
1990 Japón envía a la Luna su primera nave espacial. El Mageyan toma imágenes de la superficie de Venus

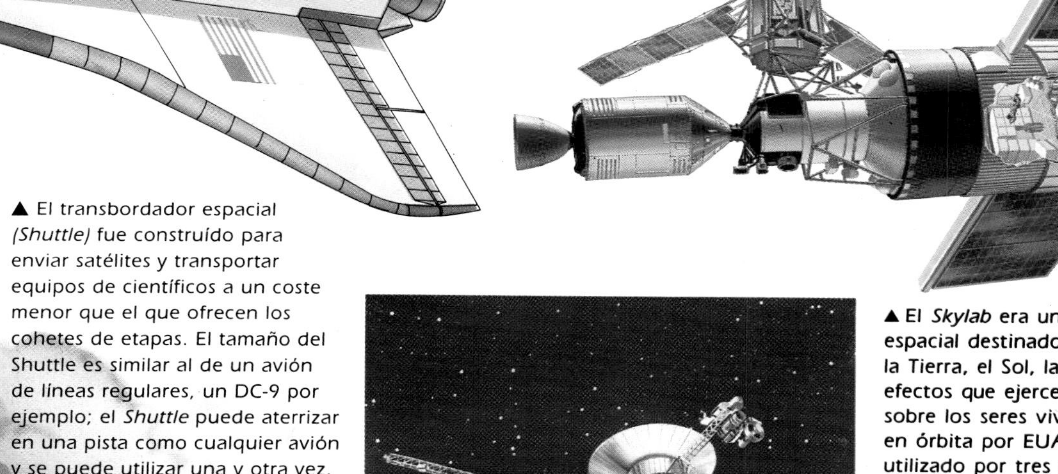

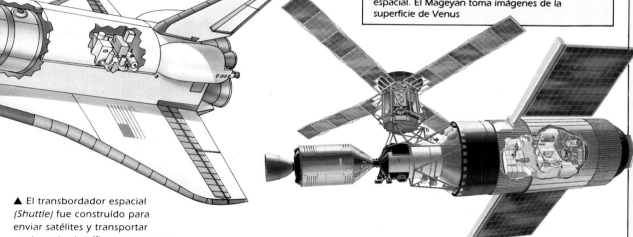

▲ El transbordador espacial *(Shuttle)* fue construído para enviar satélites y transportar equipos de científicos a un coste menor que el que ofrecen los cohetes de etapas. El tamaño del Shuttle es similar al de un avión de líneas regulares, un DC-9 por ejemplo; el *Shuttle* puede aterrizar en una pista como cualquier avión y se puede utilizar una y otra vez. En 1986 se construyeron cuatro transbordadores, uno de ellos sufrió un aparatoso accidente quedando totalmente destruido, y la tripulación, de siete personas, pereció. La antigua Unión Soviética también construyó este tipo de transbordadores espaciales.

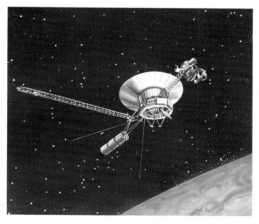

▲ El *Skylab* era un laboratorio espacial destinado al estudio de la Tierra, el Sol, la Luna y los efectos que ejerce el espacio sobre los seres vivos. Fue puesto en órbita por EUA en 1973, y utilizado por tres equipos de científicos.

◀ La sonda espacial *Voyager 2* fue lanzada en 1977 para enviar fotografías de Saturno y de Júpiter; la sonda abandonó el Sistema Solar en 1986. El último planeta del cual el *Voyager* envió fotografías fue Urano, además de los dos ya mencionados.

Para más información consultar los artículos: ASTRONAVE; ASTRONOMÍA; COHETE; GAGARIN, YURI; GRAVEDAD; JÚPITER; LUNA; MARTE; ÓRBITA; PLANETA; COHETE; SATÉLITE, SATURNO; URANO.

Fábula

Las fábulas son relatos breves, generalmente en verso, en los cuales los principales protagonistas suelen ser animales, que hablan y actúan como seres humanos. Las fábulas siempre tienen una moraleja. entre las más famosas se cuentan las de Esopo y, en castellano, las de Samaniego.

Esopo fue un fabulista de la Grecia clásica. Su fábula del zorro y las uvas así como la de la cigarra y la hormiga se siguen contando aún hoy día.

Faraón

Usamos la palabra *faraón* en el sentido de «rey» cuando nos referimos a los reyes del antiguo Egipto (los antiguos egipcios daban a sus reyes también algunos otros nombres). La palabra «faraón» procede de *pera*, que significa «casa grande», con referencia al palacio real en que habitaba el faraón.

Los egipcios creían que cada faraón era el mismo dios encarnado en la figura de un hombre distinto. Vivían siguiendo unas normas que, según se decía, habían sido establecidas por los dioses. Se suponía que el faraón debía ocuparse de todas las necesidades de sus súbditos y que regía todo y a todos en Egipto. Era el propietario de la totalidad de la tierra, y tanto los nobles como los sacerdotes y soldados tenían que obedecerle. Pero, de hecho, eran los nobles y los sacerdotes los que realmente gobernaban el país.

▼ La procesión funeral de un faraón. Cuatro bueyes uncidos tiraban del trineo que transportaba la barca funeraria en la que iba el ataúd que contenía la momia.

Las *fasces*, un antiguo signo de la unidad romana, fueron el símbolo del fascismo.

◀ Los fascistas partidarios de Mussolini adoptaron la camisa negra como uniforme oficial.

Fascismo

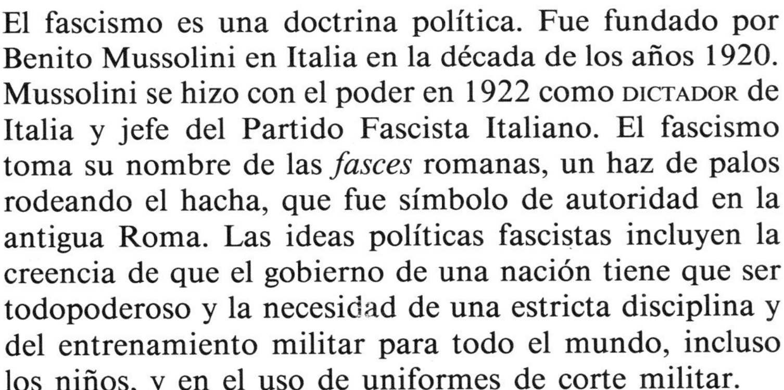

El fascismo es una doctrina política. Fue fundado por Benito Mussolini en Italia en la década de los años 1920. Mussolini se hizo con el poder en 1922 como DICTADOR de Italia y jefe del Partido Fascista Italiano. El fascismo toma su nombre de las *fasces* romanas, un haz de palos rodeando el hacha, que fue símbolo de autoridad en la antigua Roma. Las ideas políticas fascistas incluyen la creencia de que el gobierno de una nación tiene que ser todopoderoso y la necesidad de una estricta disciplina y del entrenamiento militar para todo el mundo, incluso los niños, y en el uso de uniformes de corte militar.

Fauna

La palabra *fauna* designa el conjunto de animales de un país o de una región. Podemos hablar así de una fauna española, australiana, marítima o americana, y dentro de esta última, por ejemplo, de la subtropical, andina, etc. También podemos referirnos a la fauna constituida por animales que viven en un determinado medio, como por ejemplo la fauna abisal, formada por animales acuáticos que viven a una profundidad de más de 3.600 metros.

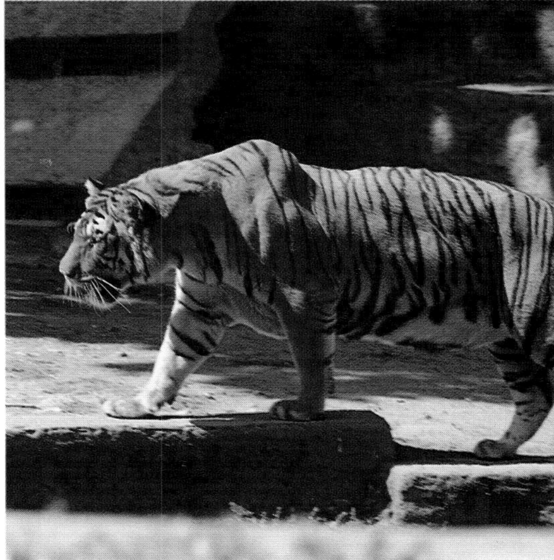

▲ El tigre es un animal característico de la fauna asiática.

Felino (ver Gato)

▲ Los fenicios fueron un pueblo próspero y culto del Mediterráneo. Algunas de sus manifestaciones artísticas han llegado a conservarse hasta nuestros días.

Fenicios

Los fenicios eran un pueblo que vivía en la costa de Siria. En 1200 a.C. decidieron fundar colonias en toda la costa del Mediterráneo, desde Cádiz hasta Malta, Cerdeña, Ibiza, Málaga, etc. En todos estos lugares cambiaban sus productos manufacturados por los productos agrícolas, minerales o metales que encontraban. Su cultura, su arte y su alfabeto se conocieron así en todo el Mediterráneo.

Fermentación

La leche se corta, las piezas de pan crecen, el zumo de uvas se convierte en vino. Todos éstos son ejemplos de fermentación. La fermentación se debe a la acción de diminutas BACTERIAS vivas, LEVADURAS y MOHOS. Estos seres diminutos transforman las sustancias en sus formas más simples.

El hombre viene usando la fermentación desde tiempos inmemoriales para hacer pan, vino, cerveza y queso, aunque no fue hasta el siglo XIX cuando Louis PASTEUR descubrió cómo se produce realmente la fermentación.

▼ El moho es uno de los elementos que puede intervenir en la formación de la fermentación.

Fermi, Enrico

Enrico Fermi (1901-1954) fue un gran científico italiano. Sus estudios sobre el ÁTOMO fueron recompensados con el premio NOBEL en 1938.

En 1942, durante la II GUERRA MUNDIAL, Fermi construyó el primer reactor atómico. Lo estableció en una pista de *squash* vacía, bajo un estadio de FÚTBOL en Chicago (EUA). Allí consiguió la primera cadena de reacción nuclear realizada por el hombre. Más tarde, Fermi ayudó a desarrollar la bomba atómica.

Ferrocarril

Los primeros ferrocarriles aparecieron en el siglo XVI. Al principio los raíles eran de madera y los vagones arrastrados por caballos. El ferrocarril a vapor fue inventado a principios del siglo XIX; es muy útil porque facilita el transporte de grandes cargas sin dificultad. (Ver págs. 294 y 295.)

◀ Un ramo de fibras ópticas multicolores. Cada una de ellas tiene un grosor de 150 millonésimas de metro.

Fibra óptica

La fibra óptica es un hilo de vidrio flexible más delgado que el cabello humano. A lo largo de esa fibra un rayo de luz puede desplazarse con gran facilidad. Ese rayo de luz es capaz de transportar conversaciones telefónicas e imágenes de televisión o ser utilizado por los médicos para observar el interior del cuerpo humano. Las fibras son hechas con un vidrio extremadamente puro y diseñado de modo que refleje la luz hacia el centro de la fibra. Utilizando luz LÁSER, las señales pueden ser enviadas hasta más de cincuenta kilómetros de distancia antes de tener que ser ampliadas. Eso significa que las fibras ópticas son mucho más eficaces que los cables de cobre y mucho más finas y ligeras. Un par de fibras puede transportar cientos de conversaciones telefónicas al mismo tiempo.

Fidji

Fidji es un país formado por cientos de islas en el Océano Pacífico. La mayor de esas islas es Viti Levu, donde está la capital: Suva. Fidji pasó a ser una posesión británica en 1874 y consiguió su independencia en 1970. El principal producto de las islas es el azúcar. En 1879, se llevaron indios a las islas para que trabajaran en las plantaciones de azúcar. Los descendientes de esos indios hoy superan a los originales habitantes de las Fidji y la

(Continúa en pág. 296)

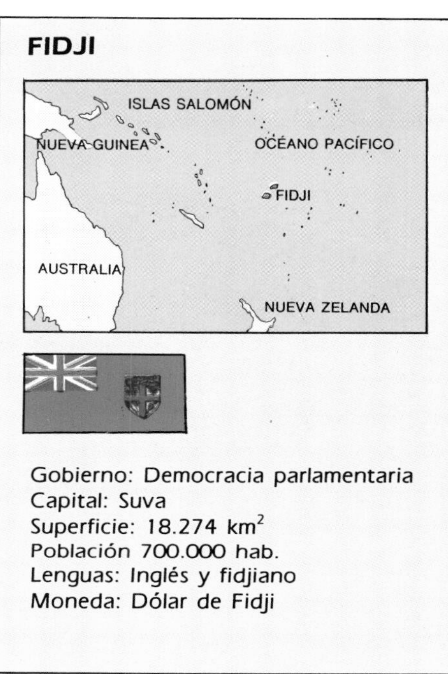

FERROCARRIL

La era del ferrocarril comenzó cuando un ingeniero de Cornualles, Richard Trevithick, condujo una locomotora a vapor a lo largo de unas vías férreas, en Gales del Sur, en 1804. El hombre que hizo más en favor del ferrocarril, dándole importancia como forma de transporte, fue un inglés, George Stephenson. Fue él quien construyó y equipó el primer ferrocarril destinado al transporte de pasajeros en trenes tirados por locomotoras a vapor.

Hoy, la era del tren a vapor está superada, aunque quedan algunas líneas que permiten disfrutar de ese placer nostálgico. Las locomotoras modernas son Diesel o eléctricas, que consumen menos combustible y requieren menos atención. Los ferrocarriles son especialmente útiles para transportar cargas muy pesadas y llevar a miles de pasajeros desde sus residencias-dormitorio hasta su lugar de trabajo.

▶ Antes de la locomotora a vapor, los caballos tiraban de los vagones.

▲ La locomotora *Rocket* de George Stephenson alcanzó la entonces inaudita velocidad de 56 km/h, en Rainhill, 1829. Su fuerza procedía de una caldera multitubular.

▼ Los ferrocarriles metropolitanos, el Metro, transporta pasajeros bajo las calles de muchas ciudades del mundo. Éste es el de Glasgow.

▲ Un tren monorraíl. Unos se deslizan sobre la vía; otros están suspendidos bajo ella.

▼ La moderna locomotora eléctrica toma la electricidad de unos cables sobre ella mediante un pantógrafo a bisagra situado en el techo.

▼ Una gigantesca locomotora de la compañía Union Pacific, llamada «Big Boy», de los años 40. Su peso: 534 t.

▲ Mallard estableció la marca mundial de velocidad de una locomotora a vapor, en 1938, en 202 km/h.

▼ El «tren proyectil» japonés, con su línea aerodinámica, viaja a una velocidad media superior a los 160 km/h.

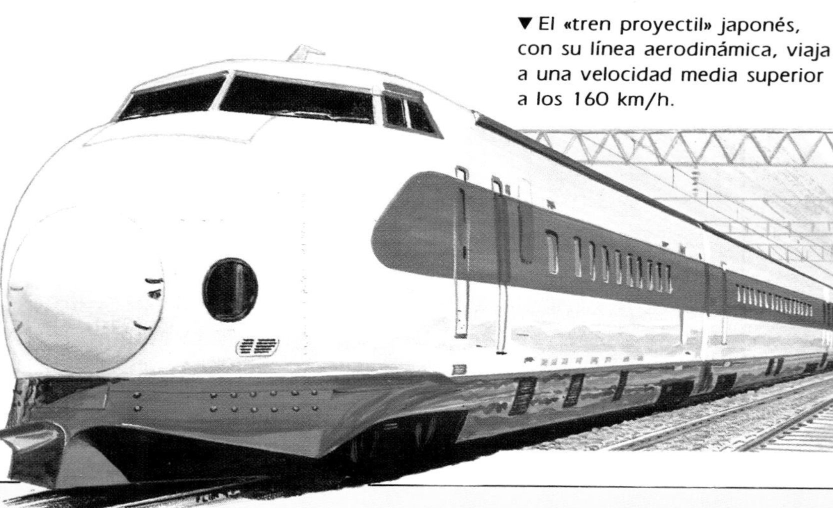

▲ Las locomotoras a vapor aún pueden verse en algunos países. Ésta continúa en uso diario en Portugal.

HISTORIA DEL FERROCARRIL

1765 Se establece la anchura normal de vía (distancia entre raíles) en 1.435 mm. (En España las vías son más anchas.)
1804 La primera locomotora de Trevithick en funcionamiento.
1825 Se inaugura el ferrocarril Stockton-Darlington, primera línea regular de un ferrocarril a vapor.
1830 Entra en funcionamiento el ferrocarril entre Liverpool y Manchester, el primer tren de pasajeros arrastrado por locomotoras a vapor.
1830 Primer ferrocarril en Estados Unidos, Carolina del Sur.
1863 Primer ferrocarril metropolitano, en Londres.
1869 Las líneas férreas cruzan la totalidad de los Estados Unidos.
1879 Primer tren eléctrico (Alemania).
1885 Se completa la línea Canadian Pacific que cruza Canadá.
1925 Primera locomotora Diesel eléctrica (Canadá).

EL FERROCARRIL EN ACCIÓN

◄ Un patio de agujas, donde los vagones de carga son elegidos y se ordenan formando convoyes.

▼ Cada sección de vía (llamada un bloque) está controlada por una consola de señales. El funcionario, si la vía está libre, lo indica con sus interruptores luminosos. El conductor de la locomotora espera la señal luminosa que le indique que puede proceder. En las líneas muy transitadas, los ordenadores controlan la fluidez del tráfico ferroviario.

Para más información consultar los artículos: ELECTRICIDAD; METRO (TRANSPORTE); MOTOR; MOTOR DIESEL; MOTOR ELÉCTRICO.

▶ Danzarinas ceremoniales en la pequeña isla de Taveuni, hoy un parque nacional fidjiano.

tensión entre los dos grupos terminó en la toma del gobierno tras un golpe militar, en 1987.

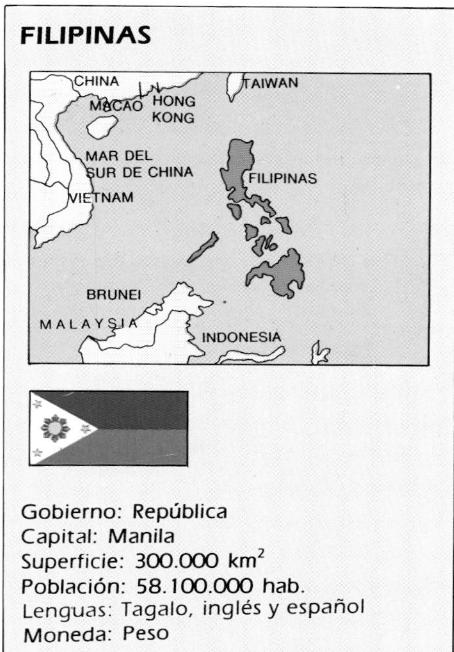

FILIPINAS

Gobierno: República
Capital: Manila
Superficie: 300.000 km²
Población: 58.100.000 hab.
Lenguas: Tagalo, inglés y español
Moneda: Peso

Filipinas

Las Filipinas son un extenso grupo de islas o archipiélago, situado en el sur de Asia. Las mayores islas son Luzón y Mindanao. Manila, su puerto principal y la mayor de sus ciudades, es también la capital. La mayor parte de sus habitantes viven en aldeas pequeñas, y su fuente de ingresos es la agricultura. Cultivan caña de azúcar, frutas, arroz, cocos y hortalizas.

Los descubridores españoles dieron a las islas el nombre del rey Felipe II. En 1898, tras la guerra hispano-norteamericana, las islas fueron cedidas a Estados Unidos. Recibieron su independencia en 1946, pero siguen manteniendo estrechos lazos con Estados Unidos.

Ferdinand Marcos, presidente desde 1965, fue derrocado en 1986, año en que Corazón Aquino llegó al poder proponiendo una nueva constitución. En el año 1994 se celebraron nuevas elecciones democráticas confirmándose el nuevo rumbo político de Filipinas.

Los filósofos suelen discutir sobre las más extrañas cuestiones. Se dice que dos grandes filósofos del siglo XII, Santo Tomás de Aquino y Alberto Magno, discutían horas y horas sobre cuántos ángeles podían sentarse en la punta de una aguja.

Filosofía

El término «filosofía» procede de dos palabras griegas que significan «amor al conocimiento». Los filósofos son grandes pensadores que se plantean cuestiones profundas como ésta: ¿Cuánto podemos llegar a saber sobre algo? Si argüimos que una cosa es aquello que decimos, ¿cómo podemos tener la certeza de que nuestras ideas son las correctas? Si decimos que Dios existe, ¿qué significado le damos al concepto «dios» y qué queremos decir

con «existe»? ¿Qué es la divinidad? ¿Qué es justo? ¿Qué es la belleza?

Los primeros grandes filósofos fueron griegos, entre ellos: Sócrates, Platón y Aristóteles.

▲ De izquierda a derecha: Sócrates, Pitágoras, Platón y Aristóteles. Estos filósofos establecieron las primeras teorías sobre la vida. Su obra aún sigue siendo estudiada y discutida.

Finlandia

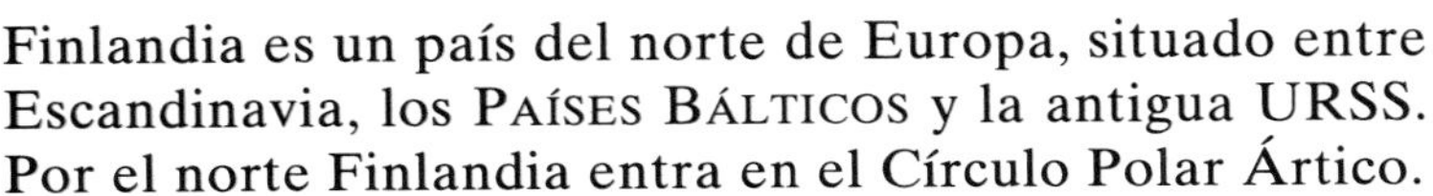

Finlandia es un país del norte de Europa, situado entre Escandinavia, los Países Bálticos y la antigua URSS. Por el norte Finlandia entra en el Círculo Polar Ártico.

Los miles de lagos y ríos dan a Finlandia una gran red de comunicación fluvial. Casi el 75 % del suelo está cubierto por espesos bosques de piceas, un árbol muy parecido al abeto común, pinos y grandes alerces. La principal industria de Finlandia es la maderera y la fabricación de derivados de este producto, como el papel. En Finlandia viven cerca de cinco millones de habitantes; la capital, Helsinki, tiene una población de 485.000 habitantes.

FINLANDIA

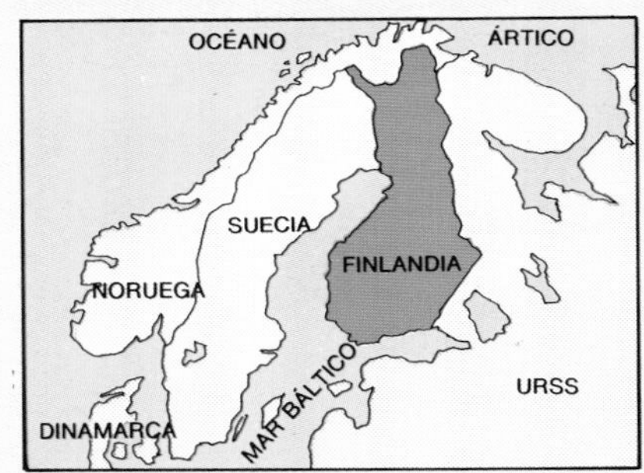

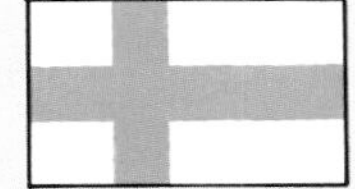

Gobierno: República constitucional
Capital: Helsinki
Superficie: 337.009 km^2
Población: 4.900.000 hab.
Lenguas: Finlandés y sueco
Moneda: Marco finlandés

◀ Los lapones del norte de Finlandia mantienen rebaños de renos, que se usan como animales de tiro y para el suministro de pieles y carnes.

▼ La costa de Noruega está rota por cientos de fiordos, algunos de ellos con paredes laterales rocosas de varios cientos de metros de altura.

Fiordo

A lo largo de las costas de NORUEGA y de GROENLANDIA existe una serie de valles profundos en abruptas gargantas que se llaman fiordos. El mar ha invadido estos valles. Estrechas lenguas de agua penetran en angostas gargantas montañosas. Los fiordos se formaron cuando los grandes glaciares de la época GLACIAL descendieron por esos valles en su camino hasta el mar. Cuando el hielo se fundió el mar invadió los valles. Los fiordos son muy profundos y ofrecen un perfecto refugio para grandes transatlánticos.

▲ A físicos como Marie Curie debemos el progreso de la ciencia.

Física

La física es una ciencia. Los físicos se interesan en la *materia* –en los cuerpos sólidos, líquidos y gaseosos, así como en los diminutos ÁTOMOS que componen toda la materia–. Se interesan también en el estudio de las diferentes formas de ENERGÍA –energía eléctrica, energía química y energía nuclear–. Entre los principales campos de estudio de la física se incluye la mecánica (fuerzas y movimiento; sólidos, líquidos y gases); óptica (luz); acústica (sonido); electricidad y magnetismo; física atómica molecular y nuclear, y la cryogénica (el estudio de las temperaturas extremadamente bajas y sus efectos, entre ellos el de la superconductividad).

Los físicos tratan de descubrir las cosas y explicarlas mediante cuidadosos experimentos. Registran los resultados de estos experimentos y sus métodos para que

◀ Un experimento que «pone los pelos de punta»: la bola de acero es un generador de Van de Graaf, que produce electricidad estática. Cuando la niña pone la mano en ella, sus cabellos se levantan rígidos. Este generador se exhibe en el Science Center, Toronto (Canadá).

otros puedan intentar repetirlos si así lo desean. La física es una materia científica muy extensa y no hay en la actualidad ningún físico que entienda todos sus distintos campos. Por ejemplo, un físico nuclear que estudia el diminuto átomo y sus partes es más que posible que sepa bien poco del espacio exterior y del movimiento de los planetas y galaxias, campo estudiado por los astrofísicos. Pero hay una materia que todos ellos tienen que dominar: las matemáticas. Entre los mayores físicos de todos los tiempos se cuentan Isaac NEWTON y Albert EINSTEIN.

Flamenco

Los flamencos son AVES tropicales que viven formando grandes bandadas en muchas partes del mundo. El brillante color de sus plumas va de un rosa pálido a un rosa profundo. Los flamencos viven en pantanos, marismas y lagos poco profundos que vadean con sus piernas parecidas a bastones de caña. La contemplación de una gran bandada de estas espléndidas aves en vuelo es una visión maravillosa.

El cuerpo de un flamenco no es mayor que el de una oca, pero sus largas piernas y cuello pueden hacerle alcanzar una altura de 1,80 metros. Estas aves elegantes se alimentan de pequeñas plantas y animales que se encuentran en las aguas poco profundas. Cuando comen, introducen la cabeza bajo el agua y utilizan sus picos anchos y curvados como coladores para filtrar su alimento del agua y el barro.

▲ Los flamencos son aves muy tímidas y, por lo general, viven juntos formando grandes colonias en las orillas de los lagos y los pantanos.

▲ Sir Alexander Fleming, el bacteriólogo británico que descubrió la penicilina.

Fleming, Alexander

Sir Alexander Fleming (1881-1955) fue un médico británico que descubrió el antibiótico llamado penicilina. Se trata de uno de los más eficaces medicamentos conocidos. La penicilina combate las infecciones causadas por muchos tipos de GÉRMENES y BACTERIAS. Aunque el medicamento combate la infección, por lo general no perjudica al organismo. La penicilina ha salvado miles de vidas.

Fleming descubrió el medicamento de modo accidental en 1928. Encontró un tipo desconocido de MOHO microscópico que crecía en su laboratorio y del que pudo extraer la penicilina. Por su trabajo Fleming compartió el premio NOBEL de Medicina de 1945 con Howard W. Florey y Ernst B. Chain, los médicos que descubrieron la forma para producir la penicilina en grandes cantidades.

▼ El corte tansversal de una flor muestra sus partes. La fertilización se da cuando el polen de los estambres se une con un óvulo en el pistilo. El óvulo se convierte en semilla de la que nacerá una nueva planta.

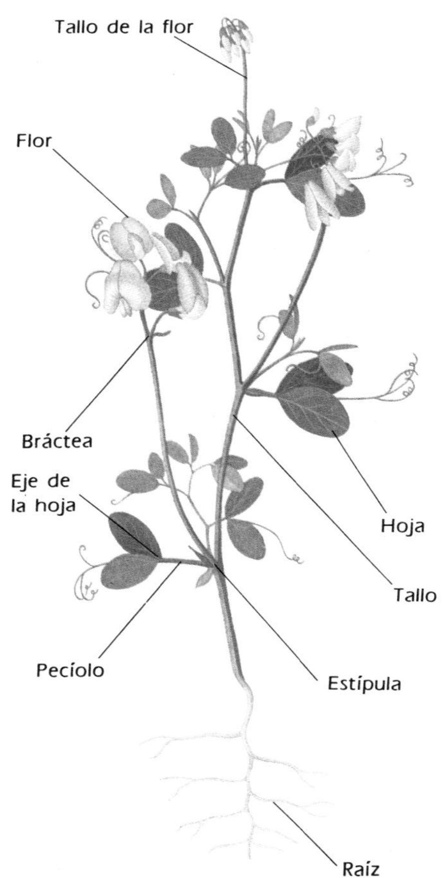

Flor

Hay unas 250.000 especies de plantas con flores en el mundo. Sus flores nos ofrecen una espléndida y sorprendente variedad de colores, tamaños y formas. Algunas flores crecen aisladas, otras forman ramos apretados. Muchas tienen colores brillantes, un fuerte aroma y producen un dulce néctar. Otras son más bien monótonas, tristes y carecen de olor.

Con independencia de su aspecto, todas las flores juegan el mismo papel en la vida de las plantas: ayudar a su reproducción. En el interior de la flor se encuentran los órganos masculinos llamados *estambres* y las partes femeninas llamadas *pistilos*. Los estambres contienen cien-

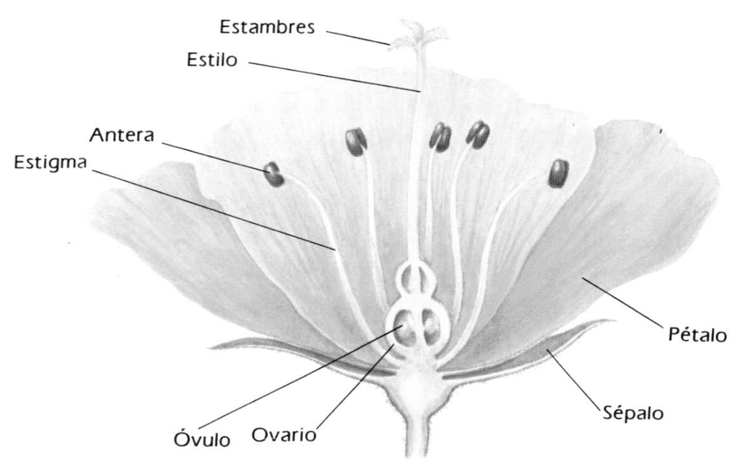

tos de granitos de un polvo llamado polen, que fertilizará los pistilos cuando entre en contacto con ellos. Seguidamente el FRUTO empieza a formarse y en el interior de éste están las SEMILLAS de una nueva generación de plantas.

Las semillas se esparcen de formas diversas, pueden ser arrastradas por el viento o transportadas por los pájaros y otros animales. De estas semillas nacerán las nuevas plantas.

Una de las plantas con flores de más lento crecimiento es el cactus saguaro de Arizona. En sus primeros diez años sólo crece unos tres centímetros. Vive unos 200 años y alcanza una altura de hasta 15 metros. Gran parte del interior de la planta es agua (puede llegar a contener hasta ocho toneladas), pero cuando llega la estación seca el agua es utilizada y la planta se encoge. En una sola tempestad de lluvia cada uno de estos cactus puede absorber hasta una tonelada de agua.

Foca y león marino

Las focas y los leones marinos son mamíferos acuáticos de gran tamaño. Muchos de ellos viven en aguas heladas. Pasan la mayor parte de su tiempo en el mar, pero en ocasiones salen a las orillas para tomar el sol y, también, para traer al mundo a sus crías, a las que se suele llamar cachorros.

Las focas tienen líneas aerodinámicas y las patas en forma de palas que les ayudan a nadar. También cuentan con una gruesa capa de grasa, semejante a la de las ballenas, por debajo de la piel, que les protege del frío. Las focas y los leones marinos comen peces y otras criaturas del mar. El león marino tiene orejas exteriores y el cuerpo cubierto de pelo. El macho, con frecuencia, tiene una melena lanuda. El león marino de California es el más pequeño y puede verse con frecuencia en circos y jardines zoológicos.

▼ Las focas y los leones marinos son fantásticos nadadores, pero en tierra se mueven con gran lentitud. Se pasan la mayor parte del tiempo en el mar pero tienen que salir fuera para respirar.

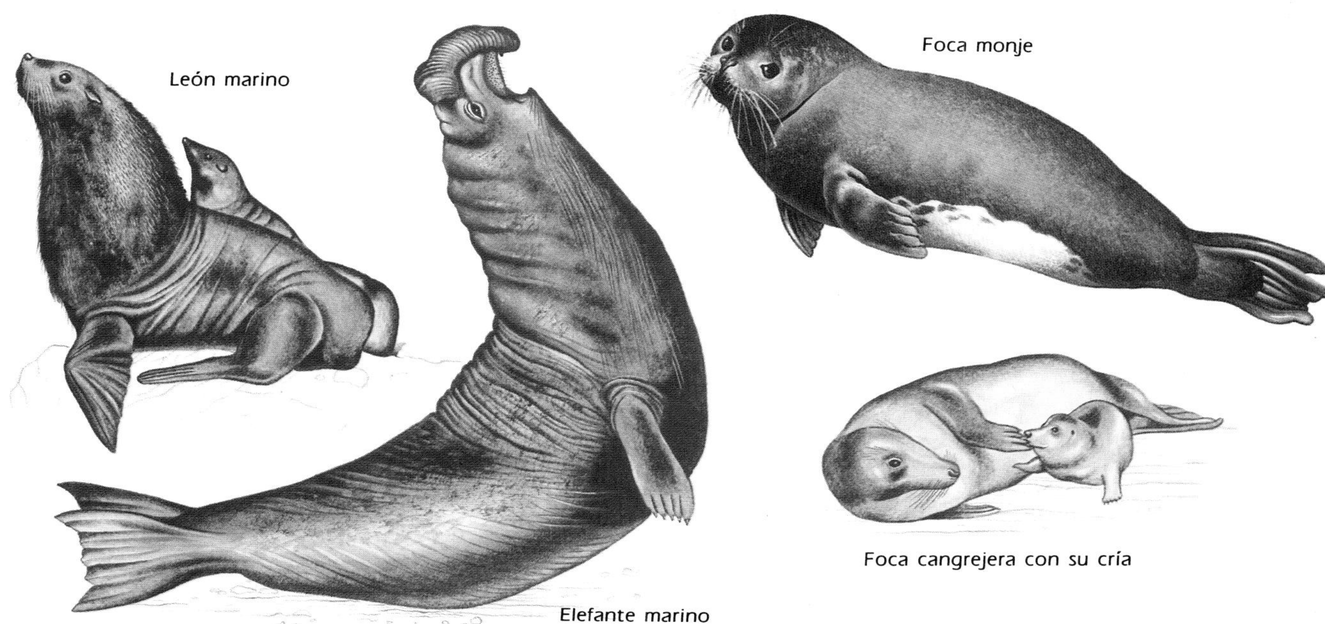

▲ La familia Ford de automóviles cuenta con cerca de un siglo, desde el primer modelo T hasta los coches actuales.

Ford, Henry

Henry Ford (1863-1947) fue un pionero en la fabricación de automóviles en los Estados Unidos y el primero en utilizar la fabricación en cadena. Con ese sistema de ensamblar en una línea de montaje piezas fabricadas en serie, consiguió construir varios cientos de coches diarios. Sus automóviles resultaban tan baratos que eran muchos los que podían comprarlos. El mayor éxito de Ford fue su célebre modelo T. Las factorías de Ford en Detroit fabricaron quince millones de Ford-T durante los diecinueve años que se mantuvo su producción.

Fósil

Los fósiles son los restos endurecidos o las impresiones de animales y plantas que vivieron hace mucho tiempo. Un fósil puede ser una concha, un hueso, un diente, una hoja, un esqueleto y, en ocasiones, hasta un animal entero.

La mayor parte de los fósiles se formaron en terrenos que antaño estuvieron cubiertos por el mar o en las cercanías de sus costas. Cuando la planta o animal moría su cuerpo se hundía en el fondo del mar. Las partes blandas se deshacían en el agua pero el esqueleto quedaba enterrado en el fango. Con el paso de millones de años, más y más barro se posaba sobre el esqueleto. Esas capas de barro se endurecían hasta convertirse en roca y el esqueleto pasaba a ser parte de ella. El agua al filtrarse por la roca iba disolviendo lentamente el esqueleto que era reemplazado por MINERALES pétreos que adquirían exactamente la misma forma.

CÓMO SE FORMARON LOS FÓSILES

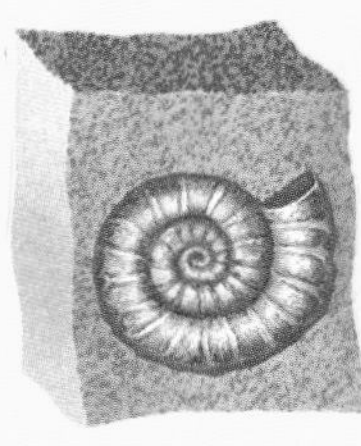

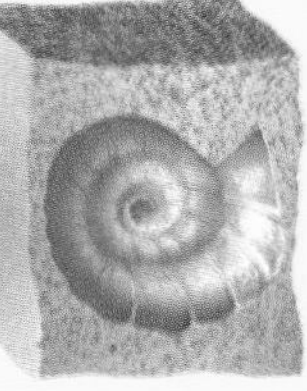

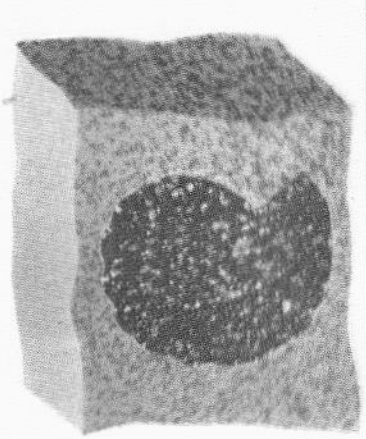

1. Las amonitas, los restos fósiles de moluscos extintos, son bastante comunes.

2. A su muerte, la amonita queda enterrada en el fondo del mar.

3. El animal se disolvía formando un molde fósil hueco.

4. Si el molde se rellenaba con sedimentos, se formaba una reproducción de la amonita.

Los fósiles seguían enterrados hasta que los movimientos en la corteza terrestre levantaban el anterior fondo de los mares que pasaba a convertirse en tierra firme. Con el transcurrir del tiempo, el agua de las lluvias, el hielo o el viento desgastaban o destruían la roca y el fósil quedaba expuesto. El más antiguo de los fósiles conocidos tiene 3.000 millones de años de antigüedad.

▼ Una copiadora moderna puede hacer un número ilimitado de duplicados del original, tan perfectos como el primero. Hoy día la aplicación de la máquina fotocopiadora es múltiple y proporciona agilidad y rapidez en la mayoría de los trabajos cotidianos.

Fotocopiadora

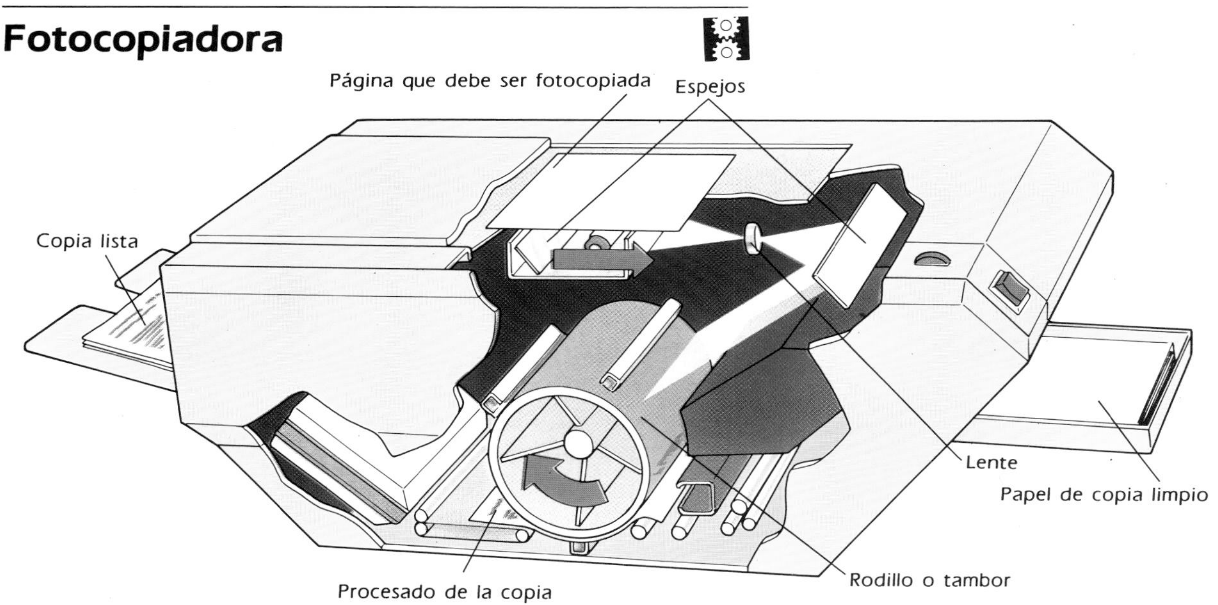

La fotocopiadora es una máquina que puede copiar una carta o una página de un libro en pocos segundos. Cuando se aprieta un determinado botón se enciende una luz brillante que ilumina la página a copiar. Una lente en el interior de la máquina refleja la imagen de la página sobre un suave rodillo de metal que está electrificado por todas partes. Cuando la imagen se refleja sobre él, la luz de las partes más brillantes de la imagen destruye la carga eléctrica. Las partes oscuras del rodillo o tambor siguen electrificadas. Un fino polvo oscuro es vertido sobre el rodillo y se adhiere sólo a las partes de su superficie que aún siguen electrificadas. Cuando una página de papel presiona con fuerza sobre el rodillo, el polvo se pega a la página y nos da una copia del original. Este procedimiento se llama «xerografía».

Fotografía

La palabra «fotografía» se deriva de dos palabras griegas que significan «dibujar con luz». Cuando se toma una fo-

▼ Las primeras fotografías fueron muy distintas de las «instantáneas» actuales.

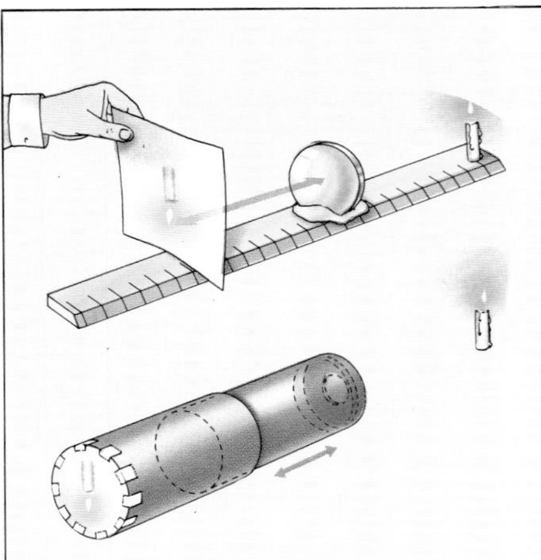

Experiméntalo

Uno mismo puede construirse una cámara de juguete. Se saca la lente de una lupa y se pega con plastilina formando ángulo recto sobre una regla ancha. Se sitúa una vela encendida delante de la lente. Se coloca una hoja de papel blanco al otro lado de la regla y se mueve hacia adelante y hacia atrás hasta conseguir la imagen más clara de la vela sobre el papel. Se hacen después dos tubos de cartón, de forma que uno entre ajustado en el interior del otro. Se cubre uno de los extremos con un papel fino sujeto con cinta adhesiva. El otro extremo se tapa con un cartón y se hace en él un agujero de un centímetro de diámetro. Se fija allí la lente con plasticina o cinta adhesiva. Se enfoca moviendo los dos tubos hasta conseguir una imagen clara sobre la servilleta de papel. La imagen aparecerá cabeza abajo.

tografía, los rayos de LUZ producen una imagen en la película que está en el interior de la CÁMARA FOTOGRÁFICA.

El procedimiento es el siguiente: primero se mira por un visor para enfocar al sujeto que se quiere fotografiar. A continuación se aprieta un botón o una palanquita que abre el obturador para permitir que la luz del sujeto enfocado entre en la cámara. La luz atraviesa una LENTE que reproduce la imagen del sujeto en el film, en el interior de la cámara. Sin embargo, la imagen sólo aparecerá cuando el film sea revelado (tratado con ciertos productos químicos). Un film, o película, revelado recibe el nombre de «negativo», que mostrará en negro los objetos blancos y en blanco los negros. A partir de los negativos se obtienen los «positivos», es decir, las fotografías finales, bien en papel o en diapositivas.

Fracción

Si cortas una tarta en partes iguales, cada parte es una fracción de la tarta. Esto puede ser escrito en forma de número. Si la tarta fue dividida en dos partes, cada mitad puede ser escrita así: 1/2. Si fue cortada en cuatro, se escribirá 1/4. El número situado arriba de la línea divisoria en una fracción se llama «numerador»; el que está debajo de dicha línea «denominador».

Hasta que se inventaron las fracciones, la gente tuvo que valerse únicamente de los números «enteros» y no era posible expresar una longitud o peso entre dos números enteros.

Las fracciones nos ayudan a dividir las cosas. Pueden ser consideradas como que significan parte de un todo: la mitad de algo es ese algo dividido por dos, es decir, medio de ese algo ($1/2 \times 1 = 1/2$). Las fracciones pueden ser utilizadas para dividir números mayores que uno. Una caja de huevos tiene 12 huevos. La mitad de la caja tendrá seis huevos ($1/2 \times 12 = 6$).

Francia

Francia es el más extenso de los países de la EUROPA Occidental. Tiene una población de 55.000.000 de habitantes. En tiempos antiguos Francia estuvo habitada por los CELTAS, pero Julio CÉSAR la conquistó y durante 500 años formó parte del IMPERIO ROMANO. Los francos, de quienes les viene su nombre actual, la invadieron en el año 400 de nuestra era. La Francia de entonces estaba dividida en cientos de pequeños territorios. No hubo una lengua generalizada hasta el siglo XVII en que se fundó la Academia Francesa.

Francia es un país diverso y de gran belleza. Tiene un clima templado y sus tierras son muy fértiles. La mitad de sus tierras están dedicadas a la agricultura, la ganadería, la pesca y la explotación forestal, que dan empleo a una gran parte de su población. Francia produce cereales, fruta y hortalizas en abundancia y es famosa por sus VINOS. Las montañas más altas de Francia están situadas en sus fronteras y son compartidas por otros países. Los Alpes cuentan con el pico más alto de Europa, el Mont Blanc (4.810 m) y al sur del país se sitúan los Pirineos, la tercera cordillera más elevada de Europa.

La historia de Francia es larga y turbulenta. Durante siglos los franceses y los ingleses fueron enemigos y lucharon unos contra otros en muchas guerras. El pueblo francés sufrió bajo el poder despótico de reyes y nobles ambiciosos, hasta que en 1789 comenzó la REVOLUCIÓN FRANCESA. El pueblo destronó al rey y proclamó la REPÚBLICA. Sin embargo, el país pasó pronto a ser dominado por NAPOLEÓN, que se designó a sí mismo emperador. Hizo la guerra y conquistó gran parte de Europa hasta que, finalmente, fue derrotado en Waterloo en 1815. Más tarde, Francia volvería a proclamarse república.

En la actualidad Francia es una de las naciones más ricas de Europa. Fue uno de los primeros miembros de la UNIÓN EUROPEA. El Parlamento Europeo celebra sus sesiones en la ciudad francesa de Estrasburgo. La capital es PARÍS, a orillas del Sena.

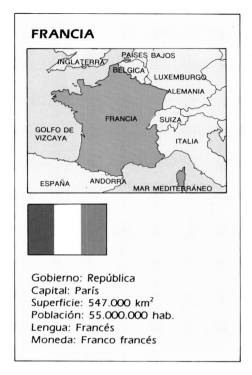

FRANCIA

INGLATERRA
PAÍSES BAJOS
BÉLGICA
LUXEMBURGO
ALEMANIA
FRANCIA
SUIZA
GOLFO DE VIZCAYA
ITALIA
ESPAÑA
ANDORRA
MAR MEDITERRÁNEO

Gobierno: República
Capital: París
Superficie: 547.000 km^2
Población: 55.000.000 hab.
Lengua: Francés
Moneda: Franco francés

▲ El Tour de France, es una popular carrera ciclista.

▼ Dos monumentos franceses bien conocidos: el Sacré Coeur y el Arco del Triunfo, en París, construido por Napoleón. El gran templo del Sacré Coeur, con su cúpula blanca, es un monumento característico de Montmartre.

▲ Durante una tormenta y con una cometa, Benjamin Franklin probó que el rayo era una descarga eléctrica.

Francisco de Asís

San Francisco (1182-1226) nació en Assisi, Asís en castellano, una ciudad en la Italia central. A los 22 años de edad sufrió una grave enfermedad, tras la cual decidió dedicar su vida al servicio de Dios. Vivió en la pobreza y reunió a su alrededor un grupo de monjes que pasaron a ser conocidos como «franciscanos». A San Francisco le gustaban mucho las aves y otros animales a los que llamaba sus hermanos.

Franklin, Benjamin

Benjamin Franklin (1706-1790) fue un político y científico norteamericano de gran talento. Nació en Boston, y era el menor de diecisiete hermanos y hermanas. Franklin se hizo impresor y comenzó a publicar un almanaque anual que le proporcionó una fortuna.

Se vio involucrado en la Guerra de la Independencia Norteamericana que tuvo como consecuencia que Estados Unidos se liberara del gobierno británico. Fue uno de los que firmaron la Declaración de Independencia y ayudó en la redacción del tratado de paz.

Entre sus invenciones científicas se cuentan las gafas bifocales y el pararrayos, un aparato que protege los edificios contra el rayo.

Freud, Sigmund

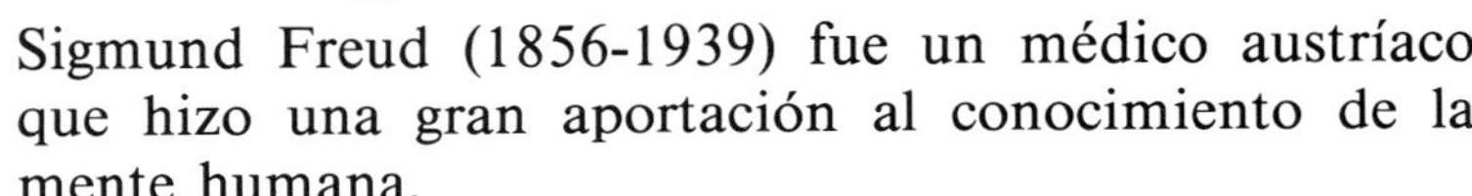

Sigmund Freud (1856-1939) fue un médico austríaco que hizo una gran aportación al conocimiento de la mente humana.

Freud se licenció en Medicina en la Universidad de Viena en 1881 y muy pronto se dedicó al estudio de las enfermedades mentales. Defendió la teoría de que el «inconsciente» –los pensamientos, las ideas y los recuerdos de los que no tenemos conciencia– son la clave del estado mental de un individuo. Para abrir el inconsciente desarrolló un sistema conocido como «psicoanálisis», una especie de reconocimiento clínico de la mente. Freud publicó varias obras sobre este y otros temas.

▲ Sigmund Freud, cuyas teorías tanto hicieron para adelantar el estudio de las enfermedades nerviosas.

Fricción

Cuando dos objetos rozan uno contra otro se produce fricción. La fricción dificulta mover una cosa sobre una

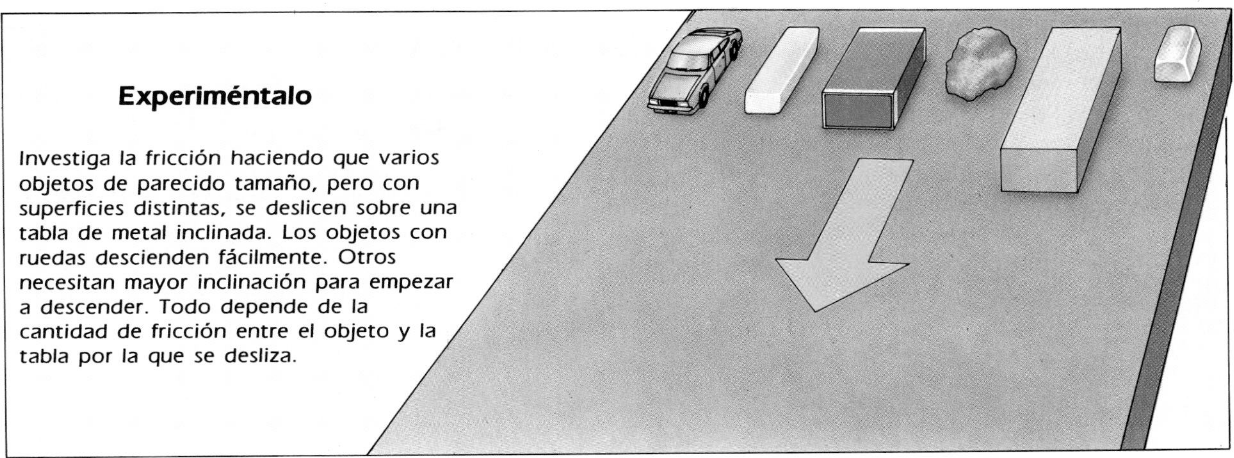

Experiméntalo

Investiga la fricción haciendo que varios objetos de parecido tamaño, pero con superficies distintas, se deslicen sobre una tabla de metal inclinada. Los objetos con ruedas descienden fácilmente. Otros necesitan mayor inclinación para empezar a descender. Todo depende de la cantidad de fricción entre el objeto y la tabla por la que se desliza.

superficie. Los objetos suaves, muy lisos y pulidos, causan menos fricción que los objetos ásperos o rugosos. Cuando queremos conseguir movimientos rápidos tratamos de reducir la fricción. Ésta es la razón por la que las ruedas de un tren y los raíles son lisos. Cuando deseamos detener los objetos en movimiento añadimos fricción, por ejemplo cuando frenamos el coche. Si dos objetos rozan con fuerza a gran velocidad, se produce CALOR. Si frotamos nuestra pierna pasando sobre ella la palma de la mano con rapidez, podemos sentir el calor producido por la fricción.

Sin fricción nuestro mundo sería un lugar muy raro. No podríamos andar porque las suelas de nuestros zapatos no se adherirían al suelo. Los automóviles no se moverían por mucho que giraran sus ruedas. Los clavos y los tornillos no se sujetarían.

Frigorífico

Los frigoríficos se utilizan para mantener fríos los alimentos. Los más sencillos de ellos sólo son grandes cajas provistas de refrigeración. Están hechos de material aislante que mantiene el frío en el interior durante algún tiempo, incluso si el motor se para. Por lo general la TEMPERATURA interior es de 2 a 7 grados centígrados.

El sistema de refrigeración tiene en su interior un GAS especial. Este gas es comprimido para que se convierta en líquido, que seguidamente es impulsado al interior de unos tubos por los que circula hasta llegar a un evaporador que lo devuelve a su estado gaseoso. Este gas es bombeado por el sistema y, cuando circula en torno al frigorífico, extrae todo el calor de su interior.

Cuando es bombeado por el exterior del frigorífico el gas es comprimido de nuevo. Vuelve al estado líquido y deja escapar el calor captado en el interior. El líquido es bombeado una y otra vez, transformándose en gas y después, de nuevo, en líquido una y otra vez. Esto hace que el aire en el interior del frigorífico se vaya enfriando cada

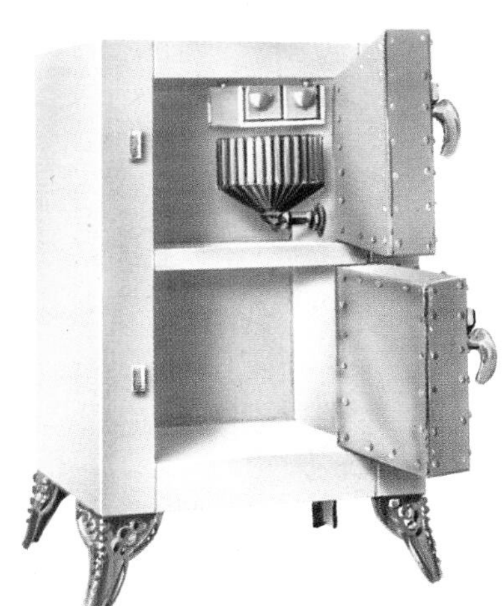

▲ Los frigoríficos se utilizaron por vez primera alrededor de 1860-1870, pero este tipo que se muestra en la foto salió al mercado en 1927.

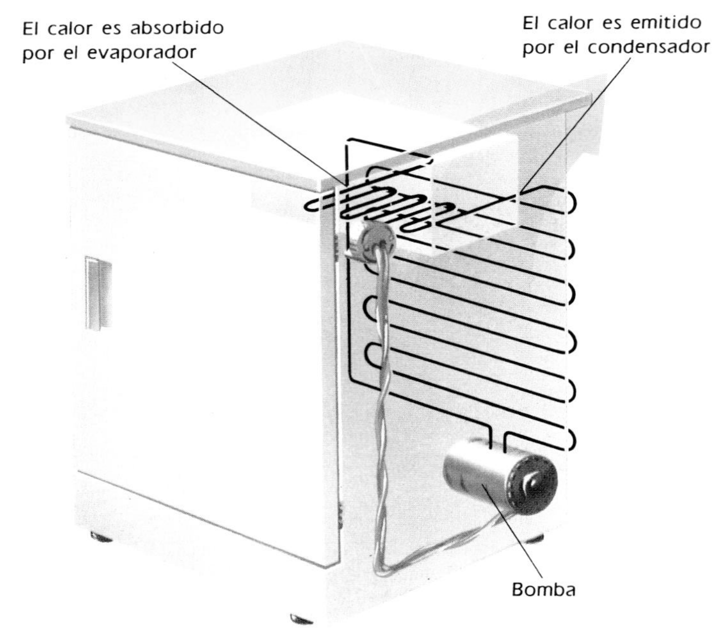

▶ Un frigorífico moderno. En el evaporador el líquido absorbe el calor cuando se convierte en gas. El vapor frío que circula por los tubos pasa a un condensador, donde deja escapar el calor fuera del frigorífico al convertirse de nuevo en líquido.

Tenemos la tendencia a considerar el frigorífico como un invento relativamente reciente. Sin embargo, las máquinas de fabricación de hielo ya fueron introducidas de contrabando en la Confederación del Sur de Estados Unidos durante la Guerra de Secesión de aquel país, en la década de 1860.

vez más y el calor sea expulsado al exterior. El sistema funciona como una esponja que absorbiera el calor.

Frontón

Un frontón es una pared contra la cual se lanza una pelota, en varios juegos y deportes. También se llama frontón al edificio o a la cancha donde hay frontones. Se puede jugar al frontón golpeando la pelota con la mano, con una pala, con una raqueta, con una cesta punta, etc. Últimamente se juega mucho al *squash,* modalidad de frontón rápido que se practica en canchas pequeñas, con raquetas y palas especiales.

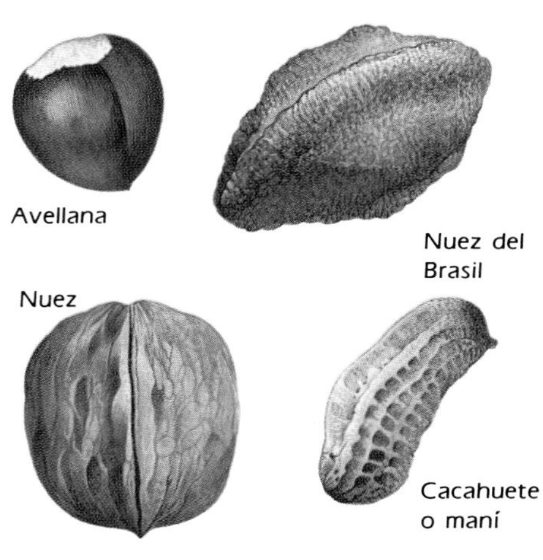

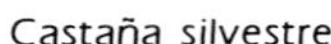

▲ Los frutos secos sirven de alimento a muchos animales, además del hombre.

Frutas

Las «frutas» son frutos comestibles, alimentos jugosos que crecen en algunos árboles y plantas. Manzanas, naranjas y peras son tres ejemplos. Los frutos tienen un buen sabor y son importantes en nuestra alimentación. Nos aportan sales minerales, azúcares y VITAMINAS. El agua, la piel y la pulpa de la fruta nos ayudan a hacer la DIGESTIÓN.

Para los botánicos, los científicos que estudian las plantas, los frutos son la pulpa que envuelve las SEMILLAS maduras de todas las plantas con flores. El fruto protege las semillas durante su desarrollo y ayuda a que sean es-

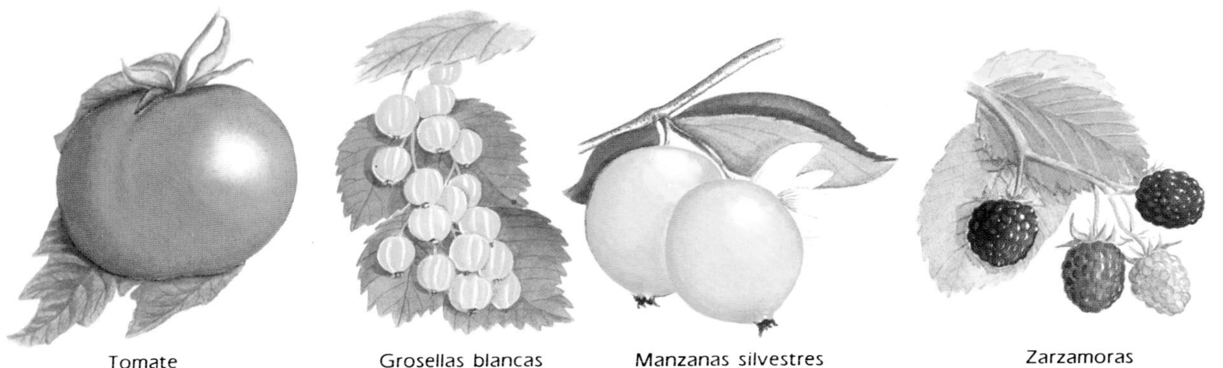

parcidas cuando están maduras. Algunos frutos desparraman sus semillas. En otros casos, los frutos son comidos por las aves que distribuyen sus semillas.

▲ En muchas plantas las semillas están envueltas por completo en frutos carnosos. Muchos frutos son comestibles. Cuando el fruto se desarrolla a partir de la flor, los sépalos y pétalos se marchitan, y, finalmente, caen.

Frutos secos

Se llaman FRUTOS secos aquellos que están envueltos en una cáscara leñosa. El fruto o núcleo propiamente dicho de muchos frutos secos es de excelente sabor y rico en PROTEÍNAS y GRASAS. Mediante la trituración y el molido se forma la manteca de cacahuete. En algunos países se hacen pan y pasteles de harina de castaña.

Fuego

La habilidad de hacer y utilizar el fuego es uno de los grandes logros de la humanidad y una importante ventaja que tiene el ser humano sobre los animales. Los pueblos primitivos sintieron temor por el fuego, como lo siguen sintiendo los animales. Pero desde que el hombre aprendió a hacer fuego y a controlarlo, éste se convirtió en parte necesaria de la vida. Nos libra del frío, nos ilumina en la oscuridad, nos sirve para guisar la comida, nos mantiene en calor y nos protege contra los animales peligrosos. Pero incluso en nuestros días, a veces el fuego escapa al control humano y puede causar terribles daños y sufrimientos.

▲ En tiempos antiguos el hombre descubrió que golpeando fuertemente entre sí dos pedernales se producía una chispa. Más tarde se golpeó el pedernal contra un trozo de acero para obtener la chispa que podía ser utilizada para encender un material que arde con facilidad, llamado yesca.

Fuegos artificiales

Los fuegos artificiales son un espectáculo de exhibición de luz, colores, humo y ruido en el cielo de la noche. Fueron inventados en China hace siglos, pero no se conocieron en Europa hasta el siglo XIV.

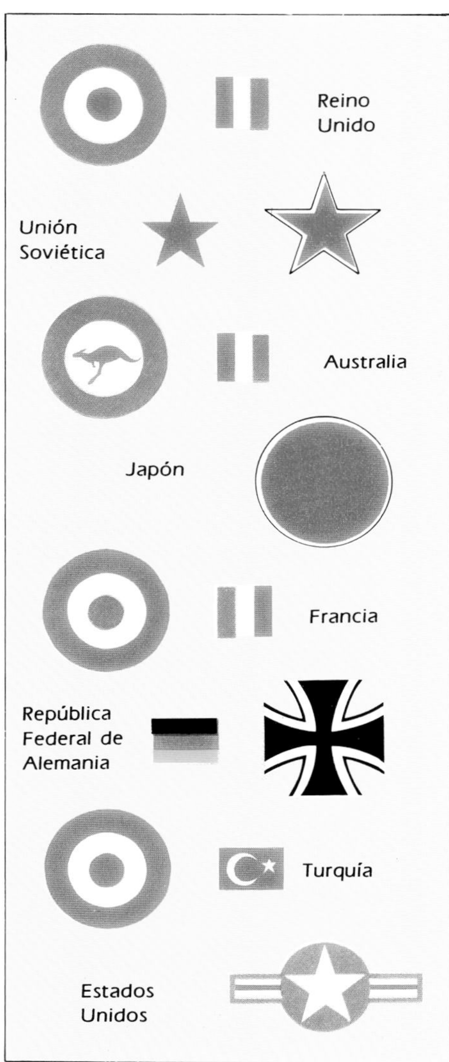

▲ A comienzos de la I Guerra Mundial, los soldados de las trincheras disparaban contra cualquier avión, propio o enemigo. Por esa razón los aviones empezaron a ser marcados con sus banderas nacionales. Sin embargo, como éstas se podían confundir a distancia, todas las fuerzas aéreas del mundo fueron adoptando gradualmente símbolos especiales.

Los fuegos artificiales se lanzan en COHETES. Son disparados al aire y hechos explotar por medio de unos polvos negros llamados «pólvora». Los colores brillantes de los fuegos artificiales provienen de la ignición de diferentes productos químicos.

Fuerzas aéreas

La aviación fue utilizada por vez primera en operaciones bélicas durante la I GUERRA MUNDIAL. Para 1939 la mayor parte de los países disponían ya de unas fuerzas aéreas. Los alemanes organizaron una poderosa *Luftwaffe* (literalmente, «arma aérea»), que utilizaron en su triunfal *Blitzkrieg* (guerra relámpago) al comienzo de la II GUERRA MUNDIAL. Los alemanes sabían que ninguna batalla terrestre podía ganarse sin disponer del control del cielo sobre la zona de combate. Cuando la *Luftwaffe* fracasó en su intento de derrotar a la Real Fuerza Aérea británica en la Batalla de Inglaterra, Hitler canceló sus planes de invasión de Gran Bretaña.

A medida que la guerra fue progresando, los bombarderos de largo alcance aumentaron su participación en las tácticas bélicas de las Fuerzas Aéreas británicas, norteamericanas, alemanas y japonesas. La guerra terminó cuando los norteamericanos dejaron caer dos bombas atómicas sobre dos ciudades japonesas.

En la actualidad los misiles teledirigidos han reducido en parte el papel de los bombarderos, pero los aviones de caza siguen siendo necesarios como defensa contra los bombarderos de acción rápida. Los modernos bombar-

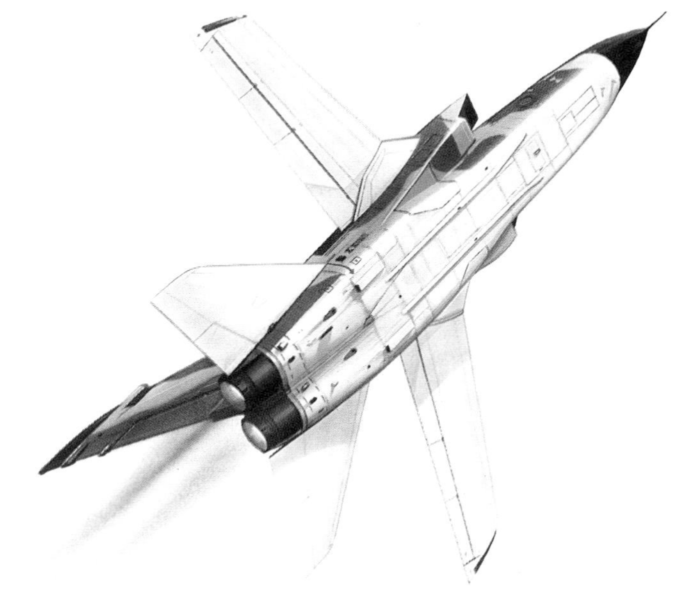

▶ Algunos aviones de combate están diseñados para efectuar diversas misiones en la guerra aérea. El *Tornado* puede actuar como bombardero rasante y también como caza. Sus alas pueden plegarse hacia atrás parcialmente o extenderse para volar a velocidad reducida a gran altura.

deros pueden volar a ras de tierra y a gran velocidad, de esta manera acaban por eludir la vigilancia del radar enemigo.

Los aviones de transporte pueden llevar unidades militares completas, con tanques y otras armas, a cualquier parte del mundo en pocas horas. El helicóptero es actualmente una parte vital en la aviación militar. Puede llevar tropas y evacuar a los heridos. Los helicópteros dotados de armas automáticas y cañones pueden atacar objetivos en tierra.

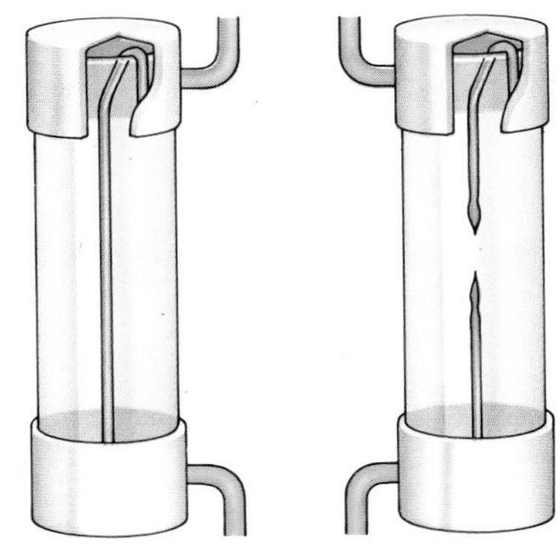

▲ Un fusible de cartucho (izquierda) suele instalarse en el interior de los enchufes caseros modernos. Una corriente excesiva causará la fusión del cable interior, con lo que se corta la corriente (derecha).

Fusible

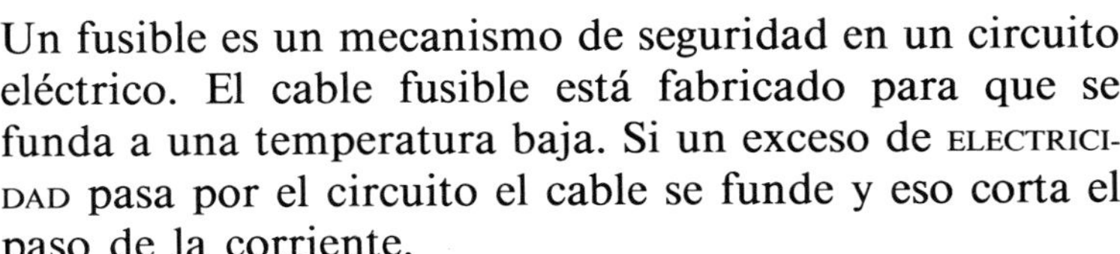

Un fusible es un mecanismo de seguridad en un circuito eléctrico. El cable fusible está fabricado para que se funda a una temperatura baja. Si un exceso de ELECTRICIDAD pasa por el circuito el cable se funde y eso corta el paso de la corriente.

De este modo un fusible eléctrico impide que el cable de la instalación se ponga demasiado caliente y pueda provocar el incendio de los objetos más próximos. La corriente eléctrica suele correr a través de un fusible al pasar de la línea general a la instalación eléctrica del hogar.

En el interior de la casa es conveniente que cada enchufe de toma de corriente tenga su propio fusible. En la actualidad existen fusibles automáticos que saltan y cortan la corriente cuando la instalación se calienta en exceso o cuando se origina una corriente eléctrica de gran intensidad en un circuito. Estos fusibles pueden volver a dejar pasar la corriente cuando se les pulsa o mueve del modo previamente convenido, y vuelven a saltar cada vez que es preciso.

Fútbol

Aunque en España la denominación de fútbol se emplea casi exclusivamente para designar el fútbol-asociación (que los norteamericanos llaman *soccer*) lo cierto es que existen distintos juegos de fútbol, que difieren en la forma y tamaño del balón, las dimensiones y la división del terreno de juego, el número de jugadores y, sobre todo, las reglas de juego. Este juego recibe también el nombre de balompié.

El fútbol-asociación, que en España conocemos generalmente como «fútbol» sin más apelativos, es el más jugado en todo el mundo. Se juega con balón redondo, el

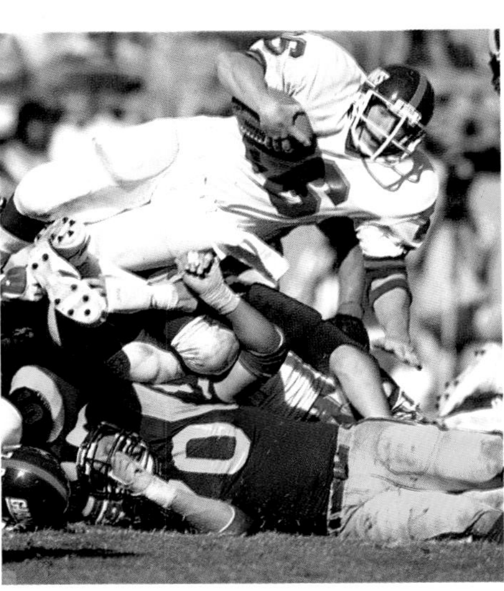

▲ En el fútbol americano los jugadores tiran la pelota tan fuerte como pueden.

▶ Dimensiones de un campo de fútbol.

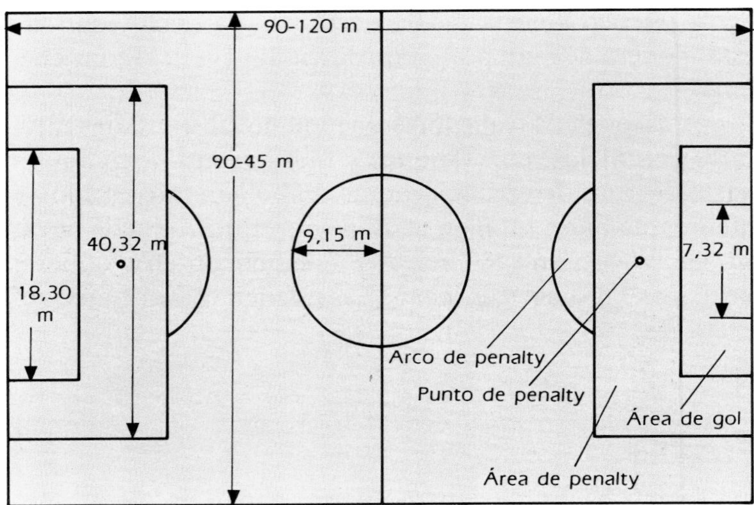

campo puede medir entre 90 y 120 metros de largo y cada equipo juega con once jugadores.

Todos los jugadores de un equipo llevan la misma indumentaria, compuesta por camiseta, pantalón corto, medias o calcetines y botas. El jugador no puede utilizar en su indumentaria ningún objeto que pueda resultar peligroso para otros jugadores.

Un partido se inicia con el saque de salida que, junto con la elección del campo, se sortea mediante el lanzamiento de una moneda entre los dos capitanes. Los goles son los que deciden el resultado de un partido. Se consigue un gol introduciendo el balón en la meta o portería contraria, pero hay que tener en cuenta que el balón no puede ser tocado con la mano o el brazo más que por el portero dentro del área de penalty.

Un partido se compone de dos tiempos iguales de 45 minutos cada uno, teniendo en cuenta que el árbitro puede añadir, cuando lo crea conveniente, un tiempo extra como compensación del que se ha perdido en el transcurso del juego por motivo accidental. El descanso entre los dos tiempos suele ser de 15 minutos.

El fútbol americano utiliza un balón ovalado y se juega principalmente blocando, pasando la pelota y avanzando para ganar metros. Los jugadores, once por equipo, tienen que protegerse con cascos y hombreras, pues este tipo de fútbol puede adquirir, en algunas ocasiones, gran violencia.

Otra forma de fútbol es el *rugby*, que se juega en Gran Bretaña, la Commonwealth británica y algunas otras partes de Europa. Hay diversas variedades de este juego. En Australia se juega con 18 jugadores. Los jugadores pueden golpear la pelota con el pie, correr con ella o pasarla hacia atrás con las manos.

▲ En el juego del fútbol el balón no puede sujetarse con las manos y los jugadores deben poner a prueba su agilidad y rapidez.

Gabón

Gabón es un país con una extensión algo inferior a la mitad de la Península Ibérica, situado en la costa occidental de África. Debido a que se halla en el paralelo del ecuador, su clima es cálido y lluvioso. Está formado por altas mesetas, montañas y selvas tropicales muy densas. Es rico en minerales y en bosques, cuyos árboles son cortados para la exportación de madera. La capital es Libreville y su población es de aproximadamente un millón de habitantes.

GABÓN

CAMERÚN
GUINEA ECUATORIAL
GABÓN
CONGO
OCÉANO ATLÁNTICO
ANGOLA
ZAIRE
ANGOLA

Gobierno: República
Capital: Libreville
Superficie: 267.667 km^2
Población: 1.000.000 hab.
Lengua: Francés
Moneda: Franco CFA

Gagarin, Yuri

Yuri Gagarin (1934-1968) fue el primer ser humano que viajó por el espacio. El cosmonauta ruso fue lanzado a bordo del *Vostok I,* el 12 de abril de 1961. Dio la vuelta a la Tierra en 108 minutos y aterrizó con paracaídas a sólo 10 kilómetros del lugar planeado. Tras su famoso vuelo continuó entrenándose como astronauta pero murió al estrellarse su avión en marzo de 1968.

Galaxia

En el pasado a las galaxias se las llamó «islas de estrellas en el espacio». Una galaxia esta formada por un gigantesco número de ESTRELLAS. Nuestro SOL es una de las aproximadamente 100.000 millones de estrellas que pertenecen a la galaxia de la VÍA LÁCTEA. Un rayo de luz tardaría 100.000 años en atravesar la Vía Láctea de un lado a otro, pese a que es sólo de tamaño medio.

Más allá de nuestra galaxia puede haber diez millones de otras galaxias. La mayor de las galaxias próximas se

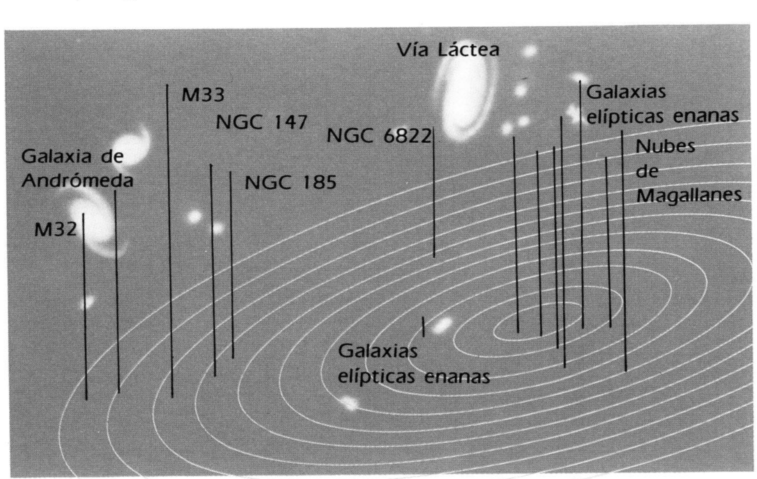

◀ Nuestra galaxia pertenece a lo que llamamos el Grupo Local –una colección de unas 30 galaxias–. Este diagrama del Grupo Local muestra las galaxias descubiertas hasta ahora y las correctas distancias entre ellas, si bien sus tamaños no están a escala.

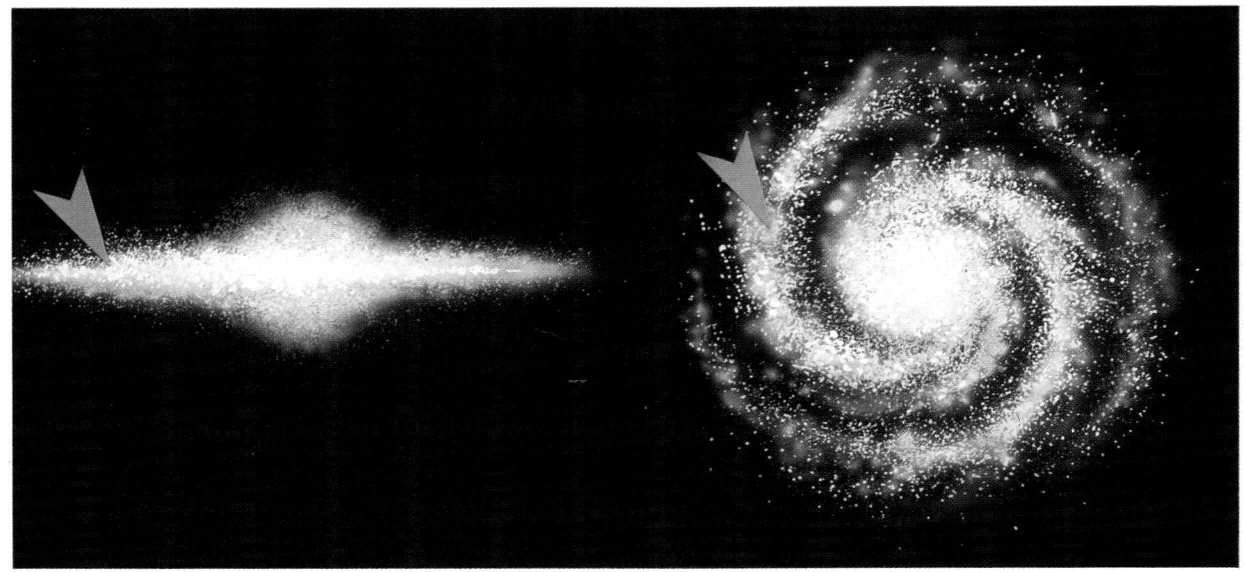

▲ Vista frontalmente, nuestra Vía Láctea tiene el aspecto de un disco plano que se hincha en el centro. Desde arriba parece un remolino de estrellas en espiral. La posición de nuestro sistema solar está marcada por las flechas rojas.

llama Andrómeda. La luz que vemos de ella necesita más de dos millones de años para llegar hasta nosotros.

Algunas galaxias no tienen una forma específica. Otras tienen prolongaciones espirales formadas por muchos millones de estrellas. Tanto la Vía Láctea como Andró-

INTERIOR DE UN GALEÓN

1 Castillo de proa
2 Cubierta de artillería
3 Sollado
4 Abitares
5 Ancla, cable, chillera
6 Lastre, piedras
7 Cocina
8 Bomba
9 Depósito de balas de cañón
10 Cabrestante
11 Armario de velamen
12 Bodega de popa
13 Timón
14 Limera
15 Piñón del látigo
16 Camarote del capitán

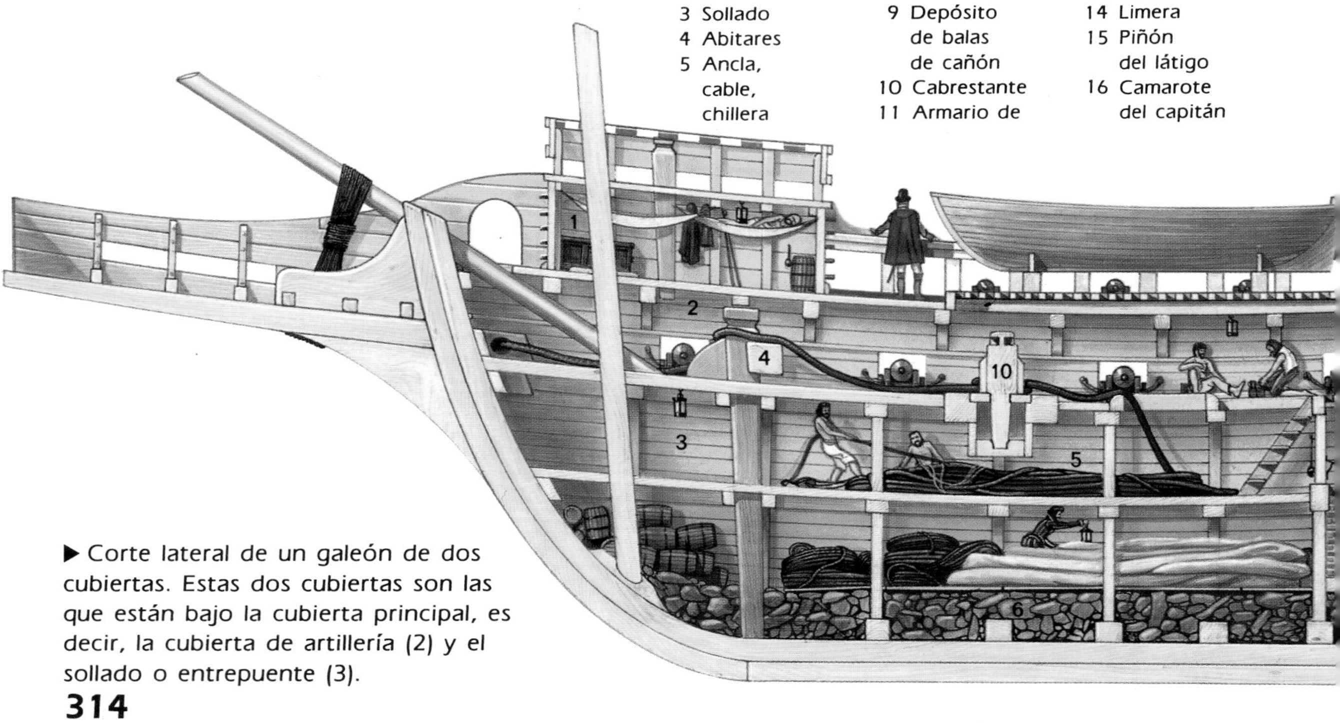

▶ Corte lateral de un galeón de dos cubiertas. Estas dos cubiertas son las que están bajo la cubierta principal, es decir, la cubierta de artillería (2) y el sollado o entrepuente (3).

meda poseen ese aspecto. También hay galaxias que parecen platillos o pelotas. Los astrónomos solían creer que esas galaxias se extendían para transformarse en galaxias con brazos en espiral. Ahora, algunos de ellos opinan que son las galaxias espirales las que se contraen para convertirse en las del otro tipo.

La RADIOASTRONOMÍA ha demostrado que muchas galaxias nos envían ondas de radio. Otras señales de radio muy fuertes nos llegan desde objetos parecidos a estrellas llamados CUÁSARES, que son fuentes de energía muy poderosas. Hay quien piensa que un cuasar puede ser el principio de una nueva galaxia. Algunos científicos creen que las galaxias forman allí una GRAVEDAD que atrae y concentra grandes nubes de gas.

▲ Un galeón se hace a la mar. Un grupo de marineros despliega la vela mayor, y otros, en la cubierta superior, ajustan las jarcias o cuerdas que sujetan el mástil.

Galeón

El galeón era un buque de vela grande, de tres o cuatro palos, parecido a las galeras. Los había de guerra y mercantes. El de guerra llevaba una cubierta especial para situar los cañones. Llevaban velas cuadradas en sus dos mástiles delanteros y velas «latinas» o triangulares en los restantes. Las velas latinas ayudaban al galeón a navegar contra el viento. Los galeones eran más rápidos y fáciles

▲ Galileo fue matemático, astrónomo, físico y el primer científico en el verdadero sentido de la palabra.

de manejar que algunas otras naves, pero algunos galeones españoles eran poco ágiles y excesivamente pesados.

Galileo

Galileo Galilei (1564-1642) fue un maestro de matemáticas italiano y uno de los primeros científicos. En vez de aceptar las antiguas ideas sobre la forma de actuar del mundo, Galileo realizó cuidadosos experimentos para descubrirlo por sí mismo. Así averiguó que un PÉNDULO tarda el mismo tiempo en hacer una oscilación larga que una corta. Demostró que los objetos ligeros caen con la misma velocidad que los pesados cuando son atraídos hacia la tierra por la ley de GRAVEDAD. Construyó un TELESCOPIO y fue el primer hombre que utilizó ese aparato para estudiar la Luna y los PLANETAS. Lo que vio le llevó a creer en la idea de COPÉRNICO de que la TIERRA no era el centro del UNIVERSO. Científicos posteriores, como Isaac NEWTON, lograron nuevos conocimientos basándose en los descubrimientos de Galileo.

Gama, Vasco de

Vasco de Gama (1469-1524, aprox.) descubrió que se podía navegar desde Europa hasta la India bordeando África por el sur. Este navegante portugués salió de Lisboa con cuatro buques en julio de 1497. En África Oriental, encontró un guía que le mostró cómo podía cruzar navegando el Océano Índico; De Gama llegó a Calicut, en el sur de India, en mayo de 1498. Los mercaderes árabes, envidiosos del portugués, trataron de impedir que comerciara con los indios. En la travesía de regreso 30 de sus 90 tripulantes murieron de escorbuto y tan sólo dos de los cuatro buques lograron regresar a Lisboa.

Pero Vasco de Gama había encontrado una ruta para llegar a los países orientales, tan ricos en especias.

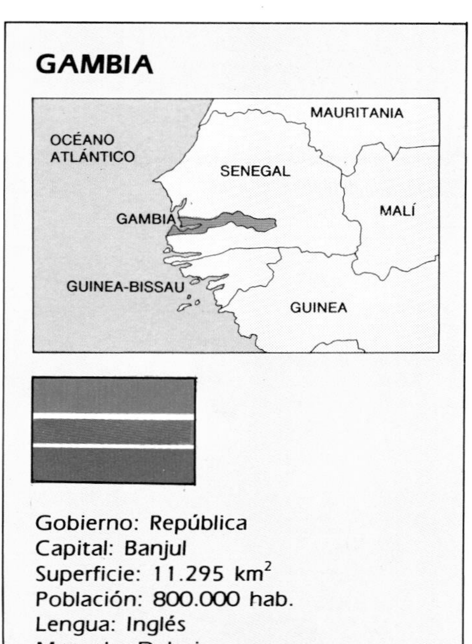

Gambia

Gambia es el más pequeño de los países del continente africano. Está situado en su costa occidental. Tiene una superficie aproximadamente igual que la de la provincia de Murcia. La mayor parte de sus habitantes viven de la agricultura, cuyo principal producto es el cacahuete. En los últimos años el turismo se ha incrementado. Antigua colonia británica, Gambia es independiente desde 1965.

Gandhi

Mohandas Karamchand Gandhi (1869-1948) es llamado a veces el «padre de la India moderna». Este abogado hindú de aspecto frágil ayudó a liberar la INDIA del dominio británico mediante la desobediencia civil de las leyes coloniales. En 1920 aconsejó a los indios que tejieran sus propias ropas en vez de adquirirlas de Gran Bretaña.

La gente admiraba las creencias de Gandhi, su bondad y su sencilla forma de vida. Fue llamado *Mahatma*, lo que significa «Alma Grande». En 1947 Gran Bretaña concedió la independencia a la India. Poco después, uno de sus seguidores mató a Gandhi de un tiro por predicar la paz a los musulmanes, los seguidores de la religión del ISLAM.

▲ Gandhi fue llamado *Mahatma* por sus seguidores, y significa «Alma Grande».

Ganges, río

El Ganges es el mayor de los ríos de la INDIA. Tiene una longitud de 2.500 km y su cuenca es superior a dos veces España. El río nace en el HIMALAYA y fluye atravesando el norte de la India y BANGLADESH y desemboca formando un DELTA en el golfo de Bengala. A lo largo del río hay prósperos campos y grandes ciudades. Los hindúes creen que el río es sagrado.

García Márquez, Gabriel

Gabriel García Márquez nació en Aracata (Colombia) en 1928. Fue periodista en Colombia y obtuvo gran éxito y renombre internacional con su novela *Cien años de soledad*, que tardó siete años en escribir. Su éxito de público coincidió con el de otros escritores hispanoamericanos también de gran calidad literaria, como Mario Vargas Llosa, Jorge Luis Borges, Julio Cortázar, Ernesto Sábato, Alejo Carpentier, entre otros. García Márquez obtuvo el PREMIO NOBEL de Literatura en 1982.

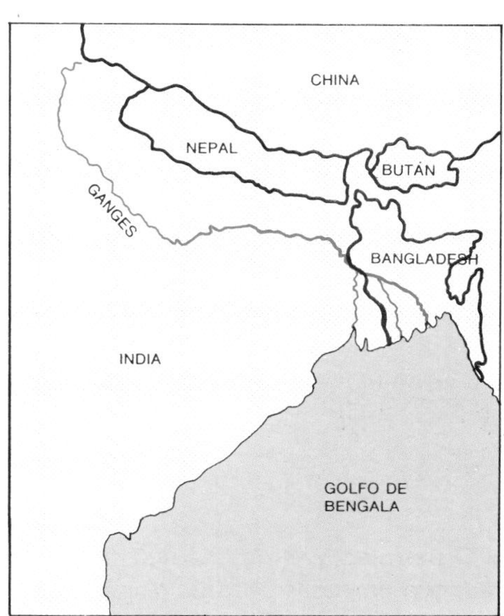

▲ El Ganges nace en el Himalaya y fluye en dirección sudeste atravesando India y Bangladesh.

Garibaldi, Giuseppe

Giuseppe Garibaldi (1807-1882) fue un patriota italiano que ayudó a convertir Italia en un país unido e independiente en lugar de un grupo disperso de pequeños estados, como lo era hasta entonces. Después de dos períodos de exilio en América, Garibaldi condujo a sus seguidores, conocidos como «los camisas rojas», contra

▲ Giuseppe Garibaldi, que ayudó a crear el moderno estado de Italia, comenzó su carrera como grumete en un buque.

los austríacos, que dominaban Italia. En 1860 se hizo con el control de Sicilia, seguidamente invadió la península italiana y conquistó la importante ciudad de Nápoles. Esta victoria le ayudó a hacer posible la unidad italiana bajo el reinado de Víctor Manuel. Garibaldi es recordado como uno de los grandes héroes italianos.

Gas

Los gases son sustancias que no tienen ni forma ni volumen, sino que la toman según el recipiente en el que estén contenidos. Esto se debe a que un gas está compuesto por ÁTOMOS que se mueven libremente en el espacio. Cuando un gas se enfría lo suficiente se vuelve líquido. Los líquidos tienen volumen constante pero no forma determinada. Si los líquidos se enfrían mucho más se convierten en sólidos. Los cuerpos sólidos tienen tamaño y forma fijos.

El gas que utilizamos para cocinar y calentar nuestras casas es llamado GAS NATURAL y se encuentra bajo la superficie terrestre en muchos lugares del mundo.

Gas natural

Es un tipo de GAS que se encuentra en estado natural bajo la superficie terrestre y no tiene que ser manufacturado. Se encuentra, por lo general, en los pozos petrolíferos, pero a veces puede encontrarse solo. Cuando la cantidad de gas natural de un campo petrolífero es muy pequeña se quema. Si la cantidad es grande es conducido por medio de gaseoductos o tuberías y se destina a usos domésticos (cocina, calefacción) y para la producción de ELECTRICIDAD.

El gas natural se encuentra en grandes cantidades en la CEI, en Texas y Louisiana (Estados Unidos) y en los campos petrolíferos del MAR DEL NORTE. La mitad de la producción mundial de gas natural se consume en Estados Unidos.

▲ El petróleo y el gas natural se recogen en rocas porosas (rocas que permiten que los líquidos se filtren por ellas). Están atrapados entre rocas impermeables (que no permiten que los líquidos pasen a su través).

Gato

El gato es un MAMÍFERO que pertenece a la familia de los felinos. Aun cuando la familia de los felinos varía grandemente en tamaño, desde el gato doméstico al TIGRE, todos ellos tienen muchas cosas en común. Los gatos tienen la cabeza corta, redondeada, largos bigotes, dientes afilados que utilizan como armas mortales para coger y matar a dentelladas a su presa, así como garras poderosas. Todos los felinos, excepto el leopardo, pueden esconder sus garras dentro de la pata cuando no van a utilizarlas. Sus largas colas les ayudan a guardar el equilibrio y los hacen magníficos en el salto y al trepar. Los LEONES y los leopardos viven en familia. Los demás felinos viven, generalmente, en solitario.

▲ El tamaño de los felinos va desde el gato doméstico a los poderosos leones o tigres. Delante (de izq. a der.) junto al gato listado, un gato salvaje, un lince, una pantera negra y un leopardo de las nieves.

Gaudí, Antonio

Antonio Gaudí nació en Reus (Tarragona) en 1852. Aunque su familia era humilde, él estudió arquitectura en Barcelona y llegó a ser no sólo uno de los arquitectos más importantes de su época sino también un genio artístico. Su gran creatividad y su desmesurada imaginación le hacían inventar formas originales y utilizar materiales insólitos. Entre sus obras más conocidas cabe destacar la Sagrada Familia (aún no terminada), el parque Güell, la casa Batlló y la casa Milá, popularmente conocida como *La Pedrera,* todas ellas en Barcelona. Murió atropellado por un tranvía en 1926.

¿Qué tienen en común animales tan diferentes como el gato, el camello y la jirafa? Muy poco, excepto un rasgo que resulta sorprendente. Otros animales mueven su pata delantera de un lado al mismo tiempo que la trasera del lado opuesto. Por el contrario, el gato, el camello y la jirafa mueven al mismo tiempo la pata delantera y la trasera del mismo lado, y después las del lado opuesto también a la vez.

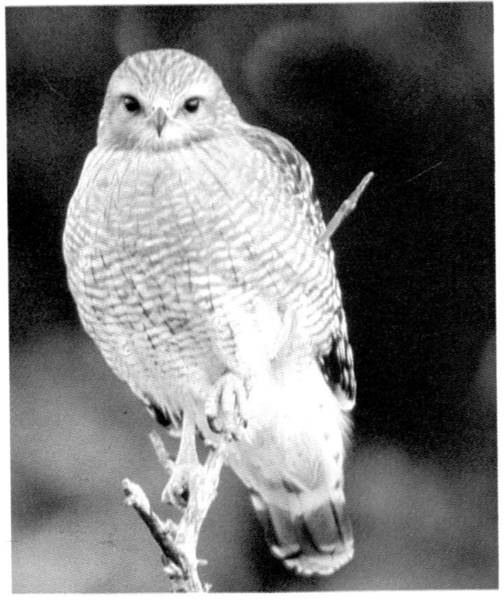

▲ El gavilán de lomo rojizo es común en el sudeste de los Estados Unidos. Caza roedores, insectos y pájaros pequeños.

Gavilán

Los gavilanes son aves de presa de la misma familia que los BUITRES y las otras especies de ÁGUILAS, aunque tienen un tamaño menor al de esos parientes. Muchos se parecen bastante a los HALCONES, pero tienen las alas más anchas y más redondeadas en sus extremos. Sus amplias alas y su cola larga ayudan al gavilán a volar rápida y ágilmente entre los árboles. Los gavilanes cazan pájaros y mamíferos pequeños.

Se les puede encontrar en casi todo el mundo excepto en las islas del Pacífico y en las proximidades de Australia.

Gaviota

Pocas aves tienen mayor gracia que las gaviotas cuando planean y vuelan sobre el mar. Tienen los pies palmeados y nadan muy bien, pero la mayor parte de ellas no se alejan mucho de la costa. Pueden coger peces, pero también comen desperdicios que recogen en las orillas.

Las gaviotas viven en comunidades grandes y ruidosas llamadas colonias. Construyen sus nidos en tierra. Muchas colonias de gaviotas viven en islotes rocosos, cercanos a las playas, lo que les ayuda a mantener sus huevos a salvo de ratas y zorros. Estas aves pueden encontrarse en todos los continentes.

◀ El azor, de la familia de los gavilanes, se utiliza en cetrería y puede apresar aves de caza y conejos

▲ La gaviota cabecinegra y la gaviota sombría suelen a veces volar sobre tierra firme, pero la gran gaviota argéntea sólo se ve en las costas y en los puertos.

Géiser

Los géiseres son manantiales de agua caliente y vapor que brotan de manera intermitente. Actúan como sigue: el agua llena una profunda grieta en la tierra, generalmente en la cercanía de los volcanes. Las rocas ardientes calientan el agua, en las profundidades, por encima del punto de ebullición. El agua, al convertirse en vapor, rompe hacia arriba y vacía la grieta. La nueva erupción se produce cuando la grieta ha vuelto a llenarse. Existen numerosos géiseres en algunos lugares de Islandia, los Estados Unidos y Nueva Zelanda. El mayor hasta ahora conocido es el de Waimangu, en Nueva Zelanda. En 1904 el agua y el vapor alcanzaron una altura de 450 metros.

▼ Los géiseres son erupciones de agua caliente y vapor.

Generador

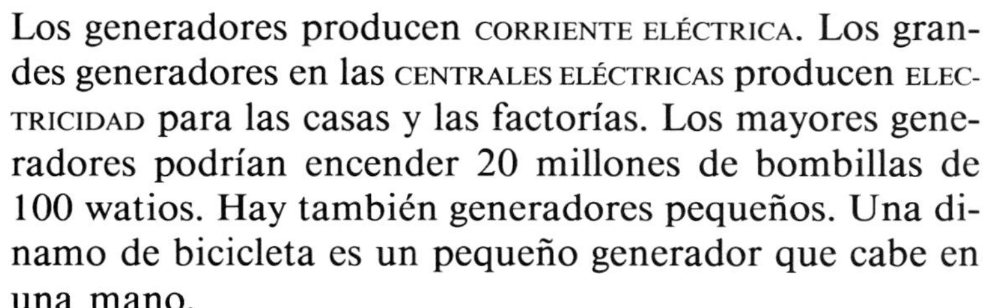

Los generadores producen corriente eléctrica. Los grandes generadores en las centrales eléctricas producen electricidad para las casas y las factorías. Los mayores generadores podrían encender 20 millones de bombillas de 100 watios. Hay también generadores pequeños. Una dinamo de bicicleta es un pequeño generador que cabe en una mano.

Si se enrolla una bobina de alambre en los extremos de un imán en forma de herradura, una corriente eléctrica pasa por el cable. Los generadores trabajan más o menos transformando la energía mecánica en energía eléctrica. La fuerza necesaria para mover el generador puede proceder del viento, del agua en movimiento o del vapor producido por el calor de los combustibles, como el petróleo o el carbón. Los grandes generadores tienen millares de bobinas de cable a las que se hace girar rápidamente entre potentes imanes.

Las posibilidades de que un bebé sea niño o niña son casi las mismas. Pero una vez en cada dieciséis familias con cuatro hijos, existe la posibilidad de que todos sean del mismo sexo, varones o hembras. Incluso se han dado series mayores de hijos del mismo sexo. Una familia francesa sólo tuvo hijas (72) en tres generaciones.

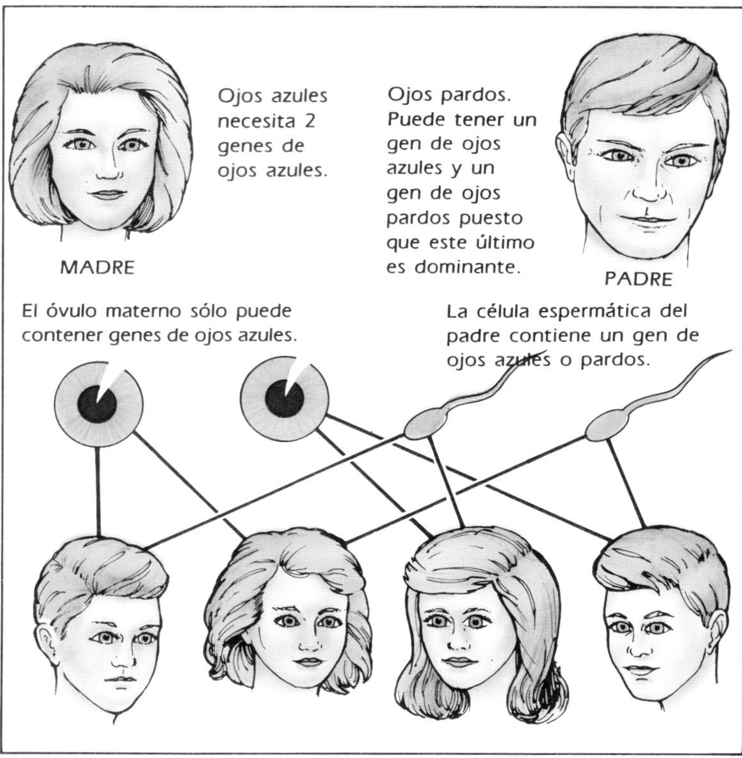
MADRE
Ojos azules necesita 2 genes de ojos azules.
Ojos pardos. Puede tener un gen de ojos azules y un gen de ojos pardos puesto que este último es dominante.
PADRE
El óvulo materno sólo puede contener genes de ojos azules.
La célula espermática del padre contiene un gen de ojos azules o pardos.

▲ Todos tenemos dos genes para cada característica, como por ejemplo el color de los ojos, uno del padre y otro de la madre. Si los dos genes son distintos, uno de ellos puede tener una influencia más fuerte que el otro y se llama gen *dominante*. Si alguien hereda dos genes de ojos azules, uno del padre y otro de la madre, sólo podrá tener ojos azules.

▲ Los animales albinos, como éste, nacen totalmente blancos tanto en la piel como el pelo. Tienen los ojos rojos y adquieren su condición de albinos por los genes de sus antepasados. Un padre albino puede tener un hijo no albino, pero éste puede tener hijos albinos más tarde.

Genética

Cada animal o planta posee ciertas características propias de su procedencia. Así, por ejemplo, decimos que alguien tiene «los ojos de su padre» o «el pelo de su madre». La ciencia genética explica por qué los seres vivos tienen su aspecto y se comportan como lo hacen.

La herencia actúa de modo sorprendente. Cada individuo produce células sexuales. Si una célula masculina y una femenina se unen, la femenina crece y se transforma en un nuevo individuo. Dentro de cada célula están los diminutos cromosomas, formados en su mayor parte de un producto químico llamado ADN. Distintas partes en cada cromosoma llevan un distinto mensaje codificado. Cada una de esas partes se llama *gen*. Los genes llevan toda la información necesaria para hacer que una planta o un animal nuevos se parezcan y se comporten como lo hacen. Deciden el sexo y también otras características heredadas de sus padres.

Genghis Khan

Genghis Khan (1167-1227) fue un jefe mongol que atacó cruelmente muchos pueblos de Asia y consiguió reunir un poderoso imperio. Su verdadero nombre era Temujin («herrero»).

A los 13 años, a la muerte de su padre, ocupó el puesto de éste como jefe de una pequeña tribu de NÓMADAS mongoles. Pronto consiguió hacerse con el mando de otras tribus vecinas. En 1206 llegó a ser conocido como Genghis Khan, el «Muy Poderoso Rey». Genghis Khan formó un gran ejército de nómadas, jinetes incansables, rudos y aguerridos, procedentes de las grandes estepas del Asia Central y se lanzó a la conquista de las tierras vecinas. Sus tropas avanzaron hacia el sudeste hasta Beijing, la capital de China. Por el sudoeste invadieron Irán y el sur de Rusia. Tras su muerte, otros jefes mongoles conquistaron más tierras y extendieron aún más su imperio.

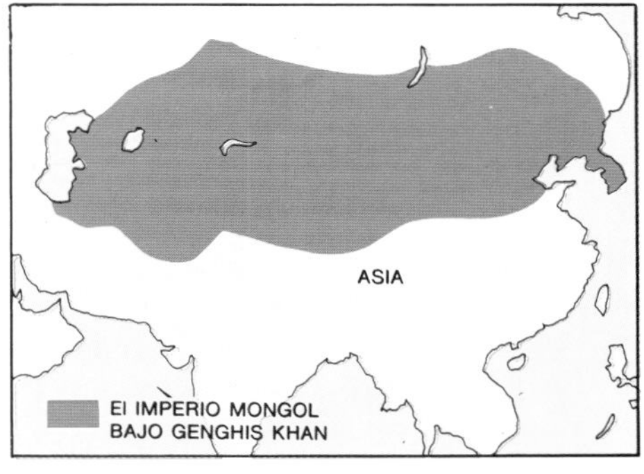

▲ Ésta fue la extensión del Imperio Mongol bajo Genghis Khan.

▲ Genghis Khan reunió un gran ejército. Cada hombre disponía de cinco caballos que montaba alternativamente para que no se cansaran. Cuando conquistaban una ciudad casi todos sus habitantes eran asesinados y las tierras devastadas.

Geografía

Geografía es la materia que estudiamos cuando queremos saber cosas sobre la superficie de la Tierra. Los geógrafos estudian todo lo relativo al planeta Tierra: el mar,

Tolomeo de Alejandría es el más famoso de los geógrafos de la antigüedad. Vivió hacia 150 a.C. Tolomeo trazó un mapa del mundo entonces conocido que es notablemente exacto, si se tiene en cuenta lo que entonces se conocía de la Tierra. Su *Guía Geográfica* en ocho volúmenes consiste en una lista de todos los lugares hasta entonces conocidos, con un sistema de longitud y latitud inventado por el propio Tolomeo.

el aire, la tierra, las plantas, los animales y el hombre. Explica el porqué de las diferentes cosas, por qué están allí y cómo se afectan entre sí.

Hay muchas ramas de la geografía. Por ejemplo, la geografía física describe cosas como las montañas, los valles, lagos y ríos. La meteorología explica el clima. La geografía económica se ocupa de la agricultura, la industria y el comercio. La geografía humana divide en *culturas* a los pueblos de la Tierra.

Los MAPAS y las cartas de navegación son las herramientas más útiles del geógrafo.

Geología

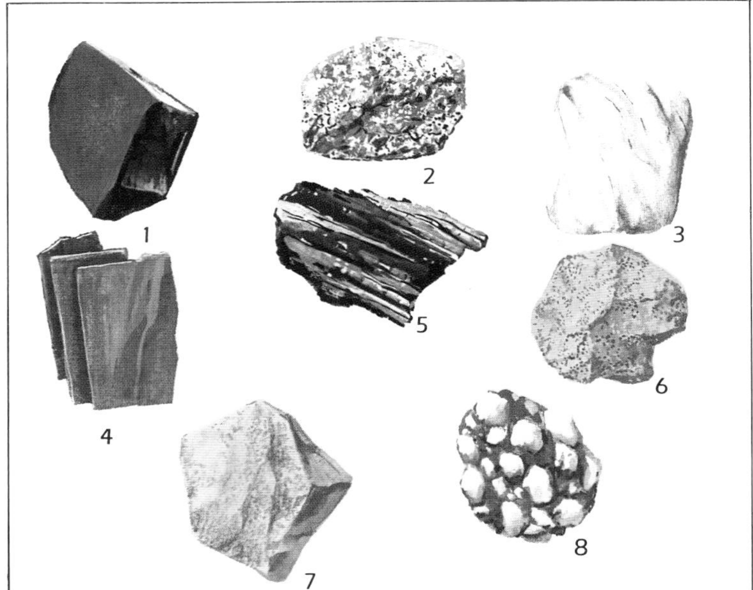

▶ Los geólogos estudian rocas que les hablan de la estructura de la Tierra. Hay tres tipos de rocas: *ígneas*, que se forman cuando una roca fundida es impulsada hacia fuera desde las profundidades de la Tierra; *sedimentarias*, que son capas de sedimentos endurecidos, y *metamórficas*, que fueron alteradas por la presión y el calor del interior de la Tierra. De las rocas que aquí se muestran, la obsidiana (1) y el granito (2) son rocas ígneas; el mármol (3) y la pizarra (4) son rocas metamórficas, y el carbón (5), la piedra caliza (6) y la piedra arenisca (7) son rocas sedimentarias. El conglomerado (8) es una roca formada de cantos o guijarros retenidos por una masa de arena o arcilla, que la convierte en un «cemento» sedimentario.

La geología es el estudio de la Tierra en sí. Los geólogos descubren de qué está hecha la Tierra, dónde se encuentran determinadas materias y cómo llegaron allí. Los geólogos estudian los productos químicos de las ROCAS y los MINERALES. Tratan de averiguar cómo se formaron las rocas y cómo cambian debido a los movimientos que se producen bajo la superficie de la Tierra. Los VOLCANES y los TERREMOTOS nos ofrecen claves valiosas sobre los movimientos que tienen lugar en lo más profundo de la superficie terrestre.

Los geólogos estudian también la historia de la Tierra. Han encontrado rocas que tienen una edad de 3.800 millones de años, y fósiles que demuestran que la EVOLUCIÓN comenzó hace más de 3.400 millones de años.

Los geólogos ayudan a los ingenieros en la elección de los lugares donde deben construir un túnel o una carretera. También ayudan a los mineros a encontrar carbón, petróleo o gas bajo la superficie. Estudiando las rocas que trajeron los astronautas estuvieron en condiciones de establecer la composición de la Luna.

Desde hace ya mucho tiempo los científicos tratan de determinar la edad de la Tierra. Hacia el siglo XVII un arzobispo irlandés llamado Ussher dedujo de la lectura de las santas escrituras que el mundo fue creado el año 4004 a.C. No pasó mucho tiempo antes de que los geólogos, al examinar las rocas, se dieran cuenta de que esa fecha era completamente errónea. Ahora sabemos que la Tierra se formó hace unos 4.500 millones de años.

Geometría

La geometría es una rama de las MATEMÁTICAS. Sirve para determinar la forma, dimensiones y posición de un objeto o cuánto cabe dentro de un contenedor. Para resolver problemas geométricos, hay que trazar líneas y medir ÁNGULOS.

Germen (ver Bacteria y Virus)

Ghana

Ghana es una nación del ÁFRICA Occidental. Tiene una superficie que se aproxima a la mitad de la España peninsular. El país es cálido y abundante en lluvias, sobre todo en el sur, donde Ghana se encuentra con el Océano

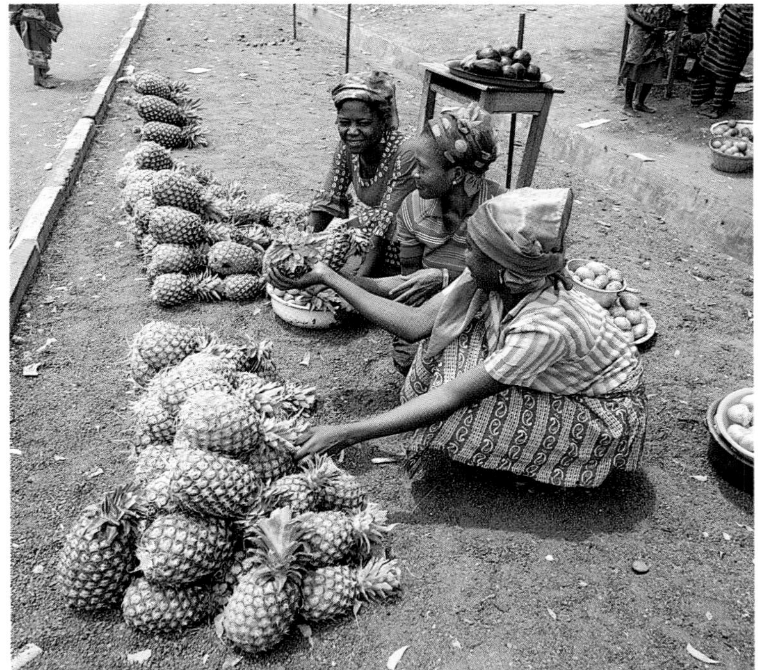

◀ Mujeres vendiendo piñas tropicales en un mercado de Ghana. La mayor parte de la población nacional vive en el tercio sur del país.

GHANA

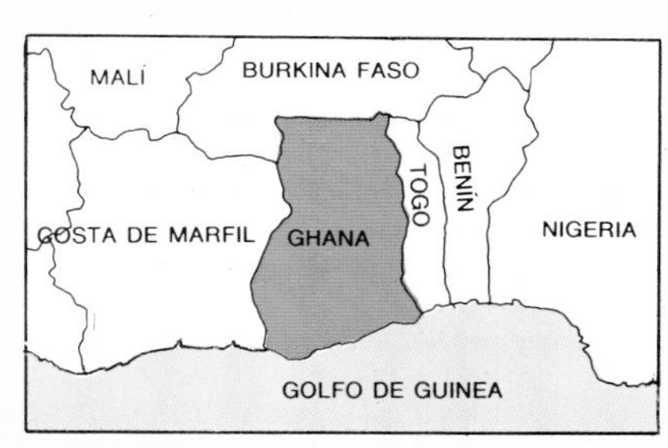

Gobierno: Autoritario
Capital: Accra
Superficie: 238.537 km^2
Población: 13.000.000 hab.
Lengua: Inglés
Moneda: Cedi

Atlántico. El país está formado por tierras bajas con selvas tropicales y tierras de cultivo.

La mayor parte de los 13 millones de habitantes de Ghana viven de la agricultura. Cultivan cacao, pero explotan también minas de diamantes y oro. El lago Volta produce energía hidráulica para la producción de electricidad. Este lago, hecho por la mano del hombre, es el de mayor superficie de todos los lagos artificiales.

GIBRALTAR

PORTUGAL
ESPAÑA
GIBRALTAR
OCÉANO ATLÁNTICO
MAR MEDITERRÁNEO
MARRUECOS

Gobierno: Administrada por un gobernador nombrado por la Corona británica
Superficie: 6 km^2
Punto de máxima altura: 426 m
Población: 30.000 hab.

Gibraltar

Esta pequeña colonia es una península rocosa situada en el extremo sur de España. La mayor parte de Gibraltar está constituida por una montaña que los británicos llaman «la Roca». Gran Bretaña ganó Gibraltar a los españoles en 1704. Gibraltar guarda el extremo occidental del Mar Mediterráneo.

▶ El peñón de Gibraltar se alza en el extremo sur de España, a más de 400 metros sobre el nivel del mar.

Gimnasia olímpica

La gimnasia consiste en una serie de ejercicios que ayudan a poner y mantener el cuerpo en forma. Los Juegos Olímpicos tienen distintos ejercicios gimnásticos para hombres y para mujeres. Las mujeres realizan pasos rítmicos, carreras, saltos, vueltas y ejercicios de equilibrio sobre una *barra* estrecha, saltan en las *barras paralelas* pasando de la superior a la inferior y realizan saltos en el potro. Las mujeres realizan también ejercicios en el suelo al ritmo de la música. Los hombres ejecutan ejercicios

La gimnasia moderna adquirió gran popularidad debido a los logros de la atleta rusa Olga Korbut en los Juegos Olímpicos de 1972. La difusión de sus magníficos ejercicios, gracias a la gran cobertura de la televisión, incrementaron de la noche a la mañana el interés por el deporte.

colgados de una barra alta y en las *anillas,* balanceándose, saltando y describiendo grandes saltos. También realizan ejercicios de equilibrio y saltos en las *barras paralelas.* Asimismo, desarrollan ejercicios diversos sobre el potro, balanceando sus piernas y sus cuerpos o saltando sobre él.

▲ Gimnasia moderna competitiva que sigue el sistema de ejercicios sueco o el alemán.

Giroscopio

Este aparato, también llamado giróscopo, es una rueda que gira dentro de un marco especial. Independientemente de cómo se incline el marco, el eje de la rueda señala siempre la misma dirección. Ni siquiera la GRAVEDAD ni el MAGNETISMO terrestre afectan al eje. En los buques o aeronaves, una BRÚJULA dotada de giroscopio siempre señalará el Norte. Los giroscopios pueden mantener una aeronave en su curso sin que el piloto tenga que actuar.

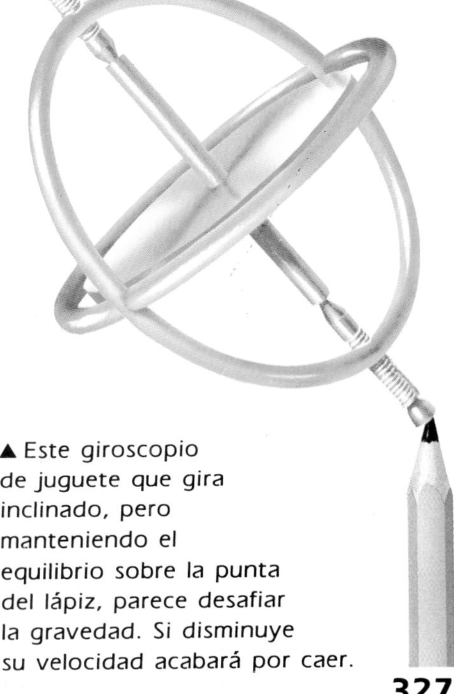

▲ Este giroscopio de juguete que gira inclinado, pero manteniendo el equilibrio sobre la punta del lápiz, parece desafiar la gravedad. Si disminuye su velocidad acabará por caer.

Glaciales, épocas

Las épocas o eras glaciales fueron períodos de tiempo en los cuales amplias capas de hielo cubrían partes de la

▶ Los glaciares, que durante las eras glaciales se extendieron sobre una gran parte de la Tierra, arrastraban consigo grandes rocas y cantos rodados. Los geólogos pueden determinar los lechos de los glaciares estudiando esas rocas y averiguando su lugar de procedencia.

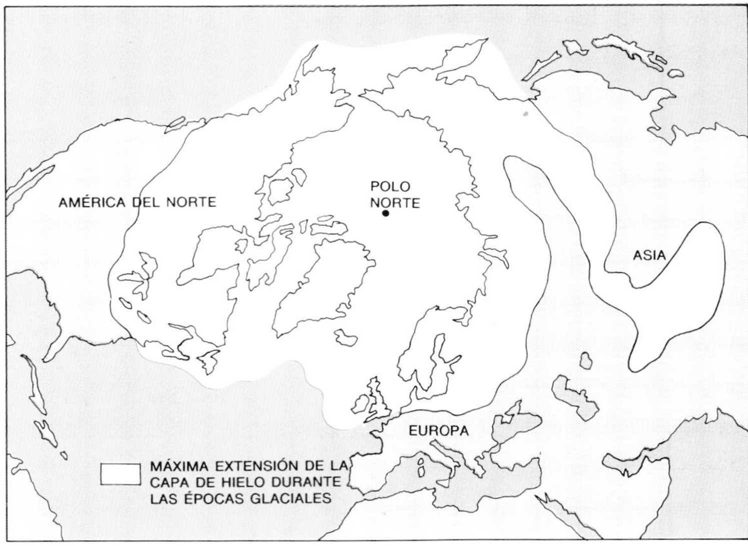

Tierra. Cada una de esas épocas duró unos mil años. Entre ellas hubo períodos más cálidos. La última era glacial ocurrió hace unos 20.000 años, pero es posible que se repitan los hielos.

Durante las eras glaciales el clima era muy frío. La nieve caía incesantemente y los GLACIARES crecieron y se extendieron. Durante algún tiempo, los glaciares cubrieron gran parte de América del Norte y de Asia, y en Europa llegaron hasta Londres, En algunos lugares el hielo amontonado llegó a alcanzar una altura de mil metros, lo que hizo que el mar descendiera por debajo de su actual nivel. Se formó un puente terrestre entre Asia y América del Norte. Los primeros habitantes de América llegaron desde Asia cruzando ese puente.

▼ El glaciar de Aletsch, en Suiza, es uno de los más visitados de los Alpes, ya que constituye un sorprendente espectáculo.

Glaciar

Los glaciares son ríos de hielo. La mayor parte de ellos se forman en las cumbres de las montañas, donde reinan las nieves eternas. Cuando la nieve se acumula en grandes montones, las capas bajas se rompen y se convierten en hielo, que comienza a deslizarse muy lentamente montaña abajo hacia los valles. Muchos glaciares necesitan un año para recorrer el espacio que un hombre andaría en cinco minutos. Las rocas arrastradas por los hielos erosionan los lados y el fondo de los valles hasta que los hacen profundos y anchos.

Durante las ÉPOCAS GLACIALES, los glaciares se extendieron más abajo de las montañas. Cuando la temperatura ambiente los calentó, se fundieron dejando al descubierto el valle existente bajo ellos. Muchos valles en los

ALPES y en las MONTAÑAS ROCOSAS tuvieron glaciares en otras épocas.

Gladiador

Los gladiadores eran hombres entrenados para luchar a muerte en aquellos espectáculos destinados a divertir a las multitudes de la antigua Roma. Algunos gladiadores eran delincuentes, prisioneros de guerra o esclavos. Muchos luchaban con espada y escudo, otros con una horca de tres puntas llamada *tridente* y con una red. La mayoría de los combates terminaba cuando un gladiador mataba a otro.

▲ En Roma, los gladiadores con éxito lograban hacerse famosos. Eran alimentados cuidadosamente y recibían ayuda médica.

Glándula

GLÁNDULAS ENDOCRINAS

Glándula pituitaria	Pequeña «glándula maestra» que produce al menos nueve hormonas, incluyendo aquellas que controlan el crecimiento y la reproducción.
Glándula tiroides	Controla el ritmo con que los alimentos se convierten en energía. La diminuta *paratiroides* regula la cantidad de calcio en los huesos y sangre.
Ovarios	Producen estrógeno y progesterona, que controlan los caracteres femeninos. También produce el óvulo o célula ovular.
Testículos	Segregan testosterona, que controla la producción de células espermáticas y los caracteres masculinos.
Páncreas	Produce insulina, que controla el nivel de glucosa, una fuente de energía.
Glándulas adrenales	Producen adrenalina, la hormona de la «urgencia» que acelera nuestros ritmos cardíacos y respiratorios cuando nos amenaza algún peligro.

Las glándulas son órganos que producen sustancias especiales que el cuerpo necesita. Hay dos tipos de glándulas: *endocrinas* y *exocrinas*. Las glándulas endocrinas lanzan sus secreciones, llamadas *hormonas*, directamente al torrente sanguíneo, con lo cual intervienen en todas las funciones del organismo. Una de las glándulas endocrinas principales es la *tiroides*. Su hormona regula el ritmo corporal del consumo de energía.

Las glándulas exocrinas, o de secreción externa, segregan sus sustancias a través de tubos, bien a los intestinos o la piel. El sudor, las lágrimas y la saliva proceden de glándulas exocrinas.

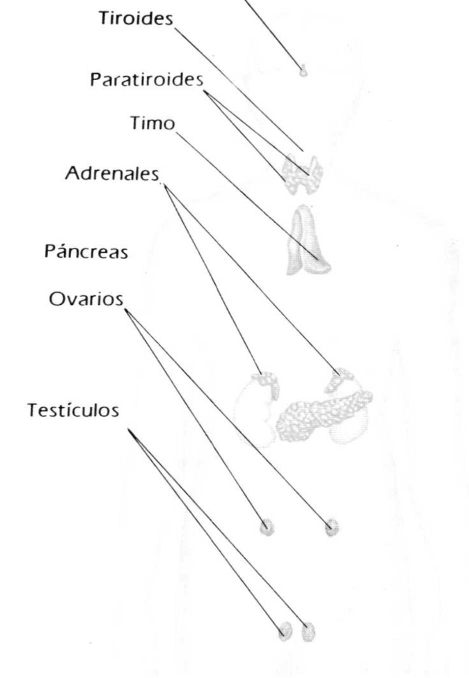

▲ Las glándulas endocrinas producen hormonas que controlan fenómenos tales como el crecimiento y la reproducción.

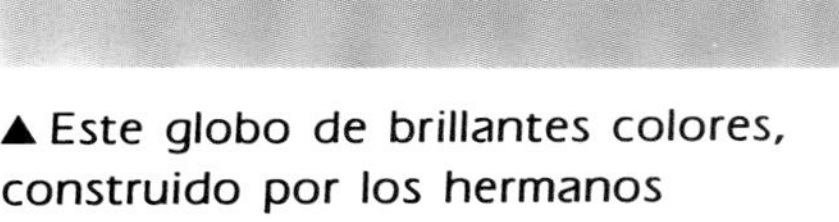

▲ Este globo de brillantes colores, construido por los hermanos Montgolfier, fue el primero en llevar pasajeros.

▼ Dirigibles como éste resultaban populares en los años veinte de este siglo, pero eran lentos, poco ágiles y con frecuencia peligrosos.

Globo y dirigible

Los globos y los dirigibles utilizan para volar gases más ligeros que el aire. Los globos sólo pueden desplazarse flotando en el aire, pero los dirigibles pueden volar y ser dirigidos.

El primer globo tripulado se elevaba por aire caliente y fue lanzado en 1783 por dos franceses, los hermanos Montgolfier. El globo era como una bolsa con la parte de abajo abierta. Bajo la abertura se colocaba un fuego que llenaba el globo de aire caliente.

Ese mismo año también ascendió el primer globo lleno de gas. Se utilizó el gas HIDRÓGENO y fue un aparato de sencillo manejo. Para hacerlo descender bastaba con abrir poco a poco una válvula que permitía la salida del hidrógeno.

En el siglo XVIII ya se utilizaron globos tripulados para observaciones militares. En la actualidad, los globos se emplean fundamentalmente para estudiar el CLIMA y la meteorología. Los globos de aire caliente se han convertido en un deporte popular.

Dirigibles

La mayoría de los dirigibles son de mayor tamaño que los globos. El tipo más común es una bolsa en forma de cigarro puro, bajo la cual cuelga una barquilla para los servicios, pasajeros y motores. Los más avanzados tienen su propio esqueleto metálico rígido cubierto con un tejido.

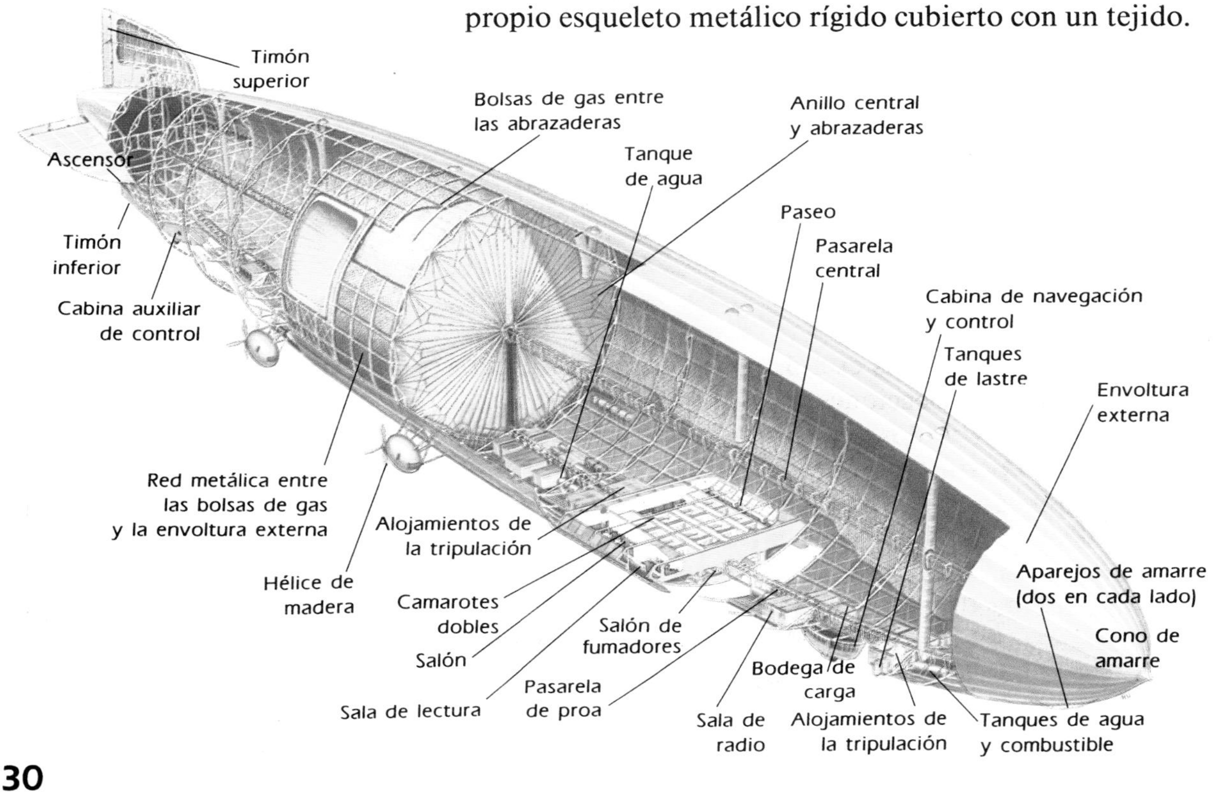

Timón superior
Bolsas de gas entre las abrazaderas
Anillo central y abrazaderas
Ascensor
Tanque de agua
Timón inferior
Paseo
Pasarela central
Cabina auxiliar de control
Cabina de navegación y control
Tanques de lastre
Envoltura externa
Red metálica entre las bolsas de gas y la envoltura externa
Alojamientos de la tripulación
Hélice de madera
Camarotes dobles
Aparejos de amarre (dos en cada lado)
Salón
Salón de fumadores
Cono de amarre
Bodega de carga
Pasarela de proa
Sala de lectura
Sala de radio
Alojamientos de la tripulación
Tanques de agua y combustible

En 1852 voló con éxito el primer dirigible. Estaba impulsado por un motor a vapor y podía alcanzar los 8 km/h. Durante la I Guerra Mundial se utilizaron dirigibles para bombardear ciudades. En 1919 un dirigible británico, el *R34*, fue el primero en cruzar el Atlántico. En 1929 el famoso *Graf Zeppelin*, alemán, dio la vuelta al mundo. Una serie de accidentes y desastres pusieron fin a la construcción de dirigibles. El problema era simple: no resultaban lo suficientemente seguros para el transporte regular de pasajeros porque solían estar llenos del peligroso gas hidrógeno. En la actualidad se llenan de helio, un gas más seguro por cuanto no puede arder. En nuestros días los dirigibles se usan en casos especiales, para la filmación y la publicidad.

FORMAS DE GOBIERNO

Sistema	*Regido por*
Anarquía	No hay leyes
Aristocracia	Los privilegiados
Autocracia	Una persona, totalitariamente
Burocracia	Los funcionarios
Democracia	El pueblo
Matriarcado	Una madre, o madres
Meritocracia	El más capaz
Monarquía	Un rey o reina, hereditarios
Patriarcado	Un varón cabeza de familia
Plutocracia	La riqueza

Gobierno

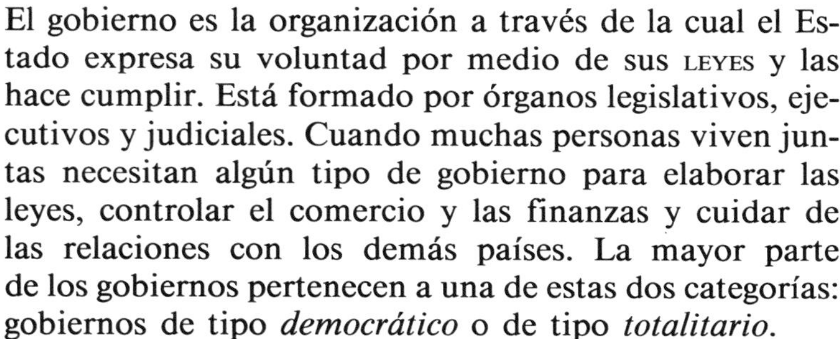

El gobierno es la organización a través de la cual el Estado expresa su voluntad por medio de sus LEYES y las hace cumplir. Está formado por órganos legislativos, ejecutivos y judiciales. Cuando muchas personas viven juntas necesitan algún tipo de gobierno para elaborar las leyes, controlar el comercio y las finanzas y cuidar de las relaciones con los demás países. La mayor parte de los gobiernos pertenecen a una de estas dos categorías: gobiernos de tipo *democrático* o de tipo *totalitario*.

La DEMOCRACIA es un sistema por el cual el pueblo elige a sus representantes mediante ELECCIONES, en las que vota a los que cree más indicados o capaces y mediante las cuales posee también la facultad de alejarles del poder negándoles su voto. El totalitarismo es un sistema en el cual una persona o grupo tiene un control completo sobre el pueblo y no puede ser despojado del poder mediante elecciones. Hitler, Franco y Mussolini fueron dictadores.

Existen distintos tipos de democracia. España es una monarquía constitucional con un rey como jefe del Estado. Sin embargo, el país está dirigido por un gobierno escogido a través de elecciones y que ejerce sus funciones en el PARLAMENTO. Estados Unidos es una república presidencialista en la cual los cargos de jefe de Estado y jefe de gobierno están encarnados en la persona del presidente. Existen otras formas de repúblicas, como la República de Italia, en la cual el presidente de la República es el jefe de Estado que sólo tiene funciones representativas, mientras que quien dirige el país es el presidente del gobierno. Los países democráticos suelen tener una CONSTITUCIÓN, es decir, una ley fundamental, que determina las demás leyes y principios.

▼ El Palacio de Westminster, en Londres, es la sede del gobierno, lugar donde se reúnen las dos Cámaras del Parlamento del Reino Unido.

▲ Al este de Terranova la Corriente del Golfo es conocida, de modo más correcto, como Corriente del Atlántico Norte.

Golf

El golf es un juego de origen escocés que data de mucho antes del siglo XV. En la actualidad es uno de los más populares en todo el mundo. El objetivo del jugador de golf es golpear la pequeña pelota desde el punto de partida, llamado *tee,* hasta hacerla entrar en un pequeño agujero con el menor número de golpes posible. Un juego completo se compone de 18 agujeros.

Golfo, Corriente del

Esta corriente marina es como un río gigante que se desliza en el seno del océano. Lleva las aguas calientes del golfo de México hacia el norte a lo largo de las costas orientales de Estados Unidos. La Corriente del Golfo, muy conocida también con su nombre inglés de *Gulf Stream,* tiene una anchura de 60 km y 600 metros de profundidad. La corriente se divide y una de sus ramas cruza el OCÉANO ATLÁNTICO y lleva sus aguas calientes hasta el noroeste de Europa. Si no fuera por la Corriente del Golfo los inviernos serían mucho más crudos en algunas regiones de Francia, Gran Bretaña y Noruega.

▼ Bajo el liderazgo de Mijail Gorbachov la antigua URSS se convirtió en una sociedad más abierta.

Gorbachov, Mijail

Mijail Gorbachov nació en 1931 en Privolnoe. Se licenció en Derecho por la Universidad de Moscú en 1955, y estudió además la carrera de ingeniero. En 1952 ingresó en el Partido Comunista Soviético. En marzo de 1985 fue nombrado secretario general del Partido y líder de la antigua Unión Soviética. Desde este cargo trató de reformar la economía soviética y de librar al país de sus restricciones. Su tarea tropezó con algunas dificultades, sobre todo en el interior, relacionadas con los movimientos de independencia de algunas de las Repúblicas de la antigua Unión Soviética. En el campo internacional, su labor fue muy importante. Firmó acuerdos muy positivos con el presidente de EUA, entre ellos un tratado de reducción de armamento. En 1990 fue galardonado con el Premio Nobel de la Paz.

Gorila

El gorila es el mayor de los MONOS. Un macho de buen tamaño puede ser tan alto como un hombre. Los gorilas viven formando grupos familiares en las cálidas selvas del África Central. Se alimentan de frutas, raíces, cortezas de árboles y hojas.

▲ Los gorilas viven en grupos familiares. El jefe defiende al grupo en caso de peligro y se hace cargo de las crías.

Goya, Francisco de

Francisco de Goya nació en Fuendetodos (Aragón) en 1746 y murió en Burdeos (Francia) en 1828. Fue pintor de cámara de la familia real, importante grabador y dibujante de cartones para tapices. Se le reconocieron méritos mientras vivió y obtuvo grandes honores pero su mayor éxito se admira en sus obras: allí vemos su gran fuerza creadora y su torturada imaginación que nos hacen considerarlo el primer gran revolucionario de la pintura moderna.

OBRAS MÁS IMPORTANTES DE GOYA

Retrato de Floridablanca (1783)
Retrato de Carlos III
Retrato de la familia de Carlos IV (1800)
Grabados de la serie Caprichos (1797-1799)
Frescos de San Antonio de la Florida (1798)
Maja vestida
Maja desnuda
Retrato de Jovellanos (1798)
Aguafuertes serie Los desastres de la guerra (1810-1820)
El dos de mayo (1814)
Grabados serie Tauromaquia (1816)
Grabados serie Disparates (1819)

Grabación

La grabación de un disco es un proceso complicado. Primero un micrófono transforma las voces y la música en señales eléctricas. Éstas se hacen mayores y se amplifican para que puedan hacer vibrar un «estilete» de zafiro que graba surcos muy finos en un disco suave. Éste es el disco patrón.

Después se hace un positivo metálico, es decir, una copia inversa al disco patrón en el que los surcos de éste aparezcan como salientes en la copia metálica. Posterior-

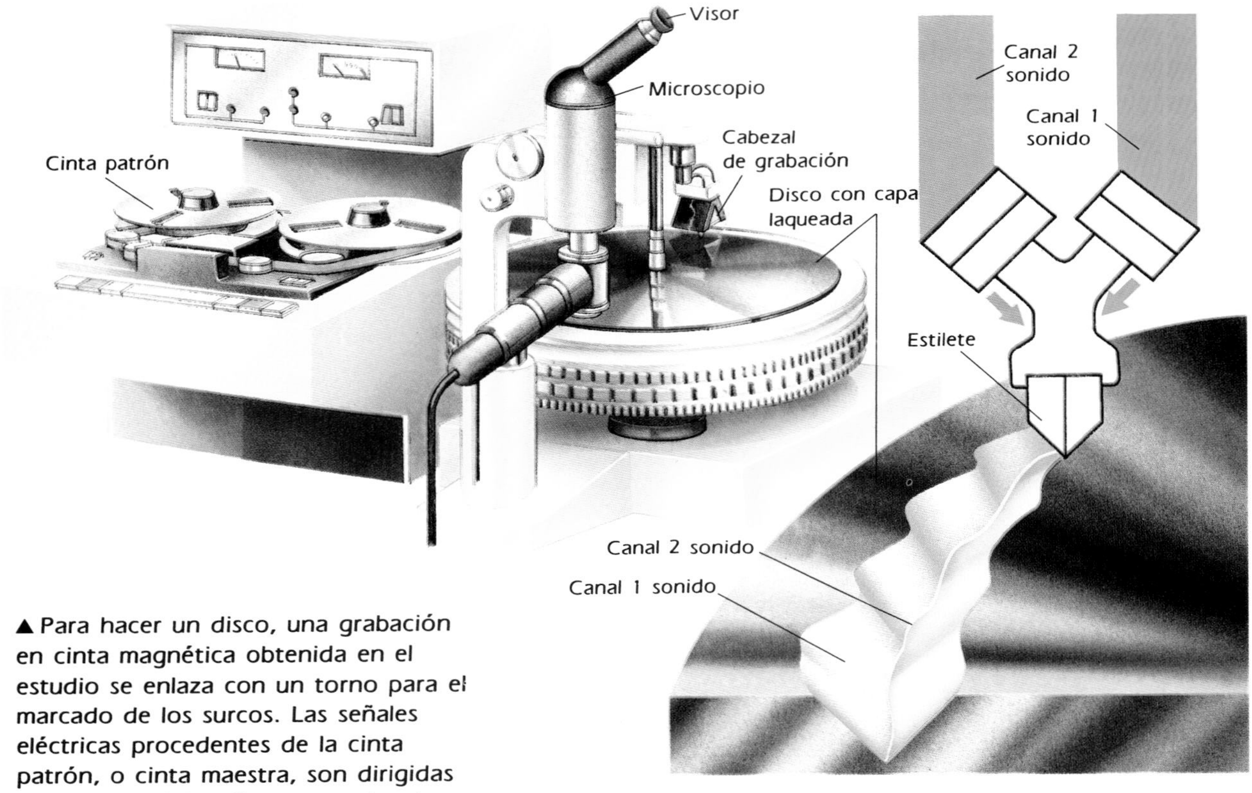

▲ Para hacer un disco, una grabación en cinta magnética obtenida en el estudio se enlaza con un torno para el marcado de los surcos. Las señales eléctricas procedentes de la cinta patrón, o cinta maestra, son dirigidas a la cabeza del estilete marcador de los surcos, para que produzca una estría estereofónica que suena en dos canales sobre un disco patrón a partir del cual podrán ser grabados los demás discos.

mente se hacen los cuños metálicos, que sirven para imprimir miles de discos.

Una grabadora de cinta magnética transforma las ondas de sonido en magnetismo y el sonido se graba como pautas magnéticas sobre la cinta grabadora. Cuando se hace sonar la cinta las pautas magnéticas se convierten otra vez en sonido.

Se puede grabar un programa de televisión en una casete de vídeo que graba la señal eléctrica procedente de la antena de la televisión. El pionero en la grabación de sonido fue Thomas EDISON.

Gramática

Para formar frases que puedan ser comprendidas, las palabras tienen que ser ordenadas de forma especial. La gramática es el estudio de cómo se forman y se ordenan para constituir frases. En la práctica, la gramática es el arte de hablar y escribir bien un idioma.

Las palabras se clasifican en *partes de la oración*, de acuerdo con el papel que juega en la frase u oración. Las principales partes de la oración son VERBOS (palabras que indican acción), NOMBRES (que denominan las cosas), pronombres (palabras que sustituyen a los nombres), ADJETI-

Nada menos que 32 grabaciones de sonido separadas pueden hacerse en una cinta en bandas paralelas, llamadas «pistas». Se llama «mono» a la grabación con sólo una pista. Para el sonido estereofónico se necesitan dos pistas.

vos (que califican o determinan los nombres o pronombres) y los adverbios (que califican a los verbos).

Los diferentes idiomas tienen distintas gramáticas aunque su función esencial es siempre la misma: enseñar a hablar, leer y escribir correctamente una lengua.

El orden de las palabras en cada sentencia o frase es más importante en unos idiomas que en otros.

Las palabras o partes de la oración pueden ser definidas de acuerdo con lo que representen en ella. Así, por ejemplo, en la oración «Las alegres golondrinas han regresado» tenemos lo que la gramática denomina como *sujeto* o *sintagma nominal* (las alegres golondrinas) y su *verbo* o *núcleo del predicado verbal* (han regresado).

Gran Barrera de Coral, la

Se llama así al mayor arrecife de CORAL existente en el mundo. Mide unos 2.000 km de extremo a extremo. Se levanta en el mar de las costas nororientales de Australia. La mayor parte de la cumbre del arrecife está bajo el agua y constituye un peligro para los buques, pero existen huecos entre los cuales los barcos pueden navegar con seguridad.

La Gran Barrera de Coral está constituida por roca calcárea, la mayor parte de la cual ha sido producida por millones y millones de pequeñas criaturas de cuerpo blando llamadas políperos coralinos, emparentados con la ANÉMONA MARINA. En la década de 1960-1970 parte de la barrera fue destruida por un tipo especial de estrellas marinas que se alimentan de los pequeños corales constructores del arrecife.

▲ La Gran Barrera de Coral está formada por muy diversos tipos de coral y ofrece protección a una abundante variedad de peces.

Gran Bretaña (ver Reino Unido)

Gran Cañón, el

El río Colorado ha erosionado esta profunda hendidura en la superficie de la Tierra. El cañón atraviesa un desierto en Arizona, un estado en el oeste de Estados Unidos. El cañón tiene 350 km de longitud que se extienden entre gigantescos farallones, alcanzando éstos, a veces, hasta 1.600 metros de altura. En algunas partes llega a tener 20 km de ancho y hasta 2 km de profundidad.

Es la garganta más profunda de la Tierra y la más grandiosa manifestación de erosión fluvial.

▲ La capa de rocas en el Gran Cañón muestra la historia de la Tierra en millones de años.

GRANADA

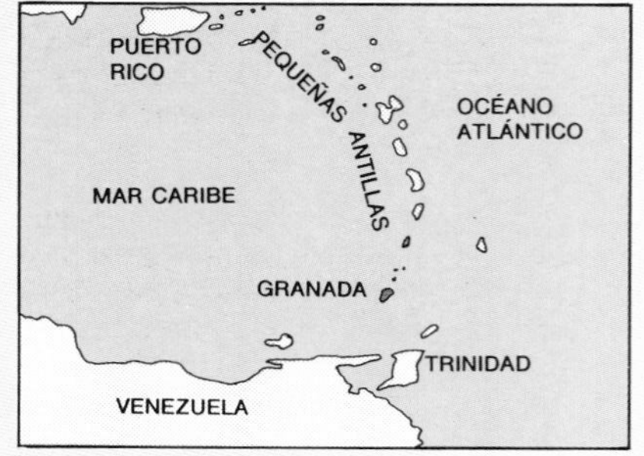

Gobierno: Parlamentario
Capital: Saint George
Superficie: 344 km²
Población: 113.000 hab.
Lengua: Inglés
Moneda: Dólar del Caribe oriental

Gran Muralla de China, la

Hace más de 2.000 años el primer emperador de China, Shi Huang Ti, construyó esta muralla para contener a los enemigos de China procedentes del norte. La Gran Muralla es la muralla más larga del mundo. Se extiende a lo largo de 2.400 km, desde el oeste de China hasta el Mar Amarillo (o Huang Hai).

La muralla está construida de tierra y piedras. Cada 200 metros, en toda su longitud, se levantaron torres de vigilancia. Desde esas torres los centinelas chinos enviaban señales de alarma si alguien atacaba la muralla. Las señales eran humo durante el día y hogueras durante la noche.

Granada

Granada es una de las más pequeñas naciones del hemisferio occidental. Es un grupo de pequeñas islas en el sur del Mar Caribe con una superficie total de 344 km². Granada fue una colonia británica hasta 1974, año en que consiguió su total independencia. La capital es Saint George.

Ocho estados de Estados Unidos alcanzan las orillas de los Grandes Lagos. Esos estados producen por sí solos más de la mitad de los bienes industriales del país. Dos tercios de la población del Canadá y la mayoría de sus fábricas están en la zona de los Grandes Lagos o del río San Lorenzo. Un buque puede navegar desde el Atlántico hasta el San Lorenzo, y cruzando los lagos, llegar hasta la costa oeste del lago Superior, cruzando la mitad de Norteamérica.

Grandes Lagos

Es el mayor grupo de lagos de agua dulce del mundo. Su extensión es aproximadamente como la mitad de España. El lago Michigan está en los Estados Unidos. Los lagos Superior, Erie, Huron y Ontario se reparten entre Estados Unidos y Canadá. Los lagos se formaron hace 18.000 años cuando se fundió una colosal capa de hielo.

▶ Los lagos Erie y Ontario, a diferente nivel, están unidos por las cataratas del Niágara y el río del mismo nombre. Los buques evitan esa ruta utilizando para ello el canal de Welland.

Ríos y canales conectan los lagos entre sí y con el Océano Atlántico. Los buques pueden salir al mar desde algunos puertos de los lagos situados a 1.600 km tierra adentro. La mayoría de sus productos son transportados por barcos a otros puertos.

Granito

El granito es una roca muy dura compuesta principalmente de CRISTAL de CUARZO y feldespato. El cuarzo es transparente, como el agua. El feldespato tiene color rosado, blanco o gris. El granito contiene también pequeñas cantidades de MINERALES oscuros. En principio, el granito fue una masa ardiente de roca fundida bajo la superficie de la Tierra. Al enfriarse, la roca se endureció. Los movimientos de la corteza terrestre las hicieron salir a la superficie. Los accidentes meteorológicos disuelven lentamente el granito y lo convierten en arena y caliza.

Los constructores utilizan el granito cuando necesitan una piedra dura y fuerte. Se ha empleado el granito para hacer monumentos pulidos, porque dura mucho más que los realizados con piedra caliza.

Granizo (ver Lluvia y Nieve)

Grasas

Las grasas son un alimento importantísimo, tanto para los animales como para las plantas. Los tejidos de todos esos seres vivos contienen grasas. Las grasas en su estado puro pueden ser líquidas, como por ejemplo los aceites vegetales, y sólidas, como la mantequilla o la manteca.

Las grasas son un depósito de ENERGÍA. Una unidad de grasa doble contiene más energía que la misma cantidad de PROTEÍNA o de dieta. La mayor parte de las grasas vegetales las obtenemos de las semillas y frutos. En los animales y en el ser humano, la grasa se almacena en forma de «gotitas» en una capa bajo la piel y en las CÉLULAS del cuerpo. Los cerdos y otros tipos de ganado son nuestras fuentes principales de grasa animal. Las grasas son asimiladas por el ser humano por la acción de la bilis y del jugo pancreático. En invierno se consumen en proporciones mucho mayores que en verano para que el organismo pueda resistir el frío. Las grasas son muy usadas en la fabricación de JABONES, PERFUMES y abrillantadores.

FUENTES Y USOS DE LAS GRASAS

Grasas animales

Leche de vaca: alimentos, jabón y productos químicos.

Grasa de cerdo: velas, jabón y productos químicos.

Aceite de bacalao: vitaminas A y D; curtido de cueros.

Aceite de ballena: jabón.

Grasas vegetales

Aceite de oliva: aceite de cocina, productos farmacéuticos.

Aceite de soja: aceite de cocina, barnices.

Aceite de girasol: aceite de cocina e industriales.

Aceite de colza: aceite de cocina, lubricantes.

Aceite de cacahuete: manteca, jabón.

Aceite de palma: aceite de cocina, margarinas, cosméticos.

▲ Estos edificios abrasados por el sol en la ciudad de la isla griega de Santorini, también conocida como Thera, están situados sobre los restos de un volcán que hizo explosión.

Gravedad

La gravedad es la fuerza que atrae a todas las cosas hacia el centro de la Tierra. La gravedad es lo que hace que los objetos tiendan a caer, nos frena si volamos en el espacio y mantiene a la Luna girando alrededor de la Tierra. Cuando pesamos algo, lo que hacemos es medir la intensidad con que la gravedad hace caer a ese objeto. Mientras más densa sea la materia que compone un objeto más pesado parece.

No sólo la Tierra sino todos los planetas y estrellas ejercen una fuerza de atracción. Los científicos la llaman gravitación. Mientras mayor o más denso es un cuerpo celeste y más cercano está de los otros objetos mayor es la fuerza de atracción que los atrae. El Sol está lejos de los planetas, pero es tan grande que su gravitación los mantiene girando a su alrededor. La Luna es pequeña y su gravitación débil. Un astronauta en la Luna pesa mucho menos que en la Tierra, aunque su *masa* sigue siendo la misma.

Grecia

Grecia es un país mediterráneo situado al sudeste de Europa. Las montañas cubren la mayor parte del país y sus penínsulas entran en el mar como dedos gigantes. Grecia incluye la isla de Creta y muchas islas pequeñas en los mares Egeo y Jónico. Los veranos griegos son cálidos y secos; los inviernos, suaves y húmedos, y las precipitaciones no son abundantes.

En Grecia viven diez millones de personas. Muchas de ellas trabajan en la capital, Atenas. Los agricultores griegos producen grandes cosechas de limones, uvas, trigo y aceitunas. Millones de turistas visitan Grecia cada año.

GRECIA

Gobierno: República parlamentaria
Capital: Atenas
Superficie: 131.944 km^2
Población: 10.000.000 hab.
Lengua: Griego
Moneda: Dracma

Grecia, Antigua

Los primeros habitantes de Grecia fueron minoicos y micénicos. Los primeros vivían en Creta, poseían ciudades ricas y una próspera agricultura. Los micénicos vivían en el continente y eran guerreros y marinos. Entre ellos gobernaban personajes que figuran entre los protagonistas de la legendaria expedición a Troya. Los héroes de los poemas de Homero probablemente también fueron micénicos.

Ambas civilizaciones terminaron hacia 1200 a.C., cuando nuevas gentes comenzaron a entrar en Grecia.

Provenían del norte pero hablaban griego. En vez de hacer de Grecia un reino, organizaron diferentes ciudades que guerreaban entre ellas, aunque a veces se unían entre sí para luchar contra enemigos externos, como los persas.

Las ciudades más importantes eran Atenas y Esparta. En el año 400 a.C. Atenas era una DEMOCRACIA que se hizo muy poderosa.

Los griegos amaban el teatro, el arte y la poesía. Tuvieron grandes pensadores o *filósofos*, entre ellos ARISTÓTELES, PLATÓN y Sócrates. Las ciudades griegas tenían edificios magníficos, decorados con bellas ESCULTURAS. Los griegos comenzaron los primeros JUEGOS OLÍMPICOS. En 339 a.C. Grecia fue conquistada por Filipo, el padre de ALEJANDRO MAGNO.

▲ La plaza del mercado o *ágora* de una ciudad griega era un lugar abierto rodeado de templos y edificios. Los vasos como el del grabado estaban decorados frecuentemente con escenas o personajes.

GROENLANDIA

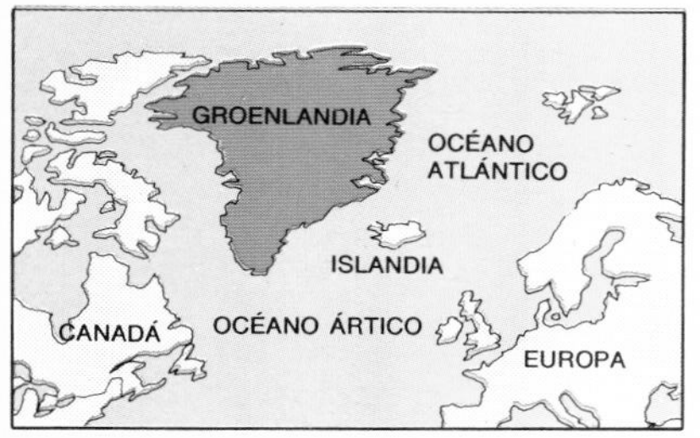

Gobierno: En parte danés, con autonomía
Capital: Godthaab (Nuuk)
Superficie: 2.175.600 km^2
Espesor medio del hielo: 1.500 metros
Punto más elevado: Gunnbjornsfjaeld, 3.700 metros
Nombre oficial de Groenlandia: Kalaallit Nunaat
Población: 53.000 hab.

Groenlandia

Groenlandia es la mayor de las islas del mundo. Fue descubierta por los VIKINGOS hace unos 1.000 años. Está situada al nordeste de Canadá pero pertenece a DINAMARCA, un pequeño país europeo. Desde 1979 goza de autonomía. Es cinco veces mayor que Dinamarca pero apenas tiene los habitantes de una ciudad media. Esto se debe a la crudeza de su clima, pues la isla está, en su mayor parte, en el ÁRTICO. El hielo eterno cubre las siete octavas partes de la isla. Montañas desnudas cubren el resto. La capital es Godthaab.

La mayoría de los habitantes de Groenlandia viven en aldeas de casas de madera cerca de la costa; algunos son daneses y otros ESQUIMALES. Algunos esquimales cazan focas, pero la mayoría de los groenlandeses son pescadores.

▶ Barcos de pescadores anclados en el pueblo costero de Jakobshavn, en Groenlandia. La pesca y sus industrias derivadas son las principales actividades de Groenlandia.

GUAM

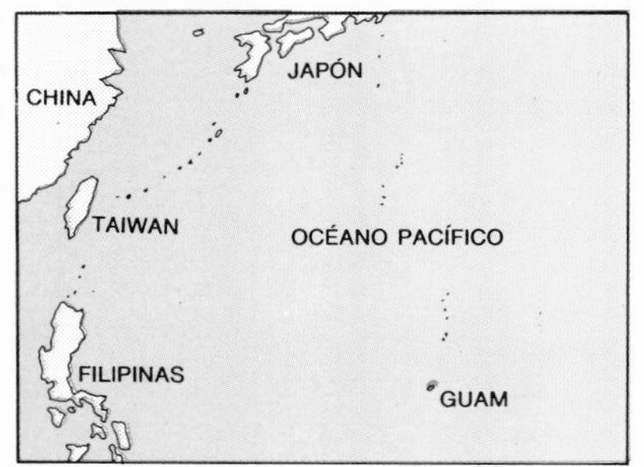

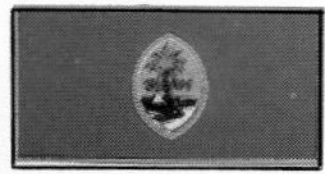

Gobierno: Territorio norteamericano con autogobierno
Capital: Agaña
Superficie: 541 km^2
Población: 120.000 hab.
Lengua: Inglés
Moneda: Dólar

Grúa

La grúa es un aparato o máquina que se utiliza para levantar objetos pesados. En general se halla provista de un brazo largo. Las grúas pueden ser fijadas en un lugar, como las que se levantan para construir edificios, o a veces estar montadas sobre ruedas especiales, vagones de ferrocarril o en la batea de camiones para poder moverse de un lugar a otro.

Las modernas grúas de brazo tienen un motor poderoso que alza el gancho, sube y baja el brazo de la grúa y mueve de forma circular la cabina del conductor.

Algunas de las mayores grúas son de brazo móvil. El gancho cuelga de un carro que puede moverse adelante y atrás, en el brazo, sobre una serie de raíles. Esas grúas pueden elevar cientos de toneladas de una vez.

Grulla

Las grullas son AVES de cuello y patas muy largas. Viven en los pantanos, las marinas o en los ríos, y se alimentan principalmente de bayas, frutas y peces. Las grullas lanzan un grito muy fuerte que se oye a larga distancia, y las aves adultas vuelan en grandes bandadas.

Guam

Es la mayor de las islas Marianas, en el Océano Pacífico. Tiene un clima tropical con grandes lluvias estacionales. El país depende en gran parte de los ingresos procedentes de las instalaciones militares de Estados Unidos. Se convirtió en territorio de Estados Unidos tras la guerra hispano-norteamericana. Sus habitantes tienen nacionalidad estadounidense, pero gozan de autogobierno.

Guatemala

Guatemala es el país más poblado de América Central. La mitad de sus habitantes son indios descendientes de

▲ La grúa de voladizo se usa generalmente en astilleros o en la construcción de grandes edificios. Levantan grandes cargas y generalmente funcionan con electricidad. El brazo más corto de la cruz lleva siempre el lastre de equilibrio.

◄ Este magnífico templo, en Tikal, Guatemala, fue antaño parte del imperio maya, una civilización que data del siglo I.

GUATEMALA

Gobierno: República presidencialista
Capital: Guatemala
Superficie: 108.889 km^2
Población: 8.400.000 hab.
Lengua: Español
Moneda: Quetzal

los MAYAS. Guatemala es un país de densas junglas, volcanes, desiertos áridos y lagos. Es aproximadamente cuatro veces menor que la España continental. La mayoría de sus habitantes viven de la agricultura: el café, el algodón y el plátano son sus principales productos. Existen también minas de níquel y algo de petróleo. El país fue conquistado por los españoles en 1524, se independizó en 1821 y se convirtió en República en 1839. La capital es Guatemala.

Guerra Civil española 

La Guerra Civil española empezó en julio de 1936. Por aquel entonces había en España una REPÚBLICA y un gobierno elegido por sufragio universal. Algunos pensaban que este gobierno, que era de izquierdas, no actuaba correctamente y que la única solución era la fuerza. Hubo pues un levantamiento militar apoyado por los partidos de la derecha (Falange Española y de las JONS, CEDA, Carlistas, Renovación Española...). Los ánimos se encendieron, crecieron las discrepancias y sobre todo la intolerancia llegando el horror de la guerra a sus cotas más altas enfrentando amigos y hermanos. Ganaron las tropas rebeldes del general Franco en 1939, iniciándose una dictadura que acabó en 1975 con la muerte del general.

▼ Durante la Guerra Civil española hubo gran profusión de carteles políticos de carácter propagandístico, como éste de la fotografía.

Guerra de Crimea 

La Guerra de Crimea (1854-1856) enfrentó a Rusia por un lado y a Turquía, Francia y Gran Bretaña por el otro. En aquellos días el Imperio Turco era muy débil. Rusia confiaba extender su poderío al Mediterráneo oriental con la toma de CONSTANTINOPLA.

Los británicos, franceses y turcos hicieron retroceder al ejército imperial ruso hasta la península de Crimea, donde tuvo lugar la batalla definitiva, muy sangrienta y cruel, que produjo miseria y sufrimiento.

Por primera vez, los periodistas y fotógrafos de prensa estuvieron en los campos de batalla e informaron en sus periódicos de las terribles condiciones en que vivían los soldados.

Guerra de Independencia española 

Se llama Guerra de Independencia a la lucha contra la ocupación francesa, que duró de 1808 a 1814. El rey de

España y Napoleón firmaron un acuerdo que permitía la entrada de las tropas francesas en España para atacar Portugal, pero los franceses aprovecharon para intentar ocupar también España. Aquí encontraron más resistencia de la prevista, generalizada y popular, y el esfuerzo que les supuso responder a esos continuos ataques más la derrota en el frente ruso precipitaron el fin de los sueños de Napoleón.

Guerra de los Cien Años

De 1337 a 1453, Francia e Inglaterra estuvieron en guerra sin interrupción, y a esta guerra se le llamó la Guerra de los Cien Años. Empezó la guerra el rey Eduardo III, que creyó ser el heredero legal de la corona de Francia. Eduardo desembarcó en Francia con un ejército en 1346. Sus soldados de infantería y sus arqueros derrotaron a los franceses en Crécy, en 1346, y en Poitiers, en 1356. Se firmó un tratado en 1360, pero la guerra comenzó de nuevo en 1369. Enrique V de Inglaterra decidió volver a intentar hacerse con la corona de Francia. En la batalla de Agincourt, en 1415, los arqueros ingleses vencieron a la caballería francesa. Se firmó otro tratado en 1442. Enrique se casó con la hija del rey de Francia y fue nombrado heredero de la Corona francesa, pero la muerte de los dos reyes hizo que la guerra estallara de nuevo. En esta ocasión los franceses estaban acaudillados por una joven campesina, Juana de Arco. En 1453, los ingleses fueron arrojados de todas las tierras conquistadas en

▲ El hijo mayor de Eduardo III fue llamado el Príncipe Negro. Fue un guerrero rudo y cruel.

▼ En la batalla de Agincourt, la destreza de los guerreros ingleses consiguió la derrota de los franceses, aun cuando el ejército inglés era muy inferior en número al de sus enemigos.

Francia, con la excepción de Calais, y la larga guerra llegó a su fin.

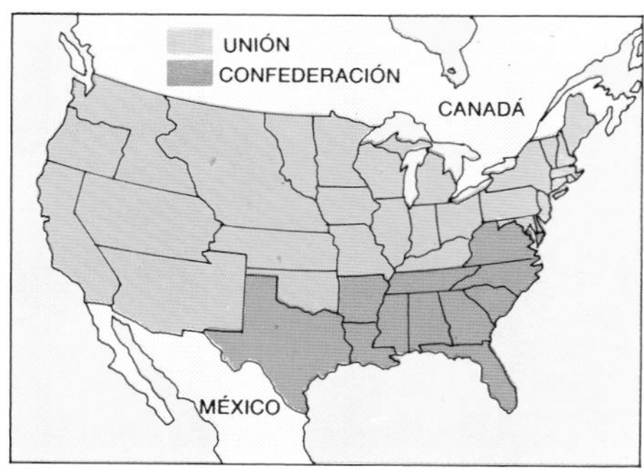

▲ Cuando estalló la Guerra de Secesión 11 estados se declararon independientes de la Unión y se sumaron a la Confederación. El Norte tenía una industria más poderosa que el Sur y, al final, este factor fue el que decidió la suerte de la guerra.

Guerra de Secesión americana

Se conoce como Guerra de Secesión la guerra civil que tuvo lugar en Estados Unidos de 1861 a 1865. Enfrentó al gobierno (Unión) apoyado por los estados del Norte contra los estados del Sur (Confederación).

En 1861 un grupo de estados del Sur trató de romper sus relaciones con los EUA y constituir su propia nación. El principal problema que los separaba era la cuestión de la ESCLAVITUD. Los estados del Norte (abolicionistas) querían liberar a los esclavos negros que aún seguían trabajando en las grandes haciendas o plantaciones; los agricultores del Sur, en cambio, querían mantenerlos. Las querellas iniciales terminaron en guerra civil.

Al principio, los confederados, bajo el mando del general Lee, ganaron muchas batallas, pero acabaron siendo derrotados en la batalla de Gettysburg, en 1863. El ejército de la Unión, mandado por el general Grant, comenzó a ganar la guerra. En abril de 1865, el ejército de la Confederación se rindió al general Grant. Finalmente los esclavos fueron liberados.

▼ La Guerra de Secesión americana fue una de las primeras guerras en ser fotografiada. Esta foto de un cañón fue tomada en la batalla de Williamsburg, en 1862.

Guerra de Sucesión española

Después de la muerte de Carlos II, el último de los AUSTRIAS, en 1700, se desató una fuerte polémica que desembocó en una guerra de carácter internacional, para conseguir el trono de España (1702-1713). Decían tener derecho a él dos candidatos especialmente: Felipe de Anjou, nieto de Luis XIV, apoyado por la Corona de Castilla, y el archiduque Carlos de Austria, apoyado por Catalunya y Aragón. Después de 11 años de encarnizada guerra, acabó imponiéndose Felipe de Anjou, el candidato francés.

Guerra de Troya

La Guerra de Troya tuvo lugar aproximadamente en 1200 a.C. entre los troyanos y los griegos. Duró 10 años. El poeta griego HOMERO, en su poema la *Ilíada*, nos cuenta la historia de sólo unos pocos días de la guerra. El resto lo conocemos por otros escritos.

Paris era un príncipe de Troya. Se enamoró de Helena, la esposa del rey Menelao de Esparta, en Grecia. Paris raptó a Helena y se la llevó a Troya. Menelao, acompañado de otros reyes griegos y sus soldados, trató de recuperarla y sitiaron Troya durante varios años. Finalmente ganaron engañando a los troyanos mediante un gigantesco caballo de madera, lleno en su interior de soldados griegos, que dejaron abandonado delante de las murallas de la ciudad.

Los troyanos, creyendo que se trataba de un regalo, lo introdujeron en la ciudad. Los soldados ocultos abrieron las puertas y Troya fue destruida. Nadie sabe si esta historia es verdadera.

Guerra Mundial, Primera

Entre 1914 y 1918 Europa, Estados Unidos y una gran parte del Oriente Medio se vieron envueltos en la primera de las conflagraciones que con razón pueden llamarse «guerra mundial». Por una parte estaban Alemania, Austria-Hungría y Turquía. Por la otra, Francia, el Imperio Británico, Estados Unidos y Rusia. El origen de esta guerra está principalmente en la existencia de esos dos grandes bloques mencionados que eran antagónicos entre sí. El motivo directo fue el asesinato en Sarajevo del archiduque Francisco Fernando de Austria, el 28 de junio de 1914. Austria culpó a Serbia del magnicidio y

▲ Uniformes de la infantería norteamericana, británica y alemana durante la I Guerra Mundial.

ACONTECIMIENTOS DE LA I GUERRA MUNDIAL

1914 15 de junio: asesinato del archiduque Francisco Fernando en Sarajevo.
1 de agosto: Alemania declara la guerra a Rusia.
4 de agosto: Gran Bretaña declara la guerra a Alemania.
30 de agosto: Alemania derrota a Rusia en Tannenberg.
12 de sept.: británicos y franceses detienen el avance alemán en la batalla del Marne.

1915 Diciembre: los británicos se retiran en Gallipoli.

1916 Febr.-julio: ataque alemán en Verdún.
31 de mayo-1 de junio: la batalla naval de Jutlandia; sin decisión clara.
1 de julio-18 de nov.: batalla del Somme.

1917 3 de marzo: Rusia firma la paz con Alemania en Brest-Litovsk.
6 de abril: Estados Unidos entran en la guerra.

1918 Marzo: comienza la gran ofensiva alemana.
9 de nov.: abdica el emperador Guillermo II.
11 de nov.: cesa el fuego en el frente occidental.

▶ Tropas canadienses luchan al ataque en la segunda batalla de Ypres, en 1915. En esa y otras batallas semejantes durante la I Guerra Mundial murieron miles de hombres, pero el frente sólo sufrió pocas variaciones.

como ésta no pudo dar las satisfacciones exigidas, Austria le declaró la guerra el 28 de julio. Rusia salió en defensa de Serbia, Alemania envió un ultimátum a Rusia y otro a Francia, anunciando que no toleraría la movilización. El 4 de agosto, cuando ya las tropas alemanas ha-

▼ La I Guerra Mundial vio por primera vez el empleo de dos nuevos ingenios bélicos: el aeroplano y el tanque. Algunos «ases» de la aviación, como el alemán barón de Richthofen y el británico Albert Ball, llevaron a cabo duros combates en el aire. El primer tanque fue puesto en combate por los británicos en 1916.

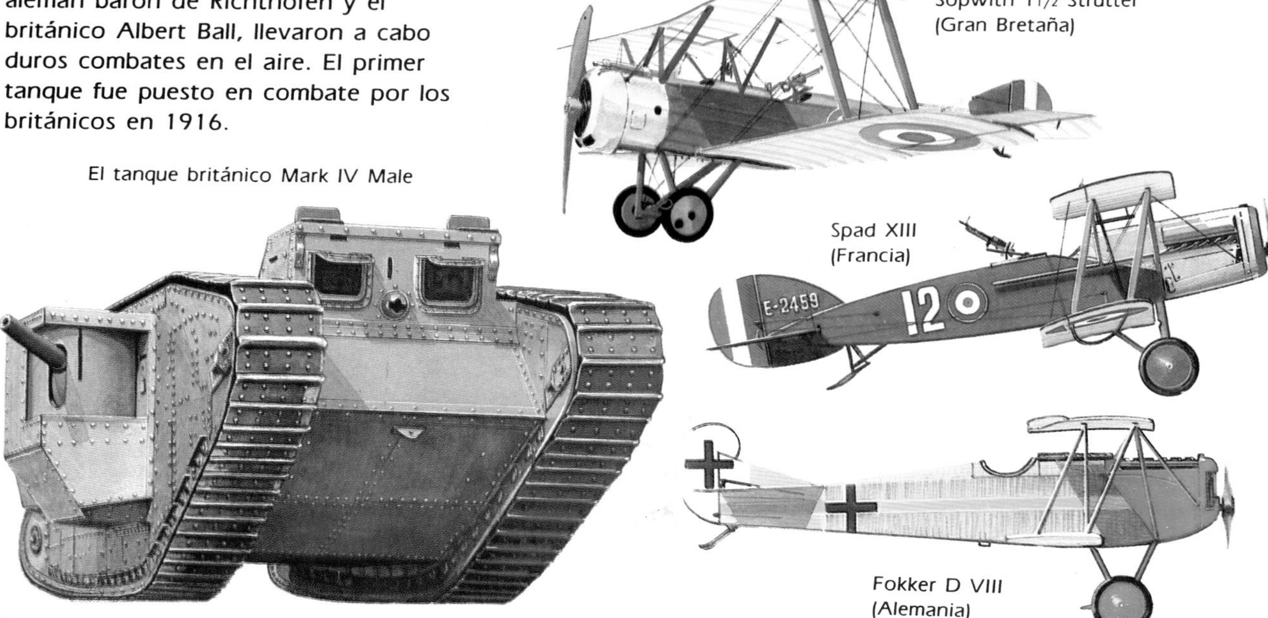

El tanque británico Mark IV Male

Sopwith 1 1/2 Strutter (Gran Bretaña)

Spad XIII (Francia)

Fokker D VIII (Alemania)

bían cruzado la frontera belga, el Imperio Británico entró en el conflicto.

En un principio Alemania contaba con una rápida victoria contra Francia, de acuerdo con el llamado *Plan Schlïeffen*, para rodear el sistema francés de fortificaciones fronterizas. Pese a los iniciales avances, el frente se estabilizó y los dos bandos en lucha se pasaron cuatro años en trincheras en el norte de Francia, luchando cruelmente hasta que la entrada de los Estados Unidos en la guerra cambió la suerte y obligó a los alemanes a retroceder.

En el frente los alemanes emprendieron duros ataques contra Rusia y consiguieron las notables victorias de Tannenberg y de los lagos Masurianos. La entrada de Bulgaria en la guerra, al lado de las potencias centrales, hizo que Rusia sufriera nuevas derrotas. Finalmente las derrotas en el frente y la revolución llevaron a Rusia a firmar el Tratado de Brest-Litovsk y a salir de la guerra. En el frente del oeste, el avance aliado obligó a Alemania a aceptar la rendición. En noviembre de 1918 se firmó la paz.

▲ Sir Winston Churchill fue el más grande de los líderes británicos; sus discursos y su valor inspiraron a la nación aliada durante la II Guerra Mundial.

Guerra Mundial, Segunda

Con la invasión de Polonia en el otoño de 1939, Alemania, Italia y Japón comenzaron una guerra de seis años de duración contra la mayor parte de las naciones de Europa, Asia, África y América. Las batallas se extendieron desde el Océano Pacífico, China y el Sureste Asiático, hasta África, Europa y el Atlántico Norte.

Los primeros ataques alemanes fueron grandes éxitos. Sus ejércitos avanzaron por Europa y también en la Unión Soviética y el norte de África. Pero la marea cambió de dirección después de 1941, cuando los Estados Unidos entraron en la guerra. (Ver págs. 348 y 349.)

Guerrilla

La guerrilla es un modo particular de lucha que consiste en golpear al enemigo y a continuación esconderse. Con frecuencia los guerrilleros no llevan uniformes del ejército regular y viven sobre el terreno, confiando en la ayuda de los campesinos locales que simpatizan con ellos. La palabra «guerrilla», hoy día utilizada en todos los idiomas del mundo, proviene del español y, como sabemos, significa «guerra pequeña». Las tácticas de la

(Continúa en pág. 350)

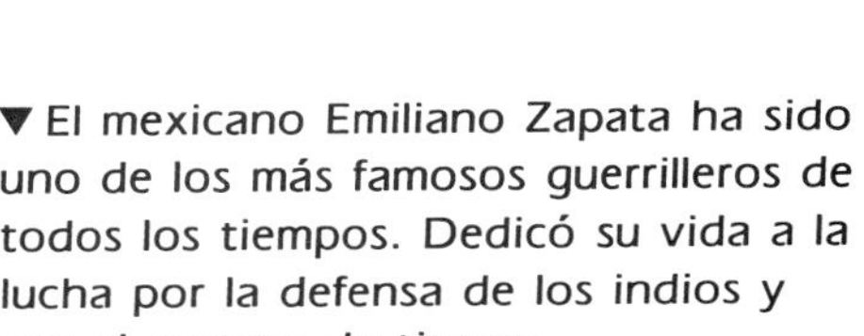

▼ El mexicano Emiliano Zapata ha sido uno de los más famosos guerrilleros de todos los tiempos. Dedicó su vida a la lucha por la defensa de los indios y por el reparto de tierras.

LA II GUERRA MUNDIAL

La II Guerra Mundial costó entre 35 y 60 millones de vidas humanas. El dictador alemán Adolf Hitler asesinó a millones de judíos y soñaba con un mundo dominado por la raza aria. Alemania contó con el apoyo de Italia. En Asia, el Japón también ambicionaba dominar a sus vecinos. A las llamadas Potencias del Eje (Alemania, Italia y Japón) se opusieron los aliados (Gran Bretaña, Francia, la Unión Soviética, los Estados Unidos y otras naciones). Los más importantes líderes de guerra aliados fueron Winston Churchill (Gran Bretaña), Franklin D. Roosevelt (EUA), Charles de Gaulle (Francia) y Joseph Stalin (URSS).

La guerra se desarrolló por tierra, mar y aire. Los civiles sufrieron tanto como los soldados, sobre todo a causa de los bombardeos de las ciudades. En tierra hubo grandes batallas de tanques, mientras que en el mar los submarinos alemanes hundían numerosos mercantes aliados. En las grandes batallas navales que tuvieron lugar en el Pacífico, los portaviones demostraron ser más efectivos que los acorazados.

Cuando los ejércitos aliados invadieron Alemania pusieron fin a la guerra en Europa, el mundo quedó conmovido por los horrores cometidos por los nazis en los campos de concentración, donde fueron asesinados millones de prisioneros. La guerra en Europa terminó en mayo de 1945. En el Lejano Oriente, Japón luchó hasta agosto de 1945, cuando los norteamericanos lanzaron las primeras bombas atómicas sobre las ciudades japonesas de Hiroshima y Nagasaki. Después de ese ataque Japón se rindió y terminó la II Guerra Mundial.

▲ Barcos de guerra fueron engullidos por el humo y el fuego durante el ataque japonés a Pearl Harbor.

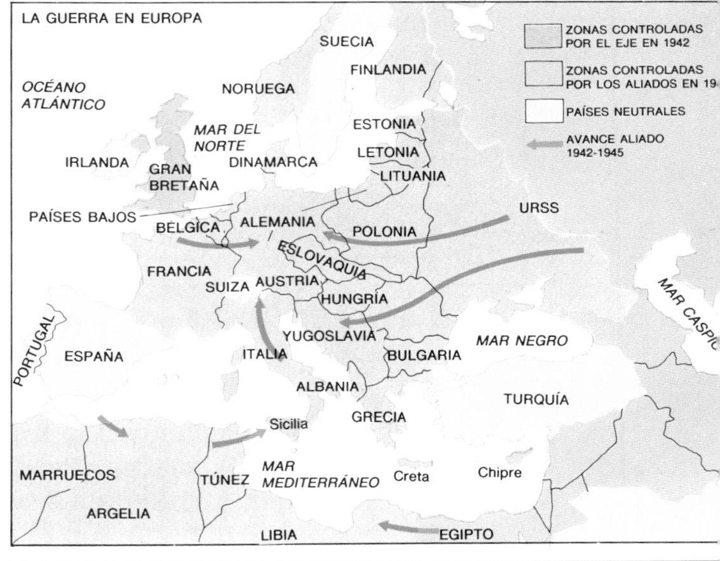

▲ Soldados de infantería alemanes en el frente del este durante el invierno de 1941-1942.

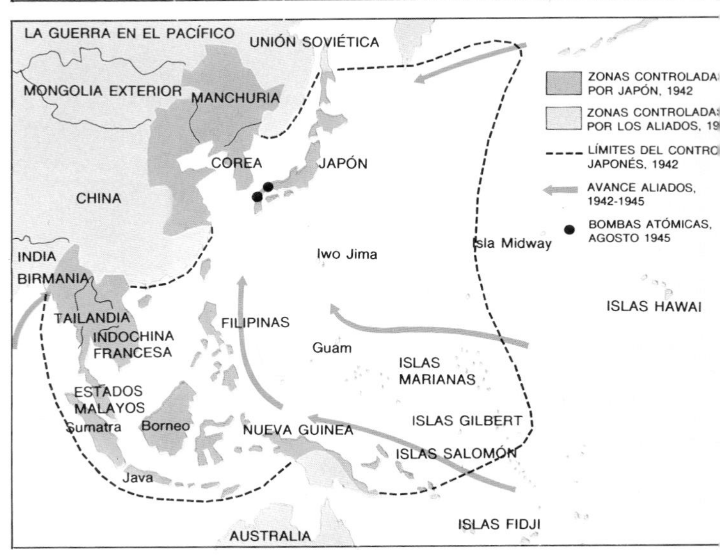

ACONTECIMIENTOS IMPORTANTES DE LA GUERRA

1939 sept.	Alemania invade Polonia. Gran Bretaña y Francia declaran la guerra a Alemania.
1940 abril junio	Las fuerzas alemanas conquistan Noruega y gran parte de Europa occidental, incluso Francia.
Mayo	Churchill primer ministro británico.
Junio	Italia lucha al lado de Alemania.
Oct.	Termina la Batalla de Inglaterra. Bombardeos aéreos sobre Gran Bretaña.
1941 junio	Los alemanes invaden la URSS.
Oct.	Victoria aliada sobre alemanes e italianos en El Alamein (África del Norte).
Dic.	Los japoneses atacan Pearl Harbor. EUA entra en la guerra.
1942 febr.	Los japoneses capturan Singapur.
Mayo	Batalla del Mar de Coral: la Armada de los EUA derrota a la japonesa.
Junio	Batalla de Midway, otra victoria naval norteamericana.
	Los aliados invaden Marruecos y Argelia.
Nov.	Derrota soviética en Stalingrado.
1943 julio	Desembarco aliado en Sicilia.
Sept.	Italia capitula.
1944 junio	Los aliados invaden Europa por Normandía.
Julio	Complot para asesinar a Hitler.
Oct.	Batalla del Golfo de Leyte (la mayor batalla naval de la guerra). La armada norteamericana derrota a la japonesa.
1945 enero	La URSS invade Alemania por el este.
Marzo	Los aliados cruzan el Rin.
Abril	En el este, los norteamericanos recuperan las Filipinas.
Mayo	Hitler se suicida en Berlín.
Agos.	Las fuerzas norteamericanas luchan duramente contra las japonesas en retirada. EUA arroja bombas atómicas en Hiroshima y Nagasaki. Japón se rinde. Fin de la guerra.

Después de más de dos años de preparación, los soldados aliados, mando del general norteamericano Eisenhower, desembarcan en s playas de Normandía el Día-D, 6 de junio de 1944.

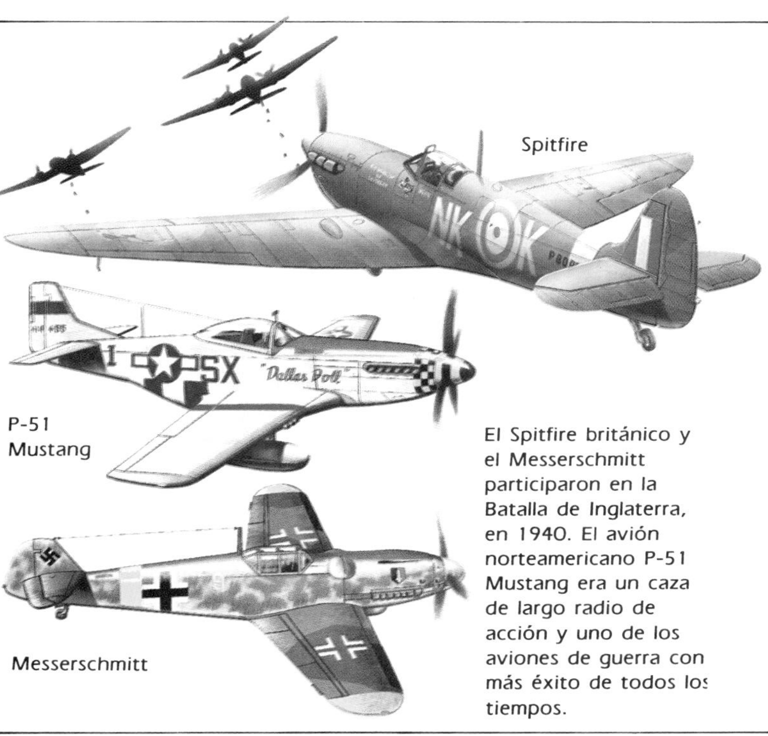

El Spitfire británico y el Messerschmitt participaron en la Batalla de Inglaterra, en 1940. El avión norteamericano P-51 Mustang era un caza de largo radio de acción y uno de los aviones de guerra con más éxito de todos los tiempos.

Para más información consultar los artículos: CHURCHILL, WINSTON; DE GAULLE, CHARLES; FUERZAS AÉREAS; HITLER, ADOLF; STALIN, JOSÉ; SUBMARINO.

> **Cuando Guillermo el Conquistador desembarcó en Inglaterra y conquistó el país en 1066, él y sus nobles llevaron consigo su propio idioma –el normando francés–. Durante muchos años el pueblo llano siguió utilizando el viejo inglés, mientras que los ricos y las clases privilegiadas y gobernantes utilizaban el francés. El pueblo criaba «sheep» (ovejas), que cuando ya guisadas llegaban a la mesa de las clases superiores se habían convertido en «mutton». Del mismo modo la vieja «cow» (vaca) inglesa se convertía en el francés «beef»; el moderno inglés contiene esas y muchas otras palabras que proceden del antiguo normando francés.**

guerrilla son utilizadas frecuentemente por pequeños grupos de personas que luchan contra fuerzas armadas mayores y mejor organizadas. Los guerrilleros suelen vivir en lugares donde pueden esconderse fácilmente, como bosques y montañas. Los guerrilleros urbanos actúan en capitales y ciudades.

Guillermo el Conquistador

Guillermo el Conquistador (1027-1087) fue Guillermo I de Inglaterra, el primer rey de Inglaterra normando. Antes fue duque de Normandía, en el norte de Francia, y el señor más poderoso del país. (Normandía recibió su nombre de los normandos, también llamados VIKINGOS.)

Cuando Guillermo visitó Inglaterra en 1050, su pariente Eduardo el Confesor le prometió el trono de Inglaterra. En 1064, el cuñado de Eduardo, Harold, accedió a nombrar rey a Guillermo, pero cuando Eduardo murió en 1066, Harold se proclamó rey de Inglaterra.

Guillermo se dispuso rápidamente a invadir Inglaterra para hacerse con el país. Su ejército normando cruzó el Canal de la Mancha en buques abiertos. Eran unos 7.000 hombres, incluyendo algunos caballeros que llevaban sus corceles de guerra. Guillermo derrotó al ejército anglosajón en la batalla de Hastings, en Sussex, cerca de donde en la actualidad se encuentra la ciudad de Battle.

▼ Las flechas muestran las rutas seguidas por Guillermo el Conquistador y su ejército.

◀ Los normandos construyeron muchos bellos castillos en el país recién conquistado. Aunque el castillo de Bodiam, que se muestra en la fotografía, fue construido mucho más tarde, en el siglo XIV, refleja el estilo normando, con gruesas murallas y torres perfectamente redondas.

Guillermo necesitó tres años para ocupar toda Inglaterra. Construyó numerosos castillos, desde los cuales salían sus caballeros para aplastar a sus enemigos anglosajones.

Hacia 1069, los normandos habían conquistado un tercio de Inglaterra y Guillermo se convirtió en el más poderoso de los reyes del occidente europeo. Reclamó para sí todas las tierras inglesas pero cedió parte de ellas a sus nobles normandos, que a cambio de ello facilitaban soldados para el ejército de Guillermo. Los descendientes de Guillermo gobernaron Inglaterra durante muchos años.

Guinea

Guinea es un país situado en la costa occidental de África. Es algo mayor que la mitad de España y cuenta con una población de seis millones de habitantes. En Guinea se encuentran algunos de los mayores depósitos de bauxita del mundo. La bauxita es el mineral del que se hace el aluminio. La capital es Conakry, y cuenta con 113.000 habitantes.

GUINEA

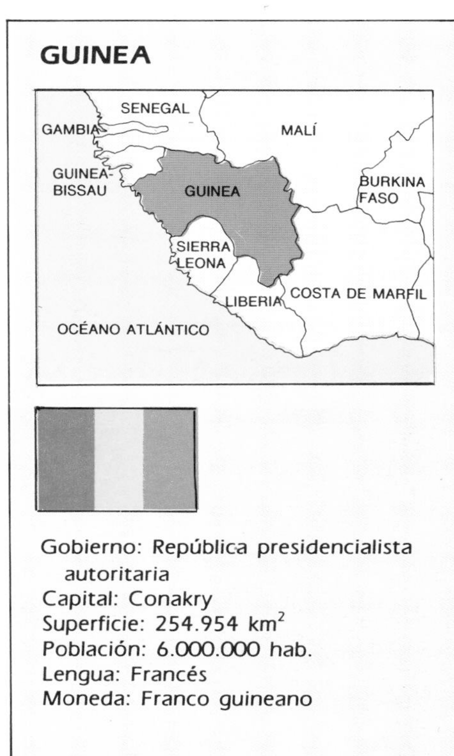

Gobierno: República presidencialista autoritaria
Capital: Conakry
Superficie: 254.954 km²
Población: 6.000.000 hab.
Lengua: Francés
Moneda: Franco guineano

Guinea-Bissau

El pequeño país de Guinea-Bissau está situado en la costa occidental de África. La mayor parte de sus 900.000 habitantes se ganan la vida con la agricultura. Sus principales cultivos son cacahuetes, cocos y arroz.

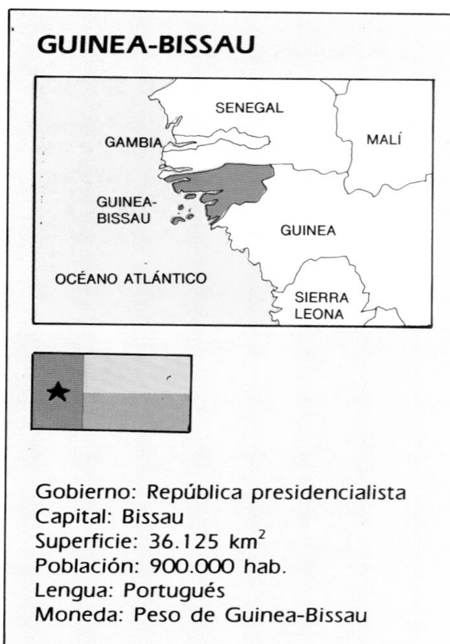

Guinea-Bissau obtuvo su independencia de los portugueses en 1974. La capital es Bissau.

Gusano

Hay centenares de animales de cuerpo blando y plano que en términos generales son conocidos con el nombre de gusanos. Algunos son criaturas muy sencillas, pero los hay más complicados como la lombriz de tierra, la sanguijuela o las larvas de algunos INSECTOS. Sus cuerpos están divididos en varios segmentos.

La mayoría de los gusanos simples son pequeños. Generalmente viven como PARÁSITOS dentro de los cuerpos de otros animales o en las plantas. El *trematodo* y la *tenia* son dos de esas criaturas.

Gutenberg, Johannes

Johannes Gutenberg (1395-1468 aprox.) era un orfebre alemán al que se conoce como el padre de la IMPRENTA. En sus tiempos los libros se copiaban a mano, lentamente, o se imprimían con bloques de madera. Cada letra de cada página tenía que ser grabada separadamente. Hacia 1440 Gutenberg aprendió a hacer letras de metal a las que llamó «tipos», que podía coger y colocar en filas para construir páginas de tipos. Cada página se mantenía unida por un marco o soporte. Gutenberg lo fijaba en una prensa y rápidamente imprimía la superficie entintada sobre una hoja de papel. La imprenta de tipos móviles de Gutenberg ayudó a hacer copias de libros con mucha mayor rapidez y facilidad que hasta entonces.

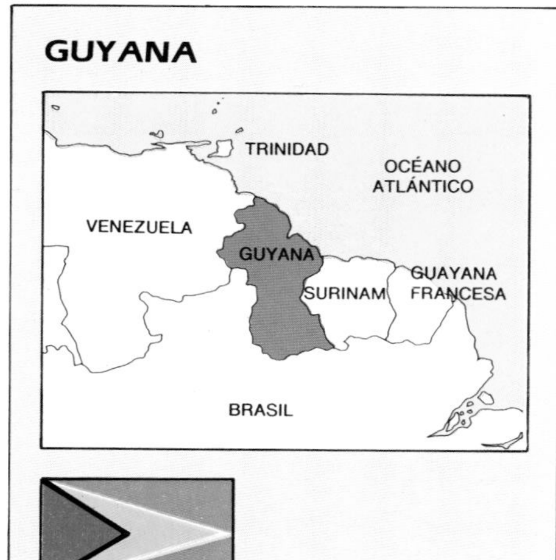

Guyana

Guyana es un país cálido y lluvioso situado en la costa nordeste de América del Sur. Casi todos sus habitantes viven a lo largo de la costa en una estrecha franja de tierra llana de unos 20 km de anchura, donde se cultiva caña de azúcar y arroz. En la región montañosa del interior hay valiosos minerales, entre ellos oro y diamantes. También produce bauxita para la obtención de aluminio.

Con anterioridad, y bajo el nombre de Guayana Británica, Guyana fue colonia británica. Es el único país en América del Sur que tiene el inglés como idioma oficial. La colonia se independizó en 1966 y se convirtió en república en 1970. La capital es Georgetown.

Habla

En tiempos remotos los únicos sonidos que los seres humanos eran capaces de emitir eran gruñidos, gritos y otros sonidos simples. Después, a lo largo de decenas de miles de años, aprendieron a formar palabras. Las lenguas se desarrollaron lentamente.

Los sonidos que constituyen el habla los forma el aire de nuestros pulmones al pasar por dos membranas llamadas cuerdas vocales. Cambiamos el tono o la intensidad de la voz alterando la tensión de las cuerdas vocales, del mismo modo que cambiamos el tono de una guitarra aflojando o tensando las cuerdas. Cambiando la forma de pasaje del aire por la garganta, boca y nariz y utilizando la lengua podemos alterar los sonidos producidos, es decir, podemos crear las palabras que constituyen el habla.

Por lo general las mujeres tienen la voz de tono más agudo que los hombres porque sus cuerdas vocales son más cortas.

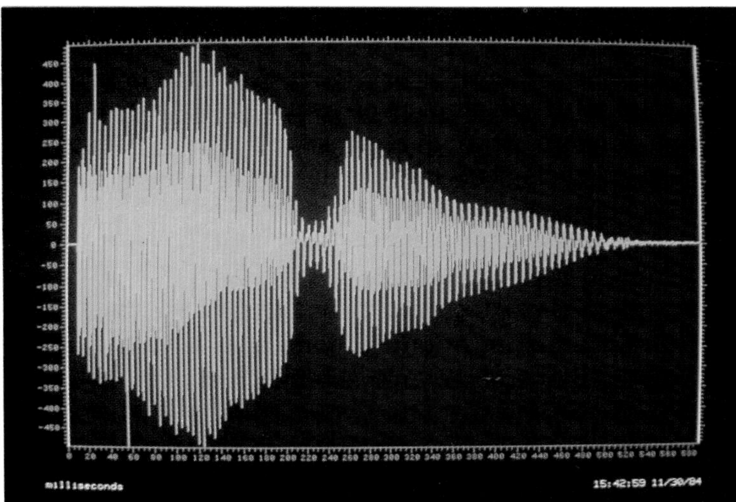

▲ Esta imagen gráfica computadorizada nos muestra el patrón de las ondas formadas por la palabra inglesa «baby». La palabra fue pronunciada por una voz femenina en un sintetizador de habla computadorizado, un instrumento que copia la voz humana.

▼ La lengua, dientes y labios actúan juntos para producir sonidos. Aquí, los labios (arriba) se adelantan para pronunciar el sonido «u». En la imagen inferior el sonido «z» se forma utilizando conjuntamente lengua, dientes y labios.

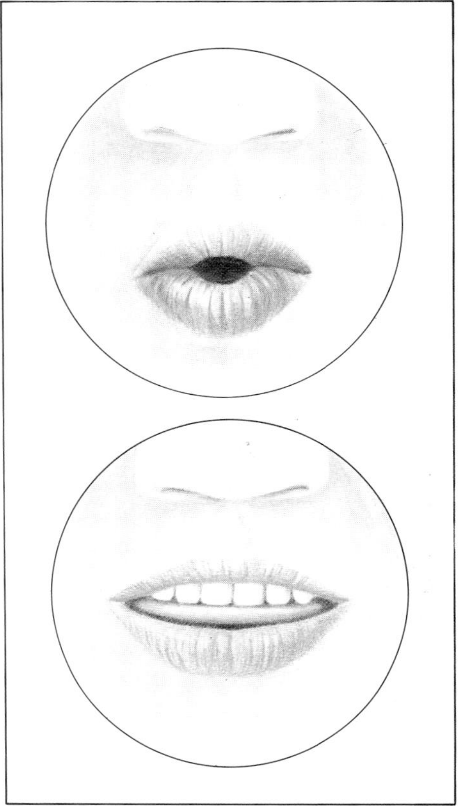

Habsburgo

Muchos de los reyes y emperadores de Europa pertenecen a esta familia real. Su nombre proviene de un castillo suizo llamado *Habichtsburg* («Castillo del Halcón»), construido en 1020 por un obispo alemán. Los dueños del castillo pasaron a ser los condes de Habsburg.

En 1273, el conde Rodolfo fue elegido emperador del Sacro Imperio Romano. Con este título gobernó Alemania y otros países y ocupó Austria. Posteriormente, la mayoría de los emperadores europeos fueron Habsburgo. Los Habsburgo se casaron con princesas extranjeras y así incrementaron su poder consiguiendo otras tierras que heredaron sus esposas. Hacia el siglo XV los Habsburgo dominaban gran parte de Europa, desde España a Hungría. Después empezaron a perder poder a causa de las guerras y las revueltas. NAPOLEÓN terminó con el Sacro Imperio Romano en 1806, y la I GUERRA MUNDIAL destruyó el Imperio Austro-húngaro de los Habsburgo.

▲ Felipe II de España perteneció a la familia de los Habsburgo y fue uno de los reyes más poderosos del siglo XVI.

Haendel, Georg Friedrich

Georg Friedrich Haendel (1685-1759) fue un compositor alemán de nacimiento, famoso por su oratorio *El Mesías* y las obras orquestales *Música para los fuegos artificiales* y *Música para los juegos de agua.* Escribió 21 oratorios.

Haití

Haití es un pequeño país en la parte occidental de la isla La Española, en las Antillas. La mayor parte del país está cubierto de agrestes montañas, pero existen valles muy fértiles y llanuras costeras donde se cultivan café y otros productos agrícolas. Nueve de cada diez habitantes de Haití descienden de esclavos africanos. La capital es Puerto Príncipe.

Colonia francesa desde 1677, Haití se hizo independiente en 1804 tras una rebelión. La familia Duvalier ha estado en el gobierno desde 1957 hasta 1986. En la actualidad detenta la presidencia del gobierno Jean-Bertrand Aristide, tras regresar de su exilio desde 1991 motivado por un golpe militar.

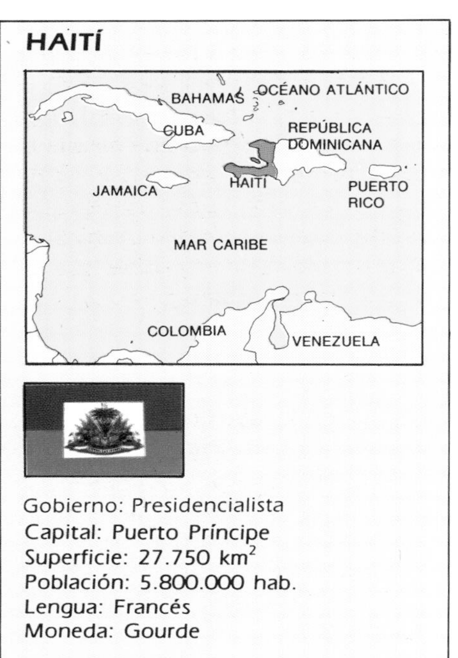

Halcón

Los halcones forman un grupo de AVES de presa que se encuentran por todo el mundo. Pueden ser reconocidos por la marca negra que tienen alrededor de los ojos y por sus alas puntiagudas. Los halcones utilizan sus picos largos y curvados para desgarrar la carne, pero matan a sus presas con sus afiladas garras. Los halcones se dejan caer en picado sobre sus víctimas y las golpean con sus garras.

Emplean esta táctica para matar aves pequeñas en pleno vuelo y, también, para cazar ROEDORES y otros pequeños mamíferos en el suelo.

El mayor de los halcones es el halcón del Ártico, que puede alcanzar los 60 cm. El más pequeño es el halcón pigmeo de Asia, que sólo mide unos 15 cm de longitud y se alimenta principalmente de insectos. También es muy pequeño el halcón americano.

El halcón peregrino es una de las aves de más rápido vuelo en todo el mundo. En sus descensos en picado puede llegar a los 280 kilómetros/hora.

▲ El merlín es uno de los halcones más pequeños. Vuela bajo y veloz cuando da caza a pequeñas aves.

Halley, Edmond

Edmond Halley (1657-1742) fue un astrónomo inglés conocido principalmente por sus estudios sobre los cometas. En 1676, a la edad de 20 años, se trasladó a la isla de Santa Elena para catalogar las estrellas del hemisferio Sur, algo que no se había hecho hasta entonces. Se interesó por los cometas, y advirtió que la órbita seguida por uno de ellos, observada en 1682, era casi igual que aquella otra de la que existían informes hacia 1607 y 1531. De todo ello dedujo que el cometa visto en esas distintas ocasiones era el mismo y predijo que volvería en 1758. Así fue, y ese año, el día de Navidad, el cometa, que había sido bautizado con el nombre de Halley, hizo su aparición, que posteriormente se ha repetido cada 76 años.

◀ Cuando el cometa Halley pasó por las cercanías de la Tierra en 1985, se descubrió que su núcleo tenía la forma de un cacahuete y era una mezcla de roca, polvo y hielo de unos 2 km de longitud. En cada vuelta alrededor del Sol disminuye la cantidad de hielo y polvo del núcleo y es posible que el cometa acabe por desaparecer.

Edmond Halley fue un gran amigo de Isaac Newton, el insigne científico, al que animó y ayudó con su dinero a publicar la que sería su obra más importante y famosa, *Principios matemáticos de la filosofía natural.*

Halterofilia

La halterofilia es un deporte conocido popularmente con el nombre de levantamiento de pesos, y está incluido en

▶ La halterofilia es un deporte olímpico. Hay dos tipos de alzamiento, el alzamiento en arrancada y el alzamiento a dos tiempos. En el primero la barra es alzada directamente desde el suelo hasta por encima de la cabeza. En el alzamiento a dos tiempos, la barra es levantada hasta el pecho y después sobre la cabeza. Las piernas se utilizan para facilitar un empuje añadido.

CATEGORÍAS EN HALTEROFILIA

Peso mosca	límite	52 kg
Bantam		56 kg
Pluma		60 kg
Welter		67,5 kg
Medio		75 kg
Ligero-pesado		82,5 kg
Medio-pesado		90 kg
Pesado de primera		100 kg
Pesado de segunda		110 kg
Superpesado	más de	110 kg

los JUEGOS OLÍMPICOS. En una prueba de halterofilia los participantes tienen que levantar grandes pesos desde el suelo hasta por encima de la cabeza. Los levantadores de pesos, como los boxeadores, se dividen por categorías de acuerdo con su propio peso corporal. Los campeones pueden alzar más de 250 kg.

Otros muchos deportistas, como nadadores y futbolistas, practican la halterofilia en sus entrenamientos como un ejercicio destinado a fortalecer sus músculos y, al mismo tiempo, mejorar su respiración.

Haydn, Franz Joseph

Franz Joseph Haydn (1732-1890) fue un compositor austriaco conocido como el «padre de la sinfonía». Escribió 104 sinfonías, muchas de las cuales utilizan la ORQUESTA de un modo nuevo y destacable. Escribió delicadas piezas para piano y cuartetos para cuatro instrumentos de cuerda. MOZART y BEETHOVEN estudiaron la música de Haydn, lo que les ayudó a crear algunas de sus más espléndidas obras musicales.

▲ Haydn realizó varios viajes y estuvo en Inglaterra donde su música se interpretó en diversos conciertos. En 1791 recibió el título de doctor honorario de música en la Universidad de Oxford.

Hebreos

En los primeros días de su historia, el pueblo judío era conocido bajo el nombre de hebreo o israelita. Estaba formado por doce tribus, todas ellas descendientes de Abraham. El más famoso de los jefes hebreos fue Moisés, que condujo a su pueblo a la Tierra Prometida tras liberarlo de la esclavitud en Egipto. El hebreo es la lengua nacional del moderno Estado de Israel.

Helada 

La helada es una capa de finos CRISTALES de hielo que se forma sobre las superficies frías. Hay tres tipos de heladas: la escarcha, que se forma cuando pequeñas gotas de agua en el aire se hielan al tocar objetos muy fríos (la escarcha forma finas capas de hielo en la parte exterior de los cristales de las ventanas); el hielo que se forma en el suelo cuando cae una fina lluvia fría y se solidifica sobre el pavimento de las carreteras, y la escarcha que se forma cuando una niebla o fina lluvia helada se congela sobre superficies tales como las frías alas de un avión.

Helecho 

Los primitivos helechos se cuentan entre las primeras PLANTAS terrestres. Hoy en día, sus delicadas hojas en forma de plumas tienen un aspecto muy semejante al que tuvieron hace millones de años.

Unas 10.000 especies diferentes de helechos viven actualmente en la Tierra. Se encuentran en todos los lugares del mundo, por lo general en sitios húmedos y sombreados. En los trópicos existen helechos arbolados que pueden alcanzar una altura de 15 metros.

Los helechos no tienen FLORES ni SEMILLAS. En lugar de ello forman esporas, de las cuales se desarrollan nuevos helechos.

Bajo la fronda de los helechos hay muchas vainas de esporas llamadas esporangios. Cada uno de ellos contiene varios cientos de esporas.

El esporangio revienta y las esporas son arrastradas por el viento. Cuando se depositan en un suelo húmedo cada espora crece y se convierte en un prótalo que tiene órganos masculinos y femeninos conjuntamente.

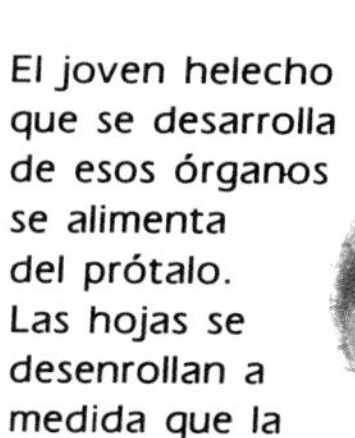

El joven helecho que se desarrolla de esos órganos se alimenta del prótalo. Las hojas se desenrollan a medida que la planta crece.

▲ Los helechos se autorreproducen por esporas en lugar de hacerlo por medio de semillas. Pueden pasar varios años antes de que un helecho esté en condiciones de producir esporas.

Helena de Troya 

Helena de Troya, según los antiguos griegos, fue la más bella de las mujeres del mundo. Era esposa de Menelao, rey de Esparta; pero fue raptada por Paris, príncipe de Troya, según unos, o huyó, según otros. Menelao lo persiguió con un gran ejército y así empezó la GUERRA DE TROYA. La historia nos la cuenta el poeta HOMERO.

Helicóptero 

El helicóptero es una aeronave poco corriente y útil. Fue inventado en los años treinta, y actualmente se utiliza para todo tipo de trabajos, especialmente rescates en el

▲ El *UH-I Iroquois* fue utilizado por el ejército de Estados Unidos en la guerra de Vietnam. Un tipo similar aún se sigue fabricando en la actualidad. El *Ka-26 Kamov Hoodlum* se utiliza principalmente en la agricultura y también como ambulancia aérea. Tiene dos series de rotores principales que giran en direcciones opuestas.

mar y en la montaña. Eso se debe a que puede aterrizar y despegar verticalmente, por lo que puede operar en zonas demasiado pequeñas para los aviones normales. Los helicópteros pueden volar en cualquier dirección y quedarse parados en el aire. En vez de poseer alas fijas tienen un ala móvil llamada rotor que actúa al mismo tiempo como ala y hélice. El piloto controla el aparato cambiando el ángulo en que las palas del rotor giran en el aire. Otro pequeño rotor situado en la cola evita que el helicóptero gire en torno a un punto. Los helicópteros se utilizan para transportar pasajeros a cortas distancias y para el rápido traslado de tropas a zonas remotas y de difícil acceso.

Heráldica

En la Edad Media un caballero con armadura completa era difícil de reconocer, porque su rostro estaba escondido por la celada. Por esa razón los caballeros empezaron a utilizar signos y símbolos diversos que llevaban en sus ropas y escudos. Estos diseños se convirtieron en em-

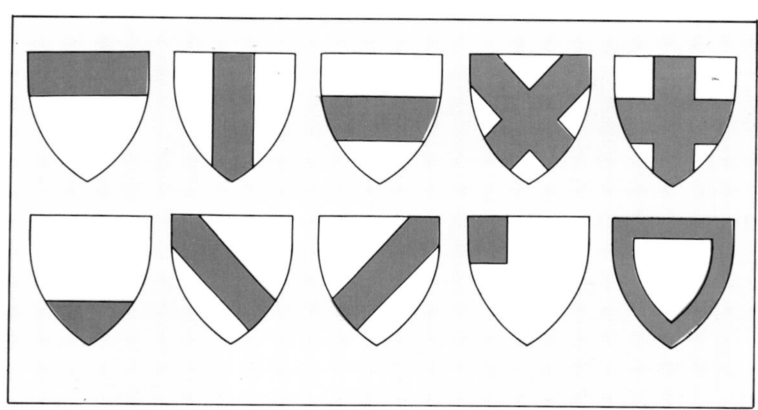

▶ Estos simples diseños, hallados en antiguos escudos heráldicos, se llaman blasones u ordinarios. Los diseños de muchas banderas modernas se basan en estas formas.

blemas de las familias, que nadie más podía utilizar. Se llamaron escudos de armas.

Los heraldos eran los funcionarios que registraban los escudos de armas y autorizaban los nuevos. Existen nombres especiales para los colores y las formas usados en heráldica.

Hércules

Hércules fue un famoso héroe de antiguas leyendas contadas por griegos y romanos. Fue hijo del dios Júpiter y una princesa mortal. Era sorprendentemente fuerte. De muy pequeño ahogó dos serpientes, enviadas por la esposa de Júpiter que sentía celos de él.

Posteriormente, Hércules se volvió loco y mató a su esposa y a sus hijos. Para hacer penitencia tuvo que realizar doce tareas o trabajos. Entre «los trabajos de Hércules» se contaban matar al león de Nemea y a la Hidra de múltiples cabezas, así como limpiar y fregar los establos del rey Angías, en los que vivían 3.000 bueyes. Finalmente, Hércules murió cuando se puso una túnica teñida de sangre envenenada.

▲ La muerte de la Hidra fue el segundo de los doce trabajos de Hércules. Tan pronto como Hércules le cortaba una cabeza, otras dos nacían en su lugar.

Herencia (ver Genética)

Hibernación

Se dice que un animal entra en estado de hibernación cuando se pone a dormir durante el invierno. Lo hace así debido a que en esa estación los alimentos escasean. El pasarse el invierno durmiendo salva de morir de hambre a algunos animales.

Antes de hibernar, los animales comen todos los alimentos que pueden encontrar. El lirón, por ejemplo, se atiborra de comida hasta engordar como una bola. Cuando se aproxima el otoño, hace un nido cómodo y caliente, se enrosca dentro de él y cae en un profundo sueño. De hecho, su corazón late tan lentamente que el lirón parece muerto. Su cuerpo apenas si utiliza energía durante la hibernación para que las reservas de grasa acumuladas le duren el máximo posible. En la primavera se despierta un lirón flaco y hambriento que sale del nido para buscar alimento.

En los países fríos son muchos los animales que hibernan, pero no todos ellos duermen sin interrupción du-

Una marmota en estado de hibernación puede reducir el número de sus respiraciones de 16 a 2 por minuto, y el de sus latidos cardíacos de 88 a 15 por minuto. En una prueba realizada durante la hibernación, se hizo que la temperatura de una ardilla descendiera hasta casi el punto de congelación.

▼ Los animales que hibernan tienen que encontrar un lugar caliente y seguro para pasar el invierno. Necesitan reservar sus energías hasta que llega el buen tiempo.

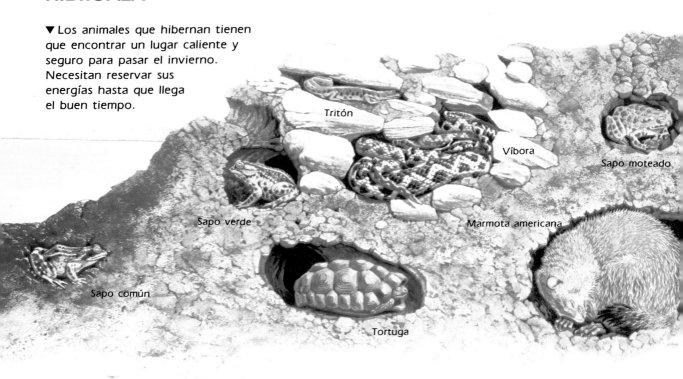

rante todo el invierno. Las ardillas se suelen despertar los días de buena temperatura y comen los alimentos que escondieron durante el verano. Pero todos los animales que hibernan encuentran un lugar seco y caliente que los protege de sus enemigos hambrientos.

Hidroala

En un BUQUE convencional la mayor parte de la fuerza desarrollada por su motor es empleada en vencer la resistencia del agua en torno al casco. El hidroala resuelve este problema haciendo que el buque se alce sobre el agua. Esto se consigue mediante una serie de puntales subacuáticos unidos al casco de la embarcación, a proa y a popa. Estos planos o alas subacuáticas levantan el casco a medida que el barco aumenta su velocidad. Como la resistencia del agua disminuye, el barco gana velocidad y puede navegar mucho más rápido que los navíos convencionales.

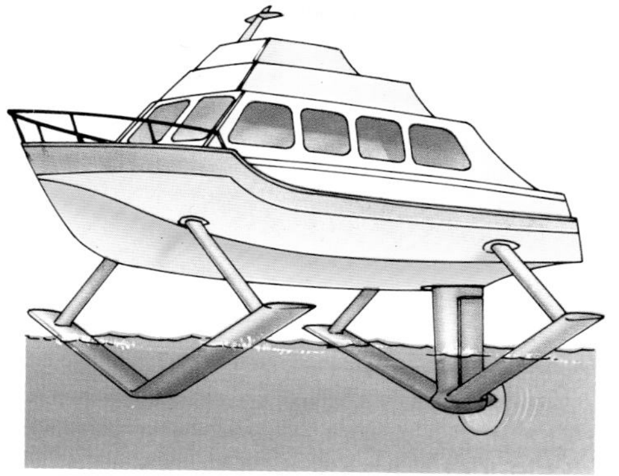

▲ Cuando está parado, un hidroala descansa en el agua como un barco normal; pero en el mismo momento en que empieza a moverse, el casco se eleva y el buque queda sostenido por sus puntales subacuáticos.

Hidrodeslizador

Según cómo se le considere, un hidrodeslizador es un avión sin alas o un barco que navega por encima del agua.

El hidrodeslizador navega sobre un colchón de aire formado por unos ventiladores que lanzan el aire hacia abajo, el cual, conservado dentro de una especie de funda elástica que rodea el hidrodeslizador, forma un colchón de aire. Opera mejor sobre superficies planas, como el agua, pero puede cruzar playas y tierras planas. El único peligro es que los accidentes de un suelo abrupto pueden dañar su fondo.

Los hidrodeslizadores son mucho más rápidos que los barcos. Como no tienen que vencer la resistencia del agua sino que se deslizan suavemente por el aire, pueden, fácilmente, alcanzar velocidades de 120 km/hora. Su ventaja sobre los hidroplanos reside en su mayor tamaño y en la mayor carga que pueden transportar. Uno de estos ingenios de gran tamaño puede llevar a bordo docenas de coches y hasta 400 pasajeros. Otra de sus ventajas es que no necesita atracar en muelles o pistas especiales; simplemente se puede posar en cualquier playa o en un sencillo embarcadero de cemento u hormigón.

El hidrodeslizador fue inventado en 1955 por el ingeniero británico Christopher Cockerell. El primer modelo apto para entrar en servicio apareció cuatro años más tarde y cruzó el canal de la Mancha de Inglaterra a Francia. En la actualidad, toda una flota de hidrodeslizadores están en funcionamiento por todo el mundo, transportando cientos de automóviles y de pasajeros.

Un uso muy conocido del principio de sustentación en el aire es el cortador de césped rotativo deslizante. El motor, aparte de hacer girar las hojas o cuchillas que cortan la hierba, produce un colchón de aire que mantiene el aparato a la adecuada altura sobre el suelo.

▼ El colchón de aire producido por poderosos ventiladores, situados dentro de la nave, le permite deslizarse rápidamente tanto sobre el agua como en superficies de tierra planas.

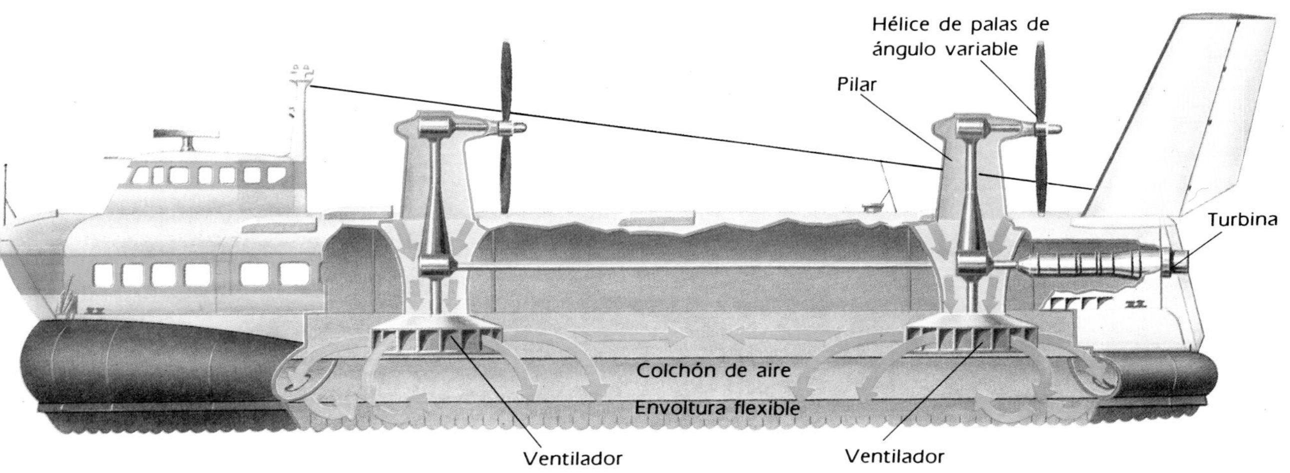

Hidrógeno

El hidrógeno es un GAS. Se cree que es el ELEMENTO más abundante en todo el universo. Es el material simple más importante del que están hechas las estrellas, incluyendo nuestro SOL.

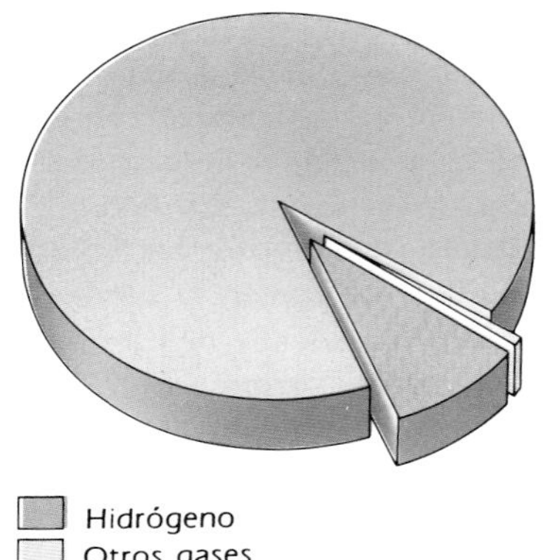

▲ Este gráfico nos muestra las proporciones de los gases que componen nuestro Sol. El hidrógeno es, con mucho, el más abundante de sus componentes

El hidrógeno es el más ligero de todos los elementos. Es más de catorce veces más ligero que el aire. Es incoloro y tampoco tiene olor ni sabor. El hidrógeno arde con gran facilidad. En el Sol están ardiendo continuamente grandes masas de hidrógeno. Es esta enorme combustión la que nos da la luz y el calor del Sol.

El carbón, el petróleo y el gas natural contienen hidrógeno, que constituye, también, una parte importante de los cuerpos de las plantas y de todos los cuerpos animales.

Hiena

Las hienas constituyen un pequeño grupo de MAMÍFEROS carnívoros. Aunque por su aspecto parecen perros, están relacionados más de cerca con la familia de los felinos.

Las hienas se alimentan de carne muerta o carroña. Para comer se aprovechan de las presas cazadas por otros animales, como el león. Tienen mandíbulas y dientes muy poderosos para romper y masticar los huesos y poder aprovechar los restos dejados por otros animales. Las hienas cazan en grupo. Durante el día duermen en cuevas y madrigueras.

La hiena moteada vive en el sur de África. Es famosa por su grito salvaje, semejante a la risa, por lo que se la conoce como la hiena reidora. La hiena rayada vive en India, el suroeste de Asia y el nordeste de África.

Experiméntalo

Las hierbas aromáticas se pueden conservar mediante secado. Extiéndelas en una alacena aireada durante 3 o 5 días. Colócalas sobre una criba o una hoja de papel limpia y haz pasar las hojas por la criba apretándolas con la palma de la mano. Quita los tallos y coloca las hierbas de nuevo sobre la criba. Repite la operación hasta que no queden más tallos. Mantén las hierbas secas fuera de la luz directa, en envases de vidrio cerrados.

Hierbas (aromáticas)

Las hierbas son PLANTAS con tallo suave en vez de duro o leñoso. A determinadas hierbas se les da el nombre de hierbas aromáticas y se utilizan en cocina para dar sabores especiales a los alimentos. Estas hierbas se valúan por su aroma y sabor. Una hierba aromática común es la menta, muy empleada en gastronomía.

Otras plantas utilizadas en la cocina son la salvia, el tomillo, el perejil, el perifollo, el romero, la albahaca, el hinojo y el cebollino. Muchas de ellas proceden de las cálidas y soleadas regiones mediterráneas, y algunas pueden ser cultivadas en otras regiones sin dificultad.

Las hierbas aromáticas pueden ser frescas, recién cogidas del huerto, o pueden ser cortadas y puestas a secar. El ser humano viene cultivando y utilizando estas hierbas desde hace cientos de años. Antes del desarrollo de la medicina moderna, muchas hierbas se empleaban para

Estragón

Romero

Mejorana

▲ Estas plantas son fáciles de mantener, y al mismo tiempo que pueden embellecer un jardín, pueden utilizarse en la cocina.

tratar diversas enfermedades, e incluso algunas de ellas se siguen utilizando en la actualidad.

Hierbas (gramíneas)

Este tipo de hierbas son plantas con flores, con hojas largas y delgadas que nacen directamente de tallos huecos. El BAMBÚ es una hierba muy alta, pero la mayoría son cortas o bajas. Estas hierbas forman también los pastizales en los que se alimenta el ganado. El ser humano se nutre de las semillas de algunas hierbas llamadas CEREALES que cultiva especialmente, como el TRIGO o el ARROZ.

Hierbas nocivas

Se llaman hierbas nocivas o malas hierbas a toda PLANTA que crece donde no es deseada. En huertas y jardines las plantas nocivas perjudican las cosechas o las flores, pues consumen una gran parte del agua, los minerales y la luz solar. En los lugares donde la mala hierba crece en abundancia, las plantas cultivadas no se desarrollan apropiadamente y es posible que produzcan sólo muy pocas flores, semillas débiles y pequeñas, hojas enfermizas o raíces sin fuerza.

Hay diferentes modos de controlar las malas hierbas. En los jardines se pueden evitar cavando la tierra, con lo que se impide el desarrollo de sus raíces y se detiene el crecimiento. En las tierras de cultivo el suelo es removido por el arado o la azada. Algunos agricultores también espolvorean sus campos con herbicidas, productos químicos que destruyen las hierbas nocivas; la mayor parte de estos productos son *selectivos*, es decir, sólo acaban con las malas hierbas sin que afecten a las cosechas.

▲ Estas hierbas nocivas pueden surgir en lugares tan diversos como caminos, huertos o jardines.

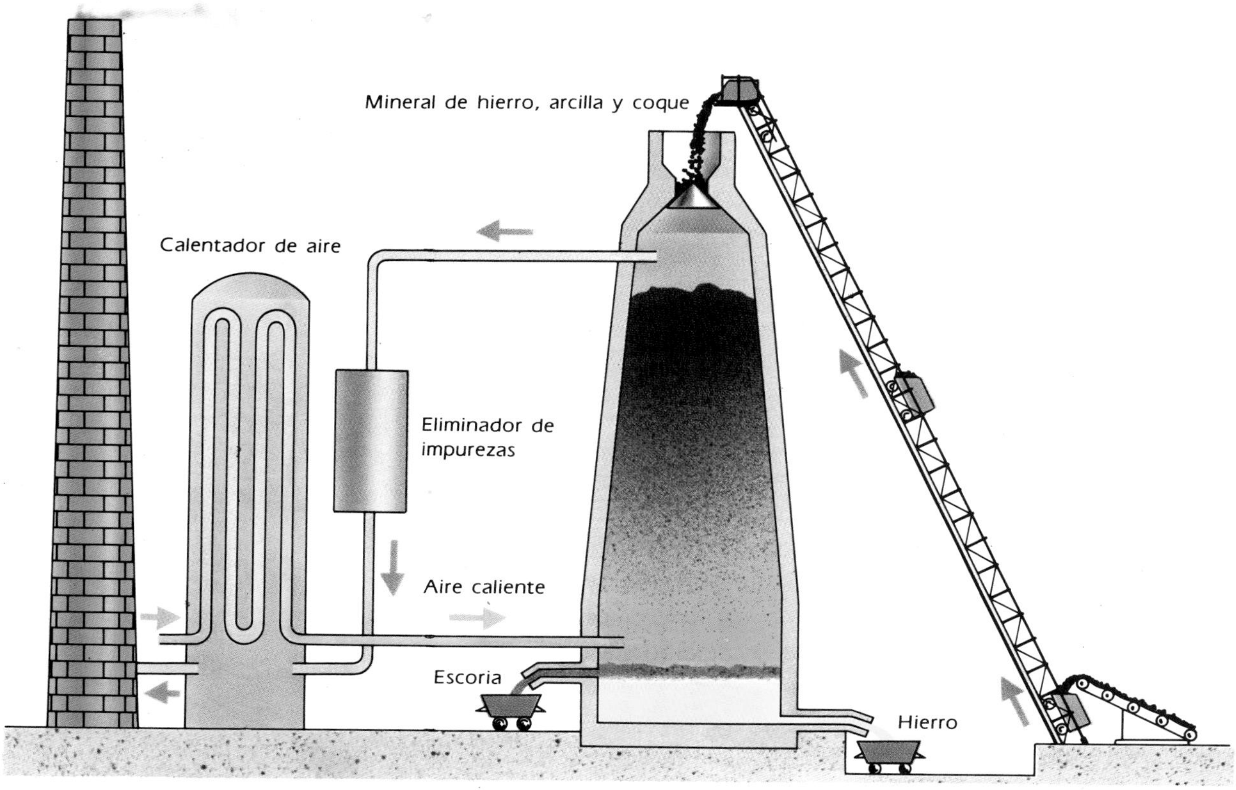

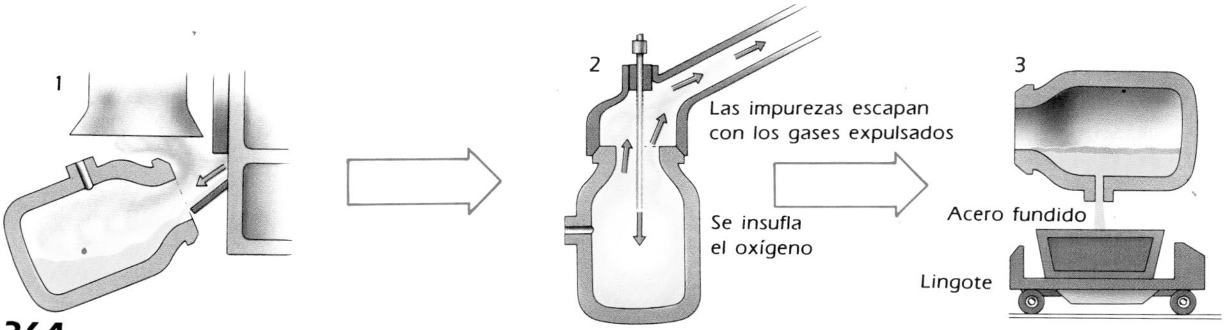

▼ Para producir hierro a partir de la mena de hierro, el mineral se mezcla con carbón coque y piedra caliza, después se calienta a muy alta temperatura. Esto produce un hierro de baja calidad que puede transformarse en acero o en aleaciones de acero, que son mucho más duras. La mayor parte del acero se fabrica según el método «Linz-Donawitz». 1: el alto horno se llena con chatarra de hierro o hierro fundido; 2: se insufla en el horno el oxígeno para producir el calor suficiente para quemar las impurezas; 3: el acero fundido es vertido desde el horno para formar los lingotes.

Las plantas nocivas sólo son perjudiciales cuando interfieren el crecimiento de los cultivos. En los bosques y en los campos –lejos de los jardines, de las huertas y de otras tierras de cultivo– pueden ser útiles, pues sirven de alimento a muchos animales.

Hierro y acero

El hierro es el más barato y más útil de todos los METALES. Gran parte de nuestros alimentos, ropas, casas y automóviles están hechos con máquinas y herramientas de hierro.

El hierro se *extrae* de las minas en forma de mena de hierro o de otros MINERALES. La mena se *funde* en un alto horno. El mineral se transforma en hierro colado o se

Mineral de hierro, arcilla y coque

Calentador de aire

Eliminador de impurezas

Aire caliente

Escoria

Hierro

1

2

Las impurezas escapan con los gases expulsados

Se insufla el oxígeno

3

Acero fundido

Lingote

mezcla con una pequeña cantidad de CARBONO para formar el acero.

El hierro colado es duro, pero no tan fuerte como el acero. En estado de fusión se vierte en moldes para fabricar algunos productos, como por ejemplo los bloques de motores. El hierro trabajado es blando pero resistente. Se utiliza para cadenas y verjas. El acero es duro y fuerte. Algunas ALEACIONES de acero contienen otros metales, como el tungsteno o el cromo, y se utilizan para hacer distintas cosas, desde puentes a agujas.

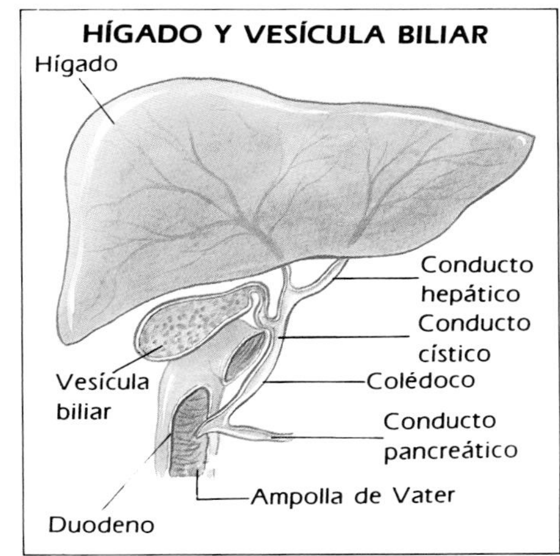

▲ El hígado es el órgano glandular encargado de múltiples funciones digestivas, metabólicas y antitóxicas.

Hígado

Nuestro hígado es un órgano plano, triangular, que se encuentra bajo las costillas, en la parte derecha del cuerpo. Es mayor que el ESTÓMAGO. El hígado es una especie de fábrica de productos químicos y lugar de almacenamiento. Produce los jugos digestivos que queman la grasa que comemos. Crea las PROTEÍNAS que usa la sangre. Nos libera de sustancias ponzoñosas en la sangre o las transforma de modo que resulten inofensivas. Los minerales y las VITAMINAS se almacenan en el hígado hasta que el cuerpo los necesita.

Himalaya

La cordillera más alta del mundo es la poderosa cordillera del Himalaya. Su nombre significa «tierra de nieve». El Himalaya constituye una gran barrera que cruza Asia, separa a la INDIA, que queda al sur, del TÍBET

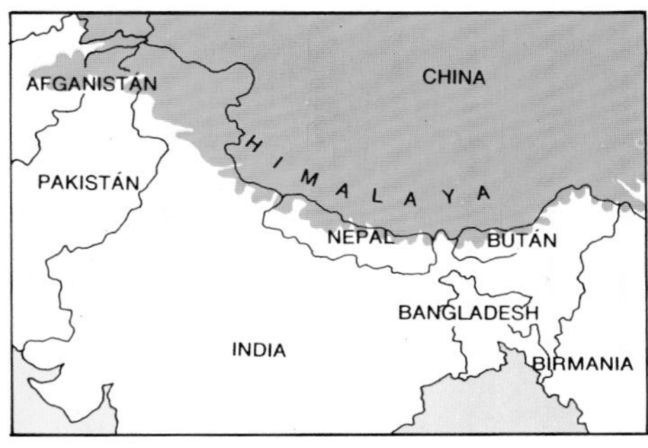

◄ El Himalaya forma una gran barrera natural entre la India y la gran meseta del Tíbet. Los pasos que cruzan el Himalaya se cuentan entre los más altos del mundo. Muy pocos de ellos se encuentran por debajo de los 5.000 metros.

(hoy parte de China), que queda en la parte norte. Muchos de los mayores ríos de Asia nacen en el Himalaya, alimentados por las aguas que proceden de sus nieves al fundirse.

Hasta la invención del aeroplano pocos extranjeros estuvieron en el Himalaya. No existen carreteras ni ferrocarriles. La única forma de viajar es a pie por estrechas y empinadas sendas montañosas. Caballos, yacs, cabras e incluso las ovejas son utilizados como animales de carga.

La más alta montaña del mundo está en el Himalaya: el monte EVEREST, con 8.880 metros.

Hinduismo

El hinduismo es una de las grandes RELIGIONES del mundo. La mayoría de los hindúes viven en Asia y, particularmente, en la INDIA. Su religión ha venido desarrollándose durante un período de 4.000 años.

Los hindúes creen que Dios está presente en todas las cosas. Sólo los sacerdotes (los brahmanes) pueden adorar al Dios supremo. Las gentes ordinarias adoran a otros dioses como Visnú, el dios de la Vida. El libro sagrado más importante de los hindúes es *Los vedas*. Los hindúes creen que ciertos animales, como la cobra y la vaca, son animales sagrados y nunca deben ser matados o comidos.

▲ Los hindúes creen en muchos dioses. La diosa Shiva de cuatro brazos suele presentarse generalmente en posición de danza. Kali es un terrible gigante, y Ganesh, el hijo de Shiva, tiene cabeza de elefante y se cree que procura el éxito si se le reza.

Hipopótamo

La palabra hipopótamo significa «caballo de río», pero en realidad el hipopótamo está emparentado con el

▼ Los hipopótamos tienen los ojos en la parte superior de la cabeza, de modo que pueden estar de pie bajo el agua y ver lo que ocurre en la superficie sin ser vistos.

cerdo y no con el caballo. Es un animal muy grande y pesado que vive en África. De los animales terrestres sólo el elefante le gana en tamaño y peso.

Los hipopótamos viven cerca de los ríos y los lagos. Se pasan la mayor parte del tiempo en el agua y son buenos nadadores. Pese a sus terroríficas mandíbulas, los hipopótamos sólo se alimentan de vegetales. Bucean en busca de plantas acuáticas y por la noche suelen salir a las orillas para pacer.

Por lo general, estos animales no son peligrosos si se les deja tranquilos, pero pueden causar graves heridas con los golpes de los colmillos de su mandíbula inferior.

▲ La historia de las antiguas civilizaciones tiene que ser configurada partiendo de las claves y datos que llegaron a nosotros a lo largo de los años. Esta cabeza de bronce es de un rey que vivió hace unos 4.500 años, aproximadamente.

Historia

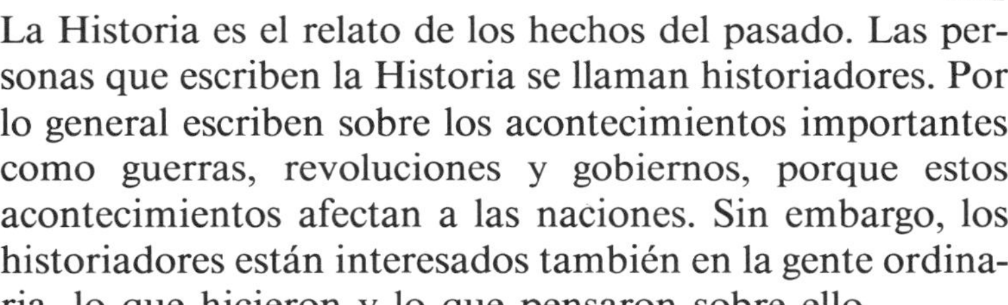

La Historia es el relato de los hechos del pasado. Las personas que escriben la Historia se llaman historiadores. Por lo general escriben sobre los acontecimientos importantes como guerras, revoluciones y gobiernos, porque estos acontecimientos afectan a las naciones. Sin embargo, los historiadores están interesados también en la gente ordinaria, lo que hicieron y lo que pensaron sobre ello.

Actualmente pensamos en la historia como aquello que ha quedado escrito en los libros de historia. Pero antes de que existieran los libros y la imprenta, la historia pasaba de boca en boca, es decir, era transmitida oralmente. Las gentes contaban relatos sobre sus reyes, sus guerras, sus aventuras y, también, sobre sus propias familias. Fue así como fueron recogidas las historias de la Grecia Antigua por el poeta Homero, que les dio forma en la *Ilíada* y la *Odisea*. Algunos de esos relatos primitivos fueron escritos en verso o cantados con música. Esto facilitaba que el pueblo pudiera recordar las historias correctamente.

En el Antiguo Egipto, los letrados registraban los reinados de los faraones y hacían las listas de sus victorias en las batallas. Con frecuencia esos relatos fueron escritos en jeroglíficos sobre tablillas de piedra. Los chinos, los griegos y los romanos estuvieron igualmente interesados en la historia. Fueron ellos los primeros que se tomaron en serio la transmisión de la historia y escribieron sobre sus civilizaciones y cómo alcanzaron su poder.

En Europa, durante la Edad Media, eran muchas las personas que no sabían leer ni escribir y la imprenta aún no había sido inventada. Fueron los sacerdotes y los monjes quienes conservaron antiguos libros y pusieron al día los registros y los documentos oficiales.

(Continúa en pág. 370)

Una de las declaraciones mejor conocidas y más incorrectas sobre la historia procede del famoso fabricante de automóviles de Estados Unidos, Henry Ford, que dijo: «La historia es una estupidez». Pero Ford tenía la costumbre de hacer tonterías. En 1915 envió un buque de paz a Europa, con el que confiaba convencer a los alemanes y a los aliados para que pusieran fin a la I Guerra Mundial. También financió durante años una campaña de propaganda antijudía.

ÁFRICA

A.C.

3.000.000 Australopithecus es un primitivo antepasado del hombre.
30.000 Cazadores humanos en África.
5000 Artesanos de la Edad de Piedra en el valle del Nilo.
4500 Uso de los metales en Egipto.
2780 Primera pirámide en Egipto.
1400 La Era de Oro del poderío egipcio.
500 Reino de los cuchitas en África.
146 Los romanos destruyen Cartago.

D.C.

500 Reino de Ghana.
850 Construcción de la ciudadela del Gran Zimbabwe.
980 Los árabes se asientan en la costa oriental.
1000 Los musulmanes controlan todo el norte de África. El arte de trabajar el bronce en todo su apogeo en África Occidental.
1498 Vasco de Gama inicia el comercio portugués a lo largo de la costa oriental.
1500 Imperio de Gao.
1591 Caída del Imperio Songhai.
1652 Europeos bajo el mando de Jan van Riebeeck se establecen en Cabo de Buena Esperanza.
1713 Auge de la trata de esclavos entre África Occidental y el Nuevo Mundo.
1818 Chaka funda el imperio zulú.
1821 Fundación de Liberia (África Occidental) como Estado libre para los exesclavos estadounidenses.
1835-37 Gran migración de los boers para fundar el Transvaal.
1869 La apertura del canal de Suez crea una ruta marítima más corta entre Europa y Asia.
1884 La Conferencia de Berlín autoriza a las potencias europeas a repartirse África entre ellas.
1899-1902 La Guerra de los Boers. Gran Bretaña derrota a los boers.
1936 Italia conquista Etiopía, la más antigua de las naciones independientes de África.
1949 África del Sur adopta la política de *apartheid* (separación de razas).
1956 El presidente de Egipto, Nasser, nacionaliza el canal de Suez, lo que lleva a una breve guerra contra Gran Bretaña y Francia.
1960 Guerra civil en el Congo.
1960-70 Muchos estados regidos por Gran Bretaña pasan al autogobierno.
1963 Se forma la Organización de la Unidad Africana.
1967 Guerra en Nigeria tras secesión de Biafra.
1974 Portugal concede la independencia a sus últimas colonias africanas.
1980 Zimbabwe (Rodesia) alcanza la independencia.
1980-95 Finaliza la política de *apartheid* en África del Sur; Eritrea se independiza de Etiopía; guerras civiles en varios países; la sequía y el hambre son un serio problema.

ASIA

A.C.

9000 Comienza la agricultura en el «creciente fértil».
7000 Jericó, la primera ciudad del mundo.
3500 Se trabaja el cobre en Tailandia.
3100 Los primeros escritos conocidos, los cuneiformes de Sumeria.
2300 Civilización Mohenjo-dara en el valle del río Indo (el Pakistán moderno).
2100 Abraham emigra de Ur.
1500 Los chinos dominan el arte de trabajar el bronce.
1230 Máximo auge del poderío asirio.
565 Nacimiento de Confucio.
212-210 Reinado del emperador chino Chihunangdi, constructor de la Gran Muralla. China es el mayor imperio de la Tierra.

D.C.

4? Nacimiento de Jesucristo.
570 Nacimiento de Mahoma.
1000 Perfeccionamiento del uso de la pólvora en China.
1405-33 La flota china al mando de Cheng Ho realiza viajes de exploración al Océano Índico y al Océano Pacífico.
1190 Genghis Khan comienza a conquistar un imperio para los mongoles.
1275 Marco Polo en la corte de Kublai Khan.
1498 Vasco de Gama zarpa de Portugal con rumbo a la India.
1520-30 Imperio mongol en la India.
1600 Shogun rige en Japón.
1760 Británicos y franceses luchan por la hegemonía en la India.
1854 Japón es obligado a firmar un tratado comercial con Estados Unidos.
1857 Motín en la India.
1868 El gobierno Meiji comienza a «occidentalizar» Japón.
1900 Rebelión de los boxers en China.
1905 Japón derrota a Rusia en la guerra.
1912 Sun Yat-sen al frente de la nueva república china.
1930 Japón surge como una gran potencia militar.
1939-45 II Guerra Mundial. La primera bomba atómica es lanzada sobre Japón.
1947 La India consigue la independencia de los británicos.
1948 Creación del Estado de Israel.
1949 Los comunistas de Mao Zedong ganan la guerra civil en China.
1954 Los franceses expulsados de Indochina. Comienza la guerra de Vietnam.
1976 Termina la guerra de Vietnam con la victoria de Vietnam del Norte.
1979 El sha del Irán es destronado.
1980-95 Guerra civil en el Líbano; guerra entre Irak e Irán (fin en 1988); mayor libertad en China, el gobierno chino reprime una manifestación estudiantil y provoca miles de muertos; Irak invade Kuwait (guerra del Golfo 1991).

EUROPA

A.C.	
6000	La agricultura y la ganadería llegan a Europa desde Asia.
2000	Civilización de la Edad de Bronce en Creta.
1193	La ciudad de Troya destruida por los griegos después de diez años de guerra.
331	Alejandro Magno conduce a los griegos a la victoria contra los persas.
509	Fundación de la República Romana.
D.C.	
43	Los romanos invaden distintos territorios europeos.
313	La religión cristiana tolerada en el Imperio Romano.
330	El emperador romano Constantino funda Constantinopla.
476	Se derrumba el Imperio Romano.
732	Charles Martel conduce a los francos a la victoria sobre los moros.
800	Carlomagno es coronado primer emperador germano.
871	Alfredo es nombrado rey de Wessex en Inglaterra.
1066	Guillermo de Normandía conquista Inglaterra.
1096	La primera de las seis Cruzadas contra el Islam.
1215	Los barones ingleses redactan la Carta Magna.
1300	Comienza el Renacimiento en las artes y las ciencias.
1348	La peste negra mata a millones de seres humanos.
1453	Constantinopla capturada por los turcos.
1492	Descubrimiento de América por Cristóbal Colón.
1517	Martín Lutero empieza la Reforma.
1522	Primer viaje alrededor del mundo de los europeos (la flota de Magallanes).
1588	España prosigue la empresa de nuevas exploraciones en América.
1642	Guerra civil en Inglaterra.
1700	Comienza la revolución industrial.
1789	La Revolución francesa.
1848	Año de las revoluciones en Europa.
1854-56	La Guerra de Crimea.
1870-71	Prusia derrota a Francia en la guerra franco-prusiana.
1914-18	I Guerra Mundial: Alemania y sus aliados son derrotados por Gran Bretaña, Francia, Estados Unidos, Rusia y otros. Murieron más de diez millones de soldados.
1917	Revolución comunista en Rusia.
1933	Hitler, führer de Alemania.
1936-39	Guerra civil española.
1939-45	II Guerra Mundial: los aliados derrotan a Alemania e Italia en Europa.
1957	El tratado de Roma crea la Comunidad Europea.
1980-95	Se forma la Unión Europea, incorporación de Suecia, Austria y Finlandia (1995); los países del Este y la URSS (actual CEI) liberalizan su política tras la crisis del comunismo.

AMÉRICA Y AUSTRALASIA

A.C.	
100.000?	Los antepasados de los aborígenes llegan a Australia.
40.000	Los antepasados de los indios norteamericanos llegan a América por un «puente terrestre» desde Asia.
20.000	Los indios acaban de establecerse en América del Sur.
8400	El primer perro doméstico (Idaho).
3372	Primera fecha en el Calendario Maya.
D.C.	
1100	Los maoríes llegan a Nueva Zelanda desde las islas del Pacífico.
1400	Imperio Inca en Perú.
1492	Colón descubre América.
1500	Cabral reclama Brasil para Portugal.
1518	Cortés comienza la conquista de México derrotando a los aztecas.
1533	Pizarro conquista para España el Imperio Inca.
1584	Raleigh establece la colonia de Virginia.
1620	Viaje del *Mayflower*.
1626	Los holandeses fundan New Amsterdam (hoy Nueva York).
1642	Abel Tasman descubre Tasmania. Los franceses fundan Montreal, en Canadá.
1763	Gran Bretaña se hace con el control de Canadá, tras derrotar a Francia.
1770	Cook explora las costas de Australia y Nueva Zelanda.
1776	Declaración de Independencia de EUA.
1783	Fin de la Guerra de Independencia estadounidense.
1788	Primeros asentamientos británicos en Australia.
1824	Las repúblicas suramericanas se independizan de España.
1840	Nueva Zelanda pasa a ser colonia británica.
1861-65	La Guerra de Secesión estadounidense. Los estados del Norte derrotan a los del Sur.
1867	Canadá pasa a ser un dominio británico con autogobierno.
1901	Australia y Nueva Zelanda independientes.
1917	EUA entra en la I Guerra Mundial.
1930	Comienza la depresión y el desempleo en Estados Unidos.
1941	Los japoneses atacan Pearl Harbor, lo que lleva a Estados Unidos entrar en la II Guerra Mundial.
1959	Fidel Castro acaudilla la revolución comunista en Cuba.
1963	Es asesinado el presidente John F. Kennedy, de Estados Unidos.
1965	Las tropas estadounidenses luchan en Vietnam.
1969	Primer astronauta que pisa la Luna.
1975	Las tropas EUA abandonan Vietnam.
1982	Gran Bretaña recupera las Malvinas.
1980-95	Estados Unidos es una de las potencias más poderosas del mundo; elecciones en Nicaragua y fin de la guerra en El Salvador; Australia y Nueva Zelanda acuerdan tratados comerciales con distintos países de Asia.

▶ Los momentos históricos están bien documentados en la actualidad. Los futuros historiadores no tendrán dificultades en formarse una idea de su pasado con fotografías tales como ésta del líder soviético Gorbachov y el presidente estadounidense Reagan, firmando un tratado.

▲ Sabemos mucho de la historia de Europa. Este tipo de navío, llamado carabela, fue utilizado en el siglo XV para los viajes de descubrimiento.

Los historiadores reciben su información de referencias ocultas, por ejemplo de objetos hallados en viejas tumbas, así como de las informaciones contenidas en libros antiguos. El estudio de los restos ocultos o escondidos se llama ARQUEOLOGÍA. Pero la historia no sólo está preocupada por el pasado distante. Al fin y al cabo la historia es *nuestra* historia. Lo que hoy es noticia, mañana será historia. Teniendo eso en cuenta, los historiadores modernos están interesados en registrar el presente. Hablan con personas de más edad sobre las cosas que estas últimas recuerdan y hacen películas o grabaciones en cinta de vídeo destinadas a las noticias de la televisión sobre los sucesos del día.

Hitler, Adolf

Adolf Hitler (1889-1945) fue el «führer» o líder de ALEMANIA durante la II GUERRA MUNDIAL. Exsoldado, nacido en Austria, se convirtió en jefe del Partido Nazi, que en 1933 se hizo con el poder en Alemania.

Alemania estaba aún debilitada tras su derrota en la I GUERRA MUNDIAL. Los nazis prometieron al pueblo vengar esta derrota y crear un nuevo imperio alemán con la ayuda de las ideas que el Führer propalaba apasionadamente y que convertía en inflamados discursos contra los judíos, los comunistas y los sindicatos obreros. En 1939, Hitler arrastró a Alemania a la II Guerra Mundial y conquistó la mayor parte de Europa. Millones de personas fueron asesinadas en los campos de concentración nazis. En 1945 Alemania perdió la guerra. Hitler se suicidó junto con su mujer, Eva Braun, para evitar ser capturados mientras los rusos penetraban en Berlín.

▲ Hitler, para difundir sus ideas, organizaba mítines y reuniones a los que acudían miles de personas.

Hobby

La gente cada vez dispone de más tiempo para sí misma. La mayoría trabaja menos horas y tiene vacaciones más largas que en el pasado. Se jubilan a edad más temprana y viven más tiempo. Por otra parte, el trabajo doméstico exige cada vez menos tiempo debido al uso creciente de electrodomésticos y otros aparatos modernos. Consecuentemente, se dispone de más tiempo para realizar nuestras aficiones y «hobbies». Se utiliza la palabra inglesa «hobby» para designar cualquier actividad con la que disfrutamos en nuestras horas libres, tanto si se trata de coleccionar mariposas o sellos de correos, como de tejer, hacer punto, dibujar, pintar, hacer fotografías o cualquier otra cosa. Muchos tienen como hobby la práctica de diversos deportes: tenis, natación, pesca, caza, la navegación a vela o el ajedrez. Una de las cosas más agradables de un hobby es compartirlo, es decir, realizarlo en compañía. Las amistades que surgen en torno a esta comunidad de aficiones son una parte importante de su interés.

La mayoría de los personajes famosos tienen o tuvieron sus hobbies. George Washington coleccionaba distintos tipos y marcas de té. A Winston Churchill le encantaba hacer muros de ladrillo. En las tierras de una de sus casas hay un gran muro que fue construido por él.

Experiméntalo

Para conseguir un pingüino de papel haz como sigue: 1 y 2: pliega un cuadrado de papel siguiendo las líneas punteadas de modo que C quede sobre D. 3: dobla hacia arriba el punto B; 4: dobla el punto B a lo largo de la línea punteada; 5: pliega de modo que el punto F se encuentre con el punto E; 6: dobla el punto F a lo largo de la línea para hacer un pie del pingüino; 7: da la vuelta y dobla el punto E para hacer el otro pie; 8: dobla hacia abajo el punto A, a lo largo de la línea para hacer la cabeza; 9: desdobla los puntos de la cabeza y empújalos hacia adentro a lo largo del pliegue central; da un corte para separar la cola; dobla hacia atrás los trozos de la cola para que el pingüino pueda tenerse en pie. 10: dibuja los ojos.

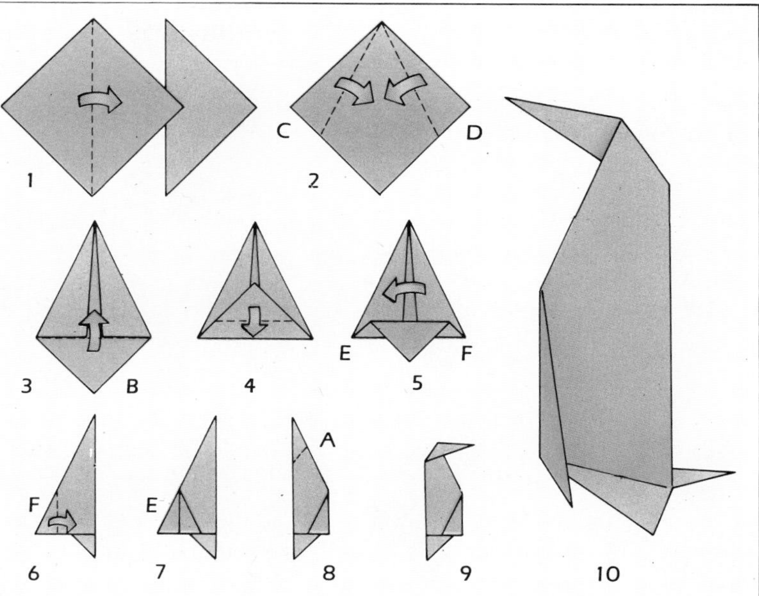

Hockey sobre hielo

El hockey sobre hielo es un juego de equipo que se practica sobre una pista de hielo. Los jugadores son seis en cada equipo y llevan patines de hielo. La pista tiene 60 metros de largo y 26 de ancho, con una portería en cada extremo. Los jugadores usan un largo *stick* con una espe-

▲ Los jugadores de hockey, y en particular el portero, tienen que llevar ropas especiales, enguatada y con refuerzos, para protegerse contra posibles lesiones.

cie de hoja doblada en el extremo inferior que se utiliza para llevar y empujar el *puck*, un disco de goma, sobre la pista, o *rink*. Los equipos tratan de meter el disco en la portería opuesta, sorteando la oposición de la defensa. Los partidos se dividen en tres tiempos de veinte minutos cada uno.

Hoja

Las hojas son las fábricas de alimento de las PLANTAS verdes. Para producirlo las hojas necesitan luz, dióxido de carbono y agua. La luz la reciben del Sol. El dióxido de carbono proviene del aire. El aire penetra en la hoja a través de unos pequeños agujeros llamados *estomas*. El agua es tomada del suelo por las raíces de la planta. Asciende por el tallo hasta las hojas por unos finos tubos llamados venas. En el interior de la hoja hay un colorante verde llamado clorofila, que utiliza la luz, el dióxido de carbono y el agua para fabricar AZÚCAR. El método utilizado se conoce como *fotosíntesis*. El azúcar pasa por las venas a las demás partes de la planta.

En otoño muchos árboles pierden sus hojas, pero antes

▶ Las hojas tienen formas, tamaños e incluso colores muy diversos.

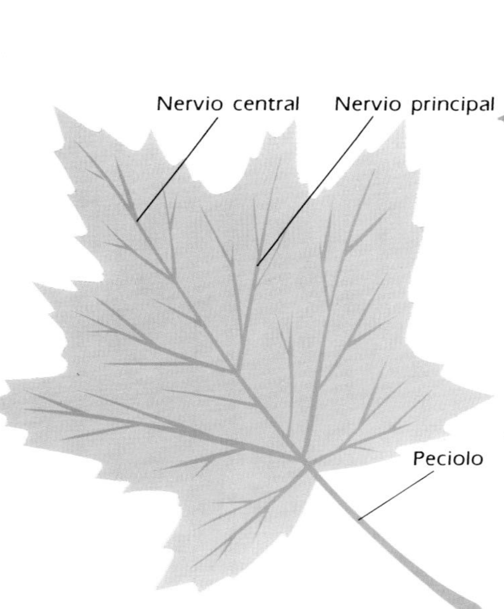

▲ La mayor parte de las hojas tienen la misma constitución básica. Adquieren gran importancia las venas que llevan agua y alimento a otras partes de la planta.

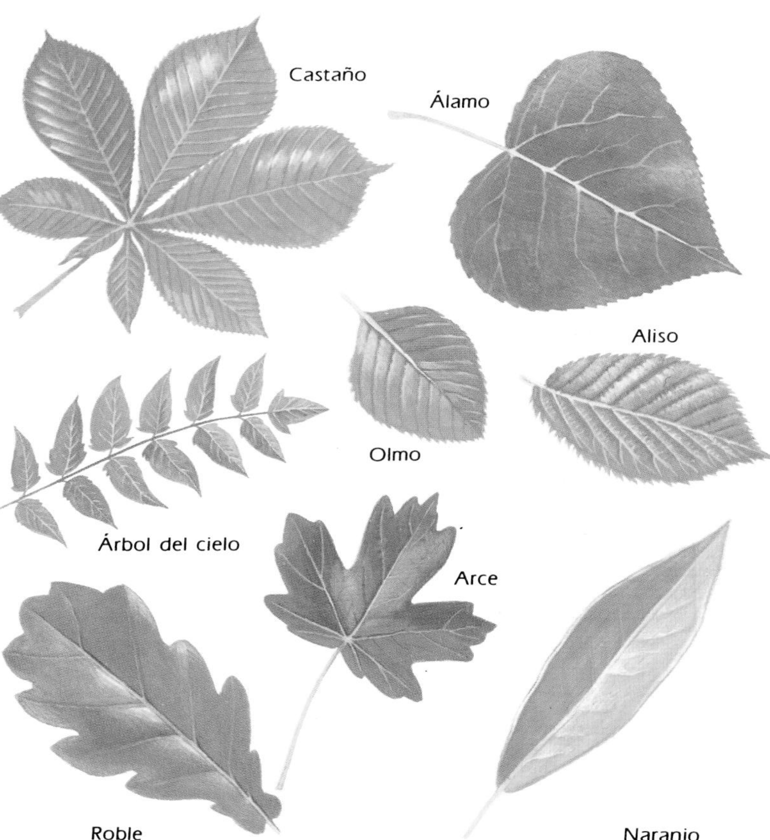

anulan el suministro de agua a las hojas. Esto destruye su color verde y da a las hojas tintes amarillos, rojos y anaranjados.

Holografía

Holografía es un procedimiento mediante el cual se pueden hacer fotografías tridimensionales muy realistas llamadas *hologramas*. Se consiguen utilizando la luz LÁSER en vez de una cámara fotográfica.

Para hacer un holograma, un rayo láser se divide en dos: uno de los rayos golpea el objeto y se refleja sobre una placa fotográfica; el otro rayo, al que se le hace seguir un ángulo con un espejo, choca contra la placa directamente. La placa fotográfica es revelada y aparece un patrón blanco y negro, el holograma. Cuando el holograma es iluminado por un rayo láser y contemplado desde el otro lado, produce una imagen tridimensional del objeto original. La imagen parece real, con anchura, longitud y grosor, pero no con los colores originales del objeto sino que toma sus colores del rayo láser.

La holografía se descubrió hace 40 años, pero no se desarrolló hasta la década de los sesenta, cuando se introdujo el láser. En la actualidad los científicos buscan aplicaciones prácticas de la holografía. Puede ser de mucha utilidad en medicina, para examinar el cuerpo humano; en la observación de los campos, para descifrar fotografías aéreas y en los trabajos científicos para hacer mediciones muy precisas.

Experiméntalo

Haz una impresión de una hoja, untando ligeramente el envés de la misma con un poco de crema de zapatos o tinta de imprimir. Coloca la hoja sobre un papel limpio con la parte pintada hacia abajo y cúbrela con otro papel. Frota enérgicamente en este papel un lápiz de punta blanda. El dibujo de la hoja, con sus venas y su contorno bien definidos, aparecerá gradualmente.

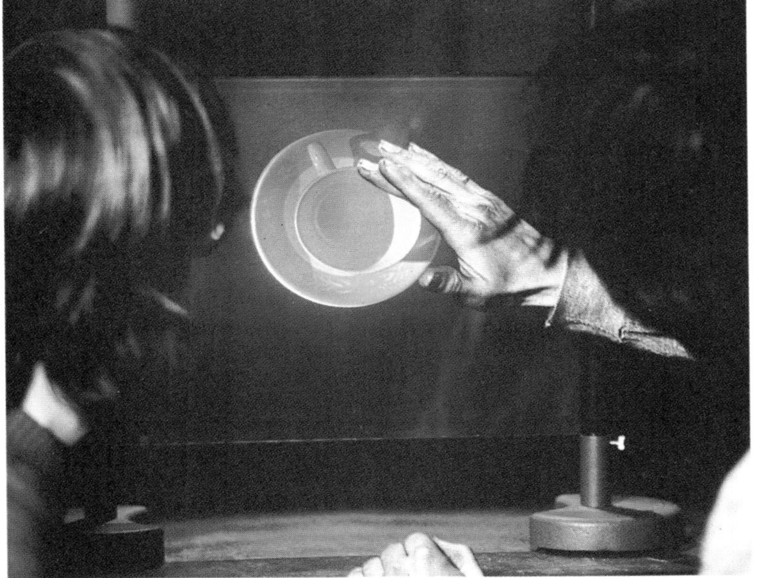

Una de las cosas más sorprendentes de una placa de holograma es que puede ser cortada a trozos y cada trozo no ofrecerá una parte de la imagen, sino su totalidad.

◀ Los hologramas poseen un aspecto tan realista porque son imágenes tridimensionales. Se puede pasar junto a un holograma y verlo desde diferentes ángulos. Desgraciadamente no podemos imprimir en tres dimensiones la fotografía de un holograma.

▲ El *Homo habilis* fue probablemente el primer ser humano que construyó y usó herramientas.

Hombre (ver Ser humano)

Hombre prehistórico

Los hombres prehistóricos vivieron muchos siglos antes de que existieran registros históricos escritos. Sabemos de ellos por los restos de sus herramientas, armas y cuerpos. La Prehistoria se divide en EDAD DE PIEDRA, EDAD DE BRONCE y Edad de Hierro. Estas eras reciben su nombre de los respectivos materiales que los hombres utilizaban para sus herramientas y armas.

La Edad de Piedra duró muchos siglos. Comenzó hace 2,5 a 3 millones de años, cuando criaturas parecidas al hombre comenzaron a aparecer sobre la Tierra. Eran seres diferentes a los animales, semejantes a los monos que vivían en esos mismos tiempos. Tenían un cerebro mayor, usaban herramientas de piedra y podían andar erguidos.

Hace aproximadamente 1,5 millones de años apareció una criatura más parecida al hombre actual. Los científicos le dieron el nombre de *Homo erectus.* El *Homo erectus* es, posiblemente, el antepasado de otros tipos más avanzados de hombres, llamados *Homo sapiens*, lo que significa «hombre inteligente». Una especie de *Homo sapiens* fue el «hombre de Neanderthal», que apareció hace unos 100.000 años. El hombre moderno es llamado *Homo sapiens sapiens*, y apareció por vez primera en Europa y Asia hace unos 35.000 años, aproximadamente.

Hacia finales de la Edad de Piedra, los hombres prehistóricos comenzaron a usar metales. El primero que

▼ La evolución de los seres humanos del antropoide *Ramapithecus* al hombre moderno.

◀ Hace unos 20.000 años los seres humanos modernos vivían en cuevas o en cabañas construidas de ramas, o en escondites. Usaban herramientas de piedra y hueso para la caza, la preparación de alimentos, la confección de ropas y de refugios.

Es muy difícil para nosotros imaginar cuántas personas vivían durante la Edad de Piedra. Según estimaciones, eran sólo unos miles de hombres los que vivían en África, y otros miles en Asia. La gente se desplazaba siempre en pequeños grupos. Un hombre de la Edad de Piedra posiblemente sólo veía de 15 a 50 personas en toda su vida.

utilizaron fue el COBRE. Hicieron herramientas de cobre hace unos 10.000 años. Hace aproximadamente unos 5.000 años inventaron el bronce, una ALEACIÓN más dura de cobre y estaño. Eso marcó el principio de la Edad de Bronce, durante la cual comenzaron las civilizaciones más antiguas. La Edad de Bronce terminó hace unos 3.300 años en el sureste de Europa, cuando el hombre aprendió a trabajar el hierro, metal más duro que el bronce. Con herramientas de hierro el hombre pudo desarrollar la agricultura, y las ciudades surgieron con mayor rapidez que antes.

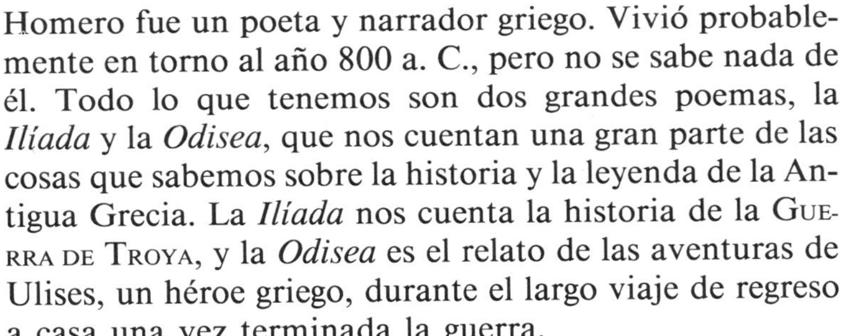

Homero

Homero fue un poeta y narrador griego. Vivió probablemente en torno al año 800 a. C., pero no se sabe nada de él. Todo lo que tenemos son dos grandes poemas, la *Ilíada* y la *Odisea*, que nos cuentan una gran parte de las cosas que sabemos sobre la historia y la leyenda de la Antigua Grecia. La *Ilíada* nos cuenta la historia de la GUERRA DE TROYA, y la *Odisea* es el relato de las aventuras de Ulises, un héroe griego, durante el largo viaje de regreso a casa una vez terminada la guerra.

Honduras

Honduras es un país montañoso de América Central. Tiene una larga costa en el mar Caribe y una muy corta en el Pacífico. La mayoría de sus habitantes viven de la agricultura. La banana es el principal producto agrícola, exportado a todo el mundo. También se cultiva café, ta-

HONDURAS

Gobierno: República constitucional
Capital: Tegucigalpa
Superficie: 112.088 km²
Población: 4.500.000 hab.
Lengua: Español
Moneda: Lempira

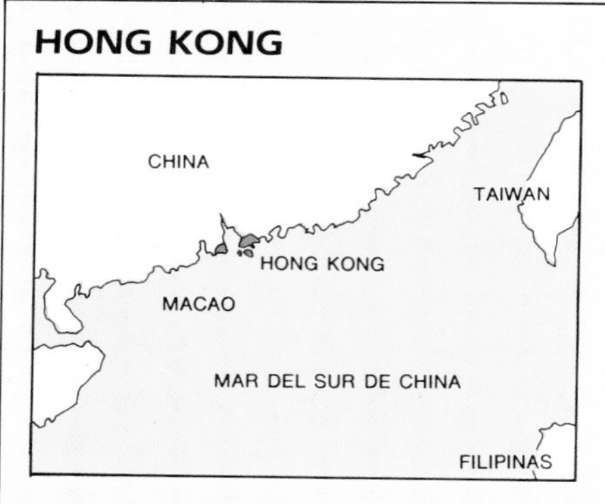

Gobierno: Colonia británica
Capital: Victoria
Superficie: Isla 75 km²; Nuevos Territorios, etc., 971 km²
Población: 5.300.000 hab.
Punto más elevado: Tai Mo Shan, 975 metros
Clima: Tropical monzónico
Promedio de lluvia: 2.160 mm

baco, algodón y aceite de palma. Existen minas de oro, cinc, potasa, plomo y antimonio; sin embargo, a pesar de toda esta riqueza, la industria se limita a la transformación de productos agrarios y a la textil.

Hong Kong

Hong Kong es una diminuta colonia británica en la costa de China. Una parte de ella es una isla pequeña, y el resto una franja de terreno llamada los Nuevos Territorios, que forma parte, realmente, del continente chino. Hong Kong viene siendo gobernado por Gran Bretaña desde 1842. Pasará a manos de los chinos en 1997.

Hong Kong tiene un bello puerto rodeado por montañas. La capital es Victoria, y otra importante ciudad, muy activa, es Kowloon. Hong Kong es una mezcla fascinante del Oriente y el Occidente. La gente vive del comercio, la pesca y la agricultura. Aunque se han construido grandes edificios de apartamentos, apenas si hay espacio para los 5 millones de habitantes que pueblan esta pequeña y bella isla.

▶ El nombre de Hong Kong significa «puerto fragante». Es un lugar muy poblado y activo. Los jardines Tiger Balm son un lugar popular de paseo.

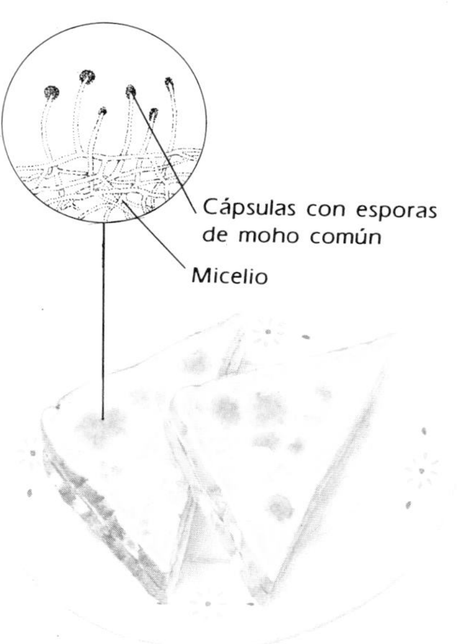

▲ Los alimentos destapados ofrecen un lugar perfecto para la formación y el crecimiento del moho.

Hongo

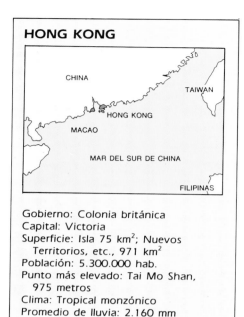

Un hongo es un organismo simple que no tiene verdaderas raíces, tallos ni hojas. Los hongos carecen de clorofila, que ayuda a las plantas verdes a alimentarse, por lo cual necesitan encontrar un suministro de alimento ya preparado. Algunos viven como parásitos en plantas o animales muertos.

Hay más de 50.000 especies de hongos. Algunos sólo tienen una CÉLULA. Otros son cadenas de células. Estos últimos producen unas pequeñas excrecencias parecidas a finas fibras que se extienden por la sustancia de la que se alimentan. Muchos hongos desarrollan un cuerpo fructífero grande con esporas, que producen nuevas plantas. Los champiñones que comemos son los cuerpos fructíferos de un hongo. Algunos hongos son útiles. La penicilina y la LEVADURA son hongos. El moho, por otra parte, pertenece también a la familia de los hongos.

▲ Las hormigas son de tamaño y color variable. Existen más de 6.000 especies, todas ellas sociales y polimorfas.

Hormiga

Las hormigas son INSECTOS «sociales» que viven juntas formando colonias. Algunas de estas colonias viven en las ramas de los árboles; otras, en cámaras subterráneas llamadas hormigueros. También las hay que forman sus hormigueros en montones de tierra. Hay tres tipos de hormigas: los machos, la reina (la única que pone huevos) y las hembras u obreras, que no aparean ni ponen huevos.

Las hormigas legionarias o guerreras emigran campo a través en grandes hordas, a veces de más de 100.000 individuos, y devoran todo lo que encuentran en su camino, incluso animales de granja si están atados.

Hormigón

El hormigón es una mezcla de cemento, grava y arena que se amasa con agua. Esa mezcla, parecida a una pasta,

▼ Para hacer hormigón se mezcla el cemento con grava, arena y agua. Demasiada agua debilita el hormigón. Mezclar un hormigón de buena calidad requiere una especial habilidad y conocimiento del oficio.

Un inconveniente del hormigón es que puede ser muy pesado debido a su composición de grava (piedras menudas), cemento y arena. Los romanos lo sabían y por esa razón mezclaban el cemento con otras sustancias más ligeras para poder construir sus edificios. La gran cúpula del Panteón, en Roma, por ejemplo, está hecha con cemento mezclado con piedra pómez y ceniza volcánica del Vesubio.

se endurece al secarse y mantiene su dureza, así que es utilizado para la construcción de edificios, carreteras, puentes y presas. El cemento, que es la base fundamental del hormigón, se hace de piedra caliza y yeso, aunque también se puede incluir cal y arena. Estos materiales son triturados y mezclados, y después calentados en un horno. Cuando se enfrían se muelen hasta convertirlos en polvo de cemento. El hormigón es a veces reforzado con varillas de acero que se colocan en su interior mientras está blando. Se llama en este caso *hormigón armado* y, naturalmente, gana en firmeza.

Hormona

Las hormonas son mensajeros químicos que se encuentran en todos los animales y plantas. Generalmente, las hormonas son producidas por órganos llamados GLÁNDULAS, desde las cuales las hormonas, transportadas por la sangre, llegan a otros lugares del cuerpo. Allí realizan sus funciones específicas.

La glándula pituitaria, en el centro de la cabeza, produce varias hormonas. Esas hormonas «maestras» controlan la secreción hormonal de otras glándulas. La glándula tiroides, situada en la garganta, por ejemplo, es estimulada por la pituitaria para producir una hormona que controla el metabolismo. La escasez de esta hormona puede hacer engordar a la gente. La hormona adrenalina es controlada por mensajes nerviosos. Cuando aumenta su producción el corazón late con mayor rapidez, aumenta la presión sanguínea y el cuerpo se prepara para un esfuerzo físico. Actualmente muchas hormonas pueden sintetizarse en laboratorios, por ejemplo la insulina que se utiliza para el tratamiento de la diabetes, enfermedad que hace que la sangre contenga exceso de azúcar.

▲ Las hormonas determinan el crecimiento del individuo. El jockey Willie Carson, en la foto con su entrenador, es excepcionalmente bajo.

Hortaliza

Las hortalizas son PLANTAS comestibles en todo o en parte. Tienen un sabor menos dulce que esas otras plantas comestibles a las que llamamos FRUTAS. De la lechuga y las espinacas comemos sus hojas, de otras hortalizas comemos los tallos o las raíces. La zanahoria y la chirivía son raíces. Del apio y los espárragos comemos el tallo. Los guisantes, las judías y las mazorcas son semillas. Los tomates y la calabaza son frutos.

Los guisantes y las judías nos suministran PROTEÍNAS. Las hojas y raíces de las hortalizas nos dan VITAMINAS, mi-

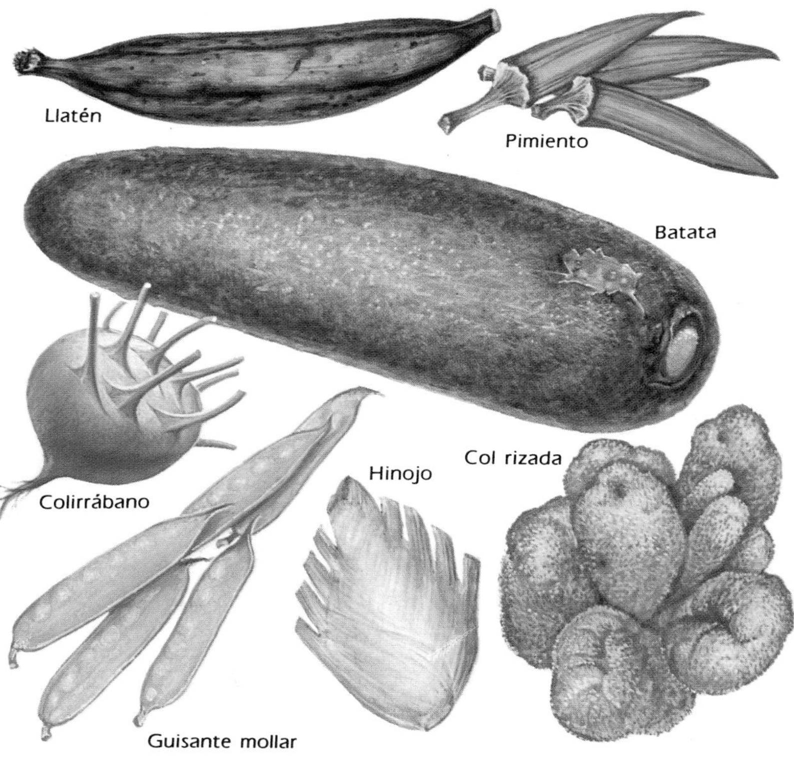

◀ He aquí siete clases distintas de hortalizas: la col rizada es rica en vitaminas A, B y C, el llatén y la batata pueden ser hervidos, fritos o asados. El colirrábano está emparentado con la col, y el hinojo añade un sabor aromático a muchos platos. El guisante mollar es conocido por su nombre francés «mange tout», porque se puede comer en su totalidad.

nerales y fibras, para ayudarnos a hacer una DIGESTIÓN apropiada. Las patatas contienen *féculas*, cuya combustión produce energía.

Hospital

Los hospitales son lugares que acogen a las personas enfermas y cuidan de ellas. Médicos y enfermeras se ocupan de la atención de los pacientes e intentan curarlos.

Hay dos tipos de hospitales. Uno de ellos, el hospital general, se ocupa de todo, desde los accidentes corporales a las enfermedades contagiosas. El otro tipo son hospitales especializados. Por ejemplo, hay hospitales *psiquiátricos* para los enfermos mentales; hospitales de *maternidad*, a los que acuden las mujeres para tener sus hijos; y hospitales *geriátricos* que se ocupan de las personas mayores. En los hospitales anexos a las facultades de medicina, los estudiantes ganan experiencia con su contacto con verdaderos enfermos.

En el mundo antiguo los templos dedicados a los dioses de la salud solían tener una zona dedicada a hospital, a la que acudían los enfermos para rezar y ser tratados. Posteriormente, en la Edad Media, los hospitales estaban unidos con los conventos y eran regidos por monjas y frailes. Sin embargo, en los últimos doscientos años, lo

Muchas personas son vegetarianas, es decir, no comen carne de animal, ni tampoco pescado o aves. La dieta vegetariana consiste principalmente en hortalizas, cereales, frutos secos y frutas. La semilla de soja es una fuente de proteínas muy popular entre los vegetarianos. Las personas vegetarianas sufren menos de hipertensión y no tienen tanto exceso de grasas como aquellos que se alimentan de carnes. Sin embargo, los vegetarianos deben consumir proteínas y vitaminas en cantidades suficientes.

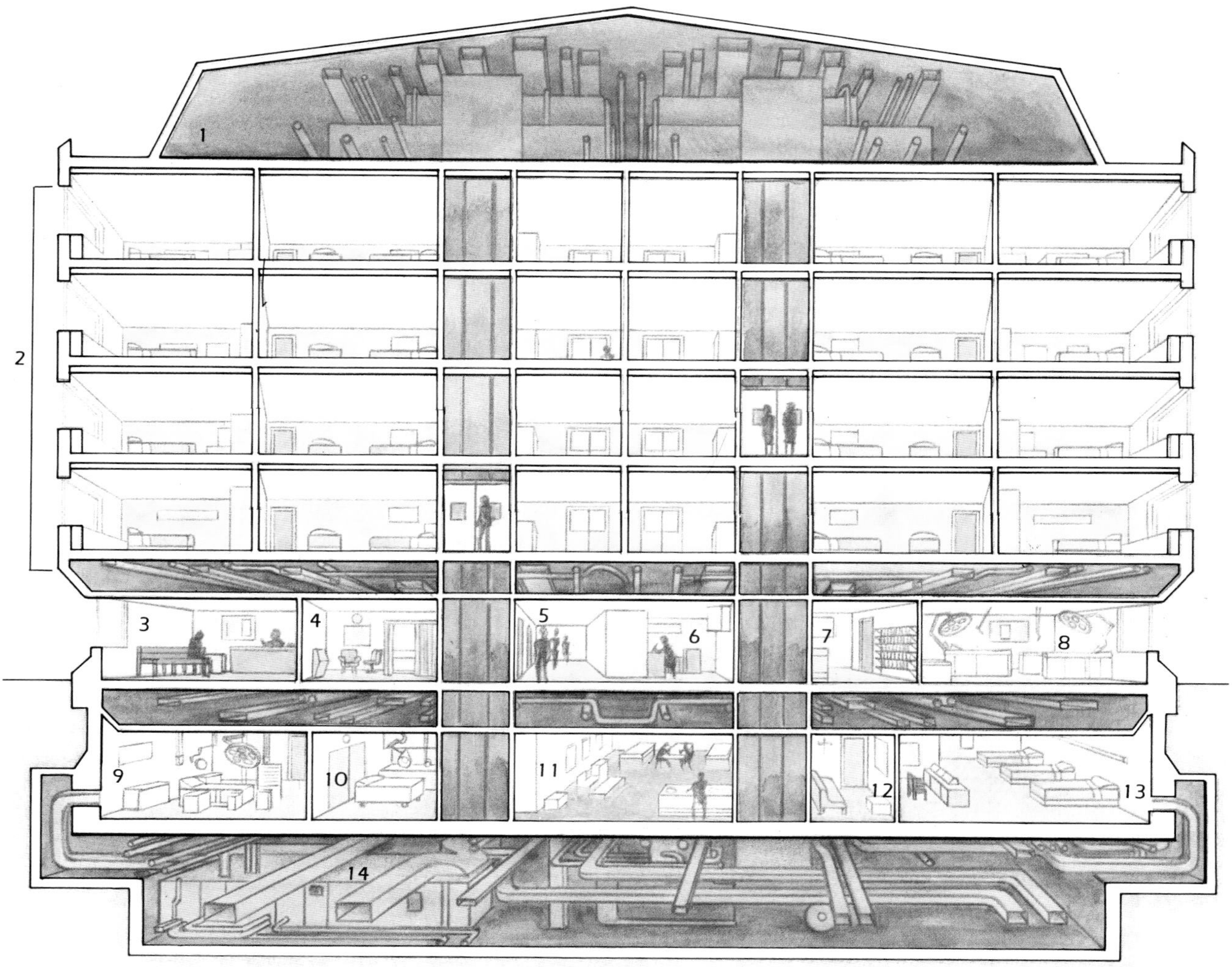

▲ Un hospital moderno está diseñado de modo que pueda dar satisfacción al mismo tiempo y del mejor modo posible a las necesidades de los pacientes y del personal. Algunas de las partes más importantes son: (1) calefacción y aire acondicionado; (2) pisos para los pacientes; (3) zonas de espera; (4) sala de consultas; (5) corredor; (6) administración; (7) administración; (8) sala de operaciones; (9) sala de operaciones; (10) sala de operaciones; (11) restaurante para el personal; (12) capilla; (13) sala de convalecencia; (14) calefacción y aire acondicionado.

más común son los hospitales laicos. En algunos países los hospitales dependientes del Estado ofrecen tratamiento barato o gratuito a todo el mundo. En otros países hay hospitales particulares y otros administrados por el gobierno. Los hospitales modernos tienen una gran cantidad de equipo técnico, como aparatos de RAYOS X, cardio-pulmón artificial y LÁSERES. Los departamentos de accidentes se ocupan de las urgencias.

Hotel

Los hoteles son lugares en los que pueden alojarse viajeros y personas de vacaciones. Antes de 1800 no existían hoteles en el sentido en que los conocemos en la actualidad. Los viajeros tenían que pasar la noche en tabernas o posadas. Estas últimas ofrecían alojamiento y comida a los viajeros y sus caballos.

En la actualidad los grandes hoteles son casi como ciudades. Ofrecen el máximo de comodidades a los viajeros de negocios y a los turistas que viajan por placer: piscinas, televisión, restaurantes, tiendas, agencias de viaje y peluquerías.

Otro tipo de hotel es el motel, que ofrece alojamiento a las personas que viajan en su automóvil. Los moteles abundan a lo largo de todas las carreteras de importancia. Los viajeros pueden llegar con el coche hasta la misma puerta de su alojamiento.

▲ Las cocinas de los hoteles están dirigidas con gran eficacia y disciplina. En los grandes hoteles el trabajo está muy especializado, con una persona encargada de las salsas, otra de los postres, etc.

Huellas dactilares

Las huellas dactilares son las marcas que dejamos cuando tocamos algo. Pueden verse fácilmente si presionamos las yemas de los dedos en un tampón de tinta y después sobre una hoja de papel blanco. Todo el mundo tiene líneas con formas peculiares en sus dedos, y las huellas dactilares de cada persona son distintas de las de los demás. Por esa razón la policía utiliza las huellas dactilares para la identificación de delincuentes y conserva en sus archivos miles de huellas distintas. Comparando las que están en su archivo con las encontradas en el lugar del crimen pueden a veces dar con el culpable. Los ordenadores, en la actualidad, pueden guardar los detalles de las huellas dactilares de medio millón de personas. En pocos segundos el ordenador encontrará la huella sospechosa si la tiene archivada.

Experiméntalo

Presiona las yemas de los dedos, suavemente pero con firmeza, sobre un tampón de tinta. Las estrías de la piel de las puntas de los dedos quedarán cubiertas de tinta. Traslada la huella a una hoja de papel limpia y examínala con una lupa. ¿Puedes decir a qué grupo pertenece tu huella dactilar?

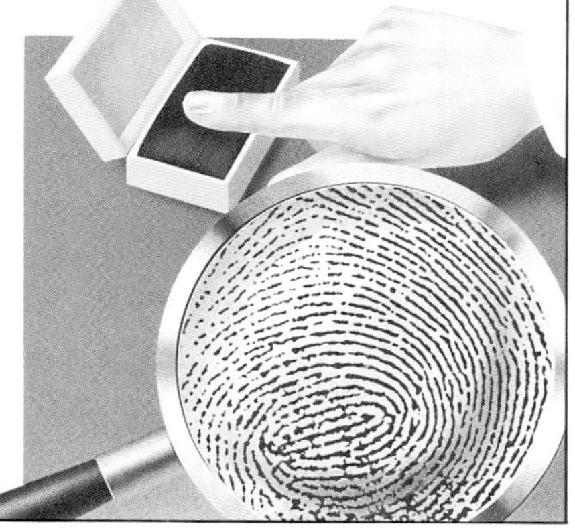

Arco

Espira

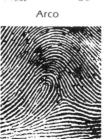

Lazo

Compuesta

▲ Todas las huellas dactilares pueden ser divididas en cuatro tipos: arco, espira, lazo y compuesta.

Hueso

Los huesos forman el soporte rígido sobre el que descansan la carne y los órganos de todos los VERTEBRADOS (ani-

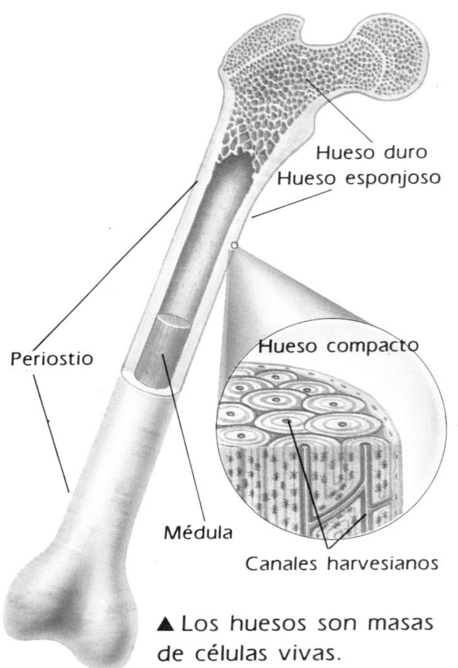

▲ Los huesos son masas de células vivas.

males con columna vertebral). Todos los huesos están hechos del mismo material, en su mayor parte calcio. Los huesos son muy duros por el exterior, pero blandos en su interior. En la *médula* o el tuétano, situada en el hueco central del hueso, se forman las nuevas células rojas de la SANGRE.

El ESQUELETO humano tiene cuatro tipos de huesos: largos, como los huesos de los brazos y las piernas; huesos planos, como los del cráneo; huesos cortos, incluyendo los huesos del tobillo y de la muñeca, y huesos irregulares, como los que componen la columna vertebral. Si los huesos se rompen vuelven a *soldarse* si se colocan en su debido lugar, y el hueso sigue siendo tan firme como lo era antes. A medida que el ser humano envejece, sus huesos se hacen más frágiles y se rompen con más facilidad. En los niños, los huesos poseen cierta flexibilidad y no se rompen tan fácilmente. Los adultos tienen 206 huesos en su esqueleto.

Humedad

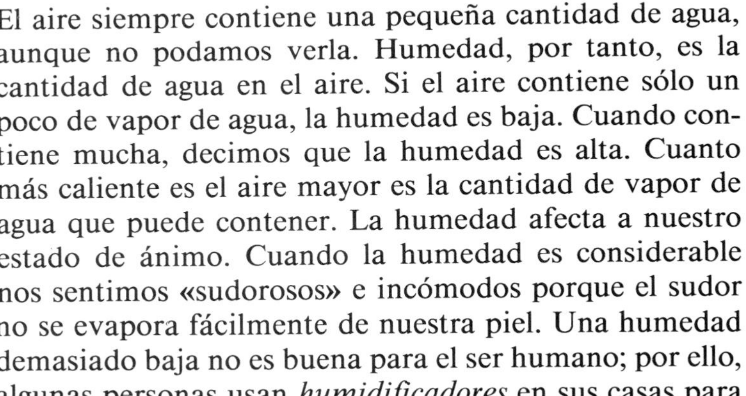
El aire siempre contiene una pequeña cantidad de agua, aunque no podamos verla. Humedad, por tanto, es la cantidad de agua en el aire. Si el aire contiene sólo un poco de vapor de agua, la humedad es baja. Cuando contiene mucha, decimos que la humedad es alta. Cuanto más caliente es el aire mayor es la cantidad de vapor de agua que puede contener. La humedad afecta a nuestro estado de ánimo. Cuando la humedad es considerable nos sentimos «sudorosos» e incómodos porque el sudor no se evapora fácilmente de nuestra piel. Una humedad demasiado baja no es buena para el ser humano; por ello, algunas personas usan *humidificadores* en sus casas para hacer más húmedo el aire.

Experiméntalo

Los científicos calculan la humedad con un aparato llamado higrómetro. Se puede construir uno pegando a un ladrillo dos termómetros de exteriór. Corta una tira estrecha de una vieja toalla, enróllala en torno al bulbo de uno de los termómetros. Llena un recipiente de agua, e introduce en él el otro extremo de la tira. Transcurrido un rato toma la diferencia entre las temperaturas de los dos termómetros. Cuanto menor sea la diferencia mayor será la humedad. Procura mantener un registro de la humedad en tu zona.

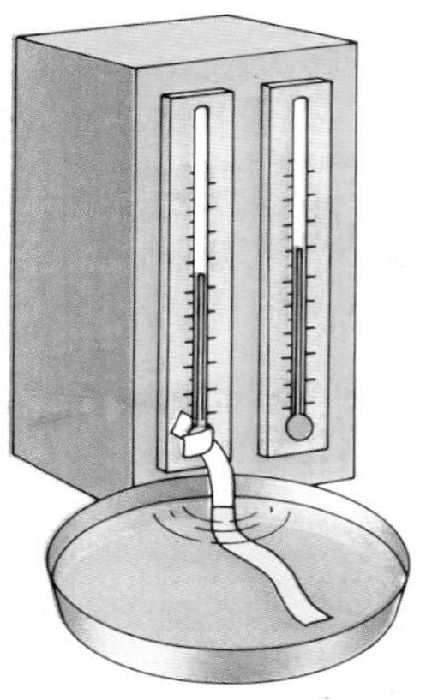

Humo de contaminación (smog)

Smog es una palabra inglesa formada por la unión de dos palabras: *smoke* (humo) y *fog* (niebla). Hay dos tipos de smog: uno de ellos es una mezcla muy densa y maloliente de humo y niebla, que solía ser muy corriente en Londres. En el invierno de 1952 hubo un terrible *smog*, y casi 4.000 personas murieron de enfermedades respiratorias. Posteriores leyes han disminuido el nivel de humos en Londres y no ha vuelto a haber *smog* de este tipo.

El otro tipo de *smog* está causado por la contaminación del aire debida a los tubos de escape y otros gases

◀ Capa de contaminación sobre la ciudad de Santiago de Chile. La contaminación puede llegar a ser muy grave en algunas partes, donde los médicos advierten sobre la peligrosidad de hacer ejercicio respirando aire nocivo.

nocivos. Éstos cambian con la luz solar en una neblina blanca que pende sobre las ciudades. Esta clase de *smog* puede ser peligrosa para los habitantes de las ciudades por contener productos químicos nocivos.

Hungría

Hungría es un pequeño país centroeuropeo, con una población inferior a los 11 millones de habitantes. Su superficie es de unos 93.000 kilómetros cuadrados, es decir, algo mayor que Andalucía.

Hungría no tiene costas, pero el caudaloso río Danubio cruza el país en su camino hacia el mar Negro y casi

◀ La capital de Hungría está formada realmente por dos ciudades, Buda y Pest, separadas por el Danubio.

Cuando murió Atila, el gran caudillo de los hunos, en 453, su cuerpo fue llevado a las planicies del Asia central y enterrado con gran parte de sus tesoros. Todos aquellos que asistieron al entierro de Atila fueron ejecutados posteriormente para que su tumba jamás fuera descubierta.

lo divide en dos. Los buques pueden navegar Danubio arriba hasta Budapest, que es además de la capital su mayor ciudad.

Hungría es un país bajo y llano. Hacia el este se convierte en una llanura de pastos, donde abundan el ganado vacuno y equino. El clima es cálido y seco en verano y muy frío en invierno. Su agricultura es muy importante, y sobresale la producción de trigo, cebada, avena, maíz, patatas, remolacha y frutas. Hay ricas minas de carbón y bauxita para la fabricación de aluminio, y también importantes yacimientos petrolíferos.

Después de la I GUERRA MUNDIAL y tras el colapso del Imperio Austro-húngaro, Hungría se convirtió en una república independiente. Desde la II GUERRA MUNDIAL tuvo un gobierno comunista y mantuvo estrechas relaciones con la antigua Unión Soviética. Se han celebrado ya dos comicios democráticos tras la caída del Muro de Berlín, lo cual demuestra el arraigo de la joven democracia magiar.

Hunos

Fueron un grupo de guerreros valerosos y NÓMADAS que penetraron en Europa hacia el año 400, procedentes de las llanuras del Asia central. Conquistaron gran parte de Alemania y Francia. Su famoso general Atila atacó Roma y casi destruyó el Imperio Romano, pero fue derrotado en los Campos Cataláunicos de esa ciudad. Tras su muerte, en 453, el poder de los hunos decreció considerablemente.

Huracán

Un huracán es un gran vendaval. Para que pueda ser llamado huracán, un vendaval ha de registrar vientos con velocidad superior a los 120 kilómetros/hora.

Las gentes que viven en torno al Océano Pacífico llaman *tifones* a los huracanes; los que viven en el Índico los llaman *ciclones*.

Los vientos de los huracanes giran formando un gran círculo y en ocasiones alcanzan velocidades superiores a los 320 km/hora. Los mayores huracanes midieron un diámetro de 1.600 kilómetros.

Los huracanes se forman sobre los océanos, cerca del ecuador, donde el aire es muy húmedo. En el centro del huracán hay una estrecha columna de aire que gira sobre sí misma muy lentamente. Éste es el llamado «ojo» del huracán.

▲ Una foto de satélite puede ayudar a predecir la ruta que seguirá el huracán. Aquí vemos el huracán Allen sobre el golfo de México. Puedes ver claramente el «ojo» del huracán en el centro de la tempestad.

Iberos

Los iberos vivían en el sur de Francia y en el litoral mediterráneo de la península Ibérica, antes de la llegada de los romanos. Construían poblados fortificados en lugares fáciles de defender. Sus casas eran pequeñas, de piedra y fango, con el techo de ramas y fango. El arte ibérico es notable, sobre todo la cerámica. Poco sabemos de ellos antes del siglo V a.C., mientras que su etapa más importante abarcó del siglo V a.C. al III a.C. Después de este período cayeron bajo el dominio romano.

Iceberg

Los icebergs son parte de GLACIARES o bancos de hielo que se separaron y flotan sueltos en el mar. Se encuentran en las aguas del ÁRTICO y del ANTÁRTICO.

Los icebergs pueden ser muy grandes. Algunos pesan millones de toneladas. La mayor parte del volumen del iceberg está por debajo de la superficie del mar. Algunos miden hasta 145 km de longitud y pueden alzarse hasta 120 m sobre la superficie del agua. Un iceberg así puede llegar hasta los 960 m por debajo del agua.

▲ Los grandes icebergs pueden flotar en el mar porque el agua al helarse se expande, es decir, el hielo es menos denso que el agua.

Iglesia Católica Romana

La Iglesia Católica Romana es la más antigua y extendida de todas las Iglesias cristianas. Tiene unos 630 mi-

◄ En la Iglesia Católica Romana se concede gran importancia a los ritos y ceremonias. Algunas festividades se conmemoran con actos religiosos y procesiones. En la foto, una procesión de primera comunión en un valle suizo.

▲ Las cataratas del Iguazú constituyen uno de los espectáculos más grandiosos de la naturaleza por su sorprendente belleza. Iguazú, en idioma guaraní, significa *agua grande.*

llones de fieles. Su cabeza es el PAPA, que reside en la CIUDAD DEL VATICANO, Italia.

Los católicos romanos siguen las doctrinas de JESUCRISTO. La Iglesia ayuda a sus seguidores dándoles reglas de vida adecuadas. Su principal servicio religioso se llama misa. Algunos católicos romanos se hacen monjas, frailes o monjes y dedican sus vidas a la fe en órdenes como, por ejemplo, la de los benedictinos o los franciscanos.

Iguazú

El Iguazú es un río de Brasil que tiene 1.320 km de longitud; nace en la Serra do Mar y desagua en el río Paraná en la frontera entre Argentina, Brasil y Paraguay. Allí se forman las espectaculares cataratas del Iguazú, de 82 m de alto. La mayor se llama Salto Grande de Santa María.

Imperio Bizantino

El Imperio Bizantino fue fundado por el emperador romano Constantino I en el año 330 de nuestra era, como la parte oriental del Imperio Romano. Constantino deci-

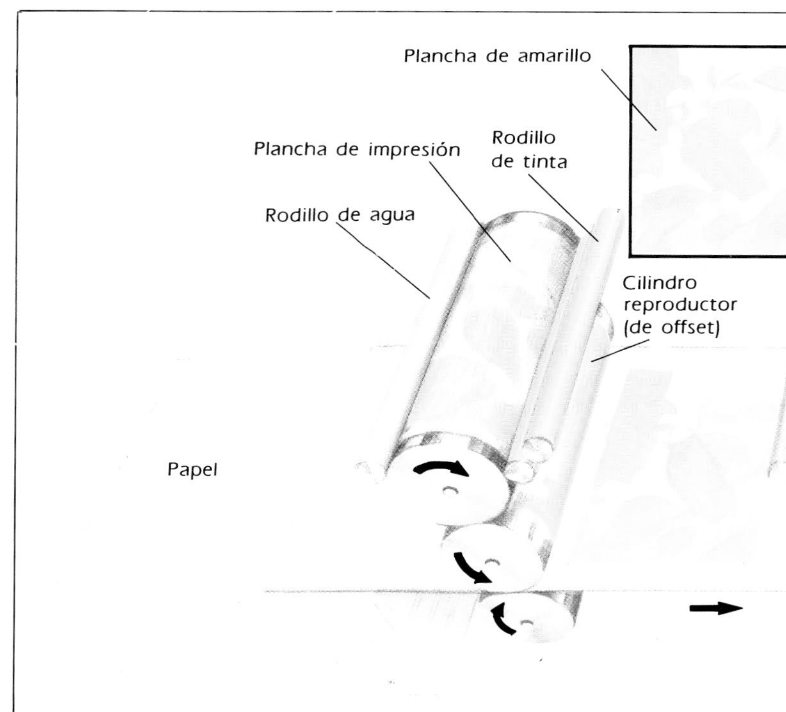

▶ Cuando se imprime una imagen en color, ésta está constituida por diminutas manchitas de los tres colores primarios: azul, amarillo y rojo, más el negro. Se preparan cuatro planchas de la imagen, una para cada color. En la litografía en offset, las planchas de impresión, flexibles, se enrollan en torno a un cilindro y se humedecen por medio de unos rodillos que distribuyen el agua. Los rodillos de entintado colocan el color sobre las zonas respectivas de la imagen. Este color es transferido al cilindro de offset y desde éste al papel que pasa por debajo de él. El papel pasa de un color a otro sucesivamente. El negro es el último que se imprime.

dió trasladar el cuartel general del imperio a Oriente y construyó una nueva ciudad como capital, a la que bautizó con su propio nombre. En la actualidad la ciudad se llama Estambul. El Imperio Bizantino duró hasta 1453, cuando Constantinopla fue conquistada por los turcos.

Imperio Romano

Los antiguos romanos construyeron un vasto imperio en torno al mar Mediterráneo. ROMA, en Italia, era el centro del imperio. (Ver págs. 388 y 389.)

Imprenta

La imprenta nos sirve para copiar palabras e imágenes por medios mecánicos. Se utiliza para producir libros, periódicos, revistas y otros efectos, como por ejemplo las etiquetas de las latas de conserva y de las botellas y las bolsas de propaganda.

En el sistema llamado de impresión en relieve la tinta se pone sobre las imágenes o las letras que sobresalen. Después, éstas son prensadas contra el papel. El método más común de impresión en relieve es llamado *letterpress*. En el *intaglio* o grabado, las letras no se destacan

(Continúa en pág. 390)

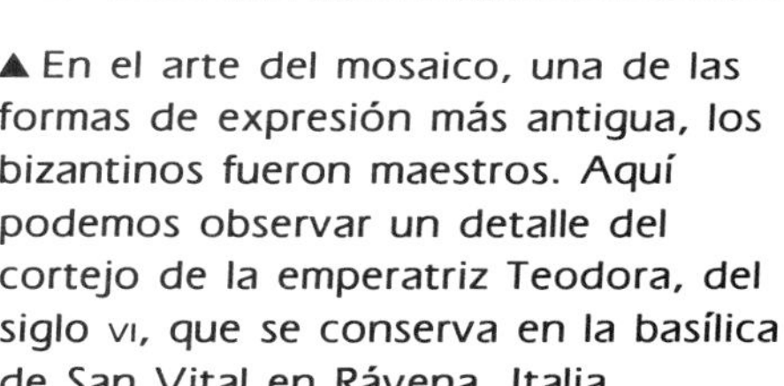

▲ En el arte del mosaico, una de las formas de expresión más antigua, los bizantinos fueron maestros. Aquí podemos observar un detalle del cortejo de la emperatriz Teodora, del siglo VI, que se conserva en la basílica de San Vital en Rávena, Italia.

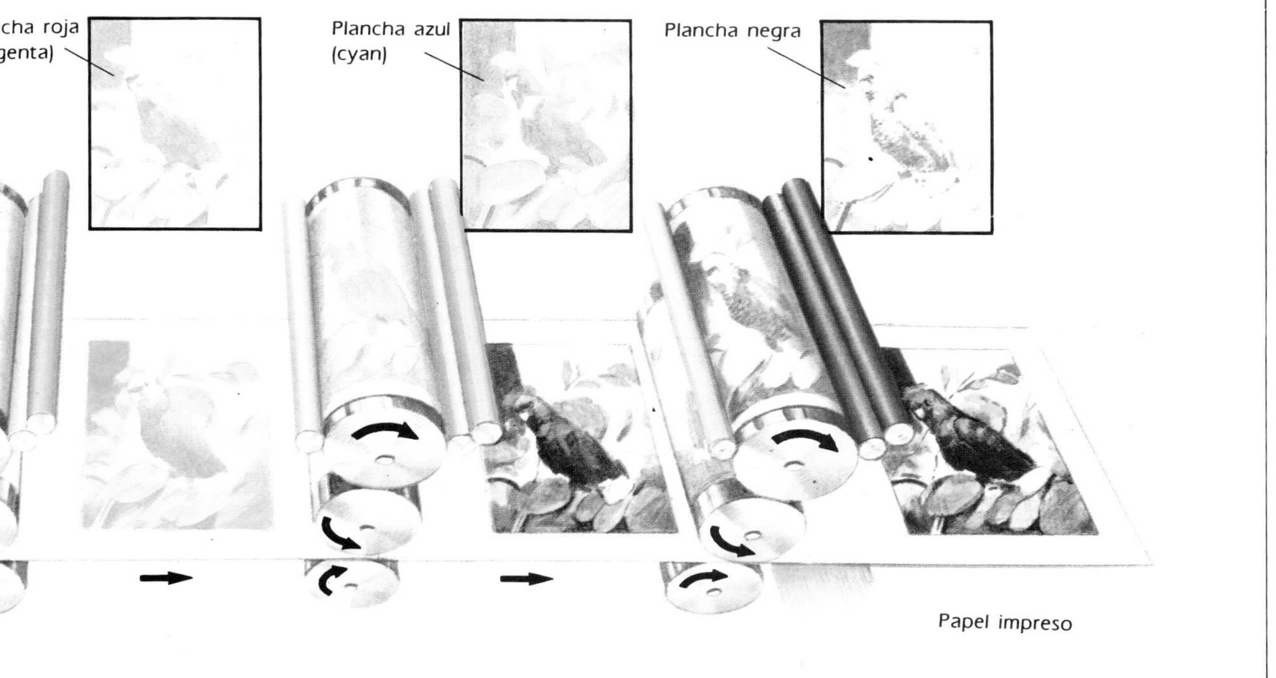

IMPERIO ROMANO

La historia del Imperio Romano comenzó hace unos 2.700 años, en las pequeñas aldeas situadas en las colinas sobre el río Tíber, en Italia. Fueron los habitantes de esos pueblos quienes fundaron el poderoso Imperio Romano.

Según la leyenda, Roma fue fundada por dos hermanos gemelos llamados Rómulo y Remo que fueron alimentados por una loba. Hacia el año 590 a.C. los romanos establecieron una república, crearon un fuerte ejército y comenzaron a conquistar los pueblos vecinos.

La capital de ese Estado fue Roma, una ciudad construida sobre siete colinas, en las que se encontraba el *Foro*, o lugar de reunión, y el *Senado*, su Parlamento. Había templos, mercados y lujosas villas. El idioma de Roma era el latín.

En el año 45 a.C. el militar Julio César se proclamó a sí mismo dictador de Roma. En el año 27 a.C., su sobrino Octavio Augusto se convirtió en el primer emperador romano. Los romanos dominaron la mayor parte de Europa y las tierras alrededor del Mediterráneo, llevando consigo la paz y un gobierno firme. Fueron hábiles ingenieros y muchos restos de sus carreteras, murallas, fortalezas y otros edificios aún se mantienen.

En el año 364 se dividió el imperio: la mitad occidental siguió siendo gobernada desde Roma; la mitad oriental desde Constantinopla (Bizancio). Durante mil años los emperadores bizantinos gobernaron desde Constantinopla.

Entonces Roma inició su declive. Sus ejércitos tuvieron que enfrentarse a los ataques de las tribus bárbaras. En el año 476 cayó la propia Roma y el imperio occidental se derrumbó. El imperio oriental duró (al menos nominalmente) hasta 1453, cuando los turcos conquistaron Constantinopla.

▶ Un carro romano de dos ruedas, que podía ser tirado por dos, tres o cuatro caballos, en una exhibición de circo.

▲ El arco de Constantino, en Roma, se construyó en año 312 para conmemorar la victoria de Constantino sobre su rival.

▼ Ingenieros romanos construyendo un acueducto. La grúa es una invención romana. El Pont du Gard, en el sur de Francia, fue construido de este modo. Tenía tres ojos y una altura de 48 metros.

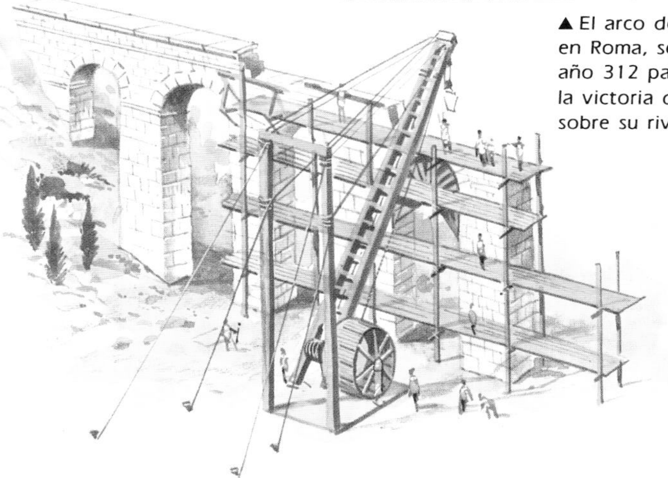

HISTORIA DE ROMA

753 a.C.	Fundación de Roma (según la leyenda).
590 a.C.	Se expulsa de Roma a los reyes forasteros y se establece la república.
264 a.C.	Guerras púnicas, contra Cartago.
146 a.C.	Grecia bajo el control de Roma.
75 a.C.	Revuelta de los esclavos, dirigida por Espartaco.
45 a.C.	Julio César se proclama dictador.
31 a.C.	Octavio (más tarde llamado Augusto) derrota a Marco Antonio y Cleopatra.
64 d.C.	Nerón acusa a los cristianos del incendio de Roma.
150	El poder romano en su cima.
330	Constantino, primer emperador cristiano, funda Constantinopla.
364	División del imperio.
378	Las legiones romanas son derrotadas por los godos en Adrianópolis.
410	Los visigodos de Alarico conquistan Roma.
451	Atila el huno ataca Roma.
476	Caída del imperio occidental.

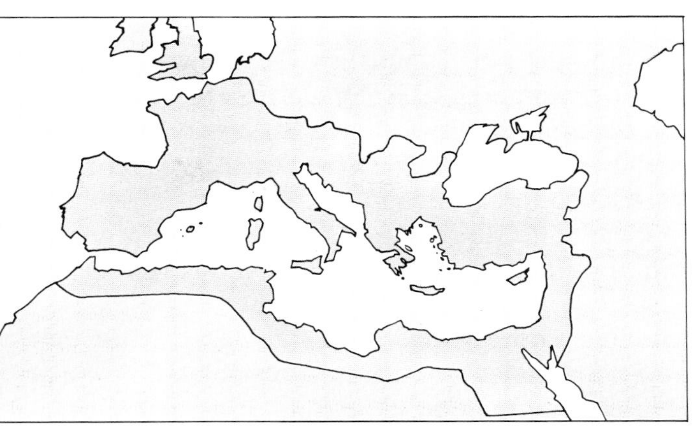

▶ Este símbolo, encontrado en las ruinas de la ciudad de Pompeya, enterrada por la erupción del volcán Vesubio en el año 79, lleva la inscripción en latín: «Cuidado con el perro».

◀ Una moneda romana.

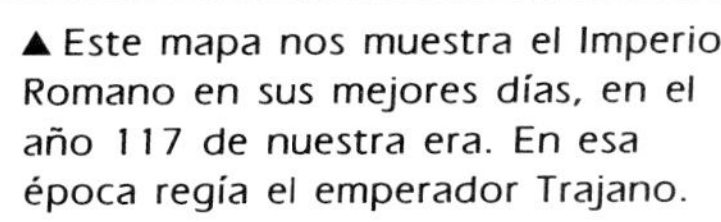

▲ Este mapa nos muestra el Imperio Romano en sus mejores días, en el año 117 de nuestra era. En esa época regía el emperador Trajano.

▶ Un senador romano, vistiendo la túnica suelta y amplia llamada *toga*. Estaba hecha por una pieza de tela y tenía muchos pliegues. Era tan difícil ponérsela que a veces un esclavo debía ayudar a su amo a vestirla. El color de la toga dependía del rango social y de la edad de su portador.

◀ El ejército romano conquistó muchos países. En el centro vemos a un *legado* (un general); a la izquierda un soldado de caballería, y a la derecha un legionario (soldado de infantería).

EL EJÉRCITO ROMANO

Roma controlaba su imperio por medio de un ejército potente y disciplinado. La espina dorsal de ese ejército era la *legión*. Cada legión la formaban 6.000 soldados divididos en diez *cohortes*. Los soldados iban armados de lanza arrojadiza, adarga y espada corta. Todos los legionarios eran ciudadanos romanos, lo que significaba un gran honor, y eran entrenados para realizar grandes marchas a pie. El ejército romano también contaba con caballería y artillería de asedio.

Para más información consultar los artículos: ANÍBAL; CARRETERA; CÉSAR, JULIO; COLISEO; HUNOS; POMPEYA; SACRO IMPERIO ROMANO.

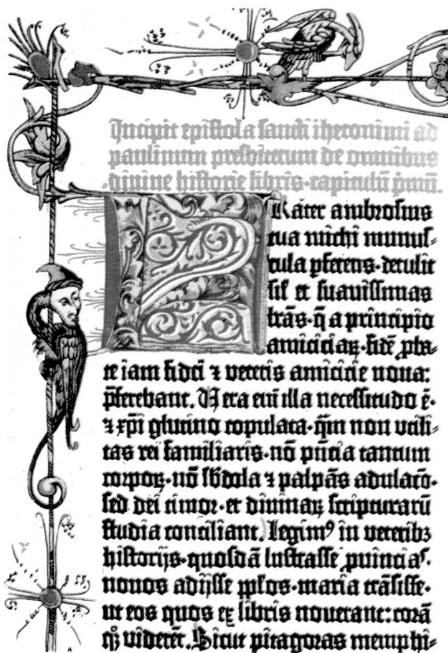

Incipit epistola sancti iheronimi ad
paulinum presbiterum de omnibus
divine historie libris. capitulũ primũ.
Frater ambrosius
tua michi munus-
cula pferens. detulit
sil et suavissimas
lrãs. q̃ a principio
amicicias. fidẽ pba-
te iam fidei et veteris amicicie nova:
pferebant. Vera enĩ illa necessitudo ẽ.
et xpi glutino copulata. q̃m non utili-
tas rei familiaris. nõ p̃ncia tantum
corpoȝ. nõ subdola et palpãs adulacõ.
sed dei timor. et divinaȝ scripturarũ
studia conciliant. Legim⁹ in veteribȝ
historijs. quosdã lustrasse provincias.
novos adijsse ppls. maria trãsisse.
ut eos quos ex libris noverant: corã
q̃ʒ viderẽt. Sicut pitagoras memphi-

▲ Uno de los primeros libros de Gutenberg, a quien se debe la imprenta moderna, fue la Biblia impresa en latín en 1455.

en relieve sino que, por el contrario, se graban con punzón, más corrientemente al agua fuerte.

En otros sistemas de impresión la tinta se coloca sobre una superficie plana. La *litografía offset* usa planchas de impresión hechas fotográficamente. Esas placas son tratadas químicamente de modo que la tinta espesa y grasienta sólo se adhiera a las imágenes o letras que deben ser impresas.

Las primeras impresiones, mediante bloques de madera, debieron hacerse en China, probablemente ya a principios del siglo VI. Fue el alemán Johannes GUTENBERG quien inventó la moderna imprenta en el siglo XV. Usó tipos de letras móviles, que podían ser utilizados repetidamente.

Impresionismo

En la década de 1860-70, en Francia, algunos jóvenes pintores comenzaron a pintar de modo distinto. La mayoría de los pintores hacían sus cuadros en el interior de sus estudios, pero aquellos jóvenes comenzaron a hacerlo al aire libre, pintando escenas de la naturaleza y tratando de captar la luz siempre cambiante.

En 1874, el grupo realizó una exposición en París. La gente se rió de su obra y un periódico se burló de un cuadro titulado *Impresión: sol naciente*, de Claude Monet, y llamó «impresionistas» a los componentes del grupo. La denominación perduró.

Los impresionistas estaban tan interesados en la luz que no usaban el color negro, puesto que el negro representa la ausencia de luz. Si se mira un cuadro impresionista se cree ver el negro, pero visto más de cerca se nota que se trata de marrón, verde o azul oscuros.

▶ Uno de los cuadros más famosos de Monet es *Los jardines de Giverny*.

En la actualidad se reconoce a los impresionistas como los más grandes pintores de todos los tiempos. Además de Monet, cabe destacar a Edouard Manet, Camille Pissarro, Edgar Degas y Pierre Auguste Renoir.

Impuestos

▼ Los impuestos que se pagan al gobierno son utilizados para mantener los servicios públicos esenciales para que éstos sean accesibles a todos. En la ilustración señalamos algunas de las cosas que se pagan con los impuestos de todos, aunque hay muchas otras.

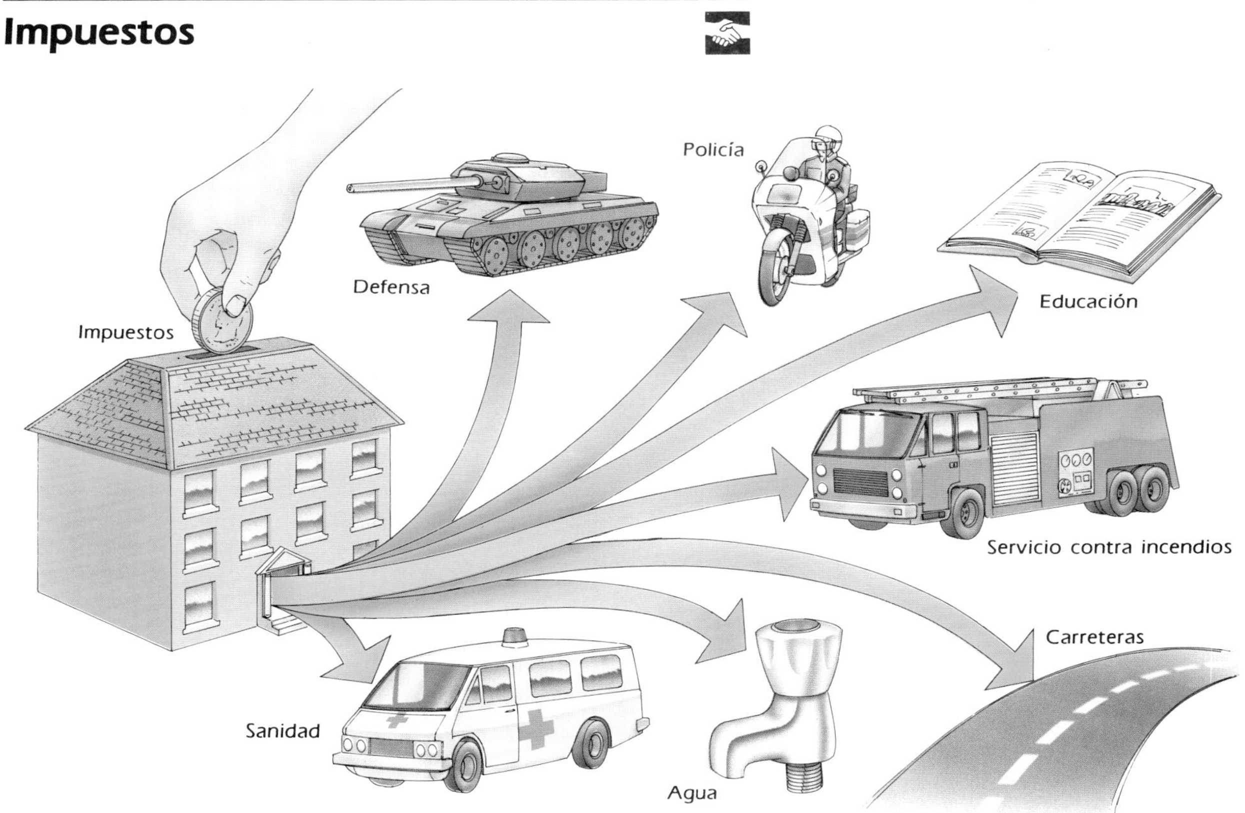

El gobierno de un país necesita disponer de dinero para poder realizar sus cometidos. La mayor parte de este dinero lo consigue mediante los impuestos que deben ser pagados por la gente. Impuestos *directos* son los que los individuos pagamos al gobierno, deducidos directamente de nuestros ingresos. En España estos impuestos se llaman *Impuesto sobre la Renta de las Personas Físicas.* La cantidad de impuestos a pagar por ese concepto depende de muchas cosas. En general, cuanto más altos son los ingresos de una persona mayor debe ser la cantidad a pagar. Una persona casada tiene ciertas deducciones que no tiene el soltero, es decir, pagará menos que éste en caso de ingresos iguales.

Los impuestos *indirectos* son los que se cargan sobre algunos bienes que se compran en tiendas o en cualquier otra parte. Cada vez que un automovilista adquiere gasolina o compra cigarrillos, una parte importante de su dinero pasa al gobierno en calidad de impuestos.

En el pasado se utilizaron diversos sistemas para fijar los impuestos sobre las personas. En algunos países pueden verse algunas casas antiguas con las ventanas tapiadas con ladrillos. Esto se debe a que en el año 1696 se estableció un impuesto que hacía pagar a los dueños de las casas por cada ventana que pasara de las diez. Los propietarios de casas con muchas ventanas tapiaban las que no les eran necesarias para evitarse ese impuesto.

◀ Los incas adoraban al Sol y otros dioses de la naturaleza en complicadas ceremonias, en las que los sacerdotes hacían sacrificios animales.

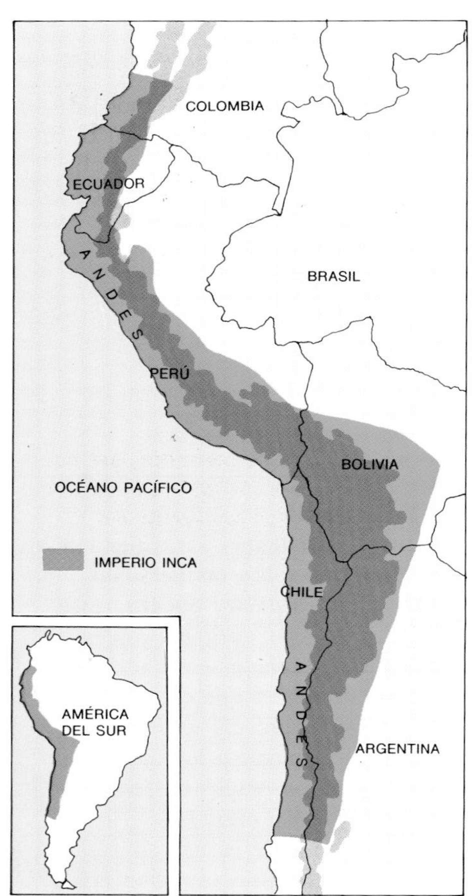

▲ A la llegada de los españoles, el Imperio Inca tenía unos 3.200 km.

Incas

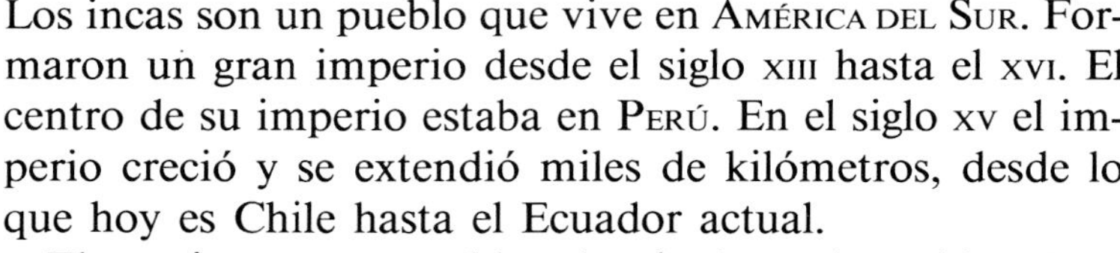

Los incas son un pueblo que vive en AMÉRICA DEL SUR. Formaron un gran imperio desde el siglo XIII hasta el XVI. El centro de su imperio estaba en PERÚ. En el siglo XV el imperio creció y se extendió miles de kilómetros, desde lo que hoy es Chile hasta el Ecuador actual.

El rey inca y sus nobles dominaban al pueblo. Eran muy severos y ordenaban a los agricultores y artesanos lo que tenían que plantar y hacer. Los incas construyeron muchas carreteras por todo el imperio. También edificios con grandes bloques de piedra, siendo los conjuntos más destacados las ciudades-fortaleza de Cuzco, Macchu-Pichu y Pisac, entre otras. En el siglo XVI soldados españoles, bajo el mando de Francisco PIZARRO empezaron la conquista del imperio. Capturaron al rey inca Atahualpa y le prometieron dejarlo en libertad a cambio de oro. Los incas entregaron todo su oro, lo que no libró a Atahualpa de ser asesinado. Hacia 1569 los españoles habían conquistado la totalidad del Imperio Inca.

India

La India es un país de ASIA, con una población de cerca de 800 millones de habitantes, es decir, mayor número que cualquier otra nación del mundo con la excepción de China.

En el norte de la India se encuentra la cordillera del HIMALAYA. Muchos de sus habitantes viven en las fértiles llanuras del norte, que son cruzadas por los grandes ríos GANGES y Brahmaputra. El sur es una altiplanicie, con las montañas Ghats bordeando la costa. India es muy cálida y seca en el verano. Gran parte del país es casi desértico. Pero unos vientos llamados *monzones* llevan cada año grandes lluvias al nordeste del país.

La mayor parte de los indios viven de la agricultura, en pequeñas aldeas, y cultivan arroz, trigo, algodón, té y yute. Se está convirtiendo rápidamente en un país industrializado. Ciudades como Calcuta y Bombay se cuentan entre las más pobladas del mundo. La capital es Nueva Delhi.

El hindú y el inglés son los dos idiomas más hablados, pero hay cientos de lenguas. La mayoría de los indios practican el HINDUISMO, pero también son muchos los que siguen la religión del ISLAM. En la India existen muchas otras religiones, entre ellas el budismo y el CRISTIANISMO.

INDIA

AFGANISTÁN
CHINA
PAKISTÁN
NEPAL
BUTÁN
BANGLADESH
BIRMANIA
INDIA
MAR ARÁBIGO
GOLFO DE BENGALA
SRI LANKA

Gobierno: República federal
Capital: Nueva Delhi
Superficie: 3.287.590 km^2
Población: 784.000.000 hab.
Lenguas: Hindi, inglés
Moneda: Rupia

En la India existen algunos de los lugares más húmedos de la Tierra. La llanura de Shillong, en el este, tiene un término medio de 1.087 cm de lluvia cada año. Londres, por ejemplo, sólo tiene un promedio de 60 cm anuales.

◀ El río Ganges es sagrado para los hindúes, porque, de acuerdo con la leyenda, nació de la cabeza del dios Shiva.

Indios americanos

Los indios americanos son los nativos de América, es decir, el primer pueblo que habitó allí. Se les llamó indios porque cuando Cristóbal Colón llegó a América, en 1492, creyó haber llegado a India.

Al parecer, los indios de América llegaron al continente norteamericano, procedentes de Asia, hace unos 20.000 años. Poco a poco, en el transcurso de los siglos se extendieron por América del Norte y después hacia América

▲ Un primitivo poblado indio. Las tiendas se hacían con pieles de bisonte. Obsérvese cómo la *squaw* lleva a su hijo sobre la espalda en una especie de mochila de tela.

Central y del Sur. Desarrollaron distintas formas de vida de acuerdo con las regiones en que vivían.

Cuando los europeos se asentaron en América del Norte se presentó un grave conflicto, pues los blancos invadieron los territorios de caza de los indios. Muchos indios resultaron muertos o se vieron forzados a retirarse hacia el Oeste. Hacia finales del siglo XIX casi todas las tribus de indios norteamericanos fueron concentradas, y sus miembros enviados a vivir en reservas especiales establecidas por el gobierno de Estados Unidos. En la actualidad, muchos indios luchan para conseguir la igualdad de oportunidades, como ciudadanos de Estados Unidos.

INDONESIA

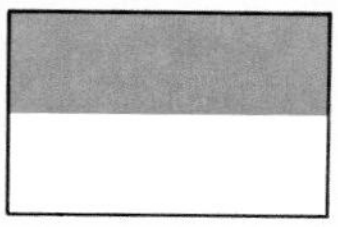

Gobierno: República
Capital: Yakarta
Superficie: 2.027.087 km²
Población: 177.000.000 hab.
Lengua: Bahasa indonesio (malayo)
Moneda: Rupia indonesia

Indonesia

Indonesia es un país del sureste de ASIA. Está formado por una cadena de islas, unas 3.000, en torno a la línea del ECUADOR, que se extiende en una distancia superior a los 4.800 km.

Indonesia tiene 177 millones de habitantes, más de la mitad de los cuales viven en Java, la mayor de sus islas. En Java se encuentra la capital de la nación, Yakarta. La mayoría de los indonesios son agricultores, que cultivan productos muy diversos, entre ellos arroz, té, caucho y tabaco. Indonesia produce también abundantes minerales, incluso petróleo, y madera de sus grandes bosques. Antaño colonia holandesa, Indonesia luchó por su independencia, que finalmente consiguió en 1949.

Inflación

La palabra inflación se utiliza para designar un incremento rápido y continuado de los precios. Cada vez que éstos suben el DINERO pierde valor, porque se necesita más dinero para comprar lo mismo. Como consecuencia de ello, la gente pide una subida del salario. Si los sueldos suben, lo hace también el costo de fabricación de los productos. Esto hace que los precios suban de nuevo. Dado que los precios y los salarios se afectan entre sí, la inflación resulta muy difícil de atajar. Son muchas las razones por las que empieza la inflación. Si ésta alcanza niveles muy altos, la moneda afectada puede perder todo su valor.

Algunos países han tenido la experiencia de la «hiperinflación», cuando los precios aumentan más de un 50 % *cada mes*. Esto significa una tasa de inflación del 13.000 % al año. ¡Así, un caramelo que valga 10 ptas el 1 de enero puede llegar a costar 1.300 ptas el 31 de diciembre!

Ingeniería

Los ingenieros realizan un gran número de trabajos de distinto tipo. Los ingenieros de minas encuentran MINERALES útiles y los extraen del interior de la Tierra. Los ingenieros metalúrgicos separan los METALES de otras sustancias inconvenientes y los hacen utilizables. Los ingenieros químicos usan productos químicos para conseguir productos tales como explosivos, pinturas, plásticos y jabones.

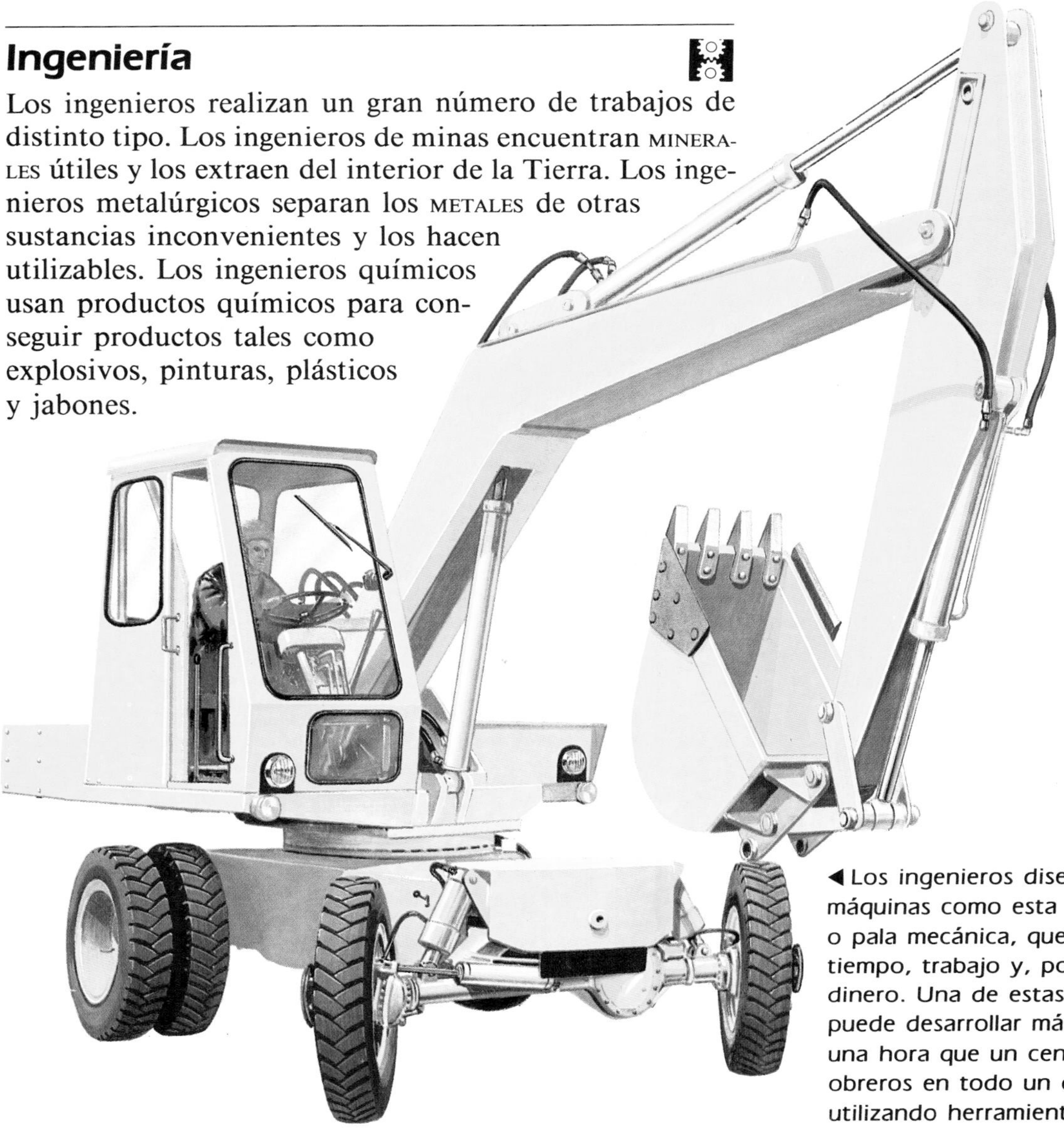

◀ Los ingenieros diseñan grandes máquinas como esta excavadora o pala mecánica, que ahorran tiempo, trabajo y, por tanto, dinero. Una de estas máquinas puede desarrollar más trabajo en una hora que un centenar de obreros en todo un día utilizando herramientas manuales.

Los antiguos egipcios fueron los primeros ingenieros. Cuando se construyeron las pirámides, hacia el año 2500 a.C., los trabajadores egipcios usaban ya algunos elementos como el torno. Sabían fundir y moldear metales. Sus técnicas de explotación de las canteras estaban tan avanzadas que podían colocar grandes bloques de piedra de hasta 12 metros de longitud perfectamente acoplados entre sí.

Los ingenieros de obras públicas construyen puentes, túneles, carreteras, líneas férreas, aeropuertos, etc. Los ingenieros industriales hacen y utilizan máquinas y diseñan MOTORES a reacción y factorías. Los ingenieros eléctricos trabajan con instrumentos que producen y usan ELECTRICIDAD. Algunos ingenieros se especializan en la construcción de un tipo especial de GENERADOR. Aquellos que diseñan y construyen ordenadores son conocidos como ingenieros electrónicos y forman la rama más nueva de la ingeniería eléctrica. Los ingenieros de centrales eléctricas están al mando de estas estaciones. La mayor parte de la ingeniería se encuentra dentro de alguno de estos grupos.

Ingravidez

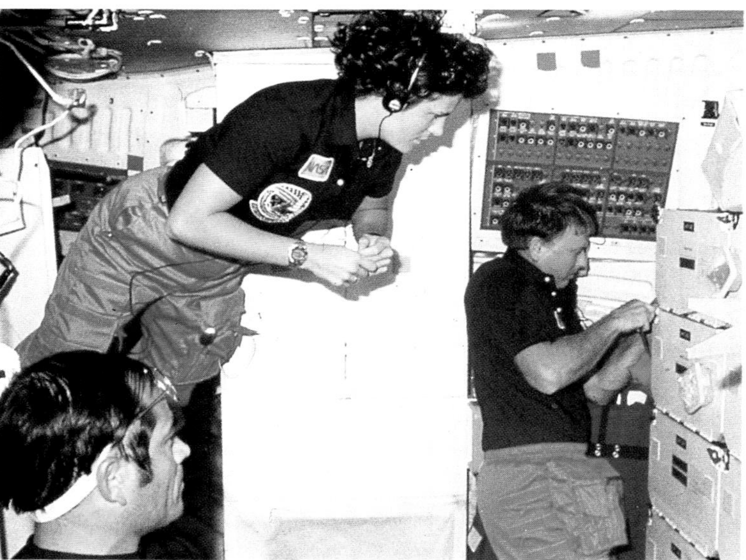

▶ La astronauta Kathryn D. Sullivan flota en la zona central de la cabina, durante un viaje de la lanzadera espacial, en 1984. La ingravidez afecta a todos los aspectos de la vida a bordo de la «lanzadera». El simple acto de beber un líquido con una pajita es diferente. La pajita debe tener una pinza en el centro para cortar el fluido del líquido cuando se deja de sorber, entre un trago y otro.

La GRAVEDAD es la fuerza que hace que todo sea atraído hacia el centro de la Tierra. Hace que los objetos se mantengan en la superficie de la Tierra y evita que floten en el espacio y se pierdan en él. Esta fuerza da *peso* a todos los objetos, incluso a nuestros cuerpos.

La fuerza de atracción de la gravedad disminuye con la distancia. Fuera, en el espacio, la gravedad terrestre ejerce un efecto muy reducido. Por esa misma razón el efecto de la gravedad de otros planetas es muy débil, debido a su gran distancia. Esto significa que los objetos en el espacio no pesan nada, puesto que el peso es una consecuencia de la gravedad. Estos objetos, pues, son *ingrávidos*. La ingravidez dificulta la vida de un astronauta en una nave espacial. Si trata de dar un paso, sus pies se despegan del suelo y flota en el espacio.

En la gravedad cero del espacio un astronauta no necesita mobiliario. Hay suficiente espacio en el suelo de la nave espacial, porque el techo y las paredes son también «suelos». Para dormir los astronautas no tienen que hacer más que meterse en sacos de dormir y sujetarlos con un gancho a una pared.

Inmunidad

Es muy posible que hayas sido vacunado contra la enfermedad llamada *polio*. La sustancia que el médico o la enfermera te puso en el cuerpo contenía gérmenes de la polio, pero esos gérmenes habían sido tratados para que fueran inofensivos, de tal modo que sólo sufriste un caso de polio extremadamente suave. Pero como tu cuerpo no sabía que los gérmenes estaban debilitados, se lanzó a luchar contra ellos y produjo *anticuerpos* –unas sustancias que atacan a los gérmenes causantes de determinadas enfermedades–. Lo realmente importante es que esos anticuerpos se quedan en nuestro organismo para impedir cualquier nueva invasión de esos mismos gérmenes. Ese tipo de protección a largo plazo contra las enfermedades es lo que se llama inmunidad.

Los seres vivos pueden tener inmunidad *adquirida* contra la enfermedad. Esto ocurre cuando se sufre una enfermedad que produce anticuerpos para combatirla. Una vez vencida la enfermedad, los anticuerpos esperan, dispuestos a acabar con esos gérmenes si vuelven a aparecer de nuevo. Quien tuvo el sarampión una vez es poco probable que vuelva a sufrirlo.

Sin embargo, existen enfermedades contra las cuales la vacunación resulta difícil o imposible. Por ejemplo, nuestro cuerpo deja de producir anticuerpos contra el resfriado común, casi inmediatamente después de que la enfermedad sea superada. El VIRUS que causa el SIDA, daña el sistema de inmunidad de tal modo que éste deja de producir anticuerpos contra las enfermedades.

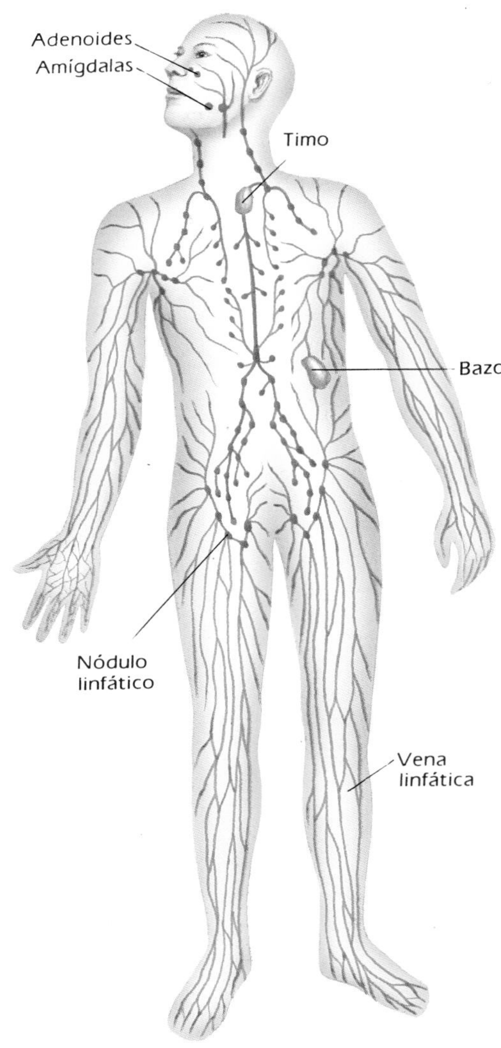

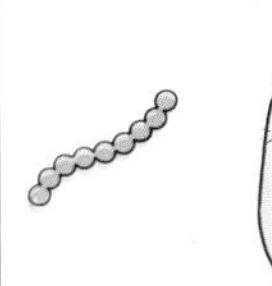

1. Un glóbulo blanco se pone en movimiento para atacar a una bacteria.

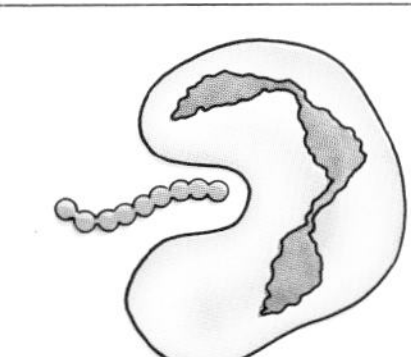

2. Envuelve a la bacteria y la coge en su interior.

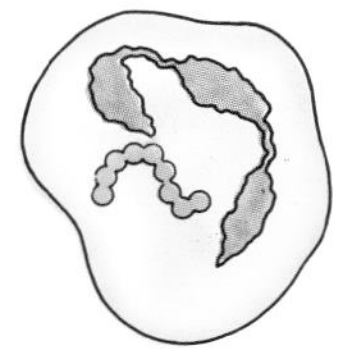

3. Dentro de la célula la bacteria es aniquilada por la acción de ciertos productos químicos.

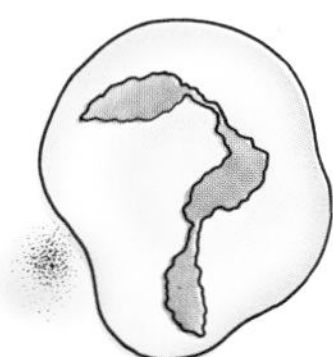

4. La bacteria es expulsada en forma de pus.

▲ El cuerpo se autodefiende contra las enfermedades de modo muy diverso. El sistema inmunitario o linfático combate las enfermedades que atacan el cuerpo. Al mismo tiempo, la presencia de bacterias en el cuerpo estimula a los glóbulos blancos, siempre presentes en la sangre, para que se pongan en acción y las ataquen.

Insectos

Hay millones de especies diferentes de insectos en el mundo y cada año se descubren miles de nuevas especies. Viven en todas partes, excepto en el mar. (Ver págs. 398 y 399.)

INSECTOS

Los insectos viven por todo el mundo. Son, con mucho, los más numerosos de todas las especies animales. Se conocen más de 850.000 tipos de insectos. ¡Aproximadamente ocho de cada diez animales de la Tierra son insectos!

El tamaño de los insectos va desde las pequeñas pulgas que sólo pueden ser vistas con el microscopio, a algunas especies de escarabajos tan grandes como la mano de un niño. Muchos de ellos tienen ciclos vitales muy interesantes. Algunos insectos como la langosta del desierto pueden convertirse en una plaga y azote para el hombre. Pero muchos otros son de gran utilidad. Sin las abejas y otros insectos voladores que liban en las flores, las plantas con flores no recibirían el polen, no serían fecundadas y no tendríamos frutas.

Los insectos más interesantes son sin duda los que llamamos insectos sociales, que viven en comunidades perfectamente organizadas o colonias. Entre ellos se cuentan las hormigas, las abejas y las termitas.

▼ Hay unos varios cientos de miles de especies distintas de insectos que viven en la Tierra. Su éxito como especies vivas se debe al hecho de que son pequeños, se adaptan fácilmente a diversos entornos y se reproducen con rapidez.

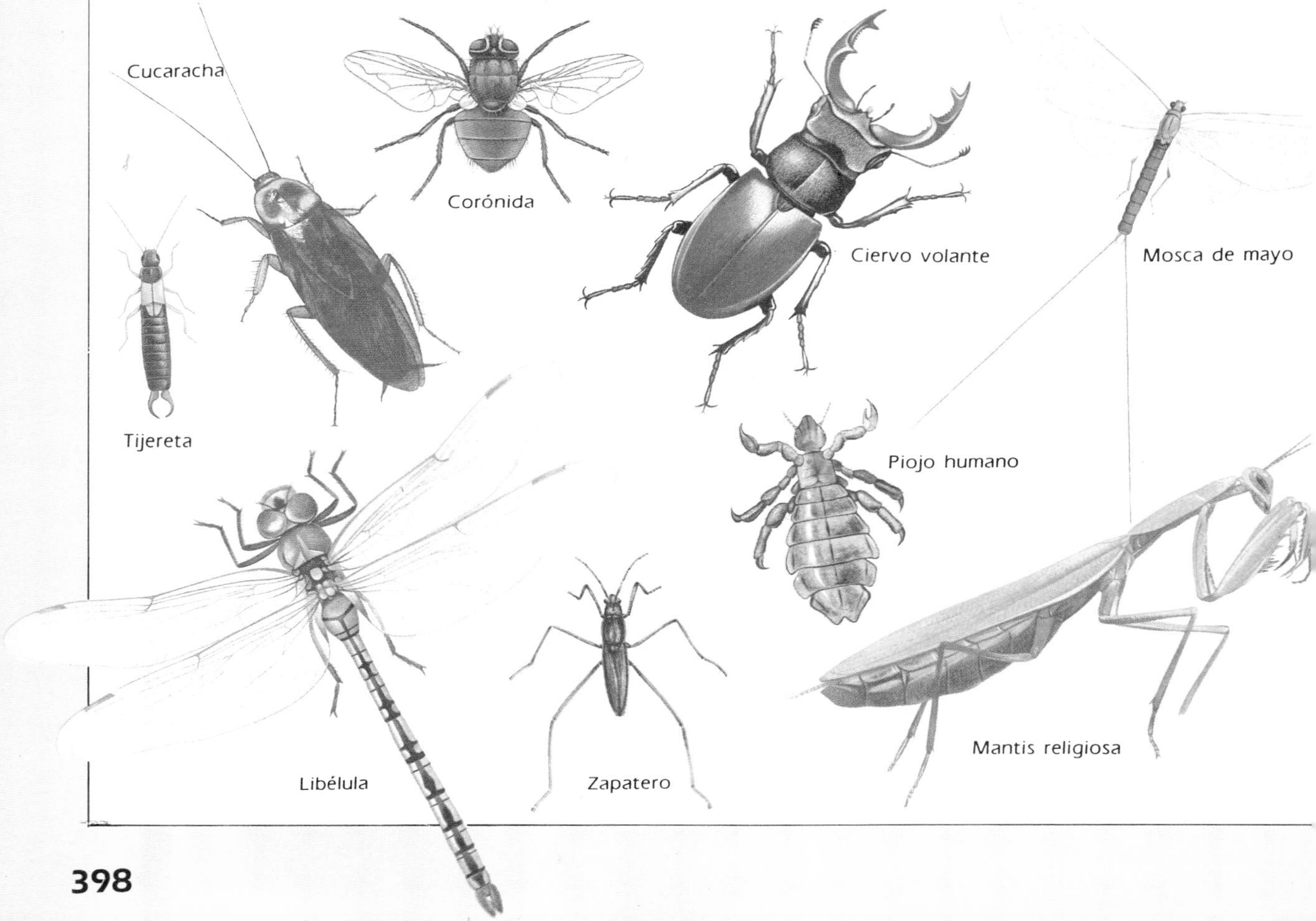

Cucaracha

Corónida

Ciervo volante

Mosca de mayo

Tijereta

Piojo humano

Mantis religiosa

Libélula

Zapatero

INSECTOS ÚTILES

Entre los insectos útiles se cuentan las abejas que polinizan las flores y que además nos dan miel; el gusano de seda nos hila el capullo del cual obtenemos la valiosa seda; las mariquitas son amigas del jardinero porque devoran los pulgones que atacan las rosas y otras plantas. Insectos como el abejorro *ichneumon* devoran a otros insectos evitando las plagas. Insectos carroñeros, como el escarabajo pelotero, se alimentan de materia muerta y ayudan a la fertilidad del suelo.

◀ La mariquita se alimenta de pulgones, una plaga de nuestros jardines.

PLAGAS DE INSECTOS

Insectos dañinos o perjudiciales son aquellos que causan enfermedades y destruyen las cosechas. El mosquito, que transmite la malaria, y la mosca tsetsé, que ataca a los rebaños, se pueden considerar como plagas transmisoras de enfermedades. Las moscas, los piojos, las pulgas y las cucarachas viven muy cerca de los seres humanos, en ocasiones en sus propias casas, estropean sus alimentos y pueden ayudar al contagio de enfermedades Así, el escarabajo de la patata destruye las cosechas de patatas.

▶ La langosta del desierto viaja a grandes distancias, formando enormes enjambres destructores.

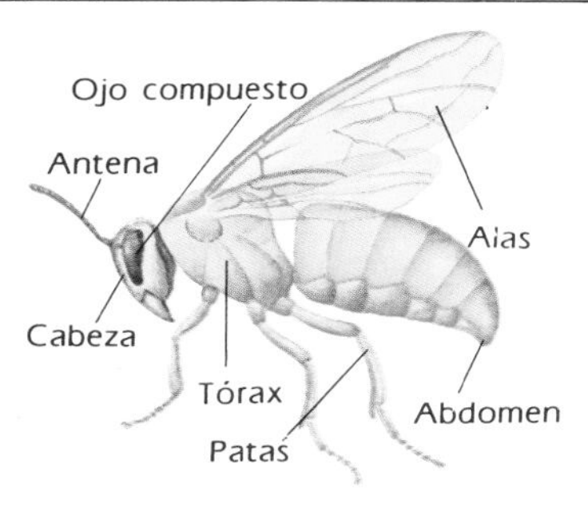

EL CUERPO DE UN INSECTO

Todos los insectos tienen una estructura corporal similar. Su cuerpo se divide en tres partes: cabeza, tórax y abdomen. En la cabeza están los ojos, las mandíbulas y las antenas. En el tórax, tres pares de patas y a veces alas. El abdomen contiene el estómago, los órganos reproductivos y los tubos respiratorios llamados espiráculos.

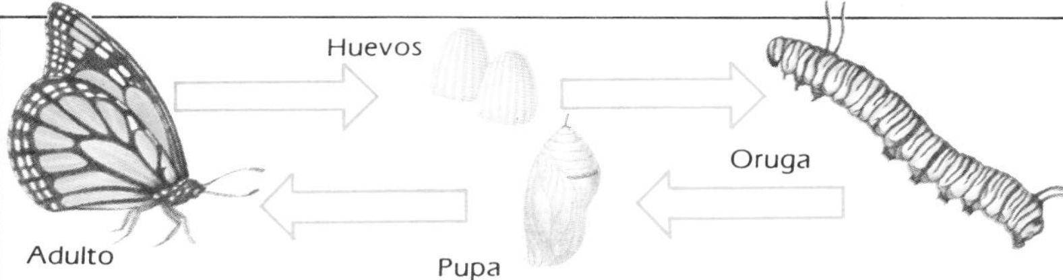

CICLO VITAL DE LOS INSECTOS

Todos los insectos empiezan su vida en forma de huevos. Los huevos maduran y producen una larva. Esta larva crece, cambia la piel y finalmente se transforma en crisálida. La crisálida parece sin vida, pero en su interior se verifican cambios notables, hasta que finalmente se divide y surge un insecto adulto totalmente formado. Algunos insectos, como los saltamontes, no salen de los huevos en forma de larvas sino como ninfas, que son exactamente como sus padres, con la única diferencia de que no tienen alas. Las ninfas crecen cambiando su piel. Los insectos más primitivos salen del huevo con un aspecto exactamente igual al de los adultos, aunque más pequeños, y cambian de piel varias veces a medida que crecen.

Para más información consultar los artículos: ABEJA; ESCARABAJO; HORMIGA; LANGOSTA; MARIPOSA; MOSCA; PARÁSITO; PULGA; SALTAMONTES; TERMITA.

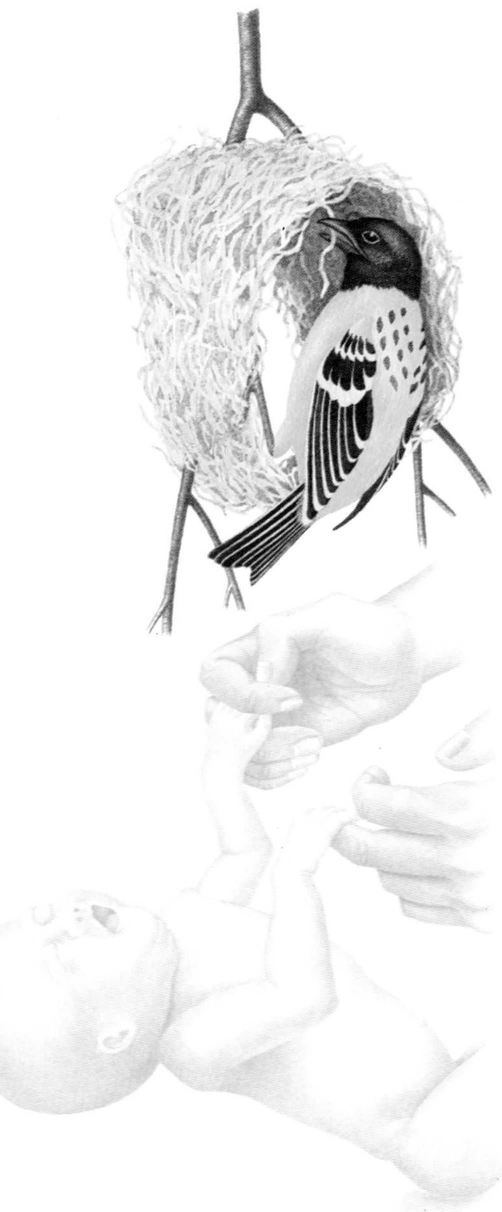

▲ El comportamiento instintivo se puede apreciar tanto en el hombre como en los animales. Ofrecemos tres ejemplos: la abeja clava su aguijón como reacción instintiva ante el peligro; un bebé recién nacido se sujetará firmemente con sus manos para sostener su propio peso; el pájaro tejedor hace con hierba un complicado nido colgante.

Instinto

Los seres humanos tenemos que aprender a leer y escribir, pero las abejas no necesitan aprender a picar. Han nacido sabiendo cuándo y cómo deben hacerlo en situación de peligro. Esta forma de conducta es lo que llamamos instinto. Los padres traspasan los instintos a sus hijos por vía GENÉTICA.

Los animales hacen muchas cosas por instinto. Las aves, por ejemplo, construyen sus nidos. Algunos animales sencillos, como los insectos, lo hacen casi todo por instinto. Han establecido formas para encontrar el alimento, atacar enemigos o escapar. Los animales que actúan completamente por instinto no tienen la suficiente INTELIGENCIA para aprender nuevas formas de hacer las cosas y, por tanto, no pueden cambiar fácilmente sus pautas de conducta.

Instrumentos musicales

Hay cuatro tipos principales de instrumentos musicales. En los instrumentos de viento se hace vibrar el aire en el interior de un tubo. Este aire vibrante produce una nota musical.

Todos los *instrumentos de viento* de madera, como el clarinete, el bajón, la flauta, los «piccolos» y el caramillo, tienen agujeros que son cubiertos por los dedos o por tapas movidas por los dedos. Esos agujeros modifican la longitud de la columna vibratoria de aire dentro del instrumento. Mientras más corta sea la columna más alta será la nota. En los instrumentos de viento de *metal*, la vibración de los labios del músico hace que vibre el aire en el instrumento. Cambiando la presión de los labios el músico puede hacer sonar notas distintas. La mayor parte de los instrumentos de viento de metal tienen válvulas y pistones que cambian la longitud de la columna vibratoria de aire y así se logran notas diferentes.

Los *instrumentos de cuerda* actúan de uno de estos dos modos: o bien se hace que las cuerdas vibren pasando sobre ellas un arco, como el violín, viola, celo y bajo doble, o se rasguean las cuerdas como en la guitarra, el arpa o el banjo.

En los *instrumentos de percusión*, una piel tensa, o un trozo de metal o madera, son golpeados para que produzcan una nota. Los instrumentos de percusión son muy numerosos –tambor, timbal, gong, platillos, triángulos y carillones–.

Los *instrumentos electrónicos*, como el órgano eléctrico y el sintetizador, hacen música utilizando los sonidos producidos por circuitos electrónicos.

▼ Los instrumentos de percusión se tocan golpeándolos o rozándolos. La nota producida por el tímpano puede ser cambiada tensando o aflojando el parche.

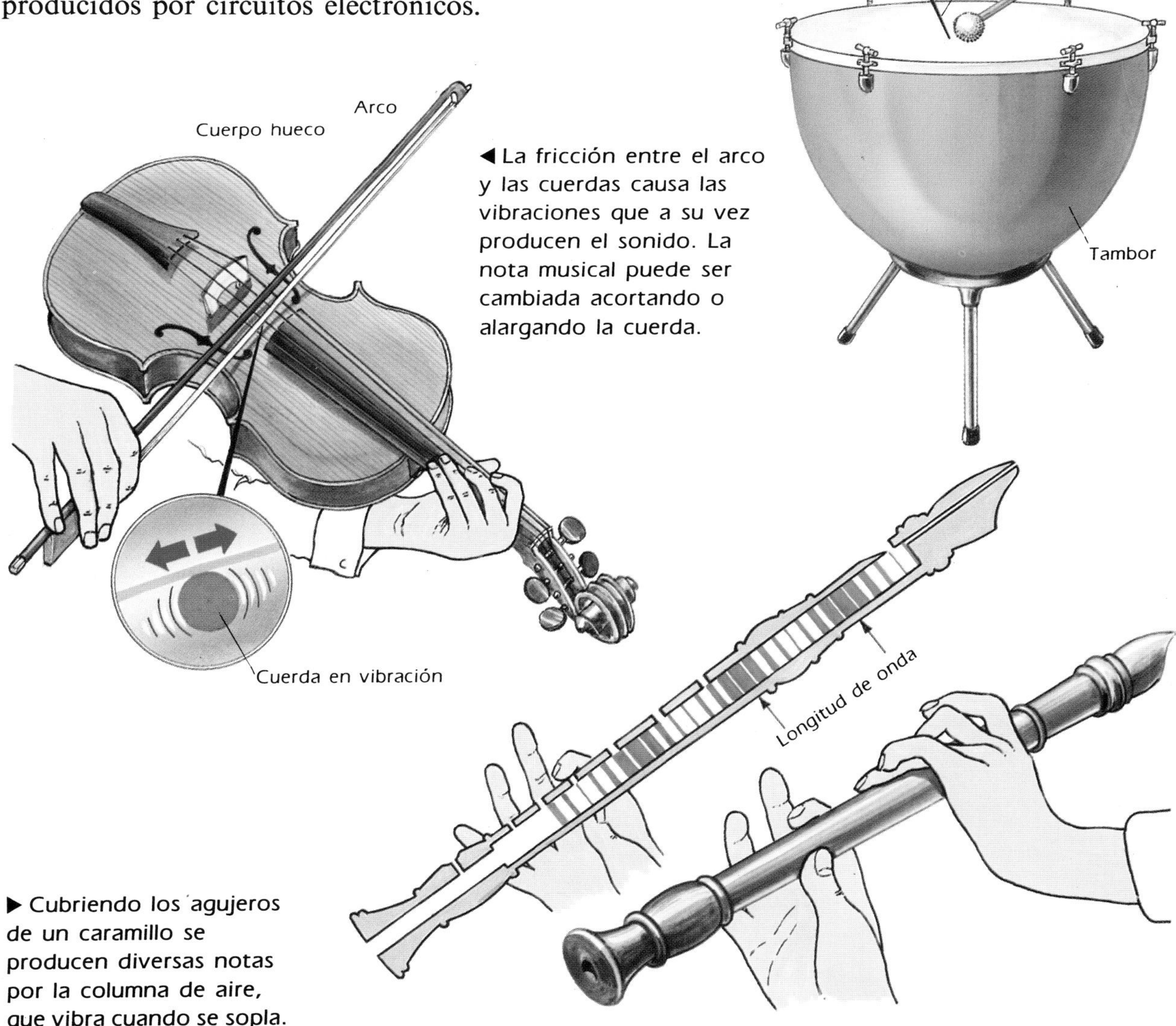

◀ La fricción entre el arco y las cuerdas causa las vibraciones que a su vez producen el sonido. La nota musical puede ser cambiada acortando o alargando la cuerda.

▶ Cubriendo los agujeros de un caramillo se producen diversas notas por la columna de aire, que vibra cuando se sopla.

Respuesta a la prueba de inteligencia:
A (b); B (b); C (b);
D (c); E (a); F (d).

Insulina

La insulina es una HORMONA que controla el uso que el cuerpo hace del azúcar. Se produce en el *páncreas*. Cuando no se produce la suficiente cantidad de insulina, el cuerpo no puede utilizar o almacenar el azúcar de modo apropiado, presentándose una enfermedad llamada *diabetes*. Muchos de los enfermos de diabetes han de recibir insulina a diario.

Inteligencia

Cuando alguien emplea experiencia y conocimiento para resolver un nuevo tipo de problema, muestra su inteligencia. La inteligencia consiste en la capacidad de aprender. Las criaturas que sólo actúan por instinto están faltas de inteligencia. Los seres humanos, los antropoides y los cetáceos son las criaturas terrestres más inteligentes.

▼ Un ejemplo de una prueba para medir la inteligencia. La idea de este problema de raciocinio consiste en hallar el dibujo «anormal» en cada grupo.

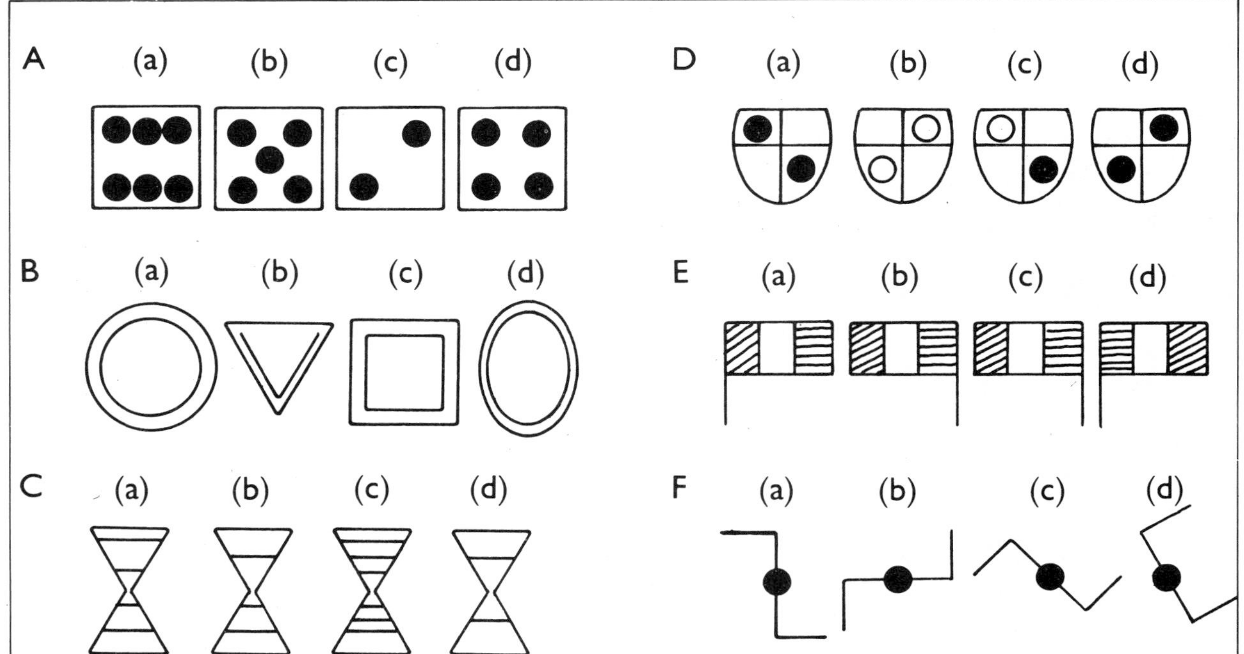

Inundación

Hay dos tipos principales de inundaciones: las causadas por los ríos que se desbordan, y las inundaciones oceánicas motivadas por grandes mareas y vientos muy fuertes que soplan del mar a las costas. Las inundaciones de los ríos suelen producirse en la primavera, cuando las lluvias

La inundación más conocida de la historia es la que nos narra el Antiguo Testamento, según la cual el río Éufrates inundó extensas regiones en el sur de Mesopotamia. La inundación, conocida como el Diluvio Universal, fue causada por 40 días de lluvias ininterrumpidas, que produjeron una crecida de las aguas del río que duró 150 días. En algunos puntos, las aguas alcanzaron una altura de 7,5 metros sobre su nivel habitual.

◀ Las inundaciones inesperadas causan grandes daños, y a veces destruyen pueblos enteros.

propias de la estación añaden agua a las que ya llevan los ríos, producto de la fusión de las nieves y el hielo. Las inundaciones causan grandes daños y destrucciones en las cuencas de los ríos afectados por las crecidas.

En el curso de la historia conocemos tres ríos que tienen inundaciones periódicas: el Nilo, en Egipto; el río Amarillo, en China; y el Mississippi, en Estados Unidos.

Antes de que su cuenca estuviera controlada por la presa de Asuán, las inundaciones o crecidas anuales del Nilo producían una franja de tierra fértil en medio de un gran desierto.

Invasiones bárbaras

Los antiguos historiadores dieron el nombre de «era de la oscuridad» al período que se vivió en Europa después de la caída del gran Imperio Romano, ocurrida en el siglo v. Fue durante ese período cuando tuvieron lugar las invasiones bárbaras. Los godos, vándalos y hunos se extendieron por toda Europa procedentes del norte y del este. Destruyeron muchos edificios de gran mérito y obras de arte que existieron durante el Imperio Romano. Ésta es la razón por la que también se le llamó la «era de la oscuridad». Duró unos 500 años.

Durante este período tenebroso el conocimiento sólo sobrevivió en los monasterios y aun allí fueron muy pocos los que siguieron cultivando el saber. El resultado fue la pérdida de un gran número de los antiguos artes y oficios.

Hubo un país del occidente europeo que no sufrió la tenebrosa era de las invasiones bárbaras. Lo que en la mayor parte de Europa constituyó un período de decadencia, supuso una edad de oro para Irlanda. Fue durante esa época cuando en Irlanda se extendió el arte religioso y el saber. Fruto de ello fueron bellos manuscritos ilustrados, entre los que destaca el *Libro de Kells*.

▲ Durante el período de las invasiones bárbaras, pueblos vikingos procedentes de Escandinavia amenazaron gran parte de Europa.

Pero en esa época, sin embargo, fueron muchos los que siguieron escribiendo, pensando y realizando delicadas obras de arte en otras partes del mundo. El Imperio Romano oriental, Bizancio, no fue conquistado por los bárbaros y allí las artes siguieron floreciendo. En China y la India surgieron y se extendieron grandes civilizaciones.

Con el comienzo del siglo XI Europa comenzó a salir lentamente de sus tinieblas artísticas. El conocimiento perdido de las obras de los antiguos griegos y romanos se recuperó otra vez. Surgió un nuevo interés por el aprendizaje y comenzó la intensa vida de la EDAD MEDIA.

GRANDES INVENTOS

AÑO

105. Papel (de la pulpa de madera) *(chinos)*
1100. La brújula magnética *(chinos)*
1440. La imprenta. *Johannes Gutenberg (alemán)*
1608. Telescopio. *Hans Lippershey (holandés)*
1765. El motor de vapor de agua condensado. *James Watt (escocés)*
1822. La cámara fotográfica. *Joseph Niepce (francés)*
1831. La dinamo. *Michael Faraday (inglés)*
1837. Telégrafo. *Samuel F. B. Morse (EUA)*
1876. Teléfono. *Alexander Graham Bell (escocés)*
1877. Fonógrafo. *Thomas Edison (EUA)*
1888. La cámara Kodak. *George Eastman (EUA).*
1895. Radio. *Guglielmo Marconi (italiano)*
1903. Aeroplano. *Wilburg y Orville Wright (EUA)*
1925. Televisión. *John Logie Baird (escocés)*
1948. Transistor. *John Bardeen, Walter Brattain y William Shockley (EUA)*
1960. Láser. *Theodore Maiman (EUA)*

Invento

Una invención o invento puede ser la creación de algo completamente nuevo o la mejora de algo que ya había sido producido por aiguien. Muchos grandes inventos son producto del trabajo de una persona, pero otros han sido logrados por varias trabajando en equipo. Nunca sabremos a quién le debemos muchos de los inventos más antiguos, como la rueda o el arado.

Invertebrados

Los invertebrados son animales que carecen de columna vertebral. Existe más de un millón de especies distintas de invertebrados, entre las que se cuentan GUSANOS, CRUSTÁCEOS, PULPOS, INSECTOS, ARAÑAS, y muchos otros.

Irak 

Irak es un país ÁRABE situado en el suroeste de ASIA. Gran parte de su territorio está formado por llanuras secas, arenosas y pedregosas. Es tierra muy fría en invierno y calurosa en verano. Los ríos Tigris y Éufrates corren por sus llanuras en dirección al golfo Pérsico. Sus aguas ayudan a los campesinos a cultivar arroz, algodón, trigo y dátiles. Es también uno de los mayores productores de petróleo del mundo. Los oleoductos transportan el petróleo a través del desierto a los puertos de Siria y Líbano.

Muchos iraquíes son NÓMADAS y viven en el desierto con sus ovejas y cabras. Pero casi 4 millones de habitantes, de un total de 16, trabajan en la capital, Bagdad.

Algunas de las primeras ciudades existentes en el mundo fueron construidas cerca de los grandes ríos de Irak. *Ur* fue una de las primeras. Fue construida en la EDAD DE BRONCE por los sumerios. Más tarde, los babilonios fundaron su famosa ciudad, BABILONIA, cuyas ruinas aún pueden ser visitadas. El Irak moderno es una república. Estuvo en guerra con Irán de 1980 a 1988. En verano de 1990 invadió el vecino estado de Kuwait, provocando una crisis política y económica internacional que desembocó en la Guerra del Golfo (Enero-Abril de 1991).

IRAK

TURQUÍA
SIRIA
LÍBANO
ISRAEL
IRAK
IRÁN
JORDANIA
KUWAIT
ARABIA SAUDITA
GOLFO PÉRSICO

Gobierno: República autoritaria
Capital: Bagdad
Superficie: 434.924 km^2
Población: 16.000.000 hab.
Lengua: Árabe
Moneda: Dinar iraquí

Irán 

Irán es un país asiático, situado entre el mar Caspio por el norte y el golfo Pérsico en el sur. El país tiene una superficie casi cuatro veces la de la España peninsular, pero está poco poblado. Desiertos, montañas nevadas y grandes valles cubren la mayor parte del país, cuyo clima registra veranos calurosos y secos e inviernos muy fríos.

Los iraníes hablan persa (Persia es el antiguo nombre de Irán), su religión se basa en el ISLAM y la capital se llama Teherán.

Muchos iraníes son nómadas, y recorren el país con sus rebaños de ovejas y cabras. Cada vez que acampan, las mujeres montan sencillas tiendas de campaña y tejen a mano bellas alfombras. El principal producto de Irán es el petróleo.

Irán tiene una larga historia: en el año 550 a.C., los persas tenían un caudillo llamado *Ciro*, que con su ejército logró construir un imperio que se extendió desde Egipto hasta la India. En su época el imperio persa fue el mayor del mundo.

ALEJANDRO MAGNO conquistó Persia hacia el año 330 a.C. Más tarde el país fue gobernado por los ÁRABES y los

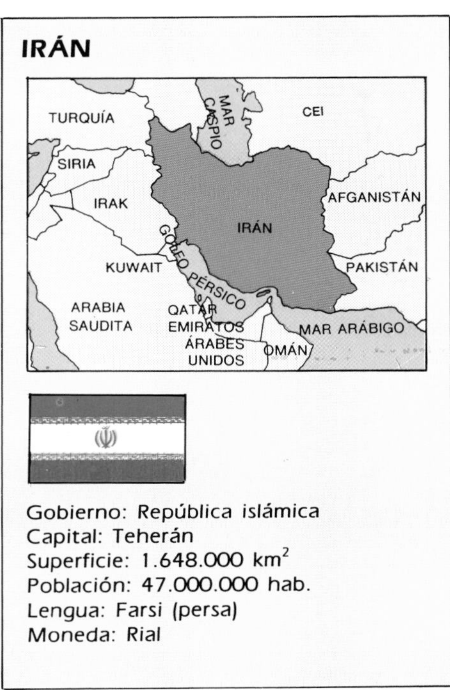

Gobierno: República islámica
Capital: Teherán
Superficie: 1.648.000 km^2
Población: 47.000.000 hab.
Lengua: Farsi (persa)
Moneda: Rial

IRLANDA

Gobierno: República parlamentaria
Capital: Dublín
Superficie: 70.283 km²
Población: 3.600.000 hab.
Lenguas: Inglés, Irlandés (Gaélico)
Moneda: Libra irlandesa

MONGOLES. En nuestro siglo Irán estuvo regido por emperadores o *shas*. En 1979 cambió el gobierno y el sha dejó el país. En la actualidad son los líderes religiosos los que gobiernan la República islámica. De 1980 a 1988, Irán sostuvo una guerra larga y cruenta contra Irak.

Irlanda

Irlanda es la segunda en tamaño de las ISLAS BRITÁNICAS. Tiene la forma redondeada de un platillo. Las montañas constituyen el borde; el centro es una llanura baja por la que discurre el *Shannon*, el mayor de los ríos del archipiélago británico.

Irlanda del Norte forma parte del Reino Unido junto con GRAN BRETAÑA. Su capital es Belfast y su gobierno está controlado por los protestantes, lo que ha provocado un enfrentamiento violento con la minoría católica.

Irlanda del sur constituye la República de Irlanda o Eire. La capital de Eire es Dublín.

▲ Una aldea de pescadores en el Condado de Cork, en la costa sur de Irlanda. Gran parte de la economía de la República de Irlanda se basa en la agricultura y la pesca.

Isla

Una isla es una porción de tierra rodeada de agua. Algunas islas son parcelas de tierra que quedaron separadas de los CONTINENTES. Otras islas son volcanes que emergieron en medio del mar. Hay también islas en los lagos o en los grandes ríos. Groenlandia es la mayor de las islas del mundo.

◀ Esta pequeña isla de coral es típica del Pacífico Sur.

Islam

El Islam es una religión fundada en el año 622 por Mahoma. Tiene más seguidores que cualquier otra religión del mundo con excepción de la Cristiandad. La palabra Islam significa «sumisión». Sus seguidores se llaman musulmanes, traducción española de la palabra *Muslims* que significa «los sumisos». Los musulmanes creen que hay que someterse o entregarse por completo a la voluntad de Dios. Creen en un solo Dios al que llaman *Alá*, siendo Mahoma su profeta. Los musulmanes rezan cinco veces al día y dan limosna a los pobres. Durante un mes al año sólo comen tras la puesta del sol y deben visitar la Meca, lugar de nacimiento de Mahoma, al menos una vez en su vida. Siguen las reglas de comportamiento establecidas por el Corán, el libro sagrado del Islam.

El Islam comenzó en Arabia. En la actualidad es la principal religión en el Norte de África y en la mayor parte del suroeste de Asia.

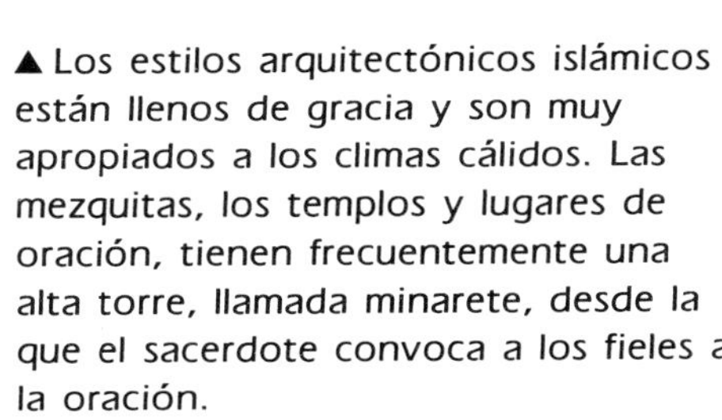

▲ Los estilos arquitectónicos islámicos están llenos de gracia y son muy apropiados a los climas cálidos. Las mezquitas, los templos y lugares de oración, tienen frecuentemente una alta torre, llamada minarete, desde la que el sacerdote convoca a los fieles a la oración.

Islandia

Islandia es una isla pequeña y montañosa de poco más de 100.000 kilómetros cuadrados de superficie. Fue descubierta por los vikingos en el año 847. La isla está situada un poco al sur del Ártico, en el Atlántico Norte, entre Groenlandia y Noruega. Las cálidas aguas de la Corriente del Golfo hacen que la mayor parte de sus puertos se mantengan libres de hielo durante todo el año.

Islandia tiene muchos volcanes; 25 de ellos han tenido erupciones. Hay también muchas fuentes de aguas ca-

▶ Esta es una estampa típica de Islandia, con las colinas de dos volcanes sobresaliendo en el paisaje.

ISLANDIA

GROELANDIA
MAR DE NORUEGA
ISLANDIA
NORUEGA
OCÉANO ATLÁNTICO
REINO UNIDO

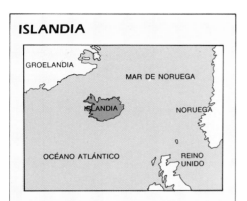

Gobierno: República constitucional
Capital: Reykjavik
Superficie: 103.000 km^2
Población: 241.000 hab.
Lengua: Islandés
Moneda: Corona islandesa

lientes, algunas de las cuales son utilizadas para calentar los hogares. El norte de Islandia está cubierto por GLACIARES y por un desierto de lava.

Islandia cuenta con 241.000 habitantes. La mayoría vive en el sur y el este donde el país es bajo y llano. Su principal ocupación es la pesca y la agricultura. La capital es Reykjavik. Islandia pasó a ser un país independiente en 1944, cuando rompió sus lazos con Dinamarca.

Islas Británicas

Islas británicas están formadas por dos islas principales: Gran Bretaña e Irlanda, y más de 5.000 islas más pequeñas, algunas con bastante superficie, como la isla de Man, Shetland o las Orkneys o las llamadas islas del Canal, y otras que apenas son unas rocas que sobresalen del agua.

Gran Bretaña se divide en Inglaterra, Escocia y Gales. Irlanda, por su parte, está dividida en el Eire (la República de Irlanda) y la Irlanda del Norte que forma parte del Reino Unido.

Las Islas Británicas forman parte de EUROPA y están en la PLATAFORMA CONTINENTAL europea. Durante la última de las ÉPOCAS GLACIALES, Gran Bretaña estuvo unida por un puente de tierra que cruzaba lo que en la actualidad es el canal de la Mancha.

El clima de las Islas Británicas es suave y húmedo. La mayor parte del país está formada por tierras bajas, aunque existen algunas montañas y tierras altas en Escocia, Gales, el norte de Inglaterra y partes de Irlanda. La

Las Islas Británicas son muy lluviosas, y la costa occidental lo es bastante más que la oriental. La costa elevada del Oeste tiene un promedio de 2.500 mm de lluvia al año, mientras que las costas bajas del Este sólo están entre los 500 y 750 mm. La zona de Londres es la más seca.

mayor parte del país estuvo antaño cubierto de bosques o ciénagas, pero en la actualidad ha sido talado y desecado.

Las Islas Británicas están rodeadas por mares de aguas poco profundas, lo que prueba que un día las islas formaron parte del continente. Si la Torre Telecom de Londres fuera sumergida en cualquier lugar del mar de Irlanda emergería del agua con bastante altura.

◀ El descubrimiento de petróleo en el mar del Norte ha llevado una nueva fuente de riqueza a las Islas Británicas. En la foto, una plataforma petrolífera, momentáneamente fuera de servicio, frente a las costas de la ciudad de Dundee, en Escocia.

Islas Salomón

Las Islas Salomón están situadas en el Océano Pacífico, a unos 1.600 kilómetros de Australia. Son un estado independiente en el seno de la COMMONWEALTH. La larga cadena de islas se extiende por unos 1.400 kilómetros, pero la superficie total de las Islas Salomón es menor que Escocia. Sus cultivos más importantes son los cocos, arroz y bananas. Existe una importante industria de envasado de conservas de pescado.

ISLAS SALOMÓN

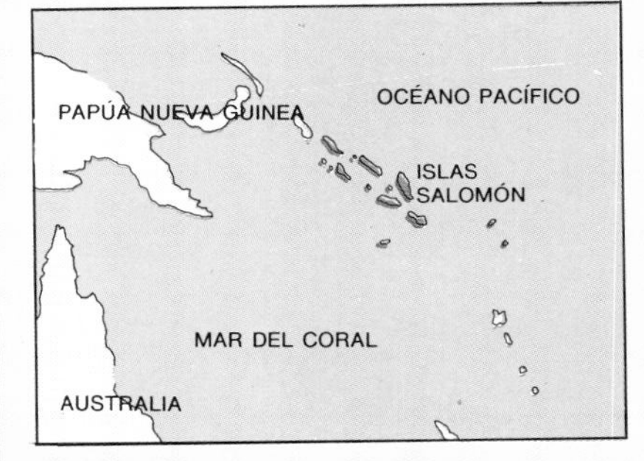

Gobierno: Democracia parlamentaria
Capital: Honiara
Superficie: 28.446 km²
Población: 290.000 hab.
Lengua: Inglés
Moneda: Dólar de las Islas Salomón

Israel

Israel es un país que se encuentra en el suroeste de ASIA. Está situado entre el mar Mediterráneo, el mar Rojo y el mar Muerto.

Sus agricultores cultivan la naranja, el algodón y distintos cereales en sus fértiles llanuras. Más de la mitad del país es seco y montañoso o desértico. Los veranos son cálidos y los inviernos suaves.

Existen cuatro millones de israelíes. Uno de cada diez vive en JERUSALÉN, la capital. La mayoría de los israelíes

son judíos. Hay también bastantes Árabes. La lengua principal del país es el hebreo.

Italia

Italia es un país del sur de Europa. Tiene la forma de una bota de montar que penetra en el mar Mediterráneo para dar una patada a Sicilia. Sicilia y Cerdeña son dos islas italianas.

▶ En los siglos XVI y XVII, Venecia fue una próspera ciudad-estado dedicada al comercio.

Italia es un país en gran parte montañoso. Las nevadas cumbres de los Alpes, altas y abruptas, cruzan el norte de Italia, los Apeninos cortan el país por la mitad, de norte a sur, como si fueran su columna vertebral. Entre los Alpes y los Apeninos se extiende la llanura de Lombardía. Italia es famosa por sus veranos muy calurosos y soleados. La lluvia normalmente sólo se da en invierno, Italia es uno de los principales productores de peras y aceitunas. Sus agricultores también cultivan uvas, limones, naranjas, trigo y arroz. En el norte de Italia existen grandes fábricas que producen automóviles, productos químicos y máquinas. La capital es Roma, ciudad visitada por muchos turistas que desean ver el Vaticano y las ruinas del Imperio Romano.

Iván el Terrible

Iván el Terrible (1530-1584) fue el primer emperador o *zar* de Rusia. Fue un hombre cruel que mató a su propio hijo, pero ayudó a hacer de Rusia un gran país. Durante su reinado Moscú se convirtió en la capital de Rusia.

Jabón

El jabón se usa para lavar cosas. Se hace mezclando GRASAS o aceites vegetales con determinados productos químicos, como sosa cáustica. Disuelve la suciedad en las ropas y las elimina. En la actualidad el jabón es sustituido frecuentemente por limpiadores químicos llamados DETERGENTES. Los detergentes limpian mejor que el jabón, pero no hacen espuma por sí mismos. La espuma no es necesaria para limpiar, pero a los detergentes se les añaden sustancias espumosas.

Jaguar

El jaguar es el mayor y el más peligroso de los felinos de América. Desde el hocico a la cola un jaguar es mayor que un hombre y puede llegar a pesar el doble. Es amarillo con motas o manchas negras, que en algunos adquieren forma de anillos. Los jaguares viven en las selvas húmedas y cálidas del centro y el sur de América. Pueden saltar desde los árboles para cazar jabalíes y gamos. También cazan tortugas, peces y caimanes.

◀ El jaguar se parece bastante a los leopardos de Asia o África, pero es más pesado.

Jamaica

Jamaica es una isla tropical en el mar Caribe. El nombre de Jamaica significa «isla de los manantiales». Es una isla muy bella con cientos de ríos y arroyos que nacen de las fuentes, muy abundantes en las laderas de sus montañas.

Los habitantes de Jamaica pasan de los dos millones y la mayoría de ellos son de ascendencia africana. Muchos

JAMAICA

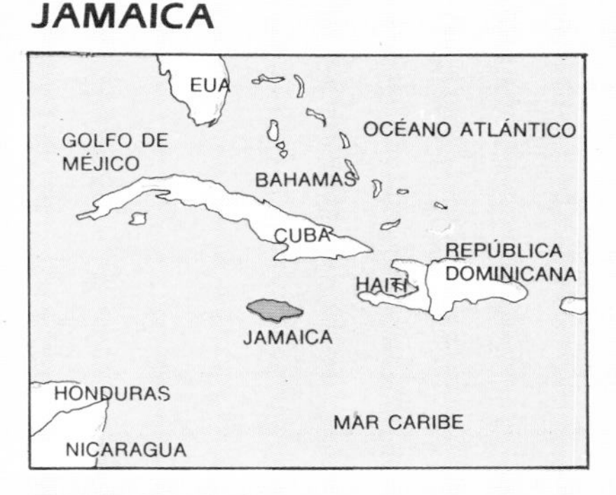

Gobierno: Monarquía constitucional
Capital: Kingston
Superficie: 10.991 km^2
Población: 2.300.000 hab.
Lengua: Inglés
Moneda: Dólar jamaicano

JAPÓN

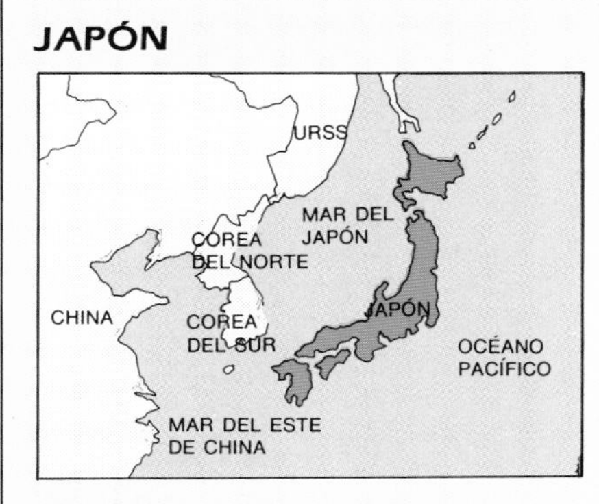

Gobierno: Monarquía parlamentaria
Capital: Tokio
Superficie: 372.312 km^2
Población: 121.400.000 hab.
Lengua: Japonés
Moneda: Yen

trabajan en el campo y cultivan plátanos, nueces, café, naranjas y caña de azúcar. Jamaica tiene también minas de bauxita.

Kingston es su capital, constituyendo uno de los puertos comerciales más importantes y dinámicos de todo el mar del Caribe.

Japón

Japón está formado por una estrecha franja de islas cerca de las costas del continente asiático. En conjunto tienen una superficie algo mayor que las Islas Británicas.

En su mayor parte Japón está cubierto por montañas. La más alta de ellas es un bello volcán llamado Fujiyama, o monte Fuji. El país tiene selvas, cascadas y lagos. El norte de Japón posee un clima frío, tanto en invierno como en verano.

Es un país excesivamente poblado, con más de ciento veinte millones de habitantes. Para alimentarse obtienen enormes cosechas de arroz y de frutas. También consumen una gran cantidad de pescado y de algas marinas.

El país es pobre en minerales, así que necesitan comprar en otros países la mayor parte de los que precisan para su potente industria. No hay otro país que produzca tantos buques, receptores de televisión, radios, vídeos, aparatos de alta fidelidad y cámaras fotográficas como Japón. También fabrica muchos automóviles y motocicletas.

▼ El espacio es escaso en Tokio, por lo que los ferrocarriles elevados son el sistema ideal para el transporte de viajeros de cercanías.

Jardín

Los jardines son espacios de tierra dedicados especialmente al cultivo de plantas y flores de adorno y árboles y arbustos atractivos agradables a la vista. En Egipto existieron bellos jardines hace 4.500 años. Más tarde Babilonia consiguió fama con sus jardines colgantes. En la Italia del Renacimiento se crearon bellos jardines con fuentes, estanques, terrazas y escaleras. En Francia destacan los jardines de Versalles, cerca de París y en España los de Aranjuez, cerca de Madrid.

▼ Las grandes mansiones suelen estar adornadas con grandes jardines. Este jardín en Dorset (Inglaterra) fue trazado siguiendo formas regulares y simétricas.

Jazz

El jazz es un tipo especial de música en el que los músicos utilizan ritmos inesperados. Pueden tocar las notas que quieran, siempre que se adapten a la música hecha por el resto de la banda. De ese modo los músicos de jazz *improvisan* con frecuencia, es decir, van componiendo la música a medida que la interpretan. El jazz comenzó en Estados Unidos en el siglo XIX.

▶ Louis Armstrong fue una de las figuras más famosas e influyentes del jazz.

▲ Muchos ejemplos de jeroglíficos grabados en la piedra han sobrevivido miles de años y en la actualidad pueden ser interpretados.

Jeroglíficos

Los jeroglíficos son una forma de escritura muy antigua. Nuestro alfabeto tiene 28 letras, pero hace 5.000 años los antiguos egipcios utilizaban signos-dibujos en vez de letras. Más tarde, esos signos se convirtieron en jeroglíficos, dibujos que sustituyen a las cosas, a las gentes y a las ideas. Los jeroglíficos egipcios se escribían de derecha a izquierda.

La escritura de jeroglíficos era muy difícil y su conocimiento sólo estaba al alcance de unos pocos. Cuando acabó el imperio egipcio se perdió el secreto de su lectura, y nadie podía entender los jeroglíficos escritos en los rollos de papiro o grabados en las piedras. En 1799, un francés encontró la *Piedra Roseta*, que en la actualidad se conserva en el Museo Británico de Londres. En ella había algo escrito en dos lenguajes conocidos y, también, en jeroglífico. Comparando los idiomas conocidos con los jeroglíficos, los expertos estuvieron en condiciones de descrifrar y traducir aquellos antiguos signos.

Jerusalén

Jerusalén es la capital del Estado de ISRAEL. Es también la ciudad santa de judíos, cristianos y musulmanes. David, Jesús y otros personajes bíblicos importantes vivieron o murieron allí.

Jerusalén es una ciudad elevada en medio de una región montañosa. La ciudad antigua está rodeada de altas murallas. En 1948, Jerusalén fue dividido entre Israel y Jordania, pero Israel se hizo con la totalidad de la ciudad en la guerra de 1967.

▲ *El Bautismo de Cristo* fue pintado por el pintor del renacimiento italiano Piero della Francesca, en el siglo XV. Muchas obras maestras del arte occidental tienen su inspiración en la vida de Jesucristo.

Jesucristo

Jesucristo era judío y fue el fundador del CRISTIANISMO. El Nuevo Testamento que contiene la BIBLIA nos explica que Jesús era el hijo de Dios.

Jesucristo nació en Belén. Su madre se llamaba María. Al hacerse mayor, Jesucristo viajó por toda Palestina difundiendo su doctrina y curando a los enfermos. Algunos sacerdotes judíos sintieron envidia de Jesucristo y lo denunciaron a los gobernantes romanos como agitador del pueblo. Los romanos crucificaron a Jesucristo aunque, como dice el Nuevo Testamento, éste volvió de nuevo a la vida y ascendió al cielo. Los seguidores de Jesucristo difundieron sus doctrinas por el mundo entero.

Jirafa

La jirafa es el más alto de los animales. Un macho adulto puede tener tres veces la estatura de tres hombres altos. Tienen las piernas y el cuello extraordinariamente largos, pese a lo cual su cuello sólo tiene siete vértebras, el mismo número que todos los demás MAMÍFEROS. Las jirafas viven en las cálidas llanuras de pastizales de África y se alimentan de las hojas de arbustos y árboles.

Jordania

Jordania es un pequeño país árabe situado en el extremo noroeste de la península arábiga. La mayoría de su población vive en una altiplanicie, a 1.000 m sobre el nivel del mar. El río Jordán y el salado mar Muerto se encuentran al oeste de la citada altiplanicie. Durante muchos años, jordanos e israelíes han sido vecinos mal avenidos. En 1967 Israel ocupó la parte occidental del río Jordán y esos territorios siguen ocupados por este último país. La capital de Jordania es Ammán.

JORDANIA

LÍBANO
MAR MEDITERRÁNEO
SIRIA
IRAK
ISRAEL
JORDANIA
EGIPTO
ARABIA SAUDITA
MAR ROJO

Gobierno: Monarquía constitucional
Capital: Ammán
Superficie: 97.740 km^2
Población: 2.800.000 hab.
Lengua: Árabe
Moneda: Dinar jordano

Joyas

Los objetos que se llevan para adornar y decorar el cuerpo se llaman joyas. La gente suele llevar distintos tipos de joyas en diferentes partes del cuerpo. Los que se ven con mayor frecuencia son pendientes, collares, broches, brazaletes y sortijas. Las joyas caras se hacen gene-

▼ Se han encontrado joyas procedentes de los primeros tiempos de la historia de la humanidad, lo que lleva a suponer que la decoración del cuerpo es una necesidad básica.

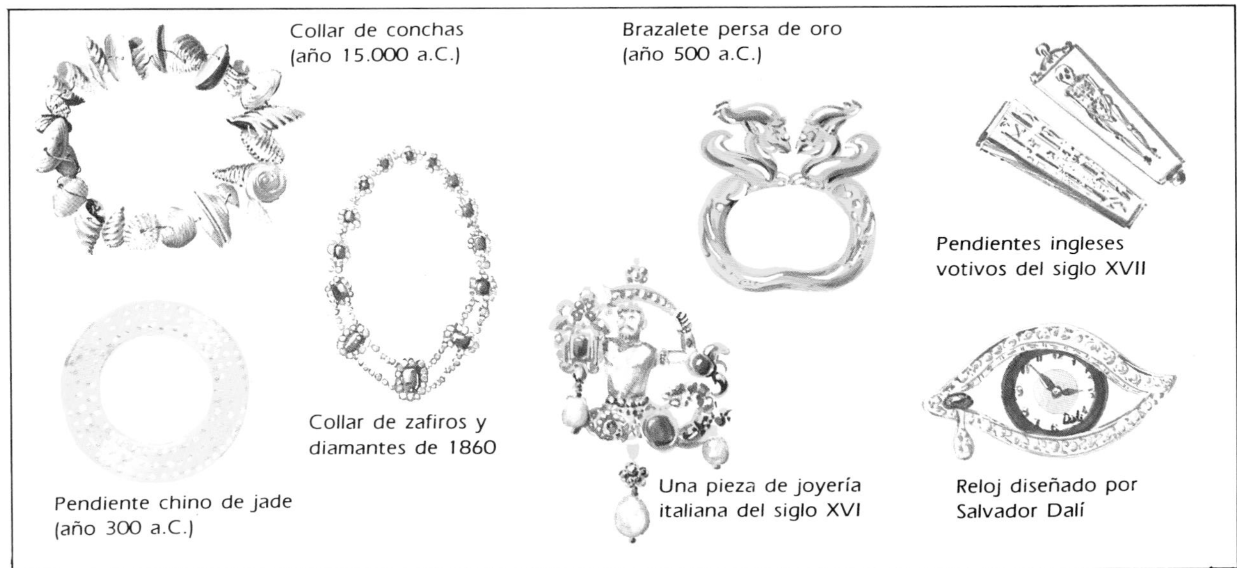

Collar de conchas (año 15.000 a.C.)

Brazalete persa de oro (año 500 a.C.)

Pendientes ingleses votivos del siglo XVII

Collar de zafiros y diamantes de 1860

Pendiente chino de jade (año 300 a.C.)

Una pieza de joyería italiana del siglo XVI

Reloj diseñado por Salvador Dalí

ralmente de oro y plata y van adornadas con DIAMANTES y otras PIEDRAS PRECIOSAS. Las joyas baratas se llaman *bisutería* y con frecuencia se hacen de vidrio y plástico.

▲ España es un país democrático que disfruta de amplias libertades. Regido por una monarquía constitucional, el rey Juan Carlos I ha sido el principal artífice de la transición democrática.

Juan Carlos I

Hijo de Juan de Borbón y de María de las Mercedes de las Dos Sicilias y nieto de Alfonso XIII, nació en Roma en 1938. Estudió en España desde 1948 y se casó con Sofía de Grecia en 1962.

En 1969 el general Franco le nombró su sucesor, dándole el título de príncipe de España. Desde 1975 Juan Carlos I es rey de España y ha presidido la transición del franquismo a la democracia constitucional.

Su labor como rey y como jefe de Estado, se ha caracterizado por la democratización del Estado y por una sustancial mejora de la imagen exterior de España. Tiene tres hijos: las infantas Elena y Cristina, y el príncipe Felipe, heredero al trono.

▲ Juana de Arco desempeñó con éxito el papel de militar y dirigió a los franceses en sus batallas contra los ingleses.

Juana de Arco

Juana de Arco (1412-1431), también conocida como *la Doncella de Orleans*, fue una muchacha francesa que creía que Dios le había ordenado liberar Francia de los invasores ingleses.

A los 17 años dejó la finca de labor en la que trabajaba y convenció al rey francés Carlos VII para que le encomendara el mando de su ejército en la GUERRA DE LOS CIEN AÑOS. Ganó cinco batallas, pero más tarde fue capturada por los ingleses y, tras un proceso inquisitorial por herejía, murió en la hoguera como bruja. Con su heroismo y valor consiguió salvar a Francia. En 1920 el Papa la hizo *Santa*.

Judaísmo

El judaísmo es una religión que cree en un solo Dios y que tiene a la Biblia como libro sagrado. La Biblia Hebrea se compone de los primeros cinco Libros de Moisés (el Torah), los relatos históricos de las tribus de Israel, y otros libros escritos por profetas y reyes (los cristianos incluyen todo este material en su Biblia, y lo llaman el Antiguo Testamento).

Los seguidores de la religión del judaísmo se llaman judíos. Observan los Diez Mandamientos y creen que

Dios entregó a Moisés las Tablas de la Ley en la cima del monte Sinaí, después de que éste sacara a su pueblo de Egipto, donde había sido esclavo. La conmemoración de este Éxodo de Egipto es una de las fiestas más importantes del judaísmo y es llamada «la Pascua judía».

En la actualidad los judíos viven diseminados por todo el mundo, pero consideran a Israel como su hogar espiritual e histórico.

Judía

Las judías pertenecen a una familia de plantas llamadas legumbres. Se cultivan en todo el mundo y se utilizan como alimento para el ser humano desde hace miles de años. Hay pruebas de que pueblos prehistóricos de la que actualmente es Suiza comían este tipo de legumbres hace más de 10.000 años.

Las judías son uno de los alimentos más baratos y extendidos del mundo. Son ricas en PROTEÍNAS. Algunos tipos de judías se utilizan como pienso animal.

Hay cientos de especies distintas de judías. Entre las variedades más conocidas tenemos la habichuela blanca, las judías pintas, el fréjol (o frijol) americano, etc. Las judías de soja se utilizan para hacer aceite vegetal, que se utiliza, también, para hacer jabones y barnices.

Experiméntalo

Pon una judía del tipo deseado en un bote de cristal de mermelada forrado de papel secante, que debe mantenerse húmedo. Pronto una nueva raíz brotará de la semilla; muy poco después nacerá un pequeño brote o tallo que crecerá hacia arriba y del que brotarán las primeras hojas, que crecerán tan pronto les dé la luz. Puedes trasplantar la planta al jardín y observar detenidamente su proceso de crecimiento.

Juegos Olímpicos

Esta competición atlética es la más antigua del mundo. Los primeros Juegos Olímpicos conocidos tuvieron lugar en Olimpia, Grecia, en el año 776 a.C. Los Juegos Olímpicos modernos comenzaron en 1896. Se celebran una

◀ En la ceremonia de inauguración de los Juegos Olímpicos la llama olímpica es encendida con una antorcha que llega desde Grecia transportada por atletas y deportistas de todas las nacionalidades.

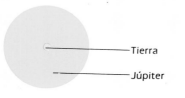

DATOS DE JÚPITER

Distancia media del Sol:
778 millones de km
Distancia mínima de la Tierra:
630 millones de km
Temperatura media: 150°
Diámetro en el ecuador: 142.800 km
Atmósfera: Hidrógeno y helio
Número de lunas: 14 (conocidas)
Duración del día: 9 horas, 50 minutos
Duración del año: 11,9 años terrestres

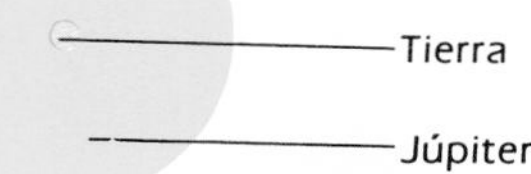

vez cada cuatro años, siempre en un país diferente. La ciudad española de Barcelona fue elegida para la celebración de los Juegos Olímpicos de 1992.

En los Juegos Olímpicos participan atletas de distintas naciones que compiten en carreras, salto, gimnasia, fútbol, deportes náuticos y muchas otras pruebas deportivas. Los ganadores reciben medallas, pero no premios en metálico.

Júpiter

Júpiter es el mayor de los PLANETAS de nuestro SISTEMA SOLAR. Su volumen es el doble al de todos los demás planetas del sistema juntos. En el espacio ocupado por Júpiter cabrían 1.300 planetas del tamaño de la Tierra. La fuerza de GRAVEDAD de Júpiter es muy grande. Una persona en Júpiter pesaría el doble que en la Tierra. Muchos astrónomos creen que la mayor parte de Júpiter es muy caliente. Su temperatura es tan elevada que si el planeta fuera diez veces mayor se convertiría en una estrella incandescente. Tiene 14 lunas.

Júpiter gira sobre su eje a tal velocidad que un giro completo dura menos de diez horas terrestres. Pero el AÑO de Júpiter (el tiempo que tarda en dar la vuelta alrededor del sol) es doce veces más largo que el nuestro. Esto se debe a que Júpiter está más lejos del SOL que nosotros.

Si un astronauta lograra poner sus pies en Júpiter comprobaría que no existen estaciones anuales. El sol, muy lejano, parece sòlo una estrella algo mayor, que saldría y se pondría a intervalos de nueve horas y tres cuartos. La mayor de las lunas de Júpiter, Callisto, es mayor que el planeta Mercurio.

▶ El planeta Júpiter parece estar rodeado por una atmósfera con cinturones luminosos y otros oscuros.

Kenia

Es un país del este de ÁFRICA. Es algo mayor que la Península Ibérica. La frontera suroccidental incluye el lago Victoria. El Océano Índico está al sureste. La línea del ECUADOR atraviesa el centro del país, que está cubierto por montañas de cumbres llanas. El resto parece un enorme parque abierto. Es un país cálido y seco.

Kenia es miembro de la COMMONWEALTH británica. La mayor parte de los 21 millones de habitantes de Kenia son africanos de origen. Algunas tribus, como los *masai*, se dedican a la ganadería. Los agricultores kenianos cultivan maíz, té y café, productos estos dos últimos que Kenia exporta en gran cantidad. Muchos turistas visitan Kenia para ver los animales salvajes que pueblan sus reservas naturales. La capital es Nairobi.

◀ La pita que se usa para hacer sogas, procede del agave, cactus que crece ampliamente en Kenia.

King, Martin Luther

Martin Luther King (1929-1968) fue un destacado defensor estadounidense de los derechos civiles, que luchaba por la igualdad racial por medios pacíficos. Nació en Atlanta, (estado de Georgia, EUA) y se convirtió en sacerdote baptista, como ya lo fuera su padre. Comenzó su cruzada en favor de los DERECHOS CIVILES en Montgomery. Una de sus primeras acciones fue organizar un boicot a los autobuses de la ciudad de Montgomery, en 1956, como protesta por el trato discriminatorio que se daba a los negros. Durante los siguientes diez años dirigió mu-

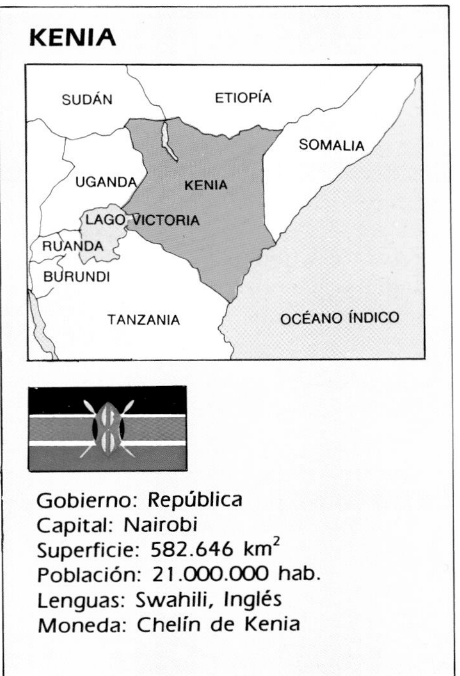

Gobierno: República
Capital: Nairobi
Superficie: 582.646 km^2
Población: 21.000.000 hab.
Lenguas: Swahili, Inglés
Moneda: Chelín de Kenia

Martin Luther King pronunció un famoso discurso en 1963, en Washington, ante una multitud de 200.000 personas que se manifestaban en pro de los Derechos Civiles de la gente de color. En ese discurso, que hoy sigue siendo recordado, dijo: «He tenido el sueño de que un día esta nación se levantará y vivirá de acuerdo con sus verdaderas creencias, la verdad de que todos los hombres hemos sido creados iguales».

chas manifestaciones pacíficas y mitines por todo el país. Su éxito se produjo cuando el Congreso aprobó las leyes en favor de los derechos civiles de los negros, en 1964 y 1965.

King recibió el Premio Nobel de la Paz en 1964 por sus campañas en favor de la no-violencia. Fue asesinado en Memphis, Tennessee, en 1968, a la edad de 39 años.

Kipling, Rudyard

Rudyard Kipling (1865-1936) fue un escritor inglés, autor de novelas de aventuras y poemas, muchos de ellos dedicados a la India y al Imperio Británico. Se recuerdan principalmente sus historias para niños. *Kim* es la historia de las aventuras de un chico huérfano que pertenecía al servicio secreto. El *Libro de la Selva*, su obra más conocida que incluso ha sido versionada en cine, tiene como protagonista al niño Mowgli, criado por los lobos y educado y enseñado por un oso, una pitón y una pantera. Su libro de narraciones cortas *The Just So Stories* trata de diversos animales.

▶ En *El Libro de la Selva,* publicado en 1894, Kipling dio rienda suelta a su amor y su comprensión por la India y su vida salvaje, en una serie de relatos de un chico y su amistad con los animales.

Rudyard Kipling nació en la India y tuvo una infancia no muy afortunada. Sus padres lo enviaron a Inglaterra cuando sólo tenía seis años y se pasó cinco en un orfelinato, en Southsea. Más tarde describiría los terrores de aquel lugar en su relato *Bee bee, oveja negra.* Tras dejar el orfelinato, fue enviado a un internado en la localidad de Devon. Habla de sus experiencias en esa escuela en la obra *Stalky & Co.*

Kiwi

Esta ave de Nueva Zelanda recibe su nombre del sonido de los gritos agudos del macho de la especie. Se trata de un ave del tamaño de un pollo, gruesa y de color marrón. Tiene alas pequeñas y no puede volar, pero corre con sus piernas cortas, gruesas y fuertes. Las plumas del kiwi tienen el aspecto de pelos.

Los kiwis son unas aves tímidas que viven en los bosques. Durante el día duermen en madrigueras. Salen por la noche para revolver la tierra en busca de gusanos y lombrices. Los kiwis apenas ven, pero descubren sus alimentos mediante el olfato, con la ayuda de unas glándulas situadas en la punta de su pico largo y delgado. La hembra pone huevos muy grandes, pero es el macho quien los cubre y espera que incuben.

También hay una fruta original de Nueva Zelanda, aunque ahora se cultiva ya en distintos países cálidos, a la que se da ese nombre. Su interior es verde, su corteza marrón y pilosa y contiene abundante vitamina C. Su consumo empieza a ser bastante común en Europa.

▲ El quinto Khan jefe de la raza mongólica, Kublai Khan, estableció la dinastía mongol en China. Aunque de religión budista, estaba interesado en el cristianismo, y permitió la llegada de misioneros a China.

Kremlin

Es la parte más antigua de Moscú. Algunos de sus edificios datan del siglo XII. Antaño el Kremlin fue la residencia fortificada de los *zares* rusos. En el interior de la muralla que lo rodea existen antiguos palacios y catedrales coronadas con cúpulas doradas. Durante la mayor parte de su historia el Kremlin ha sido sede del gobierno ruso, y lo continúa siendo en la actualidad.

Kublai Khan

Kublai Khan (1216-1294) fue el nieto de GENGIS KHAN. Llegó a ser gran-Khan en 1259. Bajo su reinado, el imperio mongol alcanzó la cima de su poder. Conquistó CHINA y estableció su capital en Cambulac, el actual Beijing (Pekín). Fue la primera vez que China llegó a ser totalmente vencida por fuerzas extranjeras. Los países vecinos en el sureste de Asia se vieron forzados a reconocer a Kublai como su rey. Trató también de conquistar Japón y Java, pero fracasó. Kublai protegió el arte, la ciencia y el comercio. Entre sus muchos visitantes extranjeros se contaba MARCO POLO.

Kuwait

La pequeña nación de Kuwait es una de las más ricas del mundo. Está en el extremo noroeste del golfo Pérsico. Toda la riqueza de Kuwait procede del petróleo. Aparte de la capital, que también lleva el nombre de Kuwait, el resto del país es casi desértico.

El clima es uno de los más tórridos del mundo.

KUWAIT

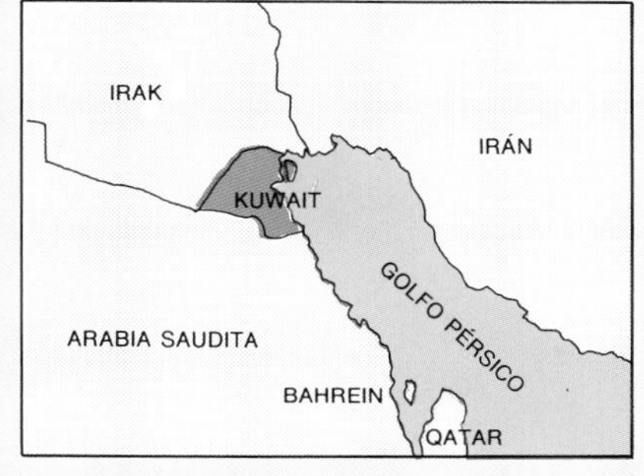

Gobierno: Monarquía constitucional
Capital: Kuwait
Superficie: 17.818 km^2
Población: 1.780.000 hab.
Lengua: Árabe
Moneda: Dinar

Lagarto

Los lagartos son REPTILES con la piel seca y escamosa y larga cola. La mayor parte de ellos tienen cuatro patas, pero los hay que carecen de ellas y que más bien parecen serpientes. Algunos lagartos nacen vivos y formados, como los MAMÍFEROS, pero la mayoría nacen de huevos fuera del cuerpo de sus madres.

Existen unos 3.000 tipos de lagartos. La mayor parte de ellos viven en países cálidos. Los que viven en lugares fríos se pasan el invierno en HIBERNACIÓN. En general los lagartos se alimentan de insectos.

Muchos lagartos miden sólo pocos centímetros de longitud, pero algunos, como el *dragón de Komodo,* en Indonesia, es más largo y más pesado que un hombre.

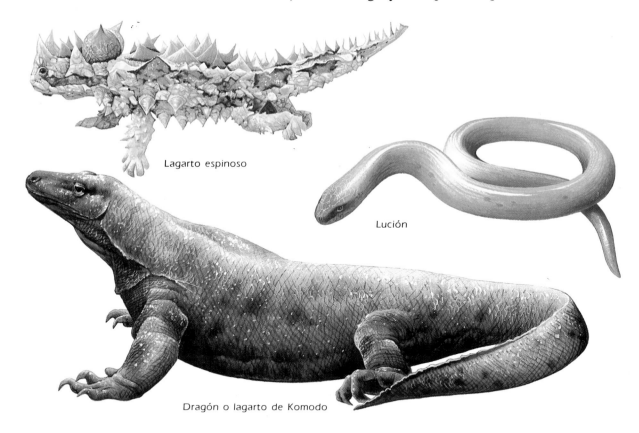

Lagarto espinoso

Lución

Dragón o lagarto de Komodo

▲ Tres lagartos diferentes. El lagarto erizo, o *diablo erizado,* de Australia, tiene el cuerpo cubierto de aguzadas púas que han reemplazado la piel escamosa de las otras especies. El *dragón de Komodo* puede alcanzar hasta los 3 metros de longitud y se alimenta de cerdos salvajes. El *lución* europeo, pese a su aspecto de serpiente, es un lagarto.

Lago

Los lagos son grandes superficies de agua rodeadas de tierra por todas partes. El mayor de los lagos es el llamado mar Caspio, un lago salado entre la Unión Soviética e Irán. El mayor lago de agua dulce es el lago Superior, uno de los GRANDES LAGOS de América del Norte.

Muchos lagos se formaron en la ÉPOCA GLACIAL. Comenzaron en los valles hechos por los glaciares. Éstos, al fundirse, dejaron tras de sí piedras y fango que formaron diques. El agua procedente de la fusión de los glaciares quedó detenida por esos diques.

Lana

La lana procede del vellón de la OVEJA y de algunos otros animales. Es una especie de pelo largo y grueso que fácilmente puede transformarse en hilo. Con ese hilo pueden tejerse mantas, alfombras y ropas, o puede utilizarse para hacer prendas de punto. Las ropas de lana son pesadas y abrigan mucho.

La lana se viene hilando y tejiendo desde la EDAD DE PIEDRA. Sin embargo, la lana moderna proviene de razas especiales de ovejas que producen una lana muy fina. La mejor lana procede de las ovejas *merinas*. Se trata de una raza de ovejas originalmente procedentes de España. Hoy día los principales productores de lana son Australia, Nueva Zelanda, Argentina y la CEI.

Langosta (crustáceo)

Las langostas son una especie de CRUSTÁCEOS. Están emparentados con las gambas y los cangrejos. Existe un tipo de langosta que puede llegar a pesar 20 kilos. El cuerpo de la langosta está cubierto de una CONCHA dura. Tiene cuatro pares de patas para andar y un par de grandes pinzas para coger la comida. Cuando la langosta se asusta mete su cola debajo del cuerpo, lo que lleva el agua hacia adelante y hace que la langosta salte hacia atrás para escapar.

Generalmente las langostas se esconden entre las rocas del fondo del mar. Se alimentan de animales vivos o muertos. Una langosta hembra puede poner varios miles de huevos.

Langosta (insecto)

Se llama langosta a una especie de SALTAMONTES que en ocasiones se reúnen formando grandes enjambres. Vuelan por los campos y sobre el mar en busca de nuevos lugares donde poder alimentarse. Un gran enjambre puede tener varios cientos de miles de individuos. Cuando se posan devoran cualquier cosa verde. Estas plagas de lan-

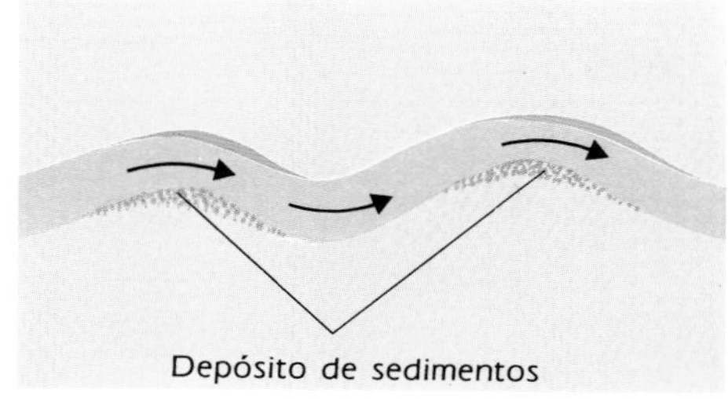

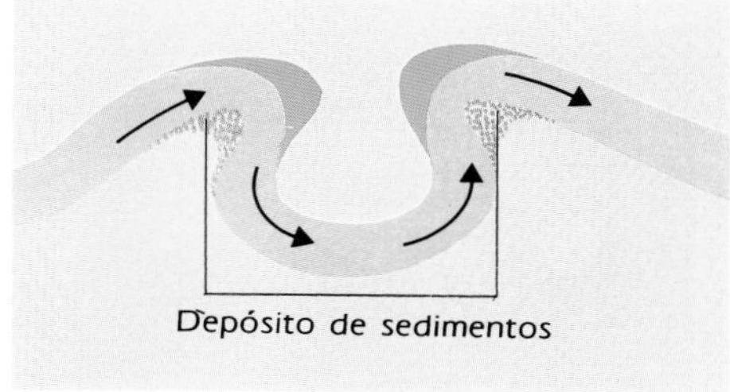

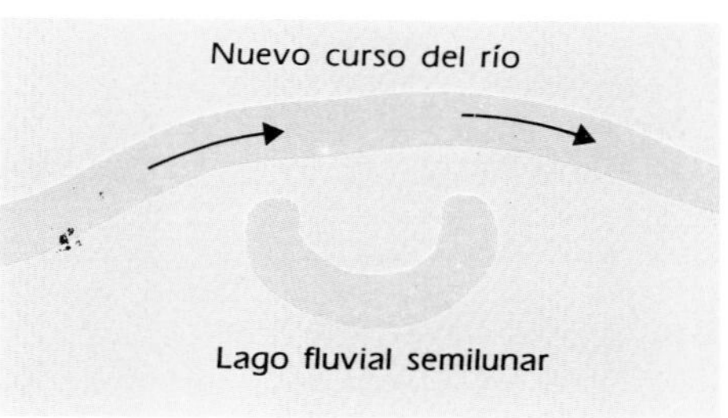

▲ Los ríos pueden formar arcos o curvas debido a la erosión y a la acumulación de material. Al cabo del tiempo, el río se abre paso socavándose un canal recto. El agua que queda separada del río da origen al llamado *lago semilunar*.

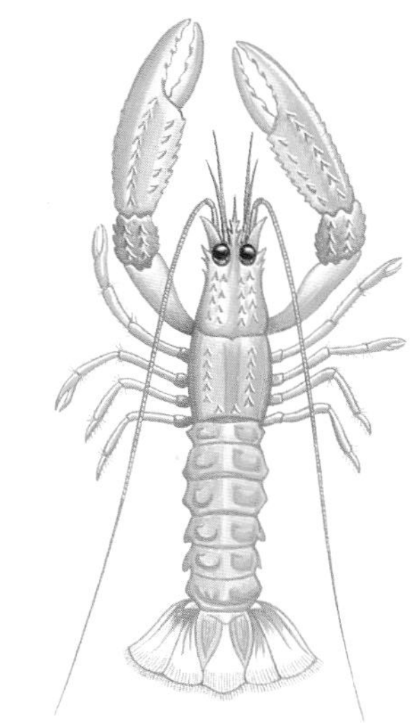

▲ La langosta Noruega se encuentra, principalmente, en los países del norte de Europa y en Gran Bretaña.

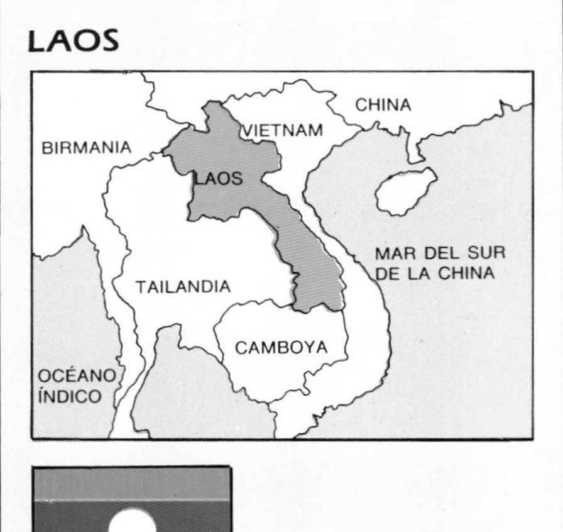

Gobierno: Comunista
Capital: Vientiane
Superficie: 236.800 km²
Población: 3.700.000 hab.
Lenguas: Laosiano y francés
Moneda: Kip

gosta han destruido vastas extensiones de cultivo en lugares cálidos.

Las langostas sólo forman enjambres y se alejan volando cuando se hacen demasiado numerosas. Los agricultores tratan de matar a las jóvenes langostas antes de que estén en condiciones de volar.

Lanzamiento (ver Atletismo)

Laos

Laos es un país del sureste asiático. Su tamaño es aproximadamente la mitad de la Península Ibérica. Su capital, que es también la mayor de sus ciudades, es Vientiane, situada junto al río Mekong. La mayor parte de Laos está cubierto por bosques y montañas. Casi la totalidad de su población vive de la agricultura y su cultivo principal es el arroz. Pasó a ser un protectorado francés en 1893, pero recuperó su independencia en 1949. Tiene un gobierno comunista.

Laponia

Laponia es una región en el Ártico. Se extiende por la parte norte de Suecia, Noruega, Finlandia y la Comunidad de Estados Independientes.

Sus pobladores se llaman lapones. Una parte de ellos son nómadas y van de un lado a otro de la región con sus rebaños de renos. Duermen en tiendas de campaña y se alimentan de la carne de su ganado. Otros son pescadores o agricultores y viven en aldeas formadas por pequeñas cabañas de madera. Su idioma está emparentado con el finlandés. Para conservar el calor en una región tan fría se visten con ropas hechas de lana y de pieles de reno, por lo general de colores brillantes.

▼ Mujeres laponas vistiendo los trajes tradicionales de esta región.

Láser

Un láser es un aparato que estira la luz, la concentra y la hace brillar en un rayo muy delgado. Muchos láser tienen un CRISTAL, rubí o gas en su interior. Al láser se le puede suministrar luz brillante, ondas de radio o electricidad. Esto hace que los ÁTOMOS del cristal o del gas empiecen a saltar con mucha rapidez, despidiendo una luz muy fuerte.

▲ En este estudio de Los Ángeles se están realizando experimentos para la aplicación de los láser en los juegos del futuro.

La luz del láser puede ser utilizada para muchas cosas. Los médicos la usan para quemar y hacer desaparecer pequeñas zonas enfermas del cuerpo. Igualmente se usan para determinadas operaciones en los ojos. Los dentistas pueden utilizarlo para sustituir el taladro mecánico en las perforaciones dentales. Algunos láser son tan fuertes que pueden cortar el DIAMANTE. Se utilizan en las fábricas para cortar metales y para delicados trabajos de soldadura.

Los láser también se utilizan para medir distancias: se dirige el rayo láser a objetos muy distantes y se calcula la distancia midiendo el tiempo que el rayo tarda en alcanzar el objeto y regresar al punto de emisión. Los rayos láser pueden transportar también señales de radio y de televisión. Un rayo láser puede enviar simultáneamente muchos programas de televisión y radio, o llamadas telefónicas, sin que se mezclen entre sí.

Latitud y longitud

Cada lugar en la Tierra tiene una latitud y una longitud. Las líneas de latitud y longitud se dibujan en los MAPAS. Las líneas de latitud, o *paralelos*, indican a qué distancia al norte o al sur del *ecuador* se encuentra un lugar. Se miden en grados (se escribe °) El ecuador está a latitud 0°. El Polo Norte tiene una latitud de 90° norte y el Polo Sur de 90° sur.

Las líneas de longitud, o *meridianos*, nos dicen a qué distancia se encuentra la situación este u oeste de un punto. También se mide en grados. Greenwich, en Lon-

La luz láser es utilizada cada vez más para transportar conversaciones telefónicas. Un estrecho cable, formado por 144 fibras de vidrio finas como un cabello, puede conducir hasta 40.000 comunicaciones telefónicas al mismo tiempo.

dres, es el punto 0 de longitud. Un lugar situado en el punto opuesto a Greenwich está a 180° de longitud.

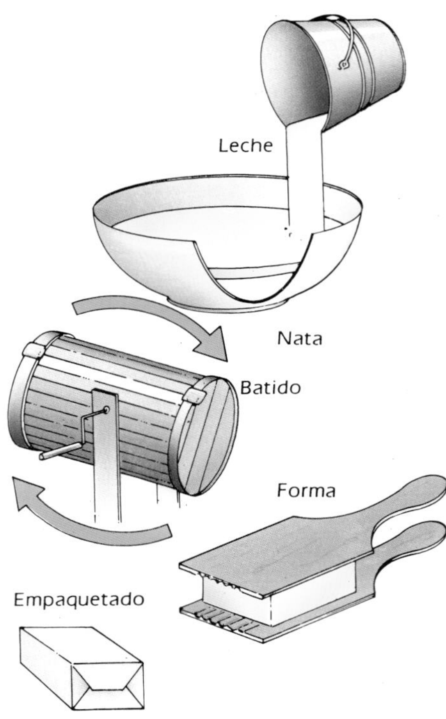

▲ El método tradicional de hacer mantequilla consiste en desnatar la leche y batirla dentro de una especie de cuba o tonel giratorio. Esto hace que las partículas de grasa se unan para formar una pasta espesa y amarilla. Se le da forma con una espátula doble especial y después se empaqueta y se vende.

Leche

La leche es el alimento de que se nutren todos los MAMÍFEROS desde el momento de su nacimiento. Procede de las ubres o glándulas mamarias de las madres. Los pequeños chupan la leche del pezón de la ubre materna.

La primera leche es un poco aguada y de color pálido. Protege al pequeño de enfermedades e infecciones. Después la leche se hace más rica y cremosa y contiene todos los alimentos que el pequeño necesita. Así, encontramos en la leche GRASAS, AZÚCAR, PROTEÍNAS, VITAMINAS y MINERALES.

El ser humano utiliza la leche de muchos animales, entre ellos vacas, ovejas, cabras, camellas e incluso el reno hembra. Los animales pacen en rebaños, o a veces viven en granjas de las que se les deja salir a pacer.

La leche se utiliza para hacer otros alimentos. Nata, mantequilla, yogurt, queso y también algunos helados, se hacen de la leche.

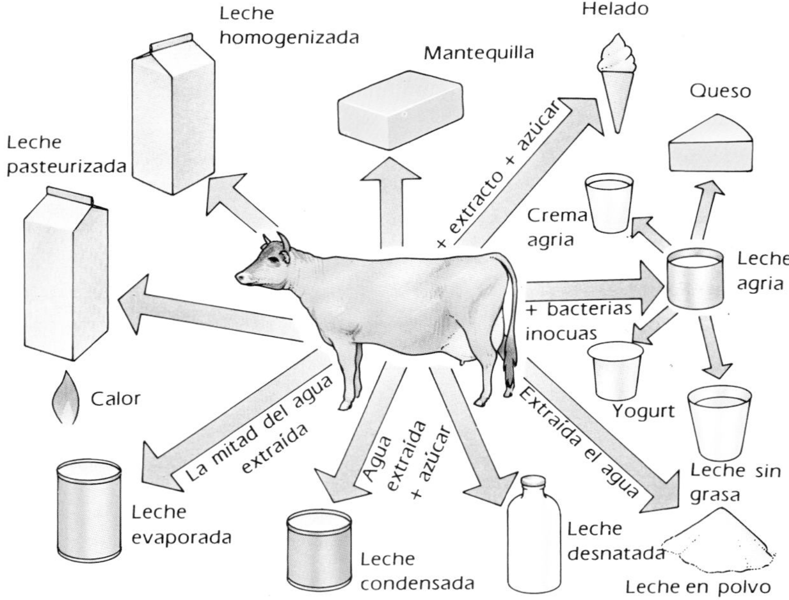

▶ De la leche, tratada de diversos modos, se obtiene muchos productos diferentes, como son la mantequilla, el queso, el yogurt, los helados y distintos tipos de leche.

Lechuza

Estas aves de presa cazan principalmente de noche. Tienen plumas muy suaves que no producen ruido alguno cuando vuelan. Sus grandes ojos fijos les ayudan a ver por escasa que sea la luz. Las lechuzas tienen además un excelente oído. Algunas lechuzas pueden atrapar a un

◀ La lechuza, un ave parecida al búho, se va haciendo cada vez menos común, quizá porque abundan menos los edificios y graneros abandonados y los troncos huecos en el campo, en donde suele hacer sus nidos.

ratón en la mayor oscuridad escuchando el ruido que hace. La lechuza puede girar su cabeza ciento ochenta grados para ver lo que hay detrás de él.

Lengua

La lengua es un órgano muscular y flexible en el interior de la boca. Sólo los VERTEBRADOS tienen lengua. A los seres humanos la lengua les sirve, además de para saborear y comer la comida, para hablar. Las letras Z y D, por ejemplo, no pueden ser pronunciadas sin utilizar la lengua de modo especial.

Los sapos tienen la lengua fijada a la parte delantera de la boca. En las serpientes, la lengua es bífida o en forma de horca, de tal manera que pueden «oler» el aire. La lengua de los gatos está cubierta de unos delgados ganchos de carne, lo que hace posible que la utilicen como «peines» al limpiarse y alisarse el pelo.

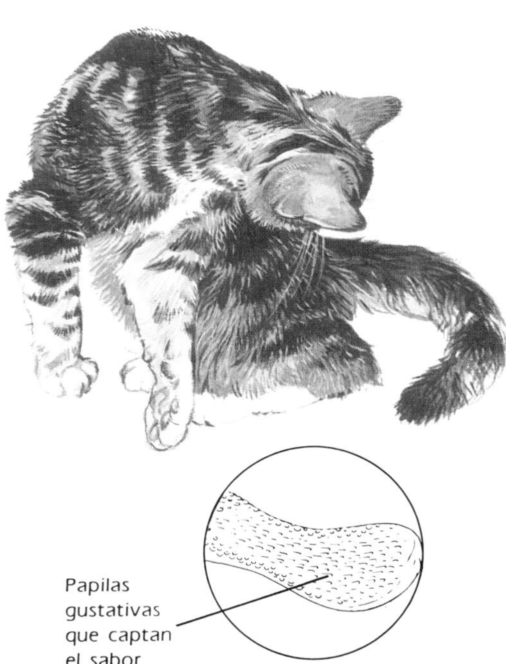

▲ La lengua del gato es larga y flexible. Los pequeños ganchos que la hacen áspera, se llaman *papilas.* Ayudan al gato a lamer líquidos y a mantener limpio su pelo.

Lenguaje

Para hablar y comunicarnos con los demás utilizamos una lengua o lenguaje. Muchos animales también conocen medios para comunicarse entre sí, entre los que pueden incluirse movimientos corporales especiales y sonidos. Pero hablar, comunicarse por medio de palabras, es algo que hasta ahora sólo le es posible al hombre. El primero en nacer fue el lenguaje hablado y sólo más tarde se inventó un método para escribirlo. Esto es lo que co-

▶ Esta apabullante colección de periódicos es una clara indicación de lo difíciles que pueden ser las relaciones internacionales cuando los pueblos están tan divididos por el alfabeto, el idioma y la cultura.

MIOPÍA

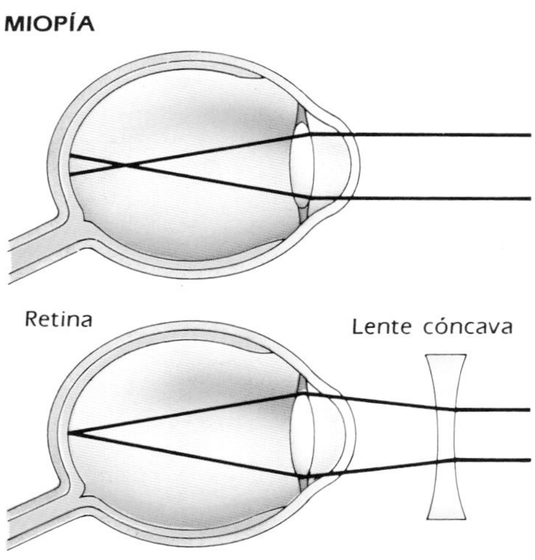

PRESBICIA

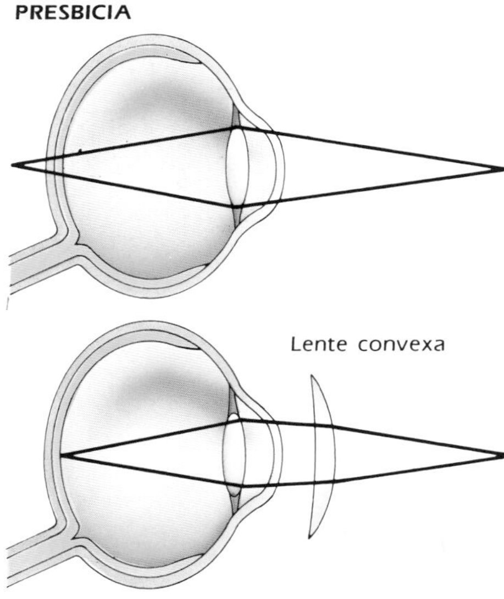

▲ En los miopes, la luz de un objeto distante es enfocada por los cristalinos antes de que llegue a la parte de atrás del ojo o retina, con lo que verá el objeto confuso. En los présbitas la luz de los objetos próximos es enfocada detrás de la retina, así que estas imágenes serán también confusas. Las lentes correctivas de las gafas hacen que las imágenes se enfoquen correctamente.

múnmente se conoce con el nombre de lenguaje escrito.

En la actualidad se hablan unos 3.000 idiomas en todo el mundo, agrupados en diversas familias. Los idiomas empleados en el mundo occidental pertenecen principalmente a las familias románica, anglosajona y eslava. Los más difundidos y hablados en el mundo son el inglés, el español, el ruso, el francés y el alemán, pero también el árabe, el chino y el hindú.

Lenin, Vladimir

Vladimir Ilych Lenin (1870-1924) hizo de Rusia el primer país comunista del mundo. Hasta entonces, Rusia estaba regida por emperadores llamados *zares.*

Como Karl MARX, Lenin creía en el COMUNISMO y deseaba que todos los países estuvieran gobernados por el comunismo y no divididos en pobres y ricos. Escribió libros y artículos para los periódicos comunistas. En 1917 regresó a Rusia y se convirtió en el líder de un grupo comunista llamado *bolchevique* que se hizo con el gobierno. Lenin gobernó Rusia desde ese momento hasta su muerte.

Lentes

Las lentes se utilizan para hacer que las cosas parezcan mayores o menores. Se hacen, generalmente, de vidrio o de plástico. Las lentes que llevamos en el interior de los ojos, que se llaman cristalinos, están hechos de PROTEÍNA. A veces estas lentes naturales no funcionan bien y el individuo no puede ver con claridad. Las lentes de las gafas ayudan a esos individuos a mejorar su visión. Las lentes en MICROSCOPIOS, gemelos y TELESCOPIOS hacen que las cosas que están muy lejanas o son muy pequeñas se vean de mucho mayor tamaño.

Cada lente tiene dos caras pulidas. Ambas pueden ser curvas o una puede ser curva y la otra plana. Hay dos tipos principales de lentes: aquellas cuyos bordes son más gruesos que el centro se llaman *cóncavas*. Cuando la luz pasa a través de una lente cóncava se extiende. Si miramos un objeto a través de una lente cóncava parece más pequeño de lo que es en realidad.

Las lentes que en el centro son más gruesas que en los bordes se llaman *convexas*. Los rayos de LUZ, al pasar a través de una lente convexa, se unen. Si se mira a las cosas a través de una lente convexa éstas parecen mayores.

Los especialistas que hacen lentes conocen la forma adecuada que deben darle para cada función. Pueden unir entre sí o trabajar de modo distinto cada cara de una lente. Los miopes utilizan gafas con lentes cóncavas, mientras que los que tienen vista cansada o présbitas utilizan gafas con lentes convexas.

La lupa que se utiliza para hacer fuego con la luz del sol es conocida desde tiempos antiguos. Las propiedades de la lente de aumento fueron recogidas por el científico Roger Bacon en el siglo XIII. Las lentes para gafas se emplearon por primera vez en el siglo XIV y en el XVI eran usadas comúnmente.
Benjamín Franklin inventó la lente bifocal en 1760.

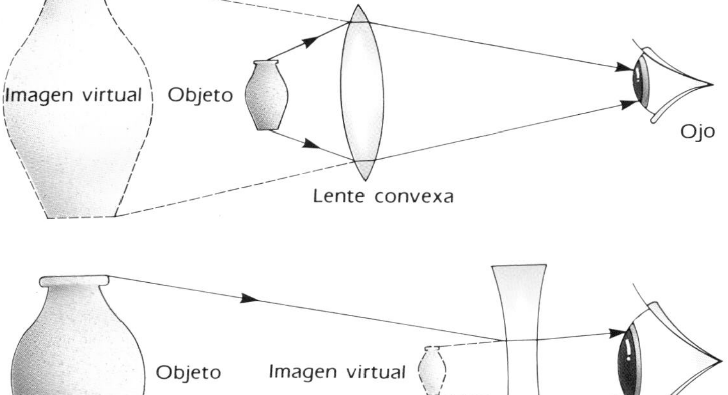

◀ Los rayos de luz, al pasar por una lente convexa, se curvan hacia fuera, lo que hace que la imagen aparezca mayor de lo que es en realidad. Una lente cóncava dobla los rayos de luz hacia dentro, lo que hace que la imagen parezca más pequeña.

León

Los leones son grandes FELINOS de color arenoso o castaño claro. El macho adulto puede llegar a pesar 180 kilos y medir 2,7 metros del hocico a la cola. La hembra de la

▼ Cuando los leones no cazan pasan largos períodos de descanso, para conservar al máximo su energía.

especie (llamada leona) es de un tamaño algo menor y no tiene melena.

Los leones viven en grupos familiares. Cada uno de ellos cuenta con un macho y varias hembras con sus cachorros. En muchas ocasiones los leones cazan en equipo, cosa que al parecer no hacen los demás grandes felinos. Por lo general cazan antílopes y cebras y son las hembras las que realizan la mayor parte de la caza.

Hubo un tiempo en que los leones vivían en libertad en el sur de Europa, la India y África; en la actualidad sólo viven en el sur y el este de África y en algunas regiones muy pequeñas de la India. Muchos leones viven actualmente en reservas protegidas.

▲ El autorretrato de Leonardo, dibujado alrededor de 1512 es la única pista real para conocer cuál era el aspecto verdadero del artista.

Leonardo da Vinci

Leonardo da Vinci (1452-1519) fue un pintor e inventor italiano. Vivió durante el Renacimiento. Uno de sus cuadros más famosos es el de la *Gioconda*. Es el retrato de una mujer que sonríe misteriosamente. Mucha gente se ha preguntado cuál podría ser la causa de esa sonrisa. Leonardo da Vinci hizo miles de dibujos de cuerpos humanos, marinas, plantas y animales. Guardó las notas de sus observaciones en secreto escribiéndolas al revés, es decir, que sólo podían ser leídas colocándolas frente al espejo.

Leonardo trabajó como ingeniero para la nobleza italiana y para el rey de Francia. Proyectó fuertes y canales.

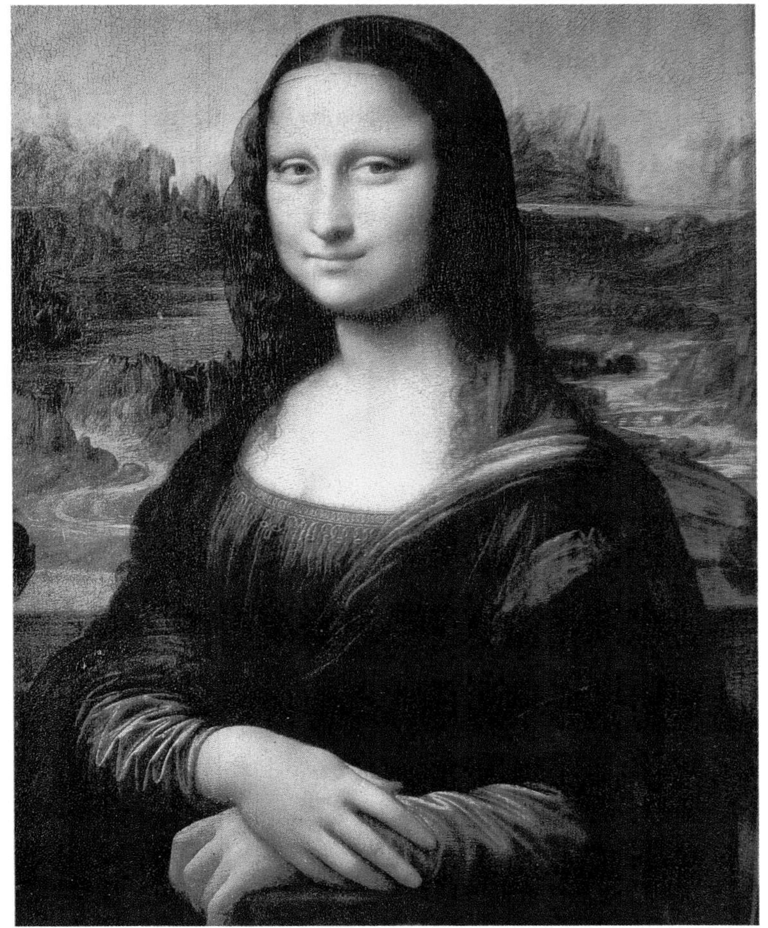

◀ El famoso retrato de Leonardo, la *Gioconda*, puede admirarse en el Museo del Louvre, en París.

Leonardo suavizaba con frecuencia sus pinturas con los dedos para conseguir un efecto especial. El resultado de esa costumbre es que muchos de sus cuadros tienen sus huellas dactilares claramente impresas en algún lugar de su superficie. Esas huellas dactilares han sido usadas para probar sin la menor duda que ciertos cuadros son obra de Leonardo.

Leonardo escribía de un modo peculiar, de derecha a izquierda y con cada letra al revés, lo que se conoce como «escritura al espejo», porque colocada ante un espejo se puede leer como si fuera una escritura normal.

Los canales estaban diseñados de modo que causaban la impresión de que los barcos podían subir y bajar las colinas. Leonardo ideó muchas cosas antes de que fueran inventadas. Esto incluye un helicóptero, una máquina voladora y una ametralladora.

Leonardo estaba interesado en muchas otras cosas, incluyendo la música y la arquitectura. Fue un buen músico y cantante.

Leopardo

Los leopardos son grandes felinos salvajes, sólo un poco menores que los LEONES. Viven en África y en el sur de Asia. La mayor parte de los leopardos tienen la piel moteada como el jaguar, pero los hay que son casi totalmente negros y se les llama panteras.

Los leopardos son cazadores muy fieros, fuertes y ágiles. Cazan y se alimentan de antílopes, cabras, perros y, a veces, hasta de seres humanos. En ocasiones cazan acechando a sus presas desde la rama de un árbol. Si no se pueden comer toda su presa de una vez, pueden subir el resto a la parte más alta de un árbol, lo que evita que se lo roben otros carnívoros más perezosos.

▲ Aunque también son muy fieras cazadoras, las hembras son muy buenas madres y cuidan mucho a sus crías hasta que pueden alimentarse por sí mismas.

LESOTHO

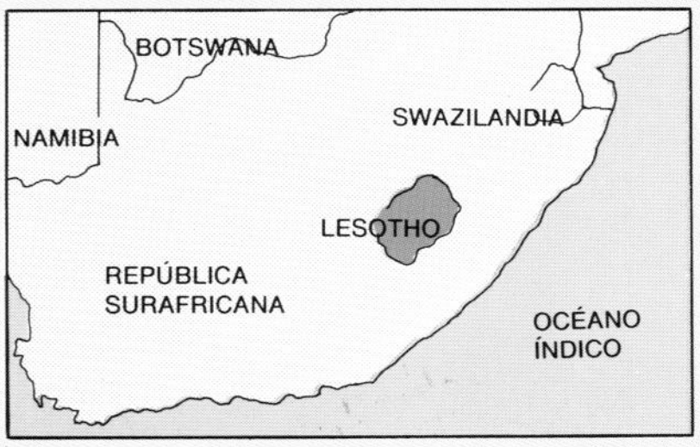

BOTSWANA
NAMIBIA
SWAZILANDIA
LESOTHO
REPÚBLICA SURAFRICANA
OCÉANO ÍNDICO

Gobierno: Monarquía constitucional
Capital: Maseru
Superficie: 30.355 km²
Población: 1.600.000 hab.
Lenguas: Sesotho e inglés
Moneda: Lotí

Lesotho

El reino de Lesotho es un pequeño país rodeado por completo por la República de Suráfrica. Una parte de su población vive del cultivo del maíz, el trigo y el sorgo, o del ganado lanar, caprino y bovino. Casi la mitad de los adultos de Lesotho trabajan en las minas de la Repúbilca de Suráfrica.

Lesotho, anteriormente llamado Basutolandia, se convirtió en protectorado británico en 1868. Consiguió su independencia en 1966. Su capital es Maseru.

Levadura

Aunque parezca extraño la levadura es una planta y también una especie de hongo, aunque sólo conste de una única CÉLULA. Es tan pequeña que no puede ser vista sin la ayuda del microscopio. Es muy útil porque transforma el azúcar en alcohol y en un gas llamado dióxido de carbono. Este proceso se llama FERMENTACIÓN. La levadura lo hace así porque no puede producir su propio alimento y, por tanto, se nutre de azúcar. En la actualidad la levadura se produce en grandes cubas. Después se prensa en forma de cubos o de píldoras, listos para ser vendidos.

Existen 150 tipos distintos de levadura. Las más importantes y las más comúnmente utilizadas son la levadura de cerveza y la del pan, que se utilizan para la fabricación de estos productos tan populares en cualquier sociedad actual.

En la fabricación del vino o de la cerveza, la levadura hace que el azúcar contenido en las uvas o en la cebada malteada se transforme en alcohol, mientras que la mayoría del dióxido de carbono desaparece en forma de burbujas. En la fabricación del pan son precisamente esas burbujas las que hacen que la masa de pan crezca y se esponje.

Levaduras empleadas para hacer pan y cerveza, procedentes del año 2000 a.C. han sido halladas en las tumbas egipcias. En los viejos tiempos siempre se conservaba un trozo de masa después de hacer pan, que era utilizado para la nueva hornada, para conservar siempre un suministro de levadura.

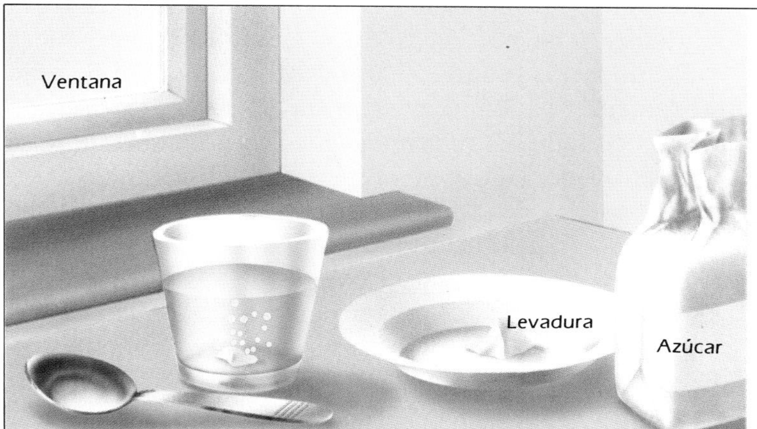

Experiméntalo

Puedes observar la fermentación de la levadura en tu casa. Para eso sólo necesitas azúcar y un poco de levadura. Disuelve una cucharilla de azúcar en un vaso de agua caliente. Pon un trocito de levadura dentro y coloca el vaso cerca de una ventana soleada. Pocos minutos después las burbujas de dióxido de carbono empiezan a ascender de la levadura, lo que indica que la fermentación se está produciendo.

Ley

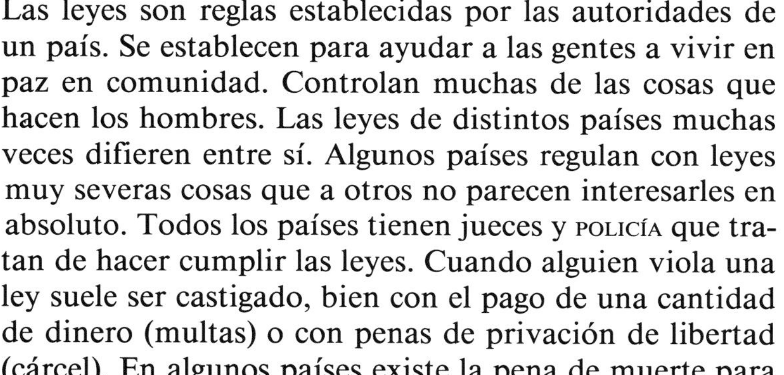

Las leyes son reglas establecidas por las autoridades de un país. Se establecen para ayudar a las gentes a vivir en paz en comunidad. Controlan muchas de las cosas que hacen los hombres. Las leyes de distintos países muchas veces difieren entre sí. Algunos países regulan con leyes muy severas cosas que a otros no parecen interesarles en absoluto. Todos los países tienen jueces y Policía que tratan de hacer cumplir las leyes. Cuando alguien viola una ley suele ser castigado, bien con el pago de una cantidad de dinero (multas) o con penas de privación de libertad (cárcel). En algunos países existe la pena de muerte para quienes cometen muy graves violaciones de la ley.

Los habitantes de Babilonia tenían ya leyes escritas hace más de 3.000 años. Los antiguos griegos y romanos también establecieron leyes importantes, algunas de las cuales aún perduran. En Europa leyes decisivas han sido impuestas por los reyes y la iglesia. En la actualidad en los países democráticos, las leyes son establecidas por el Parlamento.

▲ Esta pieza data de 1800 a.C. y en ella se escribieron las leyes dictadas por el rey Hammurabi.

▲ El rey Menelao de Esparta con su esposa Helena de Troya forman parte de la extraordinaria historia que nos cuenta Homero en su obra *La Ilíada,* la cual cabalga entre la leyenda y la verdad a raíz de los descubrimientos arqueológicos de la ciudad de Troya.

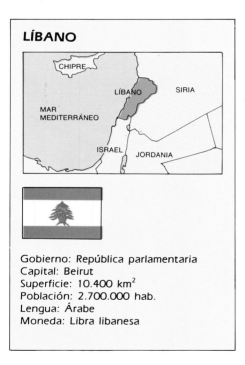

Leyenda

Las leyendas son relatos que se cuentan como si fueran ciertos, pero cuya veracidad no puede ser probada. Es posible que haya en ellas algo de verdad y pueden referirse a una persona o a un lugar reales, pero sobre ellos se dio rienda suelta a la fantasía. Las aventuras de *Robin Hood* y el *rey Arturo* son leyendas.

Líbano

Líbano es una nación del Oriente Medio en la costa del Mediterráneo. Está situado entre Siria e Israel. La costa libanesa es llana pero el interior es montañoso.

Durante siglos Líbano fue un centro comercial de gran importancia. El Líbano antiguo formó parte del imperio fenicio. Los fenicios fueron grandes comerciantes que se extendieron por todo el área del Mediterráneo. Más tarde Líbano pasó a formar parte del imperio bizantino, regido desde Constantinopla. Fue famoso por la magnífica madera de cedro que provenía de sus bosques.

Desde hace algunos años el país se ha convertido en campo de batalla entre un buen número de oponentes religiosos y políticos.

LÍBANO

CHIPRE
LÍBANO
SIRIA
MAR MEDITERRÁNEO
ISRAEL
JORDANIA

Gobierno: República parlamentaria
Capital: Beirut
Superficie: 10.400 km^2
Población: 2.700.000 hab.
Lengua: Árabe
Moneda: Libra libanesa

▶ Líbano tiene una historia rica y excitante. Sus fortalezas en Sidón fueron construidas en tiempos de las cruzadas.

Liberia

Liberia es uno de los países más antiguos entre los independientes de África. Nunca estuvo sometido a ningún país europeo. Liberia se fundó en 1822, como nación independiente que sirviera de hogar para los esclavos liberados procedentes de Estados Unidos.

Está situado en la costa occidental de África, y su superficie es aproximadamente la cuarta parte de la de España. Es muy fácil registrar y matricular buques en Liberia puesto que no se precisa de grandes formalidades y por esta razón muchos países se aprovechan de ello. El mineral de hierro es la principal exportación de Liberia. La capital es Monrovia y la mayoría de las importaciones proceden de Estados Unidos.

LIBERIA

Gobierno: República presidencialista
Capital: Monrovia
Superficie: 111.369 km^2
Población: 3.307.000 hab.
Lengua: Inglés
Moneda: Dólar de Liberia

Libia

◀ El puerto libio de Trípoli, en el Mediterráneo, se denominaba anteriormente Medina. Su larga historia se remonta hasta los tiempos bíblicos.

Libia es un país muy extenso del norte de ÁFRICA, con una superficie casi cuatro veces la de España, aunque muy poco poblada. Esto se debe a que una gran parte del territorio de Libia se extiende por el gran desierto del SAHARA.

La mayor parte de la población es ÁRABE y se dedica a la agricultura. Libia es rico en petróleo. En el siglo XVI el país pasó a formar parte del Imperio Turco Otomano y, a partir de 1912, fue colonia italiana hasta finales de la II Guerra Mundial. Se convirtió en monarquía independiente con el nombre de Reino Unido de Libia.

En 1969 los oficiales del ejército destronaron al rey y se hicieron con el control del Estado, entonces el coronel Muammar el-Gadafi se convirtió en presidente del gobierno. Desde ese momento ha dirigido una revolución en la vida libia, ayudando también a revolucionarios de otros países.

LIBIA

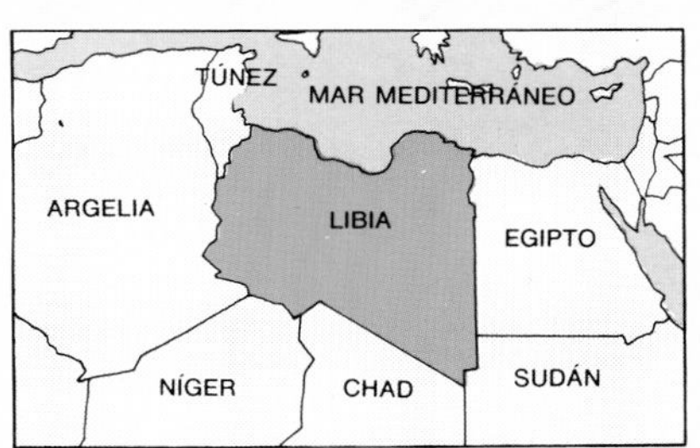

Gobierno: Socialista islámico árabe
Capital: Trípoli
Superficie: 1.759.540 km^2
Población: 3.800.000 hab.
Lengua: Árabe
Moneda: Dinar libio

▲ Un manuscrito medieval iluminado. Antes de la invención de la imprenta, los libros eran copiados a mano y, en ocasiones, cuidadosamente decorados con vivos colores.

Libro

Los libros se utilizan para recoger y transmitir todo tipo de conocimiento, ideas y relatos ficticios o reales. Algunos de los primeros libros fueron hechos por los antiguos egipcios. Fueron escritos a mano sobre rollos de papel hechos de la planta llamada papiro.

En la época del Imperio Romano muchos libros eran escritos a mano (manuscritos) sobre pergamino o *vellum*, hecho de piel de animales. Se cortaba en hojas y se fijaban de modo muy parecido a como se hace en los libros modernos.

Durante la EDAD MEDIA los monjes hicieron muchos libros de gran belleza. Fueron adornados, o *iluminados*, a mano con brillantes colores y a veces con plata y oro.

En el siglo XV la impresión sobre papel se introdujo en Europa. Al principio esta producción fue lenta, pues la mayor parte del trabajo tenía que ser hecho a mano. Poco después Johannes GUTENBERG inventó una máquina con tipos móviles intercambiables que permitía imprimir libros con rapidez. En la actualidad cada año se producen millones de libros en todos los idiomas del mundo.

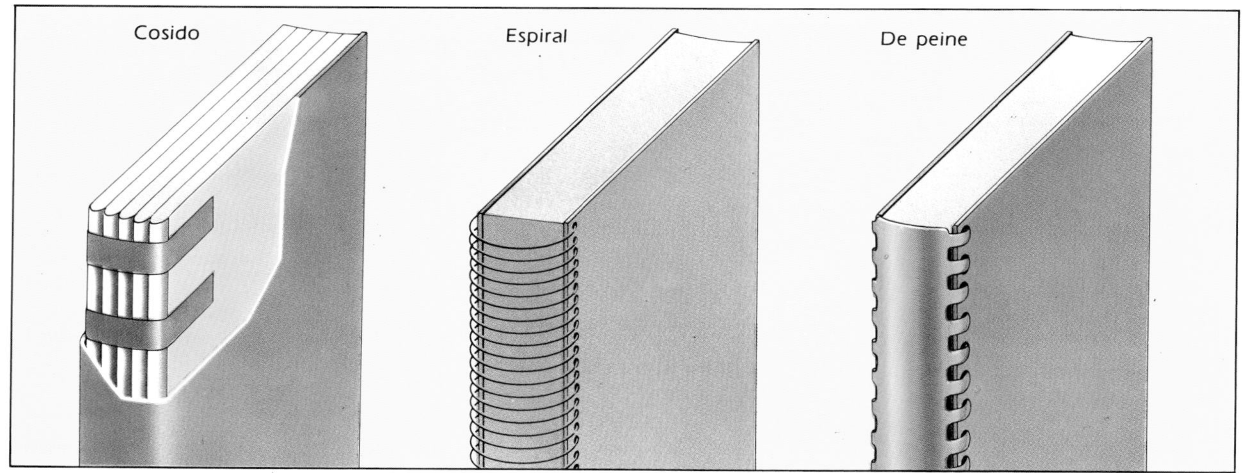

▲ Hay tres formas básicas de encuadernar un libro. En la encuadernación por *cosido*, los cuadernillos del libro son cosidos individualmente y unidos entre sí por cintas adherentes. Después se encola la cubierta. La de *espiral* o *de peine* permite que todas las hojas queden totalmente planas cuando el libro está abierto. Hoy hay modernos sistemas de encuadernación industrial.

Liebre

La liebre se parece mucho al CONEJO, aunque es de mayor tamaño y tiene las patas y las orejas más largas. Vive a campo abierto y no excava madrigueras. Durante el día descansa echada en algún surco o pequeña ondulación del terreno. Sale por la noche para alimentarse de hierba y otras plantas.

Sus perfectos sentidos de la vista y del oído previenen a la liebre en caso de peligro, pero el animal se queda quieto hasta que se da cuenta de que ha sido visto. En ese momento da un salto y escapa a la carrera. Puede alcanzar una velocidad de hasta 70 kilómetros por hora. Contrariamente a los conejos, las liebres nacen ya cubiertas de pelo y con los ojos abiertos. Las crías se llaman lebratos.

librea estival

Liebre alpina

librea invernal

Liebre común

▲ La liebre común vive en los campos y los prados y se conoce por sus saltos, sus posiciones con las patas delanteras como si fuera a boxear y la velocidad de su carrera. La liebre alpina tiene el pelo marrón rojizo en verano y blanco en invierno.

Liechtenstein

Liechtenstein es uno de los más pequeños países del mundo. Se halla entre Suiza y Austria, en los Alpes. Es una nación próspera, en la que tienen sus sedes principales muchas grandes multinacionales.

Otra buena fuente de ingresos es el turismo. Suiza administra los sistemas postales y telefónicos y los dos países comparten también la moneda. Liechtenstein es un principado.

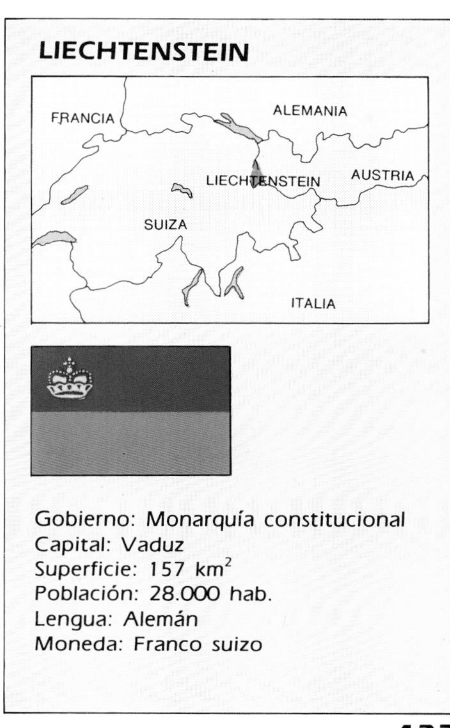

Gobierno: Monarquía constitucional
Capital: Vaduz
Superficie: 157 km^2
Población: 28.000 hab.
Lengua: Alemán
Moneda: Franco suizo

Lincoln, Abraham

Abraham Lincoln (1809-1865) fue presidente de Estados Unidos de 1861 a 1865. No tenía una buena formación escolar, pero fué un autodidacta ya que estudió leyes por su propia cuenta.

En 1854 se aprobó una ley que autorizaba a los blancos de los nuevos territorios del Oeste a poseer esclavos. En 1856, Lincoln se unió al nuevo Partido Republicano, contrario a la esclavitud, y fue elegido presidente en 1861. Abraham Lincoln comenzó su segundo período en la presidencia en 1865, precisamente cuando trataba de volver a unir la nación tras el fin de la Guerra de Secesión, pero el 14 de abril de 1865, cuando asistía a una representación en el teatro Ford de Washington D.C., fue asesinado de un tiro por un actor llamado John Wilkes Booth.

▼ El histórico vuelo a través del Atlántico de Lindberg inspiró a otros muchos pioneros de la aviación.

Lindbergh, Charles

Charles Augustus Lindberg (1902-1974) fue un piloto estadounidense, el primero en cruzar el Océano Atlántico en vuelo solitario. Su avión monomotor, el *Spirit of St. Louis*, despegó de Nueva York el 20 de mayo de 1927 y aterrizó en París el 21 de mayo, 33,5 horas más tarde, después de volar de un tirón 5.800 kilómetros. Este vuelo lo convirtió en un héroe internacional. Más tarde ayudó a planear excursiones aéreas a América del Sur y sobre el Atlántico.

Liquen

El liquen es una PLANTA simple que carece de raíces, hojas o flores. Algunos líquenes crecen como manchas o parches costrosos en rocas, árboles o muros. Crecen tan lentamente que una de estas manchas del tamaño de la palma de la mano puede tener cientos de años. Otros líquenes pueden crecer en forma de manojos pilosos o pequeños arbustos. Pueden vivir en lugares inhóspitos, secos, fríos o calientes para cualquier otra planta.

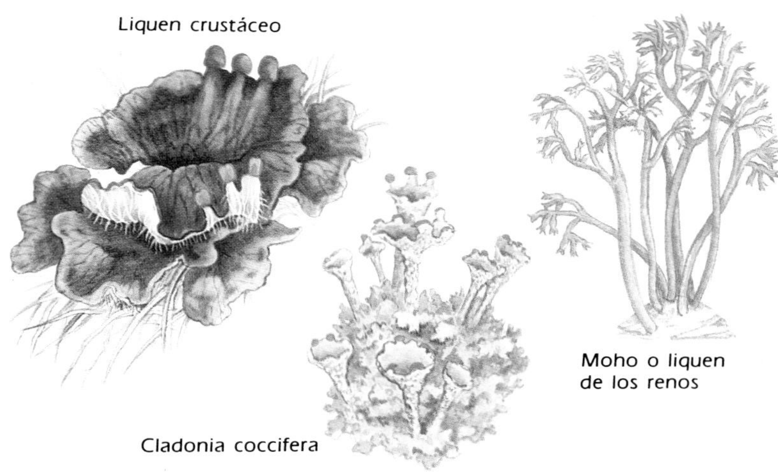

▼ La «piel» elástica de la superficie del agua de un estanque es lo suficientemente resistente como para evitar que el insecto llamado *patinador del estanque* se hunda en ella. Esa «piel» está formada por una fuerza que se llama «tensión superficial».

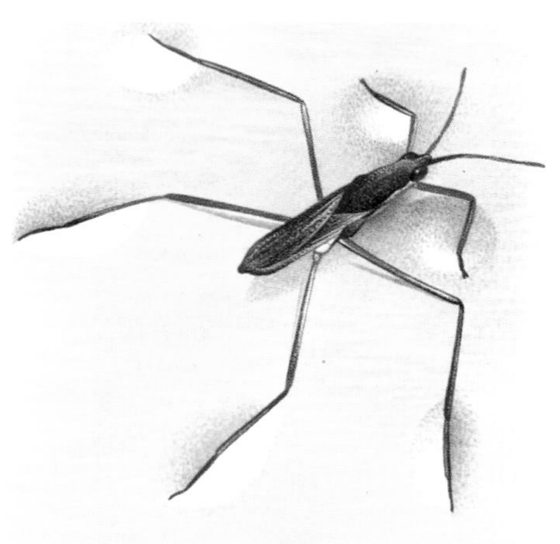

Líquido

Un líquido es un cuerpo que no tiene forma fija, puede fluir y deslizarse y cambiar su forma. Entre los líquidos se cuentan el agua, la leche, el mercurio y el aceite. Cuando los líquidos son vertidos en un recipiente adquieren su forma pero su volumen siempre es el mismo. Cuando un líquido se calienta sus átomos y moléculas empiezan a moverse con mayor rapidez y algunas comienzan a abandonar el líquido al formarse un gas. En su punto de ebullición el líquido hierve y se convierte en gas. Cuando un líquido se enfría los átomos y moléculas se mueven con mayor lentitud. En el punto de congelación se sedimenta en capas y el líquido se convierte en sólido.

Livingstone, David

David Livingstone (1813-1873) fue un médico y misionero escocés que exploró una gran parte del territorio central y meridional de ÁFRICA. Viajó para difundir el CRISTIANISMO y para ayudar a poner fin al tráfico de los mercaderes que vendían a los negros y los condenaban a la ESCLAVITUD.

Livingstone hizo tres grandes viajes entre los años 1841 y 1873. Cruzó el África, descubrió las cataratas Victoria y continuó su expedición en busca de las fuentes del NILO.

En 1869, se temió que Livingstone se hubiera perdido o estuviera muerto. En 1871, un periodista, Henry Morton Stanley, lo encontró junto al lago Tanganika y juntos continuaron sus exploraciones, pero Livingstone cayó enfermo y falleció durante el viaje.

Experiméntalo

La superficie del agua se mantiene unida por una fuerza llamada «tensión superficial», que hace que el agua parezca tener una «piel» elástica y delgada que la cubre. Para demostrar que el azúcar rompe esta «piel», coloca unas cerillas de madera, o palillos, en la superficie de un plato con agua. Coloca un terrón de azúcar en el centro. El azúcar absorbe algo de agua y se forma una pequeña corriente que arrastra los palillos hacia el terrón de azúcar.

◀ Stanley y Livingstone exploraron el río Rusizi en busca de las fuentes del Nilo. Descubrieron que el río se deslizaba en dirección al lago Tanganika y no procedía de él, por lo que no podía ser el Nilo.

Los padres de Livingstone eran muy pobres. Con sus siete hijos vivían en la buhardilla de una casa de vecinos junto al escocés río Clyde. A la edad de diez años, David todavía un niño, tuvo que empezar a trabajar en una hilandería de algodón y, según se cuenta, con parte de su primer salario semanal se compró una gramática latina.

Llama

La llama pertenece a la familia de los camellos, pero no tiene joroba. Mide 1,5 metros de alzada en el lomo, aproximadamente, y puede doblar el peso de un hombre. Tiene el pelo largo y espeso, lo que le mantiene caliente

▲ Las llamas son animales duros y resistentes, bien adaptados a las especiales condiciones de las montañas andinas.

en las frías laderas de las montañas de los Andes en América del Sur, donde vive.

Todas las llamas descienden de ancestros salvajes que fueron domesticados hace 4.500 años por los INCAS. En la actualidad, los indios suramericanos siguen utilizando la llama para transportar grandes pesos. Hacen ropas y cuerdas de la lana de llama y velas con su grasa.

Lluvia ácida

Toda el agua de la lluvia es ligeramente ácida. Sin embargo, el débil ácido del agua de la lluvia puede comerse la piedra caliza en edificios y estatuas. La piedra caliza es un álcali.

La lluvia también puede reaccionar ante los gases de desecho de las centrales térmicas, las fábricas y los auto-

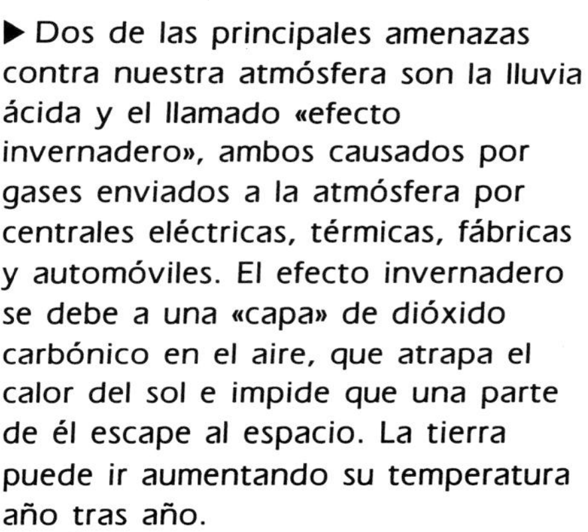

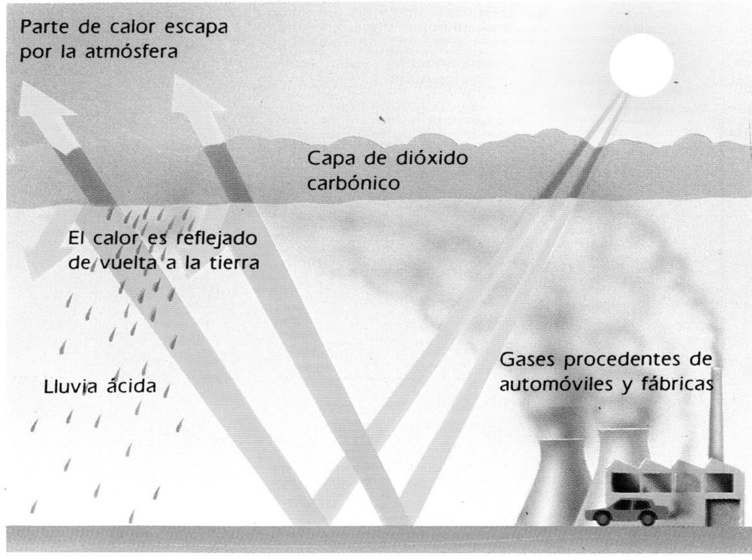

▶ Dos de las principales amenazas contra nuestra atmósfera son la lluvia ácida y el llamado «efecto invernadero», ambos causados por gases enviados a la atmósfera por centrales eléctricas, térmicas, fábricas y automóviles. El efecto invernadero se debe a una «capa» de dióxido carbónico en el aire, que atrapa el calor del sol e impide que una parte de él escape al espacio. La tierra puede ir aumentando su temperatura año tras año.

móviles. Estos gases pueden ser arrastrados por el viento hasta grandes distancias. Después, pueden caer con el agua de la lluvia como ácido sulfúrico y ácido nítrico en concentración débil. Esto es lo que se llama lluvia ácida. Con el paso del tiempo, los lagos y los ríos empiezan lentamente a sentir los efectos venenosos de la lluvia ácida que amenaza las plantas y los animales salvajes. En la actualidad se trata de reducir los gases emitidos por las naciones industriales.

Por lo general las altas montañas hacen que el aire enfríe sus cumbres y cuando el aire húmedo se enfría se produce la lluvia. La mayor parte de la lluvia cae en las laderas que están frente al viento, mientras que la otra parte de la montaña recibe menos lluvias. La cima de Waialeale, en Hawai, tiene el mayor porcentaje de lluvias del mundo –un promedio de 1.200 cm por año–. Sin embargo, cerca de allí, al otro lado de la cumbre, el promedio de lluvia es inferior a los 50 cm anuales.

Lluvia y nieve

Cuando llueve, lo único que ocurre es que el cielo devuelve a la tierra parte del agua que originalmente se evaporó de la tierra y el mar.

La lluvia se forma cuando el vapor de agua condensado en la atmósfera comienza a enfriarse. Cuando el vapor se enfría lo primero que hace es convertirse en pe-

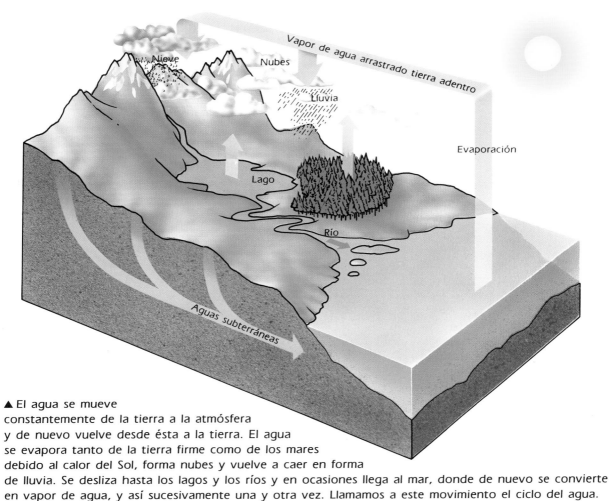

▲ El agua se mueve constantemente de la tierra a la atmósfera y de nuevo vuelve desde ésta a la tierra. El agua se evapora tanto de la tierra firme como de los mares debido al calor del Sol, forma nubes y vuelve a caer en forma de lluvia. Se desliza hasta los lagos y los ríos y en ocasiones llega al mar, donde de nuevo se convierte en vapor de agua, y así sucesivamente una y otra vez. Llamamos a este movimiento el ciclo del agua.

▲ El Everest, el monte más alto del mundo, luce nieve perpetua en sus imponentes cumbres debido a las bajas temperaturas

queñas gotas que forman sutiles NUBES. Las gotas crecen y las nubes se hacen más densas y adquieren un color gris oscuro. Finalmente las gotas se hacen tan pesadas que empiezan a caer. Si hace mucho frío las gotas se hielan y caen al suelo en forma de granizo o de nieve.

La cantidad de lluvia es muy distinta según los lugares. En el desierto de Atacama, en Chile, caen menos de 25 mm de lluvia en 20 años, pero en la India oriental las lluvias monzónicas dejan 1.080 cm, cada año.

Lobo

Los lobos son animales CARNÍVOROS. Entre ellos destacan el lobo rojo de América del Sur y el lobo gris de los bosques de las regiones nórdicas de todo el mundo. Los lobos grises tienen el pelo espeso, patas largas, poderosas mandíbulas. Una manada de lobos puede dar caza a un reno herido de un tamaño muy superior al propio. Cuando los lobos grises salen de caza, producen un especial aullido mediante el cual se dicen unos a otros dónde están. Las lobas suelen tener entre cuatro y seis cachorrillos, o lobatos, cada primavera.

▶ Los lobos pertenecen a la misma familia que el perro doméstico. Este lobo vive en los lejanos bosques del norte y se alimenta de ciervos, renos y alces.

A lo largo de la historia se conocen muchos relatos de lobas que criaron a criaturas humanas desde su infancia. La más famosa de estas leyendas es la de los hermanos Rómulo y Remo, fundadores de Roma. Más recientemente llegó de la India el relato de un niño que fue criado por una loba hasta que cumplió los nueve años.

Londres

Londres es la capital del REINO UNIDO. Tiene una población de siete millones de habitantes. El río TÁMESIS atraviesa la ciudad.

◀ La torre de Londres fue la sede de una fortificación romana desde los días de la llegada de los romanos y ha sido testigo de los más agitados momentos de la historia de Gran Bretaña.

Gente procedente de todas partes del mundo visitan Londres para ver el palacio de Buckingham, las cámaras del PARLAMENTO, la Abadía de Westminster y la Torre de Londres. En la capital británica hay muchos museos, teatros y bellos parques, así como también fábricas y oficinas.

Londres comenzó siendo un asentamiento romano, *Londinium*. La PESTE afectó a Londres en el siglo XVII y fue seguida del Gran Incendio que destruyó la ciudad en 1666. Londres sufrió grandes bombardeos durante la II GUERRA MUNDIAL.

La ciudad se divide en cuatro grandes sectores: la City, el Puerto, el East End y el West End. En los tres primeros se encuentran los grandes mercados, centros comerciales, la banca y la bolsa.

Londres se va hundiendo poco a poco en sus cimientos y su nivel desciende con relación al del río Támesis, que a su vez, se va elevando gradualmente. Como consecuencia de ello, las grandes mareas podrían llegar a inundar una parte importante de la ciudad. Para evitar que esto ocurra se ha construido una gran barrera que cruza el río Támesis en la zona llamada Woolwich.

Loro

Estas aves tropicales tienen plumas de brillantes colores. Utilizan, como una mano más, su pico fuerte y curvo para ayudarse a trepar por las ramas. Sus picos pueden cascar frutos secos, duros como nueces, y morder grandes trozos de fruta.

Hay cientos de tipos de loros. La cacatúa, el papagayo y el periquito pertenecen a la familia de los loros. Muchos pájaros de esta especie pueden aprender a «hablar», es decir, imitan los sonidos del lenguaje humano. El loro gris africano puede llegar a repetir hasta 900 palabras distintas.

▲ Un loro cubano. El loro más que volar trepa y utiliza su fuerte pico curvado para ayudarse a trepar de rama en rama.

▶ La contaminación atmosférica de Los Ángeles es tan grave que realmente puede ser vista. El smog –una mezcla de humo y niebla– forma una bruma densa sobre la ciudad, especialmente cuando la temperatura es alta y el aire seco.

Los Ángeles

Los Ángeles es la segunda ciudad más grande de Estados Unidos. En su zona viven más de 12 millones de seres humanos. La ciudad se encuentra en el soleado estado de California. Al oeste de Los Ángeles está el Océano Pacífico y tras ella, las montañas de San Gabriel.

Los Ángeles cuenta con miles de factorías y un gran puerto. Los visitantes acuden con frecuencia para visitar Disneylandia y Hollywood. Los Ángeles produce más filmes y telefilmes que cualquier otra ciudad del mundo.

▲ Luis XIV fue llamado el Rey Sol, debido al gran esplendor de su corte. Su palacio en Versalles era más una pequeña ciudad que un hogar.

Luis (reyes franceses)

Dieciocho reyes franceses han llevado el nombre de Luis. El primero fue Luis I (770-840). Luis IX (1214-1270) mandó dos Cruzadas. Luis XI (1423-1483) le arrebató el

▶ Luis XVI era rey de Francia cuando estalló la Revolución Francesa. Fue ejecutado el 21 de enero de 1793, después de un juicio que duró dos meses.

poder y las tierras a la nobleza. Luis XIII (1601-1643) hizo muy poderosa la monarquía. Luis XIV (1638-1715) rigió 72 años y construyó un gran palacio en VERSALLES. Todos los nobles franceses tenían que vivir en ese palacio. Luis XVI (1754-1793) fue decapitado durante la REVOLUCIÓN FRANCESA.

Luna

La luna es nuestro vecino más próximo en el espacio. Gira alrededor de la TIERRA, tardando para ello cerca de 27,3 días. Su rotación es sincrónica, es decir, tarda lo mismo en girar sobre su eje que en hacer la rotación alrededor de la Tierra, por esta razón, presenta siempre la misma cara a ésta. (Ver págs. 446 y 447.)

Lutero, Martín

Martin Luther, conocido en España como Martín Lutero (1483-1546) fue un sacerdote alemán que se enfrentó con la IGLESIA CATÓLICA ROMANA y comenzó la REFORMA protestante.

Lutero no estaba conforme con la manera en que algunos sacerdotes perdonaban, es decir, concedían indulgencias a los pecadores, a cambio de una cantidad de dinero. Creía que la doctrina de Dios estaba en la BIBLIA, más importante para Lutero que todo lo que pudieran decir los sacerdotes católicos y los PAPAS.

Bajo la dirección de Lutero un gran número de cristianos se separaron de la Iglesia Católica Romana.

▲ Lutero fue el reformador religioso alemán que promovió y encabezó el protestantismo.

Luxemburgo

Luxemburgo es una de las naciones independientes más pequeñas de EUROPA. Está entre Francia, Bélgica y Alemania. Luxemburgo tiene bajas montañas con grandes bosques. En las laderas hay tierras de cultivo y granjas. Posee también minas de hierro y pueblos con industria siderúrgica. La capital tiene el mismo nombre que el país, Luxemburgo. En esta ciudad está el PARLAMENTO Europeo.

La población de Luxemburgo no llega al medio millón de habitantes. Su propia lengua es el luxemburgués, una especie de dialecto del alemán, pero muchos hablan francés o alemán. Luxemburgo pertenece a la UNIÓN EUROPEA.

LUXEMBURGO

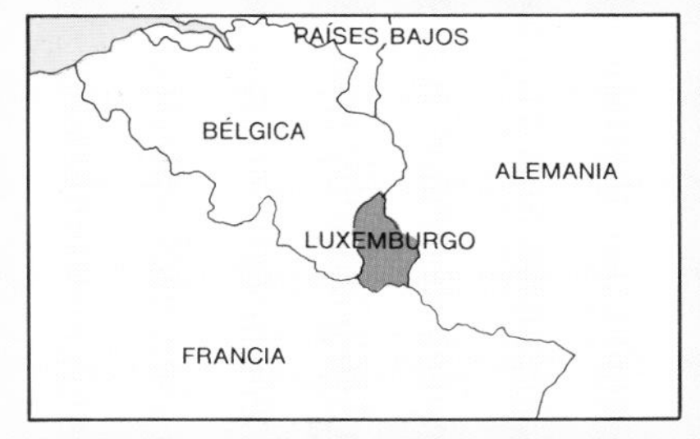

Gobierno: Monarquía constitucional
Capital: Luxemburgo
Superficie: 2.586 km²
Población: 367.000 hab.
Lenguas: Francés, luxemburgués y alemán
Moneda: Franco luxemburgués

LA LUNA

Los hombres han adorado la Luna, han basado sus deseos en la Luna (a causa de la superstición) e incluso han andado sobre la Luna. La Luna es nuestro más próximo vecino en el espacio. Es el único satélite natural de la Tierra, y probablemente se formó al mismo tiempo que nuestro planeta. Pero las rocas de la Luna son más viejas que las de la superficie de la Tierra porque la Luna no ha cambiado en casi 4.000 millones de años.

La Luna es un mundo seco, sin vida y sin aire. La gravedad de la Luna es sólo una sexta parte de la terráquea, aunque la atracción de la gravedad lunar nos afecta cada día. Es la atracción lunar la que causa la subida y bajada de las mareas oceánicas. Los astronautas aterrizaron en la Luna para explorarla en 1969. Algún día, en el futuro, podrán construirse bases permanentes en la Luna.

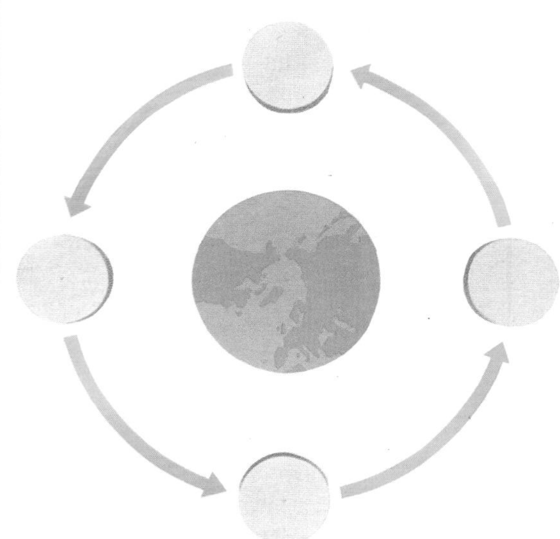

LA CARA DE LA LUNA

Cuando la luna se formó estaba compuesta de piedra fundida. Cuando se enfrió, se formó una dura corteza en el exterior. La gravedad de la Tierra, atrayéndola, frenó la rotación lunar y creó una protuberancia de varios kilómetros de alto en una cara. Ahora esta protuberancia está siempre vuelta hacia dentro y la Luna muestra siempre la misma cara a la Tierra.

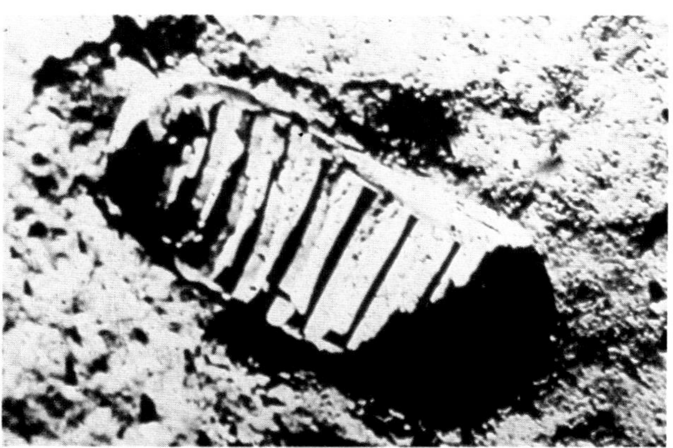

◀ En la Luna no hay viento; de hecho, no hay ningún tipo de erosión. Esta huella en el polvo lunar se debe a un astronauta del Apolo y permanecerá imborrable para siempre.

FASES DE LA LUNA

La Luna tarda cerca de 27 días en girar alrededor de la Tierra. También gira alrededor de su propio eje, y siempre nos muestra la misma cara. La Luna no tiene luz propia; la vemos porque refleja la luz del Sol.

Cuando la Luna está entre la Tierra y el Sol, no la podemos ver, porque la cara oscura nos enfoca.

Gradualmente, una fina Luna creciente aparece: la Luna Nueva. La Luna Nueva aumenta (se hace más ancha) y cuando finalmente hay Luna Llena (a mitad de su ciclo), vemos la superficie entera iluminada por la Luz del Sol. Después vuelve a decrecer. El intervalo entre una Luna Nueva y la siguiente es de 29 días y medio (mayor que el tiempo que la Luna tarda en girar alrededor de la Tierra). Esto se produce porque también la Tierra se mueve.

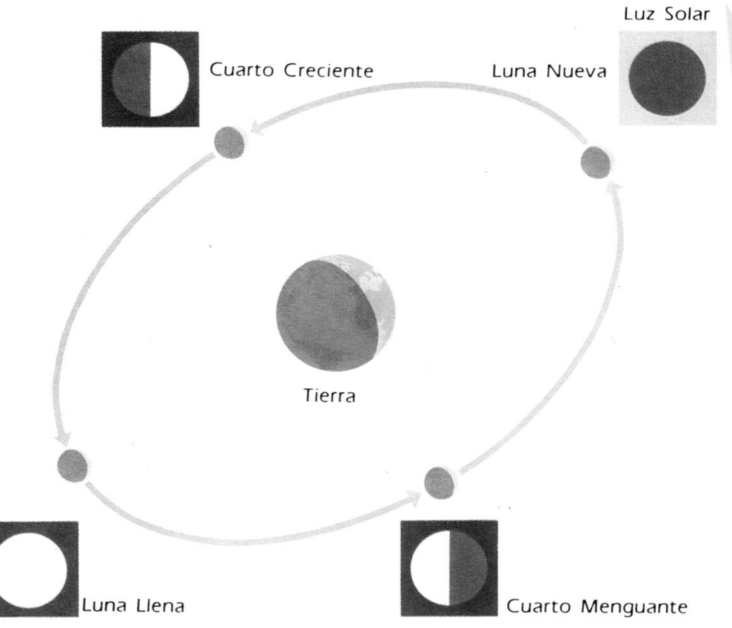

EXPLORANDO LA LUNA

609 Galileo estudia la Luna a través del recién descubierto telescopio
647 Johannes Hevelius hace el primer mapa de la Luna
860-70 Primeras fotografías de la Luna
959 El *Luna 2* ruso se estrella en la superficie lunar.
966 El *Orbiter* americano fotografía la Luna para encontrar dónde aterrizar
968 Astronautas del *Apolo 8* americano vuelan alrededor de la Luna
969 Astronautas del *Apolo 11* aterrizan en la Luna
972 Último aterrizaje del *Apolo*

▲ Los astronautas del *Apolo* exploraron la Luna a pie y con la ayuda de vehículos lunares movidos por baterías.

▲ Los mares, o llanuras, aparecen oscuros en las fotografías. Los cráteres y montañas lunares proyectan largas sombras.

DATOS SOBRE LA LUNA

- La Luna se halla a 384.400 km de la Tierra.
- La Tierra pesa 81 veces más que la Luna.
- El diámetro de la Luna es de 3.476 km.
- La roca más vieja de la Luna tiene 4.6000 millones de años.
- La Luna no tiene mares. Sus planas llanuras se llaman *mares* porque los primeros astrónomos las confundieron.
- La superficie lunar está marcada por cráteres. Casi todos ellos han sido hechos por meteoritos que se han estrellado en ella.
- El origen de la palabra «Luna» es latino.
- Hace tiempo, la Luna tuvo volcanes activos, que actualmente están ya extinguidos.
- Nadie en la Tierra había visto la cara oculta de la Luna, hasta que fue fotografiada en 1959.

Para más información consultar los artículos: APOLO, PROGRAMA ESPACIAL; ECLIPSE; EXPLORACIÓN ESPACIAL; GALILEO; MAREA; ÓRBITAS; SATÉLITE; TIERRA, LA.

▲ Cuando los rayos de luz viajan a través de distintas sustancias (en este caso aire y agua) se refractan y la imagen parece distorsionada.

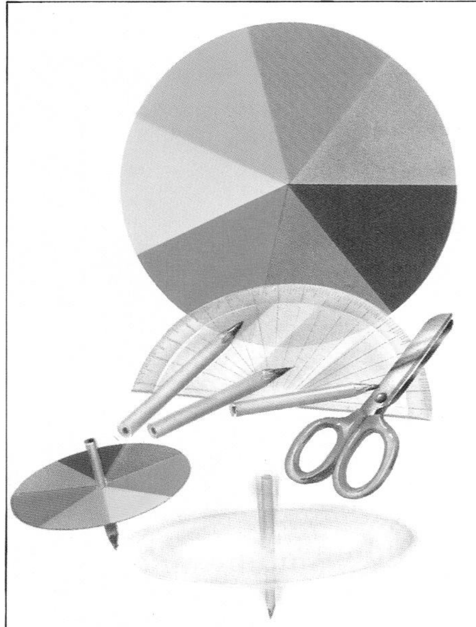

Experiméntalo

He aquí un modo de demostrar que la luz blanca está formada por los siete colores del arco iris: corta un disco de cartulina y divídelo en siete secciones iguales. Colorea cada sección como la muestra. Haz un pequeño agujero en el centro del disco y pasa por él un lápiz afilado. Haz girar el disco rápidamente ¿De qué color lo ves?

Luz

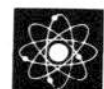

La luz es una especie de ENERGÍA que podemos ver. Algunos objetos –las estrellas, las bombillas y ciertos productos químicos– producen luz. La mayor parte de los objetos no lo hacen así, es decir, carecen de luz propia y sólo los podemos ver gracias a la luz que reflejan. Por ejemplo: en el cielo podemos ver la Luna y planetas como Venus y Júpiter, sólo porque reflejan la luz del sol.

La luz del Sol es la más brillante de todas las que vemos normalmente. La luz del sol puede ser tan brillante como diez mil velas encendidas puestas todas juntas y tan cerca de nosotros que pudiéramos tocarlas. La luz del sol parece blanca pero realmente está compuesta por los colores del ARCO IRIS, como nos lo demostró Isaac NEWTON. Para ello hizo que un rayo de luz atravesara un prisma de vidrio que dividió la luz en los colores rojo, naranja, amarillo, verde, azul e índigo.

Lo que hizo el prisma fue dividir el rayo de luz en rayos separados cada uno con su correspondiente *longitud de onda*. Esto es fácil de comprender si se tiene en cuenta que la luz viaja en ondas. La distancia entre las crestas de dos ondas es la longitud de onda. Nosotros vemos cada longitud de onda como un color distinto. Las longitudes de onda largas son rojas, las más cortas violetas; las intermedias nos muestran los demás colores del arco iris.

La luz viaja muy rápidamente, a más de 300.000 kilómetros por segundo. Pese a ello, la luz del sol tarda ocho minutos en llegar a la tierra, una distancia de 150 millones de kilómetros. Un año luz es la distancia total que un rayo de luz recorrería en un año –9.470.000.000.000 kilómetros (nueve billones cuatrocientos setenta mil millones de kilómetros). Los científicos utilizan el año/luz para medir las distancias entre PLANETAS y ESTRELLAS. Algunas están a muchos millones de años luz de nosotros.

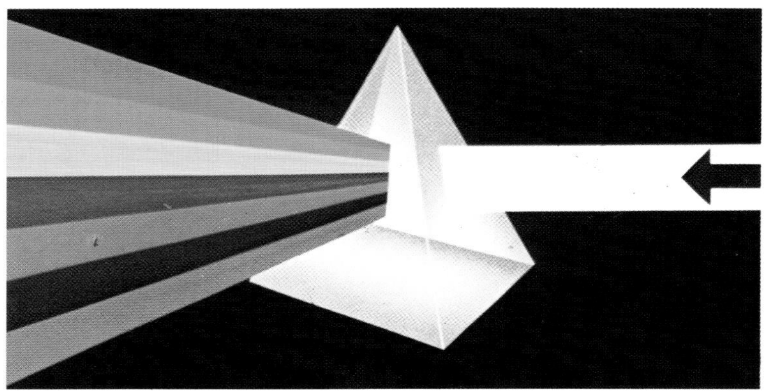

▶ Un prisma divide la luz blanca en un espectro de colores. Cuando el sol brilla entre la lluvia, las gotas actúan como prisma y producen un arco iris.

Macedonia (ver Yugoslavia)

Machu Picchu

Machu Picchu es una antigua ciudad que los INCAS construyeron en una montaña de los Andes, a 2.000 m de altitud, en Perú. Se descubrió en 1911 y sorprendió al mundo por lo bien conservados que estaban sus restos y por su perfección urbanística.

Madagascar

Madagascar es la cuarta isla del mundo en extensión superficial. Está situada en el Océano Índico, cerca de la costa oriental de África. La tierra es fértil en las llanuras próximas a la costa, abrupta en su altiplanicie central y de clima tropical casi en la totalidad de la isla. Sus productos principales son el café, el arroz, el azúcar y la vainilla. Entre los siglos IX y XIV se establecieron las primeras colonias. En el XIX pasó a control francés. Consiguió su independencia en 1960.

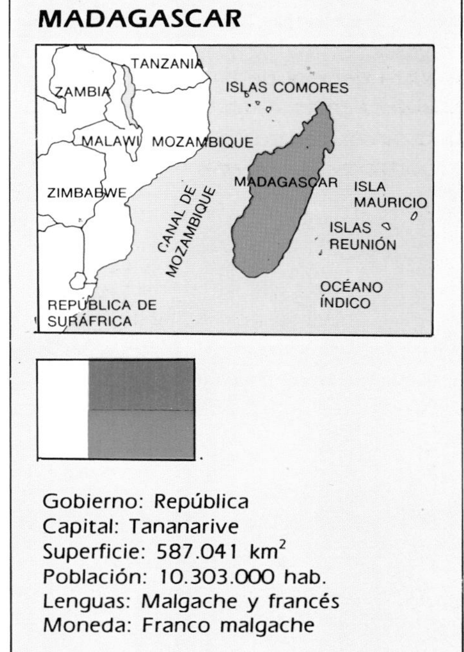

Gobierno: República
Capital: Tananarive
Superficie: 587.041 km^2
Población: 10.303.000 hab.
Lenguas: Malgache y francés
Moneda: Franco malgache

Madera

La madera es uno de los materiales más valiosos utilizados por el hombre. Puede ser serrada, tallada y trabajada en las formas más diversas.

La madera en gruesos tablones se utiliza en la construcción de edificios y de barcos, mientras que en forma de leña sirve como combustible para el fuego. Las tablas o planchas más delgadas se usan para la fabricación de muebles, barriles y cajas y cajones. Algunas piezas, seca-

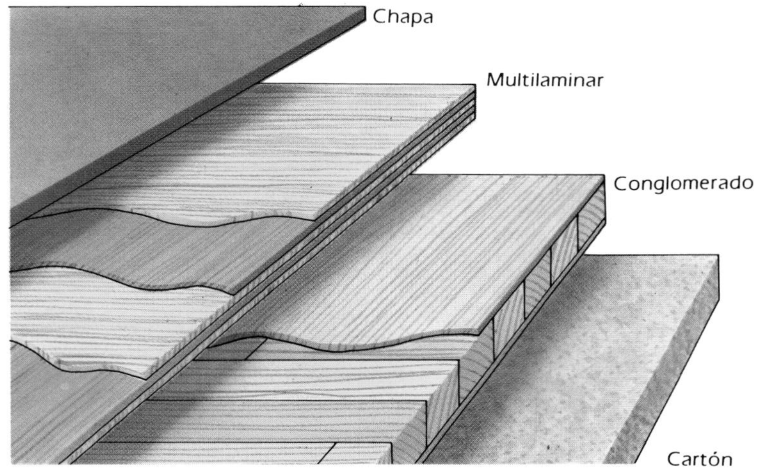

◀ La madera y sus productos se presentan en láminas o placas dispuestas para su utilización. La madera contrachapada o multilaminar está formada por delgadas láminas de madera encoladas unas con otras. La madera en bloques se utiliza generalmente para las puertas; aunque tiene un aspecto parecido a la madera contrachapada en su interior hay gruesos bloques de madera blanda. La madera contrachapada y el conglomerado se utilizan para la fabricación de muebles.

▲ Vista general de la popular y bulliciosa plaza de la Puerta del Sol, uno de los centros neurálgicos más importantes de Madrid.

das y preparadas de modo especial se utilizan para hacer instrumentos musicales y delicadas piezas de adorno.

La madera que utilizamos es el duro material interior de árboles y grandes arbustos. En la naturaleza está protegida por una capa delgada llamada CORTEZA. Es muy fuerte y puede soportar varias veces su propio peso. La madera de un ÁRBOL está compuesta de gruesas fibras que le dan su fuerza y firmeza.

La madera blanda, como la de pino y abeto, se usa principalmente como pulpa para la fabricación de papel. También se utiliza en la construcción. La madera dura, como el roble o la caoba, es utilizada para fabricar muebles.

Madrid

Madrid es la capital de ESPAÑA. Fue elegida por el rey Felipe II (1527-1598) como su capital debido a su situación en el centro de la nación. Madrid es una ciudad seca y ventosa, fría en invierno y muy calurosa en verano. Es el centro de la vida española y sede del Parlamento nacional. Tiene bellos edificios, entre los que se cuenta el Prado, que contiene una de las más importantes colecciones de pintura del mundo. Más de 3.000.000 de personas viven en Madrid, que es el centro de la red nacional de carreteras y ferrocarriles.

Magallanes zarpó de Sevilla el 20 de septiembre de 1519. Su expedición estaba formada por 5 buques y unos 270 hombres de varias nacionalidades. Cuando la expedición regresó de nuevo a España, el 6 de septiembre de 1522, después de realizar la primera vuelta al mundo sólo quedaba un buque con una tripulación de 17 europeos y cuatro indios reclutados durante el viaje.

Magallanes, Fernando de

Fernando de Magallanes (1480-1521) fue un navegante y explorador portugués. En 1519 zarpó desde el oeste de España y dio la vuelta al cabo de Hornos para llegar al Océano Pacífico. Magallanes murió a manos de los indígenas en las islas Filipinas. Sin embargo uno de sus cinco

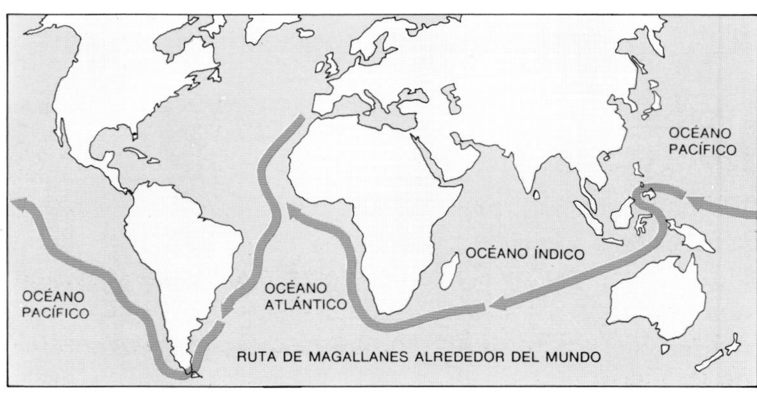

▶ Magallanes zarpó en busca de una nueva ruta marítima para llegar a Asia por el Oeste y rodeando el extremo sur de América.

buques pudo regresar a salvo hasta España, tras haber completado el primer viaje alrededor del mundo.

Magia

Muchos pueblos primitivos utilizaron la magia. Era su forma de tratar de controlar lo que ocurría en su entorno. Usaban palabras mágicas, bailaban danzas mágicas o pintaban imágenes mágicas.

A lo largo de la historia los pueblos creyeron que algunas cosas (talismanes o encantamientos) o que algunas personas (como brujas y magos) poseían poderes mágicos. La magia está unida estrechamente con la religión.

En la actualidad la mayoría de las personas piensan en la magia como una serie de trucos llevados a cabo por magos en la televisión, en el teatro o en las fiestas.

▲ Amuleto árabe en forma de mano al que se le atribuyen poderes mágicos.

Experiméntalo

Presentamos un truco de magia en el que se utilizan tres aros de papel. Toma tres cintas de papel, cada una de ellas de aproximadamente un metro de longitud y pega sus extremos para formar un aro (1a y 1b). Haz lo mismo con la segunda cinta, pero en esta ocasión dale una vuelta completa (gírala dos veces sobre sí misma) antes de unir los dos extremos (2a y 2b). A la tercera cinta dale media vuelta a uno de los extremos antes de pegarlos (3a y 3b). Ahora corta por el centro cada una de las cintas. El primer aro quedará dividido en dos aros separados (1c); el segundo formará dos aros unidos formando cadena (2c). En cuanto al tercer aro se convertirá en un solo aro de tamaño doble que el original (3c). Estos aros mágicos fueron descubiertos por un famoso matemático alemán, llamado Ferdinand Moebius, en 1858.

Magnetismo

El imán atrae a la mayor parte de los metales, en particular el hierro y el acero. La Tierra es un gigantesco imán natural. Líneas invisibles de fuerza magnética se extienden por todo el planeta, uniéndose los polos magnéticos del Norte y del Sur. Llamamos a esto el *campo magnético* de la Tierra.

Experiméntalo

Si tienes dos imanes en forma de barra puedes mostrar las formas que adquiere el campo magnético alrededor de los imanes. Coloca uno de los imanes debajo de una hoja de papel y deja caer desde arriba algunas limaduras de hierro (1). Las limaduras señalarán las líneas de fuerzas que discurren desde el polo positivo o norte, al polo negativo o sur. Ahora haz lo mismo utilizando dos imanes. Verás cómo dos polos opuestos se atraen (2) y dos del mismo signo se repelen (3).

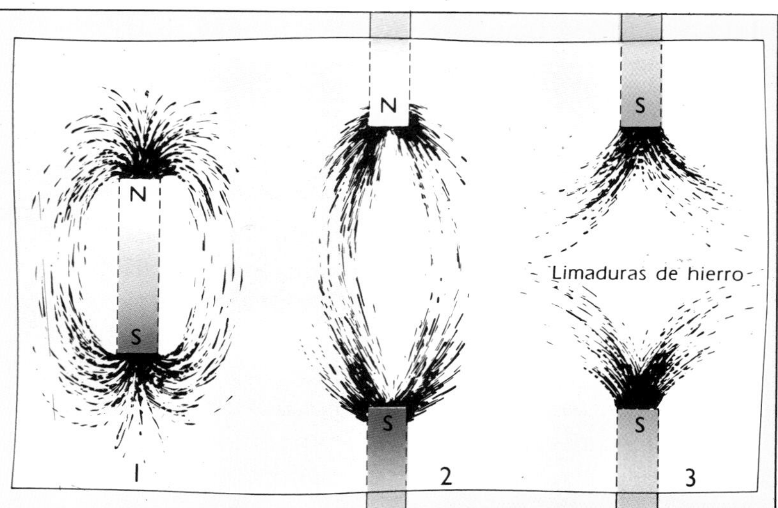

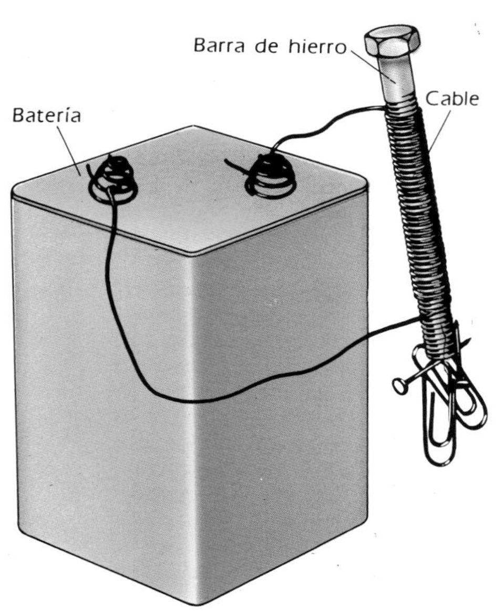

▲ En un electro-imán, un metal que por lo general no tiene fuerza magnética, como por ejemplo un grueso tornillo de hierro, se puede convertir en imán haciendo pasar una corriente eléctrica por un cable enrollado a su alrededor. Tan pronto como se corta la corriente, el campo magnético deja de existir.

La aguja de una BRÚJULA es un imán, que siempre girará de modo que el extremo señale el Norte magnético.

En los tiempos antiguos los hombres se dieron cuenta de que si se colgaba de una cuerda un trozo de un mineral de hierro llamado piedra imán, o magnetita, se giraba para señalar siempre en la misma dirección.

Para construir un electro-imán se rodea un cable de metal en torno a una barra también de metal que sirve de núcleo y se hace pasar una corriente eléctrica por el cable. Se pueden llegar a construir electro-imanes que son muchas veces más poderosos que los propios imanes naturales.

Magnetofón

El magnetofón, también llamado magnetófono, transforma las ondas de sonido en una grabación magnética sobre una cinta. Cuando se quiere reproducir el sonido se lleva a cabo la función inversa y la grabación magnética se transforma en ondas de sonido.

Un micrófono interior o conectado con la grabadora cambia los sonidos y los transforma en una señal eléctrica. Ésta es amplificada (es decir, se hace mayor) y alimenta el cabezal de grabación. Este cabezal produce un campo magnético que magnetiza la cinta cuando pasa junto al cabezal.

Cuando la cinta pasa por el cabezal reproductor, el campo magnético produce una señal eléctrica que pasa directamente al amplificador y al altavoz, que la transforma en sonido.

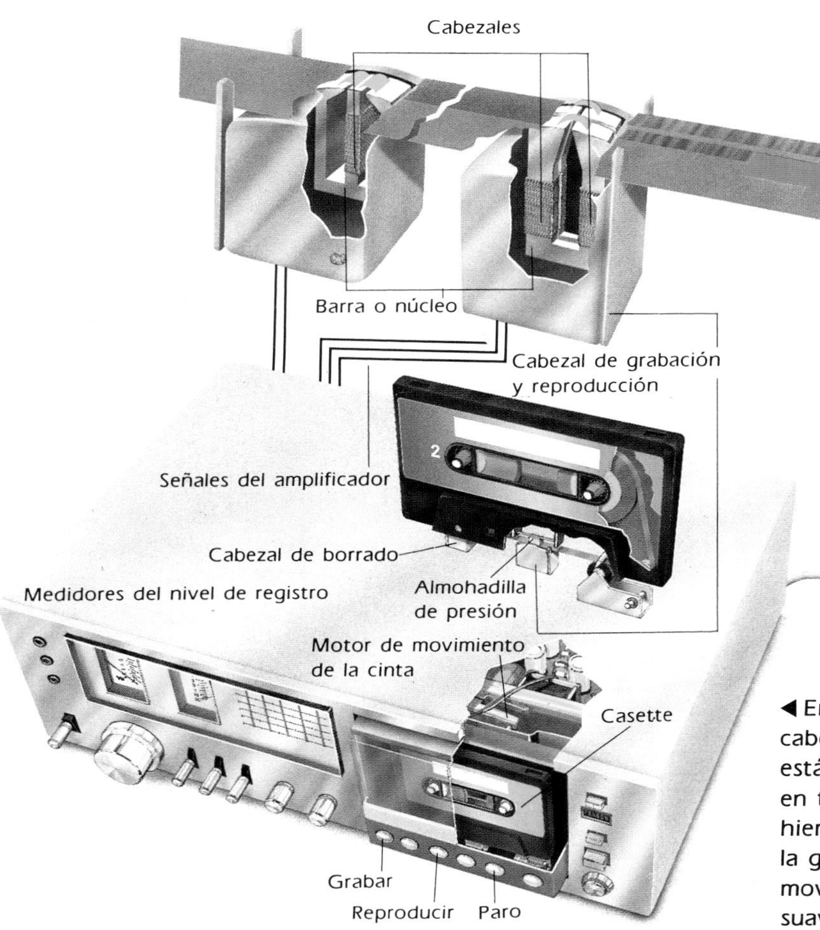

Las casettes de cinta contienen una ranura para el cabezal de borrado y otra para el cabezal de grabado/reproducción. Pilares de guía y almohadillas de presión hacen que la cinta, al moverse, pase lo suficientemente apretada contra los cabezales de la grabadora.

◀ En una grabadora de cinta los cabezales de grabación y reproducción están formados de cables enrollados en torno a una barra o núcleo de hierro. Cuando la casette se coloca en la grabadora el motor pone en movimiento la cinta que pasa suavemente sobre los cabezales. Cuando se quiere registrar el sonido, se hace pasar por el cabezal de grabación en forma de señal eléctrica, que crea una pauta magnética que es almacenada en la cinta. Unos indicadores en la grabadora señalan el nivel de sonoridad de la grabación. Para volver a convertir en sonido la grabación previamente hecha, el cabezal lee los registros magnéticos, los transforma en señales que pasan al amplificador y desde allí al altavoz.

Mahoma

Mahoma (570-632 de la era cristiana) fue el fundador y jefe de la religión conocida como el ISLAM. Nació en la MECA, ciudad situada en lo que hoy día es Arabia Saudí. A la edad de cuarenta años Mahoma se sintió llamado por Dios para predicar a los ÁRABES a los que enseñó que sólo había un dios llamado Alá.

En el año 622 de nuestra era, Mahoma fue forzado a abandonar la Meca y es a partir de ese año cuando empieza a contar el calendario musulmán o islámico. Después de su muerte su doctrina se extendió rápidamente por todo el mundo.

Malaria

La malaria es una enfermedad tropical, común y frecuentemente mortal. Se transmite por el MOSQUITO hembra *anopheles* que puede infectar al ser humano con sus picaduras. Se usan algunos medicamentos para curar la mala-

La palabra malaria significa «mal aire» en italiano. En un principio se llamó así porque se creía que era causada por gases procedentes de las regiones pantanosas, donde los casos ocurrían con mayor frecuencia.

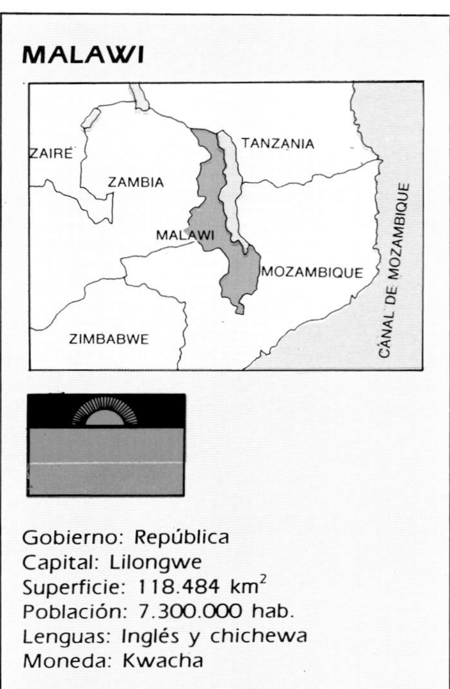

ria. Los científicos tratan sobre todo de exterminar los mosquitos y las aguas pantanosas en las que el insecto se reproduce.

Malawi

Malawi es un país largo y estrecho situado en el este de África. Su superficie es inferior a la cuarta parte de España. La mayoría de sus habitantes vive en pequeñas aldeas y cultiva sus propios alimentos. Sus principales productos son el té, el tabaco y el azúcar.

El explorador David Livingstone fue el primer europeo que visitó la región de Malawi, en 1859. En 1891, Gran Bretaña ocupó el territorio y estableció el protectorado de Nyasalandia. Se le concedió la independencia en 1964 y cambió su nombre por el de Malawi, como se llama el pueblo que lo habitó originalmente.

▶ En Malawi aún se utilizan los tradicionales métodos de cultivo y se conserva la forma de vida rural.

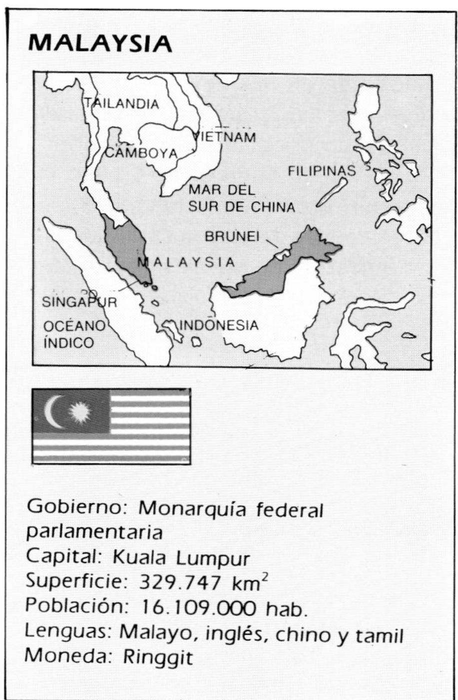

MALAYSIA
TAILANDIA
VIETNAM
CAMBOYA
FILIPINAS
MAR DEL SUR DE CHINA
BRUNEI
MALAYSIA
SINGAPUR
OCÉANO ÍNDICO
INDONESIA
Gobierno: Monarquía federal parlamentaria
Capital: Kuala Lumpur
Superficie: 329.747 km²
Población: 16.109.000 hab.
Lenguas: Malayo, inglés, chino y tamil
Moneda: Ringgit

Malaysia

Malaysia es un país en el Sureste Asiático. Está dividido en dos partes: Malaysia Occidental, en la península Malaya, y Malaysia Oriental al nordeste de Borneo, en la isla de Borneo. La capital es Kuala Lumpur y está situada en la Malaysia Occidental.

Malaysia cuenta con algo más de 16.000.000 de habitantes, principalmente malayos y chinos. Sus principales exportaciones son el caucho, la madera y el estaño.

Malaysia forma parte de la Commonwealth o Comunidad Británica de Naciones. Está gobernada por un sultán que es jefe de Estado y un primer ministro como jefe del gobierno.

Maldivas

La República de las Maldivas es una cadena de islas al suroeste de la India. Aunque se trata de más de 2.000 islas, su superficie total es menor que la de Londres. El clima es húmedo y caluroso con grandes lluvias. La mayoría de la gente vive de la pesca.

La isla se convirtió en protectorado británico en 1887 y ganó su total independencia en 1965. Es una de las naciones más pobres del mundo.

MALDIVAS

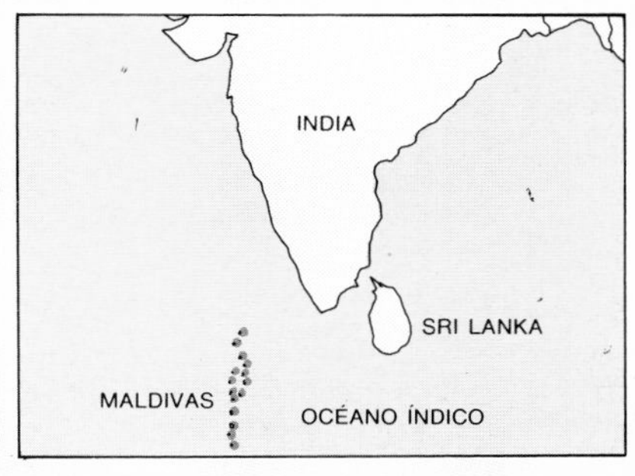

Gobierno: República
Capital: Male
Superficie: 298 km²
Población: 180.000 hab.
Lengua: divehi (dialecto del cingalés)
Moneda: Rufiyaa (Rf)

Malí

Malí está situado al noroeste de África. Tiene casi tres veces la superficie de España por sólo poco más de un cuarto de su población. Una gran parte de su superficie está formada por el desierto del Sahara.

En el siglo XIX Malí fue ocupada por los franceses, consiguiendo su independencia en 1960.

Malta

◀ Barcos de pesca anclados en el puerto de Gozo. La República de Malta incluye la isla de Malta y su vecina, la isla de Gozo.

Malta es una isla del Mar Mediterráneo. Está al sur de Sicilia. Es una base naval de vital importancia desde tiempos remotos, porque guarda las rutas comerciales del Mediterráneo hacia el Este. Durante siglos Malta es-

MALÍ

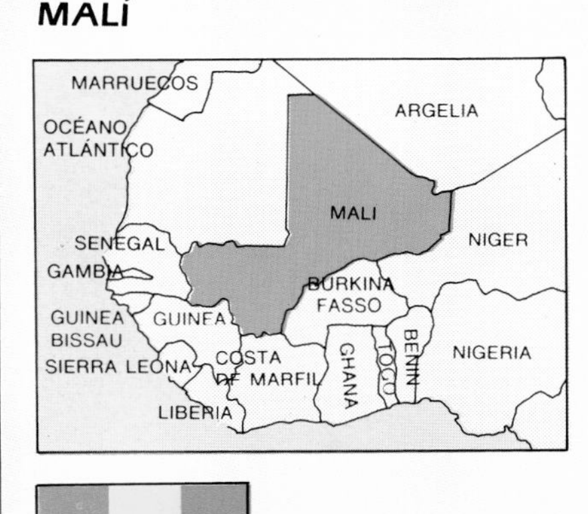

Gobierno: República
Capital: Bamako
Superficie: 1.240.142 km²
Población: 6.300.000 hab.
Lengua: Francés
Moneda: Franco malí

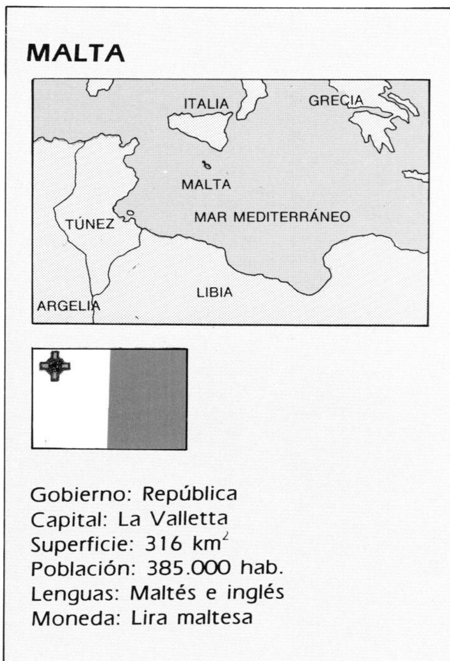

Gobierno: República
Capital: La Valletta
Superficie: 316 km^2
Población: 385.000 hab.
Lenguas: Maltés e inglés
Moneda: Lira maltesa

tuvo gobernada por los *Caballeros de San Juan*, pero en 1813 pasó a ser colonia británica. Durante la II GUERRA MUNDIAL Malta sobrevivió a grandes bombardeos y toda la isla recibió la Cruz de San Jorge, una importante condecoración inglesa.

Desde 1962, Malta dispone de autogobierno. En la actualidad es una república. Su capital es La Valletta, con un espléndido puerto.

Mamífero

Los mamíferos no forman el grupo más numeroso de animales de la Tierra, pero sí son los más inteligentes y muestran más variedad de formas que cualquier otro grupo de animales.

Todos los mamíferos son animales de sangre caliente y tienen esqueleto óseo; muchos tienen el cuerpo cubierto de pelo espeso para conservarlo caliente ante las bajas temperaturas invernales. Las hembras de los mamíferos paren a sus hijos vivos y los alimentan con LECHE, una sustancia procedente de unas glándulas especiales que tienen en su cuerpo. Algunos mamíferos, como el ratón, nacen con el cuerpo desnudo, es decir, sin pelo, ciegos e indefensos. Otros, como el gamo, pueden ya correr a las pocas horas de su nacimiento.

Los mamíferos fueron el último gran grupo de animales que apareció en la Tierra. Llegaron mucho después que los peces, los anfibios, los reptiles y los insectos.

▼ La era de los mamíferos comenzó en el Cenozoico. Entre los mamíferos del Cenozoico se cuentan el planeador *Planetotherium* (izq.), el herbívoro *Barylambda* (centro), *Plesiadapis* (arr. der.) de larga cola y *Taeniolabis* (ab. der.). Abajo a la izquierda una primitiva musaraña.

Cuando los dinosaurios eran señores de la Tierra, hace millones de años, los únicos mamíferos eran criaturas pequeñas que tenían el aspecto de musarañas. Pero tras la extinción de los dinosaurios los mamíferos ocuparon su lugar. Durante la evolución los mamíferos se multiplicaron en muchas formas muy diversas que se extendieron por todo el mundo.

Los científicos dividen a los mamíferos en tres familias. Los mamíferos primitivos seguían poniendo huevos, como hacen los reptiles y las aves. De esta familia sólo restan dos especies: el equidna y el ornitorrinco. Después llegaron los marsupiales. Estos mamíferos traen al mundo a sus hijos tan pequeños y poco desarrollados que tienen que ser llevados por su madre en una bolsa hasta que se desarrollan lo suficiente para poder cuidarse de sí mismos. El más conocido de los marsupiales es el canguro. Casi la totalidad de los marsupiales viven en Australia.

Los mamíferos «placentarios», el grupo superior y más numeroso de los mamíferos, traen al mundo a sus hijos totalmente desarrollados. Los hay de muy distintos tipos, entre ellos los mamíferos voladores (murciélagos), roedores, los acuáticos (ballenas y delfines) y los excavadores (por ejemplo el topo). Los hay insectívoros, es decir, que se alimentan de insectos, herbívoros y carnívoros. Entre los carnívoros, que se alimentan de carne, están los poderosos felinos, los lobos y los osos. Los más inteligentes de los mamíferos son los primates. Esta familia incluye los monos, los antropoides y el ser humano.

MAMÍFEROS OVÍPAROS

MARSUPIALES

MAMÍFEROS PLACENTARIOS

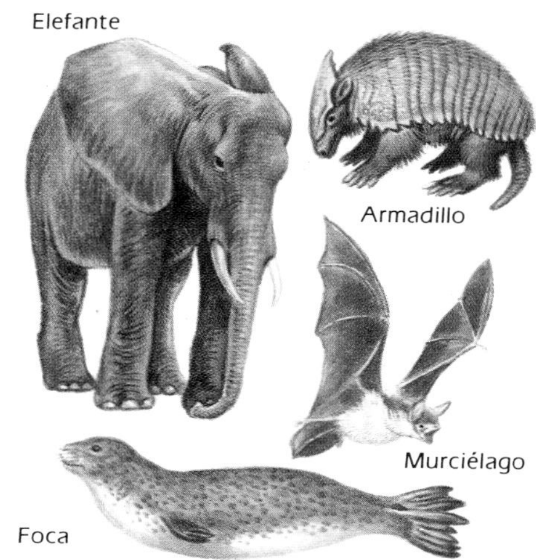

▲ Las tres familias de mamíferos: ovíparos, marsupiales y placentarios. Los mamíferos placentarios constituyen el grupo más avanzado.

Mamut

Durante las eras glaciales mamuts lanudos pacían en las planicies de Europa y América del Norte. Tenían el aspecto de elefantes cubiertos de pelo espeso, con colmillos muy largos y curvos. Podían vivir en climas mucho más fríos de los que soporta el actual elefante.

Los mamuts vivían en rebaños y se alimentaban de plantas, hierbas y hojas. Entre sus enemigos se contaba el terrible tigre sable, el lobo y los hombres primitivos, los cavernícolas, llamados así porque vivían en cuevas o cavernas. Todos ellos daban caza al mamut para comérselo. Los hombres de las cavernas conducían al mamut hasta un pozo o una trampa donde podían matarlo con el ataque de sus lanzas.

Cuerpos congelados de mamuts han sido encontrados entre los hielos de Siberia y han sido estudiados por los científicos. También se han encontrado restos de estos

▶ Los lanudos mamuts se desarrollaron a partir de otra criatura más primitiva llamada mastodonte, que es también el antepasado del actual elefante.

Unos cuarenta mamuts congelados se han encontrado en los hielos árticos de Alaska y Siberia. La carne de esos animales se conservaba tan fresca, después de 30.000 años que incluso pudo ser comida por los perros.

animales en pozos de alquitrán de California. El último de los mamuts murió hace unos 30.000 años.

Mangosta

La mangosta es un pequeño animal mamífero que vive en África y en el sur de Asia. Está emparentado con la comadreja. Tiene un cuerpo muy largo, cola espesa y patas cortas. Una mangosta adulta mide unos 50 centímetros aproximadamente.

La mangosta vive en madrigueras y se alimenta de pájaros, aves de corral, ratones y ratas. Su fiereza, agilidad y rapidez le permiten enfrentarse a serpientes muy peligrosas, como la cobra.

Mao Zedong (Mao Tse-tung)

▲ Mao fue jefe del Partido Comunista chino durante 27 años e introdujo muchos cambios radicales en la cultura y la política de su país.

Mao Zedong (1893-1976) fue un gran líder chino. Hijo de campesinos, estudió para maestro. En 1921 ayudó a organizar el Partido Comunista Chino para luchar contra los nacionalistas de Chiang Kai-chek. En 1924 encabezó la *Gran Marcha*, que duró 368 días, al frente de 90.000 comunistas, para escapar a las fuerzas de Chiang Kai– chek. Cuando Mao y el ejército comunista lograron derrotar a los nacionalistas, en 1949, Mao se proclamó jefe del gobierno.

Mao deseaba convertir a China en una nación tan rica como pudiera serlo Estados Unidos, pero muchos de sus planes fracasaron. Dimitió de su cargo al frente del gobierno en 1959, pero siguió al frente del Partido Comunista. Tuvo graves discusiones y problemas con los gobernantes soviéticos. Mao escribió libros de poemas y sobre la guerra de guerrillas.

Tras la muerte de Mao los nuevos líderes chinos criticaron su política y establecieron otra menos rígida y más orientada hacia occidente.

Los maoríes han desarrollado varias danzas ceremoniales llamadas *haka*. El equipo nacional de rugby de Nueva Zelanda, los «All Blacks», –llamados así porque van vestidos de negro– conservan la tradición de danzar unos pasos de *haka* antes de comenzar cada partido.

Maorí

Los maoríes son los pobladores nativos de Nueva Zelanda. Estas gentes de constitución fuerte y piel bronceada llegaron en canoas procedentes de las islas del Pacífico Sur en el siglo XIV. Los maoríes eran valerosos guerreros que luchaban con mazas hechas de huesos o de piedra verde, una especie de jade. Lucharon encarnizadamente contra los primeros blancos que llegaron a Nueva Zelanda en una guerra que no tuvo fin hasta 1865. Aun después de esa fecha y durante años se produjeron algunos incidentes bélicos.

Los maoríes son muy diestros tejedores, les gusta danzar y trabajan la madera con maestría. Sus tallas en madera están llenas de curvas, volutas y espirales. Sus herramientas están hechas de piedra verde y también tallan este jade barato para hacer pequeñas figuras de adorno llamadas *tikis*.

En la actualidad los maoríes juegan un importante papel en la vida de Nueva Zelanda y su población aumenta a mayor ritmo que la de los otros habitantes del país.

▲ Los *tikis* son una parte importante del arte y la cultura maoríes. Este *tiki* tallado en jade se llevaba como amuleto protector contra los espíritus de los niños nacidos muertos.

◀ Los maoríes de la generación anciana mezclan las formas de la vida moderna con las tradicionales. La mujer de la foto lleva un tiki como amuleto y tiene tatuada la barbilla.

▲ Los primeros mapas y globos terráqueos nos muestran hasta qué punto el mundo era un lugar misterioso en aquellos días; en el dibujo de los mapas la fantasía y la imaginación jugaban un papel importante.

Mapa y cartas marítimas

El hombre necesita mapas para ayudarse a determinar su camino. Hay dos tipos de mapas. Unos nos muestran las naciones, las ciudades, las carreteras y los ferrocarriles y se llaman mapas *políticos*; los mapas *físicos* nos muestran los accidentes geográficos y naturales, como montañas, llanuras, ríos y lagos. La forma de los accidentes geográficos, como por ejemplo las montañas, se expresa por medio de distintos colores o líneas de contorno.

Los mapas se dibujan a distintas *escalas*. La escala de algunos mapas es tan grande que incluso podría verse nuestra propia casa; la de otros, tan pequeña, que nos cabe un mapamundi, es decir,todo el mundo en la página de un libro. En un mapa a escala reducida, 2 cm del mapa puede representar 200 kilómetros, o sea 200.000 metros.

Las cartas marítimas son los mapas del mar. Señalan al navegante la situación de los faros, de los arrecifes peligrosos, de los canales y puertos y le dan la profundidad de las aguas en distintos lugares. Cuando estos mapas son utilizados por un navegante para seguir una determinada ruta que marca y traza en ellos, se llaman *cartas de navegación*.

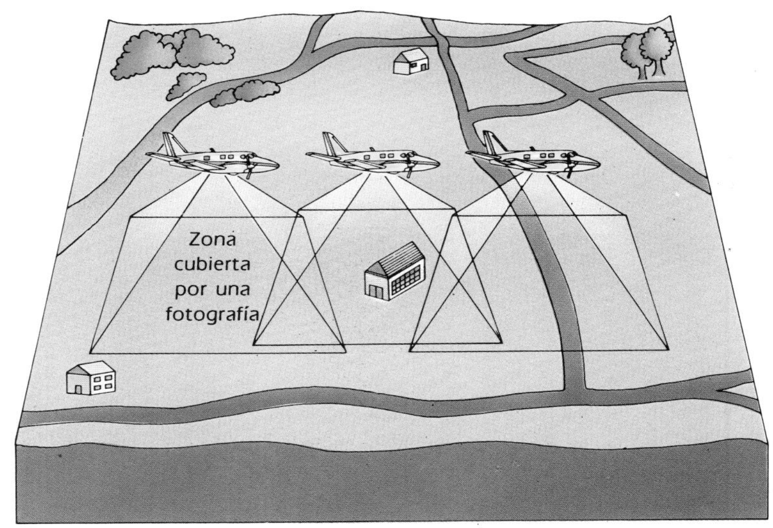

▶ En la actualidad se utiliza la fotografía aérea para confeccionar mapas muy exactos. Las fotografías se toman desde un avión que vuela a una altura constante. Cada foto se superpone en parte sobre la siguiente, para que no se pierda el menor detalle.

Mapache

En América del Norte los mapaches son criaturas muy corrientes que viven en libertad en la naturaleza. Tienen el pelo gris y largo, nariz corta y puntiaguda y una cola muy peluda y espesa que, en ocasiones, alcanza los 90 centímetros de longitud.

◀ En Estados Unidos a veces los mapaches llegan a convertirse en una auténtica plaga y en tales ocasiones se permite su caza.

Los mapaches viven en los bosques. Tienen sus hogares en agujeros en los troncos de los árboles y son buenos trepadores. Cuando llega la noche abandonan sus refugios y se lanzan a la búsqueda de alimento. Son omnívoros, es decir, se alimentan de todo, plantas y frutas, huevos, insectos, peces, pájaros y pequeños mamíferos. La mayor parte de su alimento lo consiguen en los ríos, por lo cual generalmente viven en los árboles de las orillas o cerca de ellas.

Máquina (simple)

Algunas máquinas son muy grandes y tienen numerosas partes móviles, pero otras son muy sencillas. Todas las máquinas que vemos trabajando a nuestro alrededor están relacionadas con uno u otro tipo de máquina simple que se cuentan entre los más antiguos y más importantes de los inventos realizados por el hombre.

▼ Las máquinas nos facilitan el trabajo. Cuando las hacemos funcionar, realizamos un trabajo sobre una larga distancia, de modo que la máquina puede hacer mucho más trabajo a corta distancia. Por ejemplo, en el gato de un automóvil hay que girar muchas veces la palanca para que el gato se alce sólo un poco, pero puede levantar un gran peso que uno no podría alzar por sí solo.

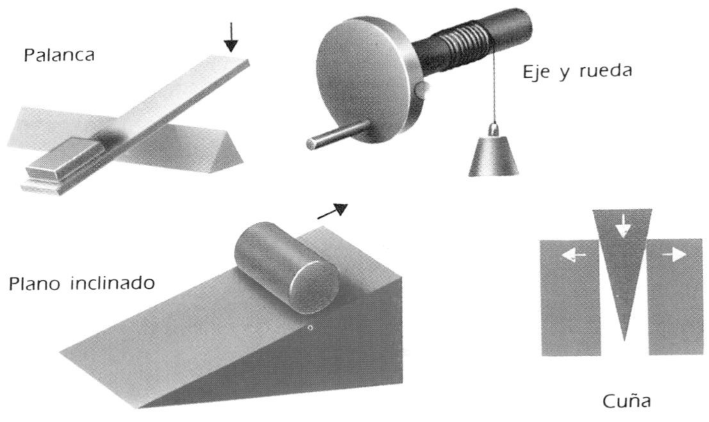

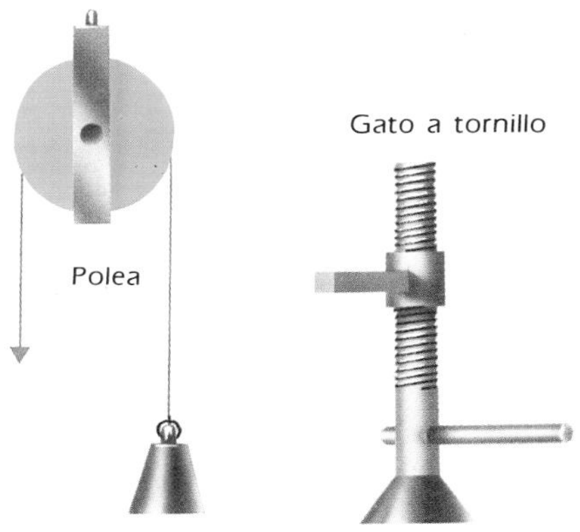

▲ Emisiones de vapor de agua en una locomotora.

Una máquina es más fuerte que un hombre y utiliza su gran *fuerza*. Cuando una fuerza se utiliza para mover algo podemos decir que se realiza un trabajo. La *cuña*, por ejemplo, nos sirve para separar o agrietar cosas. Una cuña metida a martillazos en una pequeña ranura de un tronco hará abrirse el tronco en dos partes. Cinceles, cuchillos, clavos y hachas son distintas formas de cuñas.

El TORNILLO puede unir cosas o separarlas. Con un *gato* de tornillo un hombre puede levantar con facilidad un automóvil que pesa mucho más que él. Existen muchos tipos de *palancas*. La más sencilla es una simple barra que puede oscilar sobre un tronco y que puede usarse para mover grandes piedras. La palanca transforma una pequeña fuerza descendente en una fuerza ascendente mucho mayor.

El *plano inclinado* facilita la tarea de elevar cargas pesadas a un nivel más alto. Es más fácil empujar una carga sobre un plano inclinado que tratar de levantarla de una vez. La POLEA también facilita la elevación de cargas pesadas. Una polea simple se utiliza para sacar agua de un pozo. Una máquina más complicada es la polea múltiple o aparejo, que cuenta con varios juegos de cuerdas y poleas simples.

Quizá la más importante de todas las máquinas simples sea la *rueda y eje* que no sólo se usa para mover cargas sino también en todo tipo de máquinas y mecanismos, como los relojes por ejemplo.

Máquina de escribir

La máquina de escribir nos sirve para escribir con claridad letras y signos semejantes a los tipos de imprenta de un libro, por ejemplo. Cuando se pulsa una tecla determinada en el teclado, aparece en el papel la letra correspondiente.

En las máquinas de escribir manuales, cada vez más en desuso, esto ocurre mediante el movimiento de una serie de palancas que mueven el carro, la cinta y el propio tipo de la letra que golpea sobre la cinta y el papel. En las máquinas eléctricas estos movimientos se producen gracias a un motor eléctrico. Las más modernas, las electrónicas, son como sencillos ordenadores limitados a la función de escribir.

La primera máquina de escribir práctica fue inventada en 1867 por un estadounidense, Christopher Latham Sholes (1819-1890).

En la actualidad casi todas las máquinas de escribir en uso son electrónicas.

Los mecanógrafos expertos pueden escribir a máquina a increíble velocidad. En las competiciones internacionales se han conseguido más de 500 caracteres por minuto, ¡lo que significa pulsar más de 8 teclas por segundo!

Máquina de vapor

El agua, al hervir, se convierte en vapor. El vapor (agua en estado gaseoso) ocupa un espacio 1.700 veces mayor que el agua de que procede. Si se introduce el vapor en un pequeño contenedor ejercerá presión contra todos los lados, y si una de las paredes puede moverse, la presión del vapor la impulsará hacia adelante.

En el siglo XVIII los inventores ingleses principalmente comenzaron a utilizar este hecho para construir motores movidos a vapor. Los primeros motores a vapor trabajaban con un movimiento sencillo de ida y vuelta. En el motor de Thomas Newcomen un fuego calentaba el agua en una caldera. El agua producía vapor que impulsaba hacia arriba un pistón, situado en el interior de un cilindro. Cuando el vapor se enfriaba y se volvía agua de nuevo, el aire presionaba el pistón hacia abajo. El motor de Newcomen fue utilizado para bombear agua en minas inundadas.

James Watt construyó un motor a vapor más potente, en el cual el vapor de agua empujaba el pistón, primero en una dirección y después en otra. Las bielas del pistón hacían girar una rueda. Hacia principios del siglo XIX tales motores movían o trasladaban pesadas cargas con mayor rapidez de lo que podían hacerlo los hombres o los caballos. Y contrariamente a lo que les ocurría a los hombres o a las bestias de carga, la máquina de vapor no se cansaba nunca.

Los motores de vapor dieron su fuerza a máquinas industriales que hicieron posible la REVOLUCIÓN INDUSTRIAL. Movieron también locomotoras y buques de vapor. Por

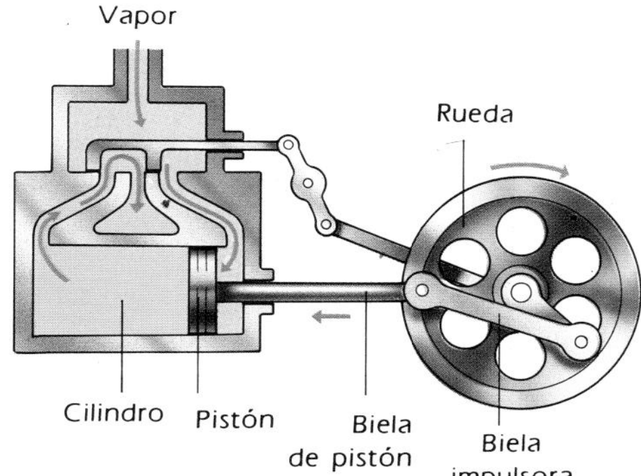

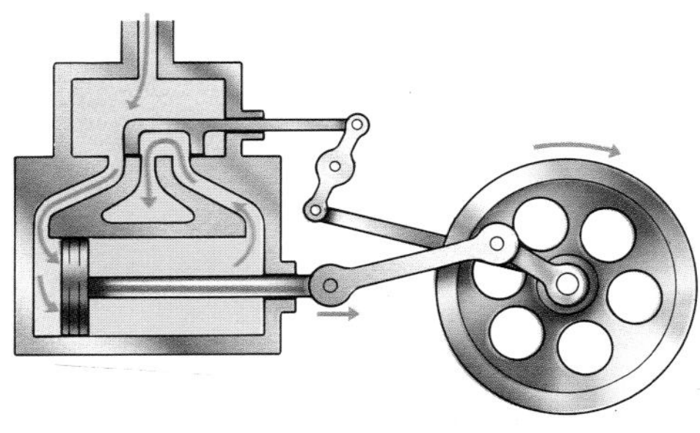

▲ En el interior de una máquina de vapor, éste se produce calentando el agua hasta el punto de ebullición. La presión del vapor se utiliza para empujar un pistón en el interior de un tubo llamado cilindro. El pistón va unido a una barra (biela del pistón), que en su movimiento de entrada y salida mueve otra biela (impulsora); ésta hace girar una rueda continuamente, incluso cuando el pistón está al final de su recorrido y no empuja. A medida que gira la rueda abre y cierra válvulas que permiten que el vapor pase alternativamente a uno u otro de los extremos del cilindro.

◀ Algunos de los primeros automóviles fueron movidos a vapor. La Scotte Steam Wagonette fue construida en 1892.

vez primera en la historia el hombre pudo viajar a mayor velocidad que el caballo.

En la actualidad, el motor de explosión ha sustituido ampliamente al motor de vapor. Sin embargo las hélices de muchos buques, y los generadores de grandes centrales eléctricas trabajan gracias al vapor que hace girar sus turbinas.

Mar Caribe

El mar Caribe está limitado por las Antillas, la costa oriental de América Central y la costa norte de América del Sur. En el siglo XVII, los piratas británicos y franceses recorrían el mar Caribe para atacar y saquear las posesiones españolas en la región. Después de la construcción del canal de Panamá, en 1914, ese mar se convirtió en una de las rutas marítimas más activas del mundo. El canal de Panamá enlaza el Atlántico con el Pacífico.

Mar del Norte

Esta parte del Océano Atlántico separa Gran Bretaña de Escandinavia y otras regiones del norte del continente

▼ Pese a lo frecuente de sus tempestades y al mal tiempo reinante en el invierno, la producción de petróleo se mantiene durante todo el año en el mar del Norte.

europeo. El mar del Norte es poco profundo. Si sumergiéramos la Giralda de Sevilla en medio del mar del Norte la parte más alta de la torre saldría por encima de sus aguas. Las tormentas de invierno hacen este mar muy peligroso para la navegación.

El mar del Norte es una importante ruta marítima. Muchos de los puertos mayores y de mayor actividad se encuentran en sus orillas. Sus aguas son ricas en peces y su fondo marino contiene importantes cantidades de gas natural y petróleo.

Mar Mediterráneo

El Mediterráneo es un extenso mar rodeado por tres continentes (África, Europa y Asia). Se comunica con el Océano Atlántico por el estrecho de Gibraltar. También se comunica con el mar Negro por un angosto estrecho o pasaje. En conjunto, sus costas se caracterizan por ser recortadas y escarpadas

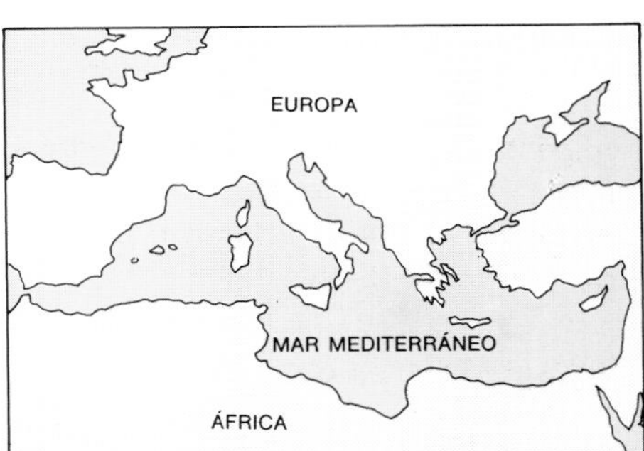

En tiempos antiguos el Mediterráneo era más importante de lo que es actualmente. De hecho, durante largo tiempo fue el centro del mundo occidental. Los fenicios fueron un pueblo de navegantes que recorrieron todo el Mediterráneo hacia el año 2500 a.C. Después los griegos y los romanos hicieron lo mismo. Los romanos mantuvieron el control del Mediterráneo cerca de cinco siglos e incluso lo llamaron *Mare Nostrum* («Nuestro Mar», en latín).

El canal de Suez se abrió en 1869. Atraviesa Egipto y une el Mediterráneo con el mar Rojo. El canal resultó muy útil porque acortaba la distancia por mar entre Europa y el Oriente. Aún hoy es utilizado por grandes buques de carga.

Mar Rojo

El mar Rojo es un estrecho brazo del Océano Índico, que se extiende 1.900 kilómetros y divide Arabia del nordeste de África. Tiene una superficie de 440.300 kilómetros cuadrados. En su parte norte está unido al mar Mediterráneo por el canal de Suez. Su extremo sur está guardado por los angostos estrechos de Bab el Mandeb. El mar Rojo es poco profundo y, como no está surcado por grandes corrientes, sus aguas son muy saladas y calientes. El nombre que lleva este mar es debido a cierta especie de algas de tonos rojizos que habitan en su superficie.

▲ El mar Rojo separa el continente africano del Asia sur-occidental.

▲ Filípides fue el soldado que corrió para llevar la noticia de la victoria griega tras la batalla de Marathon.

Maracaibo

El Maracaibo es un gran lago de América del Sur. Tiene 14.000 km^2 de extensión y su profundidad máxima es de 50 m. Sus puertos más importantes son Maracaibo, al oeste, y Alta Gracia y Puerto Miranda, al este. Cuenta con importantes yacimientos de petróleo y más de 4.000 pozos perforados.

Maratón

El maratón es una carrera de larga distancia muy dura. Su distancia actual se ha fijado en los 42,195 kilómetros (42 kilómetros 195 metros). Forma parte de los JUEGOS OLÍMPICOS desde 1896. Fue llamado así en honor de un soldado griego que corrió desde el pueblo de Marathon hasta Atenas, en el año 490 a.C. para llevar la noticia de la victoria de los griegos sobre los persas.

En 1908 se produjo un célebre final del maratón olímpico cuando al término de la carrera un italiano de poca estatura llamado Dorando Pietri hizo su entrada en el estadio en primer lugar, pero se desplomó dos veces antes de llegar a la meta y tuvo que ser ayudado en los últimos 100 metros. Fue descalificado por ello, pero la gesta es recordada por todo el mundo con el nombre de «del Maratón de Dorando».

La distancia oficial del maratón es de 42,195 km. Fue fijada así (aunque en millas y yardas) en 1908 por el Comité Olímpico Británico, porque la carrera debía comenzar en el Castillo de Windsor (en las cercanías de la ciudad de Londres) y debía terminar en el palco real que se había situado en el Estadio para tal motivo (26 millas 385 yardas). La distancia se ha mantenido desde entonces.

Maravillas del Mundo, Las Siete

Se conocen como las Siete Maravillas del Mundo a siete objetos excepcionales hechos por el hombre en la antigüedad, y se llamaron así porque maravillaban a quienes los contemplaban. En la actualidad sólo se conserva una de esas siete maravillas, las PIRÁMIDES. Las otras seis han sido destruidas. Fueron las siguientes:

Los *Jardines colgantes de Babilonia*, posiblemente construidos sobre los muros de un templo y, probablemente, un regalo del rey Nabucodonosor II a una de sus esposas.

El *Templo de Artemisa*, en Éfeso (en la actualidad en Turquía). Fue uno de los mayores templos de la antigüedad. Varias de sus columnas de mármol están en el Museo Británico de Londres.

La *estatua de Zeus* en Olimpia, Grecia, que mostraba al rey de los dioses en su trono. Era de oro y marfil.

La *tumba de Halicarnaso* (en Turquía) construida para el rey Mausolo, un monarca persa. Se hizo tan famosa

◀ De las Siete Maravillas de la antigüedad sólo restan las pirámides de Egipto.

Se calcula que para construir hoy día la Gran Pirámide, se necesitarían unos 400 hombres con equipo moderno que trabajaran cinco años. Su coste sería superior a los cien mil millones de pesetas.

SIETE MARAVILLAS DEL MUNDO

1. Pirámides de Egipto. 2. Faro de Alejandría. 3. Coloso de Rodas. 4. Estatua de Zeus. 5. Jardines colgantes de Babilonia. 6. Templo de Artemisa. 7. Mausoleo de Halicarnaso.

que ahora a todas las grandes tumbas se les da el nombre de mausoleo.

El *Coloso de Rodas*, en Grecia, una enorme estatua de bronce del dios del sol, Helios. Se alzaba en la entrada del puerto.

El *faro de Alejandría*, en Egipto, que fue el primer faro en el sentido moderno del término. Fue construido en el 240 a.C. en la isla de Pharos, fuera del puerto de Alejandría. Una hoguera de leña ardía en su parte más alta.

LAS SIETE MARAVILLAS NATURALES DEL MUNDO

1. El monte Everest en la frontera entre Nepal y Tibet.
2. Cataratas Victoria entre Zimbabwe y Zambia.
3. El Gran Cañón del río Colorado en Arizona (EUA)
4. La Gran Barrera de Coral en Australia, la mayor formación de arrecifes coralinos en el mundo.
5. Mauna Loa, en Hawai, el mayor volcán en actividad.
6. El puente natural del Arco Iris, en Utah, el mayor del mundo.
7. El Parque nacional de Yellowstone, la mayor zona de geyser de la Tierra.

Marciales, Artes

Las artes marciales son varias formas de lucha o combate que proceden del extremo Oriente. Entre ellas se cuenta

▲ Aunque las artes marciales se han desarrollado como método de combate no son demasiado populares como deporte. El kendo, el judo y el karate son deportes seguros si se practican con la apropiada supervisión.

judo, karate, aikido, todas ellas japonesas, y kung-fu de China.

Judo significa «camino fácil» y es sin duda la más popular. Originalmente se deriva del *jujitsu*, una práctica muy violenta que podía matar o causar graves lesiones. En la actualidad el judo es un deporte seguro practicado por hombres, mujeres y niños y se viene considerando deporte olímpico desde 1964. En muchas partes del mundo se utiliza como auto-defensa. Un practicante de judo con experiencia media puede librarse de un adversario arrojándolo al suelo.

En el karate y el kung-fu, las manos, los codos y los pies se utilizan como armas. El aikido, como el judo, utiliza la fuerza del adversario para hacerle perder el equilibrio. El kendo otra forma de autodefensa, es una especie de esgrima en el que se usan bastones en vez de espadas.

Marconi, Guglielmo

Guglielmo Marconi (1874-1937) fue el hombre que según cree la mayoría de la gente inventó la Radio. Sus padres fueron italianos ricos. Cuando sólo tenía 20 años consiguió construir un timbre eléctrico que funcionaba a impulsos de ondas de radio emitidas en el extremo opuesto de la habitación. Pronto consiguió enviar esas señales de radio a distancias cada vez más largas. En 1901 envió el primer mensaje a través del Atlántico. En 1924 envió señales al otro extremo del mundo, a Australia.

Mareas

Las mareas son movimientos regulares de los Océanos. Están causadas principalmente por la Luna. La Luna es un imán gigantesco que atrae a los océanos hacia ella a medida que gira alrededor de la Tierra. Al mismo tiempo la Tierra gira, de este modo la mayor parte de los lugares tienen dos mareas altas y dos mareas bajas cada 24 horas.

Se llaman mareas altas cuando el agua penetra al máximo en la tierra. Mareas bajas son aquellas en las que el agua se aleja al máximo de la tierra.

Marfil

El marfil procede de los grandes dientes o *colmillos* de algunos animales. Los colmillos de la morsa y el narval son de marfil. Las mayores piezas de marfil proceden de los colmillos del ELEFANTE y del MAMUT.

El marfil del elefante se utiliza para hacer adornos, teclas de piano y piezas de joyería. Hoy día el elefante es un animal protegido, pero los cazadores furtivos aún le siguen dando muerte por sus colmillos.

Margarina

Es un alimento parecido a la mantequilla. Se hace de grasas y aceite vegetales. Generalmente se le añaden VITAMINAS para hacerla casi tan alimenticia como la mantequilla. La margarina fue inventada en 1867 por un científico francés llamado Mège-Mouries. Ganó un premio ofrecido por el gobierno francés para quien encontrara un sustituto barato para la mantequilla. En la actualidad mucha gente prefiere la margarina por su menor índice de colesterol.

▲ Esta delicada talla de una cabeza de mujer está hecha de marfil de mamut, quizá 22.000 años antes de Cristo.

María Antonieta

María Antonieta (1755-1793), austríaca de nacimiento, fue la esposa del rey LUIS XVI de Francia. Fue una mujer bella y alegre, que encontraba a su marido triste y aburrido y odiaba sus deberes de reina. Gastaba el dinero a manos llenas y no se preocupaba de lo que ocurría fuera del palacio real de Versalles. Para la gente más pobre del pueblo francés se convirtió en un símbolo de todo lo que odiaban en la corte real. Cuando estalló la REVOLUCIÓN FRANCESA en 1789 el rey y la reina fueron sacados de Versalles y llevados a París a la fuerza. Fueron ejecutados en la guillotina en 1793.

▲ Debido a su despilfarro irreflexivo, María Antonieta se hizo odiar por el pueblo francés. Mostró gran valor durante su juicio cuando fue condenada a muerte y ejecutada en octubre de 1793.

Mariposa

Las mariposas son INSECTOS voladores que pertenecen a la misma familia de las polillas. Existen cerca de 12.000 clases diferentes de mariposas, y se encuentran en casi todas las partes del mundo, incluso en el Círculo Polar Ártico. Pueden ser de muchos colores y formas. Una de las más pequeñas, la *enana azul* de Suráfrica, tiene alas que miden tan sólo 14 mm de extremo a extremo. Las mayores, como la *Reina Alejandra de alas de pájaro*, pueden llegar a medir 28 cm también de extremo a extremo. Todas las mariposas nacen como ORUGAS salidas de huevos. Estas orugas pasan su vida comiendo la planta

▲ Las mariposas se encuentran en casi todas las partes del mundo, menos en las regiones polares, y en múltiples variedades de tamaño y color. Algunas viven sólo unas pocas semanas, otras viven casi un año. Una vez abandonan su estado de crisálidas ya no crecen más.

miendo la planta donde fueron depositadas. Cambian su piel varias veces a medida que crecen. Al final del crecimiento se transforman en *crisálidas* de piel dura. En el interior de esta piel la crisálida se convierte en mariposa adulta. Cuando llega el momento, sale al exterior, vuela en busca de pareja y pone sus propios huevos.

Algunas mariposas emigran, volando desde una a otra parte del mundo en ciertas épocas del año. La mariposa *monarca* de América del Norte es una de las más famosas mariposas migratorias. Durante el verano se la encuentra en Estados Unidos, Canadá y Alaska. Cuando llega el otoño se juntan y vuelan en grupo hacia el sur, a México, Florida y Sur de California para pasar el invierno. A veces se ven miles de *monarcas* volando en bandadas. En primavera emprenden de nuevo el vuelo hacia el norte.

Mármol

El mármol es una roca que se forma cuando la piedra caliza es sometida a altas presiones y altas temperaturas en el interior de la Tierra. El mármol puro es blanco pero la mayoría de la roca contiene otras sustancias que le dan una diversidad de colores. Si se rompe una piedra de mármol las caras rotas sueltan un polvillo parecido al azúcar. (La palabra mármol significa «centelleante», y «chispeante».)

Durante muchos años el mármol se utilizó para hacer estatuas y para la construcción. Se le da forma y se corta con facilidad y cuando se pule se vuelve muy brillante. El mármol más famoso para escultura procede de las canteras de Carrara, en Italia. Es muy blanco y tiene un grano muy fino.

▲ El mármol cortado de una cantera (izquierda) puede ser utilizado para hacer suelos con bellas formas (arriba). Los diferentes colores del mármol se deben a las impurezas presentes cuando se formó la roca.

Marruecos

Marruecos es un país en el extremo noroeste de ÁFRICA. Tiene una superficie parecida a la de España y bordea el Atlántico, al oeste, y el Mediterráneo por el norte.

La mayor parte de los 23 millones de habitantes viven de la agricultura; cultivan trigo, maíz, fruta, aceitunas y nueces. Poseen también ovejas, cabras y vacuno. La religión mayoritaria es el Islam. Casablanca es su mayor ciudad y su principal puerto de mar. El país está gobernado por un rey.

MARRUECOS

Gobierno: Monarquía constitucional
Capital: Rabat
Superficie: 465.550 km^2
Población: 23.700.000 hab.
Lengua: Árabe
Moneda: Dirham

Marsupial

Los marsupiales son MAMÍFEROS con bolsas, animales tales como el CANGURO, el COALA, y la zarigüeya. Todos viven en

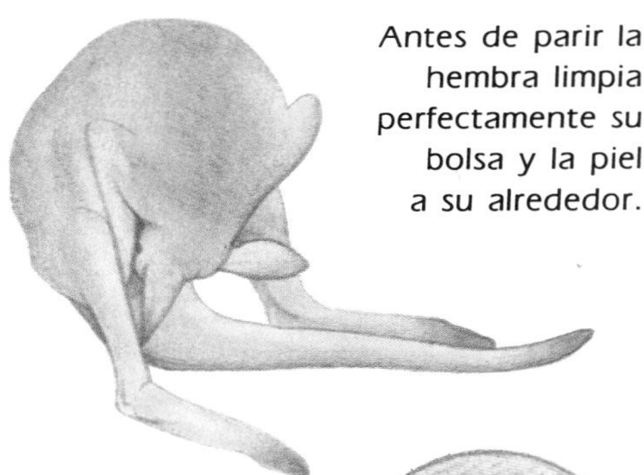

Antes de parir la hembra limpia perfectamente su bolsa y la piel a su alrededor.

Cuando nace el pequeño canguro, trepa por el pelo de su madre hasta la bolsa.

Se pega a una de las mamas y se queda en la bolsa unos 190 días hasta que completa su desarrollo.

▲ El canguro, como otros marsupiales, trae sus crías al mundo antes de que estén completamente formadas.

Australia, con excepción de la zarigüeya americana. Los marsupiales recién nacidos son muy pequeños. Trepan hasta la bolsa de su madre y se quedan allí, alimentándose de la leche materna hasta que se pueden valer por sí mismos.

Marte (dios)

Marte fue uno de los dioses romanos más antiguos e importantes. Era hijo de Júpiter y Juno y pasó a ser el dios de la guerra. Se supone que su hijo Rómulo fue el fundador de Roma. Los templos y los festivales de Marte eran muy importantes para los romanos. El mes de marzo, que era el primer mes en el calendario romano, se llama así en su honor.

Marte (planeta)

El tamaño del planeta Marte es aproximadamente la mitad de la Tierra. Tarda unos dos años en dar la vuelta alrededor del Sol. La superficie de Marte tiene grandes volcanes y profundas gargantas, mucho mayores que los de la Tierra. La mayor parte del planeta está cubierto por rocas que descansan sobre una superficie roja polvorienta. Ésa es la razón por la cual se le conoce como el «Planeta Rojo». Tiene un polo Norte y un polo Sur, ambos cubiertos por nieve o hielo.

▶ La superficie roja y polvorienta de Marte no muestra el menor rastro de vida. Las sondas espaciales Viking parecen haber puesto término finalmente a las ideas de los que defendían la existencia de seres vivos en Marte.

Visto a través del telescopio la superficie roja de Marte está cruzada por delgadas líneas grises. Algunos astrónomos antiguos creyeron ver en esas líneas canales hechos por seres inteligentes que los construyeron para regar el suelo, dado que en Marte el agua es muy escasa. Pero las sondas especiales enviadas al planeta en 1965, 1969 y 1976 no encontraron rastros de canales. La nave espacial Viking se posó en Marte y extrajo muestras de su suelo, pero fue incapaz de encontrar rastro de vida.

El planeta tiene dos minúsculos satélites –Fobos y Deimos–. Fobos, el mayor de los dos, sólo tiene 14 kilómetros de diámetro.

Dado que Marte tiene una masa menor que la Tierra las cosas en su superficie pesan sólo un 40 por ciento de lo que pesarían en la Tierra. El día en Marte tiene casi la misma duración que el día terrestre.

DATOS DE MARTE

Distancia media del Sol: 228 millones de km.
Menor distancia de la Tierra: 78 millones de km.
Temperatura en la cara en la que recibe la luz solar: 0 grados C.
Temperatura en la cara en sombra: –170 grados C.
Diámetro en el ecuador: 6.794 km.
Atmósfera: dióxido de carbono.
Número de satélites: 2
Duración del día: 24 horas 37 minutos (terrestres)
Duración del año: 687 días (terrestres)

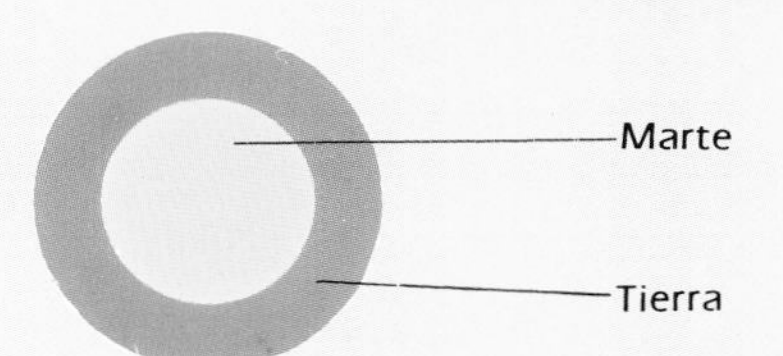

Marx, Karl

◀ Karl Marx (derecha) con Lenin (izquierda) y Engels, héroes del comunismo. Marx y Engels desarrollaron las ideas que inspiraron a Lenin para crear el estado comunista en Rusia.

Karl Marx (1818-1883) era un pensador político y escritor, cuyas ideas trajeron grandes cambios sociales y políticos. Marx nació en Alemania y sus ideas fueron el punto de partida del COMUNISMO. Creía que los dueños de propiedades, la clase capitalista, mantienen sometidos a aquellos que trabajan para ellos y los explotan mientras ellos se hacen cada vez más ricos. También creía que los trabajadores se alzarían un día contra los capitalistas y se harían con el poder. Las ideas de Marx inspiraron revoluciones comunistas en todo el mundo y, sobre todo, la Revolución rusa.

¡Algunos números son mágicos! Tomemos el número que no parece tener nada de complicado 142857. Si lo multiplicamos por dos obtenemos 285714, los mismos dígitos aunque situados en distinto orden. Ahora multiplica nuestro número mágico por 3, por 4, por 5 por 6 (una calculadora hará más fácil las operaciones). ¡Verás qué pasa!

Trata después de dividirlo por 2 y por 5.

A = 1/4; B = 3/8; C = 5/8; D = 4/5;
E = 3/5; F = 2/5.

Matemáticas 

Usamos las matemáticas cada día. Contamos las monedas que llevamos en el bolsillo para saber cuánto dinero tenemos. Al mirar el reloj calculamos el tiempo que nos queda antes de hacer algo o llegar a alguna parte. En cualquier negocio la gente utiliza constantemente algún tipo de matemáticas, en la actualidad incluso valiéndonos de calculadoras y ordenadores. La parte de las matemáticas que trata de los números se llama *aritmética*. El ÁLGEBRA utiliza símbolos como la *x* o la *y* en vez de números. La *geometría* se ocupa de líneas, ángulos y superficies como, por ejemplo, triángulos, cuadrados y rectángulos.

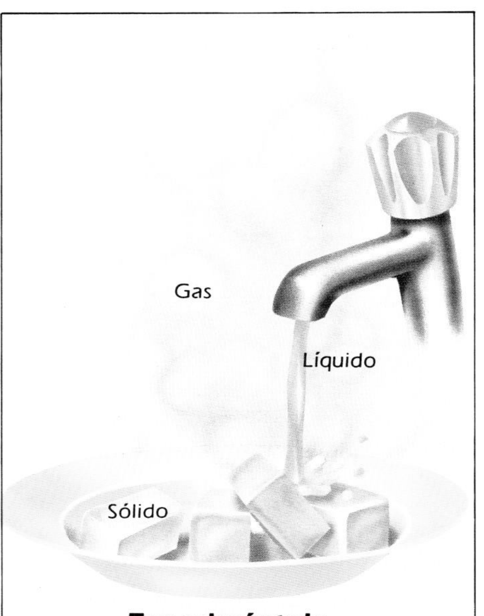

Experiméntalo

Cada sustancia es o bien un sólido, un líquido o un gas cuando se encuentra a temperatura ambiente. Pero si la temperatura cambia la sustancia puede cambiar su estado. La ilustración nos muestra el agua en sus tres estados. El agua caliente en su estado normal líquido se vierte sobre unos cubos de hielo, que son agua congelada en estado sólido. Sobre el hielo que se va fundiendo se eleva una nube de vapor que es el agua en estado gaseoso.

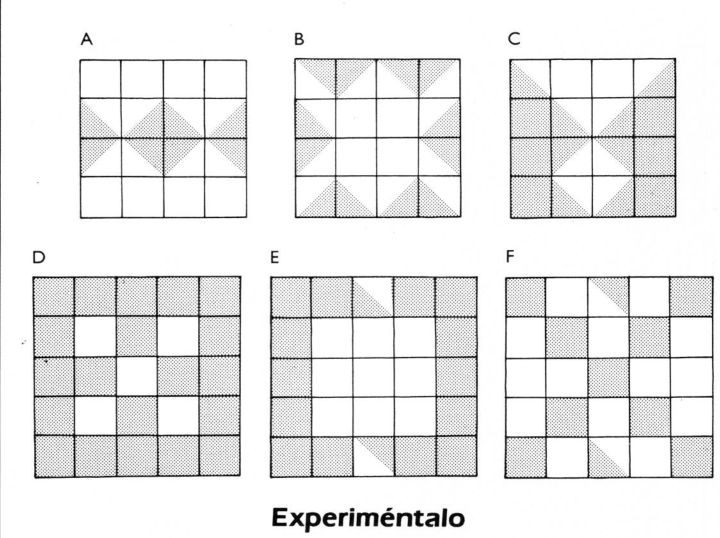

Experiméntalo

Puedes calcular fracciones contando los cuadrados y medios cuadrados. ¿Qué fracción ha sido coloreada en cada tablero? Las respuestas están en el recuadro azul superior de la página.

Materia 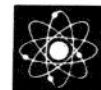

Todo lo que se puede ver y tocar está hecho de materia. Materia es todo aquello que tiene un *volumen* es decir, que ocupa un lugar en el espacio. Los científicos dicen que la materia tiene *masa*, que es la cantidad de materia que hay en algo. La masa de una cosa es siempre la misma. La atracción de la tierra sobre nuestro cuerpo nos da nuestro peso, que puede cambiar. Por ejemplo, si estuviéramos en la Luna nuestro peso sería seis veces menor que en la Tierra. Pero nuestra masa seguiría siendo la misma.

La materia puede ser agrupada en tres formas principales: sólido, líquido y gaseoso. Este libro es sólido, el agua es líquida y el aire que respiramos es gaseoso. Las formas, sólida, líquida y gaseosa se llaman «estados» de la materia. Casi toda la materia puede existir en las tres formas. Si el aire se enfría lo suficiente puede volverse líquido. Un gas puede convertirse en sólido enfriándolo. Cuerpos sólidos, como el hierro, pueden hacerse líquidos calentándolos. En el Sol el hierro y otras clases de materia existen como gases debido al gran calor que despide esta estrella.

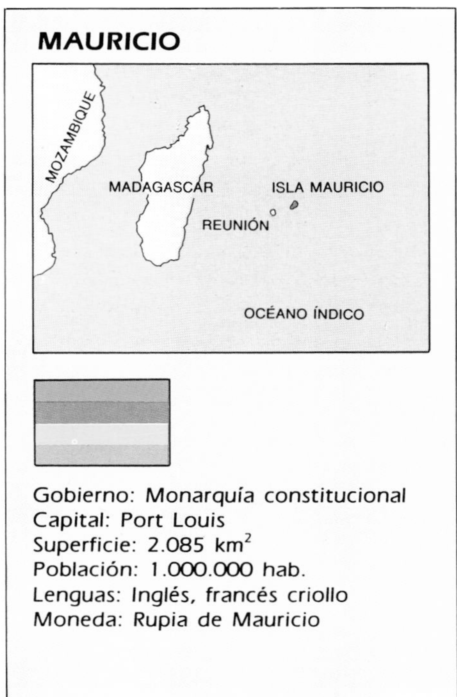

Mauricio

◀ Una vista de las montañas Rempart en la Isla Mauricio, que tiene muchas colinas volcánicas.

Mauricio es una isla independiente en el Océano Índico. La mayor parte de la isla está rodeada por arrecifes de coral, lo que parece indicar que la isla es la cumbre de un gran volcán extinguido. Mauricio es uno de los lugares más poblados del mundo, con 500 habitantes por kilómetro cuadrado. Su principal producto es la caña de azúcar y el té. Su principal industria es el turismo.

Mauritania

Mauritania es una república islámica en la costa occidental de África. Tiene una superficie de 1.150 kilómetros

▼ Hombres mauros en la costa mauritania. La mayoría de la población, de etnia bereber arabizada, es nómada.

MAURITANIA

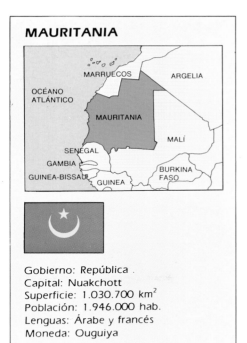

Gobierno: República
Capital: Nuakchott
Superficie: 1.030.700 km^2
Población: 1.946.000 hab.
Lenguas: Árabe y francés
Moneda: Ouguiya

cuadrados y una población formada principalmente por moros nómadas y negros.

Es un país muy extenso, pero desértico en la mayor parte de su superficie, donde viven nómadas que recorren el desierto con sus rebaños de ovejas y cabras. El valle del río Senegal y la región costera del sur son regiones fértiles.

Mauritania se convirtió en protectorado francés en 1903 y consiguió su independencia en 1960. Con frecuencia sufre períodos de hambre.

Maya

Los indios maya vivieron en principio en América Central en el siglo IV a.C. Cultivaban el maíz y la batata y tenían perros como animales de compañía. Más tarde construyeron ciudades de piedra, con palacios ricamente decorados, templos, pirámides y observatorios. Incluso en la actualidad se conservan muchas de esas maravillosas construcciones, escondidas entre la jungla. Los mayas estaban muy instruidos en astronomía y matemáticas y tenían un lenguaje escrito muy avanzado. Sin embargo, todo cuanto permanece cifrado en forma de jeroglífico aún no ha sido desentrañado.

El pueblo maya no aprendió a utilizar los metales hasta muy avanzada su historia. Construía valiéndose exclusivamente de instrumentos de piedra. Tampoco conocían la rueda. La religión controlaba sus vidas. Adoraban a un dios del sol, a dioses de la lluvia, dioses de la tierra y a una diosa de la Luna, que debía cuidar de las mujeres.

▲ Un bajorrelieve maya en serpentina, una especie de roca que muestra al dios Tlaloc.

▶ Los templos mayas son edificios grandes e impresionantes, que demuestran la capacidad arquitectónica de sus constructores e ingenieros.

Meca, La

La Meca es la ciudad santa de los musulmanes y lugar de nacimiento de Mahoma. Está en Arabia Saudí. El principal edificio de la Meca es la Gran Mezquita y en el patio de la mezquita está la Kaaba, que guarda la sagrada «Piedra Negra». Los musulmanes creen que le fue entregada a Abraham por el arcángel Gabriel. Los peregrinos que visitan la Meca besan esta piedra sagrada.

▲ Una pintura antigua que muestra a Abul-Muttañib, el abuelo de Mahoma, abriendo la puerta de la Kaaba.

Medicamento

Los medicamentos son productos que afectan la forma como actúa el cuerpo. Los médicos los recetan para ayudar a la curación de los enfermos. Los antibióticos atacan determinados gérmenes y ayudan a las personas que sufren de pulmonía y otras enfermedades. Medicamentos como la *aspirina* ayudan a disminuir el dolor. Cuando son muy fuertes se llaman anestésicos. Algunas personas necesitan medicamentos que contengan VITAMINAS u otras sustancias que el cuerpo precisa.

Ciertos medicamentos proceden de animales o de plantas. Por ejemplo, la dedalera nos da una droga llamada digitalina, que ayuda a un corazón débil a latir con más fuerza. Muchos otros medicamentos proceden de MINERALES.

Medicina

Cuando pensamos en la palabra «medicina» lo primero que se nos ocurre es pensar en tabletas, polvos, píldoras y jarabes, es decir, en los medicamentos que toma la gente cuando se encuentra mal de salud. Pero la palabra medicina significa realmente la ciencia de la curación. Ha tenido que pasar mucho tiempo hasta que la medicina llegó a ser una verdadera ciencia.

En los tiempos antiguos los médicos confiaban principalmente en las curas mágicas, pero en los últimos siglos ha avanzado con mayor rapidez que en toda la historia de la humanidad. El desarrollo de los anestésicos en el último siglo significó un paso vital para el progreso de la cirugía. En el presente siglo los progresos han sido más rápidos y espectaculares que nunca. Los científicos han estudiado y comprendido muchas cosas sobre las VITAMINAS; han creado una gran cantidad de las llamadas drogas milagrosas, como la *penicilina* y han terminado casi por completo con ENFERMEDADES que fueron una plaga en

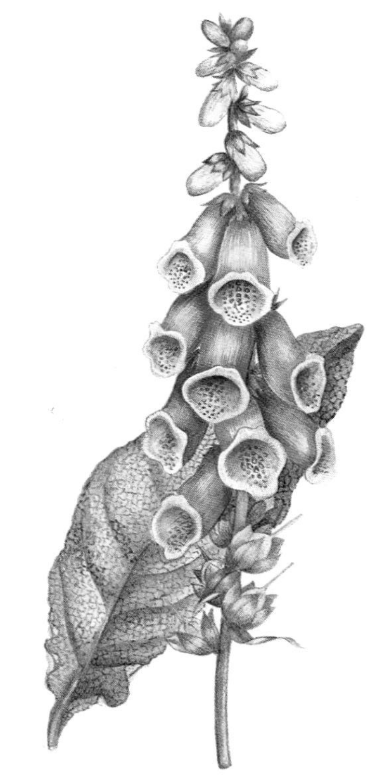

▲ De la dedalera se extrae la digitalina, una droga utilizada para el tratamiento de enfermedades cardíacas.

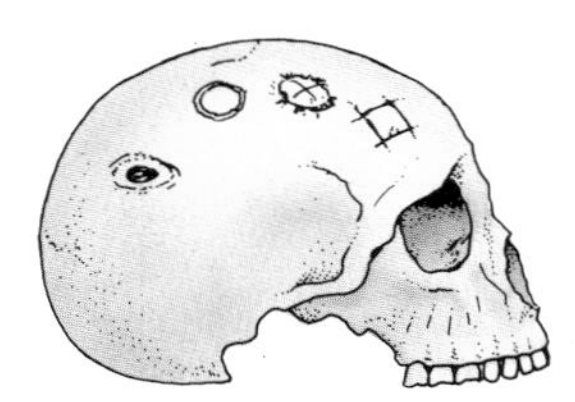

▲ Los hombres prehistóricos quitaban trozos del cráneo para dar salida a los espíritus malignos.

▲ Hace más de 2.300 años la medicina india utilizaba este tubo conductor de vapor para que las heridas sanaran con mayor rapidez.

▶ El pulmón de acero fue inventado en 1876 para mantener con vida a pacientes con insuficiencias respiratorias.

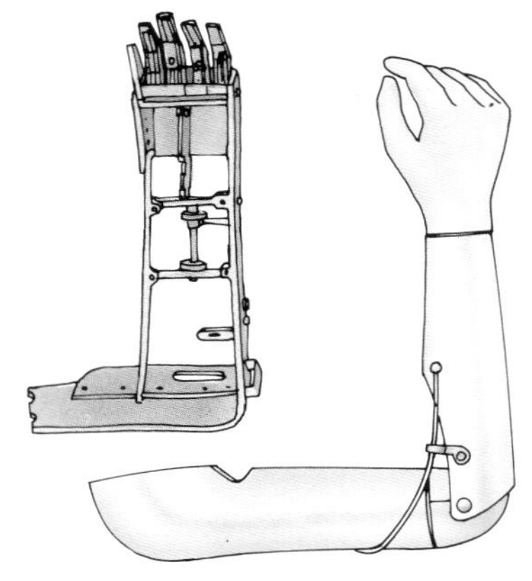

▲ Una mano de hierro del siglo XVI y una prótesis moderna de brazo y mano.

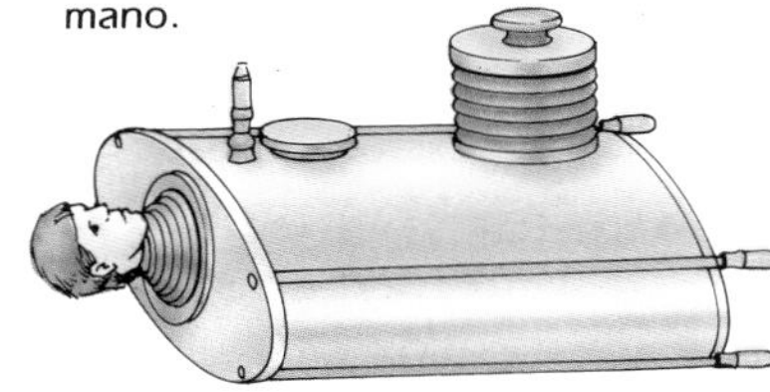

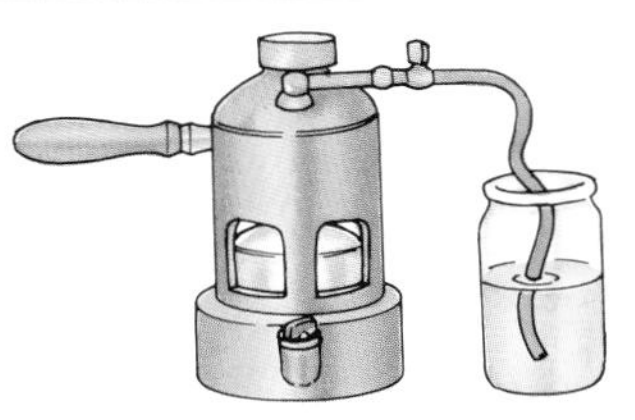

▲ El pulverizador de ácido carbónico de Joseph Lister usado para esterilizar salas de operaciones.

▼ Esta máquina de diálisis ayuda a pacientes con insuficiencias renales.

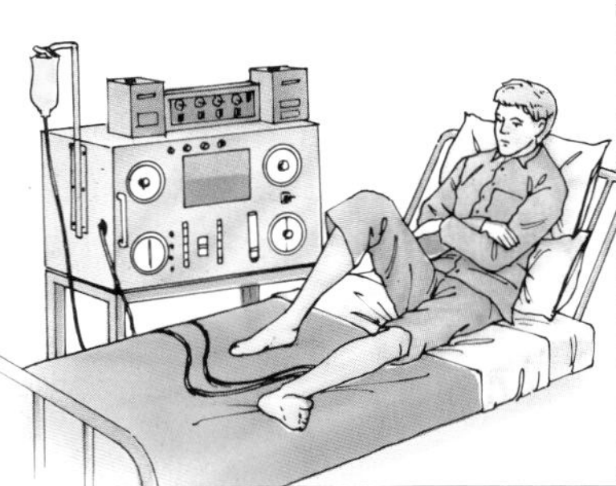

▲ La medicina ha ido avanzado hasta llegar a la medicina hospitalaria de alta tecnología de hoy día.

AVANCES EN MEDICINA

1590	**Microscopio** – Zacharias Janssen
1593	**Termómetro** – Galileo
1628	**Circulación sanguínea** – William Harvey
1796	**Vacunación** – Edward Jenner
1846	**Anestesia** – William Morton
1865	**Anestesia quirúrgica** – Joseph Lister
1865	**Los gérmenes, causa de las enfermedades** – Louis Pasteur
1895	**Rayos X** – William Roentgen
1898	**Radium** – Pierre y Marie Curie
1922	**La insulina para la diabetes** – Frederick Banting y Charles Best
1928	**Penicilina** – Alexander Fleming
1954	**Vacuna contra la polio** – Jonas Salk
1967	**Trasplantes cardíacos** – Christian Barnard

tiempos anteriores, como la tuberculosis o la viruela; también se ha llevado a cabo un gran avance en el conocimiento de las enfermedades mentales, y gracias a los trasplantes pueden sustituirse órganos enfermos o deteriorados.

Pero la parte más importante del trabajo del médico quizá siga siendo el *diagnóstico,* es decir, el descubrimiento de cuál es el mal que afecta al enfermo, mediante el estudio de sus síntomas.

Medida (ver Pesos y medidas)

Melbourne

Melbourne es la capital del Estado de Victoria y la segunda ciudad de AUSTRALIA. Tiene cerca de 3 millones de habitantes.

Esta bella ciudad está en la desembocadura del río Yarra, en la bahía de Port Phillip. El puerto de Melbourne es uno de los mayores de Australia, tanto en lo que se refiere a la red marítima nacional como internacional. Melbourne fue la capital de Australia de 1901 a 1927, cuando Canberra pasó a ser la capital.

Mendel, Gregor

▲ El importante hallazgo de Mendel no fue creído al principio y tuvieron que pasar varios años antes de que sus principios, conocidos con el nombre de «leyes de Mendel», fueran aceptados.

Gregor Mendel (1822-1884) fue un sacerdote austríaco que se hizo famoso por sus trabajos biológicos sobre la herencia. En ese sentido se llama herencia la transmisión de cosas, tales como el color de los ojos o la capacidad mental, de los padres a los hijos.

Mendel creció en una hacienda donde empezó a interesarse por las plantas. Más tarde, cuando entró en un monasterio, empezó a cultivar guisantes y se dio cuenta de que cuando sembraba semillas de plantas altas sólo nacían plantas altas. Comenzó a cruzar plantas altas con plantas bajas, tomando el polen de una y poniéndolo en otra. Se encontró con que sólo obtenía plantas altas. Pero cuando cruzó entre sí esas plantas producto de la mezcla, tres cuartas partes de las plantas fueron altas y una cuarta parte bajas. Mendel había descubierto que algunas cualidades, como por ejemplo la altura o la pequeñez, están determinadas por diminutos *genes* que se transmiten por el padre y la madre. Demostró también que unos genes (dominantes) son más fuertes que otros.

Mercurio (dios)

Mercurio fue un dios romano equivalente al dios griego Hermes. Se le consideraba mensajero de los dioses y, por lo general, se le representaba como un hombre joven con sandalias aladas y con un casco igualmente alado en la cabeza.

Mercurio (metal)

El mercurio, también llamado *azogue,* es el único metal que está en estado líquido a temperaturas ordinarias. Cuando el mercurio se vierte sobre una superficie sus gotas adquieren la forma de pequeñas cuentas. Son muchos los metales que se disuelven en el mercurio para formar *amalgamas* que se utilizan para los rellenos de los dientes atacados por caries. También se utiliza para TERMÓMETROS y BARÓMETROS.

▲ Las gotas de mercurio parecen pequeñas cuentas redondas. Esto se debe a la atracción existente entre las moléculas del mercurio.

Mercurio (planeta)

Mercurio es el menor de los planetas del SISTEMA SOLAR. Es, también, el más próximo al Sol. Un día de Mercurio

DATOS DE MERCURIO

Distancia media del Sol: 58 millones de km.
Distancia mínima de la Tierra: 45 millones de km.
Temperatura en la cara soleada: 350 grados C.
Temperatura en la cara en sombra: −170 grados C.
Diámetro en el ecuador: 4.878 km.
Atmósfera: casi nula.
Número de satélites: 0
Duración del día: 176 días terrestres.
Duración del año: 88 días terrestres.

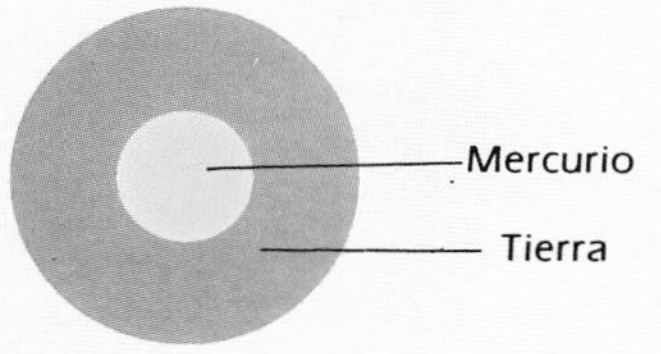

▶ La sonda espacial Mariner 10 pasó junto a Mercurio tres veces en 1974 y 1975. Descubrió que el planeta tiene un gigantesco núcleo de hierro de aproximadamente las tres cuartas partes del volumen del planeta.

dura 176 de nuestros días. Durante las horas de sol la temperatura es tan alta que se fundiría el plomo. Durante la noche, igualmente larga, la temperatura desciende de modo increíble. Muy poco se conocía de la superficie de Mercurio hasta que la sonda espacial *Mariner 10* pasó a 8.000 kilómetros de la superficie del planeta. Según sus observaciones Mercurio tiene una atmósfera muy tenue y posee grandes cráteres semejantes a los de la Luna.

Mercurio se desplaza en el espacio a gran velocidad, entre los 37 y los 56 kilómetros/segundo. Esta gran velocidad y su proximidad al Sol hacen que el año de Mercurio (el tiempo que el planeta tarda en dar una vuelta al Sol) dure sólo 88 días de la Tierra.

Los metales son tan diversos que resulta difícil definir lo que es un metal. El litio, por ejemplo, es tan ligero que puede flotar en el agua –pesa la mitad del volumen de agua que ocupa–. El osmio, en cambio, es 22 veces más pesado que el agua –dos veces más pesado que el plomo–. El oro puro es tan blando (dúctil) que 20 g pueden convertirse en 50 km de fino alambre.

Metal

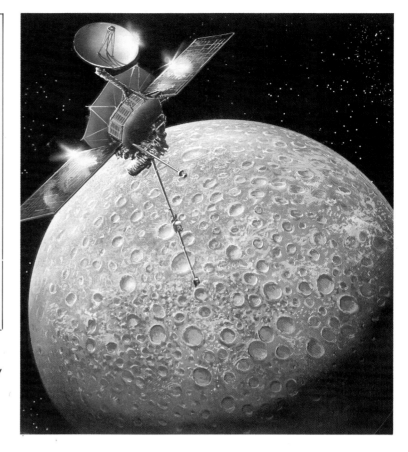

Existen más de cien ELEMENTOS en la Tierra y de ellos aproximadamente los dos tercios son metales. El más importante de los metales es el hierro (con el que se hace el acero, tan importante en nuestros días), seguido del COBRE y del ALUMINIO.

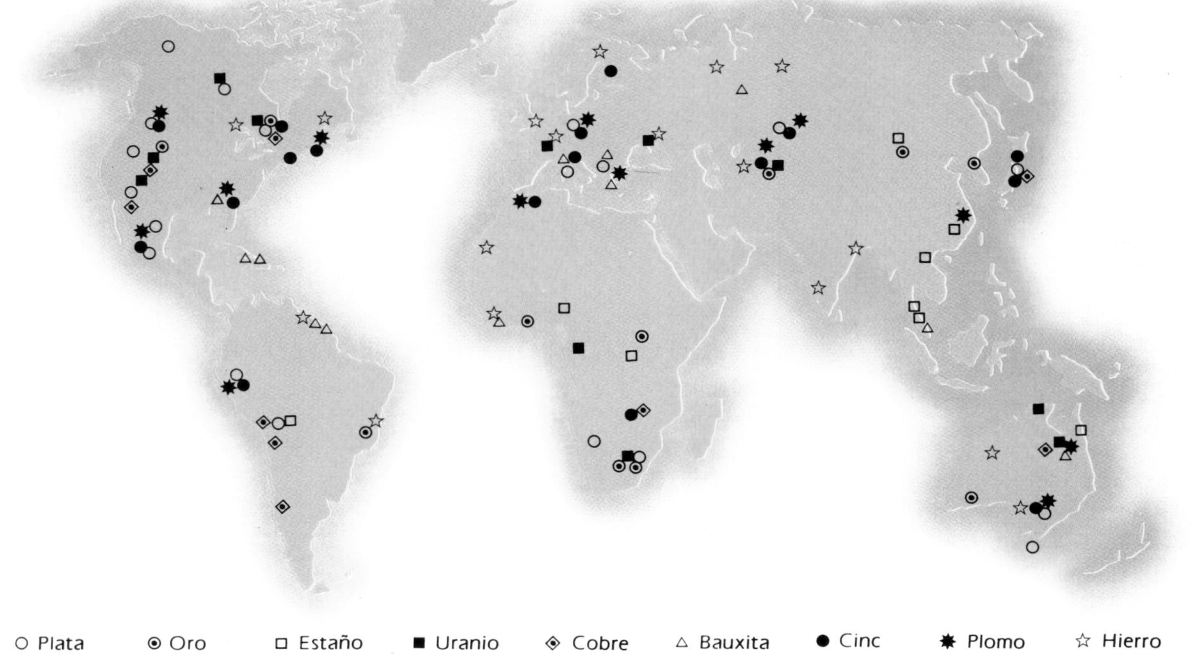

▲ Este mapa muestra la situación actual de los depósitos de metales en el mundo.

El ser humano utiliza los metales desde tiempos remotos. El COBRE, el ESTAÑO y el HIERRO fueron los primeros en ser utilizados. Con ellos se hicieron herramientas y armas. El ORO y la PLATA también se conocieron muy pronto. Se utilizan frecuentemente en joyería.

Muchos metales son brillantes. Todos ellos son buenos conductores del calor y la electricidad, sobre todo el cobre y la plata. Casi todos los metales son sólidos salvo que sean calentados. Algunos metales son blandos, lo que permite convertirlos fácilmente en planchas o en finas varillas. Otros, en cambio, son muy duros, resultando difícil trabajar con ellos.

Los metales pueden mezclarse formando ALEACIONES. El estaño y el cobre son minerales blandos, que al mezclarlos forman el bronce. La aleación del bronce es lo suficientemente dura como para poder hacer con ella espadas y arpones.

Los metales se encuentran en la tierra. Algunos pueden encontrarse en estado puro, pero la mayoría aparecen mezclados con otras sustancias, como los minerales. Para obtener el metal puro a partir de un mineral, éste debe ser tratado.

▲ Los metales contenidos en un mineral, como este trozo de hierro, son bastante difíciles de reconocer, incluso para los expertos.

Meteoro

Un meteoro es un trozo de metal o de piedra que viaja por el espacio a gran velocidad. Millones de meteoros se

▲ Cuando un meteoro grande entra en la Tierra, la fricción con la atmósfera le hace entrar en ignición.

precipitan sobre la Tierra cada día pero la gran mayoría de ellos arden y se consumen antes de alcanzar el suelo. En una noche clara se ven con frecuencia las llamadas estrellas fugaces. Son meteoros que arden. A veces un meteoro grande alcanza la superficie terrestre y entonces se llama meteorito. Los meteoritos hacen a veces grandes agujeros en la Tierra, llamados cráteres.

Meteorología (ver Tiempo meteorológico)

Metro (transporte)

Cada día millones de personas utilizan el METRO (o Ferrocarril Metropolitano). Trenes eléctricos subterráneos pueden llevar pasajeros de un punto a otro de la ciudad, con mucha más rapidez que los autobuses que se ven obligados a ir despacio por las calles llenas de vehículos. La mayor parte de las líneas del Metro son subterráneas, es decir, transcurren por TÚNELES excavados en la roca debajo de una ciudad. Ascensores, escaleras y escaleras mecánicas llevan a los pasajeros de las calles a los andenes de las estaciones subterráneas.

El primer Metro se construyó en Londres en 1863. Hoy día hay en el mundo unas 60 redes de Metro, algunas de ellas muy extensas. El Metropolitano londinense emplea a un número suficiente de personas como para poblar toda una ciudad. Sus 480 trenes recorren una red de 400 kilómetros. La red viaria de Nueva York tiene aproximadamente los mismos kilómetros, pero su tráfico es más intenso. Unos mil millones de personas lo utilizan al año.

Nueva York tiene casi 500 estaciones. Pero el Metro con mayor número de estaciones es el de la ciudad de Moscú. Sus grandes andenes muy profundos han sido construidos para poder ser utilizados como refugios gigantes antiaéreos.

Las líneas subterráneas del Metro londinense están equipadas con un sistema de señales automático. Los mismos trenes operan las luces de modo que cada vez que un tren pasa se encienda la luz roja en los trayectos próximos tras él.

México

México es un país de AMÉRICA DEL NORTE. Está entre los Estados Unidos, por el norte, y América Central en el sur. Al este tiene el gran Golfo de México y al oeste el Océano Pacífico.

México tiene una superficie de 1.972.547 kilómetros cuadrados. La mayor parte del país es montañoso, con

MÉXICO

ESTADOS UNIDOS
MÉXICO
GOLFO DE MÉXICO
OCÉANO PACÍFICO
BELICE
HONDURAS
GUATEMALA
EL SALVADOR

Gobierno: República federal
Capital: México
Superficie: 1.972.547 km^2
Población: 81.800.000 hab.
Lengua: Español
Moneda: Peso mexicano

◀ Muchos mexicanos son de religión católica romana y celebran sus festivales religiosos con procesiones y populares fiestas callejeras.

▼ Vista de la catedral y el Sagrario, monumentos de la época virreinal (siglos XVI-XVIII) que forman parte del importante centro histórico de la ciudad de México.

grandes altiplanicies muy fértiles. El pico más alto alcanza los 5.700 metros. En el sureste la baja península de Yucatán penetra profundamente en el Golfo de México.

México es un país tropical, aunque la mayor parte sea una altiplanicie, lo que hace que el clima sea seco y frío. En el norte hay algunos desiertos. Posee industria, minería y una desarrollada agricultura en algunos sectores. Especialmente importantes son sus pozos de petróleo. También el sector agropecuario está muy desarrollado.

En el México precolombino se desarrollaron diferentes culturas. Una de las más destacadas fue la de los AZTECAS.

México, golfo de

El golfo de México está delimitado, al Oeste y Sur, por la costa de México y, al Norte, por Estados Unidos. Su boca al Atlántico queda cerrada por la península del YUCATÁN, al sur, y la de Florida, al norte, así como por la isla de Cuba. Cabe destacar la corriente de agua cálida que entra por el Sur y eleva la temperatura del agua del golfo en unos 5° C. Esta misma corriente, cuando sale del golfo por Florida, se llama CORRIENTE DEL GOLFO y baña las costas de Estados Unidos.

Micrófono

El micrófono recoge las ondas de SONIDO y las convierte en señales eléctricas. Esas señales pueden ser recogidas en un disco o grabación, o enviadas como señales de

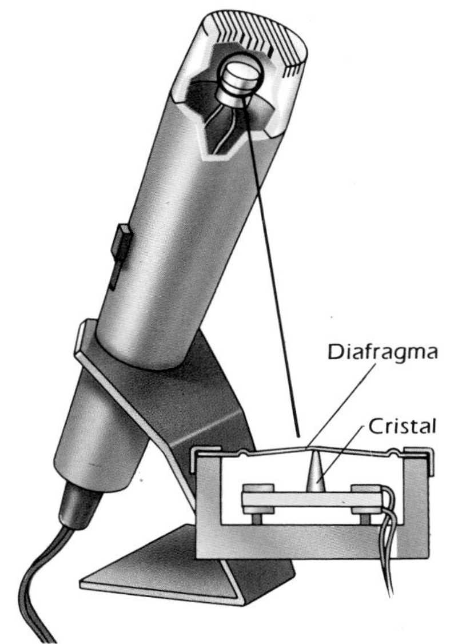

▲ En este micrófono, las ondas de sonido golpean el diafragma flexible y lo hacen vibrar. Esas vibraciones son recibidas por un cristal que las transforma en señales eléctricas.

RADIO. También pueden ser enviadas a un amplificador y de éste a un altavoz, que aumenta la intensidad del sonido. La parte del TELÉFONO por la que se habla tiene un micrófono en su interior que transforma la voz de quien habla en señales eléctricas.

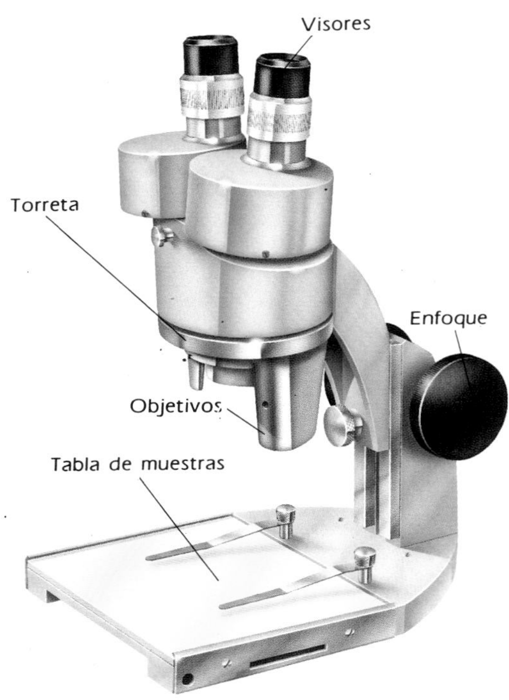

▲ En un microscopio óptico, la imagen puede verse mirando hacia abajo a través del visor y el tubo que contiene una serie de lentes de aumento.

Microscopio

Un microscopio es un instrumento que se emplea para ver objetos diminutos. Aumenta las cosas, es decir, las hace parecer mayores de lo que son. Los objetos que no son visibles a simple vista se llaman *microscópicos*. Muchas plantas y animales microscópicos, incluso las BACTERIAS, pueden ser vistas si se emplea un microscopio.

Los microscopios utilizan lentes. El más simple de los microscopios es una lente de aumento, un microscopio de una sola LENTE. En muchos microscopios las lentes actúan doblando los rayos de luz. Los pequeños microscopios pueden aumentar hasta 100 veces. Los grandes microscopios usados por los científicos aumentan hasta 1.600 veces. El microscopio electrónico es mucho más potente y puede aumentar los objetos hasta 2.000.000 de veces. Este microscopio en lugar de doblar los rayos de luz, dobla rayos de electrones. Los electrones son parte de los ÁTOMOS.

Anton van Leeuwenhoek, un holandés que vivió en el siglo XVI, construyó uno de los primeros microscopios. Él descubrió que las moscas salían de pequeños huevecitos. Antes la gente creía que las moscas nacían de la arena o el barro, porque no se podían ver los huevos.

▶ Esta imagen de un microscopio electrónico muestra una mota de polvo, partículas de piel, partículas de tierra, pelo de gato y fibras, todo ello obtenido de un aspirador.

Migración

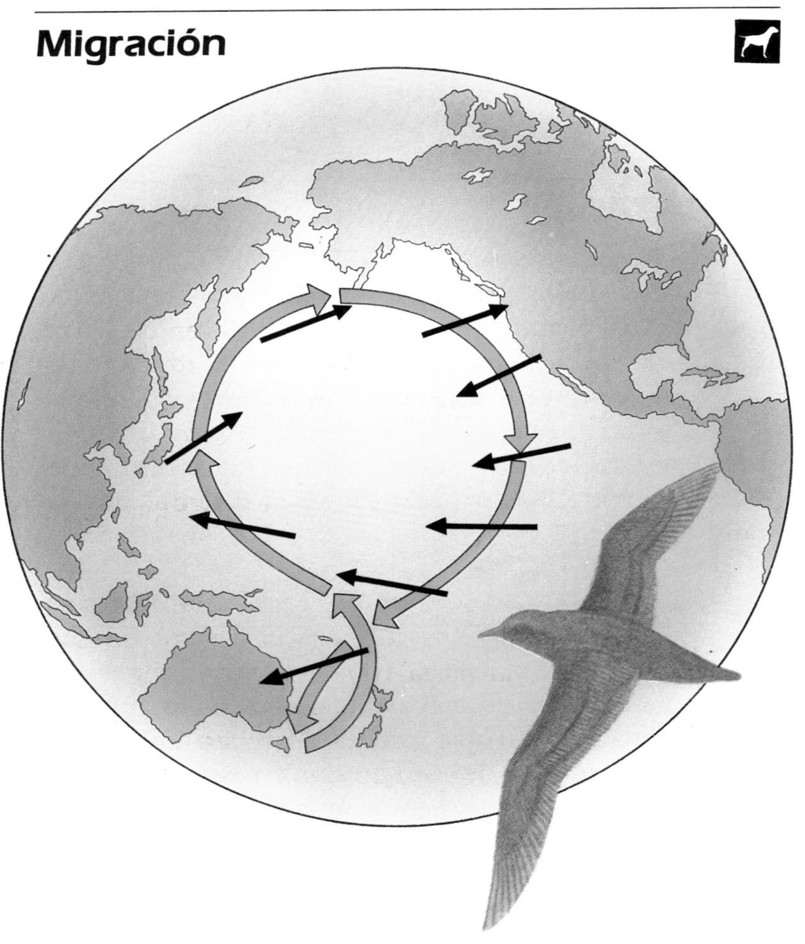

◀ Cada año la pequeña pardela viaja de Tasmania y Australia hacia el Pacífico. Siguiendo el viento el ave vuela hasta las regiones árticas continuando por las costas de Asia antes de regresar, costeando América del Norte, hasta volver a su lugar de reproducción. Se trata de un viaje de 32.000 kilómetros que el ave recorre en siete meses.

La beluga blanca, un tipo de ballena que vive en el Ártico, emigra al sur en verano y vuelve a regresar al norte en invierno. Sin embargo, los científicos no saben por qué razón la ballena común realiza esta migración «al revés».

Muchos animales hacen largos viajes para criar o encontrar alimentos. Muchos de ellos recorren ese camino cada año. Otros sólo lo hacen dos veces en toda la vida. Esos viajes o desplazamientos se llaman migraciones. Los animales emigran por INSTINTO, consecuentemente, no tienen que planear su viaje.

Entre las aves se da el mayor número de animales migratorios. La golondrina deja Europa y América del Norte cada otoño. Vuela al sur para pasar los inviernos en África o América del Sur. Estos lugares son cálidos y las golondrinas encuentran allí suficiente alimento. Ese viaje puede llegar a ser de hasta 10.000 kilómetros. En la primavera las golondrinas vuelan de regreso al norte para criar allí.

Pero las aves no son los únicos animales que hacen largas migraciones, sino que lo mismo hacen mariposas, peces y mamíferos. Las ballenas y los peces hacen largos viajes por mar para encontrar alimentos y para criar. La ANGUILA de los ríos y los lagos de Europa nadan miles de kilómetros a través del Océano Atlántico. Después de tener descendencia, mueren. Las anguilas jóvenes tardan

▲ Cada año las mariposas monarca emigran en gran número desde Canadá y Estados Unidos a México.

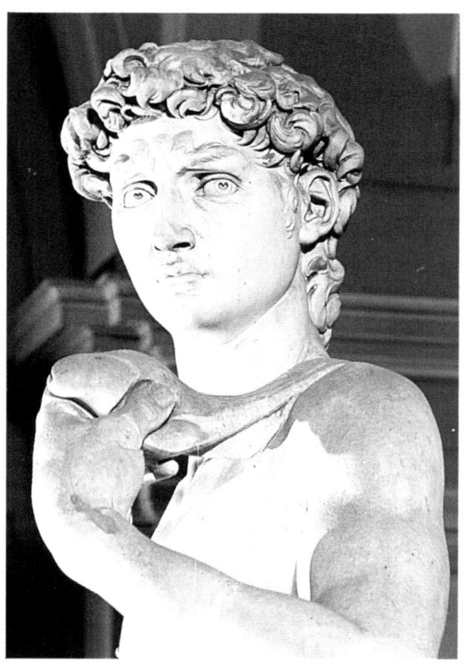

▲ La estatua de David, obra de Miguel Ángel, ahora se conserva para su protección en el interior de la Academia de Bellas Artes en Florencia.

años en regresar nadando hasta Europa. Las mariposas *monarcas* de América del Norte vuelan hacia el sur en gran número o durante el invierno.

Miguel Ángel

Miguel Ángel Buonarroti (1475-1564) fue pintor y escultor. Vivió en Italia en la época del RENACIMIENTO. Es famoso por sus magníficas pinturas y esculturas del cuerpo humano. Se pasó cuatro años y medio pintando la Capilla Sixtina en Ciudad del VATICANO.

Muchas de sus estatuas son grandes y muy realistas. Su estatua de David tiene cuatro metros de altura. Miguel Ángel fue el arquitecto principal de la catedral de San Pedro en Roma.

Mimo

El mimo es el arte de actuar en silencio. Un actor de mimo no habla sino que cuenta su relato por medio de sus movimientos o de su expresión corporal. El rostro, las manos y el cuerpo expresan lo que siente el artista. Los artistas de mimo o mímica son como los bailarines. Deben controlar cada movimiento con mucho cuidado para que su audiencia pueda seguir y entender la historia que está contando.

El mimo fue popular en la Grecia y la Roma clásicas. Se acompañaba con ruidos e incluía ejercicios acrobáticos y juegos de manos. Los actores llevaban máscaras. El mimo fue popular, también, en el Medievo. Más tarde se representaron comedias y dramas enteros sin necesidad de utilizar una sola palabra. El mimo es muy usado en la danza, sobre todo en el ballet.

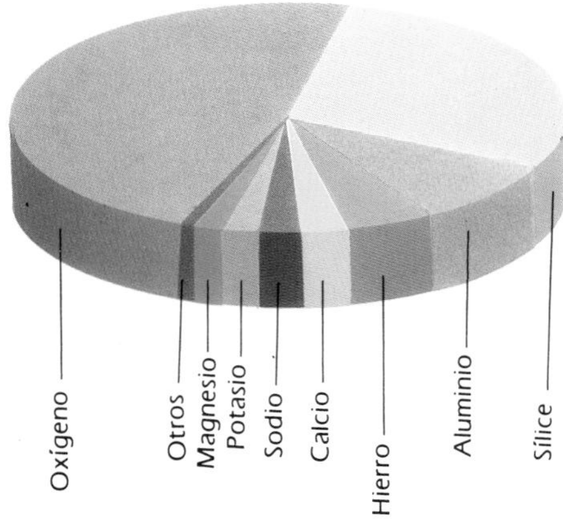

▲ Este gráfico muestra los diferentes elementos, incluso minerales, que se encuentran en la corteza de la Tierra. Se representan en la proporción en que están presentes.

Mineral

Las rocas de la Tierra están formadas por unos materiales llamados minerales. Los hay de tipo muy diverso. Algunos, como el ORO o el platino, están compuestos de un solo ELEMENTO. Otros, como el CUARZO y la SAL están formados de dos o más elementos Algunos minerales son metales, como el COBRE o la PLATA. Otros minerales no son metálicos, como el sulfuro.

Los minerales puros están formados por ÁTOMOS ordenados en formas regulares llamados CRISTALES. Los minerales forman cristales cuando enfrían GASES y LÍQUIDOS del interior de la Tierra. Los cristales pueden llegar a adquirir gran tamaño si se enfrían muy despacio. Adquieren casi siempre las mismas formas.

Existen más de 2.000 minerales. Sin embargo la mayor parte de las rocas de la Tierra están formadas de sólo unos treinta minerales.

El más abundante de todos es el cuarzo. El cuarzo puro está constituido por grandes cristales, bien formados, de un color lechoso.

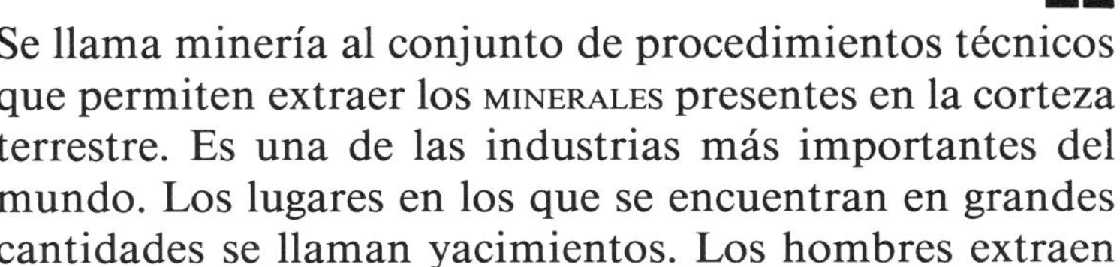

Minería

Se llama minería al conjunto de procedimientos técnicos que permiten extraer los MINERALES presentes en la corteza terrestre. Es una de las industrias más importantes del mundo. Los lugares en los que se encuentran en grandes cantidades se llaman yacimientos. Los hombres extraen minerales como ORO, PLATA O ESTAÑO y también CARBÓN.

Las minas pueden ser pozos abiertos o túneles excavados en el subsuelo. Cuando los yacimientos se encuentran cerca de la superficie, basta con apartar la tierra para extraer el mineral. Palas gigantes arrancan las rocas que contienen los minerales. Las minas subterráneas pueden tener pozos de hasta 3 kilómetros por debajo de la superficie. Otra forma de extracción de minerales es el dragado de los lechos de los ríos y lagos.

Hoy en día, la potencia económica de un país depende, en gran medida, de la riqueza que pueda obtener de su subsuelo.

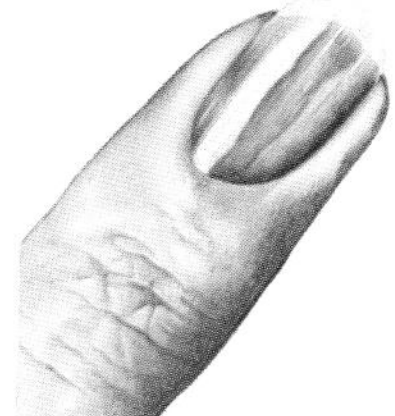

La uña tiene una dureza de 2 1/2.

Una moneda de cobre de 3 1/2.

Los minerales de 6 rayan el vidrio.

Un cortaplumas (5 1/2) puede rayar el apatito pero no a la ortosa.

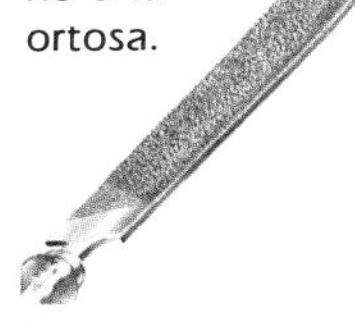

Lima de acero con punta de cuarzo.

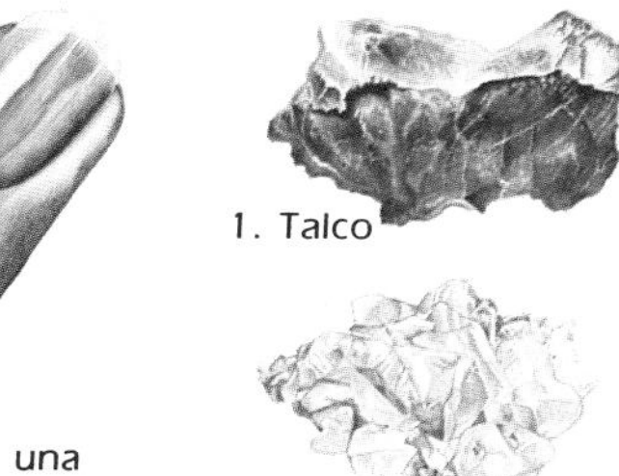

1. Talco

2. Yeso

3. Calcita

4. Fluorita

5. Apatita o apatito

6. Ortosa

7. Cuarzo

8. Topacio

9. Corindón

10. Diamante

▲ El austríaco Friedrich Mohs estableció una escala de dureza creciente de los minerales, con el más blando en la parte superior y el más duro en la base. Están clasificados del 1 al 10. La dureza de otras cosas comunes se encuentran a su lado. Cada mineral puede rayar al que está encima de él en la escala, pero no al que está debajo.

◀ Un pozo abierto en la mina de cobre de Kennecott en Utah, la mayor de las minas de cobre en Estados Unidos.

Misil teledirigido

Un misil teledirigido es un misil con motor-cohete armado con cabeza explosiva. El misil es guiado hasta el blanco por radar o radio, al que le dan sus órdenes desde tierra, o por un instrumento en el propio interior del misil. Un *misil balístico* sigue una trayectoria, parte de la cual transcurre fuera de la esfera terrestre. Es dirigido cuando se eleva, pero cuando el cohete impulsor se consume regresa a la tierra en trayectoria no dirigida. La única defensa contra un misil balístico es disparar contra éste otro misil para que lo destruya antes de alcanzar su blanco. Estos misiles defensivos se llaman misiles antibalísticos. Los modernos *misiles balísticos* están armados con varias cabezas nucleares que se separan a medida que descienden, lo que dificulta la defensa contra ellos.

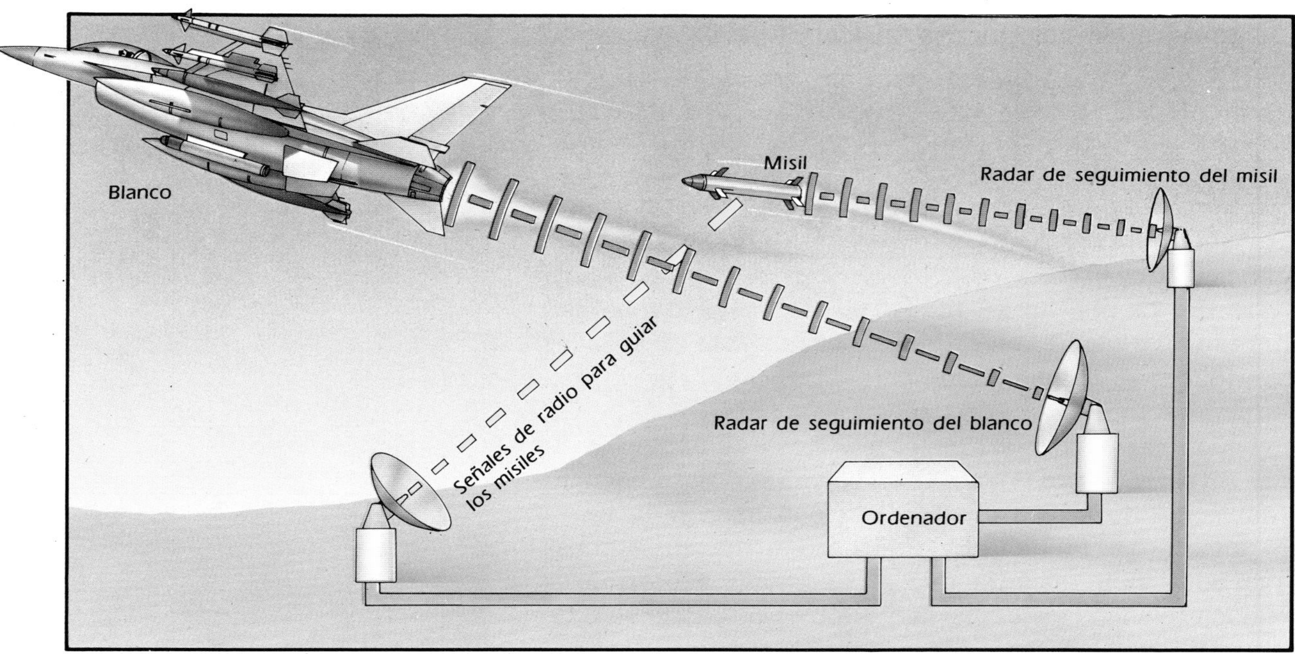

▼ Un sistema de radar puede seguir tanto la trayectoria del misil como la del blanco. Un ordenador lee las señales y controla el sistema de guía del misil para dirigirlo por radio y llevarlo al blanco.

Mississippi, río

El río Mississippi es el más largo de los ríos de Estados Unidos. Nace en el norte, en Minnesota y recorre 3.780 kilómetros en dirección sur para desembocar en el golfo de México. Tiene 250 afluentes. Las aguas del Mississippi arrastran gran cantidad de barro. Como resultado de ello su DELTA, donde se deposita el fango va penetrando en el mar al ritmo de un kilómetro cada diez años.

Mito

En tiempos antiguos la gente creía que el mundo estaba habitado por un gran número de dioses y espíritus. Había dioses de la guerra y del trueno, del mar, del vino y de la caza. El Sol y la Luna también eran dioses. Los relatos sobre las vidas y hazañas de los dioses se llaman mitos. El estudio de los mitos se llama mitología.

Algunos mitos se refieren a seres humanos extraordinarios llamados *héroes* que realizaron grandes hazañas. Otros mitos se refieren a los trucos que los dioses empleaban con los mortales ordinarios. Todos los países tienen sus mitos, pero los de Grecia y Roma son los más familiares en nuestra cultura. Muchos de los mitos griegos fueron adoptados por los romanos. Incluso aceptaron a algunos de los dioses griegos. La mitología nos enseña mucho sobre las formas de vida de los pueblos en tiempos muy antiguos.

▼ Los antiguos egipcios creían en muchos dioses. Algunos eran representados por las cabezas de animales sagrados para ellos. Osiris, dios de la otra vida, estaba casado con Isis, diosa de la fertilidad femenina y Horus era su hijo. Anubis escoltaba al muerto al otro mundo. Ra era el hijo del dios Sol.

Horus

Anubis

Isis

Osiris

Ra

Mitología griega

Los antiguos griegos, como todos los pueblos que vivieron hace miles de años, inventaron dioses y diosas para explicarse el mundo que los rodeaba. Las historias relacionadas con esas *deidades* eran llamadas *mitos*. En la mitología griega muchos de sus dioses vivían en el Olimpo. Allí se alimentaban de un manjar especial llamado *ambrosía* y bebían *néctar* para conseguir la inmortalidad. El más importante de los dioses era Zeus, que cuando se ponía furioso lanzaba truenos. Zeus tuvo muchos hijos e hijas y una de ellas fue Atenea, diosa de la sabiduría. La capital de Grecia fue bautizada en su honor. Apolo era el

DIOSES GRIEGOS

Dios	*Título*
Afrodita	Diosa de la belleza y del amor
Apolo	Dios del sol, de la poesía y de la música
Ares	Dios de la guerra
Artemisa	Diosa de la luna y de la caza
Atenea	Diosa de la sabiduría
Deméter	Diosa de la agricultura
Hefesto	Dios del fuego
Hera	Diosa del matrimonio
Hermes	Mensajero de los dioses
Hestia	Diosa del hogar
Poseidón	Dios de los mares
Zeus	Soberano de los dioses

dios del sol, que cada día conducía su carro por el cielo.

Mitología nórdica

La Europa nórdica tiene también sus propios MITOS, es decir, el relato de las hazañas de sus dioses y héroes de tiempos muy antiguos. Una de sus leyendas cuenta que el mundo fue hecho del cuerpo del primer gigante que fue muerto por tres nietos del primer dios. Otro de sus relatos míticos nos dice que *Odín* y otros dos dioses hicieron al primer hombre de las cenizas de un árbol y a la primera mujer de un olmo. Una tercera leyenda nos cuenta cómo el celoso dios *Loki* mató al hijo de *Odín, Balder el Bello.* En este relato *Balder* representa al verano y su muerte simboliza el comienzo de la estación de invierno.

La mitología nórdica explica que los dioses vivían en el *Asgard*, su hogar en el cielo, cuyo palacio más espléndido era el de Odín, soberano del universo, del que descendían a la Tierra por un arco iris.

Modelo

Los modelos son copias en pequeño de objetos mayores. Modelos de aeroplanos, automóviles y trenes son un ejemplo de este tipo de modelos y su construcción se conoce como modelismo. Otro tipo de modelismo es la construcción de modelos que no existen realmente, como por ejemplo la maqueta de un nuevo edificio que aún no ha sido levantado y que adelanta el arquitecto, o un nuevo modelo de avión que todavía no salió de la mesa del diseñador. Los modelos se usan para realizar pruebas de productos, en la enseñanza y para conseguir efectos especiales en las películas. El material para la construcción de modelos y maquetas incluye madera de balsa, cartón y pegamento. En la actualidad existen muchos diseños para hacer todo tipo de atractivos modelos en nuestra propia casa.

Probablemente el más antiguo de los modelos fue hallado en una vieja tumba egipcia. Es un modelo de una embarcación y tiene unos 4000 años. Los egipcios creían que el espíritu de los muertos necesitaba ayuda para cruzar el Río de la Muerte, razón por la cual ponían una lancha en la tumba. En la Edad Media los marineros tallaban con frecuencia barcos de madera que dejaban en las iglesias como ofrenda de agradecimiento por haberse salvado de una tempestad en el mar.

Mofeta

Las mofetas son MAMÍFEROS, miembros de la misma familia que las comadrejas y los TEJONES. Existen tres tipos: las de nariz larga, las moteadas y las rayadas. Todas ellas viven en América del Norte. La más conocida es la mofeta rayada, que es negra con rayas blancas en el lomo. Todas las mofetas están en condiciones de alejar a sus enemigos expulsando un líquido apestoso por una glándula que tienen debajo de la cola. Si otro animal es alcanzado por este líquido su horrible mal olor impregnará su piel y permanecerá durante varios días.

Las mofetas pueden comer todo tipo de alimentos, como insectos, ratas, ratones, pájaros, huevos y plantas. Comen durante la noche y duermen en madrigueras durante el día.

▲ Las mofetas son inofensivas pero si se sienten amenazadas, el líquido maloliente que expulsan aleja de allí a cualquier atacante.

Moho

Los mohos son pequeñas plantas que pertenecen al mismo grupo que las SETAS. A diferencia de las plantas verdes no pueden producir su propio alimento, así que viven del alimento producido por otras plantas o animales. El moho crece a partir de una *espora*. Si una espora cae sobre un trozo de pan húmedo, crece en finas hebras y empieza a extenderse rápidamente. Los alimentos con moho deben tirarse a la basura. Sin embargo, hay algunos mohos que son útiles. Ciertos quesos como el Stilton, Camembert y Roquefort reciben su sabor y aroma del moho que crece en ellos. El *penicillium* es un moho, un hongo, que se utiliza para hacer el poderoso medicamento germicida llamado penicilina.

La mofeta común crece hasta una longitud de 28 a 36 centímetros, con una cola de 43 centímetros. Cuando es atacada expulsa su líquido maloliente hasta una distancia de 3,5 metros con perfecta puntería. Antes de expulsar el líquido el animal avisa, agitando sus patas delanteras y bufando.

Molino de viento

Los molinos de viento son máquinas que utilizan la fuerza del viento para realizar trabajos útiles. Se usaron en Asia ya en el siglo VII y de allí pasaron a Europa en el siglo XII.

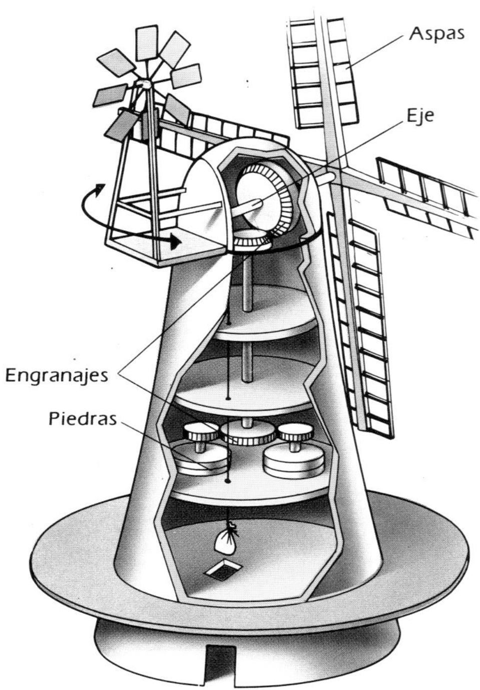

▲ Este tradicional molino de viento se utilizaba para moler grano. El viento, al soplar, hacía girar las piedras de moler.

En los primeros molinos una rueda con grandes velas como aspas se fijaba a una torre, que en ocasiones podía girar en su totalidad para adoptar el ángulo adecuado con relación al viento. A medida que el viento hace girar las aspas, la rueda gira y pone en movimiento todo un mecanismo dentro del molino. Ese mecanismo se utiliza para hacer un trabajo útil, como girar unas pesadas muelas que muelen el grano, o sacar agua de un pozo.

En la actualidad se trata de construir mejores molinos de viento para producir electricidad. Estos molinos, por lo general, se sitúan sobre una alta estructura de acero. Las aspas tienen el aspecto de hélices de avión que giran a gran velocidad cuando sopla el viento. Al girar, la hélice mueve un generador que produce electricidad.

Moluscos

Los moluscos son un extenso grupo de animales. Existen unos 70.000 tipos diferentes. Después de los insectos constituyen el grupo más numeroso de animales. Se encuentran en todas partes, desde los desiertos y las montañas a las profundidades del mar.

Los moluscos tienen cuerpos blandos sin esqueleto interno. En vez de ello, su cuerpo está protegido por una CONCHA. Algunos de ellos, como la jibia o el calamar, tienen la concha en el interior de su cuerpo. Sólo unos pocos carecen de concha.

Algunas conchas sólo miden unos cuantos milímetros. Otras, como las de la almeja gigante, pueden llegar a

▼ En el fondo del mar se encuentra una gran variedad de moluscos, algunos de los cuales son muy sabrosos y apreciados.

medir un metro de diámetro. Cuando el molusco crece, la concha crece con él. La concha está hecha de un material calizo duro que se forma del alimento con que se nutre el animal. Las conchas tienen formas muy diversas y algunas de ellas son muy bellas.

El mayor de los moluscos es el calamar gigante, que puede llegar a medir hasta doce metros.

Mónaco

El diminuto país de Mónaco está en la costa francesa del mar Mediterráneo. Su superficie no llega a los dos kilómetros cuadrados. Se llama principado porque está regido por un príncipe. La industria principal del país es el turismo. Más de la mitad de los habitantes de Mónaco son franceses. Mónaco viene siendo regido por la familia Grimaldi desde el siglo XIII.

MÓNACO

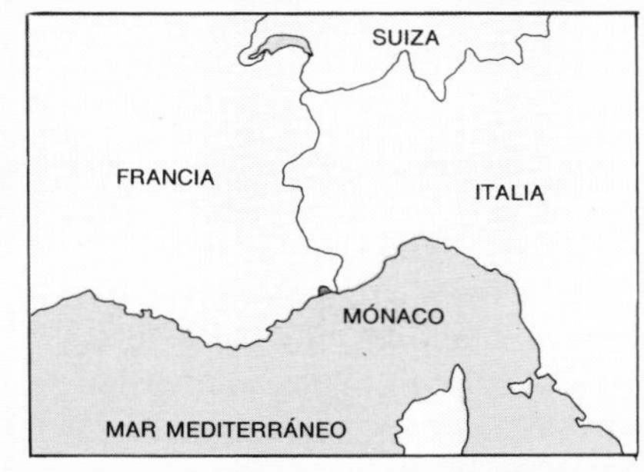

Gobierno: Monarquía constitucional
Capital: Mónaco
Superficie: 1,9 km^2
Población: 28.000 hab.
Lengua: Francés
Moneda: Franco francés

Con una población de 28.000 habitantes en una superficie de 1,9 kilómetros cuadrados, Mónaco tiene una densidad de población superior a la de cualquier otro país –14.000 habitantes por kilómetro cuadrado–. Gran Bretaña tiene una densidad de 377 habitantes por kilómetro cuadrado.

Monasterio

Los monasterios son los lugares en los que viven los monjes formando comunidades o grupos. Llevan una vida religiosa y obedecen reglas severas. Los monasterios

◀ En los monasterios mucho tiempo se dedica a la oración y se celebran ceremonias y servicios religiosos a diario.

son especialmente importantes en las religiones budistas y cristiana.

Los monasterios cristianos tuvieron su origen en Egipto hacia el siglo IV. Los eremitas eran hombres religiosos que vivían solos. Un grupo de eremitas decidió unirse y establecieron una serie de reglas para su vida en común. Poco después comenzaron a crecer las comunidades de monjes o frailes. Trabajaban el campo, impartían la enseñanza y ayudaban a los pobres.

Uno de los monjes más famosos fue San Benito, que fundó la Orden Benedictina. Muchos grupos de monjes siguieron sus reglas para gobernar un monasterio. San Benito dividía el día en períodos de oración, de estudio religioso y de trabajo.

El más famoso de los monasterios del mundo es el de Monte Cassino, en la Italia central. Fue fundado en el año 529 por San Benedictino y fue allí donde reunió a su alrededor el primer grupo de monjes benedictinos. El monasterio ha tenido una vida muy agitada. Fue asaltado por los lombardos en 589, por los sarracenos en 884 y por los normandos en 1030. En cada ocasión volvió a ser instalado en el mismo lugar y se convirtió en un gran centro de las artes y de la enseñanza. Durante la II Guerra Mundial fue escenario de duros combates cuando los alemanes se retiraban ante el avance aliado. El 15 de febrero de 1944 el monasterio fue destruido casi por completo por los bombardeos aliados. Resultó destruida gran parte de su valiosa colección de obras de arte, pero se salvaron muchos manuscritos de gran valor. El monasterio ha sido reconstruido.

Moneda

Las primeras monedas de metal fueron acuñadas hacia el año 800 a.C. Con anterioridad el comercio era de trueque, es decir, se cambiaba un producto por otro. Durante algún tiempo las monedas se hicieron de metales valiosos, en especial de oro y de plata. Más tarde la gente se dio cuenta de que servía cualquier metal siempre que se llegara a un acuerdo sobre el valor de cada moneda.

▶ Se hacen monedas con diferentes formas y con distintos metales. Coleccionar monedas (numismática) puede ser un hobby apasionante.

Mongoles

Los mongoles eran NÓMADAS que vivían en las extensas planicies de Asia Central. Poseían grandes rebaños de ovejas, cabras, vacas y caballos, que pastaban en los grandes pastizales de la región. Vivían en aldeas de tiendas que podían ser desmontadas rápidamente y que lle-

▲ Los mongoles eran nómadas y expertos jinetes. Sus habitáculos temporales conocidos como *yurts* eran grandes tiendas de campaña hechas de madera y pieles.

vaban consigo cuando partían en busca de nuevos pastizales.

Los mongoles eran excelentes jinetes y guerreros muy bien preparados para el combate. En el siglo XIII formaron un poderoso ejército bajo el mando del gran GENGHIS KHAN. Hordas de mongoles a caballo se extendieron por China, India, Persia y llegaron hasta Hungría.

Bajo el liderazgo de Genghis Khan y después el de su nieto Kublai Khan, los mongoles conquistaron la mitad del mundo entonces conocido.

Mongolia

Mongolia es una república en el corazón de Asia. Está situada entre la Comunidad de Estados Independientes (CEI) y China.

Mongolia es un país llano, elevado, desierto o de pastizales, con montañas en el Oeste. El desierto de Gobi ocupa una gran parte del país.

Los habitantes de Mongolia son descendientes de los mongoles. En la actualidad Mongolia tiene un gobierno socialista.

Mono

Los monos son MAMÍFEROS que pertenecen al mismo grupo de animales que los antropoides y el SER HUMANO. Muchos

MONGOLIA

CEI
MONGOLIA
COREA DEL NORTE
COREA DEL SUR
CHINA

Gobierno: Pluralista, parlamentario
Capital: Ulan Bator
Superficie: 1.565.000 km^2
Población: 2.000.000 hab.
Lengua: Mongol
Moneda: Tugrik

▲ El colobo y el mandril son monos del antiguo continente y viven en África. El primero no tiene pulgar y el segundo es uno de los monos de mayor tamaño.
Los monos del Nuevo Mundo, entre los que se cuentan el mono lanudo y el miriki (*Brachyles aracnoides*), viven en los bosques de América del Sur. Tienen colas *prensiles* muy largas que pueden usar como una mano más.

monos tienen un largo rabo y su cuerpo está cubierto por una espesa piel. Por lo general son más pequeños que los antropoides. Utilizan sus cuatro manos, que son muy parecidas a las del ser humano, para poder trepar por los árboles y sujetarse.

Existen unos cuatrocientos tipos diferentes de monos. La mayor parte de ellos viven en los trópicos, especialmente en los bosques, en África, Asia y América del Sur. Los monos americanos suelen tener la cola más larga y la utilizan como un brazo más cuando avanzan y se balancean en las ramas de los árboles.

En el suelo, por lo general los monos andan a cuatro patas, pero cuando utilizan las manos para sujetar algo, pueden ponerse de pie o sentarse sobre dos patas.

Los monos viven en grupos familiares. Pasan mucho tiempo jugando o peleándose entre ellos. Cada familia de monos tiene su propio territorio donde vive y se alimenta. Es capaz de luchar fieramente para defender su territorio contra otro grupo que intente invadirlo.

Mono antropoide

Los antropoides son nuestros parientes más cercanos en el mundo animal. Compartimos el mismo tipo de esqueleto y tenemos el mismo tipo de sangre y podemos sufrir muchas enfermedades comunes.
Los antropoides tienen un gran cerebro, pero incluso el del gorila, el mayor de los antropoides, es sólo la mitad del cerebro humano. Contrariamente al mono común, los antropoides no tienen rabo. Hay cuatro clases principales de antropoides: el GORILA y el CHIMPANCÉ son africanos; el ORANGUTÁN vive en Borneo y Sumatra; el gibón en el sureste de Asia.

Montaña

Una gran parte de la superficie de la Tierra está cubierta por montañas. Las cordilleras más elevadas del mundo son: los Alpes en Europa, las Montañas Rocosas y los Andes en América, y el HIMALAYA en Asia. La cordillera del Himalaya es la mayor de todas y tiene varios de los picos más elevados del planeta, entre ellos sobresale el famoso EVEREST.

También existen montañas debajo del mar. A veces las cumbres de estas montañas submarinas aparecen por encima de la superficie del mar formando una isla. Una de estas montañas llamada Mauna Loa, que surge del fondo del Océano Pacífico, es mucho más alta que el monte Everest si se la mide desde su base sumergida hasta su cima.

Las montañas se han ido formando gracias a los movimientos de la corteza terrestre. Algunas cordilleras se formaron cuando dos grandes masas de tierra se movieron una hacia la otra y oprimieron la tierra existente entre ellas. Así, surgieron los Alpes, por ejemplo. Otras deben su actual formación a viejos VOLCANES y constituyen grandes acumulaciones de ceniza y lava que salieron del cráter cuando el volcán entró en erupción.

Ni siquiera las más altas montañas perdurarán siempre. Hasta las más duras rocas son desgastadas y disueltas por la acción del tiempo, la lluvia, el viento, el sol y la helada. Los RÍOS forman valles, los GLACIARES se abren paso en su descenso arrastrando consigo la montaña y transformándola en una suave colina con el paso de innumerables siglos.

LAS MONTAÑAS MÁS ALTAS DEL MUNDO

Cima	Cordillera	metros
Everest	Himalaya	8.848
Goldwin Austen	Karakoram	8.619
Kanchenjunga	Himalaya	8.598
Lhotse	Himalaya	8.510
Makalu	Himalaya	8.470
Dhaulagiri I	Himalaya	8.172
Manaslu	Himalaya	8.156
Cho Oyu	Himalaya	8.153
Nanga Parbat	Himalaya	8.126
Annapurna I	Himalaya	8.078
Gasherbrum I	Karakoram	8.068
Pico Broad	Karakoram	8.047
Gasherbrum II	Karakoram	8.033
Gosainthan	Himalaya	8.013
Gasherbrum III	Karakoram	7.952
Annapurna II	Himalaya	7.937
Gasherbrum IV	Karakoram	7.925
Kangbachen	Himalaya	7.902
Gyachung Kang	Himalaya	7.897
Himal Chuli	Himalaya	7.893
Distehil Sar	Karakoram	7.885
Kunyang Kish	Karakoram	7.829
Dakum	Himalaya	7.852
Nuptse	Himalaya	7.852
Kommunisma	Pamir	7.495
Aconcagua	Andes	6.959
Ojos del Salado	Andes	6.893
Illimani	Andes	6.882

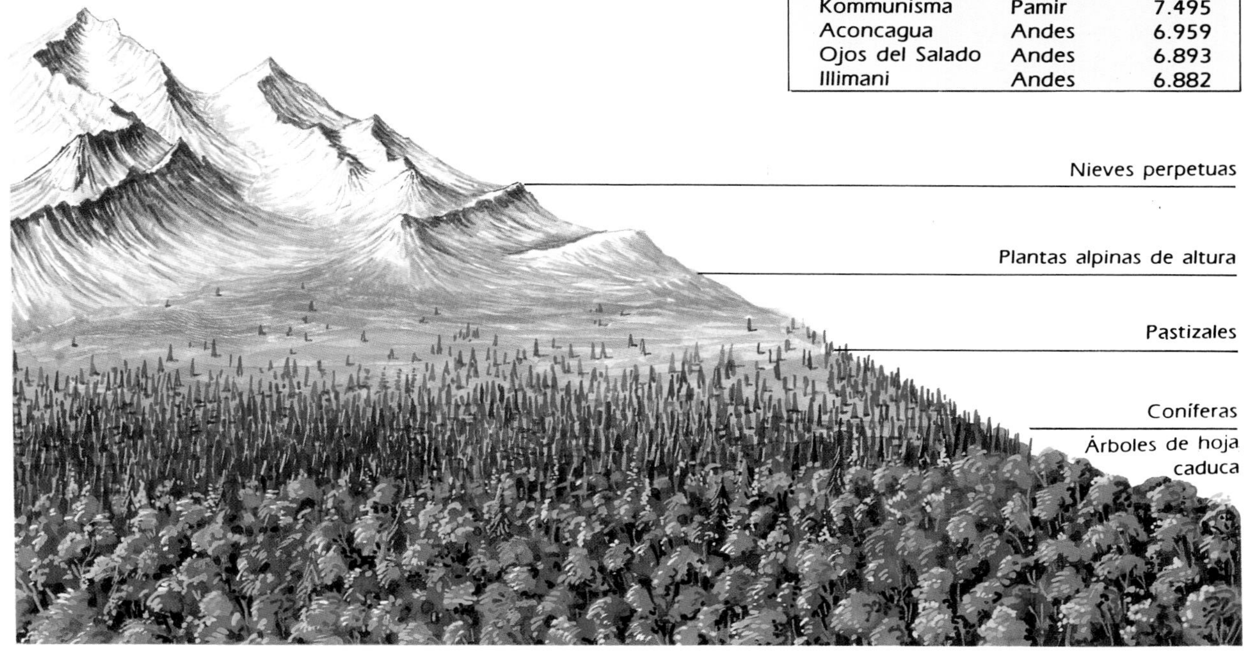

▲ En las zonas montañosas, plantas diferentes crecen a distintas altitudes. Eso se debe a que el aire se hace más tenue y frío mientras mayor es la altura.

Montañas Rocosas

Las Montañas Rocosas son una cordillera que se alza en AMÉRICA DEL NORTE. Se extiende desde Alaska hasta Nuevo México, atravesando el Oeste de Canadá y Estados Unidos. Su cumbre más alta, el monte Elbert, tiene 4.399 metros de altura sobre el nivel del mar. Las *Roc-*

▲ Una vista del monte Robson, la cumbre más elevada de las Montañas Rocosas en Canadá.

kies (como las llaman en Estados Unidos) tienen varios y espléndidos parques nacionales en los que viven muchos animales salvajes.

Monzón

Los monzones son vientos que soplan de la tierra al mar durante el invierno y del mar a la tierra durante el verano. Se producen principalmente en el sur de Asia. En el verano el monzón trae humedad del mar y produce lluvias sobre la tierra. Los monzones de verano traen la estación de las lluvias. En la India, por ejemplo, caen unos 1.700 mm de lluvia entre junio y septiembre y solamente 100 mm en el resto del año.

Desde tiempos muy antiguos los marinos utilizaron para sus viajes el cambio de dirección temporal de los vientos monzónicos. Los veleros zarpaban en el mar Arábigo en dirección oeste, es decir, de la India hacia África cuando el monzón soplaba en dirección suroeste. En el invierno, el monzón sopla desde el suroeste y los veleros mercantes regresan a la India.

Moore, Henry

Henry Moore (1898-1986) fue un famoso escultor británico, que trabajó la madera, la piedra y el metal. Sus esculturas son por lo general de gran tamaño y líneas suaves.

Moore es también muy conocido por sus dibujos. Sus cuadros de gente refugiada en el Metro, para protegerse de los ataques aéreos alemanes durante la II GUERRA MUNDIAL, son especialmente famosos.

Mormón

Los mormones forman un grupo religioso fundado por Joseph Smith en 1830. Su nombre proviene del *Libro de Mormón* que los mormones creen es la historia sagrada de los antiguos pueblos de América. La secta se inició en Nueva York, pero fueron perseguidos por sus creencias y tuvieron que marcharse de allí. Finalmente se establecieron en el valle del Salt Lake, Utah.

▲ Esta escultura en bronce de Henry Moore es un ejemplar típico de su estilo de trabajo, sencillo y ordenado.

Morsa

La morsa pertenece a la familia de las FOCAS. Sus enormes caninos parecen dos colmillos de elefante, que pueden llegar a medir hasta un metro. La morsa los utiliza para arrancar las almejas y otros moluscos con los que se alimenta. También emplea los colmillos para el combate; incluso los grandes osos polares se mantienen alejados de las morsas adultas.

◀ La morsa nada en las aguas poco profundas de los mares árticos. Aunque muy lenta en tierra, puede nadar a velocidades de hasta 24 kilómetros/hora.

Tanto la morsa del Atlántico como la del Pacífico viven en el frío ÁRTICO. Son animales muy grandes. El macho de la morsa del Atlántico puede llegar a medir cuatro metros y pesar más de 1 tonelada.

En la década de 1930 las morsas casi estuvieron a punto de desaparecer como consecuencia de la caza a la que fueron sometidas por sus colmillos y su piel. Ahora la ley prohíbe su caza y la especie va aumentando de nuevo lentamente.

Mosaico

Un mosaico es un dibujo formado por pequeñas piezas de piedra coloreada o vidrio que se colocan sobre una superficie, normalmente de cemento. Las piezas se distri-

▼ Bellos mosaicos romanos símbolos de la cultura de aquella civilización, han sido encontrados en distintas zonas de la península ibérica, como éste de Ampurias, en Gerona.

El mayor mosaico del mundo adorna cuatro paredes en la Universidad Nacional de México. Muestra escenas de la historia del país. Cada uno de los dos grandes mosaicos que cubren las paredes tiene una superficie de 1.200 metros cuadrados.

◀ Un mosaico romano como éste de San Albano se ha encontrado en diversas partes de Gran Bretaña.

Experiméntalo

Tú mismo puedes construir tu propio mosaico utilizando pequeñas conchas, trozos de cristal de color o vajillas rotas. Necesitarás un tablero y una cola resistente. Haz el dibujo sobre el tablero o cartón y decide los colores que piensas utilizar para cada zona del dibujo. Encola primero las piezas de los bordes y ve trabajando hacia el centro. Procura que las piezas estén todo lo juntas que te sea posible. Puedes rellenar los espacios entre las piezas con mortero de relleno, lo que ayudará a que el mosaico quede más firme.

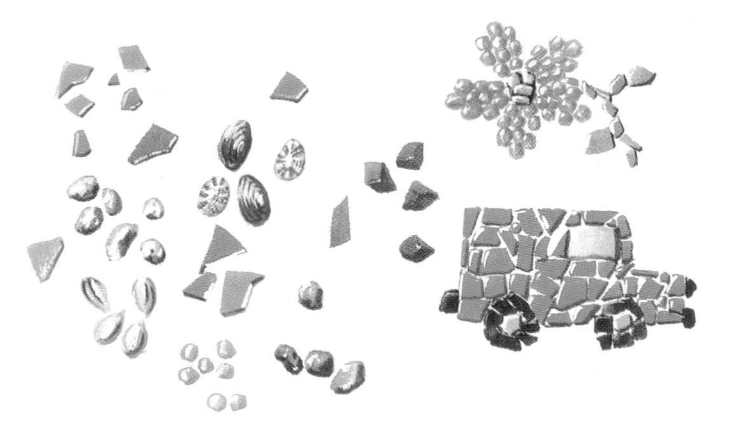

buyen de modo que compongan un dibujo, un retrato o representen una escena.

La construcción de mosaicos es un arte muy antiguo. Los sumerios ya los construían hace 5.000 años. Los mosaicos son una forma práctica de decorar suelos y paredes, puesto que resisten el lavado. En la Roma antigua cada villa o palacio tenía sus mosaicos, que mostraban escenas de la vida cotidiana.

Los mosaicos se utilizaban también para hacer retratos de santos, ángeles y de JESÚS en las iglesias de Grecia, Italia y Turquía, donde se hallan los más famosos.

Mosca

Las moscas son insectos alados y componen uno de los grupos de insectos más abundantes en el mundo. Hay más de 750.000 tipos distintos de moscas. Tienen dos

▼ La mosca común deja sus huevos en la materia en putrefacción. El ciclo vital puede completarse en una semana con tiempo cálido. En el dibujo del centro, la boca esponjosa.

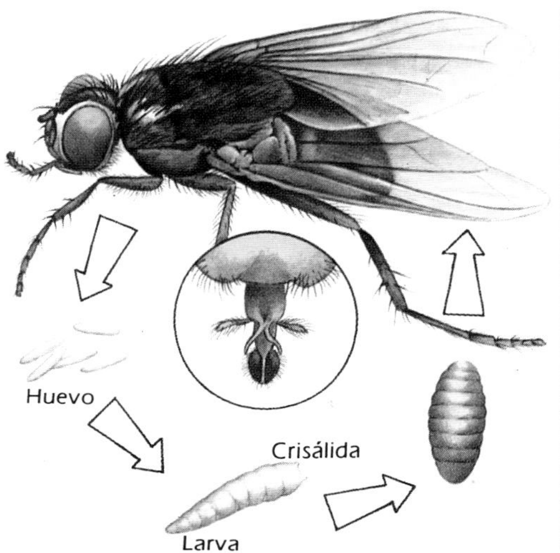

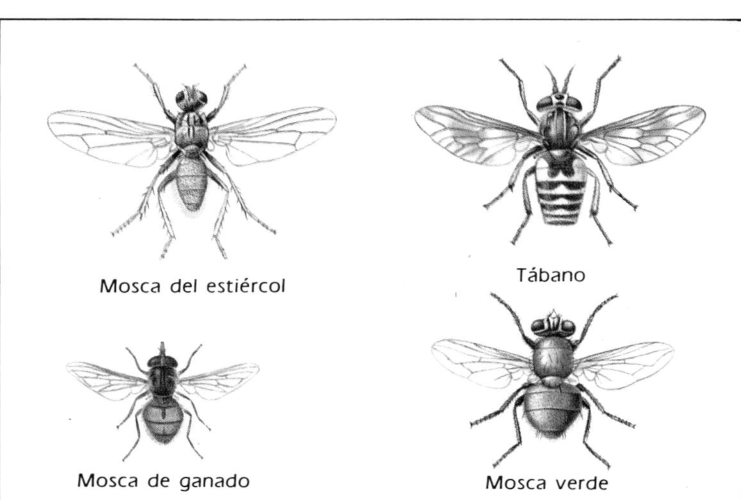

pares de alas; un par lo utilizan para volar, el otro, mucho más pequeño, les sirve para guardar el equilibrio mientras vuelan.

Muchas especies de moscas son peligrosas. Transmiten enfermedades mortales como el cólera o la disentería. Cogen los gérmenes en la basura, los desperdicios y los alimentos pútridos y los llevan a las casas donde los depositan en los alimentos frescos.

Algunas moscas pican y se alimentan de la sangre de animales. El *tábano* y la mosca *borriquera* atacan al ganado y al caballo en grandes enjambres. La mosca *tse-tsé,* que vive en los trópicos, contagia la enfermedad del sueño también entre los seres humanos. La *moscarda* pone sus huevos en las heridas abiertas en la piel de los animales. Los gusanos que nacen de los huevos devoran la carne y causan graves daños al animal afectado.

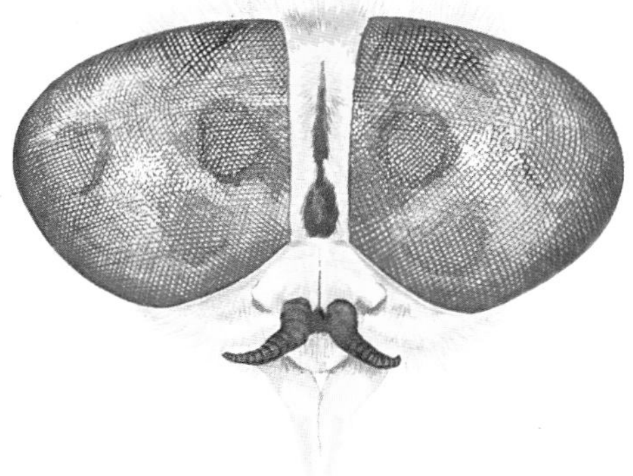

▲ La mosca tiene dos grandes ojos compuestos, formados por miles de lentes hexagonales.

Moscú

Moscú es la capital de Rusia y también la mayor ciudad de la Comunidad de Estados Independientes (CEI). Tiene más de ocho millones de habitantes. Moscú está en una llanura surcada por el río Moscova. Es la mayor ciudad industrial y centro comercial de la comunidad de estados Independientes. En Moscú se fabrica todo, desde automóviles a ropas. También es el centro cultural y político de la CEI.

Moscú fue designada capital del principado de Moscovia en 1547, durante el reinado de IVÁN EL TERRIBLE, el primer *zar* (emperador) de Rusia. Se fue extendiendo alrededor del KREMLIN, un antiguo fuerte utilizado por los príncipes de Moscovia para defender su país. Moscú siguió siendo la capital de los zares hasta 1712, cuando Pedro el Grande trasladó la capital a San Petersburgo. No obstante la ciudad continuó siendo muy importante, incluso después de ser casi destruida durante la ocupación napoleónica, en 1812.

Desde la revolución de 1917 hasta 1990, Moscú fue la sede del antiguo gobierno soviético.

▼ La catedral de San Basilio es uno de los monumentos históricos de Moscú, cerca de la Plaza Roja y el Kremlim.

Mosquito

Los mosquitos son un pequeño tipo de MOSCA. Tienen un cuerpo delgado en forma de tubo, tres pares de largas patas y dos alas muy estrechas. Existen 1.400 tipos de mosquitos. Viven en todo el mundo, de los trópicos al Ártico, pero necesitan aguas estancadas para poner sus huevos.

Algunos estudiosos creen que la malaria transmitida por los mosquitos minó la fortaleza del pueblo y llevó a la decadencia de las civilizaciones griega y romana.

Sólo los mosquitos hembra pican y sorben sangre y para ello tienen una boca especialmente preparada. Los machos se alimentan del jugo de las plantas. Cuando la hembra pica, inyecta a su víctima una sustancia que hace que la sangre fluya con mayor facilidad. Esta es la causa del dolor que causa la picadura del mosquito.

Algunos tipos de mosquitos transmiten graves enfermedades. La malaria y el paludismo son dos de las enfermedades transmitidas por los mosquitos.

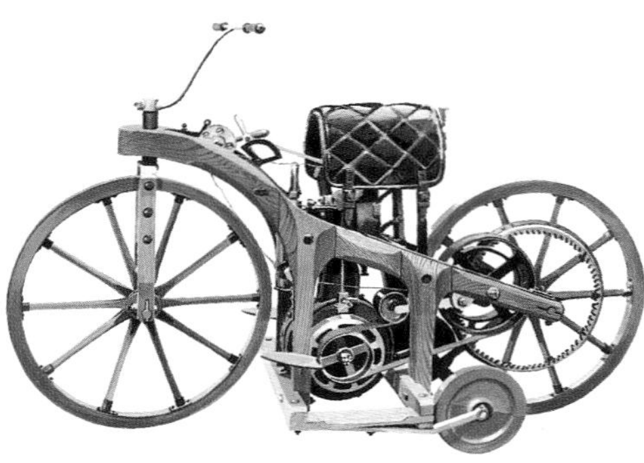

▲ Las primeras motocicletas, como ésta construida por Daimler en 1885, eran muy simples, lentas, incómodas y difíciles de conducir.

Motocicleta

La primera motocicleta fue construida en 1885 por el alemán Gottlieb Daimler, que acopló uno de sus motores de gasolina al chasis de madera de una bicicleta. En la actualidad, las motocicletas son máquinas muchísimo más complicadas.

El motor es parecido al de los automóviles, aunque más pequeño en tamaño (ver MOTOR DE EXPLOSIÓN). Pueden ser de dos o de cuatro tiempos y tener de uno a cuatro cilindros. El motor se mantiene refrigerado por aire o por agua. Se pone en marcha por medio de un botón de ignición, popularmente conocido como botón de arranque, generalmente situado en el manillar, que hace girar al motor e inicia la combustión. La velocidad es controlada por una empuñadura giratoria situada en uno de los ex-

▼ Esta Suzuki GSXR 1100, tiene una velocidad máxima de 240 km/hora y está diseñada para ser utilizada en rutas de alta velocidad. Su motor es tan potente como el de muchos pequeños automóviles familiares.

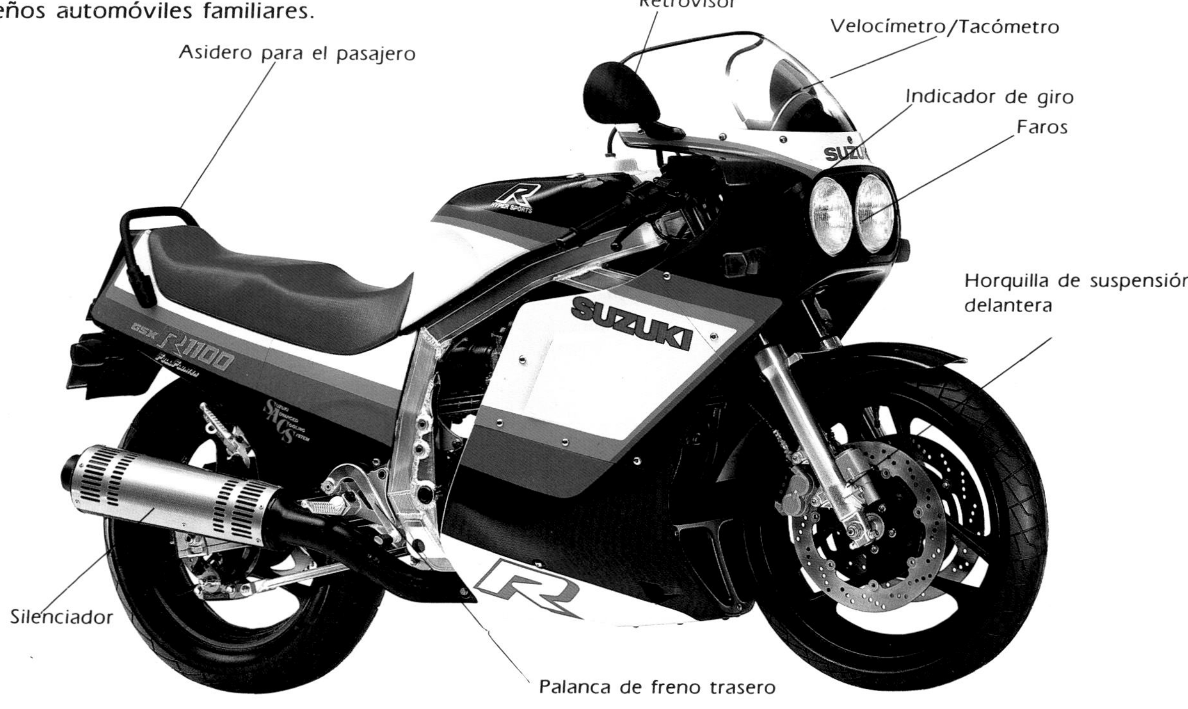

tremos del manillar. El embrague también se acciona a mano, mientras que las velocidades se cambian con el pie. Otro pedal acciona el freno sobre las ruedas traseras. Una cadena o una barra de transmisión conecta el motor con la rueda trasera y la hace girar.

Motociclismo

El motociclismo es un deporte que engloba varias especialidades. Todas tienen en común el uso de la motocicleta, ya sea en carreras de velocidad, en circuitos cerrados, ya sea en carreras de circuitos accidentados (motocross). Si lo que se premia es la habilidad, la competición será de trial. España ha tenido grandes pilotos en todas las especialidades, entre los que destacan los campeones del mundo Ángel Nieto, Sito Pons, Jordi Tarrés y Alex Crivillé.

▲ El motocross es una especialidad del motociclismo muy popular entre los jóvenes.

Motor

Los motores son ingenios que transforman la energía potencial (almacenada) en energía útil que realiza algún trabajo. El hombre viene utilizando sencillos motores, como por ejemplo el molino de viento y la noria, desde hace cientos de años.

En el siglo XVIII el motor a vapor empezó a ser utilizado para mover todo, desde buques, trenes y coches, hasta todo tipo de máquinas industriales. El vapor aún sigue moviendo muchas máquinas, como las turbinas a vapor en las centrales nucleares.

El motor de combustión interna, o MOTOR DE EXPLOSIÓN –motores de gasolina y MOTORES DIESEL– son más fáciles de utilizar que las máquinas de vapor y lo suficientemente ligeros como para poder ser utilizados en la aviación. Tras el motor de combustión interna llegaron los motores *jet* y el COHETE a reacción.

Motor de coche

En unos cien años el automóvil ha cambiado el mundo, pero no es menos cierto que el automóvil en sí ha cambiado también notablemente. El tosco «coche sin caballos» se ha convertido en el vehículo rápido, cómodo y seguro de la actualidad.

La mayor parte de los automóviles tienen motor de gasolina. Si la gasolina se mezcla con el aire y una chispa

▲ *The Rocket*, construida por George Stephenson en 1829, fue la primera locomotora que siguió las líneas de los motores modernos.

MOTOR DE COCHE

▶ Corte de un moderno automóvil mostrando sus partes principales. La fuerza producida por el motor es transmitida a las ruedas de tracción. Éstas pueden ser las delanteras o las traseras e, incluso, en algunos modelos especiales, las cuatro.

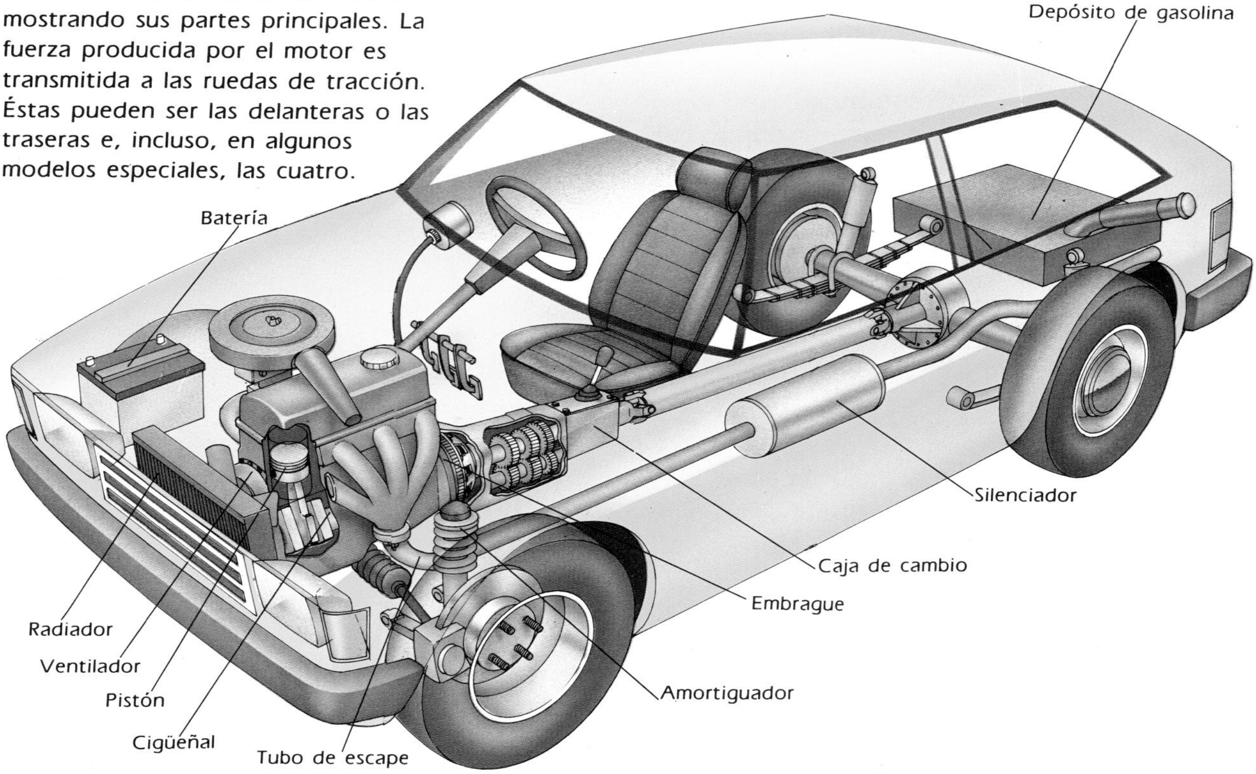

▼ Los taxis de Londres llevan motores diesel que resultan más baratos en consumo y contaminan menos.

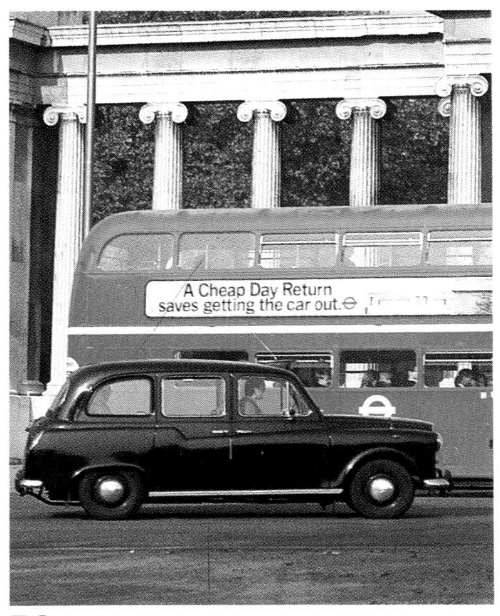

incide sobre la mezcla se produce una explosión. La fuerza de esa explosión, repetida sucesivamente, hace girar las ruedas del coche. (Puedes leer más sobre esto en el artículo MOTOR DE EXPLOSIÓN.) El conductor puede hacer que el coche vaya con mayor velocidad pisando el *acelerador*, que hace que aumente la cantidad de gasolina que llega al motor.

Los coches son empujados por sus ruedas delanteras o traseras. Por lo general el motor está en la parte delantera. Cuando el *pistón* del motor sube y baja, mueve el *cigüeñal*, que va unido al *embrague* y a la *caja de cambio*, como puede verse en la ilustración. El embrague corta la transmisión del motor de la caja de cambios. Cuando el conductor pisa el pedal del embrague separa el cigüeñal de la caja de cambio y puede cambiar sin problemas de una velocidad a otra. Si el conductor quiere conseguir mayor potencia debe utilizar una marcha corta –la primera–. El automóvil necesita mucha potencia cuando va a iniciar la marcha o sube una empinada pendiente. Cuando el coche corre por una carretera libre a suficiente velocidad, debe usar la velocidad más larga – cuarta o quinta–. Hoy en día, los nuevos modelos de coches se diseñan teniendo muy en cuenta la resistencia del aire, por lo cual adoptan, cada vez más, las formas llamadas aerodinámicas.

Motor de explosión

En el motor de explosión, llamado también motor de combustión interna, el combustible arde en su interior. Entre los más comunes figuran el motor de gasolina y el MOTOR DIESEL. En el motor de gasolina el combustible se mezcla con aire en el interior del cilindro, una chispa alcanza la mezcla y la hace explosionar. Los gases calientes de la explosión empujan arriba y abajo un pistón situado en el interior del cilindro. La mayoría de los motores tienen varios cilindros dentro de los cuales el pistón se mueve alternativamente con mucha rapidez haciendo que se mueva el cigüeñal, que a su vez hace girar las RUEDAS o las hélices.

Los motores de gasolina y diesel son utilizados en AUTOMÓVILES, camiones, buques y en algunos aviones.

Motor de reacción (ver Reactor)

Motor diesel

Este motor es del tipo de los MOTORES DE EXPLOSIÓN es decir, que el combustible arde en el interior del cilindro. Recibe su nombre de su inventor, Rudolf Diesel, que construyó el primero de estos motores, el cual tuvo en 1897 el suficiente éxito como para sustituir al motor a vapor. Estos motores utilizan un combustible más pesado que la gasolina, el fuel-oil, por lo que su consumo resulta más económico, aunque son más pesados y más difíciles de arrancar, con lo que hasta fecha reciente no eran demasiado utilizados en los automóviles. Se emplean principalmente para mover máquinas pesadas como locomotoras, grandes camiones, tractores, barcos y autobuses. Un motor diesel bien reglado produce menos contaminación que un motor de gasolina.

El motor diesel trabaja de modo semejante al de gasolina, salvo que en lugar de usar una chispa procedente de la bujía para quemar el combustible, en el motor diesel se produce la ignición gracias al calor que produce un pistón al comprimir el aire en el interior de un cilindro. Cuando el aire está muy comprimido, es decir, dentro de un espacio mucho más pequeño que el que ocupaba anteriormente, se pone muy caliente y ese calor hace arder el fuel-oil, que se quema de modo instantáneo, como en una explosión. El combustible, al arder, calienta el aire y lo fuerza a expanderse de nuevo, con lo que empuja

EL MOTOR DE CUATRO TIEMPOS

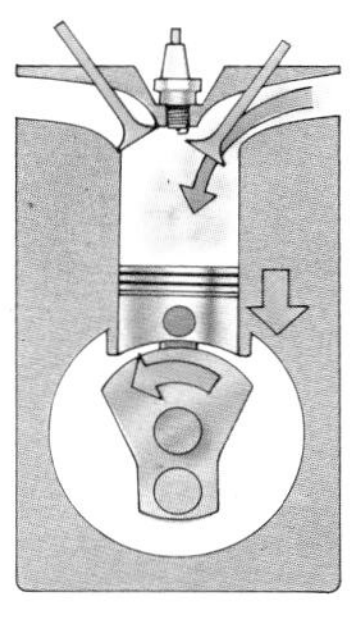

1

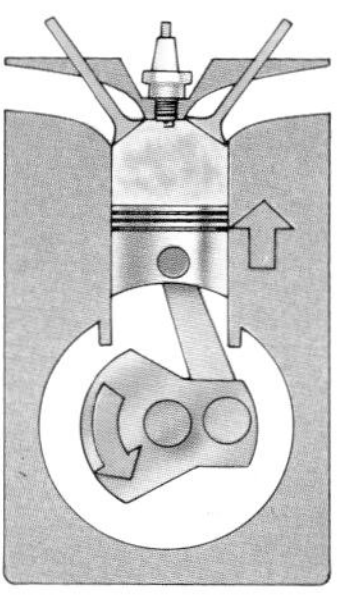

2

3

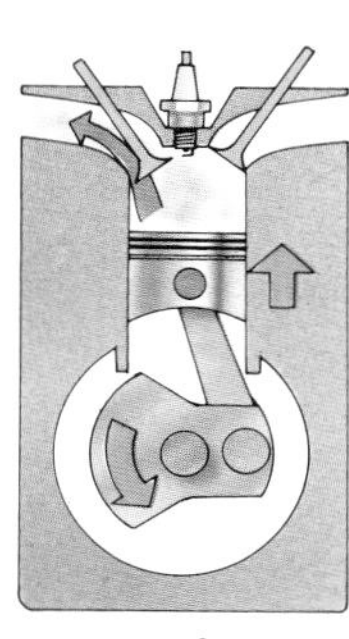

4

En el motor de cuatro tiempos la válvula de admisión se abre (1) y la mezcla de combustible y aire entra en el cilindro gracias al movimiento descendente del pistón. Después se cierran las dos válvulas y la mezcla se comprime (2) a medida que asciende el pistón. La chispa procedente de la bujía enciende la mezcla (3) y fuerza al pistón a descender. Finalmente la válvula de expulsión se abre y el pistón, al ascender, expulsa los gases quemados de la combustión (4).

La marca mundial de velocidad la tiene el británico Richard Noble. El 4 de octubre de 1983, a bordo de su turbo *Thrust 2*, consiguió los 1.019 km/hora (663,4 millas) en el desierto de Black Rock, Nevada (Estados Unidos).

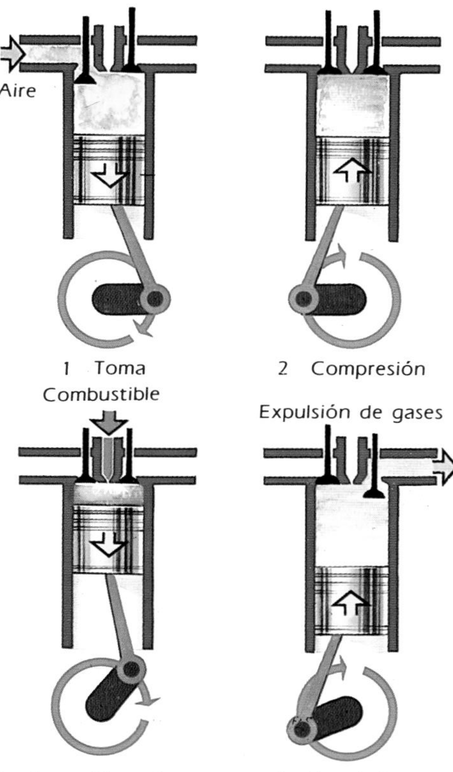

▲ Funcionamiento de un motor: Cuando el pistón desciende (1), el aire es impulsado al interior del cilindro. Al ascender el pistón el aire es comprimido y se pone muy caliente (2). Cuando el pistón llega a la parte más alta, se introduce el combustible que arde en llamas. Los gases calientes se expanden y empujan al cilindro hacia abajo (3). Cuando el pistón vuelve a subir expulsa los gases a través de la válvula de escape o expulsión (4).

al pistón hacia abajo y así pone en marcha el motor.

Muchos FERROCARRILES comenzaron a utilizar locomotoras con motores diesel después de la II Guerra Mundial. Como habían quedado muy dañados por la guerra decidieron aprovechar la ocasión para modernizarse y reemplazaron las antiguas locomotoras a vapor. Las locomotoras diesel comenzaron a utilizarse con regularidad por vez primera en los ferrocarriles de Estados Unidos, en la década de 1930. En la actualidad se utilizan por todo el mundo motores diesel-eléctricos. El motor diesel se utiliza también para producir electricidad y ésta a su vez para mover el tren.

Motor eléctrico

Si miramos a nuestro alrededor veremos que siempre hay algún motor eléctrico cerca. Frigoríficos, lavadoras, relojes eléctricos, aspiradores, ventiladores, secadores de pelo, máquinas de escribir o batidoras. Todos estos enseres están movidos por motores eléctricos. Y también muchos trenes y buques.

El motor eléctrico funciona porque los polos iguales de un imán se repelen y los opuestos se atraen. Un motor eléctrico sencillo es, simplemente, una bobina de cable que se coloca entre los dos polos de un imán. Cuando una corriente eléctrica pasa por la bobina, ésta se convierte en un electroimán con un polo positivo y un polo negativo. Como los polos iguales se repelen y los polos opuestos se atraen la bobina empieza a girar entre los polos del imán hasta que el polo positivo de la bobina está frente al polo negativo del imán, y a la inversa. Se cambia la dirección de la corriente en la bobina y los polos se alternan. La bobina debe girar de nuevo media

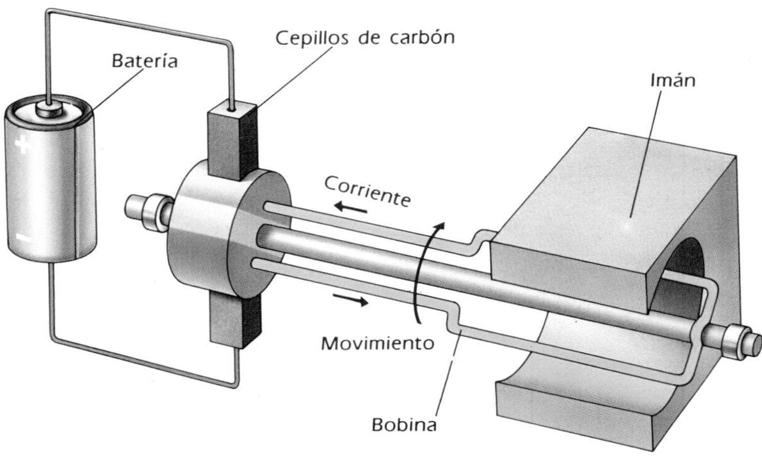

▶ Los motores sencillos transforman la energía eléctrica en energía mecánica. Una bobina se mantiene entre los dos polos de un imán permanente. Si una corriente llega a la bobina, ésta se convierte en un electroimán. Los polos del imán permanente repelen a los del electroimán y hacen girar la bobina. Este tipo de motores son limpios y no producen humos.

vuelta para alinearse con los polos del imán. Así, el motor eléctrico, continúa girando porque sigue recibiendo una serie de empujes magnéticos.

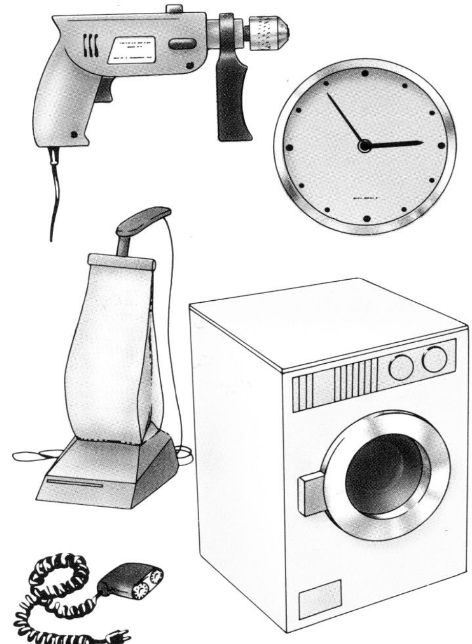

▲ Algunos aparatos de uso en el hogar funcionan con motores eléctricos.

Mozambique

Mozambique es una república en el este de África. Estuvo gobernada por Portugal hasta 1975 en que consiguió su independencia. La agricultura es la principal industria en este país cálido y tropical. Los puertos mozambiqueños de Maputo y Beira son muy importantes para la importación y exportación de mercancías con destino o procedentes del interior de África.

La mayor parte de la población de Mozambique son negros africanos que hablan alguna de las diversas lenguas bantúes. También hay numerosos portugueses y asiáticos.

En la década de 1980 prolongadas sequías y la guerra civil causaron graves daños al país.

Mozart, Wolfgang Amadeus

Wolfgang Amadeus Mozart (1756-1791), austríaco, fue uno de los mayores compositores que ha conocido el mundo. Comenzó a escribir música a la edad de cinco años y dos años más tarde daba conciertos por toda Europa. Mozart escribió más de 600 piezas de música, incluyendo varias bellas óperas y sinfonías. Pero no ganó mucho dinero con su trabajo y murió en la pobreza a la edad de 35 años.

Muebles

Los muebles son muy variados y tienen multitud de usos: camas, sillas, mesas, estanterías, perchas, armarios, cómodas, escritorios, aparadores, etc. Los primeros muebles fueron simples bloques de piedra o trozos de madera.

Con el tiempo la gente trató de hacer muebles que además de útiles fueran bellos.

Los egipcios ricos se hacían tallar, decorar y pintar sus sillas y mesas hace ya 4.000 años. Los romanos utilizaban bronce y mármol y muchas de sus mesas tenían patas con forma de animal. Desde finales de la EDAD MEDIA en adelante, se han ideado y construido distintos estilos de muebles.

MOZAMBIQUE

Gobierno: Pluralista
Capital: Maputo
Superficie: 783.030 km²
Población: 14.000.000 hab.
Lengua: Portugués y lenguas bantúes
Moneda: Metical

▲ Un baño real profusamente decorado procedente de la temprana civilización griega en Knossos, en la isla de Creta (1500 a.C.).

▼ Esta silla data del año 2690 a.C. y es un ejemplo del delicado mobiliario utilizado por los antiguos egipcios.

▲ Un escritorio francés del siglo XVIII. Los muebles franceses de ese período estaban decorados y eran ricos en elaborados adornos.

▲ A lo largo de la historia del mueble se ha intentado que éste sea bello al mismo tiempo que útil. Arriba algunos diseños con un estilo muy individualizado, de muebles utilizados en la vida cotidiana desde hace 4.000 años hasta el siglo XX.

Recientemente el hombre está tratando de usar nuevos materiales y nuevas máquinas para hacer muebles con formas sencillas y prácticas. Hoy día pueden adquirirse muebles modernos metálicos o de plástico, así como copias de estilo antiguo.

Muñeca

En todas las partes del mundo los niños juegan con muñecas. Éstas pueden estar hechas de madera, de porcelana, plásticos y muchas otras sustancias. Es posible que la primera muñeca no fuera otra cosa que una ramita bifurcada que tuviera cierto parecido con el ser humano. Las muñecas de fabricación casera no cuestan mucho, pero los coleccionistas de muñecas pueden llegar a pagar grandes cantidades de dinero por algunas muñecas antiguas poco corrientes y de gran valor en el mundo de las antigüedades.

▲ Estos muñecos tan bellamente vestidos, fueron hechos en el siglo XVI y pueden verse en el Museo Victoria and Albert de Londres.

Muralla china (ver Gran Muralla)

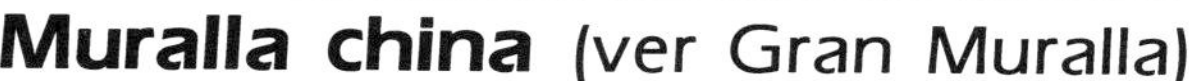

Murciélago

Los murciélagos vuelan como las aves, pero en realidad son MAMÍFEROS y los únicos de esta especie de los que realmente puede decirse que vuelan. Sus alas no tienen plu-

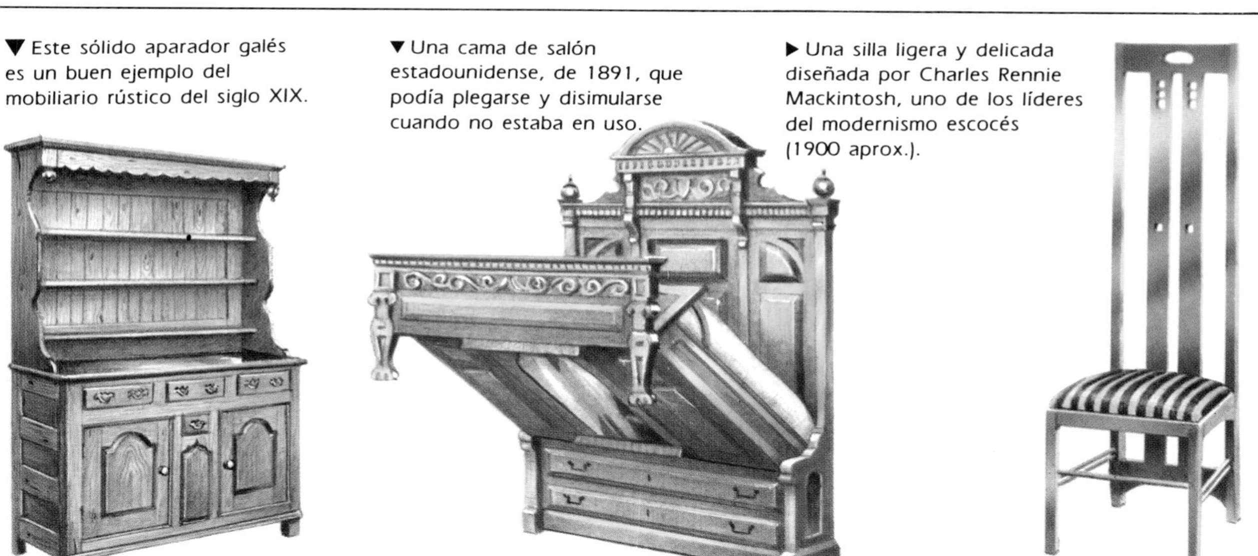

▼ Este sólido aparador galés es un buen ejemplo del mobiliario rústico del siglo XIX.

▼ Una cama de salón estadounidense, de 1891, que podía plegarse y disimularse cuando no estaba en uso.

▶ Una silla ligera y delicada diseñada por Charles Rennie Mackintosh, uno de los líderes del modernismo escocés (1900 aprox.).

mas, pero están hechas de una delgada piel que se extiende entre sus largos «dedos» huesudos. La mayor parte de los murciélagos tienen las alas unidas a las patas y a la cola mediante una fina membrana sostenida por las falanges, muy largas, de los cuatro dedos de la mano, exceptuando el pulgar, los miembros posteriores y la cola.

Hay más de doscientos tipos de murciélagos. La mayoría viven y en los países de clima cálido del mundo.

Los mayores de todos los de la especie son los fructívoros o zorros voladores. Uno de ellos, el *megaquiróptero,* tiene una envergadura de 1,5 metros con las alas abiertas. Los murciélagos insectívoros son generalmente más pequeños que los fructívoros y raramente superan los 30 centímetros con las alas extendidas. Estos últimos viven en casi todas las regiones de la tierra. Cuando los inviernos son fríos caen en estado de HIBERNACIÓN.

El murciélago vampiro de América del Sur tiene un modo curioso de alimentarse. Clava los dientes en los animales y bebe su sangre. No la chupa, se limita a lamer la que sale de la herida producida por el mordisco a medida que va saliendo.

La mayoría de los murciélagos son animales nocturnos, es decir, que duermen durante el día y vuelan por la noche. En sus experimentos los científicos han demostrado que no necesitan buena vista para volar, sino que encuentran su camino en la oscuridad utilizando un sistema de «sonar» mediante su finísimo sentido del oído. Lanza gritos de alta tonalidad que no pueden ser oídos por el ser humano y utilizan el eco que reciben de los objetos para saber dónde se encuentran.

▼ Cuando el murciélago vuela deja escapar una serie de chillidos de tono tan agudo que ninguna persona puede oírlos. Las ondas sonoras de esos chillidos devuelven un eco al chocar con los objetos que regresa a las orejas del murciélago. Ese eco le permite al *quiróptero* saber dónde está cada objeto.

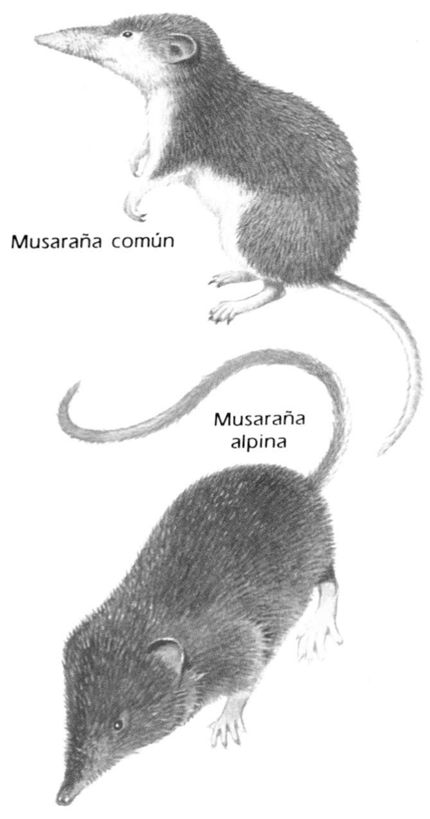

▲ Las musarañas suelen ser presa frecuente de otros cazadores nocturnos como el búho, los gatos o incluso los tejones.

Musaraña

Las musarañas son animales peludos del tamaño aproximado de un ratón. Tienen el hocico puntiagudo y casi no son vistas porque sólo salen de noche. Son animales muy activos y para poder vivir tienen que comer casi continuamente. Comen insectos y gusanos.

Músculos

Los músculos hacen que se muevan partes de nuestro cuerpo. Si cogemos este libro o damos un puntapié a una pelota utilizamos nuestros músculos. Hay dos tipos distintos de músculos: unos trabajan cuando nuestro cerebro así se lo ordena. Si levantamos una silla, nuestro cerebro le envía un mensaje a los músculos de los brazos, del cuerpo y las piernas. Todos esos músculos actúan adecuadamente, de modo ordenado y a tiempo y se produce el movimiento. El otro tipo de músculos actúa incluso cuando dormimos. Los músculos de nuestro estómago, por ejemplo, continúan digiriendo el alimento que comimos anteriormente. Los músculos cardíacos continúan bombeando sangre. El cuerpo humano tiene más de 500 músculos.

Musgo

El musgo es un tipo muy común de PLANTA que crece agrupada en ramos de poca altura y muy espesos. Existen

▼ Cuando los musgos están listos para la reproducción producen una cápsula que contiene las pequeñas esporas. El musgo absorbe la humedad y los nutrientes por medio de unas raíces pilosas llamadas rizoides

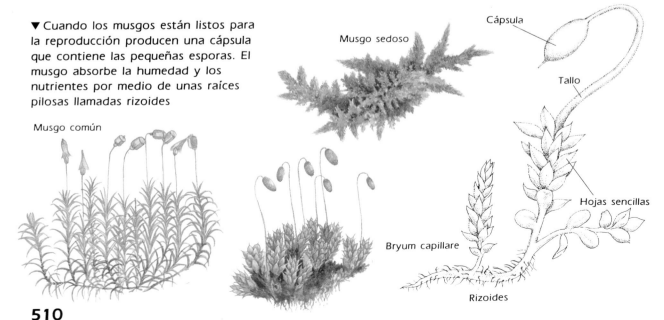

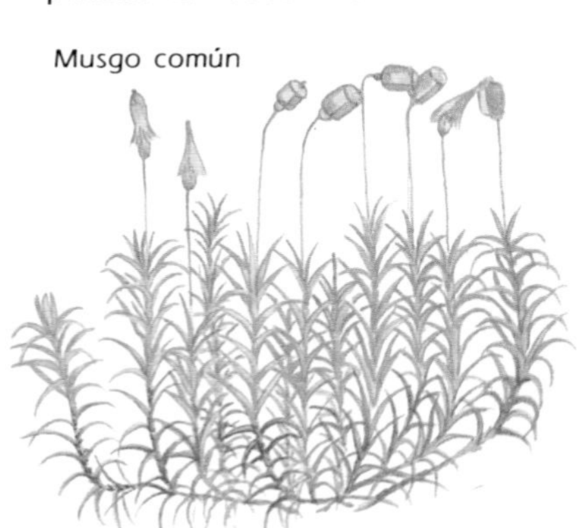

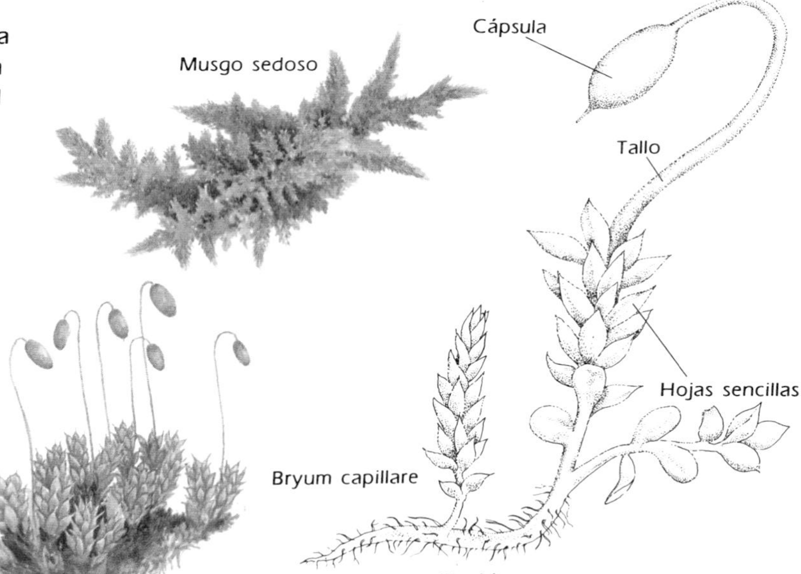

más de 12.000 clases de musgo. Son plantas muy resistentes que crecen casi en todas partes hasta en latitudes árticas, excepto en los desiertos. La mayoría prefiere lugares húmedos y en los bosques sombreados se extienden como una alfombra sobre el suelo, sobre las rocas e incluso en los troncos de los árboles.

Como el LÍQUEN, los musgos son plantas muy sencillas y casi las primeras que crecieron en tierra firme. Tienen tallos, llamados *cerdas,* muy delgados y que se cubren con hojas diminutas. No tienen raíces propiamente dichas sino que se fijan al suelo por medio de una masa de fino pelo que absorbe la humedad y el alimento. Los musgos no tienen flores, y al igual que los HELECHOS se reproducen por esporas. Un tipo de musgo llamado *sphagnum* crece en los pantanos donde forma la *turba.*

Música

A lo largo de toda la historia el ser humano ha venido haciendo un tipo u otro de música. Es muy posible que la música de los pueblos más primitivos se limitara a cierta especie de melodía cantada, acompañada del rítmico batir de trozos de madera. Sabemos que a los antiguos egipcios les gustaba la música. Pinturas de las tumbas de los FARAONES nos muestran a músicos tocando flautas, arpas y otros instrumentos de cuerda. Los antiguos griegos gustaban también de los instrumentos de cuerda, como por ejemplo la lira. Pero no tenemos la menor idea de cómo sonaba su música porque no había forma de escribirla.

En la EDAD MEDIA los compositores escribían ya su música para grupos instrumentales. Pero la ORQUESTA tal y como la conocemos no nació hasta el siglo XVII. Las pri-

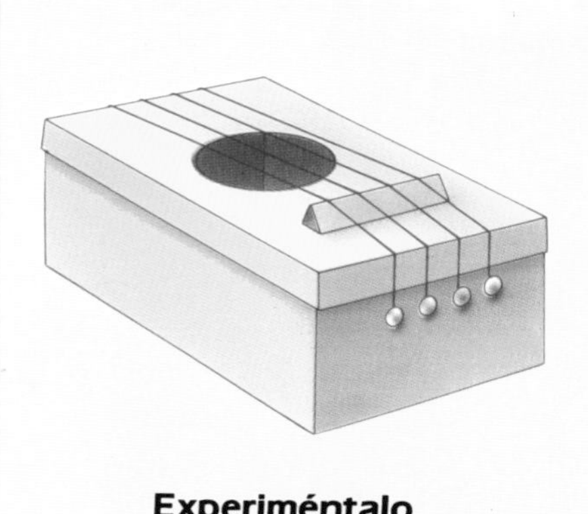

Experiméntalo

Puedes hacer una guitarra sencilla con una caja de cartón y algunas bandas elásticas. Corta un agujero redondo en el centro de la caja y engancha varias cuerdas finas de alambre a lo largo de ésta. Pon también un pequeño listón de madera entre las bandas elásticas, como en el dibujo. Cuando toques las cuerdas sonarán distintas notas.

▼ En música algunas notas tiene dos nombres. Por ejemplo: el Do sostenido es la misma nota que el Re bemol; una # junto a una nota significa que se eleva un semitono; una b junto a una nota significa que se baja un semitono.

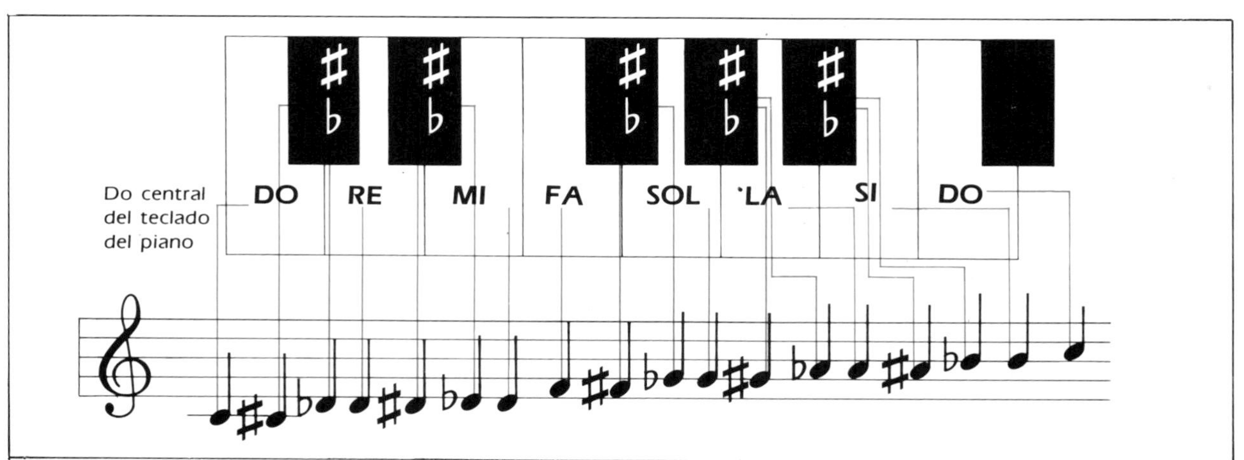

▶ Esquema de una orquesta sinfónica moderna.

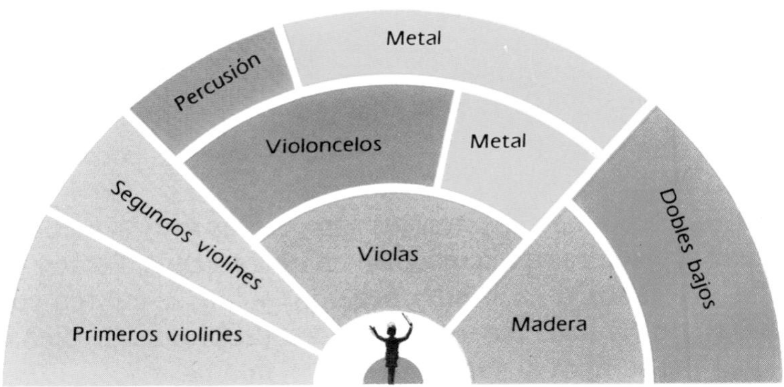

▲ Personaje de la ópera *La flauta mágica* de Mozart el cual creó un lenguaje musical universal.

En 1749, George Friedrich Haendel escribió su *Música para fuegos artificiales* para una gran exhibición que tuvo lugar en el Green Park de Londres. Un informe de la época decía: «Si bien los fuegos artificiales no fueron un éxito completo, la música del señor G. F. Haendel fue recibida con gran entusiasmo».

meras orquestas fueron agrupadas por compositores italianos para acompañar a sus ÓPERAS. Fue en esos días cuando por primera vez se usaron los VIOLINES, las violas y los violoncelos.

A medida que los instrumentos se perfeccionaban algunos nuevos se incorporaban a la orquesta. BACH y HAENDEL, utilizaban orquestas compuestas principalmente por instrumentos de cuerda como el violín. Pero también tenían flautas, oboes, trompetas y trompas. Joseph HAYDN fue el primero en utilizar la orquesta en su totalidad. También inventó la *sinfonía*. En ésta la orquesta mezcla armónicamente sus sonidos de modo que ningún instrumento es más importante que el otro.

Con el gran compositor alemán BEETHOVEN comenzó un nuevo tipo de música. Empezó a escribir música en la cual algunas notas parecían oponerse o chocar entre sí, lo que sonaba bastante raro a los oídos de la época. Posteriormente los músicos intentaron todo tipo de combinación instrumental. Desde principios del siglo XX algunos compositores, como Igor Stravinsky y Arnold Schönberg intentaron nuevos tipos de música. Otros, posteriormente, han producido nuevos sonidos, algunos de los cuales también chocan a nuestros oídos, valiéndose de grabadoras de sonido, y otros sistemas electrónicos.

Pero la mayor parte de la música sigue teniendo tres características: *melodía, armonía* y *ritmo*. La melodía es la tonada. Armonía, el sonido agradable que producen ciertas notas cuando se las toca juntas. En ocasiones esas notas forman un *acorde*, un ordenamiento de las notas dentro de una determinada clave musical. El ritmo es el regular «latido» de la música. El tipo más simple de música es, ciertamente, el *rítmico* sonido de un ritmo repetido de un tambor.

Musulmán (ver Islam)

Naciones Unidas

La mayor parte de las naciones de la Tierra pertenecen a las Naciones Unidas. Esta organización fue creada para mantener la paz entre los países y fomentar la ayuda internacional.

La asamblea general de las Naciones Unidas tiene su sede central en Nueva York; cada país de la organización cuenta con miembros delegados que representan los intereses de sus respectivos gobiernos. La asamblea general aconseja y sugiere cómo debe actuar un país respecto a un determinado problema, pero no puede imponer su voluntad o hacer que sigan sus consejos aunque éstos sean los que apoye la mayoría de los miembros. No obstante, en casos extremos, el consejo de seguridad de las Naciones Unidas dispone de poderes para recurrir al empleo de las tropas de la ONU y así poner fin a conflictos armados entre los países que forman parte de la organización.

Las Naciones Unidas operan a través de 14 organizaciones principales cada una de las cuales ejerce una función específica en un campo determinado. Por ejemplo: la FAO (Organización para la Alimentación y la Agricultura) ayuda a los países en lo que que respecta a la agricultura; la OMS (Organización Mundial de la Salud) se encarga de los problemas de salud y medicina; el FMI (Fondo Monetario Internacional) facilita créditos y ayudas financieras.

Las Naciones Unidas han evitado guerras y conflictos entre los países y han ayudado a millones de personas en diferentes aspectos de la problemática social a nivel mundial y estatal.

▼ Sede de la UNESCO en París. Esta organización de las Naciones Unidas nació para promover la cooperación mundial en el campo de la educación y la cultura.

ALGUNAS INSTITUCIONES DE LA ONU

FAO Organización para la Alimentación y la Agricultura

BIRD Banco Internacional para la Reconstrucción y el Desarrollo

OACI Organización de la Aviación Civil Internacional

TIJ Tribunal Internacional de Justicia

CFI Corporación Financiera Internacional

OIT Organización internacional del Trabajo

FMI Fondo Monetario Internacional

OMPI Organización Mundial de la Propiedad Intelectual

OMS Organización Mundial de la Salud

UNESCO Organización de las Naciones Unidas para la Educación, la Ciencia y la Cultura.

UNICEF Organización de las Naciones Unidas para la Ayuda Infantil

ONUDI Organización de las Naciones Unidas para el Desarrollo Industrial.

▲ La bandera de la ONU muestra un mapa del mundo rodeado por una rama de olivo que simboliza la paz.

NAMIBIA

ANGOLA
ZAMBIA
ZIMBABWE
NAMIBIA
BOTSWANA
OCÉANO ATLÁNTICO
REPÚBLICA DE SURÁFRICA

Gobierno: Multipartidista
Capital: Windhoek
Superficie: 824.293 km^2
Población: 1.300.000 hab.
Lengua: Afrikaans, inglés y alemán
Moneda: Dólar de Namibia

Namibia

Territorio de África austral, Namibia está situado en la vertiente suroccidental del continente. Antiguamente se denominaba África del Suroeste. La mayor parte del territorio se eleva en un altiplano de más de 1000 metros de altura. En el área oriental del país se extiende una parte del desierto de Kalahari. Su clima es desértico en el litoral y muy árido en el centro. Namibia no posee un suelo especialmente apto para la práctica de la agricultura, siendo la minería la principal industria de la nación. En 1915 el país, bajo la Liga de las Naciones, pasó a formar parte del territorio perteneciente a la República de Suráfrica; sin embargo en 1946 las Naciones Unidas declararon que el gobierno de Ciudad del Cabo no tenía ningún derecho sobre Namibia, lo cual provocó la disconformidad de Suráfrica que apeló contra la decisión de la ONU. Tuvieron que pasar más de 40 años para que Suráfrica traspasara los poderes a Namibia (1989), lo que realizó bajo la supervisión de las fuerzas de la ONU.

Napoleón, en España, hizo abdicar a Carlos IV y a Fernando VII a la vez que imponía en el trono español a su hermano José Bonaparte. La sublevación del pueblo español (2-3 de mayo en Madrid) y la capitulación de los generales franceses en la guerra de la independencia española (Bailén 21 de julio, y Cintra 30 de agosto de 1808, respectivamente), desprestigiaron al emperador

Napoleón Bonaparte

En 1789 el pueblo francés se rebeló contra el poder absoluto de los reyes que mantenían un estado injusto de pompa y lujo en detrimento del hambre que padecían las gentes. La Revolución francesa conmocionó a la nación, ejerciendo una influencia decisiva en todo el continente. Napoleón Bonaparte, un joven de veinte años, nacido en Córcega estuvo entre las filas de los rebeldes.

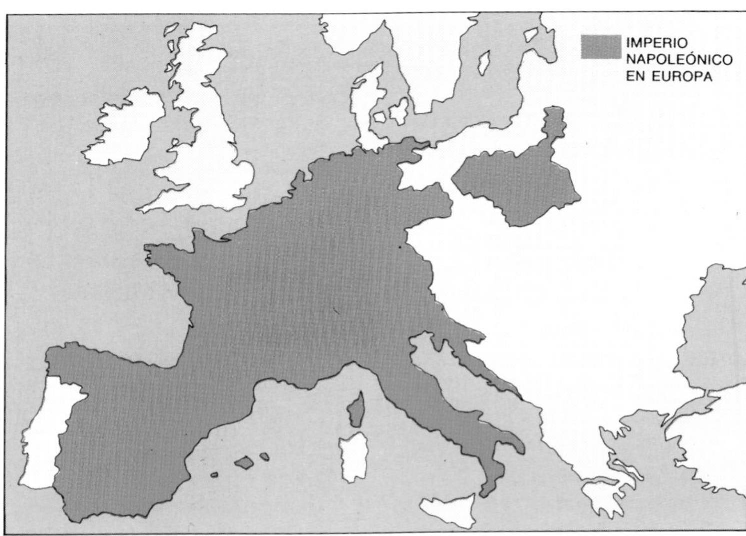

▶ En la ilustración apreciamos la extensión del poderío francés bajo el mando de Napoleón, en su máximo apogeo.

Napoleón se formó en la escuela militar de Brienne (1779-1784) y terminó sus estudios en París. En 1792 era capitán de artillería; tres años más tarde salvó a la nación de una rebelión protagonizada por los seguidores del rey, a los que derrotó contundentemente ganándose de este modo el apoyo y el reconocimiento del pueblo galo. Pronto se convirtió en el jefe de las fuerzas armadas y consiguió grandes victorias en Italia, Bélgica y Austria. En 1804, en un famoso gesto, arrebató la corona de manos del Papa y se coronó a sí mismo y a su esposa Josefina, proclamándose emperador de Francia.

A pesar de su gran talento militar, Napoleón no pudo derrotar al poderío naval británico. Trató de bloquear las islas británicas mediante un asedio comercial que siguieron los países bajo su influencia. Rusia se negó a colaborar con la política de bloqueo contra las islas, lo que provocó la invasión del territorio ruso por parte de un poderoso ejército francés al mando de Napoleón; el crudo invierno y el espíritu de lucha del pueblo ruso derrotaron a las tropas francesas en 1812. Tres años más tarde las tropas aliadas anglo-prusianas derrotaron al emperador en WATERLOO; al mando de los británicos estaba Wellington y los prusianos eran dirigidos por Blücher. Napoleón fue hecho prisionero y desterrado a Santa Elena, una solitaria isla del Atlántico en donde murió en 1821.

Napoleón era un hombre de pequeña estatura; los soldados, que lo apreciaban, lo llamaban cariñosamente «el pequeño cabo». Napoleón, además de un gran general, fue un político excelente; fue el creador de un código de leyes de las cuales, algunas, aún siguen vigentes en la legislación actual de la República francesa.

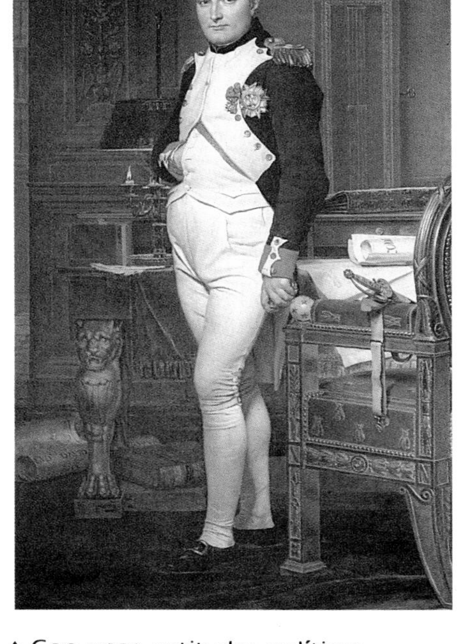

▲ Con unas aptitudes políticas equivalentes a las militares, Napoleón reorganizó el gobierno de Francia.

▼ Cuando las tropas de Napoleón atacaron España en 1808, se encontraron con una gran resistencia que precipitó el principio del fin del emperador francés.

Natación

Nadar es el deporte o la habilidad de mantenerse a flote y desplazarse a través del agua. La práctica de este deporte te mantendrá en buena forma, incluso puede salvarte la vida si te caes al agua por accidente. La mayoría de los animales saben nadar desde que son pequeños, pero los humanos debemos aprender, preferentemente con la ayuda de un instructor que nos guíe hasta que tengamos la suficiente confianza en nosotros mismos para poder ir por el agua con soltura y seguridad.

Para aprender a nadar es necesario empezar en una piscina o en las orillas del mar; primero debemos tratar de mantenernos a flote, luego podemos empezar a mover las piernas y por último los brazos. Los principiantes

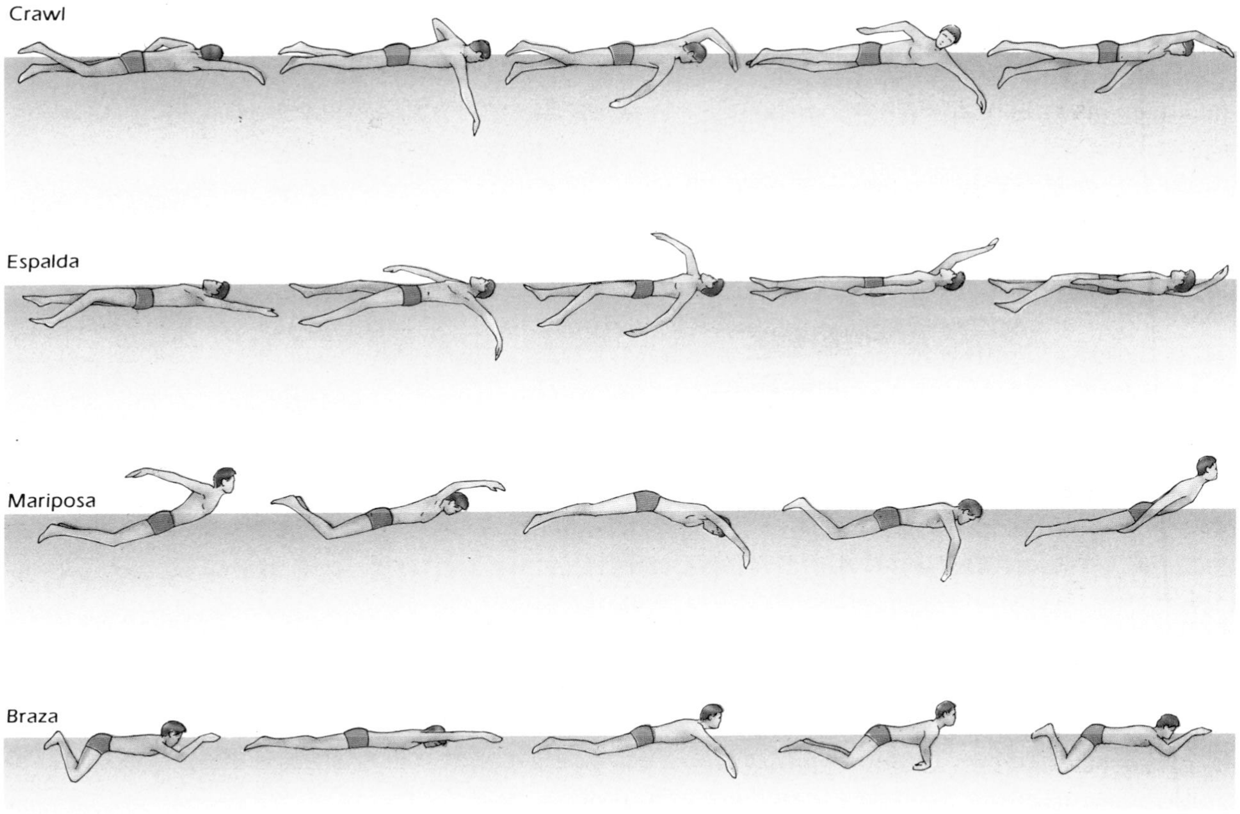

Crawl

Espalda

Mariposa

Braza

▲ En la ilustración se representan los cuatro estilos principales y la coordinación de los brazos y de las piernas.

deben aprender a coordinar la respiración con los movimientos de los brazos.

Los estilos de natación que se practican en las competiciones deportivas son básicamente cuatro: braza, crawl, espalda y mariposa.

Natalidad, control de

El control de la natalidad es la regulación por la cual la gente puede elegir el número de niños que desea tener. A veces es llamado también *Planificación familiar*. Los métodos para limitar la procreación se han popularizado a partir del siglo XIX.

Existen diferentes métodos para efectuar un control de natalidad efectivo, siendo el más conocido la detención de *esperma* masculino para evitar su contacto con el ÓVULO femenino y su fertilización. Es lo que llamamos *contracepción*.

Ciertas religiones desaconsejan el empleo de métodos anticonceptivos, sin embargo el control de natalidad, mediante la planificación familiar, viene fomentándose en aquellos países con grandes problemas demográficos, esto es, con exceso de población.

La tasa de natalidad más alta de España se dio en 1901, con un 34'97 por 1.000. La más baja, según las últimas estadísticas, se dio en 1985 con un 11'69 por 1.000.

Nauru 

Es una pequeña isla de Oceanía en la Polinesia, situada al sur de las islas Marshall y que constituye un estado independiente.

La única industria es la explotación del fosfato; sin embargo se calcula que a principios de los años noventa el fosfato se agotará. Nauru se proclamó independiente en 1968 y actualmente es miembro de la Commonwealth.

NAURU

KIRIBATI
NAURU
PAPÚA NUEVA GUINEA
OCÉANO PACÍFICO
TUVALU
FIDJI
AUSTRALIA

Gobierno: Democracia parlamentaria
Capital: Yaren
Superficie: 21 km^2
Población: 8.000 hab.
Lengua: Nauruano e inglés
Moneda: Dólar australiano

Navegación a vela 

En la antigüedad la mayoría de las embarcaciones hacían uso de las velas para desplazarse por el agua; a principios del siglo XIX empezaron a proliferar los barcos de vapor, y a finales del mismo siglo la mayoría de las embarcaciones de vela fueron reemplazadas por las de vapor. En la actualidad los barcos de vela se utilizan principalmente como embarcaciones de recreo o de competición; también se emplean en los buques-escuela para la preparación de los cadetes de marina.

Las dimensiones de los barcos de vela varían desde pequeños botes hasta grandes yates. El *casco* puede estar construido de madera de fibra de vidrio o de contrachapado; las *velas* son de tela, lona o fibra, y mediante el empleo de cuerdas y poleas se dirigen para aprovechar la fuerza del viento; las embarcaciones pueden desplazarse en todas las direcciones excepto directamente contra el viento. Los yates de vela tuvieron su origen en la Holanda del siglo XVII, donde se empezaron a concebir

▼ La carabela de la ilustración inferior fue usada por los portugueses para la exploración de la costa africana en el siglo XV. El buque insignia comandado por el almirante Nelson en la batalla de Trafalgar (1805) tenía 100 cañones.

▲ El yate de la fotografía tiene 12 metros de eslora y posee muchas de las características del moderno diseño náutico.

como práctica de recreo o deportiva; una de las carreras más importantes en esta modalidad es el *America's Cup*, que se celebró por vez primera en 1870; los juegos olímpicos incluyeron la modalidad de vela en 1908.

Navegación, sistema de

Navegar, normalmente en barco o en avión, significa encontrar la ruta. A lo largo de los siglos los navegantes han usado las posiciones de las estrellas y del Sol para averiguar su situación: LATITUD y LONGITUD. Saber la diferencia entre el horario de a bordo y el horario del meridiano de Greenwich les servía de ayuda para establecer con más precisión su situación en el mar.

En la actualidad los navegantes cuentan con la ayuda de aparatos electrónicos de alta precisión; asimismo las señales de radio procedentes de los radio-faros y de los SATÉLITES ayudan enormemente a encontrar la situación. La BRÚJULA sirve para mantener al barco en el curso correcto y los ORDENADORES desempeñan una labor imprescindible en todos los terrenos de la navegación, marítima, aérea o espacial.

▶ Una vez determinado el ángulo, la posición de la estrella en un tiempo concreto se refleja en unas tablas; éstas nos facilitan unas cifras que permiten saber la situación del barco.

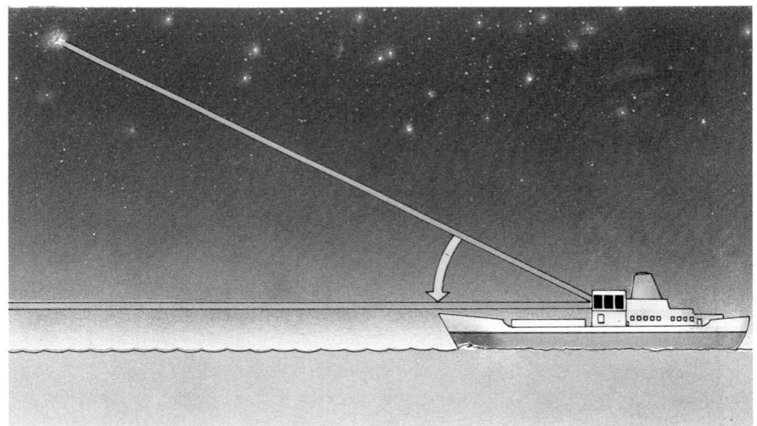

▼ El sextante es un aparato que se utiliza para averiguar la posición de la nave. Tomando como referencia una estrella o el Sol y el horizonte, se mide el ángulo que forman y se sabe la situación.

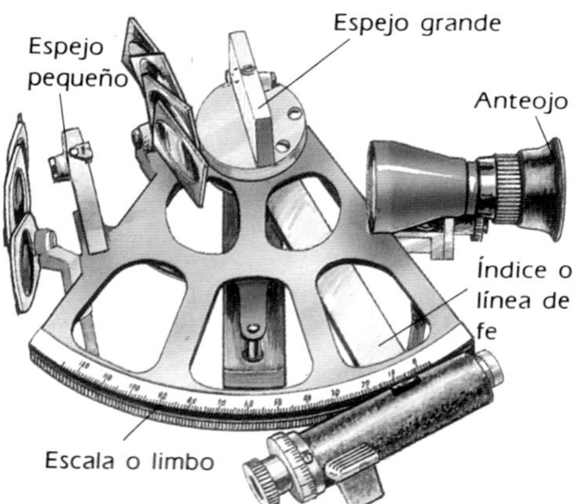

Navidad

Día en que los cristianos conmemoran el nacimiento de JESUCRISTO, cada 25 de diciembre. La fecha exacta del nacimiento de Cristo no se sabe con certeza; de hecho la primera mención que tenemos de esta festividad es en un calendario romano 300 años después de la muerte de Jesús. Es posible que los papas, al celebrar el 25 de diciembre el nacimiento de Cristo, quisieran apartar a los fieles de la solemnidad pagana del solsticio de invierno.

Nepal

Nepal es un Estado de Asia situado en el Himalaya, entre China y la India. La mayor parte del territorio nepalés se encuentra cerca de la frontera con el Tíbet, donde están las cimas más altas del mundo (Everest, Makālū, Anapūrnā). La cordillera del Himalaya se extiende por la parte septentrional de la nación, concentrándose la mayoría de sus habitantes en los valles centrales. Nepal fue un país casi totalmente cerrado al exterior a lo largo de los siglos; actualmente existen vías de comunicación y servicio aéreo con los países vecinos del sur, India y Pakistán.

NEPAL

CHINA
NEPAL
BHUTAN
INDIA
BANGLADESH
GOLFO DE BENGALA

Gobierno: Monarquía constitucional
Capital: Katmandú
Superficie: 140.797 km²
Población: 17.500.000 hab.
Lengua: Nepalés
Moneda: Rupia nepalesa

Neptuno

El PLANETA Neptuno lleva el nombre del dios romano del mar y de las aguas. Es el segundo planeta más externo del SISTEMA SOLAR, sólo PLUTÓN está más alejado. Neptuno tarda 165 años terrestres en completar una órbita alrededor del SOL (la Tierra tarda 365 días) y está situado a 4.493 millones de kilómetros del Astro Rey; esta enorme distancia hace que el clima del planeta sea extremadamente frío. Los científicos le atribuyen una atmósfera parecida a la de JÚPITER, compuesta principalmente de HIDRÓGENO. Neptuno tiene dos satélites: Tritón y Nereida; el primero tiene un tamaño muy parecido al del planeta MERCURIO.

Los astrónomos del siglo XIX, a pesar de que no disponían de telescopios lo suficientemente potentes para localizar a Neptuno sospechaban que existía. Observaron que la ÓRBITA del planeta más próximo, URANO, era afectada por un cuerpo celeste invisible. En 1845, los as-

▼ En la ilustración se representa una posible visión de Neptuno desde su luna, Tritón; dada la enorme distancia que separa al planeta del Sol, el brillo de éste no sería muy superior al de cualquier otra estrella.

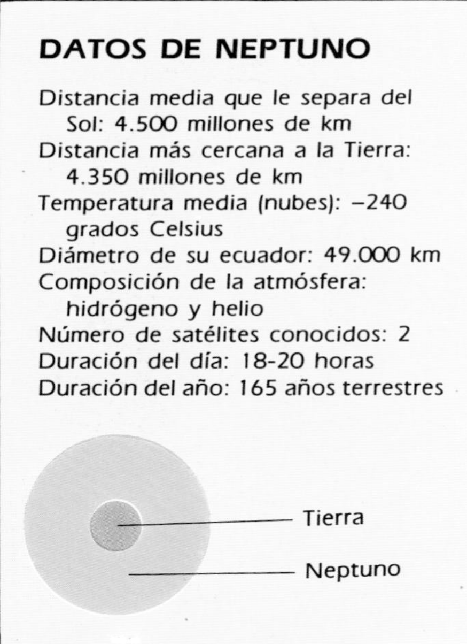

trónomos Adams en Inglaterra y Le Verrier en Francia, mediante cálculos matemáticos, establecieron la posición exacta del planeta; un año más tarde Galle utilizó la información establecida por Le Verrier y Adams, consiguiendo efectuar contacto visual con Neptuno.

DATOS DE NEPTUNO
Distancia media que le separa del Sol: 4.500 millones de km
Distancia más cercana a la Tierra: 4.350 millones de km
Temperatura media (nubes): –240 grados Celsius
Diámetro de su ecuador: 49.000 km
Composición de la atmósfera: hidrógeno y helio
Número de satélites conocidos: 2
Duración del día: 18-20 horas
Duración del año: 165 años terrestres
Tierra
Neptuno

Nervio

El nervio es el tejido que conduce los mensajes eléctricos y químicos del cerebro a los diferentes órganos y viceversa. Cuando una parte del cuerpo contacta con algo, los nervios envían un mensaje al CEREBRO a través de la columna vertebral. Si el mensaje es doloroso éste se ve contrarrestado por otro que inmediatamente nos hace retirarnos del lugar que nos causa el dolor. Los nervios son a su vez responsables de transportar los estímulos y las sensaciones recibidas por el cuerpo, y para ello cuentan con terminaciones nerviosas especiales. Los cinco sentidos: vista, oído, olfato, gusto y tacto responden a los correspondientes estímulos (luz, ruido, calor, frío, etc.).

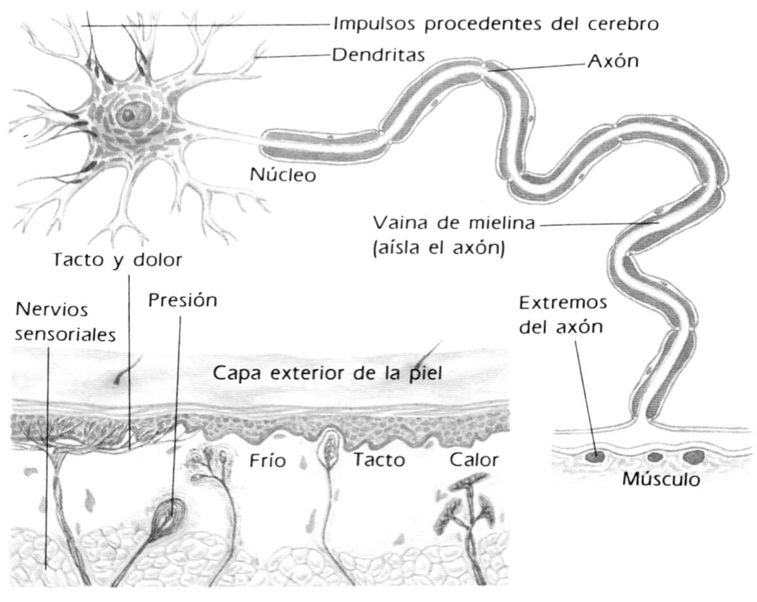

▶ Las sensaciones recibidas por la piel son enviadas al cerebro por diferentes secciones de las células nerviosas.

▲ Si el tamaño de las secciones del cuerpo tuviera relación con el número de terminaciones de células nerviosas que tienen, tendríamos un aspecto parecido a este personaje.

Newton, Isaac

Isaac Newton (1642-1727) fue un matemático, físico y astrónomo inglés que hizo algunos de los descubrimientos más importantes para la humanidad.

Tuvo que abandonar la universidad en 1665, año en que la plaga azotó la ciudad de Cambridge; durante los dieciocho meses que transcurrieron antes de que la universidad fuera abierta de nuevo al público, Newton realizó sus trabajos más relevantes.

Los experimentos de Newton demostraron que la LUZ estaba compuesta por una mezcla de todos los colores del arco iris (el espectro de la luz). La aplicación actual de este experimento, que parece sencillo, es que se puede saber la composición de una estrella u otro objeto con brillo propio mediante el estudio de su espectro. Los estudios realizados por Newton respecto a la luz lo condujeron al descubrimiento del primer TELESCOPIO.

Newton descubrió también la teoría de la GRAVEDAD universal, por la que pudo identificar la naturaleza, peso de la Tierra y la atracción que se da entre los cuerpos celestes. A través de la anécdota de la manzana se dio cuenta de que la misma fuerza que hace que las manzanas caigan del árbol, es la que mide el peso de los cuerpos y hace que los PLANETAS sigan girando alrededor del SOL.

▲ Newton determinó las leyes del movimiento, que siguen utilizándose en la física actual.

Niágara, cataratas del

Son las cataratas que forma el río Niágara en Norteamérica. Hoy día constituyen uno de los centros de atracción turística más importante de la zona.

El agua procedente de los GRANDES LAGOS fluye por el río Niágara y cada minuto 450.000 toneladas de agua caen por un precipicio de incomparable belleza.

Las cataratas están situadas entre la frontera de Estados Unidos y Canadá. El agua crea una isla natural por donde discurre a ambos lados de la misma y cae en su mayor parte en la zona canadiense denominada Horse-

El agua va produciendo un efecto de erosión en la roca, ocasionando un lento pero continuo cambio de la situación de las cataratas; en la actualidad las cataratas están 11 km más al norte que cuando se formaron originalmente. Con el transcurso del tiempo las cataratas del Niágara, tal y como las conocemos ahora, habrán desaparecido.

◀ La magnitud de la cataratas ha despertado la imaginación de las gentes, provocando diferentes clases de desafíos y temeridades; el equilibrista Charles Blondin cruzó el precipicio sobre un cable tensado el 30 de junio de 1859.

shoe Falls (Herradura); el resto cae por el área estadounidense denominada American Falls.

Los visitantes pueden observar este magnífico espectáculo natural desde torres de observación dispuestas para este fin; también, si lo desean, pueden recorrer con barcazas las aguas del río situadas después de la caída.

Nicaragua

Nicaragua es un Estado de América Central que limita al Norte con Honduras, al Este con el Océano Atlántico, al Sur con Costa Rica y al Oeste con el Océano Pacífico. La mayoría de la población vive en la costa occidental donde se concentran las tierras de relieve plano y aptas para el cultivo. La principal actividad económica de la nación es la agricultura destacando como productos principales de la misma el algodón, el café, la caña de azúcar y las frutas.

En el año 1948 Nicaragua se convirtió en una república dirigida por la familia Somoza. La revolución sandinista con la ayuda de la antigua URSS y Cuba provocó la caída del régimen somocista en 1979. En 1980 las fuerzas anti-sandinistas denominadas «la contra» invadieron la zona nororiental del país ayudados por Estados Unidos. Tras una guerra que ha durado varios años y que ha supuesto la muerte de miles de personas, los distintos bandos en lucha han depuesto las armas e inician un período constituyente que abre un sistema democrático y plural en el que puedan vivir en paz todos los nicaragüenses.

▲ La complicada estructura del avispero, a base de celdas, constituye un refugio para las crías.

Nido

Los nidos son construcciones que hacen ciertos animales para tener y cuidar de sus crías. Las aves preparan sus nidos cuando están a punto de poner huevos, para empollarlos y tener allí sus crías. Generalmente los nidos son lugares resguardados de las inclemencias del tiempo; las hembras suelen construir el nido con la ayuda de los machos. La construcción y la situación de los nidos puede variar enormemente, cambiar según las especies, siendo en ciertos casos nidos muy sencillos y en otros muy complicados.

Asimismo los materiales de construcción son diversos y variados; las aves emplean barro, plumas, raíces, telas de araña, lana, ramas, cabello etc. Entre los mamíferos son principalmente los roedores (RATONES de campo, ARDILLAS, etc.) los que construyen nidos.

Entre los INSECTOS los nidos suelen ser más complicados; normalmente son lugares donde vive un grupo o colonia (ABEJAS, avispas, abejorros, hormigas, termitas, etc.) En el caso de las abejas, la reina pone los huevos y cientos o miles de abejas obreras los cuidan. Existe un grupo de avispas que construye su nido con papel. Las TERMITAS construyen enormes nidos a base de barro.

▲ La focha común vive en el agua, no obstante construye el nido encima de piedras que sobrepasan el nivel de está.

Niebla

La niebla es simplemente una NUBE estratificada que reposa sobre la superficie terrestre, casi siempre en tiempo de calma, constituida por gotitas de agua en estado líquido. La formación de estas nubes se produce cuando el aire se enfría y la humedad contenida en el mismo adquiere la forma de pequeñas gotas.

La niebla resulta del paso de aire húmedo sobre una superficie fría. Este tipo de niebla es común en la costa (aire tibio marítimo sobre el continente, durante el invierno). Otro tipo de niebla se debe al enfriamiento nocturno durante las noches serenas (situación anticiclónica).

▲ El hornero construye su nido con barro y trocitos de paja; la forma del mismo nos recuerda a un antiguo horno.

Nieve (ver Lluvia y Nieve)

Níger

Níger es un país interior de África Occidental sin salida al mar; en la parte septentrional se extiende un fragmento del DESIERTO DEL SAHARA, y en la parte meridional se despliega una región predominantemente agrícola por la que discurre el río Níger. El clima es uno de los más cálidos del globo; en el Sur tiene un clima tropical y en el Norte el clima es desértico. La población está constituida en su mayoría por pastores y agricultores que se dedican al cultivo del algodón y a la producción de cacahuetes. La industria minera destaca principalmente por las extracciones de uranio.

Níger fue colonia francesa hasta que logró la independencia en 1960. Las sequías que padeció en 1970 y 1980 provocaron grandes pérdidas en la producción agroalimentaria, causando verdaderos estragos entre la población la falta de alimentos.

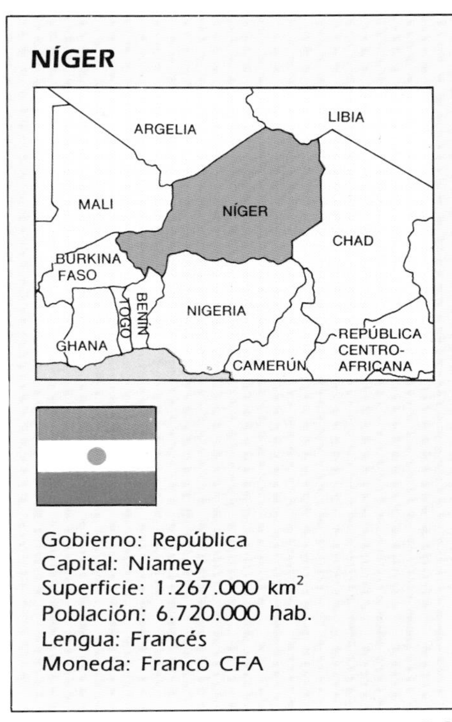

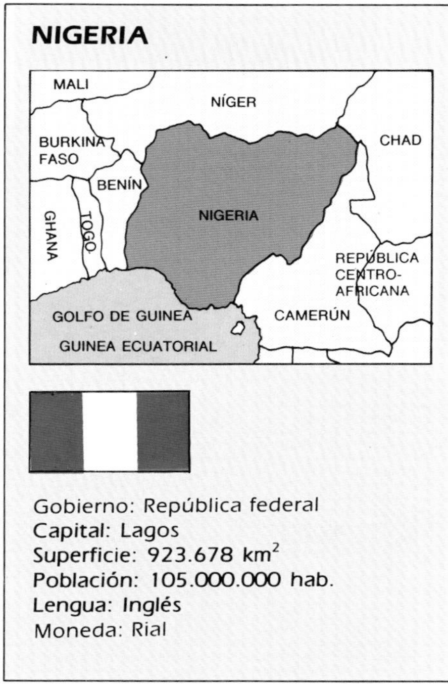

Gobierno: República federal
Capital: Lagos
Superficie: 923.678 km^2
Población: 105.000.000 hab.
Lengua: Inglés
Moneda: Rial

Nigeria

Este es un Estado federal de África occidental, atravesado por el río Níger, que desemboca en el Océano Atlántico. Nigeria es el Estado más poblado de África ya que con sus 105 millones de habitantes supera a Egipto y a Etiopía, las otras dos naciones más pobladas de África. La capital actual es Lagos.

El clima es cálido, de carácter subtropical. La vegetación es variada así como su geografía; la diversidad de la vegetación va desde la selva ecuatorial a las sabanas pasando por los bosques que se extienden cerca de la costa y las altiplanicies herbáceas que recubren los principales macizos.

Existe una gran diversidad de pueblos y de culturas. Las etnias (tribus) tienen sus propias lenguas, no obstante el idioma oficial es el inglés. La mitad de la población es MUSULMANA. Sus productos agrícolas principales son el maíz, cacahuetes, sésamo, aceite de palma y otros productos alimenticios. Nigeria es uno de los más importantes productores a nivel mundial de cacao y a su vez uno de los países africanos que figuran a la cabeza en la producción petrolífera del continente.

▶ En la ilustración se muestran los diferentes trajes regionales nigerianos. Las cuatro etnias nigerianas principales son los yoruba, los ibo, los hausa y los fulbé.

Nilo

El río Nilo, en el noreste de África, se considera el más largo de la Tierra: unos 6.690 km, aunque ciertos geógrafos opinan que el AMAZONAS es más largo. El río tiene su nacimiento en África central, concretamente en Burundi, y desciende hacia el Norte cruzando todo el territorio

▼ La civilización del antiguo Egipto se desarrolló a lo largo del curso del río; los egipcios lo hicieron servir como vía fluvial para el transporte de mercancías y florecieron las ciudades en la cuenca del río. En la ilustración podemos observar a un barco descargando en un muelle de una antigua ciudad.

egipcio para desembocar en el mar Mediterráneo; el río adquiere una importancia fundamental para los terrenos agrícolas situados en las márgenes del mismo, puesto que dependen de sus aguas para el regadío.

Nómada

Los nómadas son aquellos individuos que carecen de residencia fija. Estos grupos se caracterizan por su modo de vida errante. Generalmente suelen ser pastores que buscan pastos frescos debido a que sus lugares de origen son zonas áridas en las que la práctica agrícola es, de hecho, imposible. Los nómadas viven en tiendas de campaña y la mayoría de ellos se localizan por las regiones cercanas a los grandes desiertos de África y de Asia.

Noruega

Es un país montañoso situado en el norte de EUROPA con muchos bosques y cubierto en su mayor parte por la nieve. Cuenta con 20.000 km de costa y su industria pes-

NORUEGA

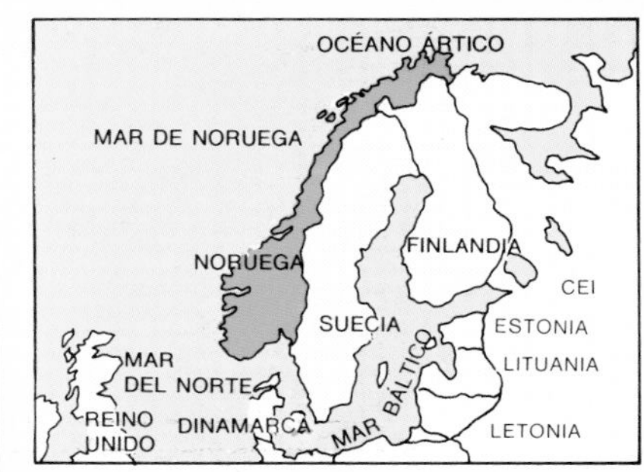

Gobierno: Monarquía constitucional hereditaria
Capital: Oslo
Superficie: 324.219 km^2
Población: 4.170.000 hab.
Lengua: Noruego
Moneda: Corona noruega

ALGUNOS LIBROS INFANTILES

Alicia en el país de las maravillas	Lewis Carroll
La isla del tesoro	Robert Louis Stevenson
Mujercitas	May Alcott
Las aventuras de Tom Sawyer	Mark Twain
El Hobbit	J.R.R. Tolkien
Robinson Crusoe	Daniel Defoe
Sherlock Holmes	Arthur Conan Doyle
La máquina del tiempo	H.G. Wells
David Copperfield	Charles Dickens
Los viajes de Gulliver	Jonathan Swift
La historia interminable	Michael Ende
Veinte mil leguas de viaje submarino	Julio Verne

quera es la primera de Europa. Los yacimientos petrolíferos del mar del Norte son de los más productivos del sector europeo.

La costa noruega se caracteriza por los FIORDOS; el clima es frío y los inviernos largos, especialmente en la zona ÁRTICA situada al norte; la costa occidental es lluviosa y el clima se mantiene razonablemente templado debido a la influencia que ejerce LA CORRIENTE DEL GOLFO.

Noruega ocupa el sexto lugar de Europa en cuanto a extensión se refiere y cuenta con más de cuatro millones de habitantes. Su capital es Oslo.

Novela 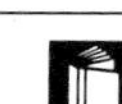

Las novelas son largas historias escritas. Existen diversas clases de novelas, por ejemplo: de aventuras como *La isla del Tesoro*, de Robert Louis STEVENSON; de terror como *Frankestein*, de Mary Shelleys; de ciencia ficción como *2001 Una odisea en el espacio*, de Arthur C. Clarke; de humor como *Las aventuras de Tom Sawyer*, de Mark TWAIN; o de viajes como *Los viajes de Gulliver*, de Jonathan Swift, etc. Esta última novela está considerada como una crítica social al género humano y así fue concebida por su autor; no obstante, debido a su divulgación popular, especialmente entre el público infantil, se desvirtuó su sentido original. Las novelas pueden situarse en cualquier período y son narraciones generalmente que pretenden entretener o ayudar a evadirse al lector. Otras novelas pretenden reflejar una situación social, criticarla y ofrecer alternativas: Charles DICKENS fue un claro exponente del género social, mostrando la realidad de la vida de los pobres de la Inglaterra victoriana.

Las novelas se desarrollaron a partir de narraciones cortas aparecidas en la Italia del siglo XIV denominadas *romanzo*. La novela más famosa de todos los tiempos es *Don Quijote de la Mancha*, de Miguel de CERVANTES.

▼ Portada de El ingenioso hidalgo Don Quijote de la Mancha, de Miguel de Cervantes, exponente clave y obra maestra del arte narrativo.

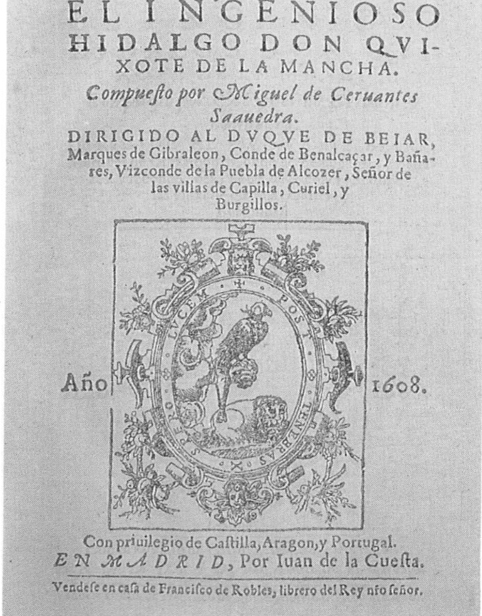

EL INGENIOSO HIDALGO DON QVIXOTE DE LA MANCHA.
Compuesto por Miguel de Ceruantes Saauedra.
DIRIGIDO AL DVQVE DE BEIAR, Marques de Gibraleon, Conde de Benalcaçar, y Bañares, Vizconde de la Puebla de Alcozer, Señor de las villas de Capilla, Curiel, y Burgillos.
Año 1608.
Con priuilegio de Castilla, Aragon, y Portugal.
EN MADRID, Por Iuan de la Cuesta.
Vendese en casa de Francisco de Robles, librero del Rey nro señor.

Nube 

Las nubes son un conjunto de partículas muy finas de agua o de hielo, sostenidas en la atmósfera por las corrientes verticales del aire. Las nubes pueden estar situadas a una altitud de 10.000 metros o descender al nivel del suelo (niebla).

El aire contiene un cierto grado de humedad (vapor) en forma de partículas muy finas; si el aire es caliente se

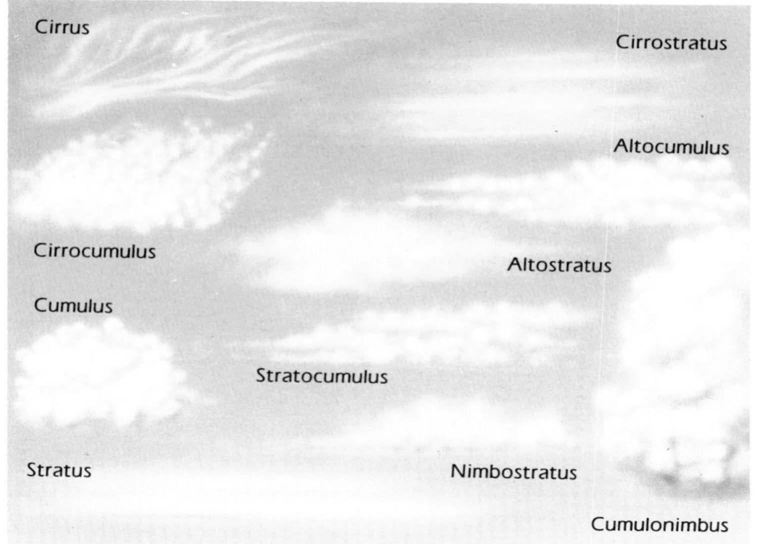

◄ Las diferentes clasificaciones de las nubes permiten identificar el tiempo que se avecina; las cuatro formas fundamentales son: cirrus (formadas por gotas heladas); cumulus (buen tiempo); stratus (cuando están bajas, grises y traen lluvia) y nimbus; la subdivisión cumulonimbus, estratificada en forma de «torre», significa truenos y tormenta.

eleva a capas más altas de la atmósfera y se enfría. El descenso de temperatura en el aire provoca la condensación del *vapor* de agua y la formación de las gotitas líquidas que integran las nubes. Las gotitas suelen condensarse alrededor de masas de polvo, polen o sal. A medida que el vapor acuoso se condensa, las gotitas aumentan de tamaño y las nubes empiezan a formarse. Al principio las nubes son finas y de color blanco, pero a medida que crecen en volumen y contienen más líquido se vuelven espesas y de color gris. Por último las nubes no pueden contener más agua y ésta se precipita en forma de lluvia, nieve o granizo dependiendo de la temperatura reinante en las capas superiores; si no hace frío generalmente suele caer en forma de lluvia. La mayoría de las nubes se forman en las «fronteras», entre masas de aire caliente y masas de aire frío. Mediante la observación de su formación y desplazamiento es posible predecir qué clase de tiempo se avecina. La meteorología confía en estas observaciones para valorar sus pronósticos que a pesar de su sencillez sigue siendo uno de los mejores sistemas de predicción del TIEMPO.

Nudo

El nudo es la manera de entrelazar uno o más cuerpos flexibles, como la cuerda, cordón, hilo, etc., con el fin de atar o sujetar una cosa o de unir estos cuerpos entre sí. Son de gran utilidad para los escaladores y para los marineros, aunque su aplicación se da en todos los campos ya que en cualquier momento todos podemos necesitar hacer un nudo. Los nudos pueden utilizarse para realizar

▼ La maestría en el arte del trenzado y del nudo se hace presente en la artesanía popular de algunos países, como la confección de hamacas en Bolivar, Ecuador.

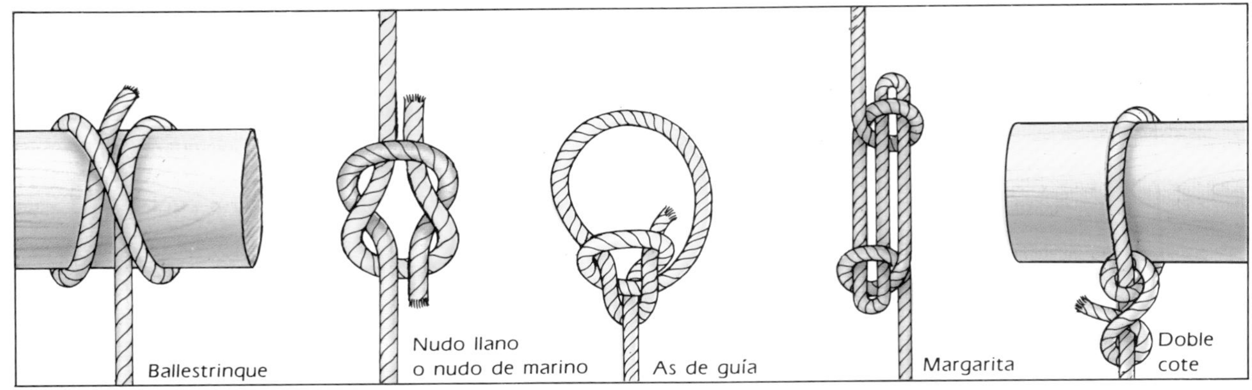

▲ Cada nudo tiene una función determinada; el saber escoger el preciso nudo a realizar es parte muy importante en la habilidad de anudar.

un lazo o un nudo corredizo, o bien para atar un bulto o para unir entre sí dos o más materiales.

Los nudos más comunes son el nudo *llano* y el *as de guía* (también calificados como nudos verdaderos), el *ballestrinque*, el *doble cote* y el *margarita.* La cuerda también puede unirse mediante el tejido de la misma, entre sí, lo que en términos náuticos se denomina *ayustar*, que significa empalmar. Esta técnica no se considera como nudo verdadero.

Nueva Guinea

Nueva Guinea es una gran isla de Oceanía situada al norte de Australia. Sus habitantes tienen piel oscura y cabello rizado. La isla se divide en dos partes. La parte occidental se denomina Irian Jaya y pertenece a INDONESIA; la parte oriental lleva el nombre de PAPÚA NUEVA GUINEA. Anteriormente era administrada por Australia, pero desde 1975 es un estado independiente. La capital de Nueva Guinea es Port Moresby. La población se distribuye principalmente por las tierras altas centrales. Se hablan unas 700 lenguas diferentes, aunque el idioma oficial es el inglés. Las principales exportaciones del país son: té, cacao, copra (cocotero), cobre y oro.

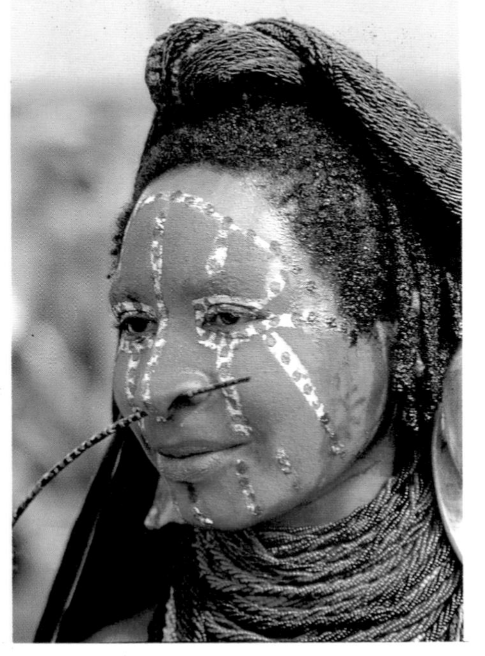

▲ Ciertas tribus de Nueva Guinea, con motivo de importantes celebraciones, maquillan sus caras con profusión de colores.

Nueva York

Nueva York es la ciudad más importante de los ESTADOS UNIDOS. Entre la ciudad y los suburbios se calcula una población superior a los 11 millones de habitantes.

El corazón de la ciudad es la zona de Manhattan y ocupa la isla central de las tres que forman la desembocadura del río Hudson. En ésta, se concentran algunos de los RASCACIELOS más altos del mundo. En Manhattan se encuentran algunas calles famosas, como la Quinta Avenida, notable por sus tiendas y grandes almacenes, y Broadway, bien conocida por sus teatros. Uno de los símbolos de Nueva York es sin duda la estatua de la Libertad situada en una isla en el puerto de la ciudad.

Nueva York es uno de los centros comerciales más importantes del mundo; asimismo su puerto recibe buques procedentes de todos los continentes. Las industrias del estado de Nueva York producen más bienes de consumo que cualquier otra ciudad de Estados Unidos.

Nueva York probablemente alberga una de las comunidades más variadas del mundo La población negra es la más grande de Estados Unidos; la comunidad judía es la más numerosa del mundo; son a su vez importantes las «minorías», como la italiana y la asiática.

▲ Nueva York alberga seis de los edificios más altos del mundo, en ellos encontramos al *World Trade Center* y el *Empire State*.

Nueva Zelanda 

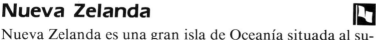

Nueva Zelanda es una gran isla de Oceanía situada al sureste de Australia. El archipiélago de Nueva Zelanda está constituido por dos islas principales, la del Norte y la del Sur. La primera se caracteriza por sus aguas termales y volcanes, y la segunda por la cordillera denominada los Alpes del Sur. A su vez la isla posee numerosos lagos y cascadas. La geografía neozelandesa ofrece llanuras y valles con preponderancia de un clima templado que facilita la agricultura, cuyos principales productos son los cereales, verduras y manzanas. La ganadería ovina es la tercera del mundo en la producción de lana. También cuenta con un gran número de reses. La capital es Wellington y la ciudad más importante es Auckland, ambas situadas en la isla Norte. Dos de cada tres habitantes viven en las ciudades de un total de tres millones de personas.

Nueva Zelanda es miembro de la COMMONWEALTH y la mayoría de sus habitantes son descendientes de origen británico. Los indígenas del archipiélago son los MAORÍES,

Cuando los europeos llegaron al archipiélago los únicos mamíferos existentes eran los perros y las ratas. Todos los mamíferos que actualmente pueblan las islas, fueron transportados por los europeos (vacas, ovejas, cerdos, ciervos, conejos, cabras, etc.).

▶ En la isla del Norte de Nueva Zelanda se encuentra el géiser de *Pohutu* que lanza grandes cantidades de vapor como consecuencia del calor natural y de la presión de los manantiales subterráneos.

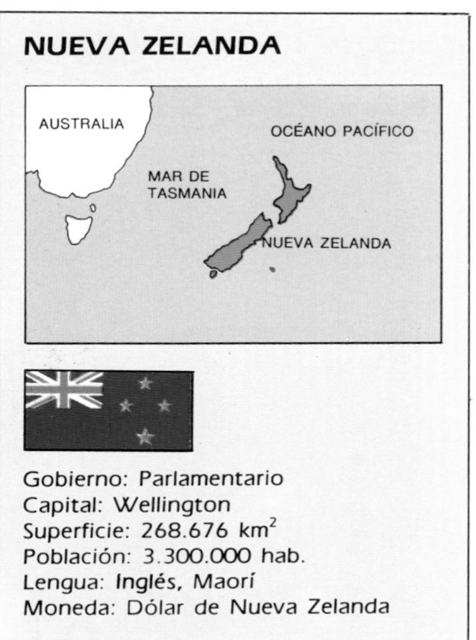

Gobierno: Parlamentario
Capital: Wellington
Superficie: 268.676 km^2
Población: 3.300.000 hab.
Lengua: Inglés, Maorí
Moneda: Dólar de Nueva Zelanda

▲ El kiwi es un ave que vive en los bosques de Nueva Zelanda; está recubierto por un fino plumaje pero no está capacitado para el vuelo.

que habitaron las islas mucho antes que llegaran los colonos europeos.

Número

En la Edad de Piedra se representaban los números haciendo marcas individuales separadas; por ejemplo, para marcar 20 o 30, se señalaban las correspondientes marcas individuales al número representado. En ciertas cavernas aún se pueden observar los símbolos que marcaron nuestros antepasados.

Con el tiempo las culturas evolucionaron y diseñaron símbolos especiales o grupos de símbolos que representaban números diferentes. Los *números romanos* significaron un avance y se utilizaron durante siglos, pero en la actualidad, comparado con nuestro sistema, la numeración romana es poco práctica. Veamos un ejemplo: para representar 38 en números romanos necesitamos XXXVIII. Nuestro sistema proviene de los árabes, pero es originario de la India. El número más importante en nuestro sistema es el 0. Si escribimos 207 queremos decir dos centenas, ninguna decena y siete unidades. Sin el 0 no prodríamos escribir 207.

1	2	3	4	5	6	7	8	9	10		Arábigo
𒁹	𒈫	𒐈	𒐉	𒐊	𒐋	𒐌	𒐍	𒐎	𒌋		Babilónico
Α	Β	Γ	Δ	Ε	Ζ	Η	Θ	Ι	Κ		Griego
I	II	III	IV	V	VI	VII	VIII	IX	X		Romano
一	二	三	四	五	六	七	八	九	十		Chino
•	••	•••	••••	—	• —	•• —	••• —	•••• —	═	◯	Maya
१	२	३	४	५	६	७	८	९	१०	०	Indio

▶ Los primeros números escritos conocidos fueron los de la civilización babilónica, hace cerca de 5.000 años. Todas las grandes civilizaciones crearon su propio sistema numérico.

Nutria

La nutria es un carnívoro nadador que vive junto a los ríos o lagos o en el mar, y que se alimenta de peces y ranas. Se le considera pariente de la comadreja. Tiene el cuerpo alargado, grueso y aplastado, con patas cortas y palmeadas. Su peso es un poco superior al de un perro tejonero. El cuerpo de la nutria está cubierto por la piel de color algo rojizo, suave y duradera que guarda mucho el calor y protege al animal de la humedad. Son buenos nadadores y se ayudan para ello con la cola, que la mueven de igual manera que las anguilas. Los pies palmeados facilitan enormemente la natación.

La nutria caza sólo durante la noche, merodeando a lo largo de los ríos y buscando nuevos lugares de caza. Les gusta jugar deslizándose por las laderas de nieve o barro.

▲ El número de nutrias en estado salvaje está disminuyendo progresivamente y en la actualidad es difícil verlas.

Nutrición

La nutrición es el proceso que necesita nuestro organismo y por el cual tomamos los alimentos necesarios para el desarrollo vital y para la producción de energía, que nos permite desempeñar las exigencias cotidianas como jugar, trabajar, estudiar, etc. La malnutrición es el estado en el que el organismo no recibe la cantidad suficiente de alimentos y se debilita.

Los elementos nutritivos pueden dividirse en seis grupos: proteínas, hidratos de carbono, grasas, vitaminas, minerales y agua. Todos los nutrientes tienen el mismo valor. No son más importantes las vitaminas que las grasas, por ejemplo, porque cada elemento tiene sus propias funciones específicas. Una dieta equilibrada ha de contener todos los elementos.

La palabra «nutrición» proviene de la palabra latina *nutricia*. Algunos antiguos documentos que han sido encontrados procedentes de las civilizaciones egipcias y griegas, hacen ya mención de las prácticas de nutrición, incluyendo en ellas los remedios a base de hierbas que se daban a los enfermos.

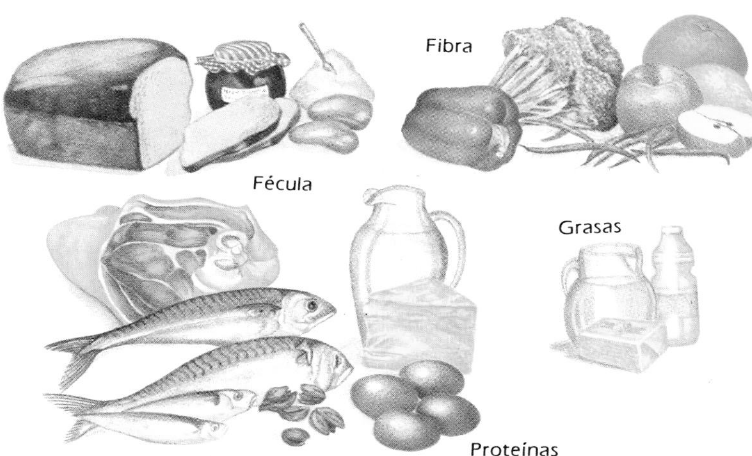

◀ Una dieta variada en alimentos frescos y naturales es la mejor manera de mantener un cuerpo sano.
Los alimentos excesivamente manufacturados pierden su valor nutritivo; una dieta equilibrada debe contener un buen número de hidratos de carbono, proteínas, fibra y grasas.

Oasis

Un oasis es una extensión de terreno apto para la vegetación y la vida humana, que se da en los desiertos. Las dimensiones de los oasis varían según la abundancia del agua que se encuentra en los mismos; esta puede ser de origen superficial o subterránea. El agua puede aflorar naturalmente del suelo, del subsuelo o bien artificialmente, mediante los *pozos artesianos.* A través de las conducciones efectuadas por el hombre el agua puede ser transportada desde muy lejos al lugar que se precise. También se pueden encontrar oasis en los bordes montañosos de las depresiones desérticas, en este caso el agua proviene de pequeños ríos, fuentes o manantiales. El árbol fundamental de los oasis africanos es la palmera datilera.

▲ Este oasis en el desierto del Sinaí es la única fuente de agua en medio de miles de kilómetros de desierto abrasador; en su interior se encuentran diferentes especies de vida animal y vegetal.

Océano

Los océanos son amplias extensiones del globo terrestre cubiertas por agua de mar. Los océanos cubren cerca de las tres cuartas partes de la superficie terrestre; si pusiéramos toda el agua del mundo en 100 depósitos gigantes, 97 de éstos contendrían el agua procedente de los océanos. Los océanos sufren una constante evaporación de sus aguas por el efecto del Sol; el agua pasa a la atmósfera y luego se precipita sobre la superficie terrestre en forma de LLUVIA, granizo o NIEVE. Esta agua retorna a los océanos por medio de los ríos y transporta sales y MINERALES. Por ejemplo, si llenáramos un depósito cúbico de un kilómetro de longitud por uno de altura con agua de mar, obtendríamos cuatro millones de toneladas de magnesio; los océanos nos abastecen con la mayor parte del magnesio que utilizamos.

Existen cuatro océanos: el Pacífico, el Atlántico, el Índico y el Ártico. El primero es el más grande y profundo, el segundo es la mitad que el primero en cuanto a superficie y los otros dos les siguen por orden de importancia siendo el Ártico el más pequeño y el menos profundo. Hay que hacer constar que el Índico es más profundo que el Atlántico a pesar de su menor extensión.

La actividad de los océanos es constante. El viento produce las olas de la superficie; las corrientes marinas frías o cálidas son como ríos dentro del propio mar produciendo influencias climatológicas importantes en las zonas de su influencia. Las MAREAS provocan la subida y bajada de la superficie oceánica diariamente. En invierno los mares polares se congelan y con la llegada del

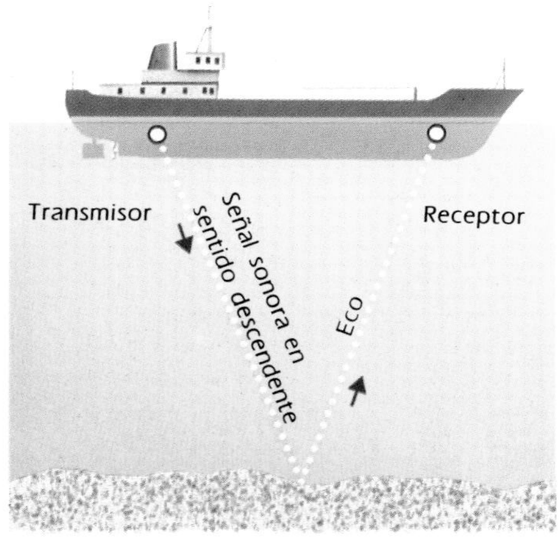

▲ Para medir la profundidad de las aguas por las que navegan los barcos, éstos envían ondas con el sonar a los lechos marinos.

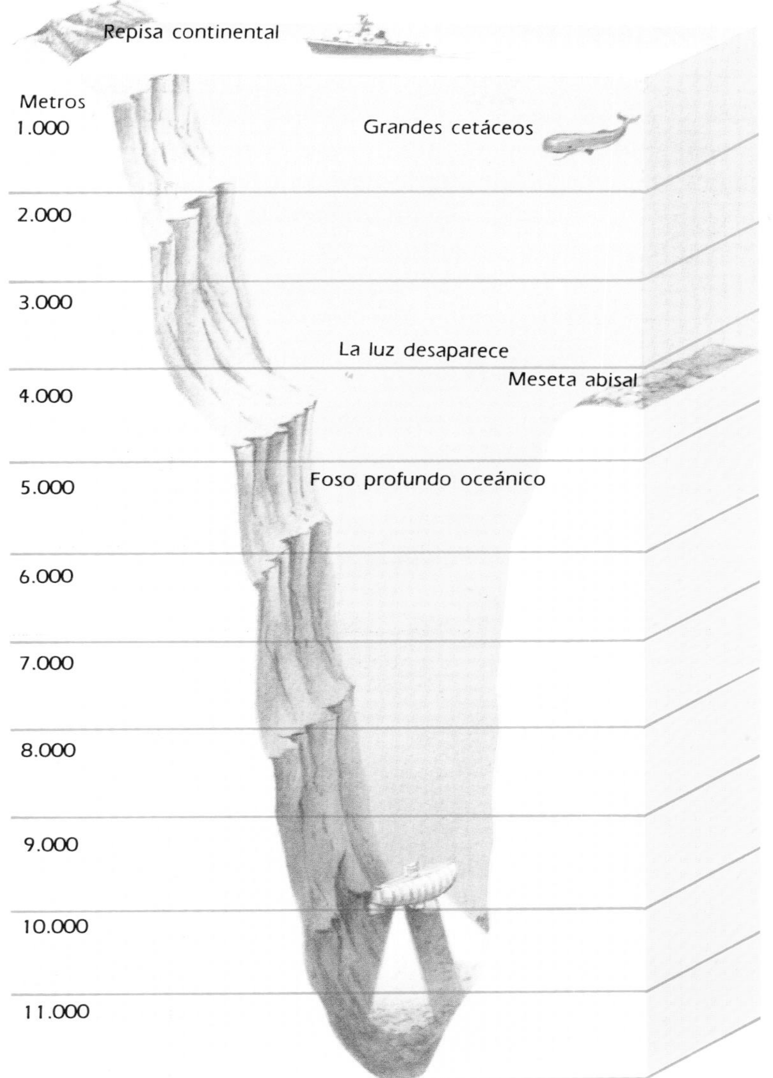

◀ La mayor parte de la vida en el mar se realiza en las capas más cercanas a la superficie, ya que éstas permiten la penetración de los rayos solares. La primera exploración de las zonas más profundas (10.000 m) fue llevada a cabo por los *batiscafos* (aparatos especiales parecidos a los submarinos y diseñados para resistir grandes presiones).

verano grandes masas de hielo denominadas ICEBERGS se desprenden y navegan a la deriva cientos de kilómetros por los océanos, constituyendo un grave peligro para la navegación.

Los océanos son el hogar de millones de criaturas; los minerales que contienen sus aguas proporcionan el alimento de las plantas, éstas a su vez constituyen el alimento para otros seres. Partículas vegetales y seres microscópicos constituyen el PLANCTON que forma parte importante de la dieta de las ballenas, otros cetáceos y peces.

Océano Atlántico 

El Océano Atlántico es el segundo océano más grande del mundo, después del OCÉANO PACÍFICO. Se extiende entre

DATOS SOBRE OCÉANOS

Océano Ártico Superficie 12.173.000 km. Profundidad media 990 m. Profundidad máxima 4.600 m.
Océano Índico Superficie 73.426.500 km. Profundidad media 3.890 m. Profundidad máxima 7.450 m.
Océano Atlántico Superficie 82.000.000 km. Profundidad media 3.330 m. Profundidad máxima 9.144 m.
Océano Pacífico Superficie 166.000.000 km. Profundidad media 4.280 m. Profundidad máxima 11.022 m.

DATOS DE CORRIENTES, MAREAS Y OLEAJE

Mayor tamaño registrado de olas de tormentas: 34 m.
Mayor velocidad registrada de las olas producto de un maremoto: 500-800 km/h.
Corriente oceánica de mayor longitud: Es la circumpolar antártica; desplaza 2.200 veces más agua que el río más caudaloso del mundo.
Corriente oceánica más rápida: Los rápidos de Nakwakto, en el Canadá occidental, 30 km/h.
Mayor variación en el nivel de las mareas: Se registra en la bahía de Fundy, en Canadá. En primavera la marea alta sube 16 metros más que la marea baja.

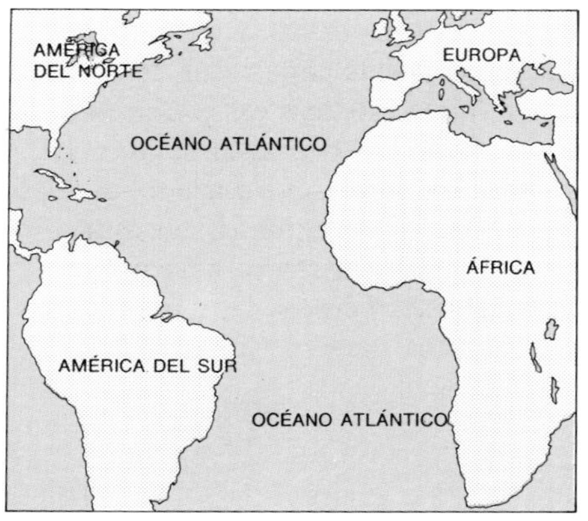

Europa y África al Este y América al Oeste. La profundidad media es de unos 3.300 metros. Existen un número considerable de corrientes, siendo la más importante la CORRIENTE DEL GOLFO, que transporta aguas cálidas a las costas europeas y mantiene este continente relativamente templado durante los meses invernales. Otras corrientes del Océano Atlántico son la del Labrador, la Ecuatorial y la circunantártica.

Océano Índico

El Océano Índico es el tercer océano en cuanto a superficie se refiere, después del Pacífico y del Atlántico; ocupa una superficie de 73.426.500 km. Se pueden destacar dos grandes islas en el Índico: Madagascar, al sur del continente africano, y Sri Lanka en el extremo inferior sur de la India. Cada año con la llegada del verano, los fuertes vientos denominados *monzones* ejercen una influencia de carácter húmedo en toda la región del Sureste-asiático.

ORIENTE MEDIO
ASIA
INDIA
SURESTE ASIÁTICO
ÁFRICA
MADAGASCAR
OCÉANO ÍNDICO
AUSTRALIA

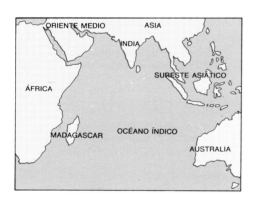

Océano Pacífico

Este es el más grande de todos los OCÉANOS del globo, tanto en extensión como en profundidad. Cubre una superficie equivalente a un tercio del total de la superficie terrestre; podría albergar a todos los CONTINENTES y aún sobraría espacio; en su parte más profunda sus aguas cubrirían la montaña más alta de la Tierra.

Se extiende desde el Oeste del continente americano hasta el Este de Asia y Australia en el sentido de los paralelos terrestres; en el sentido de los meridianos va desde el Ártico al Antártico. En el Pacífico se reparten miles de islas que constituyen Oceanía (Hawai, Marshall, Micronesia, Polinesia, Salomón, Cook, Fidji, Kiribati, etc.); la mayoría de estos archipiélagos son de origen volcánico. La zona del Pacífico con cierta frecuencia experimenta movimientos sísmicos que provocan oleajes de enormes proporciones.

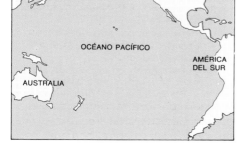

ASIA
AMÉRICA
DEL NORTE
OCÉANO PACÍFICO
AMÉRICA
DEL SUR
AUSTRALIA

Ochoa, Severo

Severo Ochoa es un médico brillante, nacido en Luarca (Asturias), en 1905. Se nacionalizó estadounidense después de haber vivido e investigado durante muchos años en Estados Unidos. Trabajó mucho tiempo estudiando la fotosíntesis y consiguió el premio Nobel de Medicina en 1957 por sus descubrimientos en la síntesis enzimática del ARN.

Odisea, La

La Odisea es un poema épico griego atribuido a HOMERO. La Odisea narra los viajes del héroe Ulises después de la GUERRA DE TROYA, quien durante diez años se vio obligado a enfrentarse a múltiples peligros, por tierra y por mar, antes de reencontrar su reino de Ítaca y su fiel esposa Penélope.

Los expertos consideran la probabilidad de que Homero no supiera leer ni escribir y que recitara sus largas poesías en audiencias públicas. Se supone que sus obras fueron transcritas mucho después de su muerte.

Oído

Es el sentido que nos permite percibir los SONIDOS. El órgano que lo hace posible es el auditivo. Las personas que carecen del sentido del oído se denominan *sordos*; la sordera puede ser de nacimiento o bien como consecuencia de accidente o enfermedad. Generalmente los sordos de nacimiento son a su vez mudos, no por una imposibilidad fisiológica, sino porque no pueden reproducir unos sonidos que jamás fueron percibidos, por tanto no tienen conciencia «directa» de los mismos. Para estas personas la comunicación se efectúa mediante un lenguaje de signos especial.

Los animales vertebrados, al igual que los humanos, poseen órganos auditivos; algunos, como por ejemplo los PERROS y los GATOS, tienen este sentido mucho más desarrollado que el hombre. Los MURCIÉLAGOS cazan y se orientan mediante ondas sonoras reflejadas por las presas o por los obstáculos.

▲ El espectro de las vibraciones sonoras varía bastante según las especies. En los humanos el espectro oscila entre 20 y 20.000 ciclos por segundo. Los perros y los gatos pueden detectar altas frecuencias que no son audibles para el hombre.

Ojo

Los ojos nos permiten ver el color, la forma y las dimensiones de los objetos de nuestro entorno; podemos ver cosas y seres pequeños y cercanos como podría ser un insecto en esta página o bien elementos tan distantes como la Luna y las estrellas.

El ojo humano es más grande que la parte exterior visible; tiene forma esférica y un diámetro de unos 25 mm. El funcionamiento es parecido al de una cámara fotográfica; ambos convergen los rayos de luz reflejados por los objetos. Los rayos de LUZ entran a través del ojo por una capa de piel transparente denominada *conjuntiva*; des-

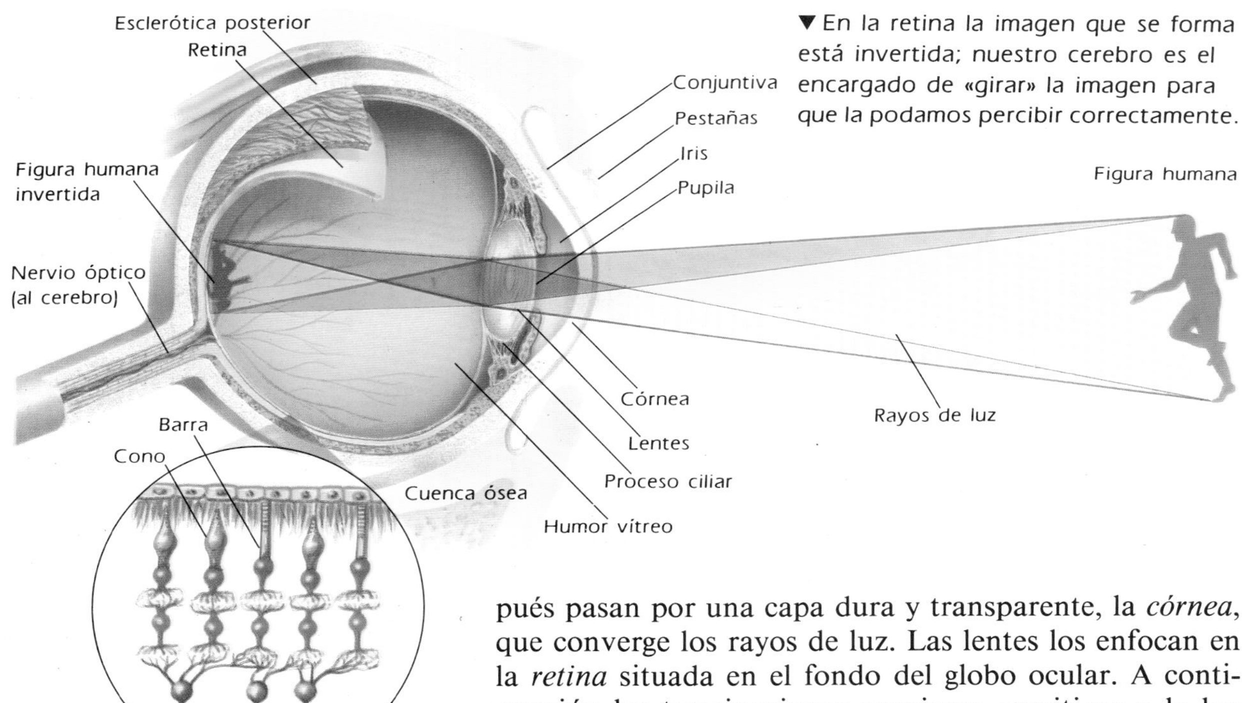

▼ En la retina la imagen que se forma está invertida; nuestro cerebro es el encargado de «girar» la imagen para que la podamos percibir correctamente.

▲ Ampliación de las barras y los conos que constituyen la retina; la composición química que se encuentra en su interior cuando es activada por la luz envía mensajes al cerebro.

pués pasan por una capa dura y transparente, la *córnea*, que converge los rayos de luz. Las lentes los enfocan en la *retina* situada en el fondo del globo ocular. A continuación las terminaciones nerviosas sensitivas a la luz que finalizan en la retina, envían al cerebro el mensaje «imagen» a través del *nervio óptico.*

Para percibir una imagen nítida correcta, sin distorsiones ni desenfocada, todas las partes del ojo deben funcionar correctamente. Por ejemplo, el *iris* (la parte coloreada del glóbulo ocular), realiza la función de regular, mediante la dilatación o contracción, la cantidad de luz que ha de entrar a través de la *pupila.*

La gama de colores que percibe el ojo humano es superior a la de los animales. El hombre distingue 250 colores puros, oscilando desde el rojo hasta el violeta, 17.000 combinaciones de colores (mezclas) y 300 tonos de gris producto de la combinación de los colores blanco y negro.

El animal que posee un globo ocular de mayores dimensiones es el calamar gigante. Los especímenes grandes tienen ojos que pueden llegar hasta los 40 cm de diámetro. Las ballenas, sin embargo, poseen ojos cuyo diámetro alcanzan los 10 cm.

Ola

Cuando el viento sopla en la superficie del mar o de un lago se produce una alteración en las aguas que denominamos olas. Éstas pueden oscilar desde suaves ondas producto de la brisa, hasta olas de una altura comparable a la de una casa, cuando los vientos son huracanados.

El movimiento esencial de las olas es ascendente y descendente aunque parezca que se desplacen horizontalmente, este movimiento sólo es perceptible en las cercanías de la costa; esto explica que las aves acuáticas y objetos flotantes como las botellas se mantengan más o menos en la misma situación meciéndose en la cresta de las olas pero no desplazándose con ellas.

Las olas, en su mayoría, son ondas formadas por la acción del viento; no obstante las que revisten un mayor peligro son aquellas producto de terremotos (maremotos si se producen en el mar) o por la acción volcánica. Estas

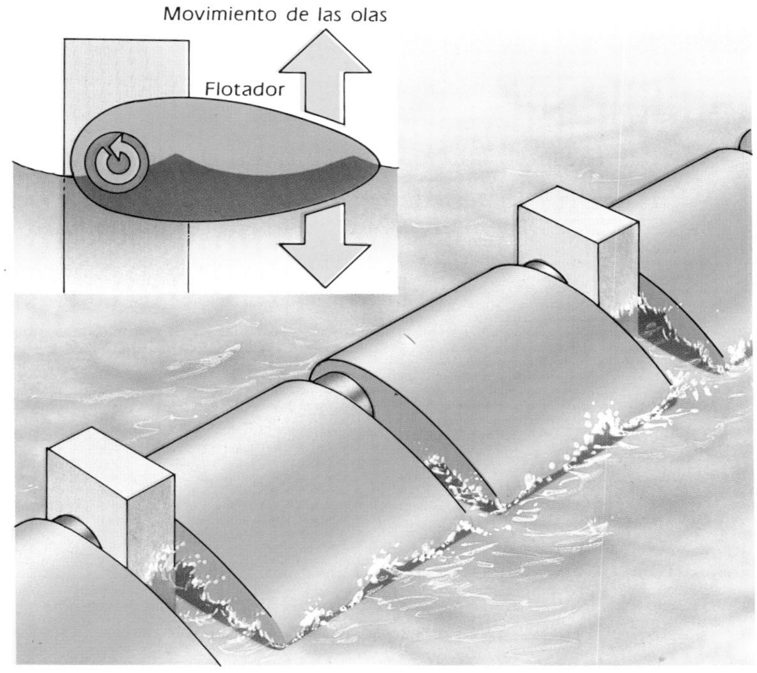

◀ La potencia mecánica de las olas puede convertirse en potencia eléctrica. El dispositivo denominado «flotador» contiene pequeños generadores en el interior. Las olas con sus movimientos alternativos ascendente y descendente mueven el «pico» de cada flotador (cuadro superior izquierdo); la electricidad es producida por los generadores.

olas gigantes producen inundaciones en las costas y víctimas entre la población.

Las olas transportan energía, por lo general procedente del viento; otras formas de energía, LUZ y SONIDO por ejemplo, se desplazan de un sitio a otro en ondas (olas). Del mismo modo que una onda sonora cruza una habitación sin mover a su paso el aire que ésta contiene las olas se desplazan sin arrastrar el agua con ellas.

Olfato

El olfato es un importante sentido, al igual que la vista y el oído. Los MAMÍFEROS, entre ellos el hombre, respiran por la nariz. Cuando respiramos, las sustancias volátiles suspendidas en el aire, son recogidas por células especiales situadas en la nariz; estas células envían el mensaje al CEREBRO que nos da las impresiones olfativas. El sentido del olfato nos es útil cuando ingerimos alimentos, nos ayuda a saborear la comida y nos advierte cuando ésta está en malas condiciones.

La mayoría de los animales poseen un olfato más fino que el de los seres humanos. Los perros, por ejemplo, hacen uso de su olfato para seguir el rastro de las presas. Las polillas, en cambio, no poseen fosas nasales, no obstante son capaces de olfatear cosas; los machos de la especie pueden detectar a una hembra polilla a varios kilómetros de distancia.

▼ El olfato está relacionado estrechamente con el sentido del gusto; cuando padecemos un resfriado generalmente se pierde el olfato, esto hace que la comida nos parezca insípida.

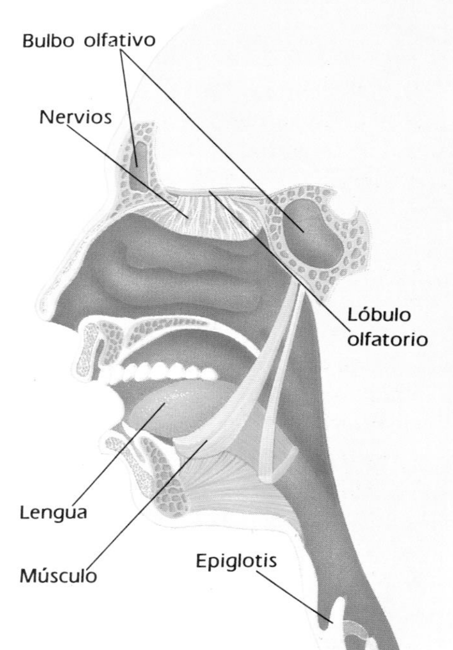

OMÁN

IRÁN
GOLFO PÉRSICO
OMÁN
PAKISTÁN
UNIÓN DE EMIRATOS ÁRABES
ARABIA SAUDÍ
MAR DE OMÁN
YEMEN

Gobierno: Monarquía (sultanato) autoritaria
Capital: Mascate
Superficie: 212.417 km²
Población: 1.272.000 hab.
Lenguas: Árabe, inglés, urdu
Moneda: Rial omaní

Omán

Omán es un Estado situado en la parte sur oriental de la península de Arabia, en la entrada del golfo Pérsico. En las fértiles mesetas costeras se cultivan dátiles, frutas y verduras. El petróleo es la mayor fuente de riqueza de la nación. La mayoría de los habitantes de Omán son nómadas.

Ópera

La ópera es una obra teatral con música. La ORQUESTA acompaña a los «actores», que cantan todo el diálogo o la mayor parte del mismo.

La primera ópera se estrenó en Italia hace casi 400 años. Los compositores más famosos de este género musical son: MOZART, Verdi, Puccini y Wagner.

El género cómico o ligero recibe en España el nombre de zarzuela y tonadillas pero en Europa se les conoce con el nombre de operetas. Florecieron en el siglo XIX y fueron las que dieron origen a las comedias musicales del siglo XX.

▲ W. A. Mozart fue autor de algunas de las óperas más conocidas, como *Las bodas de Fígaro, Don Giovanni* o *La flauta mágica.*

Orangután

El orangután es un MONO (primate o simio) de gran tamaño y de pelaje rojizo, que vive en las islas de Borneo y Sumatra en el sur del este asiático. Su nombre proviene del malayo y significa «hombre salvaje». Los machos tie-

▶ Los orangutanes viven solos o en grupos familiares reducidos. De igual modo que muchos animales amenazados por la extinción el hábitat natural de los orangutanes ha sido modificado por la acción irresponsable de los seres humanos.

nen un peso aproximado al del hombre, pero no son tan altos; los brazos son tan largos que tocan el suelo cuando están erguidos; se sirven de ellos para desplazarse por las ramas de los árboles. Construyen sus nidos cada noche en las ramas altas de los árboles, con un techo de hojas que los protege de la lluvia. Se alimentan de frutas y hojas.

El peor enemigo de los orangutanes es el hombre; los cazadores, a veces, cogen sus crías y las venden a los ZOOS. El área de distribución de estos animales es cada vez más reducida y actualmente corren peligro de extinción.

Órbita

Una órbita es una trayectoria que describe en el espacio un cuerpo alrededor de otro, de masa mayor debido al efecto de gravitación. El objeto que orbita tiende a desplazarse en línea recta, pero la fuerza de GRAVEDAD lo atrae hacia el mayor.

Los satélites artificiales y la LUNA recorren el espacio exterior, orbitando alrededor de la Tierra. Los planetas del Sistema Solar describen órbitas alrededor del SOL; éstas son elípticas al contrario de lo que se creía en la antigüedad (circulares).

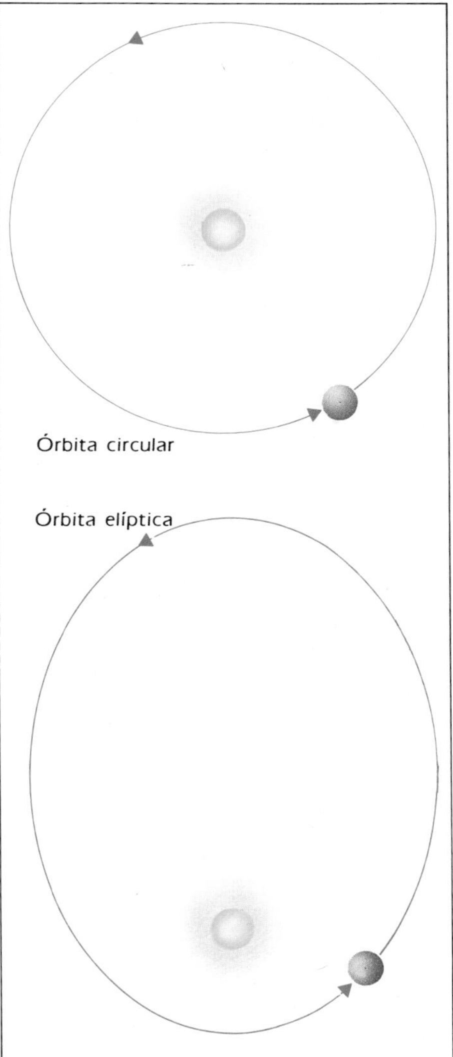

▲ En tiempos antiguos se creía que la órbita descrita por los planetas era circular (arriba), en realidad la forma de las órbitas es más parecida a la de un círculo aplastado o elíptica (abajo).

Ordenador

Los ordenadores desempeñan un papel cada vez más importante en nuestra sociedad; sus funciones van desde la entretenida partida de ajedrez, hasta el control de un avión, pasando por el dibujo de un mapa o la comprobación de las huellas dactilares. La realización de estas funciones es posible por la gran rapidez con que pueden sumar, restar y comparar las cifras.

A pesar de que los ordenadores trabajan empleando un sistema de números, la información que utilizan no tiene que originarse necesariamente con cifras. Podemos suministrar al ordenador casi cualquier tipo de información (entrada de datos); la máquina transforma esta información en dígitos (números). El ordenador trabaja con un sistema numérico denominado SISTEMA BINARIO; a diferencia de nuestro sistema habitual, en que utilizamos los números del 0 al 9, el sistema binario sólo emplea el 0 y el 1. Los cálculos y las operaciones aritméticas efectuadas por el ordenador responden a impulsos eléctricos; el ordenador ha sido diseñado para trabajar con estos im-

▶ Las cuatro partes básicas del ordenador: teclado (introducción de datos), memoria, unidad central de proceso (microchips) y pantalla o impresora (obtención y presentación de resultados).

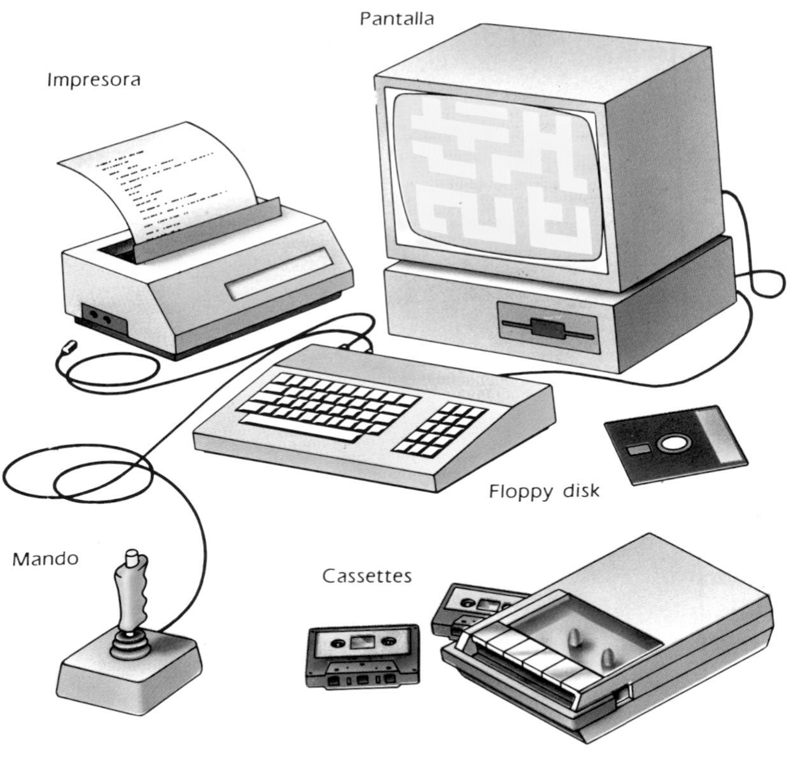

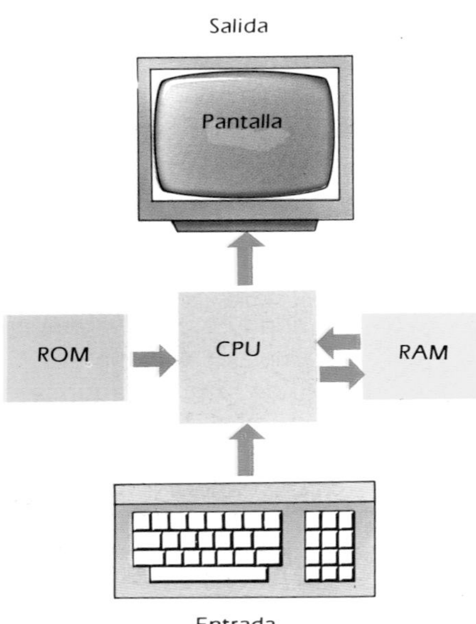

▲ Los programas de ordenador (software) y los datos pueden ser almacenados en cassette o en disquete (*floppy disk*). Los disquetes pueden contener más información; ésta se almacena en surcos concéntricos lo que permite su localización rápida y efectiva.

pulsos y el sistema binario se adapta a estas características. Por ejemplo: cuando recibe una corriente de baja intensidad registra un 0; si recibe corriente de alta intensidad registra un 1. Estos impulsos se producen cuando pulsamos las teclas correspondientes del teclado y fluyen a través de los circuitos electrónicos (microchips). Mediante estas pequeñas corrientes también obtenemos las respuestas que precisamos.

Oreja

La oreja es la parte externa del órgano del oído situada a cada lado de la cabeza. Forma parte del oído externo y está formada por una lámina fibrocartilaginosa cubierta de piel.

El oído es el órgano sensorial de la audición y del sentido de la posición y del desplazamiento o sentido del equilibrio. Incluye tres partes: oído externo, oído medio, oído interno.

El oído externo está compuesto por la oreja (parte visible) y por el conducto auditivo externo. La oreja está formada por un cartílago contorneado recubierto de piel (pabellón auricular) donde se recogen las vibraciones sonoras, que son conducidas a través del conducto auditivo.

A continuación las ondas sonoras alcanzan el oído medio, donde hacen mover al *tímpano* (membrana de piel situada en la entrada del oído medio). La membrana timpánica o tímpano hace vibrar la cadena de huesecillos (martillo, yunque y estribo).

Las vibraciones alcanzan el oído interno, aquí el líquido que contiene el *caracol* es afectado por las vibraciones, y éstas, mediante los nervios ubicados en el caracol, son transformadas en mensajes que van al cerebro. El oído interno posee tres circuitos que contienen líquido; éstos, mediante el envío de señales al cerebro, nos ayudan a mantener el equilibrio.

Los oídos son órganos muy delicados y que pueden ser dañados con facilidad. Chillar a uno en la oreja o golpearle puede causar una lesión de graves consecuencias, incluso puede provocar la SORDERA.

Si das vueltas rápidamente sobre ti mismo, los líquidos en los circuitos huecos del oído interno se mantienen en agitación a lo largo de unos instantes. Las células nerviosas del oído envían mensajes confusos al cerebro, lo que provoca la sensación del mareo. Ésta termina cuando los líquidos de los circuitos se estabilizan.

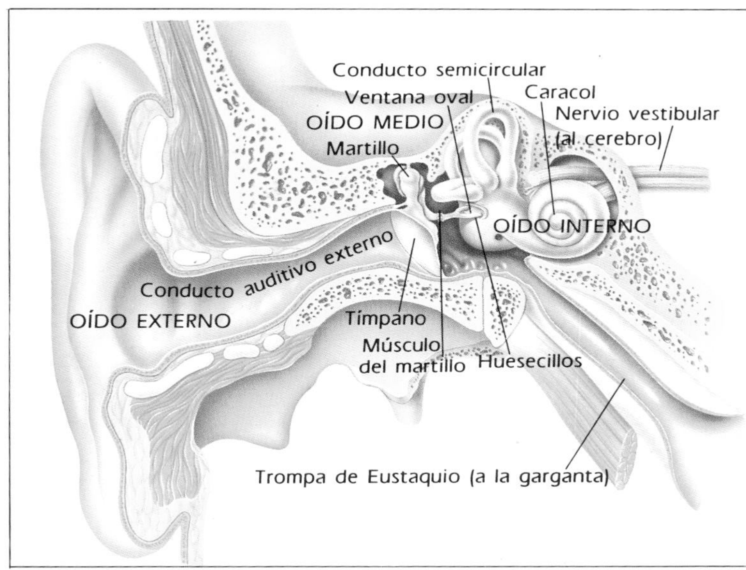

◀ La ilustración nos muestra las partes principales del oído. La trompa de Eustaquio ayuda a mantener la misma presión de aire a ambos lados del tímpano.

Órgano (instrumento)

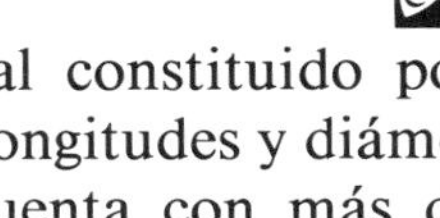

El órgano es un instrumento musical constituido por cierto número de tubos de diferentes longitudes y diámetros. El órgano de mayor tamaño cuenta con más de 30.000 tubos. La presión del aire contenido en los fuelles hace que los tubos emitan cada uno su sonido característico. El organista, mediante el empleo de uno o varios teclados, hace sonar el instrumento y con el *pedalero* u otros dispositivos puede combinar el sonido de diferentes secciones de tubos.

Los órganos electrónicos tratan de imitar el sonido de los órganos clásicos, pero no poseen tubos.

▼ Este órgano construido hace 200 años contiene los tubos en su interior, y su decoración fue laboriosamente realizada.

▼En la ilustración se representan algunas de las criaturas que viven a lo largo de las costas: (1) gaviota cabecinegra (2) estrella de mar (3) medusa (4) zarapito (5) estrella de mar (6) lombriz de mar (7) navaja (8) tallerina (9) cangrejo (10) berberecho. Aparte de las aves y la medusa los animales aquí representados prefieren las playas arenosas o arcillosas para poder enterrarse cuando la marea está baja, de este modo conservan unas condiciones de humedad propias para continuar viviendo y no perecer por la acción del calor.

Orilla del mar

La costa o litoral de los continentes está modelada por el agua de los mares. Algunos litorales presentan una franja rocosa en la cual las olas golpean, creando un proceso continuo de erosión que desprende y descompone las rocas. En otras costas las aguas del mar llevan piedrecillas y arena y se amontonan en las orillas. Las costas sufren modificaciones causadas por la constante acción de las olas y de las MAREAS.

El límite entre la tierra y el mar puede presentar aspectos variados. Existen orillas compuestas exclusivamente de roca, barro, arena, grava o bien una combinación de estos elementos. Las orillas del mar son un lugar apto para la proliferación y la anidación de diferentes especies de animales y de seres vivos.

En las orillas podemos encontrar lapas, bígaros, percebes, ANÉMONAS DE MAR, ESPONJAS, etc.; estos animales se adhieren a las rocas y toman su alimento del agua rica en organismos microscópicos. En las playas podemos en-

▲ Las dunas, a lo largo de la costa occidental de Inglaterra, están en constante movimiento. Las vallas se utilizan para verificar y controlar estos movimientos. En estas arenas se encuentra el hogar de dos raras criaturas: el lagarto de las dunas y el sapo costero.

contrar otro tipo de criaturas que hacen de ellas su hábitat natural: berberechos, navajas, almejas y CANGREJOS prefieren las orillas del tipo arenoso o arcilloso.

Aparte de las ALGAS MARINAS que se encuentran con relativa abundancia, la vegetación de los litorales ha desarrollado unas características propias que le permiten adaptarse a las condiciones que ofrecen las orillas: humedad, salinidad de las aguas, etc. Entre estas adaptaciones podemos destacar la de algunos animales y plantas que son capaces de vivir dentro y fuera del agua; cuando la marea sube, las aguas cubren estas vegetaciones y cuando baja las plantas quedan en la orilla. En el litoral también existe una gran variedad de aves, algunas utilizan sus largos picos para hurgar en la arena o en el barro en busca de gusanos y de insectos; otras sobrevuelan las costas y pescan en el mar.

Orinoco, río

El río Orinoco es el tercero más importante de América del Sur, después del Amazonas y del río de La Plata. Tiene 2.400 km. Nace en la sierra de Parina, atraviesa Venezuela y desemboca en el Atlántico, cerca de Trinidad, en un delta de 25.000 km^2. Vicente Yáñez Pinzón descubrió este delta en 1500 y Diego de Ordaz lo remontó por primera vez en 1531.

Ornitorrinco

El ornitorrinco es un MAMÍFERO australiano que pone huevos. Presenta como características principales una cola

Cuando el ornitorrinco bucea en el agua, cierra completamente los ojos, la nariz y las orejas. A pesar de que el animal está ciego y sordo en el agua, su hocico es tan sensitivo que le permite encontrar sin dificultad las pequeñas criaturas con las que alimentarse.

▶ El ornitorrinco es una de las numerosas especies de animales que únicamente se encuentran en Australia o Nueva Zelanda. Estas masas terrestres se desplazaron hace millones de años, cuando los continentes se separaron. Esto provocó el aislamiento de las especies, que evolucionaron separadamente de las del resto del mundo.

ancha, patas cortas y palmeadas, cabeza pequeña, hocico largo y ancho que nos recuerda el pico de un pato. Vive en las aguas tranquilas de los ríos donde nada y caza insectos y gusanos; construye en las orillas sus madrigueras, en las que las hembras ponen los huevos de cáscara blanda en un nido; el tamaño de éstos es aproximadamente el de una canica.

▲ El oro suele encontrarse en forma de «pepitas» que arrastran las aguas de algunos ríos.

Oro

El oro es un bellísimo metal amarillo, inalterable en el aire y en el agua (no se oxida); es muy dúctil y maleable, lo que permite moldearlo en finas láminas o estirarlo para hacer cables.

El oro se encuentra en filones en un cierto tipo de rocas. La formación del metal precioso se produjo hace

▶ Mediante el empleo de sonido, esta máquina que utiliza el empleado de un banco suizo puede detectar el grado de pureza de los lingotes.

millones de años, cuando gases y líquidos se elevaron provenientes de capas muy profundas del subsuelo. Cuando el agua pasa por las rocas que contienen el oro, se desprenden partículas denominadas *pepitas*, éstas se pueden recoger en el fondo de ciertos ríos y arroyos. La mitad de la producción mundial de oro se extrae de las minas de la República de Suráfrica.

Debido a su escasez y a su belleza el oro tiene un gran valor comercial. La mayor parte del oro se guarda en los BANCOS en unas barras de forma especial que se denominan *lingotes*. En joyería el oro es mezclado con otras sustancias para obtener una mayor dureza. En odontología se utiliza para empastes en la dentadura y otras aplicaciones.

La pepita de oro más grande se encontró en Nueva Gales del Sur, en Australia, y pesaba unos 214 kg; se descubrió en 1872. Después de afinado se obtuvieron alrededor de 85 kg de oro puro.

Orquesta

◀ En la fotografía apreciamos a un grupo de solistas ensayando con una orquesta. El director tiene la misión de coordinar a todos los instrumentistas que la componen; en la mayoría de los casos una orquesta sinfónica consta de un total aproximado de cien músicos.

▼ El austríaco Herbert von Karajan (1908-1989), que dirigió la Orquesta Filarmónica de Berlín y la Ópera de Viena, ha sido considerado el mejor director de orquesta de su época.

Una orquesta es un conjunto de músicos o instrumentistas que interpretan una obra musical (sinfónica, de cámara o instrumental). La palabra proviene del griego *orkhestra* y significa «bailar» o «lugar para bailar». En la Grecia antigua era la parte de los teatros comprendida entre la escena y los asientos de los espectadores, donde se situaban los actores y los músicos. Cuando se produjo en Italia el nacimiento de la ÓPERA, los teatros adoptaron la misma ubicación para los músicos. Pronto la gente empezó a utilizar la palabra orquesta para describir al grupo de músicos y no el sitio donde se representaba la obra.

En la estructuración de la orquesta moderna HAYDN desempeñó un papel fundamental con la distribución de los cuatro grupos principales de instrumentos: cuerda, madera, metal y percusión. La mayoría de las orquestas precisan de un director.

▲ La orquídea manchada común se encuentra en zonas húmedas, en zonas secas con hierba y en bosques claros. El hábitat de estas plantas está siendo amenazado por los métodos modernos de explotación agrícola.

Orquídea

Existen más de 15.000 clases de estas bonitas flores llamadas orquídeas. Se las encuentra casi en todas partes pero la mayoría crece en las regiones tropicales y subtropicales, sobre todo en los bosques húmedos, y pueden crecer sobre los troncos de los árboles. Las raíces suelen salir fuera de la tierra y toman el alimento que les proporciona el aire húmedo. Normalmente cada clase de orquídea es fecundada por un tipo específico de insecto. No obstante algunas pueden ser fecundadas por serpientes o colibríes. Ciertos ejemplares raros de orquídeas llegan a costar como un coche nuevo.

Oruga

El estado medio de crecimiento o «adolescente» en la vida de las polillas y MARIPOSAS, es lo que conocemos por orugas. Las mariposas y las polillas ponen sus huevos en las plantas. Después de la eclosión, nace una especie de gusanos blandos y pequeños. Algunos presentan una piel suave, otros son espinosos o peludos.

Las orugas son muy voraces y pasan todo el tiempo comiendo para crecer y evolucionar al estado adulto; para

▼ Del huevo a la belleza alada, tal es el ciclo de vida de las mariposas. En climas muy fríos, determinadas especies tardan dos o tres años en completar el ciclo.

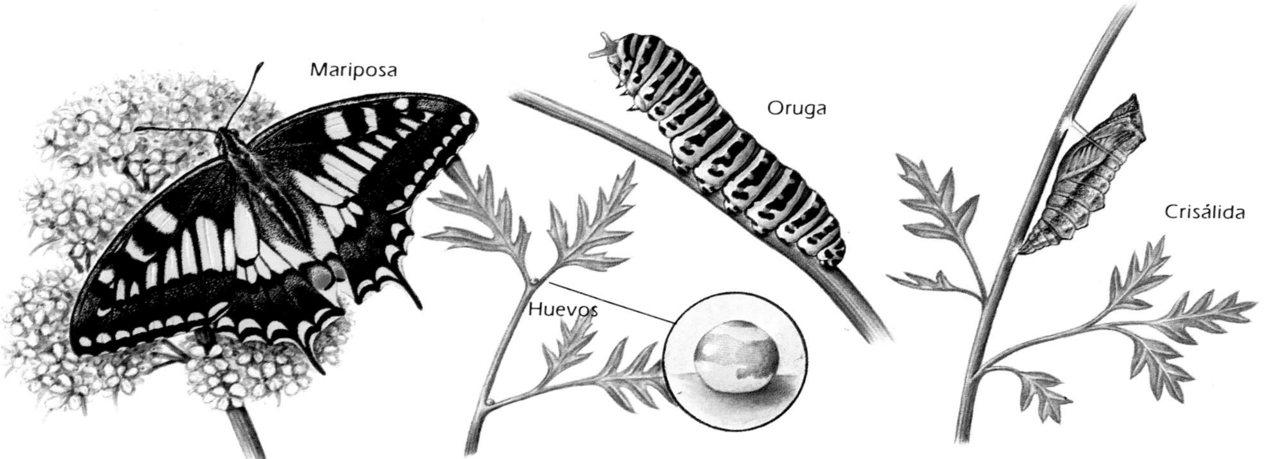

esta función están provistas de piezas bucales masticadoras muy potentes con las que devoran las plantas. Por regla general suelen ser perjudiciales para los cultivos ya que algunas se alimentan de los mismos causando graves pérdidas en la agricultura.

Conforme van aumentando de tamaño, mudan de piel. El proceso de la muda ocurre varias veces durante la vida de la larva. La última «piel» es bastante diferente a las anteriores y forma una capa dura que hace que la oruga no se pueda mover; esta es la fase (en la evolución de las mariposas) conocida con el nombre de *crisálida*. Dentro de la crisálida la oruga se transforma en mariposa. Las polillas, antes de efectuar este paso, se encierran en un capullo de seda. Las orugas viven casi un año en la fase de larva antes de pasar a la fase de insecto adulto (mariposa).

Experiméntalo

Es sencillo criar orugas. Si lo deseas, sólo necesitarás grandes cantidades de comida adecuada para ellas y una gran caja como la del dibujo que te mostramos. Haz unos pequeños agujeros para que las larvas respiren. Puedes colocar las plantas en un húmedo oasis o en una jarra con agua; cambia la comida cada día y observa cómo cambian de oruga a crisálida y finalmente a mariposa.

Oso

El oso es un mamífero carnívoro muy corpulento, por lo general lento, de cabeza grande con poderosas mandíbulas, patas cortas y fuertes, provistas de uñas muy largas y pelaje espeso y largo.

Los osos se alimentan prácticamente de todo: vegetales como hojas, raíces, cerezas, frutas, frutos secos etc., insectos, miel de las colmenas, nidos de hormigas e incluso pequeños animales, aves o peces. Algunas veces cazan animales mayores como liebres, cervatos, ovejas, etc.

A pesar de que no poseen una vista muy aguda y de que son pesados y parecen torpes, poseen un notable sentido del olfato y todos, excepto los más grandes, pueden subirse a los árboles. Son de carácter tímido, no obstante si se les molesta o se sienten acorralados atacan ferozmente.

Los osos viven prácticamente en todos los continentes con la excepción de África y de Australia. Los de mayor

▼ El oso bezudo, a la izquierda, se alimenta de miel y hormigas; viven, en la India y Sri Lanka, en zonas de abundante vegetación arbórea. El oso blanco o polar, a la derecha, vive en el Ártico y es uno de los osos más grandes.

▲ El oso pardo vive en los bosques de Europa y en zonas templadas o frías de Asia. Su número es en extremo reducido por lo que debe ser protegido. Es el oso más fácil de domesticar, por lo que se exhibe en circos y ferias.

▼ La formación de las perlas en el interior de las ostras es debido a un objeto extraño procedente del exterior, como un grano de arena.

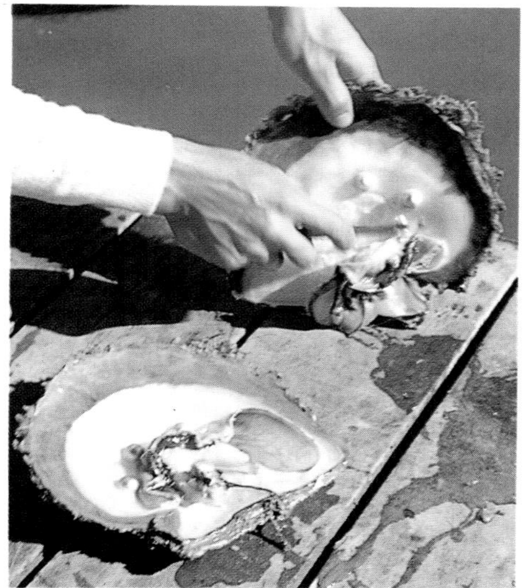

tamaño son los osos pardos de Alaska. Ciertos ejemplares pueden alcanzar los 750 kg de peso. Otros osos de gran tamaño son el oso polar en el Ártico y el oso de América del Norte (grizzly) o baribal. En América del Sur el único oso que vive en estas regiones es el oso de anteojos, que se distingue por dos anillos que circundan sus ojos. En el Sureste Asiático se encuentra el más pequeño de los osos de las junglas o malayo que como máximo pesa 65 kg.

Oso hormiguero

El oso hormiguero es una curiosa criatura que vive en América del Sur. Su característica principal es su hocico en forma de trompa que le permite aspirar hormigas, gusanos y termitas de sus nidos. Con su lengua en forma de látigo atrapa a los insectos. El oso hormiguero tiene una longitud de más de dos metros desde la trompa hasta la punta de la cola. Hace uso de sus poderosas garras anteriores para abrir los nidos de las termitas.

Ostra

Las ostras son MOLUSCOS con cuerpo blando protegido por una concha ancha y rugosa. El interior de la concha de una ostra perlífera es suave y brillante; este tipo se denomina también *madreperla* y produce perlas de un gran valor comercial.

Las ostras comestibles son muy apreciadas; las especies criadas para la venta se adhieren a las rocas, a conchas vacías o a postes de madera dispuestos para este fin en estuarios del litoral. Cuando han llegado a un determinado crecimiento se recogen para su venta en el mercado.

OTAN (Organización del Tratado del Atlántico Norte)

La OTAN es una organización militar defensiva que se estableció después de la II Guerra Mundial y a consecuencia de la llamada «guerra fría» con vistas a contener un eventual avance comunista. En 1949, doce países firmaron un acuerdo en el que se establecía que si cualquier miembro de la OTAN era agredido por una potencia exterior, la agresión sería considerada como un ataque a los doce componentes de la organización. Los miembros

◀ Los países miembros de la OTAN participan con tropas para formar una fuerza pacificadora.

En 1966, Charles de Gaulle anunció la retirada de Francia de la OTAN; no obstante mantuvo su afiliación a la Alianza.

fundadores fueron Bélgica, Canadá, Dinamarca, Francia, Islandia, Italia, Luxemburgo, Países Bajos, Noruega, Portugal, Reino Unido y Estados Unidos. En 1952 Grecia y Turquía, y en 1955 la República Federal de Alemania, entraron a formar parte de la OTAN. También, y con posterioridad, lo hizo España en 1986.

En contrapartida, los países comunistas del Este de Europa formaron la alianza denominada Pacto de Varsovia, también con fines defensivos.

Actualmente, la disolución del bloque del Este, obliga a replantear de nuevo el papel y los fines de la OTAN, ya que su principal enemigo, el Pacto de Varsovia, ha dejado de serlo.

Ottawa

Ottawa es la capital de CANADÁ, en la provincia de Ontario, situada al sureste de la nación. Es la tercera ciudad en importancia de Canadá. La región de Ottawa congrega unos 700.000 habitantes. Los ríos Ottawa y Rideau atraviesan la ciudad.

Los edificios más conocidos de la ciudad son el Parlamento, situado en una colina a las orillas del río Ottawa, y del que destaca la torre de la paz (Peace Tower) que contiene 53 campanas. Ottawa cuenta además con importantes universidades y museos.

Los colonos ingleses fueron los fundadores de la ciudad en 1826 y la nombraron Ottawa en honor a una tribu cercana de indios denominados *Outawouais*. Aunque la lengua imperante es el inglés, más de uno de cada tres habitantes de la ciudad hablan francés.

▼ Edificio del Parlamento de Ottawa. Aunque Ottawa es la capital de Canadá, la capital de su provincia (Ontario) es Toronto.

▲ *El muflón* es un carnero salvaje que vive en los bosques del continente europeo y en las islas del Mediterráneo.

Oveja

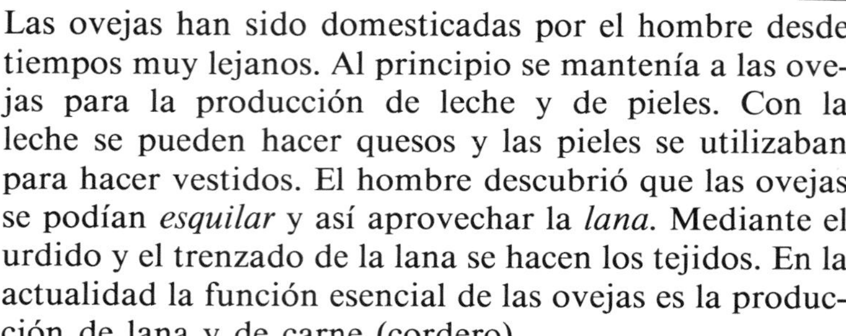

Las ovejas han sido domesticadas por el hombre desde tiempos muy lejanos. Al principio se mantenía a las ovejas para la producción de leche y de pieles. Con la leche se pueden hacer quesos y las pieles se utilizaban para hacer vestidos. El hombre descubrió que las ovejas se podían *esquilar* y así aprovechar la *lana*. Mediante el urdido y el trenzado de la lana se hacen los tejidos. En la actualidad la función esencial de las ovejas es la producción de lana y de carne (cordero).

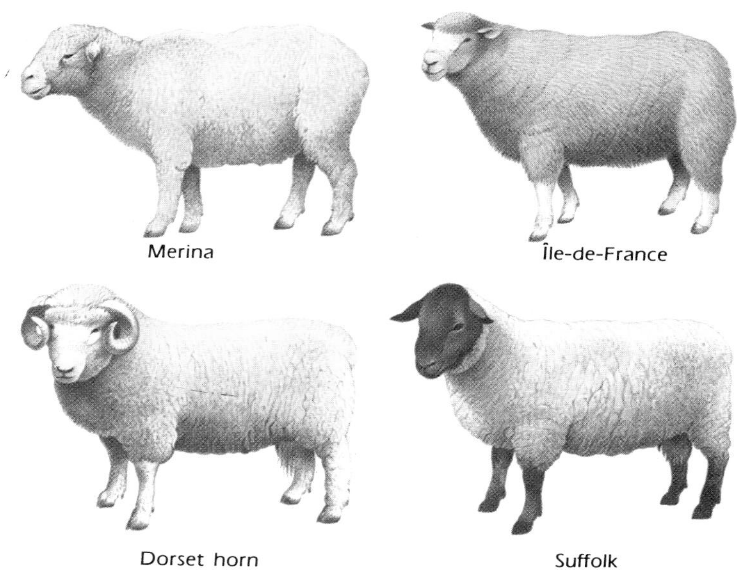

▶ Los modernos cruces están especialmente destinados a obtener los mejores resultados de la combinación de lana y carne.

▼ El óvulo, una vez fecundado, se convierte en un nuevo ser, lo que constituye uno de los más bellos misterios de la naturaleza.

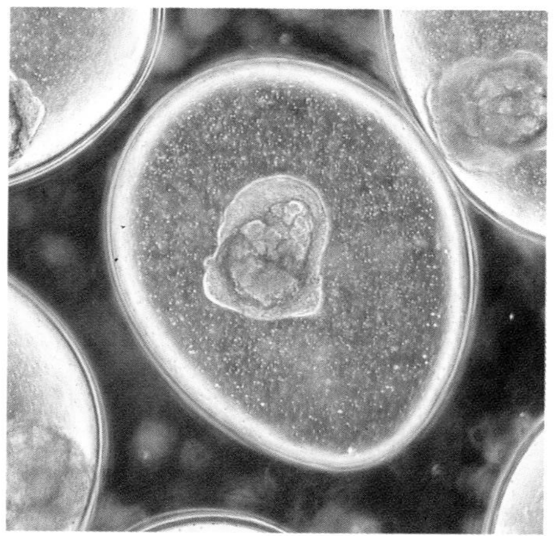

Óvulo

El óvulo es una célula femenina que tendrá su desarrollo en una planta o animal. La mayoría de los óvulos, o huevos, sólo se desplegarán si entran en contacto y son fertilizados por células masculinas. En la mayor parte de los MAMÍFEROS los óvulos fertilizados se desarrollan dentro del cuerpo de la madre, pero las aves y la mayor parte de los reptiles y peces ponen huevos que contienen alimento suficiente para que la nueva criatura que crece pueda progresar dentro del huevo.

Oxidación

La oxidación es la reacción química que se produce en el HIERRO y en el ACERO cuando están en contacto con el aire húmedo. A medida que se forma la capa característica de color marrón-rojizo, la superficie del metal es «comida», y se transforma, por la acción del óxido del aire, en herrumbre en el caso del hierro. Este proceso se acelera cuando el metal está cerca del mar, o de zonas que registran un alto grado de contaminación como en las ciudades. El aire húmedo del mar y la gran cantidad de sal que contiene, son factores determinantes para que se produzca la oxidación.

Para evitar que los metales se oxiden hay que recubrirlos con capas de cinc o de estaño. También la grasa, el aceite y la pintura ofrecen una buena protección. El acero inoxidable, es una ALEACIÓN de hierro y metales (níquel y cromo) resistentes a la oxidación.

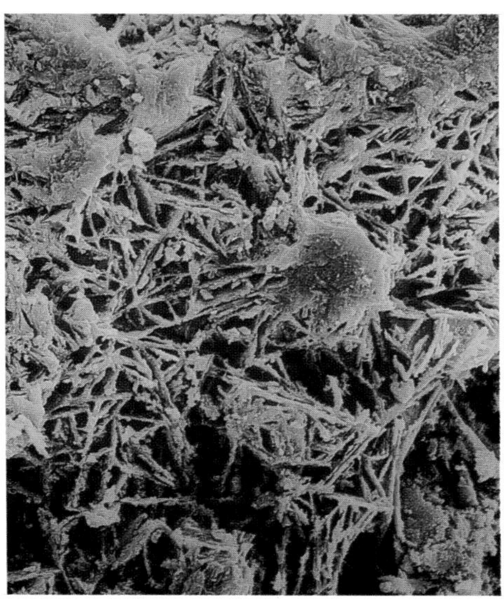

▲ Esta imagen de un trocito de metal oxidado está ampliada 200 veces con un microscopio electrónico.

Oxígeno

El oxígeno es un cuerpo gaseoso o GAS que constituye la quinta parte en volumen de la atmósfera terrestre. Este ELEMENTO se encuentra en el agua y en muchas clases de rocas. La mayor parte del peso del agua se debe a la presencia de oxígeno.

El fuego necesita oxígeno para su combustión. Casi la totalidad de los seres vivos necesitan oxígeno para RESPIRAR y éste les proporciona energía para vivir. Los animales necesitan ración extra de oxígeno para moverse. Las PLANTAS proporcionan el oxígeno al aire que respiramos.

Experiméntalo

Con esta prueba podrás comprobar la proporción de oxígeno que hay en el aire. Coloca una vela encendida en un recipiente con agua y cúbrela con un bote de cristal. Apoya éste en bolas de plastilina para que el agua pueda circular y marca el nivel del agua en la jarra. Al producirse la combustión, el oxígeno se consume y el agua sube de nivel para ocupar el espacio que deja libre el oxígeno. Pronto todo el oxígeno se consumirá y la vela se apagará. El agua subirá una quinta parte en el volumen parcial de la jarra. Una quinta parte, pues, de la atmósfera está constituida por oxígeno.

Ozono, capa de

El ozono es un cuerpo simple gaseoso que rodea la Tierra y que nos protege de manera efectiva de los peligrosos rayos ultravioletas procedentes del Sol. La capa de ozono está situada entre los 10 y los 50 km de altitud de la superficie terrestre. Esta capa rodea el planeta y lo protege de las radiaciones dañinas del astro rey, efectuando una acción comparable a la de un escudo. Sin esta protección probablemente los animales y las plantas no podrían vivir en la Tierra.

Recientemente los científicos han publicado informes en los que se advierte del peligro que supone para la vida en nuestro planeta si se destruye sistemáticamente la capa de ozono. El problema es especialmente grave en las regiones polares, en donde se han producido los denominados agujeros en la capa del ozono. Los expertos señalan como causa principal de la destrucción del ozono los compuestos alogenados que se encuentran en forma de gas en los aerosoles, refrigeradores, etc.

Países Bajos

Los Países Bajos, u Holanda, es un Estado de EUROPA occidental. El mar inunda a menudo las tierras planas cercanas al litoral, por lo que se han edificado muros de contención para la protección de las tormentas. La proximidad del mar ha hecho de los holandeses un pueblo con una historia llena de triunfos en la exploración y en el comercio a través de los mares.

Holanda es un país de canales, molinos de viento, granjas y campos de bulbos que florecen en una explosión de colores con la llegada de la primavera. La Holanda actual, que formó parte de un grupo de territorios denominados «Bajos», obtuvo la soberanía en 1759. Las ciudades más importantes son Amsterdam, que es la capital, y Rotterdam, que es el puerto más importante de Europa. Es una nación próspera y uno de los primeros miembros de la UNIÓN EUROPEA. Aunque la reina representa la monarquía, la nación es gobernada por una democracia parlamentaria.

▶ Gran parte del territorio de Holanda fue ganado al mar mediante el establecimiento de diques y el desecado de marismas, utilizando para ello una red de canales.

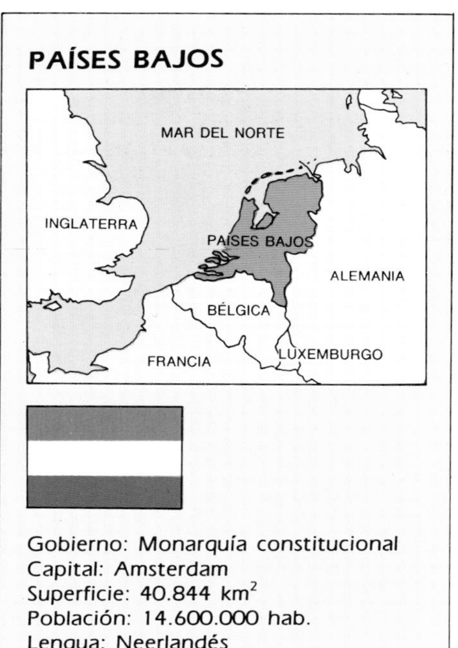

Pájaro carpintero

Existen unas 200 especies de pájaros carpintero que se encuentran repartidos por muchas partes del mundo, pero la mayoría vive en América y Asia.

Los pájaros carpinteros están provistos de potentes picos con los que hacen agujeros en la corteza de los troncos de los árboles, y con su larga lengua alcanzan insectos del interior del árbol; algunas especies de pájaros carpinteros construyen sus nidos en los agujeros del tronco.

La mayoría de estas aves poseen colores llamativos especialmente localizados en la cabeza.

Pakistán

Pakistán es un Estado que se extiende entre India e Irán, con más de 100 millones de habitantes, de los cuales la mayoría son musulmanes.

Gran parte del territorio pakistaní es seco, no obstante existen cosechas de trigo y plantaciones de algodón; éstas son posibles gracias a las aguas procedentes del río Indo. Este río discurre desde la cordillera del Himalaya hasta el mar de Omán. La capital de la nación es Islamabad. Pakistán perteneció a la India hasta 1947, año en que se convirtió en una república musulmana independiente. En 1971 la parte oriental de Pakistán se separó y se convirtió en Bangladesh

PAKISTÁN

CEI
CHINA
AFGANISTÁN
IRÁN
NEPAL
PAKISTÁN
INDIA
OMÁN
MAR DE OMÁN

Gobierno: República islámica
Capital: Islamabad
Superficie: 803.943 km^2
Población: 101.900.000 hab.
Lenguas: Urdu e inglés
Moneda: Rupia pakistaní

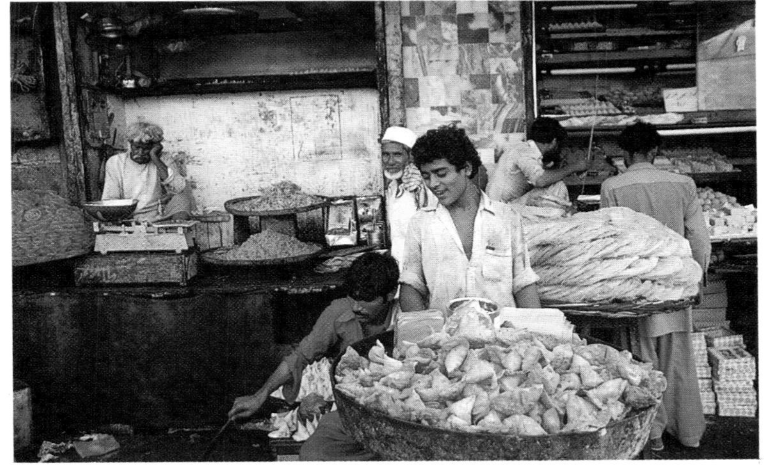

◀ Los comerciantes callejeros, vendiendo toda clase de comidas, son una atracción habitual en las calles de la ciudad de Karachi, en Pakistán.

Palestina

Palestina es una región situada en la costa oriental del mar Mediterráneo. Palestina debe su nombre a los *Pelišitim* o filisteos, que fueron los antiguos habitantes de una parte de esta región.

Alrededor del año 1800 a.C. los hebreos hicieron de Palestina su hogar; más tarde dividieron la región y la gobernaron en dos reinos separados con los nombres de Israel y Judá. Ambas naciones fueron luego conquistadas por poderes extranjeros.

Desde 1967 Israel ocupó la mayor parte del territorio de Palestina, pero en 1993 el gobierno israelí reconoció como territorios autónomos la franja de Gaza y la zona de Jericó.

La Palestina antigua ocupa una superficie tan sólo de 27.000 km^2. Las civilizaciones que ocuparon Palestina se remontan al menos a 200.000 años atrás, durante el primer período de la antigua Edad de Piedra.

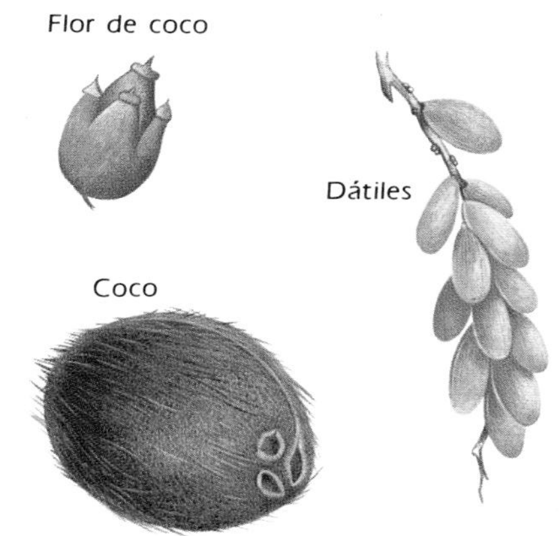

▲ La cavidad hueca interior de los cocos está llena de un líquido potable, el agua del coco. La palmera datilera produce bayas (frutos) denominados dátiles; en el Oriente Medio se comen estos frutos crudos o partidos y llenos de mantequilla.

Palmera

La palmera común tiene las hojas en lo alto de su tronco en forma de penacho, parecido a los dedos de una mano abierta. Existen más de 1.000 especies de palmeras y no todas son árboles. En la denominación de palmera se incluyen algunos arbustos y parras; la mayoría de las especies de palmeras crecen en climas cálidos.

Las palmeras son plantas de gran interés por sus frutos comestibles como por ejemplo los cocos, así como por la utilización de sus hojas para la fabricación de cestos y esterillas.

Paloma y tórtola

Las palomas y las tórtolas son aves que se alimentan de semillas o de frutos. La mayoría se caracteriza por el sonido que realizan, denominado arrullo. La *paloma coronada* es más grande que una gallina, en cambio la *tórtola diamante* es de un tamaño parecido al de una alondra.

Las palomas domésticas son descendientes de la *paloma bravía*, que anida en los acantilados del litoral. Las palomas y las tórtolas se han convertido en animales domésticos. Algunas son puramente ornamentales mientras que otras participan en carreras; las palomas mensajeras

▼ Muchas especies de palomas y de tórtolas se pueden ver durante todo el año en las ciudades y el campo. La *ganga de Pallas* anida en Asia, pero emigra a Europa.

Ganga de Pallas

Paloma zurita

Paloma torcaz

Paloma bravía

Tórtola común

Tórtola turca

vuelan grandes distancias y luego tienen la capacidad de volver al lugar de partida; se conocen casos de palomas que volaron 1.300 km en un día.

Las palomas fueron para la gente de la Edad Media la principal fuente de carne fresca.

Pampa, la

La Pampa es una extensa región de Argentina con prados y pastos, que tiene 700.000 km^2 de superficie. Allí vivían, antes de la Conquista española, varias tribus indias que se dedicaban a la agricultura y a la ganadería. Los españoles se dedicaron sobre todo a la ganadería y sus descendientes fueron los ya legendarios gauchos.

Pan

El pan es uno de los alimentos más antiguos conocidos por el hombre; se remonta por lo menos al año 2000 a.C. Para hacer el pan se puede utilizar harina de trigo, maíz, avena, cebada o centeno. Los egipcios fueron los primeros que añadieron LEVADURA a la masa para que ésta se elevara y tomara volumen. En la actualidad la mayor parte de la producción de pan se realiza empleando levadura.

Panamá

Panamá es un país de 75.650 km^2; se extiende por la estrecha franja que une América Central y América del Sur y posee un clima tropical húmedo. Las principales producciones agrícolas son el arroz, el azúcar, los plátanos y

PANAMÁ

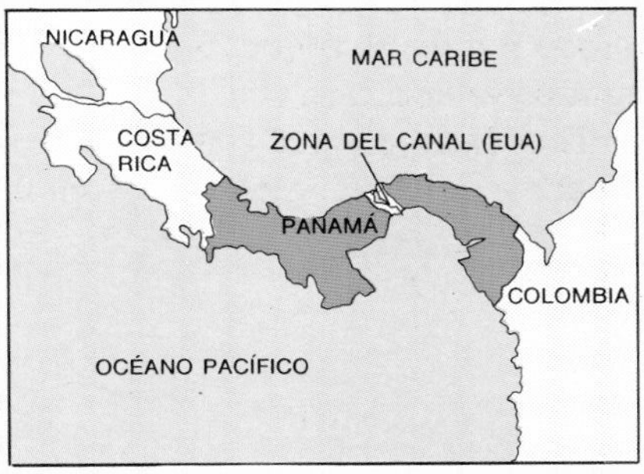

NICARAGUA
MAR CARIBE
COSTA RICA
ZONA DEL CANAL (EUA)
PANAMÁ
COLOMBIA
OCÉANO PACÍFICO

Gobierno: Democracia constitucional
Capital: Panamá
Superficie: 75.650 km^2
Población: 2.230.000 hab.
Lengua: Español
Moneda: Balboa

◀ Cada día enormes barcos mercantes cruzan el canal de Panamá.

▲ El oso panda es un bello y simpático animal que vive mayoritariamente en el Himalaya y en el Tibet.

las piñas. Panamá tiene la mejor carne de la zona del Caribe, y exporta este producto a los países vecinos.

El CANAL de Panamá cruza la nación y provee a ésta de la mayor parte de sus ingresos económicos. La ciudad de Panamá es un centro financiero internacional. Muchos de los barcos de la marina mercante internacional están registrados en Panamá.

La marina mercante usa el canal para acortar la ruta entre los océanos Atlántico y Pacífico. Debido a la geografía, plagada de colinas que cubren la campiña, una serie de esclusas suben y bajan a los barcos a medida que lo requieren. En 1903, Panamá garantizó la ocupación y la administración del canal por parte estadounidense; un nuevo tratado firmado en 1978 prevé un control gradual del canal por parte de Panamá, mientras que la total y definitiva soberanía del mismo por parte de las autoridades panameñas se llevará a cabo en el año 1999.

Panda, oso

El oso panda es un mamífero del que sólo se distinguen dos especies, muy distintas una de la otra; ambas viven en los bosques de Asia. El panda gigante tiene un aspecto parecido al de un oso blanco y negro, vive en los bosques de BAMBÚ de la China. El panda (o *brillante*) menor no es más grande que un gato, tiene un pelaje rojizo y una larga y espesa cola. Los pandas se alimentan de plantas y sus parientes más próximos son los mapaches del continente americano. Su principal alimento son los frutos, raíces, insectos y huevos.

Es un animal muy raro y son pocos los parques zoológicos que cuentan con algún ejemplar siendo el de Madrid uno de ellos.

▲ Juan Pablo II es reconocido por los fieles católicos como el representante de Jesús en la Tierra. El Papa es además el jefe del Estado de la Ciudad del Vaticano, que se encuentra en Roma.

Papa

El «Papa» es el título que ostenta el máximo dirigente de la iglesia CATÓLICA. El Papa es a su vez el obispo de Roma, su sede está en la ciudad del VATICANO, en la capital de Italia.

Los católicos creen que Jesucristo nombró a San Pedro como el primer Papa; desde entonces se han sucedido cientos de Papas.

Cada vez que un dignatario muere, los altos cargos de la Iglesia escogen a un nuevo Papa; éste tiene facultades para crear normas y leyes en la Iglesia, escoger a los obispos y nombrar santos.

Papel

La denominación del papel proviene de la palabra griega *papyros*, que es el nombre de la planta que crece en las lagunas de Egipto. Los egipcios de la antigüedad fabricaban el papel utilizando esta planta (papiro); no obstante el papel, tal y como lo conocemos en nuestros días, fue inventado por los chinos, aproximadamente hace unos 1.900 años; éstos aprendieron a separar las fibras procedentes de la corteza del árbol de la morera. El proceso que seguían era básicamente el siguiente: ponían las cortezas en agua (en remojo), luego las dejaban secar y después efectuaban un prensado, dando como resultado una superficie seca y plana en la cual se podía escribir. Se continúa fabricando papel a partir de fibras vegetales; algunos de los papeles de más alta calidad se hacen utilizando como base el ALGODÓN. Los papeles de los periódicos están hechos a partir de la madera.

Mediante el empleo de una máquina se separa la corteza del tronco

Con la troceadora se cortan los troncos

Los trozos de los troncos se cuecen juntamente con productos químicos y la pasta resultante se lava y se reduce a finas fibras. Luego se mezcla con resinas y tintes dependiendo del tipo de papel que se requiera

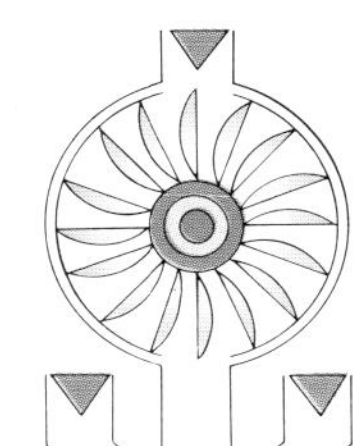

La pasta pasa por una serie de cilindros

El secado se produce en cilindros calentados por vapor y luego se efectúa el calandrado para producir las bobinas

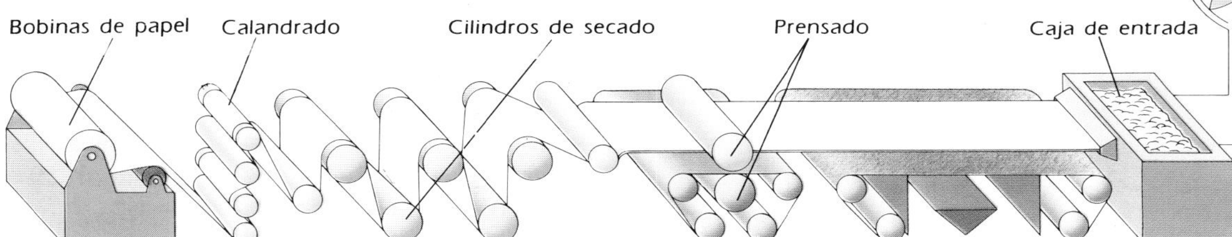

▲ Proceso de fabricación del papel.

Papúa Nueva Guinea

Papúa Nueva Guinea es un Estado que ocupa la parte oriental de la isla de Nueva Guinea, situada al norte de Australia. La parte occidental de la isla pertenece a Indonesia y recibe el nombre de Irian Jaya. Papúa Nueva Guinea es un país cálido y húmedo; obtuvo la independencia de su vecino Australia en 1975 y es miembro de la Commonwealth. Las principales producciones agrícolas son el café, el coco y el cacao.

PAPÚA NUEVA GUINEA

OCÉANO PACÍFICO
PAPÚA NUEVA GUINEA
INDONESIA
MAR DEL CORAL
AUSTRALIA

Gobierno: Democracia parlamentaria
Capital: Port Moresby
Superficie: 461.691 km^2
Población: 3.400.000 hab.
Lengua: Inglés
Moneda: Kina

Paraguay

Paraguay es un país situado en el interior de América del Sur, sin acceso directo al mar. El río Paraguay divide la nación en dos partes, siendo la oriental la parte donde se agrupa la mayoría de la población. Los paraguayos son,

▶ La mayor parte de la población del Paraguay se dedica a la agricultura de subsistencia, produciendo escasamente lo necesario para autoabastecerse.

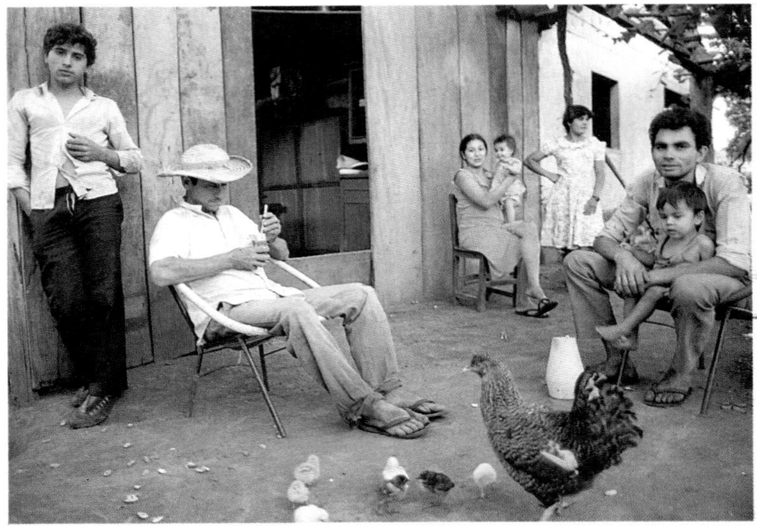

en general, de descendencia española mezclados con los indios originarios de la zona; esta combinación de razas se denomina *mestizaje*. Los principales productos agrícolas de la nación son soja, algodón, caña de azúcar, tabaco, arroz y frutos. La ganadería bovina constituye una de las riquezas más importantes del país.

El general Stroessner gobernó la nación desde 1954 hasta la década de 1980 de forma dictatorial. En la actualidad, el gobierno democrático descansa de nuevo en el pueblo.

Parásitos

Los parásitos son organismos que viven y se alimentan de otros seres vivos mayores que ellos mismos.

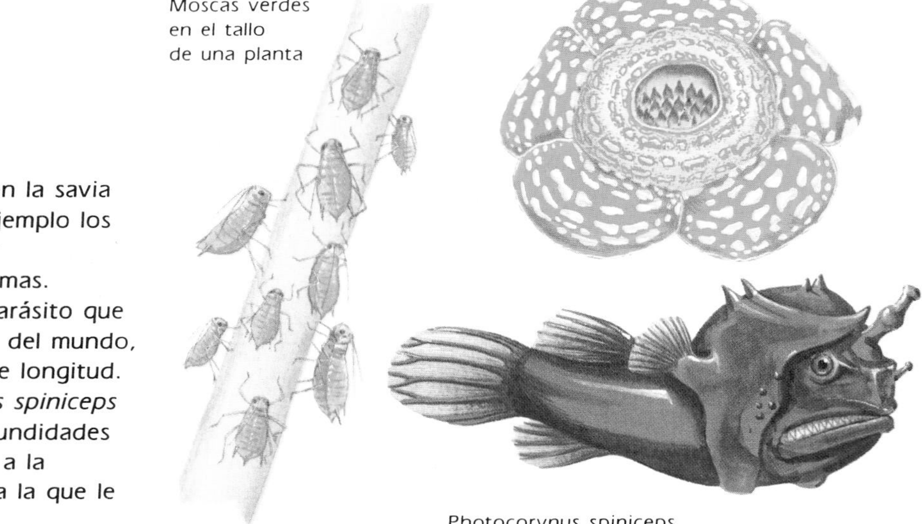

▶ Las *moscas verdes* chupan la savia de las plantas, como por ejemplo los rosales, y pueden provocar enfermedades entre las mismas.
La *Raflesia* es una planta parásito que produce la flor más grande del mundo, puede alcanzar un metro de longitud.
El macho del *Photocorynus spiniceps* es pez parásito de las profundidades marinas, vive adhiriéndose a la hembra de mayor tamaño a la que le chupa la sangre.

Son parásitos las PULGAS, los piojos, los ácaros y las garrapatas. Las aves y los mamíferos tienen diferentes clases de parásitos; muchos parásitos chupan la sangre y llevan microbios que pueden causar infecciones y enfermedades. Cierta clase de LOMBRIZ penetra en el interior del cuerpo y vive en el intestino o perfora madrigueras en los músculos.

La *mosca verde* y otros seres vivos son parásitos de las plantas; en el reino vegetal se pueden encontrar gran variedad de parásitos: los HONGOS, que causan enfermedades en las plantas y en los animales; el *muérdago*, que se alimenta de los árboles en los que crece, etc.

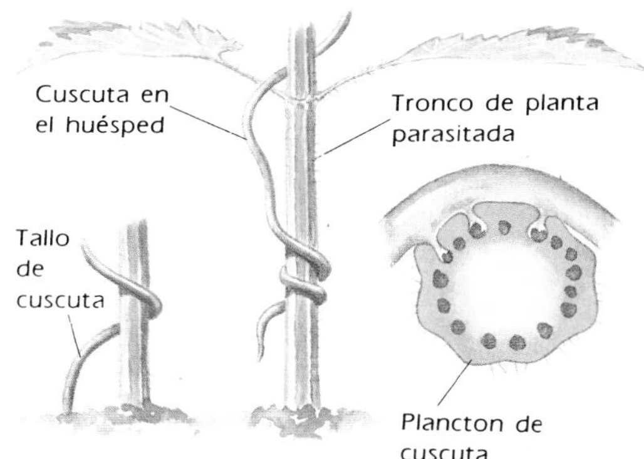

▲ La *cuscuta* es una planta parásito en forma de hilo que se enrosca en otras plantas y les chupa el alimento; es muy difícil librarse de este parásito una vez se ha establecido en la planta.

París

París es la capital de FRANCIA y la ciudad más grande de la nación; habitan en ella más de 2.300.000 personas. El río Sena divide la ciudad en dos mitades, la orilla izquierda y la orilla derecha.

Desde la Torre Eiffel se contempla un ordenado panorama de parques, jardines, bellas plazas y avenidas. Otros edificios famosos de la ciudad son la catedral de Notre Dame, la basílica del Sagrado Corazón (Sacré Coeur), el arco del Triunfo y el palacio del Louvre, en la actualidad convertido en un famoso museo.

París destaca por su moda de alta costura, la joyería y los perfumes; otra industria importante es la fabricación de automóviles.

Parlamento

El Parlamento es una asamblea de personas que representan el poder legislativo cuya función es la de discutir, aprobar o modificar las leyes para poder gobernar una nación. Uno de los primeros parlamentos fue el *Althing* de Islandia, que se fundó hace más de 1.000 años.

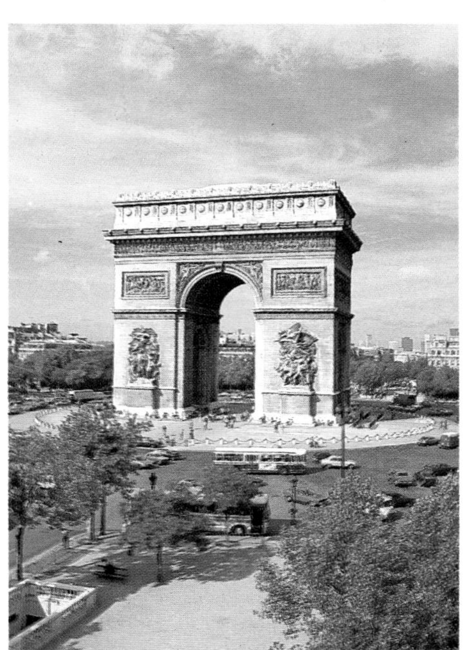

▲ El tráfico rodado circunda el arco del Triunfo de París, construido por Napoleón I; este monumento es uno de los más representativos de la ciudad.

Partenón

El Partenón probablemente es el edificio más famoso del mundo; las ruinas de este grandioso templo de mármol están situadas en la ACRÓPOLIS, la colina desde la cual se contempla la capital de Grecia, ATENAS.

El Partenón fue construido alrededor del 440 a.C. en honor de la diosa *Atenea*, aunque el trabajo de construcción propiamente dicho y los bajorrelieves y demás deco-

▲ La decoración del Partenón era tan magnífica como el propio edificio. Este friso nos representa a un chico aflojando el cinturón de su señor.

raciones finalizaron en el 432 a.C. Las hileras de columnas que nos recuerdan a enormes troncos de árbol, sostienen su gran techo inclinado. El edificio tiene una armonía especial y sus proporciones están concebidas para realzar la estatua de gran tamaño de la diosa Atenea situada en el interior del templo.

El edificio sufrió numerosas vicisitudes: una explosión partió el templo en dos y actualmente los efectos de la CONTAMINACIÓN atmosférica lo han llevado a una nueva degradación; las ruinas del templo siguen presidiendo la acrópolis de Atenas.

Paso del Noroeste

La ruta marítima entre Europa y Asia por el extremo septentrional del continente americano fue un deseo finalmente cumplido por el explorador noruego Roald AMUNDSEN al ser el primero que navegó y cruzó con éxito tan intrépidos parajes en el año 1906.

Los exploradores tardaron casi 400 años en encontrar el paso del Noroeste; el hielo del océano ÁRTICO continuamente detenía a los barcos que trataban de atravesar este paso situado al norte del Canadá.

En 1576 el explorador Sir Martin Frobisher empezó las exploraciones inglesas, que duraron 300 años, sin conseguir resultados satisfactorios. En 1969 el petrolero *Manhattan* abrió una brecha a través de los hielos; sin embargo el hielo alcanza espesores muy considerables y hace que los buques no puedan usar esta ruta con regularidad.

▼ El superpetrolero Manhattan fue el primer barco comercial que rompió los hielos y creó un canal a través del Paso del Noroeste.

Pasteur, Luis

Luis Pasteur (1822-1895) fue un científico francés que demostró que la causa de las enfermedades son las BACTERIAS y otras clases de gérmenes nocivos. Mediante la *inoculación* en el cuerpo de animales y de personas de gérmenes debilitados consiguió que el organismo creara sus propias defensas y así combatir la enfermedad. Inventó el método que lleva su nombre: la *pasteurización* (calentamiento de la leche y enfriamiento rápido); mediante este proceso se evita que la leche se estropee. Otro descubrimiento del científico francés consistió en averiguar cómo se producía el proceso de transformación del azúcar en alcohol, producto de las pequeñas células de la levadura.

▲ Pasteur descubrió vacunas para el cólera, la rabia, el ántrax y otras enfermedades.

Patata

Las patatas son un alimento muy valioso; contienen fécula, PROTEÍNAS y VITAMINAS. Para su ingestión es preciso una cocción al objeto de aprovechar sus propiedades alimenticias.

Las plantas de la patata son de la familia de los tomates; cada planta patatera es baja, parecida a un arbusto y de finos tallos. Las patatas crecen en las raíces, en una protuberancia denominada tubérculo; cuando los tubérculos han alcanzado su completo desarrollo, la planta muere; sin embargo, nuevas plantas germinan a partir de los tubérculos.

Las patatas eran cultivadas originariamente en América del Sur por los indios; los descubridores españoles las trajeron a Europa. Después del trigo, el arroz y el maíz, la patata es el cultivo mundial más importante.

Patinaje

El patinaje sobre ruedas y el patinaje sobre hielo son deportes muy populares. Los patines comunes tienen cuatro ruedas hechas de hierro y de goma; los patines para hielo constan de una fina hoja de hierro para deslizarse por la superficie helada.

Se distinguen dos clases principales de patinaje sobre hielo; el patinaje artístico comprende concursos de figuras y danza; ambas modalidades ostentan la categoría de deportes olímpicos.

El patinaje de velocidad comprende pruebas en donde los participantes compiten en carreras de competición.

▲ La pareja británica de patinadores Jayne Torvill y Christopher Dean fueron campeones en la modalidad de danza sobre hielo en la década de los ochenta.

Los primeros ejemplares de patines tenían las hojas talladas en hueso; en la actualidad, los patines de patinaje artístico, en la modalidad de figuras, poseen una especie de dientes en la parte frontal para detenerse e iniciar la marcha. Los patines para las pruebas de velocidad tienen las hojas más largas. Los jugadores de HOCKEY sobre hielo también utilizan patines.

Pato

Estas AVES de agua, de pies palmeados, están emparentadas con los cisnes y los gansos; los patos se parecen un poco a un pequeño ganso con cuello corto. Los dos grupos principales de patos son los nadadores o de superficie y los buceadores. Los primeros se alimentan en la superficie del agua y pueden sumergir la mayor parte de su cuerpo, sin embargo no pueden bucear. En la segunda ca-

Cerceta
Hembra
Macho
Pato mandarín
Hembra
Macho
Hembra
Ánade rabudo
Macho
Pato cuchara
Hembra
Macho
Ánade real
Macho
Hembra
Eider
Hembra
Macho

▼ Seis parejas de patos comunes de superficie o buceadores. el *ánade real* (buceador). La *cerceta*, la más pequeña de las especies europeas de patos de superficie. El pato *cuchara*, caracterizado por su pico en forma de cuchara. El macho de la especie del *ánade rabudo* tiene una larga y puntiaguda cola; con las plumas del pecho del pato *Eider* se hacen los edredones. El más importante de los patos exóticos, el *mandarín*, originario de China y Japón, fue introducido en Europa como ave de adorno.

tegoría podemos incluir al *ánade real* que nada en los estanques y en ríos del hemisferio norte del planeta. Los patos de las granjas derivan del ánade real. En la categoría de los patos buceadores, además del ya mencionado, incluimos al pato *mandarín*, la *cerceta, ánade silbón* y la *cerceta de Carolina*.

Los patos buceadores sumergen completamente el cuerpo para proveerse de alimento; la mayoría de éstos viven en el mar. Los patos buceadores marinos incluyen: el *pato Eider*, de los cuales obtenemos las plumas para los edredones, y las *serretas*, de cuello delgado, que son muy buenos pescadores.

Durante el antiguo Imperio Romano y más tarde en la Europa medieval, los pavos reales eran un exquisito manjar muy apreciado en las mesas de los paladines y los caballeros.

Pavo real

◀ Sólo los machos de la especie poseen el espectacular despliegue de plumas; las hembras, en comparación, presentan una cola corta y nada vistosa.

Es un AVE de gran tamaño cuyo macho presenta las plumas de la cola tan largas que forman un enorme abanico; los pavos reales despliegan sus verdes y azuladas plumas para atraer a las hembras de la especie. Las grandes manchas en las plumas, cuando éstas están desplegadas, producen la impresión de una hilera de ojos. Cuando los pavos se exhiben delante de las hembras nos dan la impresión de que están extremadamente orgullosos, de aquí proviene la palabra «pavonearse».

Peces

El número de peces supera el total de los demás vertebrados; los peces que podeis ver en las páginas 564 y 565 son solamente una muestra de las más de 30.000 especies que existen en el mundo.

▼ Algunos peces, como el atún, son básicos en la alimentación.

PECES

Los peces fueron los primeros vertebrados que se desarrollaron en el planeta; están adaptados a la vida en el agua, respiran mediante las branquias y utilizan las aletas y la cola para desplazarse. Los peces pueden ser de agua dulce o salada, y se encuentran repartidos por todos los mares de la Tierra, ya sea por las aguas frías de las regiones polares o por las aguas cálidas de los trópicos.

Los peces se dividen en tres grandes grupos principales: peces *cartilaginosos*, que tienen el esqueleto formado por cartílagos en vez de huesos y el cuerpo recubierto de una especie de piel en lugar de escamas. Los *peces* óseos (el más numeroso de los tres), tienen el cuerpo recubierto de *escamas*. El grupo más reducido es el de los peces *pulmonados*, que son capaces de respirar aire directamente.

La humanidad ha utilizado los peces para su alimentación desde tiempos prehistóricos. En la actualidad las flotas pesqueras internacionales realizan capturas de millones de toneladas.

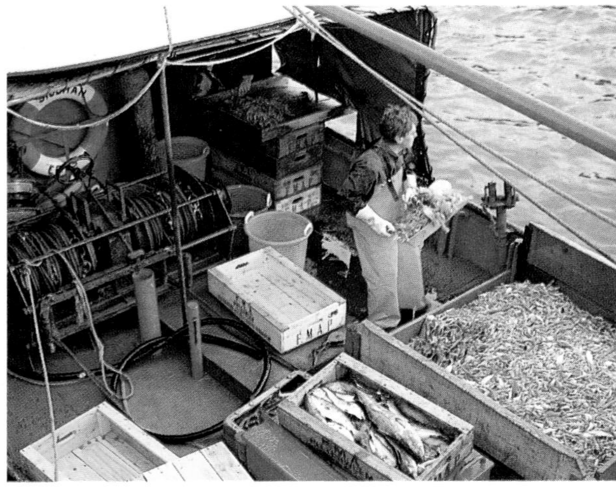

▲ En este barco rastreador escocés se clasifica la captura; estos barcos pescan en aguas de Groenlandia y en el Océano Ártico, algunos pasan un mes sin tocar puerto y almacenan las capturas en cámaras frigoríficas.

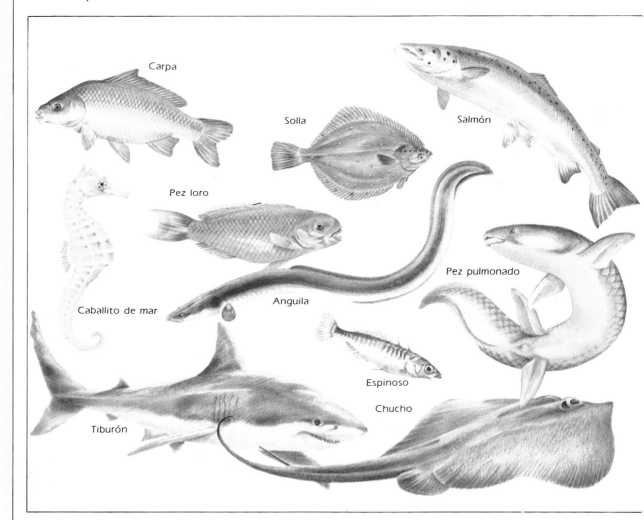

Carpa

Salmón

Solla

Pez loro

Caballito de mar

Anguila

Pez pulmonado

Espinoso

Chucho

Tiburón

¿CUÁL ES EL SEXTO SENTIDO DE LOS PECES?

El órgano denominado *línea lateral*, es exclusivo de los peces y detecta las vibraciones que se producen en el agua mediante unos sensores situados debajo de las escamas. Les permite detectar la presencia de otros peces antes de que éstos aparezcan en su campo de visión.

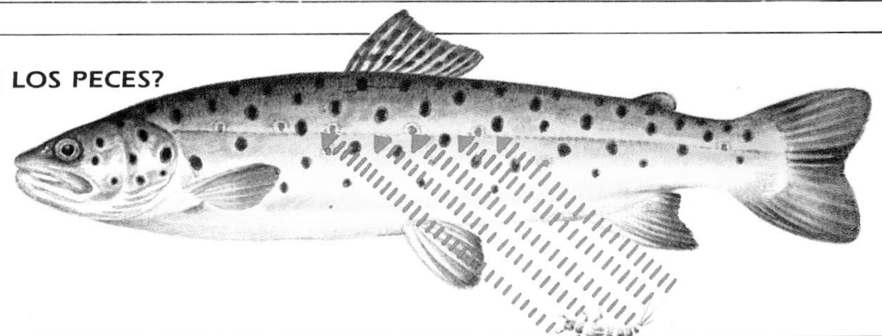

¿CÓMO RESPIRA UN PEZ?

Los peces respiran mediante las branquias, situadas a ambos lados de la cabeza. El animal toma agua a través de su boca y la hace pasar por las branquias, éstas extraen el oxígeno del agua. El oxígeno penetra por la sangre del pez. Los peces son animales de sangre fría.

¿CÓMO NADA UN PEZ?

La mayoría lo hacen mediante el movimiento lateral de sus colas; las aletas las usan para el equilibrio y la conducción.

¿POR QUÉ LOS PECES DE AGUA SALADA NO PUEDEN VIVIR EN AGUA DULCE ?

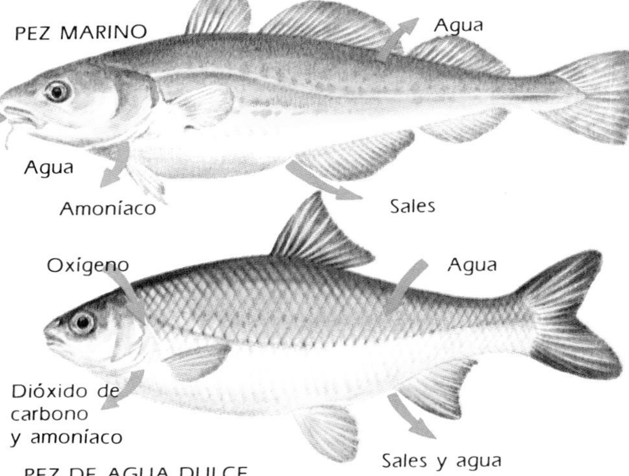

Los de agua salada necesitan la sal y otros minerales del agua. Los fluidos de su organismo son menos salados que el agua de mar; éstos pierden algo de agua a través de las escamas en un proceso llamado ósmosis. Los peces beben agua de mar para prever la deshidratación. Los de agua dulce hacen lo contrario.

ALGUNOS PECES INTERESANTES Y POCO COMUNES

Pez arquero: Este pez de agua dulce atrapa a los insectos mediante el lanzamiento de un chorro de agua sobre ellos.
Pez limpiador: Extrae parásitos y restos de comida de las fauces de la temible y voraz barracuda.
Anguilas: Tienen un ciclo de vida muy peculiar; efectúan migraciones desde Europa y América hasta el mar de los Sargazos para procrear.
Pez plano: Cuando son pequeños nadan derechos; pero conforme crecen un ojo se desplaza a través de su cabeza, y su cuerpo se gira hasta que el pez se tumba sobre su costado.
Pez volador: Éstos planean en el aire gracias a sus apergaminadas (rígidas) aletas, las cuales realizan la función de alas. Normalmente utilizan el vuelo para escapar de sus enemigos.
Saltarines: Utilizan sus aletas, parecidas a unas patas, para arrastrarse por el barro y así localizar el alimento.
Pez piloto: Con frecuencia nada junto a los tiburones. Se alimenta de las sobras que éstos dejan.
Pez globo: Tiene una piel llena de espinas y se hincha como un globo para desconcertar al enemigo.
Salmón: Nada río arriba para reproducirse, a menudo vuelve al mismo sitio en que nació.
Escorpa: De éste debemos mantenernos alejados ya que sus púas son venenosas.
Caballito de mar: Esta curiosa criatura lleva consigo a sus crías en una bolsa.

Para más información consultar los artículos: LAGO; OCÉANO; PECES DE COLORES; PECES TROPICALES; PESCA; RÍO; SALMÓN.

▼ El pez común de colores puede presentar diferentes tonos: rojo, dorado, amarillo o blanco. La *carpa de velo* es una de las variedades de fantasía de las muchas que existen.

Peces de colores

Los peces de colores son pequeños y por lo general son de tono dorado o dorado y negro, o bien dorado y blanco. Son fáciles de mantener en una pecera o en un estanque, pueden crecer y alcanzar 30 cm de longitud y vivir por un período de 20 años. Son originarios de China.

Peces tropicales

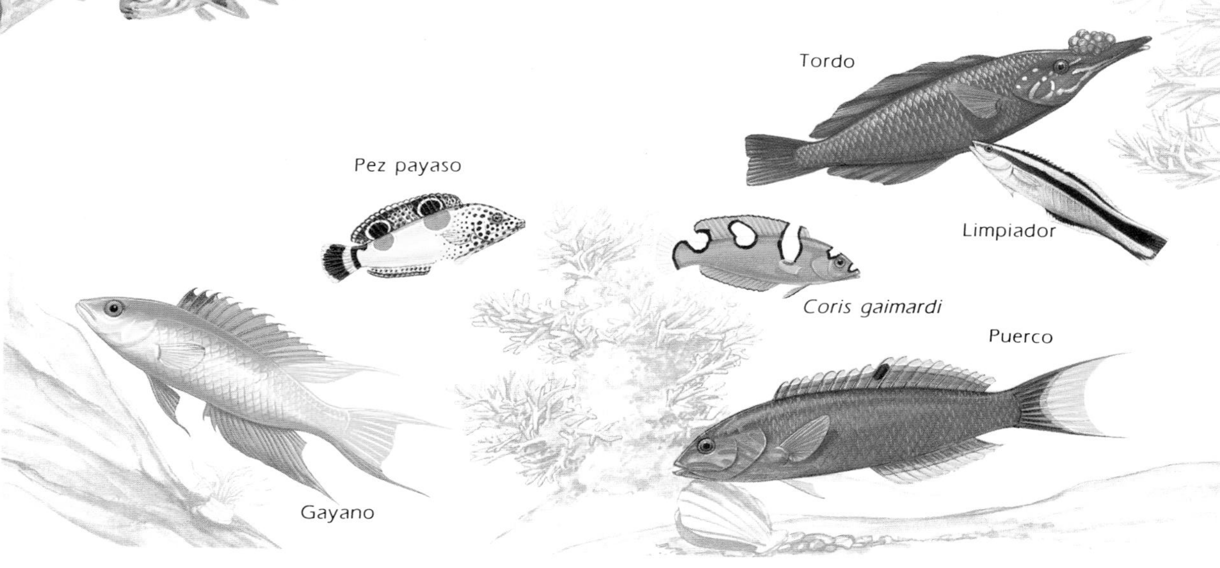

▲ Todos los peces tropicales pertenecen a la familia *de los Lábridos.* Éstos se pueden mantener en un acuario si se cumplen las condiciones adecuadas para ello.

Entre los peces tropicales figuran los más bellos ejemplares del mundo; viven en las aguas cálidas de los mares en las regiones tropicales del globo, a menudo cerca de los arrecifes de CORAL.

Son popularmente apreciados por las personas que mantienen acuarios, sobre todo la variedad de peces tropicales de agua dulce; especialmente los ejemplares pequeños y de vivos colores. La variedad de agua salada también se puede mantener, pero ello implica, además de unos costes considerables a la hora de la adquisición de los ejemplares, un cuidado y dedicación permanentes. Éstos requieren, entre otras características, una salinidad del agua determinada así como una temperatura constante de la misma. Para ello los acuarios deben estar provistos de un calentador del agua con un termostato que la mantenga alrededor de los 24 °C, una tapa en el acuario para mantener el calor y evitar la evaporación y luces eléctricas especiales cubiertas para simular la luz solar, contribuyendo así a mantener la temperatura requerida.

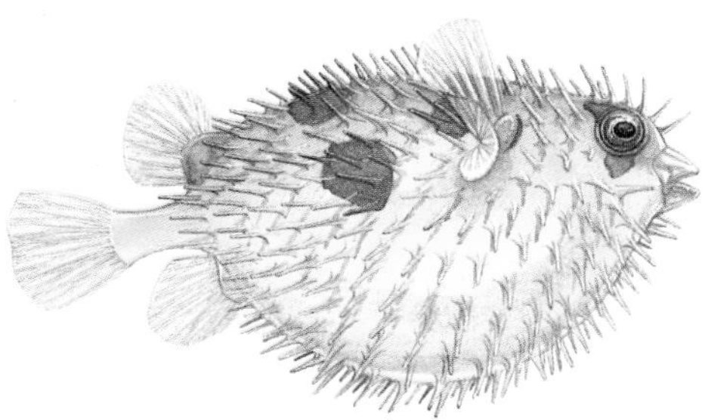

▲ El pez globo se hincha, exhibiendo las afiladas púas cuando detecta la presencia de peligro.

La mayoría de los acuarios están equipados con bombas de aire para suministrar el oxígeno al agua y de filtros para mantenerla limpia y en condiciones. Otro importante aspecto en el acuario son las plantas de agua, que además de añadir belleza al mismo desempeñan una importante función ecológica y producen oxígeno. Los alimentos para los peces tropicales se pueden adquirir en las tiendas especializadas.

Los peces tropicales de agua dulce más comunes son: *pez emperador, barbos* y *neon.*

Hace muchos años (en 1267, concretamente) Pekín se denominaba Khanbalik (*Ciudad del Khan*). En 1421 se la nombró Pekín (*Capital del Norte*). En el sistema moderno para traducir la lengua china, el nombre de «Pekín» debe escribirse «Beijing».

Pekín (o Beijing)

Pekín es la capital de CHINA. En el año 1267 el conquistador mongol Kublai Khan nombró a esta ciudad capital de su imperio. En el centro de la ciudad de Pekín se encuentra otra ciudad amurallada denominada *La Ciudad Prohibida*; ésta albergaba las estancias y palacios de los antiguos emperadores chinos. El Pekín moderno es un centro industrial y cultural con una población de más de 8.500.000 habitantes.

Pelo

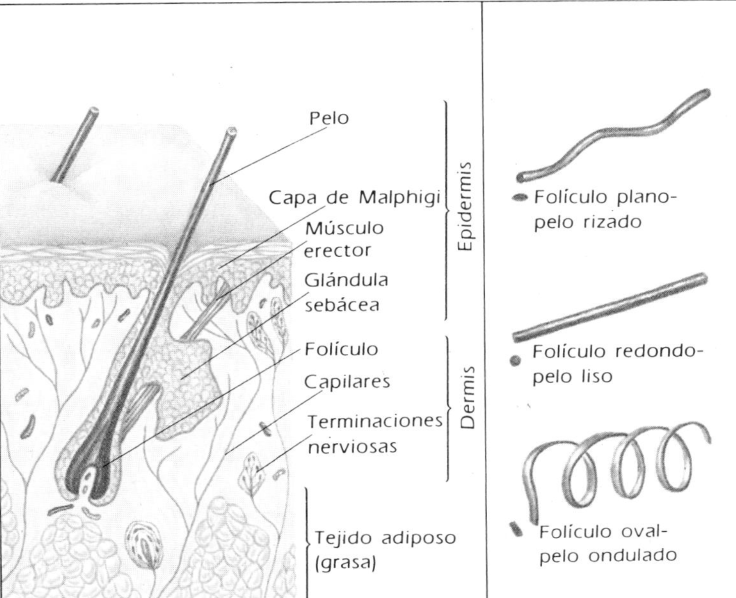

◀ Cada raíz tiene su folículo, con suministro de sangre, una glándula y un músculo pequeño erector. El tipo de pelo depende en parte de la forma del folículo. El del asno (arriba), por ejemplo, es muy grueso, lanoso y espeso.

El pelo crece en forma de hebras delgadas vivas en la epidermis de los MAMÍFEROS. Tiene los mismos componentes que las uñas, las garras, las pezuñas, las plumas y las escamas de los reptiles; protege la piel y mantiene el calor

▼ En el péndulo del reloj el movimiento se transmite a las saetas a través del dispositivo de escape, que consiste en una rueda y un ancla, el cual también mantiene al péndulo en movimiento.

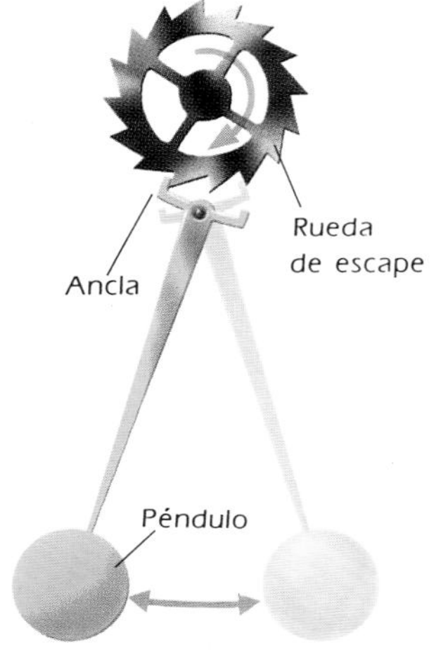

del cuerpo. Existen diferentes clases de pelo; los felinos poseen un pelaje fino y espeso; los erizos, espinas que les protegen de los enemigos.

Péndulo

El péndulo es un cuerpo pesado que oscila alrededor de un punto fijo por la acción de su propio peso. Cuando el peso es desplazado hacia un lado y posteriormente liberado, la fuerza de la GRAVEDAD lo hace oscilar de un lado a otro describiendo un recorrido en forma de arco. Cada oscilación dura exactamente el mismo período de tiempo, sin importar la longitud de la misma, bien sea grande o pequeña. Esto hace que los péndulos sean un instrumento de gran utilidad para el mecanismo de los RELOJES manteniendo sus oscilaciones gracias a un dispositivo, que produce el característico sonido de «tic-tac».

Perezoso

Los perezosos son un grupo de MAMÍFEROS que viven en América del Sur; son de costumbres nocturnas y se mue-

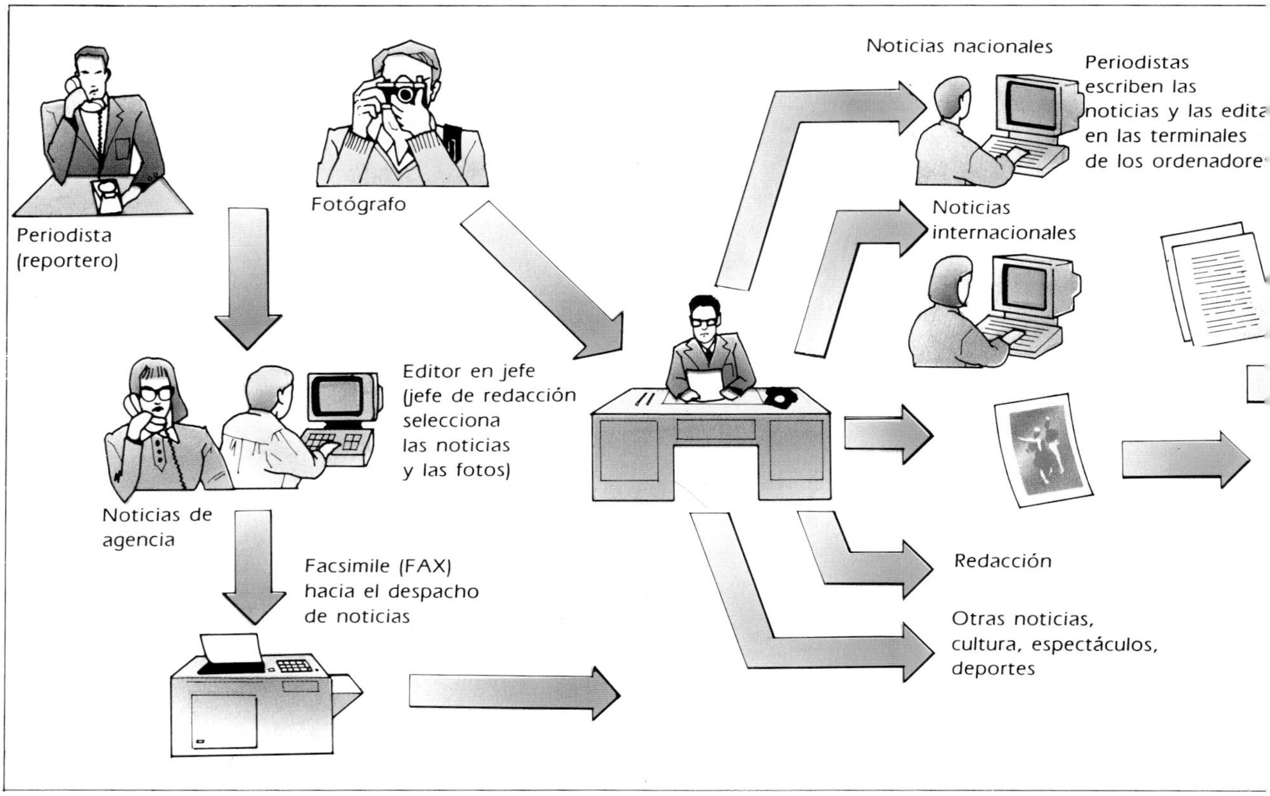

Periodista (reportero)

Fotógrafo

Noticias nacionales

Periodistas escriben las noticias y las edita en las terminales de los ordenadore

Noticias internacionales

Editor en jefe (jefe de redacción selecciona las noticias y las fotos)

Noticias de agencia

Facsimile (FAX) hacia el despacho de noticias

Redacción

Otras noticias, cultura, espectáculos, deportes

ven muy lentamente; la mayor parte del tiempo lo pasan colgados de los árboles cabeza abajo. Su alimentación consta de ramitas, hojas y brotes; con frecuencia su pelaje está cubierto por una gran cantidad de minúsculas criaturas de color verde denominadas algas, que son parasitarias y que lo hacen muy difícil de identificar entre las hojas. Los perezosos se agarran a los árboles con una seguridad tal que incluso pueden quedarse dormidos sin necesidad de desprenderse de la rama de la que están colgados.

Se distinguen dos clases de perezosos: los que tienen dos dedos en los pies y los que tienen tres.

▲ Los movimientos de los perezosos son extremadamente lentos; duermen por períodos aproximados de 19 horas y cuando están despiertos se desplazan a una velocidad de alrededor de dos metros por minuto.

Periódico

Los periódicos son las publicaciones impresas de periodicidad regular, normalmente diaria. Las primeras apariciones datan del siglo XV, después de la invención de la IMPRENTA. Los impresores publicaban una especie de panfletos en donde se relataban las noticias que acontecían en la nación y sus opiniones acerca de las mismas.

Los formatos modernos aparecieron por primera vez en el siglo XVIII; en la actualidad se publican periódicos

▼ Las diferentes etapas y el personal involucrado en la producción de un periódico.

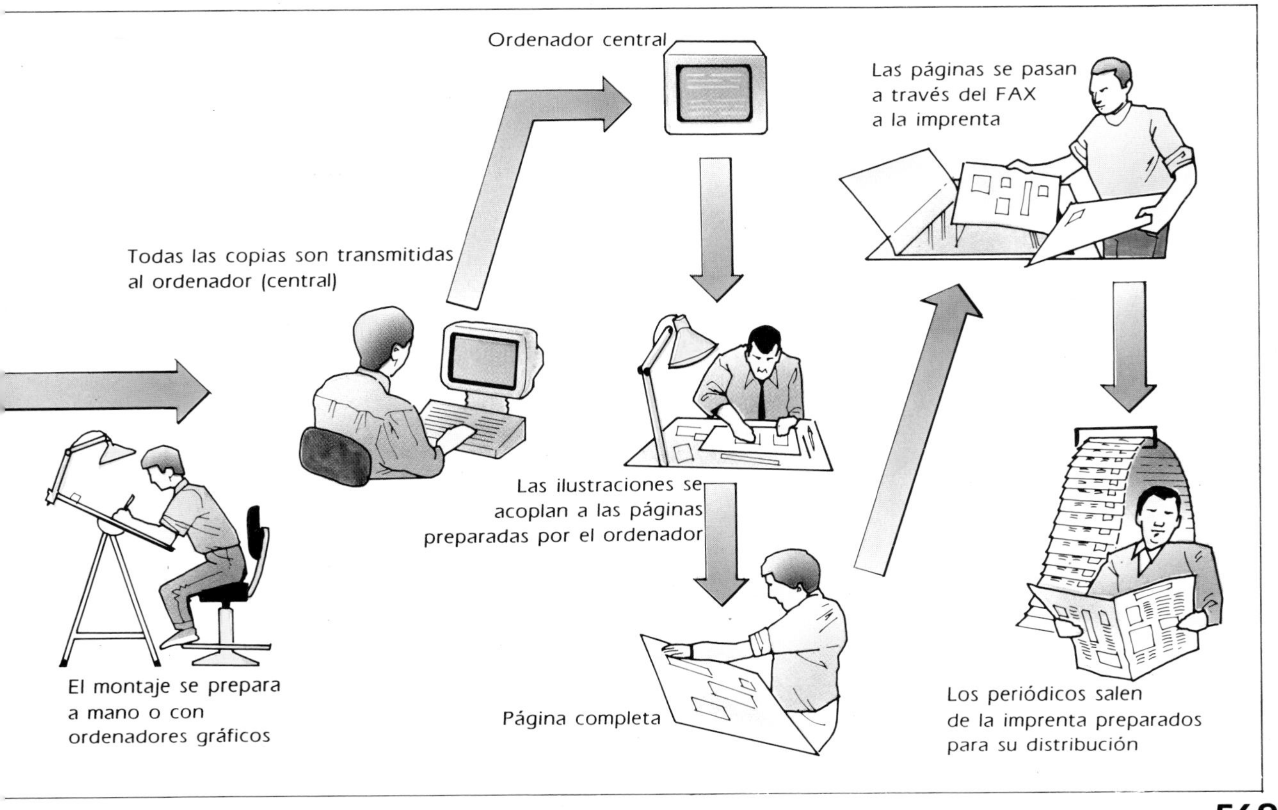

El montaje se prepara a mano o con ordenadores gráficos

Todas las copias son transmitidas al ordenador (central)

Ordenador central

Las ilustraciones se acoplan a las páginas preparadas por el ordenador

Página completa

Las páginas se pasan a través del FAX a la imprenta

Los periódicos salen de la imprenta preparados para su distribución

▲ Cada día miles de quioscos renuevan su amplia oferta periodística para ofrecer al lector toda clase de notícias.

en casi todos los países del mundo y en diferentes idiomas; la periodicidad varía normalmente en diaria o bien semanal.

Uno de los periódicos de mayor antigüedad es *The Times*, que se publica en Londres; empezó en 1785, entonces con otro nombre: *The Universal Daily Register*. Cambió su cabecera en el año 1788. Otras famosas publicaciones periódicas son *The New York Times* y *The Washington Post*, ambas en Estados Unidos; destacamos a su vez el *Pravda* de la antigua Unión Soviética, *Le Monde* de Francia y *El País* de España.

Perro

El perro es un animal doméstico del que el hombre se ha servido a lo largo de aproximadamente 10.000 años. La mayoría de los perros se mantienen como animales de compañía, sin embargo ciertas especies se utilizan para la conducción del ganado y otras para la custodia de edificios. Los perros primitivos eran descendientes directos de los lobos y guardaban un gran parecido con éstos. En la actualidad existen más de 100 especies distintas de perros con formas, tamaños y colores diferentes; el *San Bernardo* es la raza de mayor tamaño, un buen ejemplar puede llegar a pesar dos veces el peso de un hombre. El *Yorkshire terrier* es una de las razas más pequeñas, un

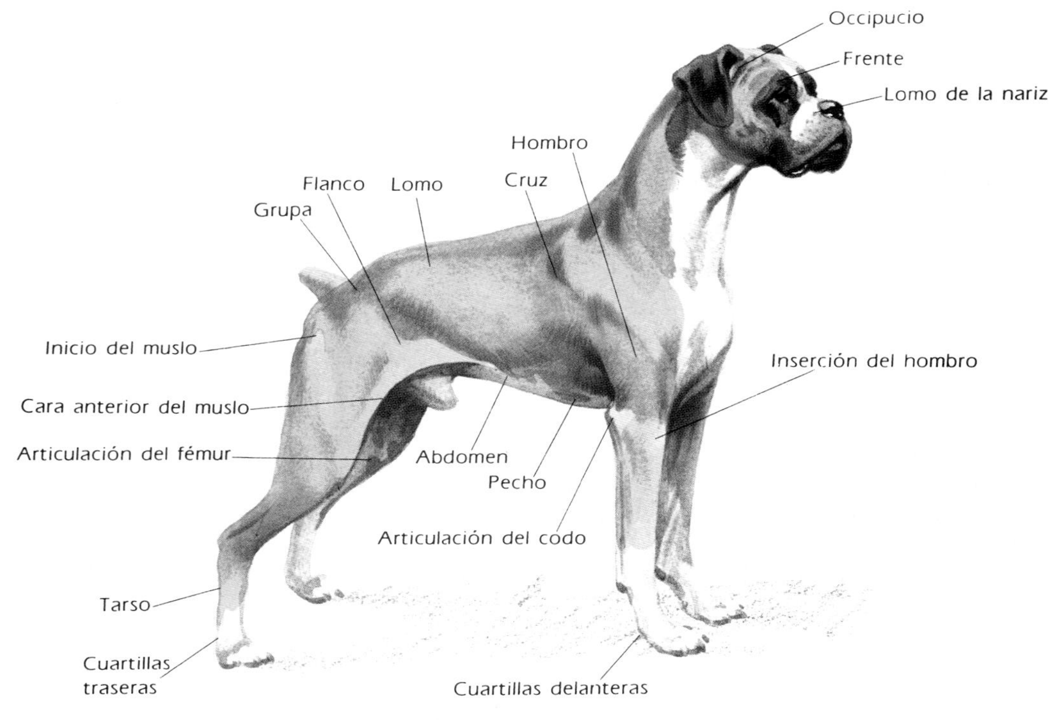

ejemplar adulto puede pesar menos que un pequeño bote de mermelada.

La mayor parte de las razas actuales de perros se han desarrollado con la finalidad de ejecutar algún tipo de trabajo. Los perros de *Airedale* y los *Terriers* son unos excelentes cazadores de ratas. Los *perdigueros* son buenos para traer las presas muertas por los cazadores y los *lazarillos* son los que se utilizan preferentemente para guiar a los invidentes. El perro pastor *escocés* es muy bueno para el ganado ovino. Los *Doberman* son perros de guardia y acostumbran ser muy feroces. Los perros *tejoneros* se utilizaban, como su nombre indica, para cazar tejones.

Los cachorros nacen ciegos e indefensos y se alimentan de la leche de sus madres, no obstante en el período de un año están totalmente desarrollados. Los perros suelen vivir alrededor de 12 años.

Los perros tienen un sentido de la vista poco sofisticado, ven borroso y no aprecian los colores, son cortos de vista y distinguen únicamente sombras de gris. Sin embargo poseen un sentido del olfato muy desarrollado. Los policías en la aduana utilizan perros entrenados para detectar drogas ilegales que pueden localizar incluso si está contenida en envoltorios o latas que oculten el olor.

Perú

◀ El lago Titicaca es el lago navegable más alto del mundo; está situado entre Perú y Bolivia, a 3.810 metros de altitud sobre el nivel del mar.

Perú es la tercera nación más grande de AMÉRICA DEL SUR; su superficie equivale a la de Francia, Gran Bretaña, España, República Federal de Alemania y aún sobraría espacio.

Perú limita con cinco naciones y por la parte occidental con el Océano Pacífico. La cordillera de los Andes discurre de norte a sur a lo largo de la nación como una gigante espina dorsal. Entre la cordillera andina y el océano se extiende una estrecha franja desértica; al este de las montañas encontramos la selva tropical alrededor del río AMAZONAS.

PERÚ

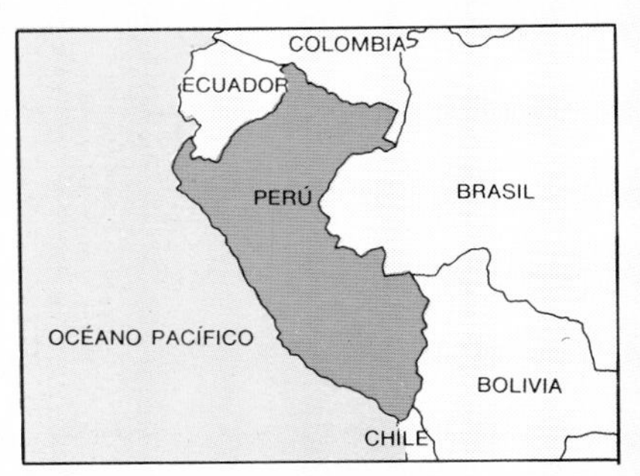

Gobierno: República constitucional
Capital: Lima
Superficie: 1.285.216 km^2
Población: 20.208.000 hab.
Lengua: Español y quechua
Moneda: Nuevo sol

▲ El departamento peruano de Cuzco posee importantes vestigios arqueológicos de la cultura incaica, lo que ha provocado una gran atracción turística en la zona. Aquí, como ejemplo, la bella localidad de Pisac.

Perú posee plantaciones de café y de caña de azúcar; las ovejas y las llamas de las montañas producen lana. Las minas más importantes de Perú son las de cobre, hierro y plata, siendo la pesca una importante fuente de riqueza.

La antigua civilización de los INCAS construyó espléndidos edificios; este imperio de las montañas tenía ya varios milenios de antigüedad cuando se produjo la conquista española en 1530. Perú obtuvo la independencia en la década de 1820.

Pesca

La pesca es una de las actividades más importantes a nivel mundial; en el transcurso de un año, cerca de 60 millones de toneladas de capturas se recolectan de los mares, ríos y lagos.

A pesar de que el pescado es una gran fuente de alimento, la mayor parte de las capturas se dedican para la alimentación de animales o como fertilizantes para los campos. El aceite procedente de los peces se utiliza para hacer jabón o para teñir pieles de animales en la industria del curtido.

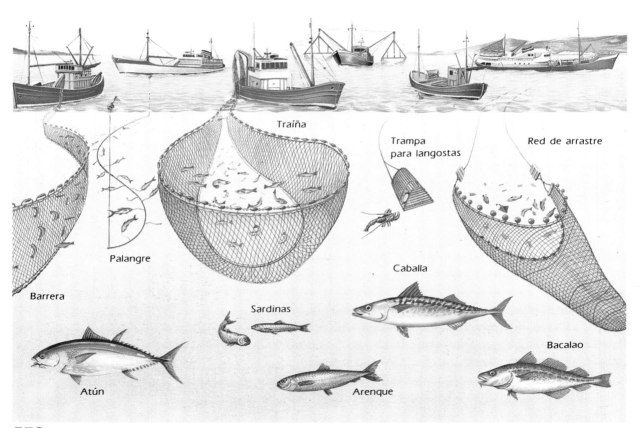

▼ En la ilustración se muestran varios métodos de pesca.

A menudo la pesca se realiza en alta mar, lejos del lugar de partida del buque, congelándose las capturas para evitar su descomposición; en tiempos pasados no había refrigeradores y para la conservación de los peces se empleaban otros medios; se recurría al secado, al ahumado o se salaban las capturas. Hoy en día los grandes buques factoría recogen el pescado fresco de los pesqueros y lo procesan en diferentes tipos de envasados.

Los mejores bancos pesqueros se encuentran en las regiones donde la profundidad no es superioı a los 180 metros; en estos lugares los peces se concentran en gran número.

▲ La pesca de la ballena se remonta al siglo XII. Antiguamente intrépidos marineros surcaban el mar en frágiles embarcaciones y con rudimentarios arpones iban en busca del gigante cetáceo.

Pesos y medidas

Los pesos y medidas se emplean para averiguar el tamaño de los cuerpos. Las dos medidas principales son el peso y la longitud; éstas responden a las respectivas preguntas de «¿Cuánto pesa?» y «¿Cuánto mide?» La medida de longitud se utiliza a su vez para saber la superficie y el VOLUMEN. Existen varios sistemas de pesos y medidas, siendo el más común el SISTEMA MÉTRICO decimal. (Ver páginas 574 y 575.)

Peste

Desde la antigüedad las poblaciones europeas, asiáticas y africanas han sido mermadas considerablemente por la peste. La peste bubónica es una de las peores epidemias. En el siglo XIV, la peste negra (variedad de la bubónica) aniquiló a un cuarto de la población europea. Solamente en Londres, más de 150.000 habitantes murieron como consecuencia de tan terrible enfermedad durante la primera mitad del siglo XVII.

La peste se transmite principalmente por las pulgas de las ratas infectadas.

▲ La peste ha sido una de las enfermedades más graves que ha sufrido la humanidad debido a que, a falta de condiciones higiénicas, se extendía rápidamente.

Peste negra

La peste negra fue una enfermedad terrible que alcanzó el grado máximo de mortalidad en la EDAD MEDIA. En el siglo XIV, 25 millones de personas murieron como consecuencia de la peste negra. La peste negra se conoce en la actualidad con el nombre de peste *bubónica*; ésta se transmite a través de las PULGAS de las RATAS. Las pulgas chupan la sangre de la rata infectada, cuando la pulga se

(Continúa en pág. 576)

Es difícil de imaginar las devastadoras consecuencias de la peste negra; la población inglesa descendió de 3.750.000 hab. en 1348 a tan sólo algo más de 2.000.000 en el año 1400.

PESOS Y MEDIDAS

¿Cuántos son? ¿A qué distancia se encuentran? ¿Qué tamaño tienen? Todas son preguntas relacionadas con los pesos y las medidas. El hombre necesitó de las unidades para medir las construcciones que realizaba y al empezar a desarrollar el intercambio comercial entre los pueblos. La civilización del Antiguo Egipto basó sus medidas en las proporciones del cuerpo humano. La palabra «milla» proviene del latín y equivale a 1.000 pasos.

La mayoría de los países utilizan en la actualidad el sistema métrico decimal (basado en el 10); se utilizó por vez primera en Francia a finales del siglo XVIII. El sistema imperial utilizado principalmente en Gran Bretaña y Estados Unidos fue otro importante método usado durante mucho tiempo. La tabla de la derecha nos relaciona medidas más comunes y sus equivalencias, así como algunos prácticos factores de conversión.

▼ El sistema de medidas del Antiguo Egipto se basaba en las proporciones del cuerpo humano: 4 dedos = 1 palma. El palmo era la distancia entre el dedo pequeño y el dedo gordo de la mano; siete palmas o dos palmos era un cúbito, éste era la distancia entre el codo y la punta de los dedos.

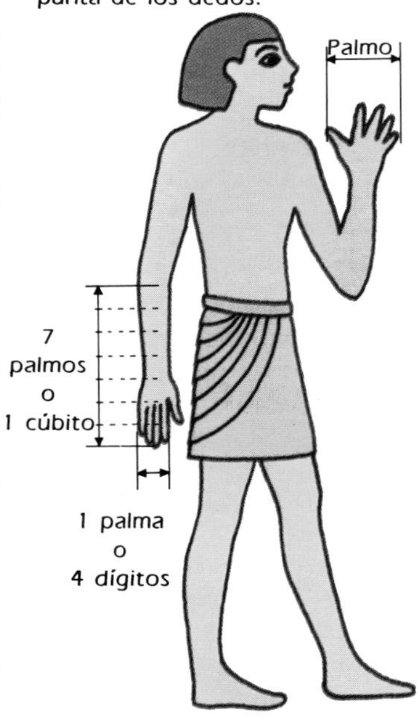

PESOS Y MEDIDAS

Longitud

Sistema métrico

milímetro (mm)
10 mm = 1 centímetro (cm)
100 cm = 1 metro (m)
1000 m = 1 kilómetro (km)

Sistema británico o imperial

1 inch (in) (pulgada)
12 in = 1 foot (ft) (pie)
3 ft = 1 yard (yd) (yarda)
1760 yd = 1 mile (milla) = 5280 ft

Superficie

Sistema métrico

milímetro cuadrado (mm^2)
100 mm^2 = 1 centímetro cuadrado (cm^2)
10.000 cm^2 = 1 metro cuadrado (m^2)
100 m^2 = 1 área (a) = 1 decámetro cuadrado
100 a = 1 hectárea (ha)
100 ha = 1 kilómetro cuadrado (km^2)

Sistema británico o imperial

square inch (in^2) (pulgada cuadrada)
144 in^2 = 1 square foot (ft^2) (pie cuadrado)
9 ft^2 = 1 square yard (yd^2) (yarda cuadrada)
4840 yd^2 = 1 acre (acre)
640 acres = 1 square mile (mile^2) (milla cuadrada)

Volumen

Sistema métrico

milímetro cúbico (mm^3)
1000 mm^3 = 1 centímetro cúbico
1000 cm^3 = 1 decímetro cúbico (dm^3) = 1 litro
1000 dm^3 = 1 metro cúbico (m^3

Sistema británico o imperial

cubic inch (in^3) (pulgada cúbica)
1728 in^3 = 1 pie cúbico (ft^3)
27 ft^3 = 1 yarda cúbica (yd^3)

Capacidad

Sistema métrico

mililitro (ml)
1000 ml = 1 litro (l)
1000 l = 1 kilolitro (Kl)

Sistema británico o imperial

1 gill
4 gills = 1 pint (pinta)
2 pintas = 1 quart (cuarto)
4 cuartos = 1 galón = 277.274 i

N: El punto en inglés equivale
coma en español.

▲ En esta pintura del Antiguo Egipto se muestra al dios Anubis «pesando almas»; para ello utiliza simbólicamente una balanza de dos brazos iguales. A este tipo de balanzas se les calcula una antigüedad de aprox. 6.000 años.

La medida del tiempo es tan importante como la de la longitud. Los antiguos
gipcios usaban el dial del Sol: clavaban un palo en el suelo y marcaban el
ecorrido de la sombra, y según su posición podían averiguar qué hora era.

didas norteamericanas
S galón (líquido) = 0.8327 galón
mp)
S galón = 0.9689 galón (imp)
nza EUA = 1.0408 onzas (imp)
onzas EUA = 1 pinta EUA

so
ema métrico
gramo (mg)
)0 mg = 1 gramo (g)
)0 g = 1 kilogramo (kg)
) kg = 1 quintal (q)
)0 kg = 1 tonelada (t)

ema británico o imperial
tema Avoirdupois)
rain (grano) = 0'0648 gramos
ound (libra) = 453'6 gramos
unce (onza) = 28'35 gramos
tone = 14 libras = 6'34 kilogramos

DATOS MÁS COMUNES DE CONVERSIÓN

1 acre = 0,4047 hectáreas
1 centímetro = 0.3937 pulgadas
1 centímetro cúbico = 0.0610 pulgadas cúbicas (in^3)
1 pie = 0,3048 metros = 30,48 centímetros
1 galón (imp) = 4,5461 litros
1 gramo = 0.0353 onzas
1 hectárea = 2,4710 acres
1 pulgada = 2,54 centímetros
1 kilo = 2.2046 libras
1 kilómetro = 0.6214 millas
1 litro = 0.220 galón (imp) = 0.2642 galón (EUA) = 1.7598 pintas (imp)
1 metro = 39.3701 pulgadas = 3.2808 pies = 1.0936 yardas
1 tonelada métrica (tonne) = 1.000 kilogramos
1 milla = 1,6093 kilómetros
1 milla marina = 1,852 kilómetros
1 legua = 5.5727 kilómetros
1 milímetro = 0,03937 pulgadas
1 onza = 28,350 gramos
1 libra = 460 gramos
1 yarda = 0,9144 metros
1 pinta (imp) = 0,5683 litros
1 cuarto = 1,136 litros = 2 pintas

▲ Esta jarra puede medir líquidos en onzas y en centilitros (cl). La mayoría de las botellas de vino tienen una capacidad de 70 o 75 cl.

El cubo tiene una forma sólida. Ocupa un espacio y el espacio que
:upa se denomina volumen (se mide en unidades cúbicas). La cara de
ı cubo es un cuadrado; éste tiene únicamente las medidas de largo por
ıcho; el cuadrado tan sólo posee dos dimensiones y su tamaño se llama
perficie. Las caras de un cuboide están constituidas por rectángulos.
ı los otros sólidos (derecha) sus caras adoptan dos formas
mensionales, por ejemplo: el círculo y el triángulo.

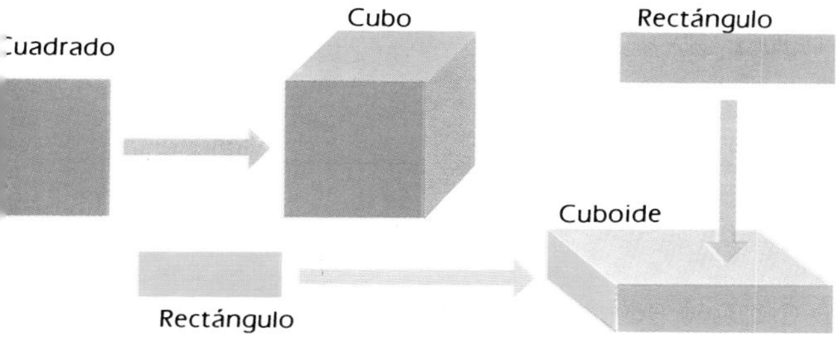

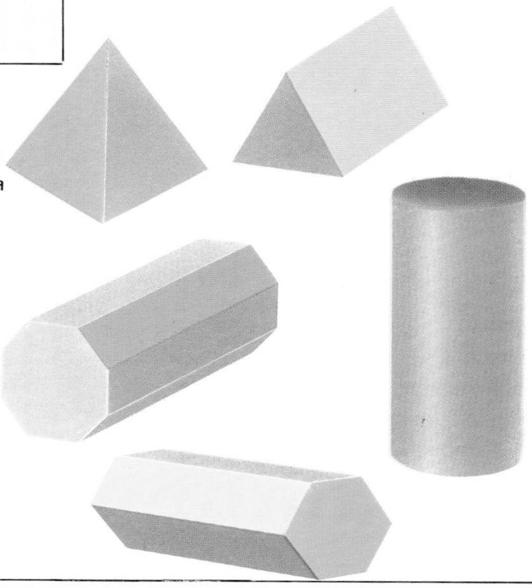

Para más información consultar los artículos: CALCULADORA; FRACCIÓN; GEOMETRÍA; MATEMÁTICAS; ORDENADOR; RELOJ; SISTEMA MÉTRICO; TERMÓMETRO.

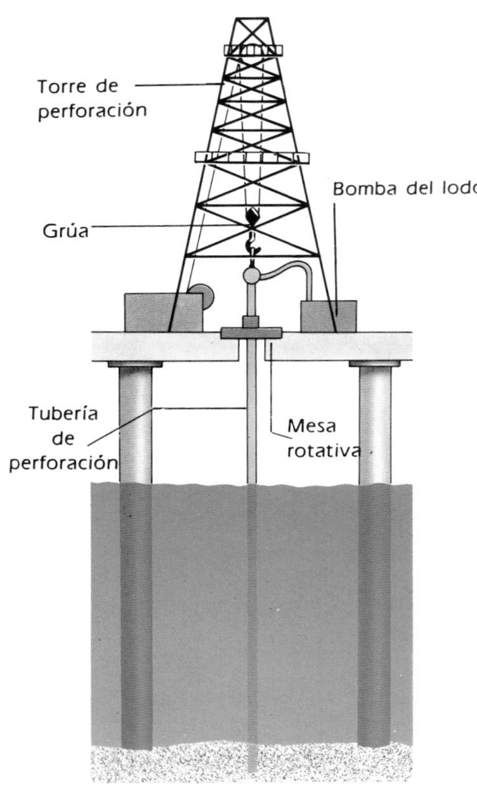

▲ La parte principal de una plataforma petrolífera es la torre de perforación. El taladro situado al final de la tubería de perforación atraviesa las rocas al estar provisto de unos dientes afilados. Mediante el examen de los restos de roca cortados por el taladro los expertos pueden saber si se encuentran en las inmediaciones del pozo petrolífero.

▶ Cuando se procede a la refinación del crudo se efectúa una separación de diferentes elementos químicos; además de la gasolina, la parafina y otros combustibles, los productos del petróleo son muchos y variados: plásticos, perfumes, jabones, pintura, piensos, etc.

posa en otra rata o en una persona y la muerde, se transmite la enfermedad a través de la sangre, extendiéndose rápidamente.

Petróleo

El aceite mineral se formó hace millones de años de los restos de animales y de plantas. El petróleo (aceite mineral en crudo) quedó atrapado bajo las masas rocosas; mediante la perforación de éstas se pueden alcanzar los pozos petrolíferos naturales y extraer el crudo, bien empleando bombas de extracción o saliendo por sí solo a chorro o a borbotones.

En las refinerías se separa el crudo, y mediante diversos procesos se transforma en diferentes productos: gasolina, aceites lubricantes, parafina, etc. El crudo se utiliza para la fabricación de fertilizante artificial, medicinas, pinturas, detergentes y plásticos. Las reservas mundiales de petróleo no son inagotables, y los científicos investigan nuevas formas de obtención y producción de petróleo, entre éstas destacan las investigaciones y la extracción del petróleo de esquisto, que es una clase de roca, y la obtención de petróleo a partir del alquitrán mineral.

Las mayores reservas petrolíferas mundiales se encuentran en Oriente Medio, en las naciones de Arabia Saudí, Irán, Irak y Kuwait.

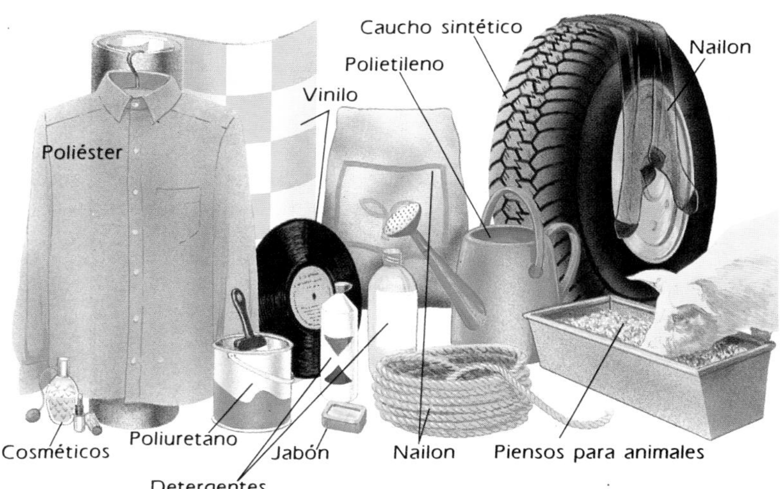

Pezuña

La pezuña es el revestimiento de cuerno que cubre y protege los pies de ciertas especies de animales. Éstos se dividen en dos grupos principales: los que tienen más de un dedo y los que únicamente poseen uno. En el primer grupo podemos incluir: CIERVOS, CABRAS, CAMELLOS y OVEJAS. Todos éstos poseen dos o cuatro dedos en sus pezuñas. Los animales con tan sólo un dedo son los caballos y las cebras.

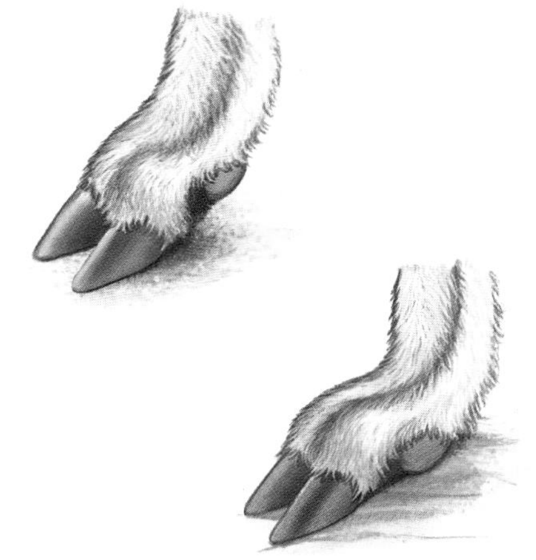

▲ La cabra montesa posee una doble pezuña que le proporciona una adherencia extra cuando se mueve por superficies lisas y rocosas, ya que puede adoptar diferentes posturas.

Piano

◀ Este piano fue regalado por el constructor de pianos Thomas Broadwood al compositor Beethoven en el año 1818.

La palabra piano proviene de la italiana *pianoforte*, y significa *suave* y *fuerte*. Este instrumento fue inventado por Bartolomeo Cristofori en el año 1709. El piano consta de 88 teclas; cuando tocamos una de las teclas, un sistema de palancas hace que un *macillo*, con la punta recubierta de fieltro, golpee un cable en tensión; al mismo tiempo una sordina, que normalmente sostiene el cable para evitar que éste vibre, se atrasa y lo libera manteniéndose en esta posición hasta que se deja de pulsar la tecla. La función de los pedales del piano es la de modificar la intensidad de las notas y la de extender su duración.

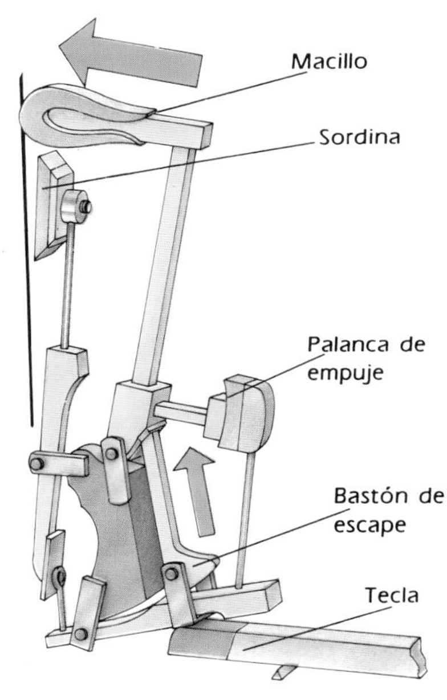

▲ El funcionamiento del piano está basado en los movimientos de una serie de palancas que se transmiten al macillo, el cual golpea la cuerda del piano. La sordina evita que la nota siga sonando después de que la tecla ha dejado de ser presionada.

Picasso, Pablo

Pablo Picasso (1881-1973) fue el artista más famoso de este siglo. Nació en España, aunque desarrolló la mayor parte de su carrera artística en Francia.

▲ La influencia de Pablo Picasso en el mundo del arte ha sido capital; su estilo cambió el curso del arte moderno.

▶ *Los tres músicos*, pintado en 1921, pertenece al período cubista.

Se dice que Picasso aprendió a dibujar antes que a hablar. No le gustaba pintar imágenes que se parecieran a las fotografías (realistas), pero admiraba las formas curvas propias de las esculturas africanas. Picasso fue el iniciador del *cubismo*, en el que sintetizaban las formas humanas en formas cúbicas.Pablo Picasso tuvo también una importante producción en el campo escultórico y en el de la cerámica artística.

▲ El diamante es una de las piedras preciosas más apreciadas. El de la fotografía tiene 7 mm de diámetro, lo que lo convierte en una pieza de gran valor.

Piedras preciosas

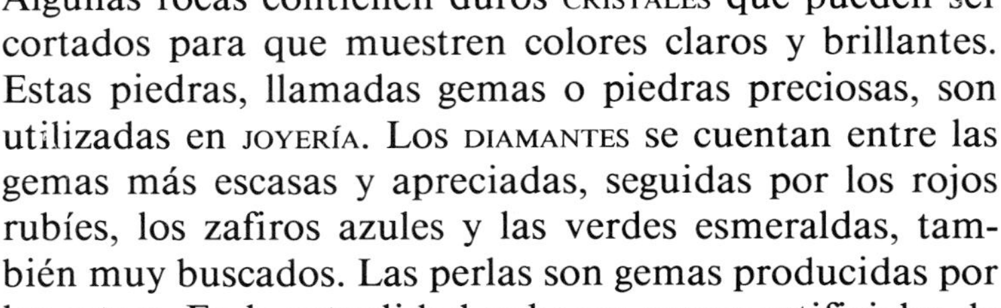

Algunas rocas contienen duros CRISTALES que pueden ser cortados para que muestren colores claros y brillantes. Estas piedras, llamadas gemas o piedras preciosas, son utilizadas en JOYERÍA. Los DIAMANTES se cuentan entre las gemas más escasas y apreciadas, seguidas por los rojos rubíes, los zafiros azules y las verdes esmeraldas, también muy buscados. Las perlas son gemas producidas por las ostras. En la actualidad se hacen gemas artificiales de vidrio y plástico.

Piel

La piel es la parte externa que cubre el cuerpo, lo protege y es sensible al calor, al frío y al dolor. La piel humana presenta distinto grosor; en lugares en donde existe mucho roce, en la planta de los pies por ejemplo, la piel es dura y gruesa; en los párpados, en contraposición, es muy fina y delicada.

La piel humana está compuesta de dos capas: *dermis* y *epidermis*. La capa exterior, epidermis, posee un componente químico denominado melanina que es lo que da a la piel su color característico; la capa interior, la dermis, contiene los nervios, los vasos sanguíneos, las glándulas sudoríparas y las raíces de los pelos. La piel de un adulto cubre una superficie aproximada de 1,7 metros cuadrados.

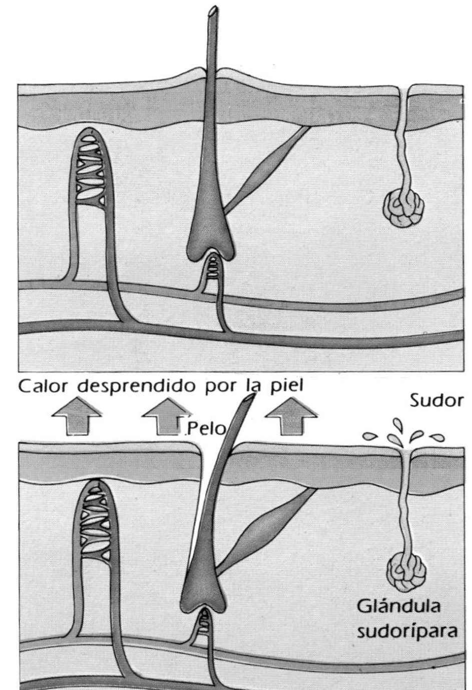

▲ La piel efectúa una serie de modificaciones para contrarrestar los efectos del frío, y del calor. Cuando sientes frío, los músculos eréctiles de los pelos hacen que éstos se coloquen en una posición vertical para captar la capa de aire caliente (ilustración superior). Cuando sientes calor, los pelos están planos para dejar que el aire circule y el sudor se evapore efectuando así un proceso de refrigeración natural (ilustración inferior).

Pieles

El cuero está hecho de distintas pieles de animales. En la fabricación de suelas de zapatos las pieles son tratadas para que se endurezcan y se hagan impermeables. En la fabricación de maletas, sillones, etc., las pieles se tratan para hacerlas más flexibles. El proceso que se sigue para el tratamiento de las pieles se denomina *curtido*. Las pieles se curan mediante el remojo en agua salada; los restos de carne y hueso se eliminan, y seguidamente se le aplica un producto químico denominado *tanino* que se extrae de la corteza de los árboles. A continuación la piel se trata con aceite para ablandarla y después se tiñe de diferentes colores; con este proceso se deja lista para su corte, luego se le da forma y se cose o pega para finalmente moldearla en el producto definitivo.

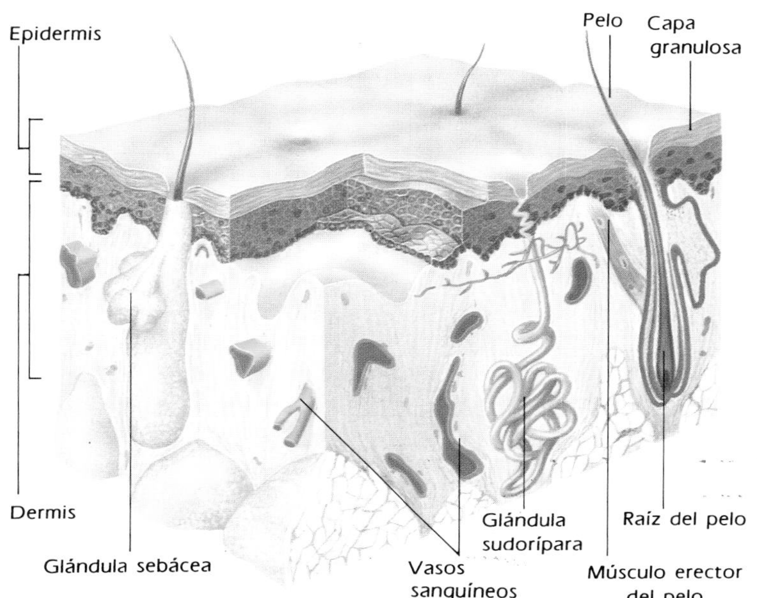

◀ La piel es una capa externa elástica e impermeable que protege al cuerpo; nos ayuda a mantener a los gérmenes y la suciedad fuera de éste y tiene la facultad de autorregenerarse si ha sido dañada. Las glándulas sebáceas proporcionan aceites naturales que evitan la sequedad de la piel.

▼ Las pilas son de gran utilidad para suministrar pequeñas cantidades de electricidad a linternas, radios, etc. Las pilas secas tienen en su interior una mezcla química alrededor de una varilla de carbón; cuando los productos químicos se agotan, la pila no puede volver a cargarse.

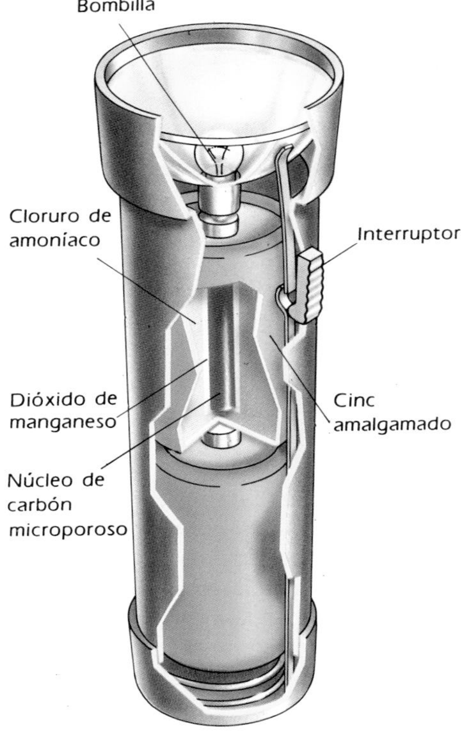

▶ En una batería de coche, los componentes químicos no se agotan y la reacción química puede ser invertida. Cuando la batería está descargada puede recargarse con una corriente eléctrica exterior.

Pilas y baterías

Las pilas son aparatos que sirven para producir ELECTRICIDAD mediante la acción de unos componentes químicos que se encuentran en el interior de las mismas. Las pilas secas que utilizamos para las linternas, las radios o las calculadoras de bolsillo producen corrientes eléctricas tan sólo por un período limitado de tiempo.

Las baterías de los automóviles pueden recargarse con electricidad y volverse a utilizar; éstas contienen un par de placas de plomo y otro par de óxido de plomo, sumergidas en una solución diluida de ácido sulfúrico; conforme la batería se utiliza, las placas cambian hasta que ya no producen más electricidad. No obstante, si recargamos la batería con una corriente eléctrica, se recuperan las condiciones químicas originales que poseían las placas y la batería vuelve a producir corriente. Cuando los polos positivo y negativo se unen mediante un conductor, la corriente eléctrica fluye de nuevo a través del mismo.

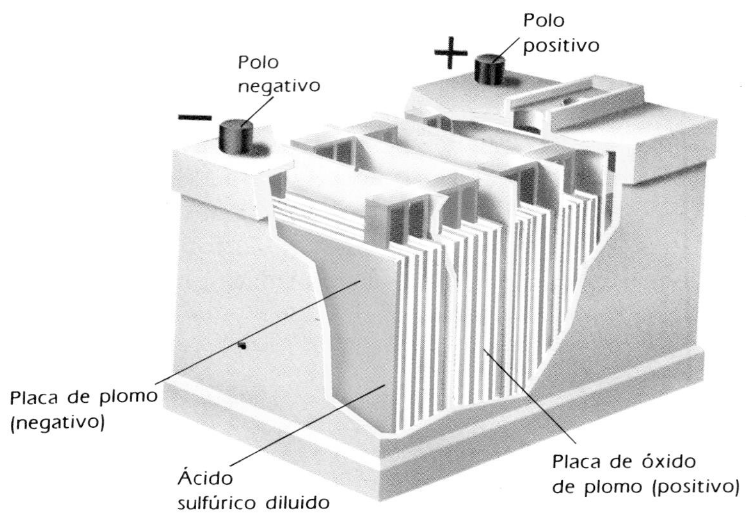

Pingüino

Los pingüinos son AVES acuáticas; no pueden volar porque sus alas están adaptadas y tienen forma de aletas; con ellas «reman» para desplazarse por el mar. Son excelentes nadadores y buceadores; desde el agua estas aves pueden realizar saltos cercanos a los dos metros para aterrizar en una roca o en el hielo.

Todos los pingüinos provienen del hemisferio sur; el pingüino *emperador* habita en las regiones del Antártico; en el invierno las hembras de esta especie depositan un

◀ En la ilustración se muestran cuatro de las dieciocho especies de pingüinos.

huevo en el hielo, el macho coloca el huevo entre sus pies y lo incuba durante un período de dos meses hasta que se produce la eclosión.

Pino (ver Conífera)

Pintura

La pintura es una forma de expresión artística o de ARTE en donde se utilizan pigmentos (pinturas) para representar formas plásticas en superficies diversas, siendo las más comunes las telas, el papel, el yeso y la madera. En la actualidad la mayor parte de la producción pictórica responde a un impulso de deseo personal del artista. Sin embargo, no siempre ha sido así.

En la EDAD DE PIEDRA, la pintura representaba, básicamente, un contexto mágico; la representación de animales heridos o muertos que realizaba el hombre primitivo en las paredes de las cavernas respondía a una especie de ceremonia, la cual, se supone, le brindaría mayores oportunidades de matar a las presas reales en la próxima cacería.

En la EDAD MEDIA, la mayoría de los pintores trabajaban para la Iglesia, es decir, con fines religiosos. La representación de escenas bíblicas respondía al hecho de que la mayoría de la población no sabía leer, de esta forma, de una manera gráfica se pretendía hacer entender al pueblo el mensaje evangélico.

En el siglo XV, la nobleza europea y la rica burguesía (mercaderes) pagaban a los pintores para que ejecutaran pinturas para la decoración de sus hogares. Los temas so-

Experiméntalo

Existen varias formas de divertirse pintando. Prueba la siguiente: pon una cucharada de pintura de acuarela bastante diluida encima de un papel para acuarela, y con una pajita sopla suavemente encima de la pintura para esparcirla; utiliza otros colores y extiéndelos alrededor del primero; trata finalmente de formar una composición armónica.

▶ Tanto la restauración de obras pictóricas (a la derecha) como la pintura de cerámica (abajo), requieren un alto grado de profesionalidad en el que un profundo conocimiento de las técnicas pictóricas antiguas es imprescindible.

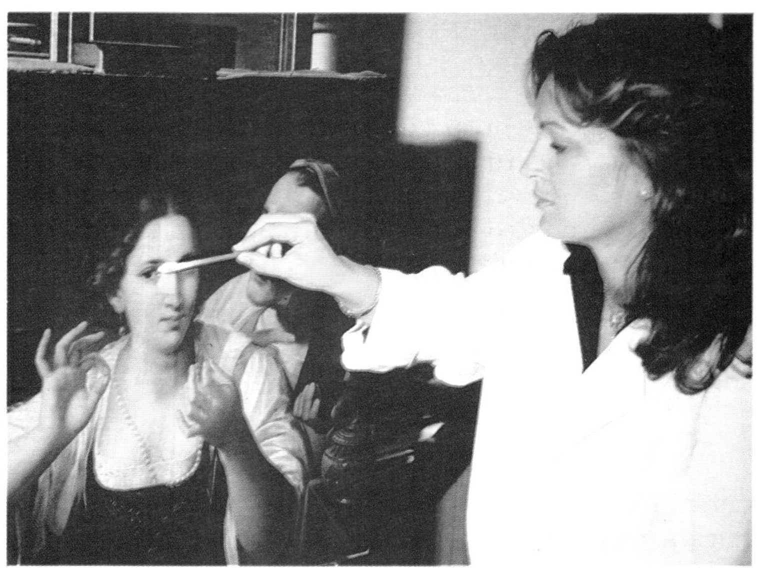

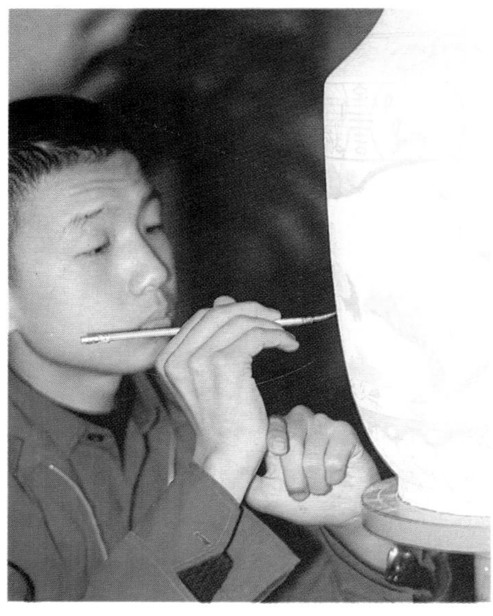

lían ser retratos de los señores en cuestión, de sus terrenos y propiedades (paisajes), naturalezas muertas (bodegones), retratos de familia, de sucesos históricos o pinturas de flores y frutos.

En el siglo XIX, los artistas empezaron a experimentar con nuevas ideas y conceptos, algunos intentaron representar el sentimiento de la luz y de la sombra en sus paisajes; otros empezaron a utilizar colores puros y planos y así imitar la naturaleza de la luz en sus composiciones pictóricas. A principios del siglo XX Pablo PICASSO y una larga serie de otros pintores experimentaron con el cubismo y la abstracción. Ésta se fundamenta en la representación de las formas y colores básicos de los cuerpos. En la actualidad los artistas continúan experimentando con esta forma de expresión, de la cual existen diferentes y variadas tendencias.

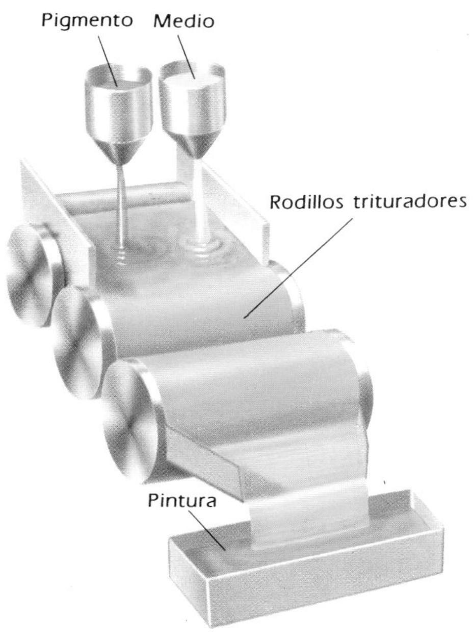

▲ La pintura se fabrica mediante la trituración de los colores (pigmentos) y posteriormente se mezclan con un líquido al que denominamos *medio* (por ejemplo aceite). La mezcla se efectúa en grandes rodillos.

Pintura (material) 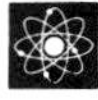

La pintura es un pigmento de color en polvo mezclado con un líquido; cuando se extiende por una superficie sólida forma una capa delgada. Esta capa embellece la superficie y la protege de las inclemencias del tiempo. Las pinturas con una base al óleo están formadas por pigmentos de colores en polvo mezclados con un medio que puede ser aceite o una resina. Las pinturas de emulsión son pigmentos en polvo y gotas de aceite o resina con base de agua. Hoy en día, existen pinturas para todos los usos: impermeables, resistentes a los ácidos, aislantes de la electricidad, etc.

Piña

Las piñas deben su nombre, por su parecido, a las piñas de los pinos. Las piñas son frutos tropicales de gran tamaño; crecen al final de largos tallos pertenecientes a una planta caracterizada por hojas largas y puntiagudas. Los países productores más importantes son Hawai, Brasil, México y Filipinas.

▲ La piña toma su nombre de los frutos que producen los pinos, debido a que tienen la misma forma.

Pirámides

Las pirámides son enormes edificaciones que presentan cuatro caras; la base es un cuadrado, y las caras están constituidas por triángulos que convergen en la parte superior.

Las pirámides del Antiguo Egipto eran tumbas reales; la primera se construyó alrededor del año 2650 a.C. en Sakkara y tiene una altura de 62 metros. Las tres pirámides más famosas están situadas cerca de Giza; allí se encuentra la *Gran Pirámide*, edificada en 2600 a.C. por orden del faraón Keops, que tiene una altura de 137 metros. El FARAON Kefren, que reinó después de Keops, mandó construir la segunda pirámide; ésta alcanza una altura de 136,1 metros. La tercera, levantada por el sucesor de Kejren, el faraón Micerinos, posee una altura de 73,1 metros. En Egipto, alrededor de 80 pirámides siguen manteniéndose en pie.

Las civilizaciones indias de América del Sur y Central también construyeron pirámides en los primeros seis siglos de nuestra era. Destaca la pirámide de Cholula, situada al sureste de la ciudad de México, que cuenta con una altura de 54 metros.

▼ Las grandes pirámides del Antiguo Egipto son verdaderos prodigios de la arquitectura; sin embargo, fueron necesarios incontables miles de esclavos para desplazar los grandes bloques de piedra.

▲ Una panorámica de los Pirineos, desde un verde valle de la vertiente francesa.

Pirineos

Los Pirineos son una cordillera montañosa que se extiende entre la frontera de España y Francia a lo largo de unos 435 km, desde el golfo de Vizcaya hasta el mar Mediterráneo. A lo largo de la historia los Pirineos han desempeñado una función de barrera natural entre las dos naciones, por lo tanto la mayor parte del comercio entre Francia y España se ha desarrollado por vía marítima. En la cordillera pirenaica existen minas de hierro, plomo, plata y cobalto, y la belleza del paisaje atrae gran cantidad de turismo.

La altura de algunos de los picos de la cordillera pirenaica sobrepasan los 3.000 metros, siendo el más alto el Aneto, con 3.404 metros. En la vertiente sur de los Pirineos orientales se encuentra situada la pequeña república de ANDORRA.

Pitón

Las SERPIENTES pitón son REPTILES de gran tamaño; viven en las regiones de África, del Sureste Asiático y de Australia. Algunas llegan a alcanzar los 9 metros. Para atrapar sus presas recurren al acecho, y después de clavar los colmillos en el cuerpo de la víctima, se enrollan alrededor del animal y lo asfixian; a continuación empiezan a engullirlo por la cabeza, hasta tragárselo entero. La digestión puede durar varios días.

▶ La pitón reticulada vive en el Sureste Asiático. El suelo de los bosques donde habita ofrece un camuflaje perfecto para el patrón de colores de su piel.

Pizarro, Francisco

Francisco Pizarro nació en Trujillo (Extremadura) en 1478. Fue uno de los primeros conquistadores de América. Junto con Diego de Almagro y Hernando de Luque, y con la ayuda de Carlos I, tras varios intentos frustrados, consiguió conquistar Perú y fundó Lima. Murió asesinado en 1541, víctima de las disputas entre los partidarios de Almagro y los suyos propios.

▲ Francisco Pizarro, militar español, fundó Lima el 18 de enero de 1535.

Plancton

El plancton es la masa de plantas y animales microscópicos que se encuentran en el mar flotando pasivamente y en las aguas del interior de los continentes.

El *fitoplancton* es el plancton vegetal y se encuentra localizado cerca de la superficie, donde hay una mayor incidencia de la luz que necesita para la vida. Algunas de estas minúsculas plantas poseen un órgano parecido a un látigo, que agitan en las aguas y que les sirve para desplazarse; otras tienen unas conchas erizadas parecidas al cristal.

El plancton animal, *zooplancton*, está constituido por criaturas unicelulares y por larvas de crustáceos y peces.

El plancton constituye la base para la CADENA DE ALIMENTACIÓN o trófica: todas las especies marinas dependen directa o indirectamente de ella para su subsistencia.

▼ A pesar de su pequeño tamaño, a menudo el plancton ofrece complejas estructuras de gran belleza.

Planear

Planeo es el nombre que reciben los vuelos efectuados sin motor. Los planeadores son las aeronaves caracterizadas por sus largas y estrechas alas, esta particularidad les proporciona a estas naves un poder extra de despegue. El planeador es lanzado al aire mediante el empleo de un cabestrante o bien es remolcado por un avión; una vez el planeador está a «flote» en el aire, su permanencia en el mismo depende de las corrientes; el planeador va perdiendo altura gradualmente; pero si las corrientes de aire ascienden a la misma velocidad que el planeador desciende, éste se mantendrá al mismo nivel del suelo. Si las corrientes de aire ascienden más rápidamente que el planeador, éste ganará altura.

En 1853 el primer planeador tripulado efectuó un corto vuelo a través de un valle; en la actualidad los modernos planeadores superan con creces esas distancias.

▲ La práctica del deporte con ala delta es muy popular en todo el mundo. El diseño del ala se obtuvo como resultado de las investigaciones realizadas por la NASA en el apartado de aterrizaje del programa espacial de Estados Unidos.

En el año 1986, en California (EUA), un planeador alcanzó una altitud de 11.500 metros.

El vuelo con *ala delta* es un deporte en el que el piloto está suspendido del ala (planeador); ésta tiene una estructura ligera y una especie de trapecio desde el cual el piloto, mediante la utilización de su propio peso, controla el vuelo del ala. Éstas son muy ligeras, oscilando el peso de 22 hasta 44 kg; una sola persona puede realizar el manejo y el transporte fácilmente; el despegue se efectúa desde una montaña, colina o acantilado que reúna las condiciones adecuadas para la práctica de este deporte.

Los expertos en vuelo sin motor anhelan conseguir el premio *diamond badge*; para ello deben alcanzar una altitud de 4.000 m. una distancia de 500 km y hacer 300 km con relación a un punto concreto.

Planeta

La palabra planeta procede del griego *planetes*, y significa errante. Los planetas son cuerpos celestes que giran alrededor de una ESTRELLA.

La TIERRA y los otros planetas del SISTEMA SOLAR giran en órbitas alrededor del SOL; cada planeta tiene su propia órbita, sin embargo todos se desplazan en la misma dirección y con la excepción de Mercurio y de Plutón, todos están situados en el mismo plano. Los astrónomos son de la opinión de que los planetas se originaron a partir de una zona gaseosa que orbitaba alrededor del Sol; la GRAVEDAD separó partes de esa masa de gas y con el transcurso del tiempo se convirtieron en planetas.

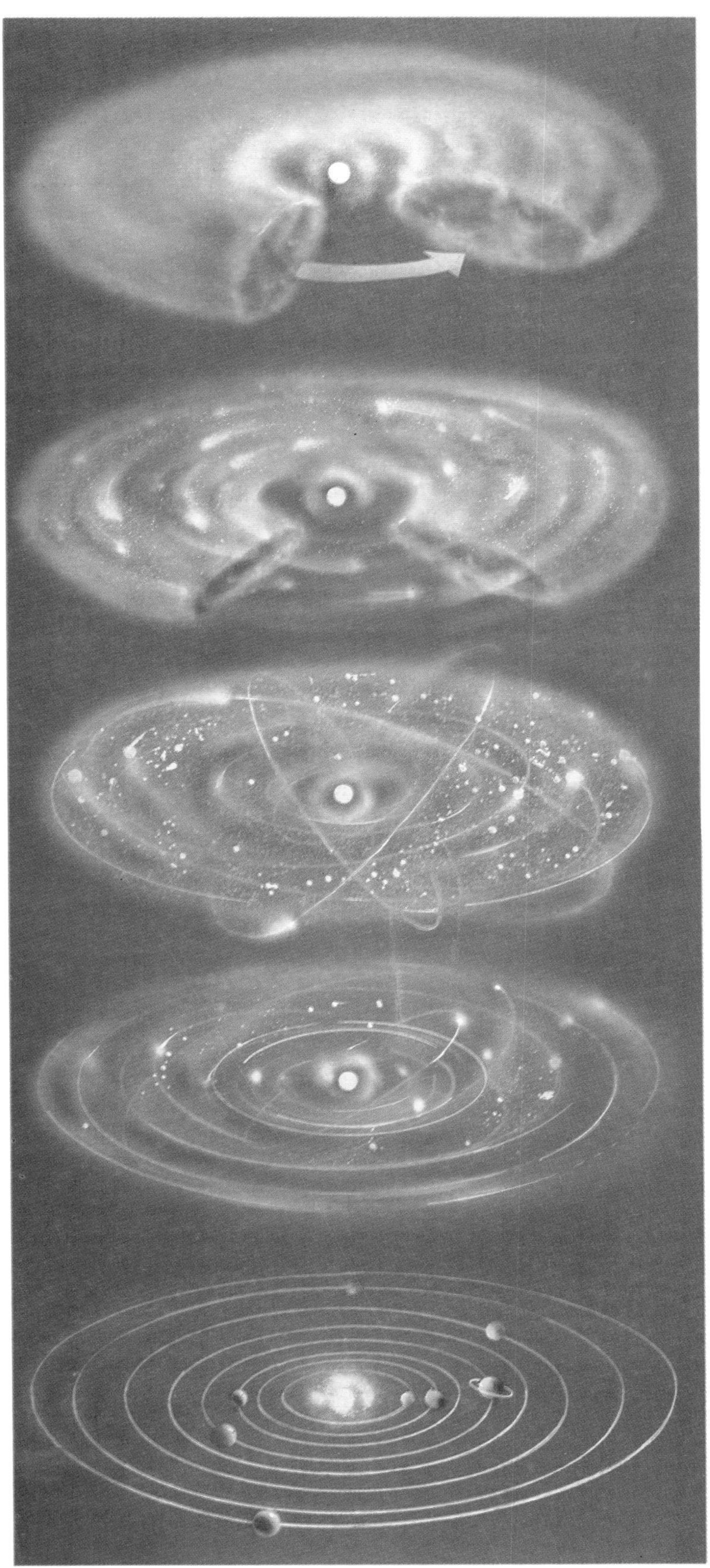

◀ Los científicos han formulado la teoría de que el Sol nació hace cuatro mil quinientos millones de años aproximadamente. El material sobrante alrededor del Sol formó un anillo de polvo y gas que orbitaba a gran velocidad. En la ilustración se muestra la posible formación de los planetas.

1. Al principio el anillo de gas y polvo giraba alrededor del Sol.

2. Las partículas sólidas del anillo empezaron a colisionar entre sí y a juntarse formando cuerpos de mayor tamaño compuestos en un principio por hielo y carbono.

3. Las partículas rápidamente crecieron hasta un tamaño planetario. A medida que crecían de tamaño estas masas planetarias empezaron a atraerse entre sí por lo que cuando pasaban muy cerca unas de otras sus órbitas se modificaban a veces cambiando el curso de las mismas totalmente. Algunos de estos cuerpos, los de menor tamaño, eran violentamente despedidos al pasar junto a los grandes, saliéndose los primeros por completo del Sistema Solar y perdiéndose en el espacio. Otros, a pesar de describir órbitas exteriores al Sistema Solar, vuelven al mismo después de largos períodos de tiempo; éstos son los cometas.

4. Con el transcurso del tiempo el Sistema Solar se formó y las órbitas empezaron a separarse, por lo que no se produjeron más colisiones o aproximaciones desestabilizadoras, consolidándose así los nueve planetas más importantes.

5. Finalmente, la atracción de los planetas continuó hasta estabilizar las órbitas y dejarlas casi niveladas.

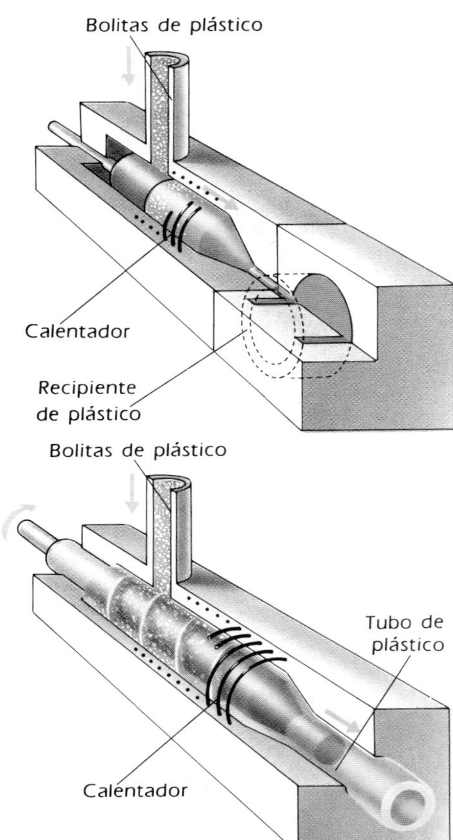

▲ El plástico, cuando está caliente, se puede estirar o comprimir (ilustración inferior) formando de este modo un largo y delgado tubo; esto se logra haciendo pasar la masa plástica por un agujero con forma especial. En la ilustración superior se está haciendo un recipiente por el método de «inyección». El plástico caliente es introducido en un molde que luego se enfría para obtener así consistencia y dureza en el material.

Los nueve planetas del Sistema Solar son: MERCURIO, VENUS, la TIERRA, MARTE, JÚPITER, SATURNO, URANO, NEPTUNO y PLUTÓN. El más próximo al Sol es Mercurio, y el más lejano es Plutón; los planetas no emiten luz propia y brillante sino que reflejan la luz del Sol.

Plantas

La mayor parte de los seres vivos son animales o plantas; éstas difieren de los animales en múltiples características. Por ejemplo, las plantas verdes tienen la capacidad de crear alimento a través de la CLOROFILA. Las CÉLULAS de las plantas poseen un muro de celulosa. Sin embargo las plantas, a diferencia de los animales, no pueden desplazarse. Existen más de 360.000 clases de plantas en el planeta Tierra. (Ver páginas 590 y 591.)

Plástico

Los plásticos son sustancias artificiales que permiten su modelado en infinidad de formas. El empleo de los plásticos es múltiple; entre los objetos más comunes podemos destacar los muebles, asientos de coche, zapatos, bolsos, platos, copas y una gran variedad de utensilios de uso doméstico corriente.

La mayoría de los plásticos se fabrican a partir de productos químicos obtenidos del petróleo; no obstante, también se utiliza el carbón, la piedra caliza, la sal y el agua para su obtención. La consistencia de los plásticos puede ser blanda, dura o líquida, y su apariencia puede imitar a la madera, el cristal, el metal y otros tipos de materiales.

Los plásticos de consistencia dura se utilizan en cubiertas para radios, cámaras, y teléfonos; sin embargo, se emplean hilos muy finos de nailon para la fabricación de medias.

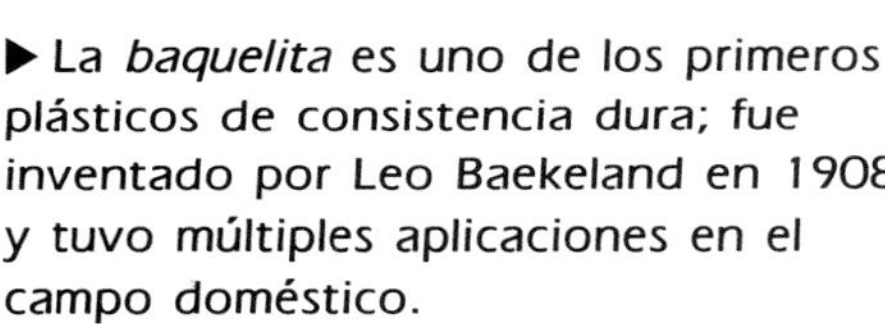

▶ La *baquelita* es uno de los primeros plásticos de consistencia dura; fue inventado por Leo Baekeland en 1908 y tuvo múltiples aplicaciones en el campo doméstico.

Bolsas y botellas de plástico se fabrican con el blando polietileno. El primer plástico que se descubrió fue el *celuloide*, alrededor de 1800.

Plata

El símbolo químico para la plata es Ag, del latín *argentum*, que significa «blanco y brillante». Ésta se deshace (líquido) a una temperatura de 960,8 °C y alcanza el punto de ebullición a 2.210 °C. Un gramo de este metal puede estirarse en un cable de cerca de 2 km de longitud.

◀ Este juego de mesa consta de copa, servilletero, cuchillo, cuchara y tenedor; todo hecho de plata en el año 1903.

La plata es un METAL blanco, brillante, dúctil y maleable. Es el mejor conductor de electricidad, aunque su precio ha impedido que pueda reemplazar al cobre. Su utilización por la humanidad se remonta a miles de años.

La plata se dobla fácilmente y su maleabilidad permite la obtención de múltiples formas; al igual que el oro, la plata puede ser laminada, obteniendo de este modo finas placas. Su empleo en cuberterías y en joyería es de sobra conocido, creándose con este metal precioso bonitos objetos decorativos. En ocasiones se utiliza para recubrir otros metales de menor valor, entre éstos citaremos el cobre y el níquel; con el «baño» de plata se logra que aquellos adquieran la apariencia de la plata. La mezcla de la plata y de otro metal (normalmente cobre) da lugar a una aleación denominada *plata de ley.*

Antiguamente se usaba plata para la acuñación de moneda; en la actualidad las «monedas de plata» son en realidad una mezcla de cobre y de níquel. Como buen conductor de electricidad, se emplea con este fin en la industria. También se usan productos químicos derivados de la plata para la fotografía. Otro producto que obtenemos de la plata es el nitrato de plata; esta solución química se utiliza, entre otras cosas, para cubrir la parte posterior de los cristales y así producir espejos. La plata es escasa y cara, y se obtiene en las minas de diferentes partes del mundo.

▼ El metal de la plata, una vez pulido, permite la obtención de bellos y resistentes objetos.

PLANTAS

La vida no sería posible sin las plantas; tan sólo las plantas poseen la capacidad de producir materia viviente a partir de la luz solar. Mediante la utilización del dióxido de carbono (espirado por los animales a manera de desecho) y generando, en cambio, oxígeno. Sin las plantas los animales no existirían; éstas producen el alimento para todo el reino animal. El hombre depende de las plantas para su alimentación, aunque no siempre de forma directa (carne de vaca y de otros animales que a su vez se han alimentado de plantas).

Existen más de 360.000 especies diferentes de plantas. Las plantas se encuentran en los océanos, en los desiertos, en las montañas y en las regiones heladas (praderas de tundra). Cuando el hombre aprendió la técnica de los primeros cultivos dio comienzo la civilización. En la actualidad muchas especies silvestres están en peligro de desaparición porque sus *habitats* están siendo peligrosamente alterados. Es muy importante proteger la flora y preservarla para futuras generaciones.

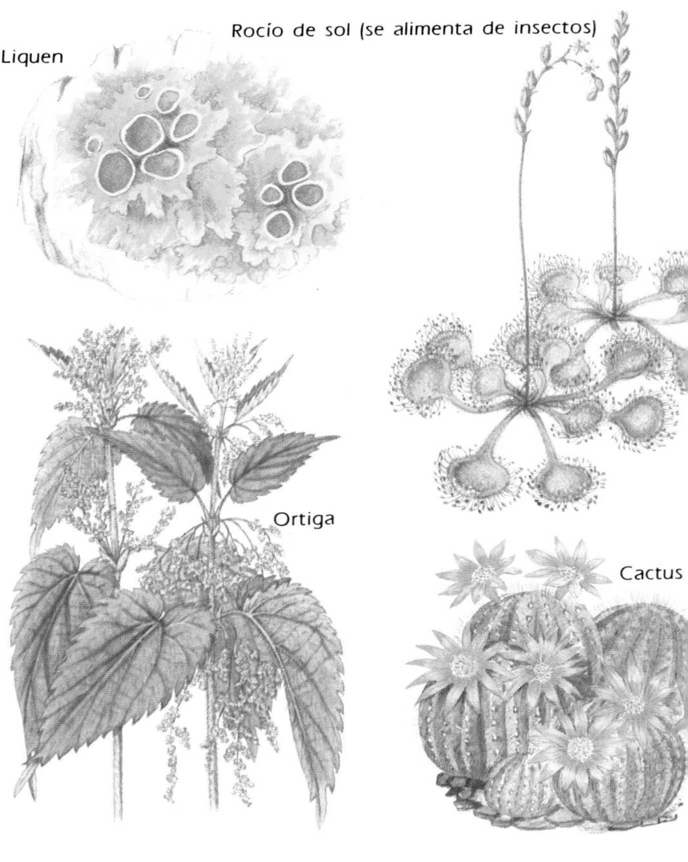

PARTES DE UNA PLANTA

Flores: relativas a la reproducción; la mayoría de las flores tienen parte masculina y parte femenina.
Hoja: produce el alimento.
Tallo: parte central que sostiene hojas y flores; los conductos transportan y almacenan agua y alimentos.
Raíces: enclavan la planta en la tierra y toman de ésta agua y minerales.

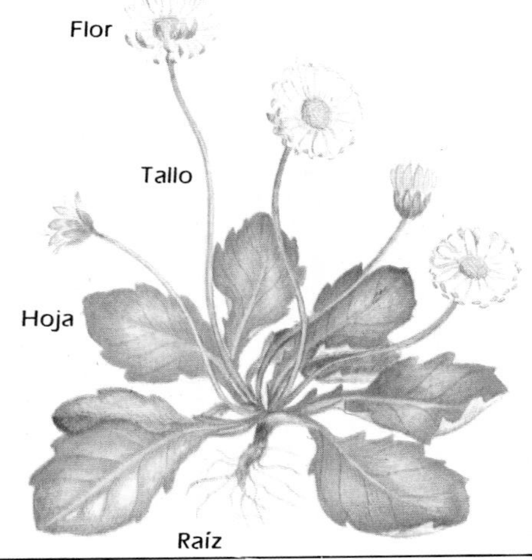

REPRODUCCIÓN DE LAS PLANTAS

Las plantas productoras de flores se reproducen a través del polen, transfiriendo gránulos de polen de la parte masculina de la flor a la parte femenina. Las plantas han desarrollado diversos métodos de reproducción (polinización); los más comunes se dan mediante los insectos y mediante la acción del viento.

Cuando una abeja recoge néctar de una flor, el cuerpo del insecto se impregna de polen, y al pasar a la siguiente flor éste se desprende y se deposita en la flor.

La polinización se efectúa dejando grandes cantidades de polen que el viento transporta hasta que algunas flores lo atrapan.

Roble (caducifolio – pierde las hojas)

Helecho

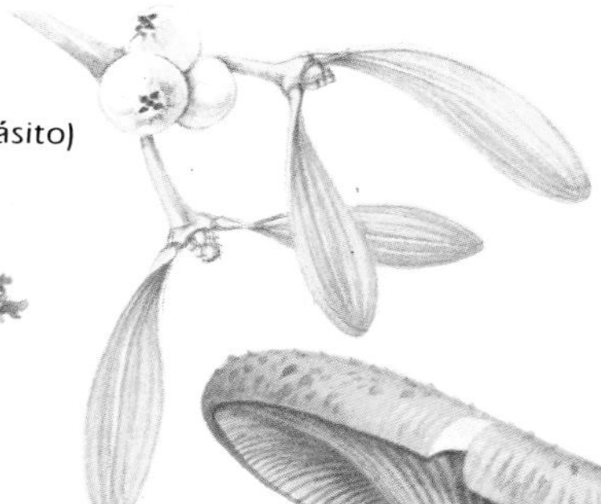

Muérdago
(planta parásito)

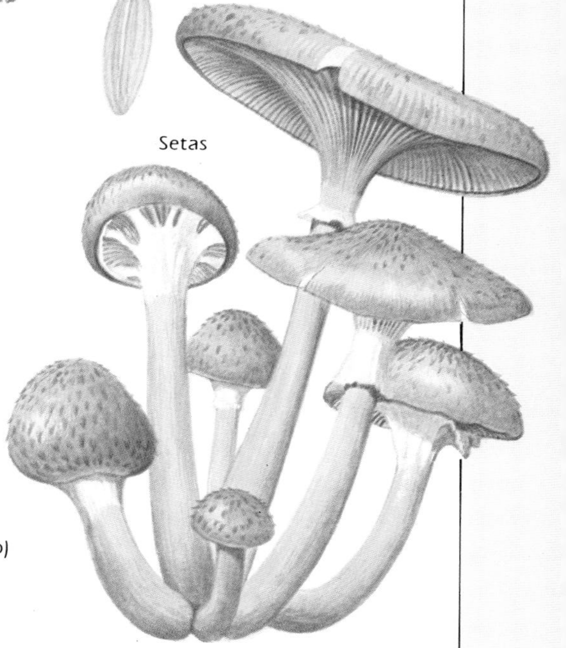

Setas

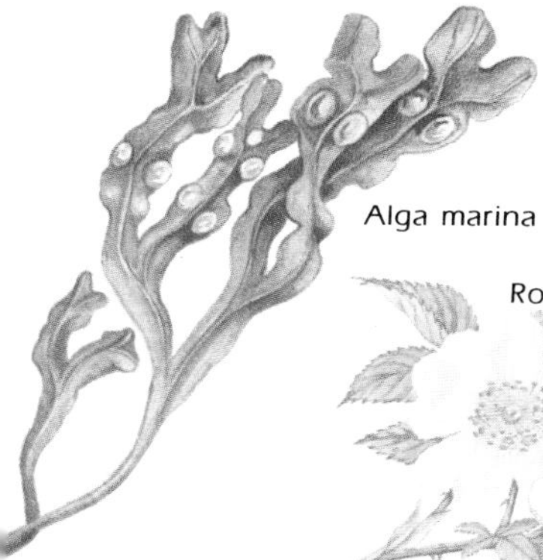

Alga marina

Rosal silvestre

Pino
(perennifolio)

CÓMO SE ALIMENTAN

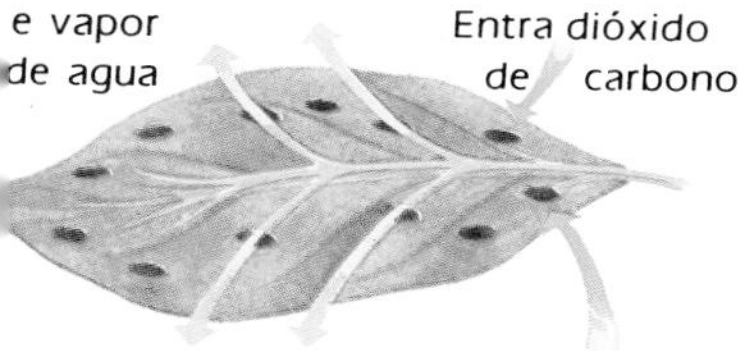

; hojas de las plantas contienen rofila; esta sustancia tiene la ›piedad de absorber la energía de ·uz solar y transformarla en nento para la planta. El agua sorbida por las raíces y el dióxido carbono del aire recogido por las jas son combinados para hacer cosa (azúcar) y oxígeno. La planta na la glucosa para alimentar sus ulas) mientras que el oxígeno es sprendido en el aire. Este proceso único y exclusivo de las plantas. :l agua es absorbida a través de raíces y transportada mediante ›s conductos hasta las venas de las hojas; parte del agua se evapora (ilustración de la izquierda), y el resto es usado por las células en el proceso de fotosíntesis. La glucosa producto de la fotosíntesis es transportada por otros conductos para alimentar la planta.

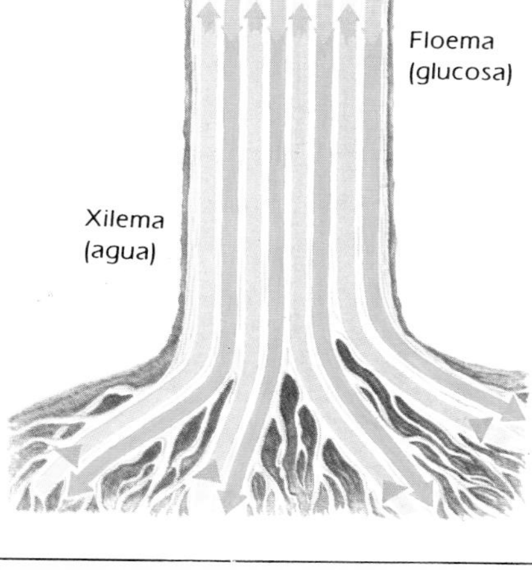

FAMILIAS VEGETALES

Angiospermas: la más avanzada de la familia de las plantas; la gama va desde las flores de jardín hasta árboles como el roble.
Gimnospermas: en esta familia incluimos las coníferas (pinos y abetos).
Pteridofitas: helechos, *horsetails, clubmosses*. Las plantas simples con raíces, tallos y hojas.
Briofitas: hepáticas y musgo. Éstas son las más sencillas que se pueden encontrar sin raíces apropiadas.
Fungus: hongos y setas no tienen clorofila, por lo tanto deben alimentarse de otros organismos vivos o de materia muerta.
Algae: Incluyen las algas marinas y las pequeñas plantas unicelulares denominadas diatomeas.
Bacteria y alga verde azulada: las más pequeñas y primitivas de todas; muchas sólo tienen una célula.

ara más información consultar los artículos: ÁRBOL; BOTÁNICA; BULBO; CLOROFILA; CONÍFERA; FLOR; FRUTO; HOJA; SEMILLA. En el Índice final ncontrarás, además, artículos individuales sobre plantas.

▲ En el pasado el nivel del mar era más bajo que actualmente de manera que muchas de las islas y atolones que antaño existían por encima del nivel del mar, permanecen hoy sumergidas, como éstas del Océano Pacífico que vemos aquí.

Plataforma continental

Los CONTINENTES no terminan estrictamente en el litoral; en realidad su verdadera «frontera» se encuentra situada debajo del agua, lejos de las costas. Los continentes están rodeados por una suave pendiente de terreno que se denomina plataforma continental; ésta, con frecuencia, se extiende mar adentro a lo largo de cientos de kilómetros desde las costas.

En el pasado, el nivel del mar era más bajo que el actual y la gran parte de la plataforma continental estaba formada por zonas secas (no cubiertas por el mar). Los ríos discurrían por estos terrenos para desembocar en el mar, creando a su paso valles y barrancos; estos accidentes geográficos siguen existiendo, pero en la actualidad están cubiertos por el agua del mar.

La mayor parte de la fauna y flora marina se encuentra en las regiones de la plataforma continental porque la profundidad no es muy acusada, lo cual permite el paso de la luz solar; de este modo es posible el desarrollo y la proliferación de animales y plantas.

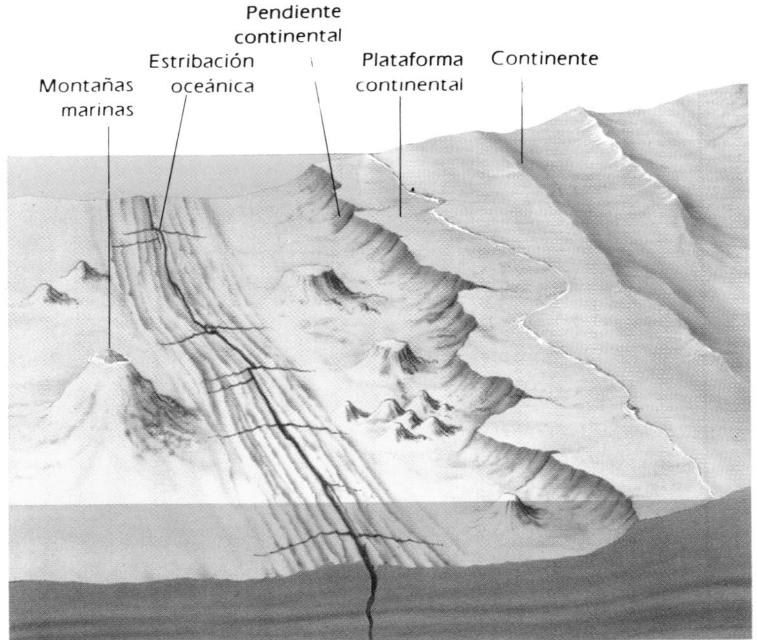

▶ La profundidad media de la mayor parte de la plataforma continental es de 140 metros; en el límite de ésta el suelo marino desciende bruscamente, en forma de escalón (precipicio), hasta el fondo profundo oceánico.

Platón

Platón (aprox. 427-347 a.C.) fue un filósofo griego; sus ideas fueron muy importantes en la historia de la FILOSOFÍA. Una de las ideas de Platón se refería a que la vida en este mundo es sólo una pobre copia de la del mundo perfecto.

El nombre de Platón era un apodo que significa «ancho de hombros». En realidad su verdadero nombre era Aristocles.

Plomo

El plomo es un METAL blando, pesado y de color azul grisáceo que no se oxida. Las aplicaciones del plomo son múltiples, siendo una de las más importantes su empleo en las baterías de los coches. Mediante la utilización de escudos protectores de plomo, los trabajadores, en la industria nuclear, se protegen de las radiaciones nocivas.

Mezclando plomo y estaño obtenemos *alpaca*; con esta misma aleación conseguimos un material denominado «soldadura» o plomo para soldar que se utiliza para unir piezas de metal. El empleo del plomo se está suprimiendo en muchos productos porque puede ser tóxico.

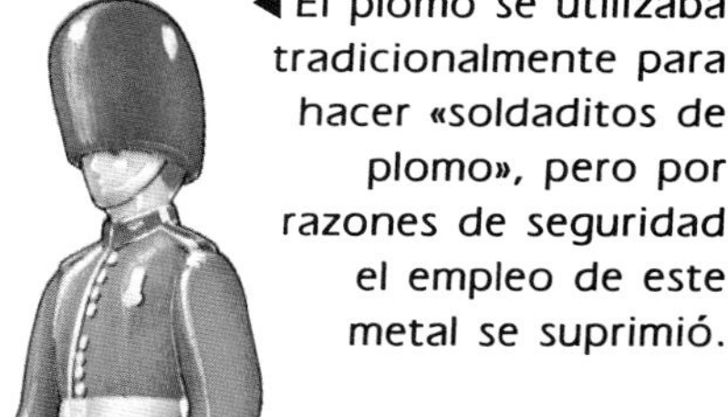

◀ El plomo se utilizaba tradicionalmente para hacer «soldaditos de plomo», pero por razones de seguridad el empleo de este metal se suprimió.

Pluma

Los únicos animales con una capa exterior de plumas son las AVES. Las plumas protegen a los pájaros de las inclemencias del tiempo. Las plumas proporcionan una forma suave y aerodinámica al cuerpo de las aves, y a su vez forman la amplia superficie de las alas que les permiten emprender el vuelo.

Las plumas se cambian de una a dos veces al año; este proceso es el denominado «muda» por el que las plumas viejas y gastadas van cayendo para ser sustituidas por las nuevas.

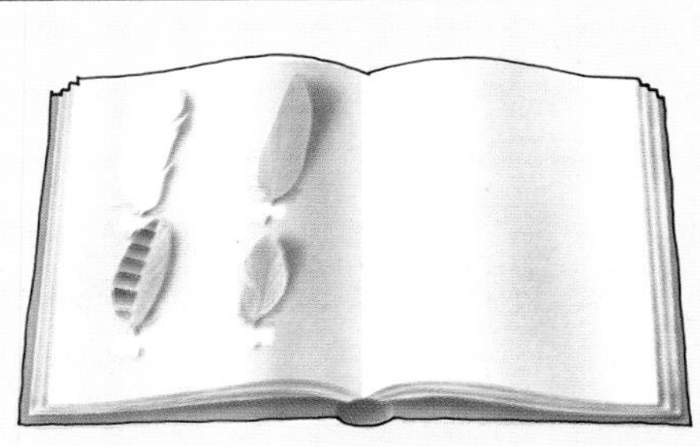

Experiméntalo

Recoge plumas en el bosque y míralas con una lupa para observar cómo están formadas. «Descose» parte de las barbas planas para ver cómo las ramas en forma de gancho se ajustan perfectamente. Guarda las plumas en un libro de notas, clasifícalas y pon los nombres de las aves a las que pertenecen, si lo sabes.

Plutón

El PLANETA Plutón es el más alejado del Sistema Solar; la distancia que lo separa del Sol es casi cuarenta veces superior que la distancia que separa el Sol de la TIERRA. El nombre de Plutón proviene del dios de la mitología griega soberano de los muertos.

◀ La «luna» de Plutón, Carón, cuya dimensión es la mitad aproximadamente que la del propio Plutón, hace considerar a los astrónomos el conjunto constituido por los dos astros no como un planeta y su satélite sino como un planeta doble.

DATOS DE PLUTÓN

Distancia media del Sol respecto a Plutón: 5.900 millones de km
Punto máximo de aproximación a la Tierra: 5.800 km
Temperatura media: –240 °C
Diámetro del ecuador: 3000 km
Atmósfera: ninguna
Número de satélites: uno conocido
Duración del día: 6 días terrestres y 9 horas
Duración del año: 248 años terrestres

Tierra
Plutón

Plutón, difícilmente observable desde la Tierra, es aún poco conocido. Es pequeño y se encuentra tan alejado del Sol que el clima debe de ser extremadamente frío. En 1978 se descubrió la existencia de un satélite, Carón, cuyas dimensiones comparables a las del propio Plutón inducen a considerar al conjunto constituido por los dos astros como un planeta doble.

Población

El conjunto de habitantes de un país, una región, una ciudad, etc., forman lo que denominamos *población*. La ciencia que estudia su estructura y movimiento se llama *demografía*.

En la Edad de Piedra, la población mundial era tan sólo de unos pocos millones; esta situación se mantuvo hasta que las condiciones de vida mejoraron, entonces la población aumentó; anteriormente, la falta de alimentos y las enfermedades mantuvieron el número de habitantes relativamente bajo.

Desde el año 1 hasta 1650 la población mundial se dobló; en tan sólo 150 años, después de 1650, volvió a doblarse. Desde entonces el incremento ha sido aún superior y más rápido; en 1930 el mundo tenía 2.000 millones de habitantes, en 1980 había más del doble, o sea, 4.000 millones; en la actualidad es superior a 5.000 millones y sigue creciendo. Se cree que la población, diseminada en una extensión habitada de unos 135 millones de km^2, sobrepasará los 6.000 millones en el año 2.000.

▼ El gráfico muestra el incremento de la población mundial en los países en vías de desarrollo y en países desarrollados desde 1750 a 1975 y las previsiones para el año 2000. En el círculo interior se da el porcentaje de la población en los países más grandes de la Tierra.

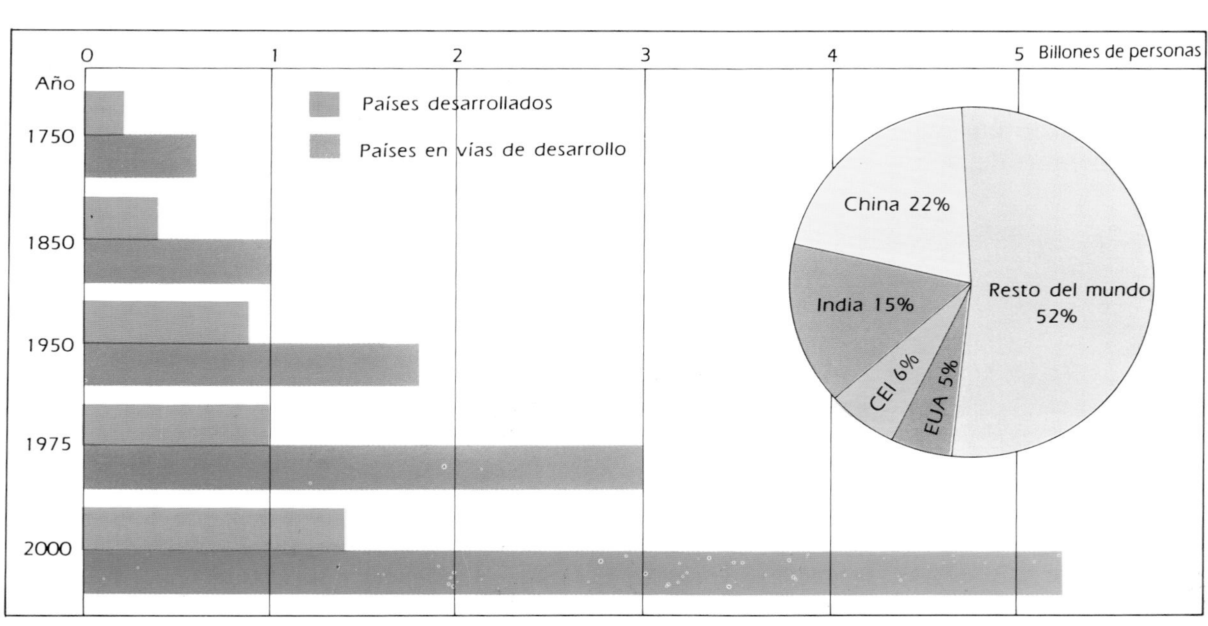

Poda

La poda consiste en cortar las ramas, raíces, retoños y brotes, principalmente de los árboles o arbustos. La poda de los árboles frutales permite que éstos puedan producir más frutos, al mismo tiempo que los fortalece; las plantas que tienen rosas y otras flores también son sometidas a la poda, con lo que se consiguen nuevas flores y al mismo tiempo se fortalece la planta.

Los jardineros realizan podas especiales para obtener formas determinadas.

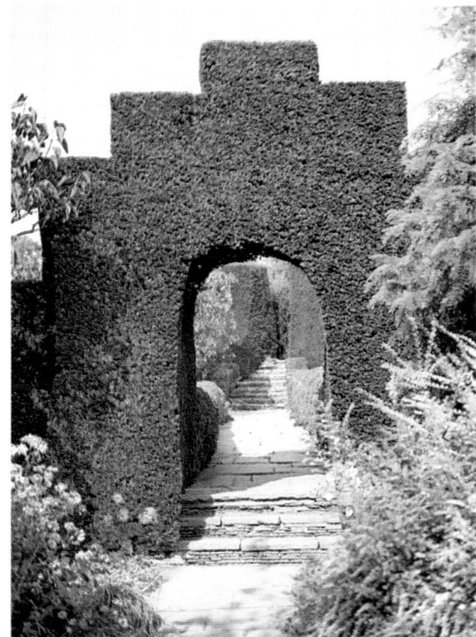

▲ Los setos y árboles de los jardines son podados para que crezcan y adopten formas especiales.

Poesía

La poesía es el género literario más antiguo. Antes de que los pueblos aprendieran a escribir, dedujeron que la mejor forma de recordar una historia o narración era cantándola o poniéndole una rima o cadencia de la que resulta el verso. Éste fue el origen de la poesía; los poetas escogen con sumo cuidado las palabras por su significado y por su sonido. La poesía es comparable en cierta manera a la música por la creación de bellos sonidos, utilizando para ello las palabras. La mayor parte de la poesía se escribe para que rime; es decir, esto significa que las palabras al final de las líneas tienen que tener un sonido parecido.

La rima no es totalmente necesaria en la poesía, por lo que algunos poetas la utilizan en ciertas obras y en otras prescinden de ella. Se distinguen tres tipos principales de poesía: narrativa o *épica, lírica* y *dramática.* La épica es la que narra una historia o leyenda; la lírica es la expresión de los sentimientos del autor; y la dramática la que pone en acción el relato y en donde sólo hablan los personajes. La obra de William Shakespeare está casi en su totalidad escrita en verso.

▼ Una ilustración del poema «Jabberwocky», de Lewis Carroll; este poema pertenece al libro *A través del Espejo* y constituye un magnífico ejemplo de rima sin sentido.

Polea

La polea es una MÁQUINA simple; consiste en una rueda que gira sobre un punto fijo (eje). Por la rueda se hace pasar una cuerda y ésta se ata a un peso. Cuando se tira de la cuerda el peso se levanta.

La *polea móvil* corre a lo largo de una cuerda; el final de la cuerda se fija a un soporte, el peso cuelga directamente de la polea, y cuando se tira del otro extremo de la cuerda la polea mueve el peso a lo largo de la cuerda. Las grúas utilizan sistemas de poleas. Poleas de otra clase son las

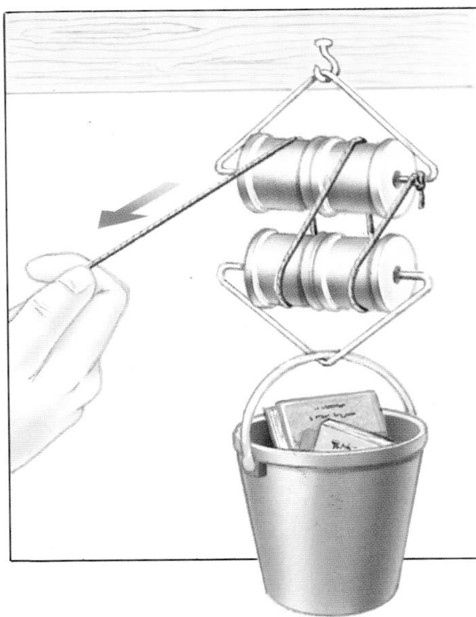

Experiméntalo

Trata de construir una polea, como la de la ilustración.
1. Con aproximadamente 20 cm de alambre construye un triángulo e inserta en los extremos un ovillo de hilo. (Si no puedes tú solo pídeselo a un adulto para que te corte y doble el alambre.)
2. Encuentra un lugar apropiado para colgar tu polea. Un gancho en en el garaje o un gancho de donde se cuelguen los tiestos servirá.
3. Ata un extremo de la cuerda al asa del peso.
4. Enrolla la cuerda alrededor del ovillo y comprueba lo difícil o lo fácil que es levantar el peso.
Ahora trata de construir una polea doble.
1. Construye dos triángulos; para ello utiliza dos alambres de unos 35 cm cada uno.
2. Pon dos ovillos de hilo por cada triángulo.
3. Pon la cuerda en los ovillos tal y como te mostramos.
4. Cuelga el peso del extremo tal y como lo hiciste antes.
Con la polea doble se utiliza sólo un cuarto de la fuerza, pero se necesita cuatro veces más cuerda.

que se utilizan para mover grandes pesos mediante un mínimo de esfuerzo. Se componen de un par de armazones con varias poleas fijas por las cuales corre un cable.

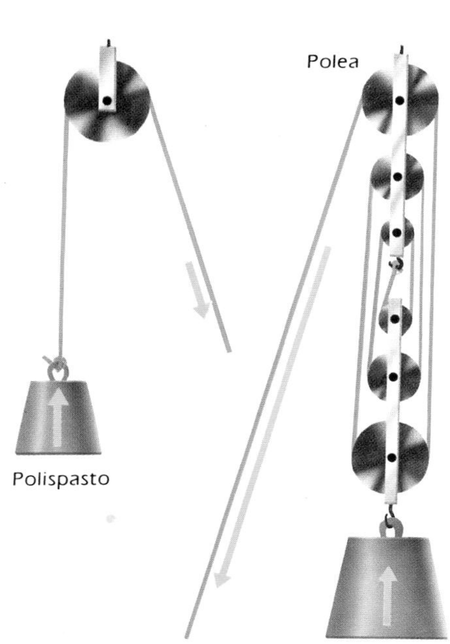

▲ Las poleas facilitan la elevación de pesos; con el mismo esfuerzo, una de seis ruedas (derecha) puede levantar más peso que una de una rueda (izquierda). Esto es debido a que la cantidad de fuerza aplicada al peso se incrementa por seis.

Policía

La policía trabaja para el gobierno, manteniendo la ley y el orden en un país. Su tarea principal es observar que los ciudadanos cumplan con las leyes establecidas; parte de esta tarea es la protección de la vida de los ciudadanos y de sus propiedades. La policía también está destinada a controlar muchedumbres, ayudar a los heridos en los accidentes y hacerse cargo de los niños perdidos.

Los oficiales de policía se encargan de la prevención del crimen y de la búsqueda y captura de criminales y delincuentes. Esta tarea a veces puede ser peligrosa y los agentes resultar heridos o muertos.

Polo, Marco

Marco Polo (1254-1324) fue un viajero italiano, famoso por sus expediciones a China en una época en que los europeos desconocían el Oriente. El padre de Marco Polo y su abuelo eran mercaderes venecianos y decidieron llevar al joven Marco en un viaje que realizaron a Oriente en el año 1271. Cruzaron Persia y el inmenso desierto de Gobi; en 1275 alcanzaron Pekín y fueron recibidos por el gran conquistador mongol Kublai Khan. La familia Polo estuvo muchos años al servicio del Khan, durante los cuales Marco viajó por toda la China. En 1292 dejaron Oriente y regresaron a Venecia, a donde llegaron después

de tres años; más tarde los relatos de los primeros viajes de Marco Polo fueron escritos: *Los viajes de Marco Polo*, es uno de los libros más apasionantes que existen.

▲ Marco Polo y sus familiares y acompañantes fueron recibidos por Kublai Khan, el cual estaba interesado en las costumbres y en las gentes de otros países.

Polo Norte

El Polo Norte es el lugar situado más al norte de la Tierra, a 90 grados LATITUD norte, en el extremo septentrional del eje de rotación de la Tierra. El eje de rotación de la Tierra es una línea imaginaria sobre la cual la Tierra gira como lo haría una rueda alrededor de un eje.

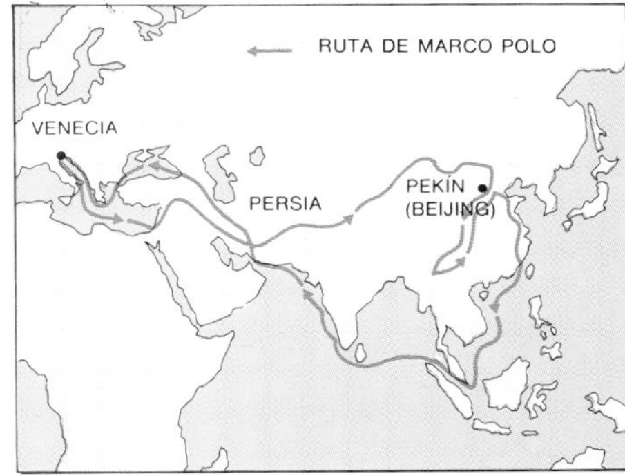

▲ Incluso para los estándares actuales el viaje de Marco Polo fue muy largo, pero en la época que lo realizó fue un logro importantísimo.

◀ Las tiendas utilizadas por el grupo de exploración es la isla noruega de Spitzbergen, en el Océano Ártico, están especialmente diseñadas para soportar las temperaturas extremas de las regiones polares.

El primer buque en alcanzar el Polo Norte fue el submarino nuclear de los Estados Unidos *Nautilus*. Viajó por debajo de la superficie helada del Polo y la fecha de tal acontecimiento fue el 3 de agosto de 1958.

El Polo Norte se localiza en el centro del Océano Ártico; la superficie del océano está permanentemente helada, el Sol no sale en invierno y no se pone en verano a lo largo de varias semanas.

La primera persona que alcanzó el Polo Norte fue el americano Robert E. Peary en 1909 con un trineo tirado por perros.

Polo Sur

Es el punto situado en el extremo meridional del eje de rotación de la TIERRA. El POLO NORTE marca el extremo septentrional; el Polo Sur está situado en las altas y heladas montañas de la ANTÁRTIDA.

El primer explorador en alcanzar el Polo Sur fue el noruego Roald AMUNDSEN, en diciembre de 1911. El explorador británico, capitán Scott, alcanzó el Polo Sur un mes más tarde.

En 1956 los Estados Unidos establecieron una base científica en el Polo Sur y la nombraron Amundsen-Scott en honor de los exploradores.

▼ El transporte es un grave problema en la Antártida; los trineos con cargamentos pesados tienen que ser arrastrados por tractores como el de la ilustración; éste es el utilizado por la expedición británica de la Antártida.

Polonia

Polonia está situada en la Europa oriental, al sur del mar Báltico, y es el séptimo país más grande de EUROPA. La mayor parte del terreno de cultivo está situado en zonas bajas, aunque los bosques se extienden a través de la cordillera de los Cárpatos, situada al sur del país. El río más largo de Polonia es el Vístula, que nace en las montañas y desemboca en el mar Báltico; los ríos a menudo se hielan en invierno debido al clima frío que padece el país.

La población es de más de 37 millones de habitantes, en su mayoría son católicos y hablan polaco. La capital de la nación es Varsovia.

La producción de lino y de patatas son de las más importantes del mundo; a su vez, la obtención de carbón de Polonia sólo es superada por otros tres países. Las industrias polacas manufacturan maquinaria y también es destacable la construcción de buques mercantes.

POLONIA

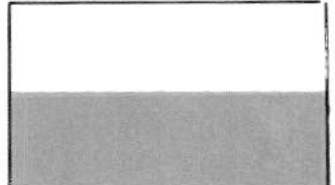

Gobierno: Democracia pluralista
Capital: Varsovia
Superficie: 312.677 km^2
Población: 37.600.000 hab.
Lengua: Polaco
Moneda: Zloty

Pompeya

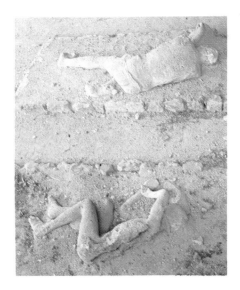

▲ Los arqueólogos han desenterrado casi la mitad de Pompeya (ilustración de la izquierda). Los cuerpos de los habitantes de la ciudad fueron recreados mediante la obtención de modelos de yeso, efectuados a partir de los moldes que formaron las cenizas volcánicas.

Hace 2.000 años una pequeña ciudad del IMPERIO ROMANO situada al sur de la actual Italia sufrió un repentino desastre que acabó con la vida de muchos de sus habitantes e hizo que el resto abandonara la ciudad. Sin embargo, el mismo desastre preservó las calles y los edificios, y en la actualidad los visitantes de Pompeya pueden aprender mucho acerca de cómo fue la vida de una población romana.

En el año 79 de nuestra era el VESUBIO, un cercano volcán, entró en erupción, y una lluvia de ceniza volcánica y

▲ Elvis Presley fue una de las primeras estrellas del rock and roll, convirtiéndose en un héroe de masas.

carbonilla cayó sobre el núcleo urbano y los gases revolotearon por las calles matando a uno de cada diez ciudadanos, bien por asfixia o quemado por las altas temperaturas de las cenizas. El resto de los habitantes pudieron escapar; las cenizas cubrieron los edificios, y con el paso del tiempo la gente olvidó la existencia de la ciudad.

A lo largo de los siglos la gruesa capa de ceniza volcánica protegió la ciudad de las inclemencias del tiempo. Por fin, en el siglo XVIII, empezaron las excavaciones, y éstas continúan en la actualidad. Los arqueólogos descubrieron calles, edificios, herramientas y estatuas; encontraron a su vez los huecos que dejaron los cuerpos de personas y animales en las cenizas volcánicas; mediante el relleno con yeso de estos huecos los arqueólogos han obtenido los modelos de las víctimas de la catástrofe.

Pop, música

La palabra «pop» es la abreviación, en inglés, de la palabra «popular». La música pop moderna tiene unos componentes comunes de ritmos fuertes y vivaces y melodías simples, a menudo pegadizas. La mayor parte de los temas pop suelen ser canciones. Los grupos de música pop suelen estar constituidos por uno o varios cantantes y músicos que tocan guitarras eléctricas, sintetizadores, baterías, etc. Normalmente precisan de furgonetas o camiones para cargar el equipo musical y personal para instalarlo y repararlo si es preciso.

Los famosos grupos y estrellas del pop, como los *Beatles,* los *Rolling Stones*, *Prince* y *Madonna*, han congregado a multitudes en sus conciertos. Millones de perso-

▼ Mucha gente empieza a formar grupos estando aún en edad escolar, tan sólo unos pocos triunfan. Una formación común está constituida por batería, bajo, guitarras, teclados y vocalista.

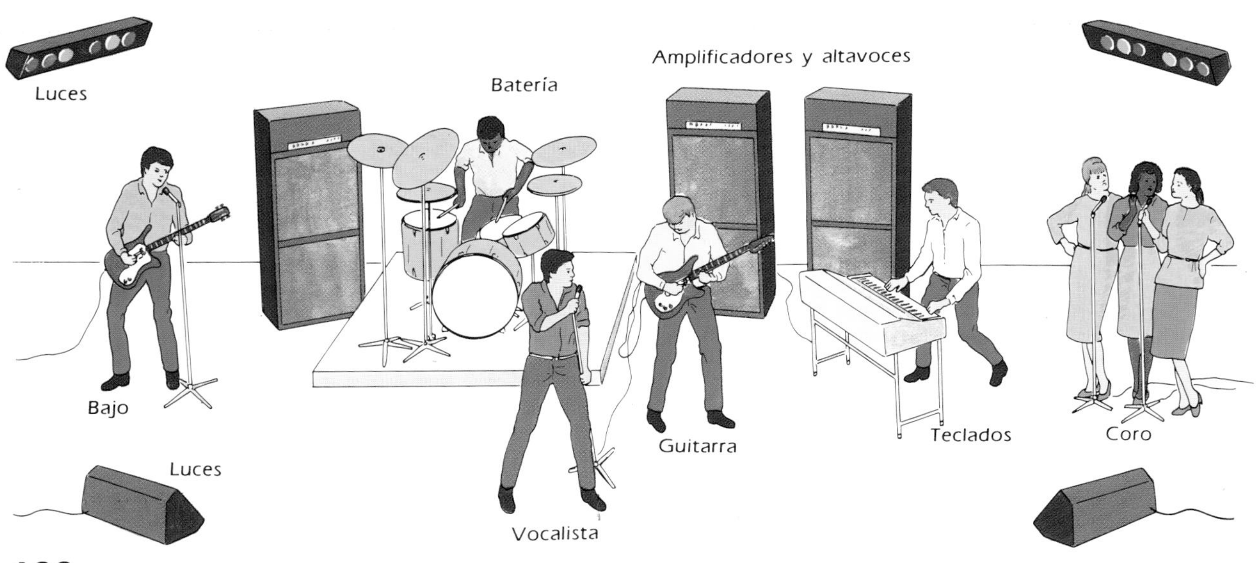

nas de todo el mundo se reunieron delante de sus televisores para presenciar el *Live Aid*, concierto celebrado en Londres en el año 1987 para ayudar a paliar el hambre en África.

En el pop español podemos destacar a grupos y a cantantes de los años sesenta y setenta como los *Bravos* y *Juan Manuel Serrat*, y en la actualidad *El Último de la Fila*, *Nacha Pop*, *Los Rebeldes* y *Loquillo*.

Portugal

Portugal es un país situado en el suroeste de EUROPA, entre el Océano Atlántico y España, y forma parte de la península Ibérica. Portugal tiene aproximadamente una superficie comparada a la cuarta parte de España.

La mayor parte del territorio portugués es montañoso; los ríos fluyen desde las cordilleras hasta el mar, a través de los valles y planicies. El clima templado del país, con veranos calurosos e inviernos suaves, favorece a los agricultores en el cultivo de olivas, naranjas y arroz. Los viñedos portugueses producen el famoso vino que lleva el nombre de la ciudad de Oporto. La producción de CORCHO de la nación es la más importante del mundo; las principales capturas de la flota pesquera son las sardinas. Portugal también tiene importantes minas y fábricas.

La población de Portugal es, aproximadamente, de 10 millones de habitantes que hablan portugués. La capital de la nación es Lisboa.

PORTUGAL

Gobierno: Democracia parlamentaria
Capital: Lisboa
Superficie: 92.082 km^2
Población: 10.100.000 hab.
Idioma: Portugués
Moneda: Escudo

Premio Nobel

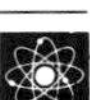

Estos premios, consistentes en una cantidad de dinero, se conceden a las personas que han contribuido a ayudar a la humanidad de alguna manera. Existen tres premios en la especialidad de invención o descubrimientos en física, química, fisiología y medicina. El cuarto premio es el de literatura; el quinto, el de la paz, se concede a las personas que logran o mantienen la paz entre los pueblos, y el sexto y último premio es por economía.

El premio Nobel fue instaurado por el químico sueco Alfred Nobel, inventor de la dinamita.

▲ Cuando Alfred Nobel murió, en 1896, dejó 9.000.000 de dólares para establecer los premios que llevan su nombre. Cada año, la celebración del Premio despierta un gran interés.

Presa

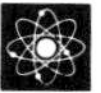

La presa es una barrera construida a lo largo de un río o un arroyo con la finalidad de controlar su curso. Existen

▲ Las presas figuran entre las estructuras más grandes realizadas por la ingeniería. La aquí fotografiada está en Marruecos y es del tipo bóveda; la forma curva de la presa tiene la función de desviar la presión del agua hacia los laterales de la presa para que esta presión incida contra los lados del pantano y no directamente contra el muro.

diferentes motivos para la construcción de una presa; el más común es el de crear un pantano (*reserva de agua*); la utilización del agua del pantano es múltiple, a través de canalizaciones se lleva a las ciudades para su empleo doméstico e industrial (agua potable, para diferentes usos: lavar, cocinar, etc.).

Otra de las razones para la construcción de las presas es la necesidad de irrigación de los campos en la temporada seca; en países cálidos esta práctica se viene realizando desde hace siglos.

En cualquiera de los casos, el agua almacenada en la presa posee un enorme potencial; cuando se abren las compuertas y se deja caer de semejante altura, se aprovecha esta fuerza para mover las turbinas, las cuales, a su vez, hacen funcionar los generadores: el agua es conducida desde lo alto de la presa a través de enormes cañerías, la presión de ésta impacta contra las aspas de las turbinas haciéndolas girar y éstas ponen en marcha los generadores para producir la ELECTRICIDAD. En la antigüedad se realizaron pequeñas presas que utilizaban el mismo principio descrito en el párrafo anterior: canalización y presión del agua desde una altura; la fuerza producida se utilizaba para mover maquinaria.

PRESAS DE MAYOR TAMAÑO

Más alta	Situación	Tipo	(m)	Finalizada
Nurek	CEI	Tierra	317	1980
Grande Dixence	Suiza	Gravedad	284	1962
Inguri	CEI	Bóveda	272	1980
Vajont	Italia	Bóveda múltiple	262	1961
Mica	Canadá	Piedra	242	1973
Alcántara 2	España	Bóveda	130	1969

Mayor tamaño	Situación	(m cub.)	Finalizada
New Cornelia	Arizona, EUA	209.506.000	1973
Tarbela	Pakistán	148.000.000	1979
Fork Peck	Montana, EUA	96.000.000	1940
Oahe	Dakota del Sur, EUA	70.000.000	1963
Mangla	Pakistán	65.650.000	1967
Gardiner	Canadá	65.550.000	1968
Oroville	California, EUA	60.000.000	1968

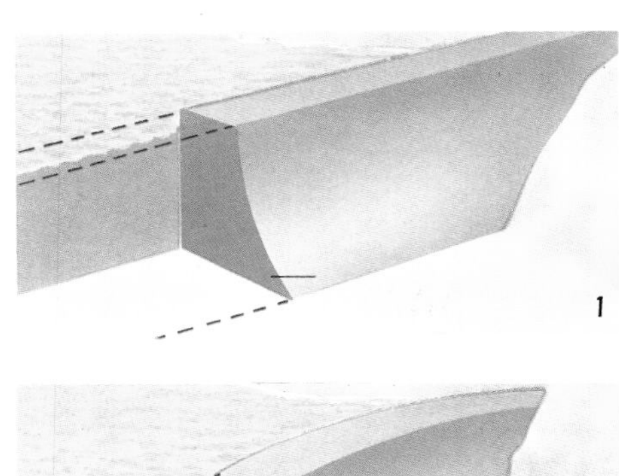

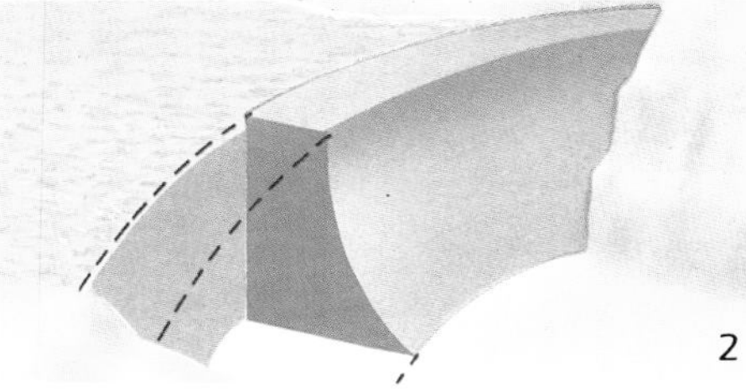

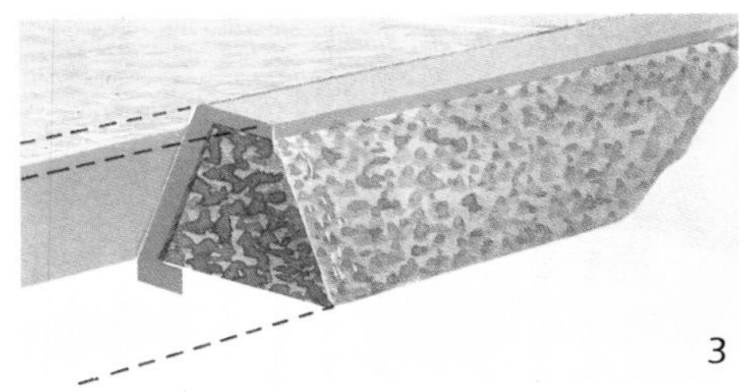

▲ Presa de *gravedad* (1) construida con piedras o bloques de hormigón que aguantan el peso del agua. Presa de *bóveda* (2) de forma curva, hace que el peso del agua se dirija hacia los lados del embalse en vez de directamente contra el muro. Presa de *piedra* (3) es un montón de piedras y tierra, con una capa de hormigón.

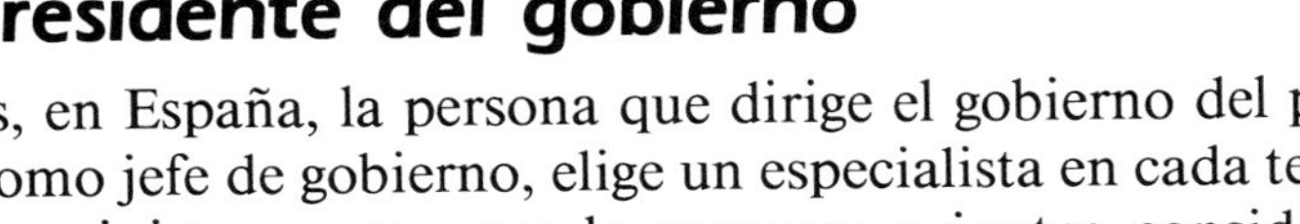

Presidente del gobierno

Es, en España, la persona que dirige el gobierno del país. Como jefe de gobierno, elige un especialista en cada tema, los ministros, para que le asesoren y juntos consideran cuáles son los problemas más importantes de la sociedad española y los que antes deben solucionarse. Es elegido por los diputados del Congreso, quienes a su vez son elegidos mediante elecciones generales, en las que participan todos los ciudadanos españoles mayores de 18 años.

Procesador de textos

El procesador de textos es un programa de ORDENADOR; está equipado con una memoria que le permite almacenar las palabras que se marcan en un teclado, y luego, cuando se precisa por orden del operador, las palabras son impresas en papel. El operador puede ver las palabras escritas en una pantalla y de este modo rectificar los errores, si los hay, ejecutando así una impresión perfecta de una carta o cualquier documento, ofreciendo también cuantas copias se precisen. Algunos procesadores de textos pueden corregir el deletreo de las palabras.

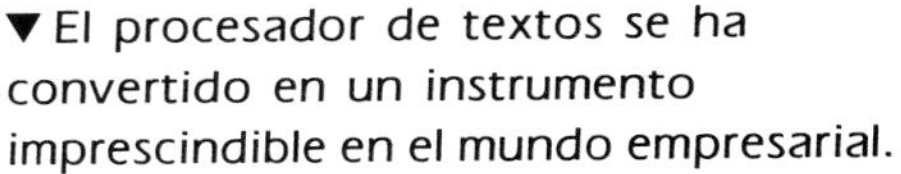

▼ El procesador de textos se ha convertido en un instrumento imprescindible en el mundo empresarial.

▲ Carne, pescado, huevos, queso y frutos secos son fuentes de proteínas.

Proteínas

Las proteínas son sustancias que se encuentran en el alimento y que son fundamentales para la vida. Contienen CARBONO, HIDRÓGENO, OXÍGENO y nitrógeno; son las encargadas de la formación del tejido del cuerpo, especialmente de los músculos, regenerando además las CÉLULAS muertas. Nos proveen de calor y energía, nos ayudan en el crecimiento y nos protegen contra la enfermedad; nuestros órganos no almacenan cantidad extra de proteínas, por lo tanto tenemos la necesidad de proveernos regularmente de las mismas.

No sólo los alimentos de origen animal contienen proteínas, sino también las plantas; algunos alimentos que contienen proteínas de origen vegetal son los frutos secos, los guisantes, las judías, etc.

▲ John Bunyan, que escribió *El Progreso de los Peregrinos*, se unió a un grupo de protestantes inconformistas en 1653. Bunyan fue arrestado en 1660 por predicar sin licencia y estuvo casi 12 años en prisión.

Protestantismo

Los protestantes son cristianos que no pertenecen ni a la Iglesia católica ni a la ortodoxa. Los protestantes creen que el mensaje escrito en la BIBLIA es más importante que las leyes dictadas por los mandatarios eclesiásticos. Existen párrafos en la Biblia susceptibles de diversas interpretaciones, y los protestantes mantienen la postura de que cada cual la interprete de acuerdo con su opinión.

El protestantismo empezó con la REFORMA, cuando Martín LUTERO encabezó un movimiento que cambió los postulados de la IGLESIA CATÓLICA ROMANA; en el año 1529 la Iglesia Católica en Alemania trató de detener a la

▶ En Francia la lucha entre católicos y protestantes fue muy amarga; en 1572, en la víspera del 24 de agosto, el día de San Bartolomé miles de protestantes denominados Hugonotes fueron asesinados por los católicos. Este terrible evento se conoció a partir de entonces con el nombre de la matanza de San Bartolomé.

gente que seguía las ideas de Lutero, los seguidores protestaron por esta decisión y, en consecuencia, fueron denominados «protestantes».

Los primeros grupos de protestantes fueron los Luteranos, los Calvinistas y los Anglicanos. Grupos posteriores incluyen a los Baptistas, Congresionistas, Metodistas y Cuáqueros.

Proverbio

Un proverbio es una frase corta que recoge una muestra de la sabiduría popular. La Biblia contiene un libro llamado *Proverbios*.

Los proverbios, popularmente llamados refranes, son casi siempre fáciles de recordar por su rima. Un refrán muy conocido es «Quien hace un cesto hace ciento». Muchos idiomas africanos son ricos en proverbios. Algunos típicos refranes africanos son: «Quien va despacio no se cae» (Somalia) o «El perro al que no alimentas no hará caso si lo llamas» (Zaire).

Con frecuencia los proverbios son internacionales y muy viejos. El refrán inglés «Un pájaro en mano vale más que dos en el árbol», que se encuentra en un manuscrito del siglo XV, tiene su versión española en «Más vale pájaro en mano que ciento volando» y la alemana en «Gorrión en mano vale más que paloma en el tejado».

Psicología

◀ Los psicólogos utilizan diferentes tipos de tests para determinar las características mentales de los individuos. La memoria a corto plazo se va perdiendo conforme nos hacemos mayores. En este test tú puedes comprobar cómo estás de memoria a corto plazo (fotográfica); después de observar la ilustración por un período de 30 segundos, cúbrela y trata de recordar los objetos en ella representados.

La psicología es el estudio del comportamiento de los animales y de las personas; los psicólogos estudian cómo funcionan los sentidos y la mente; mediante el empleo de tests de inteligencia, por ejemplo, los psicólogos los interpretan y de esta manera son capaces de determinar el grado de la misma.

Existen diferentes ramas (especialidades) de la psicología. Por ejemplo, la psicología infantil estudia el comportamiento de los niños y las mejores actividades a realizar dependiendo de su edad. La *psiquiatría* es una ciencia parecida a la psicología, pero se especializa en el campo de las enfermedades mentales; los psiquiatras son los médicos especialistas que tratan de curar desórdenes del comportamiento tales como la depresión.

Publicidad

▼ Siempre han existido medios de publicidad. Antes de que la mayoría de la gente pudiera leer, las tiendas colocaban carteles o símbolos que «pregonaban» sus mercancías; el famoso poste de las barberías es un claro ejemplo de estos métodos; luego vinieron los hombres anuncio, los anuncios en los pilares, en los tranvías y los buses. En la actualidad la publicidad está presente en cualquier parte: desde los coches de carreras hasta las pantallas gigantes electrónicas.

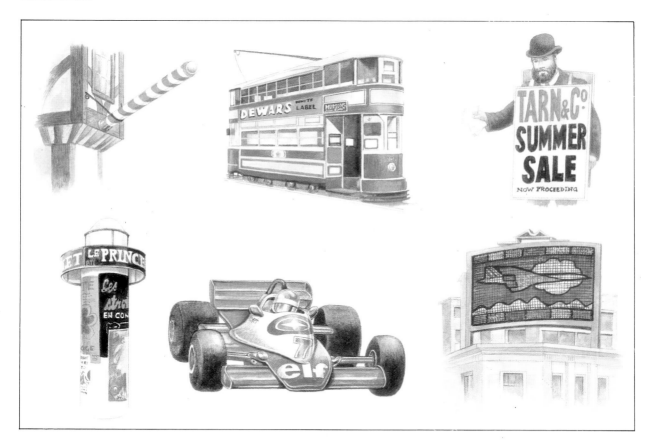

La publicidad es el medio que se emplea para hacer público un evento, o también para persuadir a la gente de que compre el producto anunciado. Los medios más populares para la publicidad son la radio, la prensa, revistas, vallas publicitarias y la televisión. Los gobiernos utilizan campañas publicitarias para comunicar sus mensajes al público, como por ejemplo: «Las Autoridades Sanitarias advierten que fumar perjudica seriamente la salud».

La industria de la publicidad tiene un gran volumen de ventas y emplea a millones de personas, entre las cuales podemos destacar a escritores, artistas, fotógrafos, actores y vendedores. La mayor parte de la gente que trabaja en este campo son empleados por las agencias de publicidad; éstas trabajan y producen anuncios para clientes que tienen productos o servicios que ofrecer a la demanda pública. Cada empresa utiliza un nombre propio en particular para sus productos, a este nombre se le denomina *marca.* Ninguna otra empresa puede utilizar el nombre de una marca previamente registrada. Las agencias de publicidad intentan que los productos que ellos promocionan tengan la mayor demanda posible y que parezca que el comprador ha realizado una buena adquisición. Muchos países tienen leyes que penalizan a los promotores publicitarios si éstos promocionan sus productos con falsas atribuciones.

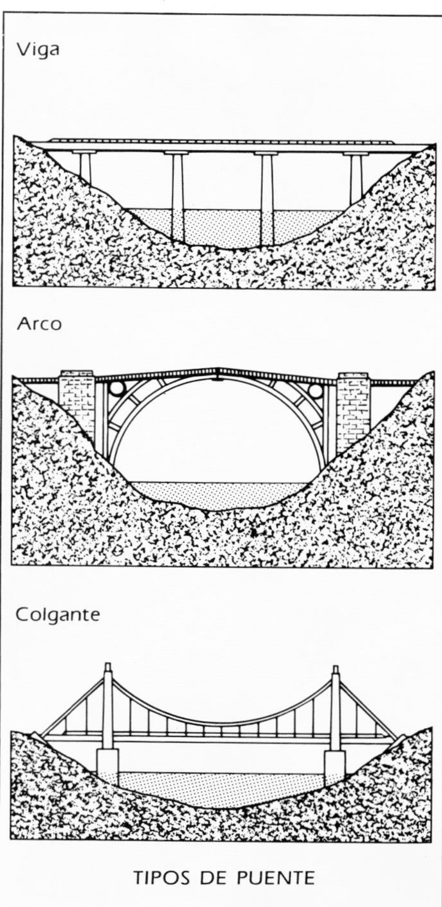

TIPOS DE PUENTE

Puente

Los puentes son construcciones sobre ríos, fosos, valles, etc. para facilitar el paso de un lado a otro. Sobre los puentes pueden discurrir carreteras y vías de tren. La construcción de los puentes se remonta a la antigüedad.

Los primeros puentes fueron probablemente árboles caídos sobre un arroyo o un pequeño valle, más tarde los árboles quizá fueran reforzados por piedras colocadas debajo del tronco. Otro tipo de puente sencillo es el construido con cuerdas suspendidas a lo largo del foso.

Entre las primeras civilizaciones que construyeron puentes notables podemos destacar el Imperio Romano; algunas de sus construcciones de piedra siguen en pie en nuestros días, como el acueducto de la ciudad de Segovia, en España. En la Edad Media los puentes en las ciudades con frecuencia tenían tiendas y viviendas construidas encima de ellos.

Actualmente existe una gran variedad de puentes; tienen que estar cuidadosamente planeados y construidos, su peso debe estar equilibrado para poder aguantar el tráfico de vehículos y la fuerza del viento.

Las tres clases principales de puentes son de viga, de arco y colgantes; algunos están fijos y otros permiten el movimiento.

Diferentes clases de puentes

El tipo *viga* se basa en el mismo principio que el tronco de un árbol a través de un espacio; está construido con travesaños o vigas que van de un lado a otro, algunas veces en medio del puente se sitúan pilares para aguantar el peso. Los puentes del ferrocarril suelen ser de este tipo.

▲ El Golden Gate de San Francisco, California, EUA, es uno de los puentes colgantes más famosos del mundo.

▼ El Firth of Forth Bridge, en Escocia, se inauguró en 1890, tiene dos arcadas a ambas partes de la isla de Inchgarvie. Alrededor de 55.000 toneladas de acero se fabricaron en fundiciones situadas expresamente en la orilla para la construcción del puente.

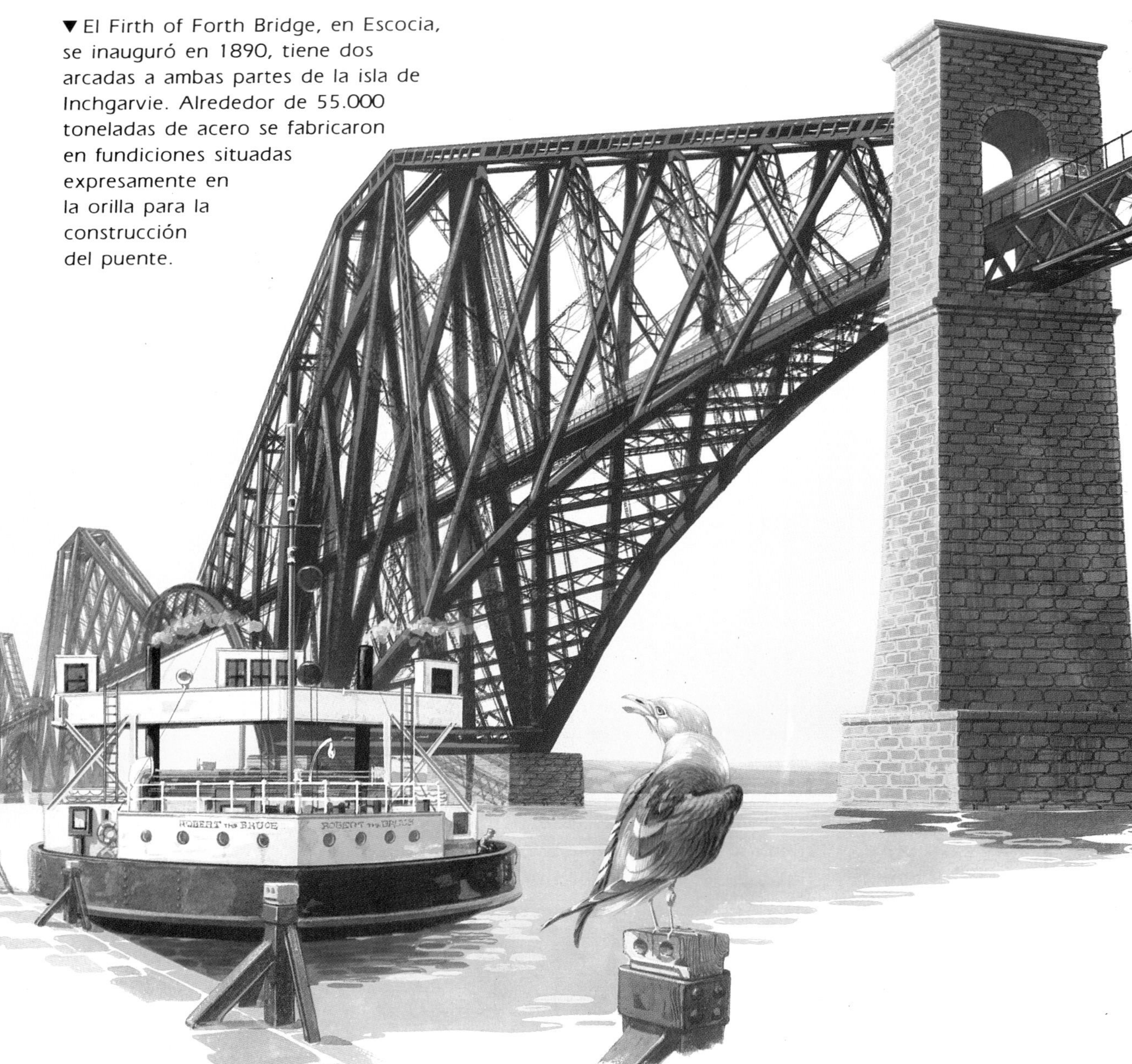

Un puente de *arco* puede tener uno o varios arcos; en el pasado se construían generalmente de piedra, en la actualidad algunos suelen construirse con acero, como por ejemplo el del puerto de Sydney, en Australia, cuya longitud es de 503 metros. Otros, como el puente de Waterloo, en Londres, están construidos de hormigón.

Los puentes *colgantes*, como su nombre indica, están «suspendidos» por unos fuertes cables de acero que parten de altas torres; éstas, a su vez, tienen cables fijados al suelo.

Algunos puentes del tipo viga permiten su elevación para dejar paso a los buques; el Tower Bridge de Londres

El puente construido con mayor rapidez se hizo en Alemania en 1988; contó con un equipo formado por 26 hombres que en 8 minutos levantaron el puente sobre una brecha de 8 metros.

es un ejemplo de esta clase. Ambas partes de la construcción pueden elevarse por el centro como un puente levadizo. Los puentes *giratorios* están fijados a unos pivotes que permiten su giro lateral.

La construcción moderna de los puentes empezó en el siglo XVIII con los puentes de *hierro*; posteriormente se hicieron muchos de este tipo para los ferrocarriles. El primer puente suspendido moderno fue construido en Menai, en el norte de Gales, por Thomas Telford.

Al final del siglo XIX se utilizaba acero para la construcción de puentes; el puente de Brooklyn, en Nueva York, edificado en 1883, fue uno de los primeros puentes colgantes de acero; tiene una longitud de 486 metros. El Akashi-Kaikyo del Japón es aún más largo, con una longitud de 1.780 metros.

▲ El Tower Bridge, en el Támesis de Londres, tiene una carretera basculante que permite su elevación para dejar paso a los barcos.

PUENTES DE MAYOR LONGITUD

Akashi-Kaikyo, Japón (colgante)	1780 m
Humber Estuary, Inglaterra (colgante)	1410 m
Verrazano Narrows, EUA (colgante)	1298 m
Golden Gate, EUA (colgante)	1280 m
Quebec Railway, Canadá (voladizo)	549 m
Forth Rail, Escocia (voladizo)	518 m
New River Gorge, EUA (arco de acero)	518 m
Bayonne, EUA (arco de acero)	504 m
Sydney Harbour, Australia (arco de acero)	503 m
Second Houghly, India (sostenido por cables)	457 m
St. Nazaire, Francia (sostenido por cables)	404 m
Ingeniero Carlos Fernández Casado, España (voladizo)	400 m
Duisburg-Neuekamp, Alemania Occidental (sostenido por cables)	350 m
Astoria, EUA (entramado continuo)	376 m
Gladesville, Australia (arcos de hormigón)	305 m

Puerco espín

El puerco espín es un ROEDOR con largos pelos en forma de púas o espinas. Si el puerco espín es atacado se retira y da coletazos; si las púas se clavan en el enemigo pueden causar heridas dolorosas o incluso la muerte.

Las especies del continente americano son diferentes de las europeas, asiáticas y africanas.

▲ La especie de puerco espín que vive en América del Norte no sufre ningún daño si pierde alguna de sus espinas, forman parte de su sistema de defensa y se reponen con facilidad.

Puerto Rico

Puerto Rico es una isla en el mar Caribe; aunque este país posee una forma de gobierno independiente, tiene la protección militar de Estados Unidos así como algunos

▶ Las paradisíacas playas de Puerto Rico junto con su clima tropical atraen a miles de turistas.

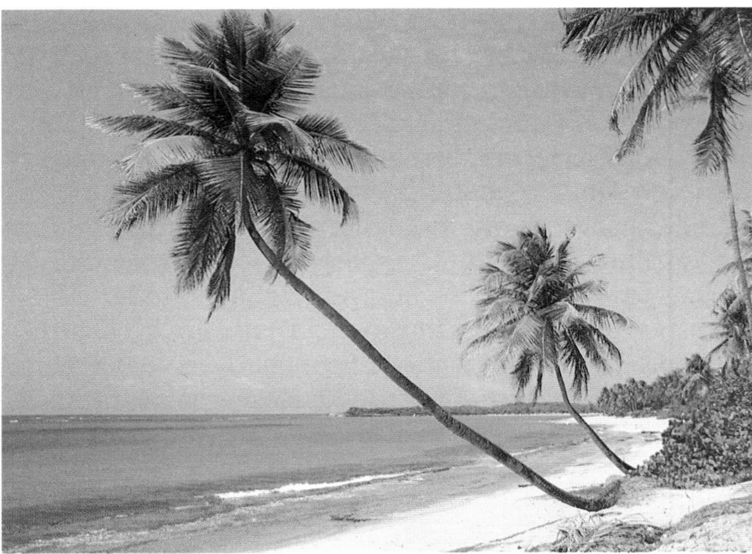

PUERTO RICO

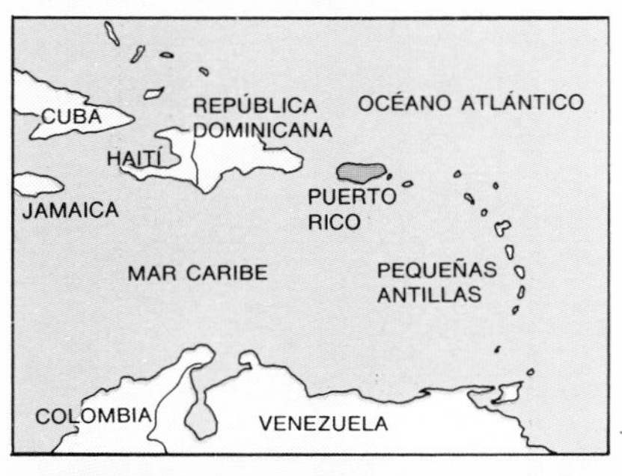

Gobierno: Estado libre asociado a EUA
Superficie: 8.897 km²
Población: 3.280.000 hab.
Capital: San Juan
Pico más alto: Cerro de Punta, 1.338 m
Lenguas: Español e inglés
Moneda: Dólar EUA

de los privilegios económicos y políticos de ese país.

Los habitantes de Puerto Rico son ciudadanos estadounidenses, sin embargo no pueden votar en las elecciones de Estados Unidos. La isla está densamente poblada y muchos porteños han emigrado al territorio norteamericano. El clima tropical de la isla atrae a muchos turistas, lo que ha favorecido la economía del país.

Pulga

Las pulgas son INSECTOS sin alas de menos de 3 mm de longitud. Viven en los cuerpos de los mamíferos, aves y seres humanos; son PARÁSITOS y se alimentan de la sangre del cuerpo en que se encuentran viviendo, mediante la práctica de mordeduras a través de la piel del parasitado y extrayendo su sangre. Las pulgas pueden ser portadoras de GÉRMENES nocivos; por ejemplo, las pulgas de las ratas pueden causar la PESTE bubónica a las personas.

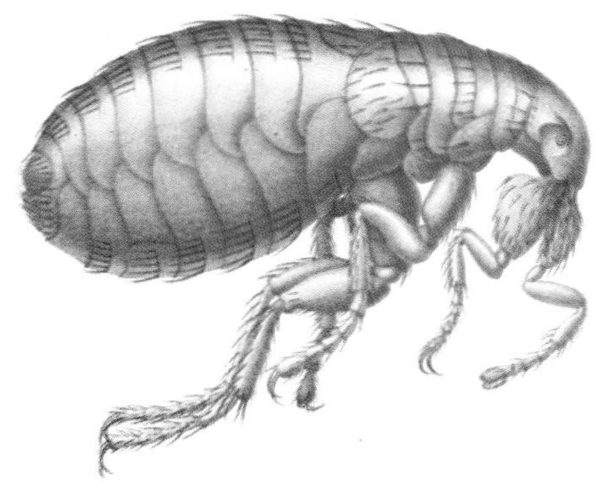

▲ Esta ampliación de una pulga muestra el gran abdomen donde almacenan la sangre.

Pulmones

Los pulmones son los órganos para la RESPIRACIÓN; los seres humanos tienen pulmones, así como muchos animales. Los pulmones proporcionan al organismo el OXÍGENO procedente del AIRE que respiramos; otra función de los pulmones es la renovación del anhídrido carbónico de desecho de la corriente sanguínea.

Los pulmones tienen dos grandes masas parecidas a esponjas situadas en el pecho; éstas se llenan de aire cuando inspiramos y se vacían cuando espiramos.

La respiración se efectúa a través de la nariz, el aire fluye por la *tráquea* hasta donde empiezan los pulmones, aquí la tráquea se divide en dos ramificaciones huecas denominadas tubos bronquiales o *bronquios*. Éstos terminan en una especie de copas denominadas *alvéolos*; aquí es donde se realiza la acción de suministrar a la sangre oxígeno y limpiarla de anhídrido carbónico.

Los pulmones necesitan aire puro; los fumadores, las personas que viven en ambientes contaminados de las ciudades o las que trabajan en ambientes enrarecidos por el polvo, pueden desarrollar enfermedades en los pulmones.

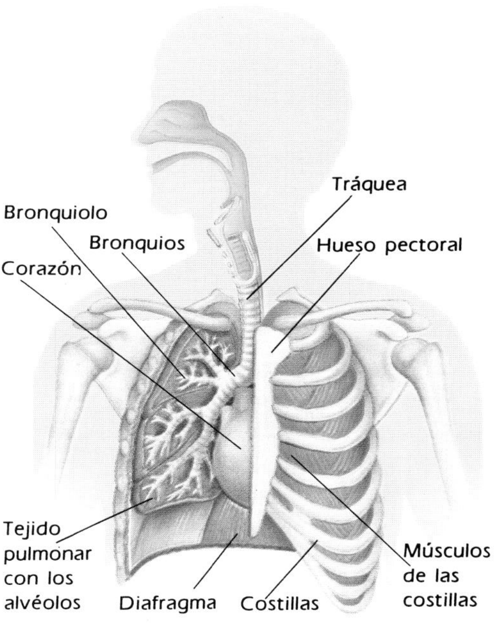

▲ Los pulmones son blandos y frágiles, pero están bien protegidos dentro de la caja torácica, la cual se expande y contrae para permitir el movimiento de la respiración.

Pulpo

Existen aproximadamente 50 especies de pulpos. Estos animales son MOLUSCOS de cuerpo blando que viven en el mar. Los pulpos tienen ocho tentáculos; los ejemplares más grandes poseen tentáculos de hasta 9 metros de longitud, aunque la mayoría de ellos no superan el tamaño del puño de una persona. Las ventosas de los tentáculos les sirven para atrapar cangrejos, moluscos y otras presas; con ellos los llevan a la boca, la cual se caracteriza por ser dura y puntiaguda, como el pico de un pájaro.

Las madrigueras de los pulpos suelen ser cuevas o grutas debajo del agua; se arrastran por los fondos marinos en busca de alimento, manteniendo sus grandes ojos en constante vigilia para controlar a posibles enemigos. Si se sienten acosados, los pulpos sueltan una especie de tinta para despistar a sus enemigos; la tinta se mantiene

▼ En muchos países, particularmente los que bordean el mar Mediterráneo, los pulpos son alimento común.

El pulpo es el animal más inteligente de los no vertebrados. Se le puede entrenar para que encuentre la salida en un laberinto o para que resuelva pequeños problemas, tales como el de desenroscar una tapa de una jarra que contenga alimento.

en el agua como una nube. Los pulpos pueden desplazarse hacia delante mediante la propulsión de un chorro de agua que expulsan por un conducto de su organismo.

Púlsar

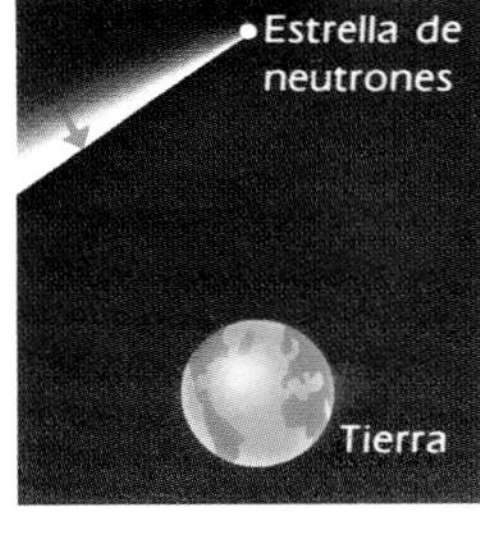

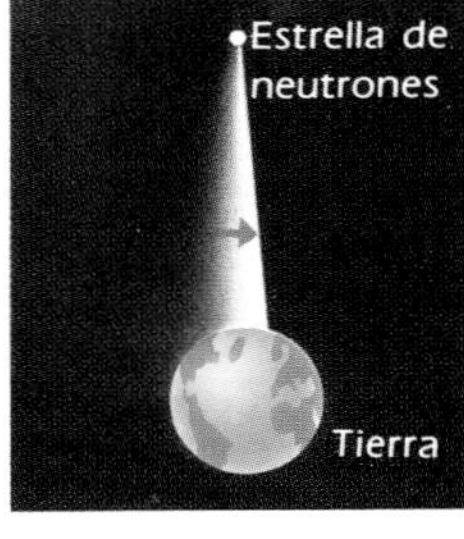

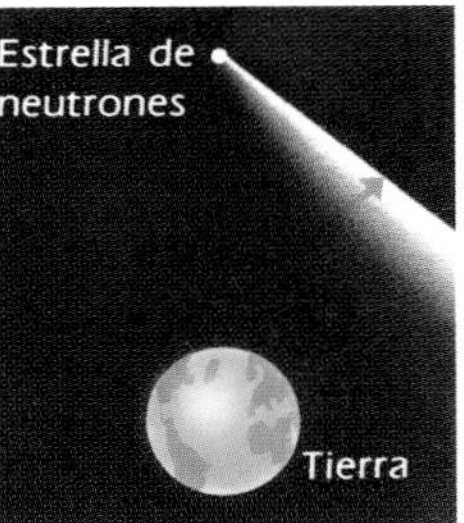

▶ La señal de un púlsar o estrella de neutrones gira en el espacio como el foco de un faro. La señal alcanza la Tierra una vez en cada rotación, y puede ser fotografiada o captada por los radiotelescopios. Con el transcurso de millones de años, los púlsares se ralentizan (pierden velocidad).

En ciertas ocasiones, estrellas varias veces más grandes que el Sol alcanzan temperaturas tan elevadas que explotan, expandiendo enormes cantidades de energía durante unos días, tanta como una galaxia entera de estrellas. Entonces se convierte en una *supernova*. Después de una explosión de una supernova todo lo que queda de la estrella es una pequeña concentración esférica de materia de pocos kilómetros de longitud, que gira a una enorme velocidad enviando un foco de luz y de ondas de radio comparable a la luz de un faro. El foco parece efectuar unas pulsaciones o intermitencias, de aquí que se le denomine «púlsar». La mayoría de los púlsares son difíciles de ver con telescopios normales, sólo los más potentes son capaces de localizarlos; no obstante, las señales de radio que producen son muy poderosas.

Experiméntalo

Prueba a tomarte tu propio pulso; con las yemas de los dedos toca la parte interior de una de las muñecas; el mejor sitio es hacia el final de la muñeca y en línea del pulgar. Utiliza tu reloj para contar el número de latidos por minuto, y mide tus pulsaciones después de actividades diversas que requieran diferentes cantidades de energía. Realiza un promedio y compáralas.

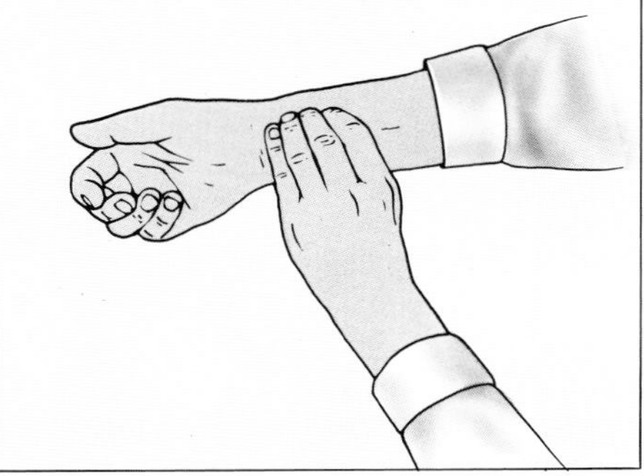

Pulso

El pulso es el latido en las ARTERIAS del organismo; las arterias son los vasos sanguíneos que transportan la SANGRE del CORAZÓN; el pulso ocurre cuando el corazón se contrae y bombea sangre a las arterias. Los médicos miden el pulso para saber las pulsaciones del corazón y si éstas son normales en cuanto a cantidad; normalmente las toman en la muñeca contactando con la *arteria radial*. No obstante, el pulso se puede sentir en cualquier sitio del cuerpo por el que pase una arteria por encima de un hueso. El número normal de pulsaciones para el hombre es de 72 por minuto, y para las mujeres de 76 a 80. Las pulsaciones comprendidas entre 50 y 85 se consideran normales; debemos constatar que los niños poseen un mayor número de pulsaciones.

Qatar

Qatar es un *emirato*, es decir, una nación gobernada por un emir, en Arabia. Se encuentra en el golfo Pérsico, cerca de los Emiratos Árabes Unidos. Los ingresos procedentes del petróleo han ayudado al desarrollo del país y a modernizar la agricultura y la industria de Qatar.

◀ Un mercado en Doha, la capital de Qatar. El descubrimiento del petróleo en ese pequeño emirato, en los años cuarenta, lo convirtió en una de las naciones más ricas del mundo.

Quanto

Cuando pensamos en la luz y en otras formas de energía, como las ondas de radio y los rayos X, las consideramos como si se desplazaran en ondas. Pero también la luz puede ser apreciada como un rayo de pequeños quantos o *fotones*. La energía de cada fotón depende de su longitud de onda y, consecuentemente, del color de la luz. Un fotón de luz blanca tiene más energía que un fotón de luz roja. Los científicos combinan estas dos teorías para desarrollar la teoría de la luz.

Quechuas

Los antiguos quechuas eran un pueblo que vivía en el actual Perú, parte del Ecuador y Bolivia y que fue sometido por los INCAS. Eran agricultores y pastores, y hablaban la lengua oficial del imperio incaico, el quechua, idioma vivo aún hoy en día en ciertas zonas del Ecuador, Perú, Bolivia y Chile. Se calcula que actualmente hablan el quechua como único idioma o conjuntamente con el español, de cinco a seis millones de personas.

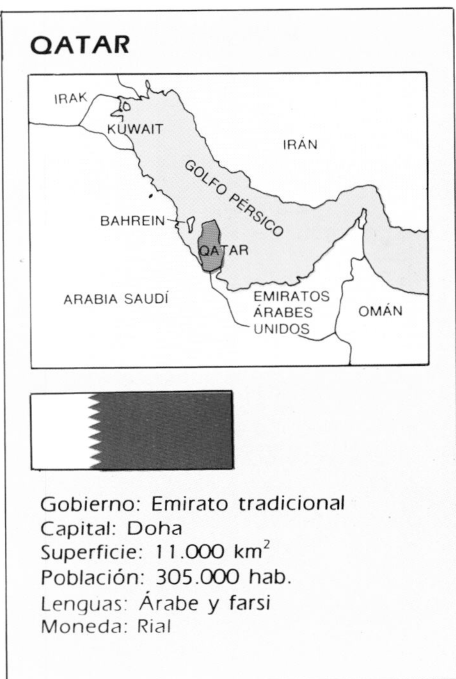

▲ Investigación sobre el cáncer en un laboratorio de bioquímica de Estados Unidos. El crecimiento, la genética y la reproducción son de gran interés para los bioquímicos.

Química

La química es el estudio de la materia, tanto sólida como líquida o gaseosa. La tarea del químico consiste en averiguar de qué están hechas las cosas y por qué se mantienen unidas. Si un trozo de madera se quema se produce lo que se llama una *reacción química*. La madera se convierte en ceniza y, al mismo tiempo, emite luz y calor. Los químicos tardaron mucho tiempo en descubrir que, por ejemplo, en el caso anterior, es el resultado del encuentro entre la madera y el oxígeno del aire. El número de reacciones químicas es incontable.

La química, como auténtica ciencia, no comenzó hasta el siglo XVI. En esa época los químicos empezaron a darse cuenta de cómo se comportaban realmente los productos químicos. Descubrieron los ELEMENTOS, es decir, las sustancias simples que componen los millones de distintas sustancias de la Tierra. Existen sólo algo más de cien elementos, cada uno de los cuales está compuesto de diminutos ÁTOMOS. Con frecuencia los átomos de los elementos se unen entre sí para formar las sustancias compuestas. La sal con la que sazonamos las comidas está formada por los elementos simples sodio y cloro.

Nuestro cuerpo contiene muchos productos químicos diferentes. Más de la mitad de sus átomos son de hidrógeno. Sigue en cantidad abundante el oxígeno y, después, el carbono, que constituye el 10% de nuestro peso corporal; esto representa suficiente carbón, si fuera puro, para rellenar con él unos 3.000 lápices.

R

Radar

El radar es un instrumento para localizar y seguir objetos mediante rayos de RADIO. Puede detectar objetos situados a miles de kilómetros de distancia.

El radar actúa enviando un rayo delgado y de alta potencia unas quinientas veces por segundo. Este rayo viaja a la velocidad continua y uniforme de 300 metros cada millonésima de segundo. Cuando el rayo tropieza con un objeto envía hacia atrás un débil eco. Este eco es captado y transformado en un punto de luz en una pantalla. Gracias al estudio de ese eco, el operador de radar puede decir a qué distancia está el objeto, en qué dirección se mueve y cuál es su velocidad. El radar es utilizado por los controladores de tráfico en los aeropuertos, por los militares para el seguimiento de misiles y de aviones y por las estaciones meteorológicas para seguir las rutas de los huracanes y tormentas. Los SATÉLITES que disponen de radar pueden trazar mapas y cartas del suelo terrestre.

Radiactividad

Los ÁTOMOS de ciertas sustancias están emitiendo continuamente pequeñas partículas y radiaciones que no pue-

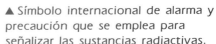

▲ Símbolo internacional de alarma y precaución que se emplea para señalizar las sustancias radiactivas.

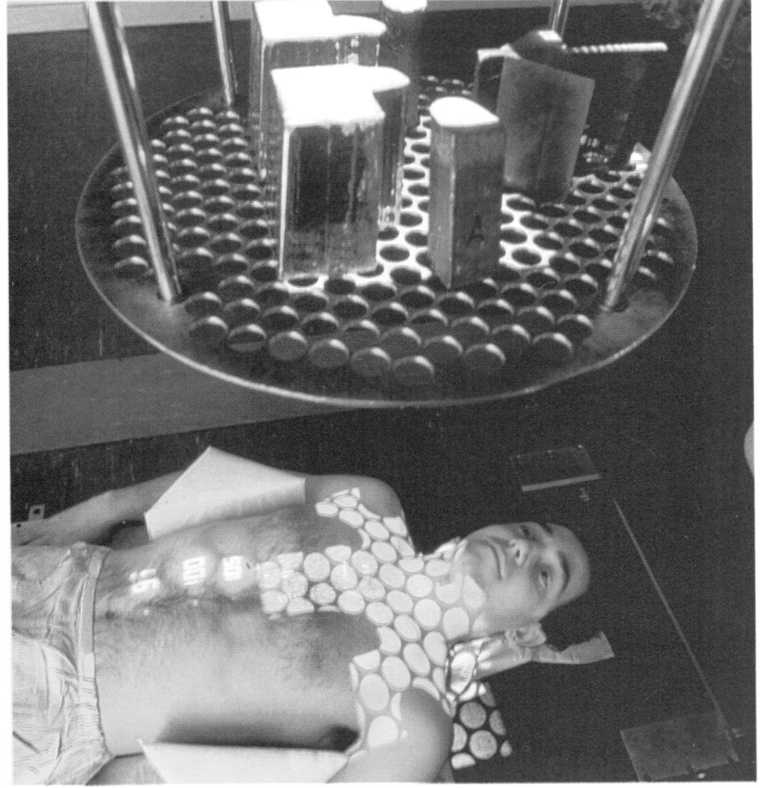

◀ La fuerza de la radiactividad puede ser utilizada para tratar algunas enfermedades, como el cáncer. La radioterapia se aplica para destruir las células cancerosas sin dañar las sanas. Los discos luminosos sobre el pecho de este paciente muestran las zonas que deben recibir la radiación. La posición puede ser cambiada, modificando la situación de los bloques de plomo (en la parte superior de la fotografía) que protegen los pulmones contra un exceso de radiación.

▶ Hay tres tipos de radiación: partículas alfa, partículas beta y rayos gamma. Las partículas alfa son las menos fuertes y ni siquiera pueden atravesar el papel. Las partículas beta, en cambio, son detenidas por una delgada chapa de aluminio, pero el poder de los rayos gamma puede, incluso, penetrar gruesos bloques de hierro.

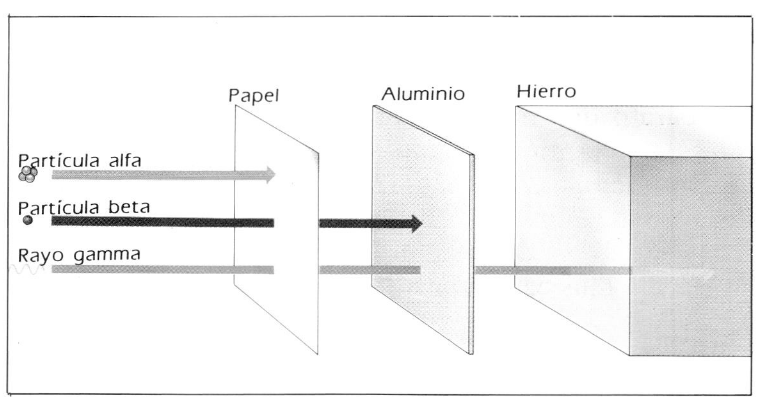

den ser vistas ni oídas. Esto se llama radiactividad. Estos rayos extraños fueron descubiertos en 1896, y pronto se comprobó que no podía hacerse nada para detener la emisión de los mismos. Se descubrió, también, que con el paso del tiempo las sustancias radiactivas se iban transformando en otras y que lo hacían a un ritmo fijo y continuado. Si dejamos un trozo de URANIO radiactivo durante millones de años, se «deteriorará» o desintegrará y se convertirá en un pedazo de plomo. Midiendo el nivel de desintegración del carbono radiactivo existente en los restos animales y plantas, los científicos pueden descubrir cuántos miles de años antes vivieron esos animales y plantas. Los materiales radiactivos pueden ser muy peligrosos. Una explosión nuclear causa alarmantes niveles de radiactividad.

▼ Pierre y Marie Curie dedicaron sus vidas a la investigación. Fruto de ello fue el descubrimiento del elemento del radio.

Radio (elemento)

El radio es un ELEMENTO. Se encuentra sólo en el mineral del uranio y fue descubierto por Marie CURIE, en 1898. Estaba examinando unas muestras de uranio y advirtió que tenían una RADIACTIVIDAD mucho mayor de la esperada. El radio es muy radiactivo y su manejo resulta peligroso. En su forma pura el radio es un metal blancuzco. Hay que extraer de la mina unas cinco toneladas de mineral de uranio para obtener un solo gramo de radio. En todo el mundo sólo se producen unos 75 gramos al año. La mayor parte procede de Canadá y Zaire. En medicina, el radio se utiliza para tratar el cáncer y en otras aplicaciones terapeúticas; también se emplea en la fabricación de pinturas luminosas, en cuya composición entra una parte de radio por cuatro mil o más partes de sulfuro de cinc fosforescente. COMPUESTOS de radio se emplean para hacer señales luminosas en la noche ya que el radio brilla en la oscuridad.

Radio, aparato de

El aparato que normalmente llamamos «una radio» es tan sólo el terminal receptor de un gran sistema de radiocomunicaciones. La mayor parte de ese sistema nunca llega a ser visto.

Un programa de radio empieza en un estudio. Allí las voces y la música se transforman en señales electrónicas. Estas señales se hacen más potentes, se amplifican y después son enviadas, desde un elevado poste o antena, transformadas ya en ondas de radio. Estas ondas son captadas por el receptor en nuestras casas y de nuevo transformadas en sonidos que pueden ser oídos. Las ondas de radio viajan a la velocidad de la luz. Eso significa que una señal de radio puede dar siete vueltas y media a la Tierra en un segundo.

La primera persona que generó una onda de radio fue Heinrich Hertz, en 1887. Pero fue Guglielmo Marconi el primero en enviar un mensaje, en 1894. Sus primeras señales sólo alcanzaron unos pocos metros, pero siete años más tarde sus señales lograron cruzar el Atlántico.
Hoy día, la radio es uno de los medios de comunicación de masas más eficaz ya que sus programas los pueden escuchar simultáneamente millones de personas.

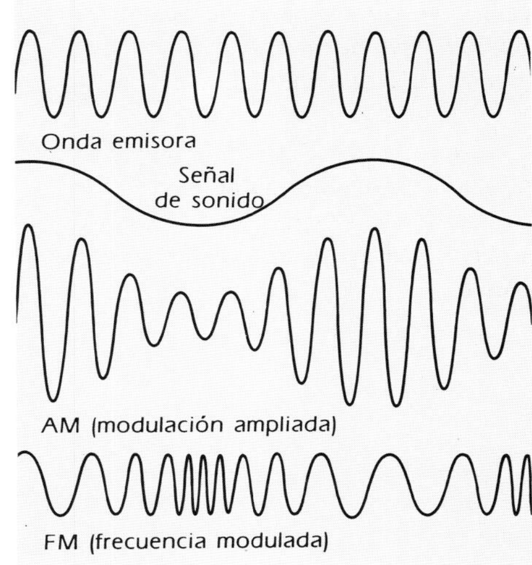

▲ Es posible que el selector de emisoras de tu receptor de radio tenga las iniciales AM o FM; esto indica de qué modo la onda transportadora se combinó con las señales en la emisora. La AM significa «modulación ampliada» (*amplitude modulation*), lo que da a entender que la amplitud de la onda transportadora fue alterada para acomodarla a la señal. FM (*frequency modulation*) o «frecuencia modulada» significa que la frecuencia (el número de ondas por segundo) se cambió para adaptarla a la señal.

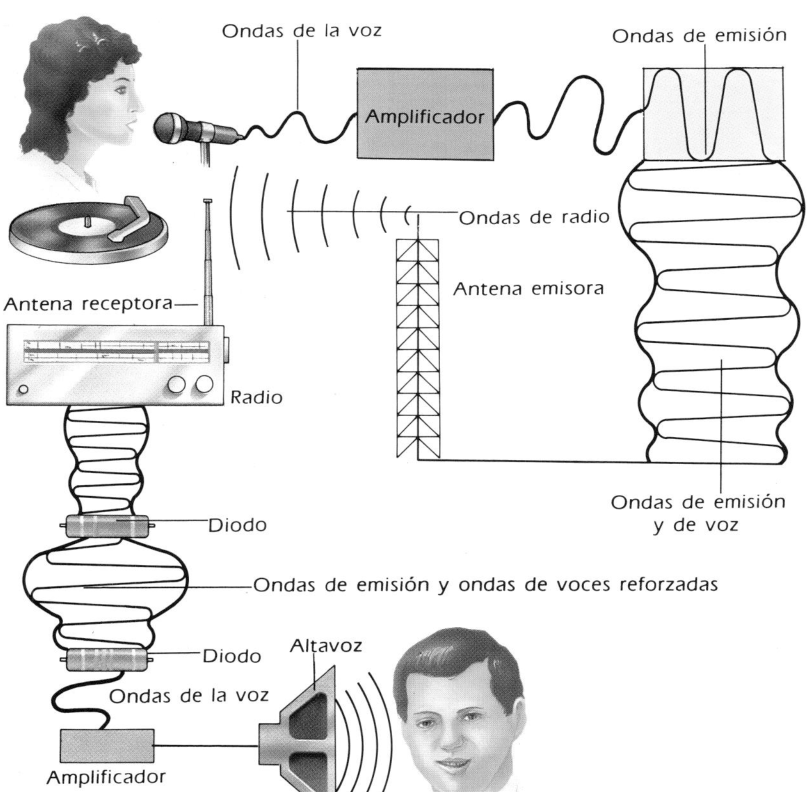

◀ A través de la radio se separarán las señales que emite la voz en ondas de emisión que vuelven a transformarse en sonidos cuando los oímos por el altavoz.

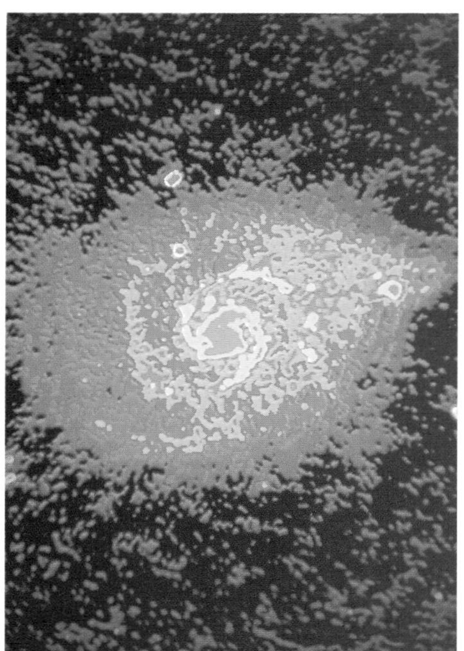

▲ Esta imagen, recibida por el radiotelescopio de Socorro, es la de una galaxia distante de la Tierra 20 millones de años luz.

Radioastronomía

Todo cuerpo celeste, como por ejemplo una ESTRELLA, no sólo emite ondas de LUZ sino también diversos tipos de ondas de radio. Los radioastrónomos exploran el UNIVERSO «escuchando» las señales de radio que llegan a la Tierra procedentes del espacio exterior. Estas señales no las emiten otras formas de vida extraterrestre, sino que son consecuencia de acontecimientos naturales, como estrellas en explosión o nubes de gases a altas temperaturas. Mediante el estudio de esas señales los radioastrónomos pueden descubrir muchas cosas sobre distintas áreas del universo.

Los radiotelescopios tienen antenas gigantescas, con frecuencia en forma de disco, o parabólicas, capaces de captar débiles señales procedentes de lugares muy alejados en el espacio y fuera del alcance de los TELESCOPIOS ordinarios. Los primeros grandes radiotelescopios se construyeron después de la II GUERRA MUNDIAL. En la actualidad el mayor de ellos es el de Arecibo, en Puerto Rico. Su colosal antena de disco se extiende a lo ancho de todo un valle montañoso y cuenta con un diámetro de 305 metros.

▲ El gigantesco radiotelescopio de muy largo alcance (VLA= Very Large Array) de Socorro, Nuevo México, está formado por 27 antenas parabólicas.

Rana y sapo

Las ranas y los sapos son ANFIBIOS, lo que significa que pueden vivir tanto en el agua como en tierra. Las ranas y

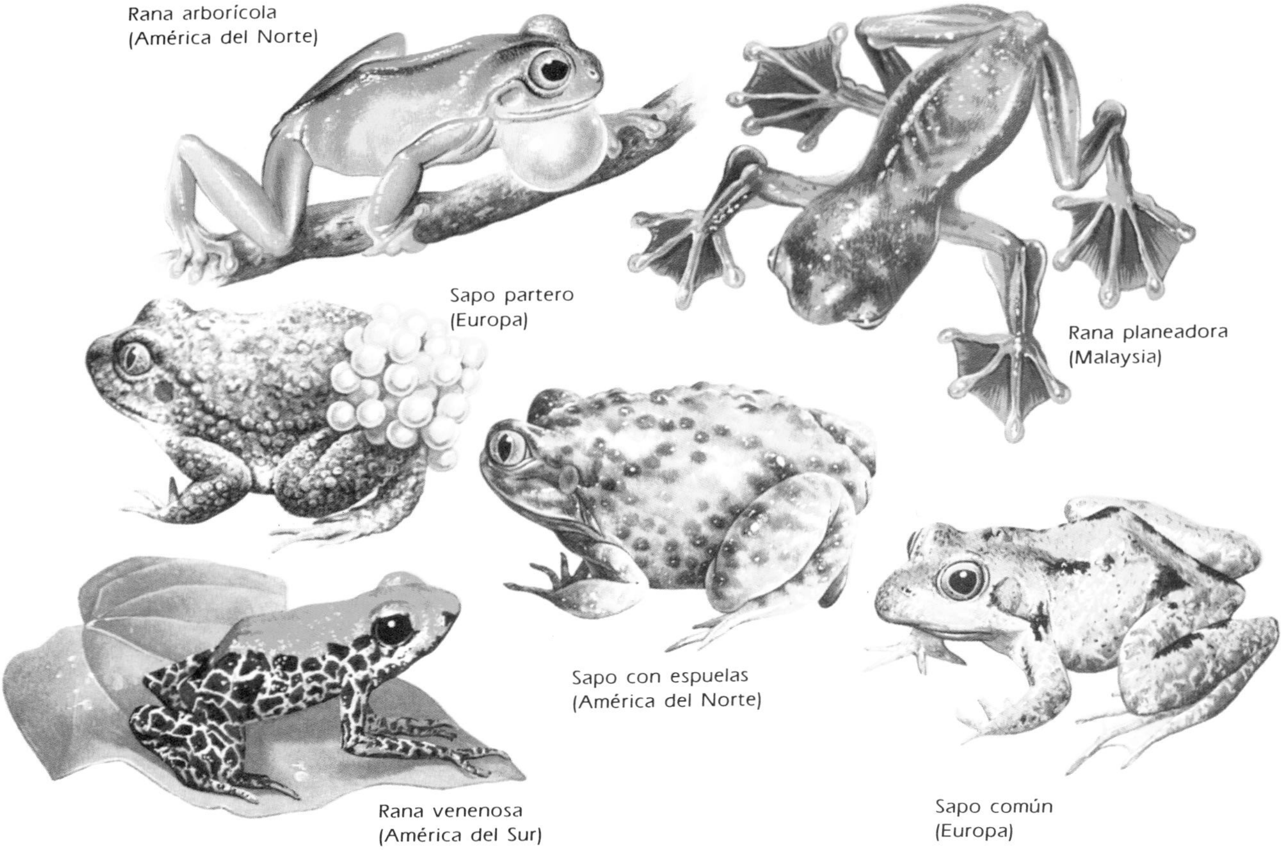

Rana arborícola (América del Norte)

Rana planeadora (Malaysia)

Sapo partero (Europa)

Sapo con espuelas (América del Norte)

Rana venenosa (América del Sur)

Sapo común (Europa)

los sapos viven en todos los países del mundo excepto en los muy fríos, que siempre están helados. Hay cientos de especies diferentes. La mayor de todas es la rana Goliath de África Central, que puede medir hasta 30 centímetros de longitud y pesar más de tres kilos. La más pequeña es la rana arborícola de Estados Unidos, que mide menos de 2 centímetros de longitud.

Las ranas y los sapos respiran a través de la piel y también por los PULMONES. Es importante que mantengan la piel húmeda puesto que si permanece demasiado seca no pueden respirar y mueren.

La rana común se alimenta de insectos, larvas y babosas. Cogen el alimento con su larga lengua pegajosa que está situada en la parte delantera de la boca. La rana puede lanzar y recoger su lengua en una fracción de segundo. Las ranas de mayor tamaño comen serpientes, animales pequeños y otras ranas, así como insectos.

▲ He aquí algunas de las más de 2.500 especies de ranas y sapos del mundo. La rana venenosa de América del Sur, de colores muy brillantes, se cuenta entre las más ponzoñosas. Los habitantes de la cuenca del Amazonas usan este veneno para untar con él las puntas de sus flechas de caza. Las ranas arborícolas tienen una especie de cojines en las patas que las ayudan a encaramarse a los árboles. Las ranas planeadoras poseen tegumentos en las patas delanteras y traseras, que pueden utilizar como alas para planear. El macho del sapo partero lleva en sus patas y parte trasera de la espalda las huevas puestas por la hembra. Transcurridas tres semanas deposita las huevas en el agua y nacen los renacuajos.

Rascacielos

Se da el nombre de «rascacielo» a un edificio muy alto. El primero de ellos se construyó en Chicago, Estados

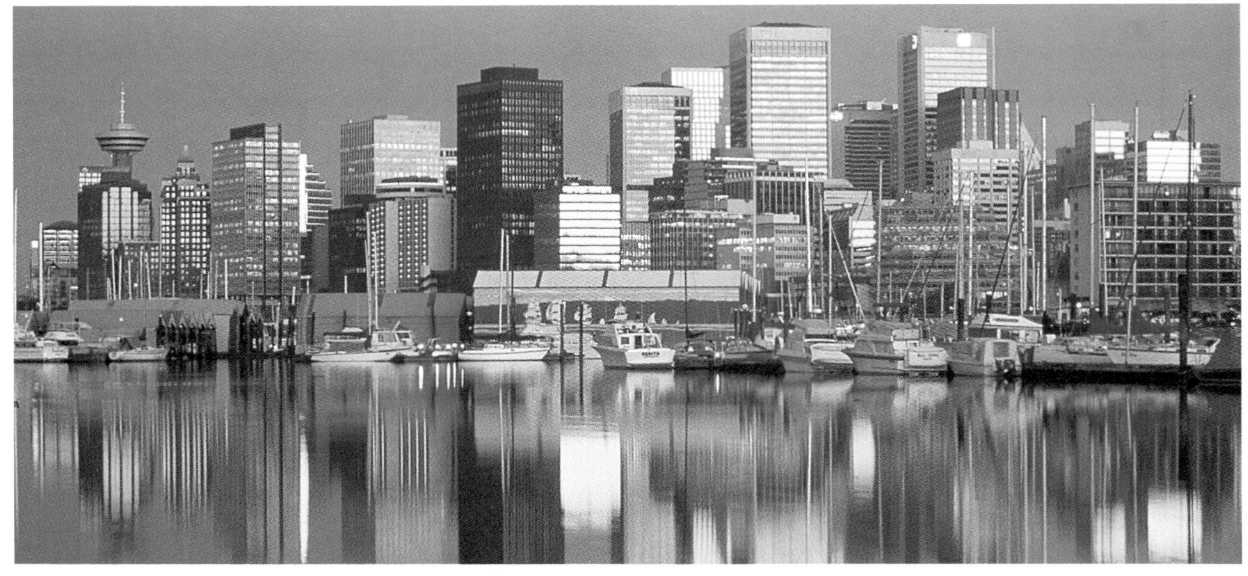

▲ El horizonte de Vancouver, en Canadá, presenta una impresionante perspectiva de rascacielos.

Unidos. Fue diseñado por William Le Baron Jenney, y era de estructura férrea.

Los primeros rascacielos fueron edificios en NUEVA YORK y en Chicago, pero ahora existen en cualquier parte del mundo. Durante muchos años el rascacielos más alto fue el Empire State Building, de Nueva York, con sus 102 pisos. Ahora existen dos más elevados: la Sears Tower, en Chicago, y el World Trade Center, en Nueva York. La Sears Tower es el de mayor altura, con sus 443 metros.

▼ En el campo, la mayoría de las ratas viven al aire libre y no representan un riesgo demasiado alto. Pero en las ciudades, las ratas cogen alimentos destinados a los humanos y, con ello, crean un peligro latente muy alto para la salud. Las ratas son muy prolíficas y difíciles de exterminar.

Rata

Las ratas son ROEDORES. Se encuentran en cualquier parte del mundo en enormes cantidades y pueden vivir sin problemas en pueblos y ciudades. Pueden comer casi de todo. Son perjudiciales para el ser humano porque devoran y estropean enormes cantidades de alimentos y son

transmisoras de enfermedades. Algunas ratas son portadoras de un tipo de PULGA que puede ocasionar una epidemia de PESTE bubónica entre los humanos.

▼ Los ratones son criaturas adaptables que viven en los hábitats más diversos. Este hecho, acompañado de su rápida descendencia, hace que estos animales puedan llegar a ser una verdadera plaga para el ser humano.

Ratón

Ratón de monte

Lirón enano

Batón campestre

Ratón campestre listado

El ratón es un ROEDOR, como su pariente la RATA, y, al igual que ésta, el ratón casero es una peste para el hombre. Puede causar grandes daños en los almacenes y depósitos de víveres, sobre todo por la noche. La hembra es capaz de tener hasta cuarenta crías al año, que cuando sólo cuentan con doce semanas de edad ya están en condiciones de iniciar su propia descendencia. Durante milenios el ser humano viene utilizando al gato para cazar ratones. Muchas especies de ratones, así como el lirón, que también se cuenta entre dicha familia, viven en el campo. El ratón blanco puede ser criado como animal doméstico.

En 1982 un ratón doméstico, criado en Inglaterra, llegó a tener 34 crías de una sola camada, ¡y sobrevivieron 33!

Rayos infrarrojos

Cuando percibes el calor de un fuego o del Sol estás percibiendo rayos infrarrojos, que son llamados, también, *rayos caloríficos.* Aun cuando el ojo humano no puede

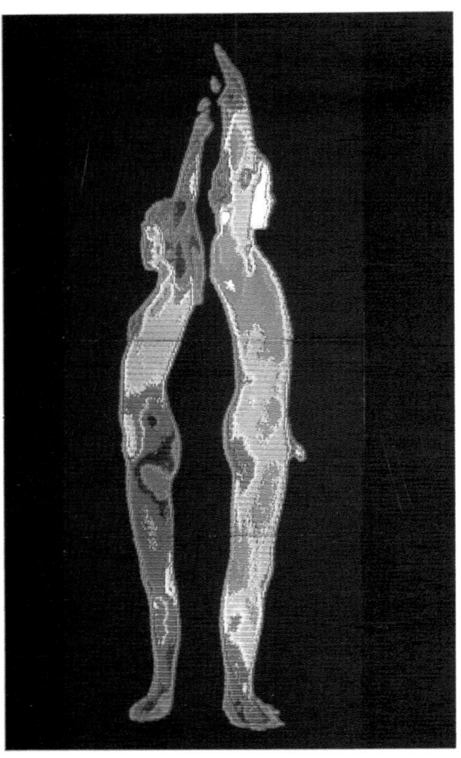

▲ Una película sensible a los rayos infrarrojos se puede utilizar para tomar fotografías en las cuales las zonas calientes y frías se muestran con distintos colores. Las zonas blancas son las más calientes, y las azules, las más frías.

ver los rayos infrarrojos, éstos refractan y son refractados. Los fotógrafos usan una película sensible a los rayos infrarrojos para captar imágenes en plena oscuridad. Se llaman infrarrojos porque están exactamente por debajo del límite del rojo en el ESPECTRO de la luz.

Rayos ultravioletas

Si hacemos que la LUZ solar pase a través de un prisma de cristal, se separa y se muestra en un arco iris de colores al que denominamos ESPECTRO. El rojo está en un extremo del espectro, y el violeta en otro. La luz ultravioleta se halla exactamente tras el límite violeta del espectro. No podemos verla, pero puede velar una película fotográfica y hacer brillar algunos productos químicos. La mayor parte de la luz ultravioleta del Sol se pierde en la atmósfera, pero aún llegan a la Tierra los suficientes rayos ultravioletas como para que nuestra piel pueda broncearse bajo los efectos del sol. Si llegara a nosotros una mayor cantidad de radiación ultravioleta, podría resultarnos muy perjudicial.

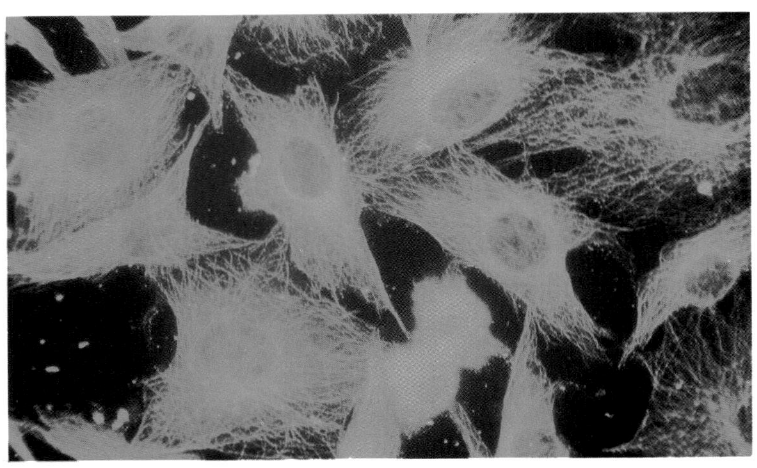

▶Los anticuerpos utilizados en la investigación celular han sido aquí impregnados con un tinte verde que se vuelve fluorescente cuando se expone a la luz ultravioleta, con lo cual se hacen claramente visibles.

La luz ultravioleta es un poderoso bactericida, y puede utilizarse para esterilizar alimentos y material sanitario; puede también ayudar a descubrir falsificaciones en documentos al distinguir los tipos de tinta por la comparación de su fluorescencia.

Rayos X

Los rayos X son ondas de energía, como las ondas de la RADIO o la LUZ. Los rayos X pueden atravesar la mayor parte del tejido vivo. También pueden dejar una imagen en una placa fotográfica haciendo una fotografía de todo aquello que atraviesan. Los médicos utilizan los rayos X para hacer «fotografías» del interior del cuerpo del paciente, lo que les ayuda a descubrir si algo va mal en su organismo.

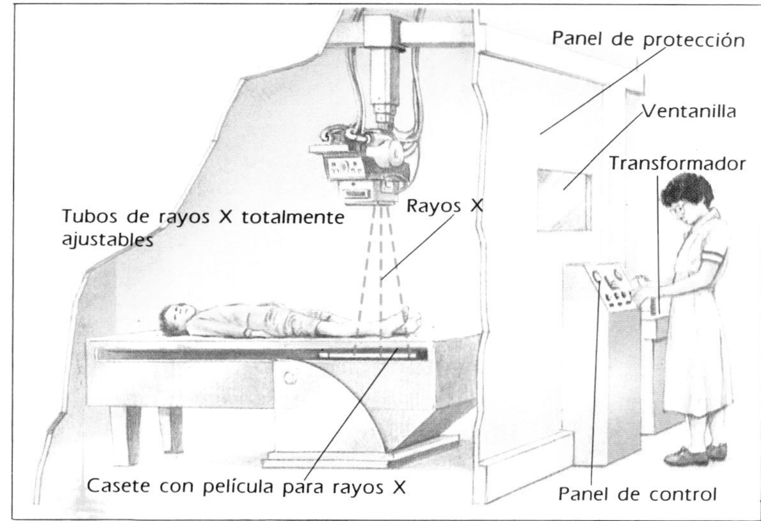

◀ Un especialista en radiografía toma una imagen en rayos X del pie de un niño. La «fotografía» (abajo) ha sido coloreada para que muestre los huesos del pie y del tobillo con mayor claridad, y así poder distinguirlos.

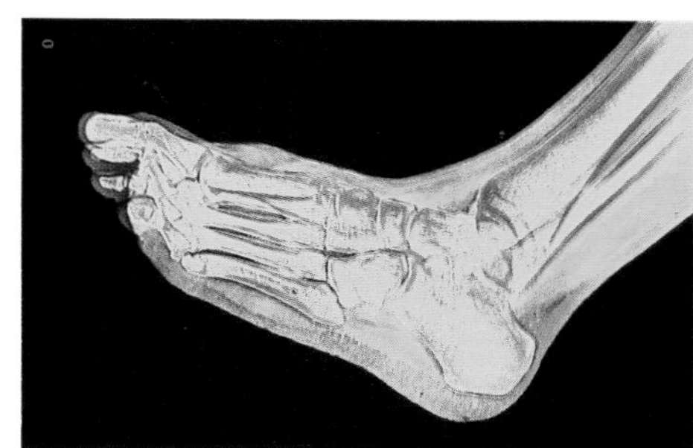

Los rayos X se producen en el interior de un tubo al vacío, es decir, sin aire ni ningún otro gas en su interior. Dentro del tubo, en uno de sus extremos, hay un *cátodo* que emite electrones, y en el extremo opuesto un *ánodo* al que éstos van dirigidos. Cuando el cátodo está caliente, emite electrones que chocan con el ánodo y producen rayos X.

Fue Wilhelm Roentgen, científico alemán, quien por casualidad descubrió los rayos X, en 1895, cuando hizo pasar una corriente eléctrica a través de un gas.

Raza

Todos los pueblos de la Tierra pertenecen a la raza humana. Pero la palabra «raza» significa, también, todo tipo o grupo de personas que se asemejan en determinados detalles. Nadie sabe con seguridad cómo y cuándo empezaron a diferenciarse o a existir las distintas razas, pero las tres principales del mundo son la mongoloide o amarilla, la caucasiana o blanca y la negroide o negra.

La raza mongoloide se caracteriza por su cabello negro y liso y sus ojos rasgados y oblicuos, casi almendrados. El cabello de la raza caucasiana puede ir del rubio al negro pasando por el rojo; es de cutis delicado y sus ojos son redondeados. La raza negroide tiene el pelo negro, fuerte y muy rizado, y un color de piel oscuro. Además de estas tres razas principales existe, también, un buen número de otras de menor significado.

Miles de años de migraciones, conquistas y matrimonios entre razas las han mezclado para formar una gran variedad de grupos. Por esta razón no resulta muy sensato hablar de tipos raciales puros.

▼ Las principales diferencias entre los tres tipos raciales más importantes residen en las características faciales, el tipo y el color del pelo y la piel.

Caucasiano

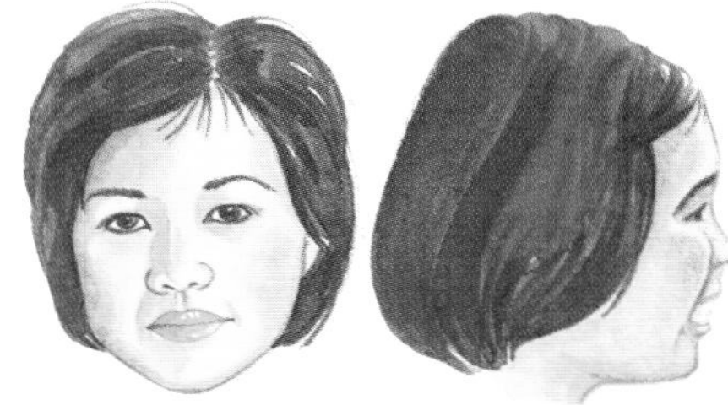

Mongoloide

Negroide

▶ Los motores de reacción facilitan un poderoso impulso que puede ser utilizado tanto en aviones de pasajeros como militares.

Reactor

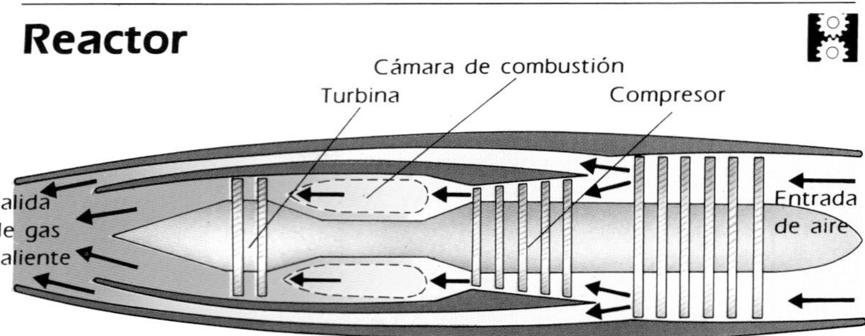

Un nadador avanza cuando nada porque empuja hacia atrás el agua. El motor de reacción o reactor actúa de modo semejante. Impulsa hacia delante una aeronave empujando hacia atrás los gases. Los motores que trabajan así se llaman *reactores*. Los COHETES también son, en cierto modo, reactores. La principal diferencia entre reactores y cohetes es que los primeros toman el oxígeno del aire para hacer arder sus combustibles, mientras que los cohetes llevan el suministro de oxígeno incorporado al propio combustible.

Hay cuatro tipos principales de reactores: turbo reactores, turbo propulsores, turbo hélices y turbofan.

Los motores de reacción han sustituido a los motores de pistón y hélice en muchos tipos de aviones. Las razones son numerosas. Sufren menos averías. Sus partes móviles giran en vez de desplazarse hacia delante y atrás, lo que hace que las vibraciones sean menores. Los motores de reacción consumen un combustible más barato (queroseno) en lugar de la cara gasolina de aviación. Además, los motores de reacción pueden impulsar los aeroplanos a velocidades mayores que el motor de hélice. Algunos cazas con motores de reacción han conseguido hasta los 3.400 km/h.

En el siglo I a.C. un matemático griego llamado Hero construyó el primer reactor. Suspendió una bola de metal hueca que contenía agua en su interior. Cuando hizo hervir el agua el vapor escapó por dos toberas, situadas una a cada lado de la bola, es decir, opuestas entre sí, lo que hizo que la bola comenzara a girar sobre sí misma.

Reconquista

Reconquista es el nombre que se da a la lucha de los reinos cristianos por recuperar el territorio de la Península ocupado por los musulmanes. Según las zonas, los intereses y las épocas, fue un proceso más o menos largo. Terminó definitivamente en 1492 con la toma de Granada, último reino musulmán de la Península.

Reforma

Se llama Reforma al período de grandes cambios religiosos que comenzaron en Europa en el siglo XVI.

La Reforma fue el comienzo de largos años de guerras religiosas y persecuciones que llegan hasta nuestros días. La Guerra de los Treinta Años, por ejemplo, fue el resultado de las rivalidades entre católicos y protestantes. En la mayoría de los países europeos se acepta en la actualidad la libertad religiosa, pero cada una de las partes cree que la otra está equivocada. Quizás un día católicos y protestantes comprendan que sus diferencias no son, en realidad, tan importantes como ellos creen.

En aquellos días se produjo una revuelta en el seno de la IGLESIA CATÓLICA ROMANA. En protesta por lo que ellos consideraban errores y malos usos en el seno de la Iglesia, grupos de personas rompieron con ella y crearon sus propias iglesias. Estas gentes comenzaron a ser conocidas como *protestantes*.

A medida que crecía el PROTESTANTISMO, un buen número de reyes y gobernantes vieron en el nuevo movimiento una posibilidad de extender su poder a expensas de la Iglesia. Se sintieron dichosos apoyando la causa protestante porque, de forma muy diversa, la protesta religiosa les ayudaba a conseguir mayor influencia. La Reforma llevó a guerras entre protestantes y católicos.

▼ La Reforma llegó a Inglaterra cuando el rey Enrique VIII rompió todos los lazos con el Papa. Decidió el cierre de todos los monasterios y que sus bienes y riquezas pasaran a la Corona. Este hecho es conocido como «la disolución de los monasterios».

Reino Unido

El Reino Unido de Gran Bretaña e Irlanda del Norte ocupa el undécimo lugar, en lo que a extensión se refiere. entre las naciones de Europa. Inglaterra, Gales y Escocia forman la isla de Gran Bretaña, la mayor de las islas británicas y a la que se consideran incorporadas muchas otras islas pequeñas, próximas a su costa. Irlanda del Norte, Escocia y Gales son montañosas. La montaña más alta es Ben Nevis, en Escocia. La mayor parte de Inglaterra está formada por llanuras y valles. Su río más largo es

REINO UNIDO

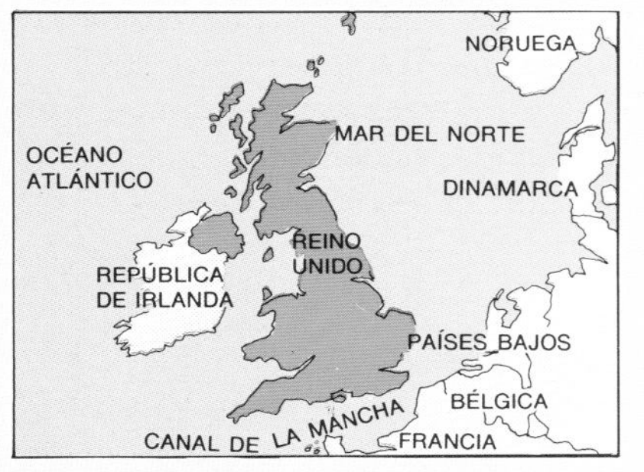

Gobierno: Monarquía constitucional
Capital: Londres
Superficie: 244.828 km^2
Población: 56.460.000 hab.
Lenguas: Inglés, galés, gaélico
Moneda: Libra esterlina

el Támesis, que corre por el sur de Inglaterra. El clima británico es suave.

En el Reino Unido viven unos 56 millones de personas. Cuatro de cada cinco de sus habitantes viven en ciudades, como Belfast, Glasgow y Londres. Pocos países poseen una densidad de población semejante. Gran Bretaña sólo produce la mitad de los alimentos que necesita, pero su industria le ayuda a pagar el resto, que es importado del extranjero. El Reino Unido produce una amplia variedad de bienes manufacturados. Están en auge los servicios, como por ejemplo el turismo. Algunas industrias tradicionales, como la minería del carbón, están en decadencia.

▶ El castillo de Eilean Donan, en Escocia, es un ejemplo de los típicos lugares que muchos turistas gustan de visitar durante su estancia en el Reino Unido.

Relámpago y rayo

El relámpago es una manifestación visible de electricidad. Cuando dos nubes cargadas de electricidad se aproximan, se produce entre ellas una corriente eléctrica. Si la corriente es entre una nube y la tierra, se llama rayo. Hay dos tipos de rayo: el que cae siguiendo una sola línea y el que se divide en su caída, buscando la distancia más corta y rápida para llegar al suelo. Cuando el relámpago se produce en el interior de una misma nube, ilumina el cielo como el flash de una cámara fotográfica.

▼ El relámpago se produce cuando existe una carga de electricidad estática en la atmósfera.

Relatividad

Cuando se va en un automóvil a una velocidad de 60 kilómetros por hora y nos adelanta otro vehículo que viaja

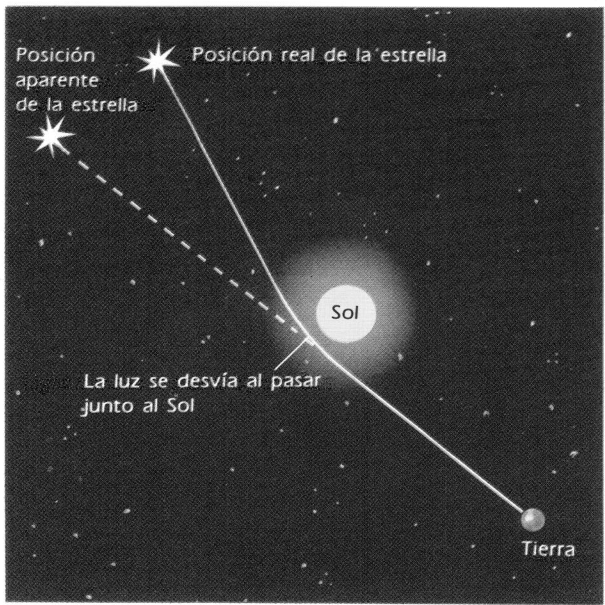

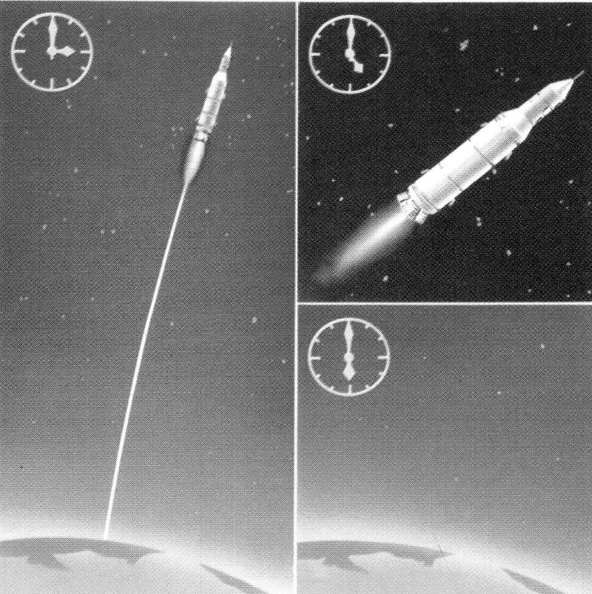

a 80 kilómetros por hora, el segundo coche se aleja del primero a 20 kilómetros por hora. Su velocidad real, en relación con el suelo, es de 80 km/h, pero su velocidad *relativa* con respecto al coche adelantado es de 20 km/h. Ésta es la idea básica de la relatividad: suponer que uno no se mueve como base para calcular la velocidad de algo que se mueve en relación a uno.

A finales del siglo pasado los científicos descubrieron que la velocidad de la luz es siempre la misma, independientemente de la velocidad con que se mueva la fuente emisora de la luz. En 1905, Albert EINSTEIN adelantó su teoría de la relatividad para explicar este extraño hecho. Esa teoría se refiere, entre otras cosas, al efecto del movimiento sobre el tiempo, la extensión y la masa. Por ejemplo: la teoría predice que en una nave espacial que viajara por el universo a una velocidad cercana a la velocidad de la luz, el tiempo discurriría con mayor lentitud; la nave vería disminuir su longitud y su masa sería mucho más grande que la de esa misma nave espacial o una similar estacionada en la Tierra.

Posteriormente, en 1915, Einstein desarrolló su teoría general de la relatividad, que tanto ayudó a los científicos a saber mucho más sobre el espacio, la gravedad y la naturaleza del universo.

▲ Una parte de la teoría de la gravedad de Einstein establecía que la gravedad podía provocar la desviación de los rayos de luz. Esto significa que resultaba fácil que desde la Tierra pudieran cometerse errores para determinar la posición real de una estrella distante, debido a que su luz podría haber sido desviada por la atracción de la fuerza de gravedad del Sol, cuando pasó cerca de él. (Arriba a la izquierda.) Otra parte de la teoría de la relatividad dice que el tiempo se hace más lento en un objeto que se mueva a velocidades próximas a la de la luz. El ejemplo (arriba, a la derecha) muestra un cohete con un reloj que despega de la Tierra a las tres. Cuando se aproxime a la velocidad de la luz, en su reloj serán las cinco. El tiempo se hizo más lento en el cohete, mientras tanto, los relojes, en la Tierra, marcarán las seis.

Religiones

Las religiones más extendidas en la actualidad son el Budismo (basado en las enseñanzas de BUDA), el CRISTIA-

RELIGIONES

▶ Jerusalén es la ciudad santa de judíos, musulmanes y cristianos. La Mezquita de la Roca es un santuario musulmán levantado en el lugar donde, según la tradición, Mahoma ascendió a los cielos.

▲ Todas las religiones tienen símbolos especiales. El dios danzante es una imagen hindú; el candelabro de siete brazos es judío; el templo es sintoísta (religión japonesa); la cruz es el símbolo cristiano; la luna creciente islámico, y la estatua representa a Buda.

NISMO, el HINDUISMO (seguido por los hindúes), el ISLAM (practicado por los mahometanos) y el JUDAÍSMO (profesado por los judíos). Todas son muy antiguas. La más moderna de ellas es el Islam, fundada hace unos 1.300 años. La más practicada es el Cristianismo con casi mil millones de seguidores.

Aún hoy día existen algunos pueblos que practican religiones antiguas politeístas, es decir, que adoran a varios dioses y espíritus. Con frecuencia esos dioses representan elementos de la naturaleza, como rocas, árboles, lagos, animales, etc.

RELIGIONES PRINCIPALES: NÚMERO ESTIMADO DE SEGUIDORES EN EL MUNDO

	Millones
Cristianos	1.065
Católicos romanos	630
Ortodoxos	60
Protestantes	375
Judíos	17
Musulmanes	555
Sintoístas	32
Taoístas	20
Confucionistas	150
Budistas	250
Hindúes	460

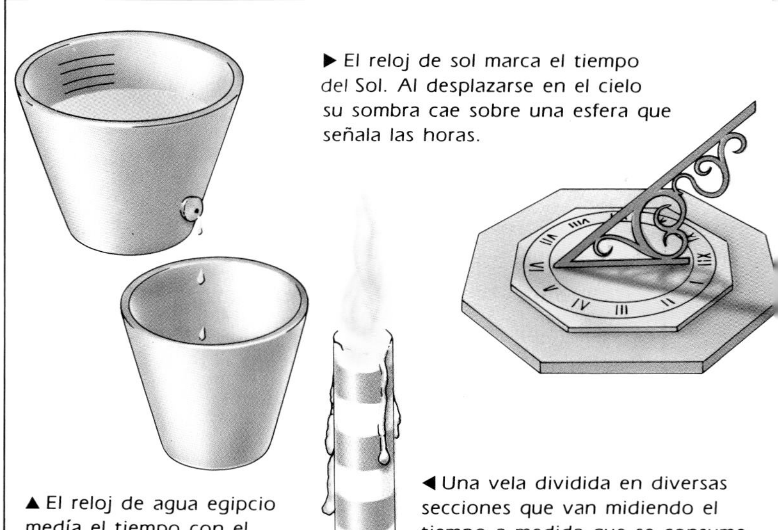

▶ El reloj de sol marca el tiempo del Sol. Al desplazarse en el cielo su sombra cae sobre una esfera que señala las horas.

▲ El reloj de agua egipcio medía el tiempo con el goteo del agua al pasar de un recipiente al otro.

◀ Una vela dividida en diversas secciones que van midiendo el tiempo a medida que se consume.

Entre los edificios dedicados al culto religioso se cuentan espléndidas iglesias y magníficos templos y santuarios. Son muy comunes las estatuas, imágenes y otras obras de arte representando figuras y personajes religiosos. Sacerdotes especialmente preparados y personas virtuosas dicen sus rezos y dirigen el culto y las ceremonias religiosas. Estudian, también, las reglas y doctrinas de la religión, recogidas por escrito en los libros sagrados, como por ejemplo la BIBLIA y el CORÁN.

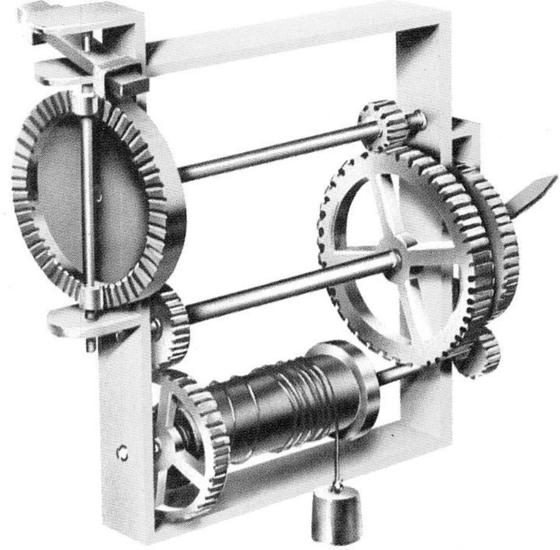

▲ Los primeros relojes mecánicos de Europa funcionaban gracias a un peso, pendiente del extremo de una cuerda que se enrollaba en un tambor. A medida que ese tambor giraba, hacía girar las manecillas del reloj.

Reloj

En tiempos remotos el hombre medía el tiempo hincando en el suelo una barra o un bastón vertical y observando cómo se movía su sombra con el Sol. Los relojes de sol funcionaban del mismo modo. El inconveniente de los mismos es que sólo miden el tiempo cuando hace sol, así que la gente pronto empezó a utilizar otros sistemas, como por ejemplo el cálculo del tiempo que tardaba en arder una vela o un determinado recipiente en llenarse (o vaciarse) de agua.

Los primeros relojes mecánicos se construyeron en Europa en el siglo XIII, aunque es posible que los chinos utilizaran artefactos parecidos ya desde el siglo VII. Los primeros relojes europeos se usaron en las iglesias y abadías para establecer las horas de los servicios religiosos. Uno de los relojes de la catedral de Salisbury (en Inglaterra) data de 1386.

▼ La medida del tiempo a través de los siglos. Las primeras gentes usaron relojes de sol y casandras, o relojes de agua. Para medir el tiempo con la máxima exactitud los científicos utilizan relojes atómicos.

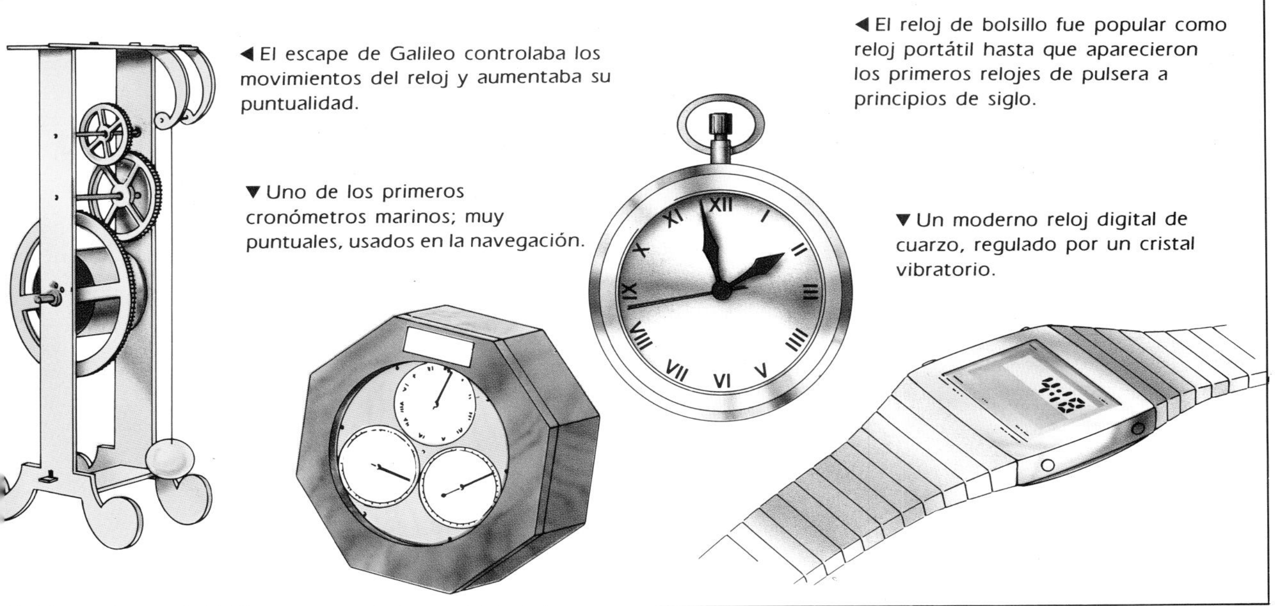

◀ El escape de Galileo controlaba los movimientos del reloj y aumentaba su puntualidad.

▼ Uno de los primeros cronómetros marinos; muy puntuales, usados en la navegación.

◀ El reloj de bolsillo fue popular como reloj portátil hasta que aparecieron los primeros relojes de pulsera a principios de siglo.

▼ Un moderno reloj digital de cuarzo, regulado por un cristal vibratorio.

▲ Uno de los relojes más famosos del mundo está en el Parlamento de Londres y es frecuentemente conocido como el Big Ben.

Los primeros relojes, como el ya citado, no eran muy exactos y podían adelantar o atrasar hasta una hora al día. En 1581, el gran astrónomo GALILEO descubrió que el PÉNDULO podía usarse para medir el tiempo, lo que, efectivamente, ayudó a la gente a construir relojes más exactos. A partir de entonces las mejoras son continuas y un reloj ordinario apenas si adelanta o atrasa pocos minutos al año.

Pero en la actualidad los científicos necesitan relojes muy exactos. Inventaron primero el reloj eléctrico y, después, el de cristal de cuarzo. El reloj más exacto en nuestros días está en el Laboratorio de Investigación Naval de los Estados Unidos, en Washington D.C. Es un reloj atómico de hidrógeno y solo varía un segundo en 1.700.000 años.

Rembrandt

Rembrandt Harmenszoon van Rijn (1606-1669) es uno de los más famosos pintores holandeses. Ayudado por sus discípulos produjo cientos de óleos y dibujos.

Rembrandt es conocido sobre todo por los retratos que hizo de los más acaudalados ciudadanos holandeses. Contrariamente a gran número de pintores, tuvo mucho éxito durante su vida, aunque posteriormente, avanzado ya en su carrera, muchos de sus ricos clientes no siguieron comprando sus retratos porque no les gustaba el nuevo estilo de su pintura. Aunque como consecuencia de ello se quedó en la pobreza, fue precisamente en ese período cuando realizó lo mejor de su obra.

▲ En un período avanzado de su carrera Rembrandt pintó este autorretrato.

Remo

Hay dos formas de emplear el remo para impulsar un bote: *remar* y *bogar*. En la boga cada remero utiliza dos remos ligeros.

En el deporte del remo propiamente dicho, cada remero tiene sólo un remo. Las embarcaciones se construyen para dos, cuatro u ocho remeros. En las embarcaciones de ocho remeros siempre hay un *timonel* o *patrón*, que es el noveno miembro de la tripulación. En las competiciones de dos o cuatro remeros suele haber un timonel, aunque se puede prescindir de él.

En la actualidad son célebres las regatas que anualmente se efectúan en el Támesis (Inglaterra) entre los equipos de Cambridge y Oxford, y las traineras en la ría de Bilbao (España).

Renacimiento

Se da el nombre de Renacimiento a un período de unos doscientos años en la historia de Europa. La palabra francesa *Renaisssance* es utilizada por muchos pueblos y lenguas para designar este período que, efectivamente, significó un renacer del interés por todos los aspectos del arte, la ciencia, la arquitectura y la literatura.

Desde los tiempos de los antiguos griegos y romanos disminuyó el interés por las nuevas ideas, hasta que en el siglo XIV los sabios italianos comenzaron a mostrar una renovada curiosidad por el pasado y buscaron nuevas explicaciones científicas para los misterios de la Tierra y del universo. En Italia hubo un número considerable de pintores, escultores y arquitectos durante este período. Las obras de LEONARDO DA VINCI y MIGUEL ÁNGEL se cuentan entre las más famosas del Renacimiento. Desde Italia, las ideas del Renacimiento se extendieron rápidamente al resto de Europa.

Al mismo tiempo que se extendían las ideas artísticas y científicas, se produjo un aumento del comercio. Poco después se realizaron viajes de exploración a África y la India y, en 1492, Cristóbal COLÓN descubrió América.

▲ La catedral de Florencia es un ejemplo supremo de la arquitectura del Renacimiento. Fue diseñada por Brunelleschi en 1420, pero se terminó 15 años después de su muerte.

▼ En el Renacimiento el comercio supuso una gran prosperidad para las ciudades.

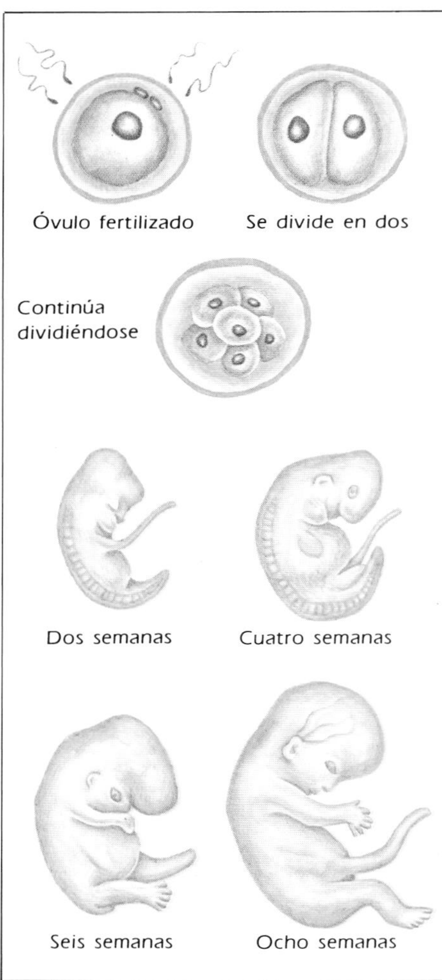

▲ Una vez el óvulo ha sido fertilizado, empieza a dividirse en nuevas células. Después de unas semanas, el feto empieza a tomar forma humana y se forman sus manos, cara y pies.

▶ Los órganos reproductores del cuerpo son muy distintos en el hombre que en la mujer. La hembra produce sus óvulos en los ovarios. Si los óvulos son fecundados por el esperma, introducido por el hombre durante el acto sexual, pueden desarrollarse hasta formar un bebé dentro del útero de la madre. El hombre produce millones de espermatozoides en los testículos. Cada espermatozoide y cada óvulo contienen la mitad de lo que se necesita para producir un nuevo ser humano.

Reproducción

Se llama reproducción al proceso mediante el cual las plantas y los animales producen plantas y animales iguales a sí mismos. Algunas plantas y animales pueden reproducirse por sí solos. Otros, simplemente, se dividen en dos. Algunas plantas se reproducen *asexualmente*, mediante brotes que caen al suelo y empiezan una nueva vida por sí mismos. Otras plantas producen esporas que pueden ser arrastradas por el viento o el agua hasta que llegan a un lugar apropiado para crecer y convertirse, así, en una nueva planta.

En la reproducción *sexual* una célula macho, llamada *esperma*, se une, o fertiliza, a una célula hembra llamada *óvulo* para formar una nueva célula fertilizada, que se divide una y otra vez hasta que se forma un nuevo organismo.

La mayor parte de los PECES hembra ponen sus huevos en el agua. Después el macho los fertiliza depositando esperma sobre ellos. El embrión de pez crece alimentándose de las reservas nutritivas del huevo.

En la mayor parte de los animales superiores, la fecundación tiene lugar en el interior del cuerpo de la hembra. Después de la fertilización el AVE o REPTIL hembra pone sus huevos. El embrión se desarrolla dentro del huevo hasta que está listo para salir del cascarón. En los MAMÍFEROS la fecundación tiene lugar dentro del cuerpo de la hembra, pero el embrión se desarrolla dentro de su madre hasta que está listo para nacer. El embrión recibe su alimentación de la corriente sanguínea de la madre. Tras el nacimiento la madre lo alimenta con su leche.

El número de descendientes que una madre trae al mundo en cada parto depende del número de óvulos fecundados. En la madre humana, por lo general, sólo uno. Se dan casos también de trillizos e incluso, muy raramente, un número mayor de criaturas.

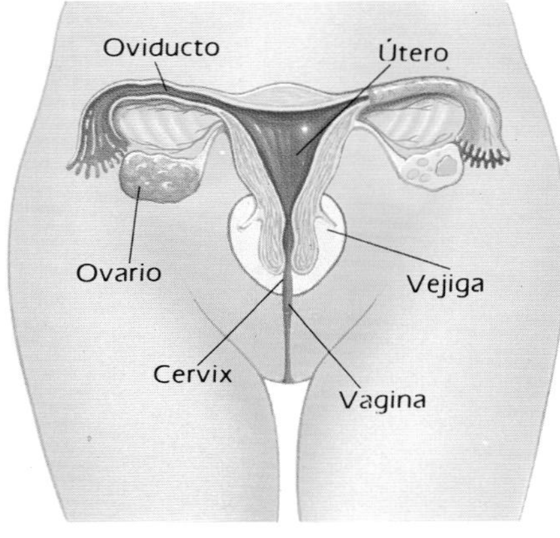

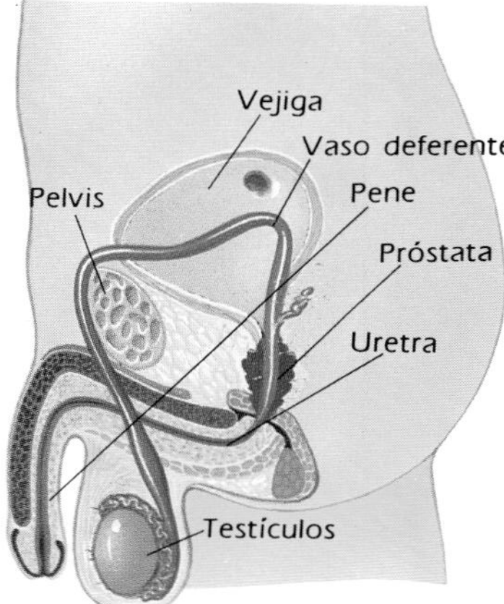

◀ Parte de la puesta de huevos de una perca. Una vez que la hembra ha dejado sus huevos y el macho los ha fecundado, se desarrolla un embrión de pez dentro de cada huevo. Cuando han consumido toda la sustancia alimenticia almacenada en el huevo, es tiempo de abandonarlo.

Reptiles

Los reptiles son los animales de sangre fría más avanzados en su evolución. Viven en tierra y en el agua.

En cualquier parte del mundo hay reptiles, excepto en los Polos Norte y Sur, pero la mayor parte habita en las regiones cálidas. Esto se debe precisamente a que, como son animales de sangre fría, necesitan un medio ambiente cálido. Cuando hace frío caen en un estado de somnolencia y no pueden moverse con la suficiente rapidez para conseguir alimento o escapar en caso de peligro.

Experiméntalo

Algunas semillas crecen en poco tiempo. Compra un paquete de semillas de berro. Pon abono compuesto en un recipiente poco profundo y siembra las semillas casi en su superficie. Resulta divertido hacer la siembra en forma de la inicial del nombre. En pocos días las nuevas plantas comenzarán a crecer y a los 12 o 15 días estarán listas.

Coloca una hoja de violeta africana o de begonia, con unos ligeros cortes en algunas de sus vainas sobre tierra húmeda y de la hoja crecerá una nueva planta.

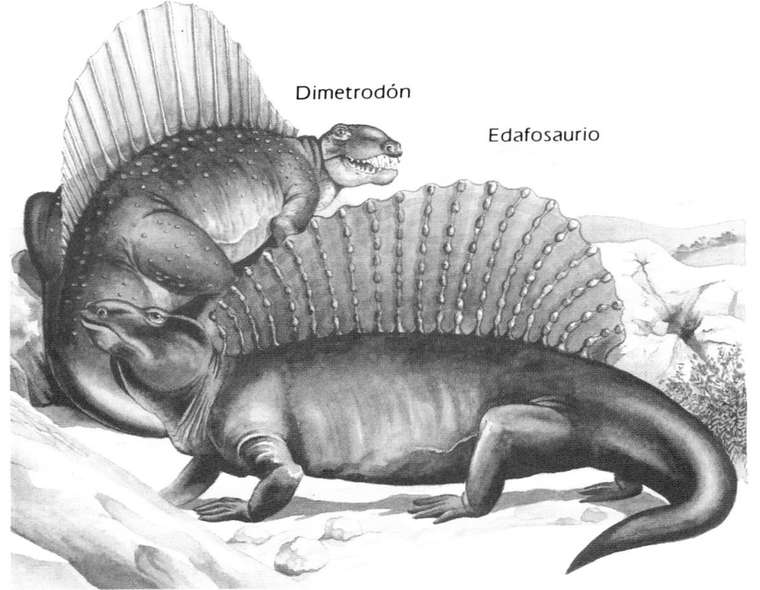

◀ Estos reptiles primitivos vivieron hace unos 250 millones de años. Se les llamó de «espalda de vela» por la membrana córnea y espinosa que cubría esa parte de su cuerpo, que utilizaban para controlar el calor del mismo, pues si la vuelven en dirección al Sol son capaces de absorber calor y, en caso contrario, la «vela» radía calor y el cuerpo se enfría.

▶ El tamaño de los lagartos oscila entre unos pocos centímetros y tres metros. Los lagartos son reptiles más antiguos que las serpientes. Se han encontrado ejemplares fósiles de hace 200 millones de años, mientras que las serpientes no aparecieron hasta hace 100 millones de años. El lución es de hecho un lagarto, aunque sus patas han desaparecido.

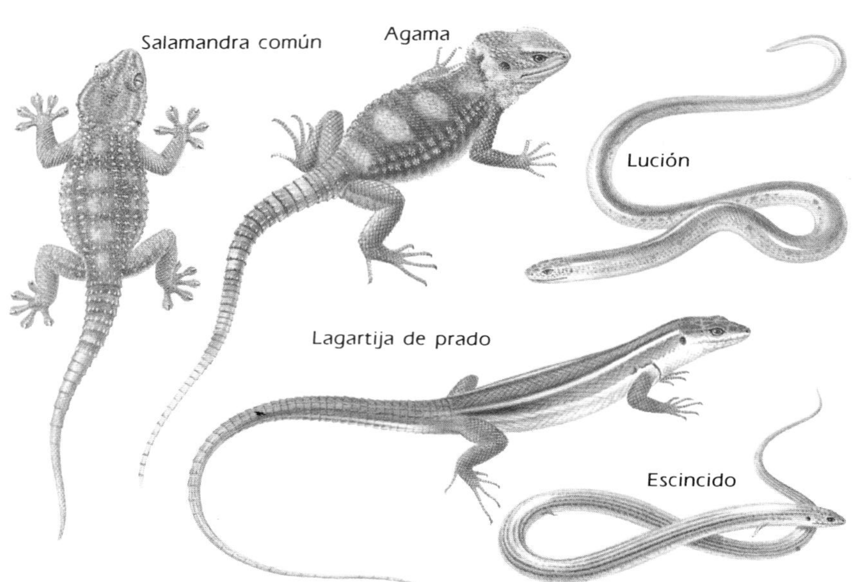

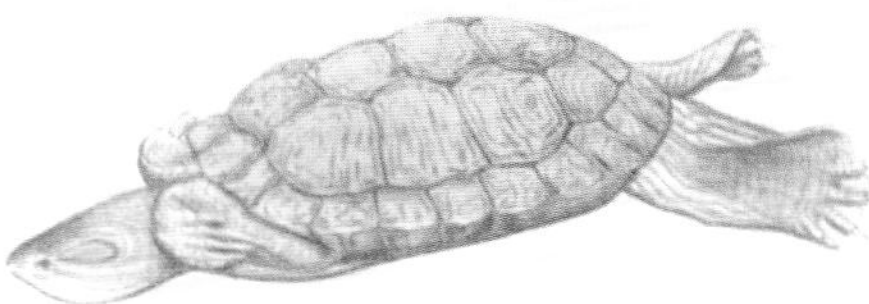

▲ La tortuga elefante de las islas Galápagos puede tener un caparazón de hasta 1,5 m de longitud y pesar más de 200 kilos. Las jicoteas viven en aguas dulces en muchas partes de América del Norte.

La mayoría de los reptiles que viven en lugares fríos se pasan el invierno en estado de HIBERNACIÓN.

Los reptiles jugaron un importante papel en la EVOLUCIÓN de la Tierra. Los primeros hicieron su aparición hace unos 360 millones de años y pronto se convirtieron en la forma de vida más poderosa del planeta. Dominaron el medio durante cerca de 100 millones de años. Un grupo de reptiles, los DINOSAURIOS, fueron las criaturas más espectaculares que poblaron la tierra firme. El mayor de esta especie pesa más de cien toneladas.

En la actualidad existen cuatro grupos principales de reptiles: COCODRILOS, LAGARTOS, SERPIENTES y TORTUGAS. Los de mayor tamaño son los caimanes y cocodrilos. El cocodrilo marino del Sureste Asiático alcanza 6 m de longitud y es el más grande de todos ellos.

Hay más de 5.000 especies de lagartos y serpientes. Viven en todas partes, desde los desiertos a las junglas y las solitarias islas oceánicas. Algunas tienen mordedura venenosa, con la que matan a sus presas. Las tortugas están bien protegidas mediante un caparazón. Las más grandes son las especies gigantes del Pacífico y de las islas del Océano Índico.

Algunos países como el Reino Unido, Suecia, Noruega y España son monarquías constitucionales. Sin embargo, pese a no ser repúblicas, los habitantes de esas naciones tienen mayor libertad para elegir a sus gobernantes que muchas de las repúblicas del mundo.

República

República en una forma de Estado que supone el gobierno por y para el pueblo. Generalmente celebra ELECCIONES para elegir a sus gobernantes. Muchas repúblicas surgieron para substituir a monarquías cuyos reyes gobernaban injustamente.

Las primeras repúblicas existieron en la Grecia y la Roma antiguas, lo que no impedía que una gran parte de su población estuviera formada por esclavos. En la actualidad existen repúblicas cuyos jefes no han sido elegidos por el pueblo. Hay dos tipos de repúblicas: repúblicas *comunistas* y repúblicas *democráticas*.

República Centroafricana

Pese a que la extensión superficial de este país africano es superior a la de la península Ibérica, su población es inferior a los 3 millones de habitantes.

La República Centroafricana tiene un clima cálido, y durante la estación de las lluvias hay precipitaciones casi diariamente. El resto del año el clima es muy caliente y seco. Parte de su población se dedica a la ganadería y, en especial, a la agricultura. Cultivan café, algodón y cereales, entre los productos más importantes.

El país formó parte del África Ecuatorial Francesa y consiguió la independencia en 1960. Bangui es la capital y la mayor ciudad del país.

REPÚBLICA CENTROAFRICANA

Gobierno: República
Capital: Bangui
Superficie: 622.984 km^2
Población: 2.700.000 hab.
Lengua: Francés
Moneda: Franco CFA

República Dominicana

La República Dominicana ocupa la mayor parte de la isla La Española o Santo Domingo, en el mar Caribe. El resto de la isla está ocupado por Haití. Su principal producción es el azúcar. Tiene una superficie de 48.734 kilómetros cuadrados y la población es de 6.200.000 habitantes. La capital es Santo Domingo.

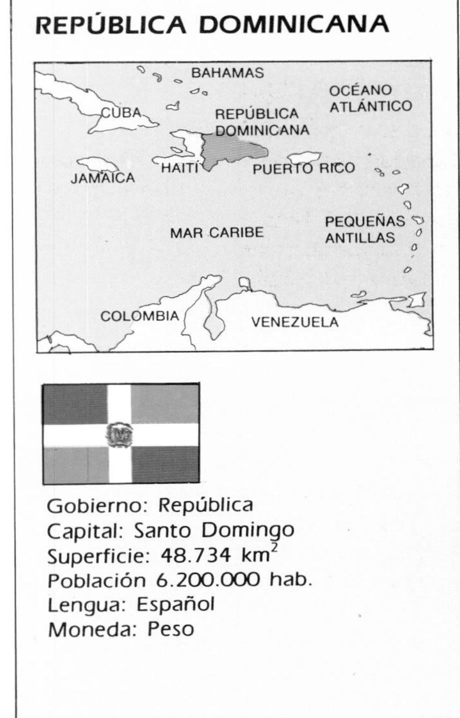

REPÚBLICA DOMINICANA

Gobierno: República
Capital: Santo Domingo
Superficie: 48.734 km^2
Población 6.200.000 hab.
Lengua: Español
Moneda: Peso

Respiración

La respiración es algo tan imprescindible y común que raramente se nos ocurre pensar en ello. El recién nacido empieza a respirar tan pronto deja el vientre materno, y continuará haciéndolo mientras viva. Necesitamos el OXÍGENO del aire para vivir, lo mismo que todos los demás animales. Conjuntamente con los alimentos que ingerimos, el oxígeno nos da la energía que necesitamos para movernos y mantener nuestros cuerpos.

Aspiramos el aire hasta los PULMONES, desde donde, a través de unos tubos delgados, el oxígeno pasa a los vasos sanguíneos y se incorpora a la SANGRE que recorre el cuerpo. Al tiempo que consumimos el oxígeno, espiramos otro tipo de gas llamado dióxido de carbono. El hombre adulto inspira y espira unas veinte veces por minuto; los niños, por lo general, respiran con mayor rapidez.

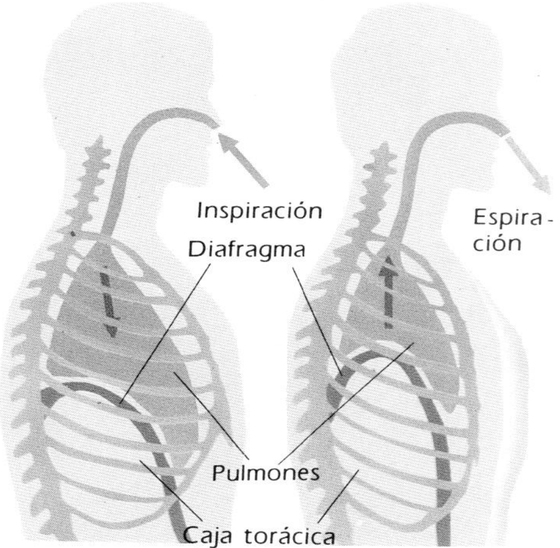

▲ Cuando se inspira aire, la caja torácica se dilata y el diafragma desciende. El aire penetra en los pulmones. La acción se produce a la inversa cuando se espira.

Revolución Francesa

En el siglo XVIII los franceses sufrían bajo la tiranía de sus reyes y sus nobles. Mientras sus súbditos morían de hambre o vivían en la miseria, los ricos se hacían construir magníficos palacios y lujosas mansiones. Los reyes franceses obligaban a los campesinos y comerciantes a pagar grandes impuestos para sostener su extravagante forma de vida y las guerras en que se veían envueltos.

En aquellos días no existía un Parlamento que pusiera freno a los abusos de los reyes frente a sus súbditos, hasta que en el año 1789 el pueblo francés hizo estallar la revolución. El rey Luis XVI fue detenido y conducido a prisión, aunque trató de escapar. La revolución fue dirigida por líderes muy violentos como Danton, Robespierre y Marat, y el rey y la reina fueron decapitados.

A continuación siguió el «Reino del Terror» durante el cual los jefes revolucionarios comenzaron a enfrentarse entre sí, y también muchos de ellos dejaron su cabeza en la guillotina. Finalmente el pueblo se cansó de tanta sangre y en 1795 estableció un gobierno llamado «Directorio». Pero su gestión no fue todo lo eficiente que cabía esperar y en 1799 fue derrocado por NAPOLEÓN.

▼ El 14 de julio de 1789 una multitud de parisinos tomó por asalto la Bastilla, y con ello encendió la primera chispa que haría estallar la Revolución Francesa.

Revolución Industrial 

Se conoce como Revolución Industrial el gran cambio que tuvo lugar en Europa en los siglos XVIII y XIX, cuando empezaron a producirse en las factorías todo tipo de bienes y productos a máquina en vez de hacerlos a mano. Las nuevas máquinas estaban movidas por motores de vapor y podían producir con mucha mayor rapidez. La minería y la producción de metales ganó en importancia y comenzó la era del FERROCARRIL. Mucha gente se trasladó a las ciudades para trabajar en las factorías.

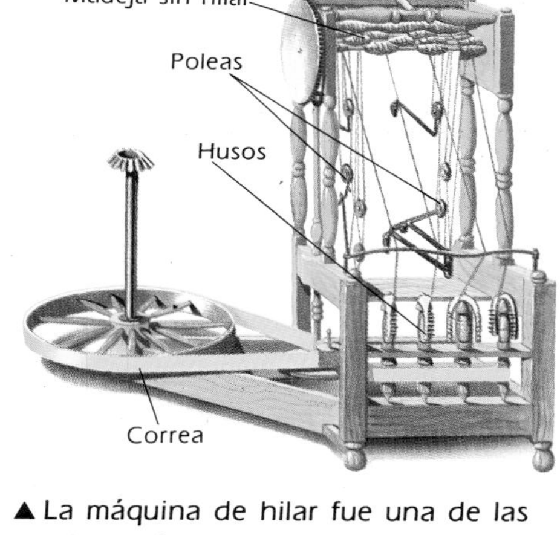

▲ La máquina de hilar fue una de las muchas máquinas nuevas que se inventaron durante la Revolución Industrial. Cambió formas de trabajo que no lo habían hecho durante siglos.

◀ En el siglo XVIII Europa fue escenario de enormes cambios sociales. Nuevos métodos de cultivo de la tierra reemplazaron a los tradicionales, y muchos campesinos y granjeros tuvieron que trasladarse a la ciudad, donde la superpoblación estableció unas terribles condiciones de vida.

Reyes Católicos 

Los Reyes Católicos fueron Isabel I de Castilla y Fernando II de Cataluña y Aragón. Juntos gobernaron estos tres reinos unidos por primera vez bajo un solo mando. Su nombre les viene de su afán por preservar la fe católica de cualquier peligro, lo que les decidió a fundar la Inquisición y a expulsar a los judíos de España. Por otra parte sometieron a la nobleza, conquistaron Granada, patrocinaron la conquista de América, recuperaron el Rosellón y Cerdeña y conquistaron Nápoles.

▲ Isabel la Católica fue la gran patrocinadora de la conquista de América.

Ría 

Una ría se forma cuando un valle muy bajo desemboca en el mar y éste lo inunda. Una ría es, pues, una entrada

▲ Magnífica vista de la ría de Pontevedra, con la isla de Tambo al fondo.

de agua marina en la tierra. Las hay sobre todo en Galicia y Bretaña, y es notable también la del puerto de Mahón, en la isla de Menorca.

Riego

Los agricultores y jardineros tienen a veces que regar determinadas plantas, y a esta acción se la llama riego. El riego hace posible las cosechas y el crecimiento de plantas y flores en suelos secos, incluso en un DESIERTO. Los agricultores de China, Egipto e Irak irrigaron grandes extensiones de terreno durante miles de años.

En muchos países el agua se almacena en lagos artificiales que se consiguen construyendo una presa a lo ancho de un río. Los CANALES llevan el agua desde las presas a las tierras de cultivo. En Rusia se construyó un canal de riego de 850 kilómetros de longitud. Acueductos descubiertos o tuberías conducen el agua desde los canales a los campos. En el campo el agua fluye entre las hileras de plantas. A veces se la hace salir a presión por pequeños agujeros en las tuberías o, en la actualidad, mediante aparatos de riego por aspersión que hacen que el agua caiga sobre las plantas como si fuera lluvia.

El pozo artesiano fue utilizado para la irrigación 5.000 años a.C.

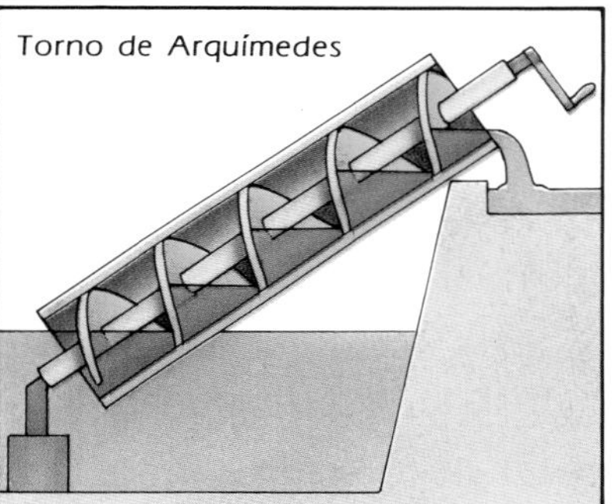

El torno de Arquímedes se empleó como espiral giratoria para elevar el agua.

El rey Senaqueribo de la antigua Asiria construyó canales de irrigación.

▲ El riego y la irrigación son tan viejos como la misma agricultura, y muchas sociedades antiguas desarrollaron sus propios métodos para hacer que el agua llegara a los campos. Muchos de esos métodos se siguen utilizando en la actualidad.

Rinoceronte

A veces descrito como un «tanque con patas», el rinoceronte es uno de los mayores y más fuertes animales terrestres. Un rinoceronte adulto, en pleno desarrollo, puede pesar hasta tres toneladas y media. Este gran animal tiene una dura piel correosa y uno o dos cuernos sobre el hocico. Estos cuernos están formados por pelo, y pueden llegar a medir hasta 127 centímetros.

▼ Aunque su escasa vista hace del rinoceronte una presa fácil para el cazador, el animal compensa esta deficiencia con unos excelentes sentidos del oído y el olfato.

El rinoceronte vive en África y en el sureste de Asia. Se alimenta de tallos y hojas, ramas y hierba.

Aun cuando el rinoceronte adulto no tiene enemigos naturales, ha sido sometido a una caza exhaustiva a causa de sus cuernos, y se ha convertido en una especie en peligro de extinción. Se cree que el cuerno de rinoceronte, reducido a polvo, puede ser un medicamento muy poderoso. También se dice que detecta la presencia de veneno en el vino. Ninguna de estas creencias es cierta.

La capacidad del rinoceronte de embestir muy rápidamente en cortas distancias hace de él un animal cuya caza puede resultar muy peligrosa.

Riñón

Todos los VERTEBRADOS (animales con columna vertebral) tienen dos riñones, cuya forma es parecida a una judía de color rojo-oscuro. Los riñones humanos poseen más o menos el tamaño de un puño y están situados uno a cada lado de la columna vertebral y a la altura aproximada de la cintura.

Los riñones limpian o depuran la SANGRE, es decir, filtran todas las sustancias nocivas y eliminan el agua que el cuerpo no necesita. La sangre, bombeada por el CORAZÓN, llega a cada riñón por medio de una ARTERIA. Cada riñón contiene unos tubos que actúan como filtros. Célu-

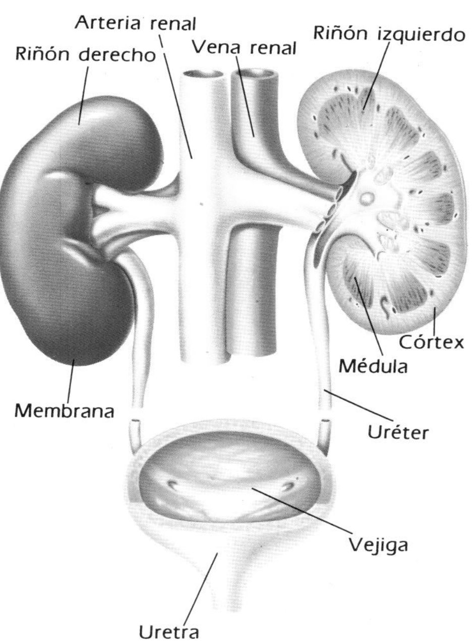

▲ Los riñones son parte de un sistema vital para limpiar la sangre de impurezas y librarla de un exceso de agua. Las impurezas y el agua sobrante pasan por la uretra hasta la vejiga, y dejan el cuerpo convertidas en orina.

LOS RÍOS MÁS LARGOS	
	km
Nilo, *África*	6.690
Amazonas, *América del Sur*	6.437
Mississippi-Misouri, *EUA*	6.212
Irtish, CEI	5.570
Yangtzé, *China*	5.520
Río Amarillo, *China*	4.672
Zaire (Congo), *África*	4.667
Amur, *Asia*	4.509
Lena, CEI	4.269
Mackenzie, *Canadá*	4.241
Mekong, *Asia*	4.184
Níger, *África*	4.168

las sanguíneas, pequeñas partículas de alimentos y otras sustancias útiles se quedan en la sangre para ser utilizadas por el cuerpo. Toda la materia de desecho y el agua sobrante se mezclan para producir la orina, que gotea poco a poco de los riñones a la vejiga.

Río

Los ríos son uno de los accidentes geográficos más importantes del mundo. En tamaño van desde el diminuto arroyo a la colosal corriente de agua que recorre miles de kilómetros.

Los mayores ríos del mundo son el AMAZONAS, el MISSISSIPPI y el NILO, todos los cuales irrigan enormes superficies de tierra. La cuenca del Amazonas, por ejemplo, ocupa una superficie superior a la de toda Europa occidental.

Muchos ríos sirven como líneas de comunicación que permiten que grandes buques, incluso transatlánticos, lleguen a lugares situados tierra adentro. En las junglas tropicales muchas veces son la única vía de comunicación posible. Los ríos con presas y diques nos ayudan a la obtención de electricidad. El agua de los ríos se utiliza para irrigar tierras de cultivo en lugares desérticos o muy secos del planeta.

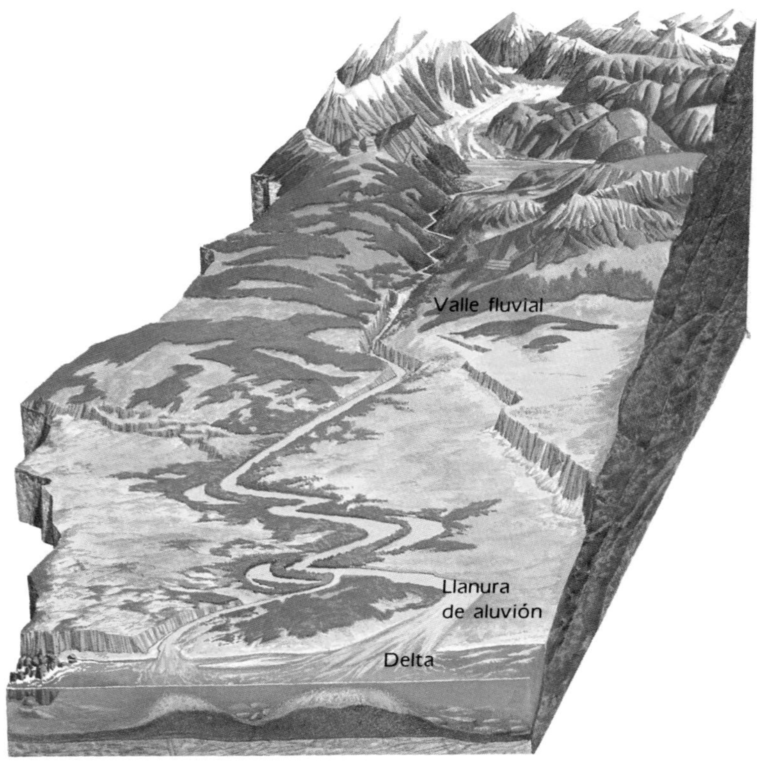

▶ Durante siglos, los ríos cavaron valles en la tierra en su camino hacia el mar. Desde las cumbres de las montañas se deslizan pequeñas corrientes de agua procedente de la fusión de las nieves, que van aumentando su caudal a medida que se les unen nuevas corrientes de agua, y recogen minerales y otros sedimentos a medida que recorren el paisaje. Esos sedimentos se depositan en el fondo cuando el fluir del río se hace más lento, al acercarse a su desembocadura en el mar, formando grandes deltas.

Roble

▼ La mayor parte de las especies de roble son de hoja caduca, es decir, que las pierden cada año en otoño y les crecen de nuevo en primavera. El fruto de este árbol se llama bellota, y en la mayoría de las especies es amarga y, aunque la comen las ardillas, no es apta para la alimentación humana.

Los robles son árboles que producen unos frutos duros llamados bellotas. Algunos robles tienen troncos cuyo perímetro puede superar los 11 metros. Crecen muy lentamente y pueden llegar a vivir hasta 900 años. Existen unas 275 especies de robles. La mayor parte de ellos son de hoja caduca, y en este caso las hojas tienen los bordes duros y con muescas. Pero en los robles de hoja perenne, éstas poseen bordes suaves y muy brillantes.

La madera del roble es muy dura y tarda mucho en pudrirse, razón por la cual se utilizó para construir los grandes veleros y buques de combate de la antigüedad. El tanino de las hojas de roble se emplea para el curtido del cuero. El alcornoque del que se extrae el CORCHO es una especie de roble.

Robot

En los filmes y libros que sitúan su acción en el futuro, los robots se presentan frecuentemente con la apariencia de seres humanos de metal que pueden andar, hablar e incluso pensar.

Los verdaderos robots son algo diferente. Son máquinas con brazos que pueden mover en distintas direcciones. Los robots son máquinas *programables*. Esto significa que pueden recibir instrucciones para realizar diferentes tareas. Estas instrucciones, o programas, son almacenadas en el ordenador que constituye el «cerebro» del robot.

La mayor parte de los robots trabajan en la industria y realizan tareas tales como pintar, soldar o levantar gran-

▼ Ésta es la imagen tradicional de un robot, con apariencia de ser humano de metal, pero en realidad los robots actuales son muy distintos.

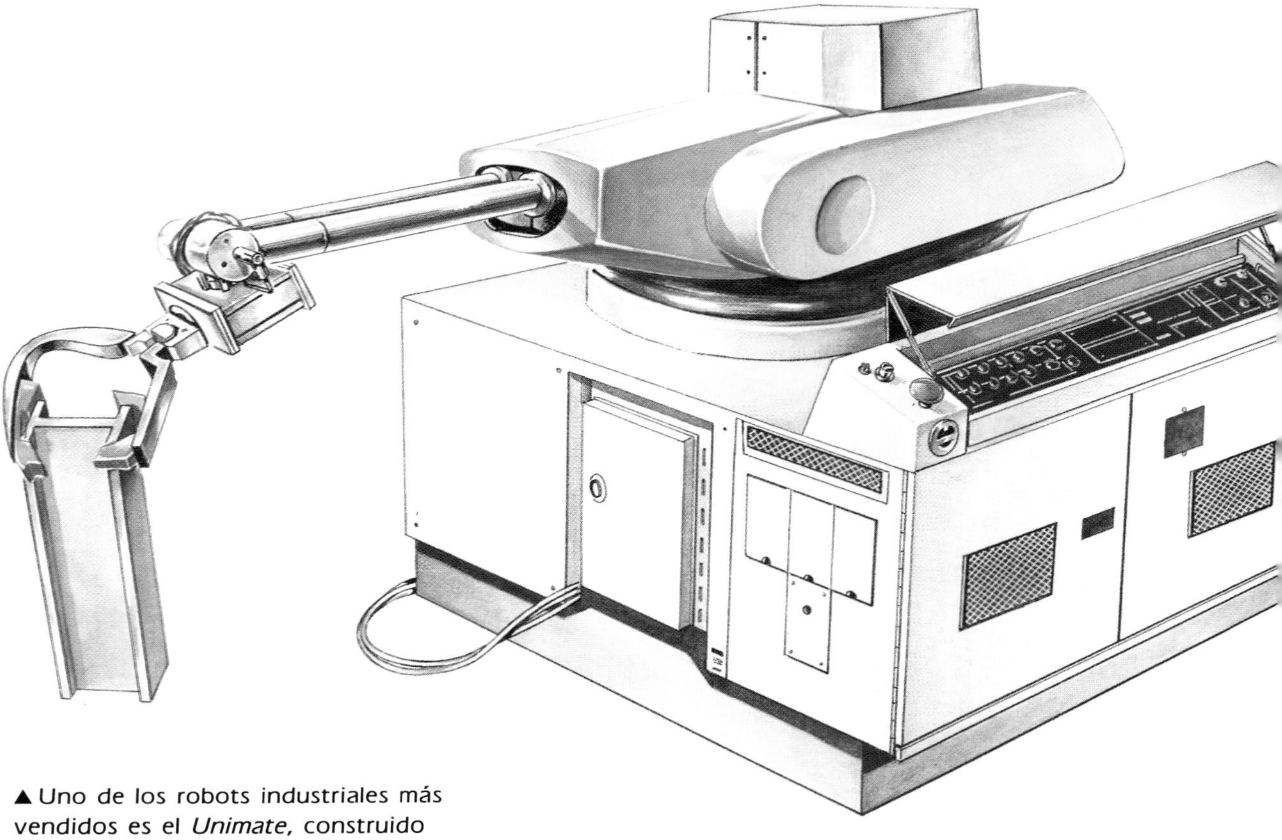

▲ Uno de los robots industriales más vendidos es el *Unimate*, construido por la firma estadounidense Unimation. Puede realizar un gran número de trabajos diversos, según su programación y control. Es capaz de soldar piezas de metal y mover objetos de un lugar a otro.

des pesos y cargas. También hay robots que trabajan en lugares que resultarían peligrosos o inaccesibles para el hombre, como por ejemplo en centrales nucleares o en el espacio exterior.

Roca

La roca es una sustancia MINERAL. Las *rocas ígneas* se formaron al endurecerse el magma (roca fundida). Cuando este enfriamiento se produjo sobre la superficie de la Tierra, se formaron rocas como el basalto o la obsidiana. Al producirse el endurecimiento bajo tierra se formaron rocas como el GRANITO.

Las *rocas sedimentarias* están compuestas por sedimentos, como por ejemplo arena. Los conglomerados son rocas formadas por guijarros y arena. Algunos tipos de piedra caliza son sedimentos formados principalmente por los restos de algunas plantas y fósiles de animales muertos.

Las *rocas metamórficas* son rocas ígneas o sedimentarias que cambiaron a causa del gran calor y de una enorme presión. Por ejemplo, la piedra caliza puede *metamorfosearse* (transformarse) en MÁRMOL.

La Tierra está cubierta por una costra de roca de 20 a 60 km de grosor. La mayor parte está cubierta, pero en muchas partes esta costra de roca permanece al descubierto.

Coleccionar rocas puede resultar divertido y, al mismo tiempo, enseñarnos muchas cosas sobre la Tierra. Es fácil encontrar todo tipo de rocas, incluso en una ciudad. Puedes comenzar comprando un manual adecuado que te enseñe a identificar y a encontrar los tipos de roca más interesantes. Las canteras, las obras de construcción y los acantilados marinos son buenos lugares para la búsqueda de rocas.

Todas las gemas, excepto las perlas, proceden de las rocas. Todos comemos un tipo de roca a diario: la sal común.

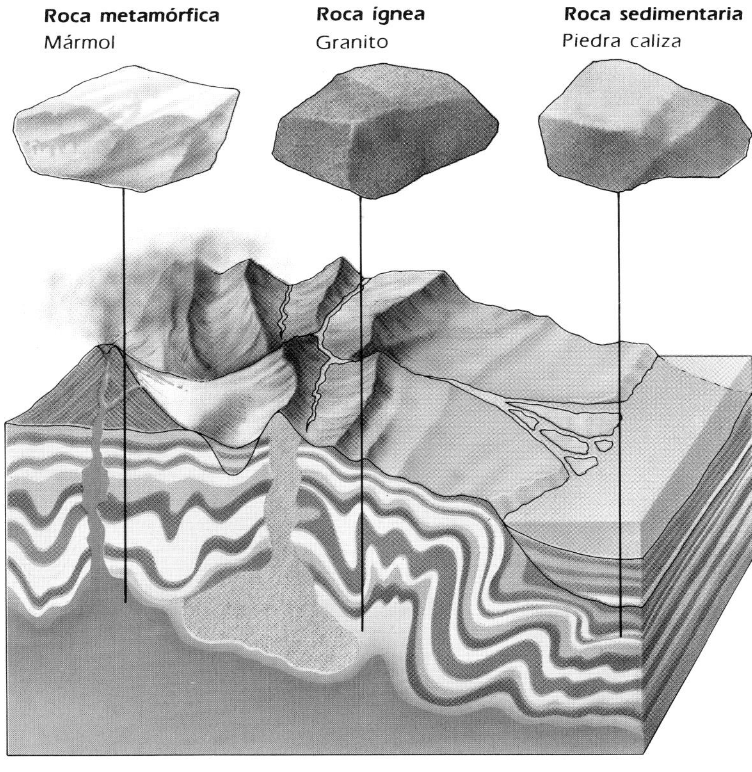

◀ El granito es una roca que se endureció bajo la superficie terrestre; la piedra caliza está formada por capas de sedimentos compuestos por los restos de criaturas marinas muertas. El calor y la presión ejercidos bajo tierra sobre la piedra caliza la transforman en mármol, una roca metamórfica.

Roedores

Los roedores constituyen un grupo de animales que se alimentan royendo. Carecen de colmillos y tienen fuertes incisivos un tanto salientes y que crecen de forma continua. También utilizan esos dientes para cavar sus madrigueras en el suelo. Los CASTORES incluso emplean los incisivos para cortar árboles bastante grandes.

Existen unas dos mil especies de roedores, entre las que destacan los RATONES, RATAS, PUERCO ESPINES y ARDILLAS. El *capibara* suramericano es el mayor de los roedores, con aspecto similar al de un gigantesco CONEJILLO DE INDIAS, pudiendo alcanzar una longitud de 1,25 metros y un peso de más de 45 kilos. El más pequeño de todos los roedores es el ratón de campo europeo, que sólo mide siete centímetros de longitud.

▲ Dos de las muchas especies de roedores. La ardilla voladora no vuela realmente, sino que planea con ayuda de una membrana de piel que tiene entre sus patas delanteras y traseras. La marmota es muy preciada por su piel.

De acuerdo con la leyenda, Roma fue fundada por descendientes de Eneas, un troyano que huyó a Italia tras la caída de Troya. Dos de sus descendientes fueron Rómulo y Remo, dos hermanos gemelos, abandonados al nacer y que fueron amamantados por una loba. Al hacerse mayores, los hermanos fundaron la ciudad sobre una de las siete colinas de la actual Roma. Al cabo de un tiempo se enfrentaron entre ellos, y Rómulo mató a su hermano para convertirse en único señor de Roma. La tradición dice que Roma fue fundada el 21 de abril de 753 a.C. Los romanos siguen celebrando ese día.

Roma

Roma es la capital de ITALIA. Con una población de 2.800.000 habitantes es, también, la ciudad más poblada del país. Roma está situada a orillas del río Tíber. Muchos turistas visitan Roma para contemplar las ruinas del antiguo Imperio Romano y sus bellos monumentos.

▶ Una vista de Roma desde la cúpula de la Basílica de San Pedro y sobre la plaza del mismo nombre, con sus famosas columnas. En los días en que se celebran importantes fiestas religiosas, gentes de todo el mundo se concentran allí para asistir a los actos.

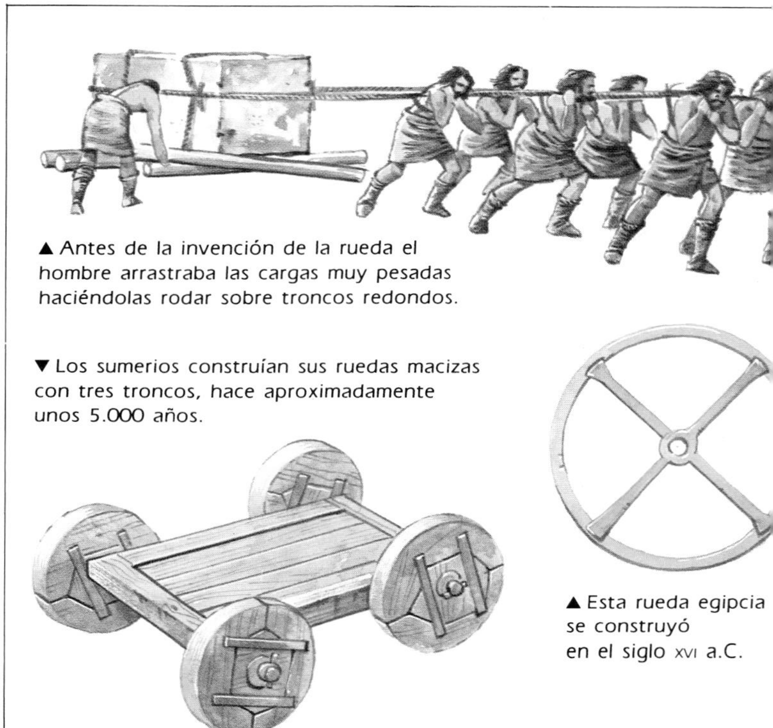

▲ Antes de la invención de la rueda el hombre arrastraba las cargas muy pesadas haciéndolas rodar sobre troncos redondos.

▼ Los sumerios construían sus ruedas macizas con tres troncos, hace aproximadamente unos 5.000 años.

▲ Esta rueda egipcia se construyó en el siglo XVI a.C.

▶ Las ruedas modernas son muy distintas de la rueda inventada hace 5.000 años. Esta ilustración muestra algunas de las ruedas utilizadas a lo largo de la historia.

Ruanda

Ruanda es un pequeño país del África central que goza de un clima fresco y agradable. La mayor parte de su población vive de la agricultura y la ganadería. Ruanda, que formó parte del fideicomisariado belga de Ruanda-Urundi, obtuvo su independencia en 1962. El país es uno de los más densamente poblados de África.

Rueda

La rueda es uno de los más útiles INVENTOS del ser humano. Una rueda que gira en torno a un eje facilita un sistema excelente para mover pesos. Es mucho más fácil transportar una carga sobre ruedas que alzarla para moverla o arrastrarla sobre el suelo.

Es posible que en la EDAD DE PIEDRA la gente aprendiera a hacer rodar sus cargas sobre troncos de árboles, pero la rueda no se inventó hasta la EDAD DE BRONCE, hace unos 5.000 años. Las más antiguas ruedas conocidas parecen rodajas cortadas de un tronco. Pero cada disco sólido estaba hecho de tres partes.

Al principio la rueda estaba fija en el eje y era éste el que giraba en agujeros hechos en la estructura del carro.

RUANDA

UGANDA
KENYA
LAGO VICTORIA
ZAIRE
RUANDA
BURUNDI
TANZANIA

Gobierno: República
Capital: Kigali
Superficie: 26.338 km^2
Población: 6.490.000 hab.
Lenguas: Francés, kinyarvanda
Moneda: Franco ruandés

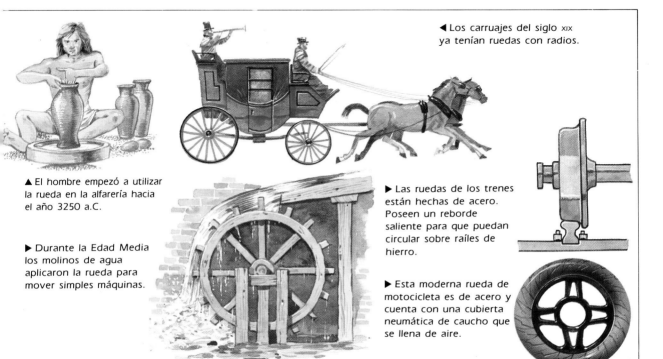

▲ El hombre empezó a utilizar la rueda en la alfarería hacia el año 3250 a.C.

◀ Los carruajes del siglo XIX ya tenían ruedas con radios.

▶ Durante la Edad Media los molinos de agua aplicaron la rueda para mover simples máquinas.

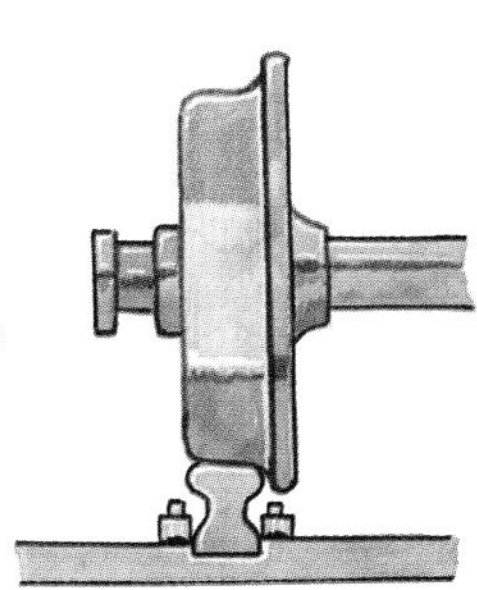

▶ Las ruedas de los trenes están hechas de acero. Poseen un reborde saliente para que puedan circular sobre raíles de hierro.

▶ Esta moderna rueda de motocicleta es de acero y cuenta con una cubierta neumática de caucho que se llena de aire.

▲ El jugador de rugby, una vez en posesión de la pelota, ha de correr rápidamente para evitar ser «placado» por un jugador del equipo contrario.

Más tarde los ejes se fijaron y fue la rueda la que giraba libremente en los extremos del eje.

La gente aprendió pronto que una rueda con radios era tan sólida como una maciza y, al mismo tiempo, mucho más ligera. En la actualidad las ruedas de los coches y otros tipos de vehículos están rodeadas en su exterior por un neumático hueco, lleno de aire, para darle mayor elasticidad y mitigar las vibraciones.

Los cojinetes hacen que las ruedas giren con mayor suavidad sobre sus ejes. Las ruedas dentadas que se acoplan unas a otras forman engranajes que ayudan al funcionamiento de todo tipo de maquinaria.

Rugby

El rugby es un deporte relacionado con el FÚTBOL en sus orígenes, aunque distinto en sus reglas actuales, que se juega entre dos equipos y con balón ovalado. Para conseguir un *try* en rugby el balón tiene que ser llevado más allá de la línea de gol por un jugador del equipo atacante, que ha de tocar el suelo con el balón en la mano. Para apuntarse un gol, es necesario que la pelota pase por encima de la barra horizontal de la meta y entre los dos palos verticales, que forman entre sí una H.

En el *rugby unión*, el más común fuera del Reino Unido, cada equipo tiene quince jugadores. El *rugby liga (league rugby)* es una variación del juego, bastante popular en Gran Bretaña, que se juega con 13 jugadores y con unas reglas algo diferentes. Su nombre proviene de la Rugby School, el colegio británico donde comenzó a jugarse como una variante del fútbol, en 1823.

Gobierno: República presidencialista
Capital: Bucarest
Superficie: 237.500 km^2
Población: 22.800.000 hab.
Lenguas: Rumano, húngaro, alemán
Moneda: Leu

Rumania

Rumania es un pequeño país situado en el sureste de Europa, con bellas montañas y muchos bosques. La mayor parte de sus habitantes son agricultores, pero también abundan las minas y produce petróleo. Desde el siglo XV hasta el siglo XX Rumania formó parte del Imperio Turco. Desde 1940 fue una república socialista, aunque en la actualidad, al igual que gran parte de los países del Este de Europa ha confirmado su estabilidad dentro de los estados democráticos europeos.

Rusia (ver Unión Soviética)

Sabor

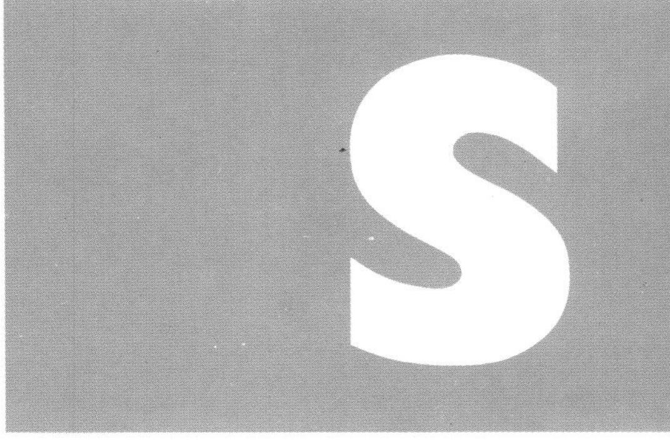

Las papilas gustativas de la LENGUA nos permiten experimentar el sabor de los alimentos. Tu lengua está cubierta de pequeños salientes, las papilas linguales, y las papilas gustativas se hallan dispuestas a los lados de esos salientes. En la parte inferior, en la punta y a los lados de la lengua hay agrupaciones de papilas gustativas; una serie de NERVIOS que van desde aquéllas al cerebro te permiten apreciar si lo que estás comiendo es dulce, agrio, amargo o salado.

El gusto es una mezcla del sabor y el olor del alimento. Si padeces un fuerte resfriado y tienes la nariz obstruida, el alimento apenas te sabe a nada. La mejor manera de tomar una medicina de mal sabor consiste en taparse la nariz al ingerirla.

Experiméntalo

Este sencillo experimento te permitirá localizar las diferentes papilas gustativas. Coloca en un platillo un poco de azúcar, zumo de limón, sal y esencia de vainilla. Asegúrate de que no se mezclan. Con un pincel limpio, deposita un poco de cada sustancia en distintas partes de tu lengua. ¿Puedes sentir el sabor del azúcar y de la sal a los lados de la lengua? ¿Dónde sientes el sabor de las otras sustancias?

Sacro Imperio Romano

Durante muchos años, gran parte de Europa estuvo más o menos unida formando parte del Sacro Imperio Romano. En épocas diversas, incluyó Italia, Alemania, Austria y partes de Francia, los Países Bajos y Suiza.

El día de Navidad del año 800, el papa León III coronó a CARLOMAGNO (y de ahí el nombre de Imperio Carolingio como también se llama a este período) primer «Emperador de los Romanos». La palabra «sacro» se añadió al título imperial años más tarde. Transcurrido un tiempo, los papas empezaron a encontrar más inconvenientes que ayuda en los emperadores, y a fines del siglo XIII el soberano procedía siempre de la familia de los HABSBURGO, gobernante de la poderosa Austria.

Cuando algunos estados alemanes empezaron a crecer en el siglo XVI, los emperadores comenzaron a perder

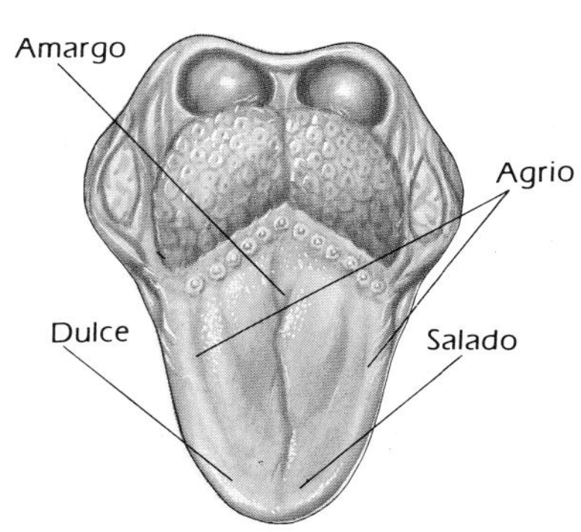

▲ Cada zona de papilas gustativas en la lengua percibe un tipo de sabor.

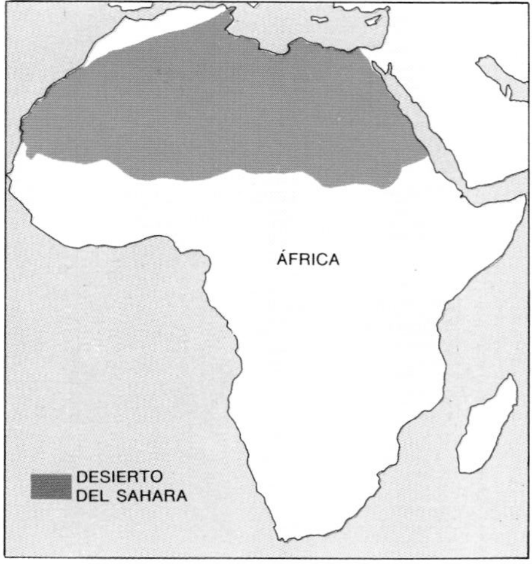

poder. En el siglo XIX, el emperador lo era tan sólo, en realidad, de Austria y Hungría.

Sahara, desierto del

El Sahara es el mayor de los DESIERTOS cálidos del mundo. Cubre unos 8,4 millones de kilómetros cuadrados en el norte de África. Se extiende desde el Océano Atlántico por el oeste, hasta el mar Rojo por el este. En el norte, alcanza la costa mediterránea en Libia y Egipto. Recientemente, sobre los países situados al sur del Sahara ha caído muy poca lluvia. A causa de esto, el desierto avanza lentamente en dirección sur.

Alrededor de un tercio del Sahara está cubierto de arena. Otras partes están cubiertas de grava y piedras o de roca desnuda. El Sahara es el lugar más caluroso de la Tierra; en él se ha registrado la temperatura más alta a la sombra: 57,7 °C.

Saint Kitts y Nevis

Estas dos pequeñas islas se encuentran en las Pequeñas Antillas, en el Caribe. Fueron pobladas por los británicos en 1623 y gobernadas como colonia hasta que alcanzaron su plena independencia en 1983. Su principal industria es la azucarera.

SAINT KITTS Y NEVIS

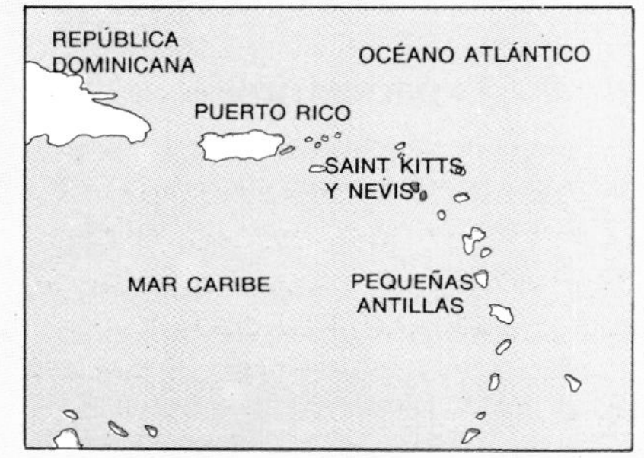

Gobierno: Monarquía
Capital: Basseterre
Superficie: 262 km^2
Población: 40.000 hab.
Lengua: Inglés
Moneda: Dólar del Caribe oriental

Sal

Cloruro de sodio es la denominación química de la sal que consumimos. Precisamos cierta cantidad de sal, pero

▶ Obtención de la sal a partir del agua de mar, que se evapora a causa del calor del Sol. Contiene otros minerales, como el yodo.

no demasiada, para la salud. La sal también se emplea para la conservación de los alimentos, y asimismo es importante en muchas industrias. Gran parte de la que ingerimos procede del agua del mar, pero otra parte se extrae de depósitos en la superficie terrestre.

Curiosamente, cuando el salmón alcanza la madurez y llega la época de la reproducción, emprende el viaje río arriba, luchando contra la corriente, rápidos y cascadas. El instinto que lo impulsa a remontar el río es tan poderoso que puede llegar incluso a morir en el intento.

Salmón

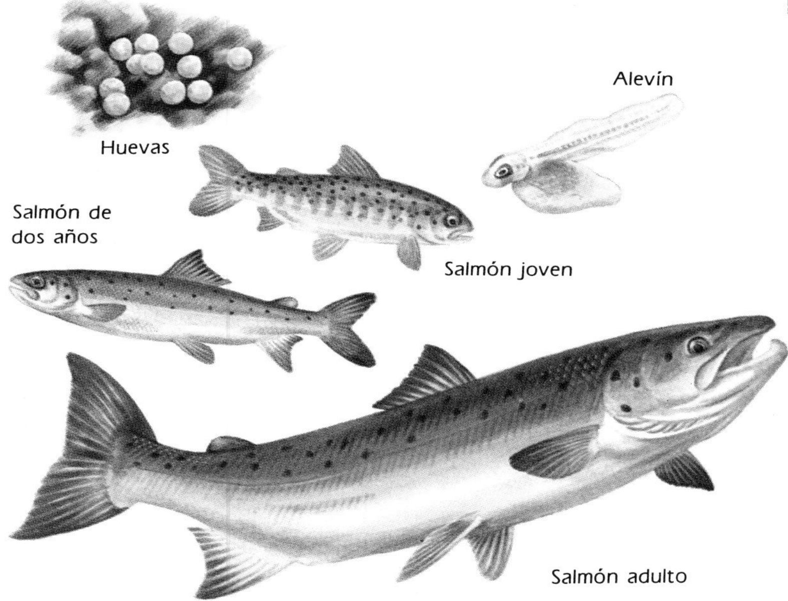

◀ Los salmones nacen de huevas depositadas en los ríos. Los alevines recién nacidos viven con la yema de la hueva adherida a su cuerpo. Al cabo de dos años emigran al mar. Ya adultos, regresan a los ríos para reproducirse.

Los salmones son PECES que se reproducen en ríos poco profundos. Tras la eclosión de las huevas, el joven salmón nada río abajo hasta el mar, donde transcurre su vida adulta (de uno a tres años). Luego regresa a su lugar de nacimiento para la reproducción, lo cual puede significar un viaje de cientos de kilómetros.

Saltamontes

Estos INSECTOS tienen antenas, alas y largas patas traseras. Un saltamontes puede saltar 20 veces su propia longitud. Los saltamontes comen hojas, y los llamados LANGOSTAS dañan las cosechas. Numerosos machos «cantan» frotando las patas posteriores contra las alas.

▼ La cabeza del saltamontes es, generalmente, cónica y prolongada. Tiene ojos compuestos, antenas finas y alas membranosas.

Salud

Una de las cosas más importantes en la vida es una buena salud. Ésta permite a una persona llevar una exis-

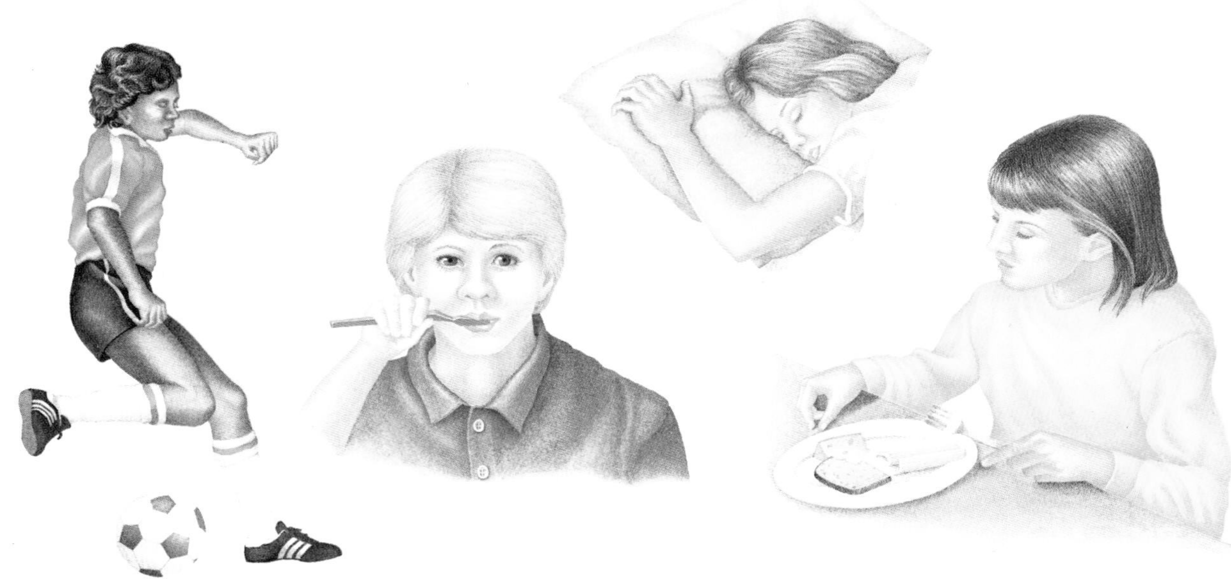

▲ Mucho ejercicio y una dieta equilibrada son esenciales para la salud del cuerpo. Dormir lo suficiente y cuidar la higiene te garantizarán fortaleza y bienestar.

tencia feliz, útil y próspera. Existen ciertas reglas que nos ayudan a mantenernos sanos.

Debemos ingerir una dieta equilibrada, con las clases adecuadas de ALIMENTOS, y beber mucha agua. Todos los alimentos engordan si se comen en cantidades excesivas, pero sobre todo si se trata de féculas, grasas y dulces.

Debemos hacer EJERCICIO con regularidad, a ser posible al aire libre, y dormir lo suficiente. El número de horas que necesitamos dormir depende de nuestra edad. Los bebés duermen de 20 a 22 horas diarias, mientras que las personas mayores sólo precisan de 6 a 7 horas.

Debemos hacer lo posible por mantenernos limpios. Es importante lavarse con regularidad, especialmente las manos. Los dientes, desde luego, deben cepillarse por la noche y por la mañana, y, más convenientemente, después de las comidas.

La buena salud es un tesoro inapreciable, por lo que merece la pena conservarla.

SAMOA

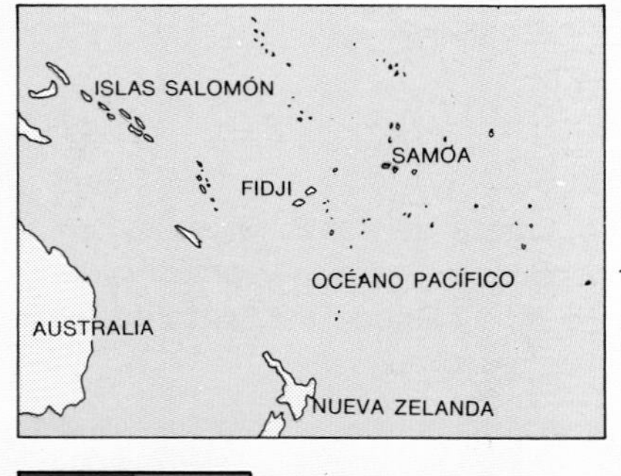

Gobierno: Democracia parlamentaria
Capital: Apia
Superficie: 2.842 km²
Población: 170.000 hab.
Lenguas: Samoano, inglés
Moneda: Tala

Samoa

Samoa es un pequeño país de la COMMONWEALTH, y forma parte del archipiélago del mismo nombre en Oceanía. Está constituido por dos islas volcánicas, Savaii y Upolu, y otras menores hasta un total de doce. En la isla de Upolu vivió Robert Louis STEVENSON, el autor de *La isla del tesoro*. Las islas fueron descubiertas por el marino holandés Jacob Rogeveen en 1722.

Los isleños cultivan cocoteros, bananas y árboles maderables. Samoa accedió a la independencia en 1962.

◀ Cada racimo de bananas suele tener de 70 a 100 frutos y requiere un clima muy húmedo y cálido para crecer. En Samoa, su producción es una de las más importantes.

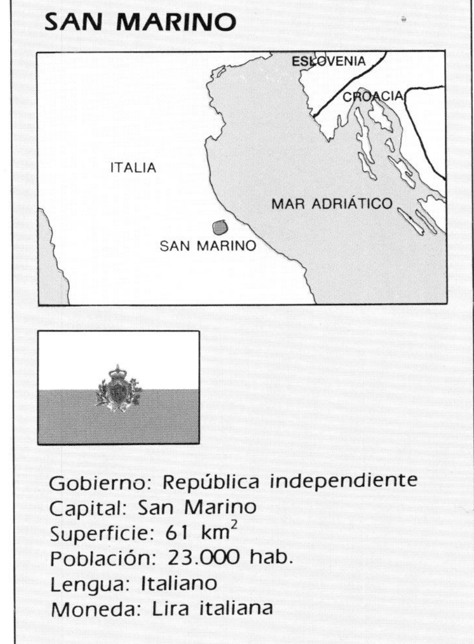

Gobierno: República independiente
Capital: San Marino
Superficie: 61 km^2
Población: 23.000 hab.
Lengua: Italiano
Moneda: Lira italiana

San Marino

San Marino, en el noroeste de ITALIA es la más antigua y la más pequeña república independiente del mundo. La mayor parte de sus ingresos procede de sus frecuentes emisiones de sellos de correos. La agricultura, ganadería, explotación de canteras y la exportación de vino constituyen los fundamentos de su economía, junto con el turismo. La república está regida por dos «capitanes regentes» a los que se elige cada seis meses. Desde 1862 San Marino mantiene un tratado de amistad con Italia.

San Vicente y las Granadinas

Islas pertenecientes a las Pequeñas Antillas, en el Caribe. San Vicente es una isla volcánica cubierta de bosque. Las principales cosechas consisten en bananas, arrurruz y cocos. Es importante el turismo. Colón desembarcó en San Vicente en 1498. Gran Bretaña concedió la independencia a estas islas en 1979.

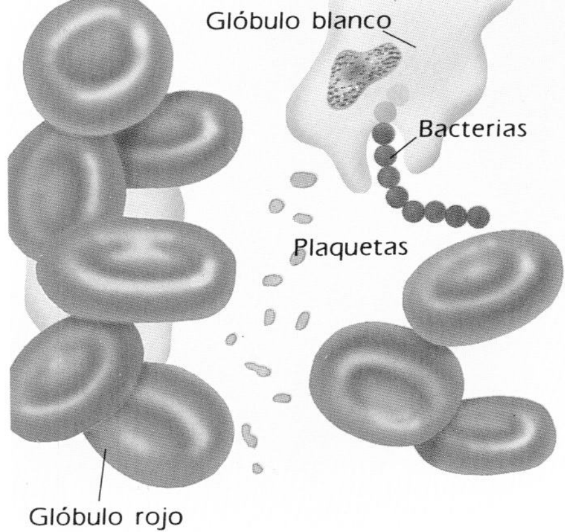

▲ La sangre está constituida por glóbulos rojos y blancos. Los primeros transportan oxígeno a todas las partes del cuerpo. Los blancos combaten las bacterias dañinas. Las plaquetas contribuyen a la coagulación de la sangre en una herida, deteniendo la hemorragia y cerrando la herida para defenderla de las bacterias.

Sangre

La sangre es el fluido que nutre nuestro cuerpo y arrastra los productos de desecho. Toma el alimento del sistema digestivo y OXÍGENO de los PULMONES, y los transporta a todas las CÉLULAS del cuerpo. Cada célula, a su vez, toma exactamente lo que necesita de la sangre, y ésta se lleva el desecho celular, incluidos agua y anhídrido carbónico.

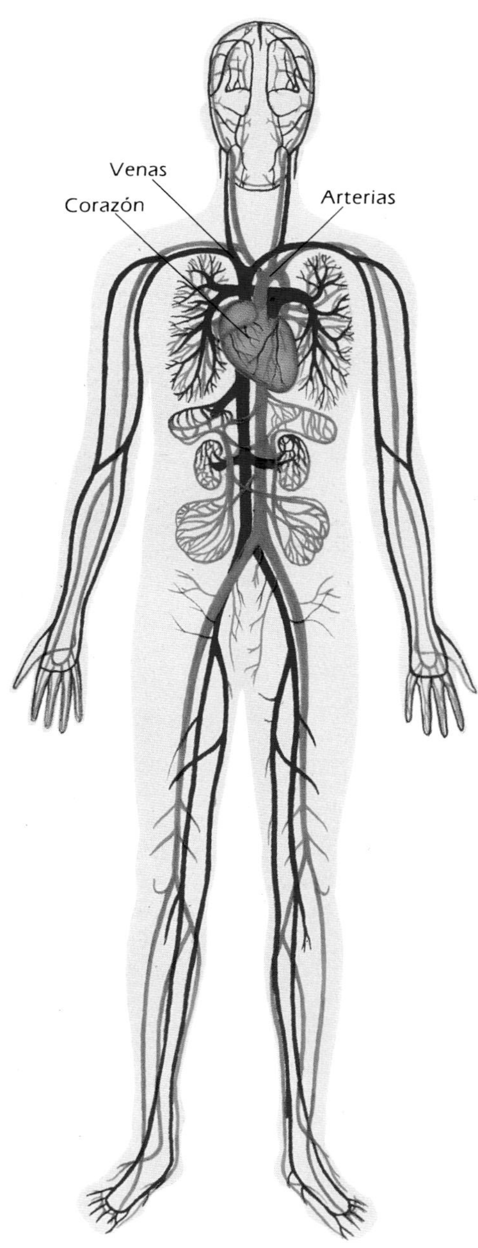

▲ El corazón bombea sangre a todo el cuerpo a través de un sistema de arterias, venas y capilares. En conjunto, suman unos 100.000 km en un adulto.

La sangre transporta asimismo cuerpos químicos específicos allá donde son necesarios, mata los gérmenes y mantiene el organismo a la temperatura adecuada.

La sangre se produce en la médula ósea. El cuerpo humano adulto contiene alrededor de cinco litros de sangre. Ésta se halla constituida por un líquido de tono pálido llamado *plasma* y por millones de células o *glóbulos*. Estos últimos son pequeños discos rojos que confieren su color a la sangre, la cual contiene también glóbulos blancos. Hay alrededor de 5 millones de glóbulos rojos y de 5.000 a 10.000 glóbulos blancos en cada milímetro cúbico de sangre.

Lucha contra la enfermedad

Los glóbulos blancos atacan a los gérmenes que penetran en el cuerpo, absorbiéndolos. A menudo, muchos glóbulos blancos mueren en la lucha contra la enfermedad o la infección. Un gran número de dichos glóbulos muertos se recoge como *pus*. Otras partículas de la sangre, llamadas *plaquetas*, ayudan a la coagulación cuando sangramos. O sea, que contribuyen a que los arañazos y otras heridas curen más rápidamente.

A todos nosotros puede clasificársenos en los grupos sanguíneos A, B, AB y O, según el tipo de sangre que tengamos. Estos grupos son importantes cuando a los pacientes se les somete a transfusiones, las cuales se practican para reemplazar la sangre enferma o para compensar la que se ha perdido como consecuencia de una herida. Generalmente, la sangre que se da a una persona pertenece al mismo tipo que el de ésta.

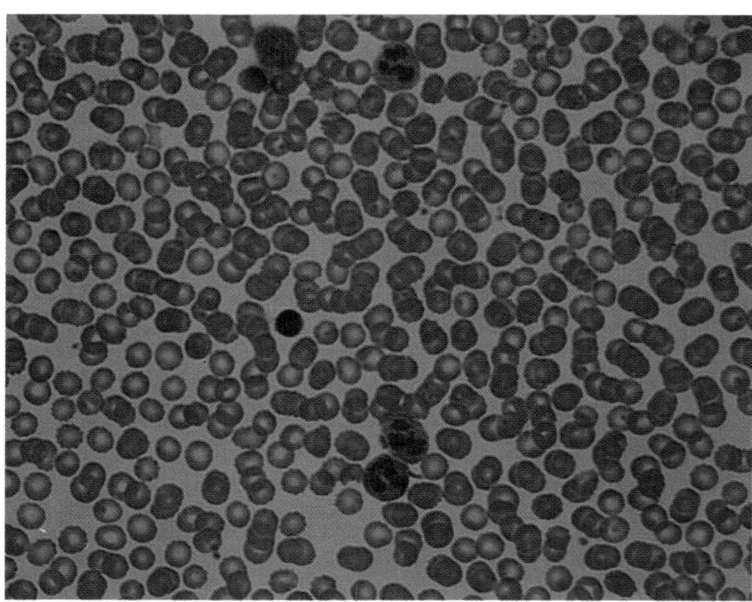

▶ Sangre humana, en la que son visibles los hematíes y los leucocitos.

Santa Lucía

Santa Lucía, en las Pequeñas Antillas, es una de las Islas de Barlovento. La población se dedica a la agricultura, cuyos principales productos son las bananas, el cacao y los cítricos. Gran Bretaña cedió Santa Lucía a Francia en 1814, y la isla alcanzó su independencia en 1979.

SANTA LUCÍA

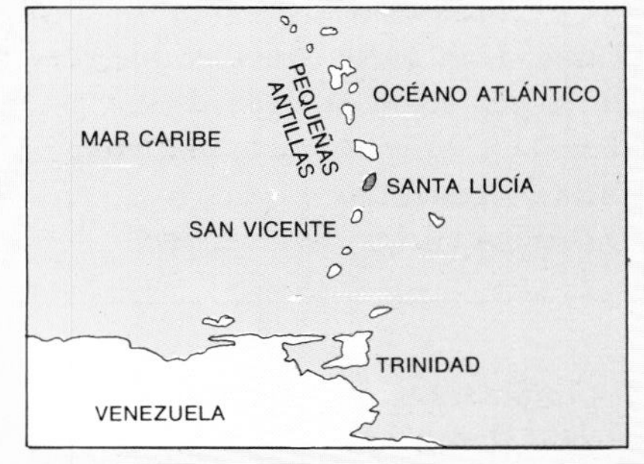

Gobierno: Democracia parlamentaria
Capital: Castries
Superficie: 616 km^2
Población: 120.000 hab.
Lenguas: Inglés, créole
Moneda: Dólar del Caribe oriental

Santo

Los santos cristianos son personas que han sido *canonizadas* (nombradas santas) por la IGLESIA CATÓLICA ROMANA o la Ortodoxa Oriental. Cuando se hace santo a alguien, la Iglesia investiga su vida para comprobar su extremada bondad. El santo también puede haber tomado parte en un milagro.

◀ San Francisco de Asís (1182-1226) renunció a cuanto poseía para llevar una vida sencilla. La ilustración muestra *Las llagas de San Francisco* por El Greco, cuadro que se conserva en El Escorial, Madrid.

Santo Tomé y Príncipe

Estas islitas volcánicas se sitúan en el golfo de Guinea, frente a la costa de África occidental. Las descubrieron

SANTO TOMÉ Y PRÍNCIPE

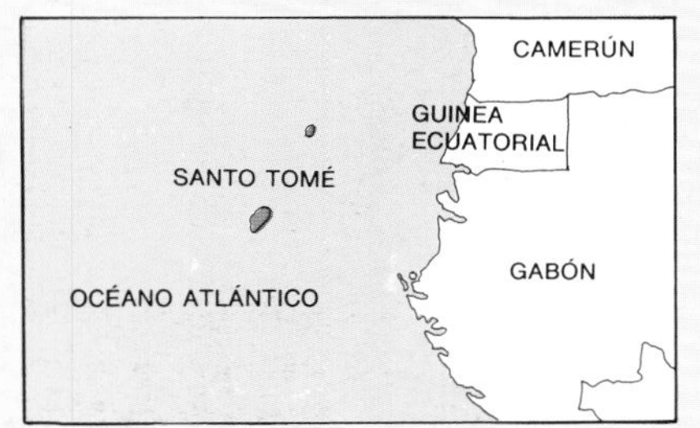

Gobierno: República
Capital: Santo Tomé
Superficie: 965 km^2
Población: 110.000 hab.
Lengua: Portugués
Moneda: Dobra

El cacao representa el 90% de las exportaciones de Santo Tomé. Una parte considerable de la población procede de Angola y Mozambique, de donde fue trasladada para que trabajase en las plantaciones.

los portugueses en 1471, y su principal actividad fue el comercio de esclavos hasta que, en el siglo XIX, se introdujo el cultivo del café y del cacao. Las islas obtuvieron su independencia de Portugal en 1975.

Satélite

▶ El primer satélite artificial fuel el *Sputnik 1,* lanzado por la antigua URSS en 1957.

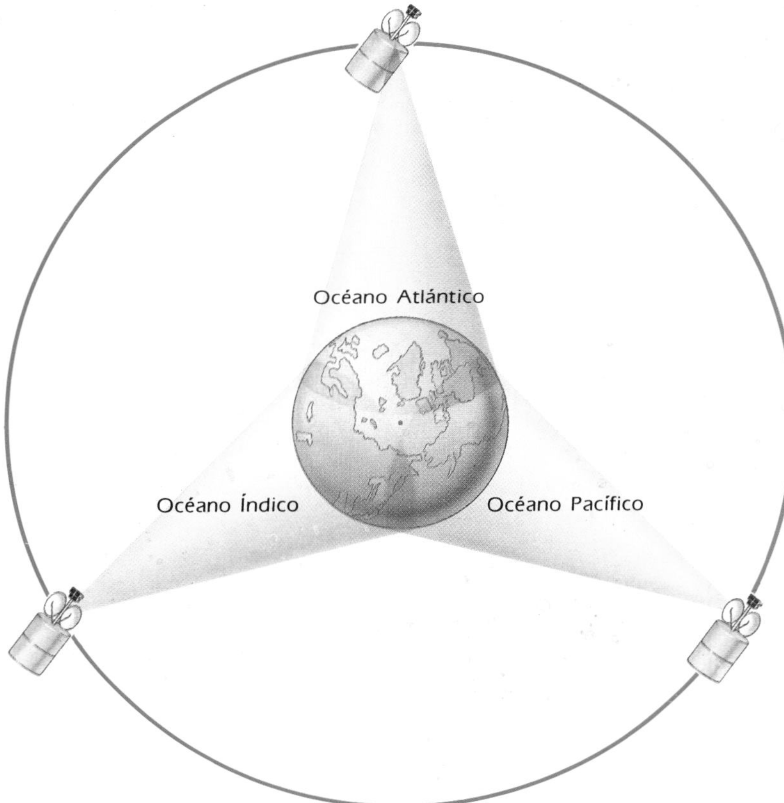

▶ Existen numerosos satélites de comunicaciones *Intelsat* situados sobre diferentes partes del mundo. Los satélites se envían señales unos a otros, así como a cientos de estaciones terrestres.

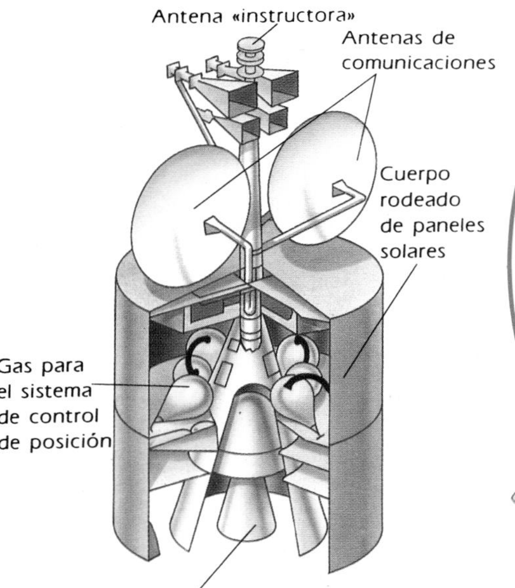

▲ Corte transversal de un satélite de comunicaciones *Intelsat.* Su pequeño cohete motor se utiliza para fijar exactamente la posición del satélite tras su lanzamiento desde la Tierra. La energía eléctrica la suministran los paneles solares.

Un cuerpo que se traslada describiendo una órbita en torno a otro cuerpo se llama satélite. La TIERRA y los demás PLANETAS son satélites del SOL. La LUNA es el satélite de la Tierra, pero ésta cuenta con muchos más satélites: los artificiales, lanzados mediante cohetes y colocados en órbitas fijas.

Los satélites meteorológicos disponen de cámaras que envían imágenes de la formación de nubes y tormentas. Los satélites de comunicaciones transmiten señales de televisión y telefónicas alrededor del mundo. Su radio y demás equipos funcionan con baterías que se cargan con los rayos solares. Los satélites reciben una señal de la estación transmisora situada en la Tierra, la amplifican y la devuelven a otra estación terrestre, que puede estar a miles de kilómetros de distancia.

El primer satélite artificial fue el *Sputnik 1,* lanzado por la antigua URSS en 1957.

Los satélites más útiles son los de comunicaciones y los meteorológicos, la mayoría de los cuales se colocaron en órbitas *geostacionarias.* Esto significa que se hallan en una órbita fija a 36.000 km de altura, desde donde orbitan la Tierra exactamente en 24 horas. Por esta razón parecen permanecer quietos en el cielo, siempre sobre el mismo punto terrestre.

Saturno

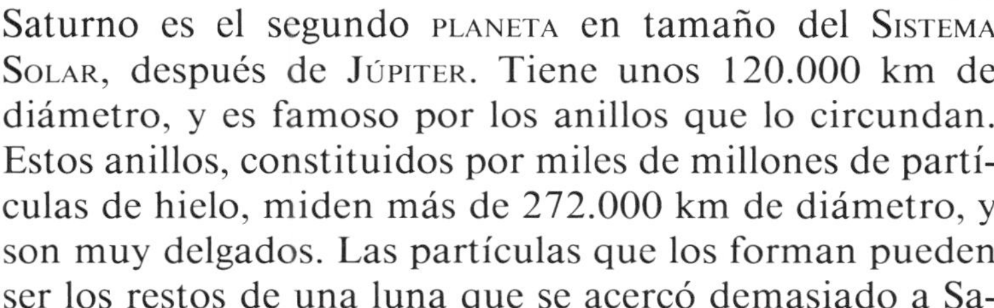

Saturno es el segundo PLANETA en tamaño del SISTEMA SOLAR, después de JÚPITER. Tiene unos 120.000 km de diámetro, y es famoso por los anillos que lo circundan. Estos anillos, constituidos por miles de millones de partículas de hielo, miden más de 272.000 km de diámetro, y son muy delgados. Las partículas que los forman pueden ser los restos de una luna que se acercó demasiado a Saturno y se fragmentó.

DATOS DE SATURNO

Distancia media del Sol: 1.430 millones de km
Menor distancia de la Tierra: 1.289 millones de km
Temperatura media (nubes): −190 grados
Diámetro ecuatorial: 120.000 km
Diámetro de los anillos: 272.000 km
Atmósfera: hidrógeno, helio
Número de satélites: 17
Duración del día: 10 horas, 14 minutos
Duración del año: 29,5 años terrestres

◀ Los anillos de Saturno están constituidos por fragmentos de hielo, roca y polvo. Forman una banda cuyo diámetro supera 20 veces el de la Tierra.

▲ Sir Walter Scott creció en la granja de su abuelo, situada en el límite de Inglaterra y Escocia. Esta región se convirtió luego en el escenario de muchas de sus novelas.

A simple vista, Saturno semeja una estrella brillante, y es que en realidad está formado en su mayor parte por gases luminosos. Es menos denso que el agua, pero los científicos creen que puede tener un núcleo sólido. Posee 17 satélites, de los que el mayor es Titán, que mide unos 5.200 km de diámetro; por tanto, aventaja en tamaño a MERCURIO. Titán es el único satélite conocido que tiene atmósfera, pues está rodeado por una capa gaseosa.

Scott, Walter

Sir Walter Scott (1771-1832) fue uno de los escritores en lengua inglesa más populares. Nació en Edimburgo, Escocia. Se hizo abogado, pero le interesaban más la historia y el folklore escocés. Escribió varios poemas y numerosas novelas de aventuras históricas, entre ellas *Rob Roy* e *Ivanhoe.*

Seda

La seda es una fibra natural, hecha con el capullo de cierta clase de mariposa. Los gusanos de seda, que en realidad son orugas, se mantienen en unos recipientes especiales y se alimentan con hojas de morera por espacio de unas cuatro semanas. Transcurrido este tiempo, hilan sus capullos e inician su transformación en mariposas. Una vez muertas, se procede a deshilar los capullos, cada uno de los cuales da una fibra de 600 a 900 metros de longitud.

La seda se empezó a usar en Asia hace siglos, especialmente en China y Japón. El TEJIDO de la seda se inició en Europa en el siglo XV. Se trata de un material muy fino y suave, y se empleaba para las medias antes de que se inventara el nailon o la fibra sintética. La seda puede pre-

▼ Una vez los gusanos de seda han ingerido suficientes hojas de morera, empiezan a hilar sus capullos. Segregan un líquido, a través de un orificio situado en su mandíbula inferior, que se solidifica al contacto con el aire y se transforma en la fina fibra de seda. Los capullos se sumergen en agua caliente para obtener las finas fibras que luego se entrelazan.

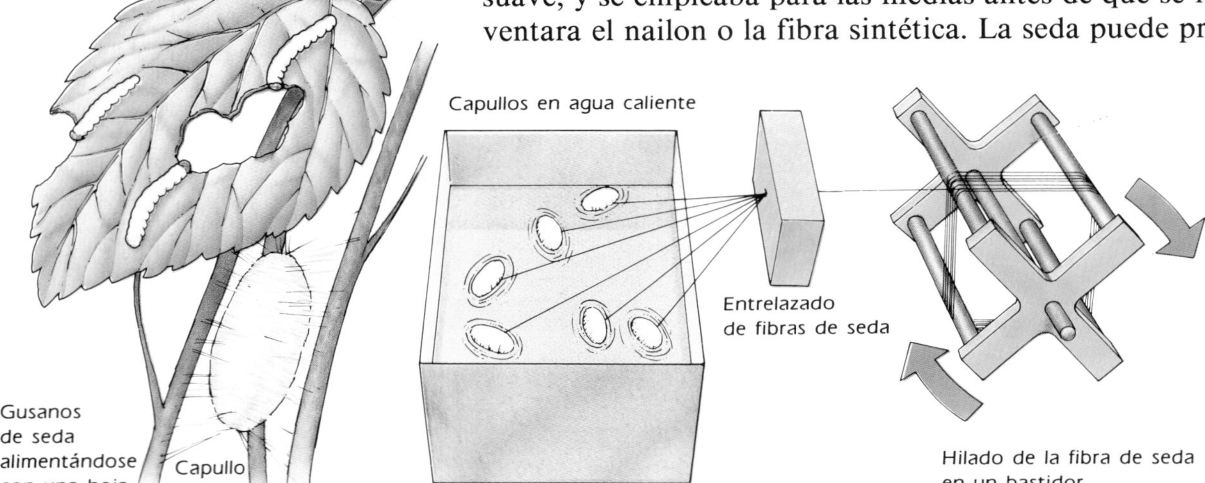

sentarse en otros tejidos, como el raso y el chiffon, y puede teñirse de hermosos colores.

Seguro

El seguro es un medio de salvaguardarse de pérdidas o daños. Una persona titular de una *póliza* de seguro paga una pequeña cantidad anual a una compañía de seguros, y si pierde o sufre daños en algo que haya asegurado previamente, la compañía le entrega dinero para reemplazarlo o para sufragar su reparación.

La organización de seguros más famosa del mundo es Lloyd's de Londres. Se dice que algo que no se pueda asegurar en Lloyd's no puede asegurarse en ninguna otra parte. Dicha organización toma su nombre de un café que existía en el viejo Londres del siglo XVII, donde se reunían los aseguradores navales para concertar sus negocios.

En la sede de Lloyd's cuelga la famosa campana Lutine, salvada de un naufragio en 1837. Se toca una vez si hay buenas noticias, y dos si las noticias son malas.

Sello

Un sello puede ser una marca especial o un papel impreso, con un reverso engomado. Un pasaporte y otras muchas clases de documentos deben llevar el sello estatal adecuado. Los sellos de correos se adhieren a las cartas y paquetes para ser enviados a la correspondiente oficina postal. Cada nación tiene sus propios sellos de correos, y muchas personas los coleccionan. Algunos son raros y valiosos. Un sello muy raro puede costar más que una casa.

Selva

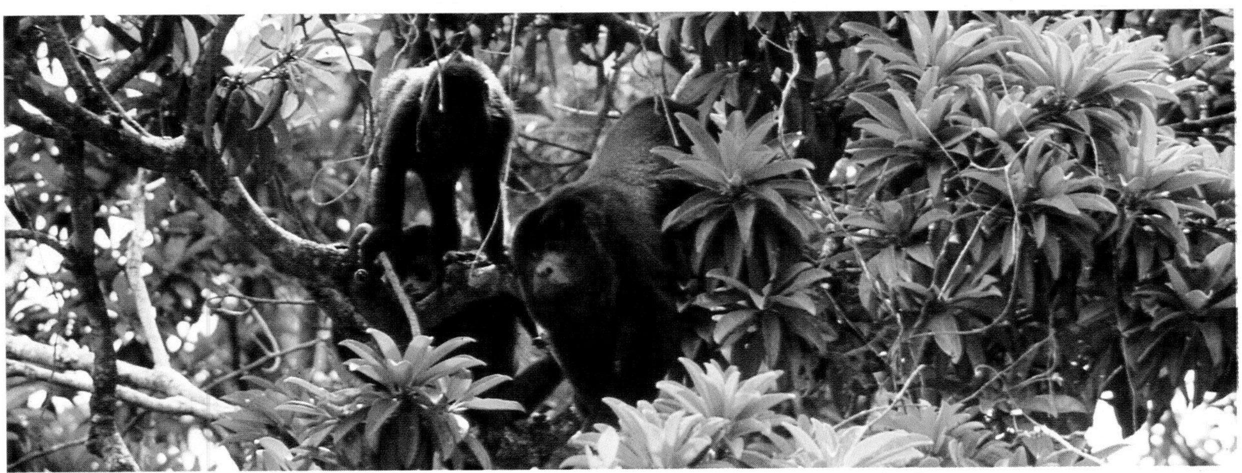

▲ El clima tropical y húmedo de la selva permite la existencia de gran variedad de especies.

Una selva es un bosque en la zona del ecuador, de clima tropical. Tiene muchos árboles muy altos, con lianas, que impiden que la luz llegue hasta el suelo. En la selva, que es muy húmeda, vive una gran variedad de especies de plantas y de animales.

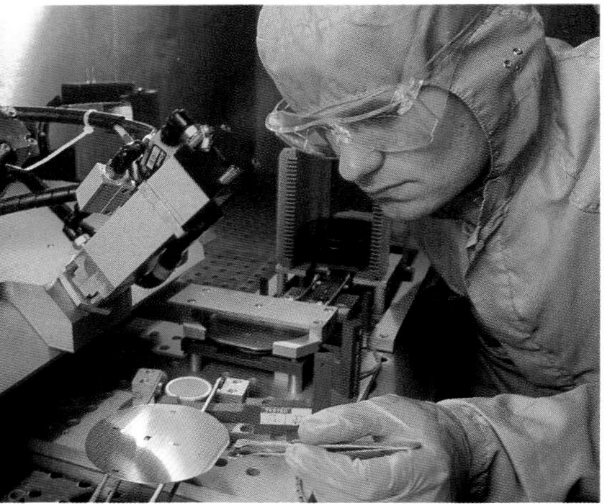

▲ Obleas de silicio, un semiconductor, dispuestas para ser cortadas en microchips.

Semiconductor

Algunos materiales permiten a la ELECTRICIDAD pasar a través de ellos fácilmente; son buenos *conductores*. La mayoría de dichos materiales son metales. Otros materiales, en cambio, no permiten que la electricidad pase a través de ellos; son *aislantes*. Los semiconductores son materiales como el silicio, el germanio o el arseniuro de galio, que ni son conductores ni aislantes. Añadiendo a los semiconductores pequeñas cantidades de otros elementos, pueden construirse importantes dispositivos electrónicos. Tales dispositivos –como los chips– pueden dejar pasar elevadas o reducidas cantidades de corriente eléctrica, bloquearla o permitir que fluya en una sola dirección. Los transistores están hechos con semiconductores.

Semilla

▼ Una semilla de alubia tiene grandes y carnosos cotiledones, una radícula y una plúmula. La radícula crece hacia abajo, en el suelo, y luego aparece la plúmula, que crece hacia arriba. A la derecha, diversas formas de semillas.

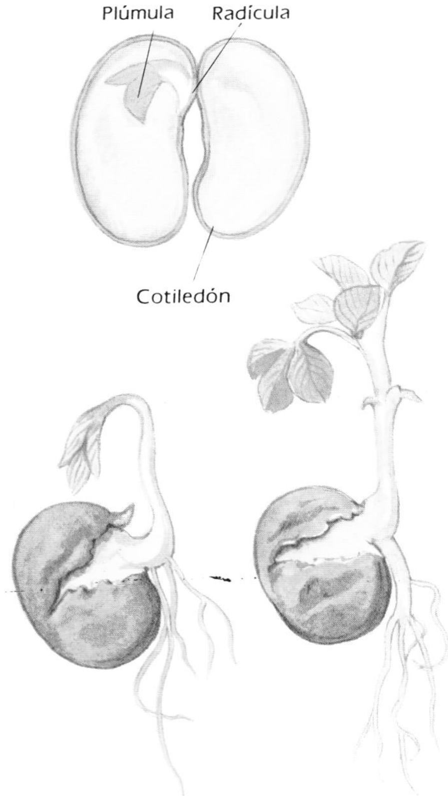

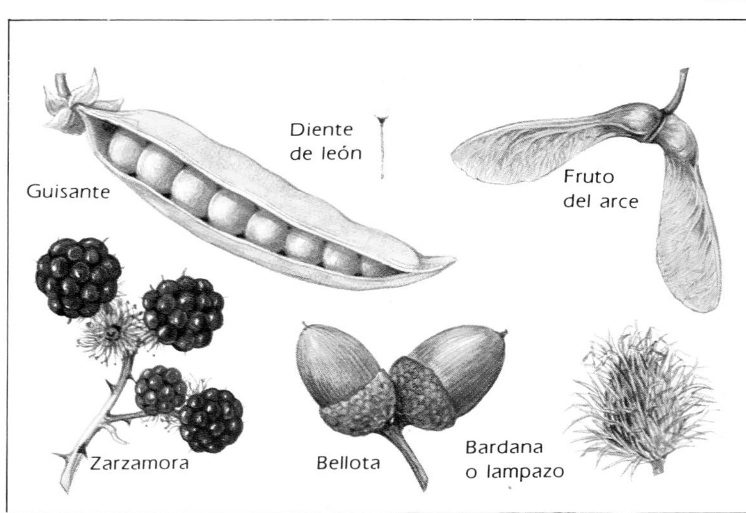

Las semillas son la parte más importante de un vegetal, pues a partir de ellas nacen nuevos vegetales. Una semilla se forma cuando el polen alcanza la parte femenina de una FLOR. La nueva semilla crece en el interior de un FRUTO que la protege. Por ejemplo, en un grano de uva la parte carnosa es el fruto, y las pepitas, las semillas.

Las semillas deben esparcirse, a fin de que hallen un nuevo terreno en el que crecer; algunas son transportadas por el viento, otras son espinosas y se adhieren a la piel de los animales que pasan. Muchas semillas contienen el embrión vegetal y una pequeña cantidad de alimento. Cuando la semilla empieza a crecer, el incipiente vegetal se nutre de esa reserva hasta que posee raíces y puede procurarse su propio alimento.

Senegal 

◀ Senegal es un país de grandes contrastes. El tipismo de las costumbres de sus habitantes convive, en las grandes ciudades, con modernas arquitecturas como las de la foto, del centro de la ciudad de Saint Louis.

SENEGAL

MAURITANIA
OCÉANO ATLÁNTICO
SENEGAL
MALÍ
GAMBIA
GUINEA BISSAU
GUINEA

Gobierno: República
Capital: Dakar
Superficie: 196.192 km^2
Población: 6.980.000 hab.
Lengua: Francés
Moneda: Franco CFA

Senegal se halla en la costa más occidental de ÁFRICA. La vecina Gambia tiene frontera por tres de sus lados con el Senegal. La principal producción y exportación del país son los cacahuetes. También se cultivan el mijo y el arroz. La pesca es asimismo importante.

Senegal fue la primera colonia francesa en África, y obtuvo su plena independencia en 1960. En 1982, Senegal y Gambia se unieron en una confederación defensiva y monetaria con el nombre de Senegambia.

Sentidos (ver Ojo, Oído, Olfato, Sabor y Tacto)

Ser humano 

Aunque nuestro planeta, la TIERRA, tiene alrededor de tres mil millones de años, los restos humanos más antiguos que se conocen sólo tienen un millón de años. Los seres humanos pertenecen a la familia de los MAMÍFEROS,

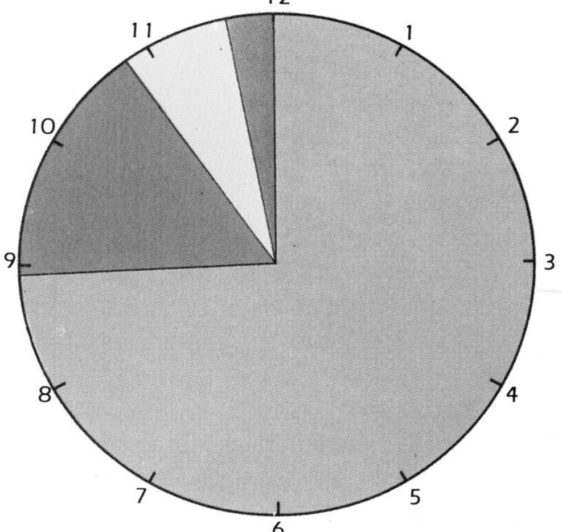

▲ Si la historia de la vida sobre la Tierra hasta hoy se condensara en doce horas, la existencia más primitiva en el mar habría comenzado antes de las nueve. La vida pasó a tierra firme a las once menos un minuto, y los mamíferos aparecieron dos minutos antes de las doce.

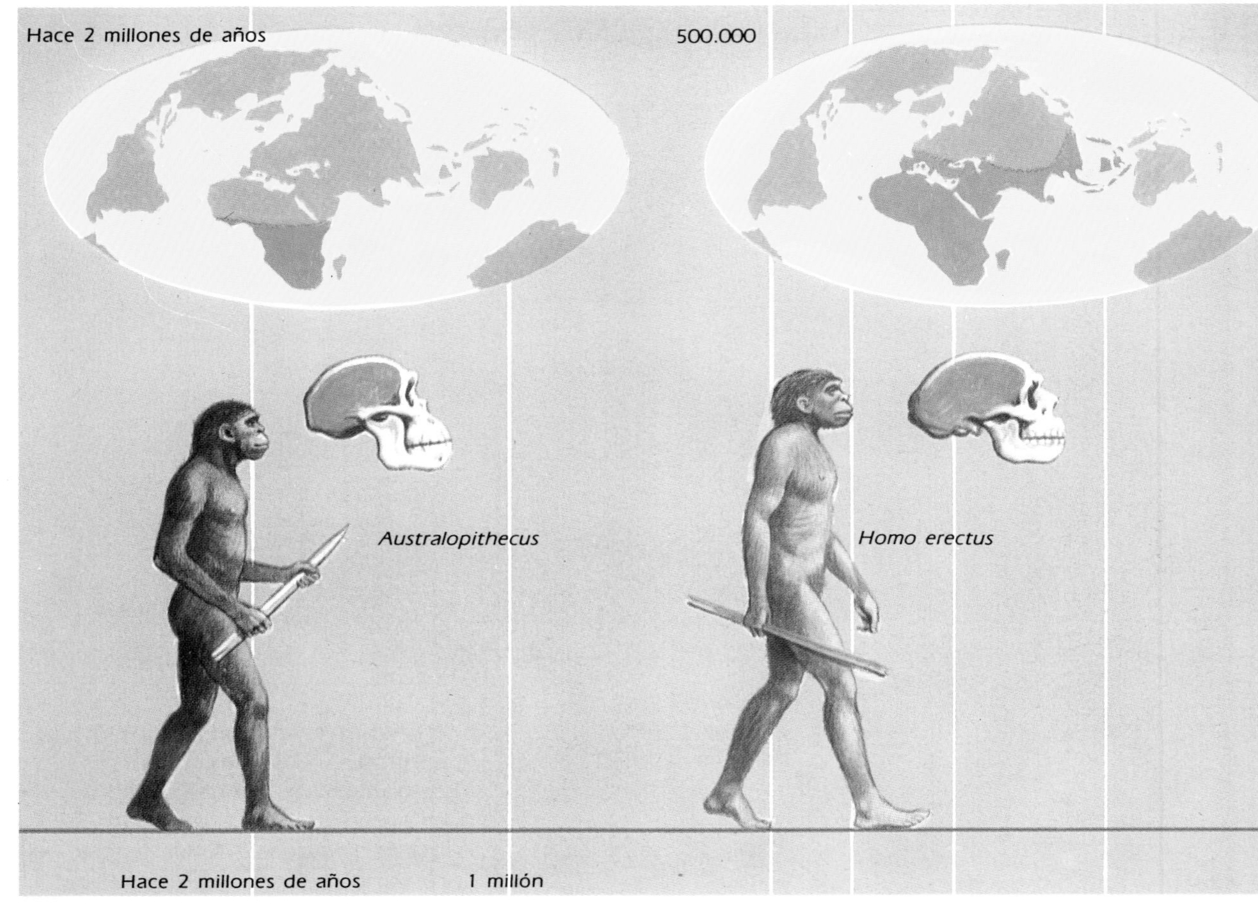

▲ Nuestros antepasados de hace dos millones de años eran muy diferentes de nosotros, pero es que el mundo era también muy distinto. Se sucedieron una serie de épocas glaciales, o sea, que grandes glaciares cubrían gran parte del hemisferio Norte. Uno de los acontecimientos más importantes en el desarrollo del ser humano tuvo lugar hace alrededor de un millón de años, cuando nuestros antepasados empezaron a construir herramientas. En torno a 10.000 a.C., los hombres fueron comprendiendo cómo sembrar y obtener cosechas. Las áreas de color oscuro muestran las zonas donde los seres humanos vivieron en distintas épocas.

pero son inteligentes. Se asemejan mucho a sus parientes los monos. Tienen el mismo tipo de huesos, músculos y otras partes internas del cuerpo. Pero la diferencia principal entre las personas y cualquier otro animal radica en el cerebro, el cual, en el hombre, es enorme en comparación con el conjunto del cuerpo. Los seres humanos emplean el cerebro para razonar. Por esta razón el ser humano es el animal más evolucionado.

Casi todos los científicos están ahora de acuerdo en seguir la teoría de Charles Darwin, según la cual nuestros antepasados eran criaturas semejantes a monos que, lentamente, a lo largo de millones de años, evolucionaron (se transformaron) hasta convertirse en personas.

Hoy día, todas las personas pertenecen a la misma *especie*. Los seres humanos se dividen en tres razas principales. Los *blancos* tienen la piel clara, como los habitantes de Europa y América, u oscura, como los de la India. El grupo *mongoloide* comprende a la mayoría de los pueblos de tez amarilla de Asia, más la población india americana. El grupo *negroide* está formado por los pueblos de piel negra de África y otras regiones.

50.000

5.000

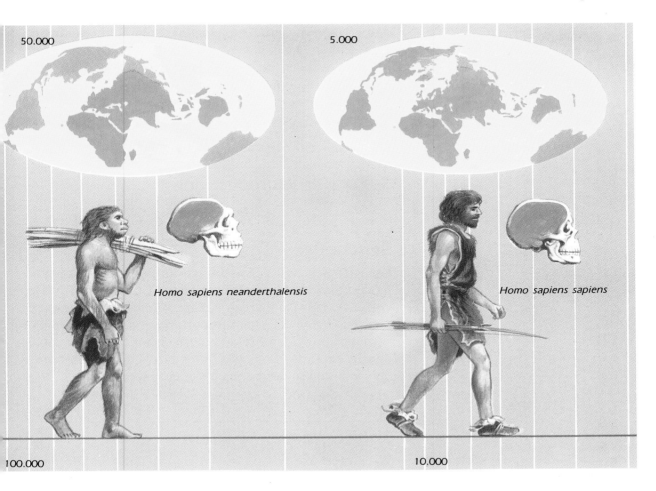

Homo sapiens neanderthalensis

Homo sapiens sapiens

100.000

10.000

Serpiente

Las serpientes son REPTILES. Son largas y delgadas y carecen de brazos y piernas. Avanzan reptando. Las serpientes tienen una piel seca y tersa. La mayoría viven en lugares cálidos. Las que habitan en climas más fríos pasan el invierno en HIBERNACIÓN.

Unas pocas serpientes poseen glándulas venenosas, e inyectan ese veneno a los animales a los que muerden. La serpiente de cascabel y la cobra son muy venenosas.

La mayoría de las serpientes nacen de huevos. Una hembra puede poner hasta diez huevos de una sola vez. Otras paren crías vivas. Las serpientes de mayor tamaño son la pitón y la anaconda, que pueden alcanzar los 10 metros de longitud.

▲ La serpiente coral presenta unos colores vivos que no son mera decoración: constituyen una advertencia a otras criaturas de que la serpiente es venenosa.

Setas

Las setas crecen en bosques, campos y en el césped, o sea, en casi todas partes donde se dan el calor y la hume-

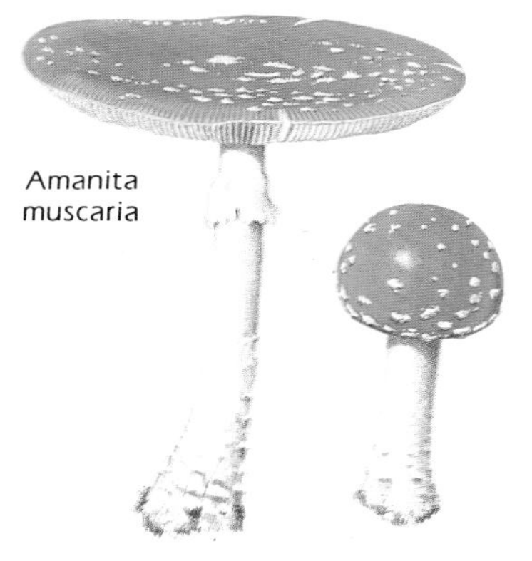

▲ Aunque no todas, algunas setas venenosas pueden reconocerse por su aspecto sospechoso.

SEYCHELLES

REPÚBLICA SOMALÍ
KENYA
OCÉANO ÍNDICO
SEYCHELLES
TANZANIA
MOZAMBIQUE
MADAGASCAR

Gobierno: República
Capital: Victoria
Superficie: 280 km^2
Población: 67.000 hab.
Lenguas: Inglés, francés
Moneda: Rupia

dad en medida suficiente. Algunas setas son muy buenas para comer; otras son tan venenosas que las personas mueren después de ingerirlas. Las setas pertenecen al grupo vegetal llamado *fungus*. Carecen de materia colorante verde (CLOROFILA); a falta de ella, se nutren de materia en descomposición en el suelo o en otros vegetales.

Sexo (ver Reproducción)

Seychelles

Las islas Seychelles constituyen un pequeño país a unos 1.600 km de la costa africana, en el Océano Índico. Hay volcanes, playas de arena y plantaciones de cocoteros. El turismo es una actividad importante. Las islas fueron gobernadas por Gran Bretaña, pero obtuvieron su independencia en 1976. Los habitantes provienen de la mezcla de sus antepasados africanos y europeos.

Shakespeare, William

William Shakespeare (1564-1616) es considerado por la mayoría de la gente como el más grande de los escritores ingleses. Debe su fama sobre todo a sus obras teatrales –unas 40–, que incluyen *El sueño de una noche de verano, Hamlet, Macbeth* y *Romeo y Julieta.*

Se sabe muy poco acerca de la vida de Shakespeare. Nació en Stratford-upon-Avon, y era hijo de un fabricante de guantes. A los 18 años se casó con Anne Hathaway, hija de un granjero, y tuvieron tres hijos. A la edad de 20 años abandonó Stratford y se trasladó a Londres, donde se convirtió en actor y dramaturgo. Al final de su vida regresó a Stratford. Las obras de Shakespeare se representan y estudian en todo el mundo, y muchas de las palabras y frases que hoy se usan en lengua inglesa fueron introducidas por Shakespeare.

Siberia

Siberia es una vasta región que cubre la mayor parte de la Rusia asiática, al este de los montes Urales. Es un país muy frío. A lo largo de la costa septentrional de Siberia se extiende la *tundra*, un semidesierto frío. Los bosques cubren alrededor de un tercio de los 15 millones de kiló-

◀ La amplia extensión ocupada por Siberia está muy subdesarrollada, y muchos animales gozan de un hábitat intacto. El lago Baikal alberga numerosas especies animales que no se encuentran en ningún otro lugar del mundo, incluida la única foca de agua dulce que existe.

metros cuadrados de Siberia. En las proximidades de la frontera mongola se extiende el lago Baikal, el mayor lago de agua dulce de Eurasia.

Durante algunos años, el gobierno de la antigua Unión Soviética estimuló a los jóvenes para que se establecieran en Siberia, a fin de desarrollar la región.

Sierra Leona

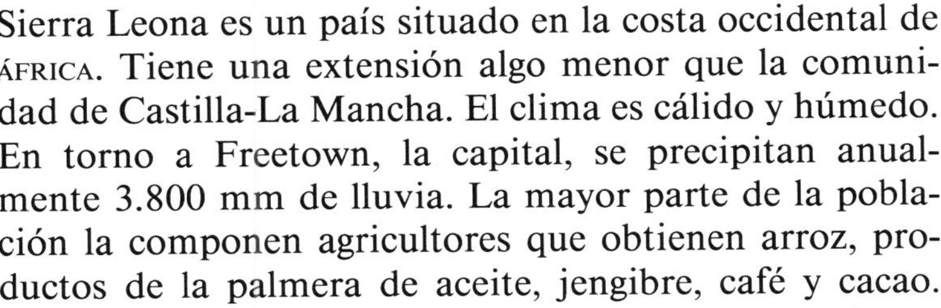

Sierra Leona es un país situado en la costa occidental de ÁFRICA. Tiene una extensión algo menor que la comunidad de Castilla-La Mancha. El clima es cálido y húmedo. En torno a Freetown, la capital, se precipitan anualmente 3.800 mm de lluvia. La mayor parte de la población la componen agricultores que obtienen arroz, productos de la palmera de aceite, jengibre, café y cacao. También se explotan yacimientos de mineral de hierro, bauxita y diamantes.

Sierra Leona fue colonia británica. Se convirtió en Estado independiente en el seno de la COMMONWEALTH en 1961, y en república en 1971.

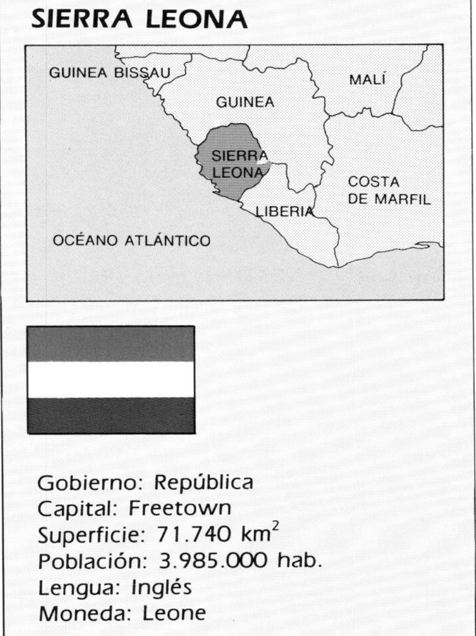

Gobierno: República
Capital: Freetown
Superficie: 71.740 km^2
Población: 3.985.000 hab.
Lengua: Inglés
Moneda: Leone

Siglo de Oro

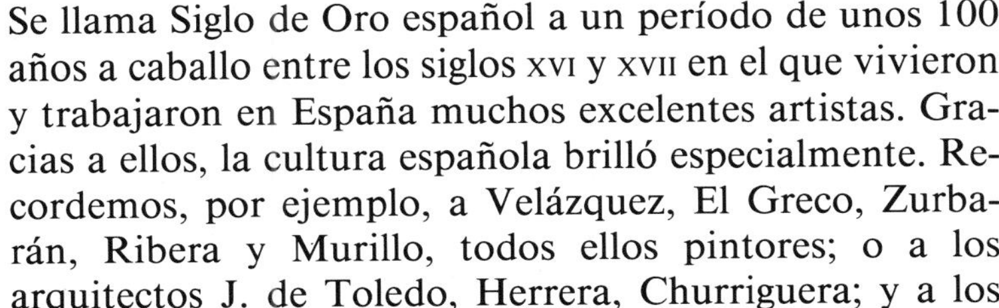

Se llama Siglo de Oro español a un período de unos 100 años a caballo entre los siglos XVI y XVII en el que vivieron y trabajaron en España muchos excelentes artistas. Gracias a ellos, la cultura española brilló especialmente. Recordemos, por ejemplo, a Velázquez, El Greco, Zurbarán, Ribera y Murillo, todos ellos pintores; o a los arquitectos J. de Toledo, Herrera, Churriguera; y a los

En un ambiente de decadencia política, quiebra económica y tensiones sociales, las letras y las artes españolas, paradójicamente, encontraron su punto culminante en lo que se ha dado en llamar Siglo de Oro de la literatura española.

En su país, muchos sijs devotos llevan consigo una daga corta o *kirpan*. También acostumbran a llevar una ajorca, una peineta y pantalones cortos.

escultores Alonso Cano, Berruguete, Forment, Pedro de Mena, y entre muchos escritores a Lope de Vega, Tirso de Molina, Calderón de la Barca, Góngora, Quevedo, Gracián, Boscán y Cervantes. Todos estos artístas coincidieron en un siglo riquísimo en ideas, tendencias y estilos, que culminaría en el llamado Barroco español.

Sijs

Los sijs forman un pueblo que vive en el Punjab, en el norte de la India. Su religión la fundó un hombre piadoso llamado Nanak (1469-1539). Fue el primer *guru* (maestro) de los sijs. Las enseñanzas de los *gurus* se recogieron en el libro sagrado de los sijs el *Granth*, que se guardó en el Templo Dorado de Amritsar.

Los sijs eran un pueblo guerrero, que luchó contra los gobernantes musulmanes de la India y contra los británicos. Los sijs se caracterizan porque ni se afeitan ni se cortan el cabello, y llevan turbante. En total existen unos 14 millones de sijs.

▶ El Templo Dorado de Amritsar, en el Punjab, es sagrado para los sijs. Se edificó en 1579 en un terreno concedido por el emperador mogol Akbar.

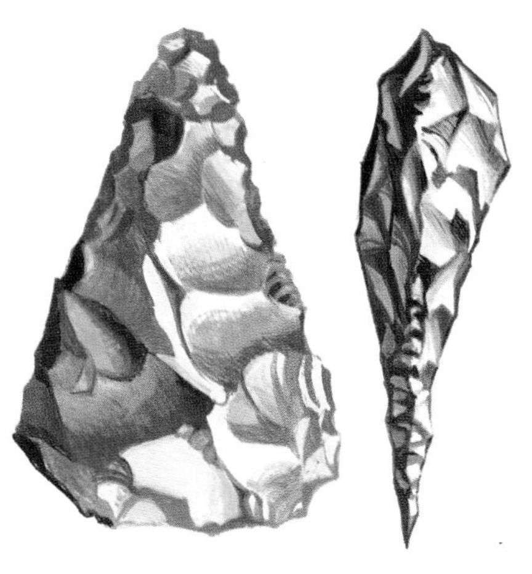

▲ Una punta aguzada de sílex empleada como herramienta y un raspador, ambos fabricados por el hombre de Neanderthal hace unos 50.000 años.

Sílex

El sílex o pedernal es un MINERAL cristalino que constituye una de las formas del CUARZO. Se encuentra en yacimientos de calizas y areniscas. Un fragmento de sílex se presenta de color blanco grisáceo en el exterior y de gris brillante a negro en el interior.

El sílex es muy duro, pero puede ser fácilmente fragmentado en lascas puntiagudas. Las gentes de la EDAD DE

PIEDRA fabricaron herramientas y armas con sílex. Debido a que despide una chispa cuando se le golpea con hierro, puede emplearse para encender FUEGO. Una chispa procedente del sílex prendía la pólvora en las primitivas armas de fuego, llamadas por ello de chispa o de pedernal.

Sindicato

Los sindicatos son grupos formados por trabajadores. Su finalidad principal consiste en obtener mejores salarios para sus miembros. También reclaman menos horas de trabajo y mejores condiciones para desarrollar sus tareas. Algunos sindicatos protegen a sus miembros y a sus familias en épocas de dificultades. Si un sindicato mantiene un desacuerdo grave con un patrono, puede disponer que sus afiliados cesen en su trabajo. Esto se llama una *huelga*.

Los modernos sindicatos se formaron en los primeros días de la REVOLUCIÓN INDUSTRIAL. Gran Bretaña fue el primer país donde se legalizaron, en la década de 1870. Desde entonces, los sindicatos han incrementado gradualmente su poder. Hoy desempeñan un papel importante en los asuntos de muchos países.

▲ John L. Lewis fue un poderoso dirigente sindical estadounidense, y presidió durante 40 años el Sindicato de Mineros de América.

Singapur

Singapur es un pequeño país del SURESTE ASIÁTICO, frente al extremo meridional de la península de Malaya. Las tres cuartas partes de la población la forman chinos, pero viven allí gentes procedentes de todo el mundo.

La capital también se llama Singapur. Cuenta con uno de los puertos más activos del mundo, y comercia con numerosos países. Durante un breve período, Singapur formó parte de Malaysia, pero ahora posee gobierno propio. Es miembro de la COMMONWEALTH.

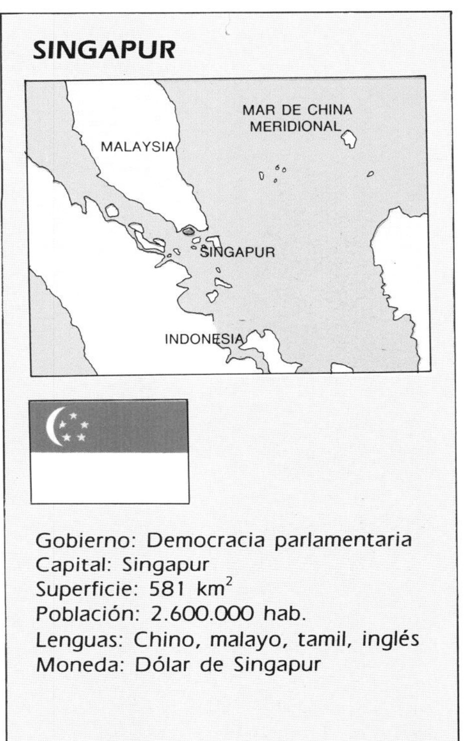

Sintoísmo

El sintoísmo es una religión japonesa. La palabra «Shinto» significa «la vía de los dioses». A diferencia de otras religiones, el sintoísmo no enseña la existencia de un ser supremo; afirma que hay una verdad eterna llamada *kami*. Kami se halla en toda forma natural y en los ríos, montes y lagos. En todo el Japón hay santuarios, grandes o pequeños, dedicados a los diferentes kami.

▲ En las leyendas las sirenas atraían a menudo los barcos hacia las rocas. Ver una sirena era presagio de desastre.

Sirena

Las sirenas son criaturas legendarias. Abundan las viejas historias sobre ellas. Tienen el cabello largo, la cabeza y el tronco de mujer, pero su parte inferior consiste en una larga y escamosa cola de pez. Viven en el mar.

En los relatos, las sirenas se sentaban en las rocas y a menudo cantaban dulcemente. Los marineros que navegaban por las proximidades escuchaban sus encantadores cantos y se sentían, inevitablemente, atraídos por ellos, tratando de dirigirse hacia el lugar de donde provenían, con lo que acaban por estrellar sus barcos contra las rocas.

Siria

Este país árabe se encuentra a orillas del Mediterráneo oriental. Buena parte de Siria está constituida por llanuras secas que son calurosas en verano y muy frías en invierno. Los nómadas conducen rebaños de ovejas y cabras a través de las tierras áridas, y los agricultores producen cereales, uva y albaricoques en las zonas donde los ríos o la lluvia suministran agua.

La mayor parte de las ciudades sirias se desarrollaron a lo largo de las rutas empleadas desde antiguo para importar artículos de Oriente. En 1516, Siria fue conquistada por los turcos, que la gobernaron durante 400 años. Tras la I Guerra Mundial, los franceses tomaron posesión del país en nombre de la Liga de Naciones. Siria obtuvo su independencia en 1943, y mantiene estrechos lazos con Libia y con la CEI.

SIRIA

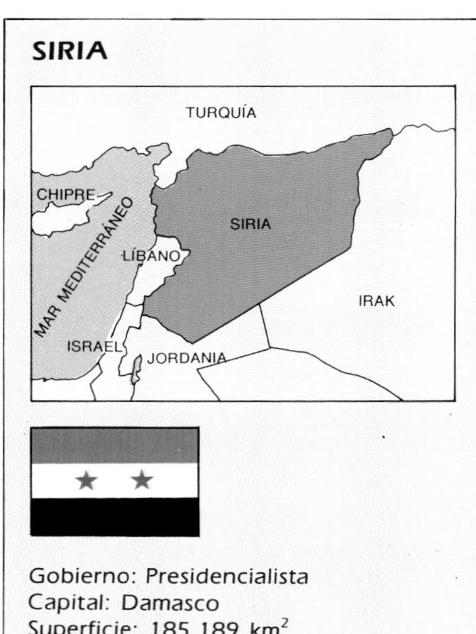

Gobierno: Presidencialista
Capital: Damasco
Superficie: 185.189 km^2
Población: 10.000.000 hab.
Lengua: Árabe
Moneda: Libra siria

Sistema binario

El sistema binario es un sistema numérico que emplea sólo dos dígitos: 0 y 1. Nuestro cotidiano *sistema decimal* utiliza diez números: del 0 al 9. En el sistema decimal, multiplicas un número por 10 desplazándolo un lugar hacia la izquierda: 2, 20, 200, etc. En el sistema binario, cuando desplazas un lugar un número hacia la izquierda multiplicas su valor por dos. Uno por uno da uno. Desplázalo un lugar hacia la izquierda y se convierte en una vez 2, o sea, 2: se escribe 10. Desplázalo otro lugar hacia la izquierda y se convierte en una vez 2 veces 2, o sea, 4: se escribe 100. La representación binaria de 93 es 1011101: un 1. ningún 2, un 4, un 8, un 16, ningún 32 y un 64.

Sistema métrico

El sistema métrico se emplea para medir el peso, la longitud y el volumen. Se basa en unidades de diez o decimales. Se empleó por vez primera en Francia a fines del siglo XVIII. Ahora se usa en la mayor parte del mundo. Para más información ver PESOS y MEDIDAS.

Sistema Solar

El Sistema Solar está formado por el SOL y los planetas que giran a su alrededor. Mercurio es el más próximo al Sol, y a continuación se sitúan Venus, la Tierra, Marte, Júpiter, Saturno, Urano, Neptuno y Plutón. Hasta el siglo XVI la gente creía que la Tierra era el centro del universo, y que el Sol y los planetas giraban en torno a ella. En 1543, Nicolás COPÉRNICO descubrió que, en realidad, era la Tierra la que se movía alrededor del Sol.

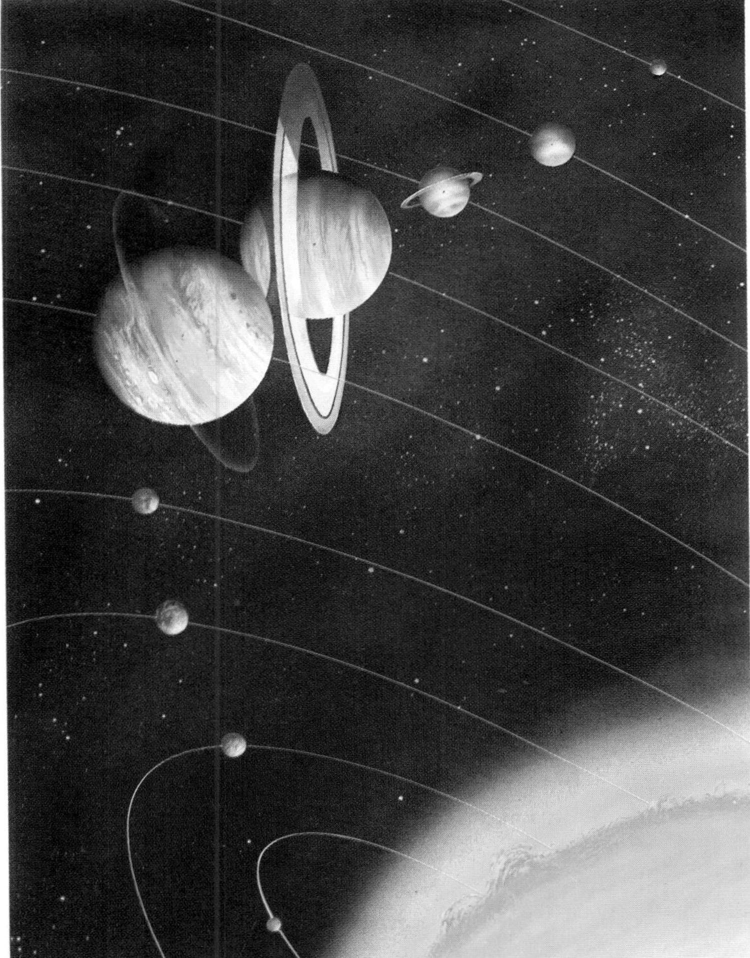

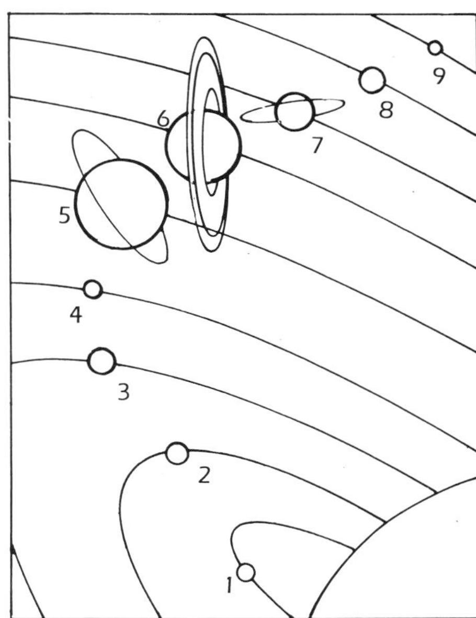

▲ Vista en comparación con el Sol y con los cuatro planetas «gigantes», la Tierra parece muy pequeña. Los nueve planetas de nuestro sistema solar son:
1 Mercurio
2 Venus
3 La Tierra
4 Marte
5 Júpiter
6 Saturno
7 Urano
8 Neptuno
9 Plutón

La masa del Sol es unas 750 veces mayor que la masa total de todos los demás cuerpos celestes que componen el sistema, debido a lo cual el Sol ejerce sobre ellos su poder de atracción.

SOL

▶ Compara lo pequeña que es la Tierra al lado del Sol si ambos son dibujados a la misma escala. El Sol es mayor que un millón de Tierras juntas.

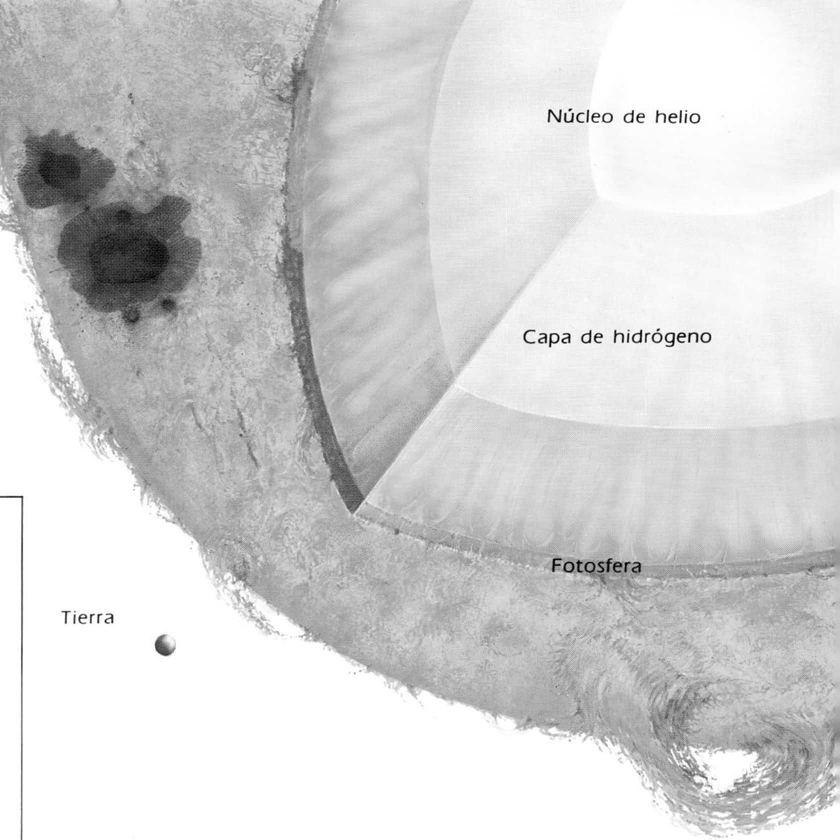

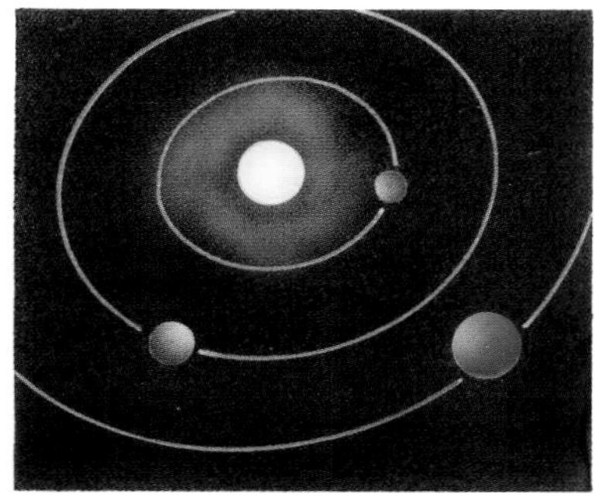

▲ El Sol existe desde hace unos 4.600 millones de años: el tiempo que tiene la vida en la Tierra.

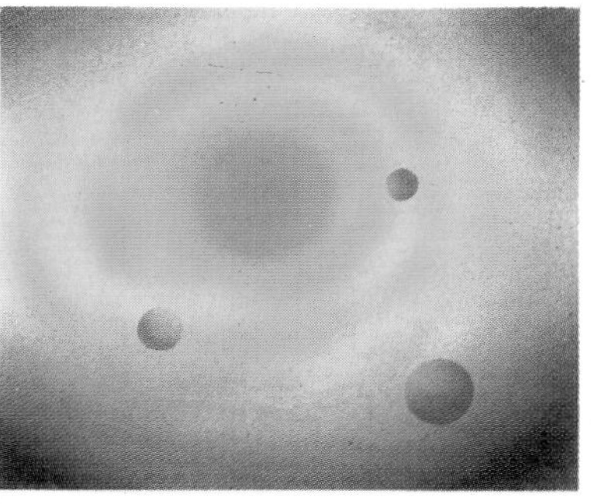

▲ Dentro de 5.000 millones de años, el Sol será un gran gigante.

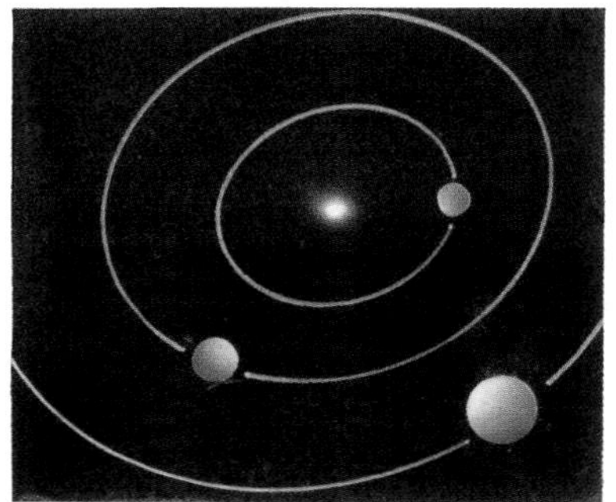

▲ En otros 5.000 millones de años, llegará a palidecer.

Sol

El Sol no es más que una entre los muchos millones de ESTRELLAS de la VÍA LÁCTEA, pero es el centro del SISTEMA SOLAR. Los PLANETAS y sus respectivos satélites giran en torno a él. El calor y la luz emitidos por el Sol permiten a los vegetales y a los animales vivir en el planeta que llamamos la TIERRA.

El Sol parece pequeño porque está muy lejos: una nave espacial que tardara una hora en circundar la Tierra necesitaría cinco meses para llegar al Sol. Éste es tan grande que en él cabría un millón de Tierras y aún quedaría sitio libre. Un cubo lleno de la materia que constituye el Sol pesaría mucho menos que la misma cantidad de roca terrestre. Pero todo el Sol pesaría más de 750 veces lo que todos los planetas juntos.

El Sol es una bola brillante compuesta por gases. En medio del Sol, un proceso llamado fusión nuclear transforma el gas HIDRÓGENO en el gas helio. El Sol expande su energía en todas direcciones en forma de *ondas electromagnéticas*. Algunas de éstas nos proporcionan CALOR y LUZ, pero también hay ondas de radio, rayos ultravioletas, rayos X y otros.

El Sol se formó a partir de una masa de gas y polvo, hace cinco mil millones de años. Encierra suficiente «combustible» para seguir brillando otros cinco mil millones de años.

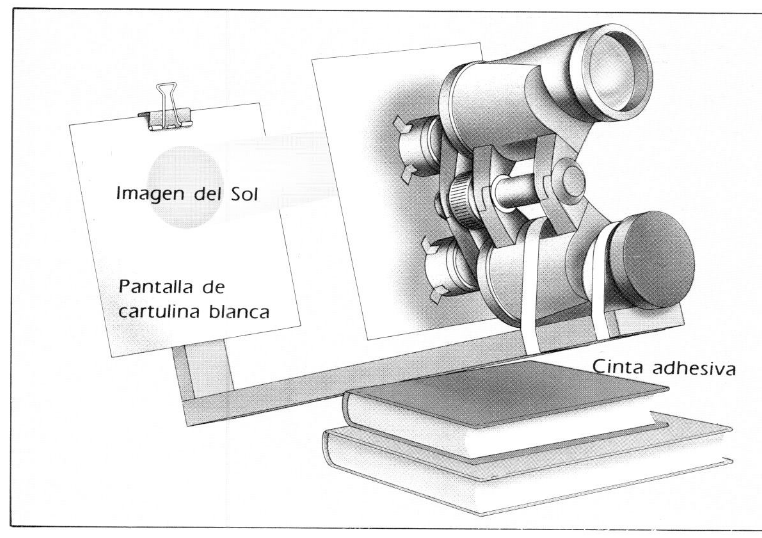

Experiméntalo

Se trata de una manera inofensiva de estudiar el Sol. Fija una hoja de cartulina blanca en un bastidor de madera en forma de L. Coloca en él un par de prismáticos, de tal manera que los oculares se hallen a unos 30 cm de la cartulina. Desplaza los prismáticos hasta que en la cartulina aparezcan imágenes del Sol. Enfoca los prismáticos a fin de obtener una imagen definida. Ahora, fija otra cartulina sobre los oculares, después de practicar en ella sendos orificios que coincidan con los oculares. Cubre una de las lentes. Entonces lograrás sobre la cartulina una imagen única, neta y regular del Sol.

Soldadura

La soldadura es un procedimiento por el cual se unen metales entre sí mediante el calor. Los bordes de dos trozos de metal se calientan hasta que se funden y se juntan. Cuando se enfrían, se han convertido en un solo trozo. Una unión efectuada con soldadura es extremadamente fuerte.

Los soldadores funcionan con gas o con electricidad. En la soldadura con gas, una llama muy caliente que brota de una antorcha de gas, funde el metal. En los soldadores eléctricos, una CORRIENTE ELÉCTRICA de una varilla soldadora, compuesta por una pequeña masa de cobre, se aplica a los metales y los funde. Los procedimientos de soldadura tiene una gran importancia industrial.

▼ En la soldadura de oxiacetileno, el gas acetileno entra en combustión para producir en la antorcha una llama muy caliente. Se añade oxígeno para aumentar aún más la temperatura de la llama. Los soldadores eléctricos emplean una elevada corriente eléctrica para soldar entre sí dos trozos de metal en el punto de contacto, y juntarlos. Los operarios soldadores deben protegerse los ojos del calor y de la luz brillante, colocándose gafas oscuras o caretas.

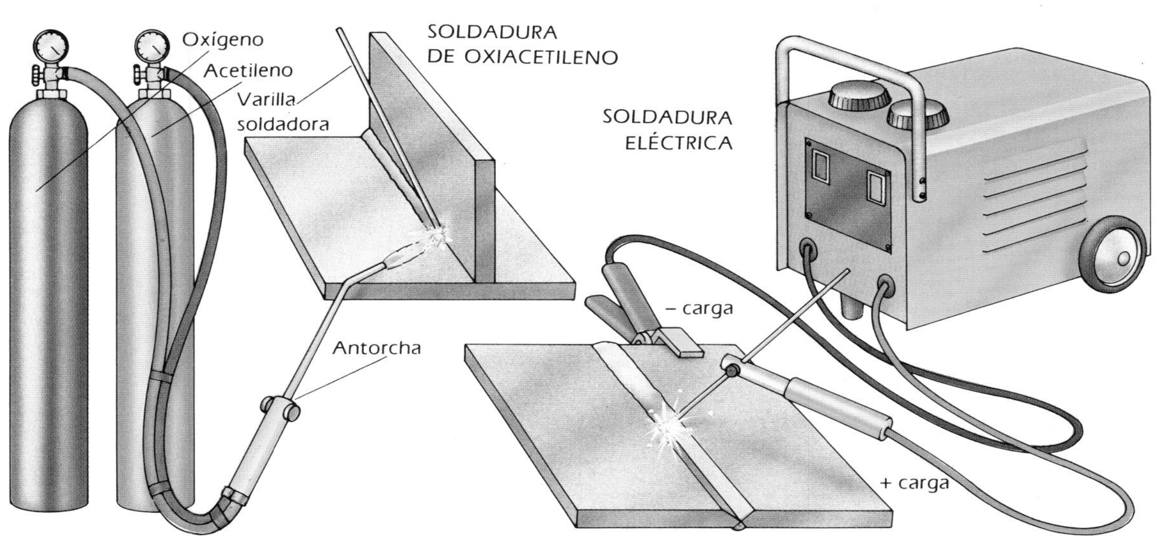

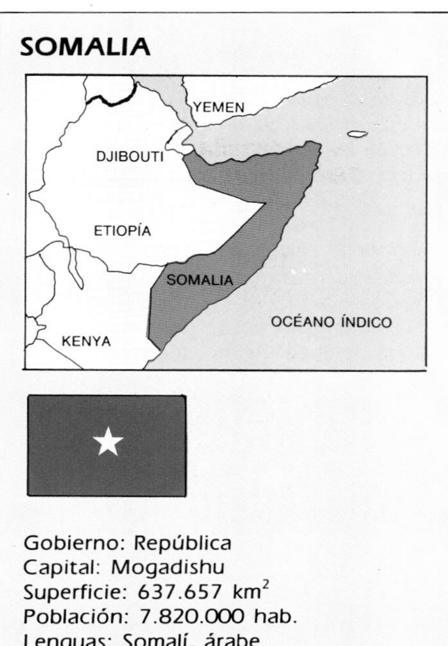

Gobierno: República
Capital: Mogadishu
Superficie: 637.657 km^2
Población: 7.820.000 hab.
Lenguas: Somalí, árabe
Moneda: Chelín somalí

Somalia

Somalia es un país situado en la región llamada «el cuerno de África», o sea, la parte más oriental de ese continente, que se adentra en el Océano Índico. Se trata de un país pobre, cuya población está mayoritariamente constituida por nómadas. A causa de la escasez de lluvias, la agricultura sólo es posible a orillas de los ríos Shabelle y Juba. Las principales producciones son azúcar, bananas, sorgo e incienso. En los últimos años, el país se ha visto azotado por la guerra y la sequía.

Sonar

En los barcos se usa para determinar a qué profundidad se halla algo situado bajo el agua. Puede medir la profundidad del fondo marino y asimismo localiza bancos de peces y submarinos. Funciona igual que el RADAR, pero emplea señales ACÚSTICAS en lugar de señales de radio.

La instalación de sonar en un barco transforma las señales eléctricas en pulsaciones sonoras. Éstas viajan en sentido descendente a través del agua. Cualquier objeto sumergido alcanzado por las pulsaciones sonoras devuelve un ECO. El equipo de sonar convierte de nuevo los ecos en señales eléctricas y mide el tiempo transcurrido. Este último indica a qué profundidad se halla sumergido el objeto. Dicha profundidad se muestra en una pantalla.

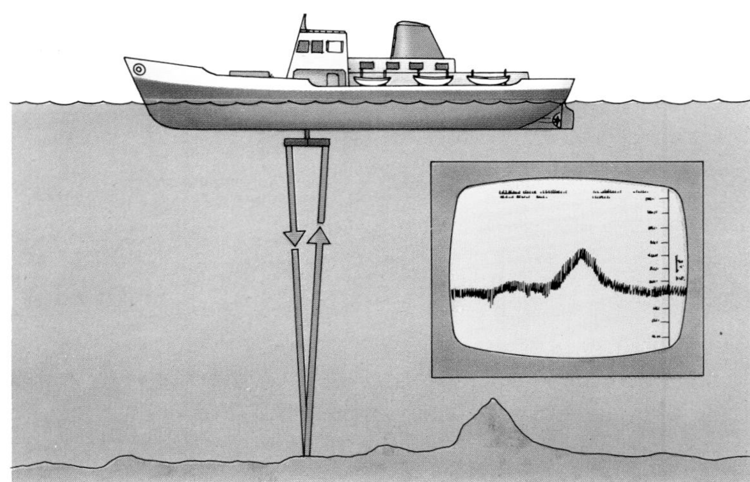

▶ Sonar son las siglas de «*sound navigation and ranging*», y puede utilizarse para cartografiar el fondo del mar. Las pulsaciones sonoras son producidas por una sonda de eco fijada bajo el buque. Aquéllas se reflejan y quedan registradas como un trazo en una pantalla.

Algunas personas afirman que los sondeos de opinión pueden ser poco fiables. En las encuestas sobre intención de voto, por ejemplo, muchos desean alinearse con los vencedores, y desvían sus votos hacia el candidato que las encuestas dan como ganador. En efecto, minuciosos estudios han demostrado la existencia de este efecto de «seguir la corriente».

Sondeo de opinión pública

Los partidos políticos y los industriales desean conocer qué opina el público, respectivamente, de su política o de

Experiméntalo

Tú puedes realizar tu propio sondeo de opinión. Decide qué pregunta quieres formular, y a continuación escoge tu grupo de muestra. Pueden ser tus compañeros de clase o, mejor aún, los de tu mismo ciclo. No tienes que anotar los nombres; sólo sus contestaciones, o si están indecisos o si se trata de un chico o una chica. Si quieres profundizar más, puedes dividirlos en clases.

PREGUNTA: ¿Prefieres los helados de vainilla o los de chocolate?

MUESTRA TOTAL		CHICOS		CHICAS	
Vainilla	40	Vainilla	18	Vainilla	22
Chocolate	50	Chocolate	28	Chocolate	22
Indecisos	10	Indecisos	4	Indecisos	6
Total encuestado	100	Total encuestado	50	Total encuestado	50

Resultados:

De acuerdo con este sondeo, el 50% de la muestra de alumnos prefiere los helados de chocolate, y el 40% los prefiere de vainilla. Sin embargo, el 56% de los chicos opta por el chocolate, y sólo el 36% por la vainilla. Las chicas están igualmente divididas entre ambos. ¿Qué crees que ocurriría si toda la escuela fuera encuestada y dividida en dos grupos de edad: los de más y los de menos de 12 años.

los artículos que fabrican. Unos y otros encargan a empresas especializadas la realización de un sondeo de opinión, esto es, la formulación de preguntas y el análisis de las respuestas. Como resultaría imposible preguntar a todos y en todas partes, se escoge cuidadosamente un grupo de personas, llamado *muestra*, como representativo de un grupo más numeroso. La muestra puede ser tan sólo del 1% de un grupo mayor, pero puede estar constituida por la misma clase de personas. Por ejemplo, si el 20% del grupo se halla por debajo de los 18 años de edad, el 20% de la muestra debe también contar menos de 18 años.

Las preguntas puede hacerlas un entrevistador especializado o bien estar impresas en un *cuestionario*. Las respuestas son analizadas y estudiadas a continuación; finalmente, los resultados acabarán por reflejar las opiniones del grupo más numeroso.

Sonido 

El sonido se produce por la vibración de los objetos, los cuales emiten ondas sonoras a través del aire. Cuando esas vibraciones, que se propagan por el aire en todas direcciones, alcanzan la membrana de nuestros OÍDOS, las percibimos como sonidos.

El sonido viaja por el aire a unos 334 metros por segundo. Es, por ejemplo, lo bastante lento como para permitirnos ver una explosión a lo lejos antes de oírla. En efecto, el sonido necesita tiempo para llegar hasta donde estamos.

▼ Las ondas sonoras viajan hacia fuera a partir de la fuente sonora, como las ondas en un estanque. Producen vibraciones en el aire, y cuando llegan a tu oído, tu tímpano también vibra, por lo que puedes captar el sonido.

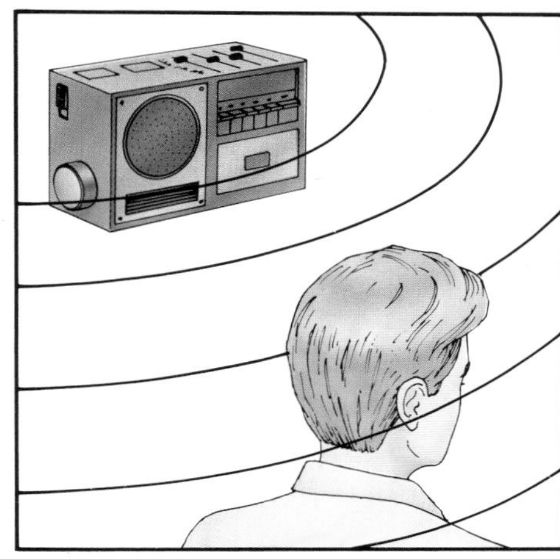

Experiméntalo

Puedes producir sonido golpeando botellas que contengan agua. Alinea las botellas, deja la primera casi vacía, y vierte distintas cantidades de agua en las otras tres. Golpea las cuatro botellas con una cuchara, una tras otra. Esto hará vibrar el aire del interior de cada botella, y producirá un sonido. Como quedan distintas cantidades de aire en cada una, producirán sonidos diferentes.

▶ La frecuencia de las ondas sonoras determina que los sonidos sean altos o bajos. Los primeros producen ondas muy juntas. Las ondas de los sonidos bajos, en cambio, son espaciadas.

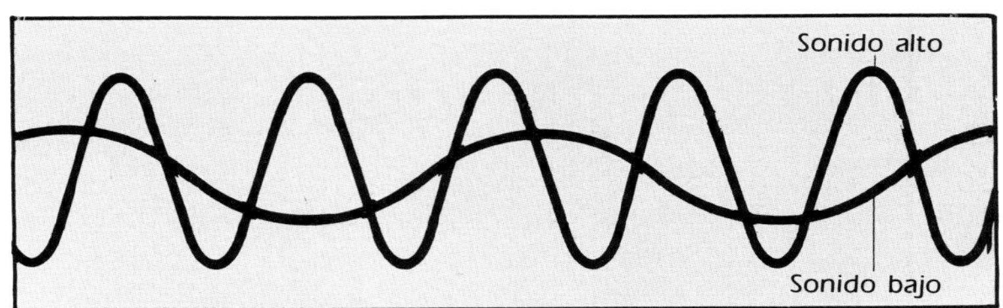

La velocidad de las vibraciones marca la diferencia de las clases de sonidos que oímos. Si las vibraciones son muy rápidas, se dice que tienen «alta frecuencia», y el sonido que percibimos es elevado. Si las vibraciones son lentas o de «baja frecuencia», el sonido nos llega bajo.

Sordera

Hay muchas clases de sordera, esto es, de pérdida de la audición. Todos perdemos algo de oído conforme nos hacemos mayores, pero algunas personas son sordas de nacimiento, otras se vuelven sordas durante la niñez, y otras, más adelante como consecuencia de una enfermedad o un accidente. Los sordos tienen muchas maneras de comunicarse. A veces, les resulta difícil emplear su voz, si nunca han oído hablar, y entonces pueden recurrir a un lenguaje de signos, expresándose más con las manos y con el cuerpo que con la voz.

▲ Hoy en día se emplean dispositivos electrónicos en la enseñanza de los niños sordos.

Sri Lanka

Sri Lanka es un país insular situado frente al extremo meridional de la INDIA. Antes se llamaba Ceylán. La isla se encuentra cerca del ecuador, por lo que su clima es tropical. La mayor parte de los árboles y arbustos tropicales han sido arrancados a fin de conseguir tierra cultivable, pero aún quedan bambúes y palmeras. En las regiones más salvajes viven animales como elefantes, leopardos, serpientes y pájaros de vivo colorido. La producción de Sri Lanka incluye el té, caucho y cocos.

Alrededor de la mitad de Sri Lanka está compuesta por cingaleses, cuyo origen está en la India. Colombo, la capital, es también la mayor ciudad de Sri Lanka.

SRI LANKA

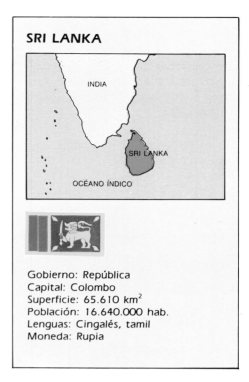

INDIA
SRI LANKA
OCÉANO ÍNDICO

Gobierno: República
Capital: Colombo
Superficie: 65.610 km^2
Población: 16.640.000 hab.
Lenguas: Cingalés, tamil
Moneda: Rupia

Stalin, Iósiv Vissariónovich

Iósiv Vissariónovich Stalin (1879-1953) gobernó la antigua URSS desde 1929 hasta 1953. Tras la muerte de LENIN, Stalin convirtió la desaparecida Unión Soviética en una de las naciones más poderosas del mundo. Dio muerte a millones de rusos que no se mostraban de acuerdo con su versión del COMUNISMO. El nombre de Stalin significa en ruso «hombre de acero».

◀ La *Plaza Roja* de Moscú ha sido escenario de los grandes acontecimientos históricos de Rusia. Durante el gobierno de Stalin, fue residencia de sus funcionarios soviéticos.

Stevenson, Robert Louis

Robert Louis Stevenson (1850-1894) fue un autor escocés de relatos de aventuras, como *La isla del tesoro*, una emocionante narración acerca de la búsqueda del tesoro de unos piratas. *Raptados* es otra aventura que se desarrolla en las regiones salvajes de Escocia en el siglo XVIII. Stevenson describió asimismo sus propios viajes, y escribió *Jardín de versos infantiles*, una colección de sencillos poemas especialmente dirigidos a los niños.

▲ Robert Louis Stevenson se estableció con su familia en la isla de Samoa, en los Mares del Sur, donde murió en 1894.

▼ Los arqueólogos aseguran que algunas de las grandes piedras que forman Stonehenge fueron transportadas desde un lugar situado a más de 400 km de distancia. Esta tarea pudo llevar años a nuestros antepasados.

Stonehenge

Stonehenge es un gran templo prehistórico que se levanta en la llanura de Salisbury, en el sur de Inglaterra. La parte principal consiste en un amplio círculo de piedras puestas en pie. Cada una supera el doble de la estatura de un hombre y pesa casi 30 toneladas. Se dispusieron también piedras planas en lo alto de las verticales, para formar un anillo. En el interior de ese anillo se alzan piedras de menor tamaño, así como un gran bloque, que pudo haber sido un altar. Las piedras grandes se colocaron hace 3.500 años. Otras partes del conjunto son aún más antiguas.

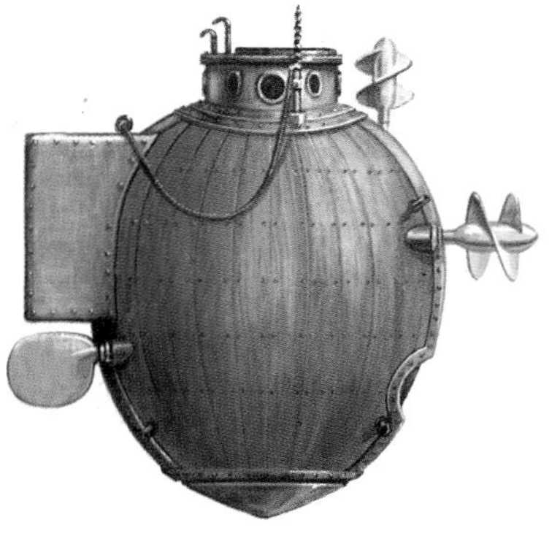

▲ Uno de los primeros submarinos, el *Turtle*, estaba impulsado por una hélice manual, y en él cabía una sola persona. En 1776 fue empleado en el primer ataque submarino.

Submarino

Los submarinos son barcos que pueden navegar bajo el agua. Para sumergirse, la tripulación de un submarino hace que éste se vuelva más pesado que la cantidad de agua necesaria para llenar el espacio ocupado por el submarino. Para emerger, la tripulación hace que el submarino sea más ligero que esa cantidad de agua. Cuando agua y submarino pesan lo mismo, el buque permanece al mismo nivel bajo la superficie.

En 1620, se realizó la primera navegación en un submarino de madera y cuero bajo las aguas del río Támesis, pero el primer submarino que funcionó satisfactoriamente se construyó en la década de 1770. Estos dos submarinos se construyeron a mano, eran lentos y su fuerza

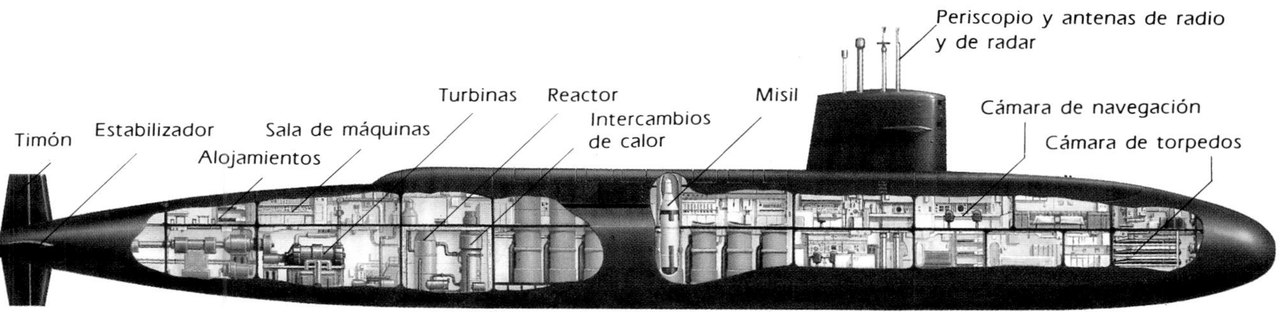

motriz era escasa. El español Narciso Monturiol ideó, en 1859, la construcción de un barco submarino al que llamó *Ictíneo*, pero su contribución científica no obtuvo la debida resonancia. En la década de 1870, un clérigo inglés inventó un submarino impulsado por una máquina de vapor, pero cada vez que se sumergía, la tripulación tenía que abatir la chimenea y apagar el fuego que calentaba el agua destinada a producir vapor.

En 1900, el inventor norteamericano John P. Holland consiguió un buque submarino mucho más perfeccionado. Lo impulsaban motores de petróleo en superficie, pero el petróleo necesitaba aire para entrar en combustión, por lo que bajo el agua la energía provenía de motores alimentados por acumuladores, que no precisan aire.

En 1955 se botó el primer submarino de propulsión nuclear. Estos navíos pueden viajar alrededor del mundo sin tener que emerger. En 1958, el submarino nuclear *Nautilus*, de la Armada de los Estados Unidos, efectuó la primera travesía bajo el Polo Norte. Estos sumergibles van armados con misiles nucleares que pueden alcanzar objetivos enemigos a miles de kilómetros de distancia.

▲ Este corte vertical de un submarino nuclear muestra cómo una gran parte de su interior está ocupada por el reactor nuclear y las turbinas que lo gobiernan. Los alojamientos de la tripulación y el área de operaciones ocupan relativamente poco espacio.

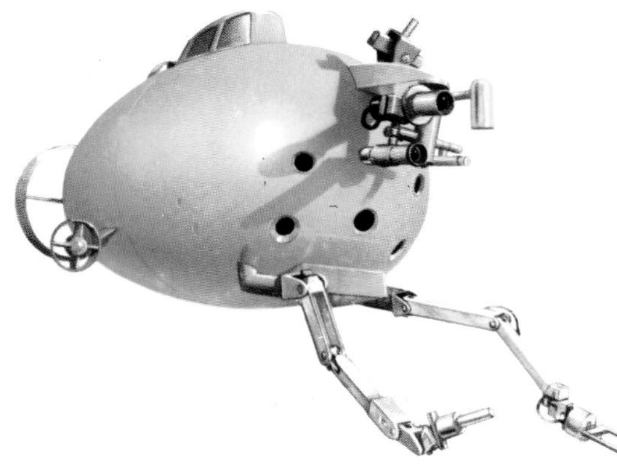

▲ El *Deepstar IV*, uno de los ingenios submarinos de menor tamaño, puede operar a profundidades superiores a los 1.200 metros.

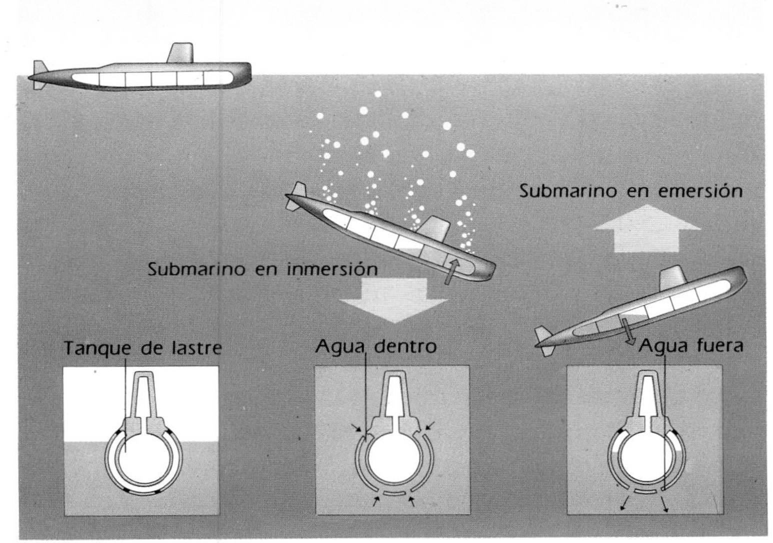

◀ Un submarino puede flotar cuando sus tanques de lastre están llenos de aire. Si se bombea agua en el interior de los tanques y se extrae el aire, el submarino comienza a hundirse. Para regresar a la superficie, se bombea aire comprimido en los tanques de lastre, forzándolos a vaciarse de agua.

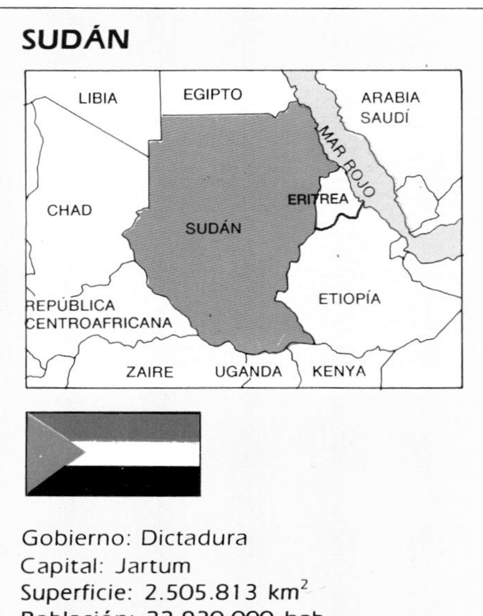

Gobierno: Dictadura
Capital: Jartum
Superficie: 2.505.813 km²
Población: 22.930.000 hab.
Lengua: Árabe
Moneda: Libra sudanesa

Sudán

Es la nación más extensa de ÁFRICA. Tiene casi cinco veces el tamaño de España.

Sudán es el país más caluroso del noreste de África. El desierto ocupa la parte septentrional, por el centro se extienden regiones de llanuras cubiertas de hierba, y en el sur hay bosques y una vasta zona pantanosa.

La población de Sudán está compuesta por habitantes de raza negra y árabe. La mayoría vive en las proximidades del NILO, que fluye a través del país en dirección norte. Los sudaneses crían ganado vacuno, cultivan caña de azúcar o trabajan en las ciudades. Jartum es la capital.

▶ Miembros de la tribu dinka en un mercado de ganado vacuno en Wafu, Sudán. El tradicional modo de vida de muchas tribus está siendo amenazado por la sequía, tanto en Sudán como en otras partes de África.

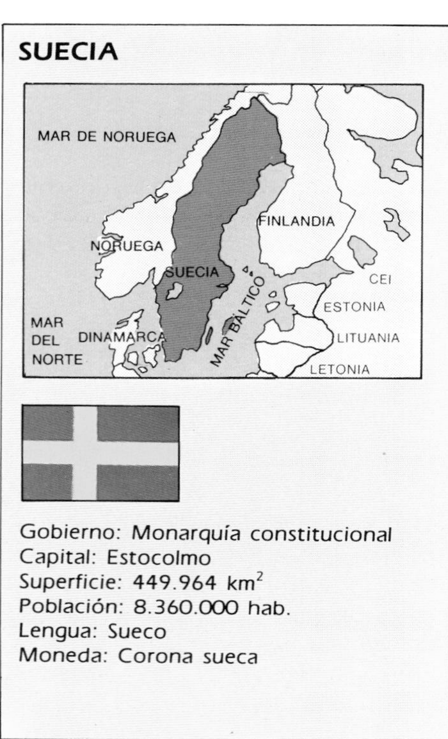

Gobierno: Monarquía constitucional
Capital: Estocolmo
Superficie: 449.964 km²
Población: 8.360.000 hab.
Lengua: Sueco
Moneda: Corona sueca

Suecia

Suecia es la cuarta nación más extensa de EUROPA. El país se halla en el norte, entre Noruega y el mar Báltico. El oeste es predominantemente montañoso, y los bosques cubren más de la mitad del territorio. Sus CONÍFERAS proporcionan mucha de la madera blanda que se consume en el mundo. En Suecia, la mayor parte de la electricidad proviene de los ríos que fluyen desde las montañas. Los granjeros producen leche, carne, cereales y remolacha azucarera en explotaciones situadas cerca de la costa. El norte resulta demasiado frío para la agricultura, pero posee ricas minas de hierro.

La mayoría de los ocho millones de suecos vive en el sur, donde está situada la capital, Estocolmo, ciudad que por su sorprendente belleza arquitectónica ha merecido el nombre de «la Venecia del Norte». En 1995 ingresó en la UNIÓN EUROPEA.

Sueño

Los sueños se producen cuando nuestros cerebros permanecen activos mientras dormimos. Algunos sueños reflejan sucesos de la vida diaria, en tanto otros no pasan de una serie de imágenes desordenadas. Al despertar, podemos recordar o no lo que hemos soñado. Un sueño angustioso se llama pesadilla.

No sabemos exactamente por qué las personas sueñan. Los sueños puede desencadenarlos una indigestión o alguna causa física similar, como la mala postura al dormir. También los ruidos externos pueden ser causa de que soñemos. Algunos sueños son muy comunes, como los de caída o persecución, o los relacionados con lagos o agua.

Suiza

Este pequeño y montañoso país se encuentra en la EUROPA centromeridional. La mayor parte del sur de Suiza lo ocupan las cumbres abruptas y nevadas de los ALPES y valles escarpados. En verano, los turistas recogen flores silvestres y observan a las vacas lecheras pastar en los prados de montaña. Los visitantes invernales de las numerosas estaciones de esquí se deslizan por las nevadas vertientes alpinas.

La mayor parte de las zonas agrícolas se localizan donde las montañas se encuentran con las tierras de la Llanura Suiza. Allí se levantan casi todas las ciudades del país, entre ellas Berna, la capital. Las fábricas suizas producen materias químicas, maquinaria, relojes y chocolate.

La mayoría de los seis millones y medio de suizos hablan alemán, francés o italiano. Este pueblo se cuenta entre los más prósperos del mundo.

SUIZA

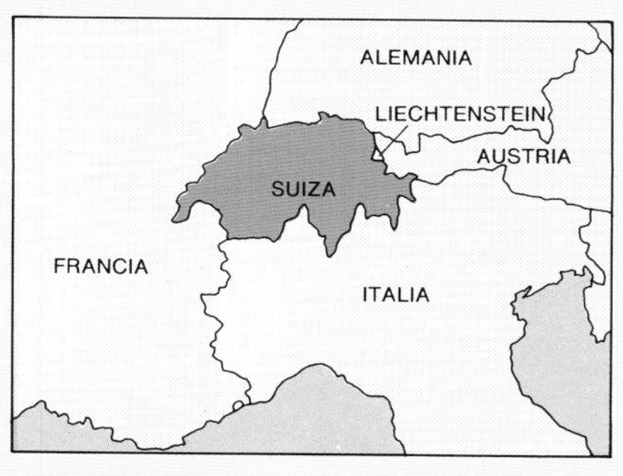

Gobierno: Estado federal
Capital: Berna
Superficie: 41.288 km^2
Población: 6.470.000 hab.
Lenguas: Alemán, francés, italiano
Moneda: Franco suizo

Suma

Cuando reunimos varias cosas para saber cuántas hay, estamos sumando. No importa en qué orden procedamos; en otras palabras: $4 + 3$ es lo mismo que $3 + 4$.

Los antiguos griegos se interesaban mucho por los números. Hace más de 2.000 años, descubrieron ciertos números extraños a los que llamaron «perfectos». El primer número perfecto es el 6. Los números 1, 2 y 3 son los únicos que dividen exactamente el 6. Si sumas 1, 2 y 3, ¿qué resultado obtienes? El siguiente número perfecto es el 28. Sólo los números 1, 2, 4, 7 y 14 dividen exactamente el 28. Y sumados entre sí dan 28. El siguiente número perfecto es 496. ¡Y ahora los ordenadores pueden hallar tantos números perfectos como para llenar esta página!

Superconductores

Algunos materiales permiten que la ELECTRICIDAD fluya a través de ellos con más facilidad que otros. Los buenos

Si los científicos tuvieran éxito y encontraran sustancias superconductoras a la temperatura ordinaria del aire, sería posible producir electroimanes que generaran amplios campos magnéticos sin pérdida de energía. Podrían emplearse para trenes de alta velocidad, que se mantendrían suspendidos sobre los raíles por efecto de poderosos imanes. Pero el uso más importante de los superconductores es su eficacia en plantas generadoras de energía.

conductores, como el cobre y la plata, presentan escasa resistencia a una corriente eléctrica, pero ofrecen alguna. La electricidad forzada a atravesarlos los calienta. Pero en 1911 se descubrió que el metal llamado mercurio pierde toda su resistencia eléctrica si se enfría en torno a –270 °C. O sea, muy, muy frío. Se convertía así en un superconductor, pero resultaba muy caro y era difícil conseguir una temperatura tan baja.

En 1987, los científicos empezaron a experimentar con nuevos materiales. Hallaron que ciertas mezclas (a base de arcilla) podían convertirse en superconductores a temperaturas más elevadas, como –170 °C, todavía muy frías pero más fáciles de lograr. Ahora se ha iniciado la carrera en pos de materiales que sean superconductores a temperatura ambiente. Si se logra hallarlos, toda la industria electrónica cambiará. Los ordenadores serán más pequeños y rápidos, y máquinas tales como los *scanners* médicos resultarán mucho más baratas de fabricar y de hacer funcionar.

Suráfrica, República de

La mayor parte de Suráfrica es una meseta, una región elevada con colinas onduladas. Siguiendo la costa se extiende una llanura estrecha. El clima es cálido y seco.

Suráfrica es un país rico. Las fábricas producen una amplia variedad de artículos. De las minas se extrae oro, diamantes, uranio, cobre, hierro y otros minerales. La agricultura da grandes cantidades de maíz, trigo y fruta, y miles de ovejas pastan en sus amplios prados.

En Suráfrica viven poco más de 30 millones de personas. Casi las tres cuartas partes son de raza negra, y los habitantes de raza blanca no llegan a los cinco millones, pero éstos, que descienden en su mayor parte de los colonos holandeses y británico, controlaban el gobierno y las finanzas del país. Desde la década de 1940, Suráfrica mantuvo una política de *apartheid* o DISCRIMINACIÓN. Esto significaba que los blancos y los negros vivían separadamente. Desde 1994 el *apartheid* ha dejado paso por primera vez en la historia surafricana a un régimen político democrático que afirma la igualdad racial.

REPÚBLICA DE SURÁFRICA

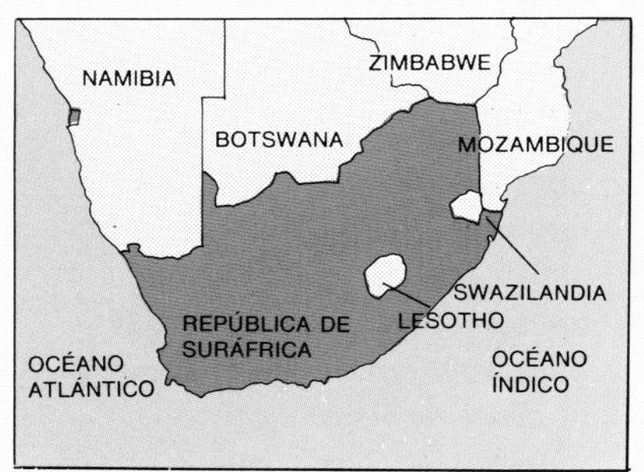

Gobierno: Parlamento tricameral
Capitales: Ciudad del Cabo (legislativa), Pretoria (administrativa), Bloemfontein (judicial)
Superficie: 1.221.037 km²
Población: 33.240.000 hab.
Lenguas: Afrikaans, inglés
Moneda: Rand

Surinam

Surinam es un pequeño país situado en la costa centroseptentrional del Suramérica. Viven en él gentes de muchas razas, dedicadas en las llanuras costeras al cultivo de arroz, bananas, cacao, azúcar y fruta. La principal producción de Surinam es la bauxita, de la que se obtiene aluminio.

Surinam se convirtió en una posesión holandesa en 1667, cuando Gran Bretaña la cedió a cambio de la colonia holandesa de Nueva Amsterdam (hoy Nueva York). Surinam alcanzó la independencia en 1975.

SURINAM

Gobierno: República presidencialista
Capital: Paramaribo
Superficie: 163.265 km^2
Población: 360.000 hab.
Lenguas: Neerlandés, inglés, sranan, tongo, javanés
Moneda: Florín de Surinam

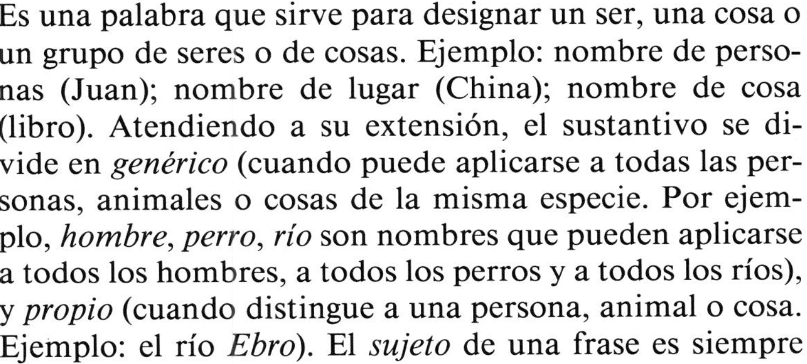

Sustantivo

Es una palabra que sirve para designar un ser, una cosa o un grupo de seres o de cosas. Ejemplo: nombre de personas (Juan); nombre de lugar (China); nombre de cosa (libro). Atendiendo a su extensión, el sustantivo se divide en *genérico* (cuando puede aplicarse a todas las personas, animales o cosas de la misma especie. Por ejemplo, *hombre*, *perro*, *río* son nombres que pueden aplicarse a todos los hombres, a todos los perros y a todos los ríos), y *propio* (cuando distingue a una persona, animal o cosa. Ejemplo: el río *Ebro*). El *sujeto* de una frase es siempre un sustantivo o un *pronombre*. El pronombre es la palabra que sustituye al nombre. Los pronombres personales son: *yo, tú, él, nosotros, vosotros, ellos.*

Swazilandia

El reino de Swazilandia se halla en el sureste de África y está casi completamente rodeado por Suráfrica. La mayor parte de la población vive de la ganadería y del cultivo de maíz. Grandes bosques dan productos de la madera. Swazilandia depende de la República de Suráfrica para casi todo su comercio. Se trata de un antiguo protectorado británico que alcanzó la independencia en 1968, y es miembro de la COMMONWEALTH.

SWAZILANDIA

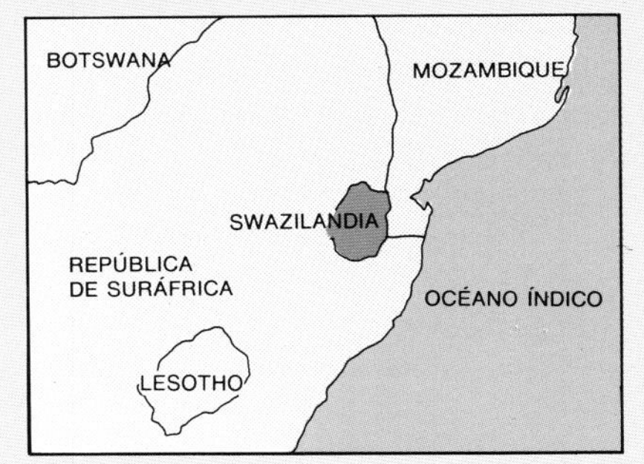

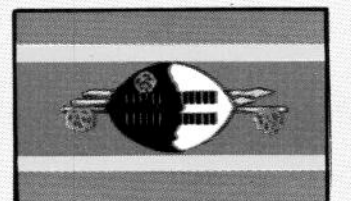

Gobierno: Monarquía
Capital: Mbabane
Superficie: 17.363 km^2
Población: 690.000 hab.
Lenguas: Siswati, inglés
Moneda: Lilangeni

Swift, Jonathan

Jonathan Swift (1667-1745) fue un escritor inglés, famoso por libros que hacían objeto de burla la necia y cruel conducta del pueblo y de los gobiernos. La mayoría de los niños disfrutan con narraciones como *Los viajes de Gulliver*, que describen viajes a países extrañísimos. En su primer viaje, Gulliver llega al país de Liliput, donde las personas sólo miden dos centímetros de estatura. Luego, se traslada a un país de gigantes.

Tabaco

El tabaco se hace con las hojas secas de la planta *Nicotiana*, que pertenece a la misma familia que las patatas. Se encontró por primera vez en América, pero en la actualidad se cultiva prácticamente en todo el mundo. El viajero español Francisco Hernández la introdujo en Europa en 1599.

Las hojas de tabaco se enrollan para hacer cigarros, o se desfibran para fumarlas en pipa o cigarrillos. Fumar es muy perjudicial para la salud, especialmente para los pulmones y el corazón.

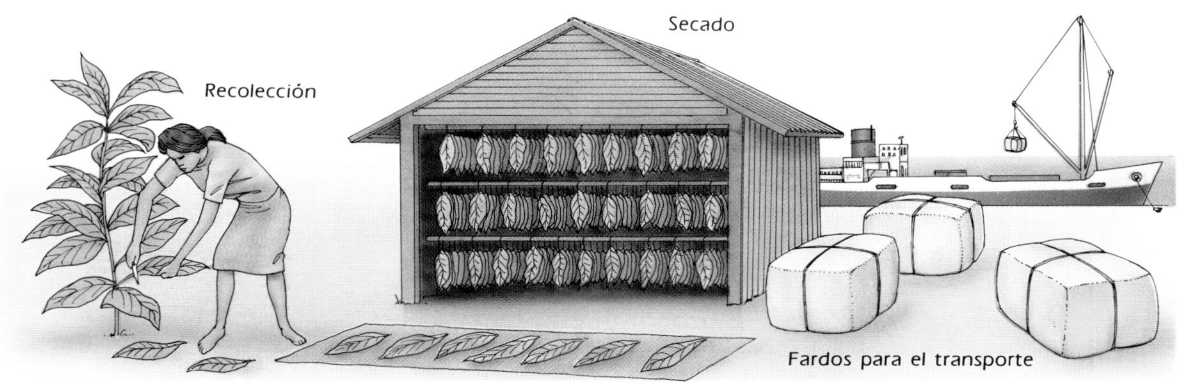

▲ Las hojas de tabaco se cortan, luego se secan y se empaquetan para después enviarlas a procesar para la fabricación de cigarrillos, cigarros, tabaco suelto o rapé, un polvo que se aspira. El tabaco barato se seca al sol. Las variedades más caras se secan con aire caliente o al fuego.

Tacto

La piel posee distintas células nerviosas llamadas receptores, que responden a las cinco clases principales de sensación: el tacto suave, el tacto fuerte (presión), el dolor, el calor y el frío. Los receptores transmiten las sensaciones al cerebro a través de los NERVIOS. Los receptores del dolor son los más numerosos; los receptores del frío, los

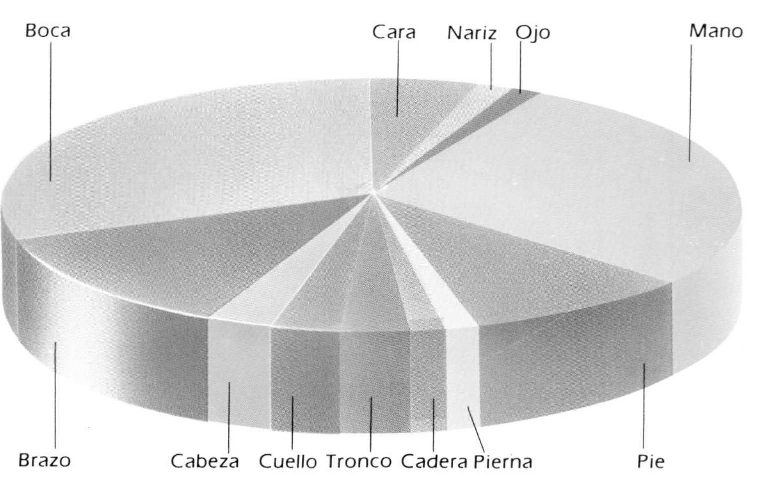

▶ El tamaño del área del cerebro que se encarga de las señales táctiles de las diferentes partes del cuerpo corresponde a la sensibilidad de esa parte. Por ejemplo, la parte que se encarga de las señales de la boca es muy grande, porque hay muchos nervios dentro de la misma. Este gráfico muestra la sensibilidad de cada parte del cuerpo.

menos. Algunas partes del cuerpo, como la lengua y las yemas de los dedos, poseen más receptores que otras. También tenemos receptores dentro del cuerpo. Normalmente no nos damos cuenta de que están funcionando, salvo cuando producen sensaciones tan comunes como el hambre o el cansancio.

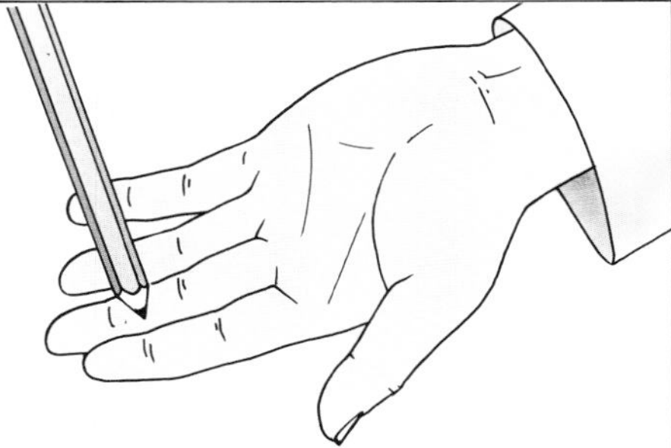

Experiméntalo

Algunas partes de tu cuerpo son más sensibles al tacto suave que otras. Prueba este experimento con un amigo. Tápate los ojos y pide a tu amigo que apriete una o dos puntas de lápiz contra la yema de tu dedo. Probablemente podrás adivinar cuántas puntas de lápiz utiliza tu amigo cada vez. Pruébalo en la espalda, en los hombros y en otras partes del cuerpo. ¿Puedes adivinar cuántas puntas de lápiz se utilizan cada vez? ¿Cuáles son las áreas receptivas al tacto suave?

Tailandia

Tailandia es un país del Sureste Asiático. Limita con Birmania, Laos y Camboya. La costa sur se abre al golfo de Tailandia, el cual forma parte del Mar del Sur de China.

La mayoría de la gente vive en la parte central del país. Muchos ríos corren por esta región, por lo que es muy fértil. El arroz es el cultivo principal. También cultivan algodón, tabaco, maíz, coco y plátanos. En el norte hay grandes bosques de teca, que es un importante producto de exportación. El suroeste de la península es muy rico en minerales, especialmente en estaño.

Antes de 1939 Tailandia se llamaba Siam. La palabra Tai significa «libre», por lo que Tailandia quiere decir la «tierra de los libres». Tiene un rey, pero el país está dirigido por un gobierno democrático.

TAILANDIA

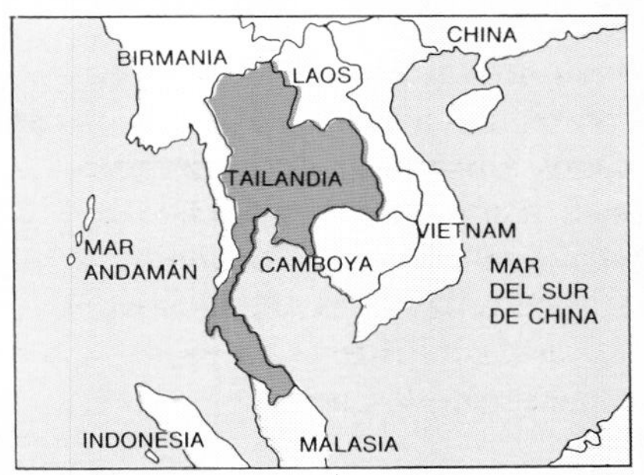

Gobierno: Monarquía constitucional
Capital: Bangkok
Superficie: 514.000 km^2
Población: 52.440.000 hab.
Lengua: Tai
Moneda: Baht

◀ El gran palacio de Bangkok es una de las atracciones turísticas de la capital de Tailandia.

TAIWAN

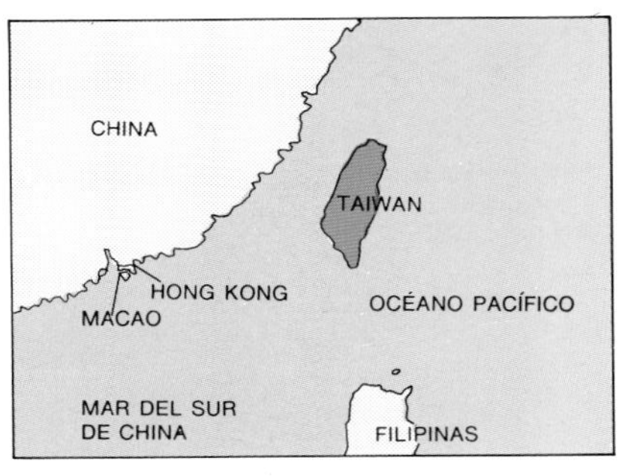

Gobierno: Democracia presidencialista
Capital: Taipei
Superficie: 35.961 km²
Población: 19.600.000 hab.
Lenguas: Chino, taiwanés, hakka
Moneda: Dólar taiwanés

Taiwan

Taiwan es una isla a 140 kilómetros de la costa de China. También llamada Formosa, su nombre oficial es el de República de China. El cultivo principal es el arroz, aunque también se cultivan el azúcar, la fruta y el té. La mayoría de los habitantes de Taiwan son chinos cuyos antepasados emigraron a la isla en el siglo XVIII. Otros son chinos que huyeron del interior después de la toma del poder por los comunistas en 1949. Taiwan tuvo la representación china en las Naciones Unidas hasta 1971, cuando China comunista fue admitida y Taiwan expulsada. La planificación por el gobierno y la ayuda de los EUA han conseguido importantes avances en la industria, así como en el nivel de vida del pueblo.

Taj Mahal

Ésta es la más hermosa tumba del mundo. Se levanta sobre el río Jumna, en Agra, en el norte de la India. El emperador Shah Jahan lo construyó para su esposa favorita, Mumtaz Mahal, quien murió en 1631. Cuando el

La construcción del Taj Mahal y su ornamentación precisó de 20.000 personas, de 1632 a 1650. El interior de la tumba está adornado con piedras semipreciosas e iluminado a través de biombos tallados en mármol situados en la parte superior de los muros.

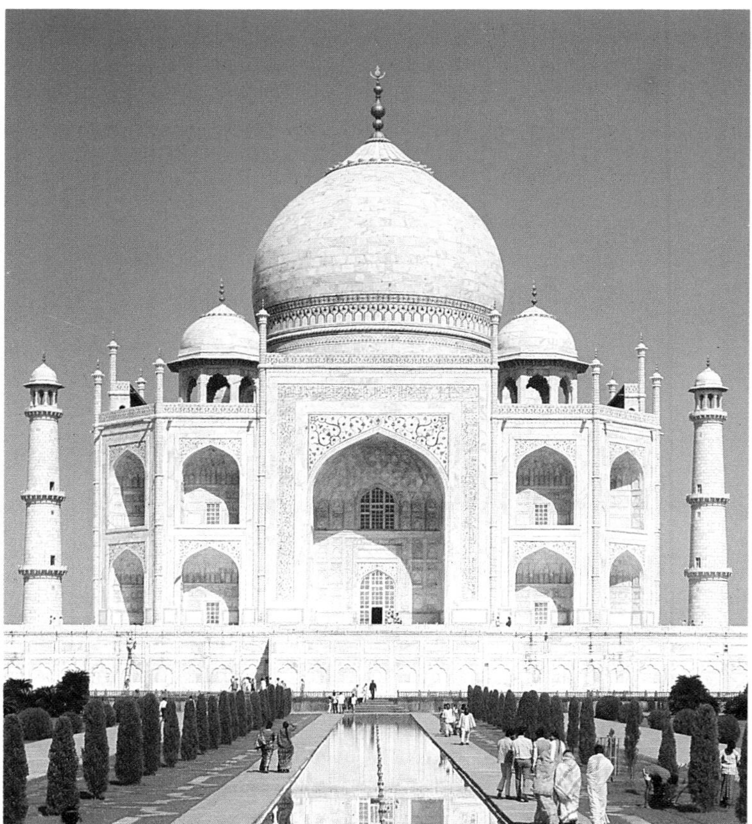

▶ El Taj Mahal, en Agra, India, es una maravilla de la arquitectura islámica.

Shah murió fue enterrado con su esposa en esta tumba. Debido a su extraordinaria belleza, tanto exterior como interior, recibe numerosos visitantes cada año.

Tambor

Los tambores son los más importantes INSTRUMENTOS MUSICALES que se tocan mediante percusión. El sonido se consigue golpeando una piel o una hoja de plástico muy tensas. El timbal tiene una piel estirada por encima de un círculo de metal. Un bombo está hecho con pieles, una por cada lado de una gran «lata» abierta.

▲ Los tambores tribales se utilizaban para mandar mensajes en código de tambor, de pueblo a pueblo. Hoy en día su uso ha quedado relegado a ocasiones ceremoniales.

Támesis, río

El río Támesis es el río más largo e importante de Inglaterra. Empieza en los montes Cotswold Hills y corre hacia el este, haciéndose más y más ancho, hasta llegar al mar del Norte. El Támesis pasa por el centro de Londres, que en su tiempo fue el pueblo más importante de Europa. Actualmente, los muelles que una vez se extendieron durante 56 kilómetros al lado del río están cerrados, recalando los barcos más abajo.

Hace poco tiempo, el Támesis, en la región de Londres, era uno de los ríos más sucios del mundo, lleno de aguas residuales y basura química. Hoy día se está llevando a cabo una gran labor de limpieza, con tanta eficacia, que ha sido repoblado y los peces vuelven a vivir en sus aguas.

▼ El río Támesis se ha congelado en algunas ocasiones en el pasado. Este antiguo grabado muestra la feria que tuvo lugar en el río congelado en febrero de 1814.

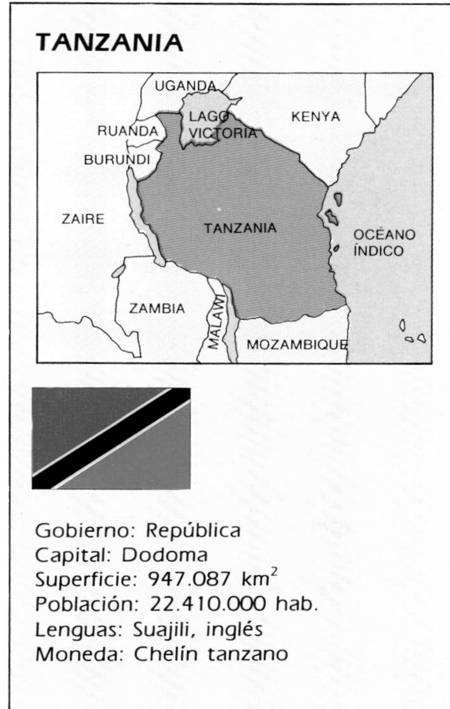

Gobierno: República
Capital: Dodoma
Superficie: 947.087 km^2
Población: 22.410.000 hab.
Lenguas: Suajili, inglés
Moneda: Chelín tanzano

Tanzania

Tanzania se compone de dos partes: Tanganika, en el este del continente de África, y las islas de Zanzíbar y Pemba, en la costa. Se unieron para formar un solo país en 1964. El país alberga parte del lago más grande de África, el lago Victoria, y la montaña más alta de África, el monte Kilimanjaro (5.963 metros). En Tanzania se puede encontrar la mayoría de los grandes animales de caza de África, destacando por su diversidad la gran reserva de antílopes que posee este país. Los diamantes son los minerales más valiosos del país. También se extrae oro. La antigua capital de Tanzania, y la ciudad más grande, es Dar es Salam.

Tapiz

Los tapices son dibujos o cuadros tejidos en tela. La elaboración de tapices es un arte que proviene de muy antiguo; los egipcios ya hacían tapices hace aproximadamente 1.700 años.

En España, el tapiz ha sido, desde siempre un arte muy apreciado, lo que explica el hecho de que la más grande colección de tapices que hoy se conserva sea la que posee el Estado español. Sobresalen, entre ellos, los cartones que pintó GOYA a finales del siglo XVIII y que fueron inmortalizados en el tejido.

Los tapices se elaboran tejiendo seda de colores entre filas de lino fuerte o hilos de lana sujetos a un marco

El diseño del tapiz se dibuja en las filas de lino con tinta. El tejedor trabaja por detrás del tapiz, que es por donde se sujetan los hilos con los que se hace el ligamento de las figuras.

▼ Los tapices nos ofrecen una fiel documentación de la época que representan, como este llamado *tapiz Bayeaux* que explica la invasión de Inglaterra en 1066 por Guillermo el Conquistador.

Tarántula

La tarántula es una especie de araña de dorso negro y vientre rojizo, tórax velloso, patas fuertes y abdomen casi redondo. Vive en terrenos secos y frecuentemente entre las piedras. Su picadura es peligrosa.

Se alimenta de insectos, pequeños lagartos y pajarillos que captura al atardecer. Es voraz y una buena cazadora, tan ágil y rápida que atrapa a sus presas sin necesidad de red de telaraña.

Tarot

El Tarot es un juego de naipes utilizado para adivinar el porvenir de la gente.

Los naipes del Tarot representan símbolos poderosos que pueden proporcionar claves misteriosas sobre el futuro o sobre la propia personalidad. Normalmente consta de 56 cartas (*Arcano Mayor*) que se dividen en cuatro palos, cada uno de ellos con 4 figuras (Rey, Reina, Caballero y Paje).

▲ El Tarot es un juego de naipes de origen italiano utilizado para adivinar el porvenir.

Tauromaquia

Se llama tauromaquia al arte y técnica de lidiar toros de manera que, normalmente, la lidia se convierte en *fiesta*, espectáculo o diversión pública.

▼ La *suerte de banderillas* se realiza durante el segundo tercio y tiene por objeto fatigar al toro.

La corrida de toros tiene su origen en España y es en este país donde cuenta con más seguidores. Generalmente el espectáculo o la fiesta se celebra con seis toros y la lidia de cada uno se divide en tres tercios.

El traje de los toreros, llamado *traje de luces*, por lo mucho que brilla a la luz, es de seda y va abundantemente recargado de adornos de oro o plata.

Tchaikovsky, Peter Ilyich

▲ Tchaikovsky escribió música para ballet; *La Bella Durmiente* (derecha) es uno de los más populares. Pero aunque sus obras musicales tuvieron éxito, a nivel personal el compositor no fue muy afortunado.

Peter Tchaikovsky (1840-1893) fue uno de los más populares y más famosos compositores musicales. Nació en Votkinsk, en la Unión Soviética, y estudió música en San Petersburgo (actualmente, Leningrado). Vivió en una gran pobreza hasta que una rica dama, Nadezhda von Meck, le ofreció una cantidad anual de dinero, convirtiéndose así en su benefactora y, a la vez, en una buena amiga, con la que mantuvo una estrecha correspondencia. Peter Tchaikovsky (1840-1893) fue uno de los más populares y más famosos compositores musicales. Nació en Votkinsk, en la antigua Unión Soviética, y estudió música en San Petersburgo. Vivió en una gran pobreza hasta que una rica dama, Nadezhda von Meck, le ofreció una cantidad anual de dinero, convirtiéndose así en su benefactora y, a la vez, en una buena amiga, con la que mantuvo una estrecha correspondencia.

▲ Si se permitiera a una planta de té crecer libremente, podría alcanzar los 10 metros. Por el contrario, al podarla se mantiene pequeña y espesa, para que toda su energía se emplee en la creación de hojas nuevas.

Té

El té es una bebida refrescante que se elabora vertiendo agua hirviendo por encima de las hojas secas y cortadas de la planta de té.

Se cultivó por vez primera en China. Fue introducido en Europa por los holandeses, aproximadamente en el año 1660. Hoy día, las mayores plantaciones de té están en el norte de India, China y Sri Lanka.

Teatro

Un teatro es un lugar donde los actores representan obras, ante la atención del público. El teatro puede ser un solar de tierra o un edificio grande y costoso.

Los primeros teatros de que tenemos noticia se encontraban en Grecia. Eran, sencillamente, zonas de tierra aplanada en una colina. El público se sentaba en filas por

▼ Sección de un teatro moderno, que muestra:

A Ascensor
B Sala de proyección
C Anfiteatro de iluminación
D Peine
E Iluminación
F Plataforma para los técnicos
G Accesorios
H Telón metálico
I Entrada de artistas
J Oficina del regidor de escena
K Vestíbulo del anfiteatro
L Patio de butacas
M Escotillón
N Batería
O Decorado
P Palcos
Q Anfiteatro
R Vestíbulo de butacas

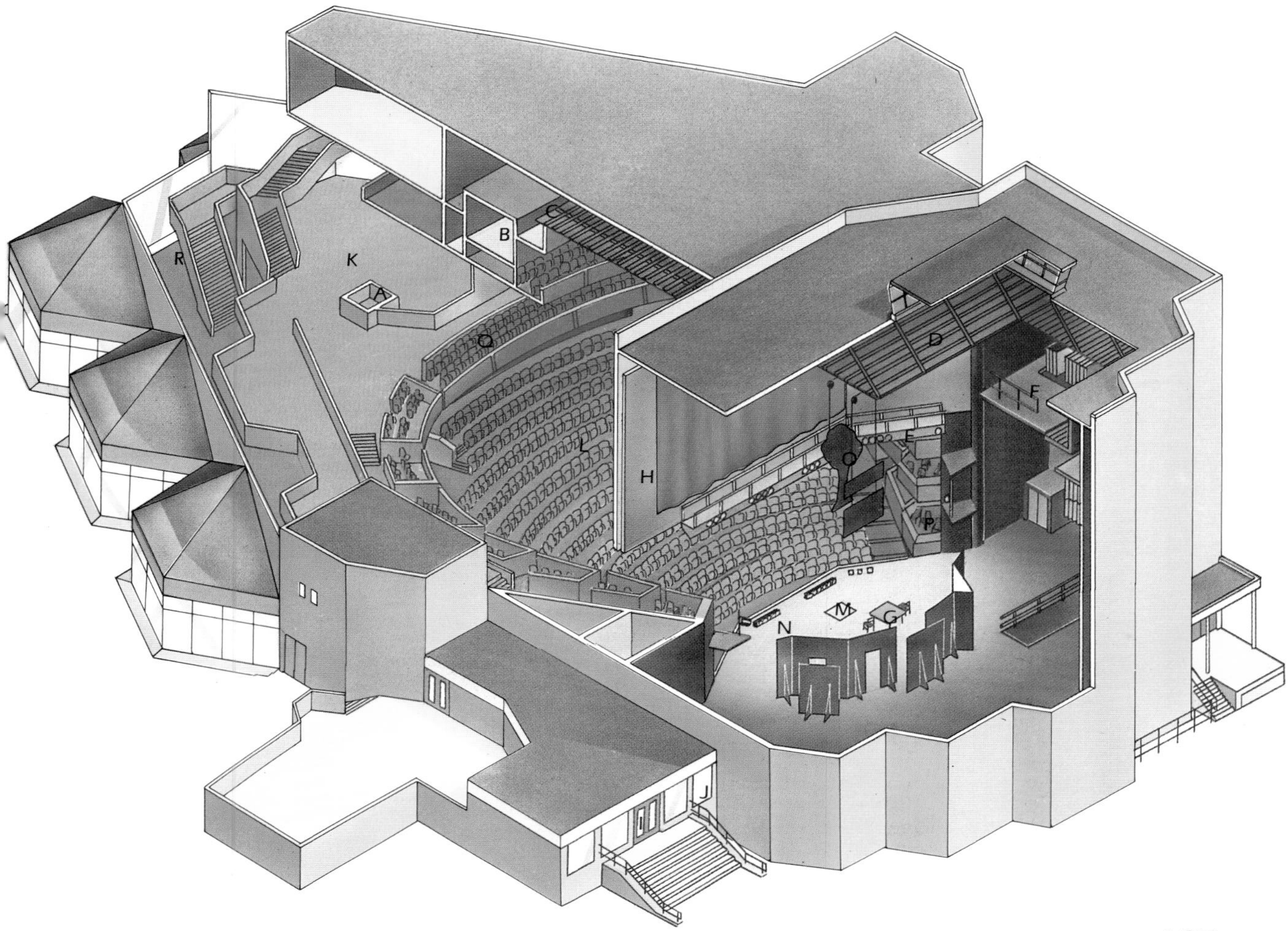

▲ El teatro de Delphi, en Grecia, fue construido en el siglo III a.C. Fue edificado con tanta habilidad que hasta el público de la última fila podía oír todo lo que decían los actores.

la colina superior para ver todo el «escenario». Cuando los griegos construían teatros cortaban la colina en forma de media luna y construían filas de sillas de piedra escalonadas que miraban desde lo alto a un escenario plano y redondo.

Los romanos copiaron la forma griega, pero construyeron la mayoría de sus teatros en tierra plana. Un muro soportaba las filas de sillas. Edificaron teatros en casi todos los grandes pueblos del Imperio Romano.

En Europa no hubo edificios de teatro hasta el siglo XVI. Las compañías de actores viajaban utilizando sus carros como escenario. Más tarde, ofrecían actuaciones en las casas de los ricos y en los patios de las tabernas. Los primeros teatros estables se hicieron de madera y se parecían mucho a las grandes tabernas. El escenario sobresalía en un gran patio. Había galerías de sillas por todos lados. Hasta tenían sillas en el escenario mismo, pero sólo para la gente adinerada. Estos teatros no tenían techo; cuando llovía, los *mosqueteros*, la gente que permanecía de pie en el patio al borde del escenario, se mojaban. Las obras de SHAKESPEARE se estrenaron en teatros de este tipo.

Teide

El Teide es una hermosa montaña volcánica que se yergue en el centro de la isla de Tenerife, en las ISLAS CANARIAS. Llega a los 3.718 m de altitud, por lo que es la cumbre más alta del Estado español.

Tejido

Antes de la REVOLUCIÓN INDUSTRIAL, todas las telas se hacían a mano con fibras naturales como la lana, la seda, el algodón o el lino. Desde entonces, los científicos han desarrollado muchos tipos de fibras inventadas por el hom-

▼ Los diferentes dibujos de las telas se consiguen con los diferentes tipos de tejido. Éstos incluyen (de izquierda a derecha): hilos entrelazados; hilos pasados por una urdimbre; tejido trenzado; un tercer hilo añadido a un tejido simple (*zigzag*).

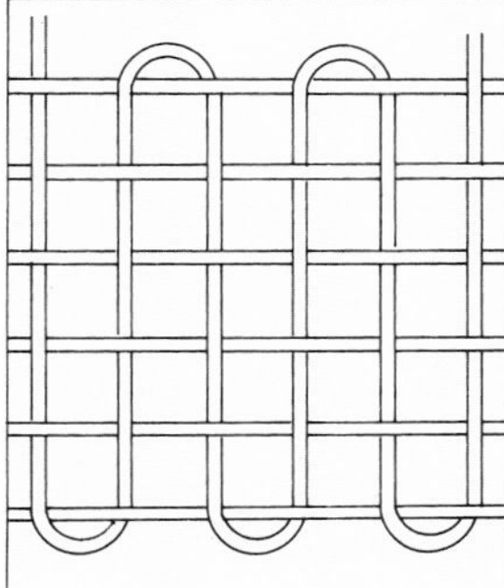

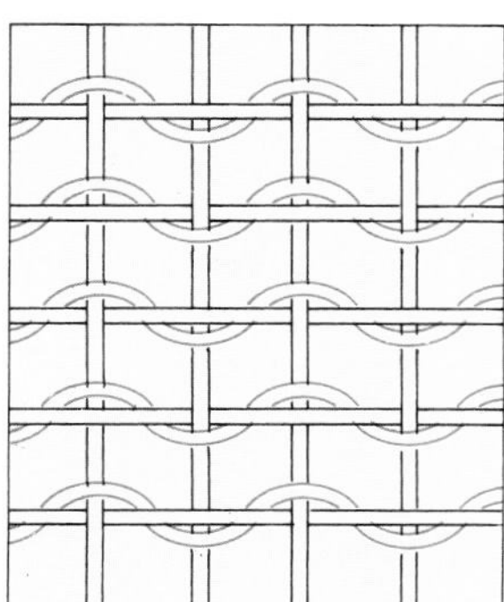

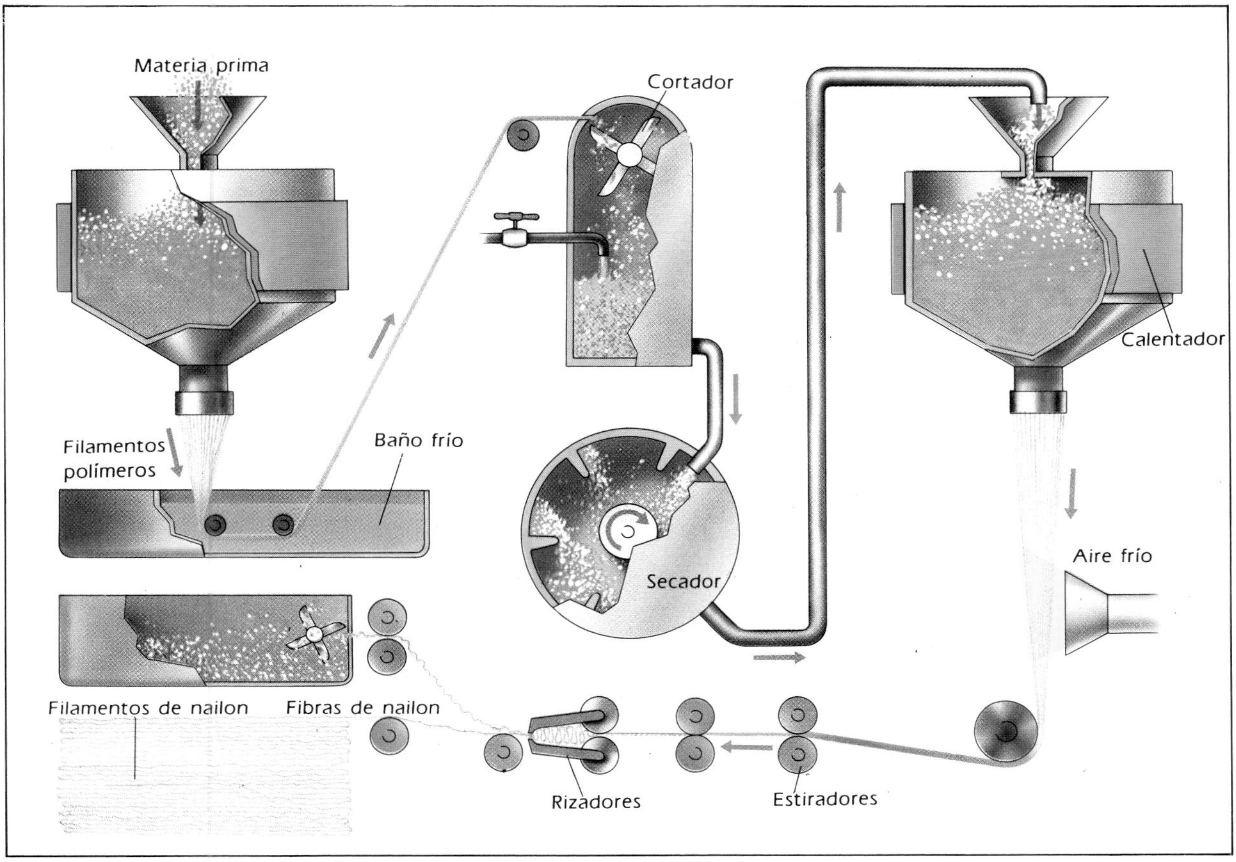

Materia prima
Cortador
Calentador
Filamentos polímeros
Baño frío
Secador
Aire frío
Filamentos de nailon
Fibras de nailon
Rizadores
Estiradores

bre. El *rayón* se saca de la madera. El *nailon* proviene del petróleo. Hasta existen fibras que provienen del vidrio. Las fibras inventadas por el hombre, o artificiales, son más baratas y, a menudo, más fáciles de lavar y más duraderas. A veces, se mezclan con fibras naturales para conseguir lo mejor de los dos materiales. Algunos tejidos son tratados para que no se arruguen o decoloren.

▲ Producción de la fibra de nailon: un elemento químico llamado *caprolactam* es calentado bajo presión para hacer largos filamentos polímeros. Éstos se enfrían, se cortan y se secan. El polímero fundido pasa por pequeños agujeros para conseguir los finos hilos.

Tejón

Los tejones son animales grandes, parecidos a las comadrejas. Son comunes en Europa, América del Norte y Asia.

Los tejones son MAMÍFEROS. Tienen el cuerpo rechoncho, zarpas que utilizan para escarbar, largas y abruptas, dientes afilados y una poderosa mandíbula. Un tejón adulto mide, aproximadamente, 75 centímetros de la nariz a la cola, y cuando está en pie alcanza una altura de casi 30 centímetros.

Es poco usual que la gente vea a los tejones durante el día. Son criaturas nocturnas. Tras la puesta de sol, emergen de sus guaridas subterráneas y empiezan a comer.

▼ El tejón americano, que aquí vemos, es más pequeño que el europeo, siendo común en Norteamérica.

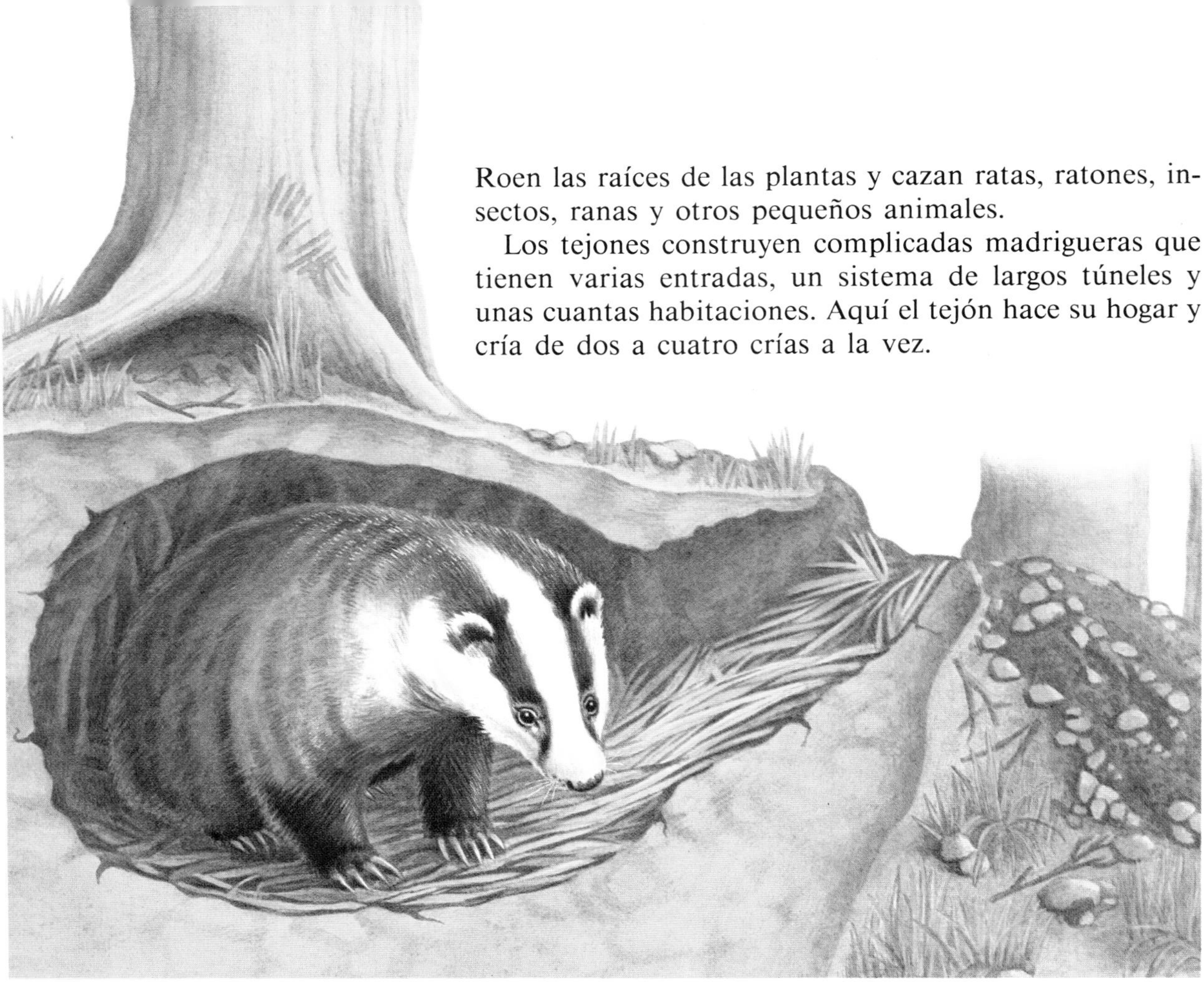

Roen las raíces de las plantas y cazan ratas, ratones, insectos, ranas y otros pequeños animales.

Los tejones construyen complicadas madrigueras que tienen varias entradas, un sistema de largos túneles y unas cuantas habitaciones. Aquí el tejón hace su hogar y cría de dos a cuatro crías a la vez.

▲ Los tejones viven en madrigueras. Las forran con helechos u otras plantas para hacerse una cama y se quedan allí acurrucados durante el día, saliendo sólo por la noche para comer.

Telecomunicaciones

La palabra griega *tele* significa «distancia». Telecomunicaciones se refiere a la comunicación a larga distancia por

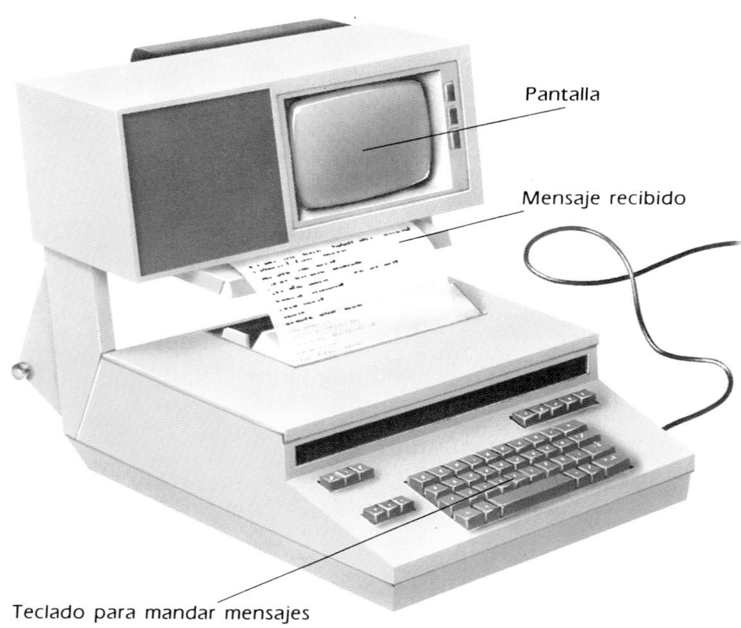

▶ Una máquina de télex es como un ordenador, con una tecla que se utiliza para enviar mensajes por teléfono. Cuando se escriben las letras, se convierten en señales eléctricas. Éstas se mandan por líneas telefónicas a una máquina semejante en el destino, que puede imprimir o mostrar el mensaje en una pantalla.

RADIO, telégrafo, TELÉFONO y TELEVISIÓN. La mayoría de la comunicación a larga distancia de hoy en día es electrónica.

Las telecomunicaciones son rápidas porque las señales de sonido e imagen viajan en forma de corrientes eléctricas por cables, de ondas radiofónicas por el aire y el espacio, o de ondas de luz por fibras de vidrio. Las ondas radiofónicas y de luz viajan a una velocidad de 300.000 kilómetros por segundo. Las redes de teléfono y radio utilizan satélites de comunicaciones que dan vueltas por encima de la Tierra.

Las máquinas de télex y facsímiles (fax) juegan un papel importante en las comunicaciones actuales. Se introducen en las máquinas los mensajes en forma de documentos y en segundos se reproducen en la terminal receptora.

Hasta hace poco, los sistemas telefónicos y de televisión por cable han utilizado cables de metal para llevar las señales eléctricas. Ahora, estos servicios utilizan cables que contienen fibras ópticas –largas y finas fibras de vidrio–. Estas fibras llevan las señales en forma de rayos de luz disparados por un láser a través de cada fibra. Cada una de las finas fibras de vidrio puede llevar más canales que un cable de cobre, el cual es más pesado y más grande.

Teleférico

El teleférico es un sistema de transporte en que los vehículos van suspendidos de un cable fijo y se desplazan gracias a un cable de tracción.

Se emplea, principalmente, para comunicar lugares de difícil acceso por otro medio.

Algunos teleféricos famosos son el de Saléve en Italia, el del Pan de Azúcar en Brasil, el de Zugzpitze en los Alpes de Baviera y el de Montserrat en Cataluña, España.

▼ El teleférico acorta distancias entre puntos de difícil acceso, como éste en las proximidades de Chamonix, Mont-Blanc.

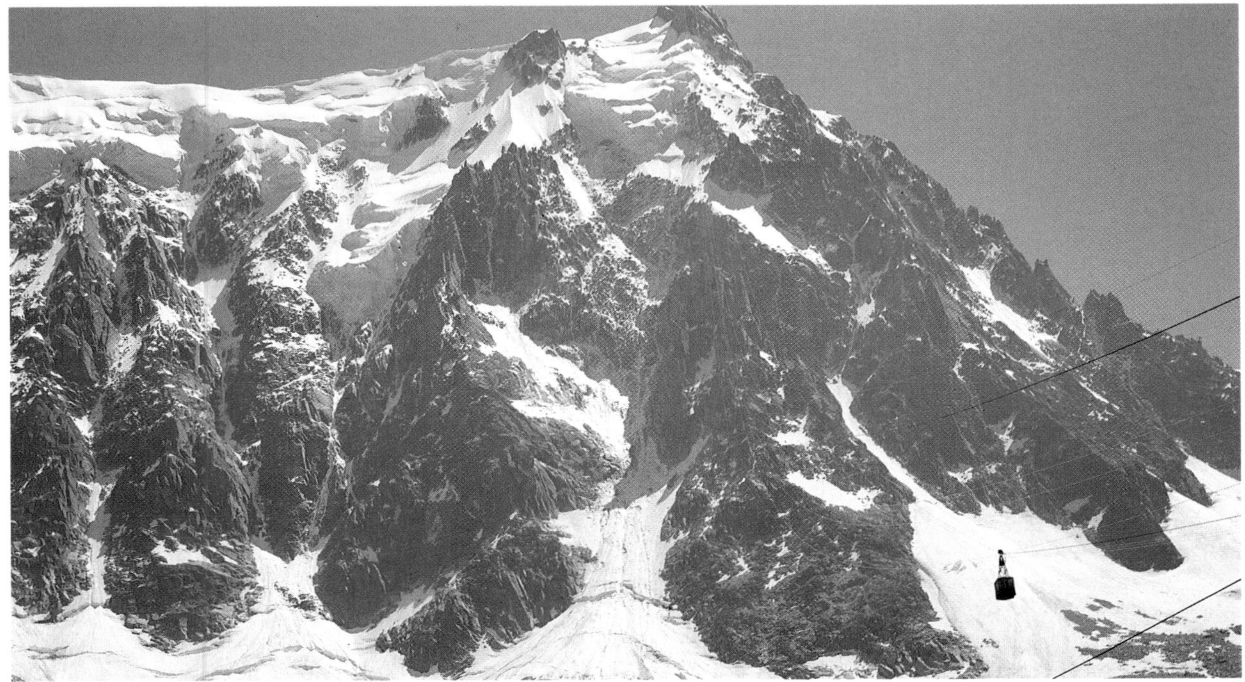

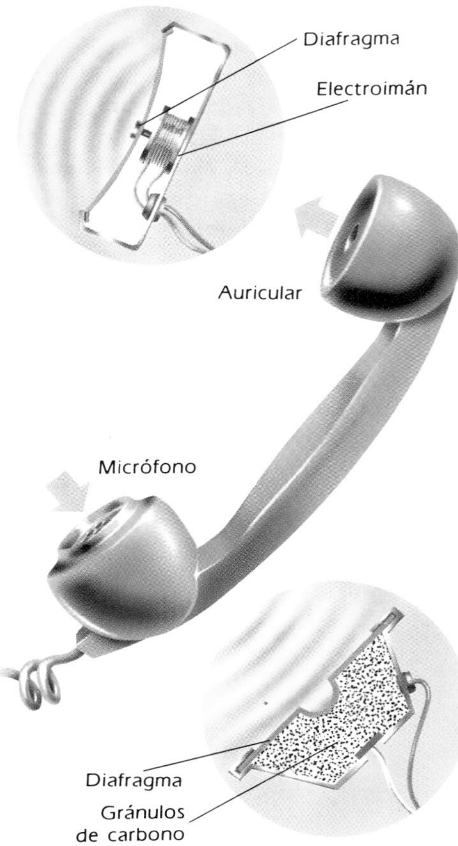

▲ Al hablar por el auricular se hace vibrar un diafragma que comprime gránulos de carbono que hacen variar la corriente eléctrica. La corriente discurre por los cables hasta el otro teléfono receptor y entra en el auricular, donde un electroimán hace vibrar otro diafragma para producir el sonido de tu voz.

Teléfono

Los teléfonos te permiten hablar con otras personas que pueden estar muy lejos. Cuando descuelgas el auricular, pones en marcha una pequeña corriente electrónica.

Las ondas sonoras de tu voz impactan un disco metálico que hay dentro del micrófono y lo hacen vibrar. Estas vibraciones viajan por los cables telefónicos en forma de ondas electrónicas. Cuando llegan a su destino, chocan contra el disco metálico del otro auricular. Éste reconvierte las vibraciones en ondas acústicas, que el receptor de tu llamada escucha como tu voz.

El primer teléfono eléctrico, inventado por Alexander BELL en 1876, sólo producía un sonido débil a largas distancias. Hoy las redes telefónicas utilizan un sistema mundial de cables y satélites de comunicaciones.

Telescopio

Los telescopios hacen que las cosas que están lejos parezcan estar cerca. Funcionan recogiendo la LUZ de un objeto, reflejándolo para producir una imagen minúscula que podemos ver.

Hay dos tipos de telescopio. El telescopio de LENTE o telescopio refractor utiliza dos lentes fijadas dentro de un tubo para evitar la luz indeseada. Una gran lente, en un extremo del tubo, recoge la luz. Se llama lente objetivo. Una lente más pequeña, llamada ocular, hace más grande la imagen.

La imagen que se ve a través de este tipo de telescopio está al revés. Si se quiere alterar la imagen y ponerla

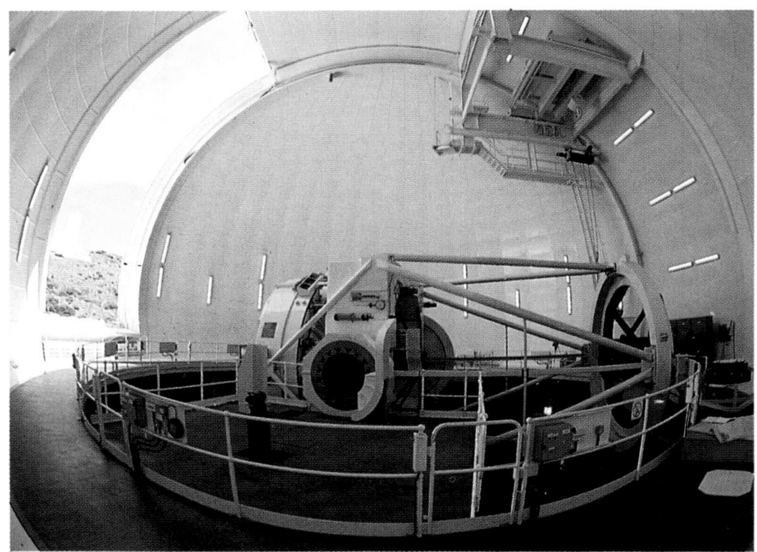

▶ El telescopio William Herschel de 4,2 metros en su cúpula del Observatorio de La Palma, Canarias. Es el tercer telescopio de espejo único más grande del mundo. Está a gran altura, a 2.400 metros del nivel del mar, donde el cielo está totalmente despejado.

bien, se necesita una tercera lente. Los binoculares son dos telescopios de lentes juntas.

El otro tipo de telescopio se llama telescopio reflector. En lugar de una lente tiene un espejo curvado para captar la luz. El espejo está construido para que los rayos de luz se reflejen hacia un segundo espejo que a su vez los refleja hacia el ocular. Desde 1900, la mayoría de los grandes telescopios astronómicos construidos han sido reflectores.

La idea del telescopio de lente fue descubierta por casualidad en 1608 por Hans Lippershey, un fabricante holandés de lentes. Mientras sostenía dos lentes se dio cuenta de que la veleta de la iglesia parecía que estuviera mucho más cerca.

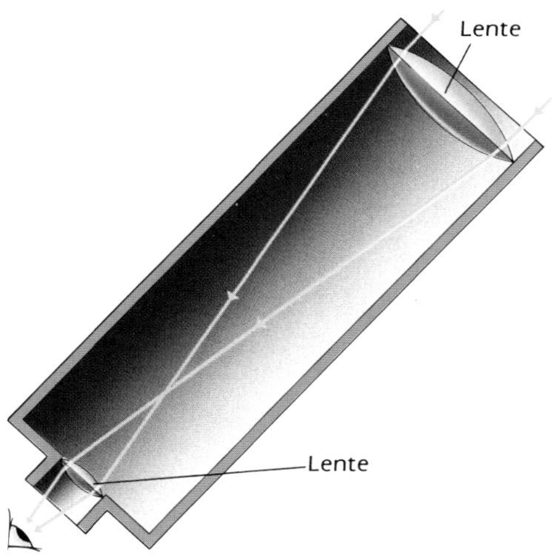

▲ Un telescopio refractor utiliza dos lentes para enfocar los rayos de luz de las lejanas estrellas y planetas.

Televisión

La televisión es una manera de enviar el sonido y las imágenes a través del espacio. Desde, aproximadamente, 1880, los científicos se han interesado en el fenómeno de la televisión. Aunque John Logie Baird fue el primero en mostrar el funcionamiento de la televisión, su éxito se basó en el trabajo de muchos otros científicos de todo el mundo. Baird mostró su aparato en 1926. El primer servicio de televisión se abrió en Gran Bretaña en 1936. La televisión en color empezó en Estados Unidos en 1956.

Al principio, la televisión era en blanco y negro. Poca gente tenía aparatos de televisión porque eran muy caros. Hoy en día, casi todos los hogares gozan de uno, y normalmente en color.

La televisión se basa en el cambio de las ondas de LUZ en señales eléctricas. Esto ocurre dentro de la cámara de televisión. Una imagen de lo que ocurre enfrente de la cámara se forma en una pantalla especial detrás de la LENTE. Detrás de la pantalla hay un cañón de electrones. Éste *explora* la pantalla. Se mueve de izquierda a derecha para cubrir cada parte de la imagen. Cada parte se convierte en una señal eléctrica que se refuerza, y luego se envía al transmisor. El transmisor transmite todas las señales en forma de ondas radiofónicas. Éstas son recogidas por las antenas domésticas de televisión y son reconvertidas en señales eléctricas. Así entran en el aparato de televisión.

Dentro del aparato hay un gran tubo de vidrio llamado *tubo de rayos catódicos*. La pantalla que tú ves es la parte frontal de ese tubo, y está cubierta de minúsculos puntos químicos. En un aparato en color, estos puntos están di-

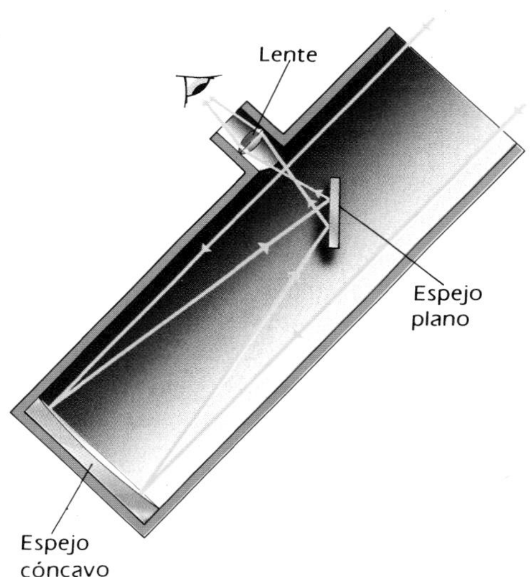

▲ Un telescopio reflector utiliza un gran espejo cóncavo para reflejar la luz hacia un espejo más pequeño que la conduce, a través de una lente, hasta el ojo.

El primer aparato de televisión que John Logie Baird construyó estaba hecho de latas, partes de bicicletas, lentes, cera y cuerda.

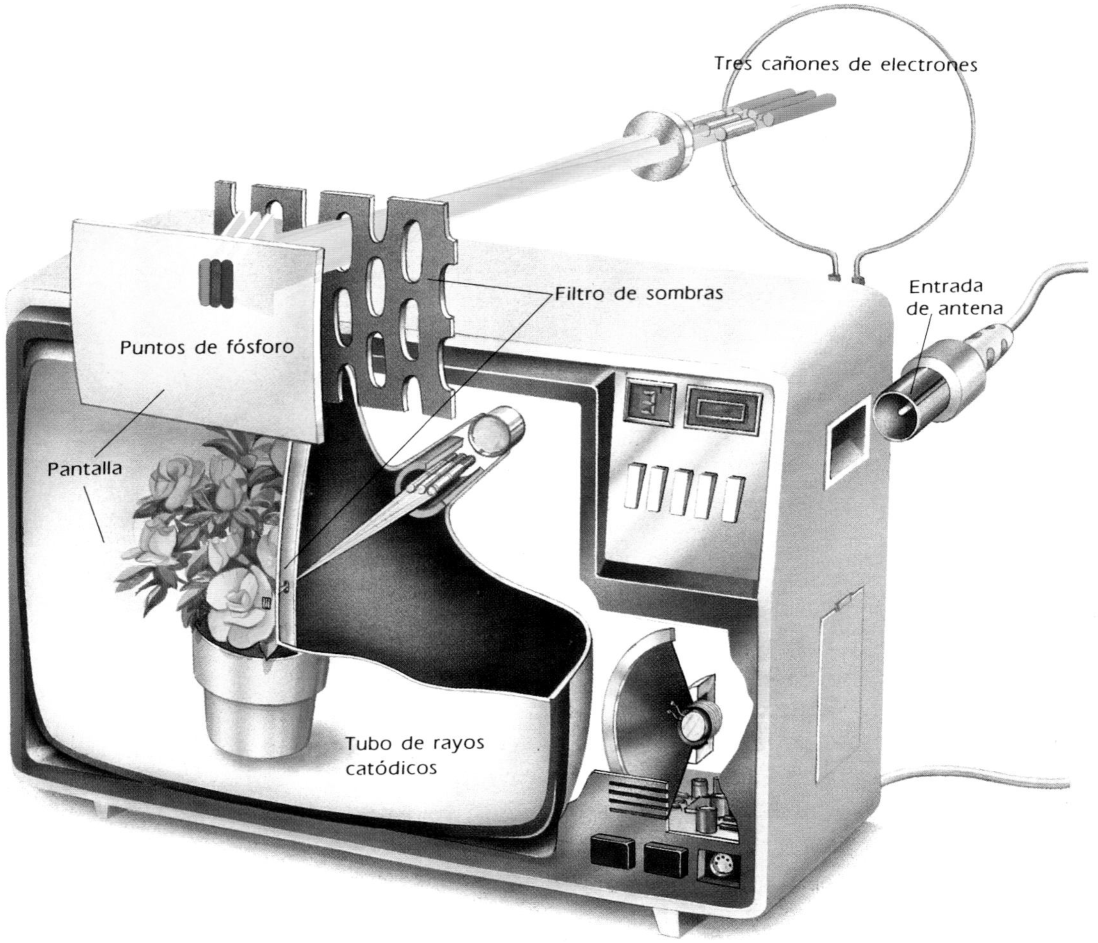

▲ La parte principal de un aparato de televisión es el tubo de rayos catódicos. El extremo más grande es la pantalla. El extremo pequeño contiene tres cañones de electrones que envían electrones a través del filtro de sombras hasta los puntos de fósforo de la pantalla. Todos los colores que ves en una pantalla de televisión en color se forman a partir de tres colores –rojo, azul y verde–, y cada uno de ellos proviene de uno de los cañones. Para recibir las señales que envían los programas, se necesita una antena. La antena puede acoplarse al aparato, como el del dibujo, o instalarse encima del tejado de un edificio, para poder recibir las ondas transmitidas por el transmisor con mayor claridad.

vididos en tres grupos: el grupo rojo, el azul y el verde. En la parte posterior de este tubo hay otro cañón de electrones. Éste dispara un rayo de electrones que exploran la pantalla como lo hace la cámara. Un punto se enciende cada vez que un electrón golpea la pantalla. Estos pequeños reflejos de color construyen una imagen en tu pantalla. Tú no ves las líneas de luces intermitentes en color, ya que el cañón de electrones se mueve más rápidamente que el ojo. Lo que tú ves es una imagen de lo que está pasando en el estudio de televisión.

Los programas de televisión en directo te muestran lo que está pasando en el momento. La mayoría de los programas se graban en películas o *cintas de vídeo* y se emiten más tarde.

Temperatura

La temperatura es la medida del CALOR. Se mide en una escala marcada en un TERMÓMETRO. La mayoría de la gente en todo el mundo utiliza la escala *Celsius*. La escala *Fahrenheit* es la más utilizada en Estados Unidos.

Algunos animales, incluyendo mamíferos como los humanos, tienen la sangre caliente. Su temperatura se mantiene estable. Los humanos pueden aportar una gran variedad de temperaturas corporales. La temperatura corporal de una persona sana es de 37 °C. Cuando se está enfermo, la temperatura puede subir hasta 41 °C o más, y todavía podemos sobrevivir.

Otros animales, como las serpientes, los lagartos y las ranas, tienen la sangre fría. Su temperatura corporal sube y baja con la temperatura de su entorno. Muchos animales de sangre fría pueden sobrevivir hasta que las temperaturas de sus cuerpos llegan al punto de congelación.

TABLA DE CONVERSIÓN DE TEMPERATURAS

	Centígrados (*Celsius*)	Fahrenheit
Punto de congelación	**0**	**32**
	10	50
	20	68
	30	86
	40	104
	50	122
	60	140
	70	158
	80	176
	90	194
Punto de ebullición	**100**	**212**
	110	230
	120	248
	130	266
	140	284
	150	302
	200	392
	250	482
	300	572

Para convertir grados Fahrenheit a grados centígrados, resta 32, multiplica por 5 y divide por 9. Para convertir grados centígrados en grados Fahrenheit, multiplica por 9, divide por 5 y súmale 32.

Templo

Los templos son tan diversos como lo son los países en los que se encuentran. Se presentan bajo cualquier forma y dimensión –desde tiendas de campaña o cabañas de madera hasta las enormes CATEDRALES–, pero todos ellos son utilizados como lugares de oración, para la celebración de servicios religiosos.

◀ El templo de la *Sagrada Familia*, en Barcelona, del genial arquitecto Antonio Gaudi, es una de las más audaces y controvertidas obras de la arquitectura religiosa.

Los grandes templos, especialmente los cristianos, se construyen normalmente en forma de cruz latina. En la mayoría de ellos el altar se encuentra en el extremo oriental, en el extremo opuesto a la puerta principal.

Con el paso del tiempo, los templos cristianos se han venido edificando en los más diversos estilos arquitectónicos, generalmente de acuerdo con el período histórico y en el país donde se encuentran. Muchos templos adoptaron el estilo arquitectónico llamado *bizantino*. Todos ellos tienen arcos anchos y redondeados y cúpulas bajas. En la EDAD MEDIA apareció en Europa occidental un estilo conocido con el nombre de *gótico*. A partir del siglo XI se hicieron muy populares las catedrales con ojivas puntiagudas, arcos estrechos y altos, ventanales acristalados polícromos y muchos relieves en sus piedras. Estos templos resultaban frescos y oscuros en su interior. El gran espacio interior ayuda a dar a los fieles un sentimiento de respeto y devoción. Durante mucho tiempo el templo ha constituido el lugar obligado de reunión del pueblo, celebrándose en él grandes ceremonias religiosas.

▲ En las plantas de iglesias cruciformes, la nave principal con el coro y el altar constituyen el brazo vertical de la cruz, y las naves transversales, el brazo horizontal.

En su interior muchas catedrales han sido proyectadas de forma parecida. Los fieles se sientan en el centro, en una sección llamada *nave*, frente al altar y al lugar donde canta el coro. A cada lado de la nave principal están los cruceros, que le dan al interior del templo cristiano su forma de cruz latina.

Tenis

El tenis es un juego para dos o cuatro personas que se practica en una pista especial, dividida en dos por una red de 91 cm de alto. Si juegan dos personas el partido se llama *individuales*, y si son cuatro las que lo hacen se llama *dobles*.

Las pelotas de tenis deben tener un diámetro de 63 mm y un peso de 56,7 gramos. Una raqueta de tenis puede ser de cualquier tamaño.

Un partido de tenis se divide en dos *sets*. Normalmente, las mujeres juegan tres *sets* y los hombres cinco. Cada *set* consta de seis juegos. Para ganar un juego, un jugador tiene que ganar un mínimo de cuatro puntos. El tenis moderno es una versión simplificada de un viejo juego francés que se llamaba *tenis real*.

Teotihuacán

Es un importante centro religioso ceremonial que tuvo su apogeo entre los siglos IV y VII. Fue el principal foco de las culturas prehispánicas mexicanas y destaca por los frescos, máscaras funerarias y esculturas halladas princi-

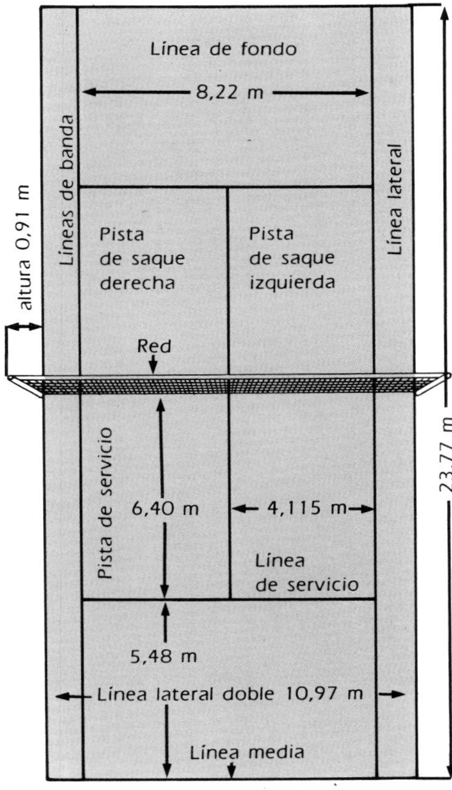

▲ Las divisiones y medidas de una pista de tenis moderno.

▼ Vista de la impresionante Pirámide del Sol, en Teotihuacán.

▲ Las terribles condiciones que sufren muchas personas en estas chabolas de Río de Janeiro, Brasil, son típicas en muchos de los países del Tercer Mundo.

palmente en los monumentos arquitectónicos más importantes, como la pirámide del Sol (la mayor de la civilización azteca), la pirámide de la Luna, el templo de Quetzalcóatl y la calzada de los Muertos.

Tercer Mundo

El Tercer Mundo es una manera de describir a las naciones pobres de nuestro mundo. Los dos primeros «mundos» son las naciones ricas y poderosas del Este, encabezadas por los partidos hasta hace muy poco comunistas de la antigua Unión Soviética, y los países del Oeste, el más poderoso de los cuales es Estados Unidos.

Los países del Tercer Mundo se sitúan en ASIA, ÁFRICA y AMÉRICA DEL SUR. Muchos de ellos proveen al resto del mundo de comida abundante a bajo precio, minerales, madera y fibras, así como mano de obra barata. Esta distribución de la riqueza en una parte del mundo y la pobreza en la otra es de difícil solución. El resto de los países ricos del mundo no quieren compartir la riqueza y el poder al que han estado acostumbrados durante tanto tiempo, lo cual significa que muchos países del Tercer Mundo están condenados a empobrecerse cada vez más mientras los países ricos siguen enriqueciéndose a su costa.

▶ El número de muertes infantiles en un país por cada mil personas es un indicativo de la riqueza del país y del nivel de vida. En los países pobres, los bajos niveles de salud y educación se reflejan normalmente en el número de muertes infantiles.

LA MORTALIDAD INFANTIL EN ALGUNAS NACIONES

Tercer Mundo	*Por 1000*	*Otros*	*Por 1000*
China	50	Australia	9
Bangladesh	140	Canadá	8
Bolivia	123	Dinamarca	7
Brasil	70	España	11
Birmania	96	Estados Unidos	10
Camerún	113	Finlandia	6
Chile	22	Francia	8
Gabón	162	Grecia	13
Gambia	217	Italia	12
Ghana	98	Nueva Zelanda	10
India	101	Polonia	18
Liberia	127	Reino Unido	10
Zaire	110	Suecia	3

Termita

Las termitas son INSECTOS que comen MADERA. Tienen cuerpos blandos y pálidos con unas cinturas muy gruesas y viven en las partes cálidas del planeta. Algunas termitas escarban túneles bajo el suelo o en la madera, cau-

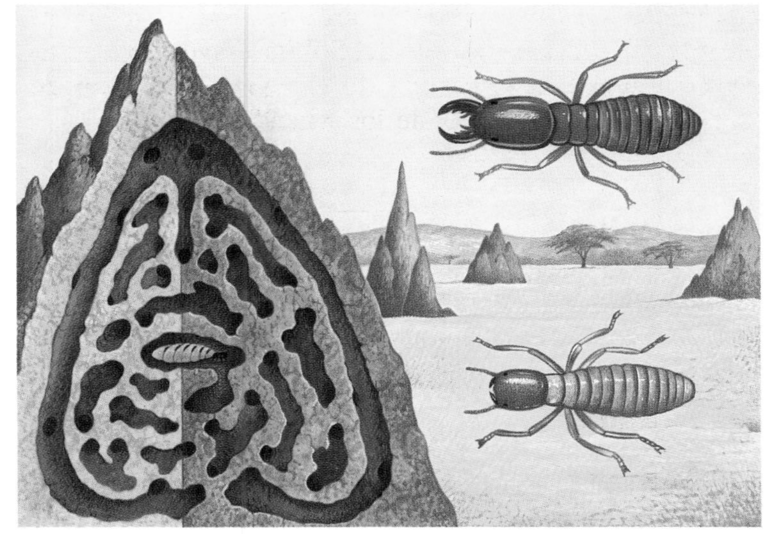

◀ Muchas termitas construyen sus nidos dentro de enormes montículos de tierra. Dentro del nido hay un laberinto de túneles y cámaras donde las obreras (izquierda, arriba) cuidan de los pequeños. La reina está en el centro del nido. Las termitas soldado (izquierda, abajo) defienden el nido ante cualquier ataque.

sando muchos daños. Otras viven en enormes montículos de tierra.

Todas las termitas forman grandes grupos que se llaman colonias. Cada colonia tiene una reina, su rey, soldados y obreras. La mayoría de las termitas son obreras. Ellas son las que escarban los túneles o construyen los montículos y buscan la comida para el resto de la colonia.

Las termitas soldado poseen cabezas largas y duras, siendo ciegas y sin alas. Ellas defienden la colonia de cualquier ataque. La reina excede en tres veces o más el tamaño de las otras termitas, y no hace otra cosa que poner huevos. Habita siempre una cámara del montículo de la colonia, con su rey. Las obreras la alimentan y cuidan de sus huevos hasta que éstos rompen su cáscara.

En algunas especies de termitas, la reina crece hasta adquirir un tamaño realmente enorme. Puede llegar a ser hasta 20.000 veces más grande que una simple termita obrera. Se hinchan tanto de huevos que en ocasiones casi no pueden moverse. Algunas de ellas pueden llegar a poner hasta 30.000 huevos por día.

Termómetro

El termómetro es un instrumento que mide la TEMPERATURA. Normalmente es un tubo de cristal con una escala marcada. Dentro de él hay otro tubo de cristal, más delgado, que termina en una cápsula que contiene mercurio o alcohol. Cuando la temperatura asciende, el mercurio, o el alcohol, se calienta y expande (aumenta) ascendiendo por el tubo. Cuando se detiene, puedes leer la temperatura en la escala marcada. Si se enfría, el mercurio se contrae (disminuye) y baja por el tubo. Si se utiliza alcohol en un termómetro, éste es, normalmente, de color rojo. La mayoría de los termómetros miden las temperaturas entre el punto de ebullición y el punto de congelación del agua. Esto es, entre 0° y 100° en la escala

▼ Un termómetro médico puesto debajo del brazo de esta niña febril indicará a cuántos grados por encima de lo normal (37 °C) está la temperatura de su cuerpo. Es más seguro tomar la temperatura de un niño de esta manera que arriesgarse colocándole un termómetro de vidrio en la boca.

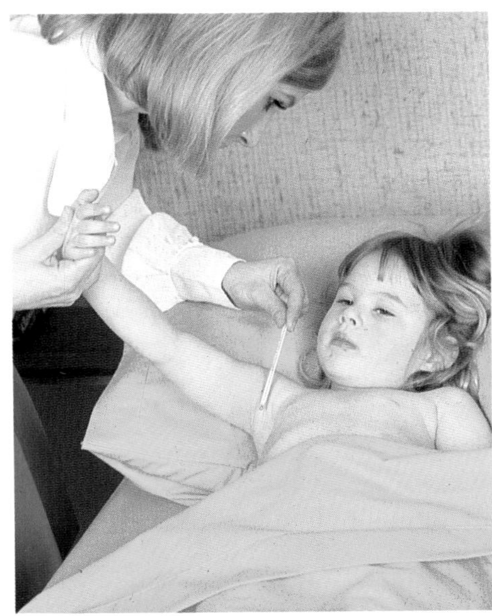

▶ Los termómetros de máximas y mínimas se utilizan para indicar la temperatura más alta y la temperatura más baja que se han registrado. En un termómetro de máximas, el mercurio corre por un cuello estrecho en el tubo. Cuando el termómetro se enfría, una pequeña cantidad de mercurio queda encima del cuello, mostrando la máxima temperatura que ha experimentado el termómetro. Un termómetro de mínimas es normalmente un termómetro de alcohol que registra el punto más bajo. Los termómetros de horno (debajo) utilizan la diferencia en la expansión de metales distintos. Al subir la temperatura, la banda bimetálica se dobla cuando uno de los metales se expande, haciendo mover la flecha en el indicador.

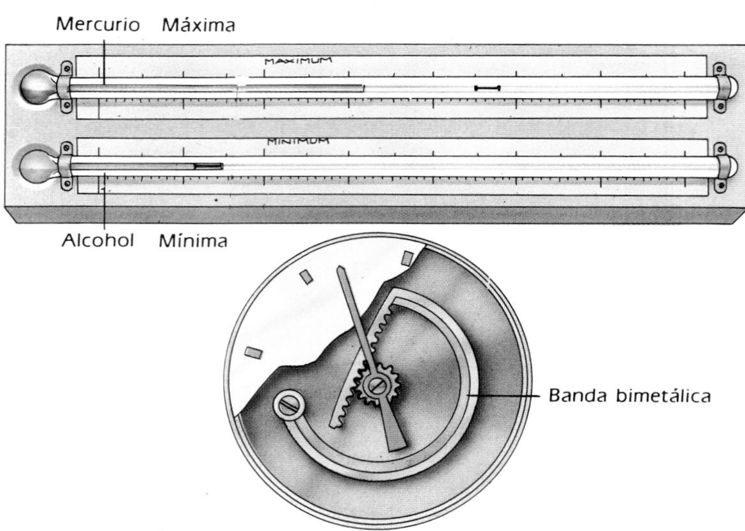

El nombre Centígrado se utiliza con frecuencia para la escala *Celsius*, pero no es correcto en el sistema internacional de unidades.

centígrada. La mayoría de los países utilizan esta escala, pero otros, como Estados Unidos, también utilizan la escala Farenheit, en la cual los puntos de ebullición y congelación son los 32° y los 212°.

Los termómetros médicos, que son lo suficientemente pequeños como para que quepan en la boca, miden el calor de tu sangre. Los termómetros domésticos te dicen si el aire dentro o fuera de tu casa está caliente o frío.

Termostato

Un termostato es un instrumento que mantiene una TEMPERATURA regular. Normalmente forma parte de un sistema de calefacción. La caldera se enciende y se apaga cuando la temperatura es demasiado alta o demasiado baja. También se encuentran los termostatos en las teteras, los coches, las naves espaciales y otras máquinas.

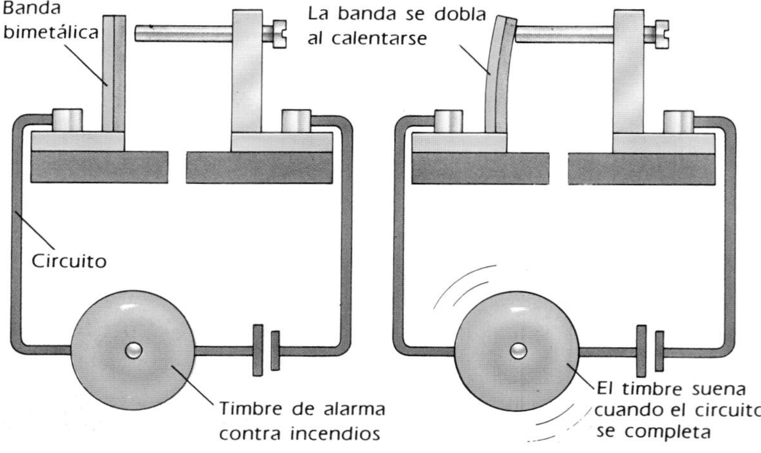

▶ Este circuito eléctrico está en un sistema de alarma contra incendios. Se compone de un timbre sonoro, un circuito eléctrico y una banda bimetálica, es decir, una banda de dos metales unidos. Cuando sube la temperatura, uno de los dos metales se expande más rápidamente que el otro, haciendo doblar la banda. Esto completa el circuito y hace sonar el timbre.

Hasta hace poco, los termostatos se hacían con bandas de metal por dentro. Cuando las bandas se calentaban se expandían. Tenían que doblarse para entrar en su espacio. Al doblarse, rompían el circuito eléctrico. Esto apagaba la caldera o la calefacción. Los termostatos modernos son eléctricos. Pueden funcionar a temperaturas que fundirían la mayoría de los metales.

Terremoto

◀ Un devastador terremoto en Alaska, EUA, en 1964, fue seguido por un *tsunami* (maremoto) casi tan destructivo como el mismo terremoto.

La gente dice a menudo «tan seguro como en casa». Pero en ciertas partes del mundo de vez en cuando las casas se derrumban porque la tierra empieza a temblar. Este temblor se llama terremoto. Aproximadamente medio millón de terremotos tienen lugar cada año. La mayoría son tan débiles que sólo los instrumentos especiales llamados *sismógrafos* muestran que han ocurrido. Sólo uno de cada 500 terremotos ocasiona daños y sufrimientos. Se cree que tres cuartos de millón de personas murieron cuando un terremoto sacudió la ciudad china de Tangshan en 1976.

Se pueden dar pequeños temblores de tierra cuando los VOLCANES entran en erupción, cuando hay un desprendimiento de tierras o cuando el techo de una cueva subterránea se cae. Los terremotos más grandes ocurren cuando un gigantesco trozo de la corteza terrestre choca con otro. Este corrimiento puede darse bajo tierra, pero el golpe viaja a través de la corteza y sacude la superficie terrestre.

Un terremoto del lecho marino o maremoto puede crear una enorme ola oceánica que se llama *tsunami*.

TERREMOTOS FAMOSOS

Provincia de Shensi, China, 1556: Más de 800.000 personas perecieron, un número mayor que el habido en cualquier otro terremoto.

San Francisco, EUA, 1923: El terremoto y los incendios que éste causó destruyeron casi por completo la ciudad.

Llano de Kwanto, Japón, 1923: El terremoto más fuerte que se haya registrado nunca.

Armenia, CEI, 1988: Cerca de 25.000 personas murieron, desapareciendo muchas ciudades y pueblos.

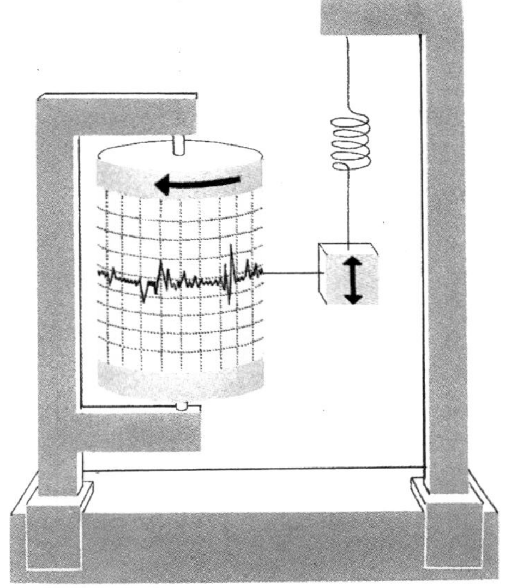

▲ Un sismógrafo muestra los temblores de la tierra en forma de serpenteos de una línea trazada en un tambor en rotación. Un temblor hace vibrar el peso que sostiene el marcador.

Esta puede ser más alta que una casa y viajar con tanta celeridad como el tren más rápido.

▲ Rígidos controles de seguridad se llevaron a cabo con los visitantes de los Juegos Olímpicos de Seúl, Corea, en 1988. Los terroristas a menudo escogen los mayores acontecimientos internacionales como marco de sus ataques.

Terrorismo

El terrorismo es el uso de la violencia y el empleo del terror para conseguir fines políticos. Ha habido un incremento del terrorismo en todo el mundo desde el final de la II Guerra Mundial. Los terroristas amenazan con bombas y disparos, secuestran aviones, raptan personas para utilizarlas como rehenes, roban bancos y, a menudo, toman parte en el tráfico de drogas.

El terrorismo es un problema mundial, y los países se están uniendo cada día más para tratar de que desaparezca por completo.

Textil, industria

Las cortinas, las sábanas, las camisas y las alfombras, las toallas y los trajes son sólo algunos de los múltiples artículos que puede hacer la industria textil. En ellas, los hilos se unen en dibujos de zigzag para hacer los más variados tejidos.

La gente ha estado tejiendo telas para hacer ropa desde la EDAD DE PIEDRA. La tela más antigua que conocemos

▶ Los trabajadores en una fábrica textil acercan al telar enormes madejas de hilo. Los telares totalmente automáticos son, hoy en día, muy comunes en muchos países, aunque los telares manuales todavía se utilizan para la fabricación de telas especiales de lana o seda.

Una persona puede operar a la vez 20 de los telares automáticos que hoy en día se utilizan. Si se rompe uno de los hilos, la corriente eléctrica se corta y la máquina deja de funcionar. Algunos telares utilizan aire comprimido para hacer pasar la trama por la urdimbre.

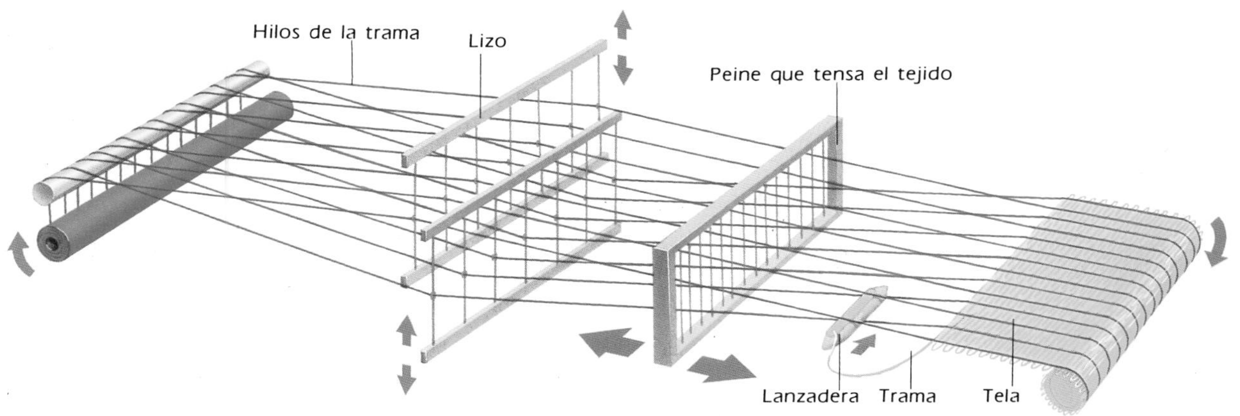

▲ La tela se realiza tejiendo dos tipos diferentes de hilos en un telar. Durante el tejido de los hilos, el lizo crea un espacio al subir y bajar los diferentes hilos de la urdimbre. Entonces la lanzadera pasa el hilo de la trama a través de los espacios, pasando por encima de algunos y por debajo de otros para crear la tela.

fue tejida hace, aproximadamente, 800 años en lo que se conoce actualmente por Turquía. Estos primeros tejedores aprendieron a hacer el hilo del *lino*. Hacia el año 2.000 a.C. los chinos ya tejían con la seda. En la India, aprendieron a usar las fibras de la planta del algodón. Mientras tanto, los *nómadas* (viajeros) de los desiertos y montañas de Asia descubrieron cómo utilizar la LANA.

Durante miles de años, hacer ropa era una lenta tarea. Primero, las fibras se estiraban y se enroscaban hasta conseguir una larga hebra. Este proceso se conoce como el hilado. Entonces, las filas de hilos se estiraban, una al lado de la otra, en un marco llamado telar. Estas hebras o hilos hacían las madejas. A continuación se pasaba otro hilo a través, la *trama*, desde un lado del telar hasta el otro, por encima y por debajo de la urdimbre. Una lanzadera, como una aguja muy grande, era utilizada para alimentar la trama por entre el hilado.

Las ruedas de hilar y los telares se utilizaron manualmente hasta el siglo XVII. Entonces, se inventaron las máquinas de hilar y de tejer. Estas máquinas trabajaban mucho más rápido que los telares manuales, y la tela se hizo más barata y más abundante. Hoy en día, la mayoría de las telas se tejen mecánicamente.

Tíbet

El Tíbet es un país del Asia Central. Es el más alto del mundo. La parte llana del Tíbet, que está en medio, es tan alta como los picos de los ALPES. Enormes cordilleras de montañas rodean esta alta meseta. En el sur se encuentra el HIMALAYA, donde está el monte EVEREST.

En la parte elevada, el clima es severo, con veranos cortos e inviernos muy fríos. En la parte oriental, en cambio, el clima es más suave.

TÍBET

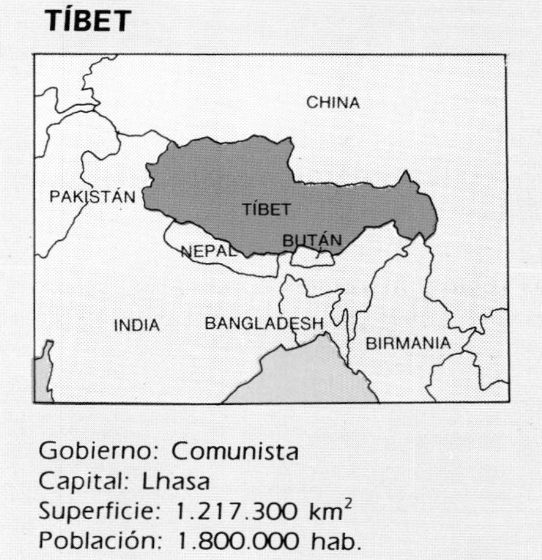

Gobierno: Comunista
Capital: Lhasa
Superficie: 1.217.300 km²
Población: 1.800.000 hab.

Según la tradición tibetana, una mujer no puede escoger marido, y si se casa con el hermano mayor de una familia, los hermanos menores se convierten también en sus esposos.

▶ Este remoto monasterio budista en las montañas del Tíbet está a unos 4.000 metros sobre el nivel del mar.

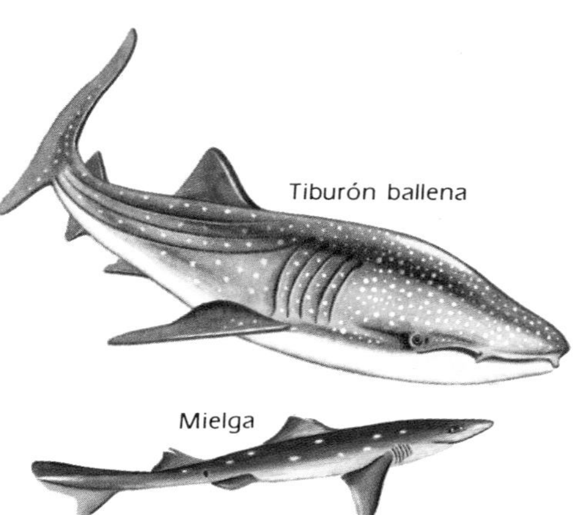

El Tíbet solía estar gobernado por los monjes budistas llamados *lamas.* En 1959 fue invadido por China, aunque detenta la condición de región autónoma.

▲ La mielga mide unos 60 cm de largo, mientras que el tiburón ballena mide más de 15 metros. Los tiburones que ves abajo son todos cazadores y poseen hileras de dientes muy afilados.

Tiburón

A la familia de los tiburones pertenece el pez más grande y feroz que existe: el gran tiburón blanco. Muchos tiburones poseen una cabeza de forma triangular, un cuerpo largo y una aleta también triangular que a menudo sale fuera del agua. Sus esqueletos son de cartílagos, no de hueso. La mayoría de los tiburones vive en los mares templados. Varían mucho de tamaño. La *mielga*, una de las especies más pequeñas, mide tan sólo 60 cm de largo. El pez más grande de los océanos, el *tiburón ballena*, al-

canza más de 15 metros –es tan largo como dos autobuses juntos–.

El tiburón *ballena* y el tiburón *peregrino* son inofensivos para las personas y los demás animales porque sólo consumen PLANCTON. Pero muchos tiburones son crueles asesinos que tienen hileras de afilados dientes. Muchos atacarían a los humanos. El monstruo más feroz, el *gran tiburón blanco*, se come a su víctima entera. Restos de animales grandes, como caballos, focas y otros tiburones, han sido encontrados en sus entrañas.

Otros peligrosos tiburones son los tiburones *azules*, los tiburones *tigre* y los tiburones *leopardo*, que tienen manchas como las de dicho animal. El olor de la sangre en el agua puede hacer que estos escualos ataquen cualquier cosa que esté cerca, aunque sean otros tiburones.

Tiempo

Nadie ha podido explicar nunca qué es el tiempo, pero el ser humano ha inventado muchas maneras para medirlo. Primero, dividiendo los años y los meses según cosas naturales que pasaban regularmente, como las ESTACIONES y el tamaño y forma de la LUNA. La posición del SOL en el cielo ayudaba a saber la hora del día.

El primer reloj fue probablemente inventado por los egipcios. Era un reloj de sol. A medida que el Sol se movía por el cielo, una aguja en medio del reloj proyectaba una sombra sobre una escala de horas dibujada a su alrededor.

Pero esto no funcionaba por la noche. Otras maneras de saber la hora, sin ayuda del Sol, fueron inventadas. Una de ellas fue el reloj de arena. Éste se componía de dos compartimientos de cristal unidos en el centro. La arena de una de las cápsulas tardaba exactamente una

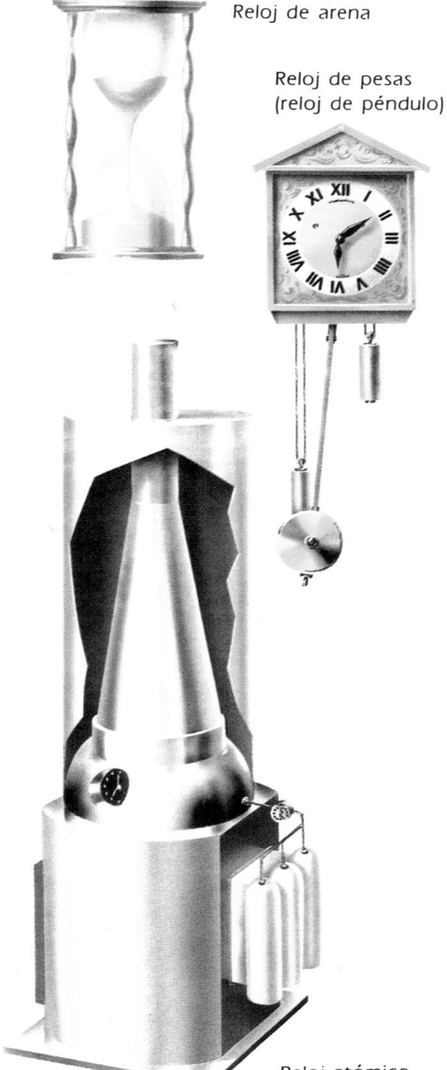

▲ El reloj de arena fue una de las primeras invenciones para medir el tiempo. Los relojes de péndulo se empezaron a utilizar en el siglo XVII. Métodos más precisos para medir el tiempo han sido desarrollados con los años. El reloj atómico de caesio es tan preciso que sólo se retrasa un segundo cada 1.000 años.

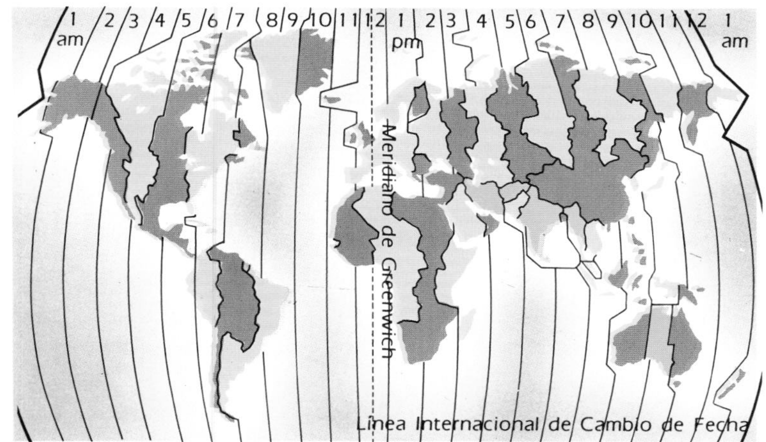

◀ A causa de la rotación de la Tierra, el amanecer, por ejemplo, en el este de Estados Unidos tiene lugar tres horas antes que en la parte oeste. Por esta razón, el mundo se ha dividido en 24 zonas de tiempo. En la Línea Internacional de Cambio de Fecha, el día cambia.

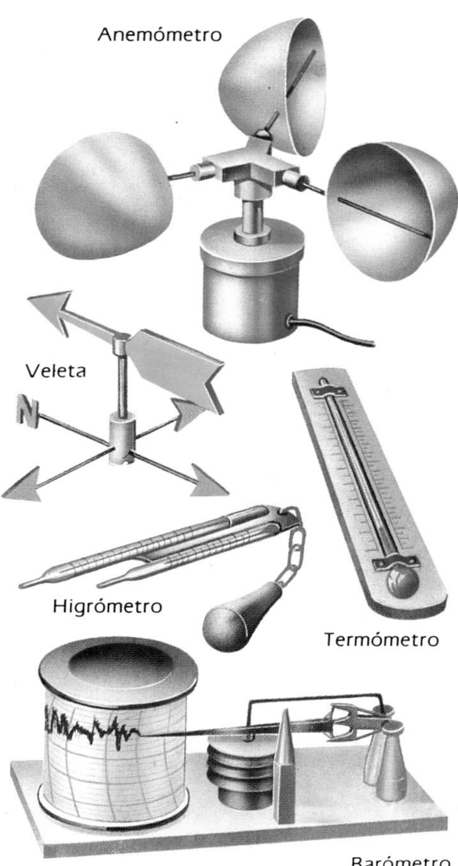

▲ Se utilizan estos cinco instrumentos para medir las condiciones atmosféricas, que dependen de las distintas masas de aire que pueden circular sobre la superficie (abajo).

hora en pasar a través del agujero hasta el otro compartimiento.

Los RELOJES mecánicos no se inventaron hasta el siglo XIII. Éstos funcionaban con pesas. Los relojes de cuerda se empezaron a construir en el siglo XVI. A principios del siglo XVII, el PÉNDULO se empezó a utilizar para conseguir más precisión. Los relojes modernos son muy precisos ya que funcionan electrónicamente. Los científicos necesitan una medición del tiempo aún más precisa, para ello utilizan relojes que miden hasta la diezmillonésima parte de un segundo.

Creemos que el tiempo es algo siempre igual en cualquier situación, pero esto no es necesariamente así. Albert EINSTEIN demostró que el ritmo al que pasa el tiempo varía según la velocidad a la que se esté viajando. En un avión supersónico, los relojes se mueven ligeramente más despacio que en la superficie de la Tierra. Sin embargo, la diferencia sólo se puede notar en una nave que viaje a la velocidad de la luz.

Tiempo meteorológico

El tiempo meteorológico, o atmosférico, –sol, niebla, LLUVIA, NUBES, VIENTO, calor, frío– está siempre cambiando en la mayor parte del mundo. Estos cambios son el resultado de lo que pasa en la ATMÓSFERA, que, como sabemos, es la capa de aire sobre la Tierra.

La atmósfera está siempre en movimiento conducida por el calor del Sol. En los polos Norte y Sur los rayos del

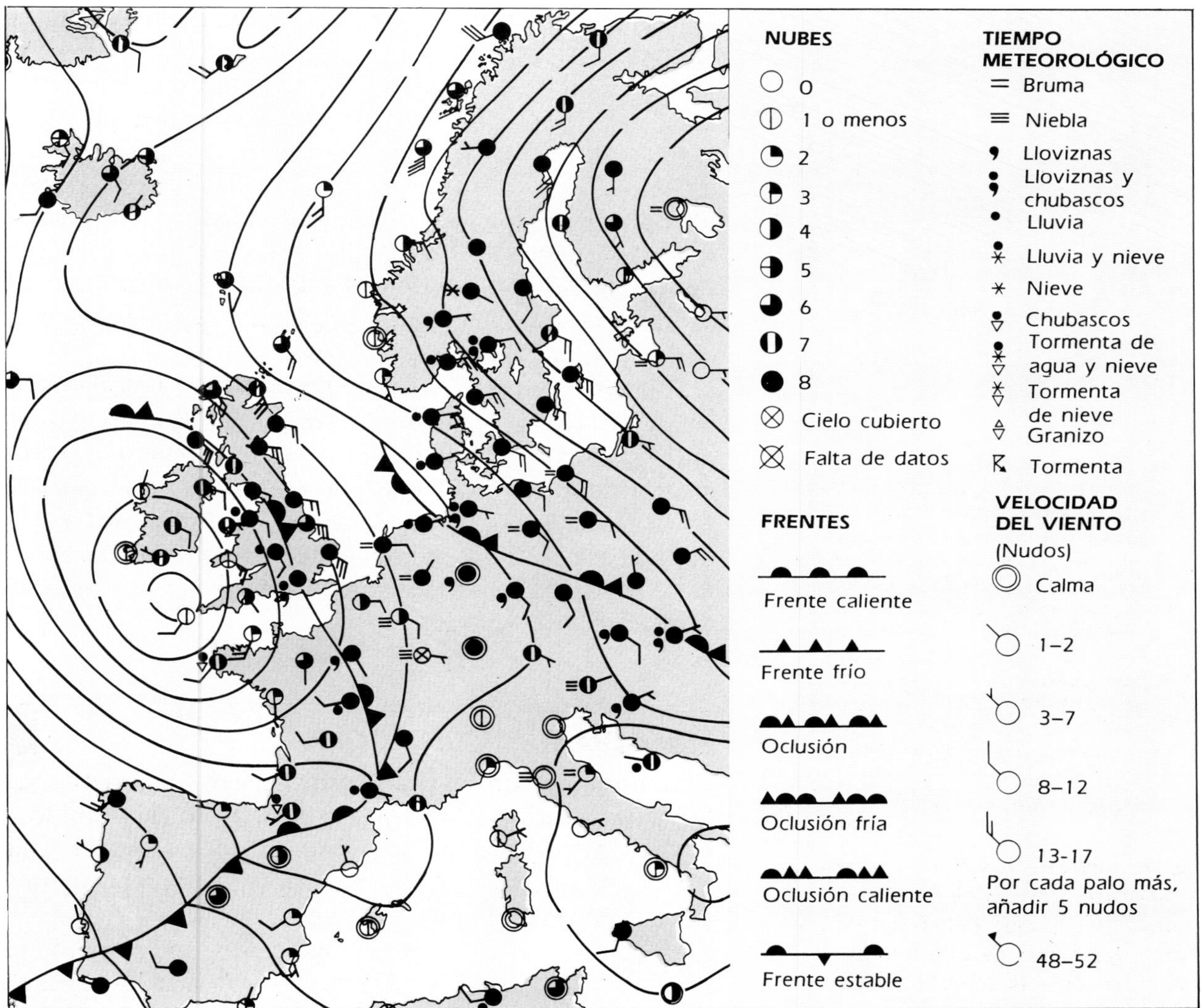

▲ Este cuadro es un sumario de las condiciones meteorológicas en Europa en un tiempo específico. Las líneas se llaman *isobaras*; muestran la presión atmosférica. Los meteorólogos utilizan símbolos en sus cuadros para representar diferentes fenómenos. El significado de los símbolos utilizados en este cuadro se muestra a su lado.

Sol son más débiles y el aire es más frío. Este calor desequilibrado hace que la atmósfera nunca esté quieta. Enormes masas de aire frío y caliente giran alrededor de los trópicos y de las zonas polares. Cuando estas masas de aire se encuentran, ascienden o descienden, se calientan o se enfrían, conforman el tiempo meteorológico.

Cuando masas de aire frío y masas de aire caliente se encuentran, el aire gira sobre sí mismo en una espiral gigante que se llama *depresión*. Las depresiones traen nubes, viento, lluvia y tormentas de verano. También pueden causar violentos TORNADOS y HURACANES.

La línea de choque de dos masas de aire se llama *frente*. Cuando el aire frío empuja hacia arriba el aire caliente, se forma un *frente frío*; cuando una masa de aire caliente alcanza a otra de aire frío, se crea un *frente caliente*. Una *oclusión* se forma cuando un frente frío adelanta a un frente caliente. Los meteorólogos predicen lluvia y nieve antes que un frente caliente. Generalmente las lluvias se forman con los frentes fríos.

Experiméntalo

Para mostrar que la tierra se compone de partículas diferentes, pon una muestra de tierra en una jarra de agua y agítala. Cuando paras de agitar, las partículas que pesan más se hunden hasta el fondo y la tierra se separa en sus capas diferentes (tal como se ve arriba). Así puedes calcular (aproximadamente) la cantidad de arena, arcilla y cieno que tenía tu muestra original de tierra.

Tierra

La tierra es una capa de pequeñas partículas minerales sobre la superficie del planeta TIERRA. Cubre las rocas, siendo a veces bastante gruesa. La tierra puede ser de arena o de arcilla, y puede contener restos putrefactos de las plantas, llamados *humus*.

Si las partículas de tierra son muy frías, se la llama arcilla. Si son más gruesas se llaman sedimentos, y si son muy gruesas se llaman arena. La tierra buena es una mezcla de todas éstas, con mucho humus. A menudo la gente añade los ABONOS de los animales o los fertilizantes químicos a la tierra pobre. Esto hace que la tierra sea más rica en los minerales adicionales que algunas plantas necesitan para vivir.

Tierra, la

Nuestra Tierra es el quinto de los planetas más grandes que se mueven alrededor del SOL. Vista desde el espacio, la Tierra parece un balón enorme. La superficie está cubierta por TIERRA, y AGUA, y el AIRE rodea la Tierra. (Ver las páginas 710 y 711.)

▼ Aunque la inclemencia del tiempo hace que Tierra del Fuego sea bastante inhóspita, sus paisajes poseen una gran belleza.

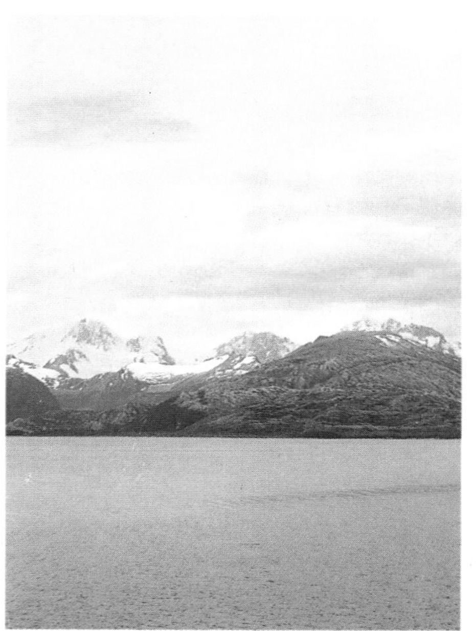

Tierra del Fuego

Tierra del Fuego es un archipiélago que está al sur de América del Sur. Está separado del continente por el estrecho de Magallanes. La isla más importante es Tierra del Fuego, y hay muchísimas más: Desolación, Santa Inés, Navarino, Los Estados, etc. El archipiélago pertenece a Chile y a Argentina. Su clima es frío y sus escasos habitantes, los fueguinos, se dedican a la caza de focas, a la pesca, a la ganadería y a explotaciones petrolíferas.

Tigre

Los tigres son los miembros más grandes de la familia felina. Viven en los bosques de Asia e Indonesia, y cazan venados o ganado grande. Los tigres normalmente yacen durante el día, y cazan por la noche. Son muy fuertes. Un tigre puede arrastrar a un búfalo muerto tan pesado que

◀ Los tigres son vistos muy raramente en los claros del bosque. Prefieren la sombra fresca de los árboles. Sus marcas los hacen más adecuados a zonas de sombras dispersas, donde puedan camuflarse.

un grupo de hombres tendría dificultades para moverlo.

Hasta el siglo XIX, miles de estos FELINOS vivían en los bosques de Asia. Los hombres empezaron a cazarlos, y como resultado, hoy en día son escasos.

Tinte

Los tintes son sustancias que se utilizan para colorear TEJIDOS y otros materiales. Algunos tintes provienen de las plantas. Se solía obtener la cochinilla, un tinte rojo, de los insectos cochinillas. La mayoría de los tintes se consiguen a partir de sustancias químicas. Para teñir un objeto, éste se ha de introducir en agua que contenga tinte disuelto. Si el tinte es *rápido*, el objeto mantendrá el color teñido por mucho que se lave.

Tiro con arco

El tiro con arco es el uso del arco y la flecha, antes para cazar y guerrear, hoy en día casi siempre por deporte. Nadie sabe cuándo se utilizaron por primera vez el arco y la flecha, pero el hombre prehistórico los empleó para matar animales con los que alimentarse y abrigarse. Hasta

(Continúa en pág. 712)

Diana
Flechas
Arco
Dactilera
Estabilizadores
Protectores

▲ Una cierta cantidad de equipamiento es necesario para practicar el deporte del tiro con arco. Los protectores sirven para guardar el antebrazo de la cuerda del arco.

LA TIERRA

Según nuestros conocimientos, la Tierra es el único planeta que tiene vida. Nuestro mundo es un planeta de tamaño medio, que da vueltas, con otros ocho planetas, alrededor de una estrella (el Sol). Aquello que hace único a nuestro planeta es su atmósfera y su agua. Juntos, hacen posible una rica variedad de vida animal y vegetal. Vista desde el espacio, la Tierra puede parecer cubierta por el océano y envuelta por nubes turbulentas. La tierra sólo cubre una cuarta parte de la superficie del planeta; debajo de la misma hay un núcleo que es muy caliente y denso.

Si la Tierra fuera del mismo tamaño que una pelota de fútbol, las masas de tierra más altas en el mundo, como el Himalaya, no serían más altas que una capa de pintura encima de la pelota. Las grietas oceánicas más profundas serían arañazos casi invisibles en dicha capa de pintura.

Aunque la Tierra tiene entre 4 y 5 millones de años de edad, nunca se han encontrado rocas tan antiguas. Se especula con la idea de que todas las rocas originales de la Tierra se han ido erosionando con el transcurso del tiempo.

CARACTERÍSTICAS PRINCIPALES DE LA TIERRA

Edad: sobre los 4.600 millones de años.

Peso: unos 6.000 millones de millones de toneladas.

Diámetro: de un Polo a otro a través del centro de la Tierra: 12.719 km. A lo largo del ecuador a través del centro de la Tierra: 12.757 km.

Circunferencia: de un Polo a otro: 40.020 km. Alrededor del ecuador: 40.091 km.

Zonas de agua: alrededor de 361 millones de kilómetros cuadrados, 71%.

Zonas de tierra: unos 149 millones de kilómetros cuadrados, 29%.

Volumen: 1.084.000 millones de kilómetros cúbicos.

Altura media sobre el nivel del mar: 840 metros.

INTERIOR DE LA TIERRA

El **núcleo exterior** de la Tierra está debajo del manto y por encima del núcleo central. Tiene un grosor de 2.240 km. El núcleo exterior se compone de metales, bajo una enorme presión y tan calientes que están fundidos. Cuatro quintas partes pueden ser hierro y níquel. El resto es probablemente silicio.

El **núcleo central** es una bola sólida, de unos 2.440 km de diámetro. Así como el núcleo exterior, quizás esté compuesto solamente de hierro y níquel. La temperatura del núcleo es de 3.700 °C y la presión es de 3.800 toneladas por centímetro cuadrado.

El **manto** está debajo de la corteza y por encima del núcleo exterior. Tiene un espesor de casi 2.900 km y está compuesto de rocas calientes. La temperatura y la presión son aquí más bajas que en el núcleo. A pesar de lo cual, la mayor parte de las rocas del manto están semifundidas.

La **corteza** es la capa exterior sólida de la Tierra. Llega a tener un espesor de hasta 30 km por debajo de las montañas, pero sólo de unos 6 km bajo los océanos.

La Tierra fotografiada desde el espacio. Los «remolinos» de nubes son depresiones –zonas de baja presión atmosférica donde el aire cálido de los trópicos se encuentra con el aire frío de los polos–. Estas panorámicas ayudan a los meteorólogos a predecir el rumbo de los huracanes, y así poder avisar de las tormentas peligrosas.

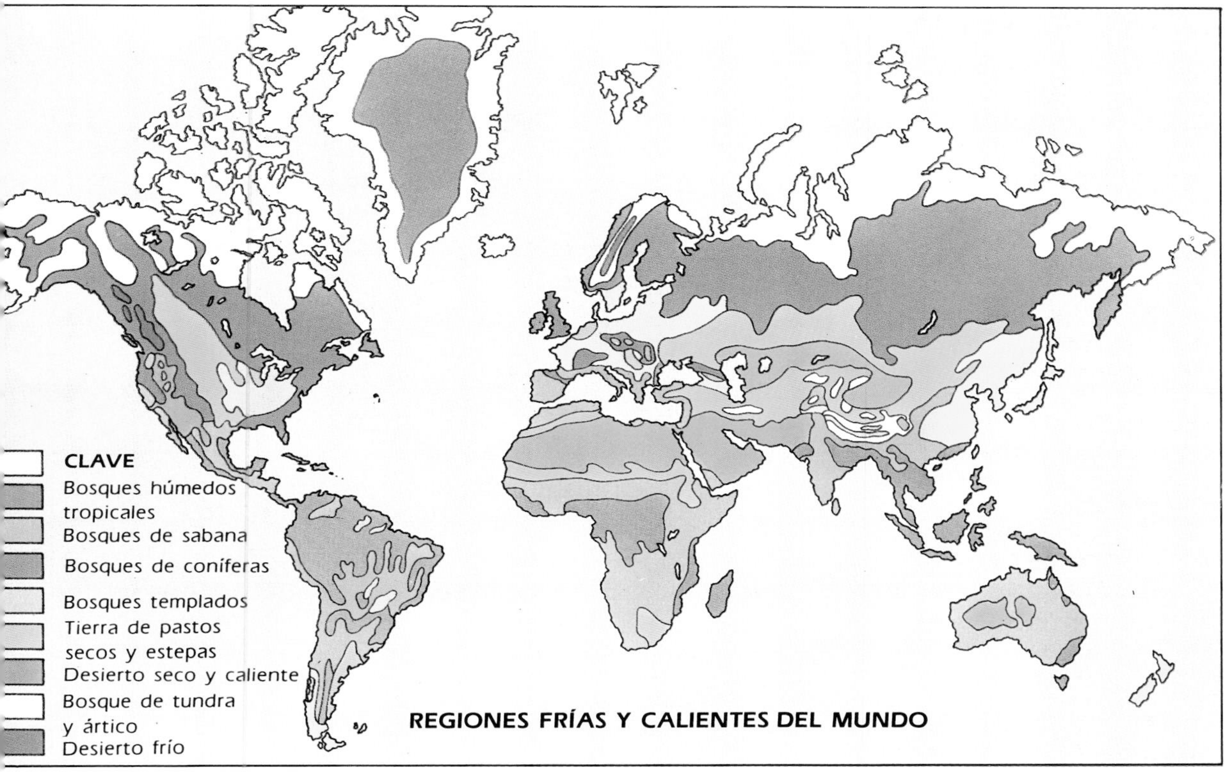

CLAVE

- Bosques húmedos tropicales
- Bosques de sabana
- Bosques de coníferas
- Bosques templados
- Tierra de pastos secos y estepas
- Desierto seco y caliente
- Bosque de tundra y ártico
- Desierto frío

REGIONES FRÍAS Y CALIENTES DEL MUNDO

DATOS DE LA TIERRA

La montaña más alta: Everest (Asia) 8.860 m.

El río más largo: Nilo (África) 6.670 km.

La mayor profundidad oceánica: Zanja Mariana (Océano Pacífico) 11.022 m.

El desierto más grande: Sahara (África) 8.400.000 km^2.

El océano más grande: Pacífico 181.000.000 km^2.

El lago navegable más alto: Titicaca (Suramérica) 3.810 m sobre el nivel del mar.

El lago más profundo: Baikal (CEI) 1.940 m.

El lago más grande: El mar Caspio (Asia) 438.695 km cuadrados.

La mayor cascada: El Salto del Ángel (Venezuela, Suramérica) 979 m.

El lugar más húmedo: Monte Waialeale, Hawai, con 11.680 mm de precipitaciones al año.

El lugar más seco del mundo: Desierto de Atacama, Chile, con un promedio de precipitaciones de 0,76 mm de agua al año.

FORMACIÓN DE LAS MONTAÑAS

Las montañas plegadas (debajo, derecha) se forman cuando enormes fuerzas doblan las capas de roca hasta producir gigantescos pliegues. Las Montañas Rocosas de los Andes se formaron de esta manera cuando las placas de la corteza terrestre colisionaron. Algunas rocas se plegaron sobre otras, y después de millones de años, una nueva cordillera nació. Otros tipos de montañas se forman cuando se agrieta la capa externa de la corteza terrestre.

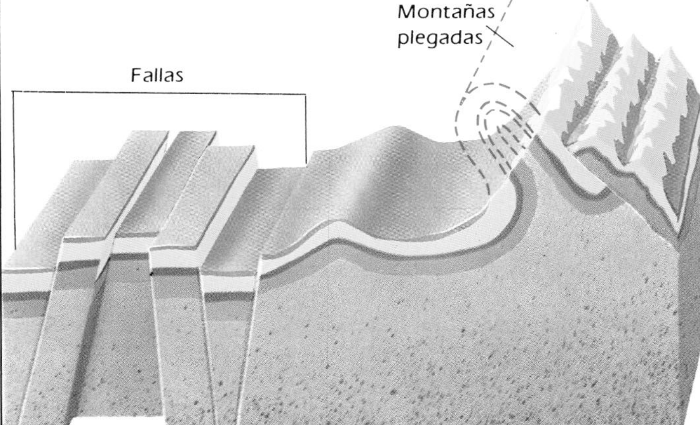

Para más información consultar los artículos: CONTINENTE; DESIERTO; GEOLOGÍA; ISLA; LAGO; MONTAÑA; OCÉANO; RÍO; SISTEMA SOLAR; VOLCÁN; TIEMPO METEOROLÓGICO.

el descubrimiento de la pólvora, el ejército con los mejores arqueros era el que normalmente ganaba la batalla.

En la actualidad, es un deporte muy popular. En el tiro al blanco, éste se coloca a unos 60 metros de distancia. La longitud de la flecha depende de la altura del jugador y de su sexo, siendo para el hombre más largas que para la mujer. Generalmente, los arcos están hechos de madera laminada o de fibra de vidrio.

Titicaca, lago

El lago Titicaca es uno de los mayores de América del Sur. Está en los altiplanos de los ANDES, entre Bolivia y Perú, a 3.812 m de altitud. Sus 8.340 km² de extensión permiten su navegación con barcos de vapor. Tiene también muchas islas, algunas de ellas famosas por sus tesoros arqueológicos.

TOGO

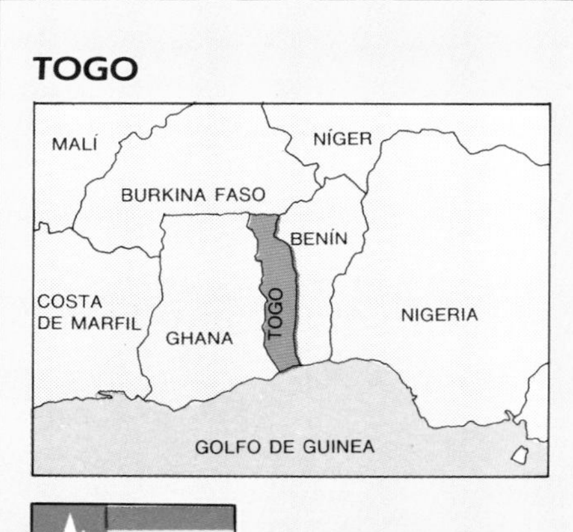

Gobierno: República
Capital: Lomé
Superficie: 56.000 km²
Población: 3.120.000 hab.
Lengua: Francés
Moneda: Franco CFA

Togo

La República de Togo constituye una estrecha banda de tierra en el oeste de ÁFRICA. El clima es caluroso y húmedo, especialmente cerca de la costa. El país tiene poca industria, aparte de la extracción de los grandes depósitos de fosfatos. Alemania gobernó el país hasta la I Guerra Mundial. Tras su derrota, Togo pasó a manos de Francia. El país consiguió su independencia en 1960.

Tokio

Tokio es la capital de JAPÓN. Es una de las ciudades más grandes del mundo. Tokio está en la costa sureste de Honshu, la isla principal del archipiélago.

En esta enorme ciudad hay trabajo de casi todo tipo. Existen fábricas que hacen papel, electrodomésticos y otros bienes eléctricos, coches y motocicletas. También hay enormes astilleros y refinerías de petróleo en la costa. Tanta gente trabaja en Tokio que la mayoría tiene que vivir fuera, en los extramuros de la ciudad. Algunas personas emplean cuatro horas al día yendo y viniendo del trabajo. Tokio sufre los peores embotellamientos del mundo.

Gran parte de la ciudad fue destrozada por un TERREMOTO en 1923. Lo que quedó fue duramente bombardeado durante la II GUERRA MUNDIAL. Desde entonces se ha reconstruido la ciudad casi en su totalidad, pero que-

Tokio ha tenido una historia demográfica poco usual. En 1787 tenía una población de 1.400.000 hab., entonces la ciudad más grande de aquella época. Luego la población de Tokio se redujo más y más hasta que en 1868 fue sólo la mitad de su antiguo volumen. Cuando la ciudad fue casi totalmente destrozada por el terremoto de 1923, la población había llegado otra vez hasta los 2.200.000 hab.

◀ Una de las religiones en Japón se llama Sintoísmo. Los seguidores veneran muchos dioses, la naturaleza y a sus antepasados. Este cuadro es de un santuario Sinto.

dan algunos hermosos edificios viejos. El Palacio Imperial es un viejo castillo *shogun*, y hay muchos templos y santuarios.

PRINCIPALES OBRAS DE L. TOLSTOI	
Infancia	1852
Sebastopol	1856
Dos húsares	1856
Los cosacos	1863
Guerra y paz, 6 vols	1868-69
Ana Karenina, 2 vols.	1875-78
Confesión	1882
En qué consiste mi fe	1883
¿Qué debemos hacer, pues?	1886
El poder de las tinieblas	1886
La muerte de Iván Ilich	1886
La sonata a Kreutzer	1891
Amo y siervo	1895
¿Qué es el arte?	1898
Resurrección	1899
El cadáver viviente	1902

Tolstoi, León

León Tolstoi (1828-1910) fue el escritor ruso que escribió dos de las mejores novelas de todos los tiempos: *Guerra y Paz* y *Ana Karenina.* Nació en el seno de una familia noble y luchó en la guerra de Crimea. Tolstoi odiaba la avaricia y el egoísmo que conoció en sus viajes. Se separó de la Iglesia Ortodoxa Rusa y empezó un nuevo tipo de cristianismo. A la edad de 82 años, Tolstoi abandonó su hogar, pero pronto enfermó y murió en una pequeña estación de trenes. La Iglesia se negó a enterrarlo pero la gente acudió en masa a su funeral, ya que lo veían como un hombre que había hecho todo lo posible por mejorar sus destinos.

Tomate

Los tomates son frutos redondos, rojos y carnosos. Contienen una buena cantidad de VITAMINAS esenciales, especialmente la vitamina A y la C.

Los tomates se plantaron por primera vez en América del Sur. Habían estado creciendo en las montañas de los Andes durante miles de años. En 1596 los españoles los trajeron a Europa. Al principio, nadie los quería comer. La gente pensaba que eran venenosos, y se cultivaban como plantas de adorno. Durante mucho tiempo, se les llamó «manzanas del amor», o «manzanas doradas».

▲ León Tolstoi heredó tierras de su familia, pero tenía ideas muy avanzadas para su tiempo. Se aseguró de que la gente que trabajaba para él tuviera hogar y educación.

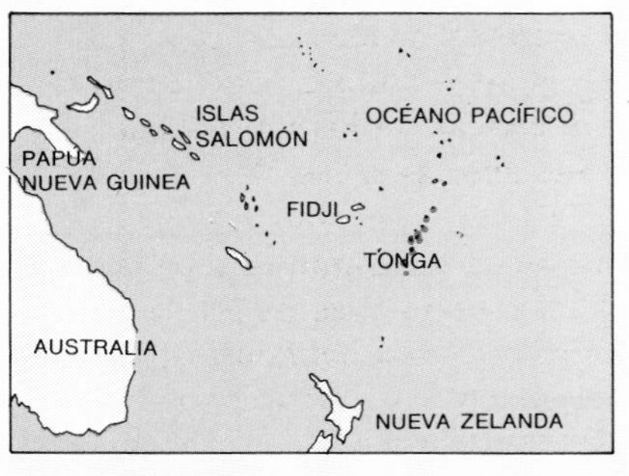

Gobierno: Monarquía constitucional
Capital: Nuku'alofa
Superficie: 699 km²
Población: 100.000 hab.
Lenguas: Tongano, inglés
Moneda: Pa'anga

Aunque los tomates son realmente un fruto, la mayoría de las veces se comen como vegetales. En el siglo XX empezaron a hacerse populares y hoy en día se cultivan en todo el mundo.

Tonga

Tonga es un reino isleño del Pacífico. También es conocido como las *Friendly Islands* o islas amistosas. Hay tres principales grupos de pequeñas islas, que tienen un clima cálido y agradable. Los cultivos principales son el plátano y la copra.

El reino estuvo bajo la protección de Gran Bretaña en 1900, y obtuvo su independencia en 1970. De 1918 a 1965 la soberana de las islas fue la reina Salote Tupou, personaje muy popular. Le sucedió su hijo, el príncipe Tungi.

Sus habitantes naturales son excelentes marinos y tienen fama de construir las mejores canoas de Oceanía.

Topo

Los topos son pequeños animales excavadores. Se les encuentra en todo el mundo. Tienen un hocico estrecho y grandes pies con garras para cavar la tierra con rapidez.

Los topos pasan la mayor parte de sus vidas bajo tierra. Sus ojos son casi inservibles pero tienen el oído muy

▼ Los topos utilizan cámaras diferentes en sus túneles para dormir, almacenar la comida y criar a sus pequeños.

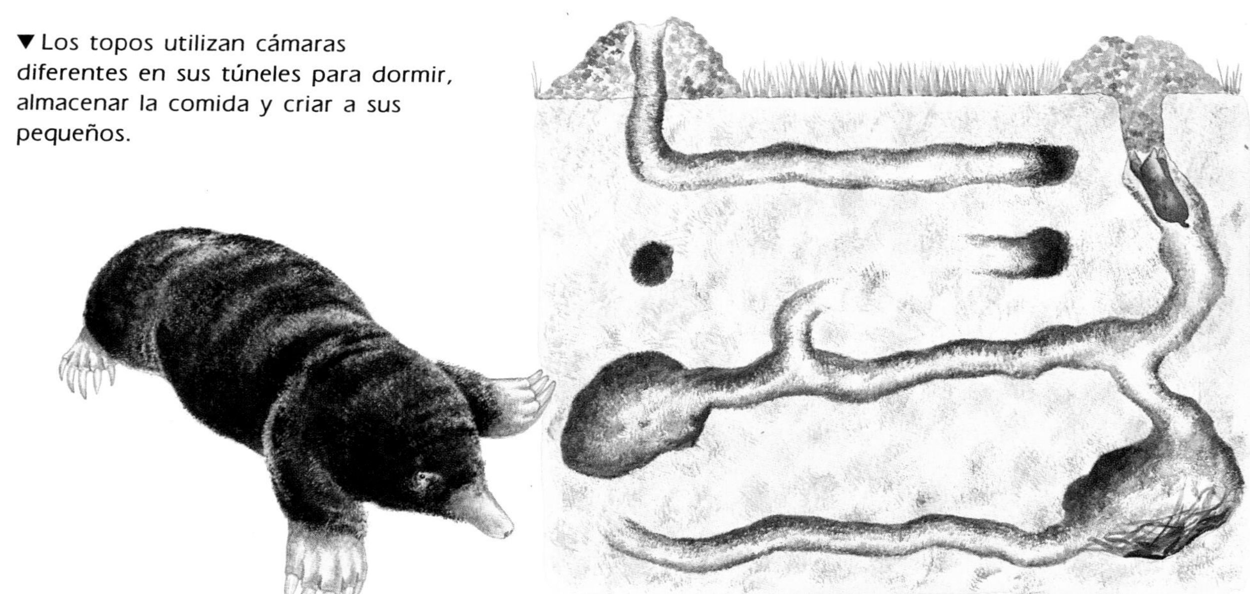

fino y su nariz es muy sensible para encontrar comida. Los topos comen principalmente gusanos y larvas.

Topografía

La topografía es el uso de los instrumentos de medida y cálculo de ciertas sumas para descubrir las posiciones exactas de lugares en la superficie de la Tierra. Con este tipo de información algunas personas pueden hacer mapas, construir puentes, carreteras y edificios.

Los antiguos egipcios ya utilizaban métodos de topografía en el siglo XIII a.C. para colocar las marcas de los límites que cada año las aguas de inundación del Nilo cubrían. También utilizaron la topografía para construir las pirámides con precisión. Los babilónicos, en el año 3.500 a.C., hicieron mapas muy precisos.

◀ Este topógrafo está tomando medidas al objeto de construir una nueva carretera, exactamente por la ruta planeada.

Tormenta

Las tormentas son perturbaciones atmosféricas acompañadas de fenómenos eléctricos, nubes tempestuosas, vientos violentos y lluvia, que en algunos casos llega a la solidez (granizo). Están causadas por la ELECTRICIDAD del aire. Las diferentes cargas eléctricas se acumulan dentro de las grandes nubes de lluvia. Cuando dichas cargas son

◀ El relámpago saltará desde una nube hasta el más alto conductor en la tierra, como un rascacielos. Para protegerse, los edificios altos están provistos de un pararrayos en el tejado que conecta la carga a la tierra mediante un cable, sin causar daños.

Las tormentas se dan con más frecuencia en los trópicos. En algunas áreas pueden ocupar hasta 200 días al año. En las islas Británicas suelen tener lugar durante más de 15 días al año, pero por las costas del oeste no suelen oír truenos más de 5 días al año.

lo suficientemente fuertes, una chispa salta de una parte cargada de la nube a otra. A veces la chispa salta de la nube a la tierra. Vemos la chispa como un RELÁMPAGO. El relámpago calienta el aire. El aire se expande (se hace más grande) tan rápidamente que explota, haciendo el estridente ruido que llamamos trueno.

Como el sonido se propaga más lentamente que la LUZ, siempre oímos el trueno después de ver el relámpago. El sonido del trueno necesita más o menos tres segundos para recorrer un kilómetro. Para descubrir a cuántos kilómetros de distancia está la tormenta, cuenta los segundos transcuridos entre la visión del relámpago y el ruido del trueno y divide el número por tres.

Tornado

Los tornados son violentos y turbulentos HURACANES. La mayoría de ellos tienen lugar en América, pero pueden producirse en cualquier lugar del mundo.

Los huracanes son fuertes vientos que se acumulan por encima del mar. Los tornados, en cambio, se acumulan por encima de la tierra. Este fenómeno ocurre cuando las grandes masas de nubes se encuentran. Las nubes empiezan a girar. Paulatinamente, esas nubes se juntan para formar un gigante y retorcido embudo. Cuando este embudo hace contacto con la tierra, absorbe cualquier cosa que se encuentre en su camino: árboles, casas, coches o personas.

Los tornados más violentos tienen lugar en Estados Unidos. Van a más o menos 50 kilómetros por hora, acompañados de un rugido que puede percibirse a 40 kilómetros de distancia. Muchas fincas tienen cuevas especiales donde la gente pueda refugiarse de los tornados.

▼ En el centro de un tornado, los vientos pueden alcanzar velocidades de hasta 650 km/h. Los tornados causan un gran daño cuando establecen contacto con la tierra.

Tornillo

Un tornillo constituye un sencillo mecanismo. Hay muchos tipos de tornillos, pero los que mejor conocemos son los de metal, que se utilizan para unir algunos objetos. La parte espiral del tornillo se llama *rosca*. Cuando se da vueltas a un tornillo sobre un trozo de madera, la rosca incrusta el tornillo en la madera.

Cuando algo se une mediante un tornillo, se produce una gran presión. Por ejemplo, si se gira una tuerca con una llave inglesa de 30 centímetros de largo con una fuerza de 1,5 kilogramos sobre un típico tornillo, éstos se unen con una fuerza de media tonelada después de realizar un giro completo.

Tortugas

Las tortugas son REPTILES de movimientos lentos. Pueden andar aproximadamente unos 5 metros por minuto. Cuando se asustan, esconden la cabeza y las patas dentro de su caparazón. Los cuarenta tipos de tortugas que existen viven en tierra, principalmente en las zonas cálidas del planeta. Son muy similares a las tortugas de mar y a las de agua dulce, aunque éstas viven en el agua.

Los caparazones de las tortugas de mar son similares a los de las tortugas de tierra. Los dos están compuestos de placas «óseas» cubiertas con escamas córneas. Estas tortugas se pasan la mayor parte de sus vidas en los mares

Las tortugas de mar y de agua dulce son un tipo de reptiles que han existido en la Tierra desde hace más de 200 millones de años. Las tortugas de agua dulce (abajo) no son muy buenas nadadoras. Normalmente caminan sobre el fondo de los ríos o lagos.

▲ La tortuga *Hermann* es una especie europea. El caparazón está hecho de tres capas: una capa de piel viva muy fina atrapada entre placas córneas en el exterior y dos placas óseas en el interior.

cálidos. Nadan enormes distancias para encontrar comida, y muchas de ellas tienen dedos palmeados, o patas en forma de aletas que les ayudan a nadar mejor. Comen plantas, por ejemplo algas, y algunas de ellas, pequeños animales marinos. Las tortugas de mar a menudo nadan por debajo del agua, pero suben a la superficie para llenarse los pulmones de aire.

Las tortugas de mar acuden a la costa para poner sus huevos. Normalmente los entierran en la arena o los esconden entre los hierbajos.

Las crías de tortuga de mar salen de sus huevos por sí solas. Cuando están fuera, abandonan sus nidos y se van al mar.

Existen varios tipos de tortugas de mar. Las más grandes son las llamadas *laúd*. Pueden pesar más de 725 kg y medir hasta 1,8 metros de largo. Las tortugas verdes se utilizan para hacer sopa de tortuga, y sus huevos se comen en los países asiáticos. La tortuga de *carey* estuvo a punto de extinguirse. Su caparazón se empleaba para hacer objetos de decoración y joyas de «carey».
Las tortugas gigantes, por otra parte, viven en las islas Galápagos y en las islas del Océano Pacífico. Pueden pesar hasta 225 kg y medir 1,8 metros de largo. Algunas tortugas viven hasta 150 años.

▼ La batalla de Trafalgar fue la victoria naval más famosa de la historia británica, y supuso un momento decisivo en la larga lucha contra los intentos de Napoleón de construir su propio imperio.

Trafalgar, batalla de

La batalla de Trafalgar fue una famosa batalla naval que tuvo lugar el 21 de octubre de 1805 en las aguas del cabo

de Trafalgar, cerca del estrecho de Gibraltar. En la batalla, el británico almirante Nelson, con 27 barcos, derrotó a una flota combinada de 33 barcos franceses y españoles. Como resultado de esta batalla, NAPOLEÓN se vio obligado a centrar su atención en obtener victorias en tierra firme.

Fue antes de la batalla de Trafalgar cuando Nelson pronunció su famosa sentencia: «Inglaterra espera que cada hombre cumpla con su obligación». Aunque Nelson obtuvo grandeza por la victoria de Trafalgar, fue herido mortalmente el mismo día del sangriento encuentro, el 21 de octubre de 1805.

▲ El almirante Nelson, preside en efigie la amplia plaza de Trafalgar, en Londres, en conmemoración de su victoria en la famosa batalla.

Transistor

Los transistores son pequeños mecanismos electrónicos. Se diseñan para amplificar, detectar o interrumpir las corrientes eléctricas en equipamientos eléctricos, tales como radios, televisiones, ordenadores y satélites. También pueden poner en funcionamiento o desconectar corrientes eléctricas. Los transistores han reemplazado ampliamente a otros dispositivos, como por ejemplo las válvulas que ocupaban anteriormente su lugar.

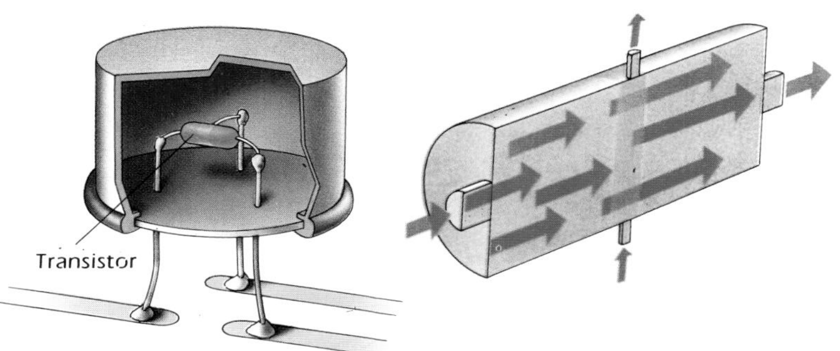

◀ Un transistor en un circuito (izquierda), y una sección del mismo (derecha). El transistor que aquí se muestra es una combinación de tres diferentes trozos tratados de silicio. Este tipo de transistor amplía una señal y tiene el mismo efecto que las viejas válvulas de tríodo. Las flechas azules muestran la corriente de electrones.

En la actualidad, los complicados circuitos que contienen miles de transistores pueden integrarse dentro de CHIPS DE SILICIO de tan sólo un centímetro cuadrado. Tienen numerosas aplicaciones en telecomunicaciones, computadoras electrónicas, sistemas de mando, receptores de radio y televisión y amplificadores. Los primeros transistores fueron inventados en los años cuarenta por los científicos estadounidenses Walter Brattain, John Bardeen y William Shockley, por lo que recibieron el premio Nobel de física en 1956.

La invención de los transistores revolucionó completamente el mundo de la electrónica y, hoy en día, se construyen millones de dispositivos al año.

La primera investigación en transistores no se hizo con silicio, sino con germanio, un metal de color grisáceo blanquecino. William Shockley, el científico estadounidense que lo inventó, empleó el germanio para fabricar el primer transistor en 1948.

▶ El trasplante de corazón, pese a ser una delicada operación quirúrgica, está obteniendo óptimos resultados.

Trasplante

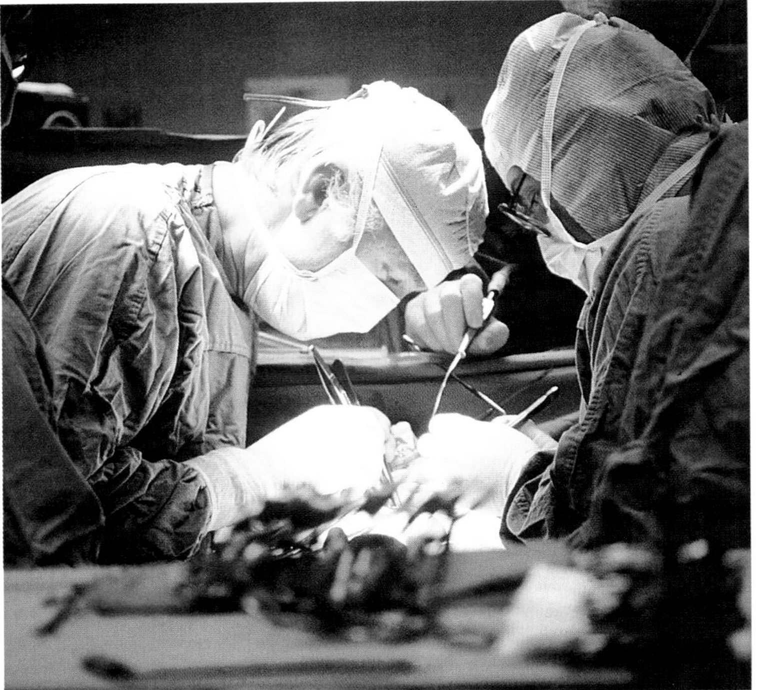

El trasplante es una técnica quirúrgica que consiste en insertar células, tejidos, órganos o partes de órganos en un lugar distinto del mismo organismo (*autotrasplante*) o en otro organismo.

Cuando se trata de un trasplante entre organismos distintos, la compatibilidad será tanto mayor cuanto más estrecho sea el parentesco genético entre el *donante* y el *receptor*.

El principal problema que se plantea en los trasplantes, es el rechazo o reacción del organismo receptor contra el órgano recibido, causada por el sistema inmunitario del receptor. Los trasplantes más practicados son los de corazón, hígado, riñones, córnea y médula ósea.

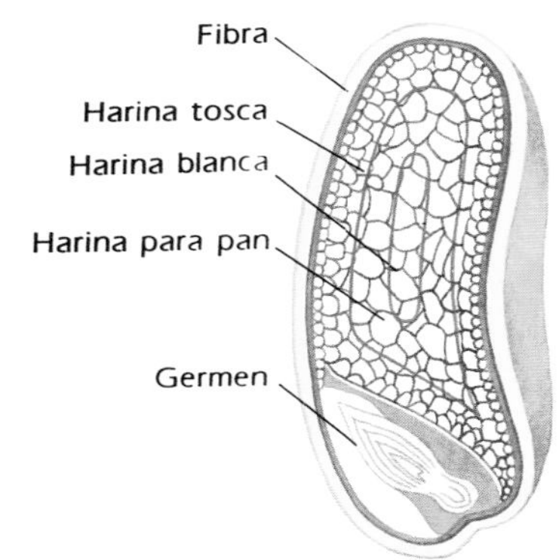

▲ Aquí se ha cortado un grano de trigo para mostrar sus diferentes secciones. El trigo se divide en dos grupos: trigo duro y trigo blando. Con la harina del trigo duro se hace el pan, con la del trigo blando la repostería.

Trigo

El trigo es un valioso CEREAL alimenticio. Los granos de trigo son las semillas producidas por un cierto tipo de hierba, que los molinos muelen hasta convertirlas en harina para hacer pan, pasteles y diferentes tipos de pasta. La mayoría de los alimentos derivados del trigo son muy buenos para la salud porque cada grano de trigo está mayoritariamente compuesto de hidratos de carbono, una importante fuente de energía.

El trigo crece mejor en climas secos y cálidos. Los agricultores lo siembran en invierno y en primavera. Lo recolectan cuando el grano está seco y duro. La mayor parte del trigo proviene de Rusia, Estados Unidos, China e India. En el mundo se cosecha más trigo que cualquier otro cereal.

Aunque pensemos que China es el país donde se come más arroz, produce más trigo que cualquier otro país en el mundo, seguida de la CEI y de los Estados Unidos.

Trineo

El trineo es un vehículo con patines o esquís, en lugar de ruedas, que se desliza sobre el hielo o la nieve.

En las regiones árticas, el trineo es arrastrado por renos y perros. Un buen equipo de perros puede arrastrar hasta 400 kilos de peso.

◀ El trineo constituye un medio de transporte muy útil en los países nórdicos y en las zonas alpinas donde abundan las extensiones nevadas.

Trinidad y Tobago

Trinidad y Tobago es un país del Caribe compuesto por dos islas. Éstas se hallan cerca de la costa de Venezuela. El clima es caliente y húmedo, y la ocupación principal de sus habitantes es la agricultura. Trinidad es un gran productor de petróleo, fuente de la que procede la mayor parte de su riqueza. Su carnaval anual atrae a muchos turistas que vienen a escuchar a las bandas de percusión y los *calipsos,* razón por la cual Trinidad es famosa.

TRINIDAD Y TOBAGO

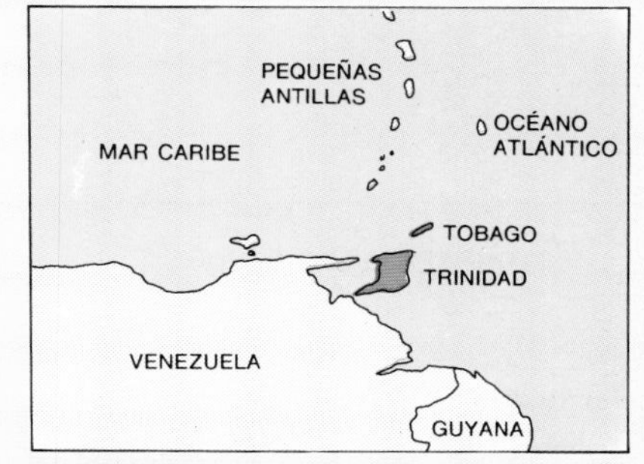

Gobierno: Democracia parlamentaria
Capital: Puerto España
Superficie: 5.130 km^2
Población: 1.200.000 hab.
Lengua: Inglés
Moneda: Dólar de Trinidad

Túnel

Los túneles son muy importantes para la minería, para el transporte y para el abastecimiento de agua. Los roma-

▶ Las máquinas automáticas perforadoras que se utilizan en la actualidad se llaman *topos*. Tienen unas aspas giratorias en la parte delantera, y la tierra y rocas horadadas son extraídas por una cinta transportadora. Los gatos hidráulicos funcionan como muelles que empujan los topos hacia delante. El topo funciona con electricidad de motores hidráulicos.

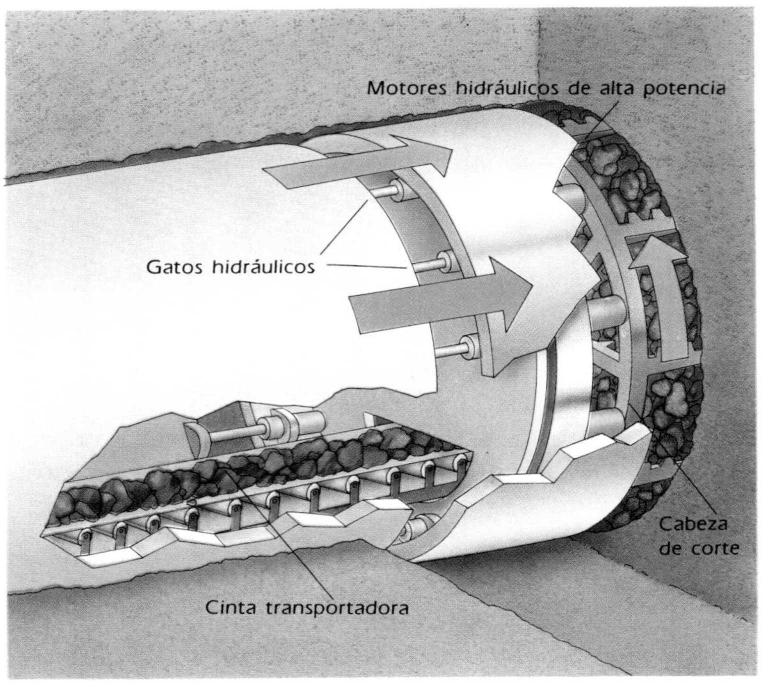

El Túnel del Canal, que actualmente se construye entre Inglaterra y Francia, lo sugirió por primera vez un ingeniero francés, Albert Mathieu, a Napoleón en 1802. Pensó que el túnel debería salir a la superficie en una isla en medio del canal, para que los hombres y los caballos pudieran respirar aire fresco.

nos ya construían túneles para transportar agua. En la actualidad, el túnel que abastece de agua a Nueva York es el más largo del mundo. Tiene 169 km de longitud.

Se utilizan diferentes métodos para la construcción de túneles. En terrenos de roca dura, el túnel se abre mediante explosivos. Las máquinas taladradoras, como las que se utilizan para encontrar petróleo, se emplean en los terrenos de roca blanda. En los terrenos más blandos se utilizan los *escudos de túnel*. Éstos son unos tubos de aluminio, gigantes, del mismo tamaño que el túnel abierto. La entrada delantera del tubo está afilada y se interna en la tierra. Se extrae la misma recubriéndose la parte trasera del túnel para que no se derrumbe.

Algunos de los túneles que corren por debajo de los ríos se construyen bajándolos hasta el fondo por secciones. Se emplean juntas para unirlos. Cuando el túnel está acabado, el agua se bombea al exterior. Los túneles ferroviarios subterráneos se pueden construir con grandes zanjas. Cuando están terminados se cubren con tierra.

El mayor proyecto de túneles llevado a cabo hasta nuestros días es el Túnel del Canal, entre Inglaterra y Francia.

TÚNELES MÁS LARGOS

	Km	Fecha de apertura
Ferrocarril		
Seikan (Japón)	53,9	1985
Oshimizu (Japón)	22,2	1982
Simplon I y II		1906
(Suiza-Italia)	19,8	1922
Carretera		
San Gotardo (Suiza)	16,4	1980
Alberg (Austria)	14,0	1978
Submarinos		
Seikan (Japón)	23,3	1985
Shin Kanmon (Japón)	18,7	1974

Túnez

Túnez es un soleado país en África del Norte. Sus playas atraen a muchos turistas de Europa. El norte es escarpado, y posee la mayor cantidad de agua natural. El sur es parte del seco SAHARA. La agricultura es la mayor industria de esta pequeña nación, pero el petróleo y los fosfatos constituyen también importantes exportaciones.

Cuenta con unos 7.420.000 habitantes, la mayoría de los cuales son musulmanes. Cerca de la capital, Túnez, están las ruinas de Cartago. Cartago fue una gran potencia en el mar Mediterráneo hasta su destrucción por el IMPERIO ROMANO en 146 d.C.

Turbina

Una turbina es una máquina con una rueda, tambor o TORNILLO que gira gracias a una fuerte corriente de agua, vapor o gas. Las ruedas de agua y los MOLINOS DE VIENTO son simples turbinas.

Las turbinas de agua se utilizan en las estaciones de energía hidráulica. Estas estaciones están cerca de PRESAS o cataratas. La fuerza del agua que cae, transportada por una tubería, hace girar la turbina. La turbina no produce electricidad, pero al girar pone en funcionamiento un GENERADOR que crea electricidad. Algunas turbinas son ruedas o tambores con aspas alrededor de sus bordes. Otras adquieren forma de tornillos o hélices.

Las turbinas de vapor funcionan mediante chorros de vapor. Tienen muchos usos. Se utilizan para producir electricidad y para hacer funcionar barcos o BOMBAS. Las turbinas de gas giran gracias a los veloces chorros de gas. Los gases se consiguen quemando carburantes, como el petróleo. Las turbinas de gas se utilizan para propulsar aviones.

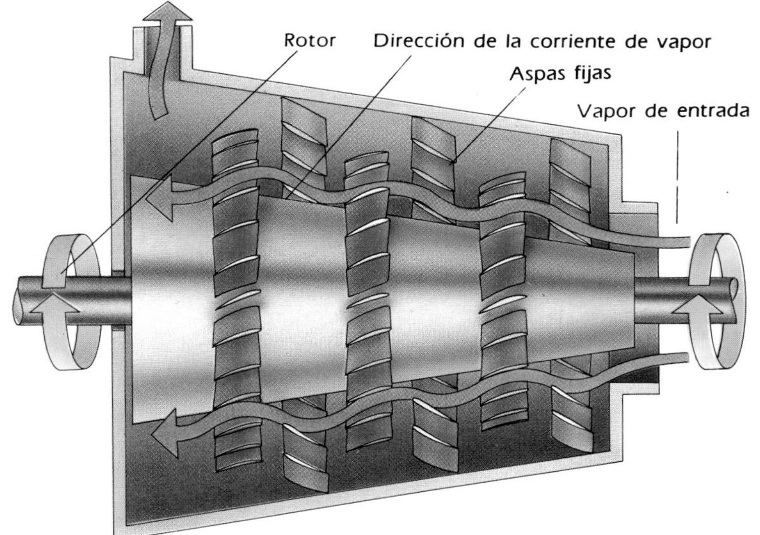

◀ En una turbina de vapor, éste, a alta presión, se conduce a través de unas aspas fijas, o estatores, para golpear la otra serie de aspas dentro del eje central. El vapor se expande al pasar a través de las aspas, haciendo girar el eje. Las aspas fijas dirigen el vapor hacia las aspas de la turbina en el ángulo correcto.

TÚNEZ

MAR MEDITERRÁNEO
ITALIA
MALTA
TÚNEZ
ARGELIA
LIBIA

Gobierno: República
Capital: Túnez
Superficie: 163.610 km^2
Población: 7.420.000 hab.
Lenguas: Árabe y francés
Moneda: Dinar tunecino

Las pequeñas turbinas que funcionan con aire comprimido se utilizan en los taladros de los dentistas. Estas turbinas hacen funcionar el taladro a más de 250.000 revoluciones por minuto. Poseen la ventaja de causar menos vibraciones que el taladro eléctrico.

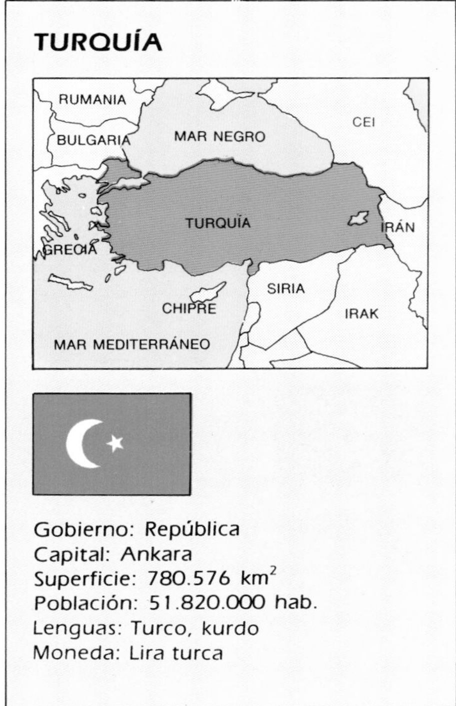

Gobierno: República
Capital: Ankara
Superficie: 780.576 km^2
Población: 51.820.000 hab.
Lenguas: Turco, kurdo
Moneda: Lira turca

▼ Hay muchas y hermosas mezquitas en Estambul. Santa Sofía fue construida originalmente por el emperador Justiniano como una catedral cristiana, entre los años 532 y 536. En 1453, cuando los turcos conquistaron la zona, se convirtió en una mezquita. Desde 1935 se utiliza como museo.

Turquía

Turquía es un país con una parte europea y otra asiática. Su estratégica posición le da una importancia muy superior a la que resultaría de su tamaño.
La pequeña parte europea cubre el tres por ciento de su superficie terrestre. Está al oeste del canal del Bósforo, que une el mar Negro con el Mediterráneo. Esta parte contiene la gran ciudad de Estambul, que en la antigüedad se llamaba CONSTANTINOPLA. La parte asiática, que a veces se llama Anatolia o Asia Menor, tiene en Ankara la capital del país.

La mayor parte de los turcos toman como religión el ISLAM. Gran parte de su territorio es montañoso, y hay grandes zonas de mesetas secas. Pero los llanos costeros son fértiles, y la agricultura es la actividad más importante. Turquía también posee importantes yacimientos de carbón, azufre, plomo, plata, oro, cromo y cinc.

Turquía formó parte del Imperio Bizantino, la parte oriental del IMPERIO ROMANO. Pero después de la caída de Constantinopla en 1453, los conquistadores musulmanes otomanos construyeron un gran imperio. En su época de máximo esplendor se extendía desde el sur de Rusia hasta Marruecos, y desde el río Danubio hasta el golfo Pérsico. Pero lentamente declinó después de 1600, hasta derrumbarse en la I Guerra Mundial. Tras la guerra, el presidente de Turquía, Mustafá Kemal Atatürk (1881-1938), implantó grandes reformas sociales, políticas y económicas que propiciaron la europeización y el desarrollo del país. Atatürk significa «Padre de la Nación».

Tutankamón

Tutankamón fue un FARAÓN del Antiguo EGIPTO; aunque es una figura de poco interés histórico, adquirió fama a causa del descubrimiento de su tumba, en 1922, por el arqueólogo británico Howard Carter (1873-1939). Carter, con el conde de Carnarvon, se hallaban excavando en el Valle de los Reyes, en Egipto. El hallazgo fue emocionante, porque Carter había encontrado la única tumba de un faraón que no había sido desposeída de sus tesoros.

▼ Este detalle de uno de los cofres del entierro de Tutankamón nos muestra al faraón en un carro de guerra atacando a los sirios.

Dentro de la tumba se hallaron un trono de oro, cofres, estatuas, piedras preciosas y muebles. Había cuatro santuarios de oro, uno dentro del otro, en la cámara. El sarcófago (ataúd) contenía el cuerpo momificado del faraón, que fue lo único que se dejó en su lugar original. En la actualidad, la mayor parte de los objetos encontrados pueden contemplarse en el Museo de El Cairo.

Tuvalu

Tuvalu es un país que se compone de un grupo de minúsculas islas situadas al sur del Océano Pacífico. Dichas islas son, en realidad, formaciones coralinas y pocas cosas pueden crecer en sus pobres tierras, por lo que la agricultura es bastante escasa.

La gente de Tuvalu son polinesios cuya ocupación principal es la pesca. Desde 1888, Tuvalu, con las islas Gilbert, fue colonia británica. Obtuvo su total independencia de la corona inglesa en octubre de 1978.

TUVALU

ISLAS SALOMÓN
PAPUA NUEVA GUINEA
TUVALU
FIDJI
AUSTRALIA
NUEVA ZELANDA

Gobierno: Democracia parlamentaria
Capital: Funafuti
Superficie: 25 km^2
Población: 8.500 hab.
Lenguas: Tuvalino, inglés
Moneda: Dólar australiano

Uganda

Uganda es una pequeña república situada en el centro de ÁFRICA oriental. Permaneció bajo el dominio de Gran Bretaña hasta 1962, año en que obtuvo la independencia. El general Idi Amin se hizo con el poder en 1971, y bajo su dictadura perecieron muchas personas. En 1979, soldados ugandeses y tanzanos tomaron el país, y Amin tuvo que huir.

Parte del lago más extenso de África, el Victoria, se halla en territorio ugandés. El pueblo se dedica mayoritariamente a la agricultura, de la que se obtienen, sobre todo, café, té y algodón.

▶ Los granos de café son seleccionados y ensacados antes de enviarse por ferrocarril a la costa. El café constituye una de las principales exportaciones de Uganda.

UGANDA

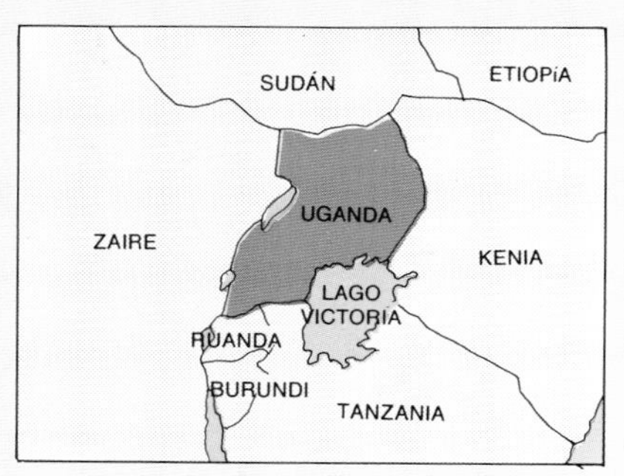

Gobierno: Presidencialista
Capital: Kampala
Superficie: 236.036 km²
Población: 15.160.000 hab.
Lenguas: Swahili, kiganda, inglés
Moneda: Chelín ugandés

Ulises

Ulises es el nombre latino de un valeroso y astuto héroe griego llamado Odiseo. Sus famosas aventuras se narran en el poema de Homero LA ODISEA, que recoge los diez años que Ulises tardó en regresar al hogar tras la GUERRA DE TROYA.

Durante ese viaje fue capturado por el cíclope Polifemo, un gigante antropófago y con un solo ojo. Circe, la hechicera, convirtió a sus hombres en cerdos, y las sirenas les empujaron a la muerte. Cuando el héroe regresó a su casa, su esposa Penélope, asediada por sus pretendientes, había accedido a casarse con aquel que fuera capaz de disparar una flecha con el arco de Ulises atravesando 12 anillos. Ulises, disfrazado, fue el único que consiguió hacerlo y acto seguido dio muerte a los pretendientes.

▼ Ulises engañó al cíclope, que era hijo del dios Poseidón, dándole un vino muy fuerte a fin de embriagarlo. Esto permitió a los griegos escapar de la isla donde habían estado prisioneros, y continuar su viaje.

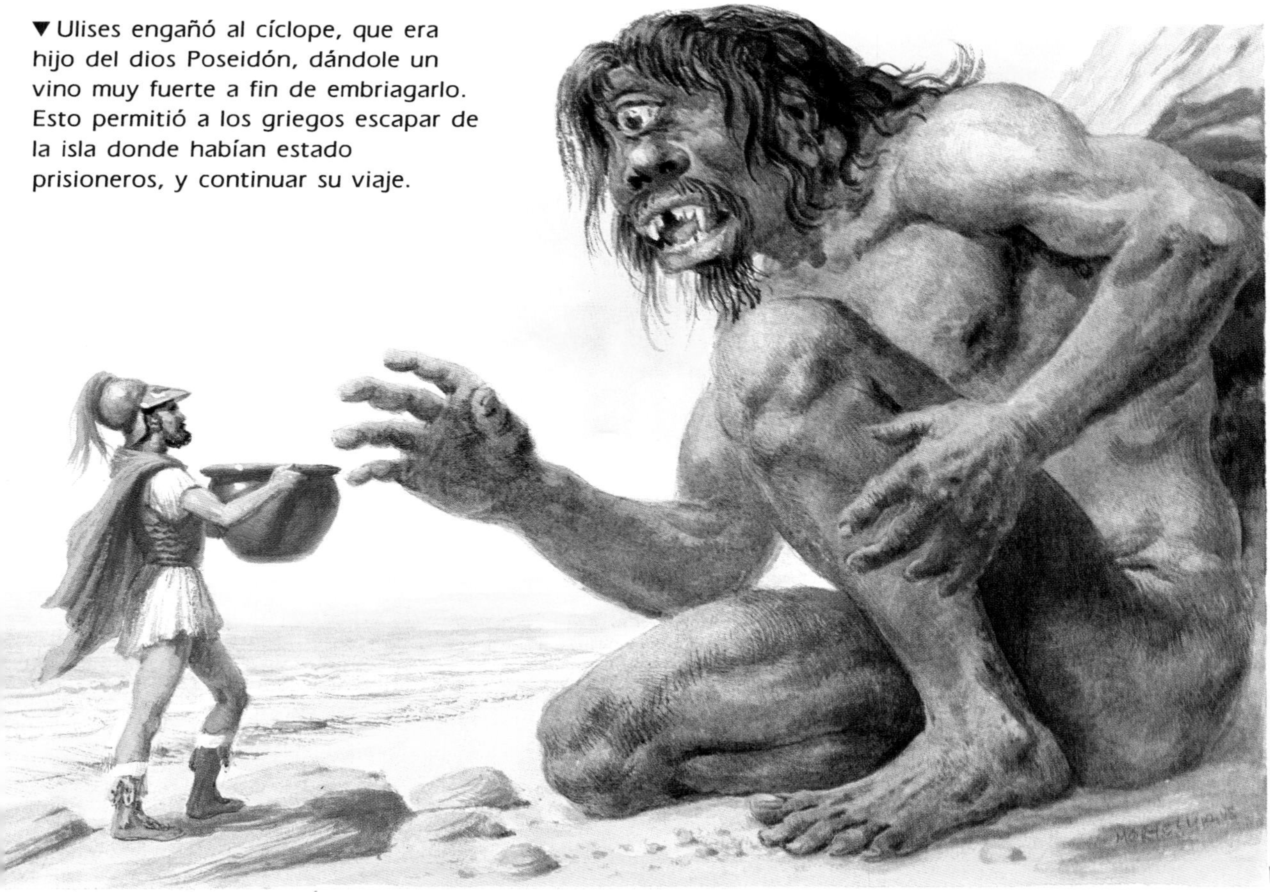

Unión Europea (ver Comunidad Europea)

Antigua Unión Soviética (actual CEI)

La ex Unión Soviética o URSS era el mayor país del mundo, con una extensión de 22.402.000 km cuadrados. Se extendía por EUROPA y ASIA. Las siglas de la desaparecida URSS significaban Unión de Repúblicas Socialistas Soviéticas. Muchas personas siguen llamando Rusia a este país, si bien en realidad Rusia es una entre las 12 Repúblicas que lo constituyen. Rusia ocupa las tres cuartas partes de la ex URSS, actual Comunidad de Estados Independientes (CEI), y el ruso es la más importante de las más o menos 60 lenguas que se hablan en el país.

Antes de 1917, la ex Unión Soviética era un país pobre, regido por los zares. Ese año se produjo una revolución, y se estableció un gobierno COMUNISTA encabezado por Vladimir LENIN. Entre 1918 y 1920, la entonces URSS quedó casi destruida por una guerra civil entre los comunistas y sus enemigos. Los primeros vencieron, e iniciaron una transformación total del país, que acabó

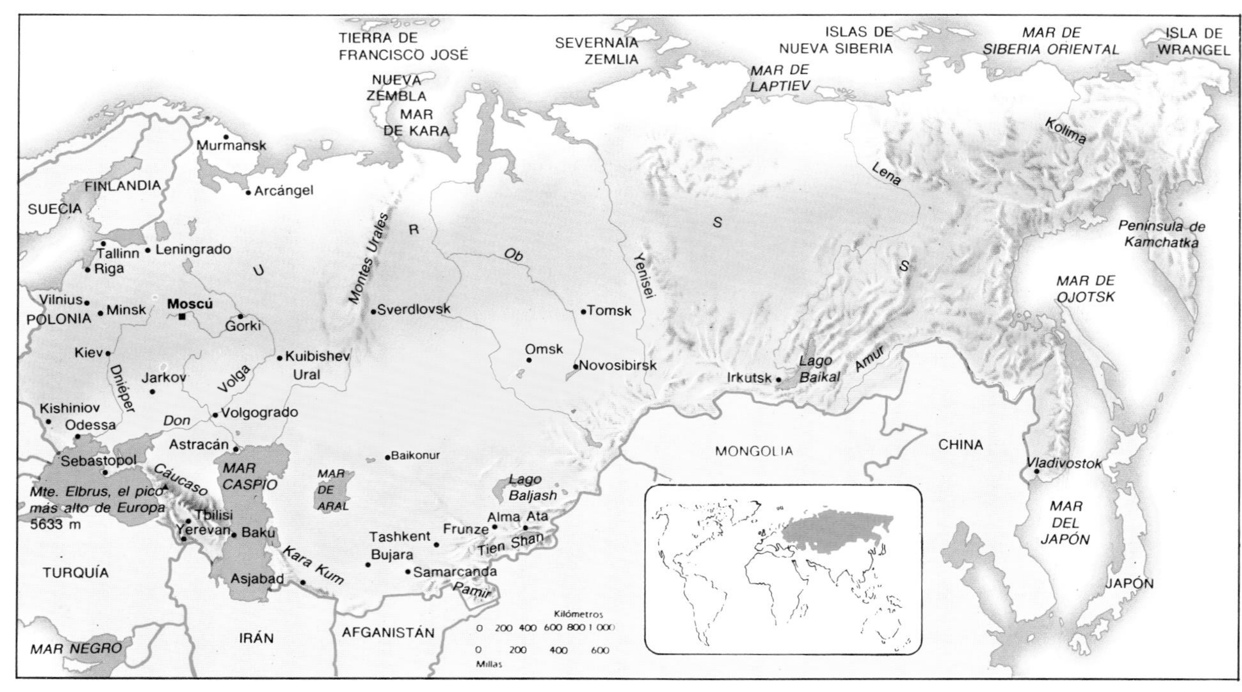

convirtiéndose en una gran potencia mundial. A partir de 1985, el presidente Mijail Gorbachov, emprendió dos importantes movimientos de reforma dentro del estado comunista, llamados *glásnost* y *perestroika*; acabaron en agosto de 1991 en la desintegración de la URSS, que adoptó el nombre de Comunidad de Estados Independientes. Asimismo, esta ruptura produjo el surgimiento de tres nuevos estados: Estonia, Letonia y Lituania.

▼ Situada en el sur de la CEI y en Asia, se encuentra la república de Uzbekistán, que conserva muchas tradiciones asiáticas. En la foto, vendedora de calabazas en un bazar de la ciudad de Tashkent.

◀ El Palacio de verano de los zares, cerca de San Petersburgo. Esta ciudad es la segunda mayor de la CEI después de Moscú, y desde los tiempos de Pedro el Grande hasta 1918, fue su capital.

Su paisaje es variado. Amplias extensiones del mismo son frías o secas y están poco habitadas. Más del 70% de los 280 millones de habitantes vive en la parte europea del país, es decir, al oeste de los montes Urales.

Los agricultores cultivan muchos productos, entre ellos trigo, centeno y cebada, así como verduras, fruta, té y algodón. Durante el régimen comunista, las granjas eran de propiedad estatal y alrededor de una cuarta parte de la población trabajaba en ellas.

El territorio de la desaparecida Unión Soviética es rico en MINERALES. Contiene grandes yacimientos de carbón, petróleo y gas natural, y cuenta con reservas de hierro, cromo, plomo, manganeso, etc., superiores a las de cualquier otro país. También la pesca y la silvicultura constituyen actividades importantes.

Durante la segunda guerra mundial, Alemania invadió la URSS, pero tras una lucha tenaz, el ejército rojo expulsó a los alemanes. Los soviéticos ocuparon Hungría, Rumania, Checoslovaquia, Polonia y parte de Alemania. Después de la guerra se implantaron en esos países regímenes comunistas estrechamente vinculados a la URSS, que constituyeron lo que se dio en llamar «bloque del Este», actualmente desaparecido. Estados Unidos y Rusia mantuvieron una creciente desconfianza y se desarrolló una situación conocida con el nombre de «guerra fría». Con el último de sus dirigentes, Mijail GORBACHOV, la URSS entró en un período de cambio que provocó que sus mandatarios firmaran convenios, a fin de reducir el número de armas atómicas, ratificados por la actual Comunidad de Estados Independientes.

Eslavos

Siberiano

Ucranianos

Mongol

Turco

▲ Ningún otro país cuenta con tan gran variedad de pueblos como la CEI, con más de 100 grupos nacionales distintos. Las diferentes regiones cuentan con sus propias lenguas, trajes y costumbres.

En la CEI sólo viven, por término medio, 12,2 personas por kilómetro cuadrado. En España, por ejemplo, la media es de 76.

El pueblo ruso es aficionado al arte, la lectura y el deporte; muchos atletas rusos han obtenido medallas de oro en los JUEGOS OLÍMPICOS. Por otra parte, algunos de los más famosos escritores del mundo, como Tolstoi y Chejov, son rusos.

Universidad

Algunas personas, concluidos sus estudios básicos y de bachillerato, hacia los 18 años ingresan en la universidad. Hasta entonces, habían aprendido un poco acerca de varias materias, pero en la universidad el estudiante a menudo se concentra en uno o dos temas. Acude a las clases y a grupos de estudio más reducidos, los *seminarios.* El alumno debe redactar trabajos y, si cursa una de las carreras llamadas *experimentales*, debe realizar prácticas de laboratorio. También frecuenta las bibliotecas, a fin de consultar en los libros los datos que precisa.

Transcurridos tres años, en determinadas carreras se obtiene una titulación de primer ciclo. A los cinco, una licenciatura o título equivalente. Concluido este segundo ciclo y una vez realizado un trabajo de investigación llamado *tesis*, se alcanza el doctorado, que es el máximo grado académico.

Los pueblos árabes ya tenían universidades hace más de mil años. La primera universidad de Europa se fundó en el siglo XI en Bolonia, Italia. Poco después se crearon las de París (Francia), Salamanca (España) y Oxford (Inglaterra). Hoy en día, la mayor parte de los países cuentan con universidades.

Universo

El universo está constituido por ESTRELLAS, PLANETAS, SATÉLITES y otros cuerpos diseminados por la vacuidad del espacio. La TIERRA no pasa de ser una pequeña parte del

▼ Este diagrama muestra dos futuros posibles para el universo. Según la teoría del universo sin fin, las galaxias continuarán alejándose hasta que el espacio quede casi vacío. La teoría del universo pulsátil formula que el alejamiento de las galaxias cesará, y que entonces su gravedad las hará retroceder de nuevo hasta que colisionen y exploten.

Hace unos 17.000 millones de años pudo haberse iniciado el universo a raíz de una enorme explosión.

Transcurridos 500 millones de años, se desarrollaron las galaxias y nacieron las primeras estrellas. Hoy en día, las galaxias siguen alejándose (derecha), pero el futuro continúa siendo un misterio.

▲ Esta foto del cometa Halley, tomada en 1985, muestra un fondo de estrellas que están sumamente lejos, lo que da una idea de la inmensidad del universo.

SISTEMA SOLAR, el cual, a su vez, se halla inserto en un gran grupo de estrellas llamado VÍA LÁCTEA. Más allá de ésta, que es nuestra GALAXIA, hay posiblemente 10.000 millones de otras galaxias. Algunas están tan alejadas, que la luz que emiten tarda miles de millones de años en llegar hasta nosotros.

Los científicos creen que toda la materia del universo estuvo alguna vez concentrada, y que luego esa «bola» estalló, proyectando materia en todas direcciones. Conforme se desperdigaba, la materia se enfriaba, y se formaron nubes de gas y polvo que acabaron dando lugar a las estrellas, planetas, satélites, etc. Esta explicación se conoce como teoría del *Big Bang*.

Uña y garra

Las uñas y las garras están constituidas por piel endurecida, lo mismo que los cuernos de ciertos animales. Crecen al final de los dedos, y cuando son anchas y planas se llaman uñas, mientras que si son agudas se denominan garras. Las uñas humanas tienen pocos usos, pero las AVES, los MAMÍFEROS y los REPTILES las emplean para atacar y defenderse.

Las garras son muy parecidas en todos los animales y, lo mismo que las uñas y pezuñas, están constituidas por un estrato de substancia compacta celular parecida al cuerno. En algunos carnívoros –como el gato– son retráctiles para evitar que se desgasten por el roce contra el suelo cuando el animal camina.

▶ Las garras de aves, reptiles y mamíferos son vitales para su supervivencia pues constituyen un medio de adaptación a su habitat y un sistema de defensa. Resulta particularmente interesante el diseño de las uñas de los miembros de la familia del gato, pues son retráctiles (escamoteables) y pueden esconderse en las patas a voluntad.

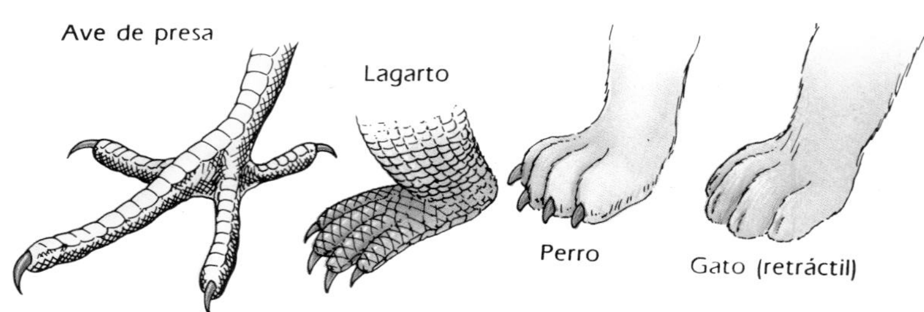

Una mirada atenta a las uñas de un animal revelará su género de vida. Los GATOS y las aves de presa las tienen muy agudas y curvas, a fin de agarrar a su presa y despedazarla. Los osos hormigueros las tienen largas, fuertes y curvas para deshacer los termiteros.

El uranio fue descubierto en 1789 por el químico alemán Martin Heinrich Klaproth. Le dio este nombre derivándolo del planeta Urano.

Una tonelada de uranio puede producir tanta energía como 30.000 toneladas de carbón.

Uranio

Este metal es uno de los ELEMENTOS más pesados que se conocen. Debe su nombre al planeta Urano. El uranio emite RADIACTIVIDAD. Conforme pierde sus partículas atómicas se descompone y, transcurridos millones de años, se transforma en PLOMO. Las personas que manipulan el uranio suelen precisar ropas protectoras, a fin de preservar sus cuerpos de los efectos nocivos de la radiación.

El uranio es el combustible utilizado para obtener ENERGÍA NUCLEAR destinada a bombas atómicas y a centrales nucleares. Se extrae de minas de muchos países. La mayoría del uranio del mundo occidental proviene de Estados Unidos y de Canadá.

DATOS DE URANO

Distancia media del Sol: 2.800 millones de km
Distancia menor de la Tierra: 2.650 millones de km
Temperatura media (nubes): −220 °C
Diámetro ecuatorial: 52.000 km
Atmósfera: hidrógeno, helio
Número de satélites: 5
Duración del día: 11 horas
Duración del año: 84 años terrestres

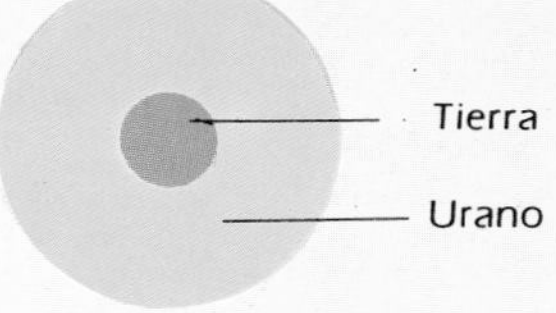

Urano

El PLANETA Urano está 19 veces más alejado del Sol que la Tierra, por lo que no podemos verlo a simple vista. Fue el primer planeta descubierto con ayuda de un TELESCOPIO. Tiene apariencia de disco verdoso y su superficie podría estar cubierta, según algunos astrónomos, por una gran nube de materias gaseosas.

Urano se diferencia de la Tierra en muchos aspectos. Ante todo, es mucho mayor: podría contener 52 planetas como el nuestro. Su diámetro aventaja en casi cuatro veces al de la Tierra.

También es distinto porque está constituido principalmente por gases, y el conjunto de su superficie es mucho más frío que la región más fría de la Tierra, ya que la temperatura media es allí inferior a los 185 grados centígrados bajo cero.

◀ La sonda espacial estadounidense *Voyager 2* pasó frente a Urano en junio de 1986. Las imágenes que envió demostraron que el planeta posee anillos y que su eje está inclinado. Dicha inclinación se señala con las líneas rojas.

Cuando el astrónomo inglés William Herschel descubrió Urano en 1781, le dio el nombre de Georgium Sidus (Estrella de Jorge) en honor del rey Jorge III de Inglaterra. Esta denominación nunca se hizo popular en otros países, y la actual, tomada de un dios griego, fue escogida por el astrónomo alemán J. E. Bode.

Urano gira a una velocidad tal, que uno de sus días dura unas 11 horas terrestres, pero recorre su ÓRBITA en torno al Sol en tanto tiempo, que uno de sus años equivale a 84 de los nuestros.

En 1986, el *Voyager 2* pasó por las cercanías de Urano y transmitió unas imágenes que revelaron a los científicos muchos aspectos del planeta: al menos tiene 5 satélites, uno de los cuales –Miranda– cuenta con montañas de 26 km de altitud.

Uruguay

Uruguay es uno de los países más pequeños de AMÉRICA DEL SUR. Se halla situado en el sureste, entre el océano Atlántico y sus dos grandes vecinos, Argentina y Brasil. Uruguay había sido una provincia brasileña, y alcanzó su independencia en 1825.

La mayor parte del territorio la cubren colinas bajas y herbosas. En el gran río Uruguay o en el estuario llamado río de la Plata desembocan muchos ríos. Uruguay tiene inviernos templados y veranos cálidos.

La mayor parte de los habitantes de Uruguay descienden de colonos españoles e italianos. Más de un tercio de la población vive en la capital, Montevideo. La industria produce textiles, mobiliario y otros artículos.

Grandes extensiones de terreno, (alrededor del 90 por ciento) están destinados a la cría de ganado, lo que convierte a Uruguay en un país esencialmente ganadero.

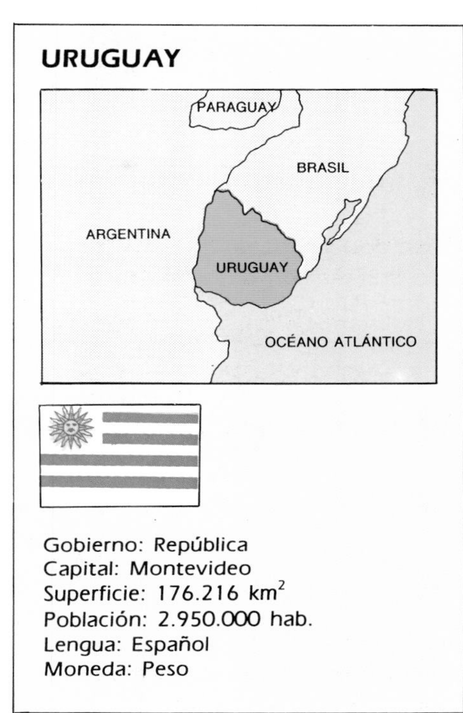

Vaca

La vaca que nos da leche es un miembro de la familia bovina, compuesta por animales herbívoros de gran tamaño. La hierba resulta difícil de digerir, y por ello todos los bovinos tienen cuatro estómagos. Durante la digestión, el alimento es devuelto a la boca para ser mascado y deglutido de nuevo. Cuando una vaca efectúa esta operación decimos que rumia. La vaca doméstica desciende de un animal salvaje extinguido, el *uro*, al que el hombre domesticó hace unos 6.000 años. Las razas autóctonas españolas han ido perdiendo importancia, y hoy la cabaña está constituida, principalmente, por vacas de raza *frisona, charolesa* (carne) y *pardoalpina.*

▲ La *Simmental* suiza se cría tanto por la leche como por la carne.

▶ La *Hereford* es una raza muy popular, criada en Norteamérica y Australia.

▲ Casi dos tercios de las vacas de Gran Bretaña son de raza frisona.

▲ La vaca lechera *shorthorn* se cría por la carne, y es parda, blanca o de ambos colores combinados.

Vacío

Un vacío es un espacio que no contiene nada. Toma su nombre del latín *vacuus.* Pero, en realidad, no existen vacíos totales: cuando tratas de vaciar un envase bombeando aire al exterior, siempre queda una pequeña cantidad dentro. Este espacio en parte vacío se llama *vacío parcial.* El aire nuevo siempre se apresura a llenar el espacio; así es como funcionan tus PULMONES. Cuando exhalas, creas un vacío parcial en los pulmones, y el aire acude a llenar el espacio, obligándote a inspirar.

Puedes observar vacíos parciales de muchas maneras. El espacio no siempre se llena de aire. Cuando aspiras a través de una paja sumergida en limonada, ésta última es la que llena el vacío, y de este modo llega hasta tu boca. El vacío parcial es, asimismo, el responsable de que los aviones se mantengan en el aire: cuando un avión vuela,

Experiméntalo

Un vacío parcial puede utilizarse para hinchar un globo. Trata de conseguirlo. Coloca una botella en un cuenco con agua caliente durante unos minutos. A medida que el calor determina la expansión del aire contenido en la botella, aumenta la presión en su interior. Ahora ajusta un globo al gollete de la botella y pon ésta en un cuenco con agua fría. ¿Qué sucede? El agua enfría el aire del interior del la botella, y la presión disminuye. Como la presión del aire fuera de la botella es mayor, impulsa el globo hacia dentro y lo infla.

sus alas, en virtud de la forma que se les ha conferido, dan lugar a un vacío parcial inmediatamente encima, y el aire situado debajo de las alas las impulsa hacia arriba a fin de llenar el espacio así creado.

Vacunación

La vacunación es una forma de proteger a las personas contra las enfermedades.

La vacunación consiste en suministrar al sujeto una dosis muy escasa de una determinada enfermedad. El cuerpo aprende así a luchar contra los gérmenes que causan la dolencia, y de este modo se vuelve *inmune*, esto es, queda protegido contra ella.

La edad más conveniente para vacunarse es la infantil, por cuanto los niños están más sujetos a contraer enfermedades infecciosas al tener menos defensas naturales en su organismo; así, las campañas de vacunación comienzan poco después del nacimiento.

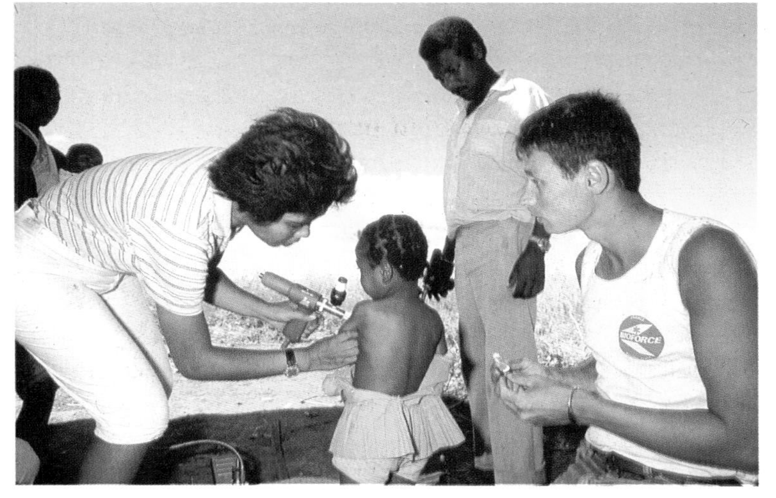

◀ Los programas de vacunación son vitales en los países del Tercer Mundo, donde las enfermedades pueden evitarse y, con ello, salvarse miles de vidas.

Durante su corta vida de artista, Van Gogh realizó 750 pinturas y 1.600 dibujos. Tenemos un buen conocimiento de su vida a través de las 700 cartas que escribió a su hermano Théo y a otras personas.

La INMUNIDAD a una enfermedad puede durar desde unos pocos meses a muchos años, según la clase del mal y de la vacuna. Existen muchos tipos de vacunas. Las hay contra enfermedades como el tifus, el cólera, el sarampión y la polio. Muchas personas solían contraerlas y morir a causa de ellas, pero hoy en día se salvan cada año gracias a la vacunación. Un precursor de esta práctica fue Edward Jenner que, ya en el siglo XVIII, fue el primero en emplear la vacuna contra la viruela.

Van Gogh, Vincent

Vincent Van Gogh (1853-1890) fue un pintor holandés que trabajó principalmente en el sur de Francia. Su existencia fue muy agitada y sólo su hermano Théo creyó en su genio mientras vivió. Ahora, las pinturas de Van Gogh son famosas en todo el mundo.

Van Gogh fracasó en todas las carreras que emprendió, y se volvió hacia el arte para expresar sus arraigados sentimientos religiosos; sin embargo, hasta 1880 no decidió convertirse en pintor. En 1886 se trasladó a París para visitar a su hermano, y de inmediato se vio atraído por las obras de los impresionistas, que contempló en aquella ciudad. Usó colores intensos para producir hábiles efectos de luz, creando el postimpresionismo, escuela que tiene aspectos propios y fases relacionadas con el expresionismo. En 1888 se estableció en Arles, en el sur de Francia, donde ejecutó la mayoría de sus famosas pinturas. Durante sus últimos años sufrió terribles depresiones, y en 1890 se suicidó.

▲ *Mujer italiana* (1887), cuadro de Van Gogh.

▶ Este cuadro pintado en 1889 por Van Gogh, representa la habitación en la que vivió y ejecutó sus más famosas pinturas durante su estancia en Arles.

Vanuatu

Vanuatu es un país formado por islas volcánicas, en el suroeste del océano Pacífico. El suelo es fértil, y las principales actividades consisten en la producción de copra, cacao y café, y en la ganadería. Las islas fueron descubiertas en 1606 por un navegante portugués, pero no se cartografiaron hasta que el capitán Cook exploró la región en 1774. Desde 1906 hasta 1980 el archipiélago fue regido conjuntamente por Gran Bretaña y Francia. La independencia se proclamó en 1980.

Vaquero (ver Cowboy)

Vaticano, Ciudad del

La Ciudad del Vaticano es la residencia del Papa y el centro de la Iglesia Católica romana. Se asienta en la colina del Vaticano, en el noroeste de Roma, y es el país independiente más pequeño del mundo. Tiene un tamaño inferior a 1 kilómetro cuadrado y lo habitan unas mil personas. Aun así posee su propia bandera, emisora de radio y estación de ferrocarril. También emite sellos.

La Ciudad del Vaticano está amurallada y encierra muchos edificios famosos, entre los que destacan el Palacio Vaticano, con más de mil estancias, la Capilla Sixtina, decorada por Miguel Ángel, y la basílica de San Pedro.

VANUATU

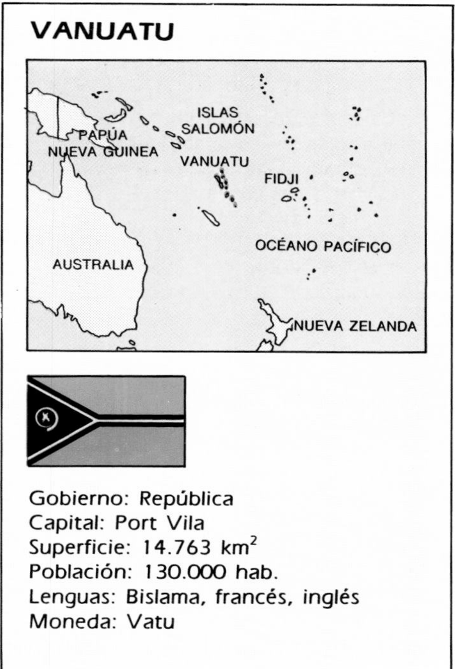

Gobierno: República
Capital: Port Vila
Superficie: 14.763 km^2
Población: 130.000 hab.
Lenguas: Bislama, francés, inglés
Moneda: Vatu

◀ Guardia suizo sentado a la entrada del Vaticano. Se cree que el uniforme de estos guardias fue diseñado por Miguel Ángel en el siglo XVI.

CIUDAD DEL VATICANO

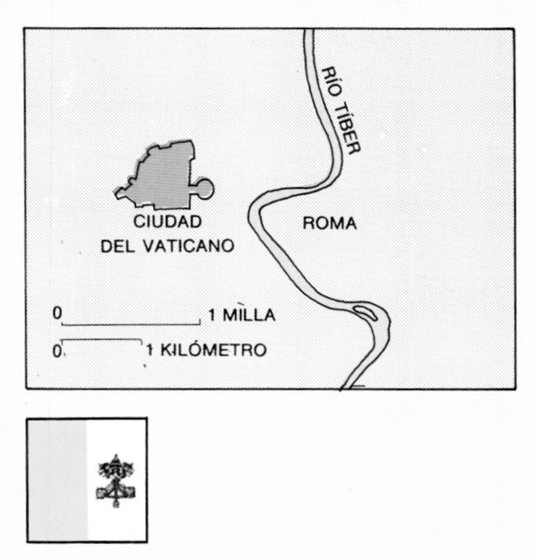

Capital: Ciudad del Vaticano
Superficie: 0,44 km^2
Población: 1.000 hab.
Lenguas: Italiano, latín
Moneda: Lira italiana

Principales obras de DIEGO DE VELÁZQUEZ

Los borrachos (1629)
La fragua de Vulcano (1630)
La rendición de Breda (1634)
La Venus del espejo (1654)
Las meninas (1656)
Las hilanderas (1657)
El conde duque de Olivares (1634)

Velázquez, Diego de

Diego Rodríguez de Silva y Velázquez era el nombre completo de este pintor que nació en Sevilla en 1599. Fue pintor del rey Felipe IV desde 1623, año en que recibió el título de pintor de cámara. Viajó y pintó en Italia, donde entró en contacto con los artistas más famosos de la época. Es la suya una pintura de un realismo sereno y equilibrado.

Su naturalidad y libertad en el uso del color le hizo ser uno de los pintores reconocidos y admirados más tarde por los impresionistas.

▶ *La rendición de Breda,* pintura conocida también como *Las lanzas,* ha sido considerada por muchos críticos como el mejor cuadro de historia de la pintura europea.

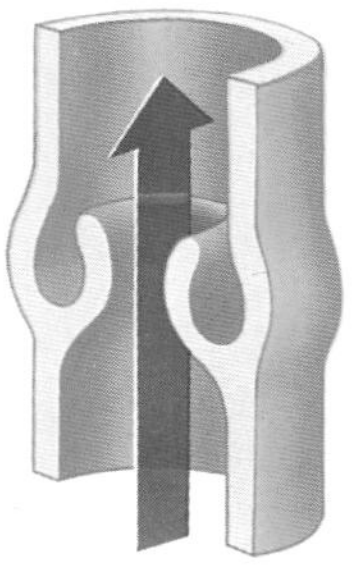

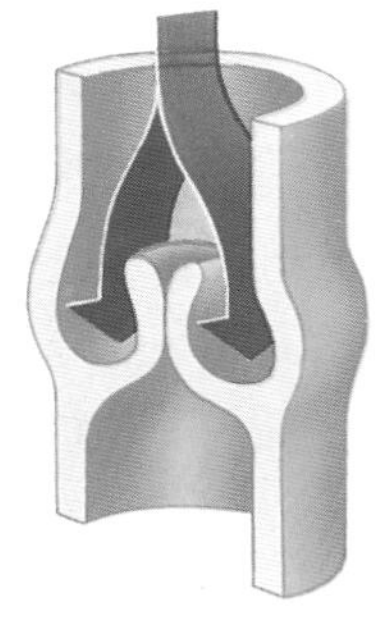

▲ La sangre desoxigenada regresa al corazón a través de las venas. La sangre que circula en la dirección adecuada (izquierda) fuerza las válvulas a abrirse. Estas válvulas aseguran que la sangre siempre discurra hacia el corazón.

Venas

Las venas son tubos estrechos por los que circula la SANGRE ya utilizada, procedente de todas las partes del cuerpo y que retorna al CORAZÓN. La sangre que fluye por las ARTERIAS es impulsada por el bombeo del corazón. En cambio, la sangre venosa no tiene nada que la empuje; de ahí que muchas venas dispongan de *válvulas* que, al cerrarse, impiden el retroceso del flujo sanguíneo.

Venecia

Venecia es una hermosa ciudad de ITALIA, a orillas del mar Adriático, edificada sobre una agrupación de islas

◀ Un cuadro del siglo XVIII que representa el Gran Canal de Venecia, pintado por Canaletto. Las elegantes góndolas negras continúan surcando las aguas venecianas.

bajas y fangosas que suman más de cien. Las casas se levantan sobre postes de madera hincados en el barro. En lugar de calles, Venecia está cruzada por CANALES.

Durante cientos de años, Venecia fue el más importante centro del comercio entre Europa y los imperios de Oriente. La ciudad se enriqueció enormemente, y los mercaderes la llenaron de palacios y hermosas residencias.

El veneno de algunos animales, como la rana venenosa de América del Sur, es tan poderoso que una millonésima de gramo es suficiente para matar a una persona.

Veneno

Los venenos son sustancias químicas que matan o dañan a los seres vivos. Algunos venenos penetran en el cuerpo

▼ El símbolo que distingue las sustancias venenosas es una calavera con dos tibias cruzadas.

ALGUNAS SUSTANCIAS VENENOSAS

Hay muchas cosas a nuestro alrededor –en la cocina, el garaje, el cobertizo del jardín– que pueden resultar venenosas si no se utilizan adecuadamente. He aquí algunas de ellas:

- Algunos **productos de limpieza doméstica** pueden ser venenosos si se ingieren: lejía, limpiadores de baños, la mayoría de los detergentes, abrillantadores de muebles, petróleo, combustible de mechero, parafina y amoníaco.
- Los **insecticidas** de jardín y de granja, así como los **herbicidas**, pueden matar.
- El **monóxido de carbono**, un gas emitido por el tubo de escape de los coches, es venenoso, especialmente en lugares mal ventilados. También es venenoso el anticongelante del motor.
- Ingeridas en exceso, muchas **drogas y medicinas** pueden resultar venenosas, incluidas la aspirina y las píldoras para dormir.
- Entre las **plantas venenosas** se cuentan el acebo (bayas), el lirio de los valles, la hortensia (hojas y brotes) y la belladona.

a través de la piel, otros se ingieren, y los gases venenosos son nocivos si se respiran con el aire.

Los diversos venenos actúan de otras tantas maneras. Los ácidos fuertes o álcalis «queman». Los venenos que atacan los nervios pueden provocar el paro cardíaco. Otros venenos producen hemorragias internas.

Unos fármacos llamados *antídotos* pueden curar a las personas que han sufrido ciertos envenenamientos.

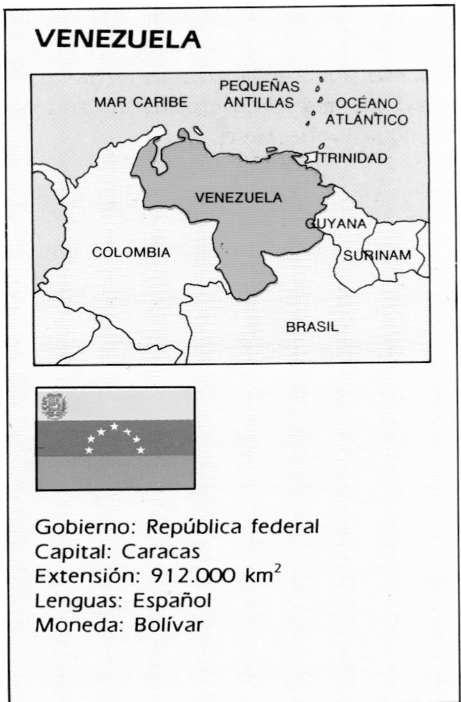

Gobierno: República federal
Capital: Caracas
Extensión: 912.000 km^2
Lenguas: Español
Moneda: Bolívar

Venezuela

Venezuela es un vasto país situado en la costa septentrional de América del Sur. La mayor parte del sur de Venezuela está cubierta de ondulaciones montañosas, y allí se encuentra el salto de Ángel, la cascada más alta del mundo. En el centro del país se extiende una llanura herbosa a ambas orillas del río Orinoco. La costa es muy accidentada y frente a ella se extienden numerosas islas, que forman parte del territorio nacional. El clima es cálido y lluvioso.

Venezuela produce café, algodón y cacao. Pero son sus minerales, y en especial el petróleo, los que la convierten en el país más rico del continente.

Venus

El planeta Venus debe su nombre a la diosa romana de la belleza y el amor. Es el planeta más brillante del sistema solar. Lo vemos como estrella de la mañana o del cre-

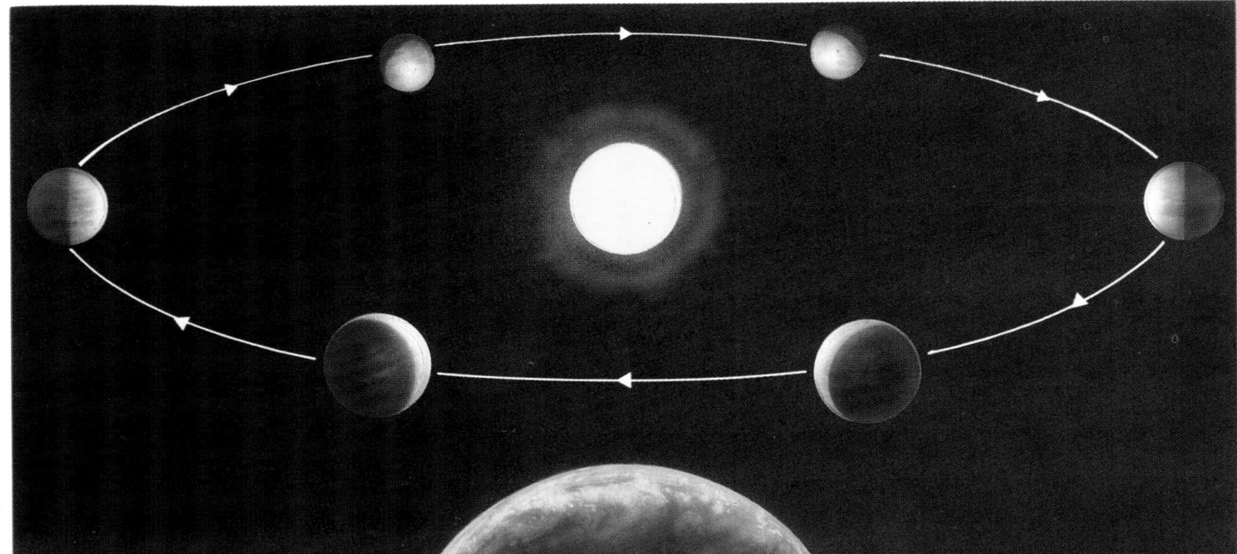

▼ Desde la Tierra casi podemos abarcar toda la órbita de Venus. Mientras se traslada alrededor del Sol, vamos observando distintas partes de su superficie iluminada, fenómeno que se conoce con el nombre de «fases». El planeta parece mayor en su fase creciente, cuando se halla a menor distancia de la Tierra.

púsculo, según donde se halle en su trayectoria alrededor del Sol. Si observas Venus a través de unos prismáticos, podrás comprobar que su aspecto es el de una pequeña Luna que muestra la parte iluminada por el Sol.

Venus sólo emplea 225 días en completar su traslación en torno al Sol, de manera que dos años terrestres equivalen a más de tres de Venus. En cambio, su rotación es tan lenta, que un día de Venus representa 243 terrestres. Se trata del único planeta que gira en sentido opuesto a la dirección de su ÓRBITA.

Venus tiene aproximadamente el mismo tamaño que la Tierra, pero pesa un poco menos. También es mucho más cálido, debido a su mayor proximidad al Sol. La superficie de Venus permanece oculta por una deslumbrante capa de nubes blancas, que pueden estar constituidas por gotitas de ácido sulfúrico. La atmósfera de Venus consiste principalmente en el gas llamado *anhídrico carbónico*, que actúa como el techo de un invernadero, acumulando calor del Sol.

DATOS DE VENUS

Distancia media del Sol: 108 millones de km
Menor distancia de la Tierra: 42 millones de km
Temperatura media: 480 °C
Diámetro ecuatorial: 12.104 km
Atmósfera: anhídrido carbónico en su mayor parte
Número de satélites: 0
Duración del día: 243 días terrestres
Duración del año: 225 días terrestres

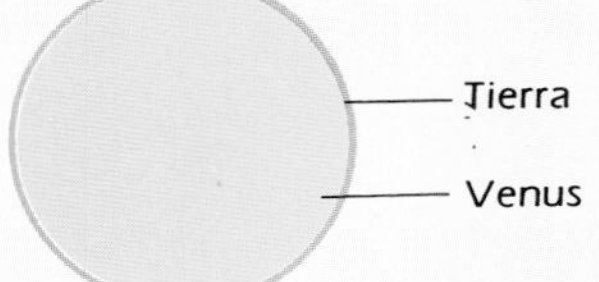

Verbo

Son verbos las palabras que designan acción o estado, como *ir, golpear, escoger, tener, ser.* Los verbos indican lo que las personas o cosas hacen o aquello que les sucede.

He aquí tres ejemplos de verbos en otras tantas frases: «*Hace* una noche fría. Ignacio *comió* una hamburguesa. Carmen *estaba bebiéndose* un batido.» En los dos primeros ejemplos, el verbo es una sola palabra, y en el tercero consiste en dos palabras.

En la primera frase, el verbo describe algo que está sucediendo en el presente. En este caso decimos que está en *tiempo* presente. Si la acción sucedió en el pasado, el verbo cambia: «*Hacía* una noche fría.» Y si la acción va a ocurrir en el futuro se expresa así: «*Hará* una noche fría.»

Los verbos pueden también ser *activos* o *pasivos*. En la frase «Ignacio comió una hamburguesa», la forma verbal *comió* es activa. Si decimos «La hamburguesa *fue comida* por Ignacio», la forma *fue comida* es pasiva.

Versalles

Versalles es un palacio famoso situado en Francia, en una ciudad llamada también Versalles (Versailles), en las cercanías de París.

▼ En el sector norte del gran Palacio de Versalles se levanta el bello edificio del Gran Trianón que Luis XIV utilizaba como lugar de reposo. Sus habitaciones privadas fueron decoradas con toda suerte de lujo.

VERSALLES

▶ Un vista actual del bello palacio de Versalles. Luis XIV gastó en él más de 10.000 millones de pesetas de hoy, una suma astronómica para la época.

▼ Los arquitectos muestran a Luis XIV sus proyectos para el palacio de Versalles. El monarca deseaba que fuera el más espléndido de Francia.

El palacio de Versalles empezó a edificarlo Luis XIV en 1661, como una residencia de recreo para el rey y su corte, y se erigió en el lugar de un pabellón de caza. Los más famosos arquitectos, escultores y proyectistas de jardines de la época trabajaron en el palacio y en su magnífico parque.

El palacio se construyó con piedra rosada y ocre, y mide más de 800 metros de longitud. En su interior hay cientos de hermosas estancias. La más famosa es el Salón de los Espejos, en el que se alinean 483 espejos de enorme tamaño y numerosos cuadros; otra estancia de gran renombre es la Galería de las Batallas donde se conservan cuadros históricos de famosos artistas. Luis XIV gastó enormes sumas de dinero en el palacio y este dispendio y el lujo que reinaba en Versalles fueron una de las causas de la REVOLUCIÓN FRANCESA un siglo más tarde.

Vertebrado

Los vertebrados son animales provistos de columna vertebral, llamada también espina dorsal. Ésta la forman huesos cortos, las *vértebras*. El nombre proviene de una palabra latina que significa «girar». La mayoría de los vertebrados pueden arquear o mantener recta la columna vertebral, haciendo girar levemente las vértebras.

Son muchas las características que diferencian a los vertebrados de otros animales: la mayoría posee una caja ósea para proteger el CEREBRO, costillas para proteger el CORAZÓN, los PULMONES y otras partes delicadas, y uno o dos pares de extremidades. También tienen casi todos un ESQUELETO formado por HUESOS.

Existen siete grupos principales de vertebrados. El más sencillo comprende las lampreas, unos peces semejantes a las anguilas y que carecen de mandíbula. Tienen espina dorsal pero no esqueleto. A continuación se clasifican los TIBURONES y las rayas, cuyo esqueleto es cartilaginoso. Todos los demás vertebrados tienen huesos; así, los PECES óseos, los ANFIBIOS, los REPTILES, las AVES y los MAMÍFEROS.

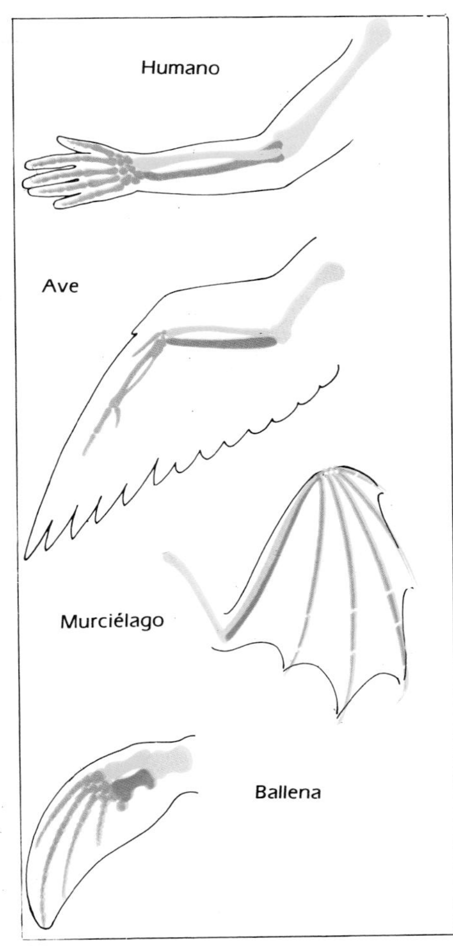

▲ Las extremidades anteriores de estos vertebrados muestran cómo estos animales pueden haber evolucionado a partir de un antepasado común. Cada animal tiene los mismos huesos especializados, si bien difieren en formas y tamaños. Ello se debe a que los huesos han ido cambiando gradualmente a lo largo de muchos millones de años, a fin de adaptarse al entorno específico del animal.

Vestido

La mayor parte de las personas lleva algún tipo de vestido, el cual depende del clima y de la forma de vida. Puesto que los vestidos nos adornan además de protegernos, los estilos de atavío cambian con la moda.

Los vestidos más antiguos fueron las pieles de los animales. En la Antigüedad se llevaban túnicas holgadas y con pliegues. Durante la EDAD MEDIA, el vestido de los más pobres se mantuvo sencillo y rudimentario, pero los ricos adoptaron finas sedas y damascos importados de Oriente. La renovada riqueza y el interés por el arte que

◀ Modos de vestir desde los tiempos prehistóricos hasta la época medieval.

▶ La moda es un gran negocio. Cada temporada da lugar a desfiles de modelos en los que se muestran los últimos diseños de la alta costura.

▲ Cuatro siglos de vestimenta popular. La moda moderna refleja el cambio de estilo de vida en nuestro siglo: los diseños son prácticos, y la ropa está hecha de fibras artificiales que facilitan la conservación de los tejidos.

caracterizaron el RENACIMIENTO popularizaron los tejidos suntuosos y multicolores. En el siglo XVIII, en Europa, a los vestidos se les dio mucho vuelo, a fin de adecuarlos a los grandes edificios de la época. Así, se llevaban pelucas altas, y amplias y rígidas faldas, a menudo bellamente bordadas. En el siglo XX las modas se hicieron más prácticas, especialmente para las mujeres. Hoy en día, los trajes occidentales han sido adoptados por muchas personas en todo el mundo. Los grandes diseñadores de modas deciden de año en año los cambios de estilo que deben introducirse.

Vesubio

El Vesubio es uno de los VOLCANES más famosos del mundo. Se alza sobre la bahía de Nápoles, en el sur de Italia, y tiene unos 1.200 metros de altitud, si bien decrece con cada erupción.

La primera erupción que conocemos se produjo el año 79 d.C. Nadie se había dado cuenta de que se trataba de un volcán activo, y por eso se habían erigido ciudades en las cercanías y se cultivaban las laderas. Durante tres días, el Vesubio expulsó tanta ceniza y lava, que quedaron sepultadas las ciudades romanas de POMPEYA y Herculano. Parte de la pared del antiguo cráter sigue en pie. En los últimos 200 años se han registrado nueve erupciones que han provocado daños: la peor se produjo en 1944, durante la segunda guerra mundial. La localidad de San Sebastiano fue destruida, y las tropas aliadas ayudaron a sus habitantes a escapar del flujo de lava.

◀ Un grupo de turistas observa el cráter del Vesubio desde lo alto de la cresta llamada monte Somma, que lo rodea. El Vesubio es el único volcán activo de la Europa continental.

Resulta difícil imaginar lo que debió ser la erupción del Vesubio del 79 d.C. Asociamos los volcanes con la emisión de lava fundida, pero lo que proyectó el Vesubio fue como una bomba atómica, expandiendo por una vasta área ceniza, piedra pómez y guijarros de lava. Incluso la ciudad de Nápoles, situada a 11 km del volcán, quedó cubierta por una espesa capa de ceniza. Pompeya, a 8,5 km de distancia, fue sepultada por casi 4 metros de ceniza y piedras.

Vía Láctea

Cuando contemplamos el firmamento en una noche clara y sin luna, podemos advertir una pálida nube luminosa que atraviesa el cielo. Si la observas a través de unos prismáticos o de un telescopio, verás que la nube se compone en realidad de millones de estrellas. Éstas, y la mayoría de las otras que vemos, forman parte de nuestra GALAXIA, la llamada Vía Láctea.

Los astrónomos consideran que la Vía Láctea tiene unos 100.000 millones de estrellas como nuestro Sol. La

▼ Esta imagen muestra el aspecto de la Vía Láctea desde unos pocos centenares de años luz por encima de la galaxia.

Resulta imposible imaginar el tamaño de la Vía Láctea. La luz del Sol tarda ocho minutos en llegar a nosotros (el Sol se halla a 150.000.000 km de distancia y la luz viaja a una velocidad de 300.000 km por segundo). La luz desde el centro de la Vía Láctea invierte unos 30.000 *años* en llegar a la Tierra. Desde el punto en que nos hallamos en el sistema solar, la Tierra completa en unos 200 millones de años un recorrido alrededor de la Vía Láctea.

Vía Láctea se extiende a lo largo de una distancia de unos 100.000 años luz. Un año luz es la distancia que recorre la luz en un año a velocidad de 300.000 km por segundo. Nuestro SISTEMA SOLAR está a 30.000 años luz del centro de la Vía Láctea.

La Vía Láctea tiene forma espiral, y sus brazos giran lentamente alrededor del centro. Invierten 200 millones de años en completar una circunferencia. Desde la Tierra, vemos la Vía Láctea a través de los brazos de la espiral. La nube de estrellas que aparece en la ilustración es lo que podríamos ver desde una gran distancia por encima de la galaxia.

Vida en las profundidades marinas 

La mayor parte de los animales y vegetales que viven en el mar permanecen por encima de los 200 metros. Por debajo de esta profundidad las condiciones se tornan cada vez más desfavorables para los seres vivos. A un kilómetro de la superficie las aguas están muy frías y reina una gran oscuridad, pues la luz solar no penetra hasta allí. Los vegetales no pueden sobrevivir porque necesitan luz para nutrirse. Pero algunos animales sí habitan las

▼ En el fondo del océano, en la llamada zona batipelágica, viven unos extraños peces. Allí es muy escasa la luz y muchos de esos animales, como el pescador de profundidad y el pez linterna, emiten luminosidad.

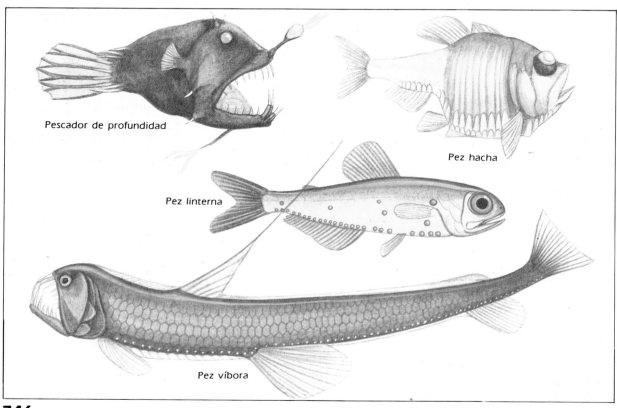

Pescador de profundidad

Pez hacha

Pez linterna

Pez víbora

grandes profundidades. Sus cuerpos están específicamente diseñados para soportar la enorme presión a que se hallan sometidos. La mayoría son de muy reducido tamaño, y a menudo con mandíbulas, dientes y ojos enormes. Muchos de estos peces poseen órganos luminosos, con los que se ayudan para reconocerse en la oscuridad, y que pueden también utilizar como señuelo para sus presas.

Los científicos han extraído pequeñas bacterias de profundidades de hasta 11.000 metros. Se asemejan mucho a las bacterias terrestres, pero no pueden vivir a una presión inferior a mil atmósferas. Esas criaturas que viven en las profundidades marinas, llegan a soportar presiones de hasta unos 1.000 kg por centímetro cuadrado de su cuerpo.

Vídeo

Un vídeo es un aparato para grabar y reproducir imágenes en movimiento y sonido, generalmente registrados en una cinta, pero también hay videodiscos, que son como los discos compactos, pero de mayor tamaño.

▶ Una grabadora-reproductora de vídeo dispone de tres «cabezas». La borradora suprime las grabaciones previas; la de vídeo registra las señales de imagen recibidas a través de la antena, y la cabeza de audio recoge las señales sonoras. Los rodillos guían la cinta de una bobina a otra. La sección de una cinta, como se muestra en el círculo, permite ver las huellas que las señales imprimen. Éstas quedan marcadas en forma diagonal, muy juntas. Si estuvieran dispuestas de forma paralela a los bordes de la cinta, se necesitarían 33 km de cinta para una hora de grabación.

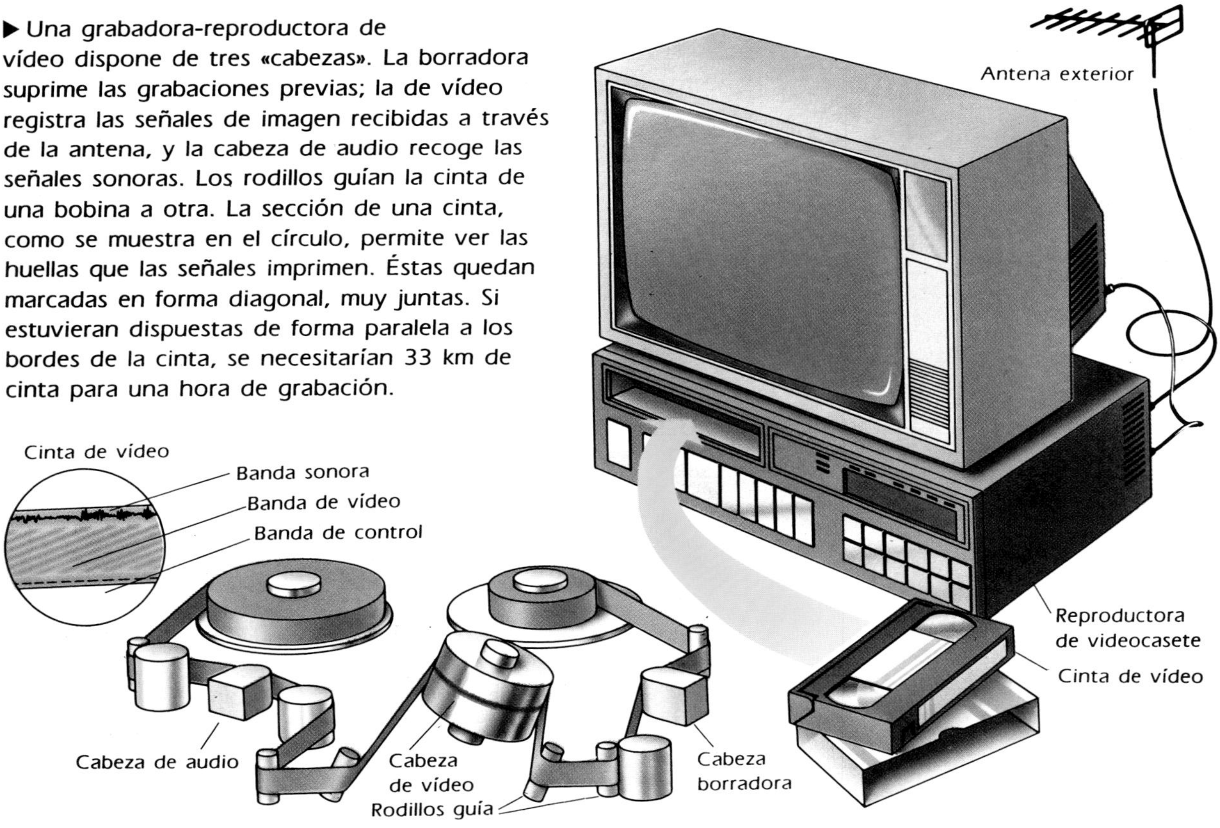

Se coloca una cinta en el vídeo, que está conectado con un televisor, y aquélla se reproduce en la pantalla. También pueden grabarse programas de televisión. Tú puedes realizar tus propios vídeos si dispones de una videocámara. Las señales eléctricas de esta última o de un programa de televisión quedan registradas en cinta magnética. La diferencia principal entre el sistema de grabación

A finales de la década de 1920, John Logie Baird empleó un disco normal de 78 revoluciones para almacenar imágenes y reproducirlas en su recién inventado televisor. El sistema de vídeo utilizado hoy en día por la industria electrónica da una imagen mejor que la de los vídeos domésticos. Las cintas profesionales tienen 5 cm de anchura, y la velocidad de la cabeza grabadora-reproductora es muy rápida: alrededor de 3.810 cm por segundo.

de un magnetófono y el de un vídeo es que la cabeza grabadora-reproductora de un vídeo gira a medida que pasa la cinta, lo que permite a la cabeza moverse sobre la superficie de la cinta a gran velocidad, consiguiendo la velocidad necesaria para registrar las señales de imagen.

La mayor parte de los programas que ves en televisión son grabaciones de vídeo.

Vidrio (ver Cristal)

Viena

Viena es la capital de AUSTRIA, y la habita más de un millón y medio de personas. Hasta el fin de la I GUERRA MUNDIAL fue la sede de la poderosa familia de los HABSBURGO.

Viena se alza a orillas del Danubio, y su asentamiento es muy antiguo. Los CELTAS ya se habían establecido allí hace más de 2.000 años. Más tarde, los romanos fundaron una ciudad llamada Vindobona. En Viena todavía quedan muchos edificios muy bien conservados de la EDAD MEDIA, de los que el más famoso es la bella catedral de San Esteban.

Viena ha sido siempre popular por sus artistas y músicos. BEETHOVEN y MOZART residieron en ella.

▼ Una vista de Viena y del castillo de Schönbrunn. Cuando los franceses ocuparon la capital en 1805 y 1809, Napoleón se alojó en el castillo.

Viento

El viento es aire en movimiento. Los vientos lentos dan lugar a brisas agradables, y los rápidos son vendavales. La velocidad del viento puede observarse por su efecto sobre árboles y edificios.

El viento sopla porque ciertas masas de aire se calientan más que otras. En el aire caliente, las pequeñas partículas de aire se dispersan, pero una masa de aire caliente es más ligera que una masa de aire frío que ocupe el mismo espacio. Y como el aire caliente es ligero, asciende. Al ascender fluye aire frío para ocupar el espacio que ha dejado. Este fenómeno determina los regulares vientos alisios que soplan sobre los océanos tropicales. El CLIMA y el TIEMPO atmosférico dependen en amplia medida del viento.

En 1805 el almirante Sir Francis Beaufort elaboró una escala de velocidades de los vientos, la llamada *Escala de Beaufort.* En ella, la fuerza del viento se representa mediante números del 0 al 12. El 0 significa que hay calma, hasta el punto de que el humo asciende en línea recta. En el 1 el humo se desvía lentamente. Cuando llegamos al 4, tenemos ya una brisa que mueve las pequeñas ramas y

Fuerza 0: calma
Velocidad: inferior a los 4 km/h
Efecto: el humo asciende recto

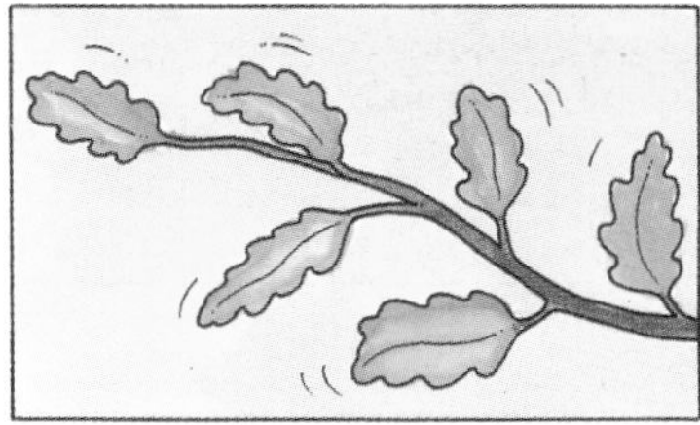

Fuerza 1-3: brisa ligera
Velocidad: 4-24 km/h
Efecto: se mueven las ramas pequeñas

Fuerza 4-5: viento moderado
Velocidad: 25-46 km/h
Efecto: los árboles pequeños se balancean un poco

Fuerza 6-7: viento fuerte
Velocidad: 47-74 km/h
Efecto: los árboles grandes se balancean un poco

Fuerza 8-9: vendaval
Velocidad: 75-110 km/h
Efecto: se desprenden las tejas

Fuerza 10-11: tempestad
Velocidad: 111-150 km/h
Efecto: daños generalizados

Fuerza 12: huracán
Velocidad: más de 150 km/h
Efecto: desastroso

▲ La Escala de Beaufort, del 0 al 12, indica la fuerza del viento. Se basa en el efecto del viento sobre árboles y edificios.

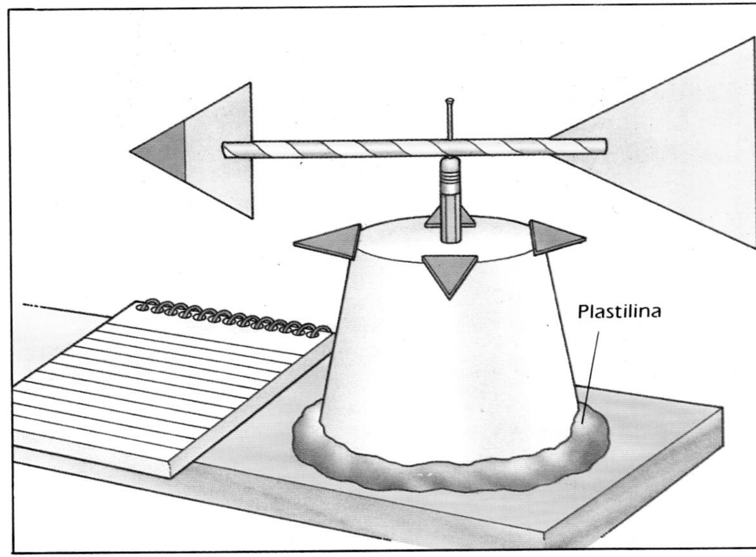

Experiméntalo

Las veletas señalan la dirección del viento. Trata de construirte una en casa. Coloca boca abajo un envase de yogur y atraviésalo con un lápiz, de los que tienen una goma en el extremo, por el centro. Fija el envase sobre un tablero con plastilina. Recorta dos triangulitos de cartulina fina. Haz unas ranuras en los extremos de una pajita de sorber, y pega un triángulo en cada ranura. Clava un alfiler en la goma del lápiz, atravesando antes la pajita por su centro. Sitúa tu veleta en el exterior y utiliza una brújula para señalar en el envase el Norte, Sur, Este y Oeste. Puedes emplear la información para dibujar un mapa que muestre en qué dirección sopla el viento cada día.

hace ondear las banderas. Con fuerza 7 los árboles se mueven y resulta difícil caminar contra el viento. Pocos de nosotros habremos presenciado los efectos de un viento con fuerza 12: se trata de un auténtico huracán que causa terribles daños a los barcos en alta mar y las casas en tierra.

Vietnam

Vietnam es un país del Asia Suroriental. Su extensión equivale aproximadamente a las dos terceras partes de España, y en algunos lugares sólo tiene 55 km de anchura. El clima es cálido y húmedo.

En otro tiempo, estuvo gobernado por Francia, formando parte de Indochina. Tras la segunda guerra mundial, quedó dividido en dos países, Vietnam del Norte y Vietnam del Sur. Hanoi era la capital del Norte y Saigón (hoy llamada Ciudad Ho Chi Minh), la del Sur. Desde los años cincuenta hasta 1975, ambos países estuvieron en guerra. Vietnam del Sur tenía el apoyo de Estados Unidos y el Norte era comunista. Ahora la totalidad del país es comunista.

VIETNAM

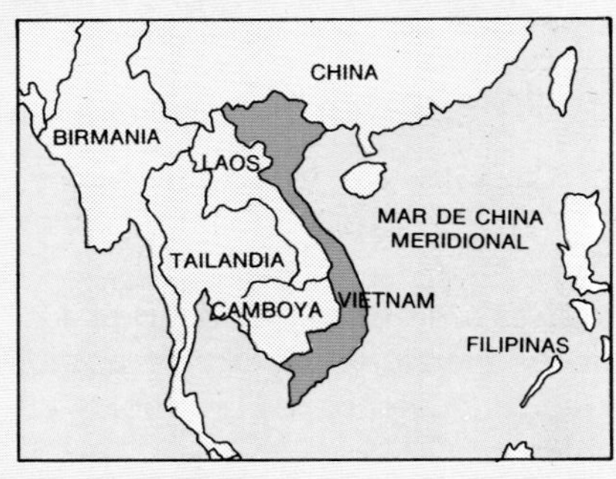

Gobierno: Comunista
Capital: Hanoi
Extensión: 329.556 km²
Población: 61.990.000 hab.
Lenguas: Vietnamita, francés, inglés
Moneda: Dong

Vikingos

Los vikingos fueron un pueblo belicoso que vivió en Noruega, Suecia y Dinamarca. Entre los años 800 y 1100, un gran número de vikingos abandonó su patria para efectuar incursiones contra núcleos de población y para fundar asentamientos en la Europa septentrional. Se establecieron en Inglaterra, Irlanda y Francia. Viajaron también a Rusia e incluso a CONSTANTINOPLA. (Ver págs. 752 y 753).

Vino

El vino es una bebida hecha de un jugo vegetal, y que contiene alcohol producido por FERMENTACIÓN.

La mayor parte del vino proviene de la uva, pero también puede obtenerse de otros frutos. En primer lugar, el fruto se prensa, y a continuación el jugo se deja fermentar en unos envases llamados cubas. El vino se almacena en barriles hasta que está listo para beber. Los vinos dulces son ricos en azúcar. En los vinos secos, la mayor parte del azúcar se ha convertido en alcohol.

▼ Las uvas se someten a un complejo proceso antes de llegar a los hogares en forma de vino embotellado. Tras la fermentación, algunos vinos se almacenan en bodegas, donde reposan bastante tiempo, a fin de que «maduren» y se transformen en caldos finos. Los vinos más baratos son los que no han envejecido, es decir, cuanto más tiempo pase un vino almacenado, más calidad tendrá. Una vez extraídos de los toneles, se filtran, pasteurizan y embotellan para ser distribuidos y así llegar al consumidor.

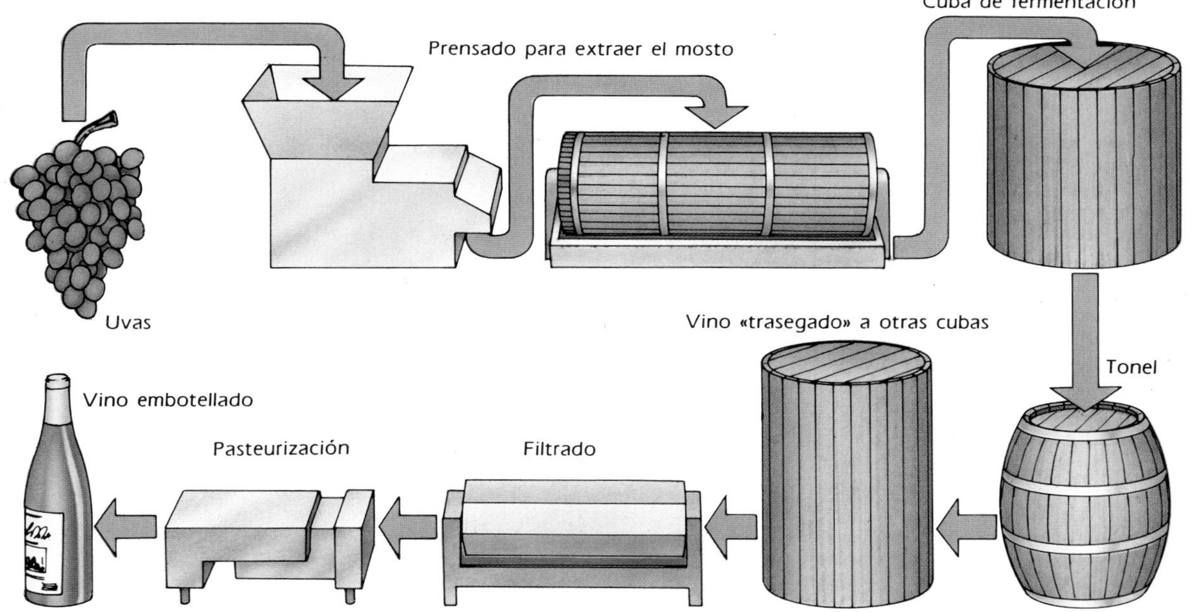

Violín

El violín es un INSTRUMENTO MUSICAL perteneciente a la familia de las cuerdas. Por lo general, es el instrumento de cuerda más pequeño de una ORQUESTA.

Un violín consiste en una caja de madera curvada, con una forma que recuerda un ocho. En uno de los extremos de esa caja está fijado un largo mástil, que tiene casi la misma extensión que el cuerpo central. Desde lo alto del mástil hasta la parte inferior de la caja, recorren el instrumento cuatro cuerdas de tripa o de metal.

(Continúa en pág. 754)

LOS VIKINGOS

La época de los vikingos abarca aproximadamente de 800 a 1150. Procedían de Escandinavia (Noruega, Dinamarca y Suecia) y, originariamente, eran agricultores, pero la búsqueda de nuevas tierras donde asentarse les impulsó a cruzar los mares en veloces naves con dragones tallados en las proas.

Los vikingos ganaron fama de guerreros sanguinarios y en toda Europa occidental se les temió. Saquearon las costas de Inglaterra desde 789, y acabaron controlando la parte oriental del país.

Pero los vikingos no eran sólo saqueadores y piratas; eran también excelentes marinos, que desafiaron el océano Atlántico para explorar Groenlandia e incluso Norteamérica. Por el Este, comerciaron con Rusia y Constantinopla. Tenían sus propias leyes y un parlamento. También eran hábiles artistas, y gustaban sobre todo de recitar poemas y contar relatos de aventuras en los que intervenían héroes, dioses y monstruos.

HISTORIA DE LOS VIKINGOS

789 Primeros ataques vikingos a Inglaterra
800 Inicio de la época vikinga
830 Los vikingos fundan la ciudad de Dublín
844 Los daneses desembarcan en Gijón, pero son derrotados por Ramiro I de Asturias (842-850)
Consiguen desembarcar en La Coruña y devastan la Galicia interior. Saquean Cádiz y Sevilla durante una semana. Derrotados por Abderrahmán II, algunos núcleos de vikingos se establecen en el sur
850 Los suecos inician sus asentamientos en el Báltico oriental y en Rusia
860 Descubrimiento de Islandia
Harald, el de la Hermosa Cabellera, se convierte en rey de toda Noruega, y muchos noruegos se establecen en Gran Bretaña. Los noruegos devastan Galicia y, efectúan incursiones en las Baleares
Remontando el Ebro, saquean Pamplona y diversos puntos de la costa catalana
911 Los escandinavos se establecen en Normandía
966 En una última expedición, los normandos establecidos en Francia toman Santiago de Compostela
982 Eric el Rojo descubre Groenlandia
1003 Leif Ericsson desembarca en Norteamérica
1030 El rey Olaf de Noruega muere en la batalla de Stiklastad
1047 Harald Hardrada muere en la batalla del puente de Stamford, en Inglaterra, a manos del rey Haroldo. El duque Guillermo de Normandía vence a su vez a Haroldo y se convierte en rey de Inglaterra
1100 Fin de la época vikinga

▲ El mapa muestra la amplitud de la expansión de los vikingos. Éstos exploraron océanos y tierras en busca de asentamientos y posibilidades de comerciar.

▶ Cabeza de guerrero vikingo (derecha, abajo) tallada en un fragmento de asta de reno. Servía como empuñadura de un bastón. En el arte vikingo se representa a menudo al dios Thor. Este amuleto de plata (derecha, arriba) tiene la forma del martillo del dios, y está decorado con un rostro de ojos grandes y penetrantes. La lanza vikinga lleva una rica decoración cincelada.

Comercio: pescado, grasa, lana
Bergarness
ISLANDIA
Reykjavik
Comercio: madera, pieles preciosas, marfil de morsa, pescado, cueros
NORUEGA
SUECIA
FINLANDIA
Kaupang
Birka
Staraia Ladoga
Comercio: esclavos, pieles preciosas
Comercio: trigo, lana, estaño, miel
Novgorod
Comercio: esclavos, pieles preciosas, cera, miel
ISLAS BRITÁNICAS
DINAMARCA
Hedeby
Dublín
Limerick
Waterford
York
Londres
Hamburgo
ALEMANIA
Dorestad
R. Dniéper
Kiev
RUSIA
R. Volga
Bolgar
Itil
Ruán
FRANCIA
Berezhani
Comercio: seda, fruta, especias, vino, joyas
Mar Negro
Mar Caspio
Jorezm
Constantinopla
ANATOLIA
Comercio: seda, plata, especias
Gurgan
SIRIA
Bagdad
IRAK
IRÁN

y
ceánicas
errestres

El barco de Oseberg es una nave vikinga que fue encontrada y desenterrada en a granja de Noruega en 1904. Tiene 21,5 metros de eslora, y fue sepultada mo parte de la ceremonia fúnebre de una reina vikinga.

EL FRESNO DE YGGDRASIL

Los vikingos tenían un mito acerca de un gran árbol llamado Fresno de Yggdrasil, cuyas ramas sostenían el cielo. Bajo este árbol se hallaba Asgarth, la morada de los dioses. Una de sus raíces cubría Midgarth, el mundo de los hombres. Otra raíz cubría el reino de los terribles Gigantes de la Escarcha. Una tercera raíz cubría Hel, el mundo de los muertos. Entre las raíces había también dos manantiales: beber agua del manantial del sabio dios Mimir confería el conocimiento. Junto al otro manantial vivían los tres Norns, llamados Pasado, Presente y Futuro, que tejían una tela. Cada hilo representaba la vida de una persona, y cuando lo cortaban, esa persona moría.

Para más información consultar los artículos: BARCO; HISTORIA; MITOLOGÍA.

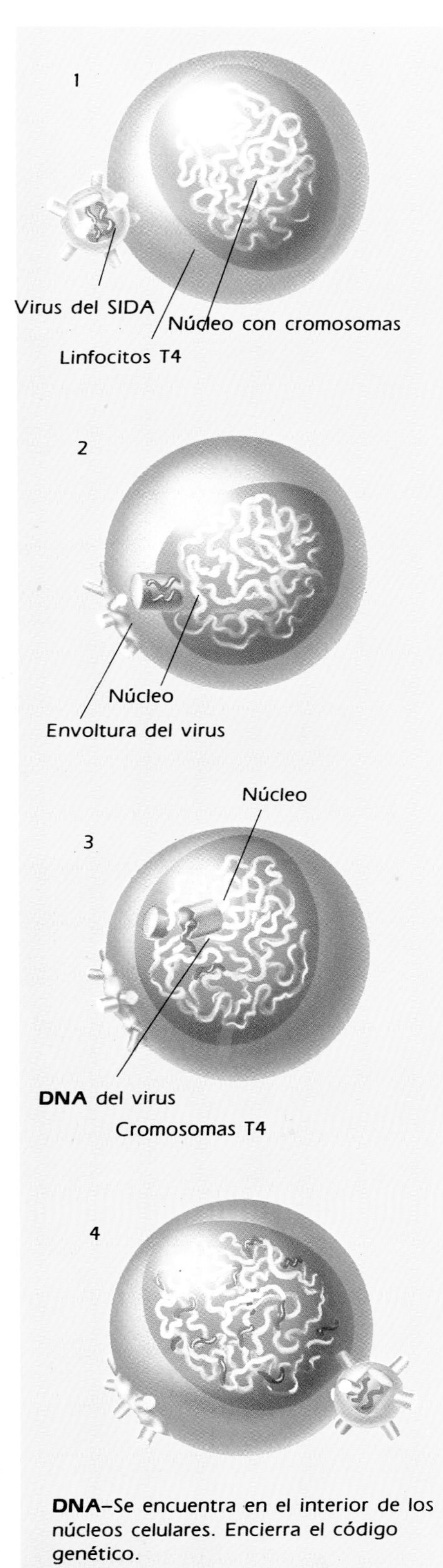

DNA–Se encuentra en el interior de los núcleos celulares. Encierra el código genético.

El violín se toca con un arco hecho de crin, la cual, cuando se frota con las cuerdas, hace vibrar a éstas y les arranca sonidos. Las cuerdas pueden también ser pulsadas con los dedos.

Virus

Los virus son unos pequeñísimos seres vivientes que causan enfermedades a los vegetales y a los animales. Son aún menores que las BACTERIAS, y sólo pueden verse con ayuda de un MICROSCOPIO muy potente.

Te puedes infectar con virus ingiriéndolos o respirándolos. Algunos insectos son portadores de virus, y te los transmiten con su picadura. Una vez en el interior del cuerpo, un virus viaja por él en el torrente sanguíneo. Se instala en una CÉLULA viva, y allí produce más virus. En ocasiones, la célula es enteramente destruida por los virus.

Entre las enfermedades causadas por los virus se cuentan el sarampión, la varicela, las paperas, la gripe y los resfriados. Resulta muy difícil eliminar los virus, pero la VACUNACIÓN ayuda a evitar aquellas enfermedades.

Cuando un virus penetra en el cuerpo, la sangre produce unas sustancias llamadas *anticuerpos*. Transcurrido un tiempo, suele haber suficientes anticuerpos para matar todos los virus, y el paciente se recupera.

◀ Los glóbulos blancos de la sangre (linfocitos T4) defienden el cuerpo del ataque de los virus. El virus del SIDA impide que se produzca esa defensa. El SIDA puede transmitirse de varias maneras, pero una vez ha penetrado en el torrente sanguíneo (1), se adhiere a un glóbulo blanco. A continuación, el núcleo del virus (2) va penetrando lentamente en el glóbulo, y una vez dentro (3) el núcleo se abre y libera su material genético (DNA). El virus hace que su DNA ocupe el lugar del DNA del glóbulo blanco y puede permanecer «oculto» durante años antes de activarse. En ese momento, el glóbulo empieza a producir copias del virus y muere (4).

Vitaminas y minerales

Las vitaminas son sustancias químicas que nuestro cuerpo precisa para mantenerse sano.

Se encuentran en distintos tipos de ALIMENTOS que consumimos habitualmente. Los científicos llaman a las seis clases de vitaminas A, B, C, D, E y K. La vitamina B es, en realidad, un grupo de vitaminas.

FUENTES Y USOS DE LAS VITAMINAS

Vitamina	*Se encuentra en*	*Se necesita para*
A	leche, mantequilla, huevos verduras, hígado, zanahorias	combatir la enfermedad y ver en la oscuridad
B_1 (tiamina)	levadura y germen de trigo (pan integral)	tener apetito, producir energía y mantener saludables los nervios y la piel
B_2 otras 9 vitaminas B	levadura leche, carne y verduras	
C	naranjas, limones, tomates y verduras frescas	mantener la sangre y las encías saludables, protegerse de enfermedades
D	aceite de hígado de bacalao, crema de leche, yema de huevo	conservar los huesos y los dientes fuertes
E	pan de trigo integral, arroz con cáscara,	(no se sabe con certeza)
K	verduras, hígado	la coagulación de la sangre

SALES MINERALES

El **calcio** y el **fósforo** se encuentran en la leche y el queso. Ayudan a mantener saludables los huesos y los dientes.
El **hierro**, que se halla en la carne, el hígado y las espinacas, lo necesitan los glóbulos rojos de la sangre.
El **sodio** y el **potasio** los precisan los nervios, los fluidos del cuerpo y casi todas las células. Podemos obtener sodio del cloruro de sodio, esto es, de la sal de mesa.
El **yodo**, que se encuentra en el pescado, es necesario para el crecimiento y ayuda a funcionar adecuadamente a la glándula tiroides.
El **flúor** contribuye a prevenir la caries dental.
El **cobre**, el **cobalto** y el **manganeso** también se requieren en pequeñísimas cantidades.
Todos estos minerales los contiene una dieta equilibrada normal.

Las primeras personas que se dieron cuenta de que ciertos tipos de alimento eran importantes para la salud fueron los marinos. En efecto, durante los largos viajes contraían una enfermedad llamada *escorbuto* si no comían frutas y verduras frescas. Unas y otras contienen vitamina C. Desde el siglo XVIII, a los marinos ingleses se les suministraban frutos de lima a fin de prevenir el escorbuto.

Ningún alimento posee por sí solo todas las vitaminas que precisamos; de ahí la importancia de una dieta variada. Hay quien toma las vitaminas en píldoras, pero realmente nadie las precisa si come bien. Las personas muy ancianas, los bebés y las mujeres embarazadas precisan más vitaminas que las usuales, pero un exceso de ciertas vitaminas, como la A, puede perjudicar.

También necesitamos minerales en pequeñas cantidades. El calcio es un componente importante de los HUESOS y los DIENTES, y lo obtenemos de la leche y el queso. El hierro se precisa para la hemoglobina, la parte de los glóbulos rojos de la sangre que transporta oxígeno de los pulmones a los tejidos. Otros minerales necesarios son el yodo, el fósforo, el sodio y el potasio.

▲ Como todos los derivados de la leche, el queso contiene un alto valor vitamínico.

Cuatro vitaminas –A, D, E y K– puede almacenarlas la grasa del cuerpo, y por ello no se precisa consumirlas a diario. Las demás vitaminas –las del grupo B y la C– no pueden almacenarse igual, de modo que debemos ingerirlas todos los días mediante una dieta equilibrada.

Vocal

Las vocales son las letras A, E, I, O y U. También la Y, a veces, se usa como vocal. Las vocales se pronuncian con la boca abierta. Su sonido depende de la posición de la LENGUA en la boca. También la forma que se da a los labios es importante. Si éstos se proyectan adelante, como quien se dispone a silbar, se emite un sonido *u*. Si se encogen hacia dentro, el sonido producido es *i*.

Puesto que la lengua y los labios pueden adoptar cientos de posiciones, hay también cientos de sonidos vocálicos distintos. A veces se juntan dos o tres de ellos para dar lugar a un nuevo sonido. Los sonidos vocálicos en un IDIOMA a menudo resultan muy difíciles de pronunciar para quienes hablan otro idioma.

Volcán

Un volcán es una abertura en la superficie de la Tierra, a través de la cual escapan gas caliente, rocas en fusión y cenizas. Unas veces las emisiones son lentas, y otras veces se produce una explosión. En este último caso se habla de una *erupción*.

Algunos volcanes son montañas de laderas suaves, recorridas por fisuras. Otros se presentan como montañas abruptas con un gran agujero en la cúspide y se les llama conos volcánicos, del tipo que producen explosiones.

Las erupciones volcánicas pueden causar graves daños. La ciudad de POMPEYA fue destruida por el VESUBIO en el año 79. En 1883, el Krakatoa, un volcán de Indonesia, entró en erupción y provocó una ola que mató a 36.000 personas. Los volcanes pueden dar lugar también a nuevas tierras, así por ejemplo, en 1963, la erupción de un volcán submarino creó una isla llamada Surtsey que se encuentra en el sur de Islandia.

Si observas la distribución de los volcanes en el mundo, advertirás que forman como largas cadenas. Éstas señalan los bordes de las grandes «placas» que constituyen la superficie terrestre. Dichos bordes son la parte más débil de la corteza. Una de esas cadenas, llamada «el anillo de fuego», rodea el océano Pacífico. Los terremotos, géiseres y manantiales de agua caliente se encuentran en las mismas zonas que los volcanes.

La última erupción registrada en España fue la que se produjo en el volcán Teneguía, en la isla de la Palma, en 1971. Esta isla viene experimentando una notable actividad eruptiva, por lo que los estudiosos sobre el tema consideran que aún está en formación.

DATOS SOBRE LOS VOLCANES

Volcanes activos: Hay unos 535, de ellos 80 submarinos.

Mayor erupción conocida: Tambora, Indonesia, en 1815. El volcán emitió unos 150 km^3 de materia y perdió 1.250 m de altitud.

Mayor desastre: en 1883, fueron arrolladas 36.000 personas por una ola gigantesca provocada por la explosión del Krakatoa en Indonesia.

Mayor explosión volcánica: Hacia 1470 a.C., Santorini, en el mar Egeo, estalló con una fuerza 130 veces superior a la de una bomba de hidrógeno.

▼ Este dibujo muestra una sección vertical simplificada de una región volcánica. El magma contenido en la cámara subterránea (1) asciende por el conducto central (2) o, en algunos casos, por el lateral (3). Durante las erupciones, las cenizas (4) pueden ser proyectadas al aire debido a la explosión y la lava (5) fluye al exterior del conducto. Muchos volcanes están formados por estratos endurecidos de ceniza y lava (6). El magma que se endurece en el interior da lugar a unas formaciones llamadas diques (7) y sillas (8). Los lacolitos (9) empujan las rocas subyacentes para formar domos.

8

9

Experiméntalo

Puedes aplicar el principio de Arquímedes para hallar el volumen de un huevo. Vierte agua en un recipiente graduado y toma nota del nivel. Utilizando una cuchara, introduce suavemente el huevo en el recipiente. ¿A qué nivel asciende entonces el agua? La diferencia entre los niveles anterior y posterior te dará el volumen del huevo. Prueba después con otros objetos irregulares y toma nota de sus volúmenes.

Volumen

El volumen de un objeto es la cantidad de espacio que ocupa. Puedes calcular el volumen de un sólido rectangular midiendo su altura, anchura y longitud y multiplicando entre sí esas cifras. Así, un bloque de lados iguales, cada uno de 10 cm, tiene un volumen de 1.000 cm^3 (1.000 cc), resultado de multiplicar 10 cm x 10 cm x 10 cm.

Es fácil hallar el volumen de cajas o ladrillos o de cualquier cuerpo con los lados rectos, pero medir el volumen de una forma irregular ya reviste mayor dificultad. Sin embargo, el científico griego ARQUÍMEDES descubrió un método muy simple. Se cuenta que se disponía a tomar un baño en una bañera llena de agua hasta el borde, de modo que al introducirse se vertió agua. Entonces comprendió de pronto que el volumen de agua vertido debía ser exactamente igual al de su cuerpo. Esto significa que cualquier objeto irregular puede medirse sumergiéndolo en agua y comprobando después el ascenso del nivel que ha sufrido ésta.

Voz (ver Habla)

Vuelo supersónico

Vuelo «supersónico» significa volar más rápidamente de lo que el sonido viaja a través del aire. Esta velocidad es de unos 1.225 km/h al nivel del mar. Más arriba, el sonido se propaga con mayor lentitud.

Cuando un avión vuela a velocidad inferior a la del sonido, el aire que tiene delante dispone de tiempo para apartarse suavemente y fluir en torno al avión. Pero en el vuelo supersónico, ese aire anterior carece de tiempo para acoger la irrupción del aparato, y entonces forma una onda de choque que produce un fuerte estampido y puede golpear el avión, causándole daños.

Los fabricantes de aeronaves evitan que se produzca ese fenómeno construyendo aviones como el *Concorde*, con proas alargadas y agudas y alas delgadas y proyectadas hacia atrás. Un avión supersónico ha llegado a volar a seis veces la velocidad del sonido.

Fue a finales de la década de 1970-80 cuando comenzó a operar el *Concorde*, construido por un consorcio franco-británico, que desarrolla una velocidad superior a los 2.000 kilómetros por hora y que efectúa el vuelo París-Nueva York en tres horas y media.

Cuando un avión alcanza la velocidad del sonido se dice que vuela a Mach 1. Mach 2 significa el doble de la velocidad del sonido, y así sucesivamente. A una altitud de 12.000 metros, la velocidad del sonido es sólo de unos 1.000 km/h, mientras que al nivel del suelo alcanza los 1.225 km/h.

W

Wagner, Richard

Richard Wagner (1813-1883) fue un compositor alemán cuya música determinó grandes cambios en el arte de la ópera. Creía que la música y el argumento de una ópera tenían que estar íntimamente vinculados, de la misma forma que en un drama lo están el argumento y el diálogo. Wagner escribió sus propios libretos para sus óperas.

En 1848 tomó parte en una revolución política en Alemania y hubo de huir a Suiza, donde inició su obra más importante: *El anillo del nibelungo.* Este largo ciclo se compone de cuatro dramas musicales basados en leyendas germánicas. Narran la historia de un anillo mágico y las aventuras del héroe Sigfrido y de la bella Brunilda.

Entre las demás óperas de Wagner se cuentan *El buque fantasma* (o *El holandés errante*), *Tannhäuser, Lohengrin, Los maestros cantores de Nuremberg, Tristán e Isolda* y *Parsifal.*

▲ Richard Wagner pasó el final de su vida abrumado por las deudas. Murió un año después del estreno de su ópera *Parsifal.*

◀ El dios Wotan da su adiós a su hija Brunilda, en una escena de la ópera de Wagner *La valquiria,* una de las cuatro grandes obras que componen *El anillo del nibelungo.*

Washington, D.C.

Washington, D.C., es la capital de Estados Unidos. Se le dio su nombre en honor del primer presidente, George Washington, quien escogió su emplazamiento a orillas del río Potomac, entre Maryland y Virginia. Se alza en un territorio llamado Distrito de Columbia, de ahí que siempre se cite como Washington, D.C. No es la mayor ciudad de Estados Unidos pero sí la más importante, pues alberga todos los edificios gubernamentales, la Casa Blanca y el cuartel de las fuerzas armadas de Estados

Washington. D.C., tiene una población negra proporcionalmente mayor que la de cualquier otra gran ciudad de Estados Unidos. En 1950, el 35% de la población de Washington eran habitantes de raza negra; hoy esa cifra se ha elevado hasta superar el 70%.

▲ Una vista de la fachada del edificio del capitolio de Washington, D.C.

▼ En 1781, tras seis años de guerra, los británicos se rindieron al ejército de las colonias en Yorktown, Virginia. George Washington, su comandante en jefe, se convirtió en el primer presidente de la nueva nación en 1789.

Unidos. Un tercio de los trabajadores de Washington son funcionarios oficiales. La ciudad también es sede de las embajadas y legaciones de unas 140 naciones.

Washington, George

George Washington (1732-1799) fue el primer presidente de Estados Unidos de América. Mandó las victoriosas tropas coloniales durante la guerra contra los británicos. Uno de sus oficiales dijo acerca de él en un discurso ante el Congreso: «Fue el primero en la guerra, el primero en la paz y el primero en los corazones de sus compatriotas.»

George Washington nació en una granja del condado de Westmoreland, en Virginia, e inició su carrera como topógrafo y cartógrafo. En 1752 heredó una propiedad llamada Mount Vernon, adonde se trasladó en 1760, recién casado. Durante un tiempo, se dedicó a cultivar sus tierras. Cuando en 1775 estalló la Guerra Revolucionaria, Washington fue escogido comandante en jefe de las tropas revolucionarias.

Las primeras elecciones lo convirtieron en presidente, de la nación, cargo que desempeñó desde 1789 a 1797. Cuando finalmente se retiró de la vida pública, regresó a su querida casa de Mount Vernon, donde falleció dos años más tarde.

Waterloo, batalla de

▼ Una escena de la batalla de Waterloo. Al término del enfrentamiento, se habían producido unas 45.000 bajas entre muertos y heridos.

La batalla de Waterloo se libró el 18 de junio de 1815, y enfrentó a los franceses contra una coalición de prusianos, británicos, alemanes, holandeses y belgas. Los franceses fueron derrotados.

Se trataba de una batalla importante, porque NAPOLEÓN mandaba el ejército francés. Había escapado de la isla donde estaba confinado para recuperar su rango de emperador de Francia. A los demás países europeos les inquietó el regreso de Napoleón, pues consideraban que desbarataría sus planes para el continente. Así pues, decidieron combatirle.

La batalla se desarrolló cerca de una aldea belga llamada Waterloo. El ejército aliado estaba al mando del británico duque de Wellington, el cual se mantuvo en contacto con el comandante del ejército prusiano, Blücher.

Al principio la contienda fue muy favorable para los franceses, pero tras la llegada del ejército prusiano se vie-

La derrota de Napoleón en la batalla de Waterloo fue tan aplastante, que todavía hoy, cuando alguien que ha conocido el éxito durante un tiempo sufre una derrota final, se dice que «le llegó su Waterloo».

ron superados numéricamente. Al final, avanzada la noche, Napoleón comprendió que había perdido.

▲ Además de la máquina de vapor, James Watt inventó otros mecanismos, como la hélice propulsora que usan los barcos y un hidrómetro, utilizado para medir la densidad de los líquidos.

Watt, James

James Watt (1736-1819) fue un ingeniero escocés que dedicó la mayor parte de su vida a desarrollar MÁQUINAS DE VAPOR. En las primeras, el vapor se calentaba y enfriaba en el interior de un cilindro, pero Watt diseñó un modelo en el cual el vapor se enfriaba fuera del cilindro, con lo que la máquina ganaba mucha potencia.

Watt introdujo muchos otros perfeccionamientos en estos ingenios, a fin de que pudieran mover toda clase de maquinaria.

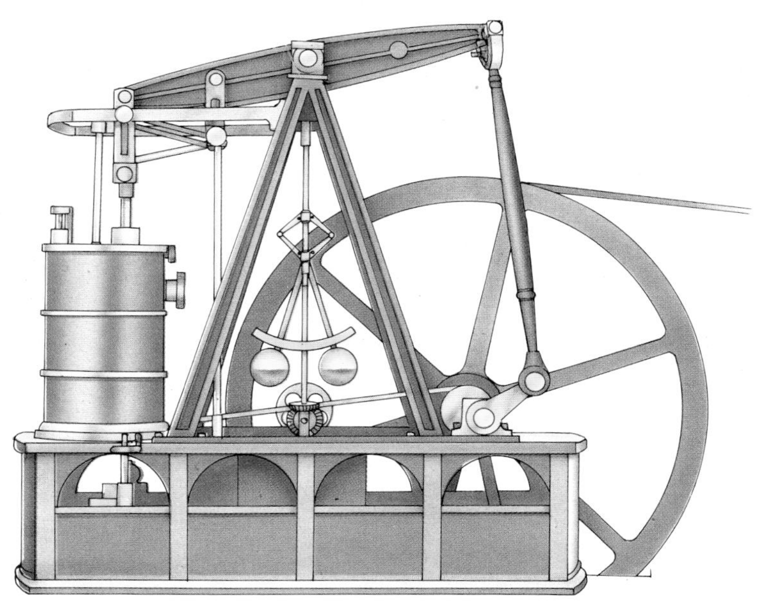

▶ La máquina de vapor de Watt era más eficaz que otras contemporáneas. Este modelo fue construido en los comienzos de su carrera. Uno de los perfeccionamientos adoptados por Watt consistió en la incorporación de un regulador del vapor, formado por dos pesadas bolas montadas sobre unos brazos basculantes. Este dispositivo mantenía uniforme la velocidad de la máquina al regular la cantidad de vapor que salía de la caldera.

Wordsworth, William

William Worsworth (1770-1850) fue un gran poeta inglés que residió la mayor parte de su vida en el campo. Creía que si el hombre contempla la naturaleza con la inocencia de un niño, puede descubrir y apreciar en ella el esplendor de Dios. Para reproducir poéticamente esa belleza, Wordsworth aconsejaba emplear un lenguaje sencillo. Estas teorías aparecieron esbozadas por primera vez en el libro titulado *Baladas líricas*, volumen que escribió en colaboración con su hermana y con el poeta Coleridge. Entre sus poemas destacan *El preludio, Oda al deber* y *El guerrero feliz.*

Wren, Christopher

Christopher Wren (1632-1723) fue uno de los más brillantes arquitectos de Gran Bretaña. Fue el responsable de muchos y bellos edificios que aún pueden admirarse en ese país. Entre ellos destaca la catedral de St. Paul que se encuentra en la ciudad de Londres.

Tras el incendio que sufrió Londres en 1666, preparó un plan completo para reconstruir la ciudad que la hubiera convertido en una de las más hermosas del mundo, pero el proyecto no llegó a realizarse.

▲ Las mejores obras de Wordsworth fueron escritas en el bello *Distrito de los lagos*, en el noroeste de Inglaterra.

Wright, hermanos

Wilbur y Orville Wright eran dos mecánicos de bicicletas estadounidenses, que construyeron el primer AVIÓN provisto de motor y volaron en él. Su máquina alcanzó el éxito tras largos años de pruebas con maquetas y planeadores.

El primer vuelo real tuvo lugar en Kitty Hawk, Carolina del Norte, en diciembre de 1903. El avión, equipado con un sencillo motor de petróleo, voló durante 59 segundos y a una altura de 256 metros. Cinco años más tarde, en un aparato perfeccionado, permanecieron en el aire 75 minutos.

El aeroplano original de los Wright, el *Flyer I*, se exhibe en el Museo Nacional del Aire y el Espacio, en Washington, D.C.

▼ Orville Wright pilota el *Wright Flyer* sobre las arenas de Kitty Hawk, Carolina de Norte. El aparato permaneció en el aire 59 segundos en su primer vuelo.

Xilófono

El xilófono es un INSTRUMENTO MUSICAL de extraño aspecto que produce un sonido seco, semejante a un tañido de campana. Un xilófono consiste en unas hileras de barras de madera o metal fijadas en un bastidor. Cada barra tiene una longitud distinta, y produce un sonido diferente cuando se golpea. En ocasiones se emplea una versión eléctrica del xilófono, llamada *vibráfono.*

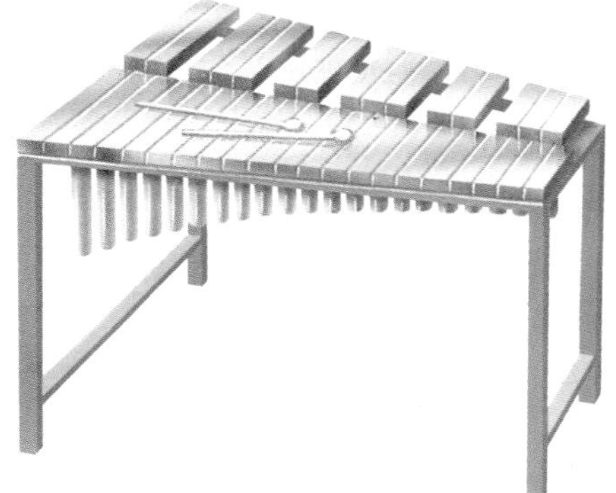

▲ El xilófono se suele utilizar en orquestas y bandas.

▼ La xilografía sirve actualmente, entre otras aplicaciones, para la obtención de «ex-libris» o marcas de propiedad de libros.

Xilografía

La xilografía es el arte de grabar en madera. Este antiquísimo procedimiento fue probablemente inventado por los chinos hace más de mil quinientos años.

Para obtener una plancha xilográfica se alisa bien un rectángulo o un cuadrado de madera de boj, y sobre él se dibuja el motivo o tema deseado; a continuación, con un buril, se van quitando cuidadosamente las partes de madera que no llevan dibujo. Con un rodillo se va extendiendo una tinta especial sobre el relieve obtenido y se coloca la plancha xilográfica encima del papel sobre el que se desea reproducir el dibujo, presionando de manera uniforme; se retira con cuidado la plancha xilográfica y el dibujo aparece nítidamente reproducido en el papel.

La xilografía fue una técnica muy utilizada para ilustrar libros, destacando en esta labor artisas como Durero, Lucas Cranach o Holbein. Hoy en día se aplica para obtener láminas, estampas o libros muy selectos.

Y

Yak

El yak es una corpulenta y lanuda variedad de buey. Vive en el Tibet, China y Asia septentrional. Las especies salvajes pueden medir tanto como un hombre; las domésticas suelen tener el tamaño aproximado de una vaca europea.

Yangtzé, río

◀ Un junco navega por el Yangtzé, el tercer río más largo del mundo. Siempre ha sido una importante ruta comercial, y el puerto de Shangai, la mayor de las ciudades chinas, se sitúa en su desembocadura.

El Yangtzé (Yang tse, Kiang) es el río más largo e importante de CHINA. Desde su nacimiento, en las altas montañas del Tibet, recorre 5.520 km a través de China central, y desemboca en el mar Amarillo, cerca de Shangai.

El río toma su nombre del antiguo reino de Yang, que se desarrolló en sus orillas hace 3.000 años. Hoy en día, el Yangtzé sigue siendo una de las principales rutas de China. Los barcos de gran calado pueden remontar hasta Hankow, casi 1.125 km río arriba. Las embarcaciones menores pueden alcanzar I-Ch'ang, a 1.600 km del mar.

Millones de personas viven y trabajan junto al Yangtzé. Algunas viven en el propio río, en barcos de madera llamados *juncos.*

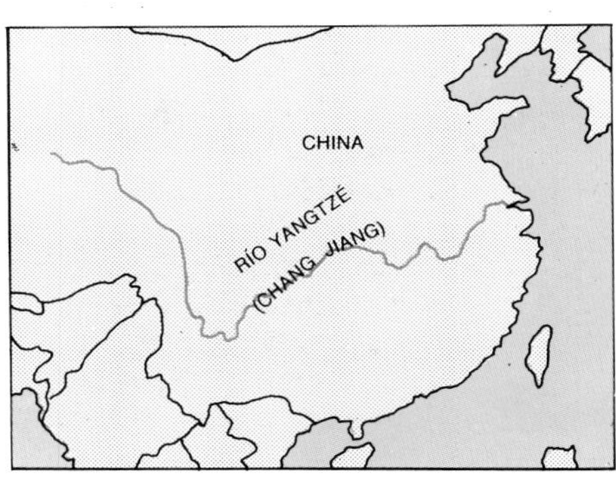

Yemen

Yemen se halla en la costa meridional de la Península arábiga. Obtuvo su independencia en 1967, y está formado por la antigua colonia británica de Adén y el ex-protectorado de Arabia del Sur, asimismo británico. El puerto de Adén ha sido una etapa comercial entre

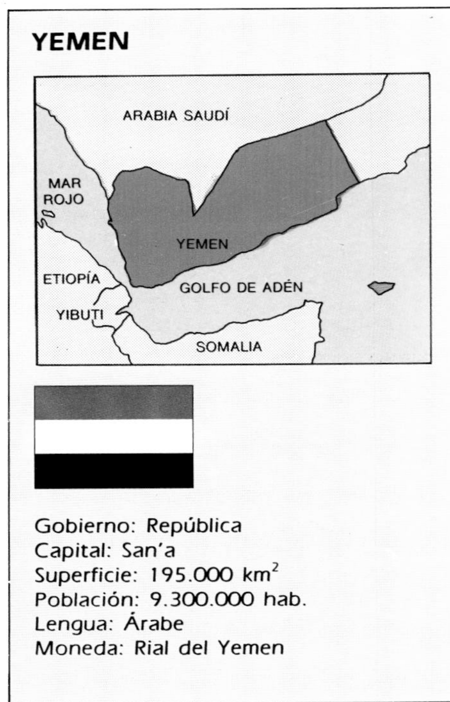

Gobierno: República
Capital: San'a
Superficie: 195.000 km^2
Población: 9.300.000 hab.
Lengua: Árabe
Moneda: Rial del Yemen

Oriente y Occidente por espacio de 2.000 años, y sigue siendo el principal recurso del país. La mayor parte de sus habitantes son agricultores, y cultivan algodón, mijo y dátiles. Crían cabras, ovejas, reses vacunas y camellos. Moka, un pequeño puerto próximo a Adén, ha dado su nombre al café que en otro tiempo se exportaba a través de él. La parte del país que había permanecido bajo el protectorado británico, se independizó en 1967 con el nombre de República Popular del Yemen (Yemen del Sur). En 1989, tras el proceso de liberalización de la URSS y la desaparición de los regímenes comunistas del Este de Europa, el Yemen del Sur inició una evolución hacia el multipartidismo y en 1990 se unificó con el vecino Yemen.

Yeso

El yeso es una forma muy blanca, blanda y desmenuzable de caliza. El yeso abunda en el sur de Inglaterra, Francia y partes de Norteamérica.

La mayor parte del yeso se formó entre los 135 y los 65 millones de años de antigüedad, y está constituido por las conchas pulverizadas de incontables criaturas marinas diminutas. Cuando esas criaturas murieron, sus conchas se distribuyeron en gruesos estratos en el fondo de unos mares cálidos y poco profundos. Al cambiar la forma de la superficie de la Tierra, esos estratos fueron levantados por encima del nivel del mar y quedaron en seco.

El yeso tiene muchas y variadas aplicaciones, así por ejemplo, mezclado con otras sustancias se utiliza para fa-

▼ Los famosos acantilados blancos de Dover están constituidos por gruesos estratos calizos formados durante el período cretácico, hace 100 millones de años.

bricar pinturas, medicinas, goma, papel, tinta y pasta dentrífica.

En España se encuentra en Teruel y en diversas zonas de Cataluña, Castilla, Valencia, Murcia, Extremadura y Baleares.

Yibuti

La pequeña república de Yibuti se encuentra en el noreste de África, junto al mar Rojo. Su extensión equivale aproximadamente a la provincia de Badajoz, y cuenta con una población de 300.000 habitantes. Gran parte del país es desierto, y sus recursos naturales son escasos. Alrededor de un tercio de la población lo forman nómadas que pastorean cabras, reses vacunas y camellos. La capital del país se llama también Yibuti, un puerto a través del que pasa la mayor parte de las exportaciones de la vecina ETIOPIA. Yibuti obtuvo su independencia de Francia en 1977.

YIBUTI

MAR ROJO
YEMEN
YIBUTI
GOLFO DE ADÉN
ETIOPÍA
REPÚBLICA SOMALÍ

Gobierno: República
Capital: Yibuti
Superficie: 22.000 km^2
Población: 297.000 hab.
Lengua: Francés
Moneda: Franco de Yibuti

Yucatán

La península del Yucatán separa el golfo de México del mar de las Antillas. Tiene una extensión de 200.000 km^2

▼ En Chichén Itzá, uno de los centros arqueológicos más importantes del Yucatán, se encuentra este curioso edificio que, según los últimos estudios, era una observatorio maya.

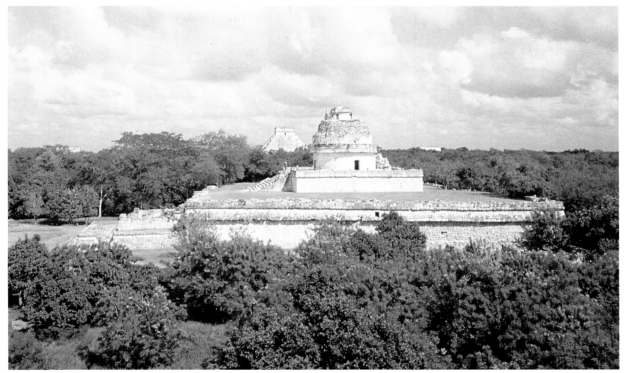

LOS NUEVOS ESTADOS DE LOS BALCANES

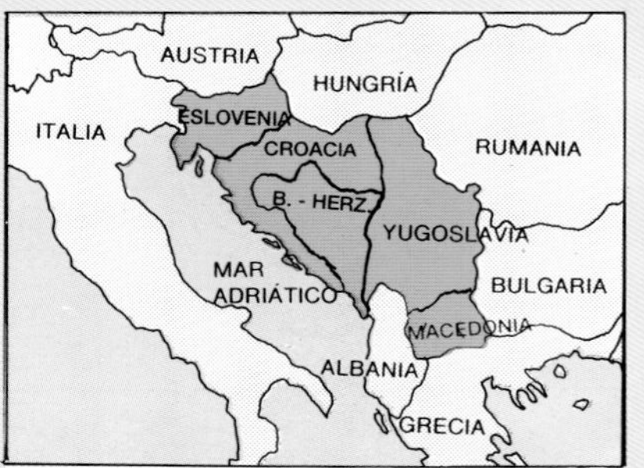

BOSNIA - HERZEGOVINA

Gobierno: Antigua república federal
Capital: Sarajevo
Superficie: 51.129 km²
Población: 4.366.000 hab.
Lengua: Serbocroata
Moneda: Nuevo dinar yugoslavo

CROACIA

Gobierno: Antigua república federal
Capital: Zagreb
Superficie: 56.538 km²
Población: 4.763.000 hab.
Lengua: Serbocroata
Moneda: Dinar croata

ESLOVENIA

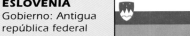

Gobierno: Antigua república federal
Capital: Liubliana
Superficie: 20.251 km²
Población: 1.974.000 hab.
Lengua: Esloveno
Moneda: Tolar

YUGOSLAVIA (SERBIA Y MONTENEGRO)

Gobierno: Antigua república federal
Capital: Belgrado
Superficie: 102.173 km²
Población: 10.337.564 hab.
Lengua: Serbocroata
Moneda: Nuevo dinar

MACEDONIA

Gobierno: Antigua república federal
Capital: Skopje
Superficie: 25.713 km²
Población: 2.033.964 hab.
Lengua: Macedonio
Moneda: Denar

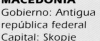

y pertenece casi enteramente a México, aunque también la ocupan un departamento de Guatemala y Belice. La capital del estado de Yucatán es Mérida y constituye el principal centro industrial y comercial.

Sus principales pobladores fueron los MAYAS y aún existen ruinas de las grandes ciudades que esta civilización creó.

Antigua Yugoslavia

El territorio ocupado por la antigua Yugoslavia se sitúa en los BALCANES y su paisaje es accidentado. Las llanuras interiores están regadas por el río Danubio. El litoral tiene clima mediterráneo, pero la principal región agrícola tiene un clima más extremo. Sus principales cultivos son: trigo, cebada ciruelas, olivos y viñas.

Sus habitantes pertenecen a distintas naciones y hablan muchas lenguas diferentes: esloveno, serbocroata, macedonio. Practican asimismo diversas religiones: unos son católicos, otros musulmanes y otros pertenecen a la Iglesia ortodoxa.

La antigua Yugoslavia fue creada en 1918. Tras la II GUERRA MUNDIAL, se convirtió en una república comunista federada hasta 1991, año en que se desencadenó una cruel guerra civil entre las repúblicas.

▶ Las casas del pueblo de Sveti Stefan se arraciman en un promontorio rocoso situado al final de un tómbolo.

Zaire 

Zaire es un vasto, cálido y lluvioso país que se extiende por el corazón de ÁFRICA. Incluye en su territorio la mayor parte del gran río Zaire, llamado en otro tiempo Congo. Este río es el segundo en longitud de África –sólo el Nilo es más largo– y uno de los primeros del mundo. Es asimismo una importante vía de comunicación para los pueblos de África central.

La mayor parte de Zaire está cubierto por una espesa jungla. En el este y el sur hay lagos y mesetas, y se explotan minas de cobre, cobalto y diamantes. Pero casi todos los habitantes de Zaire, 31 millones, se dedican a la agricultura y producen té, café, cacao y algodón.

◀ Redes puestas a secar en una aldea junto al río Zaire. El río es una importante vía de comunicación para las personas y los productos del país.

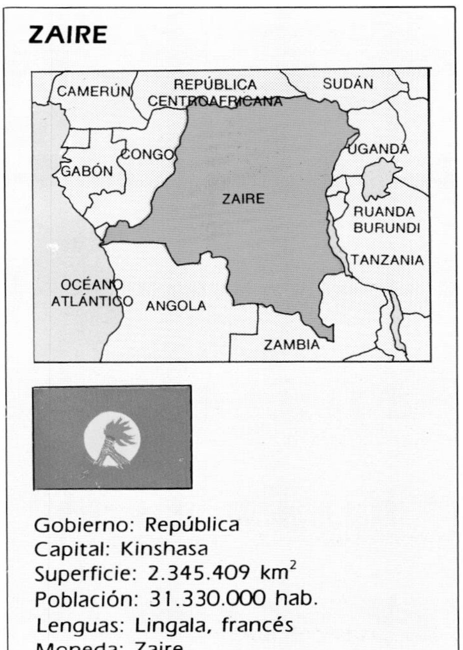

Gobierno: República
Capital: Kinshasa
Superficie: 2.345.409 km^2
Población: 31.330.000 hab.
Lenguas: Lingala, francés
Moneda: Zaire

Zambia 

Zambia es un país de ÁFRICA meridional, sin salida al mar: lo rodean Zaire, Tanzania, Malawi, Mozambique, Botswana, Zimbabwe, Namibia y Angola.

El nombre de Zambia proviene del río Zambeze, que discurre por la parte occidental del país, a lo largo de la frontera con ZIMBAWE. En 1851 el explorador británico DAVID LIVINGSTONE llegó a la región y en 1855 descubrió las cataratas Victoria. Zambia fue el protectorado británico de Rhodesia del Norte hasta que se convirtió en república independiente en 1964.

Gran parte del país está formado por altiplanicies onduladas, y la mayoría de los habitantes se dedican a la

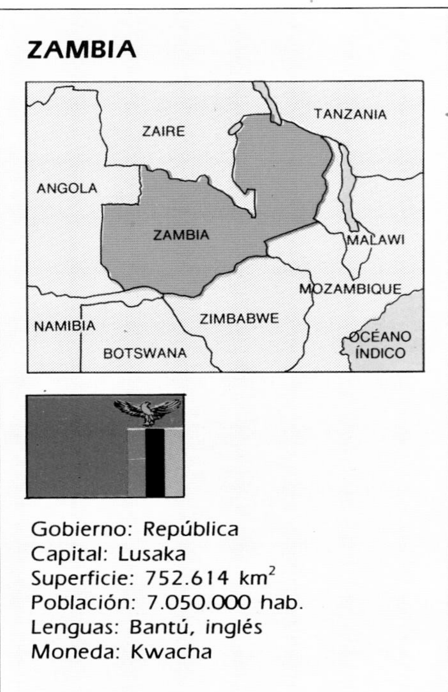

agricultura. Pero la principal riqueza procede de las minas de cobre: casi la cuarta parte del cobre del mundo se extrae aquí.

▶ Aunque en Zambia se siguen varias religiones, la católica es la más practicada. A la derecha, una vista parcial de la catedral de Kitwe, en Zambia.

Zarigüeya

Las zarigüeyas son MARSUPIALES que viven en América del Norte y del Sùr. Algunos parecen ratas y otros, ratones. La zarigüeya de Virginia tiene el tamaño de un gato, y es el único marsupial de Norteamérica. Trepa a los árboles y puede colgarse de la cola. Una hembra puede tener camadas de hasta 18 crías, cada una de ellas de un tamaño, al nacer, no superior al de una abeja. Si se ve amenazada por algún peligro, la zarigüeya de Virginia finge estar muerta.

▲ Como todos los marsupiales, la zarigüeya americana pare sus crías cuando aún se hallan en estado inmaduro. Al cabo de unos tres meses, ya son capaces de trasladarse a lomos de su madre.

Zeus

Según los MITOS y leyendas de los antiguos griegos, Zeus era el dios supremo. Vivía en el monte Olimpo y estaba casado con Hera. Fue el padre de los dioses Apolo, Dionisio y Atenea.

Zeus era a su vez hijo del antiguo dios Cronos. Se cuenta que Zeus y sus hermanos, Poseidón y Hades, dieron muerte a Cronos y se hicieron con su trono y sus poderes. Poseidón se reservó los mares, Hades se adueñó del mundo inferior, y Zeus tomó para sí el mundo y el firmamento. Así pues, Zeus gobernaba el Sol, la Luna, todas las demás estrellas y planetas y el tiempo atmosférico. Cuando estaba airado, desencadenaba tempestades.

▲ Esta estatua de Zeus proviene de Heraklion. Los romanos rendían culto a un dios similar al que llamaban Júpiter.

Zimbabwe 

Zimbabwe es un pequeño país situado en ÁFRICA meridional. Carece de salida al mar y se halla a unos 240 km del océano Índico. Alrededor del 97% de sus habitantes son de raza negra; el resto es mayoritariamente blanco.

El norte de Zimbabwe lo bordea el río Zambeze, famoso por las cataratas Victoria y por la presa de Kariba. Esta última forma parte de un gran complejo hidroeléctrico que suministra energía a Zimbabwe y a su vecina ZAMBIA.

Hasta 1965, Zimbabwe fue la colonia británica de Rhodesia del Sur. Ese año, se declaró independiente con el nombre de Rhodesia, pero Gran Bretaña no reconoció su existencia como nación. Durante los 15 años que siguieron, el creciente descontento y la actividad guerrillera ocasionaron muchos problemas. En 1980, el país alcanzó la independencia bajo un gobierno de mayoría negra y tomó el nombre de Zimbabwe.

▲ En el territorio que hoy conocemos como Zimbabwe se desarrolló un próspero imperio coincidiendo aproximadamente con la Edad Media europea, a partir de 900. Las ruinas de piedra del Gran Zimbabwe brindan un impresionante recuerdo de esta temprana civilización.

ZIMBABWE

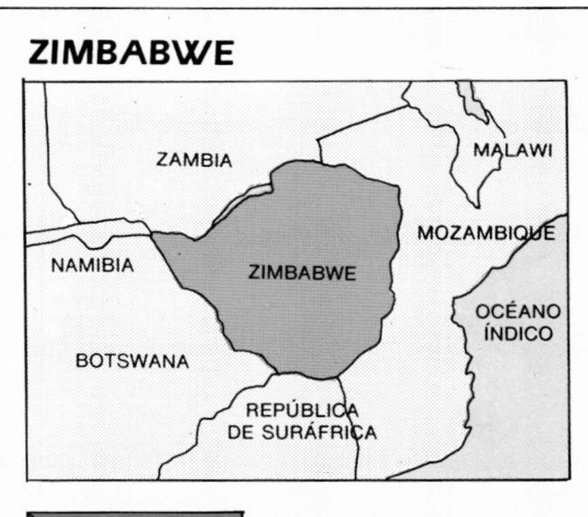

Gobierno: Democracia parlamentaria
Capital: Harare
Superficie: 390.580 km^2
Población: 8.980.000 hab.
Lenguas: Inglés, shona, sindebele
Moneda: Dólar de Zimbabwe

Los zoos van desde los más pequeños, que contienen colecciones privadas, hasta los más grandes, de propiedad pública. El zoo de Berlín exhibe más de 2.000 especies distintas, más que cualquier otro del mundo.

Zoo

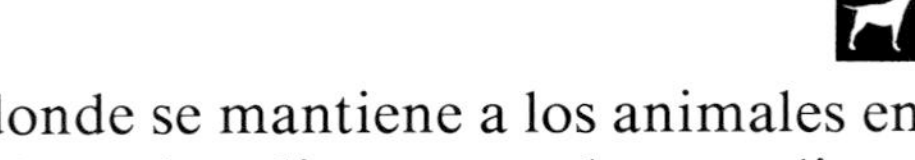

Los zoos son lugares donde se mantiene a los animales en cautividad. Se les cuida, se les alimenta, se les estudia y, en ocasiones, se les salva de la muerte. Hoy en día existen más de 330 zoos en todo el mundo.

Los primeros zoos se establecieron en el antiguo Egipto. La reina Hatshepsut poseía uno de ellos en el año 1500 a.C. Hace más de 3.000 años, los emperadores de China tenían también sus animales, aves y peces en jardines naturales, donde se sentían como en su medio habitual. En Europa, en la EDAD MEDIA, los reyes se regalaban unos a otros monos, pavos reales y leones. Las colecciones privadas de animales se llamaban, en francés, *menageries*. En el siglo XIX solían recorrer las ciudades europeas *menageries* ambulantes.

A partir del siglo XVIII, los científicos se interesaron por el estudio de los animales. Empezaron a agruparlos y les dieron nombres latinos, a fin de que un animal se conociera en todo el mundo con la misma denominación. Esta tarea condujo directamente a la fundación de los primeros zoos públicos. Al principio se les llamaba jardines zoológicos, pero luego se popularizó el término abreviado de zoos. Uno de los primeros fue el de Londres, construido en 1829.

▶ Esta pintura representa el Broad Walk del Regent's Park Zoo de Londres, por el que circulaban elefantes, y data de finales del siglo XIX o principios del XX. Este zoo lo fundó en la década de 1820 la Zoological Society of London.

▲ El fenec es el más pequeño de los zorros.

Zorro

Los zorros pertenecen a la misma familia animal que los perros. La variedad más común es el zorro rojo, que vive

▼ El zorro rojo tiene aproximadamente un metro de longitud desde el hocico hasta el extremo de la cola. Su altura es de unos 30-40 centímetros. El lomo es marrón rojizo y el vientre, blanco.

en Europa, norte de África, norte de América y ciertas partes de Asia. Se alimenta de aves y otros animales de pequeño tamaño, así como de insectos y, ocasionalmente, de gallinas u ovejas.

Los zorros viven en madrigueras que excavan ellos mismos o que arrebatan a los conejos o a los tejones. En época reciente, cada vez es más común hallar zorros en las zonas rurales, donde se alimentan de desperdicios de los cubos de basura.

Los zorros son unos animales muy astutos. A veces, cazan conejos y otras presas persiguiendo su propia cola muy aprisa; esto fascina al conejo de tal manera, que se queda mirando al zorro sin percatarse de que éste se va aproximando gradualmente. Cuando ya está lo bastante cerca, da un salto repentino y se hace con su presa. Este animal, que ha dado origen a una copiosa literatura en fábulas y leyendas, es utilizado todavía por los ingleses en su tradicional deporte de la cacería del zorro.

▼ El zorro orejudo se parece más a un chacal que a un zorro. Sus grandes apéndices le permiten eliminar el exceso de calor del cuerpo.

Índice alfabético de materias

Ninguna enciclopedia puede tener entradas o voces sobre todos los temas, por ello un gran número de datos informativos sólo pueden encontrarse buscando en el Índice. No existe en esta obra una entrada, por ejemplo, para Estambul, pero si buscas bien en el Índice podrás encontrar mucha información y fotos sobre esta ciudad en entradas tales como **Arquitectura, Imperio Bizantino, Constantinopla** y **Turquía.**

Los números de páginas que aparecen en **negrita** (letras más gruesas y negras) indican dónde se halla la entrada principal del tema que se busca. Los números de página en *cursiva* (letra inclinada) se refieren a las páginas donde puedes encontrar fotos sobre el tema.

Busca, por ejemplo, la entrada Roald Amundsen:

Amundsen, Roald, 36, *41,* 560

La entrada principal sobre este explorador está en la página 36. En la página 41 y bajo la entrada de **Antártida** hay un mapa que te muestra la ruta que siguió para llegar al Polo Sur. La entrada **Paso del Noroeste** en la página 560 te informa, además, que Amundsen fue el primer hombre en navegar por este Paso.

Tras el Índice principal, encontrarás en este volumen 10, un **Índice temático**. En él, todas las entradas o voces de la enciclopedia se han clasificado por temas para facilitarte la búsqueda de información. Todas estas entradas aparecen en orden alfabético.

Aa

Bb

Cc

Dd

Ee

Ff

Gg

Hh

Ii

Jj

Kk

Ll

Mm

Nn

Oo

Pp

Qq

Rr

Ss

Tt

Uu

Zz

Índice temático

Animales

Artes

Astronomía y Espacio

Ciencias

Cuerpo Humano

Deportes y Entretenimientos

Edificaciones

Historia

Lengua y Literatura

Máquinas y Mecanismos

Países y Lugares

Plantas y Alimentos

Religión, Filosofía y Mitos

Sociedad

La Tierra

Viajes y Transportes

Agradecimientos

Los editores agradecen la aportación de las fotos en esta obra a los siguientes:

Ancien Art & Architecture Collection; Allsport/David Cannon, Billy Stiekland, Pascal Rondeau, Simon Bruty, Steve Powell; ARDEA; Australia Promotion; Barnaby's Picture Library; Bergtrom & Boyle; Bridgeman Art Library; British Library; Burton, Jane and Coleman, Bruce; Casio; Coleman, Bruce and Burton, Jane; Clayton, Peter; Crown Copyright/ Public Record Office; Crown Copyright/Reproducido con el permiso del Controller of Her Majesty's Stationery Office; Dance, Library; Derby Museum & Galleries; ENIAC; English Chamber Orchestra; Ferranti; Ferries, Sally; Frank Lane Picture Agency; G.S.F. Picture Library; Gamma Liason; Greenpeace; Geological Museum; Giraudon; Grisewood & Dempsey Ltd./Dennis Gilbert; Halliday, Sonia; Heather, Angel; Holford, Michael; House of Commons; Hulton Picture, Company; Hutchison Library; Illustrated London News; Istanbul University; Kobal Collection/Columbia, Lucas Film; Kroenlein, M.; Mansell Colection; Mary Evans Picture Library; Metropolitan Police, Londres; Military Archive & Research Services; N.H.P.A.; NASA; National Army Museum; National Gallery; National Gallery of Art, Washington DC; National Portrait Gallery; Novosti; Ontario Science Centre, Toronto; Peter Newark's Western Americana; Picturepoint; Pilkington; Popperfoto; Royal Brierley Crystal; SCALA; Science Photo Library; Shell Photographic Library; Sington, A.; South American Pictures; Spectrum; Spooner, Frank; Suzuki; Tate Gallery; UPI/Bettmann Newsphotos; Vertut, Jean; Visual Arts Library; Walt Disney Productions; Westermann Foto; World Bureau of Girl Guides & Girl Scouts; ZEFA; ZOE-Dominic.